长岛县志

（1986—2018）

长岛县地方史志编纂委员会　编

方志出版社
Publishing House of Local Records

图书在版编目（CIP）数据

长岛县志：1986—2018 / 长岛县地方史志编纂委员会编．—北京：方志出版社，2020.12
ISBN 978-7-5144-4752-1

Ⅰ．①长… Ⅱ．①长… Ⅲ．①长岛县–地方志–1986-2018 Ⅳ．①K295.24

中国版本图书馆CIP数据核字（2021）第007068号

长岛县志（1986—2018）

编　　者：长岛县地方史志编纂委员会
责任编辑：何明忠

出 版 者：方志出版社
地址　北京市朝阳区潘家园东里9号（国家方志馆4层）
邮编　100021
网址　http://www.zgfzcb.cn
发　　行：方志出版社图书经销中心
电话（010）67110500
经　　销：各地新华书店
印　　刷：山东黄氏印务有限公司

开　　本：889×1194　1/16
印　　张：65
字　　数：1600千字
版　　次：2020年12月第1版　2020年12月第1次印刷
印　　数：0001～3000册

ISBN 978-7-5144-4752-1　定　价：800.00元

长岛县地方史志编纂委员会

（2005年12月）

长岛县地方史志编纂委员会

（2008年5月）

长岛县地方史志编纂委员会

（2011年4月）

长岛县地方史志编纂委员会

（2012年2月）

长岛县地方史志编纂委员会

（2013年8月）

长岛县地方史志编纂委员会

（2017年3月）

长岛县地方史志编纂委员会

（2019年4月）

《长岛县志（1986—2018）》编审人员

主　　审　宋昌林　田存基

特邀主审　葛长鹏

特邀顾问　吕福堂

主　　编　刘红梅　王国胜

副 主 编　马学永

特邀副主编　刘文权

编　　辑　（按姓氏笔画排列）

王　静　李　昌　李厚卫　肖长兴　肖嘉馨　邹建业

邹新萍　宋军昌　张文庆　张雁新　胡承嵩　郭贤坤

编　　务　赵广晓　肖惟唯　冯学凌　丁建斌

序

盛世修志，志载盛世。《长岛县志（1986—2018）》数年磨一剑，即将付梓出版，这是长岛人民政治经济文化生活中的一件大事，可喜可贺。

长岛，海上仙山，物华天宝，人杰地灵。《长岛县志（1986—2018）》，起于全县人民耕海牧渔，截至长岛海洋生态文明综合试验区成立。这一时期正值改革开放年代，是长岛发展史上承前启后、继往开来、波澜壮阔的重要阶段。三十三年间，长岛创造了全省第一个小康县的辉煌，经历过经济严重受挫的彷徨，但更多的是传承发扬“海岛为家、艰苦为荣、祖国为重、奉献为本”的老海岛精神和“敢为人先”的闯海人精神，在自强不息中拼搏探索、勇闯新路，不断取得新突破、赢得新胜利。准确翔实记录好这段时期长岛政治、经济、社会、文化和生态建设发展历程，意义重大。

《长岛县志（1986—2018）》史料丰富、图文并茂，实用性、可读性很强，是一部值得充分肯定的优秀著作，为长岛干部群众“热爱海岛、建设海岛”提供了生动教材，为海内外人士了解长岛情况、参与长岛建设提供了重要桥梁。

“治天下者以史为鉴，治郡国者以志为鉴”。当前，长岛正以建设海洋生态文明综合试验区的崭新姿态，整装再出发。我们更需要以史为镜、以志为鉴，坚定践行固防守疆、生态文明、绿色发展三大使命，高质量建设好海洋生态文明综合试验区，努力打造全国海洋生态文明海岛样板、仙境海岸核心靓丽名片和国家战略安全屏障，创造无愧于时代、无愧于省市重托、无愧于长岛人民期盼的业绩，推动长岛生态保护和持续发展再创新辉煌。

长岛海洋生态文明综合试验区

工委副书记、管委专职副主任

2020年10月

城区鸟瞰图（2018年 袁克廷 摄）

城区南海岸（2020年 高宏伟 摄）

腾飞 （2016年 孙春明 摄）

搏（2014年 沈荣民 摄）

城区一角 （2015年 袁克廷 摄）

明珠广场 （2020年 林　勇 摄）

南北长山联岛大桥（2017年 鲍 强 摄）

长岛港（2020年 林 勇 摄）

黄海
渤海
長島
CHANG DAO

黄渤海交汇处（2019年 张吉华 摄）

观光木栈道 （2016年 孙春明 摄）

山间慢道（2016年 高 远 摄）

生态之旅 （2016年 张吉华 摄）

平流雾（2018年 孙春明 摄）

海滋幻景（2014年 沈荣民 摄）

①	②
③	④

① 宝塔礁 （2013年 李少伟 摄）
② 姊妹峰 （2015年 王成军 摄）
③ 月牙湾 （2003年 沈荣民 摄）
④ 珍珠门 （2020年 张维康 摄）

海豹嬉春 （2019年 顾晓军 王成军 摄）

鸥之舞（2017年 侯日宽 摄）

温馨家园（2019年 沈荣民 摄）

鲸鱼在长岛海域游弋（2020年 大钦岛乡 提供）

黄嘴白鹭（2015年 王成军 摄）

潮间带（2020年 区融媒体中心 提供）

海底“森林”（局部）（2020年 区融媒体中心 提供）

国内首座深远海智能化坐底式网箱“长鲸一号”（2019年 区自然资源局 提供）

国内首座坐底式深远海智能化海珍品养殖网箱“国鲍1号”（2020年 区自然资源局 提供）

绿色公交
（2018年 孙春明 摄）

共享汽车
（2019年 袁克廷 摄）

慢行服务区观光车游览
（2016年 孙春明 摄）

空气能供暖设施
（2020年 王成军 摄）

地埋式污水处理系统
（2020年 区交通和住房建设管理局 提供）

垃圾分类箱
（2020年 李向阳 摄）

妈祖庆典 （2008年 冷 宁 摄）

海鲜节庆 （2018年 孙春明 摄）

环岛马拉松
（2019年 区教育和卫生健康局 提供）

全国海钓精英赛
（2018年 区教育和卫生健康局 提供）

帆船赛
（2018年 杨志常 摄）

音乐节
（2019年 区工委宣传文化和旅游部 提供）

皱纹盘鲍

刺　参

渤海湾大对虾

紫海胆

金钩海米

晒海带

凡　例

一、本志以马克思列宁主义、毛泽东思想、邓小平理论、“三个代表”重要思想、科学发展观、习近平新时代中国特色社会主义思想为指导，坚持辩证唯物主义和历史唯物主义的立场、观点和方法，贯彻落实国务院《地方志工作条例》，全面客观地记述时限内长岛县自然、政治、经济、文化、社会等历史与现状，着重记述改革开放以来的新变化、新事物、新成就，力求做到思想性、科学性、资料性和实用性的统一，突出时代特点和海岛特色。

二、本志系1990年版《长岛县志》之续志，以2018年长岛县行政区域为记述范围。记述时限上起1986年，下至2018年。为保持事物记述的完整性，部分内容适当上溯或下延。

三、本志述、记、志、传、图、表、录等体裁并用，以志为主。志前设概述、大事记，中间设专志28编，末为人物、附录、后记。

四、本志框架结构采取编、章、节、目体，分层次记述。根据需要，有的目下设子目。为承接前志，完整地体现事物的发展脉络和全貌，编或章下视情况加设无题序。

五、本志为深化记述，根据需要，适当采用附记形式记录有关事项或人物，附在相关章、节之后。大事记以编年体为主，兼用纪事本末体。各篇专志按“事以类聚”“类为一志”的基本要求，力求科学分类并结合现实社会分工实际，横排门类，纵写历史。图片、照片、统计表格随文编排，图随文走，以表辅文，力求图文并茂。在附录中，对上部县志没有记述的重大事件进行补遗；2018年长岛生态保护纳入省级立法，2019年7月山东省第十三届人民代表大会常务委员会第十三次会议通过《山东省长岛海洋生态保护条例》，在附录重要文献中收录此《条例》。

六、本志入志人物坚持“生不立传”的原则，革命烈士传略排列以卒年为序，1990年版《长岛县志》人物传遗漏人物，酌情予以补记。人物名录收录获得市级以上奖励的劳动模范、先进工作者，排列以国家级、省级、市级为序。

七、本志行文遵从中国地方志指导小组颁布的《地方志书质量规定》。除引文外，统一使用现代语体文。纪年采用公元纪年。出现历史纪年时，用括号加注公元纪年。未在年代前注明世纪的，均指20世纪。计量单位执行《中华人民共和国法定计量单位》规定，特殊情况下仍使用“海里”“亩”等计量单位。标点符号执行国家标准《标点符号用法》(GB/T 15834-2011)。数字用法执行国家标准《出版物上数字用法》(FB/T 15835-2011)的规定。

八、本志各项数据一般采用县发改局公布的数字，县发改局缺乏的，采用部门提供的数字。

九、本志资料主要由部门单位、乡镇(街道)等提供;同时参考馆藏档案资料、年鉴资料、统计资料、图书资料、党史资料等，以及经考证核实的调查材料和有关人士的回忆资料。各种资料均已考证、审核，文中不再注明出处。

目　　录

第三编　环境保护

第四编　城乡建设

第五编　交通　邮政　电信

第八编 旅 游 业

第九编　渔 家 乐

第十编　农　业

第十一编 工业·民营经济与乡镇企业

第十二编　商业贸易

第十三编　财政　税务　金融

第十四编 经济管理

第十五编　中国共产党地方组织

第十六编　地方权力机关

第十七编　地方行政机关

第十八编 地方政协组织

第十九编　社会团体

第二十编　法治　军事

第二十一编 劳动 人事 编制

第二十二编　双拥共建

第二十三编　民　政

第二十四编　教育　体育

第二十五编 科学技术 医疗卫生

第二十六编　文　化

第二十七编　北方妈祖文化中心庙岛显应宫

第二十八编 社会生活

人　物

附　录

索　引

概　述

长岛又称庙岛群岛、长山列岛，是山东省唯一海岛县，位于山东省最北端，地处胶东半岛和辽东半岛之间、黄渤海交汇处，南依蓬莱，北邻旅顺，西守京津，东望日韩。长岛纵贯渤海海峡，南北长56.4千米，东西宽30.8千米，是进出渤海必经的“黄金水道”，在国防安全方面具有重要作用，先后7次获“全国双拥共建模范县”称号。长岛历史上建置几经变化，1956年5月成立长岛县，1958年11月长岛县与蓬莱县、黄县合称蓬莱县，1963年6月恢复设立长岛县延续至今。全县岛陆总面积56.8平方千米，海域总面积3541平方千米，海岸线总长度187.8千米。至2018年，全县辖1个镇，6个乡，1个街道，2个开发管理处，40个行政村，总人口4.1489万人。

长岛是首批国家级海洋生态文明建设示范区和省级海洋生态文明综合试验区，拥有独特的海洋生态系统，海域岩礁密布、水深流大、清澈透明，周围海域一直保持着国家一类二类海水标准，是渤海最重要的生态屏障和生态通道，被誉为“海上聚宝盆”和“海洋环境的晴雨表”，是国家森林公园、国家地质公园、国家海洋公园、国家级自然保护区、国家级重点生态功能区。长岛是国家重要的海珍品种质资源保护、繁育和生产基地，尤以长岛海参、鲍鱼、海胆、海带、扇贝等享有盛名，被命名为“中国鲍鱼之乡、扇贝之乡、海带之乡”，拥有国家级水产种质保护区2处、省级6处，是国家可持续发展先进示范区、国家海岛资源综合开发试验区、全国十大科技兴海养殖示范基地。长岛是中国海上物种“博物馆”，拥有海洋动物282科650种，盛产30余种经济鱼类和200余种贝藻类水产品。长岛是鸟类、昆虫迁徙的重要中转站和斑海豹洄游地，年途经候鸟333种、120余万只，种类约占全国的22%；年栖息太平洋斑海豹最多达400余只。

长岛是山东海上明珠和中国北方著名生态旅游度假岛，素有“海上仙山”“人间海市”之称，境内天蓝海碧，林秀崖险，被誉为“北方最美的群岛”，是中国十大最美海岛、中国最佳避暑胜地、国家级风景名胜区、全国生态文明先进县，是中国旅游强县、中国最佳生态旅游县和最受中国公民喜爱的世界海岛旅游目的地。

一

长岛地处胶辽隆起，地质属上元古界震旦纪蓬莱群，出露地层为石英岩与板岩、千枚岩互层，局部有新生代玄武岩堆积。长岛地貌类型为低丘陵，丘陵地占岛陆总面积90%，南部诸岛山丘起伏，岸坡缓冲；北部诸岛山峰陡峭，地层倾斜度大。境内山丘海拔大都在200米以下，唯高山岛和大钦岛的南山超过200米，海拔分别是202.8米和202.4米；海滨低洼地占总面积10%，地形较为平坦，海拔一般低于10米。长岛海蚀地貌异常发育，类型众多，构成海岸自然奇观，距今19亿年的海蚀、火山等地质遗迹，具有极高的科研和观赏价值。

长岛地处中纬度，属暖温带季风区大陆性气候，四季变化和季风退进都较为明显。全境春冷秋暖，夏无酷暑，冬无严寒，气候宜人。全县历年夏季平均温度24.7°C，历年平均相对湿度69%，是消夏胜地、避暑天堂。历年平均日照时数2635.1小时，平均风速5.3米/秒，无霜期年均252天。

长岛多美石，境内岛岸曲徊，滩净水碧，山俊峰秀，崖险礁奇。更有天工巧塑，风刻雨凿，涛涤浪磨，生成美轮美奂各种奇石，宛如长岛海岸上的艺术回廊。其中最有名气的则是砣矶砚石与球石。砣矶砚，因石面金星密布、纹似雪浪，被称为“金星雪浪砚”。长岛球石，纹理分明，色彩斑斓，形态各异，栩栩如生，成为中国赏石文化中的奇葩。

长岛是古代“海上丝绸之路”重要节点和交通枢纽。境内众多岛屿将渤海海峡分割成14条水道，为进出渤海必经之地和渤海立体救助网中心点。境内长山水道为国际水道，日均过往轮船200余艘，被誉为“黄金水道”。

二

长岛历史悠久，积淀厚重。在旧石器时代晚期就有人类在此繁衍生息，经历上万年的沧桑岁月，创造出独具海洋特色的岛屿文化形态。距今约6500年的北庄史前遗址，是中国渔猎文明的代表，与农耕文明代表西安半坡遗址有等同的历史价值，被考古学家称为“东半坡”。庙岛群岛是春秋时期齐国开辟的东方海上丝绸之路上重要通道，在秦汉时期成为中国与朝鲜半岛文化交流和海上贸易的重要基地。悠久的历史，留下瑰丽的文化遗存，境内至今仍保留一批具有古人类活动特征的古村落、古墓群、古城墙、古港口、墩台、摩崖石刻等遗迹，陆续发掘古遗址24处、古墓群8处，发掘出土文物1万余件。其中，北庄遗址、猴矶岛灯塔为国家重点文物保护单位。

长岛文化灿烂，是东方海上神仙神话的发源地，有“蓬莱、方丈、瀛洲”海上三神山之美誉。长岛自古就是帝王、文人墨客神往之地，据传秦始皇、汉武帝东巡，均曾寻仙长岛。秦朝方士徐福、卢生等入海采药，找寻“蓬莱仙人”的故事，广为人知。唐代诗人白居易、北宋文豪苏轼、明代作家吴承恩以及清乾隆皇帝等留下称颂美文几十篇，广为流传。长岛在妈祖文化的形成、北传和发展中占有极其重要的地位，有中国北方最古老、最具影响的妈祖官庙。妈祖文化在长岛延续900余年，是“中华妈祖文化之乡”。

长岛渔俗文化底蕴深厚。从明代天启年间至今有近400年历史，在中国北方有典型代表性和深远影响力。其海猎、渔具、渔场、鱼汛及渔俗在中国沿海旅游资源中独具特色，扬帆捕捞、海上养殖、退潮赶海、乘船垂钓、岸边捉蟹等渔猎活动别具一格。2008年，“长岛渔号”被列入国家级非物质文化遗产。长岛县先后获得“全国精神文明先进县”“全国文化先进县”等称号。

长岛红色、军旅文化丰富。长岛县有着70余年双拥传统，拥军优属、拥政爱民一直走在全国前列，长岛人民与驻岛部队同呼吸、共命运、心连心，共同铸造的“海岛为家、艰苦为荣、祖国为重、奉献为本”的“老海岛”精神，成为全军50种革命精神之一。长岛县注重发扬革命优良传统，传承红色基因，先后修建长山岛战役纪念馆、长岛革命烈士纪念馆、长岛“双拥共建”纪念馆、“老海岛”精神纪念馆、少年军校等，是著名国防教育基地和党性教育基地。

长岛钟灵毓秀，名人辈出。一代代仁人志士为新中国的建立和发展谱写了不朽篇章。他们当中早期参加革命的有，曾任上海市委书记、天津市委第一书记、北京市委第一书记、农牧渔业部部长的林乎

加；经历过朝鲜战争5次战役、曾任南海舰队政委的王昕；为歼6战斗机研制、试飞并定型做出卓越贡献的原第三机械部、航空工业部副部长的王其恭；曾任解放军后勤学院政治部主任的王瀑声。文化、艺术名家灿若星汉，有散文家张岐，作曲家《红梅赞》作曲者羊鸣，主创《西游记》《周恩来》化妆工作的影视化妆师王希钟，获"当代中国画杰出人才奖"的中国百杰画家袁大仪，2008年第29届奥运会开闭幕式6人核心创意小组成员之一、与张艺谋合作导演《印象刘三姐》《印象丽江》《印象西湖》导演王潮歌。有风靡全国的《芙蓉花下死》的作者袁子仪；有代表作《伤痕》、开创"伤痕文学"之先河的卢新华；长篇代表作《中国式离婚》《新结婚时代》、影视热播剧《大校的女儿》《激情燃烧的岁月》的作者王海鸰；中篇代表作《父母爱情》的作者刘静。在社会主义革命和建设中，功臣、专家、劳模、能工巧匠光耀桑梓，彪炳千古。他们当中有受到毛泽东、周恩来等党和国家领导人亲切接见的"神枪姑娘"刘延凤，两次进京、受到党和国家领导人接见的全国人大代表范国江，有"花木兰"之称、全国劳动模范赵金兰，全国十大杰出青年王成强，全国人民满意公务员冷彩凌，长岛渔号国家非物质文化遗产传承人朱大相等等。各行各业、各条战线的先进人物更是数以百计，他们为社会主义革命和建设、为改革开放、为新时代中国特色社会主义事业做出过重要贡献。

三

长岛因海而生，向海图强的步伐稳健有力。1984年全省海岛工作座谈会在长岛召开以后，长岛加快实施"耕海牧渔"发展战略，走出一条"以养兴渔，以渔兴岛""旅游兴岛""科技兴岛"的发展路子，1992年被山东省委、省政府命名为全省第一个小康县，1993年获第二届中国农村综合实力百强县称号，1995年荣获"全国科技进步工作先进县"称号。2002年8月，山东省委、省政府在长岛召开现场办公会议，长岛县抓住机遇，按照"打好渔业、工业、旅游业三个翻身仗，实现两个大变样"的工作思路，卧薪尝胆，埋头苦干，至2005年渔业增加值、工业增加值、旅游直接收入分别比2002年增长81.3%、209.1%和108.3%，获"全国社会经济综合发展百强县""全国中小城市综合实力100强""全国最具投资潜力中小城市50强"等称号。2008年10月16日，受国务院、中央军委委托，公安部正式批准长岛县南长山、北长山、庙岛、小黑山4个岛屿和指定海域以及登州水道对外开放。2011年，山东省将长岛休闲度假岛建设纳入山东半岛蓝色经济区发展规划，2012年烟台市把长岛作为全市海岛经济增长极来打造。2017年，山东省将长岛的保护发展纳入省级决策、上升到省级战略，印发《中共山东省委、山东省人民政府关于推进长岛海洋生态保护和持续发展的若干意见》《长岛海洋生态文明综合试验区建设实施规划》，确立长岛创建"国家生态文明示范区、旅游度假区、军民融合发展试验区"、打造"蓝色生态之岛、休闲宜居之岛、军民融合之岛"，争创国家公园的目标定位。烟台市印发《中共烟台市委、烟台市人民政府关于推进长岛海洋生态保护和持续发展的实施意见》和102项具体任务分工，举全市之力支持长岛创建"三区"、打造"三岛"。2018年6月19日，山东省人民政府正式批复设立长岛海洋生态文明综合试验区，长岛步入聚力海洋生态保护和持续发展的新时代。

1986—2018年，长岛经济社会发展态势良好。2018年实现地区生产总值73.06亿元，是1986年的66倍；一般公共预算收入1.44亿元，是1986年的18倍；城乡居民储蓄余额30.35亿元，是1986年140倍。2018年，全县城镇居民人均可支配收入3.56万元，渔民人均可支配收入2.21万元；第一产业实现增加值42.93亿元，第二产业实现增加值3.47亿元，第三产业实现增加值26.67亿元，人均国内生产总值16.68

万元；全县三次产业比重由1986年的48.4∶28.0∶23.6转变为58.7∶4.8∶36.5。

生态渔业持续发展。继80年代在全国率先实施“耕海牧渔”战略，全面推开海带、扇贝、海参、鲍鱼等多品种养殖之后，推广实施“水面贝藻鱼间养、垂直面上中下立体养殖、海底海珍品底播养殖”的生态养殖模式，形成以海珍品底播增殖、网箱养鱼、藻类养殖、贝类养殖和海参育保苗五大产业优势互补的渔业经济体系。2007年后，生态养殖步伐加快，从立体生态养殖、渔业资源修复、放流增殖到人工渔礁、海底森林建设，全县生态渔业逐步迈向较高水平。2013年开始，长岛县加快海洋牧场建设步伐，编制完成《长岛县海域使用规划》，对海洋牧场进行科学规划、合理布局，建设休闲生态型和资源增殖型海洋牧场。2017年，以佳益、弘祥2处国内首座自升式和半潜式多功能平台投产为标志，开启长岛海洋牧场智能化、装备化管理运营新模式。2018年，全县生态养殖规模达到5万余公顷，其中国家级海洋牧场2处、省级3处，养殖规模达1.6万公顷；全县水产品总产量42万余吨，其中养殖总产量32万余吨、捕捞总产量9.8万吨，全县渔业总产值70.9亿元，其中养殖56.56亿元、捕捞14.35亿元。

旅游产业蹄疾步稳。1984年，沐浴着改革的春风，以“三馆两园”为发端，长岛旅游迈出第一步。1995年明确“旅游兴岛”战略任务，2004年确立旅游支柱产业地位，2012年《长岛休闲度假岛发展规划》获省级批复，长岛旅游蓬勃发展，蒸蒸日上，陆上景区已整合为国家AAAA级旅游景区，并向AAAAA级景区迈进，海上获全国首个AAA级景区，“渔家乐”品牌不断提档升级，“一慢道、三海岸”为主线的南北长山环岛慢行旅游服务系统正式运营，长岛渔号小镇、王沟渔家风情园、嵩前木屋休闲度假区等海岛文化特色浓郁的风情园区相继建成投运，渔家乐民俗文化节、海鲜节、周末喜相逢、妈祖庆典、长岛渔号演出等文化品牌不断推陈出新，环岛马拉松、全国海钓比赛等体育赛事连年举办，长岛旅游影响力、满意度持续提升。2018年，接待游客由1986年的2.5万人次上升到381万人次，旅游直接收入由1986年的7.5万元上升到46亿元，全县旅游业收入占地区生产总值30%以上。

生态文明建设成效明显。作为海岛县，长岛的生态珍贵而脆弱，20世纪末因生态破坏导致的养殖和捕捞业严重受挫让全县上下痛定思痛，广大干部群众牢固树立“生态优先”发展理念，加快实施立体生态修复工程，海岛海洋生态加快恢复。岸上，先后拆除南长山岛、北长山岛岸线破旧建筑54万平方米，整治恢复岸线15千米，旅游和自然岸线占比由38%提高到74%。海上，改造海域6666公顷，实施生态化海洋牧场、人工鱼礁群、生物种群修复和增殖放流工程，海洋环境持续改善。陆上，实行城区生活垃圾集中外运，建成日处理能力120吨的垃圾处理厂和日处理2000吨的污水处理厂各1处，建成小型地埋式污水处埋设施15处。山上，拆除全部82台风力发电机组，整治破损山体11处，补植造林300余公顷。推行殡葬改革，规划建设公墓25处，实现一村或多村一墓地集中安葬，彻底改变乱葬旧俗。

基础设施体系不断完善。始终坚持以人民为中心的发展理念，加大投入力度，持续补齐供水、供电、交通等基础设施短板，群众生产生活条件不断改善。供水上，90年代开始实施屋檐接雨工程和海水淡化工程，2014年建成日供水能力1万立方米的蓬莱至长岛跨海引水工程，2018年建成海水和苦咸水淡化站18处，基本解决长岛吃水难问题。供电上，继1982年成功实现烟台电网向南长山岛供电之后，先后完成邱长、长砣、砣大等各有居民岛屿间双回路海缆敷设，全域35千伏及以上电网双回路供电网络基本形成，2015年建成投产长岛（砣矶）微电网工程，海岛供电安全性明显提升。交通上，统筹推进陆海交通基础设施升级，新建和改扩建城乡公路78千米，建成南北长山联岛大桥、9处千吨级陆岛交通码头，更新交通运输船舶24艘，海岛交通更加便捷。

四

1986—2018年，长岛教育体育、科学技术、医疗卫生、社会保障等社会各项事业全面进步，人民生活水平显著提高。

教育体育事业健康和谐发展。1986年后，长岛县全面深化教育体育改革，推进素质教育和全民健身，全县教育、体育事业实现持续、健康、协调发展。1987年，全县开始普及九年义务教育，1988年，推行基础教育、职业教育、成人教育“三教统筹”，1995年，长岛县成为国家首批“两基”（基本实现九年义务教育和基本扫除青壮年文盲）工作达标县。其间，持续推进基础教育布局调整，加大乡镇渔村学校“合点并校”力度，整合教育资源。2008年始，全县教育事业均衡发展，办学条件极大改善，新建改建4所高标准学校，2015年被评为全国义务教育基本均衡县。至2018年，全县有各类学校20所，其中中等职业学校1所，普通中学3所，小学7所，幼儿园9所。在校学生2980人、专业教师501人。全县儿童入学率、小学升学率、初中升学率均达100%，高中段入学率达95%，职业学校就业率达100%。群众体育蓬勃发展，群众性健身运动普及城乡。2008年，长岛县成为山东省第一批实现农民体育健身“村村有”工程覆盖率100%的县。先后成功举办4届马拉松赛事、3次全国海钓比赛及首届帆船、摩托艇等赛事。

城乡医疗服务质量逐步提升。1986年后，全县逐步建立健全县乡村三级医疗服务体系，完成县医院改扩建工程，实施北五岛急救中心建设和乡镇卫生院维修改造，为县医院购置血透机、高压氧舱、CT机、彩超等高端医疗设备，与省立医院合作开通远程会诊，与烟台毓璜顶医院、烟台山医院建立长期合作指导关系，与潍坊眼科医院、烟台口腔医院合作成立长岛分院，医疗救治水平明显提升。2018年，全县拥有医疗卫生机构35个，医疗床位244张。卫生专业技术人员284人，执业医师、执业助理医师103人，注册护士95人，平均每千人拥有卫生技术人员6.85人，床位3.62张。

科学技术不断进步。1988年，实施“科教兴岛”发展战略，科技队伍进一步加强。90年代，海珍品多品种育苗和增养殖技术兴起，组织科研人员对海水养殖、育苗等50余项课题进行技术攻关，取得良好效果。1995年，被评为全国科技工作先进县，1996年，入围全国科技实力百强县。2001年“虾夷扇贝底播增殖技术开发”、2002年“虾夷马粪海胆底播繁育与养殖技术开发”均获科技部“星火计划开发奖”，长岛县先后被确定为国家级社会发展综合实验区、海岛资源综合开发试验区。

社会保障体系逐步完善。随着经济实力增强，全县人民群众收入增加，生活水平得到较快提高。2018年，城镇职工年工资平均收入7.46万元，是1986年的54倍；渔村居民人均可支配收入2.21万元，是1986年的13.5倍；城乡居民储蓄余额30.35亿元，是1986年的140倍。吃、穿、住、行档次提升，生活质量明显改观。长岛县正向全面建成小康社会目标奋进。2003年始，城镇职工医疗制度实行改革，逐步向医疗保险过渡，并不断完善城镇职工医疗保险制度。至2018年，全县逐步建立健全失业、工伤和生育保险制度，为企业和职工解除后顾之忧。

五

1986—2018年的33年，是长岛人民解放思想、更新观念、开拓创新的33年；是长岛城乡面貌日新月异、社会事业蒸蒸日上的33年；是经济快速发展、社会和谐稳定、人民安居乐业的33年。33年峥嵘岁月，33年风雨兼程，这是长岛发展史上一个重要的里程碑，是一笔宝贵的精神财富，对于承前启后，继往开来，具有重要意义。33年的发展历程启示深刻：必须始终坚持邓小平理论、"三个代表"重要思想、科学发展观和习近平新时代中国特色社会主义思想，在解放思想中统一认识，贴近现实，找准符合海岛的发展路子；必须突出重点，抓平台、抓产业、抓项目，拉动经济社会全面发展；必须把群众的利益放在首位，把发展成果惠及于民，为民办实事、解难题；必须求真务实、埋头苦干，发扬钉钉子精神，一抓到底；必须树立"绿水青山就是金山银山"发展理念，把环境保护作为长岛永续发展的基石；必须加强党的领导，打造干事创业的干部队伍，充分发挥党组织的战斗堡垒和党员先锋模范作用。随着改革发展的深入，一些深层次矛盾和问题日渐显现，主要表现在经济增长新旧动能转换还不够强，供给侧改革结构性矛盾仍然存在；民生领域存在短板，在应对人口老龄化加剧上还有薄弱环节；部分党员干部宗旨意识、党性修养、廉洁自律和担当作为、工作作风有待加强。

雄关漫道真如铁，而今迈步从头越。长岛人民将在县委、县政府和长岛海洋生态文明综合试验区工委、管委的坚强领导下，以习近平新时代中国特色社会主义思想为指导，深入贯彻落实中共十九大和十九届二中、三中全会精神，不忘初心、牢记使命，紧紧围绕县第十二次党代会工作部署，牢固树立世界眼光，加快创新跨越，聚焦省市推进长岛海洋生态保护和持续发展任务目标，加快创建"国家生态文明试验区、旅游度假区、军民融合发展示范区"，打造"蓝色生态之岛、休闲宜居之岛、军民融合之岛"，为实现"两个一百年"奋斗目标、实现中华民族伟大复兴的中国梦而奋斗！

大事记

1986年

1月1日 长岛县气象站由一般气象站升级为国家基本气象站。

3月 县人民医院门诊楼开工建设，1987年9月竣工，建筑面积3200平方米。

5月5日 全国人大常委会副委员长廖汉生到长岛县考察并为长岛博物馆题词：“历史明证”。

5月12日 长岛县成立开发无居民岛屿办事处，对全县22个无居民岛确定权属，统筹开发管理。

5月16日 中央顾问委员会常委段君毅到长岛县考察。

5月17日 中共中央政法委员会常务副书记刘复之到长岛县考察并题词：“渤海明珠，龙腾虎跃”。

5月26日 中共中央书记处书记郝建秀到长岛县考察。

6月 庙岛显应宫（航海博物馆）竣工，正式对外开放。

7月14日 中共中央军委副主席杨尚昆到长岛县考察。

7月16日 中共中央政治局委员、中国人民解放军总参谋长杨得志到长岛县考察并题词：“艰苦奋斗建长岛，军民一家守大门”。

8月 书画家、教育家启功到长岛县参观考察并为半月湾景点赋诗：“一弯新月印滩涂，水碧山青举世无。仙境不须求物外，行人步步踏明珠”。

9月 全国古文字年会在长岛县召开，北京大学历史学系教授张政烺，甲骨文学家、史学家胡厚宣，清华大学历史系教授李学勤等90余名专家与会。

10月 省委、省政府召开第三次全省海岛工作座谈会，研究审议《全省海岛开发总体规划》，提出将长岛作为全省海岛开发的重中之重。

11月 凌云市场开工建设，建筑面积6250平方米，拱棚式框架结构。1987年5月1日建成开业，为全县首个综合性市场。

12月8日 南园海珍品有限公司成立，总投资164万元，合同引进外资100万元，为全县首家中外合资企业。

12月14日 长岛军民历经8小时，成功救助在珍珠门海域遇险的“鲁荣渔7122”船上4名渔民。1987年2月，团省委授予参与救助的10名长岛青年“新长征突击手”称号。

12月15日 长岛港客运站建成投入使用，总投资48.5万元，建筑面积1700平方米。

是年 全县栉孔扇贝养殖面积达到460公顷，年产鲜贝1.6万吨，成为全国最大的扇贝生产基地。

是年 县水产研究所承担的“栉孔扇贝自然海区采苗技术”获农业部科技进步三等奖。

1987年

4月8—10日 中国共产党长岛县第五次代表大会召开。五届一次全会选举王爱民为县委书记。

4月16—19日 政协长岛县第二届委员会

第一次会议召开，选举葛长发为县政协主席。

4月17—19日 长岛县第十一届人民代表大会第一次会议召开，选举张寿之为县人大常委会主任，宋修武为县长。

4月 长岛历史博物馆新馆建成，正式对外开放。

5月 中共中央政治局委员、国务院副总理田纪云到长岛县考察。

是月 蓬莱至长岛滚装货运航线开通。

是月 全国第一次环渤海考古研究会在长岛县举行。

6月 长岛县海珍品试验场建成，为全省第一处鲍鱼养殖基地。

7月1日 连接庙岛、小黑山岛、大黑山岛的3根10千伏海底电缆敷设完成并正式送电，线路全长16.3千米，其中海缆长9.6千米，工程总投资136万元。

7月17日 中央军委常委、中央顾问委员会常委王平到长岛县考察。

7月 全国政协副主席雷洁琼到长岛县考察。

8月1日 国务委员姬鹏飞到长岛县考察并题词："把长岛建设成为文明美丽富裕的海上乐园"。

8月8日 省委原书记、省顾问委员会主任苏毅然到长岛县调研并题词："神州宝岛，源远流长"。

8月16日 《人民日报》头版头条刊发《长岛县开放促改革面貌大变》，向全国介绍推广长岛县发展外向型经济的经验。

8月22—23日 省委书记梁步庭到长岛县调研，肯定长岛县浅海开发、发展海珍品养殖，提出在"七五"计划期间把全省沿海和有居民岛屿5海里以内浅海开发利用起来，并题词："长岛文化源远流长"。

8月 中央顾问委员会委员谭启龙到长岛县考察并题词："乘风破浪"。

10月 县委书记王爱民当选中国共产党第十三次全国代表大会代表。

11月1日 县广播电视台建成卫星地面接收站，开通26个频道。

11月 全县党政机关、事业单位撤销非常设机构49个，对保留的44个常设机构进行整顿，严格控制领导职数，压缩人员53人。

是年 县船厂建造的首对185马力钢质渔轮下水投产。全县掀起造船热，185马力钢质渔船逐渐替代135马力和200马力木壳渔船。

1988年

1月 县毛纺厂建成投产，总投资535万元，厂区面积26000平方米，年产针织绒线417吨。

5月9日 长岛省级自然保护区升格为国家级自然保护区。

5月11日 长岛古文化研讨会召开，国家文物局局长吕济民、故宫博物院院长单士元、中国科学院委员贾兰坡及北京大学、中国社会科学院、中国历史博物馆等20余个单位的专家学者与会，全国人大常委会副委员长周谷城致贺电。

5月27日 全国政协副主席杨静仁到长岛县考察并题词："开发长岛"。

6月7日 全国政协副主席钱伟长到长岛县考察并为长岛博物馆题词："华夏文化源远流长"。

6月30日 全国人大常委会委员长彭真到长岛县考察并题词："祝贺长岛县从捕捞为主的水产阶段进入养殖为主的新的历史阶段"。

6月 中央顾问委员会常委胡乔木到长岛县考察，为长岛博物馆题词："中华民族文化的一个摇篮"。

7月12日 国家副主席王震到长岛县考察。

7月17日 中央顾问委员会常委王首道到长岛县考察。

7月22日 中共中央政治局委员、国务委员兼国防部长秦基伟到长岛县考察。

7月27日 长岛县被民政部和解放军总政

治部授予“全国拥军优属先进单位”称号，南长山镇乐园村党支部书记蔡大禹被授予“全国拥军优属先进个人”称号。

7月 全国人大常委会副委员长严济慈到长岛县考察。

8月1日 山东省将荣成成山头和蓬莱、长岛两个省级风景名胜区合并为“胶东半岛海滨风景名胜区”，列为第二批国家重点风景名胜区。

8月21日 中共中央政治局委员、上海市委书记江泽民到长岛县考察。

8月28日 中共中央政治局常委、中央纪律检查委员会书记乔石到长岛县考察。

8月29日 北长山乡首次发现美国白蛾。经普查，北长山、大钦岛、小钦岛、南隍城、北隍城5个乡镇均有发生，疫区面积800余公顷。

是日 全县首次深化渔村经济体制改革研讨会召开。至1995年，每年召开一次，制定一系列渔村经济体制改革政策。

9月1日 农业部部长何康到长岛县考察并题词：“努力把长岛建设成为我国第一流的海珍品养殖基地”。

10月1日 长岛县人民广播电台成立，同时开始自办《长岛新闻》电视节目。

10月24日 中共中央政治局委员、国务院副总理吴学谦到长岛县考察。

11月29日 长岛县被省爱卫会评为山东省卫生县城。

是年 长岛县被省委、省政府授予“社会治安综合治理先进单位”称号。

是年 长岛县被省政府授予“提前实现国家普及儿童免疫第一个目标县”称号。

1989年

4月27—28日 省委、省政府、省军区在长岛县召开“双拥共建”工作座谈会，省委副书记马忠臣、济南军区副政委曹芃生等出席会议。5月10日，省军区印发《关于学习内长山守备部队、长岛县“双拥”工作经验的决定》。

5月14日 中国人民解放军总政治部主任杨白冰到长岛县考察“双拥共建”工作并题词：“向英雄的长岛人民学习，共建海上钢铁长城”“军民共建，军民共育，军民共守，建设文明富裕的新长岛”。

6月18日 市委书记陈建国到县育苗中心和县毛纺织厂调研。

6月28日 市委、市政府印发《关于授予长岛县“双拥共建模范县”称号的决定》，并在长岛县举行命名表彰大会。

7月10日 北长山岛至砣矶岛35千伏海底电缆敷设工程竣工通电，全长21.5千米。

7月18日 省委、省政府、省军区授予长岛县“拥军优属模范县”称号，印发《关于命名表彰长岛“双拥共建”先进单位和模范个人的决定》《关于学习长岛“双拥共建”工作经验的决定》。

8月8日 县委、县政府决定向“老海岛”颁发荣誉证书。“老海岛”标准为中华人民共和国成立前投身革命，在岛上艰苦奋斗20年以上；中华人民共和国成立后参加工作，在海岛工作30年以上；担任村支部书记和村委会主任（大队长）10年以上。

8月10日 中央顾问委员会委员邓力群到长岛县考察并题词：“文化传统源远流长”。

8月12日 长岛革命烈士纪念馆、长山岛战役纪念馆开馆。

8月 砣矶港1000吨级泊位开工建设，总投资740万元。1991年10月竣工。

是月 省委书记梁步庭到长岛县调研。

是月 文化部原部长王蒙到长岛县调研并为长岛博物馆题词：“海嵌群岛美，地绣新屋多。古时传仙迹，今日兴颂歌”。

10月15日 在山东省星火计划成果展交会上，长岛县参展的“栉孔扇贝自然海区采苗与人工养殖技术开发”“F234系列数字交流面板表”“海参补液和扇贝调味汁”3个项目，分获金奖、银奖和铜奖。

是年 砣矶镇后口罐头厂生产的“双顶山”牌原汁海螺罐头获评农业部优质产品。

1990年

2月18日 县委印发《关于我县党政群机关工作人员实行“三三制”的意见》，安排全县党政群机关551名工作人员，22%下基层和劳动，12%参加轮训学习，66%在岗工作。

3月25—27日 中国共产党长岛县第六次代表大会召开。六届一次全会选举宋修武为县委书记。

4月5—8日 政协长岛县第三届委员会第一次会议召开，选举李克特为县政协主席。

是日 长岛县第十二届人民代表大会第一次会议召开，选举张寿之为县人大常委会主任，宋修武为县长。

4月20日 全县科技兴岛大会召开，县委印发《关于依靠科技进步，振兴海岛经济的决定》。

4月30日—5月1日 全县遭受暴风狂潮袭击，直接经济损失达6000余万元。其中，养殖受灾面积达600余公顷，占养殖总面积45%，直接经济损失5000余万元。

6月6日 全国政协副主席卢嘉锡到长岛县考察并题词：“东夷文化源远流长”。

7月17日 全国人大常委会副委员长黄华到长岛县考察并题词：“以养兴渔，以渔兴岛”。

7月23—25日 全省国防教育会议在长岛县召开，省委副书记、省长赵志浩出席会议，会后到砣矶镇调研并题词：“耕海牧渔，建设宝岛。为民造福，为党争光”。

7月24日 国务委员谷牧到长岛县考察。

7月26日 县委书记宋修武作为12名军地代表中唯一的县级代表，参加在北京召开的全国“八一”座谈会，介绍长岛“双拥共建”经验。

7月 国务院研究室主任袁木到长岛县考察并题词：“只缘人间春常在，长岛今日更生辉”。

是月 省委书记姜春云到长岛县调研海岛经济社会发展工作。

8月5日 全国政协副主席汪锋到长岛县考察。

8月6日 全国人大常委会委员长万里到长岛县考察。

8月9日 中共中央政治局常委宋平到长岛县考察，提出“开发海洋是篇大文章”。

8月15—17日 第二次全国海岛市（县、区）长联席会议在长岛县召开，审议通过海岛有关政策建议和联席会规则。

8月29日 省政协副主席、省委统战部部长周星夫到长岛县调研并为航海博物馆题词“航海有术”。

8月 中央顾问委员会常委刘澜涛到长岛县考察并题词：“热爱长岛，建设长岛”。

9月18日 南长山镇王沟村租用南城村的“鲁长渔7512”船因超载在蓬莱县五十里堡海域翻沉，船上10人全部失踪。

9月 中央顾问委员会常委李德生到长岛县考察。

10月8日 长岛县首批10艘大马力渔船开赴南海渔场捕捞生产。

11月21—22日 全县遭暴风狂潮袭击，7处港口、码头和4处船厂、104艘渔船遭到破坏，经济损失5700余万元，2人失踪。

是年 县水产研究所承担的“栉孔扇贝高产综合技术推广”项目，获农业部“丰收奖”一等奖。

是年 长岛县被中宣部、司法部授予“普法工作先进县”称号。

是年 长岛县被国家森林防火总指挥部授予“森林防火先进单位”称号。

是年 长岛县被省政府授予“公办校舍改造优良县”称号。

1991年

1月25日 省人大常委会副主任李晔带领省春节慰问团，到长岛县慰问海岛军民。

4月3日 中宣部部长王忍之到长岛县调研。

4月5日 省委、省政府授予长岛县“精神文明工作先进县”称号。1996年、1998年、2001年又相继获此荣誉。

4月28日 中央纪律检查委员会副书记李正亭到长岛县调研党风建设和社会主义精神文明建设。

5月1日 全县非农业人口粮油销售价格放开，取消定量，实行议价经营，市场调节。

5月15日 济南军区司令员张万年到长岛县调研。

5月20日 全国政协副主席钱正英到长岛县考察风力发电、海水淡化。

5月22日 全国政协副主席王恩茂到长岛县考察并为博物馆题词：“长岛文化历史悠久，光辉灿烂”。

7月10日 全国政协副主席王光英到长岛县考察并题词：“海天一色，绝景迷人”；为博物馆题词：“弘扬民族文化，建设文明宝岛”。

7月15日 砣矶—长岛（南长山）—蓬莱滚装航线通航，县海运公司“鸿鹰”轮每天往返一次，定员300客位，载货100吨。

7月24日 建设部部长侯捷到长岛县调研。

7月 长岛港综合楼开工建设，建筑面积1202平方米。1992年11月竣工。

8月3日 明珠海水浴场开工建设，投资170余万元，面积2万平方米。1992年9月竣工。

8月9日 副省长李春亭、宋法棠到南隍城乡、北隍城乡、大钦岛乡调研“耕海牧渔”和海岛开发。

8月10日 国家计生委主任彭珮云到长岛县调研。

8月17日 国家税务局局长金鑫到长岛县调研。

8月 国务院新闻办公室主任朱穆之到长岛调研并题词：“长岛宝藏”。

是月 国防大学校长张震到长岛县考察并题词：“长岛文化，东夷之光，人民智慧，悠久源长”。

9月10日 邮电部部长杨泰芳到长岛县调研。

9月12日 全国政协副主席杨成武到长岛县考察。

9月 中央顾问委员会委员杨易辰到长岛县考察。

10月28日 中共中央政治局常委、国务院总理李鹏先后考察长岛县海珍品育苗增殖中心和“海上万亩养殖牧场”，指出要通过发展壮大集体经济，不断增强开发海洋的实力，加快海洋开发步伐，推动海岛经济振兴；要通过海水淡化、引水济岛等方式解决好海岛军民的吃水问题。并赋诗：“绿叶顶上一片红，碧海波涛托蓝空。蓬莱海外捞金银，当代八仙显神通”，题词：“耕海牧渔，振兴海岛”。

11月1日 市委书记陈建国到长岛县调研海洋开发和小康县建设。

11月12日 全县房改动员大会召开，城镇住房制度改革启动。

12月10日 长岛县被省委、省政府、省军区授予“双拥模范县”称号。

是年 长岛县被省委、省政府授予“社会文化先进县”称号。

是年 长岛县被省委、省政府授予“‘齐鲁杯’城市‘三上’活动先进县城”称号。

1992年

1月6日 长岛县被农业部授予“水产工作先进县”称号，获农业部“渔业生产先进奖”。

1月9日 全国人大常委会副委员长倪志福到长岛县考察。

1月16日 全国“双拥模范城（县）”命名大会授予长岛县“全国双拥模范县”称号，是山东省受表彰的3个单位中唯一的县级单位。之后，于1994年、1997年、2004年、2008年、2012年、2016

年又相继获此荣誉。

3月 县商业局、粮食局和物资综合公司、工业公司、供销合作社联合社分别从县政府序列和行政事业部门分离出来，组建商业、粮油、物资、二轻工业、供销5个总公司，与财政脱钩；文化、卫生等事业部门与各自所属的单位合并，成立文化中心、医疗中心等，实行“一套人马，几块牌子”，职能由管理为主转为服务为主。

5月11日 省委常委、省委宣传部部长董凤基到长岛县调研。

5月 解放军副总参谋长何其宗到长岛县调研。

是月 解放军总政治部副主任周文元到长岛县调研。

7月3日 长岛县第一条国际海上运输线开通，县渔业公司“长鑫”号货轮首航直达日本。

7月20日 省委、省政府印发《关于表彰长岛县率先成为全省第一个“小康”县的决定》，要求全省各级党委、政府学习借鉴长岛经验，为在全国提前实现第二个翻番目标，达到“小康”水平而努力奋斗。

7月27日 车由岛海区管理人员与南长山镇王沟村村民因海域管理发生争执。次日，部分王沟村村民冲击车由岛，双方发生激烈冲突，造成1名村民死亡。

8月6日 全国政协副主席胡绳到长岛县考察并题词：“乡村恍同城市，海岛疑是天堂”。

8月9日 国家教委副主任柳彬到长岛县调研教育工作并题词：“尊师见识远，重教海岛兴”。

8月15日 国家档案局局长冯子直到长岛县调研。

8月31日—9月1日 全县遭受台风袭击，部分养殖海区、渔船和基础设施受到破坏，经济损失6000余万元。

8月 长岛海域出现大量海蜇洄游，全县共捕获海蜇10余万吨，加工成品2.5万吨。

9月6日 长岛县首届扇贝节在明珠海水浴场开幕，省政协主席李子超、市委书记陈建国等参加开幕式。扇贝节期间，订销水产品2000多吨；签订合资项目7个，合同引进外资124万美元；签订意向书10个，意向引进外资3302万美元。至1995年，每年举办一届。

9月9日 长岛县被林业部批准为首批“国家级森林公园”。

10月 县委书记宋修武当选中国共产党第十四次全国代表大会代表。

11月3日 长岛县政府与中国建设投资（香港）有限公司、中国银行山东信托投资公司共同投资兴办“烟台长岛经济开发有限公司”合同签字仪式在烟台东山宾馆举行，注册资金2988万美元，合资年限为30年。

11月16日 长莱水产有限公司与加拿大亚联集团兴办的合资企业——亚美水产有限公司在加拿大温哥华成立，为全县首家国外合资企业。

是年 长岛县首次组织6艘渔船赴摩洛哥、南太平洋贝劳渔场作业。

是年 长岛县海底底播虾夷扇贝试验获得成功，成为省内第一个虾夷扇贝养殖区。

是年 长岛县被省政府授予“‘齐鲁杯’‘三上’活动优胜县”称号。

是年 长岛县被卫生部、计委、农业部、国家环保局、全国爱卫会授予“中国农村实现2000年人人享有卫生保健规划试点达标县”称号。

是年 长岛县被省委、省政府授予“科教兴鲁先进县”称号。

是年 长岛县被省政府、省军区授予“征兵工作先进单位”称号。

是年 长岛县被全国爱卫会授予“全国农村自来水普及县”称号。

1993年

1月6日 省政协副主席丁方明带领省春节慰问团，到长岛县慰问海岛军民。

2月11—14日 政协长岛县第四届委员会

第一次会议召开，选举骆永铭为县政协主席。

2月12—15日　长岛县第十三届人民代表大会第一次会议召开，选举孙盛华为县人大常委会主任，刘延林为县长。

5月　长岛县被文化部授予“全国文化先进县”称号。

6月13日　中共中央政治局原常委宋平到长岛县考察并题词：“耕海牧渔建宝岛，齐心协力奔富裕”。

7月9日　全国政协副主席钱伟长到长岛县考察。

7月26日　中共中央原主席、国务院原总理、中央军委原主席华国锋到长岛县考察，并题词：“远观”“长岛腾飞”。

7月29日　全国政协副主席洪学智到长岛县考察。

7月31日　文化部原部长王蒙到长岛县调研，并题词：“仙岛今更佳”。

8月5日　全国政协副主席钱正英到长岛县考察。

10月18日　中央军委委员、国务委员兼国防部部长迟浩田到长岛县考察并题词：“拥军爱民，共建共荣”“海岛为家，艰苦为荣，祖国为重，奉献为本”。

11月2日　由长岛县科技开发中心承担的“坑道养鲍技术研究”项目、由县第二育苗厂承担的“中子辐照提高稚鲍成活率技术研究”项目通过省级鉴定，填补国内空白。

11月15—23日　全县遭受罕见风暴潮袭击，持续时间长达9天，风力8~9级，损坏扇贝养殖区300余公顷、渔船30余艘，死亡1人，失踪2人，经济损失9000多万元。

11月　全县开展县乡机构改革，县级党政群机构由改革前的79个精简为34个，精简57%。人员编制由513人精简为330人，精简35.7%。

12月28日　长岛县在全省率先建立数字微波程控本地网，全县10个乡镇、40个行政村全部开通国内程控电话，电话入户率达10.94%。

是年　长岛县组织10艘大马力渔船赴马绍尔从事金枪鱼捕捞生产。

1994年

1月17日　长岛县被国家统计局、国务院发展研究中心评为1993年度全国农村综合实力百强县，名列第88位。

2月　农村社会养老保险在全县推行。1995年12月，农村社会养老保险金首次发放。

3月　中共中央政治局委员、上海市委书记吴邦国到长岛县考察并题词：“耕海牧渔”。

5月23日　国家副主席荣毅仁到长岛县考察。

7月16日　国务委员兼国家科委主任宋健到长岛县考察并题词：“科技兴岛，保护生态”。

7月16—21日　全省第四期领导干部环保研讨班在长岛县举行，副省长张瑞凤出席。

7月21日　南长山镇乐园村投资80余万元为驻军某部兴建的全国首座“拥军楼”竣工剪彩，中央政治局常委、军委副主席刘华清题字“拥军楼”。

7月26日　国务委员李贵鲜到长岛县考察并题词：“海上明珠”。

8月6日　全国人大常委会副委员长、全国妇联主席陈慕华到长岛县考察。

8月12日　全国政协副主席钱正英到长岛县考察。

8月15日　全县遭受强台风袭击，直接经济损失1.6亿元。20日，副省长王建功到受灾最严重的砣矶镇慰问。

10月20日　国家科委副主任邓楠带领全国科技兴海经验交流会议的全体与会人员到长岛县考察“科技兴岛”工作，并题词：“科技兴岛，繁荣长岛”。

12月27日　蓬莱至长岛海底电缆中断，南长山镇、北长山乡、大黑山乡、小黑山乡、庙岛乡、砣矶镇6个乡镇大部分地区停电。经抢修，1995

年1月6日晚恢复正常供电。

12月28日 城区供暖工程竣工运行，采暖面积9万平方米，敷设主管道2.4千米。

是年 长岛县成为“全国首批实现‘两基’先进县”。

是年 长岛县被国家科委、统计局、农业部授予“全国科技实力强县”称号。

是年 长岛县被国家科委授予“科学技术工作先进县”称号。

1995年

3月8—10日 中国共产党长岛县第七次代表大会召开。七届一次全会选举宋修武为县委书记。

3月 长岛县被全国绿化委员会授予“全国造林绿化百佳县”称号。

是月 中国农学会、中国优质产品开发服务协会、国务院发展研究中心等联合举办首批百家中国特产之乡评选活动，长岛县被评为“中国鲍鱼、扇贝、海带之乡”。

是月 经国家科委鉴定，长岛县科技工作27项考核指标均达到国家标准，跨入全国科技进步工作先进县行列。

4月 长岛县船厂职工赵金兰被国务院授予“全国劳动模范”称号。

6月 中共中央政治局委员杨白冰到长岛县考察。

7月7日 市政府印发《关于支持长岛县社会发展综合实验区加速改革与发展的通知》，将长岛实验区的改革与发展纳入烟台市国民经济与社会发展的总体计划。

7月19日 长岛县被国家科委批准为国家级社会发展综合实验区。

7月28日—8月20日 因赤潮和持续高温，长岛县在海阳县开发养殖的140余公顷扇贝大面积死亡，直接经济损失4800万元。

7月30日 长岛县遭受罕见特大暴雨袭击，持续时间达5个小时，最大降雨量达121毫米。

7月 长岛港1000吨级滚装码头开工建设，1996年6月竣工。

8月3—4日 省委书记赵志浩到北隍城乡、南隍城乡、砣矶镇3个乡镇调研考察，提出长岛由全省第一个小康县建设成为全省第一个现代化县的目标，并赋诗：“三十二屿皆仙境，千里海域遍地金。六万人民多智慧，长岛县里日月新”。8月下旬，县委、县政府研究制定《长岛县建设“现代化县”规划（草案）》。11月7日，赵志浩对规划作出批示：“这是一个令人鼓舞的规划，要在实践中验证、完善，在开拓进取中实现”。

10月6日 长岛县首批4对渔船赴印尼渔场作业。

12月25日 《科技日报》刊发县委书记宋修武题为《营造“海底森林”，发展区域性生态型渔业》的文章。国务委员、国家科委主任宋健批示：全面实施科技兴海战略，加大海洋开发的力度和规模，已成为摆在我们面前的一项紧迫而具有重要战略意义的任务。

12月 省委、省政府授予长岛县“全省信访工作先进县”称号。

是年 长岛县被林业部授予“全国沿海防护林体系建设先进单位”称号。

是年 砣矶镇被建设部列为“全国小城镇建设试点镇”。

是年 长岛县被中宣部、司法部授予“1991—1995年度法制宣传教育先进县”称号。

1996年

1月27—28日 副省长张瑞凤带领省新年春节拥军优属慰问团，市委副书记、代市长任海深带领市新年春节拥军优属慰问团，到长岛县慰问海岛军民。

1月 长岛县被农业部授予“菜篮子产品生产先进县”“水产品生产先进县”“全国农民收入先进县”称号。

2月3日 砣矶镇“中远渔1039”船、“中远渔1040”船协同公安边防机关查获“辽大中渔0259”船偷渡案，涉嫌偷渡85人。3月2日，市委、市政府召开表彰“2·3”反偷渡先进集体大会，印发《关于表彰中远渔1039、1040号对船海上反偷渡有功人员的决定》。

3月11日 全县建设“海上花园”动员大会召开。专门设立“添光彩”基金；在机关干部中实行义务劳动“奉献日”制度及一系列规章制度。

3月 长岛县被国家科委授予“科技实力百强县”称号，名列第68位。

是月 长岛县被全国绿化委员会、林业部、人事部授予“全国绿化先进单位”称号。

5月7日 副省长邵桂芳到长岛县调研海洋开发工作。

5月15日 国家科委、计委、海洋局、农业部、解放军总参谋部授予长岛县“全国海岛资源综合开发试验先进单位”称号。

5月28日 全国政协副主席杨汝岱到长岛县考察并题词：“海上金山，光耀中华”。

7月8日 长岛县与驻岛部队联合召开全县“双拥共建”总结表彰大会。省军区司令员张齐红出席。

7月18日 民政部部长多吉才让到长岛县调研。

7月22日 长岛县被国家科委确定为全国十大“科技兴海示范基地”之一。

8月8—9日 长岛地区形象设计与建设暨地区形象理论研讨会召开，中宣部副部长刘云山、新华社原社长穆青等致贺电。

9月2日 南隍城乡党委副书记、乡长、南隍城村党支部书记王成强被评为第七届“中国十大杰出青年”。

10月10日 南长山岛至北五岛客货滚装航线开通。

10月 赵玉才任中共长岛县委书记。

11月21日 北庄史前遗址被国务院确定为第四批全国重点文物保护单位，被考古界誉为中国的“东半坡”。

是年秋 栉孔扇贝大面积死亡。至1998年受灾面积达2.7万亩。至1999年，全县栉孔扇贝养殖面积锐减至6000亩。

12月10—11日 市政府在长岛县召开长岛县创建现代化县规划研讨论证会，副省长张瑞凤出席。

12月31日 蓬莱至长岛海底通信光缆敷设工程开工，翌年1月4日竣工。

是年 长岛县被省政府授予“‘齐鲁杯’活动优胜县”“村镇建设‘十百千’活动先进县”称号。

是年 受印尼政局影响，11对在印尼专属经济区水域生产作业的大马力渔船被迫中途回国，12对新建大马力渔船无法赴印尼生产作业，远洋捕捞业负债沉重。

1997年

1月24日 中德长岛风电项目评审签字仪式在长岛县举行，该项目由长岛县政府与省、市电力部门合资开发经营，享受高出网电价格在全省均摊政策。

1月 全县离退休人员养老金实行社会化发放。

3月10日 长岛县第十三届人民代表大会第五次会议召开，选举王国强为县长。

6月12日 副省长陈建国到长岛县调研。

6月25日 省人大常委会副主任郭松年到长岛县调研。

6月26日 中共中央统战部副部长刘延东到长岛县调研。

7月1日 长岛县在全市率先开通中央加密电视节目，并于1999年通过微波联网将加密节目传送至各乡镇，电视节目达到27套。

8月8日 省委书记吴官正到长岛县调研渔养生产、企业经营以及旅游事业发展。

8月19—21日 全县遭受台风袭击，失踪2人，部分小码头冲毁，沉船27艘。

8月29日　国务委员兼国务院秘书长罗干到长岛县考察。

9月　交通部烟台安全监督局在长岛县成立北长山雷达站（VTS），负责长山水道船舶交通管理工作。

是年　长岛县被省委、省政府授予“全省信访工作先进单位”称号。

1998年

2月5—8日　政协长岛县第五届委员会第一次会议召开，选举林春丰为县政协主席。

2月6—9日　长岛县第十四届人民代表大会第一次会议召开，选举赵玉才为县人大常委会主任，于旭华为县长。

4月3日　县委、县政府印发《关于进一步深化企业改革的试行意见》，推行股份制、股份合作制、租赁经营。

4月　全县设立22个海洋环境监测站点，重点监测海水温度变化，海水理化因子和栉孔扇贝、贻贝、牡蛎幼虫及浮游生物情况，并通过县电台、电视台每周发布海洋监测信息。

7月20—22日　中国共产党长岛县第八次代表大会召开。八届一次全会选举姜必欣为县委书记。

8月10日　山东航运集团对下属企业进行资产重组，合并蓬莱港、长岛港成立山东渤海轮渡有限公司。2005年12月，长岛、蓬莱两港脱离渤海轮渡公司，由蓬莱西港和长岛港成立烟台蓬长客港有限公司。

8月19日　蓬长35千伏2条备用海缆完成敷设，与原有的4条海缆构成双回输电，县城区电力供应得以保障。

10月8日　县委、县政府印发《关于优化调整海水养殖结构实施意见》，提出把海带、栉孔扇贝、海湾扇贝、海参、鲍鱼、虾夷扇贝、虾夷海胆和鱼类八大养殖品种作为养殖结构调整重点，明确各品种发展计划。

10月14日　县海水增养殖示范基地承担的“栉孔扇贝延绳吊漂下沉筏架养殖技术研究与开发”、县科委科技开发中心承担的“皱纹盘鲍优势种群的选择复壮试验”和县水产养殖公司承担的“深水大流（近海）海区海珍品增养殖技术开发”3项科研课题通过省级专家鉴定。

是年　长岛县被省政府授予“全省‘齐鲁杯’创建现代化城市活动优秀县城”称号。

1999年

4月　以“吃住在渔家，游乐在海上”为特色的“渔家乐”旅游项目兴起。5月1日，南长山镇王沟村11家“渔家乐”业户正式投入运营。

5月8日　国务委员、国务院秘书长王忠禹到长岛县考察。

6月1日　南长山岛至北隍城岛海底电缆开始敷设。6月30日，北四岛海底电缆敷设完成，全县10个有居民岛全部实现电网供电，共投入二批农网建设改造资金6350万元。

7月20日　中共中央政治局原常委、中央军委原副主席刘华清到长岛县考察。

8月5日　全国人大常委会副委员长、全国妇联主席彭珮云到长岛县考察。

9月1日　全国政协副主席张思卿到长岛县考察。

9月25日　长岛风力发电项目一期工程竣工，总投资6226万元，9台装机总容量5400千瓦。长岛成为全省首个商业运营的风力发电场。

11月24—25日　受北方强冷高压气流影响，全县遭受大风侵袭，海面风力8级、阵风10级，损失船只5艘，失踪13人。

是年　长岛县被水利部授予“全国水土保持生态环境监督管理规范化建设县”称号。

2000年

1月　长岛县被建设部授予“第三次全国城

市环境综合整治先进县城”称号。

5月2—3日 市委书记任海深到南隍城乡、北隍城乡、大钦岛乡和小钦岛乡调研。

6月27日 中共中央纪律检查委员会副书记陈作霖到长岛县调研。

6月30日 县城区海水淡化站开工建设。11月27日，主体工程竣工。2001年7月1日，正式供水，日淡化海水1000吨。

7月18日 中共中央组织部副部长张柏林、黄晴宜到长岛县调研。

7月21日 全国政协副主席杨汝岱到长岛县考察。

7月26日 中共中央政治局委员、全国人大常委会副委员长田纪云到长岛县考察并题词：“海上仙山长岛”。

8月3日 国家林业局在长岛县召开封锁扑灭松材线虫病现场会。

10月11日 四川集装箱船运公司所属“川集1号”轮在砣矶岛附近海域发生主机故障遇险，长岛县组织实施海上救援，船舶及12名船员全部获救。

10月21日 长岛县经济开发公司与香港美加国际投资有限公司合资2160万元，成立长岛海洋有机碘有限公司。

11月 长岛风力发电开发有限公司成立，注册资本3600万元。

2001年

1月14日 砣矶镇“鲁长渔3046”船在海驴岛附近触礁搁浅，经省、市、县各级组织施救，10名遇险渔民全部获救。

4月6日 全县渔村税费改革动员会议召开。2002年8月12日，印发《长岛县渔村税费改革(试点)实施方案》，全面推行渔村税费改革。

4月17日 济南军区司令员陈炳德到长岛县调研。

5月1日 蓬莱至长岛航线气象预报服务开通。

5月9日 市委书记任海深到长岛县调研旅游发展工作。

6月8—15日 在第二届APEC投资博览会上，长岛县与外商签订进出口贸易合同额2800万美元，签订利用外资项目合同、协议4个，外资额4050万美元。

6月21日 司法部副部长段正坤到长岛县调研。

6月 省政府批复成立山东省庙岛海豹省级自然保护区。9月6日，庙岛海豹省级自然保护区管理处挂牌，主要保护对象为斑海豹及其生态系统。

7月28日 首届长岛(南长山)“渔家乐”民俗文化节在南长山镇王沟村仙境源景区举办，中央电视台、山东电视台、《旅游报》《大众日报》等多家媒体予以报道。

9月4日 市委副书记、市长杨金镜到长岛县调研养殖结构调整、基础设施建设、旅游业发展工作。

10月28日 上午5时许，龙口港通海运有限公司所属“通惠”号滚装货轮在小钦岛海域爆炸起火，长岛军民实施救援。至晚22时，“通惠”轮沉没，船上32人5人生还，其中，小钦岛乡渔船救起4人，另外1人被途经货轮救起。

是年 长岛县被水利部、财政部授予“全国水土保持生态环境建设示范县”称号。

是年 长岛县被省委、省政府授予“2001年度全省社会治安综合治理先进县”称号。

2002年

4月12日 台湾海峡两岸合作发展基金会董事长张世良到庙岛显应宫参观交流。

5月2日 第一届山东·长岛“渔家乐”民俗文化旅游节在明珠广场开幕。

5月3日 中共中央政治局常委、国务院副总理李岚清在中央政治局委员、省委书记吴官正等陪同下，到长岛县考察教育工作，看望长岛中学师生。吴官正提出将适时召开现场办公会，专题研究长岛问题。

5月5日　妈祖诞辰暨庙岛显应宫香缘880年庆典活动在庙岛举办，10个国家和地区的海外侨团向妈祖庆典组委会致贺电，台湾彰化八卦山大佛风景协会组团专程到庙岛奉祀。

7月7日　国家林业局副局长李育才到长岛县调研。

7月　全国人大常委会副委员长吴阶平到长岛县考察。

8月12日　副省长陈延明到长岛县现场办公，筹备省委、省政府长岛现场办公会相关事宜。

8月14日　省委、省政府在长岛县召开现场办公会议，省委副书记、省长张高丽，副省长韩寓群、陈延明、赵克志、王仁元，省政协副主席林书香等出席。张高丽要求长岛解放思想、总结教训、坚定信心，集中精力发展经济，培植新的增长点，实现三年大发展、大变样，走到全国海岛县前列。

9月18日　长岛县国家可持续发展实验区通过科技部检查验收。

11月14日　市委副书记、市长杨金镜在长岛县主持召开现场办公会，专题研究落实省委、省政府长岛现场办公会精神。

11月21日　《中韩渔业协定》签订后，长岛县首批4艘渔船到韩国专属经济区水域生产作业。

12月9日　副省长赵克志到长岛县就支持长岛城市建设、交通建设和旅游事业进行调研，现场办公。

12月31日　南长山岛至大竹山岛10千伏海缆敷设成功，电缆总长20.5千米，投资861万元，被誉为“全国拥军第一缆”。

是年　全县旅游门票收入首次突破千万元，旅游直接收入1.1亿元。

是年　长岛县被全国爱卫会授予“农村卫生厕所普及工作先进单位”称号。

2003年

1月17—20日　政协长岛县第六届委员会第一次会议召开，选举王国强为县政协主席。

1月18—21日　长岛县第十五届人民代表大会第一次会议召开，选举于旭华为县人大常委会主任，吴德强为县长。

1月22—24日　中国共产党长岛县第九次代表大会召开。九届一次全会选举于旭华为县委书记。

2月22—23日　大连渤海轮船公司所属“辽旅渡7”客轮在砣矶岛西部海域遇险，经过长岛军民奋力营救，81名遇险人员全部救起，其中77人生还。

2月25日　长岛至蓬莱110千伏变电站开工建设，4月30日输变电海缆敷设成功。

4月17日　全县启动非典型肺炎防治工作，组建7个发热门诊，设置228个发热监测点，在港口（含蓬莱港）设置检疫组，在北长山乡原北京工人疗养院设留验站，对来自“非典”发生地的人员采取在留验站留验观察或居家隔离观察14天措施。至7月20日疫情解除，全县共接诊发热病人423例，留验观察182例，未出现非典型肺炎病例。

4月20日　金鼎商贸城奠基，10月竣工，建筑面积1.3万平方米。

4月24日　市委书记焉荣竹到长岛县调研城市建设、渔业生产、“渔家乐”旅游以及绿化美化等工作，并在大竹山岛主持召开现场会。

5月27日　农业部长岛人工鱼礁第一期工程海上投放仪式在长岛渔港举行。

5月28日　市委副书记、市长周齐到长岛县调研退耕还林、风力发电、水产品加工、海珍品底播、城市建设、旅游开发、海水淡化以及非典型肺炎防治等工作。

5月　全国人大常委会副委员长姜春云到长岛县考察。

6月6—8日 济南军区司令员陈炳德、政委刘冬冬，市委副书记、市长周齐到长岛县调研对外开放工作。

7月10日 中国国民党主席连战、亲民党主席宋楚瑜分别为显应宫题字“德被海疆”和“福佑万民”。

8月12日 国家民委主任李德洙到长岛县调研。

10月2日 中共中央台湾工作办公室、国务院台湾事务办公室主任陈云林到长岛县调研对台交流工作。

10月10日 副省长蔡秋芳到长岛县调研防震减灾工作。

是年 “渔家海上游”“小康渔家”旅游商标相继注册成功，“渔家乐”品牌初步形成。

是年 长岛县被省委、省政府授予“计划生育优质服务先进县”称号。

2004年

2月25日 《海上仙山—长岛》专题片制作完成，首次用中、日、韩三种语言对外招商推介。

4月25日 长岛县制定《“渔家乐”旅游项目管理办法》，推行渔家乐公司化管理。

4月30日 县电业总公司经理吴德运被中华全国总工会授予全国“五一劳动奖章”。

6月12日 中国侨联副主席林明江到长岛县调研侨务工作和旅游投资环境。

7月3日 省委常委、市委书记焉荣竹到长岛县调研城乡基础设施建设、风电工程和海珍品增养殖等工作。

7月21日 长岛“渔家乐”项目被国家旅游局命名为全国首批农业旅游示范点。

8月3日 省军区司令员谈文虎到长岛县调研。

8月20日 凌云市场拆除，商业步行街开工建设，2006年3月竣工投入使用，建筑面积2万平方米。

8月24日 省委常委、省军区政委张秉德到长岛县调研。

8月29日 武警总部副政委张钰钟、省军区参谋长金培昌、武警山东总队总队长杨正武到长岛县慰问驻岛官兵。

是日 中国侨联“侨心工程”向县第二实验小学资助20万元，扩建“长岛县侨心小学”。

9月3日 北隍城乡党委副书记、乡长冷彩凌被中组部、中宣部、中央文明办、人事部授予“人民满意的公务员”称号。

2005年

3月18日 交通运输部北海救助局南隍城救助站开工建设。2006年4月20日，工程竣工，总投2998万元。

3月23—25日 公安部、外交部、解放军总参谋部、济南军区、省军区、省政府联合调研组到长岛县调研对外开放事宜。

5月3日 国家宗教局局长叶小文到长岛县调研。

5月4日 全国侨联副主席林淑娘到长岛县调研。

5月7日 全国政协副主席王文元到长岛县考察。

5月 南隍城海珍品发展有限公司生产的海参、鲍鱼、海带、裙带菜、海胆5种海珍品获农业部农产品质量安全中心无公害农产品产地认证和无公害农产品认证。

是月 长岛港服务设施改造工程竣工，新建4500平方米港口客运站、2万平方米港内外广场及排水、防护等设施。

7月6日 长岛县首次将“渔家乐”纳入星级评定和管理，由县旅游管委会和精神文明委员会牵头评选出AAA级“渔家乐”业户20家，颁发“渔家乐”示范户牌匾。

7月10日 中国科协主席、全国人大常委会原副委员长周光召到长岛县考察。

7月26日 济南军区司令员范长龙到长岛县调研。

7月28日 国家环保总局局长解振华到长岛县调研生态县建设工作。

7月30日 副省长陈延明到长岛县调研海岛居民饮水及海珍品养殖工作。

7月 长岛县被中国人民解放军总参谋部授予“全国军事设施保护工作先进单位”称号。

8月1日 由中国定向运动协会、省少工委和山东移动通信公司主办，长岛县委、县政府承办的“中国青少年—相聚长岛欢乐营”在明珠广场举行开营仪式，来自香港、澳门等全国各地的100余名青少年参加。

8月4日 省政协副主席、省委统战部部长齐乃贵到长岛县调研。

9月5日 长岛县被国土资源部命名为“国家级地质公园”。

9月6—8日 第十三次全国海岛联席会议暨首届海岛发展论坛在长岛县召开。

10月3日 省委副书记、政法委书记高新亭，副省长王仁元到长岛县调研基础设施建设及风力发电工作。

10月10日 长岛县被《中国国家地理》杂志评选为“中国最美十大海岛”。

10月22日 长岛县被国家统计局、国务院发展研究中心评为2004年度全国农村综合实力百强县，名列第91位。

11月12日 南长山镇山前村发生家禽不明原因死亡，全县禽流感防控工作启动紧急预案，设49个监测点实施防控，未出现疫情。

12月16日 长岛县被中国中小城市科学发展评审委员会评选为“2005年度全国中小城市综合实力100强”“2005年度全国最具投资潜力中小城市50强”称号。

是年 长岛县被中华全国工商业联合会旅游商会、亚太旅游联合会、首都旅游集团评为“中国最佳避暑胜地”。

是年 长岛县被国家海洋局授予“全国海域使用管理示范县”称号。

2006年

2月20日 大黑山岛海岸潮间带发现大量油污和黑色油块，县委、县政府启动突发环境污染事件应急预案。2月23日，国家海洋局北海监测中心，烟台市海洋监测预报中心、海洋渔业局组织人员到长岛县现场采样调查海域污染情况。

3月19日 县城区教育布局调整工程奠基，2008年1月竣工，新建长岛中学、职业中专，投资4463万元，建筑面积1.6万平方米。

3月20日 省委副书记、省长韩寓群，副省长赵克志，省政府秘书长周齐，市委副书记、代市长孙永春等到长岛县调查长岛海域油污染事件，实地察看月牙湾景区、南长山镇连城村沿海地带油污染情况。至4月1日，全县共清理油污11吨。

4月14日 长岛县被建设部评为“全国十大园林县城”。

4月29日 海上游首航在长岛港举行启动仪式。

5月12日 济南军区司令员范长龙到长岛县调研。

5月 省委常委、市委书记焉荣竹到长岛县调研。

7月20日 中共中央政治局原常委、国务院原副总理李岚清，山东省委书记张高丽，烟台市委副书记、市长孙永春到长岛县考察海上养殖、风力发电和城市建设，提出把长岛建设成为山东的“海上明珠”。

7月30日 全国政协副主席李兆焯到长岛县考察。

8月3日 国务院台湾事务办公室副主任王富卿到长岛县调研对台工作。

8月 全县教育布局调整，长岛中学初中部分别与长岛县第一、第二实验小学合并，成立长岛县第一、第二实验学校（九年一贯制学校）；长岛中学高中部与长岛县高级职业学校合并，成立长岛县高级学校，2008年4月又各自独立。

是月 副省长才利民到长岛县调研。

9月14日 中共中央政治局委员、国务院副总理回良玉到长岛县考察风电二期工程及海珍品增养殖基地。

9月24日 烟台（长岛）第二届妈祖文化节暨海峡两岸妈祖文化研讨会在长岛县举行，海峡两岸关系协会副会长张铭清到会致辞。专家学者、宫庙代表和实业界人士200余人应邀出席。此次活动被国务院台湾事务办公室列为对台文化交流重点项目。

11月 长岛县被中国中小城市科学发展评价体系研究课题组评为“2006年度全国十佳节约型中小城市”“2006年度全国中小城市综合实力百强”。

12月11日 市委副书记、代市长张江汀到长岛调研风力发电、城市建设、海洋渔业工作。

12月19日 县城区实现全天24小时连续供水。

12月30日 长岛县海上搜救中心成立。

12月 南长山镇连城村党支部书记、村委会主任刘新贵获“中国杰出青年农民”称号。

是年 北长山岛大头山空气监测站被国家环保局批准为国家级空气质量区域对照点。

是年 长岛县被科技部授予“国家可持续发展实验区工作先进集体”称号。

是年 长岛被中国企业文化促进会、中国工业设计协会、人民日报市场报社、中国质量与品牌杂志社评为“中国旅游行业十大影响力品牌”。

2007年

1月21—23日 中国共产党长岛县第十次代表大会召开。十届一次全会选举姜清春为县委书记。

1月 庙岛显应宫及宋城遗址、北长山岛珍珠门遗址、猴矶岛灯塔等3处田野文物被省政府公布为省级文物保护单位。

2月3日 渤海湾地区陆岛空中救援网暨长岛直升机起降点正式启用。交通部北海救助局与长岛县联合举行渤海湾海空立体救援演练，北海第一救助飞行队与“北海救201”船参加演练。

2月 长岛县跻身“山东县域旅游品牌十强”。

3月3日 市委副书记、市长张江汀及国家海洋局北海分局、国家海洋局北海监测中心、省海洋与渔业厅等有关部门负责人到长岛县察看海洋油污染情况。3月7日、5月31日，国家环保总局、省政府相继组织相关单位及专家到长岛县调查。

5月 济南军区政委刘冬冬到长岛县调研。

6月5日 省委副书记、省长韩寓群到长岛县考察指导南北长山跨海大桥规划设计、海上风场开发、城市总体规划、旅游度假区开发等重点工程项目。

7月5—6日 市委、市政府在长岛县召开支持长岛科学发展现场会议，印发《关于支持长岛科学发展的意见》，提出要把长岛建设成为黄渤海交汇共有的璀璨明珠和中国最美海岛。

8月1日 中央电视台中文国际频道《走遍中国》栏目组到长岛县拍摄《神秘的史前面具》等6集系列专题片。12月在中央电视台中文国际频道黄金时段播出。

8月8日 长岛县被中国旅游精品推广大会评为“中国最佳生态旅游县”。

9月18日 中国·长岛中华妈祖文化节开幕，1000多名海内外来宾、40多家新闻媒体和上万名海岛群众参加活动。

11月21日 大钦岛乡“鲁长渔运926”船非法载客超载，在蓬莱海域沉没，死亡16人。

11月30日 解放军总参谋部、军委办公厅、公安部联合调研组到长岛县就长岛局部对外开放进行调研。

12月8—10日 政协长岛县第七届委员会第一次会议召开，选举王德奎为县政协主席。

12月9—12日 长岛县第十六届人民代表

大会第一次会议召开，选举姜清春为县人大常委会主任，张延廷为县长。

12月 中共中央军委委员梁光烈到长岛县考察。

是月 济南军区司令员范长龙到长岛县调研。

是月 副省长郭兆信到长岛县调研。

是年 长岛县被国家旅游局评选为全国首批旅游强县。

2008年

2月28日 庙岛大型妈祖露天塑像奠基典礼在庙岛举行，国务院台湾事务办公室副主任王富卿、国家宗教局局长叶小文、中国侨联副主席林淑娘、中国道教协会会长任法融等出席仪式，台湾地区各界人士、海内外友好宫庙代表和宗教界代表、新闻媒体记者及海岛群众共4700余人参加。后因故未建成。

4月14日 长岛县被农业部命名为"国家级水产种质资源保护区"。

4月29日 长岛县首艘抗风能力8级的客货滚装船"新长通1"轮投入运营。

5月2日 长山列岛国家地质公园在望夫礁景区揭牌。

5月7日 南长山岛、北长山岛区域道路亮化工程完工，总长20千米，投资640万元，城区主干道路实现亮化全覆盖。

5月 "五万海岛人，同献报国心"，全县向"5·12"汶川特大地震灾区募集捐款538万元，人均125元，位居全市首位。

6月7日 "长岛渔号"列入第二批国家级非物质文化遗产名录。

6月 省人大常委会副主任鲍志强到长岛县调研。

是月 长岛县"南隍城"牌海参、鲍鱼成为北京奥运会指定海产品，是山东省唯一获得奥运期间进京许可的天然野生海珍品。

7月23日 南隍城岛、北隍城岛和大钦岛、小钦岛海域被农业部认定为首批国家级皱纹盘鲍、光棘球海胆、刺参和栉孔扇贝种质资源保护区。保护区总面积6600公顷，其中核心面积2100公顷、实验区面积4500公顷。

7月 省人大常委会副主任陈延明到长岛县调研。

8月7日 长岛县首艘滚装危险品运输船"长通9"轮投入运营，结束县内无专用船舶运输危险品的历史。

9月27日 长岛县被科技部批准为国家可持续发展先进示范区，成为全国首批13个国家可持续发展先进示范区之一。

10月5日 全长23千米的南长山至砣矶海缆更换敷设完成，实现"岛岛通长电"，项目总投资6356万元。

10月7日 "2008年中国·长岛中华妈祖文化节暨戊子年公祭妈祖大典"在庙岛显应宫举行。是年，该活动被评为山东省对台交流优秀项目。

10月10日 全县首座污水处理厂和污水管网敷设项目建成并投入运营，总投资2600万元，日处理污水量3000吨。

10月16日 受国务院、中央军委委托，公安部正式批准长岛县局部地区对外开放，局部对外开放的区域为南长山岛、北长山岛、庙岛、小黑山岛4个岛屿和指定海域以及登州水道。

11月23日 全县10个有居民岛海底通信光缆敷设完成，全长56千米，总投资2000万元。

12月18日 南长山镇和乐园村被省旅游局分别命名为全省首批旅游强乡镇和全省首批特色村。

2009年

2月13—16日 受南北方冷暖空气共同影响，长岛县遭受持续大风暴雨侵袭，风力8级、阵风10级，过程降水量达296.2毫米，伴有较强的雷电，直接经济损失1.2亿元。

2月23日 东海岸整体开发暨渔村整村改造启动仪式在南长山镇赵王村举行。

是日 来自美国、挪威、荷兰和瑞典的9名游客到长岛县旅游，局部开放的长岛迎来首批外籍游客。

3月12日 “开放的长岛欢迎您”暨旅游消费券首发仪式在烟台举行，在全省发行旅游消费券5000万元。

3月29日 长岛县被中华环保联合会、中国城市科学研究会、中国农业生态环境协会、中国社会科学院数量经济与技术经济研究所评为“中国绿色名县”。

4月30日 全县防治甲型H1N1流感进入应急状态。6月23日，在蓬莱港设立10人工作组，全天候监测进岛人员，至11月17日结束，无疫情出现。

4月 省军区司令员谈文虎到长岛县调研。

6月13日 35千伏西三岛变电站送电成功，西三岛实现双电源供电。

6月24日 南隍城海珍品良种繁育中心基地项目被农业部列为2009年农业综合开发优势特色种养示范项目。

8月17日 全国人大财政经济委员会副主任委员韩寓群到长岛县调研。

9月20日 县人民医院开通远程医疗服务系统。

9月27日 “长岛木帆船制造技艺”“长岛显应宫妈祖祭典”被省政府公布为第二批省级非物质文化遗产传统技艺、民俗。

9月 县人民医院综合改造工程被列为全国第四批扩大内需投资计划，争取国家及省配套资金3000余万元，建设传染病防治楼。

10月5日 副省长才利民到长岛县调研国际生态旅游岛建设。

12月22日 长岛县被第三届中国旅游论坛暨中国旅游高端智库专家联席会议评为“中国优秀生态旅游县”。

是年 中共中央政治局委员、国务院副总理回良玉对长岛县营造100万亩海底森林和100万亩生态养殖基地的“两个一百万”生态养殖模式做出批示，要求在全国予以推广。

是年 长岛县被国家人口和计划生育委员会授予“全国计划生育优质服务先进单位”称号。

2010年

1月1—4日 全县持续4天强风暴雪，低温寒流，4137公顷筏式养殖区、83处海参围堰和40多处围网海参养殖区受损，损坏渔船14艘，陆上育保苗场、养殖仓库31处，造成渔业经济损失9800万元。

2月21日 长岛海带、海胆、扇贝3件地理标志证明商标在国家商标局完成注册。至此，全县拥有海参（活、非活）、鲍鱼、海带、海胆、扇贝5类6件地理标志证明商标。

2月 “海上仙山”被省工商局认定为山东省著名商标。

3月19—21日 长岛县通过第三次全国文物普查验收，获得优秀等级。

6月23日 长岛县被全国生态文明先进县推介委员会、全国生态文明建设发展论坛组委会授予“全国生态文明先进县”称号。

6月26—28日 渤海海峡跨海通道课题调研组到长岛县调研，实地踏勘南长山岛、大钦岛、北隍城岛，召开渤海海峡跨海通道战略规划项目组座谈会。

6月30日 山东省长岛中心渔港建设项目开工。2014年9月20日主体工程竣工，项目总投资8000万元。

7月26日 邱长线110千伏海缆因外力破坏出现故障，造成全县停电。经抢修，8月6日恢复供电。

8月16—17日 首届海岛经济论坛先后在烟台市芝罘区东山宾馆和长岛县举行，全国人大常委会原副委员长成思危，博鳌论坛亚洲论坛原秘书长龙永图，美国哥伦比亚大学教授、诺贝尔经济学奖获得者罗伯特·蒙代尔等60余名专家学者和经济界人士与会，龙永图、张登义等21名与会学者被聘为长岛县高级顾问。

9月11日 长岛县举办"首届海鲜节暨千人海鲜宴"活动。

9月13日 中共中央政治局原常委、国家原副主席曾庆红到长岛县考察。

9月16日 长岛长山尾海洋遗迹省级海洋特别保护区获省海洋与渔业厅批复设立，保护面积2.97平方千米。

9月28日 省委、省政府在济南市召开长岛国际休闲度假岛规划专题会议，省委常委、常务副省长王仁元主持会议，明确由省政府牵头编制长岛休闲度假岛规划。

10月24—25日 2010中国·长岛中华妈祖文化节暨海峡两岸妈祖文化交流研讨会在烟台市举办。

10月30—31日 美国斯坦福大学骨科医疗中心主任甘波和瑞斯克到长岛县义诊。

11月4日 "长通12"滚装船在县船业总公司下坞，为全县首艘用于海上油田服务、码头建设的工程专用船舶。

2011年

1月4日 国务院批复《山东半岛蓝色经济区发展规划》《山东半岛蓝色经济区改革试点工作方案》，提出"提高旅游产品质量和国际化水平，建设长岛休闲度假岛"。3月15日，长岛国际休闲度假岛建设列入《山东省国民经济和社会发展第十二个五年规划纲要》。

1月21日 长岛县天然气集中供气工程正式开通，1000余户城区居民用上天然气。

3月 长岛县被列入全市新型农村社会养老保险试点，推行农村个人缴费、集体补助、政府补贴相结合的资金筹集机制。

4月14日 市委书记孙永春到长岛县调研。

5月18日 县城区垃圾中转站投入试运行，对城区生活垃圾集中压缩外运。

5月22日 省委、省政府在济南召开长岛国际休闲度假岛规划评审会。

6月25—26日 第5号热带风暴"米雷"袭击长岛，海面风力8~9级，阵风10级，强风持续12个小时。砣矶岛后口湾、大钦岛东部、南隍城岛东菜园湾等海域的筏式和网箱养殖、沿岸养殖设施、渔船和养鱼网箱受损严重，造成直接经济损失约1.02亿元。

6月 市委副书记、代市长王良到长岛县调研。

7月21日 国家大气背景监测站长岛监测站举行揭牌仪式。

7月27—28日 副省长王随莲到长岛县检查基层医疗卫生体制改革工作。

7月 长岛县被列入全市城镇居民社会养老保险试点，城乡居民社会养老保险制度实现"全覆盖"。

10月1日 《城区老年人、儿童乘坐公交车免费及学生票打折管理办法》《长岛籍老年人及中小学生儿童乘船优惠政策》《北三岛航线补偿办法》实施。

10月12日 省委常委、副省长孙伟到长岛县调研。

11月21日 长岛县首批16个海岛地名标志设置完成。

12月23日 长岛县被中央精神文明建设指导委员会授予"全国文明县城"称号。

12月28—30日 中国共产党长岛县第十一次代表大会召开。十一届一次全会选举张延廷为县委书记。

2012年

1月8—11日 政协长岛县第八届委员会第一次会议召开，选举宋昌林为县政协主席。

1月10—13日 长岛县第十七届人民代表

大会第一次会议召开，选举张延廷为县人大常委会主任，李胜刚为县长。

2月28日 南长山岛与北长山岛联岛大桥开工建设，全长1510米，总投资1.62亿元。2014年9月30日竣工通车。

4月9日 长岛至蓬莱陆岛交通货物滚装码头(长岛港区)开工建设，总投资1600余万元，建设1000吨级滚装泊位及配套设施。2013年7月3日竣工。

4月23日 县国有资产运营中心与长江宜昌航道工程局签订西海岸填海造地工程施工合同，合同总标的额1.05亿元，计划填海造地68.27公顷。

5月17日 全县部门包村暨选派"第一书记"到村任职工作启动，39名县乡机关干部担任39个渔村专(兼)职第一书记。

5月21日 长岛县志愿者协会第一次会员代表大会召开，选举产生第一届理事会。

5月23日 全县119户"渔家乐"经营业户被评为山东省首批"星级好客人家"。

5月27日 蓬莱至长岛跨海引水项目签约仪式在济南市举行，项目总投资1.79亿元。2013年6月26日开工建设。2014年10月30日竣工，南长山岛、北长山岛近2.8万人饮水难题得到解决。

6月19—21日 全国海岛开发与保护暨海洋工程防灾减灾论坛在长岛县召开。

7月1日 市委、市政府印发《中共烟台市委、烟台市人民政府关于强化帮扶栖霞、支持长岛发展的意见》，确定自2012年起强化支持长岛发展3年，每年给予长岛县4000万元用于改善民生和基础设施、公益事业等项目建设。

8月14日 蓬莱至长岛的航路内划定交通管制水域，实施船舶分道通航。

是日 省人大常委会副主任国家森、尹慧敏到长岛县调研。

8月23日 北隍城乡中心小学教师葛丽华在中央电视台和光明日报举办的"寻找最美乡村教师"评选中，获"特别关注乡村教师"称号。

9月1—2日 市委副书记、市长王良到长岛县考察通用机场规划。

9月3日 邱长Ⅱ线110千伏海缆敷设工程开工，总投资9412万元。9月24日，敷设完工投入使用。

9月15日 烟台至长岛海上旅游观光高速客运航线正式开通。2014年3月停止运营。

10月 长岛旅游景区被全国旅游景区质量等级评定委员会评定为国家AAAA级旅游景区。

11月4—12日 全县连续两次受强风暴潮袭击，海面风力8~9级，阵风达到13级，伴有中到大雨，养殖和渔业基础设施不同程度受损，受灾人口近2000人，直接损失1.49亿元。

11月 大钦港、小黑山港、庙岛南口港开工建设1000吨级客货滚装泊位，总投资4400万元。2013年12月竣工。

12月12日 《长岛休闲度假岛发展规划》经省政府批复实施。

12月14日 长岛县被省海洋渔业厅批准为省级海洋生态文明示范区。

12月21日 长岛县被国家海洋局批准为国家级海洋公园。

是年 长岛县被国土资源部授予"第三批地质灾害群测群防'十有县'"称号。

是年 长岛县被农业部批准为"许氏平鲉国家级水产种质资源保护区"，保护面积1000公顷。

2013年

1月14日 长岛县被省商务厅、山东出入境检验检疫局、省财政厅、省农业厅四部门授予"山东省出口农产品质量安全示范区"称号。

1月17日 首届"长岛好人"颁奖典礼举行，9名个人和1个团体获此殊荣。

3月6日 市委书记、市人大常委会主任张江汀到长岛县调研。

3月29日 县城区南线公交客运线路开通，

南长山岛、北长山岛实现村村通公交。

3月 南隍城乡南隍城村被省委农村工作领导小组授予“山东省生态文明村”称号，跻身首批省级生态文明村行列。

4月22日 渤海生态修复长岛示范区建设项目获农业部批复实施。

5月2日 南隍城乡被环境保护部公布为2011年度国家级生态乡镇。

5月7日 “长岛砣矶砚雕刻技艺”被省政府公布为第三批省级非物质文化遗产传统技艺。

5月16日 长岛县被国家海洋局批准为首批国家级海洋生态文明建设示范区，成为全国首批12个国家级海洋生态文明建设示范区之一。

5月20日 市委、市政府印发《关于支持长岛加快建设中国北方生态旅游度假岛的意见》。

5月 猴矶岛灯塔被国务院公布为第七批全国重点文物保护单位。

6月4日 “2013山东渤海生态养护放流启动仪式”在长岛县举行，放流鱼类品种8个、优质苗种228万尾。

6月19日 长岛县妈祖文化交流协会成立。

7月18日 长岛县创建省级农产品（渔业）质量安全示范县项目通过验收。

8月2日 长岛县首艘一级成品油油轮“常丰7”投入运营，载重吨位4300吨。

8月3日 南长山岛环岛慢行旅游服务系统一期工程开工。2017年7月完工，建成环绕南长山岛、北长山岛慢道总长99.9千米。

8月12—15日 海峡两岸话“妈祖”——民间传说与信仰暨妈祖文化研讨会在长岛县举行。

10月10日 大钦岛乡北村遗址、砣矶镇井口天妃庙及套里古港、北长山乡北城古城遗址被省政府公布为第四批省级文物保护单位。

是日 北五岛医疗救治中心项目开工建设，建筑面积2300平方米，总投资1960万元，2014年11月竣工。

11月20日 市委副书记、市长孟凡利到长岛县调研。

12月13日 全县首批582家“渔家乐”经营业户改厕改厨通过验收。

12月16日 长岛县被中国民间文艺家协会命名为“中国妈祖文化之乡”。

12月29日 长岛县被全国爱国卫生运动委员会评为“国家卫生县城”。

12月31日 长岛县被省旅游局评为“山东省乡村旅游示范县”。

是年 长岛县被公安部确定为全国爱民固边模范县创建试点。

是年 长岛县被国家质量监督检验检疫总局授予“国家级出口食品农产品质量安全示范区”称号。

2014年

2月24日 长岛县文化艺术界联合会成立。

2月 长岛县被农业部、国家安全监管总局授予“全国平安渔业示范县”称号。

是月 小钦港开工建设1000吨级客货滚装泊位，总投资1200万元。当年12月竣工。

4月14日 中共中央政治局原常委、全国人大常委会原委员长吴邦国到长岛县考察。

4月16日 王守双的砣矶砚作品《长岛回眸》获第33届全国文房四宝艺术博览会金奖。

7月21日 副省长孙绍骋到长岛县调研减灾防灾、养老产业。

7月 阿里巴巴集团研究中心发布《2013年中国县域电子商务发展指数报告》，长岛县登上“2013年中国电子商务发展百佳县”榜单。

10月7日 中央电视台心连心艺术团到长岛县慰问演出。

10月17日 隍城边防派出所所长许显朝被公安部授予“全国公安机关爱民模范”称号。

10月 全县旅游门票总收入1.2亿元，首次突破亿元大关。

是年 长岛县被文化部授予“全国文化先进县”称号。

2015年

1月22日　长岛九丈崖——月牙湾海岸入选山东省首批“齐鲁美丽海岸”名单。

4月15日　长岛县被国务院教育督导委员会认定为2014年全国义务教育发展基本均衡县。

5月12日　庙岛显应宫获省政府台湾事务办公室批复设立“山东省海峡两岸交流基地”，为烟台市第一个省级海峡两岸交流基地。

5月26日　国家旅游局公布首批“全国旅游价格信得过景区”名单，长岛旅游景区成为首批“价格信得过”景区。

6月17日　烟台康桥物业有限公司中标城区道路保洁，开启城区道路保洁市场化运作新模式。

7月　砣矶微电网一期工程建成投产，总投资1753万元，集风力发电、太阳能和柴油发电机组于一体，为中国第二座微电网工程、北方第一个岛屿微电网工程。

8月10日　全国政协副主席齐续春到长岛县考察。

9月12日　“2015烟台·长岛环岛半程马拉松赛”开赛，来自国内外的1350名选手参赛。

9月　国家疾控中心在大黑山岛完成发热伴血小板减少综合征和禽流感可疑宿主动物候鸟调查及标本采集工作。

10月　南隍城乡入选“中国最美休闲乡村”。

11月1日　长岛县被中国（国际）休闲发展论坛评选为“2015度中国美丽休闲小城”。

12月8日　长岛港3×1000吨级陆岛交通码头项目奠基动工，总投资4200万元，2018年11月完成主体工程。

是年　长岛县被人民网、国际旅游学会评为“最具文化创意旅游海岛”。

是年　长岛县被国际海岛旅游大会评为“2015年度中国公民最喜爱的世界海岛旅游目的地”。

是年　长岛县被省委、省政府授予“第四届省级文明县”称号。

2016年

1月14日　环境保护部华东督查中心约谈烟台市政府、山东省林业厅和长岛国家级自然保护区管理局，指出保护区内违规建设风电项目严重影响保护区功能，督促做出整改。

1月　长岛祥坤运输有限公司、长岛晟达旅游客运有限公司投资1800万元，购置40辆新能源电动公交车上线投入运行，原有32辆柴油公交车全部淘汰。

3月　大黑山港、北隍城港开工建设1000吨级客货滚装泊位，总投资2800万元。2017年5月竣工。

是月　长岛边防大队赴利比里亚维和人员汪兴武、刘子葭、沙彬彪被联合国授予和平勋章。

5月2日　长岛县开通陆岛直升机通勤摆渡飞行航线。

5月6日　省委常委、政法委书记张江汀到长岛县调研爱民固边模范县建设。

6月14日　无居民海岛保护与开发利用示范工程项目获省海洋与渔业厅批复实施，总投资1.47亿元，建设期限一年半，主要进行交通、电力、污水垃圾处理等基础建设。

6月15日　农业部黄渤海渔业资源环境重点野外观测实验站长岛观测试验点在长岛增殖实验站揭牌。

6月27日　省委副书记龚正到长岛县调研。

8月2日　35千伏长砣二回输电线路主体工程竣工，北五岛电力稳定得以保障。

8月9日　市委书记孟凡利到长岛调研环岛慢行旅游服务系统建设、岸滩整治修复工作。

8月21日　副省长、省公安厅厅长孙立成到长岛县调研。

9月7日　黑山乡土岛村被农业部评为“中国美丽休闲乡村”，是全市唯一入选村庄。

9月11日 “2016烟台·长岛环岛马拉松赛”开赛，来自国内外的3000余名选手参赛。

9月12日 汤邱站至长山站海底光缆敷设完成，总长度10.5千米，为山东省首条海底电力光缆。

9月14日 长岛县被国务院批准为中国北方气象和海洋生态、海洋环境监测研究站点，成为国家重点生态功能区。

9月20日 长岛县首本不动产权证书颁发，不动产统一登记颁证工作启动。

10月1日 县广播电视台新媒体平台——“智慧长岛手机台”APP正式上线，长岛新闻宣传迈入新媒体时代。

10月17日 联通通信网络及电视村建设项目全部完工，长岛县成为烟台市第一个全光网络县。

10月27日 副省长王随莲到长岛县调研。

11月7日 全县40个行政村农村集体土地确权登记发证工作全面完成。

是年 长岛县被农业部、国家安全监管总局授予“2014—2015年度‘全国平安渔业示范县’”称号。

2017年

1月21—23日 中国共产党长岛县第十二次代表大会召开。十二届一次全会选举刘树军为县委书记。

1月 国务院印发《“十三五”旅游业发展规划》，长岛县入选海岛旅游目的地，成为山东省“十三五”服务业综合改革试点县，期限5年。

2月15日 长岛旅游集团有限公司、长岛城市建设投资开发有限公司正式授牌成立。

2月24—27日 政协长岛县第九届委员会第一次会议召开，选举宋昌林为县政协主席。

2月26—29日 长岛县第十八届人民代表大会第一次会议召开，选举胡志德为县人大常委会主任，李俊杰为县长。

5月10日 全县首个自升式海洋牧场平台在小竹山岛西部海域安装投入使用，由长岛佳益公司投资建造，面积625平方米。

5月21日 市委书记王浩到长岛县调研海洋生态文明建设。

7月1日 省委书记刘家义到长岛县考察交通设施提档升级、慢行旅游服务系统建设、海岛生态保护修复、现代渔业发展以及渔民转产转业等工作，指示由省政府牵头，省、市、县三级成立联合专题调研组，对长岛县开展综合性环境调研，进一步明确长岛的功能定位、发展方向、实现路径。

7月9日 诺贝尔文学奖获得者、作家莫言到长岛县采风。

7月12日 长隆综合楼建成，建筑面积11229平方米，其中文化馆面积2000平方米、图书馆面积1500平方米。

7月21—24日 国家公园学术沙龙暨海洋国家公园布局项目研讨会在长岛县召开。国家发改委、中国生态学会、中国海洋发展研究会、省海洋渔业厅等15个省市14家单位的69名代表与会。

8月1日 省委常委、常务副省长李群带领省政府调研组到长岛县调研，贯彻落实省委书记刘家义有关指示精神，研究推进长岛生态保护和经济发展工作。

8月19日 境内风机拆除工作全部启动。至12月19日，南长山岛、北长山岛、小黑山岛、砣矶岛4个岛屿上的82台陆域风机全部拆除。

9月9—10日 “长岛旅游杯”2017年全国海钓锦标赛（山东长岛站）在猴矶岛海域开赛，31支队伍、124名选手参加比赛，为长岛县首次举办国家级二类赛事。

10月28日 长岛弘祥海珍品有限责任公司投资的国内首座深远海智能化坐底式网箱项目开工建造。

11月 减船转产及渔船报废拆解工作启动，第一批减船转产17艘海洋捕捞渔船，压减功率

196.8千瓦，渔民转产补助金额共157.44万元。

12月7日 省委、省政府印发《关于推进长岛海洋生态保护和持续发展的若干意见》，要求推进长岛海洋生态保护和持续发展，创建国家生态文明试验区、旅游度假区、军民融合发展示范区，打造蓝色生态之岛、休闲宜居之岛、军民融合之岛。

12月8日 长岛海上景区获批国家级AAA级旅游景区，在全国尚属首家。

12月29日 市委、市政府在长岛县召开推进长岛海洋生态保护和持续发展现场办公会。印发实施《关于推进长岛海洋生态保护和持续发展的实施意见》和102项具体事项责任分工，支持长岛创建“三区”、打造“三岛”。

是年 长岛县委、县政府分别被省委、省政府授予“全省十九大安保维稳工作先进县党委”“全省十九大安保维稳工作先进县政府”称号。

是年 北长山乡北城村被农业部评为“中国美丽休闲乡村”。

是年 长岛县在全省群众满意度测评中获得第二名，在烟台市经济社会发展综合考核中首获三等奖。

2018年

1月3日 长岛县开始实施城区新能源集中供热。至11月7日，“煤改电”16个分布式供热站建成运行。

1月22日 县内首家股份经济合作社在南长山街道鹊咀村挂牌成立，全村126户314名村民领到第一批集体经济组织股权证。至11月，全县40个村全部完成农村集体产权制度改革，成立专业合作社39个。

1月31日 县政府发布《关于实施岛外机动车到长岛和岛内机动车总量调控的通告》，同步制定《长岛县机动车总量调控暂行规定》。

2月7日 长岛智慧旅游云平台正式上线运营，为全省首个县级智慧旅游云平台。

3月8日 县委十二届四次全体会议召开，审议通过《中共长岛县委关于调整长岛县行政区划的决议(草案)》。

3月10日 城区道路“白改黑”(水泥路面改为沥青路面)工程启动。至12月，完成城区2.5千米路段改造，配套改建地下综合管网9.2千米、海绵型人行道4.2千米。

3月 城区停车场项目工程开工建设，投资1092万元。至11月，共建设改造27个停车场，总面积为3.93万平方米，车位1000余个。

4月7日 长岛县印发《深入开展城乡环境综合整治的实施意见》，依法拆除城乡违法建筑。至12月，全县清查违法建设面积7.42万平方米，拆除6.05万平方米，总拆除率81.58%。

4月10日 省发展和改革委员会印发《长岛海洋生态文明综合试验区建设实施规划》。

4月10—11日 市委书记张术平到长岛县调研，研究加强长岛海洋生态文明综合试验区建设。

4月18日 市委副书记、市长张永霞到长岛县调研海洋生态文明建设。

4月24日 长岛隆晟祥客运公司投资4000余万元的50辆纯电动旅游公交车全部投入旅游公交线路运营，全国首个行政区域绿色交通体系建成运营。

4月28日 县委办公室机关干部孙宇在省千佛山医院完成外周血造血干细胞采集，为长岛首例造血干细胞捐献者。

5月11日 长岛至旅顺客运航线运力获交通运输部批复。

5月14日 长岛县入围第十四届中国文博会“2018中国最美县域”榜单。

6月19日 省政府正式批复设立长岛海洋生态文明综合试验区。试验区范围为长岛151个岛屿和所属海域。

6月25日 生活垃圾分类启动仪式在南长山街道王沟渔家风情园举行，全域生活垃圾分类试点工作正式推开。

6月28日 长岛手机台举办首期“手机问政”，县旅游局等7个部门和单位的主要负责人通过网络“面对面”回应百姓关切，对接社会热点。

7月1日 长岛县委班子被省委组织部授予“全省干事创业好班子”称号。

7月6日 省发展和改革委员会发布《长岛海洋生态保护和持续发展联席会议制度》。

8月15日 长通公司“和航兴龙”轮在大钦岛海域突遇强对流天气，船舶推进器被养殖架缠住失去动力，被困乘客269人、船员15人。经各级救援，16日成功脱困。

8月28日 全国政协副主席、民革中央副主席郑建邦到长岛县调研渤海海峡跨海通道建设。

8月31日 全国政协副主席李斌到长岛县考察。

9月8—29日 “千年妈祖因缘金身赴台结缘会亲”活动从长岛显应宫起驾，经长岛—莆田—台湾三地，行程4200多千米，海峡两岸直接参与活动人员总数超过6000人，参香礼拜的两岸妈祖信众达10万余人。

9月12—13日 全国政协副主席卢展工到南长山街道、北长山乡、砣矶镇开展教师节慰问活动。

9月28日 首届长岛天海风摩托艇、帆船赛在南长山街道孙家村海域举行，近百名帆船和摩托艇爱好者参赛。

10月13—14日 中国海洋生态文明（长岛）论坛在长岛县举行，由中国海洋发展研究会、中国生态学学会、中国自然资源学会、国家海洋局第一海洋研究所共同举办。

11月23日 职工长期护理保险工作启动，长岛县为全市唯一试点。

12月15日 长岛县人民政府、蓬莱市人民政府联合发布《关于全面禁止外地机动车辆到长岛的通告》。

12月20日 长岛县人民政府发布《关于在长岛行政区域内禁止燃放烟花爆竹的通告》。

12月 县政府决定，自2019年1月27日起，长岛居民，包括现役军人和长期在长岛工作或生活的外地人员，乘坐城市公交车免费。

是年 长岛县被农业部、国家安全监管总局授予“2016—2017年度‘全国平安渔业示范县’”称号。

第一编 建置 区划 人口

长岛地域历史悠久，早在旧石器时代晚期就有人类生息，是中国海洋文明的重要发端，是中国渔猎文明的代表之一。地理位置独特，为渤海咽喉，京津门户。春秋时期，成为东方海上丝绸之路的重要通道。秦汉时期，成为中国与朝鲜半岛文化交流和海上贸易的重要商埠。中华人民共和国成立后，为海防要塞、军事重镇，在巩固疆域、扼守京津等方面发挥重要作用。长岛县建置区划几经调整，至2018年，全县辖1个街道，1个镇，6个乡，2个开发管理处，40个行政村，总人口41489人。

第一章 建置 区划

第一节 地理位置

长岛县地处山东省最北端，位于胶东半岛与辽东半岛之间，黄海、渤海交汇处，地处北纬37°53′30″～38°23′58″，东经120°35′38″～120°56′56″。长岛县以长山岛而名，是山东省唯一海岛县。

长岛东为黄海，西为渤海，南距蓬莱7千米，北距旅顺42千米，西守京津，东望日韩。整个群岛纵贯于渤海海峡，东西横距30.8千米，南北纵距56千米，自古为海防要塞，是进出渤海必经的“黄金水道”，战略位置极其重要。境内岛屿151个，其中有居民岛10个。2018年，全县岛屿总面积56.8平方千米，海域总面积3541平方千米，海岸线总长187.8千米。

第二节 建置沿革

长岛人文历史悠久，《山海经》《尚书》称长岛为“蓬莱、瀛洲、方丈”之地，素有“海上仙山”之称。据大黑山岛北庄史前遗址出土文物考证，距今约6500年，已有先民在此刀耕渔猎、繁衍生息。古为莱夷之地。秦、汉、晋、隋时期属黄县。唐神龙三年(707年)属蓬莱县。

1913年，长岛成立地方自治会，负责境内行政管理，隶属蓬莱县。1928年，奉系东北海军进驻长岛，成立长山八岛民政局。1929年冬，设置长山岛行政区，直属山东省。1933年10月26日，长山岛行政区改建为长山八岛特区，仍属山东省。1935年3月4日，撤销长山八岛特区，仍归蓬莱县。同年6月，恢复长山八岛特区，仍直属山东省。1937年1月19日，长山八岛特区隶属山东省第七行政督察区。1939年5月，日伪开始统治长岛，是年9月18日，成立长山八岛专员办事处，隶属烟台市。1941年9月，撤销长山八岛专员办事处，成立长山岛区，隶属蓬莱县。

1945年9月，长岛第一次解放，中共北海地委成立长山岛军政办事处。10月25日，成立长山岛特区，隶属山东解放区之胶东行政区北海专区。

1947年8月，国民党军队进占长山岛，设长山八岛区署，隶属蓬莱县。1948年4月2日，长山八岛区署改建为长山八岛设治局，隶属国民党海军。1948年7月，改称东莱群岛设治局，隶属不变。

1949年8月12日，长岛第二次解放，恢复长山岛特区，隶属胶东行政区北海专区。1950年5月，长山岛特区政府改称长山岛特区办事处。1950年11月，经内务部批准，恢复设置长山岛特区人民政府，为县级，隶属莱阳专区。

1956年5月25日，撤销长山岛特区，设长岛县，隶属莱阳专区。1958年11月，长岛县与蓬莱县、黄县合并称蓬莱县，长岛县改建为长岛人民公社。1962年6月，长岛人民公社改建为长岛区，隶属蓬莱县。

1963年6月29日，恢复长岛县，隶属烟台专区。1967年后，隶属烟台地区。1983年后，隶属烟台市。

第三节　行政区划

1986年，全县行政区域划分为2个镇、8个乡，即南长山镇、砣矶镇，北长山乡、庙岛乡、大黑山乡、小黑山乡、大钦岛乡、小钦岛乡、南隍城乡和北隍城乡。

2001年3月，区划调整，撤销庙岛乡划归北长山乡，撤销小黑山乡划归大黑山乡。全县行政区划调整为2个镇、6个乡，即南长山镇、砣矶镇，北长山乡、大黑山乡、大钦岛乡、小钦岛乡、南隍城乡和北隍城乡。其间，大黑山乡于2003年7月改称为黑山乡。为便于管理，2009年7月，在原庙岛乡、小黑山乡分别设立庙岛办事处、小黑山办事处。

2010年12月，撤销南长山镇，以其原行政区域设立南长山街道，全县行政区划为1个街道、1个镇、6个乡。

2012年11月，庙岛办事处、小黑山办事处分别更名为庙岛开发管理处、小黑山开发管理处。

2018年，全县设1个街道、1个镇、6个乡、2个开发管理处，即南长山街道、砣矶镇、北长山乡、黑山乡、大钦岛乡、小钦岛乡、南隍城乡、北隍城乡和庙岛开发管理处、小黑山开发管理处。共下辖40个行政村。

2018年长岛县行政区划一览表

表1-1

区　划	行政村个数	行政村名称
南长山街道	11	乐园村、鹊咀村、荻沟村、南城村、黑石嘴村、连城村、王沟村、后沟村、山前村、孙家村、赵王村
砣矶镇	8	大口中村、大口西村、大口北村、大口东山村、井口村、吕山口村、后口村、磨石嘴村
北长山乡	6	北城村、嵩前村、店子村、花沟村、庙岛村、庙岛山前村
黑山乡	7	北庄村、南庄村、土岛村、小濠村、大濠村、西濠村、小黑山村
大钦岛乡	4	北村、南村、小浩村、东村
小钦岛乡	1	小钦岛村
南隍城乡	1	南隍城村
北隍城乡	2	北隍山前村、山后村

第四节 乡镇、街道、开发管理处

南长山街道

街道中心地处南长山岛。1982年1月，撤销南长山公社，设立长岛镇。1984年4月，长岛镇改称南长山镇。2010年12月，撤销南长山镇，设立南长山街道。2014年4月，设立城东、城西、城北、北山、海港5个社区。

2018年，南长山街道辖乐园村、南城村、王沟村、鹊咀村、获沟村、山前村、后沟村、黑石嘴村、连城村、孙家村、赵王村11个行政村和城东、城西、城北、北山、海港5个社区。街道办事处驻地位于南城村。

2018年，辖区岛陆总面积13.30平方千米，岛岸线长24.32千米，为山东省面积最大的海岛。户籍7902户，总人口21247人。一般公共预算收入917.3万元，渔村经济总收入99208万元，人均经营性所得16578元。

砣矶镇

镇中心地处砣矶岛。1984年3月，撤销砣矶公社，设立砣矶镇。1986—2018年，建置、区划无变动。2018年，砣矶镇辖大口中村、大口西村、大口北村、大口东山村、井口村、吕山口村、后口村和磨石嘴村8个行政村。镇政府驻地位于大口东山村。

2018年，辖区岛陆总面积7.09平方千米，岛岸线长22.13千米。户籍2633户，总人口7085人。一般公共预算收入1061.2万元，渔村经济总收入24749万元，人均经营性所得16727元。

北长山乡

乡中心地处北长山岛。1984年4月，撤销北长山公社设立北长山乡。1985年6月，庙岛村和庙岛山前村划归庙岛乡。2001年3月，庙岛乡撤销划入北长山乡。2018年，北长山乡辖北城村、店子村、花沟村、嵩前村、庙岛村和庙岛山前村6个行政村。乡政府驻地位于北城村。

2018年，辖区岛陆面积7.97平方千米，岛岸线长16.85千米。户籍1251户，总人口3041人。一般公共预算收入253.1万元，渔村经济总收入41570万元，人均经营性所得20057元。

黑山乡

乡中心地处大黑山岛。1984年4月，撤销黑山公社，设立黑山乡。1985年4月，黑山乡划分为大黑山乡和小黑山乡，大黑山乡辖北庄村、南庄村、土岛村、小濠村、大濠村和西濠村；小黑山乡辖小黑山村。2001年3月，撤销小黑山乡，划入大黑山乡。2003年7月，大黑山乡改称为黑山乡。2018年，黑山乡辖北庄村、南庄村、土岛村、小濠村、大濠村、西濠村和小黑山村7个行政村。乡政府驻地位于北庄村。

2018年，辖区岛陆面积7.44平方千米，岛岸线长14.05千米。户籍526户，总人口1426人。一般公共预算收入445.9万元，渔村经济总收入19580万元，人均经营性所得17162元。

大钦岛乡

乡中心地处大钦岛。1984年3月，撤销大钦岛公社，设立大钦岛乡。1986—2018年，大钦岛乡建置及区划无变动。2018年，大钦岛乡辖北村、南村、小浩村和东村4个行政村。乡政府驻地位于北村。

2018年，辖区岛陆面积6.43平方千米，岛岸线长16.77千米。户籍1451户，总人口4108人。一般公共预算收入122万元，渔村经济总收入23767万元，人均经营性所得14488元。

小钦岛乡

乡中心地处小钦岛。1985年4月，设立小钦岛乡。1986—2018年，建置、区划无变动，辖小钦岛村1个行政村。

2018年，辖区岛陆面积1.14平方千米，岛岸线长8.42千米。户籍302户，总人口850人。一般公共预算收入258.4万元，渔村经济总收入5770万元，人均经营性所得18150元。

南隍城乡

乡中心地处南隍城岛。1985年4月，设置南隍城乡。1986—2018年，建置、区划无变动，辖南隍城村1个行政村。

2018年，辖区岛陆面积1.82平方千米，海岸线总长15.62千米。户籍326户，总人口955人。一般公共预算收入203.8万元，渔村经济总收入18973万元，人均经营性所得22419元。

北隍城乡

乡中心地处北隍城岛。1985年4月，设立北隍城乡。1986—2018年，建置、区划无变动。辖北隍山前村、山后村2个行政村。乡政府驻地位于北隍山前村。

2018年，辖区岛陆面积2.66平方千米，海岸线总长13.44千米。户籍780户，总人口2062人。一般公共预算收入186.8万元，渔村经济总收入18900万元，人均经营性所得14097元。

庙岛开发管理处

辖区中心地处庙岛。1985年4月，设立庙岛乡。2001年3月，划归北长山乡。2009年8月，成立庙岛办事处，隶属县委、县政府。2012年11月，庙岛办事处更名为庙岛开发管理处，辖庙岛村、庙岛山前村2个行政村。

2018年，辖区岛陆面积1.47平方千米，海岸线总长8.43千米。户籍156户，总人口452人。一般公共预算收入188.9万元，渔村经济总收入2753万元，人均经营性所得21335元。

小黑山开发管理处

辖区中心地处小黑山岛。1985年4月，设立小黑山乡。2001年3月，划归大黑山乡。2009年8月，成立小黑山办事处，隶属县委、县政府。2012年10月，小黑山办事处更名为小黑山开发管理处。辖小黑山村1个行政村。

2018年，辖区岛陆面积1.23平方千米，岛岸线总长5.97千米。户籍96户，总人口263人。一般公共预算收入660.4万元，渔村经济总收入1130万元，人均经营性所得15189元。

第二章　人　口

1986年，全县实行有计划的“间隔式”二胎生育政策，间隔时间为6年。1988年，农村实行二胎生育政策。1991年，计划生育工作实行孕前管理。2002年，长岛县通过山东省人口与计划生育优质服务先进县检查评估验收。2010年，第6次人口普查，全县65岁以上人口占比为11.91%，全县人口结构步入老年型。2014年5月始，实施“单独二孩”政策。2016年1月始，全面实施一对夫妇可生育两个孩子的政策。至2018年，少生、优育已经成为更多人的共识，人口整体素质、平均年龄明显提升，全县人口预期寿命为80.3岁。

第一节　人口规模

人口数量

1986年，全县11914户，39431人。其中，男性19312人，女性20119人。至2018年，全县15270户，41489人。其中，男性20464人，女性21025人。

人口分布

境内人口分布不均衡，全县151个岛屿，仅有10个岛屿有人口居住，其他均为无居民岛屿。1986年，全县平均人口密度每平方千米705人。其后，随着国家人口政策及经济发展，人口逐渐由渔村向城镇流动。

1990年第4次人口普查，全县平均人口密度每平方千米764人，比1986年增加59人，增长8.37%。2000年第5次人口普查，全县平均人口密度每平方千米817人。2010年第6次人口普查，全县平均人口密度每平方千米769人。

2018年，全县平均人口密度每平方千米741人。其中，南长山街道人口密度最大，每平方千米1660人，为全县平均人口密度的2.24倍；黑山乡人口密度最小，每平方千米189人。

1986—2018年长岛县人口情况统计表

表1–2

年份	总户数(户)	总人口(人)	男性(人)	女性(人)
1986	11914	39431	19312	20119
1987	12229	40631	19989	20642
1988	12914	41751	20535	21216
1989	13275	42335	20924	21411
1990	13429	42622	21055	21567
1991	13632	42985	21206	21779
1992	13956	43042	21223	21819
1993	13969	43257	21348	21909
1994	14633	43497	21444	22053
1995	15260	44029	21730	22299
1996	16720	44552	21968	22584
1997	15571	44598	21983	22615
1998	16269	45452	22324	23128
1999	16045	45396	22292	23104
2000	15999	45705	22436	23269
2001	15974	45619	22319	23300
2002	16008	45225	22112	23113
2003	16265	44742	21863	22879
2004	16024	44219	21649	22570
2005	16006	43741	21457	22284
2006	15976	43344	21365	21979
2007	15823	43015	21211	21804
2008	15858	43114	21237	21877
2009	15803	43164	21244	21920
2010	15741	43044	21204	21840
2011	15812	43040	21182	21858

续表1-2

年份	总户数(户)	总人口(人)	男性(人)	女性(人)
2012	15701	42762	21063	21699
2013	15812	42662	20995	21667
2014	15679	42556	20933	21623
2015	15515	42183	20741	21442
2016	15506	41990	20656	21334
2017	15378	41714	20538	21176
2018	15270	41489	20464	21025

说明：本表使用的是年度抽样数据，与普查年份不符的以普查年份为准

2018年长岛县各乡镇(街道、开发管理处)人口数量分布情况表

表1-3

单位	户数(户)	人数合计(人)	男性(人)	女性(人)
南长山街道	7902	21247	10426	10821
北长山乡	1095	3041	1470	1571
黑山乡	529	1426	716	710
砣矶镇	2633	7085	3532	3553
大钦岛乡	1451	4108	2019	2089
小钦岛乡	302	850	432	418
南隍城乡	326	955	469	486
北隍城乡	780	2062	1050	1012
庙岛开发管理处	156	452	217	235
小黑山开发管理处	96	263	133	130
全县	15270	41489	20464	21025

第二节　人口变动

自然变动

1986年，全县出生971人，死亡235人，人口自然增长率为18.8‰。1987年，出现生育高峰，人口自然增长率为22.5‰。2007年，人口自然增长率开始出现负值，为-0.2‰。2012年，人口自然增长率最低，为-4.3‰。2018年，全县出生329人，死亡326人，人口自然增长率为0.19‰。

机械变动

1986年，全县迁入1179人，迁出1383人，净迁入-204人，机械增长率为-5.17‰。1998年，由于小城镇“农转非”户籍制度改革，全县人口净迁入1502人，机械增长率大幅增长，达到最高值，为33.04‰。2005年，全县迁入476人，迁出1016人，全县人口净迁入-540人，机械增长率达到最低值，为-12.21‰。2018年，全县迁入260人，迁出494人，机械增长率为-5.6‰。

1986—2018年长岛县人口自然变动情况表

表1-4

年份	出生人数(人)	出生率(‰)	死亡人数(人)	死亡率(‰)	增长人数(人)	增长率(‰)
1986	971	24.8	235	6	736	18.8
1987	1135	28.3	233	5.8	902	22.5
1988	917	22.3	226	5.5	691	16.8
1989	789	18.8	251	6	538	12.8
1990	714	16.8	267	6.3	447	10.5
1991	483	11.3	209	4.9	274	6.4
1992	575	13.4	327	7.6	248	5.8
1993	578	13.4	243	5.6	335	7.8
1994	666	15.4	249	5.8	417	9.6
1995	617	14.1	275	6.3	342	7.8
1996	571	12.9	251	5.7	320	7.2
1997	477	10.7	324	7.3	153	3.4
1998	469	10.4	296	6.6	173	3.8
1999	373	8.5	296	6.7	77	1.8
2000	370	8.4	249	5.7	121	2.7
2001	322	7.1	208	4.6	114	2.5
2002	329	7.2	277	6.1	52	1.1
2003	221	4.9	180	4.0	41	0.9
2004	272	6.1	258	5.8	14	0.3
2005	239	5.4	177	4.0	62	1.4
2006	227	5.2	216	4.9	11	0.3

续表1-4

年份	出生人数(人)	出生率(‰)	死亡人数(人)	死亡率(‰)	增长人数(人)	增长率(‰)
2007	254	5.9	262	6.0	-8	-0.2
2008	239	5.6	169	3.9	70	1.6
2009	181	4.2	224	5.2	-43	-1.0
2010	204	4.7	378	8.8	-174	-4.0
2011	178	4.1	301	7.0	-123	-2.9
2012	225	5.2	412	9.6	-187	-4.3
2013	229	5.4	253	5.9	-24	-0.6
2014	366	8.6	366	8.6	0	0.0
2015	244	5.7	420	9.9	-176	-4.1
2016	312	7.4	263	6.2	49	1.2
2017	354	8.4	369	8.8	-15	-0.4
2018	329	8.03	326	7.8	1	0.19

1986—2018年长岛县人口机械变动情况表

表1-5

年份	迁入人数	迁出人数	净迁入人数
1986	1179	1383	-204
1987	967	658	309
1988	936	506	430
1989	449	381	68
1990	425	440	-15
1991	502	528	-26
1992	376	567	-191
1993	400	518	-118
1994	397	595	-198
1995	728	545	183
1996	694	501	193

续表1-5

年份	迁入人数	迁出人数	净迁入人数
1997	528	633	-105
1998	2146	644	1502
1999	680	818	-138
2000	727	523	204
2001	393	605	-212
2002	305	771	-466
2003	488	1018	-530
2004	525	1062	-537
2005	476	1016	-540
2006	598	1032	-434
2007	739	925	-186
2008	585	570	15
2009	519	443	76
2010	504	478	26
2011	523	419	104
2012	353	419	-66
2013	334	409	-75
2014	307	402	-95
2015	287	427	-140
2016	140	379	-239
2017	195	466	-271
2018	260	494	-234

流动人口

80年代中期，随着海岛经济社会发展，特别是海上养殖产业的快速发展，外来务工、经商人员逐年增多，至90年代中期达到高峰。1994年，外来务工人员达2.3万人。此后，受海上养殖产业严重受灾的影响，外来流动人口锐减。2005年，长岛县流动人口管理系统建立。是年，登记流动人口3793人。2008年，登记流动人口4443人。2013年，登记流动人口1244人，为历年最低值。2018年，全县登记流动人口3791人。

2005—2018 年长岛县流动人口登记情况统计表

表 1-6

年份	流动人口数	年份	流动人口数
2005	3793	2012	2835
2006	3245	2013	1244
2007	3348	2014	2150
2008	4443	2015	2134
2009	4736	2016	2577
2010	3886	2017	1679
2011	3878	2018	3791

第三节　人口构成

性别构成

1990 年第 4 次人口普查，全县总人口 49412 人，男性 25434 人，占总人口的 51.47%；女性 23978 人，占总人口的 48.53%；男女性别比为 106.07∶100。

2000 年第 5 次人口普查，全县总人口 52890 人，男性 27601 人，占总人口的 52.19%；女性 25289 人，占总人口的 47.81%；男女性别比为 109.14∶100。

2010 年第 6 次人口普查，全县总人口 44025 人，男性 22290 人，占总人口的 50.63%；女性 21735 人，占总人口的 49.37%；男女性别比为 102.55∶100。

年龄构成

1990 年第 4 次人口普查，全县 0～14 周岁人口 10537 人，占全县总人口的 21.32%；15～59 周岁人口 34786 人，占总人口的 70.40%；60 周岁以上人口 4089 人，占总人口的 8.28%。全县 80 岁以上长寿老人 464 人，其中，90 岁以上 38 人。

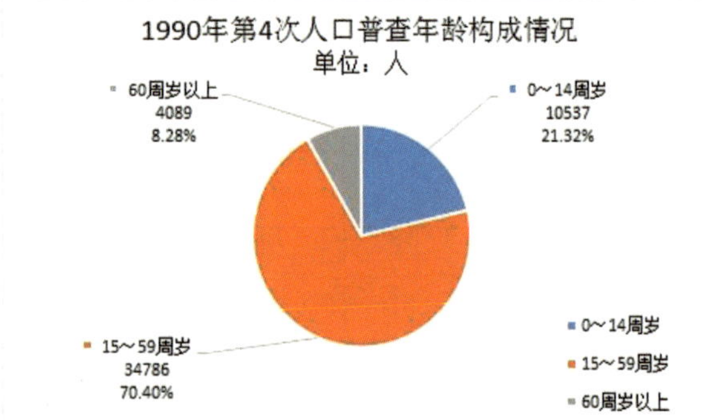

2000 年第 5 次人口普查，全县 0～14 周岁人口 10611 人，占总人口的 20.06%；15～59 周岁人口 36960 人，占总人口的 69.88%；60 周岁以上人口 5319 人，占总人口 10.06%。全县 80 岁以上长寿老人 644 人，其中，90 岁以上 55 人，百岁以上 1 人。年龄构成为老龄型。全县人均预期寿命 76.5 岁。

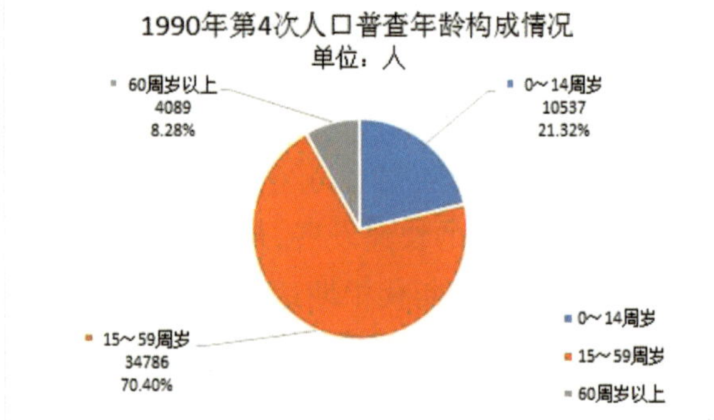

2010年第6次人口普查，全县有0～14周岁人口4880人，占总人口的11.08%；15～59周岁31468人，占71.48%；60周岁以上人口7677人，占17.44%。年龄构成为老龄型。全县80岁以上长寿老人931人，其中，90岁以上117人。

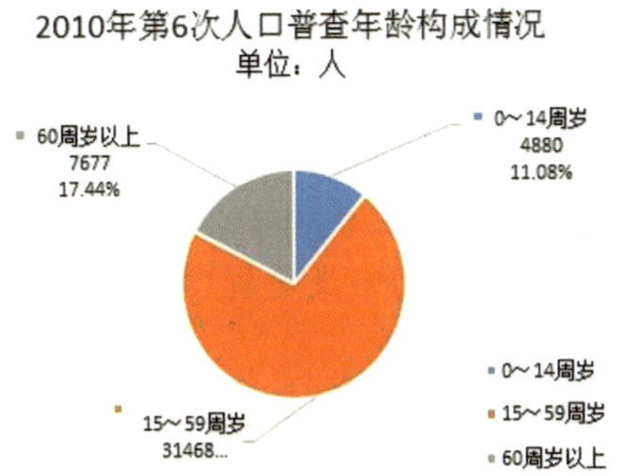

2018年，全县人均预期寿命为80.3岁，比2000年提高约4岁。

农业与非农业人口

1958年1月，《中华人民共和国户口登记条例》将居民分成农业与非农业户口。农业户口可通过升学、就业、参军、选干等方式转为非农业户口。夫妻双方或女方为非农业户口，所生子女亦为非农业户口。2004年，山东省取消农业户口与非农业户口划分，统称居民户口，在升学、就业上没有区别。

1986—2003年长岛县农业人口与非农业人口情况表

表1-7

年份	农业人口（人）	非农业人口（人）
1986	29534	9897
1987	30315	10316
1988	30886	10865
1989	31204	11131
1990	31552	11210
1991	31713	11272
1992	31856	11186
1993	31953	11304
1994	32170	11327
1995	31296	12733
1996	30820	13732
1997	30623	13975
1998	29353	16099
1999	29059	16337
2000	29182	16523
2001	29061	16558
2002	28774	16451
2003	28499	16243

职业构成

1990年第4次人口普查结果：全县在业人口29739人，占总人口的60.19%。全县在业人口中，男性17640人，占59.32%；女性12099人，占40.68%。各行业中从事农林牧渔业的人口最多，共13399人，占在业人口的45.06%；其次是工业，共6736人，占在业人口的22.65%；其他行业9604人，占在业人口的32.29%。全县各行业的职业分布状况是：各类专业技术人员3352人，占11.27%；国家机关、企事业单位负责人1229人，占4.13%；办事人员和有关人员1269人，占4.27%；商业服务性工作人员3510人，占11.8%；农林牧渔业劳动者12541人，占42.17%；生产工人、运输工人和有关人员7838人，占26.36%。

2000年第5次人口普查结果：在业人口25189人，占总人口的47.62%。全县在业人口中，男性17626人，占69.97%；女性7563人，占30.03%。各行业中从事农林牧渔业人口最多，共9926人，占在业人口的39.41%；其他行业15263人，占在业人口的60.59%。全县各行业的职业分布状况是：各类专业技术人员占14.89%，国家机关、企事业单位负责人占5.17%，办事人员和有关人员占5.25%，商业、服务性工作人员占18.18%，农林牧渔业水利生产人员占41.21%，生产工人、运输工人和有关人员占15.3%。

2010年第6次人口普查结果：一产从业人数5976人，二产从业人数1339人，三产从业人数1943人。

文化构成

1990年第4次人口普查，全县6周岁及以上人口43749人。其中，大学本科学历123人；大学专科学历492人；中专文化程度1704人；高中文化程度5406人；初中文化程度16686人；小学文化程度13792人。

2000年第5次人口普查，全县6周岁及以上人口49704人。其中，研究生学历6人；大学本科学历649人；大学专科学历1895人；中专文化程度2711人；高中文化程度5289人；初中文化程度21689人；小学文化程度14010人。每万人中大专及以上文化程度482人，比全国第4次人口普查时的124人增加358人。

2010年第6次人口普查，全县6周岁及以上人口42613人。其中，研究生学历33人，本科学历1407人，大专学历2738人，高中学历7897人，初中学历18833人，小学学历9849人。

1990年、2000年、2010年长岛县人口文化程度状况表

表1-8

学历	1990年全国第4次人口普查				2000年全国第5次人口普查				2010年全国第6次人口普查			
	小计（人）	占比（%）	男（人）	女（人）	小计（人）	占比（%）	男（人）	女（人）	小计（人）	占比（%）	男（人）	女（人）
总人口	49412	100	25434	23978	52890	100	27601	25289	44025	100	22290	21735
6岁及以上人口	43749	88.54	22515	21234	49704	93.98	25955	23749	42613	96.79	21561	21052
研究生	0	0.00	0.00	0.00	6	0.01	4	2	33	0.07	19	14
大学本科	123	0.25	90	33	649	1.23	440	209	1407	3.20	793	614
大学专科	492	1.00	364	128	1895	3.58	1121	774	2738	6.22	1461	1277
中专	1704	3.45	1031	673	2711	5.13	1331	1380	包含在高中			

续表1-8

学历	1990年全国第4次人口普查				2000年全国第5次人口普查				2010年全国第6次人口普查			
	小计（人）	占比（%）	男（人）	女（人）	小计（人）	占比（%）	男（人）	女（人）	小计（人）	占比（%）	男（人）	女（人）
高中	5406	10.94	2844	2562	5289	10.00	2183	2476	7897	17.94	4134	3763
初中	16686	33.77	9170	7516	21689	41.01	11894	9795	18833	42.78	10031	8802
小学	13792	27.91	7301	6491	14010	26.49	7288	6722	9849	22.37	4610	5239
文盲及半文盲	5546	11.22	1715	3831	3455	6.53	1064	2391	1856	4.22	513	1343

民族构成

1990年第4次人口普查，境内有9个民族。汉族49389人，占总人口的99.95%；少数民族8个、23人，其中苗族3人、壮族1人、回族6人、满族7人、朝鲜族2人、蒙古族2人、达斡尔族1人、纳西族1人。

2000年第5次人口普查，全县有11个民族。汉族52854人，占总人口的99.93%；少数民族10个、36人，其中彝族1人、蒙古族11人、苗族2人、壮族2人、回族4人、满族11人、布依族2人、侗族1人、黎族1人、达斡尔族1人。

2010年第6次人口普查，全县有10个民族。汉族43952人，占总人口的99.8%；少数民族9个、73人，其中彝族23人、蒙古族12人、苗族4人、壮族2人、回族8人、满族17人、土家族2人、佤族3人、纳西族2人。

家庭结构

1990年第4次人口普查，全县14016户、49412人，户均3.53人。其中，家庭户13446户，占总户数的95.93%；集体户570户，占总户数的4.07%。

2000年第5次人口普查，全县17882户、52890人，户均2.96人。其中，家庭户16686户、47227人，户均2.83人，占总户数的93.31%；集体户1196户、5663人，占总户数的6.69%。家庭户中，一人户1879户，占家庭户11.26%；二人户4206户，占家庭户25.21%；三人户6525户，占家庭户39.1%；四人户3238户，占家庭户19.41%；五人及以上户838户，占家庭户5.02%。家庭户中，一代户5325户，占家庭户31.91%；二代户10265户，占家庭户61.52%；三代户1061户，占家庭户6.36%；四代户35户，占家庭户0.21%。

2010年第6次人口普查，全县16905户、44025人，户均2.6人。其中，家庭户16501户、41718人，户均2.53人；集体户404户、2307人。家庭户中，一人户2418户；二人户6102户；三人户5626户；四人户1725户，五人及以上户630户。家庭户中，一代户7692户；二代户7826户；三代户972户；四代户11户。

姓氏构成

1986年后，因婚姻、人才引进、外来务工等因素影响，境内姓氏有明显增加。至2002年，全县共有姓氏304个，其中复姓3个：上官、欧阳、诸葛。百人以上姓氏52个，其中千人以上大姓14个。2018年，全县共有姓氏299个，其中复姓3个：上官、欧阳、诸葛。千人以上姓氏（按人口数量排列）：王、刘、孙、张、宋、李、肖、吴、范、赵、于、唐、邹、葛。

第四节 人口管理

管理机构

1989年，长岛县计划生育技术服务站成立。1991年，长岛县计划生育协会成立。1993年，县计划生育委员会与县卫生局合并，设立县计划生育卫生委员会（简称县计卫委）。1996年，县计划生育技术服务站与县妇幼保健站合并，挂长岛县妇幼保健计划生育服务所牌子，为副科级事业单位，主要承担全县育龄妇女计划生育技术指导、妇科查体、妇幼保健等工作。1999年，长岛县计划生育协会办公室成立，为副科级全额事业单位，归口县计卫委管理；增设流动人口管理站，由专职人员负责县城区的流动人口计划生育管理与服务，建立计生档案和信息交换平台，免费提供避孕药具、健康查体、节育手术、优生咨询等服务。2001年，县计划生育卫生委员会更名为县计划生育卫生局。2005年，县计划生育卫生局更名为县人口和计划生育卫生局。2010年8月，机构改革，将县人口和计划生育卫生局、县食品药品监督管理局的职责整合，组建县卫生和人口计划生育局，不再保留县人口和计划生育局、县食品药品监督管理局；县卫生和人口计划生育局对外挂县食品药品监督管理局牌子。2014年，更名为县卫生和计划生育局。2015年，县卫生和计划生育局设计划生育管理科、计划生育综合管理服务站。2018年，县卫生和计划生育局内设计划生育规划统计科、流动人口计划生育管理站、计划生育药具管理站、计划生育宣传站、计划生育科技科、县直计划生育管理科等计划生育工作科（站）。长岛县连续31年获烟台市人口目标责任考核达标一等奖，先后获山东省“计划生育工作‘三为主’先进单位”“计划生育优质服务先进县”和“全国计划生育工作试点县”“全国计划生育优质服务先进单位”等称号。

优生优育

1986—1988年，计划生育避孕节育以“四术”服务（结扎术、引产术、人工流产术、宫内节育器手术）和发避孕药具为主，“四术”工作由县医院妇产科负责。1989年，将传统的“一环二扎”改为国家指导与群众自愿相结合的“自愿选择避孕节育方法”，后改称“知情选择”。1990年8月，开展皮下埋植计划生育手术。1991年始，县计生技术服务站定期在乡镇开展计划生育巡回服务。1992年，被评为“全省计划生育技术服务站达标单位”。1996年，县计生技术服务站得到充实完善，成为集药具、培训、宣传、技术服务“四位一体”的多功能计划生育服务机构，长岛县被山东省确定为“全省计划生育优质服务试点县”。2000年，全面实施避孕节育优质服务、出生缺陷干预、生殖道感染干预“计划生育三大工程”。

2001年，将儿童保健工作融入已婚育龄妇女生殖健康查体中，服务对象由原来的已婚育龄妇女放宽到所有妇女，做到孕情、环情、病情“三查合一”，查体率99%以上。2002年10月，长岛县通过省优质服务先进县的评估验收。

2005年，建立“四步法”（收集信息、科学决策、组织实施、考核评估）工作流程运行机制和规范的信息分析和使用制度。2006年，健全“两条线”工作网络：在渔村，以提高计生统计信息准确率为主线，推广避孕药具知情选择，加大对计生工作薄弱村的帮促力度，使基层基础工作更加规范；在城区，规范企业法定代表人计划生育责任制，使“属地管理、单位负责、居民自治、社区服务”的计生管理体制得到进一步发展完善，基本实现“无漏洞管理”和“无缝隙覆盖”，特别是对流动人口、再婚家庭、空挂户、口袋户口等容易出现计划外生育的特殊人群，均纳入重点管理，实行跟踪服务。

2008年，开展争创国家级计划生育优质服务先进单位活动，先后购置双目显微镜、血凝仪、无菌红外微波治疗仪、电子阴道镜、动态空气消毒机、冷暖排湿空调等设备，在全县形成以县计生服务中心站为龙头，乡镇为主体，村级计生服务为基础的计生技术服务网络。

2009年，利用现代电子网络优势，搭建人口信息共享平台，建立健全部门人口信息共享机制，提高出生人口计生统计质量，杜绝瞒报、漏报情况的发生；建立“信息联通、管理连接、服务联动”的军民共建计生“三联”机制，加强流动人口计生管理和服务。2014年，全县实现优生三免费

（婚前查体、优生宣传指导、出生缺陷技术干预）服务全覆盖，全县育龄妇女人数为7489人，生殖健康免费普查率达100%。

2015—2017年，落实国务院《计划生育技术服务管理条例》，提高已婚育龄妇女的生殖健康水平，开展以“三查二补一治疗”（查环情、孕情、疾病，补避孕节育措施、节育手术，诊治妇产科常见病）为主要内容的综合服务活动，对60岁以下妇女免费做生殖健康查体及妇女病的普查普治，全县育龄妇女健康查体8846人次。

2018年，全县完成一孩生育登记193例，二孩生育登记121例，保证两孩政策实施。全县共出生人口329人，合法生育率99.70%，人口出生率8.03‰，人口自然增长率0.19‰，育龄妇女避孕措施落实率100%，统计合格率99.4%，流动人口的计划生育管理服务落实率98%以上，为妇女查体4900人次。

宣传教育

县人口和计划生育局设立计划生育宣传科，乡镇（街道）计划生育服务站均设宣传教育室。县、乡、村均设立生育文化宣传展室，婚育文化大院，计生宣传教育一条街等宣传教育场地。1986—1989年，重点面向已婚育龄妇女，采取入户宣讲、播放专题片、喷刷标语口号、摆放知识看板、投置灯箱广告等方式进行计生宣传教育，内容以国情国策、人口形势、政策法规和倡导晚婚晚育为主。1990年，宣传教育对象由已婚育龄妇女逐步扩展到整个育龄人群，内容以宣传普及避孕节育、优生优育、生殖健康科学知识为主。1991年后，建立人口学校，开展婚前教育，开设未婚青年性健康教育、男性公民计划生育生殖健康教育、中小学青春期生理卫生教育等相关课程。2000年后，在渔村开展“双进”活动（宣传教育进村、婚育新风进家），在县城区开展“双建”活动（建设新型生育文化、建设文明幸福家庭）。2018年，全县人口学校教育活动开展率100%，课程参学率在95%以上，育龄人群优恋、优婚、优孕、优育、优教意识增强，晚婚晚育、少生优生、生女生男顺其自然等新型婚育观念深入人心。

第二编　自然环境

长岛县地处郯庐断裂带东侧，渤海海峡黄海、渤海交汇处，整体地势由西南向东北倾斜，最高海拔202.8米。属暖温带大陆性季风气候，年均气温12.6℃，年均降水量552.1毫米，年均日照2635小时，四季分明，气候宜人。年均水资源总量647万立方米，人均123立方米。

境内海域辽阔，岛屿众多，岛陆地貌呈现多种形态，海蚀地貌异常发育，形成独特自然景观。土壤共分为3大土类、6个亚类、7个土属、11个土种。植被总体属于人工植被，面积3568公顷，占岛陆总面积的67.6%。境内有较大港湾33处，水道14条。海洋、岛陆生物资源丰富。

第一章　海　岛

第一节　长山列岛形成

远古时期，中朝板块是连在一起的古陆。距今26亿～8亿年间，由于地壳变动，形成海槽，逐渐沉积，形成变质岩“蓬莱群”。距今约6亿年，境内以隆升状态为主，出露上元古界震旦系“蓬莱群”。距今约1.4亿年，断裂活动异常强烈，经过燕山构造运动、喜马拉雅造山运动，特别是郯庐断裂活动，古陆断陷分离成诸岛雏形，形成渤海海峡。

第四纪200余万年，随着气候变化，冰期与间冰期冷暖交替出现，海水时涨时退，长山列岛在沧州海侵、献县海侵和黄骅海侵与海退中，陆海沧桑。直至6000年以后，海面相对稳定，长山列岛格局基本奠定，形成以残丘、悬崖、岛礁为特征的海岛形态。

第二节　海岛分布与地理要素

2011年，山东省开展海岛地名普查，长岛县纳入山东省海岛标准名录的岛礁共151个。2018年后，统称151个海岛。包括10个有居民岛和141个无居民岛。呈南南西——北北东向展布，形成南“群”北“列”之状。南北岛距最长56.4千米，东西岛距最宽30.8千米。

以长山国际水道为界，水道以南有居民的南长山岛、北长山岛、大黑山岛、小黑山岛、庙岛，习称为“南五岛”；水道以北有居民的砣矶岛、大钦岛、小钦岛、南隍城岛、北隍城岛，习称为“北五岛”。大黑山岛、小黑山岛、庙岛，亦习称“西三岛”。境内对较小的海岛，习称礁、礓、嘴、石或砣子。

第三节　地　质

境内属胶辽隆起的构造单元。西临渤海坳陷，处于郯庐断裂带东侧，为一套浅变质岩系，断

层裂隙构造发育，地层多呈单斜。各类地质遗迹较多，海蚀地貌独特。

地层

长山列岛出露地层，为上元古界震旦系“蓬莱群”。

豹山口组　下部地层以石英岩为主，上部以紫灰色板岩为主。境内主要分布在大竹山岛、小竹山岛、车由岛、高山岛、砣矶岛和砣子岛。

辅子夼组　下部以青紫板岩与石英岩互层为主，上部为石英岩与板岩、红紫色页岩互层，厚度很大。境内主要分布在大黑山岛、小黑山岛、庙岛、南长山岛、北长山岛、大钦岛、小钦岛、南隍城岛和北隍城岛。

上第三系　为火山喷发的玄武岩，距今800万年左右，大黑山岛西部发生过多次玄武岩浆喷发。其灰黑色岩浆，浇筑在8亿年的石英岩与板岩互层的断崖“底座”上，海拔189米。存疑待解的是，有一股玄武岩熔岩沿着西高东低的地势，岩浆直流到北庄村西的鸭子湾处。“河床”长约1.5千米，后被第四纪黄土覆盖。但下游地表依然有玄武岩裸露。老黑山至今未发现火山口。据地质专家针对老黑山附近的西濠村、大濠村、小濠村海岸玄武岩砾石、卵石滩之分布堆积现状，分析推测火山口可能在老黑山西侧近岸的海中。

侵入岩　砣矶岛井口村北霸王山，系一闪长玢岩岩株侵入在“蓬莱群”中。出露面积为0.1平方千米，海拔174米。其形成如同挤牙膏似的，被挤压出地层，是燕山运动晚期岩浆活动的产物。

第四系沉积层　长山列岛经过数次海侵和海退，地理环境发生陆相、海相交替变化，形成多种沉积地层。在大黑山岛、南长山岛、砣矶岛、大钦岛等尤为明显。主要类型有：角砾红土层，为棕红色粉砂质黏土，干后坚硬，黏性很强，习称红膏泥。砾石黄土层，为黄褐色泥质粉砂，含钙质结核、白色菌丝和少量岩屑角砾。马兰黄土层，系外来“客土”，习称海岛之“母土”，分布于各大海岛之上，大黑山岛、砣矶岛、大钦岛、小钦岛尤为厚积，呈现泥崖、泥沟、泥塔、泥台的地貌，对研究古代气候具有较高的科研价值。马兰黄土垂直分布明显，土中可见多种生物遗骸与化石，亦有微小的有孔虫螺壳。说明渤海在海退期间，海底沉积物和微体生物成为西北风的捕虏体，被挟持在黄土之中，沉积在岛内低洼处。

坡积　冲积　沉积层　陆相沉积，分布在各岛的马兰黄土之上，含砾石、岩屑、文化遗址；冲洪和海相沉积，分布在各岛砾堤、连岛砾石滩（沙滩、砂坝、砂尖）。

第四节　地　貌

由于境内地质构造、地层岩性和外来客土、水文（特别是海水的侵蚀）的影响和作用，地貌出现多种形态，大致可分剥蚀山丘、黄土地貌和海岸地貌三种类型。

剥蚀山丘

境内地貌属剥蚀低山丘类型，约占总面积的90%，滨海低洼地约占10%。

以长山水道为界，南部诸岛山丘坡度较缓，地层抬升呈水平状；北部诸岛山崖高险陡峭，地层倾斜度大。

境内诸多小岛，山岛一体（即一山为一岛或一岛为一山）。境内海拔百米以上山丘有40座。

长岛县百米山丘一览表

表2-1

名　称	海　拔（米）	相对位置
饽饽山	100.5	南长山岛黑石嘴村东
高　山	124.1	南长山岛王沟村东南

续表2-1

名　称	海 拔（米）	相对位置
北　山	114.3	南长山岛乐园村北
黄　山	155.9	南长山岛孙家村西
烽　山	148.8	南长山岛山前村北
叶台山	130	南长山岛山前村东
大顶山	125.4	北长山岛嵩前村北
羊鼻子山	109	北长山岛嵩前村东
嵩　山	195.7	北长山岛花沟村北
北　山	118	北长山岛北城村北
西大山	144.1	北长山岛北城村西
海螺山	111.6	北长山岛北城村东北
马家山	106.4	大黑山岛北庄村西北
孤独山	110	大黑山岛北庄村西北
烽台山	112.8	大黑山岛北庄村北
老黑山	189	大黑山岛最西部
安桥山	147.1	大黑山岛西濠村东
南大山	116.1	大黑山岛北庄村西南
黑　山	156.4	砣矶岛双顶山南
南　岭	133.2	砣矶岛后口村南
北　岭	151	砣矶岛西部松树山北
西　山	119.9	砣矶岛大口村西北部
松树山（又名松树坡）	156.3	砣矶岛西山西
霸王山（原名叭狗山）	174	砣矶岛东北部
大旺山	140.8	砣矶岛磨石嘴村西北
穷人顶	121.1	砣矶岛大口村东
双顶山	198.9	砣矶岛后口村北部
大顶旺（原名大顶）	167.3	大钦岛东村北

续表2-1

名　称	海 拔(米)	相对位置
北　山	153.1	大钦岛北村北
占　山	117.3	大钦岛东村西
大旺山	124	大钦岛小浩村西北
大城山(又名南山)	173.7	大钦岛小浩村东
唐王顶	196.4	大钦岛南山西南
南　山	202.4	大钦岛南村南
西北顶	105.4	小钦岛西北部
鹰铺顶(又名大山顶)	148.9	小钦岛中部
北山顶	159.8	北隍城岛山前村北
南帮大山顶	131.8	北隍城岛山后村南
西　山	117.8	北隍城岛山前村西
大顶山	100.9	南隍城岛西村北

黄土地貌

多分布于大黑山岛、小黑山岛、南长山岛、北长山岛、砣矶岛、大钦岛、小钦岛、北隍城岛、南隍城岛等岛的沟谷和低洼处,集中分布在海拔10~70米范围内,总厚度20米左右。大黑山岛北庄村的西北沟,呈泥沟、泥崖、泥塔、泥丘黄土地貌。大钦岛东村南山下的黄土,自吴山口至东南嘴,沿"河床"分布达上千米。大风卷起的"风雨泥雾"遮云蔽日,历史上曾称其"轻岛"。境内黄土,系中国最东部的黄土堆积,对研究古代气候和"客土"的来源,具有科研价值。

大黑山岛北庄黄土崖(2005年)

海岸地貌

境内海蚀地貌异常发育。山、崖、滩、礁、洞比比皆是;雄、险、雅、奇、幽无处不有,彰显大自然的鬼斧神工。

诸岛海岸曲折蜿蜒,卵石滩岸和岩崖石壁海岸约各占一半。高山岛的断崖海拔202.8米,系长岛县诸岛海拔之最。北长山岛的九丈崖、大黑山岛的龙爪山,都呈现出石英岩和板岩(或千枚岩、页岩)互层的地貌特征,崖壁的层理十分清晰,地层抬升成水平状。

在南部诸岛,多见沙嘴、沙尖和沙坝的海积地貌。长山尾呈"S"形,其沙尖现已"甩"到登州水道中部,长1.5千米(大部在水下)。连岛沙坝高潮呈"藕

大黑山岛与南砣子岛连岛沙坝（1996年）

断”，退潮呈“丝连”之状。其中，玉石街、南砣子岛、鱼鳞岛、牛砣子岛、羊砣子岛尤为明显，被称为陆连岛。

南部诸岛海岸，相对坡度大，潮间带宽；北部诸岛海岸，相对坡度小，潮间带窄。砣矶岛以北诸岛，海岸断崖呈70度倾斜，尤以南隍城岛的陀佛山、大钦岛的东南嘴、小钦岛的鳖盖山为典型。

北长山岛的半月湾、大钦岛的东村滩、南隍城岛的东菜园子滩，被称为“千米长滩”，为典型的海积地貌。在大黑山岛的西濠村、大濠村、小濠村的卵石滩岸，半数以上的砾石为玄武岩。虽磨圆度不高，但石英岩与玄武岩相交汇的黑白滩岸十分罕见，表现出海浪与海流搬运的神工。

“小平原”

诸岛有大量平地，俗称“小平原”，其中以大黑山岛船旺村南的平地面积最大，近1.5平方千米。大黑山岛北庄村西北大片、大濠村南、西濠村东、小濠村南，北隍城岛山前村西的碱地，南长山岛乐园村西，北长山岛嵩前村西、北城村东大片和大钦岛东村村南的“小平原”为典型，多数有卵石带分布，习称“旱龙道”。

第五节　土　壤

境内土壤共分为棕壤、褐土、潮土3大土类、6个亚类、7个土属、11个土种。

棕壤土类

俗名石渣土，境内只有棕壤性土1个亚类，为变质岩母质风化物。面积3000余公顷，占土壤总面积的57.3%，主要分布于山丘中上部。土体厚度少于30厘米，土壤质地粗疏，表层沙砾多，土层浅，蓄水能力差，养分含量低，漏水漏肥，生产性能差，呈中性或微酸性反应。主要为林业用地。境内的棕壤最适应抗风、喜雾、耐旱的青松生长。

褐土土类

有淋溶褐土、褐土和潮褐土3个亚类，发育于马兰黄土母质区。褐土土类，土体深厚，通体有石灰反应，pH值为7左右，养分含量高，适耕性较好。面积为2200余公顷，占土壤总面积41.8%，主要分布于山丘中下部和部分滨海平缓地，以南长山岛、北长山岛、大黑山岛和小黑山岛较为典型。另在砣矶岛、大钦岛、小钦岛、南隍城岛、北隍城岛和庙岛也有发育。

潮土土类

俗名淤土。有盐化潮土、滨海卵石土2个亚类。面积50余公顷，占土壤总面积的0.9%，主要分布于滨海平缓地。南长山岛乐园村和鹊咀村

长岛县土类、亚类面积表

表2-2

土类		亚类		占土壤总面积%
名称	面积（公顷）	名称	面积（公顷）	
棕壤	3021.73	棕壤性土	3021.73	57.3
褐土	2204.27	淋溶褐土	38.62	41.8
		褐　土	2121.61	
		潮褐土	44.04	
潮土	50.61	滨海卵石土	34.61	0.9
		盐化潮土	16	

西的淤土，海相沉积明显，海侵海退沧桑有痕，土呈黑绿色，具有沤酵腥臭气味。其中，盐化潮土分布在北长山岛嵩前村西北部，潜水埋深2米左右，耕性一般，生产性能差。滨海卵石土，主要分布于北长山岛北城村，大黑山岛南部亦有分布，潜水埋深3米左右，耕性一般，有卵石带。

第六节　植　被

境内植被面积3568公顷，占岛陆总面积的67.6%。主要分布于较大岛屿上。山丘岭地上部，木本多为赤松和黑松，草本多为羊胡草和茅草。山丘中部，木本多为刺槐、黑松和棉槐，草本多为蒿子和山菊花。山丘下部，木本多为杨树、柳树、刺槐、泡桐和棉槐，草本多为茅草，沿海一带有碱蓬等。

境内植被总体属于人工植被，少量自然植被多系草本植物和部分灌丛。植被大体有3类：山坡以上为针叶林带，沟谷为落叶阔叶林带，沿岸为碱性植物分布带。

针叶林

分布在有居民岛，代表类型主要是黑松林，也有少部分赤松林，占林地面积的74.2%。平均胸径12厘米，平均树高9米，郁闭度≥0.8。灌木主要有胡枝子、荆条、酸枣、桑、扁担木、紫穗槐、野葡萄等。草本植物主要有黄草、白草、野麦草、野艾、瓦松、牛筋草、莎草、地榆、狗尾草、蒿类、黄花菜等。

阔叶林

主要类型为刺槐纯林，分布在南长山岛、北长山岛、大钦岛等有居民岛，占林地面积的15.1%。平均胸径15厘米，平均树高8米，郁闭度≥0.7。灌木主要有酸枣、胡枝子、紫穗槐等。林下常见草本植物有狗尾草、马唐、茜草、地榆、鹅观草、大披针叶薹草、结缕草、长蕊石头花、委陵菜、蓬子菜、艾蒿、野麦草等。

灌木丛

主要类型是天然林，分布在大竹山岛、小竹山岛、高山岛等无居民岛的丘陵中上部，呈小块分布，平均高度1.5米，盖度80%以上，占有林地面积的5.1%。木本植物主要有无刺花椒、酸枣、柘树、野葡萄、皂荚、一叶萩、扁担木等，其中有杭州榆、臭椿等混生。草本植物主要有野菊、葎草、抱茎苦荬菜、紫花地丁、狗尾草等。

经济林

主要树种有苹果、葡萄、桃，占林地面积的5.2%，主要分布在海拔较低的平缓山坡、山脚、沟谷，管理相对较好，属于栽培植被型。林下植被比较稀少，一般无灌木层，常见草本植物有铁苋菜、萝藦、牛筋草、鸭跖草、狗尾草、藜、马齿苋、画眉草、刺儿菜等。

另外，尚有侧柏、泡桐等纯林，占林地面积的0.4%。

2018年，林木覆盖率为54%。境内植被分布特征为：山顶黑松戴帽，混交灌木束腰，果树法桐裹脚，街路林荫夹道。

林海公园黑松林（2007年）

第二章 海 域

第一节 底质 地貌

境内海底地貌分水下海蚀平台、水下堆积斜坡、水下浅滩、水下堆积平原、水下侵蚀洼地、水下侵蚀深槽和水下砾石嘴、沙嘴。海底底质70%为泥沙，其余为岩石、砾石和贝壳泥等。长山水道南部海域海底地貌较平缓，潮间带分布较宽，平均水深为20米左右；北部海域海底地形崎岖，高低悬殊，水深平均30米左右。

南长山岛东南和北隍城岛北部有"V"型沟谷。砣矶岛至南隍城岛走向有狭长海沟。海域以泥、泥沙、贝壳、砾石和岩礁为特征。

海岸地貌，南部诸岛多岬角、港湾，滩岸以砾石、礁石、砂尖、沙嘴和连岛砂坝为特征；北部诸岛潮间带相对较窄，因水深浪大，卵石磨圆度高。

区域内海底地势呈西南向东北倾斜。

第二节 水 道

境内水道计14条，多为东西走向。其中，长山水道和老铁山水道为国际水道。主要水道：

长山水道

居北长山岛与猴矶岛之间，东西走向。长17千米，宽7.5千米。主航道水深20～30米，软泥底质。国内、国际的轮船往来如梭。2018年，日均往来货轮200余艘，被称为"黄金水道"。

长山国际水道上来往的货轮（2018年）

老铁山水道

居北隍城岛与（辽宁省）老铁山角之间，东西走向。宽42.2千米，主航道水深42～78米，泥沙底质，海底沙脊呈"五指"状分布。北隍城岛北侧的"V"形沟谷，最深处达83米。

隍城水道

居北隍城岛与南隍城岛之间，东西走向。长6.5千米，宽1.5千米，主航道宽仅0.5千米，水深20～30米，泥沙底质。该水道南侧及两端多明礁和暗礁，潮流大。

小钦水道

居南隍城岛与小钦岛之间，西北—东南走向。长4.5千米，宽4千米，主航道宽3千米，水深40～60米，南浅北深。水道中部为岩石、贝壳底质，两侧为泥沙。

大钦水道

居大钦岛与小钦岛之间，东西走向。长8.5千米，宽2千米，主航道宽1千米，水深20～45米，中部比两端水浅，泥、沙、贝壳底质。

北砣矶水道

居大钦岛与砣矶岛之间，东西走向。长11.5千米，宽10千米，主航道宽5千米，水深30～50米，泥沙砾石底质。中部南侧，有暗礁1处，名北礁。

南砣矶水道

居砣矶岛与车由岛之间，东西走向。西接高山水道、猴矶水道。长15千米，宽7千米，主航道宽5千米，水深19～25米，泥沙底质。

珍珠门水道

居挡浪岛与北长山岛之间，南北走向。长0.75千米，宽1千米。主航道水深6～14米，泥沙底质。是南北海岛客货运输的主航道。

登州水道

亦称庙岛海峡。居南长山岛长山尾与蓬莱角之间。东西走向，长31.5千米，宽6千米，主航道水深12～37米，沙砾底质。为保护海底电缆和引水管道，此处为禁锚区。

第三节 港 湾

境内自然形成较大的港湾有33处。适于锚泊避风、海运周转、建港筑坝或旅游的主要有：

长岛港湾

位于南长山岛鹊咀村和荻沟村西。南北长2千米，东西宽1.1千米，湾口朝西，水深4～5米，泥沙底质。可避偏北、偏东风。

大口塘

位于砣矶岛大口村南。口向朝南，滩长800米，低潮干出200米。高潮水深1～2米，距岸500米水深3～5米，软沙泥底质。可避东、西、北诸风。

半月湾

亦称月牙湾，位于北长山岛嵩前村北。口向朝北，滩呈月牙状。滩长926米，5米等深线距岸125米。

塘里

俗称庙岛塘，古时也称登州外港。位于庙岛东侧，长岛港西侧。南北长5.5千米，东西宽3千米，水深3～5米，泥沙底质。西有庙岛为依托，东有南长山岛为屏障，北与北长山岛、挡浪岛、螳螂岛相拱卫，可避东、西、南、北大风。

南口

位于庙岛山前村南，该口由庙岛南端山岬与牛砣子岛连成"凹"形湾，口向朝南。东西长500米，退潮时干出100米，2米等深线距岸200米，口外水深3～5米，泥沙底质。可避偏北风。

庙岛锚地

位于庙岛与小黑山岛之间。周围分别有北长山岛、螳螂岛、挡浪岛、烧饼岛、小黑山岛、庙岛环围。长宽各1.1千米，水深5～10米，泥沙底质。可避偏东风。

南城口里

位于南隍城岛北侧。向口东北，狭长状，长910米，5米等深线距岸120米。贝壳泥底质。可避偏西、偏南风。该湾系海上丝绸之路(登州至大连)重要的中转站。水下有古代港坝和船骸遗迹。

船旺湾

位于大黑山岛船旺村东。口向东北，滩长600米，距岸100米处水深2米，适泊中小型船只。可避东西南北诸风。软泥与贝壳底质。湾内南侧的"门坎"水较深，退大潮时亦可出入。

前口

原名寺后口，位于南长山岛乐园村南，湾口为西南向。滩长2.2千米，水深2～5米，泥沙底质。可避偏北风。

连城湾

位于南长山岛连城村西，北起玉石街南端，南到黑石嘴村北。滩长1.02千米，湾口向西，距岸60米处水深3～4米，软泥底质。可避偏东风。

孙家口

位于南长山岛孙家村东，湾口向东南。滩长810米，距岸50米处水深4～5米，石底。可避偏西、偏北风。

北城湾

位于北长山岛北城村南，西至花沟村南岸，湾口向南。滩长3.16千米，水深3～4米，泥沙底质。可避偏北、偏东风。

店子西口

位于北长山岛店子村西，湾口向西南，滩岸中部有一突出岬角，将该湾分成南北两湾。南湾滩长908米，北湾滩长525米，水深2～4米。可避偏北、偏东风。

北庄湾

位于大黑山岛北庄村东，湾口朝东。滩长500米，水深2～7米，泥底（近岸为沙砾底质）。可避偏西风。

大濠口

位于大黑山岛大濠村南，湾口向南，东起小濠村西南嘴，西至大濠村西岭。滩长650米，距岸140米处水深5米，石底；距岸250米处水深10米，泥沙底质。可避北、东北风。

后口湾

位于砣矶岛后口村与霸王山之间，口向东北。滩长800米，水深8～10米，泥沙底质。可避偏西、偏南风。

砣子湾

位于砣子岛东北、砣矶岛磨石嘴村东南，湾口向东南。滩长2千米，水深4～12米，最深处达21米，泥沙底质。可避偏北风。

井口湾

位于砣矶岛井口村南，湾口向南。滩长250米，泥沙底质，低潮时可干出40米，距岸100～200米处水深5～7米。可避偏东、偏北风。

吕山口湾

位于砣矶岛吕山口村南，湾口向南。滩长422米，泥沙底质，距岸50米处水深7米。可避偏北风。

庙下东口

位于大钦岛小浩村南、南村东侧，湾口向东南。全长1.15千米，距岸100米处水深8米，泥沙底质。可避偏西、偏北风。

大钦西口

位于大钦岛北村西，湾口向西。全长550米，距岸50米处水深4米，泥沙底质。可避偏东风。

东口

位于大钦岛东村东侧，湾口向东。全长800米，距岸50米处3～5米，500米处水深16米，泥沙石底质。可避偏西风。

门前湾

位于小钦岛村南，湾口向南。全长900米，距岸50米处水深5米，砾石底；距岸100米处水深10米，泥底。可避偏北风。

小钦西口

位于小钦岛西中部，湾口向西，湾西北角有一向南伸延的礁群。全长800米，距岸30米处水深5米，板石底质；距岸100米处水深10米，泥底。可避偏东风。

山前湾

位于北隍城岛山前村南，湾口向南。全长724米，距岸100米处，底质为砾石、岩石，水深3米；100米外底质为沙、贝壳，水深5～10米。可避偏北风。

山后湾

位于北隍城岛山后村东，湾口向东。全长470米，湾两侧有岬角突出，砾石底质。距岸50米处水深2.7米，100米处水深7～8米。可避偏西风。

第四节　湿　地

境内湿地属滨海湿地，系指水深不超过6米的海域。海域内湿地主要分布在面积较大海岛的潮间带上，虽不集中，但自南至北，几乎岛岛可见。

南隍城岛的口里，砣矶岛的大口塘，庙岛塘，南砣子岛的砣子湾，大黑山岛的船旺湾、礁子道湾最为典型。湿地面积共计1105.2公顷。

海洋湿地的生物多样性，对南北迁徙的游

砣子湾湿地（2017年）

禽、涉禽极为重要，成为它们过海中途的“加油站”。特别是砣子湾，因连岛砂坝中间有流口，海流昼夜4次交替，该湾海产丰沛，每当冬季大风骤停，海水大退（习称“风歇靠”）时，潮间带螺贝、藻类丰富，成为全岛村民的“菜篮子”。

第五节　海洋水文

潮汐

境内海域的潮汐性质属正规半日潮。其规律是一昼夜两涨两退，习称“四架潮”。潮汐一涨一退，需12小时24分。按农历推算，半月形成一个周期。由此，初一和十六、初五和二十的潮汐时间是对应的。

农历三十到初四、十四到十八，大涨大退，称“大汛海”。其余时间潮速慢，潮流小，称“死汛底子”。潮高的地理分布，北部诸岛比南部诸岛高。以2018年为例：北隍城岛的平均潮高约为100厘米；南长山岛约为95厘米。

潮流

主要以潮流为主，余流量值不大，最大值不超过0.6海里/小时。在海峡地势作用下，大致形成东西方向往复流，其主流为涨潮东流、落潮西流，各岛屿港湾内多形成特殊的“回湾流”，对发展水产养殖和贝类自然采苗十分有利。

境内海流主要是受黄海、渤海的交换海流影响，砣矶岛以北水道是北黄海水西进渤海的主要通道，长山水道、登州水道是渤海沿岸水东进北黄海的主要通道，余流方向北部海区以西向为主，南部海区以东向为主，其流速北部大、南部小、表层大、底层小。北部海区流速为1.36～2.33海里/小时，南部海区为0.971～1.56海里/小时。

在渤海海峡深处的大钦岛和小钦岛，历史上曾有“龙潮”现象（即流速、潮高极端异常）。

【附记】

“龙潮”奇观

大钦岛，地处渤海海峡中部，是庙岛群岛离大陆最远的海岛。东村，居该岛东侧，港湾口向朝东。

2011年4月15日早8时40分至9时10分，“6”字形的东村安全港内，数百只锚泊的渔船，桅樯林立，红旗猎猎，一派祥和的景象。

突然，港之口门处海水翻滚，暗流涌浪闯入港内，渔船起伏摇摆，左右碰撞，港内一片骚动。此刻，一只带着子船的拖头，如长翅添翼，顺水推舟，疾速而入。这鬼使神差的异常海况，当地人们叫它“龙潮”。当“龙潮”入港受阻时，开始旋转回流，渔船再起波澜，相互推搡、扭动、摇晃。“龙潮”入港，港池海水明显上涨。

停泊在渔港口门附近的两艘120马力的渔轮，缆绳断裂，如脱缰之马，被回流涌退至口门外打转。当回流出港时，撞击着门口坝沿处，泛起腾涌的白浪。一条沉在水下的拦门钢丝缆绳，竟“浮”了起来，弯成弓形，将被逼出口的船只拦腰截断。

据坝沿港监所的人员目睹，回流稍作平息后，暗流涌浪再次袭来。水下的沉积物向上翻滚，瓦蓝的海水，变成污泥浊水，港内船只又是起伏扭动。水下之“龙”，长驱直入，两艘被“驱赶”出口的渔轮，竟被进口的涌流送回到原处。暗流涌浪，时进时出，大约10多分钟轮回1次，往返拉锯五六个回合，前后长达30分钟。据港监所值班人员回忆，直到下午两点钟，暗流才逐渐“老实”，港池趋于平静。坝沿上有许多渔民目睹了这一罕见的奇观。

它虽然有惊无险，尚未造成灾难，但其成因令人猜想。这天早晨，风向偏东，风力4～5级，轻雾，满潮，气象海况无大异常，这给奇观增添了不少神秘的色彩。

暗流涌浪突如其来的“龙潮”，昔年曾发生过。在大钦岛西岸和小钦岛的南沙尖子曾有人见过。虽说众人对“龙潮”的成因猜测不一，但由于外力作用所致，却有共识。

记得小时候，在海边赶“风歇靠”（即大风停后，大退潮），风平浪静的海岸，突然来了一阵“拍边浪”，抬头望望远处，见有鲸鱼过海（习称过龙兵），几分钟后，鲸过浪息。时而在海边游走，平静的海岸骤然起浪，原来不远处有轮船过往，亦是短时内，船走浪平。但这次“龙潮”奇观，绝非风浪所致，而是海底生成的暗涌流浪……

据分析，在砣矶岛东北至南隍城岛西南之间，有一长达20余千米的海沟（渔民称“沟心”），恰横亘在东村安全港正面。是否可这样认为，是海沟的局部发生了滑坡塌方现象，导致海底生波起涌。由于水下暗流波及安全港内，能量无处消减，才产生了回头涌动，造成进出拉锯、互相制约的局面。断缆的渔船随流进，又随流出，正是水下暗流动态的表现。

——选自《度假岛探奇》

海浪

风浪，为境内海域主要浪型。秋冬偏北风浪，出现频率为40%；春夏偏南风浪，出现频率为30%。浪高四季变化：冬季（12月至翌年2月）均浪高1.01米；春季（3—5月）均浪高0.47米；夏季（6—8月）均浪高0.5米；秋季（9—11月）均浪高0.8米。波浪受地形和风的影响，浪高和周期具有明显的季节特征。以北隍城岛为例：12月至翌年1月，浪高平均1.7米，周期4.7秒；5—6月浪高最小，仅为0.5米，周期2.4秒。据该岛水文站观测，历史上曾出现过10米以上的浪高，最大周期12秒。南部诸岛波浪相对较小，岸边浪高为0.3～1.0米。

海水表层温度

境内海水温度变化具有明显的季节特征和区域差异。冬季（2月）海水表层水温为3.3℃～5.8℃，分布特征由北向南递减；春季（5月）为5℃～10.5℃，分布特征为南高北低；夏季（8月）为19.9℃～27.5℃，分布特征为南高北低；秋季（11月）为12.6℃～14.8℃，分布特征是东部高于西部。

水温垂直变化特点，除夏季部分水域出现跃层外，其他时间上下水温差异不大。历年平均表层温度为11.5℃。每年4—7月升温快，平均升温率为4.7℃/月；10月至翌年1月降温快，平均降温率为4.1℃/月。水温变化北部海域较缓，南部海域较快。

水温与气温逐月变化曲线图

单位：摄氏度/月

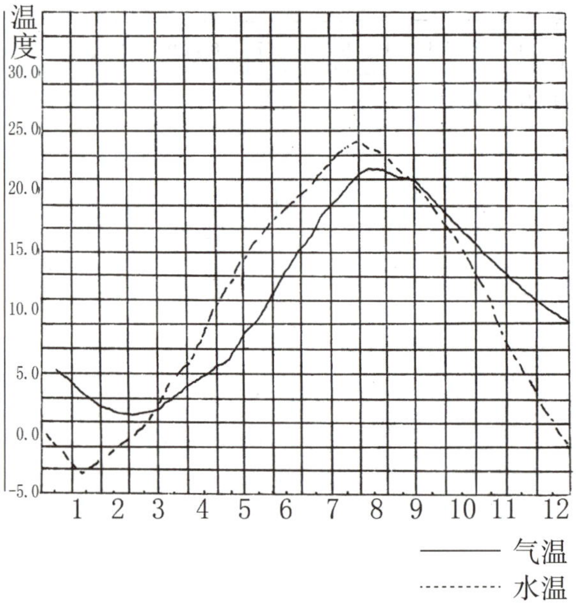

海水表层盐度

境内海域为黄海高盐水与渤海低盐水交换之通道。冬季海水表层盐度为30.3‰～31.9‰，总的分布趋势北高南低；春季为29.90‰～31.35‰，分布趋势接近冬季；夏季为29.10‰～31.0‰，秋季为30.0‰～31.2‰，分布趋势是中部高于南部和北部。总观含盐度北部高于南部。历年平均为31.33‰。

水色透明度

境内海域水色透明度范围在2～10米（水色号14～8）。季节变化夏季最高，月均为5～8米；南隍城岛最高值达13.8米。冬季最低，月均为2～4米。南部海水透明度低，水色号较大（为18～12）。年变化值为3～6米；冬季最低，月均透明度为1米左右；夏季最高，为3～5米。离岸近区透明度低，庙岛塘年均透明度为1.89米，大风过后最低值仅有0.2米。

南部海域透明度在1.7～3米；北部海域透明度在3.7～9.5米。庙岛塘及登州水道海域大风（7

级以上)时透明度最低值为0.2米左右。境内海域冬季透明度低,夏季透明度高。

第六节　暗　礁

境内海域分布的暗礁,系指海岛周边和航道附近低潮时不见形态的自然实体。特别是距海面近、在气象海况条件不利的情况下,易造成船只触礁的事故,成为行船安全隐患。

长岛县海域主要暗礁一览表

表2-3　　单位:米

礁石名称	相对位置	距近处岛岸	距水面	周围水深	备 注
西南礁	北隍城岛西山西南	750	7.6	14～40	原名西南疆
东南疆	北隍城岛东南端	500	3.6	25	
西南顶	南隍城岛东北	650	0.1	37～53	原名爱岩礁
野碌礁	南隍城岛西北	230	1.5	25	—
乌碌礁	南隍城岛大顶山西	250	1.5	25	—
磁罗疆	南隍城岛陀佛山西	200	6.4	—	—
二　顶	大钦岛西口外	250	0.5	14	底盘与大顶相连
大暗礁	大钦岛唐王顶西	3000	2.6	30	原名大礁
北　礁	砣矶岛北	4700	1.3	33	—
二疆礁	砣矶岛半劈山东	50	2	5～10	—
小东礁	砣矶岛与老东礁之间	4300	1.6	23～25	原名曾芝罘;距近岛岸指砣矶岛
六盘礁	猴矶岛北	800	6.4	11～26	由6块礁石组成
西北礁	小竹山岛西北	250	5.2	13～17	—
小山礁	马枪石岛北侧	500	6.2	16～26	原名北疆
大山礁	马枪石岛东侧	300	2.6	16～20	原名东疆
大红礁	北长山岛大头山西北	250	1.7	12～14	—

第三章　气候　物候

长岛县属暖温带大陆性季风气候，陆性率低，为53.2%。有北部近海洋气候、南部近大陆气候的特征。因受海水的调温作用，四季气温变化和缓，年差较小。四季气温的特征：春季风多回暖晚，夏季雨多气候凉，秋季干燥降温慢，冬季风频寒潮多。

第一节　气候特征

春季

大致从4月11日开始，至6月25日结束，为期76天左右。天气温暖干燥，降水较少，常有春旱发生。3—5月降水量占全年雨量的16%。雨日为16天。

夏季

大致从6月26日开始，至9月15日结束，为期82天左右。天气炎热湿润，雨量集中，常有暴雨天气出现。6—8月降雨量占全年雨量的62%，雨日为26天。

秋季

大致从9月16日开始，至11月10日结束，为期56天左右。寒露后冬季风渐强，北方冷空气频频南下，秋季后期降温较快。9—11月降雨量占全年雨量的17%，雨日18天，云量和雨日较少，气候凉爽。

冬季

大致从11月11日开始，至次年4月10日结束，为期151天左右。1月为全年最冷月。12月至次年2月雨量，只占全年雨量的5%，降水日数为14天。由于受蒙古冷高压的影响，风向以偏北风为主。强冷空气过境，常伴有大风，气温大幅度下降。

第二节　气象要素

气温

年平均气温为12.6℃。最冷月为1月，平均气温-0.8℃；最热月为8月，平均气温24.7℃。历年极端最高气温36.7℃（2005年6月24日），极端最低气温-13.7℃（2016年1月23日）。

日最高气温≥35℃的高温日数，年均0.7天，最多年1992年，为2天；日最低气温≤-2℃的低温日数，年均46天左右，日最低气温≤-10℃的低温日数，年均0.5天左右。

气温变化特点：4月回升最快，11月降温幅度最大。南部海岛与北部海岛气温有较大差异。从物候现象观察，当大陆采蜜人于6月15日前后在南长山岛放蜂采蜜结束后，再北上到大钦岛，恰是那里槐花盛开之季。南北岛槐花盛开期相差12～15天。

1986—2018年长岛县平均气温表

表2-4　　　　单位：摄氏度

月份	1月	2月	3月	4月	5月	6月	7月	8月	9月	10月	11月	12月	年均
平均最高	1.8	3.6	8.4	15.8	21.3	25.6	27.8	27.8	24.8	19.2	11.5	4.7	16.0
平均最低	-3.1	-2.1	1.6	7.4	12.7	17.5	21.1	22.1	19.1	13.3	6.1	-0.1	9.6
极端最高	12.4	20.4	22.2	23.9	33.4	36.7	36.1	35.4	31.3	28.9	23.7	15.8	36.7

续表2-4

月份	1月	2月	3月	4月	5月	6月	7月	8月	9月	10月	11月	12月	年均
出现年份	2002	1992	2009	1998	1982	2005	1997	1994	1999	1987	2009	2010	2005
极端最低	-13.7	-12.7	-6.6	0.7	4.1	10.2	15.4	17.3	9.0	0.7	-5.0	-8.7	-13.7
出现年份	2016	1981	1988	3年3天	1994	3年3天	1981	1996	1995	1995	1987	1999	2016
平均气温	-0.8	0.5	4.9	11.2	16.8	21.2	24.2	24.7	21.7	16.0	8.7	2.2	12.6

降水

年平均降水量552.1毫米。最多年959.3毫米(2009年),最少年248.5毫米(1999年)。日降水量最大为209.6毫米(2009年7月18日)。最长连续降水日数8天(2010年8月22—29日),降水量67.9毫米。最长连续无降水日数59天(1996年1月17日—3月15日)。

降雪初日最早出现在10月26日(2011年),最晚出现在12月3日(2006年、2008年);降雪终日最早出现在2月12日(1998年),最晚出现在4月20日(2013年),年平均降雪日为28天。积雪初日最早出现在11月9日(1993年),最晚出现在1月11日(2012年);积雪终日最早出现在1月7日(2002年),最晚出现在3月27日(2001年),平均积雪日为15天。最大雪深为17厘米(2010年1月5日)。全县降水时空分布极不平均。冬春季约占22%,夏秋季约占78%。6—9月最集中,约占全年降水量的70%,由南向北呈递减趋势。

1986—2018年长岛县各月降水量统计表

表2-5　　单位:毫米

年份	1月	2月	3月	4月	5月	6月	7月	8月	9月	10月	11月	12月	年
1986	2.3	2.1	25.2	3.4	7.1	46.3	103.8	48.9	13.9	29.4	0.6	11.7	294.7
1987	4.9	2.1	8.1	48.1	61.8	75.6	63.2	113.7	54.4	13.6	23.8	9.2	478.5
1988	1	2.8	0.5	6.1	52.9	42.6	130.9	110	60.4	7	6	4.3	424.5
1989	23.5	0.8	56.4	17.8	16.9	28.1	71.2	61.2	59.1	10.9	22.6	7.2	375.7
1990	12.6	26.9	14.3	36.7	122.4	107.8	206.5	86	84.3	13.6	22.4	17.9	751.4
1991	1.5	5.8	22.3	48.7	39.6	44.8	117.4	20.1	29.6	20.1	18.5	20.1	388.5
1992	5.2	30.2	5.3	3.1	28.9	37.8	74.4	87.9	170.5	30	8.8	34.1	516.2
1993	2.1	7.1	5.7	15.5	60.1	110.4	91.1	83.6	54.9	11.3	71.2	7.8	520.8
1994	4.1	0.8	7.5	26.4	50.3	94.6	82.5	274.3	36.5	49.3	29.2	18.4	673.9
1995	0.5	2	13.6	20.6	57.8	62.9	239.1	150.5	45.3	37.3	32	2	663.6
1996	17.2	0	23	51.9	13	123.7	270.2	135.8	31.3	47.3	2.2	11.6	727.2
1997	21	25.1	17.8	12.9	49.3	17.7	34.5	175.2	8.2	4.4	10.8	34.6	411.5
1998	3.9	37.1	18.1	14.9	48.1	45.8	182.8	188.9	5.3	29.1	17.2	0.8	592

续表2-5

年份	1月	2月	3月	4月	5月	6月	7月	8月	9月	10月	11月	12月	年
1999	0.5	0	7	20.1	13.8	56.9	15	28.5	32.1	35.3	27.4	11.9	248.5
2000	14.5	3.9	0	10.8	22.1	12.5	46.7	89.3	49.4	66.2	26.5	1.7	343.6
2001	19.4	13.4	1.6	20.7	18.9	171.9	236.1	74.8	45.9	25.4	14.6	7.3	650
2002	5.8	0	10.7	30.6	64.7	65.6	37.7	104.2	27.1	33.1	21.1	3.9	404.5
2003	10.8	16.1	12.4	57.9	23.4	84	153.9	76.3	83.9	42.4	20.6	8.3	590
2004	3.8	6.2	2.4	13.5	81.4	25.7	171.8	157.1	26.2	14.3	35.1	7.2	544.7
2005	0.2	16.5	0.3	44.3	60.7	108.6	119.3	177.4	55.8	15.7	1.4	23.5	623.7
2006	2.2	17.3	0.3	24.6	81.9	33.2	189.8	131.3	7.1	5.4	16.8	4.2	514.1
2007	13.3	2.7	75.2	14.7	60	26	108.3	259.5	120.4	94	0	15.1	789.2
2008	5.5	1.3	16.6	28.4	56.4	29.5	187.7	126.9	23.8	9.3	6.3	10.5	502.2
2009	0	9.3	11	89.3	123.6	68	481	107.7	11	25	19.5	13.9	959.3
2010	14.5	19.3	23.9	37.8	75.4	64.8	232.8	215.9	48.5	50.4	6	9.4	798.7
2011	6.7	5.9	0	7.5	35.3	142	99.1	177	114.1	1.9	25	8	622.5
2012	2.5	0.3	17.5	65	6.1	70.8	156	209.6	34.1	19.5	48.9	30.7	661
2013	12.9	12.6	13.5	19.3	65.4	37.3	560.4	53.1	0.1	3.1	38.4	1.6	817.7
2014	0.8	6	0.4	21	33.7	38	85.8	18.1	20.3	28.8	26.9	9.1	288.9
2015	13.9	9.7	5.5	36.7	23.9	23.9	13.3	178.5	97.3	20.5	70.3	2.8	496.3
2016	4.3	17.6	10.1	30	44.9	56.3	114.4	225.7	54.7	32.5	15.8	3.5	609.8
2017	16.7	5.1	0.8	23.2	16.4	54.5	148	174.8	7.7	16.6	8.6	7.5	479.9
2018	13.2	3.5	12	14.5	103.6	78.9	11.1	158.5	26	10.8	5.8	19.1	457
平均	7.9	9.4	13.3	27.8	49.1	63.2	146.5	129.7	46.6	25.9	21.2	11.5	552.1

1986—2018年长岛县四季降水量统计表

表2-6

	历年平均（毫米）	占年百分比	最多年		最少年	
			降水量（毫米）	年份	降水量（毫米）	年份
春（3～5）	90.1	16.3	223.9	2009	32.9	2000
夏（6～8）	339.5	61.5	656.7	2009	100.4	1999
秋（9～11）	93.7	17.0	214.4	2007	23.4	1997
冬（12～2）	28.8	5.2	75.6	1998	1.3	1988

气压

年平均气压为1011.7百帕。1月气压最高，平均1021.9百帕；7月气压最低，平均999.6百帕。气压变化规律为：1月后逐渐下降，至7月下降到最低值；7月后逐渐回升，至翌年1月达到最高值，从而形成较对称的“V”字形变化曲线。

风

年平均风速5.3米/秒，12月最大，8月最小。历年最大风速24.0米/秒（1990年2月23日）。年最多风向为南风，其次为北风。夏季以东南风向为最多，占各风向出现频率的42%，冬季以北风为最多，频率为37%。

湿度

年平均相对湿度为69%。3月最少，平均相对湿度为63%；8月最大，平均相对湿度为85%。夏季相对湿度最大，秋季次之，冬春两季相差无几。

蒸发

年平均蒸发量为1597.8毫米，月最大蒸发量为246.6毫米（1988年5月）。一年中，蒸发量1月最少，平均蒸发量为47.5毫米；5月最大，平均蒸发量为205.9毫米。蒸发变化规律为：1月蒸发量逐渐增大，至5月达到最大值；5月后蒸发量逐渐减少，至翌年1月下降到最少值，从而形成较对称的“∧”字形变化曲线。

日照

年平均日照为2635.1小时，日照百分率为59%。日照时数12月最少，为160.2小时；5月最多，为273.1小时。月份最多日照时数为329.3小时（2001年5月），月份最少日照时数为120.8小时（2000年12月）。

1986—2018年长岛县日照时数与百分率

表2-7

月份	1月	2月	3月	4月	5月	6月	7月	8月	9月	10月	11月	12月	年均
时数（小时）	174.9	186.3	238.0	256.4	273.1	254.7	224.9	240.9	236.5	220.2	169.6	160.2	2635.1
百分比	57	61	65	65	62	58	50	57	63	64	56	55	59

2016年长岛县日出日落时间表（以8月为例）

表2-8　　单位：时分秒

日期	日出	日中	日落	昼长	天亮	天黑
1日 周一	5:00:31	12:03:22	19:06:14	14:05:43	4:31:27	19:35:18
2日 周二	5:01:22	12:03:18	19:05:14	14:03:52	4:32:23	19:34:13
3日 周三	5:02:13	12:03:13	19:04:13	14:02:00	4:33:19	19:33:07
4日 周四	5:03:04	12:03:08	19:03:11	14:00:07	4:34:16	19:31:59
5日 周五	5:03:56	12:03:02	19:02:07	13:58:11	4:35:12	19:30:51
6日 周六	5:04:48	12:02:55	19:01:02	13:56:14	4:36:09	19:29:41
7日 周日	5:05:39	12:02:48	18:59:56	13:54:17	4:37:06	19:28:29
8日 周一	5:06:31	12:02:40	18:58:48	13:52:17	4:38:03	19:27:17
9日 周二	5:07:23	12:02:31	18:57:39	13:50:16	4:39:00	19:26:03
10日 周三	5:08:15	12:02:22	18:56:29	13:48:14	4:39:57	19:24:48

续表2-8

日期	日出	日中	日落	昼长	天亮	天黑
11日 周四	5:09:07	12:02:13	18:55:18	13:46:11	4:40:53	19:23:32
12日 周五	5:09:59	12:02:02	18:54:06	13:44:07	4:41:50	19:22:15
13日 周六	5:10:51	12:01:52	18:52:52	13:42:01	4:42:47	19:20:56
14日 周日	5:11:43	12:01:40	18:51:37	13:39:54	4:43:44	19:19:37
15日 周一	5:12:36	12:01:29	18:50:22	13:37:46	4:44:40	19:18:17
16日 周二	5:13:28	12:01:16	18:49:05	13:35:37	4:45:37	19:16:56
17日 周三	5:14:20	12:01:03	18:47:47	13:33:27	4:46:33	19:15:34
18日 周四	5:15:11	12:00:50	18:46:29	13:31:18	4:47:30	19:14:11
19日 周五	5:16:03	12:00:36	18:45:09	13:29:06	4:48:26	19:12:47
20日 周六	5:16:55	12:00:22	18:43:49	13:26:54	4:49:22	19:11:22
21日 周日	5:17:47	12:00:07	18:42:27	13:24:40	4:50:18	19:09:56
22日 周一	5:18:39	11:59:52	18:41:05	13:22:26	4:51:14	19:08:30
23日 周二	5:19:30	11:59:36	18:39:42	13:20:12	4:52:09	19:07:03
24日 周三	5:20:22	11:59:20	18:38:18	13:17:56	4:53:05	19:05:35
25日 周四	5:21:14	11:59:04	18:36:54	13:15:40	4:54:00	19:04:07
26日 周五	5:22:05	11:58:47	18:35:28	13:13:23	4:54:55	19:02:38
27日 周六	5:22:56	11:58:29	18:34:02	13:11:06	4:55:50	19:01:08
28日 周日	5:23:48	11:58:12	18:32:36	13:08:48	4:56:45	18:59:38
29日 周一	5:24:39	11:57:54	18:31:08	13:06:29	4:57:40	18:58:07
30日 周二	5:25:30	11:57:35	18:29:40	13:04:10	4:58:34	18:56:36
31日 周三	5:26:21	11:57:16	18:28:12	13:01:51	4:59:29	18:55:04

云

年平均总云量为4.4。年平均晴天日数为108.6天，阴天日数为62.8天。晴天日数最多年为153天（1997年），最少年为87天（1989年）；阴天日数最多年为81天（1990年），最少年为42天（1997年）。

地温

年平均地表温度15.2℃。1月最低，为-0.6℃；7月最高，为29℃。极端最高地温64.5℃（1992年7月19日），极端最低地温-14.9℃（2003年1月6日）。地温月升降幅度以7月、8月两月最小，为0.3℃（降温）；10月、11月两月最大，为8.8℃（降温）。全年地温变化规律为：1月后地温逐渐升高，至7月达到最大值；7月后地温逐渐下降到最少值，形成“∧”字形变化曲线。

结冰

年结冰日83天。最早结冰初日为2010年11月2日，最晚结冰初日为2005年12月16日。结冰终日最早出现在2002年3月3日，最晚出现在1987年4月13日。初、终冰间日最多为147天（2010年），最少为90天（1989年）。

第三节 物 候

境内南北最大岛距长56.4千米。以长山水道为界，南部诸岛物候现象比蓬莱、龙口一带要晚一个节气，而北部的诸岛比南部诸岛又晚一个节气，自然形成两个气候区。物候现象由南向北，随气温的增减而显现。

植物候

境内的野生植物，多在4月初至4月中旬返青萌芽，4月下旬至5月下旬开花。4月中旬迎春花、白头翁开花，下旬桃和杏开花。11月中下旬落叶乔木全面凋落。俗有“陆上柳树绿，海里见刀鱼”“椿头一寸，加吉（鱼）一阵”“马蔺开花，鲅鱼来家”等植物候，成为渔猎的“参谋”。

动物候

候鸟向北迁徙，大致从3月中旬开始到5月中旬为止，4月上旬为北迁盛期。猛禽类以凤头蜂鹰、雀鹰飞临早，雀形目鸟以杜鹃、黄鹂为先导。

秋季一般从8月下旬开始到11月下旬终了，候鸟由北向南迁徙，时间长、数量多、多数停留时间短。10月1日前后大约1个多月时间为集中南迁期，数量比春季多。猛禽昼迁夜栖，雀鸟昼栖夜迁，栖息时间多为一天或一夜，中秋节前后是南迁旺期。境内谚语：“中秋百鸟过大垒，霜降老鸹一群群”。节气与鸟迁时间十分吻合。

鸣叫动物 境内随季节性、生理性和气候变化而鸣叫的动物有鸣禽类、蝉、青蛙等。布谷鸟，4月下旬始鸣，5月中旬终鸣；青蛙，7月上旬始鸣，9月下旬终鸣，在繁殖期鸣叫次数增多，声音增大；蝉，7月上旬始鸣，10月中旬终鸣。鸟迁季节，斑鸠在林中的叫伴、鹌鹑早晨的集群、柳莺的报警、燕雀的信息分享，让岛上人能识别鸟语。杜鹃、黄鹂、白头鹎，被称为春天的歌手。

冬眠动物 境内的冬眠动物一般在10月下旬至11月中旬蛰伏，翌年3—4月复苏。蜻蜓、蜜蜂、青蛙10月上旬入蛰，蛇、蜥蜴11月入蛰，翌年3月青蛙和蛇、蜥蜴复苏，其他在4月复苏。

第四章 自然资源

第一节 土地资源

1991年，据土地调查，境内行政区域总面积5607.98公顷。其中，耕地285.68公顷，园地386.8公顷，林地2231.9公顷，其他农用地130.2公顷，居民点及工矿用地504.486公顷，交通运输用地46.16公顷，水利设施用地7.426公顷，未利用地1598.233公顷。

2005年，据土地调查，境内行政区域总面积5726.85公顷，比1991年增加118.87公顷。其中，耕地297.09公顷，园地102.39公顷，林地2532.85公顷，其他农业地196.24公顷，居民点及工矿用地1216.43公顷，交通运输用地39.07公顷，水域及水利设施用地13.753公顷，未利用地1329.01公顷。

2009年，据土地调查，境内行政区域总面积5924.62公顷，比2005年增加197.77公顷。其中，园地441.06公顷，林地2473.5公顷，其他草地521.99公顷，城镇村及工矿用地1204.2公顷，交通运输用地106.62公顷，水域及水利设施用地775.73公顷，其他土地401.52公顷。

2013年，据土地调查，境内行政区域总面积5924.62公顷。其中，园地419.99公顷，比2009年减少21.07公顷；林地2459.28公顷，减少14.22公顷；其他草地517.6公顷，减少4.39公顷；城镇村及工矿用地1246.94公顷，增加42.74公顷；交通运输用地109.26公顷，增加2.64公顷；水域及水利设施用地773.71公顷，减少2.02公顷；其他土地397.84公顷，减少3.68公顷。

第二节　海域资源

境内海域宽阔，海流通畅，水质良好，饵料丰富，理化因子稳定。不仅海洋生物多样，人工增养殖条件也得天独厚。海区开发利用，水深达40余米。营造海底森林，保护海洋生态环境，海水的生产能力日趋提升。全县35.41万公顷海域，人均8.43公顷。至2018年，全县可利用的渔业海区159843.60公顷，占规划海域总面积的55.99%；交通运输海区43131.40公顷，占规划海域总面积的15.11%；游乐观光海域7887.76公顷，占规划海域总面积的2.76%；特殊海区（海洋保护区、国家海洋公园）53473.30公顷，占规划海域总面积的18.73%；其他用海区（北隍城岛北部海域）21143.30公顷，占规划海域总面积的7.41%。

第三节　淡水资源

境内淡水资源主要靠自然降水补给，年平均降水552.1毫米。山势坡度大，土层硗薄、岩层破碎、地表径流快，为典型的贫水区。据1992年《长岛县水长期供求计划》（1991—2020）及《长岛县水资源调查评价与水利区划报告》，境内多年平均水资源总量为647万立方米，人均123立方米。其中，地表533万立方米，地下344万立方米，重复计算230万立方米。地表水可利用量为51万立方米，地下水可利用量131万立方米，海水利用（折淡水）13万立方米，中水回用1万立方米。2018年，海水利用（折淡水）16万立方米，中水回用3.6万立方米。

区域降水分布不均，南部岛屿的降水量比北部大。地表水主要是通过修建环山渠、路旁蓄水池等拦蓄雨季天然降雨至水库、塘坝、大口井、水窖等水利工程，储存起来作为工农业生产及城乡供水水源。

地下水资源区域分布不均匀，南五岛大于北五岛。以第四系松散岩层空隙水为主，南长山岛、北长山岛和大黑山岛是全县地下水的主要开采区。

第四节　矿产资源

境内矿产品主要是海底沙石、海岸球石、岛陆燧石（浅变质石英岩）、砣矶砚石、盆景石和少量玄武石。

海砂

主要分布于庙岛南部海域内。D级和E级砂石储量约200万立方米。其中，D级为130万立方米，E级为70万立方米，年产量5万吨左右。2016年，禁止开采海砂。

球石

亦称鹅卵石，主要分布在较大海岛港湾的岸滩上，以大黑山岛的马石嘴、北长山岛的半月湾、大钦岛的东村滩、小钦岛的西滩、北隍城岛的山

小钦岛球石海岸（2016年）

后滩和南隍城岛的东菜园湾、陀佛礁西滩为代表，藏量多、圆度高、花色美。

南部海岛，球石直径多为2～20厘米，北部海岛多为5～30厘米，均呈扁圆形或椭圆形。50—60年代，球石大量出口用于工业。

80年代末，彩色图纹球石逐渐受到赏石者青睐，被竞相收藏展示，成为山东省八大名石之一，成为中华奇石大家族中的佼佼者。2014年始，禁止采拾球石。

毛石

即浅变质石英岩。主要分布在南长山岛、北长山岛，自古以来多用于砌墙、造屋、垒堰、铺路、奠基。2013年，禁止开采毛石、山石。

砣矶砚石

唯产于砣矶岛西海岸的山泉水眼处，系浪蚀条带状绢云母千枚岩。主要成分有绢云母、绿泥石和少量石英、钛白矿、电气石及非晶质的碳质物，摩氏硬度为3～4度，其色泽灰黑如漆，金星闪烁，雪浪腾涌。早在清代所制之砚已成贡品。其石成砚后，可与马肝砚相媲美。

第五节　海洋生物资源

藻类

藻类资源达119种。其中，红藻类42种，绿藻类11种，褐藻类24种，其他藻类42种。海带（俗称江白菜）、裙带菜在长岛分布最广、人工养殖最多。其他还有萱藻（俗称骆驼毛）、石莼（俗称海青菜）、甘紫菜（俗称紫菜）、海萝（俗称牛毛菜）、羊栖菜（俗称小黑瞎菜）和龙须菜、鹿角菜、马尾藻、鼠尾藻及大叶藻等。

鱼类

境内海域常年栖息的鱼类主要有黄鱼（俗称六线鱼）和黑鱼（俗称黑裙鱼）。经济性鱼类有30余种，主要有：鲅鱼、小黄花、刀鱼、鲐鱼、银鲳鱼（俗称镜鱼）、梅童鱼（俗称大头宝）、鳙鱼（俗称辫子鱼）、鲆鲽鱼（俗称偏口鱼）、鳎鱼（俗称牛舌头）、孔鳐（俗称老板鱼）、鱵鱼（俗称针良鱼）、马面鲀（俗称皮匠鱼）、黑鲷鱼（俗称海鲋）、鮟鱇（俗称老头鱼）、铅点圆鲀（俗称廷巴鱼）等。

虾蟹类

境内海域虾蟹类共有15种，较著名的有中国对虾（俗称对虾、大虾）、鹰爪虾（俗称小虾）、虾姑（俗称虾爬子）、三疣梭子蟹（俗称飞蟹）等，其他还有板虾（学名鼓虾）、小红虾（长臂虾）、日本蟳（俗称赤甲红）等。

贝螺类

境内近海滩涂自然生长的贝类、螺类有30多种，其中栉孔扇贝（俗称干贝、扇贝）、皱纹盘鲍是长岛的名贵海产，其他还有贻贝（俗称海虹）、魁蚶（俗称赤贝）、虾夷扇贝、红螺（俗称胶肖）、短滨螺（俗称香螺）、牡蛎、寄居蟹（俗称大走引）、栉江珧（俗称臊蛤子）、花螺（俗称朝鲜花冠小月螺）、锈凹螺（俗称坐排排）、鲍螺（俗称牛牛）等。

其他海洋生物

门类多杂，最具代表性的有：

刺参　主要分布在各岛周边海域流速较缓、藻类繁生的3～5米水深的岩礁和砂砾石上。

光棘球海胆　俗名大连紫海胆，属棘皮动物门、海胆纲，其性腺制品海胆酱，日本人称之“云丹”，为高级海珍滋补品之一，主要分布在钦岛以北各岛。

寄居蟹（2013年）

海蜇　境内主要有绵蜇、沙蜇2种。

浮游生物　浮游生物含浮游动物和浮游植物。它们的含量多少，体现出海水的“肥瘦”程

度。2018年调查，境内海域有浮游动物47种。其中，水螅水母类型14种，管水母类1种，枝角类3种，桡足类18种，磷虾类1种，糖虾类5种，端足类1种，毛虾类1种，毛鄂类1种，被囊类1种，夜光虫类1种。本区海域平均每立方米含75.5万个。大型有锡兰和平水母、强壮箭虫、长腕幼虫、中华哲水蚤等，北部海域密度较高；小型有双刺纺锤水蚤、拟长腹剑水蚤、桡足类幼虫、瘦尾胸刺水蚤等，中部南部密度较高。浮游植物147种。其中，硅藻门127种，甲藻门19种，金藻门1种。本区海域平均每立方米含150万个，南部密度高于北部。

哺乳动物　境内马枪石岛、挡浪岛和螳螂岛等海域为西太平洋斑海豹集中集聚区，每年3—5月洄游至此栖息的约400头，常年留守的约3—4头。长岛海域也是东亚江豚的洄游通道，每年超过2000头东亚江豚集中出现在大钦岛以北海域及砣矶岛东部海域，高峰时段在每年的5—6月。其他海洋哺乳动物还有北海狮、小鳁鲸、虎鲸等。

2018年长岛海域浮游生物量调查表

表2-9

调查海区	总浮游动物数密度（个/立方米）		大型浮游动物密度（个/立方米）		小型浮游动物密度（个/立方米）		浮游植物细胞数量（个/立方米）	
	5月	8月	5月	8月	5月	8月	5月	8月
大黑山岛西	675	23201	116	154	559	23047	665463	1327672
猴矶岛西	5318	20103	47	114	5271	19989	1133810	2138919
高山岛东南	4106	29516	242	5	3864	29511	1975709	425322
高山岛北	3538	38967	79	14	3459	38953	6393691	343092
砣矶岛东	8430	7315	935	24	7495	7291	1837191	1735806
车由岛北	6870	12597	101	19	6769	12578	882516	263000
小竹山岛南	6812	16990	194	31	6618	16959	725665	1037401
南长山岛东	6991	23422	185	38	6806	23388	519999	636847
南长山岛东	6890	3385	140	41	6750	3344	293785	89078
北长山岛东	1395	29230	24	59	1371	29171	1464270	763681
猴矶岛东	7263	15661	149	59	7114	15602	328921	571432
小黑山岛北	7367	47449	246	243	7121	47207	1110603	26677000
北隍城岛南	4810	13296	93	160	4717	13136	4974933	611865
小钦岛东	7944	4956	158	27	7786	4928	4326943	150135

第六节　岛陆生物资源

植物

境内植被野生极少，外来种源不多，属栽培类型植被，木本植物最具代表性。植被大致可分草本植物、木本植物和灌木三大类。

草本植物　主要有麻黄、防风、紫苏、柴胡、知母、黄芩、苦参、木通、石竹、仙鹤草、元胡、穿山龙、玉竹、沙参、车前子、益母草、野百合、白头翁、地榆、凤眼草、半夏、羊胡子草、野蒜、山菊花、野蒿子、马齿苋、蒲公英、黄荆、萱草、狗尾草、山韭菜、黄菊花、鬼针草、苜蓿、葛藤、艾蒿、天麻、蜀葵、百里香、瓜蒌、黄花菜、荠菜、配兰、防己、苍耳、山牛、白草、野谷草、茅草、蒺藜、山里惠等，计107科、506种。国家二级保护野生植物3种：中华结缕草、野大豆、珊瑚菜。

木本植物　山地树种主要有黑松、刺槐、赤松、合欢、臭椿、栎类、小叶朴、桑树、山榆、白蜡、侧柏、火炬树、野桃、五角枫等。经济树种主要有苹果、梨、桃、杏、山楂、板栗、樱桃、大枣、葡萄等。观赏树种主要有雪松、龙柏、蜀桧、栾树、紫叶李、紫荆、木槿、玉兰、碧桃、榆叶梅、樱花、香花槐、海棠等。藤本主要有蔷薇、爬山虎、凌霄、紫藤、绣线菊、月季、牡丹等。灌木树种主要有黄荆、酸枣、紫穗槐、胡枝子等。共有木本植物83科249种，其中乔木36科127种（含裸子植物5科15种）、灌木32科88种、藤本15科34种。其中，黑松是木本植物中的主体。50年代末，人工栽植黑松获得成功，南长山岛碣头一带，成为国家森林公园的核心区。2018年，林木郁闭度达70%。全县登记古树名木14棵。

动物

鸟类　长岛地理位置特殊，陆、海食物链丰富。特殊的岛屿分布，自然形成候鸟南北迁徙的海上陆桥。至2018年，境内发现迁徙鸟类21目70科333种，占全国鸟类总数的23.0%，占山东省鸟类总数的70.1%。其中，《中日两国候鸟保护协定》中所列的鸟类，长岛县有174种，占76.7%；中澳两国政府签订的《保护候鸟及其栖息环境的协定》中，长岛县有46种，占60.2%；列入《世界濒危动植物红皮书》的有11种。属国家一级保护动物的有丹顶鹤、东方白鹳、黑鹳、金雕、大鸨、白鹤、中华秋沙鸭、白尾海雕、白肩雕、短尾信天翁10种；属国家二级保护动物的有大天鹅、鸳鸯、游隼、凤头蜂鹰、苍鹰、鹰鸮、长耳鸮等51种。在国家一、二级保护动物中，尤以猛禽为多，达40种。

等待环志的猛禽（2009年）

另有草鸮、苍鹭、绿头鸭、豆雁、鹌鹑、黄脚三趾鹑、红胸田鸡、董鸡、蛎鹬、大杓鹬、青脚鹬、普通燕鸻、黑尾鸥、银鸥、山斑鸠、杜鹃、红脚鸮、短耳鸮、夜莺、翠雀、三宝鸟、戴胜、白鹡鸰、白头鹎、灰椋雀、乌鸦、蓝歌鸲、虎斑地鸫、灰背鸫、黄眉柳莺、金翅雀、黄雀、海鹭鸶、大山雀、暗绿绣眼、啄木鸟、小云雀、金腰燕、太平鸟、黑枕黄鹂、蜡嘴、锡嘴等。

在境内的留鸟，陆上有家雀、山鸦雀、斑鸠、白头鹎、蛎鹬、大山雀、煤山雀、金翅鸟等。海上有海鹭鸶、海鸥等。

蛇类　由2018年上溯，在全县10个有居民和5个无居民岛上，除小钦岛尚未发现外，其他海岛均有蛇的分布。尤以大黑山岛的藏量最多，据宏观调查，总量约有1万条，其中80%是黑眉蝮蛇，被称为中国第二蛇岛。此外，还有白条锦蛇、虎斑游蛇等。

东方钳蝎和土元　境内山丘突兀，罅隙纵横，林草朽叶罗积，碱性土质发育，为东方钳蝎和土元等生物提供良好的生存环境。境内以大钦岛、大黑山岛、小黑山岛藏量为丰。

土元　习称土鳖。资源丰富，分布区广。

其他野生动物　石龙子(俗称四脚蛇)、壁虎、蟋蟀、蝴蝶、瓢虫、蚯蚓、蜘蛛、蝉、老鼠、蝗虫(俗称蚂蚱)、毛虫、鼠妇、蝼蛄、食虫虻、蜣螂、天牛、蚜虫、蚱蝉、螳螂、蜻蜓、蚰蜒、蝙蝠、尺蠖、蚂蚁、蜗牛、苍蝇、蚊子、黄蜂、折虫、豆虫、青蛙等。

饲养动物　牛、羊、猪、鸡、鸭、鹅、猫、狗、兔、貂等。

第七节　自然奇观

长山尾

位于南长山岛南端，呈"S"形，长约1.5千米，大部分在海面以下。末端重合在黄海、渤海的分界线上。当东风西流水(风浪相向而行)时，风借流急，流助风威，海浪澎湃，有万马奔腾之势；当西风西流水(风浪相背而行)时，风、流对顶，浪头攒动，可见"玉滩堆雪"之奇观。

海蚀栈道

位于大黑山岛破半山东侧崖上，长1500米，系海侵时板岩被冲刷剥蚀后，留下的地质遗迹。它记录了数万年前海水所及的高度。这条自然的天街，宽与高1米不等，呈"之"字形，终于北侧崖下。

石英岩海蚀大洞(聚仙洞)

位于大黑山岛破半山崖西侧，名大顶洞，洞深83米。主洞口向北，左侧有多个"太平门"侧洞。主洞中间石柱将洞分成左右两部分。犹如居室厅堂，走廊、过道、石桌、石凳、石床上下错落。主洞两侧石壁光平，上有香螺棋布、紫菜寄生，海星吸附，顺着大洞西壁折曲的侧洞可出入。

老黑山新老地层

位于大黑山岛西侧，山崖一体，海拔189米。山顶是散落的距今800万年的玄武岩块堆积；山下是距今8亿年的石英岩与板岩互层的"底座"。自然形成了岩性迥异、黑白分明、石龄相差悬殊、新老地层交汇、横亘在悬崖山腰上的地层分界奇观。

宝塔礁

位于犁犋把岛北端，礁高21米，直径5米不等。《登州府志》载："岛外一石，突兀波中，酷肖浮屠，为舟行出入门户"。该礁系典型海蚀柱，岩体为石英岩与板岩互层。与夕阳组合，被摄影家称之为"宝塔顶珠""宝塔含珠"。

宝塔礁(2015年)

姊妹峰(龙头礁)

位于高山岛北端，由两个海蚀柱组成，高礁39米，低礁36米，纵向排列。低礁下部有一石拱通透，形成两侧石柱顶撑之状，给人以泰山压顶之感。

望夫礁

位于南长山岛北端，礁高约20米。此海蚀柱酷似一怀抱婴儿的妇女在夕阳西下之时，等待出海归来的丈夫。

半月湾

位于北长山岛北部。弧形长滩，依山而伸，抱水而卧，犹如一钩新月。各种扁圆、椭圆的卵石，大的如鹅卵，小的似杏仁。有的橘黄、玉白，有的红如玛瑙、绿似翡翠。石上的纹理、图案各具千秋,令人爱不释手。

九丈崖

位于北长山岛西北角,西邻珍珠门水道,北靠长山水道,系长山列岛国家级地质公园的核心区。景区集山、海、礁、崖、滩、洞于一体;融雄、奇、美、险、秀、幽于一隅。崖壁海拔69.7米,大于90度倾斜。路经崖下,海天有别。即使烈日当头,这里也是凉风习习,阴凉沁人。

万鸟岛

境内黑尾海鸥有候鸟和留鸟两种。候鸟,每年3月下旬自南方飞来,产卵、育雏。俗有"清明做窝,谷雨下蛋"之说。主要栖息在无居民岛的悬崖之上,车由岛、高山岛、猴矶岛是主要的繁殖育雏地。9—10月,部分海鸥在此越冬,大部分飞回南方沿海一带。

响龙洞

位于高山岛北侧,龙洞多个。洞深、宽各50米左右,四周被象鼻子状的石柱顶撑。洞内涌浪轰响,是探险好去处。

响龙洞(2011年)

响洞

位于南隍城岛西侧大瓦房处。洞口朝西,洞内涌浪暗流起伏动荡。

将军石

位于高山岛西侧,海拔30米,礁身高大,威武雄壮,呈现出形神兼备、惟妙惟肖的将军形象。

砣矶石廊

位于砣矶岛西海岸,石质主要为绢云母千枚岩和板岩。这种岩石相对松软,岩层褶皱扭曲明显,纹理粗细曲直不定,历经千万年风浪侵蚀,水镌浪刻,岩面既有漏、透、瘦、皱之风骨,又有行云流水、粉墨丹青之浪漫,兼有色彩各异的明快,号称砣矶石廊。

岩画

石画主要显现在岩壁和石面上。其画面古朴,色彩鲜明,风韵浓重,彰显出大自然最原始的风貌。其画面淡雅,文图并茂,具象抽象兼容。

海市

海市景观大多出现于五六月份,境内海域是海市景观的多发区。海市景观纯属虚幻,必须在风力、阳光、能见度同时具备的条件下才可形成。1986—2018年,出现频率较高,分别在大钦岛西、大黑山岛西、庙岛西南和大竹山岛东的海面上出现5次。其景,为灰白色,动静相宜,或景或物,似像非像,均在脱离海岛的海面上显现。海市是千载难逢的,是目击加想象中的纯虚幻景观。

海滋

海滋在境内海域大多出现于春夏、夏秋之际,系当地海上的自然实体,在特殊的气象海况条件下发生的虚幻变形。它实中有虚,虚中有实,给人魔变的感觉。所见之实体,呈"卑者抗之,锐者夷之"之状,观其景如在异国他乡。海滋景观有壮滋、弱滋之分。1988年6月17日在大钦岛海域出现的海滋最为壮观。

平流雾

每年春夏秋季节,平流雾伴随着东风光顾长岛。这种雾层高约百米,在日本海或北黄海雨后

平流雾（2014年）

生成。当平流雾随风流淌到长岛境内后，遇山向上腾涌，过山向下倾泻，浓雾绕岛缠山，弥海填湾，景象十分壮观，酷似东方发源的气流河，长岛漂流的游动画。

日出日落

境内海域的日出和日落，均在海天分界线上。历有“春迎东游海豹，秋送南迁飞鸟。朝看黄海日出，暮赏渤海夕照”之说。日出时，朝阳喷薄，海面泛金，海平线上托起“旦”的期望；日落时，余晖灿烂，红霞满天，天海在此交接“圆”的兆祥。

第五章　自然灾害

第一节　灾害性天气

暴雨

1986—2018年，日降雨量大于等于50毫米的暴雨日数，年平均为1.6天。年最多暴雨日为6天，暴雨总量年最多为605.4毫米（2009年），最大月暴雨总量为424.2毫米（2009年7月），最大一日暴雨量为209.6毫米，出现在2009年7月18日。暴雨分布，最早出现于6月，最晚出现于9月，尤以7月、8月最为集中。

冰雹

1986—2018年曾出现过3次冰雹。降雹持续时间较短，冰雹较小。

霜

年平均霜日为30天。最早初霜日为2003年11月17日，最早终霜日为2014年3月5日，最晚初霜日为1994年12月22日，最晚终霜日为1987年4月12日。初、终霜间日最多144天（1987年），最少91天（2006年）。年无霜期为252天。无霜期最长为280天（2005年），最短为234天（1986年）。

雾

雾在各月均有出现，年均雾日为18.7天。雾日最多年为35天（1990年），最多月为11天（1988年、1993年7月）。境内出现的雾多为平流雾，持续时间随天气情况，特别是由风向决定，一般是偏东风容易出现，风向气一旦改变，雾很快即消散。

大风

长岛县处于区域性海峡风道，8级（17.0米/秒）以上的大风日数，年平均为56天。1991年，大风天气达81天。大风日数冬季最多，平均17.4天；春季平均16.2天；秋季平均14.8天；夏季最少平均6.8天。瞬间极大风速为36.0米/秒，出现在2007年3月5日。

寒潮大风

盛于秋冬两季，由西伯利亚冷空气暴发南下形成，并伴有大风，风力多为7～10级，风向偏北，每次持续2～3天，且风寒交加。

气旋大风

春或春夏之交，受蒙古或江淮气旋大风影

响，春季风力可达6～10级，风向多为偏西；春夏之交气旋大风多为6～7级，时有东南风转8～10级东北风之特点。这种时间短、转向快的强风，灾难性很大。

台风

夏末秋初，受西太平洋台风外围影响，常出现6～10级大风，且风向多变。如受正面影响，风力可达12级以上。

雷雨大风

春末至秋初，冷暖空气交汇，强对流空气活动频繁，常出现雷雨大风或短时强降水的恶劣天气。时而出现风向突变、风速突增现象，呈现突发性强、持续时间短、移动速度快的特点，破坏性很大。

干旱

境内地形坡度大，土质差、径流量大，涝灾相对不突出，而干旱灾害异常明显，持续时间长，危害面积大。境内旱年占60%以上。1986年，全年严重干旱，降水较历年平均偏少四成多，尤以春季和秋季为严重。1989年，伏旱严重，夏季降水不足历年的一半。1997年夏秋连旱，尤以秋季为重，降水不足历年平均的3成。1999年降水仅为248.5毫米，为历年干旱之最。

第二节 风暴潮灾害

1990年4月30日—5月1日，境内遭受风暴潮袭击。养殖业受灾面积占养殖总面积的45%，直接经济损失5000多万元；捕捞船网直接经济损失500多万元；港口、码头经济损失600多万元。共计经济损失6100多万元。同年12月21—22日，再次遭到风暴潮袭击，风力超过10级，持续长达37小时，扇贝养殖区、渔船、码头、港口、船厂造成直接、间接经济损失5760万元。有2名船员失踪。

1993年11月15—22日，境内遭受风暴潮袭击，风力由8级增至9级，阵风10级。8天的连续风暴造成全县扇贝养殖区损失266.6公顷，大小渔船毁坏30余艘，2人死亡。

1994年8月15日，境内遭受第15号台风袭击。近海船只及育苗、养殖设施受到重创，直接经济损失达1.6亿元。

1996年4月29日，境内遭受7～9级大风袭击，20艘渔船报废，扇贝养殖区损失49.95公顷，海带养殖区损失29.97公顷，死亡2人，失踪2人，总经济损失计3600余万元。

1997年8月19—21日，受第11号强热带风暴侵袭，境内2人失踪，部分小码头冲毁，沉没大小船只27艘。

1999年11月24—25日，受北方强冷高压前锋影响，境内出现8级、阵风10级的偏北大风。造成北长山乡北城村40马力和20马力两艘渔船及6人失踪；店子村两只40马力渔船沉没，5人失踪；砣矶镇磨石嘴村1艘18马力渔船沉没，2人失踪。在大钦岛海域1艘外地渔船沉没，4人失踪。

2001年8月1—2日，受8号台风“桃芝”倒槽引起的江淮气旋影响，境内出现3小时的52.1毫米的强降水，伴有9级的偏北大风。打碎打翻渔船6艘，倒塌房屋12间，塌方危房6间。

2007年3月4—5日，全县遭受风暴潮袭击，造成渔业、交通、供电、房屋损失3600余万元。同年12月28日—2008年1月3日，全县连续遭受大风袭击。造成直接经济损失6130万元。其中，渔业损失6000余万元。

2008年9月22—23日，受强冷空气影响，伴随着强降雨，风力8级，最大风力10级，境内直接经济损失800余万元。

2009年2月13日、15日、16日，先后受强冷空气和南北冷暖空气的持续影响，伴随雷电和降温，全县经济损失1.2亿元。同年10月16—19日，受强冷空气影响(阵风达11级，伴有小雨)，直接经济损失3000余万元。

2010年1月1—4日，持续强风暴雪，又遇连续多日低温寒流，对全县筏式养殖、渔业船舶等物产造成严重损失。其中，养殖区受损面积约4137公顷，海珍品增殖区800余公顷被冰封，有

83处海参围堰和40多处围网海参养殖受损面积153公顷，网箱鱼类死亡500千克，渔船损坏14艘，陆上育保苗场、养殖仓库等受损31处，造成经济损失约9000余万元。

2011年6月25—26日夜间，受第5号热带风暴“米雷”影响，境内持续大范围降雨，海面风力达8～9级，阵风10级，强风持续时间长达12个小时，砣矶岛后口湾、大钦岛东部、南隍城岛东莱园湾等海域的筏式和网箱养殖、沿岸养殖设施、渔船和养鱼网箱受损严重，直接经济损失1亿元。

2012年11月，全县连续遭受强风暴潮袭击，其中11日北部海岛最大风力达13级，南部海岛最大风力达12级，并伴有中到大雨。由于正处于海带夹苗、扇贝分苗时期，渔养生产以及交通、市政设施受损严重。11月4—5日，风暴潮造成直接经济损失约1600余万元，受灾人口809人。11月10—12日风暴潮造成直接经济损失约1.32亿元，受灾人口1026人。两次风暴潮共给全县造成直接经济损失1.49亿元。

第三节　森林病虫害

长岛县主要林木病虫害有：赤松毛虫、大袋蛾、泡桐龟甲、泡桐丛枝病、松树干枯病、松墨天牛。其次有：光肩星天牛、榆兰金花虫、柳毒蛾、舞毒蛾、松梢螟、刺槐小皱蝽、棉蚜、天社蛾类、尺蠖类、榆凤蛾、蚱蝉、金龟子类、蝼蛄、金针虫、地老虎、大灰象甲、棉槐豆象、榆毒蛾、黄掌舟蛾、桃小食心虫、梨小食心虫、卷叶蛾类、蚜虫类、红蜘蛛、苗木立枯病、毛白杨锈病、白粉病等。

松材线虫

松材线虫，寄生在松树皮与木质部间韧皮部内，严重时会导致松树迅速死亡。1990年9月，在南长山岛鹊咀村信号山发现有松树枯死现象，面积约4公顷。经中国林业科学院森林保护研究所对送检的标本鉴定确认，初步认为病死松树是由松材线虫所致。1991年4月，确定为松材线虫病。病死树全部予以烧毁。因疫情发现较晚，且该病发生隐蔽，疫情仍继续扩大蔓延。是年，通过邀请相关专家现场考察、成立课题研究小组对松材线虫病媒介昆虫——松褐天牛系统观察、开展林间设招引桩、清理伐除病木、药物防治等一系列研究治理工作，疫情得到有效控制。1993—1994年未发现松材线虫病致死树。1995年9月中旬，疫情再度显现，并扩大到南长山、北长山和砣矶等岛，面积达300余公顷，疫情点32个，查出病死树466株，60%的死树带有松材线虫。1996年全县病死树1100株。1997年，北长山岛、砣矶岛两个新疫情点被消除，疫情被控制在南长山岛，面积320公顷，全年死树835株。1998年，长岛县松材线虫病治理被列为国家级工程治理项目，通过采取综合治理措施，基本控制住疫情。2002年，在北长山岛再次发现疫情，全县发生虫害面积580公顷，全年清理病死树5339株，其中1826株带松材线虫，占死树总数的34.2%。2003年4—6月，对南长山岛、北长山岛区域内580公顷松林100余万株松树采用树干打孔“早期诊断技术”，共查出7278株可疑病树，经全部镜检，有708株带有松材线虫。1998—2018年，全县共清除病死树20余万株，镜检带线虫的有7万余株。

美国白蛾

美国白蛾又名秋幕毛虫，是一种世界性检疫害虫，具有食性杂，耐饥性强、适应性广、繁殖力强而又极易传播的特点。1988年8月29日，在北长山岛首次发现美国白蛾。经普查，北长山岛、大钦岛、小钦岛、南隍城岛、北隍城岛均有发生，疫区面积860公顷。1990年，疫情扩散到10个乡镇的22个村和12个驻军单位，查出疫情树木4万株、网幕7万余个。2000年，施放“周氏啮小蜂”100余万头，剪除美国白蛾网幕8000余个。2001—2018年，共释放“周氏啮小蜂”约15亿头，剪除美国白蛾网幕16万余个，喷施生物药剂20吨，绑草把2000公顷，疫情基本得到控制。

赤松毛虫

松毛虫俗称“松狗子”，历史上是松林的主要虫害。疫情发生时，远望如火烧，近看虫成球，虫粪盖满地，有“不冒烟火焰”之说。松树受害，长势受损，衰萎枯死。70年代中期，松毛虫暴发成灾，每年发生面积都在600余公顷，虫株率70%～90%，平均虫口密度15～40头，呈现“三年一小灾，五年一大灾”的周期性暴发规律。

1986年，全县发生松毛虫面积800余公顷，占松林面积的52%，部分严重地片虫口密度达50头/株，虫株率60%以上，个别树达197头/株。1994年秋季，全县1300余公顷松林普遍发生松毛虫害，占松林面积的67%。疫情林区300余公顷，严重林片虫株率在90%以上，最高单株有幼虫2100余头，整个松林一片枯黄。

1997年后，随着防治工作的不断加强和先进防治技术的推广应用，松毛虫害得到有效控制。1997—2002年，累计防治虫害林区2000余公顷。2002年，境内仅有200余公顷林区出现松毛虫害，为轻度发生，基本达到有虫不成灾的水平。之后，松毛虫害发生面积逐年减少，2005年下降至20公顷，2008年后未再发生。

第三编　环境保护

80年代，长岛县环境保护工作步入规范，成立环境保护和监测机构，推行环保目标责任制系统工程，形成县委、县政府主导、各部门齐抓共管的工作机制。地下水、大气环境、海洋环境及噪声相继被纳入常态化监测。1994—1995年，连续两年获联合国环境规划署颁发的“全球500佳”提名奖。1999年，全县推行“一控双达标”（控制污染物总量，工业污染源排放达标，空气质量达标），环保工作由定性管理转向定量管理，从生产源头进行污染防治。进入21世纪，环境监测和保护工作进一步加强，污水处理、垃圾处理、扬尘治理等设备设施不断完善，实施岸线拆迁、生态修复等综合整治工程，环境治理加快由治标向治本转变。

2017年12月，省委、省政府印发《关于推进长岛海洋生态保护和持续发展的若干意见》，明确要求长岛县将生态保护作为第一要务，创建海洋生态文明综合试验区。全县积极践行“绿水青山就是金山银山”科学论断，统筹实施“山水林海城”系统保育修复，严格实行生态管控，“车辆双控”、风机拆除、“煤改电”、绿色交通体系建设等综合治理举措，取得明显成效。

1986—2018年，长岛县先后成为国家级自然保护区、国家级海滨风景名胜区、国家森林公园、国家地质公园、国家海洋公园及全国首批可持续发展先进示范区、海洋生态文明建设示范区、国家重点生态功能区。

第一章　环境监测

1982年1月，县环境保护监测站成立，并始对地下水实施监测。之后，相继启动对海洋环境、大气环境、声环境的监测。2002年，对境内大气、降水、地下水、近域海水、噪声状况等实行全面监测。2004年，建成长岛空气自动监测站。2011年，国家大气背景监测站山东长岛站启动运行。2018年，县环境监测站有监测人员8人，监测用房350平方米，拥有大气智能采样器等监测设备27台（套），共取得大气监测、海水监测、噪声监测等主要例行监测项目各类数据5037个。

第一节　大气环境监测

1989年7月始，县环境保护监测站对县城区域大气环境进行监测。在乐园大街、长园路、海滨路设3个监测点位，每年在7月、12月各监测1次，主要监测二氧化硫、氮氧化物、总悬浮颗粒物。1990年，改设乐园大街和海滨路2个大气监测点。6月，增加硫酸盐化速率项目监测，设乐园大街、车检所、南城村、房产局西、气象局和客运站6个监测点位。监测频率为每年4次，分别在1月、4月、7月和12月进行。据1989年、1990年监测数据显示，境内大气污染物中浓度相对较高，污染物主要为二氧化硫氮氧化合物总悬浮颗粒测值最大超标倍数2倍，二氧化硫超标率50%；氮氧化物监测值最大超标倍数0.24倍，超标率1.4%；总悬浮颗粒物最大超标倍数2.1倍，超标率33.3%。

1991—1995年，大气监测共取得数据1120个，测值范围为0.000～0.085毫克/立方米，最高值未超过国家二级标准，年均浓度为0.019毫克/立方米；氮氧化物监测共取得数据1120个，测值范围在0.002～0.088毫克/立方米，年均浓度为0.026毫克/立方米，未超过国家二级标准；降尘监测共取得数据180个，测值范围为1.40～17.48吨/平方千米·月，超标数15个，超标率8.3%，最大超标倍数1.33倍，年均值8.14吨/平方千米·月。监测显示，5月降尘量最高，9月降尘最低；硫酸盐化数率监测共取得数据380个，测值范围为0.025～1.692毫克三氧化硫/100平方厘米碱片·日，超标数据60个，超标率15.8%，最大超标倍数3.4倍，年均值为0.362毫克三氧化硫/100平方厘米碱片·日。

1996年始，大气环境质量执行《环境空气质量标准》(GB 3095-1996)国家二级标准，取消对氮氧化物的监测，改测二氧化氮。是年，二氧化硫、二氧化氮、总悬浮颗粒物、硫酸盐化速率4项监测平均值趋于正常。

1999年，大气监测实行24小时连续监测，监测点位设在气象站，监测项目为二氧化硫、二氧化氮、总悬浮颗粒物。至2000年，共取得各类监测数据2971个，其中二氧化硫、二氧化氮、总悬浮颗粒物的一次值、日均值、年均值均未出现超标情况。硫酸盐化速率的月均值、年均值有超标出现。

2002年，大气环境质量执行《环境空气质量标准》(GB 3095-1996)国家一级标准。7月，增加降尘监测，监测点位设在县环保局，监测周期为30天。大气环境监测中的二氧化硫监测日均值浓度范围为0.002～0.037毫克/立方米，年均浓度为0.015毫克/立方米；二氧化氮日均值浓度范围为0.005～0.031毫克/立方米，年均浓度范围为0.017毫克/立方米；总悬浮颗粒物日均值浓度范围为0.031～0.147毫克/立方米，年均浓度为0.074毫克/立方米。空气质量符合国家一级标准。

2003年，停止监测总悬浮颗粒物，改为监测可吸入颗粒物。2004年9月，长岛空气自动监测站正式投入使用，该站建立在北长山岛大头山(2018年7月升为省控监测站)，主要监测二氧化硫、二氧化氮、可吸入颗粒物。

2006年，硫酸盐化速率监测点位增加1个，设在县环保局，监测周期为30±2天。取得各项检测数据472个。其中，二氧化硫、二氧化氮监测值均符合国家一级标准。2007年，二氧化硫日均值范围0.005～0.028毫克/立方米，年均值0.014毫克/立方米；二氧化氮日均值范围0.006～0.024毫克/立方米，年均值0.014毫克/立方米；可吸入颗粒物日均值范围0.010～0.053毫克/立方米，年均值0.030毫克/立方米。环境空气质量达到国家一级标准。

2008年，大气质量监测取得各类数据470个。其中，二氧化硫、二氧化氮的监测值、年均值均符合《环境空气质量标准》(GB 3095-1996)国家一级标准；可吸入颗粒物监测值略有超标，符合国家一级标准；硫酸盐化速率监测月均值、年均值均未超标；降尘监测数据年均12个，年均值为4.3吨/平方千米·月。

2011年3—4月，长岛县与中国环境科学研究院、中国环境监测总站、北京大学、清华大学、中国科学院大气物理所合作，在北长山岛大头山开展东亚地区大气污染物跨界输送及其相互影响与应对策略研究项目。北长山岛大头山监测站取得各类监测数据2689个，其中二氧化硫、二氧化氮、可吸入颗粒物等项指标均达到国家一级标准。

2011年7月，砣矶岛国家大气背景监测站山东长岛站试运行，除开展二氧化硫、二氧化氮、可

2011—2018年长岛县空气自动站主要污染物数据监测统计表

表3-1　　单位：毫克/立方米

年份	二氧化硫年均值	二氧化氮年均值	可吸入颗粒物年均值（PM10）	可吸入肺颗粒物年均值（PM2.5）	一氧化碳	臭氧
2011	0.020	0.011	0.038	—	—	—
2012	0.021	0.014	0.034	—	—	—
2013	0.024	0.024	0.070	—	—	—
2014	0.020	0.021	0.085	—	—	—
2015	0.013	0.016	0.074	—	—	—
2016	0.012	0.018	0.052	0.034	1.9	0.155
2017	0.011	0.017	0.057	0.034	1.7	0.207
2018	0.010	0.015	0.051	0.026	1.4	0.178

吸入颗粒物、可吸入肺颗粒等项目的监测外，增加氮氧化物、臭氧、一氧化碳、气象参数（温度、湿度、气压、风向、风速）、能见度、黑碳（七波段）、降水量、电导率、pH值、主要阴阳离子、二氧化碳、甲烷、氧化亚氮、颗粒物粒径谱等项目监测。当年，取得各类监测数据66万个。

2012—2015年，北长山岛大头山空气自动监测站共取得空气监测数据5234个。按国家一级标准评价，二氧化硫日均值超标率6.8%，最大超标倍数1.68倍。二氧化氮日均值超标率0.5%，最大超标倍数1.58倍。可吸入颗粒物日均值超标率9.0%，最大超标倍数13.8倍。2014年，停止硫酸盐化速率监测。

砣矶岛双顶山国家大气背景监测站（2016年）

2016年始，增加可吸入肺颗粒物、一氧化碳、臭氧监测项目。北长山岛大头山空气自动监测站取得大气各类数据2163个。其中，二氧化硫、二氧化氮年均值符合《环境空气质量标准》（GB 3095-2012）国家一级标准，未有超标出现；可吸入颗粒物、可吸入肺颗粒物、臭氧监测日均值出现超标，参照国家一级标准，超标率分别为41.7%、34.9%、37.2%。一氧化碳监测范围0.039～2.282毫克/立方米，年均值1.9毫克/立方米。

2018年，北长山岛大头山空气质量监测点共取得各类监测数据2107个。其中，二氧化硫、二氧化氮年均值符合《环境空气质量标准》（GB 3095-2012）国家一级标准；可吸入颗粒物、细颗粒物年均值符合GB 3095-2012国家二级标准。二氧化硫、二氧化氮未出现超标情况。可吸入颗粒物、细颗粒物监测值出现超标情况，参照国家标准，超标率分别为0.85%、1.74%。监测数据显示，大气环境质量较监测初期实现好转。

第二节　水环境监测

地下水监测

1982年，开始对地下水实行监测。1986年，县城区布设监测井位15个，地点分别在部队要塞区大院、农机厂、针织厂、县委大院、部队医院、王沟村、染化厂上游、染化厂下游、外贸公司、王沟平塘、供电公司和自来水1、2、3、4号机井。监测温度、pH值、氯化物、总硬度、亚硝酸盐氮、硝酸盐氮、氨氮、挥发酚、氰化物、氟化物、砷、六六六、滴滴涕、硫化物、细菌总数、大肠杆菌群、汞、铅、镉19个项目。监测显示，地下水点位的氯化物、总硬度和硝酸盐氮超标：氯化物超标率达50.34%，最大超标倍数13倍；总硬度超标率42.8%，最大超标倍数4.5倍；硝酸盐氮超标率14.58%，最大超标倍数1.18倍。其他各监测数据均符合生活饮用水卫生标准。据监测数据分析，超标主要为超量开采造成地下水位偏低，海水倒灌导致。

1991—1995年，地下水监测井位增加毛纺厂、水产局、自来水公司7号井位，监测井位达到19个，监测超标的项目仍为氯化物、总硬度、硝酸盐氮。

1996—2000年，地下水监测井位由19个调整为5个，分别是水产局、针织厂和自来水公司3、4、7号井位。每年分别在枯水期、丰水期对城区地下水进行监测，共取得监测数据592个，其中水产局、针织厂机井超标严重，出现超标数据28个，2000年封闭。监测井位仅保留自来水公司3号、4号、7号机井。

2001—2015年，分别在每年枯水期的5月和丰水期的9月，对城区地下水进行监测，共取得监测数据585个。监测数据未出现超标，地下水水质属良好级，硝酸盐氮、总硬度、氯化物状况保持稳定，无变化趋势。2015年下半年，因蓬莱至长岛跨海引水工程运行，县城区停止开采地下水，遂停止地下水监测工作。

降水酸雨监测

1995年，开始对大气降水酸度监测。在县气象局设立监测点，监测项目为一般雨、雪水测定pH值和电导率。1996—2000年共计降水72次，年均降水318.6毫米，年均pH值为6.58。2005年，采集降水检样品28个，降水pH值为6.89。至2018年，境内未出现酸雨，当年pH值监测值平均为6.57。

海水监测

1986年始，每年对庙岛海域116.5平方千米海域进行监测，共设采样点位11个，监测项目有水温、pH值、氯度、盐度、化学需氧量、磷、挥发酚、溶解氧、石油、氨氮、亚硝酸盐氮、硝酸盐氮、硫化物、砷、汞、铜、铅、锌、镉、六六六和滴滴涕共21个项目。1990年，庙岛海域石油类、活性磷酸盐、溶解氧、汞4个项目在个别站点有超标现象。超标率最高的是石油类，为23.19%；其次是活性磷酸盐，为19.74%；溶解氧与汞分别为10.81%和4.00%。最大超标倍数，石油类为7.4倍，汞为3.4倍，磷为1倍，溶解氧为0.28倍。石油污染以登州水道和庙岛湾各港口周围最为严重，主要的污染源为海上石油开采遗漏、船舶废油、港口加油点。磷超标主要原因是大量养殖贝类残体入海和生活污水入海。溶解氧超标主要为陆源废水入海、石油开采造成有机物入海、贝类养殖过密导致。化学需氧量虽然未超标，但是呈波动上升的趋势，表明长岛海域中有机物和还原性物质逐年增加。1991—1993年，境内近岸海域每年取得海水监测数据188个。监测数据显示污染源基本得到控制，海域水质优良。

1994年，在北隍城岛等海域增加6个海水监测点位，每年8月监测1次，监测项目为pH值、溶解氧、化学需氧量、活性磷酸盐、无机氮、汞、铅、锌、镉、石油类共10项。水产品加工排海废水中主要污染物有化学耗氧量（cod）与悬浮物（ss），cod等标污染负荷占比78.6%，ss污染负荷占比21.4%，其污染危害程度cod较ss严重。

1996—2000年，共取得监测数据2499个，出现超标情况的项目主要有BOD5（5日生化需氧量，下同）、无机氮、铅、石油类等。2000年始，开展养殖区海水水质专项监测，监测点位17个，每月监测1次，全年取得监测数据4000多项。

2001年，海水监测点位调整为11个。根据海区污染程度分级表的规定标准，出现超标的项目主要有BOD5，其余数据均达到功能区标准。近海海域水质平均为优良。

2004年10月，海水监测点位调整为12个，每年5、8、10月对各点位分别采样监测一次。2005年，主要污染物中的无机氮、活性磷、化学需氧量保持稳定。监测结果显示近海海域水质一、二类海水比例分别为75%、25%。按海区污染程度分级表的规定标准，近海海域水质平均为优。

2006年，在砣矶岛等海域增加8个监测点位。至2015年，共取得近岸海域水质监测数据7320个，无机氮保持稳定，活性磷、化学需氧量呈好转趋势。按照近岸海域环境功能区标准评价，各类海区监测数据均达到功能区标准。近海海域一类海水比例100%，水质为优级。

2016年，海水监测点位调整为12个，分别于5、8、10月各监测一次。按照不同功能区分别对各类海区进行评价。2018年始，对8月的监测数据按照《海水水质标准》（GB 3097-1997）进行全面分析。境内各海区无超标数据出现，海域环境质量状况稳定，海水水质达到功能区标准。

1986—2018年长岛县近岸海域监测数据统计评价表

表3-2

年份	主要污染物浓度（除pH值外，为毫克/升）								
	pH值	溶解氧	化学耗氧量	五日生化需氧量	活性磷酸盐	无机氮	锌	铅	石油类
1986	8.08	7.95	0.83	—	0.006	0.001	0.017	0.001	0.03
1987	8.03	6.58	0.86	—	0.016	0.001	0.023	0.001	0.12
1988	8.04	7.26	1.14	—	0.014	0.018	0.066	0.001	0.02
1989	8.07	7.51	1.00	—	0.011	0.015	0.002	0.013	0.03
1990	7.80	7.83	1.07	—	0.008	0.020	0.001	0.001	0.07
1991	8.08	6.78	1.61	—	0.013	0.022	0.007	0.006	0.08
1992	8.00	7.57	1.03	—	0.008	0.042	0.008	0.001	0.06
1993	8.04	7.15	1.86	—	0.007	0.029	0.005	0.004	0.02
1994	7.82	8.58	1.69	—	0.002	0.025	0.008	0.002	0.02
1995	8.06	8.06	1.56	—	0.008	0.066	0.008	0.002	0.028
1996	7.82	6.48	1.71	—	0.015	0.025	0.008	0.002	0.025
1997	8.22	7.36	0.89	—	0.010	0.028	0.002	0.001	0.036
1998	8.02	7.66	0.83	—	0.014	0.103	0.004	0.001	0.043
1999	8.06	7.90	0.65	1.22	0.010	0.072	0.004	0.001	0.035

续表3-2

年份	主要污染物浓度（除pH值外，为毫克/升）								
	pH值	溶解氧	化学耗氧量	五日生化需氧量	活性磷酸盐	无机氮	锌	铅	石油类
2000	8.05	7.65	0.94	1.10	0.009	0.040	0.004	0.002	0.042
2001	8.04	8.21	0.92	1.10	0.008	0.064	0.003	0.001	0.043
2002	8.03	7.56	1.05	1.06	0.007	0.038	0.003	0.001	0.042
2003	8.03	7.50	1.05	1.06	0.007	0.038	0.003	0.0011	0.041
2004	8.03	7.50	0.98	1.05	0.011	0.051	0.002	0.001	0.036
2005	8.11	7.50	0.96	1.02	0.018	0.057	0.002	0.0009	0.035
2006	8.10	7.46	0.91	1.04	0.014	0.062	0.002	0.0008	0.039
2007	8.07	7.57	0.89	1.00	0.011	0.080	0.003	0.0009	0.035
2008	7.91	7.48	0.89	0.92	0.010	0.070	0.003	0.0008	0.035
2009	7.98	7.51	0.90	0.97	0.010	0.076	0.003	0.0008	0.034
2010	8.07	7.54	0.90	0.86	0.009	0.098	0.002	0.0007	0.031
2011	8.08	7.55	0.90	0.85	0.010	0.087	0.002	0.0008	0.033
2012	8.08	7.60	1.06	0.90	0.009	0.082	0.002	0.0006	0.030
2013	8.07	7.82	1.00	0.88	0.009	0.069	0.002	0.0008	0.025
2014	8.08	7.60	1.06	0.90	0.009	0.082	0.002	0.0006	0.030
2015	8.07	7.95	1.18	0.86	0.009	0.070	0.003	0.0007	0.028
2016	8.06	7.71	0.95	0.83	0.008	0.076	0.002	0.0005	0.027
2017	8.04	8.32	0.79	0.77	0.011	0.057	0.003	0.0004	0.019
2018	8.05	7.09	0.80	0.72	0.009	0.070	0.004	0.0008	0.014

说明：无机氮为氨氮、亚硝酸盐氮和硝酸盐氮之和

海水浴场水质监测

2002年始，每年7—9月对境内半月湾海水浴场水质进行2次取样监测。2004年，改为7—9月期间每周1次。监测项目主要有水温、pH值、石油类、粪大肠菌群、漂浮物质。2013年7月，在明珠海水浴场设6个监测点位，对水质进行监测。至2018年，半月湾海水浴场、明珠海水浴场水质一直保持优级标准。

第三节　声环境监测

功能区噪声监测

1989年7月始，在南长山镇乐园村、后沟村，县食品厂、县委党校设4个监测点，进行功能区噪声监测，每年在6月、12月各监测一次，实施24小时连续测量。1989—1990年，监测平均等效声级

分别为58.0分贝与49.5分贝，个别时间段监测值略有超标。1991—1995年，监测值有不同程度的超标。1996—2000年，分成三个功能区进行监测，一类区设在乐园村和后沟村，二类区设在县委党校，三类区设在县食品厂。2004—2005年，监测值超标问题较为突出，超标现象主要出现在一类区和二类区。2006—2016年，各功能区监测数据均符《声环境质量标准》（GB 3096-2008）。2018年，共取得监测数据992个，均无超标，符合国家标准。

城区环境噪声监测

1991年始，采取网格方式对城区域噪声进行监测，共设103个点位，每年5月监测1次，无超标现象。1998年始，进行区域环境夜间监测，未发现超标数据，呈现稳中有降趋势。2002—2018年，昼间等效声级均不超56.4分贝。

1996始，对交通噪声进行监测。至2000年，年平均等效声级为68.4分贝，无超标数据出现。之后逐年略有下降，至2016年，交通噪声平均值63.8分贝。2017年，交通噪声平均值64.0分贝，比上年上升0.2分贝。2018年，道路交通噪声监测路段为海滨路和乐园大街，监测路段总长3.46千米，平均车流量305辆/小时。监测数据中平均等效连续A声级最大值为65.6分贝，出现在乐园大街；最小值出现在海滨路测点，为63.8分贝，两路段平均值为64.7分贝，比2017年上升0.7分贝。

1996—2018年长岛县功能区等效声级监测结果统计表

表3-3　　　　单位：分贝（A）

年份	一类区				二类区				三类区			
	昼间		夜间		昼间		夜间		昼间		夜间	
	年均值	超标率（%）	年均值	超标率（%）	年均值	超标率（%）	年均值	超标率（%）	年均值	超标率（%）	年均值	超标率（%）
1996	50.2	0	43.9	0	55.7	0	45.2	0	48.1	0	43.6	0
1997	49.2	0	43.2	25	56.2	0	44.4	50	56.4	0	39.2	0
1998	51.6	0	40.7	0	57.4	0	44.4	0	55.2	0	41.6	0
1999	51.0	0	42.6	25	56.9	0	44.3	0	57.5	0	42.0	0
2000	48.2	0	41.6	0	55.6	0	43.2	0	61.4	0	47.7	0
2001	50.1	0	39.2	25	53.6	0	39.0	0	55.6	0	46.6	0
2002	51.6	0	43.4	25	52.5	0	48.0	50	55.6	0	47.4	0
2003	50.0	0	45.0	50	56.0	0	44.0	25	57.8	0	45.2	0
2004	49.8	6.3	38.4	18.8	54.1	6.3	46.6	31.3	60.7	3.1	50.7	18.8
2005	52.8	10.3	48.4	32.1	54.7	0	48.7	14.3	56.6	2.9	47.9	0
2006	52.0	0	42.4	0	53.4	0	44.9	0	60.9	0	46.9	0
2007	50.5	0	38.1	0	53.6	0	44.1	0	56.1	0	46.0	0
2008	51.0	0	45.0	0	54.0	0	45.5	0	57.4	0	40.8	0

续表3-3

年份	一类区				二类区				三类区			
	昼间		夜间		昼间		夜间		昼间		夜间	
	年均值	超标率(%)	年均值	超标率(%)	年均值	超标率(%)	年均值	超标率(%)	年均值	超标率(%)	年均值	超标率(%)
2009	51.5	0	43.8	0	54.4	0	45.4	0	57.8	0	47.4	0
2010	49.1	0	40.4	0	52.3	0	39.7	0	54.8	0	45.4	0
2011	49.7	0	39.8	0	52.0	0	41.1	0	51.8	0	45.4	0
2012	48.2	0	39.9	0	54.5	0	41.7	0	54.2	0	40.7	0
2013	48.3	0	39.0	0	52.5	0	42.0	0	51.2	0	39.0	0
2014	46.5	0	40.0	0	46.8	0	38.8	0	49.3	0	42.7	0
2015	46.1	0	40.2	0	47.2	0	41.3	0	46.9	0	43.4	0
2016	45.5	0	40.4	0	48.9	0	43.6	0	50.9	0	44.4	0
2017	46.7	0	41.2	0	48.8	0	42.9	0	54.0	0	49.0	0
2018	48.5	0	43.1	0	50.2	0	40.3	0	50.1	0	50.3	0
评价标准	55.0	—	45.0	—	60.0	—	50.0	—	65.0	—	55.0	—

第二章　环境污染防治

1988年，长岛县推行环保目标责任制系统工程，形成县委、县政府主导、各部门齐抓共管的工作机制。1993年，实行全面控制污染系统工程。全县在建、新建项目推行“先评价，后建设”“三不上(高耗水项目不上、高耗能项目不上、高污染项目不上)”原则。1998年，实施改善环境质量工程，环境保护由定性管理向定量管理转变，从生产源头上治理污染。2008年，推进节能减排工作，严格控制“两高(高耗水、高污染)”行业的项目和投资。2014年，县环境监察大队成立，依法对环境保护状况进行常态化监察。2018年，垃圾分类、“车辆双控”等污染防控举措开始推行，“四减四增”三年行动方案启动实施。

第一节　大气污染防治

锅炉烟尘污染防治

1986年，境内大气污染源主要为企事业单位燃煤锅炉40余台，窑炉6座，以及烧水炉和单位食堂大灶。主要污染物为烟尘和二氧化硫，年排放量为152.61吨。1988年，在南长山岛设立4.5平方千米的烟尘控制区，对各种锅炉、茶炉、营业灶和食堂大灶的烟气排放进行定量控制。投入资金30余万元，更新改造锅炉12台，改造烧水炉、大灶39台（个），查封“火烧心”炉23台。更新的锅炉均安装旋风除尘器，烟尘黑度由原来的5级降至2级以下。治理改造后，烟尘黑度达标率为93.2%，烟尘浓度达标率为97.4%，减少烟尘排放量216吨。城区大气质量达到国家大气环境质量一级标准。12月，烟尘控制区通过烟台市环保局验收。1995年，城区烟尘控制区建成，面积2平方千米。

1991年，对境内9处砖窑场予以停产和转产。1999年，《长岛县烟尘控制区管理方案》印发实施，禁止餐饮行业食堂大灶散烧原煤，改烧清洁燃料。关停北长山乡店子村、嵩前村，南长山镇王沟村、南城村4处窑厂，降低二氧化硫排放量。是年，县人民医院投资50万元，将燃煤锅炉改为电锅炉。2011年，开展环保执法监察50余次，纠正违法问题15项。2014年始，新上的餐饮业禁止使用煤灶，非烧煤炉灶安装油烟净化装置。同年，开展餐饮业油烟净化装置检查，20余家饭店安装油烟净化设备。

2015年，在南长山岛、北长山岛划定高污染燃料禁燃区，禁止燃用原（散）煤、煤矸石、粉煤、煤泥、燃料油（重油和渣油）、各种可燃废物和直接燃用的生物质燃料（树木、秸秆、锯末、稻壳、蔗渣等）等高污染燃料，以及含硫量超过0.3%的固硫蜂窝型煤，含硫量超过0.5%、灰分含量大于0.01%的轻柴油（煤油），含硫量超过30毫克/立方米、灰分含量大于20毫克/立方米的人工煤气；在禁燃区内禁止新建、扩建、改建燃用高污染燃料的项目；除保留必要的应急、调峰供热锅炉外，对10吨/时及以下燃煤锅炉予以拆除或改用天然气、液化石油气、电能及其他清洁能源。是年，关停和改造锅炉31台。2017年，继续开展清理“小散乱污”、散煤治理、10吨以下锅炉淘汰行动，依法取缔14家废旧塑料加工企业和业户，取缔2家、关停3家劣质散煤销售业户，淘汰10吨/时以下燃煤锅炉358台。

扬尘治理

80年代始，建筑企业按照市容管理的相关要求，对施工场地外围采取砌砖防护等方式，保护行人安全与预防施工尘土外溢。2000年前后，施工现场改用薄铁板材料围挡。2003年11月始，建设工地现场实行封闭围挡。2007年，建筑工地围挡始采用压型钢板进行全封闭。2016年，开展环保违规建设项目清理，查处违规建设施工项目22个，查封扬尘严重的5家混凝土搅拌站。2017年，全县改造密闭渣土运输车32辆，运输渣土实行封闭作业，围挡遮盖渣土堆100余万立方米。建筑工程基本实现施工场地围挡、散装物料堆放覆盖、出入车辆冲洗、施工现场路面硬化、场地洒水清扫保洁、渣土车辆封闭运输、拆迁工地湿法作业。对南长山岛、北长山岛道路实行每天清扫后洒水的工作流程，控制路面扬尘。2018年，规模以上建筑施工工地均实现工地周边围挡、物料堆放覆盖、土方开挖湿法作业、路面硬化、出入车辆清洗、渣土车辆密闭运输“六个百分之百”。市政、公路等线性工程均采取扬尘控制措施，拆迁（拆除）工地均实现湿法作业。日均出动洒水车8辆，上午、下午各

路面洒水保洁（2018年）

洒水2次，覆盖城区主要街道以及公路重点路段，面积70.3万平方米。

机动车尾气污染防治

1986年，境内共有燃油汽车、农村拖拉机200余辆及少量摩托车。2003年，小型以上汽车增加到1731辆、摩托车增加到3513辆。2012年，投资200余万元建成海城机动车尾气检测站，机动车尾气环保定期检测工作纳入车辆年检。2015年，全县汽车拥有量达到5387辆。是年，实施“黄改绿”工作。淘汰黄标车76辆、柴油车8辆。2016年，长岛祥坤运输有限公司、长岛晟达旅游客运有限公司购进40辆新能源公交车替代32辆柴油公交车。2017年始，加强柴油货车污染控制，淘汰高排放、旧柴油货车。对全县69辆柴油营运货车加强管控，对不能达标排放的车辆，采取多种技术手段降低排放，推动车辆节能降耗，达标排放。是年，全县淘汰黄标车615辆，提前完成黄标车治理淘汰任务。2017年，依法开展机动车尾气检验监督工作，安装完成尾气在线监控系统。2018年，机动车排放检验在线监测监控系统联网，全年共检测车辆2887辆。城区内3处加油站完成第三次油气回收设施改造并验收合格。长岛隆晟祥客运公司投资1000万元购置80辆共享电动汽车，投资4000余万元，引进50辆纯电动公交车全部投入到公交线路营运。旅游、交通相关企业购进69辆电瓶观光车，230辆共享单车，80辆新能源共享汽车，县域内绿色公交体系基本建成。

车辆双控

2018年3月20日，《长岛县机动车总量调控实施细则（暂行）》印发实施。自2018年2月1日始，长岛县境内实行机动车总量调控和指标管理制度，以确保岛内燃油机动车只减不增。岛外车辆每天进岛由过去最高峰1900多辆控制在1000辆以内。12月15日，长岛县人民政府、蓬莱市人民政府联合发布《关于全面禁止外地机动车辆到长岛的通告》。自2018年12月20日起，长岛县境内各岛屿全面禁止外地机动车辆进岛。是年，境内重塑停车场建设、导引指示、信息发布、售票平台、港航调度等游客进岛“一条龙”服务流程；岛内居民新购车辆暂停或控制挂牌，车辆购买实行审批制度，逐步压减并完全禁止新上燃油机动车。

第二节 近岸海域污染防治

工业和生产污水治理

80年代中期，全县水产品加工、船舶修造、塑料网具制作、农机制修及海洋药物研发企业达上百家，高峰时冷藏厂达75家，罐头厂12家，年排放废水200余万吨，其中工业废水170余万吨。1987年，长岛县投入资金200余万元，重点治理庙岛湾流域10处生产废水点源，停产县拆船厂，集中治理大钦岛乡电厂、华联公司冷藏厂、乐恒公司冷藏厂、大黑山乡北庄冷藏厂以及城区部分企业的污水排放，关停排污超标的部队染化厂，对光学玻璃厂、农机厂及4家冷藏企业进行改造。1988—1999年，对废水排放量较大的南园冷藏厂、县罐头总厂、县第一冷藏厂和县第四冷藏厂等企业进行集中整治，污染负荷降低66%。1999年，关闭2家污染地下水源的网袋粉碎加工点。2004年，开展育保苗场废水排放专项整治，检查企业84家，立案查处13家，对乱排滥放污水比较突出的北长山乡店子村、南长山镇仙境源景点北侧的育苗场给予停产整改。2007年，查处南长山镇王沟村冷藏厂超标排放生产废水、污染养殖育苗海区的问题。2008—2009年，开展省控重点污染源监督监测，对县污水处理厂和县恒烨热力厂开展监督监测，共取得监测数据1562个。2016年，查处违法排污企业29家，下达限期整改或限期治理28家，实施罚款处罚企业3家，共罚款20余万元。2018年，查处乱排滥放污水企业5家，对县污水处理厂和县人民医院实行污水集中处理自动在线监控。

城市污水治理

2002年，长岛县开始规划论证污水处理工程，编制完成《长岛县污水处理工程可行性研究报告》，项目总投资2985万元，规划在城区建设总规模3450吨/日的污水处理厂，在重点区域建设地埋式污水处理站。当年在明珠浴场区域建成300吨/日的地埋式污水处理站1处。

2008年3月，县污水处理厂开始建设，设计处理能力1500吨/日。配套建设2处提升泵站，敷设4550米污水管网。当年12月工程竣工投入使用，总投资2600万元。采用生物处理和膜处理技术，AAO+膜处理工艺，经格栅、厌氧池、缺氧池、好氧池、膜池处理后排放入海，设计出水水质达到《城镇污水处理厂污染物排放标准》（GB 18918-2002）一级标准的A标准。

2014年，投资1343万元对污水处理工艺、设备进行升级改造，经过升级改造后，污水厂处理水量从1500吨/日增加到3000吨/日。2018年，投资236万元完善污水厂处理工艺，更改出水方式，从膜出水变更为沉淀池上清液出水，水量从3000吨/日变为2000吨/日。再生水主要用于道路保洁、施工场地扬尘治理。污泥设计产量为3.2吨/日，实际日产泥量约150公斤，一个月约5吨，污泥含水率80%，所产污泥经干燥处理后运至县垃圾中转站外运处理。

2014年始，在重点区域规划建设地埋式污水处理站，采用A/O+MBR+紫外线消毒工艺，进行污水处理。是年，投入1650万元，在明珠广场区域建成污水处理站2处，日处理污水1400吨。2015—2018年，先后投入7432万元，相继在长岛港、西海岸、东海岸、长园宾馆、店子、黑石嘴等区域建成13处污水处理站。至2018年，城区共建成污水处理站15处，敷设污水管网17千米，城区污水处理能力达到1.0万吨/日，实现南长山岛、北长山岛区域污水处理全覆盖。该区域排放的污水经检测达到《城镇污水处理厂污染物排放标准》（GB 18918-2002）一级标准的A标准。

油污染防治

1990年，《长岛县近海港口环境保护暂行规定》印发实施，加强海上流动污染源和修造船企业含油废水排放控制。1991年，长岛县引进辽宁省长海县的渔船油水分离技术，完成第一批11艘船舶含油废水治理，先后在20艘200马力以上船舶安装油水分离器，每年可减少油类污染物排放110吨。1997年，全县修造船业建立完善配套的含油生产废水处理设施，含油废水实现集中处理后再回收利用。2000年，各港口码头设置废水回收装置，船舶污染物集中清理、收集，严禁将油污杂物向水中排放，不得直接在海上冲刷油污甲板。2002年，境内船厂均设立废水废油回收箱，并与有关单位签订油水处理再生利用协议。

2006年2月，黑山乡等8个乡镇报告各海岛周围潮间带发现大量油污和黑色油块。长岛县启动突发污染环境应急预案，配合国家海洋局北海监测中心、烟台市海洋环境检测预报中心、烟台市海洋与渔业局进行现场采样，调查油污染突发事件。至4月，各乡镇共清理黑色油污11吨。2007年，长岛海域发生多起油污染事件，全县共组织出海监测165人次，总航程1010千米，取得检测数据89个。2008年9月，猴矶岛海域与大黑山岛西部海域发现油污

城区污水处理厂（2014年）

染事件，县政府组织出海采样、检测200余人次，总航程1200余千米，取得检测数据168个。2011年3—10月，蓬莱19-3油田发生多起溢油事件，导致油田周围海域大面积石油污染。长岛县启动污染事故应急预案，在挡浪岛、半月湾海域设监测点位，每日采集水样进行水质油污染监测。先后出动监测人员35人次，采集海水水样50余个，出具监测数据48个。

第三节　噪声污染防治

80年代，重点对工业、交通、施工等噪声源加强监测管理。1988年，印发实施《关于环境噪声管理的暂行规定》，加强噪声污染治理。1990年，治理噪声污染源4处：县医院、县宾馆各更换锅炉风机1台，县燃料公司更换粉煤机1台，关停南长山镇乐园碎石厂。1992年，县城区完成噪声功能区划分，建成2平方千米的噪声达标区，在城区重点区域，设立机动车禁鸣标志。2000年后，重点对影响居民生活的建筑施工、餐饮娱乐等噪声污染源进行常态化清查和治理。2011年，根据城市规划和实际现状，对城区环境噪声功能区进行调整，制定《长岛县城区环境噪声功能区划方案》，设定各类噪声控制区域7.14平方千米。在每年中考、高考期间，加强对考场周围噪声源的监控，开展巡回检查，确保考试环境安静有序。2018年始，境内禁止销售、储存、燃放烟花爆竹。

第四节　固体废弃物及生活垃圾污染治理

固体废弃物处理

1986—1990年，全县固体废弃物年均产生量2.3万吨，主要为建筑垃圾、扇贝壳、炉渣等。1991年后，随着建筑业和养殖生产的迅速发展，固体废弃物大量增加，年均13.55万吨左右。2003年，实施省道263线改造、海滨路拓宽等工程，产生固体废弃物36.5万吨。2007年后，城镇建设、海岸带拆迁等工程每年产生固体垃圾40余万吨。2018年，南长山岛、北长山岛区域重点道路“白改黑”工程以及城镇建设产生固体废弃物达48万吨。固体废弃物炉渣主要用于铺垫道路、制作建筑空心砖等材料，综合利用率达99%。建筑垃圾主要用于岸线整治修复，综合利用率达95%以上。

生活垃圾处理

1986年，城区年产生活垃圾8000余吨，在海滨路西临海区域设垃圾填埋点，实行定点堆放，填埋处理。2011年，境内生活垃圾中转站建成投入使用。2018年，城区启动垃圾分类工作。（参见第四编“城乡建设”第二章“城区建设与管理”第六节“市容环卫”）

第三章　生态环境综合治理

第一节　拆除海参育保苗场

21世纪初，海参育保苗业在境内逐渐兴起，特别在南长山镇、北长山乡等南部乡镇渐成规模，高峰时近千家。大部分为小作坊式个体经营，临海而建，普遍使用小型燃煤锅炉，废水、废气未经处理直接排放，环境污染问题日渐突出，特别对近岸海域的污染尤为严重，有的海滩藻类、贝类几近绝迹。2004年，县政府印发《关于切实做好育（保）苗场规范整顿的紧急通知》，重点治理海参育（保）苗业户乱搭滥建、乱排滥放行为，加强环保监测，推行规范办证。

2010年，长岛县启动海岸带修复工程，配套实施拆迁安置补偿办法。2011年，南长山街道黑石嘴村、南城村率先拆除西海岸海参育保苗场154家，面积8.14万平方米。至2018年，全县共拆除海参育保苗场877家，总面积54.58万平方米。其中，南长山岛拆除591家，面积37.29万平方米；北长山岛拆除163家，面积8.81万平方米；小黑山岛拆除43家，面积3.57万平方米；大黑山岛拆除45家，面积2.22万平方米；庙岛拆除35家，面积2.71万平方米。

第二节　海岸带修复

2010年始，长岛县启动海岸带修复工程，推进海岛及其周边海域生态系统保护。至2018年，共申请获得国家、省、市修复治理专项资金15项、5.2亿元，修复岸域海岸线15.28千米，恢复岸域生态73.3万平方米。

2015年5—12月，完成南长山岛长山尾与山前村海岸段修复整治工程4段，合计1255米；完成猴矶岛码头与护岸修复工程40.5米。

2016年6月，北长山岛保护与开发利用工程实施，维修改造1座渔业码头，新建码头兼防波堤110米、斜坡式护岸157米；建设日处理能力1000吨的污水处理厂1座；在北长山岛北侧修建环岛路1188.6米，修建护岸1569.9米。10—12月，完成北长山岛东部岸滩整治工程1553米；完成北长山岛北城村东至嵩山村东海岸修复工程754米；完成砣矶岛大口湾、大口北村、吕山口村南与村北4段修复工程合计1459米；完成北长山岛南岸段、店子村西段修复工程331米；完成南长山岛孙家村东北段、赵王村东段、王沟村东段3项治理修复工程合计4492米。

2017年6—10月，完成小钦岛渔业码头东侧岸滩修复295米；完成北长山岛半月湾东海岸整治修复工程768米。

2018年4—10月，完成庙岛海岸保护与修复工程1005米；完成3处海岛部分岸线（南长山岛228米、砣矶岛214米、小黑山岛1286米）整治修复工程合计1728米。

第三节　山体治理

2010—2018年，长岛县先后申请获得国家、省、市国土资源部门的专项拨款共计7750万元，完成地质灾害隐患、地质遗迹保护等山体治理项目15项。主要包括：

2010年，实施国家级地质遗迹保护项目，完成南长山岛烽山旅游景点东侧坡至西部陡崖处及九丈崖滑塌山体治理。2011年，完成南长山岛仙境源旅游景点、老鼠崖地段危岩山体清坡排险和治理。

2012年，实施南长山岛南城村矿山地质环境治理项目，总面积为2.8万平方米。实施砣矶岛地质环境、地质遗迹资源、建设遗迹数据库等工

南长山岛赵王村东部海岸修复前

修复后（2018年）

程项目，治理总面积711万平方米，岛岸线长1.768万米。

2013年，完成南长山岛望夫礁游览景点、观景亭两处观景平台及一处裸露山体国家级地质遗迹保护修整项目；完成南长山岛王沟村北嘴山地质环境治理项目，面积为9.9万平方米；完成砣矶岛后口村大沟底地质灾害隐患点治理项目，总面积为3975平方米；完成南长山岛王沟村北老渔寨6处地质灾害隐患点治理项目。

2014年，完成砣矶岛山西面积约2.6万平方米的石林地质遗迹保护区滑坡治理项目；完成庙岛村西面积1.96万平方米的废弃采石坑地质环境治理项目；完成小钦岛村西面积2.46万平方米的滑坡治理项目。

2015年，完成南长山岛赵王村南老虎洞段5个拐点、面积为3.79万平方米的地质环境治理项目；完成大黑山岛小濠村高崖山11个拐点、面积为1.46万平方米的地质环境治理项目。

2017年，完成北长山岛小东山、环岛慢行道西侧6个拐点、面积为2.77万平方米的地质环境治理工程；完成南长山岛孙家村西6个拐点、面积为8053平方米的废弃采石坑地质环境治理工程。

2018年长岛县实施山体修复项目一览表

表3-4

位　　置	喷播面积（平方米）	修复面积（平方米）
九丈崖景区	15478.6	33458.7
半月湾景区	63247.5	90568.4
北城服务区	33257.4	46001.4
嵩前服务区	11974	30512
店子村—花沟村	436	1237
风机路观景平台	239	239
王沟漫道区域	2381	2381
黄山峰风机路	896.1	904
老渔寨风机路路肩	4645	5408
孙家慢道	4765	4765
老虎洞服务区	14045	14045
仙境源服务区	3221.9	3221.9
林海服务区	4992.7	8640
信号山	4543.8	4543.8
王沟后山	2846	4600
垃圾中转站	3097	3097
长园宾馆服务区	3166	3166
合计	173232	256788.2

2018年，县财政拨出专项治理资金6500万元，对裸露山体、受损岸崖，采用客土栽植、团粒喷播（亦称客土喷播）技术进行山体治理。当年11月，完成南长山岛、北长山岛的老渔寨、仙景源、老虎洞、林海服务区、信号山、九丈崖、月牙湾、北城村东等17处裸露山体治理，完成喷播面积总计17.323万平方米，修复面积总计25.68万平方米。治理期间，建立设计柔性防护网2500平方米，框架支护6100平方米，重力式挡墙1200平方米。同时，建设净化储水系统5套，景观塑石15处。

第四节　综合整治

拆除风机恢复植被

长岛县风力发电始于1999年，至2007年，境内共有风电机组82台，主要架设在南长山岛、北长山岛、小黑山岛、砣矶岛。其中，属于山东长岛风力发电有限责任公司（鲁能风电）34台，长岛联凯风电发展有限公司（联凯风电）16台，华能中电长岛风力发电有限公司（华能中电）32台。2013年，企业自行拆除2台，剩余80台。

2016年，按照环保部华东督查中心对长岛国家级自然保护区核心区内违法建设风电项目的约谈要求，首先将位于国家级自然保护区核心区域内的12台风机（鲁能风电5台、联凯风电7台）进行拆除。至2017年12月，其余68台完成拆除。

风机拆除后，山体实行绿化（2018年）

2018年，投资600万元，对南北长山岛、砣矶岛、小黑山岛风机拆除后的场地及周边进行绿化，恢复植被。全县开展“党员先锋林”“青年创业林”“亲子林”和“巾帼公益林”活动，将80处裸露场地及周边进行绿化，植树面积达20公顷，栽植碧桃、樱花、金叶榆等树木6.1万棵，山体生态环境得以恢复。

禁矾海蜇

海蜇矾制为境内传统渔业加工。1992年，长岛县海域出现大面积海蜇，当年共捕获海蜇10余万吨，矾制加工海蜇2.5万吨。2001年，长岛县规定所有涉及海蜇加工企业必须建立污水处理设备，办理排污许可证，禁止将未经处理的废水直接排海。2004年8月，印发《关于禁止排放加工海蜇废水的紧急通知》，开展专项整治行动，取缔20余家违规海蜇加工摊点。2008年9月，开展污染防控执法检查，取缔砣矶镇、大钦岛乡2家未经批准擅自收购加工海蜇、排放生产废水的加工摊点。2009年，取缔砣矶镇10家违规收购、加工海蜇摊点。2010年后，加工矾制海蜇被禁止。

禁晒海泥

21世纪初，随着境内海参育保苗产业的兴起，作为海参幼苗饵料的海泥需求量日增，在南长山岛、北长山岛、大黑山岛等南部海岛乱晾乱晒海泥现象日益突出，严重影响生态环境和海岸景观。2010年，长岛县印发《关于禁止晾晒海泥的通知》，环保、公安、国土、农林水务、卫生、城管等部门采取联合行动，对陆上晾晒海泥行为集中整治。2012年5月，环保、公安、住建、林业、卫计等部门联合行动，检查38个单位现场，查获违规拖拉海泥船3艘，铲除海泥晾晒场所6处，清除道路800米。建立每日巡查制度，发现一处查处一处。集中整治行动结束后，完善定期巡查机制，坚持每周一次对南长山岛、北长山岛各村进行全面巡查，海泥晾晒现象基本消除。

煤改电消烟除尘

2014年始，境内开始推行海水源供

暖。2018年，县城区停止燃煤锅炉供暖，全域推行“煤改电”。（参见第四编“城乡建设”第二章“城区建设与管理”第三节“市政公用设施”）

禁放烟花爆竹

2015年8月，《长岛县人民政府关于限制烟花爆竹燃放时间和区域的通告》发布实施。通告自2015年9月1日起实施，每天22:00至次日6:00禁止燃放烟花爆竹（元旦、冬至、农历腊月二十三至次年正月十五期间除外）。南长山岛、北长山岛区域内禁止燃放烟花爆竹。在任何时间、任何岛屿，禁止在加油站、液化气站及其他易燃、易爆危险物品生产、经营、储存场所和输、变电设施安全保护范围内燃放烟花爆竹；禁止在党政机关办公区、医疗机构、幼儿园、中小学校、养老机构、影剧院、港口码头、文物保护单位、市场、旅游景区、林区和重点消防单位燃放烟花爆竹。

2018年12月，县政府发布《关于在长岛行政区域内禁止燃放烟花爆竹的通告》。通告自2019年1月20日起，全域禁止燃放烟花爆竹。县政府成立专门办公室，相关部门联合行动，加强监管。运用广播电视、互联网等新闻媒体，以及标语横幅、LED屏幕显示、手机短信、微信等形式，广泛宣传烟花爆竹安全管理相关政策和禁止燃放烟花爆竹的规定。引导群众积极参与，签订禁放责任书、承诺书3000余份，全县居民上缴、回收烟花爆竹共1.4万余件。

第四章　生态环境保护与建设

第一节　长岛国家级森林、地质、海洋公园

长岛国家级森林公园

1992年9月，由林业部批准建立。总面积424.6公顷，海岸线总长10.2千米，主要包括南长山岛林区198.5公顷，大黑山岛林区80.2公顷，砣矶岛林区28.9公顷，大钦岛林区117公顷。主要保护对象为森林植被及鸟类、蛇类等野生动物资源及其他景观。森林覆盖率达86.3%，园内有植物139科591种，其中木本植物32科85种、草本植物107科506种。烽山、林海公园为长岛国家森林公园风景区的主体，以候鸟标本展览馆、黄渤海分界线等景点为著。公园内空气清新，富含负氧离子，被誉为“天然氧吧”。

林海公园一角（2005年）

长山列岛国家级地质公园

2005年9月，由国土资源部批准建立。主要保护对象为长岛县境内海蚀地质地貌景观、海积地质地貌景观、地质构造景观、火山岩地质景观、黄土地质地貌景观、天然石画地质景观、彩色球石地质景观、古生物及古人类文化遗址与生物多样性等。

长岛国家级海洋公园

2012年12月，由国家海洋局批准建立。位于北长山岛，总面积1126.47公顷，海岸线长约15千米，其中，陆地面积243.88公顷，海域面积882.59

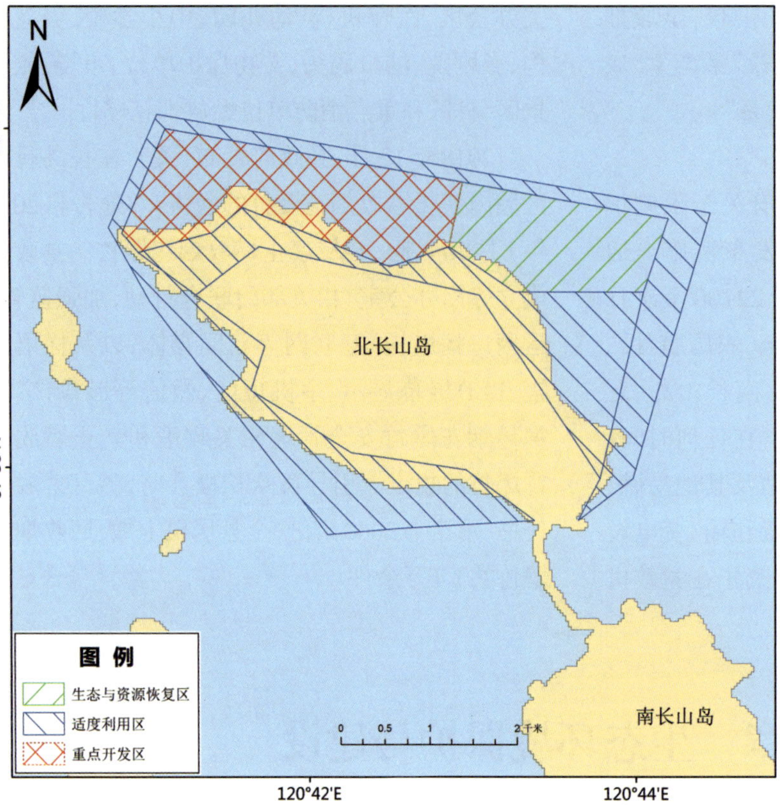

长岛国家级海洋公园规划范围

公顷。划分为重点保护区、生态与资源恢复区及适度利用区三个功能区，其中重点保护区270.44公顷、生态与资源恢复区168.51公顷、适度利用区687.52公顷。主要保护对象为原生态自然岸线、海蚀地貌、球石海滩及斑海豹。九丈崖海蚀地貌、月牙湾球石海滩和斑海豹栖息的挡浪岛周边海域为重点保护区域。

第二节　生态保护区与示范区

长岛国家级自然保护区

1988年5月，由国务院批准建立。保护区总面积5015.2公顷，其中陆地面积3910公顷，湿地、海域面积1105.2公顷。保护区分为核心区和实验区两个功能区，核心区面积为1333.8公顷，实验区面积3681.4公顷。（参见第十编“农业”第一章“林果业”第五节“长岛国家级自然保护区”）

胶东半岛国家级海滨风景名胜区

1988年8月，由国务院批准建立。荣成成山头、蓬莱、长岛三处省级风景名胜区合并为胶东半岛国家级海滨风景名胜区，是第二批国家重点风景名胜区之一。景区总面积为36.24平方千米，其中一级保护区面积13.04平方千米，二级保护区面积21.28平方千米，三级保护区面积1.92平方千米。长岛境内，主要保护南长山岛、北长山岛、大黑山岛、小黑山岛、庙岛等岛屿的林木植被、海蚀地貌及天然群雕等自然景观。

国家可持续发展先进示范区

1995年5月，经国家科委、计委、体改委的综合考评，长岛县被确定为“国家社会发展综合实验区”，1997年12月更名为“长岛国家可持续发展实验区”。2003年通过科技部组织的专家验收。主要承担国家“九五”攻关课题“社区水资源合理开发与节水技术研究”和“海水淡化工程技术开发示范”两项示范工程。在第七届国际雨水利用大会上，长岛县应邀进行典型交流，受到与会各国的好评。2008年12月，经科技部、环保部、农业部等15个部委和国家可持续发展实验区专家指导委员会联合评审，长岛县被确定为全国首批13个可持续发展先进示范区之一。

庙岛海豹省级自然保护区

2001年6月，由山东省人民政府批准建立。面积17.31万公顷，主要保护对象为斑海豹及其生态系统。保护区分为三部分，其中核心区（北长山岛的珍珠门、挡浪岛、马枪石、犁犋把岛、小黑山岛宝塔礁、香炉礁等岛礁及周围海域）640公顷，缓冲区（高山岛、猴矶岛、车由岛、大竹山岛、小竹山岛及周围海域）26650公顷，实验区（除核

心区、缓冲区外，庙岛群岛其他海域）145810公顷。保护区内空气质量符合国家一级标准，海水质量符合国家一类水质标准。2001年9月，长岛县制定《庙岛群岛海豹自然保护区管理暂行规定》。2009年始，在周边海域投放人工鱼礁，建设“海底森林”。2017年，编制完成庙岛群岛海豹自然保护区总体规划（2017—2026年），完成对庙岛群岛海豹自然保护区635个点位坐标的现场核查。

水产种质资源保护区

长岛县经农业部批准建立的国家级水产种质资源保护区有2个，经山东省人民政府批准建立的省级水资源保护区有6个，合计总面积为1.1万公顷。

皱纹盘鲍、光棘球海胆等国家级水产种质资源保护区　2008年，由农业部批准建立，面积6600公顷，位于南隍城岛、北隍城岛和大钦岛、小钦岛之间9块坐标海区。

许氏平鲉国家级水产种质资源保护区　2012年，由农业部批准建立，面积1000公顷，位于车由岛海域4块坐标海区。主要保护对象为许氏平鲉，以及在保护区内生长的海参、海胆、魁蚶、牙鲆、孔鳐等各种鱼、贝类。

栉孔扇贝省级水产种质资源保护区　2008年，由山东省人民政府批准建立，面积2000公顷，位于大钦岛、小钦岛之间4块坐标海区。

皱纹盘鲍省级水产种质资源保护区　2007年，由山东省人民政府批准建立，面积300公顷，位于南隍城岛、北隍城岛之间5块坐标海区。

光棘球海胆省级水产种质资源保护区　2010年，由山东省人民政府批准建立，面积100公顷，位于南隍城岛、北隍城岛之间4块坐标海区。

魁蚶省级水产种质资源保护区　2013年，由山东省人民政府批准建立，面积200公顷，其中核心区110公顷。位于砣矶岛南部6块坐标海区。

许氏平鲉水产种质资源保护区　2011年，由山东省人民政府批准建立，面积700公顷，位于车由岛海域4块坐标海区。

刺参省级水产种质资源保护区　2014年，由山东省人民政府批准建立，面积115公顷，位于车由岛海域4块坐标海区。

长岛长山尾省级海洋地质遗迹保护区

2010年，由山东省海洋与渔业厅批准建立。保护区面积为2.97平方千米，其中重点保护区面积0.57平方千米、生态资源恢复区0.76平方千米、适度利用区1.64平方千米。主要保护对象为长山尾及周边海域所形成的海岸带和浅海生态系统与岩岸、沙滩、砾石滩生态系统，以及渔业资源与珍贵海积地貌。

国家级海洋生态文明建设示范区

2013年2月，由国家海洋局批准建立。主要承担优化海洋空间资源开发格局，实施规划用海、集约用海、生态用海、科技用海、依法用海，推行绿色发展、循环发展和低碳发展，促进海洋资源节约利用，加强海洋生态系统和环境保护等海洋生态文明建设先行实践。

国家重点生态功能区

2016年9月，由国务院批准建立。主要承担中国北方气象和海洋生态、海洋环境监测研究，为国家重点生态功能区。

第三节　无居民岛生态保护

1986年5月，长岛县成立开发无居民岛屿办事处，对全县22个无居民岛屿确定权属，统筹开发管理和环境保护。2000年6月，《长岛县无居民岛开发保护管理暂行规定》印发实施，对海岛开发的申请立项、保护规划、工程建设、奖惩处罚等事项做出规定。

2002年始，对各无居民岛年久失修的码头、道路进行改造整治。2002年9月—2003年6月，修建大竹山岛200吨级滚装码头。主体码头长20米，登陆点长6米。2005—2006年，将岛上3000米沙石路翻修成水泥路。2005年3—12月，修建猴矶岛200吨级滚装码头。主体码头长15米，登陆点长15米，顶宽8米。2005年3—12月，修建车由岛200吨级滚装码头，主体码头长25米，宽10米。2009年5—9月，修建小竹山岛200级滚装码头。主体码头长25米，宽10米，登陆点长7米。2009年5—9月，修建高山岛200吨级滚装码头。主体码头长16米，宽14米，护岸30米。

2013年始，重点对无居民进行生态环境修复。利用省级海域使用金支出项目（修复类）800万元、地方投入67万元，保护性修复猴矶岛陆域生态3000平方米，修复码头与护岸40.5米，港池疏浚1580米，修复岛体岸线防护与海域生态6.67万平方米，保护人文景观区域270平方米。

2016年6月，长岛无居民海岛保护与开发利用示范工程初步设计获省海洋与渔业厅批复同意，由国家支出海岛和海域保护资金1.1亿元、地方出资0.37亿元，保护性修建无居民岛基础设施，主要包括码头兼防波堤建设、电力输送、污水垃圾处理、海水淡化、环岛路建设、道路建设和环境监视监测站建设等。2016年9月开工建设，2017年8月竣工。

猴矶岛　建设码头兼防波堤长90米；电力供给采用光伏组件装机容量250千瓦（峰值功率），柴油发电机1组（额定功率100千瓦）；建设处理能力30吨/日污水处理站1座、0.5吨/日垃圾处理站1座、50吨/日海水淡化站1座。

高山岛　建设码头兼防波堤120米；电力供给采用光伏组件装机容量280千瓦（峰值功率），柴油发电机1组（额定功率100千瓦）；建设处理能力30吨/日污水处理站1座、0.5吨/日垃圾处理站1座、50吨/日海水淡化站1座。

车由岛　建设突堤式码头70米；电力供给采用岛上光伏发电与柴油机组联合供电形式，光伏组件装机容量90千瓦（峰值功率），柴油发电机1组（额定功率50千瓦）；建设处理能力15吨/日污水处理站1座、0.25吨/日垃圾转运站1座、25吨/日海水淡化站1座；道路硬化、修复3160平方米，安装不锈钢栏杆600余米。

大竹山岛　对原有渔码头进行维护改造，码头口门掩护区域向外延长23米，对淤积区域清淤5000余立方米；码头岸线加高1米。

螳螂岛　建设环岛路2445米；建设处理能力100吨/日污水处理站1座、2.0吨/日垃圾转运站1座、200吨/日海水淡化站1座。

第四编　城乡建设

长岛县城市建设起步较晚。80年代初期，城市交通、饮水、采暖、照明、公共服务等基础设施比较简陋，建筑多为平瓦房，公用楼房20余座。“长岛县小而精，一条马路六盏灯，一个喇叭满城听，一辆客车长跑空……”，当时的一首民间打油诗形象地概括了城区建设的状况。

80年代中期至90年代，县城建设步入较快的发展时期。《长岛县县城总体规划》开始实施，商贸市场、医院、宾馆及单位办公楼房等公共设施动工兴建。道路绿化、园林绿化、庭院绿化成为县城景观。照明、环卫、供水等基础建设由局部向全城区延伸，集中供暖开始运行。城镇住房制度改革顺利完成，商品房建设逐步推行，红瓦绿树的城市风貌初步形成。1988年，长岛县被评为省级卫生县城。1991年、1994年先后两次获山东省城市建设“齐鲁杯”，2个乡镇和10个村庄分别被命名为山东省村镇建设新型乡镇和村镇建设明星村。

2002年省委、省政府长岛现场办公会后，长岛县大力实施城市建设、绿化美化。明珠广场、海滨广场相继建成，市政道路、供暖、供水、排水、照明等基础设施不断完善，旧村改造、房地产开发建设蓬勃兴起，公共服务设施实施改造升级，高标准住宅小区开始出现。房产管理、城市管理日趋规范。2006年，长岛县成为全国首批10个国家园林县城之一。是年起，城市公交、城区全天候供水、污水处理、天然气管道供气等民生实事、重点工程先后建成。2013年，被评为国家级卫生县城。2014年，蓬莱至长岛跨海引水工程建成通水。2015年，城区道路保洁实行市场化运作。至2018年，全县10个有居民岛均建成垃圾处理设施，城区生活垃圾全部外运，乡镇全面落实“户集，村收，集中进行无害化处理”，城乡环卫一体化实现全覆盖。

2018年，省政府批复成立长岛海洋生态文明综合试验区，城乡建设全面加快转型升级。城区道路“白改黑”、生活垃圾分类试点启动，煤改电供暖实现全域覆盖。是年，县城建成区面积6.86平方千米，人口2.48万人，城镇人均居住面积40平方米；市政道路总长20千米，面积31万平方米，形成纵横衔接、四通八达的交通网络；建成区绿化覆盖率42.78%，绿地率32.59%，人均绿地面积79.08平方米，人均公园绿地面积25.91平方米。

第一章　城镇规划

第一节　县城规划

80年代以前，长岛县城乡建设缺乏系统全面的规划。1982年，长岛县立足城市发展实际，提出“科学规划、城乡互动、塑造特色”的规划理念，启动首部县城总体规划和给排水、市政环卫、城市绿化、抗震防灾、燃气、消防等专项规划的编制。1984年，《长岛县县城总体规划》编制完成并经省政府批复正式实施，城乡建设规划的编制、实施和管理逐步纳入制度化、法制化轨道。

1984—2018年，省委、省政府先后在长岛县召开2次海岛工作会议和2次现场办公会议。2007年，烟台市发展和改革委员会、中国科学院地理科学与资源研究所编制完成《烟台市长岛县城市发展战略研究总报告》《烟台市长岛县城市发展战略研究专题报告》。2012年，省政府批复实施由烟台发展和改革委员会组织编制的《长岛休闲度假岛发展规划》。2018年，经省委、省政府同意，省发展和改革委员会印发《长岛海洋生态文明综合试验区建设实施规划》。其间，县政府于2013年聘请新加坡雅思柏设计事务院刘太格团队编制完成《长岛县南五岛概念性总体规划及南北长山岛城市设计》，聘请上海上大建筑设计院有限公司编制完成《山东省长岛县域村镇体系规划（2013—2030）》等概念性总体规划和城市设计。在此基础上，县政府围绕国家、省、市各级海岛政策的贯彻落实，立足海岛资源禀赋、生态环境、产业基础和发展方向，先后与省内外规划设计单位合作，对《长岛县城市总体规划》进行6次修编或重大调整，乡村规划也进行相应的调整和修订。从"以为渔业服务和海产品加工为主的海岛城镇"到"国际一流的温带类海洋生态文明示范区，东北亚地区知名的休闲度假岛、科技智慧岛和低碳韧性岛"，城市功能定位发生深刻变化，生态优先的规划理念逐步确立。在规划编制上多规合一，统筹推进城乡一体化建设，县城控制性详细规划覆盖率达到100%。在规划审批管理上，严把关口，坚持"规划一张图，建设一盘棋，管理一个法，审批一支笔"，严格"一书两证"制度，规划管理更加科学、规范。2018年，完成新一轮城市总体规划、总体城市设计、城市双修规划成果修编，其中海绵城市、城区防水排涝等专项规划启动实施。

城市定位

1982年编制的《长岛县县城总体规划》，将城市性质定义为"以为渔业服务和海产品加工为主的海岛城镇"。1990年调整为"以为渔业服务和海产品加工为主及旅游避暑的海岛城镇"。1996年的《长岛县城市总体规划（1996—2010）》，确定城市性质为"以渔业开发、旅游为特色的现代化海岛城市"。2002年的《长岛县城市总体规划（2002—2020）》，确定城市性质为"卓越的生态型海岛旅游城市"。2013年的《长岛县城市总体规划（2014—2030）》，确定城市性质为"中国北方休闲度假岛，渤海蓝湾养生生态城"。2018年的《长岛县城市总体规划（2018—2035）》，确定城市性质为"国际一流的温带类海洋生态文明示范区，东北亚地区知名的休闲度假岛、科技智慧岛和低碳韧性岛"。

城市规模

1982年的《长岛县县城总体规划》，以南长山镇的后沟、乐园、鹊咀、南城、获沟五个行政村域6.2平方千米为县城规划区范围，规划人口和用地规模，近期至1985年人口9000人，用地1.10平方千米；远期至2000年，人口1.20万人，用地1.60平方千米。1990年，县城规划区范围扩大至整个南长山岛，12.8平方千米；规划人口和用地规模，远期至2010年人口2.20万人，用地5.39平方千米。

1996年的《长岛县城市总体规划（1996—2010）》，县城规划区范围为南长山岛、北长山岛，面积20.6平方千米。规划人口和用地规模，远期至2010年人口4.00万人，用地7.01平方千米。

2002年的《长岛县城市总体规划（2002—2020）》，规划范围为南长山岛、北长山岛、庙岛及各外延1000米海域，总规划面积73.00平方千米，其中陆域面积22.66平方千米。规划人口和用地规模，近期至2010年人口4.50万人，用地5.68平方千米，远期至2020年人口6.00万人，用地6.96平方千米。

2013年的《长岛县城市总体规划（2014—2030）》，规划范围为南长山岛、北长山岛、庙岛、大黑山岛、小黑山岛，面积34.27平方千米。中心城为南长山岛和北长山岛。中心城区人口和用地规模，近期至2020年人口4.00万人，其中常住人口规模3.00万人，旅游当量人口规模1.00万人，用地6.00平方千米。远期至2030年6.80万人，其中常住人口规模4.50万人，旅游当量人口规模2.30万人，用地9.50平方千米。

2018年的《长岛县城市总体规划（2018—2035）》，规划范围扩充至整个长岛县行政管辖范围，岛陆面积56.8平方千米，海域面积3541平方千米。其中中心城区仍为南长山岛和北长山岛，岛陆面积22.08平方千米。中心城区人口和用地规模，近期至2025年，人口5.20万人（其中常住人口3.30万人），旅游当量人口1.90万人，用地规模7.80平方千米。远期至2035年，人口5.30万人（其中常住人口3.30万人），旅游当量人口2.00万人，用地规模7.95平方千米。

城市布局

1982年的《长岛县县城总体规划》，城镇布局南面为生活居住用地，南部沿海为生活游览岸线；工业主要在获沟村北山坡发展，建筑公司预制板场、水泥制品厂、公社造船厂等设施逐步搬迁；城镇中心设在乐园大街与解放路一带，农贸市场在县招待所前及渔港路两侧，仓库在码头附近，石油库周围控制建设。1990年，城镇布局划分为6个区，县城中心区位于县府街，东到黄山路，西至通海路，南到前海沿，北至迎宾街；海产品加工区位于长岛港北部海滨路附近；工业区位于获沟村北山坡及盖山东北部；居住区位于海港住宅区、英山住宅区和北山住宅区；避暑休养区位于烽山西侧、山西坡范围；游览风景区位于烽山、礓头、山西坡等。

1996年的《长岛县城市总体规划（1996—2010）》，城市布局在原6个区的基础上重新调整。其中，龙须岛片区为渔港和工业、仓储区，信号山片区为商港、军事用地，北山片区为城市行政中心和主要生活区、商贸区，烽山、望夫礁片区和半月湾、九文崖片区为风景旅游区，北城片区为科技开发区、生活区。

2002年的《长岛县城市总体规划（2002—2020）》，城市布局调整为“一城、三岛、十片区”。其中“一城”为长岛县城，“三岛”指县城由南长山岛、北长山岛和庙岛三座岛屿构成，“十片区”指十个城市用地功能片区。南长山岛作为主城区，是长岛县的行政、文化、商贸中心及旅游服务、海上交通、仓储基地。北长山岛为辅城区，是长岛县的渔业开发、工业发展、休闲度假基地。庙岛为旅游区。

2013年的《长岛县城市总体规划（2014—2030）》，中心城规划形成“一轴、两心、九片区”的空间结构。“一轴”指联系南长山岛和北长山岛的城市发展主轴线。“两心”为南长山岛、北长山岛一主一次两个城市中心。“九片区”即南长山岛南海岸片区、老城片区、南城片区、东海岸片区、王沟片区、连城片区和北长山岛北城片区、嵩前片区、店子片区，每片区各形成一个片区中心。

2018年的《长岛县城市总体规划（2018—2035）》，形成“三心、两轴、七区”的有机组团式空间结构。其中，“三心”分别为老城综合服务中心、西海岸文旅服务中心和北城综合服务中心。“两轴”分别是滨海文旅功能轴和G517交通联系轴。“七区”为国际海洋医疗旅游度假区、国际旅游与医养服务区、国际文旅会展综合服务区、国际教育科研服务片区、旅游度假综合服务区、东海岸渔家风情区、西海岸滨海度假区。

第二节 镇村规划

乡镇规划

1982年，长岛县村镇规划工作起步，至1986年，首轮规划编制工作基本结束，编制完成全县9处乡（镇）驻地详细规划。机关办公、学校、医院、港口等公共设施建设及乡镇驻地中心街道路硬化、供水、排水、绿化等均按规划实施，中心地位和辐射带动功能逐步形成。进入90年代，按照“六图一书”（驻地现状图、驻地规划图、近期规划图、镇域现状图、镇域规划图、基础设施规划图、规划说明书）标准，开始编制乡（镇）建设总体规划。1990至1991两年间，相继完成乡（镇）驻地及所属村庄规划修订并编制完成乡镇域总体规划。1994年，长岛县印发村镇建设“十百千”活动实施细则，明确提出对乡村住宅建设统一规划，推行多层公寓建设和旧村改造，相关部门完成测绘4万平方米，补充修订乡村规划126万平方米。是年，砣矶镇申报国家级海岛小城镇建设试点镇，聘请山东省城镇规划建设设计院重新编制砣矶镇总体规划。翌年，砣矶镇被国家建设部列为全国小城镇建设试点镇。到2002年，小钦岛、大钦岛、南隍城岛、北隍城岛、黑山岛的总体规划编制先后完成。2002年编制的《长岛县城市总体规划（2002—2020）》将北长山乡作为辅城区，庙岛作为旅游区纳入城市总体规划。2013年，以建设海岛生态城市为目标，完成长岛县域村镇体系规划及北五岛乡镇总体规划修编工作，规划年限统一调整为近期至2020年，远期至2030年。以综合型、“渔业+旅游”复合型、旅游服务型、综合服务型四种类型进行划分和规划，乡镇功能定位、发展方向、规模布局进一步明确。2018年的《长岛县城市总体规划（2018—2035）》，把乡村建设与全域旅游、渔业振兴一体谋划，与生态保护、基础设施建设一体推进，覆盖全县所有乡镇（街道、开发管理处）。

村庄规划

1982年，长岛县本着保护土地资源、方便生活、有利生产和综合开发利用各种资源的原则，对所有村庄实施统一规划。至1986年，全县40个村庄均完成建设规划“两图一书”（村庄现状图、规划图和规划说明书）。1994年，根据《全省村镇建设“十百千”活动的实施方案》要求，开始对村庄规划进行修编，使之具备“五图一书”（“五图”是现状图、用地规划图、道路管线工程规划图、环保环卫绿化规划图、近期建设规划图，“一书”是规划说明书。）标准。1996年，因北长山乡所属村庄及南长山镇的山前村、孙家村、赵王村、王沟村、黑石嘴村、连城村划入城市规划区，启动村庄规划修订工作，至2002年，城市规划区外25个村庄全部修订完成。2006年，印发实施《关于修编完善村镇规划，推进社会主义新渔村建设的意见》，以人居环境综合整治为重点，加强中心城区非城市建设用地和渔村地区的规划编制和管理。相继开展的社会主义新渔村建设、生态文明乡村建设、美丽乡村建设均按照规划统筹推进。2016年，制定《长岛县2016—2020年乡村规划工作方案》，启动新一轮乡村规划编制工作。至2018年底，8个待编村庄规划初稿全部完成。

第三节　规划管理

1984年始，长岛县依据省政府的批复，对城市总体规划、乡镇规划、村庄规划实施法制化管理。由县城乡建设环境保护委员会规划科具体负责规划实施和管理，承担规划编制、建设项目登记备案、收取费用、发证等工作。1989年，重新修订完善《长岛县城市管理实施办法》，健全规划审批程序。按照规划总体方案和计划部门批复的基建计划项目，规定用地范围，控制非法用地和违章建设。是年，下发规划用地许可证49份，临时用地规划许可证15份，共查处违章占地6起，违章建设项目9起，给予拆除、补办手续等相应处理。1994年，在规划区内推行全省统一编号的“一书两证”（建设项目选址意见书、建设用地规划许可证、建设工程规划许可证）制度，进一步规范规划管理。1995年，县规划测绘队成立，完成城区地籍测绘3.5平方千米。1999年，配套制定《长岛县城市临时建设、临时用地规划管理规定》，严格落实“一书两证”制度，全年查处违法建设28起。2001年，《长岛县城市规划管理规定》印发实施。2003年，长岛县成立规划委员会，按照坚持“规划一张图，管理一个口，审批一支笔，建设一盘棋”的要求，建立起公众参与、专家评审、政府决策的规划审批机制，推行规划公示制度。2008年，全面推行建设项目选址意见审查制度和建设用地规划许可制度，对各类建设工程实行从审定方案、审办手续直至竣工验收全过程实施规划监督管理。对不按城市规划要求进行建设、擅自更改规划设计、乱搭乱建等行为，由县执

法大队加强执法监察管理，依法查处16起违章项目，拆除面积210平方米，双违查处率达100%。2013年，省政府印发实施《山东省城乡规划督察工作规程》和《山东省城乡规划督察员管理办法》。2014年7月，正式派驻首任督察员进岛，督导城乡规划工作。2016年，根据国家、省、市推进海绵城市建设实施意见，《长岛县工程项目雨水收集系统建设实施方案》和《长岛县工程项目雨污分流系统建设实施方案》编制完成并监督实施。2018年，结合省、市投资建设项目“容缺审批”“并联办理”要求，对审批程序、审批时效进行再梳理，规划“一书两证”办理时限进一步压缩，由原先的资料齐备后7个工作日压缩至2个工作日，直至立等可取。

第二章 城区建设与管理

第一节 道路建设

80年代，长岛县城区基本形成“三纵四横（南北走向：通海路、解放路、长山路，东西走向：文化街、乐园大街、县府街、迎宾街）”的主干道路交通框架，另有海滨路、长园路南北贯通。市政道路大部分已铺筑水泥或沥青路面，部分为沙土路，路面宽度4~8米。1986年，县政府对城区道路进行统一命名，南北走向统称“××路”，东西走向统称“××街”。是年，全面实施市政道路综合整修，海滨路、长园路、黄山路、新兴街等道路铺筑水泥路面，全长3.85千米，面积4.4万平方米，铺装人行道2800平方米。翌年，对陵园路（2012年更名为英海路）、幸福路铺筑水泥路面。至年底，城区市政道路基本完成水泥混凝土路面铺筑。1991年，对长山路、通海路实施拓宽改造，拓宽面积1.28万平方米，铺装人行道4500平方米。1992—2001年，相继完成解放路、军港路、青年路、迎宾街、英山街等街路整修。1996年，解放路、长园路、长山路被评为烟台市达标街路。至2002年底，城区21条主要街路总长度18千米，路面宽度5~14米，总面积20万平方米，硬化率达99%，人行道面积11万平方米，铺装水泥板10万平方米，铺装率达90%，人均道路面积20.1平方米。

2002年始，实施市政道路改造升级。2003年，投入500余万元建设的海滨路北段、文化街地下综合管道沟工程完工，总长2200米，统一配套规划建设排水、供电、供水、供暖等管线，避免出现挖沟破道的“拉锁”现象。综合管道沟采用钢筋砼箱式结构，在全县属首例。2004年，投资1300余万元的海滨路、黄山路、鹊咀路改造工程完工。2006—2008年，长园路、县府街、乐园大街、长山路、解放路、文化街、新兴街、海港街和迎宾街等主干街路改造完成。2009年，贯通文苑路，南起青年路，北至台山街，全长2.5千米。2010年，改造乐孙路线，南起乐园村，北至孙家村，全长764米。2012年，完成文化街、解放路、长园路拓宽改造。同年，开工建设文苑路延伸工程，向北延伸至王沟村，向西连接长山路，总长1727米。2013年，文苑路延伸工程完工并启用，青年路、军港路道路改造完成。2015年，完成长山路、英山街道路改造。至年底，城区中心区主要街路改造全部完成，城区主要街路路面全部为水泥混凝土路面，人行道随道路翻新铺装大理石板，设无障碍盲道，安装大理石路缘石，综合管道沟、排水工程、绿化亮化及交通管理设施建设配套进行，路况明显改善。

2013年始，实施南长山岛、北长山岛环岛慢行旅游服务系统建设，至2017年，完成工程建设。项目总投资3.66亿元，建成环绕南长山岛、北长山岛慢道总长99.9千米，路面主要以沥青铺筑为主，沿线设有服务站点26处。环岛慢道与市政道路相衔接，形成四通八达的交通网络和方便快捷的景区全域化服务系统。

环岛慢道（2015年）

2018年，按照海绵城市建设规划，实施市政道路“白改黑”工程，将混凝土路面改为沥青混凝土路面，人行道铺装改用陶瓷方砖，设无障碍盲道，配套实施管网（包括：雨水、污水、热力、燃气、电力、弱电、给水、新能源供暖管线等）改造。是年，“白改黑”工程完成通海路、文化街、县府街、迎宾街、长山路、文苑路中段及北长山（店子—花沟—嵩前）等路段2.5千米改造，配套改建地下综合管网9.2千米、海绵型人行道4.2千米。至2018年，城区主要街路共22条，总长近20千米，总面积201.6万平方米，铺装人行道112.2万平方米，

海滨路

北起南城村，南接通海路，全长2140米，宽15~20米。2003年对道路进行拓宽改造，交通大厦至长岛港路段主车道宽20米，长岛港至南城村路段车道宽15米，为城区最宽道路。混凝土路面，人行道大理石铺装，铺装面积1.44万平方米。计划2019年实施“白改黑”，由原混凝土路面改为沥青混凝土路面，人行道大理石板铺装改为陶瓷透水方砖铺装。

乐园大街

东起黄山路，西至英海路，全长1650米，宽12米。2007年翻修，车行道为混凝土路面，人行道大理石板铺装，铺装面积1.31万平方米。计划2019年实施“白改黑”，由原混凝土路面改为沥青混凝土路面，人行道大理石板铺装改为陶瓷透水方砖铺装。

乐园大街（2018年）

通海路

北接海滨路，南接文化街，全长850米，宽19.5米。1991年拓宽，2005年道路翻修，2012年拓宽改造。车行道为混凝土路面，人行道大理石板铺装，铺装面积6441平方米，车行道与人行道之间设宽约2米的自行车道。2018年实施“白改黑”，车行道、自行车道由原混凝土路面改为沥青混凝土路面，人行道大理石板铺装改为陶瓷透水方砖铺装。

通海路（2018年）

文化街

东起青年路，西至通海路，全长854米，宽13.5~15.5米。2007年道路翻修，2012年实施拓宽改造。混凝土路面，人行道大理石铺装，铺装面积6178平方米。2018年实施“白改黑”，由原混凝土路面改为沥青混凝土路面，人行道大理石板铺装改为陶瓷透水方砖铺装。

2018年长岛县城主要市政道路一览表

表4-1

序号	道路名称	起止点	红线宽度（米）	车行道				人行道						总面积（平方米）
				长（米）	宽（米）	面积（平方米）	路面形式	西、南侧 长（米）	西、南侧 宽（米）	东、北侧 长（米）	东、北侧 宽（米）	面积（平方米）	路面形式	
1	海滨路	交通大厦—长岛港	20	1105	20	22100	水泥	1153	4	955	4	14626	大理石板	52251
		长岛港—南城村	15	1035	15	15525	水泥	847	2	1000	4.5			
2	长园北路	海港街—南城村	9	949	9	8541	水泥	949	5	940	5	9445	大理石板	17986
3	解放路	迎宾街—文化街	14	909	14	12726	水泥	850	3	850	3	5100	大理石板	17826
4	幸福路	县府街—迎宾街	6	260	6	1560	水泥	260	3	260	3	1560	大理石板	3120
5	黄山路	乐园大街—博物馆	9	600	9	5400	水泥	—	—	—	—	—	—	5400
6	英海路	军港路—英山街	5	400	5	2000	水泥	400	1	400	1	800	大理石板	2800
7	鹊咀路	海滨路—乐园大街	12	509	12	6108	水泥	490	3	465	3.5	3097.5	大理石板	9205.5
8	长山路	县医院—青年路	6	680	6	4080	水泥							27210.4
		民政局—县医院	16	335	16	5360	沥青	335	3	335	5	2680	陶瓷方砖	
		民政局—毛纺厂	12	787.7	12	9452.4	沥青	748	4	756	3.5	5638	陶瓷方砖	
9	通海路	海滨路—文化街	19.5	850	19.5	16575	沥青	724	4	709	5	6441	陶瓷方砖	23016
10	长园南路	县府街—迎宾泉	9	1200	9	10800	水泥	1160	3	1160	3	6960	大理石板	17760
		长园南路—液化气站	3.5	400	3.5	1400	水泥	—	—	—	—	—	—	1400
11	军港路	军港码头—通海路	12	453.5	12	5442	水泥	443.5	5	453.5	5	4485	—	9927

续表4-1

序号	道路名称	起止点	红线宽度（米）	车行道				人行道						总面积（平方米）
								西、南侧		东、北侧				
				长（米）	宽（米）	面积（平方米）	路面形式	长（米）	宽（米）	长（米）	宽（米）	面积（平方米）	路面形式	
12	青年路	长山路—文化街	12	315	12	3780	水泥	315	4	315	4	2520	大理石板	6300
13	文苑路	王沟村—青年路	9	2600	9	23400	水泥	860	3	5141	3	9441	大理石板	13017
14	新兴街	海滨路—长园路	8	300	8	2400	水泥	300	3	300	3	1800	大理石板	4200
15	海港街	海滨路—长园路	12	220	12	2640	水泥	220	3	220	5	1760	大理石板	4400
16	英山街	通海路—烈士陵园	7	400	7	2800	水泥	350	3	350	2	1750	大理石板	4550
17	县府街	鹊咀路—黄山路	9	1400	9	12600	水泥 沥青	685	4	685	4	5480	大理石板 陶瓷方砖	21950
							—	650	3	640	3	3870	水泥	—
18	乐园大街	英海路—黄山路	12	1650	12	19800	水泥	1470	4.5	1445	4.5	13117.5	大理石板	32917.5
19	迎宾街	长园路—长山路	9	600	9	5400	沥青	580	3.5	580	3.5	4060	陶瓷方砖	9460
20	文化街	通海路—解放路	15.5	534	15.5	12597	沥青	534	2	510	5	3618	陶瓷方砖	18775
		解放路—青年路	13.5	320	13.5			320	5	320	3	2560	陶瓷方砖	—
21	长寿街	海滨路—长园北路	6.8	190	6.8	1292	水泥	180	2.5	180	2.5	900	大理石板	1292
22	台山街	文苑路—长山路	9	300	9	2700	水泥	300	3	300	3	1800	大理石板	4500
总计	—	—	—	19302.2	—	2016413.9	—	—	—	—	—	1122143.5	—	3138827.4

备注：序号1-13为由南-北路段；序号14-22为由东-西路段

长园路

北起南城村，南至县府街，全长2149米，宽9米。2012年实施拓宽改造，混凝土路面。人行道大理石铺装，铺装面积35746平方米。计划2019年实施“白改黑”，由原混凝土路面改为沥青混凝土路面，人行道大理石板铺装改为陶瓷透水方砖铺装。

解放路

北接迎宾街，南至文化街，全长909米，宽14米。2012年实施拓宽改造，混凝土路面。人行道大理石铺装，铺装面积5100平方米。计划2020年实施“白改黑”，由原混凝土路面改为沥青混凝土路面，人行道大理石铺装改为陶瓷透水方砖铺装。

第二节　公共服务设施

80年代中期，县城区公共服务设施建设步伐加快。1986年，城区公共服务设施总建筑面积8万余平方米。至90年代末，基本形成较为系统的公共服务布局。进入21世纪，公共服务设施建设向高标准、多功能方向发展，综合服务功能不断增强。1986—2018年，建成商贸、宾馆、医院、教育、文化、体育等公共服务设施10余万平方米。

商贸市场建设

1987年5月，在鹊咀路东段建成凌云市场，为拱棚框架结构，顶部盖有玻璃钢瓦，总长256米，宽18米，建筑面积6250平方米（包括两端停车场），营业房136间，摊位392个。1992年建成明珠海水浴场商业街，总建筑面积6612平方米。2004年5月金鼎商贸城竣工投入使用，建筑面积1.6万平方米。2004年，凌云市场拆除，统一规划商业步行街，2006年建成，建筑面积2万平方米。2004年，在鹊咀路西侧建成海鲜市场，为棚式结构，面积600平方米。2015年，海鲜市场进行改扩建，采用2层钢架结构，摊位60个，经营面积达到1100平方米。2018年3月，万源购物广场开工建设，建筑面积2.3万平方米，规划投资1.3亿元。随着旧村改造和房地产开发，附属商业网点和超市遍布城乡。

接待宾馆建设

1988年1月，县商业宾馆银扇大厦竣工，总投资300万元，建筑面积6500平方米，楼高8层，为县城区首座6层以上建筑。1987年，县政府与旅日华侨徐礼绪合资建成长园宾馆，建筑面积4166平方米。2010年，长园宾馆进行改扩建，增建接待设施近6000平方米，建筑总面积达到1.07万平方米，设有百余间客房、8间风格各异的餐厅包厢、可容纳200人的多功能厅及4个不同类别的会议室，为旅游涉外和政务接待宾馆。此后，相继建成悦海假日酒店、汉庭酒店、蓬达酒店等接待服务设施，总建筑面积近3万平方米。

医院卫生设施建设

1987年9月，县人民医院门诊楼竣工，投资120万元，建筑面积3100平方米。1994年10月建成病房楼，投资764万元，建筑面积5300平方米。2010年建成感染病房楼，建筑面积1100平方米。2013年建成外科综合楼，投资3157万元，建筑面积5100平方米。

教育设施建设

1994年建成县第二实验小学尚学楼，投资360万元，建筑面积2237平方米。1998年建成县第一实验小学教学楼，投资145万元，建筑面积1800平方米。2001年建成第二实验小学知行楼，投资310万元，建筑面积2040平方米。是年，县实验幼儿园建成，建筑面积1109平方米。2006年，教育布局调整，拆迁长岛中学、职业中专和第一实验学校，新建长岛中学、职业中专，改扩建第一实验学校、第二实验学校2处九年一贯制学校，建筑总面积2.5万平方米。2018年，第一实验学校、第二实验学校校舍综合改造完工，塑胶运动场地建成投用，城区九班制标准化幼儿园南城幼儿园开工建设，建筑面积5244平方米。

文化体育设施建设

1986年12月，新华书店营业楼竣工，建筑面积1400平方米。1999年12月，工人文化宫建成，建筑面积1400平方米，配套建有图书室、健身房、彩排大厅。2010年，全民健身活动中心建成，内设数字影院、健身房、器材室、舞蹈室及乒乓球、羽毛球、网球等体育运动场馆，建筑面积2622平方米。2017年，长隆综合楼建成，建筑面积11229平方米，建有文化馆2000平方米，开设排练厅、多功能厅、综合展厅、非遗展室、创作室、美术书法室、曲艺室、器乐室、音乐室、服装室。图书馆1500平方米，开设借阅室、采编室、少儿阅览室、报刊储藏室、尼山书院、培训室、电子阅览室、综合阅览室、视障阅览室、读者服务室、书库等，免费对外开放。2018年，县档案馆改扩建主体工程完工，总建筑面积3041平方米。

其他公共服务设施建设

1986年12月，长岛港客运站竣工，建筑面积1700平方米。1992年11月，长岛港综合楼竣工，建筑面积1202平方米。2004年，长岛港综合楼拆除，2005年5月服务设施改造工程竣工，总建筑面积24579平方米，其中主楼建筑面积4500平方米。2013年，原供销大楼改造工程启动，次年建成人力资源和社会保障服务大厅、行政审批服务大厅，总建筑面积600余平方米。2010年，游客中心服务大厅建成，建筑面积1723平方米。1986—2018年，农业银行营业楼、建设银行营业楼、人民银行营业楼、烟草公司营业楼、邮政营业厅、邮政局办公营业楼、供电公司生产综合楼等公共服务设施相继建成，总建筑面积1.3万余平方米。

机关办公设施建设

80年代中期后，城区机关办公设施建设步伐全面加快。至2000年，人大机关、政协机关、水产局、环保局、交通局、建设委员会、发改局、商检局、海关办事处等机关单位办公楼相继落成，建筑面积1.6万余平方米。楼房多系砖混结构，楼高一般4~6层，供水、供电、供暖、排污等配套设施完善，办公条件得到改善。2001—2018年，建成地税局、边防大队、公安消防大队、公安局、检察院、法院等机关单位办公楼，总建筑面积近1.8万平方米。楼房全部为框架结构，建筑标准和质量较高，综合功能进一步完善，有的配置电梯等设施。

停车场建设

2018年前，全县车辆停放场所大部分为临时建设。2018年，结合车辆“双控”办法的实施，城区停车场规划建设被列为当年为民服务实事项目。在对城区闲置场地进行统一调查登记、规划布局的基础上，投资1092万元，建设改造停车场27个，总面积3.93万平方米，车位1000余个，当年11月完工，并免费开放。

第三节　市政公用设施

长岛港客运综合楼（2018年）

供水

1980年4月，长岛县成立自来水筹建小组，筹建城区公共供水工程。1984年9月，县自来水公司成立，负责城区公共供水和供水工程安装，采取开采地下水的方式，对部分区域实行隔天分时段集中供水。1986年，城区共有水源井14眼，自来水公司建有蓄水池4个，日供水量300吨，其他单位自备水源，日供水量600吨，另有王沟水库蓄水量400吨。

城区建成7条供水主管道，直径150毫米，全长12.9千米，支管道2条，直径100毫米，长3.3千米，并配机泵8套。是年，安装输水管道2161米，更新管网180米，供水总量12万吨。

1987—1999年，境内连续多年干旱少雨，采取苦咸水淡化、在居民区建蓄水池等配套措施开源节流，保证生产和生活用水。城区用水量逐年增加，先后打水源井4眼，敷设供水管道15千米，年供水量超过20万吨，用户近3000户，供水紧张问题突出。

2000年10月，县城区日产1000吨反渗透海水淡化站建成并投产，总投资1200万元。年产淡化水20多万吨，产品水水质完全符合国家规定的生活饮用水标准，各项性能指标基本达到设计要求，2001年7月正式供水。县城区海水淡化站建成后，与县自来水公司合并成立长岛县供水中心，采取淡化水和地下水混合，分区分压定时的供水方式。可供水能力1300吨/日，实际供水500吨/日。主要供应城区1.5万人口生活、57个单位办公生产、30个宾馆饭店服务业用水。另有城区内23个企事业单位、5个自然村及守岛驻军自备水源。2005年，县城区主要供水设施包括水源井12眼、蓄水池5座、动力加压站4座、直径100—150毫米主管道27千米，年供水量22.3万吨。2007年，完成自来水管网二期改造和封井并网工程，逐步封闭城区范围内的自备水源，实行集中统一供水，实现全天候供水。

2012年5月，蓬莱至长岛跨海引水工程项目启动，总投资1.79亿元，设计日供水量1万吨。2013年6月26日，陆上管网敷设改造开工，当年完成陆上供水管网改造和单根海底供水管道敷设，打压试水成功。2014年10月30日工程竣工，南长山岛、北长山岛近2.8万人饮用淡水难题得到解决。

2018年，城区2000吨/日海水淡化站建设完成，改造敷设供水管网47.5千米，配装净水设施32处，封存南长山岛、北长山岛自备水源井10眼，完成庙岛跨海引水地质勘察和可研编制，海水淡化电价获批执行居民合表电价政策。是年，全县供水用户达到9411户，供水量达到114万吨。计量设施装表率和完好率达到99.8%以上。

1986年，城区居民生活用水3元/吨，工业用水3元/吨。1986—2018年，自来水价格先后3次调整。2001年，居民生活用水调整为6.3元/吨，工业用水6.5元/吨。2016年，居民生活用水调整为6.35元/吨，非居民用水调整为6.7元/吨。2018年，实行阶梯水价制度，居民生活用水调整为第一阶梯水价6.35元/吨（户年用水量96吨及以下），第二阶梯水价8.9元/吨（户年用水量96吨以上至192吨），第三阶梯水价16.55元/吨（户年用水量192吨以上），非居民用水8.6元/吨，特种用水水价15元/吨。

排水

80年代始，城区实施道路改造，雨水、污水排放管道建设与道路建设同步实施，铺设排水管道或修筑毛石暗沟。排水管道以水泥混凝土管为主，管径300~1000毫米不等。各居民区、单位的污水经沉淀净化后通过排水管道，雨污合流入海。1986年，对城区海滨路、长园路、黄山路、幸福路、新兴街进行改造，修筑雨水沟430米、排污沟2千米。1997—1998年，敷设乐园大街区域至南海岸DN800毫米口径排水管道1050米。2001年，完成乐园大街西段、鹊咀路北段排水工程550米，疏通排水系统，解决雨季内涝问题。至2002年，城区道路整修基本完成，排水管道总长48.4千米，排水管道密度11.46千米/平方千米，排水系统基本建成。

2008年，县污水处理厂基础建设竣工，配套建设2处提升泵站，敷设4550米污水管网，对周边区域排放的污水截流，汇入污水处理厂进行达标处理排放。2011年，完成通海路、鹊咀路、乐园村、后沟村区域1千余米的排水管网改造，有效缓解城区南部雨季排水不畅的问题。2014—2017年，县城区相继建成12处地埋式污水处理站，配套建成区域污水截流处理管网。2017年，由山东正元数字城市建设有限公司对县城区地下管网进行系统普查，建立统一的地下管线信息管理系统。城区形成较为完善的排水系统，污水管网总长度15794米，污水井493个，雨水管网总长度21685米，雨水沟506米，雨水井399个。同年，按照海绵城市建设标准，制定雨污分流管网建设规划，计划到2020年，全面建成覆盖城区的雨污分流管网系统。2018年，雨污分流管网改造按计划实施，相继完成县府街（影院至长山路路段）、通海路（海滨路至文化街路段）、长山路（毛纺厂至工商局路口路段）、迎宾街、文化街（通海路至青年路路段）管网建设。管网总长度4000米，雨水管径500—1200毫米不等，污水管径500毫米。雨水管材质为钢筋混凝土，污水管为HDPE高密度聚乙烯材质。

供热

1993年前，县城区未实行集中供热，主要以煤炉取暖为主，部分单位安装小型锅炉或利用工业生产的余热采暖。1994年，县城区公共供热启动，利用县电业局蒸汽发电锅炉，以热电联产的方式对部分居民区供暖。当年铺设热力管道30千米，12月份正式供热，供暖覆盖面积近10万平方米。供暖时间从当年12月25日至次年4月5日。

2000年，长岛县热力总厂成立，单位性质为全额事业编制，隶属县建设局。将已停止发电的锅炉从县电业局剥离，转为供热专用。2003年，县热力总厂改制为企业，由招远热力公司承包经营，次年退出。2005年，长岛县热力总厂更名为长岛县恒烨热力厂。2008—2018年，县恒烨热力厂先后由烟台东昌热力公司、招远热电公司、烟台富阁新能源有限公司、长岛城投新能源股份有限公司承包经营。

2006年始，县财政持续加大资金投入，对供暖管道、设备设施进行建设、改造。是年，投入3800万元，在文苑路西侧新建热源厂一处，占地12900平方米，安装20吨热水锅炉1台，建设换热站5处，铺设热力管道85千米，新增供暖面积10.5万平方米。采用高温大流量、换热站分区域的供暖模式，供暖效果得到提升。2007年，停止并拆除原县电业局供暖锅炉，在文苑路热源厂新上1台40吨热水锅炉，改建增加换热站4座，长园路区域实现全区供暖。2008—2014年，相继建成英山区供暖管网和北山区、获沟新区、瀛洲新区、要塞区换热站，完成长园路、城北区等区域管网改造，供暖面积达到38万平方米。2015年安排预算资金518.5万元，对热力厂锅炉除尘脱硫设备进行改造。2016年完成瀛洲站、电业站新能源（空气源热泵）“煤改电”供暖用户776户。2017年投资557万元对2台燃煤锅炉进行超低排放改造。改造后净烟气中氮氧化物、二氧化硫和烟气排放分别小于100、35、10毫克/立方米，清洁能源供暖覆盖面积29.2万平方米。

2014年始，长岛知己新能源股份有限公司先后在南长山街道连城村、南城示范小区、县船厂、南长山街道王沟村、南隍城乡南隍城村推行海水源供暖，建设机房4处，安装海水源热泵机组6台，离心管道泵14台，海水井取水、深海管道取水装置3套，敷设海水管线、热力管线20余千米，接入供热面积18万平方米，实现居民采暖改造

空气源热泵供暖机房设备（2018年）

1184户。

2018年，县城区停止燃煤锅炉供暖，全域推行“煤改电”，利用空气热源泵供暖。县财政投入资金3000万元，改造供暖管道5800米、热源塔供暖站14处，新建热源塔供暖站2处。“煤改电”16个分布式供热站运行供电负荷为11.61兆瓦，计算报装容量16.58兆伏安，负载率70%左右，总投资4700万元。全县冬季供电负荷由2万千伏安增加到3.32万千伏安，涉及8619户居民、72个机关企事业单位，覆盖采暖面积60万平方米，年可减少燃煤2万吨。当年建成后，由于技术原因，供热未达到预期。后经改造升级，供暖效果较为理想。

1994—2008年供热收费为公共建筑面积25元/平方米，住宅为25元/平方米。2008—2018年调整为公共建筑38.5元/平方米，住宅为24.5元/平方米。供热收费标准按照建筑面积计算，供暖期为4个月左右。

供气

罐装液化气　1985年，长岛县成立石油液化气供应公司，主要通过船运方式，从蓬莱等地运输液化气供应岛内需求。1986年，在南长山岛建成两个15立方米的储罐，1988年增加1个50立方米的储罐，1990年增加1个100立方米的储罐。至1999年，全县从事石油液化气经营的企业、个体经营业户10余家，违规经营、忽视安全等问题突出，县建设、公安、工商、技术监督等部门联合开展燃气市场专项整治行动，依法查处违法经营业户5家，查封液化气钢瓶仓库2个，收缴液化气钢瓶528个。2000年，县石油液化气供应公司与县石油公司液化气站合并成立长岛县石油液化气供应公司，并对液化气储存设施进行扩建，储罐总容积达到300立方米。是年，长岛县平安液化气有限责任公司在北长山乡花沟村注册成立，安装20立方米储罐3个，10立方米储罐1个。2001年，县政府印发《关于加强燃气管理工作的意见》，燃气市场进一步规范。2012年，县平安液化气有限责任公司搬迁至南长山街道后沟村，安装50立方米储罐2个、30立方米储罐2个、10立方米储罐1个。全县液化气供应指定供应企业，各岛设立供应点，每季度专船集中运送。对民用液化石油气“螺丝瓶”集中报废，通过调查摸底、限时整改、政府补贴等一系列措施，累计报废“螺丝瓶”1.4万余个，县财政补贴资金40余万元。至2018年，全县液化气储罐总量470立方米，基本满足城区居民生活需要。

管道燃气　2008年，长岛县引进莱州莱滨建筑有限公司，成立长岛县莱莹燃气有限公司。是年，城区集中供气工程开工，在迎宾街、长山路敷设燃气管道约2500米，在南长山镇南城村果园至荻沟村水库敷设燃气管道约1800米。至2010年，投资1400余万元建成占地面积3800平方米、建筑面积800平方米的供气站，安装50立方米液化天然气低温储罐2座，气化加热设备1套，敷设供气管道5千米，安装住户1000余户。2011年1月正式向城区供气。至2018年，储气量6万立方米，配备1500立方米主气化器2台，每小时气化调压能力3000立方米。集中供气工程管道总长17.5千米，覆盖20余个居民小区，用户近5000户。居民用气价格为5.5元/立方米，非居民用气价格6.5元/立方米。

亮化

1986年，县城区范围内共有路灯63盏，大部分为高压钠灯，主要安装在乐园大街（县医院至鹊咀路段）、鹊咀路和解放路等城区中心区域道路上。1986—2001年，以安装照明路灯为主，海滨路、迎宾街、海港街、长园路、长山路、幸福路、新兴街等城区街路相继完成路灯安装，共敷设电缆8000余米，安装箱式变压器3台，架设路灯228盏，总功率91千瓦，城区道路基本实现亮化。1997年，对城区主要街路沿街建筑物进行灯光装饰，90%以上的办公楼安装投影灯、霓虹灯等灯饰。

2002年始，在重点路段及重要公共活动场所安装景观灯饰。在文化街安装槐花灯16盏、椰树灯14盏，在明珠广场安装地球仪灯8个、海鸥灯

15个、动感光柱4个、庭院灯2个、奥运之光灯14个、砖石灯6个、高架灯1个、球灯6盏。在海滨广场安装一帆风顺灯12个、牵牛花灯4个、庭院灯9个、中国结灯4个及地埋灯、壁挂灯、草坪灯等景观灯212盏。对文化街、海滨路、步行街等街道实施轮廓灯光亮化。2007年，对海岸带沿线、明珠广场、海滨广场、风电场及城区主要街道全部进行灯光改造，新增设各式射灯、轮廓灯、霓虹灯2万余盏，安装管线彩灯6000米，并对乐园大街、县府街、解放路、黄山路、幸福路等路段的路灯设施进行了更换维修，城区路灯覆盖范围达到100%。2008年，完成山前村—林海公园，南长山镇政府—望夫礁景区，乐园大街东首—孙家村—赵王村口，毛纺厂—第二实验学校—北长山医院—九丈崖景区—店子村的路灯安装，共敷设电缆2.26万米，安装箱变8台，架设路灯489盏。至5月7日，南长山岛、北长山岛区域道路亮化工程完工，总长20千米，投资640万元，城区主干道路实现亮化全覆盖。

海岛夜色（2016年）

2009年，在解放路、通海路和海滨路更换安装中华灯120盏。2010年，全面实施岛屿山体及城乡街道亮化工程，完成海滨路、文化街沿街建筑的灯饰安装布景和山体、庙岛亮化工程，共安装LED轮廓灯5700米，泛光灯1200盏，彩虹灯500米，敷设电缆7450米，在南长山街道鹊咀村西信号山上安装标志性的“长岛”巨型景观夜灯。

2017年，南长山岛、北长山岛路灯节能升级改造项目通过政府公开招标，扬州市隆昌照明集团有限公司中标，合同效益分享期为10年。路灯全部更换LED光源灯头，每年可节省电费70余万元。2018年1月，所有设备安装调试完毕并运行，共更换路灯937盏。城市道路、公园广场、居民小区、海岸带、山间道路连成一体，形成立体化、多元化的夜间照明格局。

2017年前，城区路灯光源以高压钠灯为主，节能灯为辅，一般采用400瓦的高压钠灯，部分居民小区采用45瓦的节能灯。路灯控制采取定时钟系统进行控制，城区亮灯率设备完好率保持在96%以上。

美化

80年代，长岛县城建筑依山就势布局，城市风貌体现红瓦绿树，海岛特色。1990年以前，县城区街道美化主要通过对沿街破旧建筑物进行立面粉刷，达到整洁的效果。1990年，以海滨路为重点，开始对沿街建筑进行以美化、加固、节水为主要内容的工程改建，通过“穿衣戴帽”、加层变形、墙面装饰等方式，逐步形成海岛特色建筑风格。1990—1995年，相继完成对海滨路、乐园大街等重点街道建筑物的立面改造2万余平方米，粉刷30余万平方米。2002—2007年，统一色调，统一粉刷城区沿街建筑物、围墙、住宅小区近50万平方米。2010年，对沿街进行立面粉刷及门头格栅统一设计，统一改造施工，粉刷2万余平方米，改造沿街门头300余个，安装门头格栅1600平方米、遮阳篷1230平方米，沿街门头整齐有序、立面整洁美观。

城区局部鸟瞰图（2015年）

第四节　居民区改造

旧村改造

90年代，根据《长岛县城市总体规划》，本着统一规划、合理布局、综合开发、配套建设的原则，南长山镇的11个行政村被逐步纳入城市建设总体规划，实施旧村改造。鹊咀、黑石嘴、连城、后沟等村率先启动公寓化新村建设，以二层住宅楼为主，面积3万余平方米。1994年，后沟村二层别墅式住宅设计在全省农民住宅小康屋样板房评比中获奖，以其布局合理、功能齐全、方便卫生、居住舒适、具有地方特色和鲜明时代感等特点受到省评选委员会专家的好评。自90年代末起，城区旧村改造逐步推行多层住宅楼建设。乐园村、后沟村建起3.7万平方米的村民住宅楼。2006年，连城村采取村民自筹、集体补贴的形式，进行整村改造，建成村民4～5层住宅楼1.3万平方米，全村105户村民全部搬入新居。

2009年，制定实施《长岛县城区旧村改造暂行办法》。城区规划区内集中建设出售给本村村民的住宅楼，免收土地出让金和行政事业性收费（不包括供暖、供气、供水三项城市基础设施配套费），颁发集体土地使用权证和房屋所有权证（注明集体土地）。凡经三分之二的村民代表同意，住宅楼所在全宗地可依法转为国有，按变更时收费标准，补缴土地出让金和行政事业性收费，补缴部分每户享有20%的优惠，发国有土地使用权证和房屋所有权证。一户只享受一次。是年，鹊咀、乐园、赵王、孙家、后沟、黑石嘴、北城、王沟等村旧村改造全面启动，开工面积8.33万平方米，占年度计划的124%，完成投资1亿元。

2012年6月，印发实施《长岛县加快推进城区渔村改造工作意见》《2012年度城区渔村改造优惠政策》。对拟改造渔村的土地进行统筹规划，原则上在现状用地范围内合理安排安置房、商业设施、商品房、公建配套设施等用地。纳入城区渔村整片改造的渔村，对于拆迁腾空后的土地，办理国有土地征用手续，进行土地公开出让，土地出让金的纯收益全部用于村级的拆迁安置。减免城市基础设施配套费和各种规费。红线内电力、广播、通信等配套设施配套建设费用，按物价部门核定的最低收费标准减半收取。对在规定的搬迁腾空期限内，整村的拆迁户全部签订拆迁补偿安置协议并搬迁腾空的，县政府给予村集体一定数额的资金奖励。同时，出台规划施工、竣工验收、拆迁安置等方面的配套监督措施。从2012年起，对15个城区渔村进行逐步改造。8月，南长山街道获沟村、鹊咀村、后沟村三个渔村改造规划陆续完成并通过专家评审，规划投资4亿元，项目占地273亩，建筑面积12万平方米。

2017年，长岛县组建城市建设投资开发有限公司，对城市重大设施建设，特别是旧村改造的项目规划、资产经营、土地收储、投资融资等关键环节进一步规范，旧村改造进入规范开发、统筹

2000—2018年长岛县城区旧村改造情况一览表

表4-2

序号	改造村庄	安置房面积（万平方米）	受益户数（户）
1	赵王村	2.4	215
2	黑石嘴村	1.6	166
3	乐园村	6.5	223
4	后沟村	5.5	210
5	鹊咀村	6.8	135
6	孙家村	3	78
7	王沟村	1.6	100
8	连城村	1.3	105
9	南城村	0.5	35
10	获沟村	5	170
11	山前村	2.3	130
12	合计	36.5	1567

推进阶段。

2018年，县城区在建工程主要有南长山街道乐园村和后沟村的旧村改造项目。乐园村旧村改造工程共涉及村民91户，拆迁面积1.3万平方米，规划用地面积1.82万平方米，总建筑面积3.26万平方米，共7栋商住楼，总投资1.23亿元。后沟村旧村改造启动楼房基础施工建设，一期工程涉及村民70户，拆迁面积1.2万平方米，规划用地面积2.03万平方米，总建筑面积3.9万平方米，共8栋住宅楼，总投资1.47亿元。二期工程规划用地面积1.09万平方米，总建筑面积1.86万平方米，共4栋住宅楼，总投资7300万元。2000—2018年，城区11个村先后实施旧村改造，共完成村民安置楼面积36.5万平方米，在建面积6.9万平方米，涉及村民1567户、7029人。

老旧小区改造

2014年，长岛县开始实施老旧小区改造，由县财政投入资金，主要对县城区基础设施年久失修、缺少物业管理的老旧居民小区环境进行综合整治。施工内容包括整修破损道路，规划建设停车场、健身广场、物业管理房等设施，实施绿化美化亮化、管网改造等基础建设。当年，北山小区列入全县首批老旧小区整治改造计划。整修道路5000平方米，铺设广场2300平方米、人行道700平方米、路沿石1600米、停车位300个，建设物业管理房100平方米，绿化1500平方米，改造排污750米，及毛石砌体等一批附属工程。工程投资243.3万元。

2015年，完成英山小区、凌云小区、新兴小区整治改造，整修道路6000余平方米，铺设排污管道400米，铺植草砖约1600平方米。工程投资239.03万元。

2016年始，省财政对老旧小区改造给予补贴。当年完成北山区西部（北山小区二期）、城西区（英山小区二期）整治改造。整修道路约9100平方米，铺设人行道S砖1630平方米、路沿石4700米、植草砖1925平方米，改造排污管道3495米、污水井22个，及砌体挡土墙等一批附属工程。工程投资262.51万元，其中包含省级奖补资金40万元。

2017年，完成北山区1-23号、城东社区2片区—教师公寓住宅楼（公路局南侧）、海港社区1-5号楼、城西片区（步行街以南）四个小区改造。整修道路4000平方米，铺设人行道S砖1500平方米、路沿石900米、植草砖800平方米、透水砖300平方米，建设活动广场700平方米，改造排污管道800米。工程投资130.43万元，其中包含省级奖补资金63万元。

2018年，完成城北社区（南城教师公寓）、城东1社区（公路局东侧）、海港社区（长园路东）3个小区改造。整修道路10000余平方米，铺设人行道S砖1500平方米、花岗岩间隔石600平方米、植草砖3400平方米，改造排污管道1600米及一批附属工程。工程投资260.72万元，其中包含省级奖补资金87万元。至2018年，共对13处老旧小区进行改造，2858户居民居住条件得到改善，投入资金1135.99万元，其中包含省级奖补资金

2014—2018年长岛县老旧小区改造情况一览表

表4-3

年份	小区名称	户数
2014	北山片区一期	230
2015	海港新兴小区	765
	城西英山小区一期	
	城西凌云小区	
2016	北山片区二期	392
	城西英山小区二期	110
2017	城东区1—23号	371
	城东社区2片区（公路局南）	90
	海港区1—5号（人武部北）	49
	城西片区（步行街南）	233
2018	城北社区（南城教师公寓）	99
	海港社区（长园路东）	375
	城东1社区（公路局东侧）	144

190万元。

第五节　绿化　园林　广场

绿化建设

80年代，境内绿化意识逐步增强，木槿和黑松曾分别被评选为岛花和岛树。城市绿化建设逐渐兴起，道路绿化、园林绿化、庭院绿化成为县城景观。1986年，对海滨路、长园路、迎宾路、解放路、鹊咀路等主要街道进行绿化，共栽树1.3万株，建公共绿地7000平方米、苗圃地2万平方米、街心花坛700平方米。是年，长岛县在全市园林绿化检查评比中获第二名。1987年，寅宾苑公园建成。1989年4月，制定实施《长岛县城镇园林绿化管理办法》，组织开展城区达标街路和“花园式”庭院活动，绿化建设与管理逐步规范。至1989年，先后完成海滨路、长园路、迎宾街、解放路、鹊咀路等13条城区主要街路绿化任务。1990年，城区绿化初具规模，共有绿地61.57公顷，绿化覆盖率41.5%，绿地率15%，人均公共绿地34.9平方米。创建省级花园式单位9个，市级花园式单位9个，占庭院单位的30%，县级绿化先进单位19个，占庭院单位的32%。1994年建成乐园绿地公园，绿化总面积近3.3万平方米。自1996年起，投入近4000万元，先后启动明珠广场、海滨广场建设，绿化总面积1.6万平方米。至2005年，建成4处大型公园、广场及17处城区公共绿地，面积59.46公顷。期间，城区绿化美化档次逐步提升，先后从青岛等地引进美人蕉、百日红、蔷薇、凌霄和爬墙植物等万余株，培育新品种灌木、花卉20多种共20多万株。城区绿化品种、色调向园林化、多样化、立体化发展。1994年，长岛县获“省八五造林和绿化标准先进单位”称号。次年，获全国绿化委员会授予的“全国造林绿化百佳县”称号。

2006年，编制完成《长岛县城市绿地系统规划》，本着“立足现实、适度超前”的原则，高标准搞好绿化布局，实施绿化美化精品工程。对长园路、海滨路等主干道路两侧和重点区域实施绿化改造提升工程，换植行道树，种植玉兰、垂丝柳、白蜡等树木630余株、紫薇等花灌木4700余株、组团灌木6700余株、栽种各类花草8万余株，初步形成“一街一景”的特色景观。城区绿化覆盖率达46.25%，绿地率达35.19%，人均公共绿地26平方米。建成省级花园式单位3个，市级花园式单位28家。是年，在全国50多个申报城市中，长岛县一举荣获“国家园林县城”称号，成为全国首批10个国家园林县城之一，也是山东省唯一的国家园林县城，成为城市建设的崭新亮点。

2007—2018年，城区绿化建设保持快速发展。以大冠幅的乔木古树为主，以观赏灌木及花卉草坪作为点缀，采取“点、线、片”结合方式，推行“四季常绿，三季有花，上有乔木，中有灌木，下有花草”立体绿化，打造古朴、素雅的海岛城市风貌。在城区主干街道及旅游重点区域栽植乔木、常绿树4.5万株，灯杆立体绿化、立体花柱、墙体立体绿化等多形式绿化相映添彩。引进青桐、观赏女贞、冷杉、日本海棠等10余个新品种，在旧村改造居民区、港口、宾馆、机关、学校、景区、商业网点等重点区域建成30余处公共绿地，完成文苑路、长园北路、文化街、省道263线、军港路等道路绿化提升工程。2018年，按照海绵城市建设标准，投资2060万元，建成南城示范小区、南城大龄青年楼、长园宾馆3处综合绿地，面积8.8万平方米。以县城区道路绿化为主干，以城市街头绿地、公园为依托，与庭院绿化、居住区绿化相结合，城市绿化水平进一步提升。至2018年，城区公园绿地64公顷，防护绿地71公顷，建成区绿化覆盖率42.78%，绿地率32.59%，人均公共绿地面积79.08平方米，人均公园绿地面积25.91平方米。创建省级园林绿化示范工程1项，市级园林绿化示范工程2项，建成省级园林示范单位1家，市级园林绿化示范单位2家。

2018年长岛县主要街道绿化情况一览表

表4-4

道路名称	树种	数量（株）	道路名称	树种	数量（株）
县府街	法桐	358	通海路	法桐	121
乐园大街	法桐	431	解放路	法桐	200
文化街	法桐	72	海滨路	柳树	154
	栾树	89		樱花	110
新兴街	银杏	40		栾树	204
	法桐	4		国槐	14
	龙柏树	35		水杉	4
	黑松	5		法桐	1
迎宾街	法桐	148	长山路	银杏	130
海港街	栾树	2		国槐	64
	国槐	50		龙柏树	116
长寿街	白蜡	31	青年路	银杏	52
台山街	白蜡	44		龙柏树	55
长园北路	银杏	79	鹊咀路	白蜡	30
	马褂木	75		国槐	56
	栾树	79		龙柏树	26
幸福路	国槐	85	长园路南路	法桐	327
黄山路	银杏	22	文苑路南路	白蜡	277
	红花槐	54		青铜	101
	龙柏树	76	文苑北路	栾树	101
263线	白蜡	365		樱花	51

公园、广场建设

寅宾苑公园　1987年建成，为城区第一个以绿化为主的休闲娱乐公园，位于解放路与迎宾街交汇处，占地面积5808平方米。公园依山就势，栽植雪松、百日红、碧桃、红叶石楠球、紫藤等各类观赏树木、花卉44种，2.6万株，共铺草坪2300平方米，建有休闲凉亭等设施。1999年，对该公园进行改造，建成文化活动广场1处，面积3000平方米，广场四周设置石凳24座，可容纳200余人开展文化娱乐活动。

寅宾苑公园（2018年）

明珠广场（2015年）

明珠广场　位于文化街南侧，总面积7.8公顷。1991年，在文化街东南侧环前口湾动工兴建明珠浴场。历经两年，完成该区域养殖场房搬迁及周边环境绿化美化，建成2万平方米人造沙滩，成为1992年首届长岛扇贝节的主会场。1996年始，在明珠浴场西侧启动明珠广场建设，对原县交通局船厂等企业及沿海养殖场房实施搬迁，建成音乐广场和海上栈桥。2004年，建成活动场地和疏林草地，成为集休闲、运动、观赏、娱乐于一体的多功能、综合性、开放式公共活动场所。广场中心为8000平方米圆形音乐喷泉广场，南面建有长300米的“Y”型海上栈桥，东面与环海滩800米的海水浴场相连，配套旅游服务设施，西面为运动场地，内设各种健身器材和娱乐设施，建有小型喷泉、船形花坛等设施及4000平方米的疏林草地。广场设计各种不同形状、不同亮度、不同颜色的灯饰，增加亮化效果。硬化上则主要是以大理石铺装，以球石进行局部点缀，突出了海岛特色。引进木瓜、皂角等古树名木，点缀不同季节开花的灌木及乔木，形成“春花烂漫、冬景苍翠”的美丽景观。

海滨广场　2002年动工，东依海滨路，西面环海，南接通海路，北邻长岛港，2004年竣工，总面积3.5公顷。广场内建有渔民闯海、海鸥翱翔主题雕塑，仿古长廊等景点，配套建有活动广场、喷泉、花架、运动器械、文化宣传栏等设施。硬化上以大理石板铺装为主，局部以不同颜色球石拼装图案进行点缀。绿化上兼顾植物的“形态美”与“色彩美”，栽植樱花、碧桃、花石榴、黄金槐等观赏树木4700余株，建成绿地1.2万平方米，配植色彩艳丽的龙柏球、红叶小檗、金叶女贞等耐修剪的植物进行组团设计，图案新颖流畅，风格清新自然，成为绿地的点睛之笔。海滨广场以清新、自然的风格为岛城居民提供了一处舒适、优雅的开放式休闲处所。

第六节　市容环卫

1984年，长岛县环境卫生管理站成立，隶属县城乡建设环境保护委员会。1988年合并到县市政建设管理处，负责城区市容环卫管理工作，街道保洁、环卫设施配备、公厕管理、污水处理等环卫工作逐步规范。1988年，长岛县被评为省级卫生县城。1998年，获得“全国城市环境综合整治优秀县城”称号。2000年，被建设部授予“第三次全国城市环境综合整治先进县城”称号。2011年，城区垃圾实现全部收集外运，环卫一体化全面推行。2013年，长岛县被评为国家级卫生县城。2018年，城区垃圾分类试点启动，南长山岛、北长山岛区域污水处理全覆盖。

环卫设施

1985年11月，县城区重点区域首次设置活动垃圾箱，并配有机动叉车装卸垃圾。1986年，城区设垃圾箱92个，敞口水泥垃圾池20余处。1988年，市政管理处成立后，逐步清除城区敞口水泥垃圾池，垃圾箱点增至150个。是年，在乐园大街、解放路、长园路等主要道路设置果皮箱105个。随着城市建设的需要，环卫设备设施配置日趋合理。1989年，购置封闭清运车1辆。1990年垃圾箱增至280个，环卫机械化率达到87%。1994年，购置全封闭自动压缩车1辆，垃圾实现全封闭清运。2002年，城区660升铁制封闭式垃圾箱达到400余个。自2003年始，为方便垃圾投放，增加设置240升铁制封闭式垃圾箱。2011年始，陆续在公园、广场、公共停车场、海边慢道、山间慢道等处设置果皮箱。2017年，城区设置660升垃圾箱550余个，240升垃圾箱300余个，果皮箱500余个。2018年，生活垃圾压缩清运车、高压清洗车、蒸汽高温吹扫车、高压扫道车、洒水车等各种环卫机械车辆达到16台。6月，启动城区垃圾分类试点工作，购置垃圾分类运输车5辆，布放分类垃圾箱700余个，智能垃圾箱2套。保留原有660升、240升生活垃圾箱各300余个。

生活垃圾处理

1986年，城区年产生活垃圾8000余吨，在海滨路西临海区域设垃圾填埋点，实行定点堆放，填埋处理。1999年，在南长山镇南城村西侧龙须港区域建成垃圾填埋场1处，面积6万余平方米，周边筑坝加固。垃圾场安排专人管理，采取填埋压实、喷洒药物法进行垃圾无害化处理。随着城区建设和人口增多，垃圾逐年增多，2010年增至1.2万吨左右。2011年，长岛县生活垃圾中转站建成投入使用，安装2台压缩设备，日处理能力120吨。南长山街道、北长山乡的生活垃圾实行统一收集，定时清理，统一集中到垃圾处理中转站分类、压缩，外运至烟台垃圾处理场处理。2018年，外运垃圾增至1.5万吨。是年，在南长山街道南城村和王沟村区域建设2处非生活垃圾倾倒场，总容积550万立方米。

2018年，城区启动垃圾分类工作，制定实施《关于全面推进生活垃圾分类的实施方案》《长岛县生活垃圾分类试点工作实施方案》《长岛县生活垃圾分类收集细则》《长岛县垃圾分类试点单位运行实施方案》，列支专项资金加以保障，加快生活垃圾无害化、减量化、资源化处置。以垃圾分类试点带动全域生活垃圾分类实施，将党政机关企事业单位、长园宾馆、瀛洲小区、王沟渔家风情园作为垃圾分类试点单位。在瀛洲小区和王沟渔家风情园安装智能垃圾回收系统，通过垃圾分类管理平台，最大程度简化家庭可回收垃圾收集流程，对可回收垃圾进一步细分为塑料类、纸张类、金属类、玻璃类，监督垃圾收集过程，实现垃圾收集就地物品兑换。同时，对各试点单位的垃圾分类引导员、志愿者服务队150人进行集中培训，在重点商贸区、人口密集区等重点区域实行专人负责，现场督导，推行全套四种分类收集与处置模式。

公厕管理

1986年，城区建有公厕5座，全为蹲坑式旱厕。南长山镇园艺场建有5万立方米化粪池1

处，定期对城区厕所粪便进行清运处理，年清运粪便8000余吨。1990年改造、新建公厕11座，其中水冲式公厕5座，进行三格式化粪处理。2002年，城区10座公厕实行专人管理，均达到“四净五无”标准，即：公厕墙壁、蹲位、便池、环境干净，无尿垢、污物、蛛网、灰尘、臭味。公厕粪便实行三级无害化处理。2007年，对城区10处公厕进行改造，增加老年人和残疾人专用坐便器及洗手盆、镜子等设施设备，并全部落实专人负责管理，施行粪便无害化处理，达到水冲式无害化公厕标准。2009年，完成商业步行街、长园路、解放路、幸福街、海水浴场等处5个旱厕改造工程。2013年，新建、改造标准化公厕12座，2018年增至15座，其中达到一级标准4座，二级标准8座。公厕普及率达到100%，布局合理，设计新颖，专人管理，全天值守。

城市保洁

1986年，城区道路保洁由环卫管理站负责，保洁工人22名，保洁区域为城区12条街路9万余平方米，每日清扫2次。1988年，根据省委、省爱卫会《关于深入开展市容达标活动的通知》要求，按照“统一领导，全面发动，治本为主，综合治理”的方针，集中清理卫生死角10余处，城区道路清扫面积15万平方米，保洁率达99%，清运垃圾1.7万吨。长园路、解放路经严格整治达到省颁标准路，城区市容市貌和环境卫生均达标。1989年，按照市容达标要求，加强居民小区和沿海滩涂地带整治，保洁面积达到20万平方米。在全市城镇容貌达标活动中，长园路通过达标验收。2002年城市道路保洁面积26万平方米，道路保洁工人30人。自2000年始，管理形式采取“分段包干，保证达标”的模式，全天保洁，实行“定人员、定路段、定责任、定时间、定奖惩”的制度。清运垃圾时，垃圾箱底部和周围由专人打扫，垃圾车在运输途中实行封闭行车，杜绝二次污染。2013年，全面推行县直部门、企事业单位卫生责任区网格化管理，街道、社区服务中心、村委会落实对居民区的卫生管理责任，城区卫生保洁实现全覆盖。2014年，参照卫生网格化管理要求，对城区32万平方米道路实行“两扫一保”制度，每天保洁12小时以上，机械清扫率达到32%，城市保洁率、生活垃圾收集、处理和外运率均达到100%，2015年，城区道路保洁实行市场化运作，以购买服务的方式，将街道保洁交由企业承包经营。是年，烟台康桥物业有限公司中标，城区道路保洁增加海滨广场、步行街、海边慢道等区域，保洁面积40.5万平方米。2018年，昌邑市康洁环卫工程有限公司中标，道路保洁工人达到60人，保洁区域新增263国道、风机路、玉石街、乐疆路等区域，面积增至70.3万平方米。道路保洁实行“湿法保洁作业”（一吹、二洒水、三清刷路缘石、四机扫、五人工巡检），清扫保洁率达到98%以上，机械清扫率达到90%以上。

污水处理

2002年始，长岛县规划论证污水处理工程，编制完成《长岛县污水处理工程可行性研究报告》。2008年12月，建成污水处理厂。2014年始，在重点区域规划建设地埋式污水处理站，至2018年，城区共建成污水处理站15处，敷设污水管网17千米，城区污水处理能力达到1万吨/日，实现南长山岛、北长山岛区域污水处理全覆盖。（参见第三编“环境保护”第二章“环境污染防治”第二节“近岸海域污染防治”）

第七节　城管执法

执法机构

1986年2月，长岛县市容监察大队成立，为股级事业单位，编制6人。1988年4月合并到县市政建设管理处，1992年更名为城市管理科，编制10人。2005年10月，根据省政府法制办公室《关于在长岛县开展城市管理相对集中行政处罚权工作的批复》，成立长岛县城市管理行政执法局。翌年，县城市管理行政执法局正式成立，组建城市管理执法监察大队，编制12人。管理范围为东至黄山路，西至海滨路，南至青年路，北至南城街。2012年，机构职能整合，承担城市市容、市政、园林、环卫、供热供气等行政执法职能，代管县国有土地房屋征收补偿。2014年，县城市管理行政执法局更名市政市容管理局，设综合科、行政执法监察科和市政市容管理科3个职能科室。局属事业单位4个，其中城管行政执法大队参公管理，编制15人。是年，运行城管调度中心，推行网格化城管模式。2017年8月，组建县综合行政执法局，为县政府工作部门，行政编制8名，内设办公室、法规科、指挥中心3个职能科室，下设综合行政执法第一大队、第二大队、第三大队、第四大队，均为副科级公益一类财政拨款事业单位，共核定事业编制45名。管理范围覆盖城区及各乡镇（街道）、开发管理处。

市容管理

1989年，《长岛县城市管理实施办法》印发实施，市容综合管理实现常态化。主要治理流动摊点、店外店非法占道经营，规范门头牌匾及户外广告设置，清理公共场所乱摆乱放、乱搭乱建、乱贴乱画、车辆乱停乱放等影响市容观瞻的现象。城管部门会同公安、工商、卫生等部门采取联合执法的形式，每年组织开展数次专项治理活动，维护市容和经营秩序。

2006年，《长岛县城市管理相对集中行政处罚权处罚暂行规定》印发实施，行政执法进一步规范，城市管理执法巡查力度加大，对重点部位、重要路段实行专人值守，跟踪治理，依法查处。综合行使市容环境卫生管理、城市规划管理、城市绿化管理、市政管理、环境保护管理、工商行政管理、城市交通管理等方面法律、法规的行政处罚权，全年清理流动摊点1800余次、店外经营500余次，清理乱贴乱画野广告1600余处，全面取缔露天占道烧烤，查处违法建筑35起，城市管理由单一的市容环境卫生治理向程序化、法制化、正规化转变。

2007—2011年，长岛县制定并全面推行门前五包责任书，签订率95%。规范户外广告、门头牌匾1010处，审批新增符合标准的户外广告、门头、牌匾253处，符合安装标准的霓虹灯35处。清理乱贴乱画、乱写乱刻、乱挂13190处，粉刷乱涂墙面3000余处。查处乱堆乱倒垃圾行为254起以及违章建设96起。查处在城市施工现场未设置明显标志和安全防护设施30余起、建筑物料违章占道120余起、占用城市道路期满而未及时清理现场45起。发现并及时纠正损坏公共设施行为20次。办理临时占道许可13处。清理占道经营26700余处、店外经营及乱摆杂物11900余处，纠正车辆乱停乱放7360次。

2012年，印发《长岛县加强城市管理工作意见》，逐步探索建立“大城管”运作机制，全面推行“网格化”管理，开通“数字城管”系统。开展市容市貌专项整治行动，对城区主要道路采取一日两查，旅游季节一日多查的方式，实行早市值班制度，定点定人定岗，实施重点治理。至2017年底，共整治占道经营、店外店10200余起，劝离流动商贩1400余人次。整治露天烧烤点276处。清除各类乱贴乱画8000余处。审批门头牌匾、户外广告申请单位近100家，拆除通海路、鹊咀路私设大型户外广告10处，规范并清理残旧破损和不合规定、未经批准的门头牌匾、广告牌及横幅1000余次，拆除违建近3000平方米。

2018年，清理市容顽疾1600余处，教育劝离流动商贩2300余人次。在市场街增设临时摊位50个，制定停车场管理规定，清理规范违法停放车辆4800余辆。督促维修更换门头牌匾及户外广告360余处，清理野广告、即时贴540余处。依法处理违法运输车辆近200辆次，暂停违规施工场地6处。是年，县委、县政府印发《深入开展城乡环境综合整治的实施意见》，依法拆除城乡违法建筑。共摸排城区主次干道两侧违法建设77处，面积3343.7平方米，拆除2438.43平方米，治理比例达72.93%。全县共清查违法建设面积74229.58平方米，拆除60553.87平方米，总拆除率81.58%。

第三章　村镇建设

第一节　乡镇驻地建设

1986年，全县除北长山乡机关、砣矶镇机关及招待所等为数不多的公共设施为楼房外，其他乡镇驻地机关办公场所、银行、学校、粮店、邮局、医院及商店均以砖木结构平房为主。乡镇驻地路网、供水、住宅及公共娱乐设施建设相对滞后，乡村房屋多为砖石结构，自来水入户率为91%，村内道路多为土路、沙石路，全县当年乡镇基础设施建设投入75万元。1987—1989年，各乡镇按照总体规划，有计划、分步骤推进机关办公楼、学校、医院等公共设施及乡镇驻地中心街道路硬化、供水、排水、绿化、亮化建设。砣矶镇中心小学、初级中学教学楼，大钦岛乡机关办公楼等公共设施相继建成，面积3.34万平方米。乡村道路基本实现硬化，水泥混凝土路面总长40.84千米。

90年代，各乡镇基础建设步伐全面加快，在用地标准、建设标准、绿化景观等方面统一规划，实行小城镇规划区项目“一书两证”（选址意见书、用地规划许可证、建设工程许可证）管理，驻地规划建设布局基本形成。学校、卫生、交通、金融、邮电、商业等设施逐步楼房化，楼高3—4层，砖混结构，供水、排污、供暖、供电、防震等功能齐全，质量和标准得到较大提高。砣矶镇投入749万元，实施驻地中心街拓宽、铺设水泥路和绿化亮化，两侧兴建商、住两用楼房4315平方米，建成1580平方米的综合影剧院，改造1250平方米农贸市场1处。南隍城乡投入300万元，建成面积1800平方米的宾馆；投入350万元，建成2000多平方米的幼儿园和学校教学楼；投入110万元改造扩建村卫生所；邮电、电信等公共服务机构办公楼以及新港码头、环岛路、商业区、文化活动广场相继建成并投入使用，水、电、暖、排污管线全部实现地下化。1994年，在全省村镇建设“十百千”活动（全省评出十个村镇建设先进县市，百个村镇建设新型乡镇，千个村镇建设明星村）中，长岛县被省政府命名为“山东省村镇建设先进县”，砣矶镇、南隍城乡被命名为“山东省村镇建设新型乡镇”。1995年，砣矶镇被建设部列为“全国小城镇建设试点镇”。至1999年，乡镇绿化美化一条街创建活动初见成效，主要道路硬化率达100%，人均公共绿地15.7平方米，驻地自来水入户率达100%。

2000年后，各乡镇进一步完善基础设施配套建设。苦咸水淡化、海水淡化工程全面实施，先后投资2500余万元，建设苦咸水淡化、海水淡化站20处，设计日产淡水近3000吨，水质达标，地下水开采量减少。2017年，实施船运淡水工程，南隍城岛、北隍城岛和小钦岛居民喝上大陆水，

砣矶镇中心街（2015年）

建乡镇净水示范工程9处。2013年始，全面启动垃圾、污水处理设施建设，先后在各乡镇建成8处生活垃圾无害化热能处理站，日处理垃圾23吨，建成地埋式污水设施17处，日处理污水1160吨，乡镇驻地实现全覆盖。

乡镇医疗基础设施不断改善。2006年，对砣矶镇卫生院实施"360工程"业务用房整修改造，改造房屋面积1000平方米。2007年，对南长山镇、小钦岛乡、北隍城乡、南隍城乡、黑山乡五处乡镇卫生院实施"1127工程"业务用房整修改造，改造房屋面积2554平方米。2013年，投入资金800万元，对大钦岛卫生院和砣矶中心卫生院门诊综合楼进行整修改造，总面积3600平方米。翌年，北五岛医疗救治中心在大钦岛乡建成，投资1960万元，建筑面积2300平方米。

2016年，全县启动渔村厕所改造，次年完成1905户的改厕任务。2017年，南隍城乡实现海水源集体供暖全覆盖。环卫一体化实现全覆盖，各乡镇都成立专门保洁组织或公司，渔村保洁人员168人，垃圾实现"户集、村收、镇处理"。2018年，全县乡镇驻地实有住宅面积为22.73万平方米，其中楼房5.4万平方米；公共建筑面积7.04万平方米，其中楼房5.2万平方米；生产性建筑7.23万平方米，其中楼房面积3.2万平方米；自来水厂6个，日供水能力389吨；道路长度48千米，面积28.8万平方米；路灯112盏；排水管道长度6千米；园林绿地面积22公顷。2014年，砣矶镇获评小城镇建设"全国重点镇"。2015年，南隍城乡入选山东省第二批"宜居小镇"。2017年，北长山（庙岛）海岛小镇入选山东省"特色小镇"。

第二节　村庄建设

住宅建设

1985年前，境内村民住房普遍为砖瓦平房，多为砖石结构、玻璃门窗、水泥地面，部分泥土地面，内墙用白灰抹平，涂料粉刷。大多数渔户住宅为正房4间、厢房2间、南倒厅平台组合。1986年，全县渔村住宅建筑总面积59.7万平方米，人均居住面积22.78平方米。是年，在南长山镇、砣矶镇、小黑山乡、南隍城乡推行商品房建设试点，建村民住宅20户，近2000平方米。1990年开始，推行渔村"小康屋"建设，建房质量明显提升，水泥、钢材等建筑材料在农房建设上大量采用，结构和布局发生变革。房屋主体以红砖为主，大红瓦盖顶。平面布局一般采用厨房同卧室、客厅分开，院内建两厢、单厢或南屋，多为钢筋水泥结构平房。同时，高层公寓建设在渔村开始出现。1991年，砣矶镇东山村、磨石嘴村开工建设3栋楼房，建筑面积1692平方米。1994年，南隍城村率先对旧村实施改造。至2000年，基本按规划改造完毕。建成二层楼房90幢，180户，每户上下二层，独门独院，院墙为铸铁花墙，每户楼房建筑面积130~150平方米。别墅楼造价一般在17万元左右，村集体补助三分之一。1997年整村改造完成，成为闻名遐迩的"小康明星村"。2009年后，大钦岛乡小浩村、东村、南村、北村相继建成2~4层的大龄青年楼7栋，建筑面积5370平方米。至2018年，全县乡村住宅建筑总面积为66.14万平方米，其中2层别墅式混合结构楼房6.31万平方米，2~4层公寓式混合结

南隍城村（2012年）

构楼房7560平方米。

示范村创建

1986年，全县渔村大部分基本完成粗线条的建设规划。根据规划要求，结合村镇建设“十百千”活动实施细则，在住宅建设、道路硬化、自来水管网改造、亮化、绿化等方面有计划推进。1998年，南隍城乡南隍城村、砣矶镇吕山口村等10个村庄被被评为“山东省村镇建设明星村”。

2006年后，相继开展社会主义新渔村建设、生态文明乡村建设和美丽乡村标准化建设等创建活动。以示范村创建为载体，采取县财政奖补、村级自筹相结合的形式，统筹推进以“六化”（硬化、净化、绿化、亮化、美化、文化）为主要内容的渔村人居环境建设。集中清理村内积存垃圾，整修街巷道路，安装路灯，完善排污设施和环卫设施，建设文化活动广场，开展绿化美化，美丽乡村建设逐步启动。2015年始，县财政每年投入300万元，对当年列入示范村创建、按规划完成项目建设的村庄给予奖补。至2018年，渔村“六化”建设累计投入资金6000余万元，其中县财政奖补1200万元，完成项目建设180个。

2017年，砣矶镇获批实施省级财政一事一议乡村连片治理项目。投入1260万元，铺装青石路、卵石路、混凝土路18200平方米，新建和整修渔俗文化展馆、文化广场、休闲游园8处，绿化9000余平方米，铺设污水管网6160米，新增太阳能路灯255盏，配置完善渔村环卫设施，构筑一批具有渔村气息、乡村记忆特色的景点、建筑小品。

2018年，黑山乡实施乡村连片治理工程。投入2200多万元，建设游客服务中心、公园、健身广场3处，改造和新建道路2000米，铺设地下综合管沟3400米，改造自来水管道1.1万米，栽种花草树木9万棵，安装路灯70盏、监控探头80个。

至2018年，全县渔村村内主干街道、巷路基本实现硬化，主干街道亮化率100%，文化广场覆盖率100%，森林覆盖率54%，自来水入户率达98%以上。全县共有14个村达到省级美丽乡村A级村庄标准，覆盖率35%，在省、市排名居于前列。黑山乡土岛村、北长山乡北城村获评“中国美丽休闲乡村”，南隍城乡南隍城村、北长山乡北城村被评为省级生态文明示范村，砣矶镇磨石嘴村、北隍城乡山前村、黑山乡南庄村等村先后入选省级“森林村庄”“宜居村庄”。

第四章　建筑业

第一节　建筑队伍

1986年，全县共有建筑施工企业19家，其中三级企业3家，四级企业11家，五级企业5家；从业1800余人，其中工程技术人员65人。是年，全县建筑业实现总产值2100万元，利润160万元。

1995年，根据建设部公布的建筑企业资质管理的相关标准，对建筑企业资质重新进行审查核实，重新就位。全县共有建筑安装企业10家，均为四级资质，从业2000余人，其中工程技术人员50人。2002年，南长山镇9家村办、镇办建筑公司联合成立长岛县兴园建筑安装有限责任公司，达到建筑工程施工总承包三级资质。是年，全县共有建筑施工企业6家，均为三级资质。从业1500人，其中工程技术人员80人。全年完成建筑业总产值3500万元，建筑业增加值800万元，实现利润200万元。建筑竣工工程合格率100%，优良率38%。2002年开始，建筑企业陆续实行股份制改造，到2013年改制基本完成，除1家为国有企业外，其他均为股份制企业。

2018年，全县共有建筑施工企业9家，其中

2018年长岛县建筑企业一览表

表4-5

序号	企业名称	资质等级
1	烟台立业建筑有限公司	建筑工程施工总承包资质三级
2	长岛县宏泰建安有限责任公司	建筑工程施工总承包资质三级
3	长岛县兴园建筑安装有限责任公司	建筑工程施工总承包资质三级
4	长岛县电力工程有限责任公司	输变电工程专业承包资质
5	烟台昌盛工艺美术装潢有限责任公司	建筑装修装饰工程专业承包企业资质二级
6	烟台市双利装潢有限公司	建筑装修装饰工程专业承包企业资质二级
7	长岛城投商品混凝土有限公司	预拌混凝土专业承包资质
8	长岛鲁跃建筑工程有限公司	预拌混凝土专业承包资质
9	长岛县筑路工程有限责任公司	公路路面工程专业承包资质

具有建筑工程总承包三级资质3家、专业承包企业6家。另有装饰装修二级2家、输变电工程1家、公路路面路基工程1家、预拌砼资质2家。全县建筑施工企业从业人员714人，其中工程技术人员203人。全年完成建筑业总产值18945.26万元，建筑业增加值4067.37万元，实现利润664.35万元。

第二节　施工技术

地基技术工程

80年代，境内建筑工程设计普遍采用毛石条形基础，地槽开挖夯实后，用毛石平铺卧砌。90年代初期，由于境内毛石资源短缺，逐渐被砖基础取代，砖基础砌筑后大放脚处内外均用防水砂浆抹平。这种方案被多数建筑工程采用。随着高层建筑的出现，部分工程采用箱形基础、桩基础。如银扇大厦采用人工成孔混凝土灌注桩，中国银行营业大楼和南长山镇政府办公楼采用钢筋混凝土箱形基础，长岛中学住宅楼等工程采用机械成孔灌注桩基础。进入21世纪，基础形式愈加丰富，钢筋混凝土预制桩、泥浆护壁成孔灌注桩、长螺栓钻孔压灌桩等工艺都依据地质情况的不同得到相应应用。

主体结构工程

80年代，境内楼房建筑采用预应力空心板，由县水泥制品厂制作加工。随着建筑业施工技术的发展，全县建筑工程的结构形式发展较快。80年代以后，砖木结构、砖石结构逐渐被砖混结构、钢筋混凝土结构取代。由于长岛县是抗震设防区，砖混结构设计时，从地基到每层楼板上部都沿着内外墙设置一道钢筋混凝土圈梁，在楼房四个大角及内外墙交接处都设置钢筋混凝土构造柱，每层楼板均为现浇钢筋混凝土板，基本形成小框架的形式。随着高层建筑的出现，在南长山镇政府大楼和中国银行营业大楼工程采用钢筋混凝土框架结构，设置钢筋混凝土墙及剪力墙，框架间采用轻型砌块砌筑。1997年以后，建筑工程全部采用框架结构形式或框架剪力墙结构，梁板柱全部采用现浇混凝土，建筑物的抗震效果明显提升。随着框架结构的推广，建筑围护结构部分也由80年代砖混结构的红砖砌筑，逐步采用空心砌块、加气混凝土块等材料。2004年建成的金鼎商贸城营业楼首次采用钢结构建筑形式，由钢梁、钢柱、钢桁架组成。

屋面工程

70年代以前，境内屋面普遍采用斜屋面草泥挂黏土瓦技术，80年代以后逐渐转为油毡草泥挂瓦，后来提升到油毡干挂瓦。1993年后，城区沿路建筑统一风格，屋面普遍采用英红水泥瓦。90年代以后的设计采用更多新技术、新材料和新工艺，设计上多采用平屋面加女儿墙结构，工艺上采用细石混凝土刚性防水，防水材料主要采用SBS、APP等新型改性沥青卷材、涂料。2000年以后多采用自粘、冷粘、热熔等方式方法。

装饰装修

80年代，境内建筑装饰朴素单调，外墙多数为水泥抹光、干粘石，内墙为白灰抹面。90年代以后，部分建筑外墙镶贴玻璃马赛克、外墙墙面砖，个别公共建筑一层镶贴花岗岩蘑菇石、天然大理石。2000年后，外墙普遍采用水泥抹光刷高档涂料的方法。内墙装饰由传统的白灰墙面，发展到喷各种涂料，铺贴塑料墙纸、墙布及各类镶贴板，镶嵌各类艺术装饰板、石雕、壁画、玻璃制品等。地面由水泥抹面逐渐发展到水磨石地面、铺贴地面砖、天然磨光石材和木地板等。90年代后，在门窗装修上，由过去单一的木质门窗，发展到铝合金门窗、胶合板门、塑钢门窗等。1997年后，国家推广节能建筑，境内建筑外墙均采用外墙保温节能材料，主要使用EPS防火泡沫板和现喷聚氨酯发泡。门窗也由普通型改为带隔断热桥、中空玻璃的节能型窗，外墙普遍采用真石漆做法。

第三节 建筑节能

节能政策

2003年3月始，全县城市规划区内禁止使用实心黏土砖。2006年始，按省建设厅关于《公共建筑节能设计标准》和《居住建筑节能设计标准》，全县新建居住建筑执行节能65%的标准，公共建筑执行节能50%标准，“十三五”期间新建居住建筑执行节能75%的标准，公共建筑执行节能65%标准。设计、施工单位严格按照节能强制性标准进行设计、施工。工程竣工后，建设主管部门组织建筑、节能方面的专家进行评定，达到节能要求的工程评定为节能建筑。2009年，县财政设立新型墙材专项基金专户，纳入年度财政预算，全面推行新型墙体材料改革和建筑节能工作，全县年内开工程全部采取“禁实、节能”措施，14个工程项目办理建筑节能认定，征收新型墙体材料专项基金33.8万元。至2017年上半年，共征收新型墙体材料专项基金122万元。2017年下半年，依规取消征收新型墙体材料专项基金。

节能材料

80年代，境内建筑主要以砖混结构为主，黏土机制红砖为砌体材料，楼板为预制钢筋混凝土楼板，1995年停止使用，改用现浇筑钢筋混凝土板，防水材料主要为沥青油毡。90年代以前多为木门窗，玻璃一般为3毫米厚的平板玻璃，90年代以后，铝合金、塑钢门窗逐步推广使用，玻璃一般为5毫米厚的平板玻璃。进入21世纪，楼房墙体逐步采用新型材料加气混凝土砌块。2003年始，在建筑工程中推广使用新型环保节能材料，所有外露钢筋混凝土框架柱、梁等产生冷桥部位均采用珍珠岩保温砂浆保温。2006年始，推广使用及屋顶保温技术（EPS板、挤塑保温板），外门窗采用塑钢中空玻璃窗。对建筑用钢、塑料管材及管件、建筑涂料、防水材料及密封材料、混凝土外加剂、建筑黏合剂等建材实行登记备案制度。2010年始，强化建筑节能强制性标准，全面推广应用新型墙体保温材料、节能门窗、节能灯具、绿色照明、太阳能等，全县有39处工程被评定为节能建筑。2013年1月1日始，禁止在建工程使用预制件，提倡混凝土现场浇筑，采取集中搅拌方式。是年，先后建成宏泰、嘉琪、鲁跃混凝土搅拌站。2018年，县城投公司牵头，投入3400万元，统一整合各混凝土搅拌站，建成1处封闭式集中搅拌站。至2018年，所有新开工的建筑工程，全部采用框架结构、轻型混凝土砂砖模式，预拌砂浆、高性能混凝土新型墙体材料在建筑施工中普遍施用，建筑外墙全部采用外墙保温节能材料，主要使用EPS防火泡沫板和现喷聚氨酯发泡。门窗也由普通型改为带隔断热桥、中空玻璃的节能型窗。高分子防水卷材、防水涂料普遍应用。装饰装修中节水器具、节能灯具、节能电器等配套设备广泛应用，建筑节能新技术、新材料、新产品得到较广泛应用。

节能能源

90年代，境内太阳能热水器在楼房的安装应用逐渐普及。2006年始，推行太阳能与住宅建筑同步规划、同步设计、同步施工、同步验收、同步管理，一体化建设。至2018年，全县用于太阳能热水供应的住宅建筑面积累计达65万平方米。推广太阳能设施与住宅建筑一体化，南城示范小区安装率达到100%。新能源的开发应用逐步推行。2014年始，南长山街道连城村等区域实施海水源供暖。2018年，县城区全域推行“煤改电”，实施空气源供暖。（参见本编第二章“城区建设与管理”第三节“市政公用设施”）

第四节　建筑业管理

建筑市场管理

1986年，长岛县组织开展建筑市场专项整治，清理整顿无证规划、无证施工等建设行为，对整顿仍达不到要求的企业，给予降级或撤销资质处理。是年，开展建筑市场检查4次，清除无证照、无资质施工队7个，处罚违章建设行为20余起。1990年，县建筑业管理处成立，建筑市场管理逐步规范。1995年，对县电业局办公楼加层、县邮电局营业厅装饰等4个工程项目进行招投标，依法取缔无证施工的装潢队、建筑队13个。2000年，以加强室内装修管理为重点，查处违章装修行为59起。2001年，印发《长岛县关于治理整顿建筑市场秩序实施意见》，重点整治违反法定建设程序逃避监督管理、肢解工程发包、破坏性装修等行为。在自查自纠的基础上，组织联合大检查2次，检查工程18个，查处违法违规和安全事故隐患68起，查处破坏性装修12起。是年，印发《关于加强房地产管理的意见》。通过与烟台招标公司合作的方式，为县第二实验小学综合楼工程实行招投标。自2002年起，在建筑工程项目中逐步推行工程量清单报价法一次定价的招投标方法，施工企业资质年检改为资质考核。2005年，实施“阳光工程”，进一步延展公开招投标范围，将10万元以上的工程项目纳入公开招投标。全年10个项目全部进行公开招投标，公开招投标率达100%。2014年，建筑企业诚信平台实行工程信息录入，加强外地企业进岛施工备案管理。2016年，对建筑施工企业资质进行动态考核，并把房地产开发企业纳入资质管理，建筑市场得到进一步规范。2018年，完成招投标工程项目15个，公开招标工程率达到100%。全年检查建筑工程4次，涉及建设单位6个，工程监理单位4个。

技能培训

1986年，建筑企业技能培训机制已初步建立，组织举办建筑企业技术骨干培训班1期，培训技术人员50人。先后于7月和9月，对建筑企业150名工长进行业务技能考核，向考核合格的65人颁发证书。1986—1998年，主要由建设部门组织举办短训班，或采取与专业院校、部门合作培训等形式，对建筑企业经理、预算员、施工员、安全员、工长、电工等管理和技术人员进行相关业务培训，累计培训600余人次。1998—2004年，按照建设部工作要求，对建筑施工一线人员进行岗前培训。每年举办1-2期抹灰工、木工、管道工、瓦工、钢筋工、架子工、油漆工、综合装饰工等工种的技能培训和考试，共有163人通过理论考试和实操鉴定。2011年始，组织施工企业关键岗位人员参加建造师、施工员、安全员、质检员、机械员、资料员、材料员、劳务员等专业技术岗位学习培训、考试。至2018年，共有170人通过考试取得相关的关键岗位证书。

工程质量管理

1984年，长岛县建设工程质量监督站和建筑工程检测站相继成立，建筑工程质量监督工作逐步规范。1986年，对64个工程单位和2个混凝土预制件厂、6处砖厂进行质量监督。监督建筑面积77520平方米，竣工工程41个，验收合格23个，实测分项工程463个，其中优良项目79个，合格项目343个，不合格41个，对不合格工程召开现场会责令返工整改。1989年，工程质量监督站针对县内工程质量现状，改分片监督为分项监督，推行工长工程负责制，将质量监督贯穿工程建设全过程。是年，共监督83个单位，建筑工程面积68645平方米，监督覆盖面100%，竣工的34个工程质量合格率达到100%。90年代，在全县建筑工程中开展创优活动，规定凡创出省、市级优良工程的，给予奖励优良工程同等面积的工程任务，同时实行优质优价，按照质量监督部门核验的得分率给予一定的奖励。对创出优良工程且符合其他条件的企业可优先考虑晋升一级资质等级。1991年，全县建筑业在地面铺装施工中使用干硬性砂浆铺贴技术，全市组织现场观摩推广。是年，监督工程50个，面积60895平方米，合格率100%，优良率34.3%，较1990年提高22.1%。1997年后，随着国家对工程质量安全及地震设防安全的要求不断加强，建筑工程设计由框架结构工程替代砖混结构，对工程原材料、砼的质量提出了更高的要求。2002年，修订完善工程质量监督相关规范要求和执行标准，通过集中培训和现场检查等形式，加强现场质检和建筑材料检测鉴定工作，全面推行工程竣工验收备案管理制度。2006年，施行住宅工程质量分户验收管理办法，加强住宅工程质量管理。2010年，根据《烟台市住宅工程质量通病防治办法》，开展住宅工程质量通病治理年活动，创立“无质量通病”工程。是年，工程监督覆盖率100%，在监工程18个，竣工合格率100%，创市无质量通病工程8个。2011年，长园宾馆工程通过市优质工程验收。2018年，全县在监工程16个，建筑面积21.5万平方米，竣工合格率100%。

工程监理

1999年5月，长岛县工程建设监理中心成立，资质等级为丙级，设注册监理工程师5人，监理员6人，其中高级工程师职称1人。当年全县在建工程5个，建筑面积4.2万平方米，全部纳入监理。2002年5月，监理中心完成股份制改造，成立长岛县诚信建设监理有限责任公司，为县住建局所属公司，人员不变。2011年12月转为企业，从县住建局剥离。监理企业受建设单位委托，成立以总监理工程师为首的现场监理机构，主要对工程施工阶段和保修阶段进行监理。监理机构项目总监主持编写工程项目监理规划，监理工程师编写监理细则及工程相关监理检查，监理员受专业监理工程师指派进行监理工作。2013年以后，烟台市工程建设第一监理有限责任公司、山东新世纪工程项目管理咨询有限公司、烟台大学建设监理公司、青岛市工程建设监理有限责任公司等陆续通过招投标进入岛内建筑市场。县建设部门对监理企业的工程现场进行日常检查，对外地进岛执业的监理企业备案管理，监理市场日趋规范。2018年，全县在建工程16个，建筑面积25.1万平方米，监理覆盖率100%。

第五节 企业选介

烟台立业建筑有限公司

1972年10月，长岛县房产局建筑公司成立，后更名为长岛县房产局建设有限责任公司，2002年改为烟台立业建筑有限公司。企业集建筑与维修于一体，具有三级房屋建筑工程施工总承包资质。主要从事土木工程建筑施工、采暖、给排水、电器安装、房屋维修、铝合金门窗加工等。固定资产1400万元，主要机械设备有15台，其他设备10台。该公司先后承建县法院审判厅、县机关住宅楼等市级优良工程和老旧住宅小区改造工程，省级公益事业建设一事一议财政奖补“乡村连片治理”项目工程，获沟村旧村改造二期工程，长岛瀛洲小区二期工程等工程项目。2018年，被山东省工商行政管理局授予“守合同重信用企业”等称号。2018年，职工18人，其中技术人员12人，企业总资产3069万元，完成产值3850万元。

长岛县电力工程有限责任公司

1998年8月成立，注册资本金805.5万元。企业具有三级送变电工程专业承包企业资质，是山东省唯一能敷设海底电缆的施工企业，拥有工程施工船6艘及相关专业施工设备，先后完成35千伏威海至刘公岛、胶南至灵山岛、胶南沐官岛、烟台至崆峒岛、龙口至桑岛海底电缆敷设设计、安装工程，2000年以来，相继承担完成长岛县各海岛间35千伏海缆敷设工程、蓬长110千伏海缆敷设任务。2018年，职工180人，其中技术人员68人，总资产7584.92万元，完成产值3033.13万元。

长岛县宏泰建安有限责任公司

1966年，长岛县建筑安装工程公司成立，2002年改制成立长岛县宏泰建安有限责任公司，注册资金1000万元，是具有三级房屋建筑工程资质的建筑安装施工企业，主要从事土木工程建筑施工、采暖、供水、电器安装、铝合金门窗加工等。固定资产317万元，拥有塔机、搅拌机、带锯机、塑钢机、装载机等设备16台(套)。由该公司承建的县医院病房楼和县物资局住宅楼，分别被烟台市建筑业管理处、工程质量监督站、建筑业联合会评为“市级十佳工程”。县建委办公楼、渔业公司办公楼、物资局住宅楼被山东省建设工程质量监督站评为优良工程。曾多次被烟台市授予“支柱企业”“质量管理先进企业”和“安全生产先进单位”称号。2018年，职工51人，其中技术人员27人，企业总资产2796万元，完成产值1600万元。

烟台昌盛工艺美术装潢有限责任公司

1988年2月，长岛县工艺美术装潢公司成立，为县属自收自支事业单位。2001年12月，改制为企业，更名为烟台昌盛工艺美术装潢有限责任公司。公司具有二级建筑装饰装修工程专业承包企业资质，固定资产589万元，拥有数显双头锯、江铃货车、起重机、挖掘机、铲车等设备53台(套)。先后承建国家环境空气背景监测站山东长岛站装修工程、县人民医院病房综合楼装修工程、山东长岛国家级自然保护区管理局黑山环志业务用房装修工程、南城示范小区住宅楼塑钢门窗工程、县综合服务中心装修改造工程、分界线东侧及黄山风机路两处观景台工程施工等重大工程。公司生产的“雪浪”牌乳胶漆被评为山东省著名商标。先后被授予“省级消费者满意单位”、省级“守合同、重信用”企业、“山东省个体私营经济践行科学发展观示范企业”等称号。2018年，职工54人，其中技术人员23人，企业总资产3217万元，完成产值1743万元。

长岛县兴园建筑安装有限责任公司

2002年成立，注册资金1660万元，下设分公司8个。企业具有三级房屋建筑工程施工总承包资质及房地产开发资质，主要从事土木建筑安装、房地产开发及房地产销售、钢质铝合金工程配套、建筑材料销售。固定资产350万元，拥有大型挖掘机、装载车等设备10台(套)。公司先后参与并承建岛内多个渔村的旧村改造任务，完成建筑面积超过14万平方米。2016—2017年连续两年被评为烟台市住房城乡建设系统安全生产管理先进企业。2018年，职工236人，其中技术人员43人，企业总资产3826万元，完成产值3765万元。

烟台市双利装潢有限公司

1993年4月，长岛县科学技术开发中心成立，2002年改制更名为长岛县双新工艺广告装饰有限公司，2006年改为烟台市双利装潢有限公司。公司具有二级建筑装修装饰工程专业承包企业资质，主要从事住宅、酒楼、办公楼的装饰设计及施工。固定资产50万元。先后承建县医院病房改造等重大工程。2018年，职工12人，其中技术人员6人，企业总资产120万元，完成产值60万元。

长岛城投商品混凝土有限公司

2017年成立，注册资金3000万元。企业具有预拌混凝土专业承包资质。建有两条120立方米混凝土生产线，可生产17余种型号混凝土。配备混凝土搅拌车等各类车辆15辆及其相关配套设备，2018年，职工34人，实现销售额3000余万元。

长岛鲁跃建筑工程有限公司

2010年成立，注册资金1000万元。企业具有预拌混凝土专业承包资质，主要经营混凝土生产、销售、土建施工、水电暖安装、装饰装修等。固定资产536万元，拥有罐车6辆、泵车2辆、120站设备1台、铲车1辆、实验室配套设备1套。2018年，职工15人，其中技术人员4人，企业总资产8050万元，完成产值1041万元。

长岛县筑路工程有限责任公司

2001年5月成立，注册资金430万元。以筑路和公路维修为主，具有国家筑路工程维修三级资质。固定资产369万元，拥有挖掘机、推土机、压路机、搅拌机等设备20台(套)。先后承建风电工程、孙家村旧村改造等重大工程。2018年，职工30人，其中技术人员26人，企业总资产396万元，完成产值653万元。

第五章　房地产建设与管理

第一节　城镇住房制度改革

公有住房出售

1991年11月，长岛县住房制度改革领导小组成立，下设办公室，开始调查摸底、政策研究等具体工作。1993年11月，《长岛县城镇住房制度改革实施方案》经烟台市城镇住房制度改革领导小组批准印发实施，县委、县政府组织召开全县房改动员大会，正式启动城镇住房制度改革工作。是年，县城区和南长山镇机关共229个单位、3100户干部职工家庭参加房改。参改公有住房3073套，面积17.9万平方米。

改革方案规定，凡县城区范围内公有住宅，除平房、简易房、危房、临街易改造成商业网点的住房及影响城区规划的住房外，均在出售范围内。同时规定，凡符合住公房条件的干部、职工、城镇居民，以自住为目的，每户均可购买一套。对公有住房提租不补贴，超标准住房加收租金，推行住房公积金制度。公有住房租金平均水平由原来的0.3元/平方米提高到1元/平方米。公有住房出售价格分标准价和成本价两种出售方式。标准价为473元/平方米，成本价为700元/平方米，以标准价购买的公有住房，购房者拥有68%产权；以成本价购买的公有住房，购房者拥有100%全部产权。职工可根据自身经济能力，自愿选择标准价或成本价购房。是年，全县售房2670户，占可售户数92%，售房面积15.99万平方米；租房户126户，占总户数的4.3%。筹集住房资金3278.6万元。以标准价购房者，因受房屋转让交易受产权限制，后来均陆续通过补缴购房款的方式，以成本价取得100%产权。

1996年后，相继印发实施《长岛县深化城镇住房制度改革方案》及《关于实施新一轮住房制度改革有关问题的通知》《关于深化长岛县住房制度改革有关问题的通知》《长岛县实施住房货币化分配的意见》等配套政策文件，进一步深化住房制度改革。

改革方案进一步明确提高租金标准、稳步出售公有住房、继续推行住房公积金制度、加快经济适用住房建设等制度及相关配套规定、办法。1998年，房改成本楼房价提高到750元/平方米，租金提高到2.4元/平方米。至2003年，全县售房4201户，面积26.9万平方米，租房户61户，筹集住房资金7579万元。1999年始，住房补贴按职工月工资基数10%作为住房补贴纳入工资，按月发放，全县房改进入从福利性实物分配向工资性货币化分配转轨阶段。2001年调整为20%。2003年，停止住房福利性实物分配。2008年，住房补贴提高到35%。

住房保障

2007年，《长岛县城镇廉租住房保障管理办法》印发，廉租住房保障政策实施。建立廉租房制度，逐步解决城镇住房与经济“双困户”的住房问题。以发放租赁住房补贴为主，实物配租、租金核减为辅。是年，县政府向符合条件的19户城镇家庭，按每人10平方米居住面积、每月每平方米补贴5元，发放租赁住房补贴1.08万元。租赁住房补贴标准历经3次调整。2011年7月调整为每月6元/平方米，2018年1月提高到每月8元/平方米，保障面积一直为每人10平方米标准。2007年后，一直采用向住房保障家庭发放租赁住房补贴的方式。2018年第四季度，全县共有33个家庭、49人按季度领取租赁住房补贴。从2007年下半年至2018年，全县累计发放租赁住房补贴67.96万元，共计有209个家庭、310人享受到政策带来的实惠。

第二节　房产开发与经营

80年代，长岛县城建筑设施和居民住宅多是由县财政或单位投资建设，商品房建设处于起步阶段。1987年，长岛县城镇建设综合开发公司成立。1988年，县政府相继制定《长岛县城市建设综合开发暂行办法》《长岛县城镇建设拆迁试行办法》《长岛县土地和村镇规划管理实施办法》，房地产开发建设按照城市总体规划逐步规范。至1995年，在北山小区、海港小区、英山小区等居民区片建设商品住宅楼161栋，住宅2128套，建筑面积13.63万平方米。楼区大部分为零星插建，不成规模。

1993年始，相继规划建成寅宾园小区、新兴小区，建筑面积4.47万平方米，配套设施较为完善，分别由烟台九方房地产开发有限公司、长岛县城镇建设综合开发公司开发建设，为全县较早的比较完整的居民小区综合开发。2001年，县政府印发实施《长岛县加快旧城改造暂行规定》《长岛县城市建设房屋拆迁管理办法》等政策文件，进岛开发房地产的外地企业逐渐增多，房地产开发建设步伐全面加快。至2010年，阳光小区、翠海茗居、物资小区、凌云小区、泰和水岸小区、南城示范小区、闻涛花园小区及海滨路东侧商业街等房地产项目相继竣工，总投资3.2亿元，建筑面积23万余平方米。房地产开发初具规模，建筑式样和功能趋向多样化，框架结构，多为商住一体，封闭管理，配套设施完善，有的楼房安装电梯，物业服务逐步推行。

2011年始，悦海假日、长岛瀛洲小区、王沟村渔家风情园、龙栖新居、万泰长岛小镇、万源商超综合体等房地产项目相继开工建设，总投资6.47亿元，规划建筑面积36.6万平方米。在建筑标准和风格设计上，融入生态、文化、智能元素，楼层户型与区域环境相协调，开始开发建设12层以上的小高层楼房，推行园林式绿化、生活配套设施

万泰长岛小镇（2018年）

1996—2018年长岛县主要房地产项目开发情况一览表

表4-6

项目名称	建筑面积（平方米）	户数（户）	楼房（幢）	开工时间（年.月）	竣工时间（年.月）
寅宾园小区	21000	272	21	1993.3	1997.7
新兴小区	23700	256	10	1997.3	2005.6
阳光小区	15945.78	140	7	2007.4	2009.9
翠海茗居	24351.22	212	6	2006.11	2008.10
迎宾小区	7585	256	4	2007.4	2007.12
物资小区	14000	197	4	2007.3	2011.8
凌云小区	20300	138	7	2007.8	2009.11
泰和水岸	45500	398	8	2008.4	2011.7
悦海假日	60000	344	3	2011.2	2016.11
三和海逸苑	13286.33	84	2	2011.9	—
南城示范小区	90768.2	646	28	2011.9	2015.7
闻涛花园	17356.4	108	6	2011.11	2015.12
三和龙栖新居	12175	53	7	2012.3	—
长岛瀛洲住宅小区	73000	400	10	2012.4	—
仙岛壹墅住宅楼	5524.42	17	5	2012.12	2014.12
玉城居住区	46065	137	71	2013.4	2018.12
聚仙假日山庄	8300	450	16	2013.7	2018.1
渔家小镇	91046.59	324	18	2013.8	—
王沟村渔家风情园	27000	92	32	2014.5	2016.7
万泰长岛小镇	19804.84	69	13	2015.3	—
长岛万源购物广场	23072.8	160	2	2018.3	—

智能化，有的小区建有地下车库，物业管理服务比较规范。2018年，全县共有房地产开发企业22家，其中长岛新海置业有限公司为四级资质，其余均为暂定资质。房地产开发完成投资额1.31亿元，施工面积20.64万平方米，其中新开工面积4.56万平方米。

第三节　房产管理

房产登记

1984年3月，长岛县全面开展房屋普查工作。至1985年，基本查清全县范围内全民、集体和私产房屋情况。1986年，在房屋普查的基础上启动城镇房屋产权登记、确权发证工作，在县城区乐园村、后沟村、鹊咀村、获沟村、南城村等五个村及县直各机关、团体、学校、企事业83个单位展开。由县领导牵头，县建委、县房产管理局等部门及南长山镇政府组成5人发证领导小组，负责组织领导和审核发证工作。各村、各单位由专人负责房屋测量、产权认定。先填写房屋产权证副表，经发证领导小组审核无误后，填写正式房屋产权证书。村民房屋产权证书必须由前后左右四邻确认无产权、宅基地纠纷方能发放。此次房屋产权登记确权发证工作历时8个月，至1987年3月基本结束。共发放公房证184份，建筑面积22.96万平方米；私房证1070户，建筑面积8.99万平方米。与此同时，建立房屋产权产籍档案1254套。1987年3月，印发《关于城镇房屋登记发证和加强产权产籍管理的通知》，房屋产权产籍工作逐步正规化、制度化。1988年，长岛县房产交易监理所成立，具体负责全县城区规划区内和县城区乐园村、后沟村、鹊咀村、获沟村、南城村五村的房屋产权、产籍与房产交易管理。综合办理房屋初始、交易、房屋抵押、商品房预（销）售登记等业务，除契税由业户到县财政局缴纳外，实行受理、评估、审核、缮证、产籍管理等业务的一条龙服务。1989年，完成驻岛部队房屋产权登记、确权发证工作，共计发放房屋产权证110份，建筑面积9.8万平方米，建立房屋产权产籍档案21套。1996年，全县城镇住房制度改革全面开展，至2003年，完成房改房发证4201套，建筑面积27万平方米，发证率100%。至2016年，全县共颁发房产证件14815个，房屋权属登记14647件，其中，公有房1427件，私有房13220件。共收藏公、私房屋档案14647卷。是年，县政府发布《关于全面实行不动产统一登记的通告》，9月20日始，房屋产权、交易登记业务等全部移交县不动产登记中心。2016年9月至2018年12月，全县共颁发房产证件2513个，房屋权属登记2513件，其中，公有房29件，私有房2484件。共收藏公、私房屋档案2513卷。

房产交易

1988年11月，长岛县印发《关于新建商品房住宅出售暂行办法》。1993年11月，长岛县房地产评估事务所成立，挂靠房产交易监理所，全县房地产交易市场逐步规范。1995年10月，《中华人民共和国担保法》颁布，境内房屋抵押贷款登记开始办理。当年办理抵押贷款登记业务25起。2000年，长岛县房产交易监理所更名为长岛县房产交易评估所，具体承担房产评估、测绘、确权、交易过户等职责。是年3月，《长岛县已购公有住房和经济适用住房上市交易管理办法》实施，规定公有住房上市交易的原则、上市交易的条件和程序、交易税费征收及标准等。当年办理公有住房上市交易24起，建筑面积1512.84平方米。2007年，全县新建商品房全部实行预销售许可制度，进一步规范商品房预售行为。当年办理商品房预售许可证4份，预售面积3.13万平方米。至2016年，共完成存量房交易5807宗，面积83万平方米，交易额95174万元，商品房交易2717宗，面积27万平方米，交易额69942万元；办理房地产抵押4228宗，面积121万平方米，抵押额382421万元。是年，县政府发布《关于全面实行不动产统一登记的通告》。9月20日始，房屋产权、交易登记业务等全部移交不动产登记中心。2016年9月至2018年12月，共完成存量房交易670宗，面积5.22万平方米，交易额20708.42万元，商品房交易1060宗，面积11.24万平方米，交易额54709.6万元；办理房地产抵押1049宗，面积15.31万平方米，抵押额67938.44万元。

信息化建设

2010年，县房管部门购置缮证软件，实行微机缮证，推行标准化管理。2011年，房地产市场信息系统建设设备及软件完成安装，长岛县房地产市场信息系统初步建成并且与烟台市房地产信息系统实现联网。2012年，建成信息化管理系统。安装房屋权属登记管理软件，配备网络交换机、电脑、高拍仪、身份证读卡器等设备，并于年初正式使用。房屋权属登记信息平台的建成，与市里统一平台，统一业务标准，规范房屋登记工作程序，加强产权管理透明度，缩短办件时间；将房屋登记、测绘成果管理、商品房网上备案系统、档案管理等数据相互关联，提高办事效率和服务质量。

公房管理

1986—2002年，由县财政出资建设的直管公有住房共有33栋，694套，面积45254平方米。有经济条件的县直单位、乡镇机关采取单位投资或与职工集资相结合的方式建设、购买的住宅楼近10万平方米。主要分布于县城的城东区、城西区、海港区、北山区。县直管公房由县房产管理局负责实行统一经营管理、统一租金标准、统一对外租赁。小修工程随时进行维修，中修、大修工程本着先急后缓的原则统一组织维修。各单位职工住宅楼由单位负责管理。城镇住房制度改革中，直管公房和单位职工住宅楼均在出售范围之列，按照房改政策向符合条件的职工出售。单位职工住宅楼基本上被符合条件的职工购买，直管公房大部分售出，未售出的仍由县政府进行统一维修养护及管理。至2018年底，直管公有住房共有楼房49套、平房16户，总面积3048平方米。

第四节　住房公积金管理

1992年，长岛县被列为山东省推行住房公积金制度试点县。是年，长岛县住房基金管理处成立，隶属县财政局，负责全县住房公积金和住房资金的筹集、管理和使用。2006年3月，烟台市住房公积金管理中心长岛管理部成立，为烟台市住房公积金管理中心分支机构，执行烟台市住房公积金管理中心相关规定，对全县住房公积金缴纳、提取和使用以及贷款实行规范化管理。

归集管理

1992年1月，长岛县在全省率先实行住房公积金制度试点。全县党政机关、群众团体、企事业单位及具有常住正式户口在职固定职工、合同制职工（含农民合同制职工），均实行住房公积金制度。住房公积金缴存额等于职工工资基数乘以住房公积金缴存比例。职工个人和所在单位住房公积金缴存比例均为5%。1992—1995年，职工个人缴纳的住房公积金计入职工个人账户，单位缴纳部分计入单位集体账户，全县共有113个单位缴纳单位所属部分住房公积金90.58万元。按烟台市政府规定，自1996年1月1日起，全市所有职工住房公积金的缴存基数按照职工上一年度月平均工资为计算基数，工资额按市统计局规定计算，职工个人缴纳和单位缴纳的住房公积金，全部计入缴存职工个人住房公积金账户。2000年起，职工个人和所在单位住房公积金缴存比例调整为6%。自2007年起，每年对缴存基数和职工缴交额进行调整。从2011年1月开始，机关事业单位的缴存比率由6%提高到12%，企业单位的职工住房公积金缴存比例参照机关事业单位执行，但是个人和单位缴纳比例下限不低于6%，上限不得超过12%。至2018年，全县共有239个单位建立住房公积金制度，缴交人数4105人，其中正常缴交单位188户，正常缴交人数3919人，住房公积金职工覆盖率82%，住房公积金累计缴存额5.07亿元。

提取管理

1993年，《长岛县城镇住房制度改革实施方案》规定职工个人使用住房公积金，只能用于家庭购买、自建、翻建自住住房。职工购买自住住房，可以使用家庭成员或直系亲属住房公积金。各单位原则上可以优先有偿使用本单位职工储存住房公积金用于住宅建设。干部、职工离退休或调离本县，可将结余住房公积金本息归还本人。本人如愿继续存储的，可延长存期或依照本人意愿全部或部分转移给直系亲属。干部、职工在本市范围内调动，结余住房公积金本息随着工资关系转移。干部、职工在职期间去世，结余住房公积金可以依法由继承人提取。长岛县职工支取住房公积金以购买自住住房、偿还购房贷款本息及退休三种情形为主，对属于特困职工、低保家庭及本人或直系亲属患重大疾病造成生活困难职工，按照相关政策提取住房公积金。1992年始办理住房公积金提取业务，并根据烟台市相关政策的调整完善逐步推行落实。2009年2月23日至12月31日，职工在本市城镇购买自住住房，购房人可以一次性提取本人、配偶及直系亲属（父母和子女）的住房公积金。2010年1月1日起，职工在本市城镇购买自住住房，购房人可以一次性提取本人及配偶账户内住房公积金。2010年7月起，明确各种租房行为提取住房公积金条件及提取材料、提取额度，每套租赁住房每月提取额度不超过1000元。自2014年11月1日起，享受城镇居民最低生活保障、本人配偶子女患重大疾病和失业2年以上可按规定提取个人账户住房公积金。2015年7月1日始，承租本市公共租赁住房、公管房或职工宿舍的按照房租实际支出提取；承租本市商住房的提取额不超过当年实际支付的房租；已婚职工夫妻双方提取12000元，单身职工提取6000元。2015年，放宽职工提取条件，提取范围由职工本人、配偶及未婚子女调整为职工本人、配偶、父母和子女，提取时间由一年一次改为取得购房凭证3年内一次性提取。职工每年可以提取本人和配偶的住房公积金2600元用于支付自住住房物业费。自2018年7月20日起，执行职工委托提取住房公积金转还贷业务。是年11月22日开始，取消职工购房贷款时提取父母和子女的住房公积金。至2018年，全县住房公积金累计提取额2.84亿元，缴存余额2.2亿元。

贷款管理

2006年，《烟台市住房公积金贷款管理暂行办法》实施。购建商品房住房公积金可贷额度最高为20万元，贷款期限最长为20年，个人首付购房款不低于20%；购买二手房贷款，个人首付不低于30%，可贷额度最高为10万元，贷款期限最长为10年。贷款利率执行中国人民银行规定住房公积金贷款利率。是年10月，烟台市住房公积金管理中心长岛管理部开始实施职工政策性住房担保贷款，全年办理6起住房公积金贷款，合计59万元，当年实现增值3.41万元。2007年起，根据国家住房公积金信贷政策的不断调整，住房公积金贷款逐步规范。2006—2018年，全县共有804户家庭办理住房公积金贷款1.84亿元，改善住房面积近8万平方米。至2018年，结存住房公积金贷款582户，住房公积金贷款余额1.24亿元，住房公积金个贷比率为56%，无逾期贷款发生，累计实现增值收益1560.24万元。

2006—2018年长岛县住房公积金贷款及收益统计表

表4-7

年份	贷款发放户数	贷款发放金额（万元）	当年实现增值收益（万元）
2006	6	59	3.41
2007	44	508	60.12
2008	62	838	42.29
2009	80	1203	109.64
2010	74	1260	116
2011	28	445	16.72
2012	40	818	101.50
2013	61	1212	159.59
2014	94	2063	183.35
2015	41	1119	368.19
2016	66	2094	215.90
2017	80	2753	123.57
2018	128	3999	59.96
合计	804	18372	1560.24

第五节　物业服务

1996年以前，长岛县城区居民住宅楼大部分是单位职工宿舍，比较分散，不成规模。1993—

2005年,开发建设或旧村改造的居民小区多为开放小区,由社区居委会或村委会负责管理,缺少配套的物业服务。2005年后,开发建设的居民小区逐步实行封闭管理,一般由开发商自行组织成立物业服务组织,或以开发商单位的派出机构名义从事物业管理服务。管理服务方式比较单一,仅限于提供绿化、保洁、安保等简单的服务项目,注册资金、从业人员、管理机制等方面不符合从事物业管理与服务的相关要求,不具备从事物业管理服务资质。2013年11月,南长山街道赵王村海上家园物业管理有限公司成立,并取得三级物业管理资质证书,服务项目为东海岸小区,规模2万平方米,为全县首家本地物业管理服务公司。2014年,南长山街道城北区、城西区、城东区、北山区、海港区等5处社区服务中心成立,结合老旧小区改造工程的实施,建立健全物业管理制度,完善相关管理服务措施。同年6月,长岛双丰物业有限公司成立,并取得三级管理资质证书,管理服务项目为瀛洲小区,2.8万平方米。瀛洲小区全面推行规范化的物业管理服务,小区内实行24小时监控、全天候值班值勤,设置单元门禁及可视对讲系统,采取人防和技防相结合,治安环境良好;环卫保洁日产日清,基础设施得到良好维护;开展园林绿化、垂直绿化,绿化覆盖率达40%以上,完好率达99%以上。2016年,南长山街道获沟村试点成立境内首家村级管理的物业公司。2018年,长岛双丰物业有限公司获得“烟台市物业行业文明创建标兵企业”称号,所服务的瀛洲小区项目获得“烟台市物业行业文明创建示范项目”称号。至2018年,全县共有物业服务企业12个,从业93人,服务管理项目14个,面积30余万平方米。

第五编　交通　邮政　电信

80年代初，境内以海运为主体的交通运输体系较为薄弱，各港口规模普遍较小，交通运输船舶档次较低。80年代中期后，依靠国家、省、市给予的一系列政策、资金支持，境内交通基础设施建设进入较快发展时期。至2001年，砣矶港、大钦港、小钦港、南隍城港、北隍城港、大黑山港、小黑山港、庙岛港陆岛交通码头相继改扩建完成，实现10个有居民岛，岛岛通轮渡。2002年8月，省委、省政府长岛现场办公会议后，海岛交通建设加大投入，重点工程项目相继启动。其间，对无居民岛港口码头加大建设力度，同时对10个有居民岛港口进行升级改造。至2009年，猴矶岛、高山岛、车由岛、大竹山岛、小竹山岛5处无居民岛港口改造完成。2018年，全县1000吨级以上泊位17个，500吨级泊位6个，100~300吨级泊位14个。

1986年，全面加快公路建设，以解决海岛"行路难"问题。1987年县、乡、村公路基本实现硬化。至1997年，全县水泥混凝土路面总长达72.14千米。其中，省道21.6千米，县乡公路9.7千米，乡村公路40.84千米。2014年9月，南北长山联岛大桥建成通车。2018年，全县公路共54条、143.3千米，均达到等级标准。其中，一级公路0.9千米，二级公路31.5千米，三级公路19.2千米，四级公路91.7千米。

80年代初，长岛县农话海底电缆敷设完成，电话开始进入寻常百姓家，从磁石"摇把子"电话到纵横制自动交换机、数字程控交换机、软交换NGN，再到IMS，通信网络的规模容量、技术层次和服务水平实现质的飞跃。1998年9月，邮电分营后，邮路、投递段道、邮运投递设备均得到显著提高。2007年12月至2008年9月，建成总长度63.6千米的4条光缆，结束长岛（南长山岛）至北五岛、西三岛无光缆传输的时代，实现"乡镇通光缆"的目标。至此，境内全部实现海底光纤传输、陆上微波传输，海岛通信能力达到与陆地同样水平。

2018年，全县共有各类营运船舶57艘，82553.8载重吨，客位9614个、车位218个；货运车119辆、共计2008吨位，各种客运车55辆、座位3795个；在网移动用户达到6万户，宽带用户达到1.55万户，电视用户达到1.07万户，固定电话用户达到6650户。

第一章　海上运输

第一节　管理机构

长岛海事处

1985年5月，山东省港航监督长岛办事处、山东省长岛船舶检验所成立，对所辖的长岛海区和港口的水上交通安全，防止船舶污染海域，船舶检验工作，船舶通航、禁限航等实施统一监督管理。1995年，山东省港航监督长岛办事处、山东省长岛船舶检验所、山东省港航监督蓬莱监督

站合并成立山东省蓬莱海上安全监督局、山东省蓬莱船舶检验处，设立山东省蓬莱海上安全监督局长岛办事处。1997年9月，交通部烟台海上安全监督局在长岛成立北长山雷达站（VTS），负责长山水道船舶交通管理工作。2000年9月，水监体制改革，成立中华人民共和国蓬莱海事处，设长岛办事处。2001年3月，长岛办事处与交通部烟台海上安全监督局北长山雷达站合并成立中华人民共和国烟台长岛海事处，为烟台海事局派出机构，正科级行政机构，内设综合办公室、南长山办事处、北长山办事处3个科级机构。2006年12月，长岛县海上搜救中心成立，办公室设在长岛海事处。2017年，烟台长岛海事处将原有的综合办公室、船舶监督科、海巡执法大队3个内设机构调整为南五岛海巡执法大队和北五岛海巡执法大队2个内设机构，均为副科级。负责辖区内水上交通安全、航海保障，通航环境管理与通航秩序维护的现场监督执法，水上交通违章案件的调查处理和水上搜救等工作。

烟台市港航管理局蓬长航线管理处

1988年3月，烟台市航务管理处成立，隶属烟台市交通局，内设5个职能科室，主要负责全市水路运输的行业管理。2000年，设蓬长航线管理科，主要负责蓬莱、长岛航线管理工作。2001年，编制完成《蓬长航线动力发展规划》。2002年8月1日，长岛港、蓬莱港、山东渤海轮渡公司等8个企业下放烟台市管理。烟台市本着“政企分开、一港一政、港航分离”的原则，对港航管理体制进行重大调整。将各海运公司、轮渡公司的港口资产剥离出来，纳入港口企业统一管理。把蓬莱港和长岛港合并组建蓬莱港务有限公司，为独立的法人实体，实行授权经营，由市行业主管部门和当地政府共同管理，以市行业主管部门管理为主。2002年，聘请省交通厅科研项目所编制完成蓬莱—长岛航线发展规划。制定《蓬长航线运行原则》，将冬、夏两个航班分解成冬季航班、春季航班、夏季航班和黄金周4个航班。2003年9月，烟台市航务管理处撤销，烟台市港航管理局成立，履行对全市水路运输、港航企业的行政和行业管理职能。下设蓬长航线管理处，主要负责蓬莱、长岛航线水路客运秩序的监督管理工作。是年，制定《烟台市蓬长航线星级化管理标准》。2006年，推行集约化经营，滚装船车客代售点全部纳入行业管理。2017年4月1日，长岛渤海长通旅运有限公司、蓬莱映华海运有限公司、长岛祥隆水运有限公司组成蓬长航线联合营运中心，实现蓬长航线所有营运船舶统一调度管理、统一结算分配的运营体制。

长岛港航管理处

1988年4月，长岛县航务管理所成立，为副科级事业单位。2004年2月，成立长岛县港航管理局，为正科级自收自支事业单位，与交通局合署办公。2008年3月，县港航管理局工作相对独立，内设安全科、港口管理科（挂蓬长管理科牌子）、水运管理科3个科室，负责辖区内港口岸线使用的审核、报批，港航行业安全生产监督管理等工作。2010年8月，县交通局与县港航管理局职能整合，组建县交通运输局，不再保留县交通局、县港航管理局。县交通运输局对外挂县港航管理局牌子。2013年6月，长岛县港航管理处内设水运监管科、港务监管科（挂危险品管理科牌子）、安全监管科、综合科、指挥调度科5个科室，负责辖区内水路运输企业设立，蓬长航线运力航班安排，县内水路交通航线、航班、船只的指挥调度；对县域客运港口，客运、旅游船舶实施监控，发布航班信息等。

长岛港港务有限公司

1985年8月，长岛港从青岛海运局分出，组建山东省长岛港务办事处。1996年7月，办事处改为长岛港务管理局升为副处级单位。1998年4月，港航体制变动，长岛港转为由新成立的山东省航运集团主管，组建山东航运集团长岛港埠公司。同年9月，蓬莱、长岛两港合并成立山东渤海轮渡有限公司，组建山东渤海轮渡有限公司长岛港务公司，在长岛县内，对外名称不变，仍称为长岛港务管理局。2005年12月，长岛、蓬莱两港脱离渤海轮渡公司，由蓬莱西港和长岛港成立烟台蓬长客港有限公司，长岛港为烟台蓬长客港有限公司二级公司。2008年1月25日，烟台蓬长客港为唯一参股股东出资成立长岛港港务有限公司。公司下设办公室、财务科、客运站、安保科、海上游管理科5个科室。至2018年，公司在岗职工49人，下设办公室、财务科、客运站、业务科4个科室，负责长岛港的日常管理，海上客、货运服务等。

第二节　港口码头

1986年，长岛县有客货码头10处，货运码头5处。至2018年，全县有客货运码头16处，其中客货滚装码头10处，以货运和生产停泊为主的码头6处。

长岛港

位于南长山岛西岸鹊咀湾内，西临庙岛海峡与蓬莱相望。港口始建于1973年，1975年竣工，投资70万元，1977年4月正式挂牌营业。主要从事长岛（南长山岛）—蓬莱、长岛（南长山岛）—北五岛、长岛（南长山岛）—西三岛之间海上车辆、旅客、货物运输代理服务及煤炭、建材等散杂货物装卸业务。

1986年5月，投资48.7万元，建客运站，建筑面积1700平方米，同年12月完工。1988—1989年，建500吨级高低泊位2个。1990年，改造登陆码头1个。1993—1994年，建1000吨级升降泊位1个。1995年7月，长岛港1000吨级滚装码头开工建设，工程总投资320万元，工程包括新建240平方米前方调度楼1座、30米宽登陆点1个、26米高杆灯1架，拓宽90米×10米引堤。1996年6月，长岛港1000吨级滚装码头竣工。同年9月，通过验收。1998年，建50米长客运小码头1处。

2003年9月，开工建设长岛港服务设施改造工程，总投资1956万元，设计新建4500平方米港口客运站大楼、2万平方米港内外广场及排水设施等，整个工程于2005年5月竣工。2006年，完成长岛港外停车场工程，铺设水泥连锁块12万余块，2800多平方米。

2007年5月，实施长岛港基础设施改造工程，2008年9月完工，工程包括护岸工程建设及调度楼、港池清淤、给排水等。2009年，开工建设长岛港北大门车辆通道与停车场配套设备等。

2010年，投入20万元，建设安检与车辆检票室。同年，建成1个售票候船厅、2个检票厅、5个膜结构雨棚、3个旅客休息候船亭等客运服务设施，并达到国家级文明客运站标准。

2012年4月9日至2013年7月3日，建设长岛—蓬莱陆岛交通货物滚装码头（长岛港区），总投资1612.22万元，其中交通运输部补助50%，山东省交通运输厅补助25%。建成1000吨级滚装泊位1个，包括码头、护岸、港池、供水、供电等配套设施。

2013年9月27日，长岛港3×1000吨级陆岛交通码头工程获烟台市发展和改革委员会批复，工程规划建设规模为3个1000吨级客运滚装泊位及相应配套设施，码头设计年通过能力为车辆9万车次、客运量90万人次，工程投资估算8634.84万元。列入交通运输部“十二五”规划项目。2015年12月8日，长岛港3×1000吨级陆岛交通码头正式奠基动工。2018年11月29日，完成码头主体工程，计划2019年完成码头建设。

2015年11月13日，烟台港长岛港区陆岛交通码头工程获烟台市发展和改革委员会批复，工程规划新建1000吨级滚装泊位4个，客运泊位8个，改建滚装泊位1个及相应综合客运站等配套设施，设计年通过能力为车辆10万车次、客运量660万人次，工程投资估算60788万元。列入交通运输部“十三五”规划项目。2017年5月18日，烟台港长岛港区陆岛交通码头工程开工建设。2018年11月29日，完成码头主体工程，形成陆域面积4.4万平方米，码头岸线1906米，计划2019年完成码头建设。

2018年，长岛港客运售票大厅、旅客长廊、候船大厅等，达到国家级文明客运站标准，港区面

1987—2018年长岛港泊位数抽年统计表

表5-1

年份	泊位长度(米)	泊位个数(个)	客运泊位(个)		货运泊位(个)	海上游泊位(个)	货滚泊位(个)
			客船	滚装			
1987	170	3	—	—	—	—	—
1995	—	4	—	—	—	—	—
2003	580	10	3	5	2	—	—
2004	620	11	3	5	3	—	—
2007	770	13	6	4	3	—	—
2009	770	13	6	4	3	—	—
2010	1080	19	4	3	6	6	—
2011	1080	17	6	3	2	6	—
2012	1300	22	5	4	7	6	—
2015	620	12	4	5	3	—	—
2016	690	27	19	5	3	—	—
2017	970.4	27	19	5	3	—	—
2018	1300	25	17	6	1	—	1

积为6万平方米。港口辖客运和货运两个码头，有泊位25个。其中，客运码头滚装泊位5个，客船泊位2个(可左右靠船)；货运码头泊位18个，包括客船泊位15个，货运泊位1个，货物滚装泊位1个，滚装泊位1个。

长岛港海上游码头 2003年渔港划转长岛港之前，海上游有4个泊位。2006年，为整合和充分利用港口资源，扩展港口服务功能，新增摩托艇、海上游泊位2个，形成了独立的海上游码头，海上游泊位由4个增加到6个。

自2010年起，海上旅游发展迅速，为满足生产和服务需要，投入100余万元购入并安装4个浮桥，2011年6月，建成580平方米的海上游候船厅。同时，为适应海上游业务发展，提高海上游码头停靠能力，2016年11月10日，长岛港旅游码头海上游9#、10#泊位工程开工建设，2017年4月20日竣工。至2018年，海上游泊位发展到12个。

其他港口

砣矶港 位于砣矶磨石嘴村南端。

1989年8月，开工新建1000吨级泊位1个，设计年通过能力为货物吞吐量20万吨、客运量20万人次，1991年10月竣工，总投资740万元。码头长80米，防波堤长110米，货场面积4472平方米，其中混凝土货场面积2652平方米。

2014年2月，对砣矶港进行升级改造。2014年12月竣工，总投资1800万元，在码头东南防波堤内侧新建1000吨级客货滚装泊位1个，设计年通过能力为滚装货运45万吨/1.5万车次，客运量37万人次。码头主体长60米，泊位长90米，防波堤长40米。

2017年9月，加固改造码头防波堤，总投资近1800万元，于2018年12月完工。2018年，投资11万余元，改造砣矶港码头登陆点；投资70余万元，对砣矶港客运站进行修缮。

大钦港　位于大钦岛南端。在20世纪60年代，为驻军建简易客货船停靠码头。

1994年4月，在原址东侧开工建设500吨级客货运泊位1个，设计年通过能力为货物吞吐量20万吨、客运量15万人次，1995年9月竣工，总投资752.9万元。码头长68米，登陆点岸线长30米，回填货场3500平方米，南浇混凝土货场面积3000平方米。

2012年11月，对大钦港进行升级改造。2013年12月竣工，总投资1500万元，建成1000吨级客货滚装泊位1个及相应配套设施，设计年通过能力为货运量45万吨、滚装运量3万车次、客运量40万人次。码头长70米。2017年，对大钦港码头登陆点进行改造。2018年，投资11万余元，建设大钦港码头公厕。

小钦港　位于小钦岛南端。

1999年8月，开工新建500吨级泊位1个。2000年8月竣工，总投资1723.54万元。设计年通过能力为货运量8.3万吨、客运量2万人次。码头长50米，登陆点长13.5米。配备装卸、供电、照明、给排水、环保、消防土建、助航等设施。

2014年2月，对小钦港进行升级改造。2014年12月竣工，总投资1200万元，建成1000吨级客货滚装泊位1个，设计年通过能力为货运量12万吨/0.4万辆次、客运量17万人次。码头端部向前延建30米、宽18米，扩建后码头泊位长90米。2017年，对小钦港码头登陆点进行改造。

南隍城港　位于南隍城岛东北角。

1999年5月，开工新建500吨级轮渡泊位1个，设计年通过能力为货运量8.85万吨、旅客2万人次。2000年7月竣工，总投资1595.27万元。主体码头长50米，登陆点长13.5米。配备供电照明、给排水、环保、消防、通信等设施。2017年，对南隍城港码头登陆点进行改造。

北隍城港　位于北隍城山前村东南部鹰窝口湾内。在20世纪60年代，为驻军建客货船停靠简易码头。

1997年9月，沿着原址码头南侧新建规模为500吨级货运和轮渡泊位各1个，设计年通过能力为货运量8万吨、客流量15万人次、车流量4000辆次。1998年9月竣工，总投资1500万元。500吨级货运泊位长60米，装卸作业区、堆场及停车场共计2500平方米。港外处配有供电线路及港内供电照明配套设施、蓄水池、污水处理器、轮胎起重机及其他装卸机械。

2016年3月，对北隍城港进行升级改造，建设1000吨级客货滚装泊位1个。2017年5月竣工，总投资1300万元。新建码头泊位位于防波堤内侧，码头长63米、宽12.5米。陆岛交通码头北端向北延建直立式护岸50米，新增陆域面积1379平方米。2018年，投资34余万元，修建北隍城港码头附属设施。

大黑山港　位于大黑山岛东侧中部的北庄湾内。在20世纪70年代，为驻军建客货船停靠码头。

1998年5月，在码头原址开工建设500吨级货运和轮渡泊位各1个。1998年12月竣工，总投资1300万元，设计年通过能力为货运量7.5万吨、客流量16万人次、车流量6000辆次。500吨级货运泊位长50米，堆场2558平方米，停车场600平方米。港外处配有供电线路及港内供电照明配套设施、污水处理器、轮胎起重机及其他装卸机械。

2016年3月，对大黑山港进行升级改造。2017年5月竣工，总投资1500万元，建成1000吨级客货滚装泊位1个，位于码头防波堤内侧，码头长90米。2016年，投资40余万元，对大黑山港客运站进行修缮。

小黑山港　位于小黑山岛东端。在20世纪60年代，为驻军建客货船停靠简易码头。

2001年4月，在码头原址开工建设100吨级泊位1个，2001年8月竣工，总投资1046.73万元，设计年通过能力为货运量6.8万吨、客运量8万人次。码头总长40米、宽15米。

2012年11月，对小黑山港进行升级改造，2013年12月竣工，总投资1000万元，建成1000

吨级客货滚装泊位1个，设计年通过能力为货运量10.2万吨、滚装运量0.8万车次、客运量19万人次。码头端部向前延建40米、宽 15米，扩建后码头泊位长80米。

庙岛港　位于庙岛东侧。在20世纪80年代初，为客货船停靠简易码头。

1989年1月，在码头原址进行改建。1991年竣工、投入使用。2000年6月，对庙岛港进行扩建。2000年12月竣工，总投资1032.31万元，建成100吨级泊位1个，设计年通过能力为货运量6.2万吨、客运量19万人次、滚装车0.5万辆次。主体码头长46.75米、宽16米，改建登陆点7.2米。

2016年，投资70余万元，对码头坝体进行防护加固。2018年，投资107余万元，对码头进行港池清淤并增设码头安全护栏。

庙岛南口港　位于庙岛山前村南。在20世纪60年代，为驻军建简易码头。

2012年11月，在码头原址开工建设1000吨级客货滚装泊位1个，设计年通过能力为货运量12万吨、滚装运量0.9万车次、客运量45万人次。设计码头长70米，新形成陆域面积2132平方米；新建3层客运楼，占地面积200平方米，整个工程于2013年12月竣工，总投资1900万元。

猴矶港　位于猴矶岛东南侧，原为驻军建简易码头。2005年3月，在原址开工建设300吨级客货泊位1个，2005年12月竣工，总投资429万元。设计年通过能力为货运量2万吨、客运量3万人次。码头长15米、顶宽8米，登陆点宽15米。

车由港　位于车由岛西北侧，原为驻军建简易码头。2005年3月，在原址开工建设300吨级客货泊位1个，2005年12月竣工，总投资375万元，设计年通过能力为货运量2万吨、客运量3万人次。码头长25米、顶宽10米，直立式护岸长6米、顶宽3.31米。

大竹山港　位于大竹山岛西南侧，原为驻军建简易码头。2002年9月，在原址开工建设300吨级突堤式码头1座，码头长20米，登陆点宽6米，2003年6月竣工，总投资429万元。

高山港　位于高山岛南侧，原为驻军建简易码头。2009年5月，在原址开工建设300吨级泊位1个，2009年9月竣工、投入使用，总投资600万元，设计年通过能力为客运量1.6万人次、货运量3万吨。码头长16米、宽14米，护岸长30米。

小竹山港　位于小竹山岛南侧，原为驻军建简易码头。2009年5月，在原址开工建设300吨级泊位1个，2009年9月竣工、投入使用，总投资350万元，设计年通过能力为客运量1.8万人次、货运量3.12万吨。码头长25米、宽10米，登陆点宽7米，护岸长17米。

乐通港　位于县中心渔港北侧。2004年，由长岛乐通港务有限责任公司自筹资金1800万元建设并经营管理。港口引堤长376米、引堤宽30米，有泊位3个，主体码头和辅码头共长220米，滚装船码头长22米，可停靠3000吨级货船、各种渔业船舶、滚装船舶及油船。港口内可堆存40万余吨货物，每年货物吞吐量达70万吨左右。

第三节　运输航线

1986年，长岛县海上主要航线有蓬长航线，西三岛航线和北五岛航线。进入21世纪后，随着旅游业的发展，先后开通3条旅游航线。至2018年，全县共有航线5条。2018年5月，长岛至旅顺客运航线运力获交通运输部批复。

蓬长航线

1957年10月25日，山东省交通厅青岛海运局蓬莱港驻长岛航运组成立，正式开通蓬莱—长岛（南长山岛）客运、货运航线。1987年5月之前，该航线客船与货船分开营运。1987年5月后，除客船、货船外，开通蓬莱—长岛（南长山岛）滚装客货运航线。

北五岛航线

1957年10月25日，开通蓬莱—南长山岛—北长山岛—砣矶岛—大钦岛—小钦岛—北隍城岛客运、货运航线，后将航线延至南隍城岛。1991年8月16日，开通砣矶岛—长岛(南长山岛)—蓬莱滚装航线。1996年，开通北隍城岛—南隍城岛—小钦岛—大钦岛—砣矶岛—长岛(南长山岛)—蓬莱滚装航线。2013年，开通大钦岛—小钦岛—南隍城岛—北隍城岛北四岛专线，“钦岛3”船负责营运。2015年该专线停运。至2018年，北五岛航线未发生变化。

西三岛航线

1958年4月23日，开通南长山岛—北长山岛—大黑山岛航线。60年代之前，庙岛和小黑山岛没有码头，客船中途停靠北长山店子。庙岛和小黑山岛驻军建立码头后，正式开通西三岛航线。2003年6月，开通蓬莱—长岛(南长山岛)—西三岛(庙岛—小黑山岛—大黑山岛)滚装航线。至2018年，西三岛航线未发生变化。

旅游航线

1997年，开通龙爪山海上游航线。2006年，开通高山岛“海鸥之旅”海上航线。2012年9月15日，首条烟台—长岛航线开通，“北游6”高速旅游客船正式投入运营。2014年3月，烟台新绎游船有限公司将烟台—长岛航线的船舶进行所有权转让，该航线停运。2015年7月21日，正式开通县旅游码头—砣矶岛的旅游航班，2017年，该航线停运。

长岛至旅顺航线

2018年5月11日，长岛渤海长通旅运有限公司获交通运输部行政许可，运营长岛(南长山岛)经砣矶岛至旅顺航线。

第四节　运输船舶

境内运输船舶大体分5种类型：客运船舶、客货滚装船舶、普通货物运输船舶、特殊商品运输船舶及旅游船舶。80年代前，运输船舶主要以客位和吨位较少的几条客船、货船，渔船和军船为主；客运船舶分为木壳船和钢壳船；木壳船主要从事蓬莱—长岛(南长山岛)—西三岛旅客运输，钢壳船主要从事蓬莱—长岛(南长山岛)—北五岛旅客运输。

客运船舶与客货滚装船舶

1987年，蓬长航线第一艘客货滚装船“长渡1”轮投入运营，该轮核定载客506人、汽车13辆。1989年，省属烟台运输公司在长岛成立客运轮渡公司，投入使用的客运船舶包括“鲁民203”“鲁民205”“鲁民209”和“长渡1”轮，总客位为1324座(铺)，载货35吨、载车13辆。全县从事海上客货运输的船舶达103艘，总运力5709吨，客位1067个，功率12540千瓦。1991年8月16日，“鸿鹰”客货滚装轮首次开通蓬莱—长岛(南长山岛)—砣矶岛航线，该轮客位300个、载货量100吨。1994—1995年，烟台海运公司投资新建2艘10个标准车位、280个客位的“仙朋”“仙友”客滚船，从事蓬长航线的客货运输。1996年，第一艘个体运营的客船“大钦岛号”投入营运。1997年，长通旅运有限公司购入“海马”轮，客位264个。1998年，380个客位的“海马6”和180个客位的“海马8”快船投入运营。

1999年，海上运输市场进行治理整顿，禁止木壳船从事海上运输、摩托艇超范围经营等行为，淘汰木壳船。“海神2”“海神6”“海龙”“蓬龙”“蓬旅”“蓬祥”等80个座位，民营钢质客船投入营运。2000年，港航部门依法停止个体客运船舶运营，一批统一船型、统一命名、统一颜色，客位均为200个、航速12节以上的“快航1”“快航2”“快航3”“快航5”“快航6”等新建造的客船相继投入运营。2002年，全县拥有客船7艘，客滚船5艘，海上摩托艇10艘。

2008年4月29日，由长岛长通旅运有限公司筹资2400万元建造，客位470个、车位21个、载重量380吨的长岛第一艘抗风能力8级大型客货滚装船“新长通1”正式投入蓬长航线运营。同年，淘汰9艘登陆艇。2014年6月12日，第一艘高速豪华客船“仙岛1”轮投入营运，客位360个。

2017年，投资1.9亿元，更新建造“长岛金珠”

“长岛金珠”轮（2017年）

“长岛银珠”“寻仙12”“和航祥龙”“和航兴龙”“玖龙公主”“新蓬旅2”等7艘船舶投入蓬长航线运营，新增客位1174个、标准车位80个（轿车位176个）。是年，全县共有各类营运船舶64艘，载重量88093.8吨、客位9904个、车位238个，达历史最高峰。其中，渤海长通旅运有限公司的“长岛金珠”“长岛银珠”和祥隆水运有限公司的“和航兴龙”3艘船舶在更新改造过程中，引进配置先进设备，增加船舶结构承载强度、北斗导航等设施，以及功能齐全、人性化的服务设施，船舶质量得到明显提升，适航能力、抗风等级进一步提高，航行安全得到进一步保障。2018年，全县共有客滚船11艘，载重吨3257.8吨；客船6艘，客位2200个。

普通货物与特殊商品专用船

2003年前，境内货运（含危险化学品）主要靠军队退役的登陆艇运输。2008年，“长通7”轮暂时作为危化品运输船。2008年11月，长岛常丰油轮运输有限公司成立，租赁载重2407吨“常丰油3”三级油轮营运。当年，投资3280万元建造载重量3522吨“常丰油6”，2009年投入营运。2009年7月，投资700万元，建成可装载车辆12辆、载重量480吨的危化品滚装专用船“长通9”投入营运。

2010年3月1日，由乐通公司投资7000万元，建造长岛县首艘1.6万吨级货运船舶“长和”轮正式投入运营，3月19日，山东省吨位最大的成品油运输船，6500吨级“龙兴168”轮抵达长岛港投入运营。同年11月4日，“长通12”滚装船在县船业总公司坞台下坞，是长岛县首艘用于海上油田服务、码头建设工程的专用船舶。2013年8月2日，投资5900万元，载重吨位4300吨，长岛县第一艘一级成品油油轮“常丰7”正式投入运营。2017年7月，建造“锦容15”轮。

2018年，全县共有货（滚）船3艘，载重吨1489吨，车位12个；油船11艘，载重吨77807吨。

旅游船舶

1986年，县内第一艘旅游船舶“庙政交1”上线运营，客位70个。2013—2015年，先后“蓬长快航3”“海马5”“祥坤6”3艘船舶投入海上旅游运输。2016年，均为360个客位的海上游客船“海神01”“海神03”投入运营。2017年，投入3艘客位分别为

“玖龙公主”轮（2017年）

192个、264个、99个的“寻仙5”“寻仙6”“寻仙106”上线运营。至2018年，全县共有旅游船舶15艘，客位2957个；游艇11艘，客位112个。

第五节　客货运输

客运

航班班次　80年代初，烟台海运公司投入“鲁民3”客船从事南长山岛至蓬莱航线的旅客运输，客位70个，南长山岛为始发站每天一个往返航班，年客运量7.8万人次；“鲁民5”客船，从事蓬莱—南长山岛—北五岛之间的旅客运输，客位150个，蓬莱为始发站隔日一个往返航班，年客运量2.3万人次。1985年，北五岛航班由“鲁民203”轮承担，隔日一班。1986年，蓬长航线正常航班为每天2班。同年，西三岛航班由“庙政交号”轮承担，每天一个往返航班。1987年，“长渡1”轮投入运营后，蓬长航班增为一天4班。1989年，烟台海运公司在长岛县成立客运轮渡公司，承担蓬莱—长岛（南长山岛）—北五岛航线运输。同年，西三岛航班改由“科干交号”轮承担，每天一个往返航班。1991年，北五岛航班由“鲁民203”轮隔日一次，“鸿鹰”轮每天下午发往砣矶，翌日返回。1996年始，西三岛航班相继由“海神2”“海神3”“海神6”轮承担，每天一个往返航班。1997年，“鲁民203”轮退出北五岛航线，由“鲁民205”改造的“长兴”轮隔日一个航班发往北五岛。1999年，“海马”“大钦岛号”轮相继参与北五岛航线营运，北五岛为每天2～3航班。2001年，“长山”“吉祥”轮投入西三岛航线营运，每天2个航次往返于庙岛、大小黑山岛。2003—2007年，蓬莱—长岛（南长山岛）航班正常为25班/天，旅游高峰期平均80班/天；长岛（南长山岛）—北五岛航班2～3班/天；长岛（南长山岛）—西三岛航班1～2班/天。2008年后，长岛（南长山岛）—北五岛航班增为2～4班/天。2013年7月29日—8月27日，蓬长航线末班船发船时间延长至晚上七点半。2015年，长岛（南长山岛）—西三岛航班增为1～4班/天。2017年，蓬莱—长岛（南长山岛）航班最高达到119班/天。2018年，蓬莱—长岛（南长山岛）航班正常为25班/天，最高达到103班/天；长岛（南长山岛）—北五岛航班2～4班/天；长岛（南长山岛）—西三岛航班1～4班/天。

票价　1986年，蓬长航线票价为0.7元。1987年，“长渡1”轮上线运营后，蓬长航线票价1.2元。2006年7月，蓬长航线旅客票价由20元涨至23元，取消团体“十免一”购票制。2013年8月4日，蓬长航线旅客票价由23元涨至30元，当地居民执行25元居民票价。2017年9月，蓬长航线旅客票价由30元涨至45元，当地居民依然执行25元居民票价，并开通当地居民微信网上售票平台；身高不足1.2米的儿童可免费申领一张0元儿童船票。同年11月17日，启用人脸识别实名制检票闸机。2018年，蓬长航线旅客整票45元、半票23元，当地居民和军人整票25元。

客流量　1986年，蓬长航线发送旅客42.2万人次。1992年，蓬长航线客流量有大幅度提升。2001年，蓬长航线客流量118.2万人次，首次达到

2013年8月4日至2017年8月31日票价一览表

表5-2　　单位：元

到达港	旅客		居民、军人	
	整票	半票	居民、军人整票	居民半票
蓬　莱	30	16	25	13
砣矶岛	30	16	30	16
大钦岛	45	23	45	23
小钦岛	50	26	50	26
南隍城岛	60	31	60	31
北隍城岛	60	31	60	31
大黑山岛	20	11	20	11
小黑山岛	20	11	20	11
庙　岛	15	9	15	9

2017年9月1日至2018年票价一览表

表5-3　　单位:元

到达港	居民		军人	旅客	
	整票	半票	整票	整票	半票
蓬　莱	25	13	25	45	23
砣矶岛	30	15	30	40	20
大钦岛	45	23	45	55	28
小钦岛	50	25	50	60	30
南隍城岛	60	30	60	70	35
北隍城岛	60	30	60	70	35
大黑山岛	20	10	20	25	13
小黑山岛	20	10	20	25	13
庙　岛	15	8	15	20	10

1986—2018年长岛港客流量统计表

表5-4

年份	旅客吞吐量（万人次）	年份	旅客吞吐量（万人次）
1986	42.2	1998	76.4
1987	51.4	1999	66.8
1988	50.8	2000	84.6
1989	50.4	2001	118.2
1990	57.8	2002	143.8
1991	66	2003	116.4
1992	81.4	2004	140.4
1993	69.4	2005	141.2
1994	66.6	2006	169.4
1995	72.6	2007	179.6
1996	67.6	2008	178.2
1997	89.6	2009	206.2

续表5-4

年份	旅客吞吐量（万人次）	年份	旅客吞吐量（万人次）
2010	205.2	2015	329.2
2011	215.6	2016	327.2
2012	263.7	2017	355
2013	282.5	2018	363.2
2014	295.9	—	—

1986—2018年长岛港货物吞吐量统计表

表5-5

年份	货物吞吐量总计（万吨）	年份	货物吞吐量总计（万吨）
1986	17	2003	171.2
1987	19.6	2004	180.2
1988	21.3	2005	176
1989	15.9	2006	194.2
1990	12.5	2007	270
1991	9.5	2008	258
1992	12.8	2009	211.5
1993	13.1	2010	237.7
1994	9.6	2011	274.8
1995	9.7	2012	325.4
1996	7.0	2013	393.9
1997	45.2	2014	431.9
1998	35	2015	494.4
1999	126	2016	522.5
2000	142.5	2017	530.1
2001	136.8	2018	524.9
2002	157.4	—	—

100万以上人次。2009年，全县共发送旅客224.55万人次。其中蓬长航线发送旅客206.2万人次，首次达到200万以上人次。随着旅游业的蓬勃发展，进出岛旅客呈逐年上升趋势，每年暑假出现周期性的客运高峰，长岛港采取流水发船的方式进行客货运输。2018年，蓬长航线共发送旅客363.2万人次，北五岛、西三岛共运输旅客24.35万人次。

货运

境内生产生活物资主要依托海上运输，运输种类涵盖建材、煤炭、水泥、砂石、木材、粮油、蔬菜等。1985年，货物吞吐量为16.4万吨。1987年，“长渡1”轮开始从事长岛（南长山岛）—蓬莱客货滚装营运，改变只能登陆艇载运汽车进出岛的状况。2003年5月，长岛宏达海运有限公司成立，专门经营海上成品油运输。2008年，“长通7”轮暂时作为危化品运输船舶。2009年7月，建成“长通9”危化品运营滚装专用船，主要用于汽油、柴油、液化气等危化品运输。2009年，全港货物吞吐量为317.29万吨。2012年，渤海长通旅运有限公司投资1800万元，建造“长通16”轮，承担危化品运输业务兼顾蓬长航线客货运营，2013年1月投入使用。2018年，全县港口货物吞吐量为599.29万吨。其中，运输危化品4209吨。

第六节　水路运输管理

海上运输安全管理

海上安全管理　1999—2002年，对新建、购买客运船舶实行专家论证制，取缔老旧、木壳客运船舶，规范蓬长航线经营市场秩序，杜绝海运企业、个体业户私拉旅客、车辆上船购票和夜间私自偷运等行为。2006年，建立开航前船长声明制和报告制，执行省政府7级风以上不开航规定。2009年，推广更新船舶安装GPS卫星定位系统和无线远程视频监控系统，建立安全管理网络化平台，制定船舶坞修计划报告制度和应急物资普查登记制度，组建海上应急救援队伍，严查夜间航行、非法营运、违法载客、违规操作以及超载、漂载等行为。2010年，制定极端恶劣天气处置预案，定期组织开展船岸综合演习和军警民联合演习，成立山东省第一支海上摩托艇民间义务消防救助队伍；投入65万余元，在小钦、大小黑山、庙岛港口和“祥龙”“兴龙”“盛龙”“长通1”“长通3”“长通5”“长通7”“海马6”等客滚船安装3G无线视频监控系统，提高航行安全系数和技术保障。同年10月1日，为维护辖区通航秩序，保障船舶航行安全，礓头雷达站、北长山雷达站、大竹山雷达站、北隍城雷达站VTS系统正式开通运行。2012年，为改善蓬莱至长岛航路通航环境，提高船舶通航效率，加强船舶交通安全管理，烟台海事局印发《航行通告》，在蓬长航线划定交通管制水域，交通管制水域内实施船舶分道通航。

2014年6月24日，首次举办海上综合搜救演习，动用各类船舶17艘，22个单位、260人参与演习。港航、海事、海渔、边防等部门联合开展海上“打非治违”专项行动，查处违法违规载客摩托艇5艘；投入10万元，对港航远程视频监控系统维护升级，增添高清监控探头。2015年6月9日，首次举办港口反恐逃生疏散演习，13个单位、126人参与演习。同年，首次邀请威海海运学校教授到长岛举办法律法规、企业安全生产标准化等专题讲座，举办安全教育培训班8次，750人次参加。2016年6月28日，首次动用直升机1架参与长岛海上搜救应急演习，投入各类船只14艘，23个单位、325人参与演习；投入280万元，对各岛港池、航道碍航物进行清理并增设航标。同年，长岛海事处推广《客船监管“七防两禁”清单制》，对船员进行培训考核，落实三级应急响应和海上游客船“6个1”监管措施。

2017年11月22日，首次举办冬季海上搜救应急演习，动用各类船舶9艘，25个单位、325人参与演习。同年，长岛海事处联合县港航、海渔局、边防大队等部门开展“铁拳2017”行动，出动联合执法人员650余人次、执法船艇170余艘次，驱离不安全锚泊船舶60余艘、航道内非法作业渔船120余艘、检查非法载客船艇170艘次。2018年，对涉客船舶开展船舶配员、AIS、燃油检测和船员实操专项检查，推动客船转型升级，蓬长航线平均船龄降至5.7年。为保障海上通航秩序，开展海上巡航260余艘次，出动执法人员580余人次，驱离碍航作业垂钓船舶60余艘次。

运营安全管理　1985年前，船舶到达长岛港停靠作业的签证工作由长岛港务办事处航政人员办理。1985年后，山东省港航监督长岛办事处按照《船舶进出港口签证管理办法》，对进出长岛辖区港口的客、货运输船、农副业船、维修船以及其他各类船舶实施严格的签证制度，核发《船舶航行签证簿》《船舶进出口报告单》。1986年始，依据中华人民共和国港务监督局颁发的《船舶安全检查暂行办法》对辖区从事海上运输、作业的机动船舶开展船舶证书、船员证书及航海图书资料等有关文件，航行及操纵设备，信号和通信设备，救生、消防设备，消防演习，其他应急设备等安全检查。检查合格后，签发“船舶安全检查通知书”。1988年4月，组建长岛县航务管理所，负责辖区内水路营业性客货运输安全管理工作，对客货运输船只的安全进行督导检查，监督全县87艘客货运输船只纳入管理并补办营运手续。2011年5月，投入55.7万元组建港航监控指挥中心，7月联网并投入试运行，覆盖长岛10处港站、45艘船舶，在烟台市率先推广使用视频远程监控系统。2012年，投入137万元，对26艘客运船舶和9处港口安装3G无线视频监控系统，在半月湾旅游艇停靠点安装光缆专线传输远程监控系统。

2017年，推行“双实名”网格化监管平台建设，逐级签订安全生产责任书1512份，企业递交承诺书15份，签订率达到100%，审核企业15家、各类船舶65艘，参审率达到100%；建立“一企一册”网格化管理体系，排查出风险点167个，排查公共领域安全隐患风险点568处；随船跟踪押运危险品50航次、车辆203辆次。2018年，先后组织开展“平安交通”集中行动、安全生产综合整治大行动、危化品运输专项整治、消防安全整治、扫黑除恶、反恐防控等活动，出动检查组266次，投入执法人员821人次，派驻安全督导员159人次，检查企业87家次、各类船舶165艘次、港站45处次、浮桥15处次、在建水运工程22处次，下达安全隐患督办单15份，查改安全隐患187项，整改率达到100%。

港口安全管理　1986年，长岛港的管理职能在企业，属于粗放型管理，没有专门的安全管理部门，没有规范的安全规章制度；北五岛、西三乡没有民用港口，生产生活都依托军用港口。1989年，由县政府投资，开始建设北五岛和西三乡民用港口码头，经营管理单位为县交通局。1998年，港航体制变革，山东渤海轮渡有限公司开始对长岛港进行规范性管理，将安全提到重要位置，建立并逐步完善安全基础档案，与生产部门、职工层层签订安全生产责任状。同时，加强职工安全培训，对从事特种作业设备的职工要求持证上岗，每年开展一次消防应急演练。

1999年10月，成立县交通运输服务中心，系县交通运输局下属企业，配合参与各港口码头的经营管理。2002年，成立港口派出所和安保科，港口派出所编制4人、安保科编制2人，主要负责长岛港港区内治安事件处理、日常安全检查管理和对无票乘船人员检查等。2003年，投资40余万元，对长岛港检票口、进出港通道进行安全改造，增设3个安检岗位。2007年，投资280万元，在长岛港引进电子售检票系统，对检票厅及旅客进出口通道、车辆进出口通道进行规划改造，实现车客分流。2009年1月，由于事企分开改革，北五岛、西三乡民用港口改由县交通运输服务中心经营管理，各港口严格执行7级风以上客(滚)船不开航、客滚码头及危化品码头不作业制度，有效预防安全事故的发生。

2016年8月，在长岛港成立微型消防站，落实消防日常巡查工作。同年，为加大反恐防爆力度，配备执法记录仪、防爆盾、防爆衣等防爆物品；为规范大客车停车场秩序管理，购置停车场车辆识别系统。2016—2018年，对每个港口实行月检查制度，累计检查3家港口企业50余次，检查港口100余处次，发现问题40余处。至2018年，累计投资1030万元，改造长岛港港口护栏护岸、登陆点、售票大厅等安全服务设施。每个港口安排至少2人，负责日常检查和港口秩序维护工作。

航道管理

庙岛群岛，把渤海海峡分割成多条水道及航门，即隍城水道、小钦水道、大钦水道、北砣矶水道、南砣矶水道、高山水道、猴矶水道、老铁山水道、长山水道、登州水道（庙岛海峡）。其中允许商船通航的只有老铁山水道、长山水道、庙岛海峡。对外国船舶开放的只有老铁山水道和长山水道，庙岛海峡只准200吨以下国内商船航行。1992年3月26日，县政府印发《长岛县港口、航道、避风锚地管理暂行规定》，授权县水产局对全县所辖海域航道、水道和避风锚地进行通盘规划，具体管理。1998年7月1日，交通部烟台海上安全监督局正式对外公布实施《长山水道交通管理规定（试行）》。

2000年年底，全面启动蓬长航线通航环境治理，山东省交通厅、交通部海事局、烟台市政府以及长岛县、蓬莱市政府共投资1240余万元，用于养殖补偿、设置浮标等项支出。至2002年，2年共清理非法碍航物1000余万平方米、网具9200余块、养殖筏架1.1万多行，水域通航环境达到市政府确定的治理目标。登州水道和蓬长航线的船舶流量较治理前分别增加46%和35%，船舶误入养殖区事故起数和经济损失分别下降38%和55%。

2015年，《中华人民共和国航道法》颁布实施，明确县级以上地方人民政府交通运输主管部门按照省、自治区、直辖市人民政府的规定主管所辖航道的管理工作，县级以上地方人民政府负责航道管理的部门或者机构承担本法规定的航道管理工作。同年，县政府组织成立联合执法工作组，指导各乡镇（街道）开展航道清理工作，规定主航道宽度不低于120米，内航道宽度不低于80米，港池不得低于客滚船回旋空间需要。共清理筏架1361行，养鱼网箱121个，投入专项补偿资金286.23万元。2017年，投入60万元对各岛航道碍航物进行清理并补设警示航标900余个。2018年，县政府再次组织开展航道清理拓宽工作，明确航道标准为主航道宽度不低于120米，内航道宽度不低于100米，港池不得低于客滚船回旋空间需要。共清理养殖筏架373行，网箱56个，锚眼带头11个。

航标

长岛航标管理站于2009年筹建，成立于2012年，隶属于交通运输部北海航海保障中心烟台航标处。航标涵盖长岛县10个乡镇（街道、开发管理处）及附近水域，包括长山水道、登州水道、老铁山水道、蓬长客港专线。

境内共有灯浮标76座，用于长岛及蓬长航线，长山水道，西三岛和北五岛海上助航。

有灯桩27座，用于长岛及蓬长航线，西三岛和北五岛海上助航。

北隍城灯塔　位于北隍城岛上，始建于1956年，对航行于老铁山水道的船舶起导助航作用。1974年改建为5米高石砌圆柱形灯塔。1980年8月，原灯塔拆除，重建高10米的新塔。同年10月1日，新灯塔正式发光。1982年12月，灯塔由海军移交天津航道局航测处烟台航标区，由蓬莱航标站管理。1986年3月，为灯塔换装英国产PRB-21型灯器。1989年，烟台海监局航标处成立时，又将灯塔移交至航标处，由蓬莱航标站北隍城岛灯塔班负责管理。1991年9月，灯塔安装ML-300型备用灯器。2003年11月15日，对灯塔安装遥测遥控装置，12月25日经初验收后，投入使用。2004年7月8日，对灯塔地网进行改造及防雷设备安装，7月10日安装完成。2016年6月，北隍城灯塔管辖权由蓬莱航标管理站移交给长岛航标管理站。

大竹山灯塔　位于大竹山岛上，始建于1979年，为石砌圆形塔，塔高10米，装备50厘米透镜，于1980年7月1日开始发光，对航行于长山水道的船舶起导助航作用。1982年，灯塔由海军移交天津航道局航标测量处烟台航标区管理。1989年，移交烟台海监局航标处，由蓬莱航标站大竹山灯塔班管理。1990年，换装英国产PRB-46型灯器。2000年8月26日，对灯塔进行改造，解决塔身渗漏问题。2003年11月13日，对灯塔安装遥测遥控装置，12月25日经初验收后，投入使用。2004年1月30日，对灯塔灯器进行更换，安装美国泰兰公司生产的TRB-400型灯器1套，同时增加24V变12V直流电源1台。2005年8月3日，将原龙口站屺母岛灯塔1100型机组（备用机）安装至大竹山灯塔。2006年7月16日，大竹山灯塔TRB-400型灯器、雷达应答器遭雷击，停止工作，23日完成灯器修复后调试工作，确保运转正常，同时安装美国产ML-300型备灯一套。同年12月6日，对大竹山灯塔安装HY-II-Y雷达应答器一台，于当日恢复正常工作。2017年3月，对灯塔安装IMA-400型灯器。

猴矶岛灯塔　位于猴矶岛上，始建于清光绪八年（1882），对航行于长山水道的船舶起导助航作用。解放战争期间，灯笼和护灯玻璃被毁，1953年重新修建，装备37.5厘米透镜一具。1958年8月25日，雾笛建成。同年10月25日，装备50厘米透镜，300瓦灯泡电瓶供电，灯光射程15海里。1961年1月1日，灯塔移交蓬莱水警区航保科管理。同年4月1日移交给威海基地航保科。1970年，烟台基地成立，又将灯塔移交蓬莱巡防区。1974年，对灯塔进行全面大修，加装灯笼玻璃12块，重新装置灯笼顶盖和风向标、避雷针等，并将馈电线路换用铠装电缆埋入地下。1982年，灯塔由海军移交天津航道局航标测量处烟台航标区。1989年10月，又将灯塔移交烟台航标处，由蓬莱航标站猴矶岛灯塔班管理。同年，对灯塔组织安装火车头灯器。1991年10月7日，安装并使用备用灯器，闪白12秒。1992年3月20日，猴矶岛雾号停机保养，停止雾笛信号。2003年11月14日，对灯塔安装遥测遥控装置，12月25日经初验收后，投入正常使用。2017年12月，对灯塔灯器升级，老旧BGA-500型灯器更换成新型NVR-L27型灯器。

小竹山灯塔　位于小竹山岛上，始建于1951年，为灰色铁架的灯桩、高7米，光源为乙炔气，射程14海里，对航行于长山水道的船舶起导助航作用。1974年，在原铁架西南约5米处重建一高5米的白色圆柱形石塔。1982年，将灯桩移交天津航道局航标测量处烟台航标区。1989年，又将灯桩移交烟台海监局航标处，由蓬莱航标站管理。1992年9月，安装ML-300型灯器，同时增设太阳能。1997年11月11日，换装西班牙产BGA-500型灯器，同时将原太阳能采光板增容235瓦。1998年3月26日，灯桩更名为灯塔，射程由14海里改为18海里。2003年11月13日，对灯塔安装遥测遥控装置，12月20日经初验收后，投入使用。2018年，对灯塔进行重建，12月14日安装灯器电瓶。

北长山灯塔　位于北长山岛上，始建于1951年，1953年改建为铁架式。1960年3月1日，灯塔由青岛海军基地航保处移交蓬莱水警区航保科。1961年4月1日，由蓬莱水警区航保科移交给威海基地航保科。1970年1月1日，由威海基地航标科移交给烟台基地，又转蓬莱巡防区航标站负责管理。1973年11月5日，灯塔由灰色铁架改为圆形石塔。1978年，该塔扩建，装备285型柴油发电机组两部，50厘米透镜一具。1982年，该塔移交天津航道局航标测量处烟台航标区。1989年，移交烟台海监局航标处，由蓬莱航标站北长山灯塔班负责管理。1983年5月，建造配电房，架设市电。1997年5月29日，北长山大头灯塔旧国产（500厘米）灯器拆除，安装美国泰兰公司生产的TRB-400旋转灯器。1998年7月，动工建造新灯塔。1998年11月25—27日，北长山新灯塔安装美国泰兰公司生产的TRB-400旋转灯器，新灯塔于1998年12月20日正式发光，射程22海里，原塔灯器同时停光。

珍珠门香炉礁灯桩　位于长山水道珍珠门

礁石上，始建于1960年，灯高9米，射程3海里，对航行于长山水道的船舶起导助航作用。1988年10月，改造浇注水泥基础，加装20厘米透镜临时灯。1989年6月，重建钢筋水泥桩身，上平台配有太阳能板，更换30厘米透镜，装太阳能电池。2000年7月，安装避雷针一套。2002年5月23日，拆除30厘米透镜，更换新式155灯器。2003年11月18日，安装遥测遥控控制柜、通信天线等设备并投入使用。2018年，对灯桩进行重建。同年12月15日，安装HD316P型灯器。

鹊咀灯桩　位于鹊咀村信号山上，始建于1948年，灯高15米，对航行于登州水道和长岛周边的船舶起重要助航作用。1953年，改建为灰色铁架，乙炔气光源。1976年，由海军进行重建。1991年，安装30厘米透镜。1996年8月，安装太阳能系统。同年10月，将桩身贴瓷砖，并用石头包砌桩底座。1997年6月，更换ML-300型灯器。2003年11月17日，安装遥测遥控控制柜、通信天线等设备并投入使用。2006年12月26日，安装HY-Ⅱ型雷达应答器一座。2018年7月，更换遭雷击损坏的线路板。

第七节　海上救助

境内海域共有水道14条。其中，长山水道和老铁山水道为国际水道，水域环境复杂，养殖区分布广泛，气候多变，属中国第二大风区，每年8级以上风级达30余天。80年代后，全县10个有居民岛相继开通客船、客滚船航线。往来渔船及国内外客货运输船日渐增多，海上碰撞、误入养殖区、遇险等事件时有发生。至2018年，长岛县共组织实施海上救援146起，救助遇险人员815人、船只86艘。随着航行船舶吨位、功率增大，现代助航、救援设备设施日益完善，航运管理不断规范，海上交通事故逐年下降，海上安全得到保障。

“10·11”海上营救行动

2000年10月11日9时45分，四川集装箱船运公司所属“川集1”轮在砣矶岛附近海域出现主机故障，发电机烧毁，锚链断掉，船舶进水，油料仅能维持2小时，情况危急，请求派船救助。当时海上东北风7～8级、阵风9级，大浪、大涌。长岛县立即实施救援。10时55分，大钦岛乡“鲁长渔2041”“鲁长渔2042”两艘渔船赶往事发海域。11时40分许，两船靠近“川集1”轮，伺机带缆。此时“川集1”轮进水约100吨，船长准备弃船。11时39分，烟台海事局组织的“北海102”轮到达现场，在遇险船附近监护。12时25分，“川集1”轮再次组织堵漏和排水，险情得以缓解。12时45分，“鲁长渔2041”“鲁长渔2042”为“川集1”轮带缆绳成功，将其拖往大钦岛，于13时15分安全靠泊码头。经过3个多小时的营救，12名船员及遇险船舶获救。

“通惠”轮营救行动

2001年10月28日上午5时30分许，龙口港通海运有限公司所属“通惠”滚装货轮在小钦岛海域爆炸起火。海面东北风8～9级，阵风10级，风大浪高。长岛县立即实施救援。因海上风浪太大，小钦岛乡“鲁长渔2010”船第一次出海被迫返回，第二次冒险出海，于9时许到达事发海域。此时，“通惠”轮船上人员已全部跳海逃生，“鲁长渔2010”船救起4人。晚22时，“通惠”轮沉没，船上32人，5人生还（其中1人被途经该海域的“燕京”轮救起），余者遇难或失踪。

“2·22”海难救助行动

2003年2月22日下午14时25分，大连渤海轮船公司所属“辽旅渡7”客滚船从辽宁旅顺开往山东龙口途中，主机发生故障，在砣矶岛西部海域失去动力，船体发生严重倾斜，出事海域风大浪急，客轮发出遇险求救信号。山东省委、省政府、省军区，烟台市委、市政府紧急组织长岛县、蓬莱市、龙口市各级政府及长岛驻军有关单位全力救援。14时35分，砣矶镇“鲁长渔3045”等6艘大马力渔船在镇党委书记王成强带领下，从砣矶港出发赶往出事海域。长通公司的“海马”客轮，“鲁长拖2”和“驻军8002”船，从大钦岛港赶往出事海域。16时30分左右，“鲁长渔3045”船率先到达现场，先后救起17名遇险旅客。17时22分，“鲁长渔3025”船、“艾丁湖”轮及两艘军用船等赶到现场，投入全力营救。17时55分，“辽旅渡7”轮沉没。20时30分，“辽旅渡7”轮船员、旅客81人全部被救起，其中渔船救助54人，军船救助27人，77人生还，4人死亡。当晚，全部脱险人员被送往砣矶岛妥善安置，次日离岛。

“金华夏158”轮与“大唐19”轮碰撞事故救援行动

2007年7月19日6时30分，宁波大唐海运有限公司所属中国籍“大唐19”轮与芜湖华夏船务有限公司所属“金华夏158”轮在长山水道西口附近水域发生碰撞事故。长岛县委、县政府及海上搜救中心组织实施紧急救援，协调“远力6”轮、“中国渔政37062”等共有27艘船舶参与搜救，救出船员112人。事故造成“金华夏158”轮沉没，1人死亡，1人失踪。

“和航兴龙”轮救援行动

2018年8月15日上午8时20分，长通公司“和航兴龙”轮在航行距大钦岛港外约200米处，突遇强对流天气，大风暴雨严重影响航行视线，船只被风浪压进大钦岛港外养殖区，船舶推进器被养殖架绳缠搅失去动力。船上284人，其中乘客269人、船员15人。接报险情后，省委书记刘家义、省长龚正作出重要指示，要求全力以赴做好救援。市、县主要负责人现场指挥，制定救援措施。组织协调大钦岛乡2艘300马力钢质渔轮，“北海救201”船、“北海救115”船、“寻仙12”客轮及潜水员奔赴现场参与施救。因风大涌急，且养殖区缆绳密集、空间狭小，施救船只、潜水员无法实施救援，采取救援船舶现场守护，遇险船舶加固防护等措施，分管副县长带领公安、海事、港航、医护人员和大钦岛乡干部群众携带药品、毛毯、饮水、食物等必需品，顶浪强行登船，面对面安抚乘客情绪。16日凌晨5时20分，海上风力浪涌暂时减弱，立即组织8艘渔船对现场养殖设施进行清除，4名潜水员对推进器缠绕物进行水下清除。至6时30分，缠绕船舶推进器的养殖缆绳被全部割除，“和航兴龙”轮在施救船的牵引下脱离养殖区。7时许，被困近23小时的“和航兴龙”轮恢复动力，在北海救“201”船、“115”船的护航下驶往长岛港，284名乘客和船员安全脱险。

第八节　港航航运企业

长岛渤海长通旅运有限公司

2002年1月，长岛长通旅运有限公司成立。主要从事长岛(南长山岛)—蓬莱，长岛(南长山岛)—北五岛、西三岛的客、货运输。长岛渤海长通旅运有限公司取得水路运输许可资质后，原长岛长通旅运有限公司经营的船舶变更相关手续，由长岛渤海长通旅运有限公司继续经营。2015年4月15日，长岛渤海长通旅运有限公司成立，注册资金3000万元。2016年7月，公司正式运营，系新奥集团旗下新绎控股有限公司的子公司。公司主要经营蓬莱—长岛(南长山岛)—北五岛、西三岛的客运、客滚运输及与全县生产生活相关的包装危险品运输业务，蓬莱—庙岛、大黑山岛、小黑山岛之间的海上旅游运输，长岛公益性运输(殡葬车、垃圾车运输)。公司固定资产2.32亿元，2018年，公司有持职务证书船员51人，管理人员持船长、轮机长证书8人，持安全管理证10人；自有船舶15艘，其中客滚船7艘、普通客船4艘、高速客船3艘(最小高速客船99客位，最大客滚船499客位)、货滚船1艘，共20663总吨，5178个客位、139个标准车位(12米)，公司所属船舶平均船龄缩短为5年。2018年，共运输旅客188.88万人，车辆15.13万辆，完成营运收入1.07亿元，经营实现利税1406.67万元，上缴税金473万元。

长岛祥隆水运有限公司

1996年3月22日，长岛祥隆水运有限公司成立，注册资金1453万元，系烟台和隆航运集团的子公司，公司主要经营蓬莱—长岛(南长山岛)—北五岛、西三岛间的客运、滚装货物运输，公司旗下的客滚船“和航兴龙”轮是全国第一艘民船参军船舶，常年为海岛军民提供生产生活保障，为驻岛部队行使战备保障机制。2018年，公司有员工72人，自有船舶5艘。其中，客滚船4艘、普通客船1艘，共7983总吨，1826个客位、79个标准车位（12米），公司所属船舶平均船龄缩短为4年。2018年，共运输旅客80万人，车辆7万辆，完成营运收入4288万元。被评为山东省“守合同重信用”企业。

烟台锦隆海运有限公司

2008年4月8日，烟台锦隆海运有限公司成立，注册资金3237万元，系烟台和隆航运集团的子公司，公司主要从事国内沿海及长江中下游普通货船运输，是全县唯一一家具备海上守护、灭火、拖带施救作业船的专业化公司。公司业务范围覆盖南海岛礁建设、长江水域货物运输、渤海湾油田开发海上服务、长岛陆岛货物淡水运输等。2018年，公司有员工96人，自有船舶4艘。其中，滚装船2艘、专用工作船2艘，共8000总吨，公司所属船舶平均船龄缩短为3年。连续多年被烟台市港航管理局授予“先进集体”“全市港航系统安全生产先进单位”。

长岛常丰油轮运输有限公司

2008年11月，长岛常丰油轮运输有限公司成立，注册资本13600万元。2009年，公司经交通运输部批准为国内沿海及长江中下游成品油运输企业，主要经营业务覆盖长江、沿海等国内各大港口，先后与中石油、中石化、中海油等大型石油公司建立长远战略伙伴关系，联合布局、优化“北油南运”航运网络，以北方沿海等港口为成品油运输的主要启运港，配送到鲁、苏、浙、闽、粤、桂、琼、皖、赣、沪等13个省、市（直辖市）60多个港口，运营网络覆盖中国沿海及长江中下游大部分区域，架起中国北方成品油资源供应与南方资源需求的海上桥梁。2018年，公司经营成品油轮9艘67866载重吨，总吨位44373吨，拥有固定资产7.93亿元，职工150余人，年运输能力近200万吨。公司内设安全生产办公室、航运业务保障办公室、综合办公室、体系办公室、海务部、机务部、财务部及5个驻外办事处。先后被交通运输部授予“交通运输企业安全生产标准化建设二级企业”“中国化工物流行业百强水运服务企业第6名”“中国危化品物流百强企业第32名”；被评为山东省“守合同重信用企业”。

长岛县乐通轮驳有限责任公司

1994年6月，长岛县乐通轮驳有限责任公司成立，主要从事海上货物运输。2004年，在县委、县政府的批准下，公司自筹资金投资改扩建并自主经营集商、渔、危险品货物集散为一体的综合性码头乐通港1处。2007年，投资2000万元，建造一艘5000吨散货船“长平”轮。2008年，投资7500万元，建造一艘1.6万吨散货船“长和”轮。2010年，经县委、县政府批准，公司自筹资金，建设长岛县西海岸护岸及陆域吹填工程，工程总投资18759万元，于2016年完工。2018年，公司有固定资产1.8亿元，职工30人。先后荣获烟台市“文明单位”“精神文明先进单位”“劳动关系和谐企业（AAA级）”称号，获省工商局授予的“守信用重合同企业”称号。

蓬莱映华海运有限公司

2002年5月，蓬莱映华海运有限公司成立。主要从事海上旅游运输，经营蓬莱—长岛（南长山岛）、北五岛、西三岛间客货运输。自成立之初，投入2艘共460客位的普通客船在长岛县域内进行旅客运输。至2018年，在长岛县域内运输船舶共8艘，其中包括3艘客船、5艘客滚船，共2876个客位、载重量11835总吨、98个标准车位。2018年，运输旅客107.5万人，实现年收入2665万元。

第二章　公路运输

80年代中期以后，长岛县公路建设进入较快发展时期。全县公路建设实行统一领导、统一组织、统一规划、统一落实，县交通、公路、建设等部门各负其责、齐抓共管，乡镇、渔村及驻军单位积极参与。1984年10月，环岛路（黑石嘴—县影院）改建为全县首条三级公路。至1987年，县、乡、村公路基本实现硬化，海岛"行路难"问题得到根本解决。1991年1月，环岛路提升为省道干线公路。

自1993年开始，全县实施公路分级管理，长岛公路管理局主管长岛县境内省道干线公路的建设、养护、管理工作；县乡公路由县交通局负责修建、养护和管理；乡镇道路由乡镇人民政府负责自建、自养、自管；专用道路由专用单位负责修建、养护和管理。

2002年起，按照"高起点规划、高标准建设、高水平管理"的要求，加快实施境内道路改造工程。相继启动山前至林海、省道263线北城至店子路段改扩建、砣矶疏港路等重点工程。至2007年，新建改建省道263线、乡村道路等主次干道20余条，总里程40余千米。2008年，南北长山联岛大桥建设项目行业报告通过专家评审，可研报告上报省交通厅审批；2014年，南长山岛与北长山岛联岛大桥竣工通车。

2018年，《长岛海洋生态文明综合试验区建设实施规划》印发实施，坚持优化布局、配套成网、提升功能、适度超前的原则，扩大国省道覆盖范围。"四好农村路"三年攻坚行动启动，全县共改造、大修农村公路8.1千米，总投资3591万元。

第一节　管理机构

长岛县交通运输局

1986年，长岛县交通局与长岛县交通运输公司合并为一个机构，两块牌子。1993年11月，撤销县交通局，设立县交通委员会，下设运输管理所、维修管理所和砣矶、大钦、小钦、北隍、大黑山、南长山6个交通管理所（在航管所内）及客运办公室、交通检查站共11个行业管理部门；下属县交通运输服务中心企业1个；代管县乐通轮驳有限责任公司、县海滨汽车维修有限责任公司、县祥坤运输有限公司3个企业。2001年12月，县交通委员会更名为县交通局，内设3个职能科室：办公室、财务审计科、综合科（交通战备办公室与其合署）。辖县交通运输管理所、县交通检查站、县客运管理办公室和砣矶、大钦、小钦、北隍、南隍、大黑山6个交通管理所（均为股级事业单位）。2010年8月，整合相关职能，组建县交通运输局。2018年，长岛县交通运输局下设办公室、规划基建科、综合运输科、政策法规科4个机关行政科室和港航管理处、道路运输管理处、交通运输监察大队、地方公路管理处、黑山交通管理所、砣矶道路运输管理所、钦岛交通管理所、庙岛交通管理所、南隍城交通管理所、北隍城交通管理所10个事业单位。

长岛公路管理局

1980年1月，设立长岛县公路管理站。1993年10月，长岛公路管理站更名为烟台市长岛公路管理局。2003年，烟台市长岛公路管理局内设办公室、财务科、养路科、安全科、工程科和征稽科。至2018年，烟台市长岛公路管理局下设养护路政科、工程科、安全生产科、办公室、财务审计科共计5个职能科室和南长山公路管理站1个基层站所，负责辖区内国道517和省道501公路以及南北长山联岛大桥的工程建设、养护管理、路政执法和安全监管等工作。

第二节　公路与桥涵建设

国道

2018年前，境内无国道。2018年，全省公路路网调整，将省道263线北长山乡医院—县影院段调整为国道517线，里程14.6千米，其中包括南北长山联岛大桥。同年，国道517线县影院至北城村段，完成公路大修里程8千米，铺筑沥青路面7.8万平方米。

省道

1991年1月29日，长岛港—店子线（计8.6千米），长岛港—黑石嘴线（计5.6千米），乐园—连城线（计3.5千米），北城—店子线（计3.9千米），总计21.6千米公路，调整为省道111线，经过的主要控制点有北城、花沟、店子、嵩前、连城、黑石嘴、长岛港、鹊咀、后沟、王沟、黑石嘴东、南城东、荻沟东、乐园。1992年4月至1993年1月，完成省道111线王沟路段1.5千米水泥路面改建。1993年5月20日至8月28日，完成省道111线南城路段改线工程，改线路基为1千米，比原路面加宽2米。1995年6月—8月31日，在省道111线石油公司北山口修建1处长320米标准防护工程。同年，完成青年路300米路基改建。

1997年，根据山东省公路管理局的统一安排，将省道111线改为263线。1998年6月2日至8月19日，投资120万元，完成省道263线北长山路段1千米路基拓宽改造。1999年10月27日至12月31日，投资203万元，完成省道263线北城段1千米改建。2000年7月1日至2001年4月20日，完成省道263线嵩前段2.1千米改建，改建后路面宽9米，建成涵洞6道。2002年3月12日至10月18日，完成省道263线店子—半月湾路段1.1千米改建工程，建成涵洞4道。2003年，根据山东省交通厅及烟台市公路局改建计划，进行省道263线及海滨路拓宽改造等工程（全长为9.919千米），共分5个施工合同段。其中，海滨路拓宽改造工程，北起长岛港客运站办公楼，南至部队管区结合部，路线全长1060米，护岸全长821米，水泥混凝土路面宽20米，两侧设8米人行道，护岸后方设有宽度25米海滨花园，路线南端设有面积14000平方米海滨广场，被列为2003年省重点改建工程项目。2004年，省道263线及海滨路拓宽改造等工程完成一合同海滨路护岸工程收尾工作、三合同主体工程、四合同路面工程及五合同砣矶通港路工程。共完成路基土石方23万立方米，挡墙1.8千米，混凝土路面8万平方米，投资约2600万元，通车里程达9.9千米。至2004年，省道263线高级路面达到19.8千米，次高级路面2千米。2005年5月24日，省道263线荻沟—南城—黑石嘴路段2.4千米改建工程开工，投资380万元，采用二级路标准。2011年，投资600万元，完成省道263线南城—连城路段2千米沥青路面升级改造工程。

2015年5月，长岛首座沥青拌和站完成场地基础建设和机组设备安装。同年9月，公路局争取上级资金300万元，结合沥青拌和站机组开机生产，完成南北长山连接工程路面改造施工，铺筑长1.5千米、宽8.5米的沥青路面。2017年，投资2100万元，完成省道263线宏凯幼儿园至第二实验学校段2.4千米路面应急抢修工程，将原有水泥路面改建为沥青路面。

2018年，省道263线南北长山联岛大桥南端—防化连南路口段调整为省道501线，里程7.3千米。

县乡村道

80年代初，境内道路坡陡弯急、等级低，通行条件较差。1984年，省委、省政府在长岛县召开第一次海岛工作会议，省交通厅拨款100万元，在全县8个乡镇修建公路39.84千米，均为水泥混凝土路面。1986—1990年，乐江线（乐园—江头）1.8千米，店九线（店子—九丈崖）水泥路面铺设完工。1992年9月，投资109万元，改建长园路，道路长1500米、宽9米，为3级公路标准。1993年始，全县实施公路分级管理，明确县、乡公路由地、县交通部门负责。

1996年，全县公路通车里程为25.3千米。同年，南北长山国防路建设项目列入国家国防公路"九五计划"。至2000年，南北长山国防公路先后完成赵王段拓宽改造、要塞区无线发信台新建公路、武装部训练场地铺设、警卫连接口路、风电场7号风机至林海公园新建公路和烽山鸟展馆路路面铺设，总投资1500万元。

2001年5月，全国范围内开始第二次公路普查，首次将村级公路纳入管理范围。2002年，县交通局正式对普查后纳入管理范围的村路进行管理养护，其中县道8.2千米、乡道33.7千米，均为等级公路，路面全部硬化，实现村村通公路。同年，建设全县第一条高等级农村公路，店子—九丈崖线，路面为水泥混凝土、宽9米，路基宽11米，连接店子村至九丈崖景点，为二级公路。是年，全县农村公路共72.14千米，其中：县道8.2千米、乡道33.7千米、村道30.24千米，均为水泥混凝土路面，公路密度达到每百平方千米129千米。

2003—2006年，全县新建、改建农村公路15.9千米，总投资5980万元。其中，县道6.5千米，乡道9.4千米。2007年，投资1600多万元，改造县级公路4千米；北长山乡、砣矶镇、大钦岛乡、小钦岛乡、南隍城乡、北隍城乡6个乡镇乡村公路10千米。2009年，贯通文苑路，南起青年路，北至台山街，全长2.5千米。2010年，改造乐孙线，南起乐园村，北至孙家村，全长764米。2009—2010年，共投资1490万元，完成22千米乡村公路建设。2011—2012年，修建完成砣矶镇大井线国防路1千米，砣矶镇、北隍城乡国防路3.3千米。2012年，开工建设文苑路延伸工程，向北延伸至王沟村，向西连接长山路，总长1727米。2013年，文苑路延伸工程完工并启用。2013—2015年，累计新改建村级公路29.514千米。2015年，烟台市交通运输局对全市范围内的农村公路进行整合，将境内X052孙赵线、X053乐江线、X054赵江线、X055店九线4条线路整合为1条，更名为X096岛内路，把部分乡路合并到县路，县路里程由8.2千米整合为12.112千米。同年，投资970万元，改建南长山岛孙家段至赵王段，全长1.6千米。其中，西段车行道长765米、路面宽7米，采用沥青混凝土路面结构；东段慢行道长895米、路面宽6.5米，采用彩色透水混凝土路面结构。

2018年长岛县农村公路情况表

表5-6

路线编码	路线名称	公路里程总计	按技术等级分（千米）					按路面类型分（千米）		
			等级公路合计	一级公路	二级公路	三级公路	四级公路	有铺装路面		
								合计	沥青混凝土	水泥混凝土
—	长岛县合计	121.446	121.446	—	10.473	19.218	91.755	121.446	—	121.446
	县路小计	12.112	12.112	—	2.811	6.131	3.17	12.112	—	12.112
X096370634	环岛线	12.112	12.112	—	2.811	6.131	3.17	12.112	3.6	8.512
	乡路小计	40.941	40.941	—	3.473	11.874	25.594	40.941	—	40.941
Y001370634	吕山口—磨石嘴	6.326	6.326	—	—	—	6.326	6.326	—	6.326
Y002370634	后口村—大口村	1.820	1.820	—	—	—	1.820	1.820	—	1.820
Y003370634	北隍码头—北隍中学	2.409	2.409	—	—	—	2.409	2.409	—	2.409
Y004370634	山后村—山前村	1.340	1.340	—	—	—	1.340	1.340	—	1.340
Y005370634	新港—南菜园	3.115	3.115	—	—	3.115	—	3.115	—	3.115
Y006370634	东村—北村	5.084	5.084	—	—	—	5.084	5.084	—	5.084
Y007370634	北村—南村	2.4	2.397	—	—	—	2.397	2.4	—	2.4
Y008370634	庙岛村—山前村	5.021	5.021	—	—	5.021		5.021	—	5.021
Y00937063	土岛村—西壕村	6.218	6.218	—	—	—	6.218	6.218	—	6.218
Y010370634	孙家村—赵王村	2.625	2.625	—	—	2.625		2.625	—	2.625
Y011370634	鹊咀—孙家	2.393	2.393	—	2.393	—	—	2.393	—	2.393
Y012370634	文苑路	0.349	0.349	—	—	0.349	—	0.349	—	0.349
Y013370634	店九线	1.080	1.080	—	1.080	—	—	1.080	—	1.080
Y014370634	乐园—孙家	0.764	0.764	—	—	0.764	—	0.764	—	0.764

续表5-6

路线编码	路线名称	公路里程总计	按技术等级分（千米）					按路面类型分（千米）		
			等级公路合计	一级公路	二级公路	三级公路	四级公路	有铺装路面		
								合计	沥青混凝土	水泥混凝土
	村路小计	68.393	68.393	—	4.189	1.213	62.991	68.393	—	68.393
C001370634	码头—小黑山	4.000	4.000	—	—	—	4.000	4.000	—	4.000
C002370634	老黑山—北庄村	2.994	2.994	—	—	—	2.994	2.994	—	2.994
C003370634	北庄—大濠	2.115	2.115	—	—	—	2.115	2.115	—	2.115
C004370634	王沟—峰山	2.404	2.404	—	—	—	2.404	2.404	—	2.404
C005370634	鹊咀—山前	2.008	2.008	—	2.008	—	—	2.008	—	2.008
C006370634	店子—码头	1.213	1.213	—	—	1.213	—	1.213	—	1.213
C007370634	嵩前—北城	2.363	2.363	—	—	—	2.363	2.363	—	2.363
C008370634	嵩山—嵩前	2.736	2.736	—	—	—	2.736	2.736	—	2.736
C009370634	连城—南城	1.864	1.864	—	—	—	1.864	1.864	—	1.864
C010370634	王沟—老渔寨	1.338	1.338	—	—	—	1.338	1.338	—	1.338
C011370634	灯塔—山后	2.067	2.067	—	—	—	2.067	2.067	—	2.067
C012370634	老虎头—东山头	1.560	1.560	—	—	—	1.560	1.560	—	1.560
C013370634	塔楼—南隍村	1.567	1.567	—	—	—	1.567	1.567	—	1.567
C014370634	码头—小钦岛村	1.098	1.098	—	—	—	1.098	1.098	—	1.098
C015370634	小钦村—冷藏厂	1.072	1.072	—	—	—	1.072	1.072	—	1.072
C016370634	东村—小浩	1.400	1.400	—	—	—	1.400	1.400	—	1.400
C017370634	磨石嘴—大口	1.639	1.639	—	1.639	—	—	1.639	—	1.639
C018370634	后口—北村	3.279	3.279	—	—	—	3.279	3.279	—	3.279

续表5-6

路线编码	路线名称	公路里程总计	按技术等级分（千米）					按路面类型分（千米）		
			等级公路合计	一级公路	二级公路	三级公路	四级公路	有铺装路面		
								合计	沥青混凝土	水泥混凝土
C019370634	烽山—山前	1.620	1.620	—	—	—	1.620	1.620	—	1.620
C020370634	乐园—江头	0.542	0.542	—	0.542	—	—	0.542	—	0.542
C021370634	北城—养殖场	3.017	3.017	—	—	—	3.017	3.017	—	3.017
C022370634	西村—育苗场	1.686	1.686	—	—	—	1.686	1.686	—	1.686
C023370634	中村—码头	1.832	1.832	—	—	—	1.832	1.832	—	1.832
C024370634	大口—井口	1.642	1.642	—	—	—	1.642	1.642	—	1.642
C025370634	北村—修船厂	1.613	1.613	—	—	—	1.613	1.613	—	1.613
C026370634	霸王山	1.230	1.230	—	—	—	1.230	1.230	—	1.230
C027370634	码头—井口	2.320	2.320	—	—	—	2.320	2.320	—	2.320
C028370634	大钦南村船厂—北村村委	2.377	2.377	—	—	—	2.377	2.377	—	2.377
C029370634	大钦东村村委—采石场	1.918	1.918	—	—	—	1.918	1.918	—	1.918
C030370634	大顶旺	2.003	2.003	—	—	—	2.003	2.003	—	2.003
C031370634	小钦乡养殖采石场	1.133	1.133	—	—	—	1.133	1.133	—	1.133
C032370634	小钦进出口路	1.595	1.595	—	—	—	1.595	1.595	—	1.595
C033370634	南隍坑道口—西菜园	1.517	1.517	—	—	—	1.517	1.517	—	1.517
C034370634	南隍后口东路	1.547	1.547	—	—	—	1.547	1.547	—	1.547
C035370634	南隍乡发电厂—村南头	1.502	1.502	—	—	—	1.502	1.502	—	1.502
C036370634	南隍佛陀山路	1.019	1.019	—	—	—	1.019	1.019	—	1.019
C037370634	小黑山村委—育苗场	1.563	1.563	—	—	—	1.563	1.563	—	1.563

2014年9月，南北长山联岛大桥建成通车（2015年）

2016年，全国实施农村公路安全生命防护工程，长岛县投资550万元，整治隐患路段62千米，补设交通警示标志294块、道口桩894根、波形钢板护栏8658米、道路标线7965平方米、黄闪灯36盏。2018年，县政府印发《长岛县农村公路"三年集中攻坚"专项行动实施方案的通知》（2018—2020年），计划利用三年时间改建、大修农村公路25千米。2018年，改建农村公路8.1千米。其中，1.9千米县道由水泥混凝土改为沥青混凝土。县道好路率达90.7%、乡道好路率达86.5%，不断完善既有农村公路的安全、排水、绿化、运输等配套设施，确保新改建农村公路安全防护、运输服务设施与主体工程"三同时"。

南北长山联岛大桥

长岛县南北长山联岛大桥被列为山东省"十二五"规划重点工程。2012年2月28日，南北长山联岛大桥开工建设。2014年9月30日，建成通车，工程总投资1.62亿元。起点为南长山街道连城村望夫礁景区附近，向北跨越海域，终点至北长山乡南端，全长1510米，其中桥梁长1200米，全线按二级公路标准设计，设计车速60千米/小时，是连接南长山岛和北长山岛的重要通道。大桥建成通车后，结束南长山岛、北长山岛仅由联岛大坝通行的历史。

第三节　运输车辆

1986年，全县共有货运车辆17辆，载重量共136吨，在此期间出现个体三轮车从事客运经营，数量约30辆。1988年，出租车行业发展迅速，全县共有"夏利"牌客运出租车60辆，均为个体经营。1992年，新增6辆旅游客运车辆，分别属于长岛县交通局客运管理办公室和长岛县汽车运输公司所有。1994年，随着全县旅游业的发展，新增旅游客运企业5家，共有客运汽车16辆、320座；货运车辆增加到50辆，载重量246吨。1999年，烟台市汽运公司派驻长岛县仅有的一辆客运车辆停运。2002年，长通旅游客运公司成立，投入运营客车4辆、128座。2003年，蓬莱汽车运输总公司出资一次性买断长岛县汽车运输公司，成立长岛县祥坤运输有限公司，有客运车6辆、288个座位。是年，全县共有客运企业7家，客运车16辆、座位435个。2005年，通达汽车运输公司成立，由蓬莱过户到长岛挂靠经营的货运车辆40辆、载重量350吨。至2005年，全县共有货运车辆370辆、载重量1100吨，主要为外地挂靠经营车辆，出租车拥有量增加到206辆。

2006年，长岛县旅行社和祥坤运输有限公司联合成立长岛晟达客运有限公司，新购置"江淮"牌大客车6辆、252座。全县共有客运企业7家、个体经营户11家，客运车辆46辆，除晟达新购置的6辆大客车、长通公司新购置的4辆"金龙"牌客车、祥坤公司新购置的1辆"中通"牌客车外，其余的35辆客车为企业或个体经营业户从岛外过户的二手客车。2009年，将原有7家客运企业、11个个体经营户整合为4家客运企业，分别是：祥坤运输有限公司、晟达旅游客运有限公司、长

2018年4月4日，纯电动旅游公交车投入运营

通客运有限公司、祥隆客运有限公司，取消了个体经营(原晟达公司解散，由县旅游局独资成立晟达旅游客运有限公司)。至2012年，原有的35辆二手客车全部淘汰，整合后4家企业共计新增客车41辆、2000座，全县旅游客车拥有量达到56辆、共计2245座，基本满足旅游需求。

2015年前，全县的公交车辆与旅游客运车辆混用。2015年年底，祥坤公司和晟达公司分别购置20辆17座、25座的纯电动公交车，原有的柴油客车不再从事公交运营，只用于旅游客运。2016年1月1日起，在公交线路上运营的公交车辆实现100%电动化。2017年底，根据县委、县政府要求，对全县旅游客运市场进一步优化，各企业在已实现联合经营的基础上实行股份制经营，原来的4家客运企业参股成立一家股份制企业，同时淘汰原有的56辆柴油客车。2018年2月，根据县委、县政府工作安排，成立长岛隆晟祥客运公司，购置“宇通”牌45座纯电动大客车50辆，3月底全部到位，4月4日投入运营，标志着长岛建成使用全国首个县级行政区域绿色道路客运体系，成为国内第一个燃油客运时代跨入纯电动客运时代的县(市、区)。至2018年，全县的货运车辆大部分为外地挂靠车辆，由于淘汰黄标车工作要求以及安全生产工作要求，挂靠在长岛经营的货车逐渐减少，全县共有货运车辆119辆、共计载重量2008吨，各种客运车辆50辆、公交车40辆、出租车206辆。

第四节　运　输

货运

80年代前，受地理条件以及交通设施制约，货物运输能力低、运量小。1986年，全县完成货运量35.7万吨、货物周转量2450万吨千米，县运输公司时有9辆“解放”牌货车、4辆“跃进”牌货车及4辆柴油三轮车。1988年，根据市场货运量需求，又增加6辆5吨大货车。90年代初，随着扇贝养殖业的兴起，带来水产品加工高潮，拖拉机逐渐退出运输市场，以企业及个体经营户购置小吨位货车为主。1992年始，随着交通设施日趋完善及经济发展的需求和扩大，货物运输能力逐步提升，货物运输难、海岛居民乘车难的问题逐步得到解决。2003—2018年，全县的货运车辆大多为岛外挂靠经营车辆。至2018年，全年完成货运量58.74万吨，货物总周转量3230万吨千米。

1986—2018年长岛县公路货运情况统计表

表5-7

年份	货运量(万吨)	货运周转量(万吨千米)
1986	35.73	2449.89
1987	52.3	1804.7
1988	53.4	5140
1989	32.27	4168.81
1990	12.4	1215.4
1991	23.25	2438.72
1992	40.35	1256.72

续表5-7

年份	货运量（万吨）	货运周转量（万吨千米）
1993	42.28	1476.15
1994	26.12	1025.47
1995	15.38	877.71
1996	15.22	1065.01
1997	14.09	1237.63
1998	17.31	1365.63
1999	21.86	1682.15
2000	21.23	1583
2001	22.62	1682.92
2002	22.1	1611
2003	25.2	1705
2004	23.4	1673
2005	26.6	1771
2006	25.7	1711
2007	30.5	1864
2008	44.16	2571
2009	42.77	2484
2010	47.58	2593
2011	53.09	3792
2012	51.35	3517
2013	57.17	3651
2014	41.09	2165
2015	80.15	4409
2016	77.64	4270
2017	89.31	4912
2018	58.74	3230

客运

公交客运　长岛县城市公交始于1966年，由烟台市汽运公司经营，开通北长山岛—南长山岛客运专线，通车里程19千米，配备客车1辆、驾驶员1名、售票员1名，每天3个往返。1981年烟台汽运公司将公交线路使用权转给长岛县交通局经营，1986年将车辆和资产无偿移交，撤离长岛。1997年，长岛县交通局将公交车辆和人员移交长岛县汽车运输公司经营。因亏损，年底停开客运班车，仅有的一条客运线路于1999年停运。

2003年4月，蓬莱市汽车运输总公司出资一次性买断长岛县汽车运输公司，组建成立长岛祥坤运输有限公司。2005年，祥坤运输有限公司组建成立长岛县公交服务公司，投入公交车15辆，开通公交线路2条，1路车绕南长山岛、北长山岛运行，2路车绕南长山岛运行，每天往返6个班次。2006年，线路增至5条，站点32个，投入运营客车12辆。2012年，城区新建停车场2处、公交站点19处。

2009年5月，长岛晟达旅游客运有限公司成立，2012年投入公交车17辆，开通长岛港—赵王—孙家公交线路。翌年，开通山前—赵王—孙家公交线路，实现南长山岛、北长山岛村村通公交。

2017年，新增城区公交站点24处。2018年，启动旅游公交系统建设。县政府聘请鲁东大学完成规划设计，新建南长山岛、北长山岛公交站点11处。

2018年8月，全县公交车非现金支付实现全覆盖，成为烟台市首个实现公交移动支付全覆盖的县（市）。年底，全县共有城市公交线路5条，由两家公交公司运营，其中长岛祥坤运输有限公司负责1路和2路线运营，长岛晟达旅游客运有限公司负责3路、4路、5路线运营，共设站点75个。另有旅游公交线路3条，设站点39个，由长岛隆晟祥客运有限公司运营。

所有公交车实行循环运行，早班时间7:00，末班时间17:00，间隔约30分钟。城市公交南长山岛、北长山岛区域内1元/人次，跨区域2元/人次。旅游公交由长岛港发往各旅游站点，票价为每人次5元。2011年10月1日起，《城区老年人、儿童乘坐公交车免费及学生票打折管理办法》实施。2018年底，县政府决定，自2019年1月27日起，长岛居民，包括现役军人和长期在长岛工作或生活的外地人员，乘坐城市公交车实行零票价。

出租客运　80年代初，私人出资购买三轮摩托车，个体经营出租客运，市场处于无序状态。80年代末，实行“经营权定向购买”政策，一批个体经营者开始更新运输车辆，全资购买较为流行的“夏利”车，淘汰经营近15年的落后运输工具。1995年，县运管所根据市场发展对出租行业进行管理，办理营运证，并在出租车行业办理从业人员上岗证。1996年，对全县所有出租车安装计价器。1997年，全县出租车增至160余辆。至1998年，为保证出租车合法权益，打击非法营运，对全县出租行业进行整顿，共清理无营运手续出租车29辆，每辆车给予3000元处罚。同年，对全县出租车手续进行有偿使用，由烟台市交通运输管理处和烟台市拍卖行对长岛县出租车手续以每辆6000元的价格进行拍卖。1999年，为满足长岛居民日益增长的交通出行和旅游行业的发展需要，第一次对社会公开招标，投入30个出租车经营指标，由社会经营者购买。至2005年，拥有行政许可经营的客运出租车达到206辆，实行私有经营管理，基本上满足社会需求。2011年，出租车客运量为72万人次，周转量为1480万人千米。2014年，出租车客运量为90万人次，周转量为1800万人千米。至2018年，全县出租车保有量仍为206辆，出租车客运量为102万人次，周转量为2040万人千米。

旅游客运　长岛县的旅游客运始于90年代初期。由于当时的海岛旅游业刚刚起步，社会闲散车辆进入旅游客运的行列，车辆状况差，服务质量低。90年代末期，经长岛县交通局的规划整顿，采取旅行社挂靠经营，集约化管理的模式，在上级部门的协调指导下，增加近10辆车况较好的二手客运车辆，充实到长岛旅游客运行业，由于旅游季节短暂，个体旅行社均不能发展标准的旅游车型。2006年，投入资金2400万元，更新增置标准型旅游客车58辆，共2597客位。2009年，全县旅游业发展迅速，而旅游客运市场存在大量的二手客车，车况较差，影响全县旅游整体形象的同时也不能适应快速发展的旅游业。县政府印发《关于促进我县旅游客运发展意见》，开始对全县旅游客运市场进行整治。2011年，旅游包车客运量为46万人次，周转量为212万人千米。2014年，旅游包车客运量为80万人次，周转量为1600万人千米。2018年，长岛隆晟祥客运有限公司投资4000多万元，购置50辆纯电动公交车投入旅游公交线路运营。旅游公交由长岛港发往各旅游站点，票价为每人次5元。至2018年，旅游客运量为110万人次，周转量为2200万人千米。

第五节　道路运输管理

公路养护

1985年，由各乡镇村安排工日修养公路，养路员的分配资金由各乡镇政府集资解决、统一分配。1988年，修补水泥路面12000平方米。1990年，养护修整路肩95千米，补修路面500平方米，好路率83.1%。1992年，成立南长山公路管理所和北长山公路管理所，共有养路员38人，主要为群众养路员。其中，省道干线公路养路员32人，县乡公路养路员6人，分别负责省干线21.6千米和25.3千米县乡公路的路面保洁工作。1993年，长岛县实行公路分级管理制度，21.8千米省干线由长岛公路局负责建设养护，省干线养路员减至8人。25.3千米县乡公路由县交通局负责建设养护。1997年，为节资增效，进行养护体制改革，养路员减至11人，由长岛公路局的养护管理员统一进行管理。

2002年，县交通局对县级公路进行正规化管理养护，招聘公路养护人员4人，负责8.2千米的县级公路养护。各乡镇也逐步成立交通管理所，负责本乡镇的公路养护工作。由于机构调整，撤销北长山公路管理所，省干线养路员减至6人。2003—2006年，省交通厅配发GPS掌上公路采集电脑，实现公路建设养护计划、施工、竣工验收等工作可以在同一软件下进行查看，为公路养护工作提供了技术支持。2005年，县乡养路员21人，共养护县乡公路25.3千米，县路好路率达到92%，乡路好路率达到88%。2005年后，由于公路等级和养护机械化水平不断提高，省道干线养路员人数逐年减少。2013年，县政府印发《长岛县农村公路管理养护年活动实施方案的通知》，要求各乡镇把农村公路养护工作进行规范性管理，对养路员配备和公路养护补助标准进行统一规定，把村路列入养护范围，试行县路县管、乡路乡管、村路村管的分级管理制度，建养并举。同年，全县公路列养率达到100%，好路率进一步提高。2015年，争取上级资金230万元，对海滨路、长园路、县府街等路段实施安全整治提升工程，在沿线路段设置警告、指示标志239块（含旅游景区指路标示），波形护栏907米，道口桩、警示桩496根，划设路面热熔、震荡标线4700余平方米，进一步消除公路交通安全隐患，改善海岛军民的出行体验。同年，县乡公路开始统一委托第三方进行保洁养护。

2017年，按照县委、县政府关于南、北长山城乡"一体化"保洁要求，调整养护管理模式，通过购买服务方式将21.9千米省道保洁、绿化、清雪防滑等日常养护工作交由市政保洁公司统一负责，长岛公路局负责对所辖公路的养护巡查监管和质量考核，及时督导养护责任单位加大机械人力投入，按照公路养护标准做好路面清扫保洁，沿线绿化修剪、补植，冬季、夏季防风防汛等工作。2018年，康洁公司对49.8千米国省干线和县乡公路进行统一养护。

规费征收

1985年4月，根据《山东省公路养路费征收办法》，客货汽车按月吨位115元征收，挂车按月吨位58元征收，参加营业运输的正规三轮摩托车按月吨位45元征收，拖拉机按月吨位45元征收。1986年，县交通局按照《山东省公路运输管理费定额征收办法》，对运管费进行征收，共计征收金额10442.65元。随着全县经济社会发展，出租车和各种运输车辆逐渐增多，规费征收逐渐步入正轨。1989年，增加养路费和客运基金的征收，共计征收运管费19411.80元、养路费68616.85元、客运基金4213.78元。1990年9月1日，对按吨位缴费的客货汽车调整为每月每吨位征收160元。

1992年12月，养路费征收开始使用微机打印票据，从此结束手工开票、记账的征收历史。1993年，成立长岛公路局征收稽查办公室，负责长岛县内的农用车、拖拉机和摩托车的养路费征收工作。1994年6月，按车辆载重调整为每月每吨位征收190元，农用运输车辆按每月每吨位22元征收，征收标准含路港建设费30元。1997年1月，县交通局按车辆载重调整为每月每吨位征收220元，对专业运输企业的客车按每月每吨位133元征收；长岛公路局按车辆载重调整为每月每吨位征收220元，对专业运输企业的客车按每月每吨位133元征收。从2009年1月1日开始，随着成品油价格和税费改革方案实施，公路部门、交通运输部门承担的各项规费征收职能取消，正式以征收燃油税的形式进行。

运输管理

1980年5月，长岛县车辆监理站改称交通监理站，隶属县交通局，有监理人员2人，负责宣传交通法规，维护交通秩序，核发机动车辆牌照，处理交通肇事等。1984年3月，成立交通监理所。1985年4月，成立交通检查站，编制3人。1986年5月，成立交通管理队，编制10人。1987年3月，长岛县交通管理队与长岛县交通监理所的全部人员及职责，一并移交县公安局管理。同年，检查车辆850辆次，纠正违章742次，建立交通岗3处、分道桩60个、标志牌47个，交通事故率比上年同期下降67%。1988年，根据烟台市实施环境保护"538"工程精神，195、20、25、50型拖拉机只准在农田使用，不准在公路上从事运输行驶。

1989年，撤销交通检查站。1992—1994年，累计检查车辆4526车次，查处违章447车次，补缴各项交通规费4.76万元，罚款2.51万元。1994年11月至年底，在全县范围内集中开展道路交通秩序整顿，重点对出租车、摩托车进行专项治理。1997年8—9月，全县集中开展以治理机动车争道抢行、非机动车辆不按规定行驶，车辆乱停乱放，营业摊点违章占道等影响市容环境问题为重点的“讲文明、树新风”交通秩序整顿活动。

1998年，对城区实行包路段定责任措施，重点对无牌、无证驾驶、病车上路、违反禁行标志、酒后驾车、强行超车等问题进行专项治理。1999年12月至2000年3月，全县集中开展公路交通秩序百日治理整顿活动，重点整治农用车载人、客车超员、货车超载、无牌无证车辆和“病车”上路行驶等交通违章行为。2001年4月，成立长岛县交通稽查大队，编制5人。2002年，加大事故多发路段和旅游景点的交通管控力度，全面落实路面勤务承包责任制，实行差时上岗，推进交通违章记分等办法，对各种交通违章现象进行严查重罚。2003—2008年，累计检查车辆19434车次，查处违章2174车次，补缴各项交通规费60.04万元，罚款20.12万元。

2010—2013年，以贯彻落实《国务院关于加强道路交通安全工作的意见》《山东省道路交通安全责任制规定》为契机，全面深化交通秩序专项整治，组织开展“迅雷”“风暴”“利剑”“亮牌”“护卫天使”等交通秩序综合整治活动80余次。2013—2015年，针对摩托车涉牌涉证、机动车乱停乱放等违法行为，常态化开展集中整治行动，先后查处查扣无牌无证报废摩托车300余辆，查处违法停车900余起。2015—2018年，根据长岛县国省道及县乡道路智能交通安全系统建设规划，先后投资810余万元用于城乡智能交通系统建设，增设电警6处、卡口3处、固定测速6处、红绿灯18处、智慧监控123处、抓拍球12处、移动测速系统2套等，实现辖区国省道路、县乡道路智能交通科技监管全覆盖，交通科技化管理水平大幅度提升。

第三章　邮　政

第一节　邮政机构

1986—1998年9月，长岛县邮电合营为长岛县邮电局。1998年9月，邮电分营，成立长岛县邮政局。内设管理机构：综合办公室、经营业务部；生产机构：营业班、发行投递班、蓬莱转运班、集邮报刊零售音像租赁公司；分支机构：大黑山支局、北城支局、砣矶支局、大钦岛支局、小钦岛支局、南隍城支局、北隍城支局、庙岛代办所、小黑山代办所。1999年1月，成立海港支局、邮政商函广告公司。发行投递班更名为发行投递公司。2000年1月，成立计划财务部、储汇分局。同年，生产机构进行改革，全面实行公司制，成立营业速递公司、营销公司、物业公司、营销商函广告公司、华邮公司、集邮报刊零售公司、万联投递公司（蓬莱转运班划归万联投递公司）。2001年，撤销经营业务部、营业班、营销公司、营业速递公司。成立市场部、大客户服务中心、营业中心。2002年1月，计划财务部划归综合办公室。同年12月，撤销华邮公司，其业务移交联通公司。成立电信业务部，代办电信、移动、联通公司业务。撤销储汇分局，成立储汇室，职能归属市场部。2003年6月，成立县府街营业支局，县府街储蓄支局，大客户服务部。2006年2月，成立客户服务中心，撤销大客户服务部。

2008年5月，成立邮政储蓄银行，县府街储蓄支局划归邮政储蓄银行。2010年1月，撤销客户服务中心、电信业务部、储汇室，成立代理金融业务局、重点客户服务部、电子商务部。2011年2月，进行机构改制，设1部1室、4个生产部门。即，综合办公室、市场营销部，函件广告公司、发行投递部、代理金融业务局、分销业务局。同年3月，成立报刊零售公司，撤销集邮报刊零售公司。2013年1月，成立发投营业部、集邮营业部、分销营业部、金融营业部、保险理财营业部、零售营业部、函件广告营业部、电子商务营业部。原生产机构全部撤销。八大专业独立经营，受烟台市邮政局和县邮政局双重管理。同年2月，庙岛代办所、小黑山代办所，改为庙岛代投点、小黑山代投点。2014年9月，八大专业合并为四大专业，成立金融保险营业部、函件集邮营业部、发行零售营业部、分销电商营业部。同时成立长岛县邮政局综合服务平台办公室。

2015年5月，长岛县邮政局更名为中国邮政集团公司山东省长岛县分公司。2016年5月，撤销4个营业部和长岛县邮政局综合服务平台办公室。成立渠道平台部、代理金融部、包裹快递部、文化传媒部。2017年7月，四大专业更名为：渠道平台中心、金融业务中心、包裹快递中心、集邮与文化传媒中心。2018年9月，成立长岛县寄递事业部（属非一体化），包裹快递中心业务划归寄递事业部，保留包裹快递中心。至2018年，中国邮政集团公司山东省长岛县分公司机构设置为：1部1室、4个中心、9个支局、2个代投点。

第二节 设施设备

邮运投递设备

80年代前，长岛县邮政邮运投递设备的配置比较简单，邮件进出口主要依靠船运。1986年，全县配置转运、接发汽车8辆，自行车15辆。1993年，新增特快专递三轮偏斗摩托车1辆。1994年，淘汰三轮偏斗摩托车，更换特快专递吉普车1辆。1995年，更换“昌河”牌小型面包车1辆。

1998年9月，邮电分营后，全县接发、转运汽车2辆（支局接发汽车全部分给电信），接发手推小铁车3辆，特快专递汽车1辆，投递自行车14辆。2000—2005年，对接发、转运车辆和投递自行车进行更新。2006年，随着业务量的增大，为加快和缩短转运、投递的速度和时限，对邮运、投递设备逐年增加配置。2006—2018年，相继投入厢式货车1辆，投递面包车1辆，投递电动车13辆，邮运汽车5辆，三轮电动车3辆，轻型厢式邮运汽车4辆，轻型封闭式投递汽车1辆。至2018年，全县配置邮运汽车9辆、电动三轮车3辆、投递两轮电动车8辆、投递摩托车4辆。

邮政营业设备

1986—1991年，营业操作为手工作业，营业设备配置比较简单，各营业网点只有一台台秤，一个克称，一个夹钳。1991年后，逐步更换为电子秤。1994年，县局、大钦岛支局、砣矶支局实行电脑营业，配发捆扎机、信把捆扎机各1台。1998年3月，全县9个支局实行电子化营业。2002年以后，随着电子化的不断推进，邮政设备不断更新换代、升级。至2018年，拥有邮政专用微机及配套电源设备34台、终端机46台、手持智能终端16台、多功能排队机2台、移动展业机2台、邮资机1台、过戳机1台，基本满足邮政通信作业和传递邮件的需要。

第三节 邮运网络

邮路

1986年，全县共有邮运邮路16条，总长178.9千米。其中，北五岛、西三岛为委办邮路；南长山岛、北长山岛为自办汽车邮路。1993年，全县有投递邮路22条，全长230千米。1998年，邮电分营后，邮政根据长岛县交通航班的增加和邮政自身发展需求，新增蓬莱—长岛（南长山岛）—砣矶、蓬莱—长岛（南长山岛）—大钦岛往返邮路，共计60海里。2001年初，对邮路进行优化，设置海上邮路3条,自办汽车邮路2条。海上邮路为:蓬莱—长岛(南长山岛),双程长度13.6海里;蓬莱—砣矶—大钦—小钦—北隍—南隍,双程长度90.6海里;长岛(南长山岛)—黑山,双程长度14海里。汽车邮路为:县公司—码头,双程长度4千米;县公司—北城,双程长度10千米。至2018年,邮路未发生变化。

投递线路

全县10个有居民岛屿,均设自办网点或代投点,配有专职或兼职投递人员,县局设有专职机要押运投递人员。1986—1998年9月,邮电分营前,砣矶支局、大钦岛支局、小钦岛支局、南隍城支局、北隍城支局,投递班次为隔日班,即当日投递驻地邮件、报刊,次日投递驻地以外的邮件报刊。南长山、北长山为日班。其间,由于投递量的增大,南长山增加两个农村投递段道,并对投递段道进行合理规划,南长山投递段道达到3条,即邮局—南城—连城、邮局—荻沟—王沟、邮局—孙家—山前。实现农村邮件投递到户。同时新增一条速递邮件投递段道,满足城乡居民进口速递邮件的投递需求。

1998年邮电分营后,为保证投递深度,结合城区规划,对县城区和南长山的投递段道进行调整。设置城区和农村相结合的投递段道7条。一段道:县府街—解放路—文化街—通海路—英山街—乐园大街—步行街—海滨路—黑石嘴—连城村,双程长度31.4千米。二段道:长山路—乐园大街—县府街—文化街—青年路—解放路—鹊咀路—乐园村—山前村,双程长度25.4千米。三段道:长山路—长园路—县府街—通海路—鹊咀路—解放路—迎宾路—新兴街—幸福路—海滨路—狄沟村—王沟村,双程长度36.7千米。四段道:长山路—县府街—海滨路—新兴街—迎宾街—长园路—南城村—后沟村,双程长度22.3千米。五段道:县府街—青年路—孙家村—赵王城,双程长度15.2千米。六特快段道:南长山辖区。七机要段道:县委、县政府—人大、政协—公检法—科级以上单位—中央、省市属驻岛各单位。农村自办段道7条。北长山:北城村—花沟村—嵩前村—店子村,双程长度29.7千米。黑山岛:北庄村—土岛村—南庄村—小壕村—大壕村—西壕村,双程长度18.3千米。砣矶岛:北村—东村—西村—磨石嘴村—后口村—东山村—井口村—吕山村,双程长度27千米。大钦岛:北村—小浩村—南村—东村,双程长度18.6千米。小钦岛:小钦岛村,双程长度8.7千米。北隍城岛:山前村—山后村,双程长度25千米。南隍城岛:南隍城村,双程长度17.8千米。2013年2月,庙岛、小黑山岛邮政所改为代投点,投递段道撤销。至2018年,全县共有自办投递段道14条,委办投递段道2条。

第四节 邮政业务

函件

函件按种类分为信函、明信片、邮简、印刷品、盲人读物等。1986年,第二次推行邮政编码和标准信封。1987年,开办有声信函业务。1988年5月,办理邮政快件业务,1998年7月停办,1999年1月恢复省内邮政快件业务。1990年1月,自制发行长岛风光明信片1套。同时,开办商业信函业务。1993年,开始办理特快专递业务。1997年,邮电分营前函件业务量为90.26万件。1999年4月,取消"邮电公事"业务。

2001年1月,开办寄往巴西、加拿大等6国SAL邮件业务。同年3月,使用新式国内挂号函件收据。同年9月,开办中速国际"经济快递"业务。同时,对省内及同城特快专递邮件资费进行调整。省内互寄资费:1千克以内起重200克15元,续重200克加收3元,1千克以上每200克加收2元。同城资费:根据城区范围大小,5千克以下的邮件10元/件,5千克以上的,每续重1千克加收1元;跨区收投的每件加收2~4元投递费。同年11月,开办邮政混合信函业务和内地到香港直接进入业务,并调整台湾快件收寄资费及办理台湾中华快递公司进口快件业务。2002年2月,与香港、马来西亚邮政间互寄的特快专递邮件重量限制提高至40千克并停止办理与葡萄牙国际电子信函业务。同年3月，开办省内邮政特快专递送款业务。

2006年11月，函件资费首重100克以内，由原每重20克或其零数本埠0.6元、外埠0.8元，调整为本埠0.8元、外埠1.2元，100克以上的续重资费不变。明信片资费由每件0.6元调整为0.8元。2013年12月，禁止党政机关、企事业单位购买寄递贺年卡。至2018年，全县9个支局全部开通国际平信业务，函件业务量完成112.20万件。

包件

80年代，包件按种类分为普通包裹、直递包裹、快递包裹、商业包裹。1986年7月，包裹业务按“非经营性”和“经营性”，分为民用包和商包。同年，开办大件包裹业务，其体积以能装入4号袋为限，重量以30千克为限。1990年7月，取消快递小包业务和用户专用袋包裹业务。1993年，开始办理特快专递业务，对符合函件和包件准寄范围的邮件，均可作特快专递邮件交寄；成立速递公司，配置特快投递员1人，特快专递车1辆。1996年，开始办理免费查询业务。1997年1月，为杜绝危险物品流入邮政渠道，防止给邮政作业和用户造成危害，山东省邮电管理局明确规定收寄包件时必须验视内件，合格后方可收寄。1999年5月，执行省局决定试办邮政特惠箱邮件（EMS Magic Box）业务。6月，执行国家邮政局对部分国家（地区）收寄国际包裹的特殊规定。9月，执行国家邮政局决定开办寄往日本的空运水陆路包裹（SAL）业务。2000年12月，国家邮政局《国内邮件处理规则》规定：包件包括包裹和直递包裹。2001年1月，将国内邮件回执业务扩大到个人用户交寄的给据邮件，6月执行国家局决定开办国内快递包裹业务，8月开办新加坡31～40千克包裹业务。2013年6月，开办国内小包业务。2015年5月，国内产品体系中，将经济快递、国内小包和快递包裹整合为快递包裹。同年11月1日起，除信件外的邮件执行寄件人实名寄递。2017年3月1日起，执行国家邮政局新发布的《邮政普遍服务标准》，普通包裹由投递包裹单改为按址投递包裹实物。同年4月1日起，在全省邮政营业网点开通电子支付服务；7月1日起，邮政集团公司决定对单件重量10千克以上的普通包裹资费体系进行调整，并对普通包裹实行计泡收费。2018年，县府街支局开办国际国内包裹业务。

汇兑业务

80年代，各支局均办理普通汇兑业务。1988年7月，开办快件汇款业务，每件加收快件费0.50元，1995年加收1.00元。1999年5月，省内开办特快汇款业务。2001年7月1日，开通电子汇兑业务，同时办理邮政入账汇款、密码汇款业务和邮政礼仪汇款业务。结束手工开具汇票的原始操作。2007年，办理电子汇兑业务18813笔，汇兑金额1497.95万元。2018年，除县府街支局办理便民汇款外，其他8个邮政支局均办理电子汇兑业务，办理电子汇兑754笔，汇兑金额148.7万元，比邮政与邮政储蓄银行分营前减少18059笔，汇兑金额减少1349.25万元。

报刊发行业务

中共十一届三中全会后，县委、县政府高度重视报刊发行工作，把报刊发行工作纳入重要议事日程，邮政部门历年派专人到县委宣传部协助收订党报党刊。随着社会的不断发展，报刊订阅的种类不断增加，涉及党委、政府、部队和社会各阶层。1998年邮电分营时，发行报纸197.48万份、杂志15.12万份。进入21世纪后，随着电子通信业不断壮大，报刊发行受到电脑、手机的影响及企事业单位大量压缩经费开支，报刊发行业务量逐年下降，邮政开始调整发展方向，扩大服务范围，发行渠道由原来以单位为主，转向个人用户。至2008年，报刊种类达到2000多种，全年发行报纸150.84万份、杂志8.4万份。2018年，全县发行报纸131.74万份，杂志6.21万份。

机要业务

80年代，机要业务重点服务党政军及公检

法，主要传递案卷、机密文件和干部档案，服务范围相对固定，业务量相对稳定。1998年邮电分营前，机要业务量为1169件。2008年，机要业务量为2500件。2016年，根据国家邮政管理局《机要通信业务规则》和中国邮政集团公司要求，规范机要通信的寄递范围。同时，烟台市邮政分公司统一为各县市机要室进行改造，实行封闭式作业。安装电脑、监控、报警等设备，实行双人封拆，配备专职机要投递汽车。2018年，机要业务量为414件。

代办电信业务

2000年8月，长岛县邮政局华邮公司成立，主要开办“无线寻呼”业务，在北山电视台安装BB机集放站，同时代理中国联通放号业务和代收费业务。至2002年1月，发展无线寻呼机不足400部。2002年1月1日起，撤销华邮公司，成立电信部，全面代理中国移动、中国联通、中国网通等电信部门的缴费、放号等所有业务。无线寻呼（BB机）业务彻底停止办理。随着电信市场的逐年饱和，代办电信业务逐年下降。2010年1月，撤销电信部，电信业务划归电子商务部。2014年1月，终止代办合同，代办电信业务就此取消。

邮政储蓄

1986年4月1日，邮政部门恢复停办30多年的邮政储蓄业务。同年10月15日，在县邮电局成立第一个邮政储蓄所，长岛县邮电局正式开办邮政储蓄业务。业务种类包括：整存整取、零存整取、定活两便、活期。1987—1994年，砣矶邮电支局、大黑山邮电支局、大钦岛邮电支局、南隍城邮电支局、北隍城邮电支局、北城邮电支局、小钦岛邮电所、庙岛邮电所相继开办邮政储蓄业务。1990年，县邮电局第一台储蓄电脑开始储蓄营业，成为全县金融企业第一个电脑储蓄所。1993—1995年，砣矶支局邮政储蓄所、大钦支局邮政储蓄所、北城邮政储蓄所，相继联入全国计算机网络。

至1998年9月邮电分营前，长岛邮政局储蓄所已发展到9处，储蓄余额达到5000万元。1999年，南隍邮政储蓄所、北隍邮政储蓄所、大黑山邮政储蓄所、小钦岛邮政储蓄所并网成功。同时开办金融中间业务，即代收、代发、代缴、代理、代保管等延伸业务。同年1月，撤销庙岛邮政所，改为邮政代办点；成立海港支局储蓄所。至2000年12月，全县9处邮政储蓄网点全部联入全国绿卡网络。2003年1月，开办代理保险业务。2004年12月，邮政储蓄统一版本工程正式切换上线。2006年3月，邮政储蓄完成指纹采集上线。2007年3月，开办小额质押贷款业务。同年8月，开始代理销售基金业务。2008年5月，成立邮政储蓄银行，县府街邮政储蓄所划归储蓄银行，小额质押贷款业务由储蓄银行经营，储蓄余额分配给储蓄银行1.5亿元，邮政局2.1亿元。至此，邮政储蓄网点8处，其邮政储蓄业务为代理业务。

为加快业务发展，提高服务质量，确保资金安全，相继对各所属网点进行改造升级。2013—2014年，海港支局储蓄所、北城储蓄所、大钦岛储蓄所相继安装CRS存取款一体机各1台，砣矶储蓄所安装ATM自动取款机1台。2018年，全县邮政储蓄网点8处，服务台席12个，储蓄平均余额3.26亿元，代办保险业务金额27.5万元。

集邮

1984年，经省邮票公司批准县邮电局成立集邮台，由营业员兼办，正式开办集邮业务。1992年，为纪念长岛县首届扇贝节，发行纪念封1万枚。1993年，正式成立集邮公司和长岛县集邮协会，并召开长岛县集邮协会第一次代表大会。有会员190人，集邮爱好者450余人，发行集邮协会成立纪念封2000枚。同年，发行长岛县第二届扇贝节纪念封一套。1997年，撤销集邮公司，成立长岛县邮政局集邮、报刊零售公司。1998年，开办音像销售、租赁业务。同年，各支局开办连锁店销售集邮品。2002年6月，开办邮票个性化服务业务，开发个性化邮册30册，销售纪念邮票12.48万枚，邮册2720册。2010年，对邮政内部机构、业务进行改革整合，成立函件集邮营业部，销售纪念邮票55642枚、集邮册4671册。2013年，集邮公司更名为集邮营业部。2014年9月，将函件业务和集邮整合，成立函件集邮营业部。2016年5月，函件集邮营业部更名为文化传媒部。2017年7月，对内部机构进行改革调整，将文化传媒部调整为集邮与文化传媒中心。同年12月，长岛县集邮协会注销。至2018年，销售纪念邮票66547枚、集邮册1000册。

分销

2003年5月，成立物流公司，以配送海产品为主，主要开发大陆市场，年配送额不足10万元。2006年1月，根据市场现状，调整营销思路，扩大服务项目，转向当地市场的快消品分销业务，覆盖全县各行政村，增加水酒、副食品等产品的分销、配送。2008年，增加粮油、卫化品、灯具等产品的分销、配送，分销业务量开始逐年增加，到2010年分销额达到50万元。至2018年，服务项目扩大到分销、配送家用电器，全年总分销额达120万元。

第四章　电　信

第一节　经营机构

中国联合网络通信有限公司长岛县分公司

1986年后，长岛通信经历邮电分营、移动剥离、寻呼改制、公司化改制、电信主附、主辅分离、电信重组等重大体制改革。1998年，邮电分营后成立长岛县电信局。2002年11月，长岛县电信局更名为山东省通信公司长岛分公司。2004年11月18日，山东省通信公司长岛分公司更名为中国网通（集团）有限公司长岛县分公司。根据国家关于电信业重组的相关规定，2008年10月，中国网通（集团）有限公司长岛县分公司与中国联合通信有限公司长岛县分公司融合重组，成立中国联合网络通信有限公司长岛县分公司（简称长岛联通公司），主要提供包括固定通信、小灵通、宽带业务、数据业务和移动通信等综合电信全业务服务，同时还承担社会普遍服务和党政专用通信、应急通信等任务。2018年，长岛联通公司下设县府街、大黑山岛、砣矶岛、大钦岛、南隍城岛、北隍城岛6个营业厅，服务网点遍布城乡。

中国电信长岛分公司

2008年10月，中国联合通信有限公司长岛县分公司拆分重组，CDMA网络及人员并入中国电信。中国电信长岛分公司系中央属国有企业，主要提供包括固定通信、宽带业务、数据业务、移动通信、卫星通信等全业务通信信息服务。

长岛移动通信分公司

1999年7月，从长岛县电信局分离出相关业务，成立长岛移动通信分公司，隶属于中国移动通信集团山东有限公司烟台分公司，设业务运营部、集团客户服务中心、综合部、建设维护部。业务运营部下设城区经营部（包含南、北长山，西三岛，小钦岛，南、北隍城）、砣矶乡镇经营部、大钦乡镇经营部。2018年，共有自办和代办服务网点60余处，下设鹊咀路营业厅、砣矶岛营业厅、大钦岛营业厅。

中国铁塔股份有限公司烟台市分公司长岛县办事处

2017年6月1日，中国铁塔股份有限公司烟台市分公司长岛县办事处成立，是从联通、移动、电信3家运营商无线网络业务剥离出来的。主要承担移动、联通、电信3家运营商的无线网络基站铁塔、机房、市电及机房内的电源配套建设和维护。

第二节 电 报

电报业务

1986年，普通电报由原来的每字0.03元改为0.07元，新闻电报由原来的每字0.01元改为0.02元；发往中国香港、澳门地区的电报，普通电报每字0.16元；特急、加急电报加倍收费。电报挂号规定每户一年收费30元、三个月收费10元，更改名址费每次3元。全县收发电报75168份，日均206份。1987年，国内公众电报业务种类为天气、水情、公益、政务、新闻、普通、汇款、公电8种。1992年12月20日，经国务院批准，国内电报基础资费由原来每字0.07元调整为0.13元；其他主要业务资费随着基础资费的调整，也做出相应调整。1993年，电报电路纳入烟台市局64路电报自动交换转报网。1994年，相继开通县局至北隍城、北长山、大钦岛、南隍城、大黑山、庙岛的传真机，结束了县局至各支局话传电报的方式。1995年起，增办礼仪电报，当年收发电报53180份，日均146份。1996年12月，国家计委、邮电部颁发《国内公众电信业务资费表》，对资费做出最新规定。随着电话通信及电话传真机等的日渐普及，电报业务逐年减少，被手机、电话、传真机等通信方式所取代。1999年，电报业务停办。

设备

1986年5月，安装BFS4201型双机头五单元自动发报机两部，使县局电报电路纳入济南电信局256自动交换转报系统。1988年7月，配备两部BDD4202型电子电传机。同年12月，开通用户电报一户。1989年11月，县局安装M-1型传真机两部，砣矶支局安装M-1型传真机一部，砣矶支局至县局电报实现传真传送。1991年6月，县局配备FT-80型单边带100W无线收发讯机，与烟台市局每日保持定时联络，作为备用电路。

第三节 电 话

市内电话

市话线路　1986年，在市话基本营业区内，建设地下电缆管道2.2管孔千米，基本营业区内的架空明线电缆全部转入地下管道，架空明线线路长度减为6线对千米，电缆长度43.8皮长千米。1991年，县邮电局开通国际直拨电话线路，可与180个国家和地区通话。1993年，完成长岛至蓬莱480路数字微波传输工程和县邮电局3000门程控电话工程，建成全省第一个数字微波传输程控本地网。全县10个乡镇全部开通程控电话，全县电话入户率为32%。1994年，全县电话全部实现程控化。1997年10月，县局至北长山GY-TA53-8型铝带护层8芯7千米光缆线路工程竣工。2002年，敷设光缆90芯千米，市话电缆20皮长千米，敷设通信管道20孔千米，完成8个配线区主干线路敷设工程。2004年3月，废弃南长山—北长山主干通信管道部分线路，在海滨路综合管道沟重新敷设燃料公司—南长山镇政府路段的通信主干光电缆。同年11月，投资44万元，完成城区住宅小区通信线路改造工程，长园路、海港区、北山区、英山小区所有电话线和宽带网线由原来的从楼顶入户全部改为从走廊入户。2006年，投资15万元，进行城区线路扩容配套工程，新增市话电缆1624对千米。2007年，对年限已到期的主干通信管道进行重建，重新规划扩容主干光纤环路，完成全长4500米的288芯环城光缆工程。2009年，进行固网EPON建设，城区所有小区和商住楼，全部实现光缆进楼，具备EP-ON+LAN的接入能力。2012年，完成12个渔村的宽带网络升级提速改造工程，实现光缆进渔村。2014年，投资100万元，完成4000户FTTH光纤入户改造，改造后宽带接入能力达到20M以上。2015年，完成全县光纤改造，涉及13790户固网用户、2161户宽带用户，覆盖全县8个乡镇40个村的固话、宽带改制和设备割接，完成电

缆撤旧12252线对千米，成为全市第一个全光纤网络县。2016年，完成所有PON+AD用户转化工作，布放光缆18.6万米，停止宽带AD接入方式。2018年，敷设光缆2.28万米，共计光缆91.4万米。

交换设备　1988年10月，开通容量2000门HJ921型纵横制交换机。1989年11月，开通市话微机复试计费系统。1993年9月，3072门S-1240型数字程控交换机割接成功，将原局号的61局改为21局。1995年4月30日，随C3网建成，县长途区号05450统一改为烟台市区号0535，长岛县电话号码在原号码首位数前加“3”由6位升至7位。1997年11月，完成S-1240型程控交换机从E型机改为J型机，3072门扩容，交换机总容量达到9216门。同时，总配线架扩容至11000线，安装开通NCTDⅢ型智能语音测试平台。1998年1月，举办“长岛—蓬莱海底光缆开通和市话交换机容量突破万门”庆典。2月，县局安装开通VOICER-97型语音信箱系统。2015年3月16日，在网运行22年的程控交换机下电退网，固定电话由PSTN网迁转至烟台NGN（Next GenerationNetwork，下一代网络）软交换网。2017年12月，固定电话承载网由NGN软交换网全部割接至IMS（IP Multimedia Subsystem，IP多媒体子系统）网。

市话业务　1983年5月1日，开通普通电话、电话副机及附件、同线电话、合用电话、用户交换机及互通机、分机、中继线、专线、临时电话、公用电话、复用设备、租杆挂线、租用管道、代维用户设备14种业务。1988年，增加无绳电话业务。1993年9月，数字程控交换机开通后，用户可办理的新业务有国内、国际长途直拨，缩位拨号，呼叫等待，转移呼叫，三方通话，遇忙回话，呼出限制等。2001年，市话9646户。2002年，全县固话入户率达86%。2003年，全县固定电话累计18961部，电话入户率达95%以上。此后，随着“小灵通”业务和移动业务的发展，固定电话呈逐年减少趋势。至2018年，长岛在网固话用户6650户。

市话资费　1985年，每部话机收取初装费1000元。1990年11月15日起，执行省物价局和省邮电管理局制定的《山东省市内电话资费调整

1996年长岛县电话月租费资费统计表

表5-8

项目	分类 / 资费标准	党政军机关、学校、幼儿园、财政全额拨款事业单位、社会服务单位的办公电话	社会各类住宅	其他（厂矿企业）
固定月租		21.6元/月	14.4元/月	23.40元/月
中继线	呼出	64.8元/月	—	70.20元/月
	呼入	93.60元/月	—	101.40元/月
副机		9.60元/月	9.60元/月	10.40元/月
普通专线		43.20元/月	43.2元/月	46.80元/月
附件		2.40元/月	2.40元/月	2.60元/月
区外线路月租		每千米15.00元/月		
话机代维费		区内每部0.50元/月；区外每部2.00元/月		

说明：以上月租标准已含附加费。具体包括：甲类用户基本月租12元，乙类用户基本月租18元，党政军等全额拨款单位及住宅用户基本月租附加20%，其他附加30%

方案》，计费方式实行包月制和计次制。月租费按普通电话甲种13元，乙种21元，中继线63元，普通专线31.5元，界外月租费7.5元，区外电路附加费12.5元收取；通话费每次0.10元；普通电话初装费为一类3500元、二类2500元、三类1500元；中继线为一类10500元、二类7500元、三类4500元；基本营业区外，加收建设费及线路工料费。1996年12月，国家计委、邮电部颁发《国内公众电信业务资费表》对电话资费做出新规定。2018年，执行市话装机费120元，本地电话通话费首次3分钟0.22元，不足3分钟按照3分钟计费，以后每分钟按照0.11元计费；国内长途通话0.07元/6秒，不足6秒按照6秒计费。

农村电话

农话线路及设备　1983年始，各乡镇均具备有线通信网络，实现县内村村通电话。1988年，全县农话交换机门数达到1780门。其中，县局230门，大黑山支局100门，砣矶支局450门，大钦岛支局300门，北隍城支局300门，南隍城支局200门，小钦岛代办所100门，小黑山代办所100门。

随着邮电通信的发展和社会需要，农村电话逐步实现自动化、程控化。1989年7月，砣矶支局开通长途、市话、农话合一HJZ4001型纵横制500门自动电话交换机，成为全县第一个用上自动电话的乡镇。1992年1月，大钦岛支局开通384门HJ10D-Ⅱ型数字程控电话交换机，进入市话网，并开通国内直拨和国际直拨业务。同年4月10日，砣矶支局利用HJZ4001型纵横制自动电话交换机开发出国际直拨性能。1993年12月，大黑山支局、南隍城支局、北隍城支局开通SDX-RB型368/30程控电话交换机。1994年1月，砣矶支局开通SDX0RB型1072/60程控电话交换机，原长途、市话、农话合一500门纵横制HJZ400型自动电话交换机停用；庙岛邮电所开通WT24-Ⅱ型24路特高频和市话集线器交换设备。1996年4月，砣矶支局开通SSA型2048门程控交换机，原SDX-RB型程控交换机停用；大钦岛支局开通SSA型1024门程控交换机，原HJ10D-Ⅱ型程控电话交换机停用。同年6月，大黑山支局交换机扩容达到864门；北隍城支局交换机扩容达到816门。同年10月，小钦岛邮电所开通对县公司DSC-216型点对点数字微波用户系统。1997年3月31日，庙岛邮电所开通对县局DSC-216型点对点数字微波用户系统，使全县农话交换设备的服务水平上了一个新台阶，农话交换设备的稳定性、可靠性得到很大提高。同年，全县率先建成全省第一个电话县。1999年12月，全县农村全部建成电话村，至此长岛县成为入户率达80%的高标准电话县。1997—1999年，先后3次对县乡程控交换机进行改型扩容，基本消除信号盲区。2000年，完成DDN数字数据传输设备扩容、ATM宽带交换；农话交换机撤点并网，各支局全部进行模块化改造。2000年模块化改造完成后，农话线路及设备并入市话网。

农话业务　农村电话基本营业区，原则上是以农村电话交换点（乡镇支局）为中心构成，基本营业区的用户为界内用户，基本营业区以外的用户为界外用户。农村电话业务种类按用户性质分为甲、乙两种；按话机性质和通信手段分为普通电话、电话副机、同线电话、合用电话、用户交换机、电话分机、公用电话、临时电话、用户交换机中继线、专线电话10种。农村电话通话种类，分为叫人、叫号、传呼和加急电话4种。1993年12月，本地网建成后，各邮电支局、所人工话务台撤销，10处乡镇全部实现电话自动化，全部电话用户均具备国际、国内直拨性能，原农村电话通话种类规定也随之失去作用。2001年5月，信息产业部对电信资费作出调整，取消农话业务分类。同年，全县共有农话用户5534户。

农话资费　1986年，山东省物价局和山东省邮电管理局联合颁发《关于调整农村电话通话费标准的联合通知》，对农村电话通话费标准进行调整：自1986年9月1日开始，甲级（25千米以内）通话费由原来的每次0.30元，调整为每次0.45元。1992年7月1日起，经省物价局批准，实

现市、农话联网的自动局，实行复式计次制，即基本月租费加计次通话费的收费办法。1993年12月，实行电话交换程控化，农村电话用户随之全部实行复式计次制计费。2001年5月，信息产业部对电信资费作出调整，取消农话业务分类，烟台本地电话采取统一资费标准。2001年7月1日，根据国家计委和信息产业部的有关规定，取消固定电话初装费。新的资费标准延续使用至2002年。

公用电话

1986年，长岛县安装第一部有人值守公用电话。1991年，全县公用电话共5部。1994年，县城公用电话27部，乡镇公用电话7部。1995年，安装的程控公用电话达到48部。其中，安装磁卡公用电话4部，乡镇公用电话27部。1998年，安装IC卡公用电话13部。2000年，全县公用电话共有347部。其中，普通公用电话233部，IC卡公用电话112部。2002年，全县公用电话达到536部。2011年，公用电话总数达到4360部。随着手机的普及，公用电话逐渐减少，2015年，公用电话停止服务。

“小灵通”业务

2002年11月，长岛县投资800万元建设“小灵通”工程。同年，建成“小灵通”基站17处。12月21日，“小灵通”开始对外放号。2002年，“小灵通”放号58部。至2004年5月31日，全县所有乡镇全部开通“小灵通”业务。“小灵通”资费与固定电话相同，但具有一定的移动性。2008年，“小灵通”基站达到340个，放号累计达11783部。随着手机的普及，“小灵通”呈逐年下降趋势。2009年，“小灵通”用户减至8858户。同年，工业与信息产业部印发《关于1900～1920MHZ频段无线接入系统相关事宜的通知》，要求2011年年底前完成“小灵通”清频退网工作，无条件收回“小灵通”所用频段（即1900～1920MHZ频段）。2011年，“小灵通”用户减至3063户。2012年，除南、北长山外，其他乡镇“小灵通”基站全部下电。2014年，拆除“小灵通”基站214个。同年6月，“小灵通”完成清频退网工作，正式退出通信市场。

第四节　移动通信

移动电话

1993年8月，联通开通摩托罗拉模拟移动通信基站。1995年12月，联通开通GSM数字移动通信基站，数字移动电话开始对外放号。1997年，大钦岛支局开通摩托罗拉模拟移动通信基站、GSM数字移动通信基站，南隍城支局开通炮台山摩托罗拉模拟移动通信基站。1998年3月，北长山嵩山GSM数字移动通信基站开通使用，砣矶支局开通中村GSM数字移动通信基站，北隍城支局开通北山顶GSM数字移动通信基站。2008年10月15日，原网通和原联通合并，成立中国联合网络通信有限公司，取得3G牌照，合并前手机用户1896户。2009年，开通WCDMA-3G基站11个。同年，联通3G正式试用，电信将原2G基站全部升级为3G基站。2010年，3G基站覆盖全县所有乡镇。年底，手机用户总数达到16068户。2014年，开通LTE-4G基站6个、FDD-4G基站1个，联通4G业务开始放号。2015年，移动公司完成山东省内第一个“岛屿间海上航线的4G信号覆盖”项目，实现全县10个有居民岛屿及岛屿之间航线4G网络信号的全覆盖。至2018年，联通在用2G基站51个、3G基站79个、4G基站76个，在网移动用户3.25万户；移动2G基站50个，4G基站94个，NB-IOT基站36个，在网移动用户2.6万户；电信4G基站33个，在网移动用户1500户。

无线寻呼

1992年12月23日，长岛县无线寻呼通信网开通使用。1994年5月，无线寻呼天线增高40米，扩大无线寻呼覆盖面。1995年5月，实现无线寻呼华东三省一市（江苏、浙江、安徽、上海）联网。同年12月，开通无线寻呼联网发射台。1996年12月，126人工寻呼台撤销，并入烟台126寻呼台。1997年8月，开通高速寻呼基站。同年，大钦岛支局开通普通寻呼基站。1999年，电信重组，无线寻呼业务划给原联通公司。2004年6月，无线寻呼业务退网。

第五节　网络建设

接入网

2001年，长岛县电信局开始引进接入网设备，通过光缆开通，安装在距乡镇驻地较远、用户相对集中的村。同年11月，开通王沟村和南城村两个接入网点，王沟村交换机容量为512线，南城村交换机容量为1024线。2002年，全县共建成接入网点4处，总容量3072门。2006年，南城接入网割接为程控JRSU模块局。2010年，王沟、店子、大竹山的接入网割接为中兴EPON接入设备。从2011年开始，实施光纤入户工程，语音和宽带用户逐步采用和替换为光纤接入方式，砣矶镇8个村，孙家、嵩前、花沟、庙岛共12个渔村完成了光纤进渔村。2018年，采用FTTH、FTTB、FTTC方式的接入网语音用户6650户，宽带用户11086户。

传输网

1990年，开通县局至砣矶支局ZZD09型高十二路载波机，为县局和砣矶支局之间增加十二路区间电路，保证县局和砣矶支局纵横制自动交换机所需电路。同年，砣矶支局—北隍城支局B845.6.7C三路单路载波开通，载波电路达到3条，实线电路1路。1991年6月，县局至砣矶支局ZT102～24/12海缆分路机利用闲置电路改为24路终端机，增加12条区间电路；开通县局及砣矶支局转接至北隍城支局3路特高频电路。1992年11月，开通小黑山—县局环路载波8路，装机8部，接入县局市话网。随着用户数量增加，开通县局—小黑山WTG11型24路特高频收发信机，终端直接用户。1992年，农话程控电话建成联网以后，对农话线路进行技术改造，运用光缆技术，采用数字传输手段。1993年4月25日，长岛—蓬莱480路微波开通使用。1993年11月，农话联网配套工程微波铁塔建设完成，建成50米、45米、30米、8米（4座）、4米共8座铁塔。同年12月，长岛县与北五岛及大黑山的县内微波工程全部完成，建成长岛县本地网。是年，完成传输网络改造，中继电路光缆化、传输网络数字化，采用PDH光端机设备，建设交换、传输全数字化本地电话网。

1996—1997年，投资1000多万元，敷设第一条长岛—蓬莱海底光缆，开办多媒体和数据增值业务。2001年10月，长岛县北隍城乡到南隍城乡海底光缆工程竣工，替换原有的微波设备，开通光端机。分组交换网、数字数据网、窄带综合业务网和宽带业务网相继建成并不断完善，可以为用户提供DDN、帧中继、ATM、分组交换、163/169和宽带上网等业务。2004年，长岛—蓬莱第二条海底光缆敷设成功，容量是第一条的6倍。2007年12月至2008年9月，建成长岛（南长山岛）—砣矶岛—大钦岛、长岛（南长山岛）—庙岛—大黑山岛、大钦岛—南隍城岛、大钦岛—小钦岛4条海底光缆，总长度63.6千米。结束长岛（南长山岛）至北五岛、西三岛无光缆传输的时代，实现“乡镇通光缆”目标。

2008年，开通县政府至各乡镇中兴视频会议系统，可召开实时交互式视频会议。2009年12月，大竹山岛开通联通GSM1800基站，满足守岛军营、附近国际航道及周边养殖区的信号覆盖需要。2014年4月，完成WDM8800波分系统设备开通，宽带出口由4G扩容为20G。2015年，新增IPRAN设备11台，新增县局、小黑山OLT设备2台，开通小黑山数字微波传输设备1套，县局宽带上联中继扩容到8G，南城、北城、砣矶等8处综合接入机房上联中继分别扩容到1G。2016年，开通100G波分设备和10G-PON设备，增加出口带宽，满足用户宽带提速要求。2017年，完成大黑山、南隍城IPRAN设备万兆上联扩容。2018年，实现大钦岛和砣矶岛10G双向保护环，南、北隍和大黑山2.5G双向保护环，传输设备上共开通电路583条、SDH（光传输设备）53台、IPRAM（分组传送网）19台，WDM波分端口达到140G，承载全县142条专线和所有宽带、移网业务。

互联网

设施设备 1993年5月，开通分组装拆PAD机，分组交换端口总数128个。1996年1月，开通DDN数字数据网络。1998年，县局DDN扩容，增加一台3600节点机。1999年，开通ATM宽带数据设备。2000年，DDN节点延伸至乡镇驻地。2001年5月，开通ADSL（Asymmetric Digital Subscriber Line，非对称数字用户电路）设备，实现宽带上网。同年11月，开通局域网设备即LAN（光纤接入），为用户提供FTTX（光纤到小区）+LAN（网线到户）的宽带接入，实现千兆到小区、百兆到楼层、十兆到用户。2004年，加大宽带小区建设，推动LAN接入方式的宽带业务发展。2005年，开通大竹山的微波设备，将宽带ADSL延伸到大竹山岛上。2006年，宽带LAN网络基本覆盖城区住宅楼。2008年，完成全县ADSL扩容工程。2010年，将接入网点的语音设备和华为ADSL设备改成综合接入EPON，改变通过2M协转的上网方式，将ADSL用户逐步替换为光纤接入。2012年，开始宽带FTTH改制，宽带接入能力达到20M。2016年1月28日，开通100G波分设备和10GPON设备，增加宽带出口带宽，满足宽带提速要求。同年，建设完成旅游服务区及慢道15处WIFI点，架设光缆3.6万米。2017年，完成所有PON+LAN用户转化工作，实现FTTH一张网，宽带用户接入能力达到100M。2018年，在全县实现全光网络覆盖的基础上，完成网络IPV6改造，持续扩大千兆宽带接入网络规模。同年，新建联通宽带小区5个，新增FTTH端口500多个，宽带接入能力满足100～200M宽带需求，投资16.72万元，在部分区域推进千兆宽带小区建设。累计建成移动FTTH光纤宽带小区169处，总端口数16900个，覆盖家庭数25520个。

业务 1996年10月，开通163国际互联网、169中国公众信息网电话拨号上网业务。1998年11月，在县电信局营业大厅建立新业务演示厅，配备微机2台、专职人员1人，负责培训辅导上网用户，演示上网浏览等操作。同年，拨号上网用户达120户。1999年4月，建成长岛信息港，并在信息港开通SUN工作站和NT服务器，为企事业单位提供虚拟主机服务，为用户开办个人主页、租用磁盘空间提供有利条件。同年5月，开通N-ISDN（一线通）。2001年5月，开通ADSL（非对称数字用户线）设备，用户端无须重新布线，用电话线即可上网，速率可达下行512K～2M、上行128K，满足用户视频点播、网上炒股、网上购物、远程医疗等宽带业务需求，年内上网用户6户。至2002年，宽带网用户达263户，光纤接入宽带已基本到达城区大部分单位及居民住宅小区。2003年10月，全县均开通ADSL上网。至2004年，ADSL宽带用户普及。2015年，开始办理联通电视业务。2016年，建成联通电视村20个，IPTV达5020户，IPTV入户率35%。2018年，全县有宽带用户1.55万户，电视用户1.07万户。

第六节 信息化

智慧旅游

2007年7月，首个“宽视界”业务在长岛半月湾景区开通使用。2008年7月，境内各景区开通“电子票务系统”。2015年5月底，长岛旅游服务中心景区WIFI项目正式开通，旅游景区WIFI实现全覆盖。2016—2017年，完成慢行道WIFI项目。2018年，建成旅游短信大数据库。

港行信息化

2011年，完成港航调度指挥中心ICT项目。2012年，完成长岛港港务有限公司视频监控项目，长岛客港区、售票厅、检票厅全部安装视频监控。2013年11月，完成海域动态监控平台工程，实现县乡两级海域和港口的视频监控。2015年，完成港口监控项目，通过该系统随时掌握营运船舶及港口的通航条件、港口秩序、旅客、车辆通过和滞港等情况。2016年，完成海域自动化监管系统，海域监控扩容升级。2018年，完成渤海溢油监测监控专线项目和海事监控项目。

“天网工程”“雪亮工程”森林防火监控

2003年2月，组建长岛边防大队四级通信计算机网络，全县8个海岛边防派出所的计算机全部接入公安专网。2012年11月，完成城区“天网”监控光纤租用工程和公安国保首期金融单位视频监控光纤租用工程，通过互联网专线组成VPN网，将全县金融系统所有营业网点的视频监控、报警系统接入至110指挥中心。2017年，先后完成边防大队至所有乡镇视频监控项目，政法委至各行政村视频监控项目，大钦岛乡、北隍城乡、砣矶镇“雪亮工程”监控项目等；完成林业局护林员定位项目。2018年，完成县公安局天网扩容项目，开通大黑山道路安全森林防火平台，在重点部位和主要交通路口安装高清监控28处。搭建林业局森林防火监控系统，为远距离全天候监控火情提供保障；建设县民政局公墓监控平台。

第六编　经济综述

80年代，特别是1984年全省首次海岛工作座谈会议在长岛召开后，长岛县深化渔村经营体制改革，推进渔业生产由“猎捕型”向“渔牧型”的转变。1986年，全县栉孔扇贝养殖面积达460公顷，年产鲜贝1.6万吨，成为全国最大的扇贝生产基地。

90年代，先后实施“耕海牧渔”“科技兴岛”“旅游兴岛”战略，加快海洋开发步伐，工业体制改革、商业体制改革逐步推行，海岛经济实现大跨度、跳跃式发展。1992年，长岛县成为山东省第一个小康县。1993年，成为全国农村综合实力百强县。

“九五”时期，特别是自1996年下半年开始，扇贝养殖业严重受灾，全县经济严重下滑。全面推行养殖结构调整，加大渔业、工业、旅游业三大支柱产业培植力度，县域经济从2000年开始实现恢复性增长。

2002年省委、省政府长岛现场办公会议后，以打好渔业、工业、旅游业三个翻身仗，实现城市建设、绿化美化两个大变样为目标，以旅游业为龙头的第三产业、水产品加工业、海参育保苗业、风电工业发展迅速，城市建设投入逐年加大。2004年，再次跨入全国农村综合实力百强县行列。

2011年，长岛休闲度假岛建设被列入山东半岛蓝色经济区发展规划。以“规划引领、生态优先、基础先行、产业升级”的思路理念，全面实施以岸线整治、海域修复、海岛保护为重点的生态工程，构建以休闲度假服务业为主导，以生态渔业、文化产业和新能源为支撑的“1+3”海洋优势产业格局。相继完工蓬长跨海引水、南北长山联岛大桥、环岛慢行系统等一批事关海岛长远发展的重大项目。

2017年12月，省委、省政府印发《关于推进长岛海洋生态保护和持续发展的若干意见》。长岛县全面落实生态修复、基础设施等15个方面支持政策。至2018年，完成重点项目投资12.3亿元。全县实现生产总值73.06亿元，规模以上工业总产值2.29亿元，农林牧渔业总产值88.7亿元，社会消费品零售额14.7亿元。一二三产业比例由1986年的48.4∶28.0∶23.6调整为2018年的58.7∶4.8∶36.5。

第一章　经济体制改革

第一节　渔村经济体制改革

1984年8月，长岛县总结南长山镇赵王村实行生产资料作价下放经营一年经济翻番的经验，分别在渔农村结合村和纯渔业村进行生产资料下放经营试点。是年12月，在试点的基础上，在全县推行以生产资料作价下放经营为主体的生产责任制。1985年1月，全县40个行政村中39个村（北隍山前村除外）实行这种责任制形式，将

4583.4万元生产资料下放给628个联合体和225个专业户分散经营。绝大多数的村办企业实行承包经营，彻底打破人民公社"一大二公""三级所有，队为基础"的体制框架，渔村形成村级经济、合作经济、个体经济多种成分并存的格局，完成以解决经营体制问题为内容的渔村第一次改革。

这次改革是改生产资料村级所有为群众自愿联合、合股经营的股份所有制；改以村统一经营、统一核算为新的自主经营、自负盈亏的经济联合体，顺应渔村群众要求致富的愿望。全县捕捞、养殖及工副业发展迅速，至1987年渔村人均所得达1725元，人均存款2411元，分别比1984年增加970元、785元。

1988年，长岛县进行第二次渔村经济体制改革，以依法完善承包合同为重点，稳定体制，完善政策，理顺关系。改革主要解决提留指标过低、积分比例失调、行业间提留不合理、合同条款不齐全、合同管理乱以及理顺分配关系、增加集体积累、壮大集体经济实力问题。1988年8月至1992年8月，长岛县委先后召开5次深化渔村改革研讨会，推进完善第二次渔村经济体制改革，制定印发《关于深化渔村经济体制改革的决定》《关于联合体管理制度》《个体经济管理办法》等文件，以指导和促进渔村改革的顺利进行。至1992年，全县40个行政村均建立实体公司。乡村经济总收入达8亿元，比1987年增加2.5倍，年均递增28.2%，村级当年集体积累5551万元，比1987年增加2.8倍，年均递增31%。

1993年，长岛县进行第三次渔村经济体制改革。6月，召开全县深化渔村改革现场观摩会。7月，对渔村党支部进行改选，充实加强基层领导班子力量。8月，召开全县第六次深化渔村改革研讨会。1994年8月，全县40个行政村全面推行资产承包，其中24个村、329个生产经营单位签订承包合同，资产承包值达1.13亿元，结转银行贷款8000余万元。3个村、8个生产经营单位实行以内部持股为主的股份合作制，股本总额近千万元。1994年，全县渔村固定资产达6亿余元，村级集体积累4754万元，经济总收入11.4亿元，水产品产量24.6万吨。此次改革将集体财产有偿转让给承包者，以财产回归时组建的养殖场、捕捞船为主体，实行股份合作经营方式。具体办法：将集体资产和银行借款等额下放给承包者经营，规定凡是归还完银行借款的单位，资产归全体承包者所有；对于村集体银行借款少的村，凡是资产返还金归还到村级后，资产归承包者所有。

2003年，长岛县进行第四次渔村经济体制改革。在全县渔村推行以落实省委、省政府金融扶持政策，规范渔村承贷主体，建立现代企业制度，促进渔村经济发展为主要内容的经济体制改革。2003年7—8月，制定印发《关于渔村经济体制改革工作实施意见》《关于鼓励渔村非公司制经济组织向公司制企业发展的优惠政策》。是年，全县24个渔村完成经济体制改革，组建股份制公司33家，注册资本2043万元，股金836.7万元。2005年3月，长岛县召开深化渔村经济体制改革工作会议，印发《关于深化渔村经济体制改革工作实施意见》《长岛县深化渔村经济体制改革工作实施方案》，确定以"村企分开、公司化运营"为中心，以海珍品增养殖和育保苗业为重点，以"财务分账、村账乡管"为抓手，以分配制度改革为手段，加快建立渔村现代企业制度，全面理顺渔村经济秩序。4月，县政府制定《关于深化渔村经济体制改革的有关配套政策》，全县组建规范化村级有限责任公司39家，占全县应规范村的100%，注册资本5425.9万元。其中，村委会投资3917万元，占注册资本的72.2%；群众入股1322万元，占注册资本的24.2%；其他法人投资197万元，占注册资本的3.6%。同时，基本完成"村企分开，财务分账"工作。

2017年，长岛县进行第五次渔村经济体制改革，按照中央和省、市关于稳步推进农村集体产权制度改革的部署安排，确定南长山街道鹊咀村为全市农村产权制度改革试点村，制定《长岛县农村产权制度改革试点方案》。2018年1月22日，长岛县首家经济合作社在鹊咀村挂牌成立，126家304名村民领到第一批集体经济组织股权证书。

2018年6月，印发《关于稳步推进农村集体产权制度改革的实施意见》，在全县全面推开产权制度改革。成立县农村集体产权制度改革领导小组，聘请4家会计师事务所和4家律师事务所参与改革全过程，全县40个村共确认渔村集体资产总额8.93亿元，土地资源性资产4300公顷，确权海域资源10160公顷，负债总额8.72亿元，净资产0.21亿元，全县有17个渔村有净资产。同月，县农村集体产权制度改革领导小组印发《长岛县农村集体经济组织成员资格认定指导意见的通知》，制订成员资格认定办法，在全县39个村（除北长山乡店子村）共确认成员23972人。同时，全县39个村对经营性资产按份额进行量化，对资源性资产和公益性资产摸清底数，做好登记。除大黑山乡对长期外出人员按半股（或0.7股）、砣矶镇井口村对外嫁女按0.5股外，其他村全部按成员一人一股，全县共设置成员股23810股，发放股权证书9106本。同年9月，县农村集体产权制度改革领导小组办公室印发《关于认真做好首届经济合作社选举及成立工作的指导意见》。10月，全县39个村分别召开经济合作社成立大会，共选举产生首届理事会成员141人，37个村渔村党支部书记兼任理事长（花沟村由村委会主任兼任，小黑山村由“两委”成员兼任），共选举产生首届监事会成员129人，39个村基本完成产权制度改革任务。

第二节　工业体制改革

经营体制改革

80年代中期，长岛县工业企业经营体制改革启动。1985年，在全县工业企业中进行以转换企业经营机制为内容的体制改革，推行厂长（经理）目标责任制，进行目标考核，对完成任务的厂长（经理）给予适当奖励。主要形式有三种：计件工资制；打破工资等级、投标承包，把工资奖金捆在一起全额浮动；把指标分解到车间、班组，根据经济效益把工资奖金总额按岗位经济责任制评分、算分。同时，开始建立企业工资同经济效益挂钩浮动制度。1986年，废止“离退休或退职后由子女顶替”就业制度。1987年，县直企业开始实行企业承包责任制，部分企业实行公开对外招标，选聘企业经营者。11月19日，县罐头总厂召开招聘经营者答辩会，南长山镇南城村取得县罐头总厂3年承包经营权，开启县直企业村级承包经营。之后，县直其他13家工业企业相继招标选择经营者。承包经营期一般为3年，个别为1年。企业选聘承包人同时，推行三级承包责任制，即企业对主管部门承包、车间对企业承包、班组或个人对车间承包。厂长（经理）承包指标层层分解，落实到车间、班组或个人。1988年，全县企业全面推行“工效挂钩”办法并建立职工晋级制度。

1992年，全县工业企业推行打破“一大三铁（即大锅饭、铁交椅、铁饭碗、铁工资）”为主要内容的企业内部改革。本着“政府放权、企业管严、放而有度、活而有序”的原则，以工作实绩定人员去留、以技能工效定工作岗位，以贡献大小定职工收入，形成干部能上能下、工资能升能降、职工能进能出、生产优胜劣汰、销售适应市场多变的激励机制。同年，全县实行全员劳动合同制。1995年，建立企业最低工资保障制度。2001年，建立企业工资集体协商制度。产权制度改革后，经营体制改革不断深化企业内部三项制度改革，建立灵活的内部经营机制。

产权制度改革

县直企业改革　1993年，县直企业开始进行产权制度改革，当年有6家企业进行产权制度改革试点，推行国家控股、企业职工参股的股份制。

1994年，采取先出售后改制等方式，进行企业产权制度改革。县汽车修配厂作为县直工业企业8家试点单位之一，当年5月改制成立由内部职工持股的海滨汽车维修有限责任公司，取得成功经验。是年，22家县直工业企业中有海滨汽修、企荣水产、长岛印刷、万达水供、万鸿水产、万利水产、日江网具7家完成改制，占县直工业企业总户数的31.8%。其中，国有控股企业2家，国有参股企业2家，合资企业2家，全部由内部职工持股企业1家。改制后，企业转换经营机制，内部设立股东大会、董事会、监事会，逐步建立起两个监督法人治理结构。

2001—2002年，在总结1994年全县改制经验基础上，县直工业企业又掀起新一轮改制，改革更加深入，国有资产全部退出，实现一步到位。高能聚氨酯、宏凯毛纺、华联水产、永盛水产、海洋食品、日出水产6家企业通过改制成立公司，建立产权清晰、政企分开为核心内容的现代企业制度。2002年，全县县直工业企业累计改制13家，其中正常运营11家，占16家县直工业企业总数的68.75%。通过产权制度改革，企业经济效益有大幅提高。

2004年，全县工业企业改制面达到95%以上，其中16家县直企业有14家完成改制。经贸系统未改制的4家工业企业，针织厂、电子器材厂提交法院进入破产程序，拆船公司、日江网具公司进入内部清算和职工分流阶段。是年，全县工业企业改制工作结束。

乡镇企业改革　1993年，省经济体制改革委员会、省乡镇企业局印发《山东省乡村集体企业股份合作制试行办法》。是年，长岛县先后在砣矶镇的建筑公司、人造革厂和大钦岛乡的渤海渔业公司、建筑公司4家企业中进行股份合作制改革试点。对企业清产核资、进行评估，把部分资产出售给内部职工，个人股份只能享受分红，不能转移抽走。

1994年，全县乡镇企业推行产权制度改革，采取股份合作、资产买断、租赁承包等形式，改制53家，占乡镇企业总数的61%。1996年，改制重点转移到村办企业。至1999年，73家乡镇企业进行改制，村办企业改制面达到72%。至2002年，70家乡镇集体企业中，资产一次性出售、个人出资买断的企业20家，占企业总户数的28.6%；租售结合企业3家，占4.3%；股份合作制企业13家，占18.6%；股份制企业1家，占1.4%；采取租赁、承包或其他形式的企业33家，占47.1%。2003年，乡镇企业改制深入推进，主要采取租赁或买断方式进行改制或二次改制，完成改制31家，占乡镇企业总户数的67.4%。是年，乡镇企业改革基本完成。

第三节　商贸体制改革

1979年后，国家对商品流通体制进行重大改革，逐步放开市场。至1990年，全县商业、粮食、物资、供销4大系统在体制不变情况下，实行大包干、承包经营、租赁经营等形式。外贸体制从90年代中期开始实行企业自营进出口，全县从事外贸进出口业务的经营主体已形成既有外商投资企业又有外贸流通企业和生产企业，既有公有制企业又有民营企业的全方位、多元化出口经营格局。

1992年4月，县商业局、县粮食局、县物资局、县供销合作社联合社实行“政改企”，由政府行政主管部门改为局级企业公司，分别成立县商业、粮食、物资、供销总公司，实行自主经营、自负盈亏、独立核算。之后，开始以产权为核心的体制改革，大部分企业改制为股份制企业，一些亏损企业实施破产、解体或兼并。1993年，县直进行产权制度改革试点企业6家，其中商业、粮食、物资、供销4大系统试点企业2家，县百货公司成为全县首家股份制试点企业。同年9月，县物资总公司下属企业——县金属公司首次改制为国有控股、企业职工参股的股份制企业。1994年4月，县金属公司再次改制为由内部职工完全持股的有限责任公司，成为全县首家挂牌并完成改制的国有企业。同年，全县财贸商业、粮食、物资、供销4大系统多数企业完成改制，建立现代企业制度。1995年，县供销总公司所属8家股份制企业又从股份制企业转为一般企业。2000年后，供

销总公司对所属企业实行整体租赁改制，先后对隍城供销社、钦岛供销社、砣矶供销社实行抽本租赁经营，企业内部也对各班组实行承包租赁改革。2001年，粮食总公司降格为军粮局下属单位，部分基层粮食管理所也改为粮油公司。

2001年，商业总公司采取租赁、买断、承租柜台，竞争上岗、内部柜组租赁等办法，对百货公司、五交化公司进行改革。同年，县华联水产公司和食品公司以职工买断入股的方式，分别组建华联水产有限责任公司和海洋食品有限责任公司。2005年，百货公司采取"先出让后改制"方式由蓬莱市汽车运输总公司将长岛县百货公司整体兼并，成立长岛祥坤物流有限公司。2006年，银扇大厦整体出让，改制为万辉大厦。2014年3月，县商业、物资、供销总公司划归国资运营中心管理。

第二章　经济结构

1986—2018年，长岛县经济产业结构发生较大转变，总趋势是第二产业呈下降趋势，第一产业和第三产业持续稳定发展。在调整经济结构的同时，不断加大对外开放和固定资产投资力度，渔养业得到较快发展，占据主导地位，一产占比稳步增长。与此同时，不断调整工业结构，坚持走新型工业化道路。大力发展服务业，现代服务业迅速崛起，旅游、房地产等重点行业快速发展，三产比重不断上升。

第一节　所有制结构

农业所有制结构

中共十一届三中全会后，长岛县渔村经济实力显著增强，渔业基础进一步巩固，全县渔村进行以生产资料有偿转让为主要形式和以财产回归为主要内容的渔村体制改革，稳步实施"以养兴渔，以渔兴岛"和"耕海牧渔，建设宝岛"的经济发展战略。1986年，全县农业总产值9735万元。其中，渔业产值8757万元，占比89.95%；牧业产值737万元，占比7.57%；副业产值118万元，占比1.21%；农业产值占比96万元，占比0.99%；林业产值27万元，占比0.28%。渔村总收入合计12623.6万元。其中，联户企业占主要部分，全县554个联户企业收入7846.5万元，占比62.16%；集体统一收入3124万元，占比24.75%；农民自营专业户数422户，收入1653.1万元，占比13.09%。

1991年，调整林粮结构，农业生产也得到恢复和发展。全县农业总产值62935万元。其中，渔业产值61718万元，占比98.07%；畜牧业产值705万元，占比1.12%；种植业产值467万元，占比0.74%；林业产值45万元，占比0.07%。

2000年，全县渔业养殖结构多品种、多元化的产业格局初步形成。是年，全县农业总产值97531万元。其中，渔业产值96865万元，占比99.32%；牧业产值347万元，占比0.36%；种植业产值208万元，占比0.21%；林业产值111万元，占比0.11%。

2010年，全县生态渔业发展较快，全县农业总产值510886万元。其中，渔业产值466771万元，占比91.37%；农林牧渔服务业42047万元，占比8.23%；林业产值841万元，占比0.16%；农业产值786万元，占比0.15%；牧业产值441万元，占比0.09%。

2015年，全县农业总产值合计711431万元。其中，渔业产值613453万元，占比86.23%；农林牧渔服务业96576万元，占比13.57%；林业产值857万元，占比0.12%；农业产值300万元，占比0.04%；牧业产值245万元，占比0.03%。

2018年，全县农业总产值合计887032万元。其中，渔业产值708951万元，占比79.92%；农林牧渔服务业176960万元，占比19.95%；林业产值800万元，占比0.09%；农业产值196万元，占比0.02%；牧业产值125万元，占比0.02%。

工业所有制结构

1986年，全县工业企业共计130家。其中，全民所有制企业12家，占全部企业的9.2%；集体所有制企业118家，占90.8%。在集体所有制企业中，县直企业10家，占全部集体企业的8.5%；乡镇企业27家，占22.9%；村办企业81家，占68.6%。

1991年，全县工业企业共计126家，其中全民所有制企业16家，占全部企业的12.7%；集体所有制企业108家，占85.7%；合营经济企业2家，占全部企业的1.6%。其中在集体所有制企业中，县直企业13家，占全部集体企业的12.0%；乡镇企业27家，占25.0%；村办企业68家，占63.0%。

2000年前后，全县工业生产加大改革和调整力度，效益不断提高，活力逐渐显现。是年，全县规模以上工业企业18家。其中，全民所有制企业11家，占全部企业的61.1%；集体所有制企业1家，占5.6%；合营经济企业5家，占27.7%；其他所有制企业1家，占5.6%。

2010年，全县特色工业加快转型升级，在全国率先完成150万千瓦海上风场详细规划和预可研编制，列入全省可再生能源中长期发展规划。全县规模以上工业企业15家。其中，全民所有制企业3家，占全部企业的20.0%；有限责任公司企业8家，占53.3%；合资合营及外商投资企业3家，占20.0%；其他所有制企业1家，占6.7%。

2018年，全县规模以上工业企业共计4家，其中有限责任公司企业4家，占全部规模企业的100%。实现工业总产值22852万元，同比增长0.6%；实现工业销售产值22915万元，同比下降4.4%；实现出口交货值21707万元，同比下降4.0%；实现产品销售收入22021万元，同比下降8.1%；实现工业增加值4298万元，同比下降8.0%；实现利润202万元，实现利税416万元。

商业所有制结构

中共十一届三中全会后，长岛县国营、集体、个体商业全面发展，互为补充，商业网点大量增加。1986年，全县商业零售额共计4270万元。其中，全民所有制商业零售额2809万元，占比65.78%；集体所有制商业零售额1358万元，占比31.8%（其中，供销社零售额724万元，占比20.18%；农村办商业零售额190万元，占比26.24%）；个体有证商业103万元，占比2.4%。餐饮业零售额167万元。其中，全民所有制餐饮业零售额26万元，占比15.57%；集体所有制餐饮业零售额130万元，占比77.84%；个体有证餐饮业零售额11万元，占比6.6%。

1991年，商业零售额达到8263万元。其中，全民所有制商业零售额4712万元，占比57%；集体所有制商业零售额1977万元，占比23.9%；个体有证商业1574万元，占比19%。餐饮业零售额255万元。其中，全民所有制餐饮业零售额140万元，占比54.9%；个体有证餐饮业零售额115万元，占比45.1%。

1995—2000年，先后投资2000多万元，完成干鲜水产品市场、物贸市场和一批乡镇农贸市场建设。2000年，公有经济零售额6529万元，占比16.6%；非公有经济零售额32772万元，占比83.4%。其中，私营经济零售额80万元，占比0.2%；个体经济零售额26516万元，占比80.9%；其他经济零售额6176万元，占比18.9%。

2010年，公有经济零售额8657万元，占比13.1%；非公有经济零售额57647万元，占比86.9%，其中私营经济零售额424万元，占比0.7%，个体经济零售额48811万元，占比84.7%；其他经济零售额8412万元，占比14.6%。

2018年，消费品零售额达到14.7亿元。（由于国家统计口径和统计指标的调整，该年份只对外公布这一项数据。）

第二节　产业结构

1986年，长岛县实现生产总值1.10亿元，其中，第一产业0.53亿元，占48.4%；第二产业0.31亿元，占28.0%；第三产业0.26亿元，占23.6%。

1995年，全县生产总值11.72亿元，产业结构较1986年有较大调整。其中，第一产业6.53亿元，占55.7%；第二产业1.41亿元，占12.0%；第三产业3.78亿元，占32.3%。

2000年，全县生产总值10.34亿元，一、二、三产业间比例关系趋向协调，一、二、三产业比例由1995年的55.7∶12∶32.3调整到2000年的55.2∶8.1∶36.7。其中，第一产业5.71亿元，第二产业0.83亿元，第三产业3.8亿元。

2010年，全县生产总值43.53亿元，比2005年增长73.2%，年均增长11.6%。其中，第一产业29.89亿元，占68.7%；第二产业增加值3.25亿元，占7.5%；第三产业增加值10.39亿元，占23.8%。人均生产总值10.10万元。

2015年，全县生产总值62.43亿元，产业结构得到进一步优化，三次产业比例为57.8∶5.9∶36.3。其中，第一产业36.10亿元，第二产业3.68亿元，第三产业22.65亿元，人均生产总值14.72万元。

2018年，全县生产总值73.06亿元。其中，第一产业42.93亿元，第二产业3.47亿元，第三产业26.66亿元，三次产业比重为58.7∶4.8∶36.5，人均国内生产总值16.68万元。

1986—2018年长岛县三次产业构成情况表

表6-1　　单位：万元

年份	三次产业增加值			三次产业占比		
	第一产业	第二产业	第三产业	第一产业	第二产业	第三产业
1986	5325	3084	2594	48.4	28.0	23.6
1987	6231	4560	3524	43.5	31.9	24.6
1988	6504	6674	4368	37.1	38.0	24.9
1989	8503	5559	5380	43.7	28.6	27.7
1990	16720	9250	4108	55.6	30.8	13.6
1991	32242	10734	5455	66.6	22.2	11.2
1992	32887	11446	17013	53.6	18.7	27.7
1993	30125	16521	23490	43.0	23.6	33.4
1994	43958	18841	29753	47.5	20.4	32.1
1995	65301	14067	37795	55.7	12.0	32.3
1996	80123	14020	34526	62.3	10.9	26.8
1997	85686	13187	35006	64.0	9.8	26.2
1998	57047	8837	35933	56.0	8.7	35.3
1999	50721	5982	36676	54.3	6.4	39.3

续表6-1

年份	三次产业增加值			三次产业占比		
	第一产业	第二产业	第三产业	第一产业	第二产业	第三产业
2000	57079	8348	38019	55.2	8.1	36.7
2001	57937	7417	40165	54.9	7.0	38.1
2002	60500	7933	47801	52.1	6.8	41.1
2003	70637	12677	56538	50.5	9.1	40.4
2004	89785	17442	61218	53.3	10.4	36.3
2005	117601	24493	60996	57.9	12.1	30.0
2006	133979	30530	66410	58.0	13.2	28.8
2007	160813	35573	78839	58.4	12.9	28.7
2008	196209	40954	94554	59.1	12.3	28.6
2009	240005	37280	96745	64.2	10.0	25.8
2010	298868	32500	103898	68.7	7.5	23.8
2011	298537	23720	144601	63.9	5.1	31.0
2012	330449	27003	168073	62.9	5.1	32.0
2013	335626	28652	184126	61.2	5.2	33.6
2014	351583	30846	201883	60.2	5.3	34.5
2015	361040	36817	226449	57.8	5.9	36.3
2016	377472	38845	255346	56.2	5.8	38.0
2017	397067	43143	273503	55.6	6.1	38.3
2018	429250	34723	266669	58.7	4.8	36.5

第三节　固定资产投资结构

改革开放以前，长岛县固定资产投资以国有经济为主体，主要由上级行政计划下达。随着计划经济体制向市场经济体制的转变，固定资产投资由依靠政府投资向多元化投资转变，形成投资主体多元化、资金来源多渠道、投资方式多样化、项目建设市场化的新格局。

1996—2005年长岛县固定资产投资经济性质结构表

表6-2　　单位:万元

年份	国有经济	集体经济	其他经济
1996	2975	5791	6361
1997	3478	2680	4755
1998	8526	1982	4426
1999	12196	2401	1461
2000	9735	—	6791
2001	4337	1332	9141
2002	7945	2581	8518
2003	13694	—	26513
2004	22519	—	31403
2005	10934	—	60054

2006—2017年长岛县固定资产投资结构表

表6-3　　单位:万元

年份	投资总额	其中:城镇投资额	备注
2006	50789	13929	全社会
2007	51029	17067	全社会
2008	54030	20805	全社会
2009	82072	24238	全社会
2010	122123	25219	全社会
2011	45849	44192	规模以上
2012	44516	40610	规模以上
2013	52084	37935	规模以上
2014	58664	44116	规模以上
2015	65819	50390	规模以上
2016	74082	62866	规模以上
2017	85539	61158	规模以上

说明:因固定资产投资统计方法改革,自2018年开始不再公布投资额

第三章　主要经济指标

1986—2018年，长岛县坚持以经济建设为中心，以渔业发展为主，大力发展第三产业，促进全县经济快速发展，全县经济总量、财政收入、社会消费品零售总额、实际利用外资均有较快增长，2018年全县实现生产总值73.06亿元。

第一节　综合经济指标

1986—1990年，以扇贝养殖为主导的产业体系基本形成。1990年，全县实现生产总值3.01亿元，比1985年增长80%；实现工农业总产值6.67亿元，比1985年增长1.5倍；实现财政收入1580万元，比1985年增长2.9倍。1990年，全社会固定资产4965万元，比1985年增长246.5%。

1995年，全县生产总值11.72亿元。其中，第一产业6.53亿元，第二产业1.41亿元，第三产业3.78亿元，分别占全县生产总值的55.7%、12.0%、32.3%。实现工农业总产值17.89亿元，其中工业总产值5.25亿元、农业总产值12.64亿元，分别占工农业总产值的29.3%、70.7%；实现社会消费品零售总额3.38亿元，实现财政总收入2058万元，城乡居民储蓄余额达6.4亿元，职工人均年工资4512元，渔民人均纯收入5191元。

2000年，全县生产总值10.34亿元，地方财政收入达到4109万元，城乡居民储蓄余额8.36亿元。产业间比例关系趋向协调，一、二、三产业比例由1995年的55.7∶12.0∶32.3调整到2000年的55.2∶8.1∶36.7。

2001—2005年，全县养殖产业结构调整、对外开放、风电开发、旅游开发、城市建设和渔村经济体制改革方面取得积极进展。2005年，全县实现生产总值20.31亿元，年均增长15.8%；实现地方财政收入3789万元；实现乡村经济总收入16.7亿元，年均增长14.7%；实现全社会固定资产投资7.1亿元，五年来平均增长33.8%；实现社会消费品零售总额5.75亿元，年均增长9.0%。一、二、三产业比例调整到57.9∶12.1∶30.0。

2006—2010年，全县完成“十一五”规划提出的各项目标任务。2010年，全县生产总值43.53亿元，比2005年增长73.2%，年均增长11.6%；财政总收入1.25亿元，年均增长27%。全社会固定资产投资5年累计完成36亿元，比“十五”时期增长80.7%。

2018年，全县实现生产总值73.06亿元，地方财政收入1.44亿元，规模以上工业总产值2.29亿元，农林牧渔业总产值88.70亿元；社会消费品总额14.70亿元。

1986—2018年长岛县生产总值统计表

表6-4　　　　单位：万元

年份	生产总值	年份	生产总值
1986	11003	1997	133879
1987	14315	1998	101817
1988	17546	1999	93379
1989	19442	2000	103446
1990	30078	2001	105519
1991	48431	2002	116234
1992	61346	2003	139852
1993	70136	2004	168445
1994	92552	2005	203090
1995	117163	2006	230919
1996	128669	2007	275225

续表6-4

年份	生产总值	年份	生产总值
2008	331717	2014	584312
2009	374030	2015	624306
2010	435266	2016	671663
2011	466858	2017	713713
2012	525525	2018	730642
2013	548404	—	—

1986—2018年长岛县工业总产值结构统计表

表6-5　　单位:万元

年份	工业增加值	工业总产值	年份	工业增加值	工业总产值
1986	1982	9030	2003	9035	34173
1987	3070	10264	2004	13049	54963
1988	4936	16575	2005	18862	68401
1989	4887	22658	2006	23928	80220
1990	8078	21972	2007	28013	100319
1991	9009	31521	2008	31719	99925
1992	9854	35180	2009	27849	87818
1993	13841	49432	2010	22093	98526
1994	15903	56281	2011	14535	58436
1995	11641	52436	2012	15955	62770
1996	11433	47492	2013	16457	65913
1997	9961	40224	2014	17371	72928
1998	4605	23500	2015	20513	86429
1999	2870	13952	2016	—	—
2000	6208	23947	2017	—	—
2001	5261	24641	2018	—	—
2002	6010	22602	—	—	—

1986—2018年长岛县农林牧渔业总产值统计表

表6-6　　单位:万元

年份	农林牧渔业总产值	年份	农林牧渔业总产值
1986	23844	2003	121971
1987	31539	2004	155303
1988	44514	2005	202761
1989	59377	2006	230999
1990	73000	2007	272185
1991	62935	2008	344226
1992	67045	2009	420423
1993	76903	2010	510886
1994	98214	2011	566041
1995	126390	2012	625511
1996	140829	2013	641063
1997	147084	2014	678697
1998	97103	2015	711431
1999	88874	2016	750824
2000	97531	2017	794869
2001	99286	2018	887032
2002	104889	—	—

1986—2018年长岛县社会消费品零售总额统计表

表6-7　　单位:万元

年份	社会消费品零售总额	年份	社会消费品零售总额
1986	4015	1995	33845
1987	5263	1996	35789.9
1988	7397	1997	37190.8
1989	8122	1998	39456.6
1990	8145	1999	41768
1991	10637	2000	43636.3
1992	19551	2001	46216
1993	20722	2002	47363
1994	26093	2003	50370

续表6-7

年份	社会消费品零售总额	年份	社会消费品零售总额
2004	49926	2012	135174
2005	57515	2013	150191
2006	66304	2014	171438
2007	76959	2015	188925
2008	91273	2016	209140
2009	106753	2017	229636
2010	102845	2018	246859
2011	116493	—	—

第二节　全社会固定资产投资额

1986—1990年，长岛县城市建设进入较快发展时期，开发居民小区3个，建成住房565套、34055平方米，总投资1873万元；开辟通海路、长园路、乐园街、解放路，扩建长山路、海滨路等主要道路，总里程达17公里；10个乡镇公路街道全面铺通了水泥路面，总里程达40余公里。

1995年，全社会固定资产投资1.54亿元，其中县以上固定资产投资中国有经济完成3656万元，集体经济完成投资175万元。

1996—2000年的“九五”时期，长岛县抓住国家启动内需、加大基础设施投资力度的有利时机，争取资金和项目，对全县电力、交通、通信和供水的建设加大投入，全社会固定资产投资累计达7.36亿元。

2001—2005年，全县投资持续快速增长。“十五”时期，全县围绕养殖结构调整、风力发电、旅游开发和城市基础设施建设四大重点，加大投入力度，投资增长速度明显加快。2005年，全年完成全社会固定资产投资7.1亿元，5年累计完成固定资产投资19.9亿元，是“九五”时期的2.7倍。

2006—2010年是城市建设、基础设施建设和生态建设全面推进的五年。全县投资近8亿元，先后实施140多个城市改造和基础设施建设项目。

2011—2015年，全县投资13亿元对基础设施进行大规模改造，改善海岛发展和生产生活基础条件。2015年全县规模以上固定资产投资（计划总投资500万元以上）6.58亿元。其中，第二产业投资0.17亿元；第三产业投资6.41亿元。

2016年后，全县规模以上固定资产投资稳步增长。2016年，全年完成固定资产投资7.41亿元。其中，第二产业完成投资0.27亿元；第三产业完成投资7.14亿元。

2017年，全县规模以上固定资产投资8.55亿元。其中，第二产业完成投资1.37亿元；第三产业完成投资7.18亿元。

2018年，全县规模以上固定资产投资增长平稳，比上年增长6.5%。其中，第二产业投资比上年减29.7%；第三产业投资增长15.2%。

1986—2017年长岛县固定资产投资额统计表

表6-8　　单位：万元

年份	固定资产投资额	年份	固定资产投资额
1986	1433	2003	40207
1987	4026	2004	53922
1988	5480	2005	70997
1989	1616	2006	50789
1990	4965	2007	51029
1991	9069	2008	54030
1992	19876	2009	82072
1993	17100	2010	122123
1994	17183	规模以上	
1995	15412	2011	45849
1996	15127	2012	44516
1997	10913	2013	52084
1998	14934	2014	58664
1999	16058	2015	65819
2000	16526	2016	74082
2001	14810	2017	85539
2002	19044	—	—

说明：因固定资产投资统计方法改革，自2018年开始不再公布投资额

第七编　海洋与渔业

长岛依海而生，渔业历来为重要产业。全县海域总面积3541平方千米，海岸线长187.8千米。全县人工渔港和自然停泊湾52处，其中被农业部命名的渔业港口20处、自然停泊港湾5处。境内渔业资源得天独厚，全县可利用的渔业海域面积15.9万公顷，滨海湿地面积1105.2公顷，适合海珍品（海参、鲍鱼、海胆、虾夷贝等）底播增养殖滩涂海域面积6000余公顷。境内南部海域水深等深线范围在10～20米，北部海域在20～38米，适宜海洋牧场建设海域6万余公顷。2018年，建成国家级海洋牧场2处、省级海洋牧场3处。

境内海域水质优良，拥有国家级水产种质保护区2个、省级水产种质保护区6个，总面积1.1万公顷，是著名的鲍鱼之乡、扇贝之乡、海带之乡；是对虾（中国对虾，俗称渤海湾大对虾）、刀鱼（带鱼）、鲅鱼（蓝点马鲛）等鱼虾类洄游渤海湾的必经之地。境内海洋动物282科650余种，盛产30余种经济鱼类和200余种贝藻类水产品，是中国海上物种“博物馆”。

2018年，全县水产品总产量42万吨，其中养殖产量32万余吨、捕捞产量9.8万吨。全县渔业总产值70.9亿元，其中养殖56.6亿元、捕捞14.3亿元。

第一章　渔业体制与劳动力

第一节　渔业体制

1984年3月，长岛县在渔村推行以生产资料有偿转让为主的联产承包经营体制改革，全县打破村级三权所有（生产资料所有权、生产经营管理权、年终分配权）传统经营体制，形成村级经济、联合体经济、个体经济并存的新经营体制。这一变革，充分调动群众致富积极性，使渔村经济得以快速发展。在新经营体制运行过程中，由于生产分散经营，海洋渔业的深层次发展出现诸多不适应性，主要表现在：过度强调高分配，造成集体积累比例失调，集体经济薄弱，生产后劲不足。

1988年，长岛县在总结改革经验教训的基础上，开始进行以发展壮大集体经济，增强渔业发展后劲为重点的深化渔村经营体制改革。“理顺三个关系”：即依法完善承包合同，理顺集体积累和分配关系，增加集体积累；搞好财产有偿“回归”，理顺产权关系，建立新的渔业生产经营体制；理顺统包关系，对仍从事联合体、专业户的经营者，依法完善承包合同。这次改革，全县渔村集体经济得到发展壮大，集体积累6642万元，比1986年增长5倍，为开发远洋渔业、振兴渔村经济奠定坚实基础。

1993年，全县渔村承包步伐加快：将村集体的生产资料作价承包，并将村级贷款转给承包单位或个人，以合同形式固定下来，明确资产属性，凡是在规定的承包期内完成村级上缴提留金（有的村含银行贷款），资产权全部归承包单位或个人所有。90年代中后期，长岛县渔业股份制企业发展较快，国有渔业企业通过破产或改制，集体渔业企业通过兼并、拍卖、租赁等形式，形成股份合作制。

2003年，全县国有渔业、集体渔业企业完成改制工作。2018年，全县渔业生产经营体制主要以个体渔业、集体渔业、股份制渔业为主。

个体渔业

个体渔业是以生产资料私有的个体劳动小生产经济为主体。80年代初期，境内开始出现养殖专业户、捕捞专业户等。

单干　渔业捕捞以独自一人或以家庭为单位，利用个人或家庭拥有的少量生产工具，如小型船只、网具、钓具等进行简单生产，以自产自销养家糊口，改善生活。这种生产经营形式70年代末出现后，80年代发展较快，在北五岛的渔村尤为典型。1983年，南长山镇赵王村十几家农民，向国家贷款，养殖栉孔扇贝，当年还清贷款，还有盈余。之后南长山、北长山等乡镇渔民多加效仿，个体、联合体扇贝养殖户迅速发展。1986年，全县近海捕捞单干户60余家，扇贝养殖专业户130余家。其中，扇贝养殖专业户收入万元（时称万元户）达67家，被誉为“扇贝大王”赵王村养殖专业户王家永，年收入超过10万元。至1989年，全县栉孔扇贝专业养殖户达260余家。2004年，海参育保苗业迅猛发展，育保苗专业户达855家。至2018年，全县捕捞专业户、养殖专业户1400余家。近海捕捞仍以个体渔业为主，主要从事江珧贝、鹰爪虾、鼓虾和底杂鱼等生产，捕捞作业方式以顺流网和单拖网为主。个体养殖以栉孔扇贝、虾夷扇贝、海带、牡蛎等养殖为主。

家庭经营（包括家庭承包经营）　1985年，渔村经营体制改革时出现。以家庭经营为主体的生产单位，是渔村双层经营体制中的一种形式。其全年生产总收入，扣除生产费用、上缴国家税金和集体提留后，余者为家庭经营所得。渔业家庭经营主要以小马力渔船捕捞、筏式养殖、海参圈养、海参育保苗等为主。至90年代初，随着近海渔业生产规模扩大，这种家庭经营形式已普遍存在。

联合体经济　80年代中期，在全县各乡镇普遍出现。联合体经济是群众按照自愿互利、自主经营、独自核算、自负盈亏的原则组建的经济实体。其财产归全体成员共同所有。分配时将全年的生产总收入，扣除一切费用，上缴国家税金和集体提留，再提取内部积累。剩余资金在成员之间按技术高低和劳动强弱进行分配，并做到生产有计划、管理有制度。联合体的规模，近海捕捞一般为对船；养殖规模在2～2.33公顷。1986年，全县有联合体716个，其中捕捞联合体436个，养殖联合体280个。这种组织形式，在80年代中后期，较为适于小规模渔业生产。90年代，随着捕捞资源逐渐衰减和养殖病害接连发生，致使一些养殖联合体和小马力渔船联合体陆续解体，转为从事个体或家庭经营。

集体渔业

1984年前，长岛县渔村仍沿袭人民公社“三级所有，队为基础”的体制。全县共有6个乡镇、38个自然村，37个大队，446个生产队。在以养殖为主的南三乡镇22个村，均以生产队为基本核算单位，在以捕捞为主的北三乡镇16个村，均以渔业大队（村级）为基本核算单位。在经营管理上，先后试行“纯益比例分成”“大包干”等形式的生产经营责任制。由于受经营体制束缚，生产效益较低，渔民人均分配高者千元左右，低者300余元，全县村级集体积累467万元。

1985年，全县推行以生产资料有偿转让为主要特征的生产经营责任制后，形成村集体经济、联合体经济、个体经济多种经营形式并存，促进渔村经济较快发展。是年，渔民人均所得1339元，村集体积累934万元。1987年，乡镇、村办集体企业211家，实现收入1.07亿元，渔村集体积累达1452万元。

1988年，在全县“以发展壮大集体经济、增强渔业发展后劲”为主题的深化渔村经济体制改革中，通过依法完善渔村承包合同，理顺积分关系，搞好财产有偿回归工作，村集体经济得到发展壮大。但这种承包形式，延续不到3年就名存实亡，自行解体。

1993年，全县推行以“资产承包和股份合作制”为主要特征的深化渔村经济体制改革，乡镇、村集体经济的渔业队、养殖队、渔轮厂、修船厂等陆续改制，进行资产重组，作价卖给私人、个体或联合体。至90年代中后期，全县集体渔业经济通过改制，大部分被股份制或个体经济所取代。

进入21世纪，长岛县在渔村推进“企业+基地+养殖户”为主要形式的渔民专业合作社。2018年，全县累计创建渔民专业合作社47家，其中国家级示范社1家、省级4家、市级4家。

国有渔业

1986年前，全县国有渔业以县水产供销公司、县渔业公司、县养殖公司、县船厂、县外贸公司等国有部门及直属企业为代表，与集体渔业构成全县渔业经济主体。80年代中后期，渔业计划经济开始向市场经济转变，水产行业及水产品流通领域开始进行企业改革和产业结构调整。其间，先后建立捕捞公司、海珍品育苗养殖场、水产冷藏厂、养殖基地等国有渔业企业。90年代中后期，国有渔业企业开始改制为股份制企业，对企业资产进行清算和评估，部分企业和自收自支事业单位实行股份制改革；经营效益较差的国有企业，实行破产或兼并。至2000年，全县改制国有企业9家，其中有限责任公司3家，实行转让出售企业4家，破产2家。2018年，全县国有渔业企业2家，其中只有大竹山养殖基地从事渔业生产和经营。

股份制渔业

1994年，长岛县实行渔业股份制试点工作，主要形式为股份制和股份合作制。按其股权结构及参股方式可分为三种类型：投参结合型。即在家庭经营的基础上，吸收村集体投股与群众参股融为一体而成为股份合作制企业；入股联办型。即由村集体投股与群众自愿入股联办而组成的股份合作制企业；折参混合型。即将原村集体资产，经评估作价并折股到个人的基础上，再吸收内部成员参股而组建的股份合作制企业。企业由股东大会选出董事会进行经营，年终利润分配，按集体股与个人股的比例分红。1994年4月，长岛县渔业公司下辖的“鲁长渔”901、902号对船，905、906号对船，分别改制为海发、海达渔业捕捞股份公司。至1994年，全县改制渔业企业140家，职工2000余人，固定资产6900万元，利润500余万元。1996年始，全县深化渔业股份制改革，对首批进行股份制合作制的企业进行规范化管理。至1998年，全县乡镇、村办渔业企业改制面达80%以上。进入21世纪，长岛县按照“抓大放小”方针，以股份制和股份制改造、资产优化重组为重点，全面放开国有、集体、乡镇渔业企业，主要采取股份制和股份合作制改造、兼并、租赁等形式，实现资产优化重组。2018年，全县共有股份制渔业企业44家。

第二节　渔业产业结构

1984年，山东省委、省政府在长岛县召开首次全省海岛工作座谈会，研究加快海岛开发建设及有关政策措施。1985年，山东省委、省政府在长岛县召开第二次海岛工作座谈会，提出海岛建设要以科技进步为重点。1986年10月，山东省委、省政府在胶南县召开第三次全省海岛工作座谈会，着重研究审议《全省海岛开发总体规划》，并提出将长岛作为山东省海岛开发的重中之重。

长岛县渔业产业结构主要有海洋捕捞和海水养殖两大产业。1986—2018年，对渔业产业结构进行多次调整，总体分为五个阶段。

捕养结合共同发展阶段（1986—1990年）

这一时期是长岛捕捞业由小到大、由弱到强，快速发展壮大的兴旺时期。同时也是海珍品养殖业积极探索、加快发展的重要起步时期。其间，长岛县对全县渔村进行以生产资料有偿转让为主要形式和以财产回归为主要内容的经济体制改革，群众性捕捞、养殖生产的热情空前高涨。1990年，全县各类捕捞船只由1986年的791艘，增加到1927艘。海水养殖面积由1986年的914公顷，发展到1349公顷，养殖品种由海带扩大到栉孔扇贝、海湾扇贝和鲍鱼等多个品种。1990年，全县养殖业产值达到1.14亿元，首次超过捕捞业产值。

耕海牧渔战略转型阶段（1991—1995年）

这一时期是长岛渔业由“猎捕型”向“渔牧型”转移的重要时期。全县按照“耕海牧渔，建设宝岛”战略目标，层层发动，掀起以扇贝养殖为主的大规模海洋开发热潮。其间，长岛县提出加快实施“捞银工程”“捞金工程”“钻石工程”，全县鲍鱼养殖、育苗、水产品加工均取得长足发展。1994年，长岛县召开三级干部大会，提出“重振捕捞雄风”口号，在全县大力倡导弘扬“以苦为荣、以干为本”的长岛人精神。1995年，全县水产品总产量达28余万吨，总产值9.2亿元。其中，养殖产量20余万吨，产值6.3亿元；捕捞产量8万余吨，产值2.9亿元，养殖业成为渔业生产的主导产业。

渔业结构优化调整阶段（1996—2001年）

养殖业　1996年秋天开始，作为长岛县支柱产业的栉孔扇贝连续三年出现大面积死亡，其中1998年扇贝死亡率高达90%以上，南五乡镇大部分养殖户绝产绝收。

1998年，长岛县吸取南五乡镇单一养殖扇贝的教训，组织县、乡、村三级领导干部外出学习取经，广泛听取专家意见，反复进行调查研究，开始对渔业产业结构进行全面调整。1999年，长岛县印发《关于优化调整海水养殖结构的实施意见》，召开县、乡、村三级干部大会进行动员和部署，拉开养殖结构调整的序幕。为鼓励多品种养殖，长岛县制定一系列政策，在资金信贷、税收、海区使用和新品种引进等方面对生产单位给予政策优惠。同时，要求各乡镇按照多品种、多形式、可持续发展的原则，发展“两高一优”（高产、高效、优质）渔业。北五岛以鲍鱼、海参、虾夷扇贝、虾夷马粪海胆和鱼类等养殖为重点；南五岛在优化海区布局、稳定扇贝养殖的基础上，把海参底播增殖作为主攻方向。通过大规模调整，全县养殖布局趋于合理，养殖品种增加，打破栉孔扇贝养殖品种单一的局面，逐步培植起海带、栉孔扇贝、海湾扇贝、海参、鲍鱼、虾夷扇贝、虾夷马粪海胆和鱼类8个重点养殖品种。

2000年，长岛县加大栉孔扇贝养殖指导，要求减少分苗密度，制定统一的分苗标准，并制作标志牌进行笼内投放，便于海上检查。虾夷扇贝养殖借鉴长海县獐子岛经验，全年底播虾夷扇贝1262万粒，筏养2632万粒，存养3厘米以上大苗1.8亿粒。在全县推广刺参增养殖技术，全年底播海参963万头，圈养1810万头，新建海参圈养池13处，增加圈养面积32.7公顷，全县海参存养量达8276万头。鱼类养殖投产网箱500余个，放养鲈鱼83万尾、黑裙鱼35万尾，当年销售商品鱼100余万尾。鲍鱼增养殖通过引进虾夷盘鲍原种，底播鲍鱼312万头，筏养84.7万头，苗种存养量达1300万头。虾夷海胆底播50万粒，筏养114万粒。海带养殖面积增加到650公顷，收获淡干菜1.6万吨，其中加工出口菜952吨，食品菜770吨，鲜嫩菜2000吨。

2001年，持续扩大多品种养殖规模，调整效应逐步显现。全年累计放养虾夷扇贝1.1亿粒，保苗3.6亿粒；放养海参4400余万头，保苗6800余万头；鲍鱼存养量700余万头；投放鱼类养殖网箱1300个；育苗生产投入水体4.7万立方米。是年，水产品总产量19万余吨，渔业总产值9.8亿元。“长岛”牌鲍鱼、刺参、海胆、虾夷扇贝等5大系列9个品种的海珍品获得中国国际农业博览会金奖。

捕捞业　90年代后，随着近海资源的持续衰减，出国生产逐步兴起。全县开始建造大马力渔船或进行设备更新，开发南海和国外渔场。受国外渔场考察不足和部分国家政局不稳等影响，出国生产后部分船只严重亏损，资不抵债。1996年，在印尼生产较好的11对大马力渔船被迫中途回国，另有12对新建的大马力渔船在办好赴印尼生产出国手续的情况下，也被迫停止。大批远洋生产船只陆续返回国内，背上沉重的债务包袱，全县大马力渔船数量剧减。1997年，长岛县提出“稳定远洋队伍，扩大近海生产”的捕捞业发展思路，在保持大马力渔船稳定的同时，把捕捞业的重点转移到近海小马力作业船和顺流网生产上。小马力渔船打破传统作业区域，80余艘小马力渔船开赴东海渔场捕捞。当年，全县投产顺流网达1.1万吊。

1999年后，全县捕捞业再次出现低谷期。由于近海各类捕捞资源衰减严重，形不成鱼汛，产品市场价偏低；中韩渔业协定生效后，大马力渔船失去部分传统作业渔场；国家新的伏季休渔制度实施，使渤海湾捕捞旺汛期向后延误半个月的生产时间。2000年起，燃油价格大幅度上涨，生产费用逐年增大，捕捞渔船入不敷出的现象日趋严重。

生态渔业探索发展阶段（2002—2009年）

2002年8月，省政府在长岛召开现场办公会之后，重新研究调整渔业工作重点，定位发展生态型渔业。是年9月，长岛县印发《关于下达2003年养殖结构调整计划和2004年、2005年养殖发展规划的通知》，确定把海参、虾夷扇贝、鲍鱼、海胆四大优势品种作为养殖结构调整的突破口，明确各乡镇、各品种的具体增养殖计划和规划，并对各乡镇进行目标考核。全县掀起新一轮渔业开发热潮。2002—2005年，全县累计投入渔业开发资金7亿余元，刺参、虾夷扇贝等名优高效品种增养殖规模迅速扩大，深水网箱养鱼取得重大突破。同时，以海参育保苗为主的苗种业发展迅猛，休闲渔业方兴未艾，全县渔业开发向效益型、生态型和科技化、产业化、规模化的现代渔业目标全面迈进。至2005年，全县水产品总产量24.9万吨，渔业产值达19.4亿元。

2006—2007年，长岛县渔业产业按照精养高效和品种调优、规模调大、效益调高的要求，调整优化养殖布局和品种结构，打造现代渔业科技化、产业化、品牌化。

2008年，按照“海底森林”和生态养殖“两个一百万”（百万亩海底森林、百万亩立体化生态养殖基地）目标，加大海底投石、加大贝藻珍立体化养殖力度。至2009年，全县“海底森林”建设完成2.9万公顷，生态养殖基地建设完成4.4万公顷。是年，全县水产品总量30万余吨，实现产值32亿元，其中养殖产量21万余吨，捕捞产量9万余吨。

高效生态渔业和海洋牧场建设阶段（2010—2018年）

2010年，长岛县按照省委、省政府打造山东半岛蓝色经济目标要求，将发展生态渔业确定为全县经济发展重中之重。先后编制完善长岛县《养殖布局规划》《海洋牧场建设规划》《深水网箱发展规划》。制定印发《长岛县生态养殖指导意见》《长岛县生态渔业统计工作指导意见》《长岛县生态渔业考核办法》等意见办法，其中《长岛县2012年度藻类养殖及加工财政专项资金补贴办法》，主要鼓励北五岛乡镇加快调整贝藻养殖格局，要求按照贝藻3:7兼养比例，对新开发海区及原有贝类养殖区进行比例调控，在有条件海区全面推行贝、藻、珍立体化生态养殖。当年，全县藻类养殖面积增加到1467公顷。2012年，争取渔业资源修复项目9个，补助资金2552万元。当年放流牙鲆230万尾，黑鲷60万尾，许氏平鲉50万尾，虾夷扇贝500万粒，魁蚶6000万粒，移植藻类360万株。

2013年，长岛县正式启动海洋牧场建设，将海洋牧场和垂钓产业列入《长岛休闲度假岛规划》，明确将海洋牧场和休闲海钓作为渔业经济新的增长点来培植。编制完成《长岛县海域使用规划》，重点打造“六大区块”的规模化海洋牧场。4个省级海洋牧场现代渔业园区项目开工建设，放流魁蚶、牙鲆、黑鲷等苗种1.1亿粒（尾）。

2014年，长岛嘉祺海洋技术有限公司引进、研发出适宜20～60米水深的聚鱼型人工鱼礁和适宜10～20米水深的增殖型多功能人工鱼礁，在

4处海洋牧场和海钓基地投放176个，被山东省海洋与渔业厅确定为省级人工鱼礁研发中心。2015年，放流恋礁鱼苗511万尾，投放生态型人工鱼礁180个、5万空方，礁体构件1万个、8.3万空方，石块7.7万立方米，集装箱40个。同年，获批省级海钓基地2处、市级6处。

2016年，海洋牧场建设持续推进，海洋牧场总面积达到1.28万公顷。休闲海钓基地总数达13处，投放生态型人工鱼礁220个，放流各类鱼苗730万尾。2017年，海洋牧场建设开启智能化、装备化管理运营模式。佳益、弘祥海洋牧场投资1700万元，分别在小竹山和大钦岛海域安装使用国内首座自升式和半潜式多功能平台。南隍城海洋牧场投资500万元引进智能可升降深水网箱12个，在深海区开展海胆、海参、鲍鱼混合养殖。同年，长岛县渔业振兴推进委员会成立，印发《海洋牧场建设项目申报实施意见》，4处海洋牧场列入国家海洋局《全国生态岛礁工程“十三五”规划》。是年，弘祥公司、佳益海珍品发展有限公司获批国家级海洋牧场示范区，大洋渔业专业合作社获批省级海洋牧场，新恒基和鑫盛公司获批市级现代渔业示范基地，增殖站、东源海产和南隍城获批省级渔业增殖站。

2018年，全县生态渔业建设初具规模，投放生态型人工鱼礁400个，累计1400余个。弘祥公司投资3700万元建造的大型深远海智能坐底式网箱投入使用。

第三节　渔业劳动力

80年代，境内实行渔业生产责任制，开始推行专业承包、联产计酬大包干、“五定一奖”（定工具、定劳力、定产量、定费用、定报酬、超产奖励）、按比例分配等各种形式的联产承包责任制，渔民劳动力不断增加。1986年，全县渔业专业劳动力达5000余人，仍以捕捞为主，其次为养殖。1987年，全县渔业专业劳动力6354人，其中养殖劳动力3289人，捕捞劳动力3065人，养殖劳动力首次超过捕捞劳动力。90年代，全县海洋渔业由传统捕捞向现代捕捞、由捕捞为主转向养殖为主，渔业劳动力由最初单纯从事捕捞，发展到“一养二捕三加工”并举的格局，从事渔业生产队伍扩大。1996年，渔业劳动力超过1万人，达12089人。90年代末，随着捕捞资源持续衰减、大马力渔船出租或变卖，捕捞劳动力下降；栉孔扇贝养殖在大面积受灾后，养殖规模锐减，养殖劳动力减少。2000年，全县渔业结构调整初见成效，捕捞业由远海向近海转型，近海小马力渔船数量大幅增加，养殖业在调整优化加快发展，渔业劳动力恢复增加。2003年，全县渔业劳动力14120人。至2010年，全县渔业劳动力稳定在1.2万人以上。2011年，全县生态渔业、渔家乐休闲渔业、育保苗养殖业以及海洋牧场、渔民专业合作社等快速发展，渔业劳动力达2.06万人。2018年，全县渔业劳动力2.02万人。

1986—2018年长岛县渔业劳动力基本情况表

表7-1　　单位：人

年份	合计	专业劳力	其中			兼业劳力
			捕捞	养殖	后勤	
1986	6400	5541	3041	2500	267	592
1987	6979	6354	3065	3289	165	465
1988	7002	6252	3128	3124	345	405
1989	6786	6510	2964	2922	624	276
1990	5930	5930	2959	2271	338	362
1991	6918	6438	2644	3462	332	480
1992	5862	5217	1921	3150	146	645
1993	5631	4671	1623	2946	102	960
1994	6753	4903	1789	3114	135	1720
1995	7417	4807	1945	2862	263	2347
1996	12089	5445	2138	2651	656	6644

续表7-1

年份	合计	专业劳力	其中			兼业劳力
			捕捞	养殖	后勤	
1997	10590	5101	1909	2606	586	5489
1998	8824	5349	2230	2693	426	3475
1999	12305	6120	2620	2634	866	6185
2000	11258	5294	2284	2486	524	5964
2001	14089	8380	2309	2232	3839	5709
2002	13916	7877	2106	1905	3866	6039
2003	14120	4940	2229	2018	693	9180
2004	12480	6653	1875	3309	1469	5827
2005	13062	5738	2108	2853	777	7324
2006	13377	5860	2263	3266	331	7517
2007	12125	6929	2117	3842	970	5196

续表7-1

年份	合计	专业劳力	其中			兼业劳力
			捕捞	养殖	后勤	
2008	12584	6744	2106	3816	822	5840
2009	14227	7851	2310	4003	1268	6646
2010	14882	9081	2521	4862	1698	5801
2011	31281	20626	3114	6627	10885	10655
2012	31281	20626	3114	6627	10885	10655
2013	31255	20618	3108	6623	10887	10637
2014	31255	20618	3108	6623	10887	10637
2015	31355	20618	3108	6623	10887	10737
2016	31355	20618	3108	6623	10887	10737
2017	31162	20495	3066	6587	10842	10667
2018	30578	20257	3015	6487	10755	10321

第二章　渔港与渔用航标

第一节　渔　港

70—80年代，随着集体渔业经济的发展壮大，长岛县在上级政府部门和驻岛部队的支持下，境内中、小型渔港、群众渔港建设发展较快，全县40个行政村均有1处人工渔港或自然停泊湾。80年代中期，全县近海捕捞业开始向外海拓展，发展一批90～150吨、主机功率100～200千瓦的钢制渔轮，对渔港及码头设施提出新的要求，长岛县开始对渔港进行改造、扩建或新建，以提高综合服务能力。

1990年6月23日，农业部公布的全国沿海首批确定渔港中，烟台市共有群众渔港19处，其中长岛县有11处，渔港数量居烟台市之首。长岛县11处群众渔港包括南长山渔港、北隍城渔港、庙岛渔港、隍城渔港、钦岛渔港、小钦岛渔港、砣矶渔港、北长山渔港、大黑山渔港、大竹山渔港、小黑山渔港。

1997年3月28日，农业部公布的第五批沿海渔港和首批内陆水域渔港，长岛县新增4处：猴矶渔港、高山渔港、小竹山渔港、车由渔港。

2002年3月，在全国渔港普查统计中，长岛群众渔港被农业部公布为一级群众渔港。至2002年，全县渔港、自然港湾44处。2003年后，相继新增大口塘、岭山、鹰窝、连城等群众渔港8处。2018年，全县有人工渔港和自然停泊湾52处。其中20处人工渔港、5处自然港湾被农业部认证命名。

人工渔港

长岛中心渔港　位于南长山岛获沟村西侧

鸟瞰扩建后的长岛中心渔港（2018年）

海域。1974年9月开始建港，2002年、2010年进行两次扩建。陆地面积22.4万平方米，海域面积43.5万平方米。渔用岸线长2198米，掩护水域43.5万平方米；航道长1450米，宽105米，平均水深5米；锚地长880米，宽1300米，水深7.5米。2010年扩建防波堤兼码头长350米，为钻孔灌注桩排架结构。码头总长度为993米，顶高程为3.5米，码头前沿作业平均宽度27米，设有渔业码头泊位23个，其中100Hp以下泊位4个，280Hp泊位11个，600Hp泊位8个。装卸作业方式以机械作业为主。

连城渔港　位于南长山岛连城村西侧海域。2003年渔港建成，水域面积为2.1万平方米，陆域面积0.9万平方米，岸线使用长度161米，作业宽度11.3米，平均水深4米。码头为重力式结构，最大靠泊能力为300马力渔船，泊位6个。码头装卸作业方式以人工作业为主，辅以机械。渔港主要停靠小型木质渔船。

乐园渔港　位于南长山岛乐园村西南海域。2002年渔港建成，水域面积为3.1万平方米，陆域面积0.6万平方米，平均水深3.5米。渔港码头为顺岸码头，长342米，为重力式方块结构。可供10艘渔船同时装卸、补给，最大可靠泊80吨级船舶，采用小吊作业的方式装卸货物。渔港主要停靠小型木质渔船。

北城渔港　位于北长山岛北城村南侧。1993年渔港建成，水域面积为4.4万平方米，陆域面积3.1万平方米，岸线使用长度348米，码头长度1353米，作业宽度15米，平均水深3米。为重力式结构，年卸港量1万吨，最大靠泊能力为100马力渔船，泊位40个。码头装卸作业方式以人工作业为主，辅以机械。渔港主要停靠小型木质渔船。

南口渔港　位于北长山岛东南侧。1990年渔港建成，水域面积为2.4万平方米，陆域面积1.5万平方米，岸线使用长度156米，码头长度565米，作业宽度13米，平均水深3米。为重力式结构，年卸港量0.8万吨，最大靠泊能力为100马力渔船，泊位30个。码头装卸作业方式以人工作业为主，辅以机械。渔港主要停靠小型木质渔船。

北长山岛渔港　位于北长山岛西侧。1998年渔港建成，水域面积为2.6万平方米，陆域面积2.1万平方米，岸线使用长度77米，码头长度365米，作业宽度13.4米，平均水深3米。为重力式结构，年卸港量1万吨，泊位10个。码头装卸作业方式以人工作业为主，辅以机械。渔港主要停靠小型木质渔船。

店子渔港　位于北长山岛店子村西侧。2000年渔港建成，水域面积为1.4万平方米，陆域面积0.2万平方米，岸线使用长度100米，码头长度79米，作业宽度12.4米，平均水深3米。为重力式结构，年卸港量3000吨，泊位2个。码头装卸作业方式以人工作业为主，辅以机械。渔港主要停靠小型木质渔船。

大濠渔港　位于大黑山岛大濠村。1997年渔港建成，水域面积为2.1万平方米，陆域面积0.6万平方米，岸线使用长度186米，码头长度102米，作业宽度13.2米，平均水深4米。为重力式结构，年卸港量0.4万吨，最大靠泊能力为100马力渔船，泊位2个。码头装卸作业方式以人工作业为主，辅以机械。渔港主要停靠小型木质渔船。

南庄渔港 位于大黑山岛南庄村。2000年渔港建成，水域面积为4.7万平方米，陆域面积2.1万平方米，岸线使用长度402米，码头长度158米，作业宽度18.6米，平均水深4米。为重力式结构，年卸港量0.6万吨，最大靠泊能力为200马力渔船，泊位4个。码头装卸作业方式以人工作业为主，辅以机械。渔港主要停靠小型木质渔船。

土岛渔港 位于大黑山岛土岛村。1998年渔港建成，水域面积为3.5万平方米，陆域面积2.1万平方米，岸线使用长度460米，码头长度460米，作业宽度12.7米，平均水深4米。为重力式结构，年卸港量0.8万吨，最大靠泊能力为200马力渔船，泊位15个。码头装卸作业方式以人工作业为主，辅以机械，装卸船吊15台，装卸能力2吨/小时。渔港主要停靠小型木质渔船。

后口渔港 位于砣矶岛后口村。2013年渔港建成，水域面积为4.6万平方米，陆域面积1.1万平方米，岸线使用长度754米，码头长度567米，码头作业宽度14.4米，平均水深3米。为重力式结构，年卸港量0.35万吨，最大靠泊能力为250马力渔船，泊位4个。码头装卸作业方式以人工作业为主，辅以机械。渔港主要停靠小型木质渔船。

大口塘渔港 位于砣矶岛大口塘。2015年渔港建成，水域面积为13.2万平方米，陆域面积6.4万平方米，岸线使用长度1640米，码头长度1348米，作业宽度18米，平均水深5米。为重力式结构，年卸港量0.6万吨，最大靠泊能力为120马力渔船，泊位20个。码头装卸作业方式以人工作业为主，辅以机械。渔港主要停靠小型木质渔船。

磨石嘴渔港 位于砣矶岛磨石嘴村。2013年渔港建成，水域面积为2.7万平方米，陆域面积1.2万平方米，岸线使用长度333米，码头长度109米，作业宽度18米，平均水深3米。为重力式结构，年卸港量0.4万吨，最大靠泊能力为450马力渔船，泊位4个。码头装卸作业方式以人工作业为主，辅以机械，吊装车辆1台。渔港主要停靠小型木质渔船。

东村渔港 位于大钦岛东村。1984年渔港建成，水域面积为2万平方米，陆域面积3.2万平方米，岸线使用长度647米，码头长度575米，作业宽度14.3米，平均水深5米。为重力式结构，年卸港量3.0万吨，最大靠泊能力为350马力渔船，泊位4个。码头装卸作业方式以人工作业为主，辅以机械，吊装车辆15台。渔港主要停靠小型木质渔船。

西口渔港 位于大钦岛。1974年渔港建成，水域面积为2.2万平方米，陆域面积0.9万平方米，岸线使用长度289米，码头长度144米，作业宽度31米，平均水深4米。为顺岸重力式结构，年卸港量0.8万吨，最大靠泊能力为275马力渔船，泊位5个。码头装卸依靠1台吊装车，装卸能力4吨/小时。渔港主要停靠小型木质渔船。

小钦岛渔港 位于小钦岛。1966年渔港建成，水域面积为4.1万平方米，陆域面积0.7万平方米，岸线使用长度399米，码头长度110米，作业宽度16.1米，平均水深5米。为重力式结构，年卸港量0.8万吨，最大靠泊能力为350马力渔船，泊位为4个。码头装卸作业方式以人工作业为主，辅以机械。渔港主要停靠小型木质渔船。

南隍城渔港 位于南隍城岛。1996年渔港建成，水域面积为11.6万平方米，陆域面积2.9万平方米，岸线使用长度1321米，码头长度573米，作业宽度15.7米，平均水深10米。为重力式结构，年卸港量3万吨，最大靠泊能力为1000马力渔船，泊位10个。码头装卸依靠1台吊装车，装卸能力5吨/小时。渔港主要停靠小型木质渔船。

岭山渔港 位于南隍城岛东部。2008年渔港建成，水域面积为2.7万平方米，陆域面积0.5万平方米，渔港码头为顺岸码头，长度178米，水深4米。为重力式方块结构，最大靠泊能力为350马力渔船，泊位2个。采用小吊作业的方式装卸货物。渔港主要停靠小型木质渔船。

山后渔港　位于北隍城岛山后村。2013年渔港建成，水域面积为3.5万平方米，陆域面积0.9万平方米，岸线使用长度223米，码头长度101米，作业宽度12米，平均水深4米。为重力式结构，年卸港量0.5万吨，最大靠泊能力为275马力渔船，泊位4个。码头装卸依靠1台吊装车，装卸能力4吨/小时。渔港主要停靠小型木质渔船。

鹰窝渔港　位于北隍城岛山前村。2016年渔港建成，水域面积为5万平方米，陆域面积1.3万平方米，渔用岸线长度462米，码头长度140米，作业宽度20米，平均水深4米。为重力式结构，年卸港量0.5万吨，最大靠泊能力为100马力渔船，泊位2个。码头装卸作业方式以人工作业为主，辅以机械。渔港主要停靠小型木质渔船。

自然港湾

黑石嘴渔业港湾　位于南长山岛黑石嘴村北部。海域面积为4.5万平方米，陆域面积为0.2万平方米，总面积为4.7万平方米。平均水深5米，抗风等级：西南、西北风、西风6级。可停泊、停靠渔船80余艘。

南长山南海岸渔业港湾　位于南长山岛山前村南部。海域面积为0.6万平方米，陆域面积为0.5万平方米，总面积为1.1万平方米。平均水深5米，抗风等级：东南、西南风、南风6级。可停泊、停靠渔船130余艘。

孙家渔业港湾　位于南长山岛孙家村南部。海域面积为2.4万平方米，陆域面积为1.2万平方米，总面积为3.6万平方米，平均水深5米，抗风等级：东南、东风6级。可停泊、停靠渔船90余艘。

王沟渔业港湾　位于南长山岛王沟村北部。海域面积为0.8万平方米，陆域面积为0.2万平方米，总面积为1万平方米。平均水深4米，抗风等级：东北、北风、西北风6级。可停泊、停靠渔船110余艘。

东莱园渔业港湾　位于南隍城岛南隍城村东南部。海域面积为200万平方米，陆域面积为40万平方米，总面积240万平方米。平均水深15米，抗风等级：南、西南风7级。可停泊渔船180余艘。

第二节　渔用航标

80年代前，境内渔船进入渔港大多利用海上交通和军用灯塔、灯标等航海标志。鱼汛期间，部分渔港在渔船避风港和渔获集散地设临时灯标，为渔船收港避风或卸鱼提供方便。80年代，境内渔业航标设置不断增加。

1986年，全县有渔业航标9处，包括砣矶岛砣子灯塔1座、灯桩4处、灯浮4处。随着养殖生产的快速发展，养殖海域不断扩大，为确保船舶航行安全及养殖物资不受损失，1993年在大黑山西养殖海区和登州水道北侧新设灯浮12处，全县渔业航标总数达21处。这一时期，境内海域渔业航标灯具均为日光阀自动控制闪光仪，采用干电池供电，灯高约为2.5米，射程3海里。2000年始，海上商业运输发展迅速，海上航行灯塔、灯桩设施不断增多，渔用航标作用逐渐淡化，海上浮标逐渐淘汰拆除。2004年，将长岛中心渔港灯桩移交长岛港务管理局。2006年，将老东礁灯桩、北礁灯桩、鱼磷江灯桩、隍城星石灯桩、砣子灯塔、北长山外星石灯塔共6处渔用航标所有权交给烟台航标处。

2012年始，以南长山岛西海岸区域为中心，向北至珍珠门，向南至乐园前口海区，西至大、小黑山岛范围内的航道、港池、锚地两侧设置助航、分界警示标志。先后建成浮标式航标41个，浮标号1～41，浮标为钢质结构，高度4米，标身红色。2018年，在长岛中心渔港建成灯柱式渔用航标1座，在北城南口渔港建成灯桩式渔用航标灯1座。新建灯桩塔体材质为玻璃钢，标高分别为11.5米、7米，灯质为LED频闪，射程大于10海里，能源为太阳能+蓄电池，直径1米。至2018年，全县共有渔业灯桩3座，浮标41个。

2018年长岛县渔业航标情况一览表

表7-2

航标名称	地理位置	灯质
中心渔港灯桩	37°55′45.3″ 120°43′3.6″	左侧标 长闪
中心渔港2号灯桩	37°55′47.5″ 120°43′12.3″	左侧标 长闪
北城南口渔港灯桩	37°57′39.1″ 120°43′34.8″	右侧标 长闪
北长山岛浮标1号	37°57′56.2″ 120°41′45.5″	—
北长山岛浮标2号	37°57′29.5″ 120°41′46.0″	—
北长山岛浮标3号	37°57′43.3″ 120°41′53.2″	—
庙岛浮标4号	37°57′14.3″ 120°41′52.3″	—
北长山岛浮标5号	37°57′18.7″ 120°42′07.6″	—
庙岛浮标6号	37°56′59.9″ 120°41′57.0″	—
南长山岛浮标7号	37°56′45.3″ 120°42′27.2″	—
庙岛浮标8号	37°56′51.1″ 120°42′00.1″	—
庙岛浮标9号	37°55′52.9″ 120°41′51.5″	—
庙岛浮标10号	37°56′47.6″ 120°41′31.0″	—
庙岛浮标11号	37°55′36.8″ 120°41′16.7″	—
小黑山岛浮标12号	37°58′40.98″ 120°39′20.58″	—
庙岛浮标13号	37°55′31.5″ 120°41′17.6″	—
庙岛浮标14号	37°57′08.0″ 120°41′54.2″	—
庙岛浮标15号	37°55′24.2″ 120°41′44.8″	—
北长山岛浮标16号	37°58′07.9″ 120°41′28.2″	—
庙岛浮标17号	37°55′29.1″ 120°41′43.5″	—
北长山岛浮标18号	37°57′54.8″ 120°41′36.3″	—
南长山岛浮标19号	37°56′43.1″ 120°43′00.4″	—

续表7-2

航标名称	地理位置	灯质
南长山岛浮标20号	37°56′43.9″ 120°42′45.5″	—
庙岛浮标21号	37°57′13.9″ 120°41′07.4″	—
庙岛浮标22号	37°56′04.2″ 120°41′51.4″	—
庙岛浮标23号	37°57′18.6″ 120°40′46.8″	—
庙岛浮标24号	37°56′20.9″ 120°41′49.2″	—
庙岛浮标25号	37°57′18.3″ 120°40′14.5″	—
庙岛浮标26号	37°56′30.9″ 120°41′49.7″	—
小黑山岛浮标27号	37°57′21.0″ 120°39′15.2″	—
庙岛浮标28号	37°57′21.0″ 120°40′11.6″	—
小黑山岛浮标29号	37°57′27.0″ 120°38′32.1″	—
庙岛浮标30号	37°57′09.5″ 120°39′45.5″	—
小黑山浮标31号	37°57′53.5″ 120°38′04.2″	—
小黑山浮标32号	37°57′13.3″ 120°39′14.3″	—
小黑山岛浮标33号	37°59′16.97″ 120°39′20.36″	—
小黑山岛浮标34号	37°57′17.4″ 120°38′30.9″	—
小黑山岛浮标35号	37°59′16.97″ 120°39′02.65″	—
小黑山岛浮标36号	37°57′29.9″ 120°38′17.0″	—
小黑山浮标37号	37°59′16.97″ 120°38′46.70″	—
小黑山岛浮标38号	37°59′38.66″ 120°38′46.28″	—
庙岛浮标39号	37°55′38.2″ 120°39′45.6″	—
小黑山岛浮标40号	37°59′56.10″ 120°39′03.30″	—
小黑山岛浮标41号	37°59′56.10″ 120°38′46.70″	—

第三章 海洋捕捞

第一节 渔船与渔机

渔船

80年代中期，随着渔业政策的调整和水产品市场的放开，集体、联合体和个体的小功率渔船增长较快。其中联合体、个体渔船功率多在15千瓦以下，以3～8.8千瓦小型渔船居多。1984年，全县渔村经济体制改革实行生产资料有偿转让后，渔民兴起买船、造船热，全县有机动渔船791艘。其中147千瓦（200马力，下同）以上达16艘。1987年，县船厂建造的首对136千瓦（185马力）钢制渔轮下水投产，185马力钢制渔船逐步替代135马力和200马力木壳渔船。1988年，全县有机动渔船877艘。其中，400马力以上8艘，200马力以上12艘，185马力76艘。1989年，全县有机动船968艘，其中99千瓦（135马力）以上功率船212艘，小功率渔船700余艘。

90年代始，随着渔业体制的不断调整，大功率钢质渔船增加。1990年，全县新增185马力钢质渔船26艘，全县185马力以上渔船发展到122艘。至1995年，全县更新改造198千瓦（270马力）以上大功率船100余艘，逐步淘汰147千瓦以下远外海渔船，渔船作业续航能力和捕捞能力增加。同时，近海16～44千瓦（20～60马力）小功率渔船逐年增加。1996年，全县机动渔船达3098艘，147千瓦以上218艘。90年代末，由于海洋资源衰减，加之生产费用增加等因素，捕捞产量逐年递减，大马力渔船开始出现卖船现象。至2002年，全县198千瓦以上大马力功率渔船仅剩80余艘。2003年，有100余艘小马力船申请报废。报废渔船被分期分批沉放海底布设人工鱼礁。同年5月27日，农业部、山东省海洋与渔业厅及市县两级在中心渔港举办农业部长岛人工鱼礁第一期工程海上投放仪式，投放部分报废渔船建设人工鱼礁。2003年后，全县捕捞业转入以近海为主，渔船多为80～100马力以下小马力渔船。至2018年，报废捕捞渔船176艘，全县135马力以上钢质渔轮仅有10余艘。

2018年，全县有机动渔船2545艘3.44万千瓦，总吨位9800余吨。

渔机

捕捞机械　80年代前，境内只有100千瓦以上渔船安装小型副柴油机，用于渔船停泊期间发电、抽水等。锚机、绞钢机等均由主机直接传动。舵机均为人力手动机械式。80年代中期，146千瓦以下少数渔船安装液压刺网绞钢机、钓钩起线机和液压舵机；147千瓦以上渔船，普遍采用220伏直流电制，发电机以主机带动为主，副柴油发电机组为辅，由电动机驱动锚机、冷冻机、空压机、泵类等。起网机械和舵机采用低压叶片式。1986年后，195型12马力渔船，改装使用2105型20马力柴油机，主要用于张网捕捞生产，6160型135马力拖网渔船，更新为6160型高增压柴油机，功率为250马力、300马力，部分更新为270马力6EI50型二冲程柴油机。185马力以上渔船主要采用HC17型、812型柴油机，多用于拖网、流网等捕捞作业、续航能力约40天。90年代，围网、流网相继淘汰，大部分渔船转为拖网作业，各种机械多被搁置。至2003年，渔船一般采用绞钢起网机。其中，40马力使用CL-1/70型，80-150马力使用CLJ-2.5/70型，250-275马力使用CLJ3.5/70型，300马力以上使用CLJ5/70型。2003年后，渔船主要用于近海捕捞，40马力渔船采用SD823型柴油机，续航能力约10天，多用于中远程拖网、钓钩作业；12马力及以下木质渔船仍沿用传统船型，一般用于坛子网、流网和近海延绳钓作业。

导航通信仪器　80年代初期，境内147千瓦以上渔船的导航定位设备为国产罗兰定位仪。90年代，全球卫星定位设备(GPS)逐步取代罗兰定位仪，渔船定位精度提高。无线电通信由中、高频转向甚高频无线电船舶地面站，渔船普遍使用无线电话、紧急无线电示位标、搜救雷达应答器等较为先进的无线电设备。至2000年，100千瓦以上渔船已普及卫星定位(导航)仪，跨区作业的44～99千瓦渔船，均安装卫星定位(导航)仪。新型的定位仪装有电子海图，具有测量和记录航速、航迹及测距等多项功能。至2005年，随着手持卫星定位仪的普及，作业渔船均配备卫星定位仪。2010年始，船舶自动识别系统(AIS)、北斗定位、"水上漂"信息终端等渔业安全通信系统逐步投入使用。至2018年，渔船普及使用AIS防碰撞系统及CDMA船用救助通信终端。20马力以上渔船配有船用无线电话、单边带、导航雷达、卫星导航定位仪等设备。20马力以下的小船除配有磁罗经外，还配有对讲机和卫星导航定位仪等设备。

1986—2002年长岛县机动渔船情况表

表7-3

年份	船只	功率	总吨	其中				
				400马力以上	200～399马力	80～199马力	21～79马力	20马力以下
1986	791	31612	10612	6	10	138	155	482
1987	793	31330	11420	6	12	132	177	466
1988	877	33060	16953	8	12	144	185	528
1989	968	36571	19335	4	10	184	175	595
1990	1927	41529	21236	0	37	171	175	1544
1991	1910	49679	25670	0	72	185	168	1485
1992	2309	48531	23912	8	64	146	204	1887
1993	2379	40476	18248	5	62	103	246	1963
1994	2694	46658	19045	5	56	158	245	2230
1995	2910	59516	20449	5	92	234	233	2346
1996	3098	66298	26262	5	113	220	240	2520
1997	3027	65280	28319	5	111	188	275	2448
1998	3048	66800	29332	5	113	182	321	2427
1999	2421	62987	30300	5	113	167	315	1821
2000	2366	57240	26872	1	99	143	324	1799
2001	2335	53853	27782	1	96	147	320	1771
2002	2254	50733	25781	1	87	130	305	1731

2003—2018年长岛县登记渔船情况表

表7-4

年份	渔船数量（艘）	总功率（千瓦）	总吨
2003	2126	30041.6	11518
2004	2004	24954.1	9184
2005	2018	23569.6	8441
2006	2789	32960	11598
2007	2917	34600.6	11953
2008	2429	26805.5	9247
2009	2261	26839	9325
2010	2314	29006.3	9795
2011	2581	32837.8	9749
2012	1570	20458.2	5978.2
2013	2615	33052.3	10197.3
2014	2604	33044.4	10198.6
2015	2540	31425.5	9555.6
2016	2500	31464.8	9533
2017	2564	33507.1	10000
2018	2545	34434.1	9823.7

第二节　远洋捕捞

1986年，长岛县24对185马力以上钢质渔轮开赴南方从事底拖生产，获得总产量3000吨的好收成。1990年，长岛县捕捞业调整思路，大力实施“走出去”战略，经过多次考察，县委、县政府作出开发海南渔场的决定，首批派出5对250～300马力钢壳拖网渔船，开发海南渔场。开发海南渔场不仅是长岛县远距离、大规模开发海洋资源的一次创举，也是山东省群众性海洋开发史上的创举，为长岛县渔业生产走出国门积累经验。

1990年7月，县委、县政府在海南省三亚市开始筹备长岛办事处，负责长岛渔船的渔货销售和冰、油、水等供给。是年9月，办事处挂牌成立。11月8日，县委、县政府在中心渔港码头为远赴海南捕捞作业的5对渔船，举行隆重欢送仪式，部分机关干部、企事业人员、船员家属参加欢送仪式。烟台市委、市政府，山东省水产厅发来贺电。仪式之后，船队在鞭炮声中依次驶离码头，向海南进军。5对渔船分别为砣矶镇西村7023、7024号，砣矶镇磨石嘴村7015、7016号，大钦岛乡办2049、2050号，县水产公司901、902号，北隍城乡山前村1005、1006号。12月6日，船队正式投产。海南鱼资源丰富，以带鱼为主。大头网捕捞量5000～10000公斤，一个航次一周左右，对船产量5万公斤左右，产值8万～12万元。1991年2月，在东海作业的22对大马力船，因海南渔场出现鱼汛，临时转赴海南渔场作业，仅一个半月完成产量867吨，创产值236万元，到4月底结束（淡季），22对渔船全部返回东海作业。

1991年10月，长岛县组织第二批船队远征海南，船队规模为48对渔船、1100多名渔民。捕捞船队2个月实现产量3825吨，产值1171万元，纯收入406万元。由于海阳、蓬莱以及威海市渔船蜂拥而至，在海南北部湾狭小渔场作业船只最多达200余艘，捕捞产量大减。1992年3月，除6艘渔船留守海南捕捞作业外，大批渔船返回。1992年5月12日，南海捕捞作业结束。

1992年，长岛县捕捞业走出国门，首次开发国外渔场。是年4月，组织2对600马力渔船远赴摩洛哥渔场作业，捕捞产量347吨，创产值95.3万美元。同年6月，组织一对270马力渔船开赴贝劳渔场从事金枪鱼钓生产，仅3个月就获得产量35吨，创产值32万美元。1993年，5对大马力渔船赴马绍尔从事金枪鱼钓生产，取得较好经济收益。

1994年，长岛县召开三级干部大会，提出“重振捕捞雄风”口号，倡导弘扬“以苦为荣、以干为本”的长岛人精神，有20多名县乡村干部带队从事捕捞生产。为进一步组织好国外渔场开发，根据上级关于组建远洋捕捞公司要求，通过加强对上挂靠和对外联系，与山东省水产集团公司签订16对渔船赴印尼生产合同。是年4月，4对渔船赴印尼渔场捕捞生产。1992—1995年，长岛县300马力以上渔轮共计140余艘，先后开发印尼、摩洛哥、贝劳、泰国、马绍尔等国外渔场。

1996年，长岛远洋捕捞生产出现重大挫折。当年，由于印尼发生政局动荡和严重排华事件，导致本来在印尼生产较好的长岛县11对大马力船被迫中途回国，另有12对新建的大马力船在办好赴印尼生产出国手续的情况下，也被迫停止。至此，大批远洋生产船只也开始陆续返回国内。1999年，长岛捕捞业遇到前所未有的极端困难时期。国内捕捞资源衰减严重，形不成鱼汛，并且鱼类市场价格偏低；中韩渔业协定生效后，大马力船失去部分传统作业渔场；国家新的伏季休渔制度开始实施，使渤海湾汛期生产向后延误半个月时间。从2000年开始，燃油价格大幅度上涨，生产费用逐年增大，捕捞渔船入不敷出的现象日趋严重。新建和更新改造的大马力船主要依靠银行信贷，投资巨大，许多大马力船回国后出现严重亏损，部分船只资不抵债，背上沉重的债务包袱，导致大马力船数量急剧减少，除少数出租外地外，大部分被直接变卖。

2003年始，国家对捕捞行业实施减船转产政策，通过总量控制、渔船报废和培植转产转业项目等措施，引导捕捞渔民弃船上岸，开辟网箱养鱼和休闲渔业等新兴产业。2004年，全县首批85艘渔船申办报废手续。至2006年，全县135马力以上渔船减至28艘。此后，大马力渔船陆续转卖、租赁或转入近海捕捞，至2018年全县大马力渔船仅剩6艘。

第三节　近海捕捞

1986年，近海捕捞总产量2万余吨。至1990年，全县中小型机动渔船由1986年的791艘增加到1927艘，总产量达5万余吨。1996年，捕捞渔船达到3098艘，为历年最高。其间，近海捕捞工具投入加快，定置网具（顺流网）发展尤为迅猛，由1986年的1000余吊发展到1997年的10000余吊，达到历史最高水平，近海捕捞6.6万吨，占捕捞总产量63%。

90年代后，对虾、带鱼等渤海湾主要经济鱼品种持续衰减，近海捕捞转向以低质鱼类为主。捕捞作业方式也由原来的拖网、定置网、围网、流刺网、锚流网等逐渐减少到拖网和定置网。

1992年，长岛县推行“捕养兼作”渔养生产方式，引导渔民转变传统单一的捕捞作业方式，利用捕捞淡季从事养殖生产。当年，全县有100余艘近海捕捞渔船兼做扇贝、海带养殖。1993年，近海顺流网生产在大钦岛乡发展较快。1994年，全县在大钦岛乡召开顺流网发展现场会，推广大钦岛乡近海捕捞经验。当年，全县顺流网船增加到420余艘，投产网具8520吊。至1995年，全县从事近海生产小马力船达700余艘，其中顺流网船500余艘，网具1.1万吊。是年，全县近海捕捞产量达4.7万吨，产值1.3亿元。

1996年，长岛县通过深化渔村改革，对近海小马力船实行编队生产。1997年，北五岛有80余艘小马力船打破传统作业区域，开赴东海渔场生产。1999年后，由于受资源衰减和油价上涨等因素影响，近海捕捞生产也开始逐年出现减产和滑坡。

2003年，小马力船单船平均收入10万元，高者收入30余万元。顺流网船单船平均收入5万元，高者收入15万元。全县大马力渔船投入返套鲅鱼生产，一改往年11月中旬停产的传统习惯，连续作业80余天，共捕鲅鱼4816吨，产值1500万元。为减耗增效，部分大马力渔船采取大船生产，小船运输的方式，不仅节省燃料，增加续航能力，提高投网率，比同类船增加30余万元的纯收入。当年大马力船实现产量15743吨，产值2602万元，平均对船收入75万元，高者收入180万元。

2004—2006年，全县捕捞业向上级争取报废渔船补贴和转产转业项目。其间，全县85艘渔船申办报废手续；在大钦岛乡举办转产转业专项技能培训班，参训渔民800余人；制定《长岛县休闲渔业管理规定》，全县休闲渔船共接待游客4.6万余人次，渔民增收100余万元。

2007年，全县大马力渔船抓住春秋两季鲅鱼和鳀鱼鱼汛，累计作业120余天，实现产量1.2万吨，收入3440万元，对船平均收入160万元，最高收入335万元。是年，梭子蟹、对虾等经济品种在消失十几年后，形成产量，当年产量分别达到600余吨和4吨。北五岛小马力渔船抓“早”字，争主动，以毛虾、江瑶贝生产为主，平均单船产值在7万元以上。砣矶镇、黑山乡小马力渔船坚持流刺网作业，平均单船产值5万元，最高收入超过10万元。全县从事近海捕捞生产渔船583艘，顺流网7300吊，实现产量1.6万吨，产值6287万元。

2008年，近海捕捞开展春、秋鲅鱼和鳀鱼生产，对船年收入高者达360万元，对船平均收入达160万元。大马力渔船年产量20645吨，年收入3312万元。小马力渔船围绕流刺网、毛虾、梭子蟹和底杂鱼等品种多项生产，年产量1.8万吨，年收入5900万元。大钦岛小马力船，抓住毛虾生产，产值3000余万元，平均单船收入8万余元，高者20余万元。2009年，捕捞产量达5.6万吨，实现产值2.3亿元。2010年，全县捕捞总产量12万吨，其中江瑶贝、毛虾、虾蟹主要捕捞品种产量分别达到9629吨、8530吨、720吨，实现产值2.63亿元，单船高者收入20万元，平均单船收入近10万元。

2011年，全县捕捞产量10.8万吨，产值3亿元。大马力渔船主要以生产鳀鱼和鲅鱼为主，作业海域集中在54区的1、2、3小区，41区的6、8、9小区一带（隍城东北部）。一般对船日产鳀鱼10～15吨，高者20余吨，产鲅鱼1～2吨。2012年，全县捕捞生产保持稳定，实现产量12.3万吨，产值3.3亿元。主要以小马力渔船近海单拖网和顺流网生产为主，全县投入顺流网3000余吊，单船20～30吊。小马力渔船单拖网单船平均收入为3万～4万元，单船平均日产值1000～1500元。毛虾生产效益突出，全年产量1.2万吨。野生栉孔扇贝产量611吨，成为全县特色捕捞品种。

2015年，全县捕捞主要品种海胆1246吨、海螺626吨、毛虾19502吨、江瑶贝5734吨、巴蛸515吨、虾蟹912吨、鳀鱼12388吨、鲅鱼806吨、大杂5644吨、小杂2562吨、贝类788吨。2016年，鳀鱼捕捞产量11400吨，鲅鱼产量700吨，毛虾产量14900吨，巴蛸产量495吨，虾蟹产量1500吨，杂鱼产量3万余吨。单船年产值19万元左右，扣除燃油、人工以及网具等成本约9万元，中小马力渔船基本处于盈利状态，平均单船纯收入在8万～10万元之间。

2017年，长岛县贯彻《农业部关于进一步加强国内渔船管控实施海洋渔业资源总量管理的通知》，全面落实新的伏季休渔政策（5月1日至9月1日），9月1日开捕后各乡镇捕捞渔船全部出海作业。大马力渔船主要捕捞鳀鱼，兼捕鲅鱼、刀鱼、鲳鱼等经济鱼类，中小马力渔船主要捕捞小红虾兼捕底杂鱼等。秋季开捕后的近海捕捞品种较往年有所增多，对虾、鹰爪虾、鲳鱼、带鱼等经济品种产量较往年大幅增加。全县捕捞产量11.95万吨。

2018年，全县捕捞总产量9.83万吨，产值14.3亿元。其中鳀鱼1.9万吨、鲅鱼3416吨、小黄鱼3318吨、鲳鱼1175吨、大黄鱼518吨、带鱼413吨，其他底杂鱼800余吨；毛虾产量1.6万吨、鹰爪虾1360吨、虾姑1237吨、对虾29吨、梭子蟹116吨、海蜇108吨。

第四节　远洋捕捞企业选介

山东省长岛海洋渔业公司

1987年成立，前身为长岛县水产供销公司，为全县最大的水产企业。经营海洋捕捞、海水养殖、水产品收购加工、冷冻冷藏、水产品出口、渔需物资供应等。

公司共有职工1200余人，固定资产4000余万元，下辖4个冷藏加工厂、8个海珍品养殖场和捕捞船队、水产品供销站、渔需物资供应站、商场、招待所等20余个独立核算单位。拥有冷藏库

4座，总容量3600余吨，速冻能力100吨/日。有捕捞收购船18艘，总功率3833千瓦，其中远洋渔轮8艘、收购船9艘、直航日本的441千瓦冷藏运输船1艘。海水养殖面积1000余亩，主要进行栉孔扇贝、鲍鱼、藻类养殖。运输车42辆，其中冷藏保温车7辆。最高年份水产品收购量在万吨以上，总收入8000余万元，实现利税800余万元。主要加工产品有活鲜、冰鲜、冷冻、调味品、干熟食品、卤制品和综合利用产品等4大类，共60余个品种。其中，扇贝、赤贝、鲍鱼、海胆、鲅鱼等20余个品种，远销美国、加拿大、法国、日本、韩国等30余个国家和中国香港地区。年出口量1500余吨，创汇额1000余万美元，名列全省同行业前茅。1991年，被中共山东省委、省政府授予“省级先进企业”称号。1998年，因捕捞生产形势不好，效益日趋下滑，捕捞船出现严重亏损，资不抵债，捕捞船队被迫解散。

山东省长岛远洋渔业股份有限公司

1994年12月成立，为省属水产企业中具有进出口资格证书的8家企业之一。由县远洋捕捞公司、县海洋渔业公司、县渤海渔业公司、县水产综合服务公司、砣矶镇工业公司、北隍城乡山前村渔业公司等股东组成。250马力以上渔船24艘，总功率2646千瓦，注册资金2400万元。公司主要业务：捕捞、收购、加工、销售自产水产品，远洋渔需物资供应、技术培训以及对外办理劳务等业务。曾多次与山东省水产集团公司合作，累计派出270～600马力渔船20余对，先后赴印尼、摩洛哥、贝劳、马绍尔、泰国等国家所属海域，进行鱿鱼单拖网、金枪鱼延绳钓等作业，除鱿鱼等软体类作业外，其他捕捞生产的经济效益较低。1996年，由于出国生产受挫，国内捕捞资源不景气，导致公司大马力渔船基本出租或变卖。1998年，公司船队解散。

第四章　海水增养殖

境内海洋生物资源丰富，各岛屿周围潮岩密布、海藻丛生，潮下带以泥沙底质为主，适宜贝、珍、藻等栖息繁育和生长。

长岛县渔业传统以捕捞为主。进入80年代后，依靠科技力量，攻克扇贝自然海区半人工采苗技术（获农业部科技进步三等奖），在全国率先养殖栉孔扇贝，并快速形成规模，渔业生产逐步实现由“猎捕型”渔业向“渔牧型”渔业的历史性过渡。

90年代，长岛县作出《依靠科技进步，振兴海岛经济的决定》，开始推广贝、藻间养技术，同时发展多品种养殖，开发鲍鱼、海参、海胆等新品种养殖技术。栉孔扇贝养殖业发展迅猛，成为全县经济的重要支柱。1992年，长岛县被农业部授予“水产工作先进县”“渔业生产先进奖”。是年，长岛县率先成为全省第一个“小康县”。90年代中后期，由于捕捞资源持续衰减，捕捞生产陷入低谷；1996年秋天开始，栉孔扇贝连续3年大面积死亡。全县渔业遭受严重挫折，长岛经济抛物线式下降。1998—2000年，长岛县对养殖结构进行大刀阔斧的调整。打破栉孔扇贝养殖单一局面，形成“贝、藻、珍”多品种增养殖，筏养、底播、网箱等多形式发展新格局。捕捞业在国家减渔转产改革引导下，实现向网箱养鱼、休闲渔业等产业的平稳过渡。

进入21世纪，长岛县渔业发展逐步向生态渔业迈进。中共十八大后，长岛作为山东“经略海洋”的重要支点，通过争取国家和省、市支持，大力实施人工鱼礁项目和海洋牧场建设，让蔚蓝的大海变成“海上粮仓”。2012年，长岛县渔业发展纳入山东半岛蓝色经济区规划。2013年，被国家海洋局确定为首批“国家级海洋生态文明建设示范区”；2017年，以佳益、弘祥2处国内首座自升式和半潜式多功能平台投产为标志，开启长岛海洋牧场智能化，装备化管理运营新模式，为全县生态渔业发展发挥重要引领作用，为经略海洋开辟新的广阔空间。

境内海域进行增养殖主要种类：贝类、鱼类、藻类和鲍鱼、海参、海胆增养殖等。

第一节　贝类养殖

境内贝类养殖以栉孔扇贝、虾夷贝和牡蛎为主。80年代中期、90年代中后期，南五岛部分渔民曾从事过海湾贝养殖，但因市场不好，之后中断养殖。

栉孔扇贝养殖

长岛县在全国率先进行栉孔扇贝养殖并快速形成规模，是中国重要的栉孔扇贝生产基地。1976年，长岛县海珍品试验场开始利用筒养、笼养、吊耳（又称串耳）养等方法进行人工养成试验，在砣矶后口湾进行生产性试养，试养面积5亩。经过2年的养成期，亩产扇贝2.5吨，栉孔扇贝养殖开始向规模化生产过渡。1980年全县养殖120亩，1984年养殖4000亩。1985年养殖达到5000亩，当年收获1800亩，产量6970吨，约占全国总产量50%。1980—1985年，长岛县与烟台市水产研究所、山东省水产学校等科研单位合作，分别进行“缩短扇贝养殖周期”“扇贝与海带间养”“扇贝最适收获期”以及不同器材、不同方式的中间育成等试验，均获成功。逐步形成较为成熟的以筏式套笼养为主的栉孔扇贝养成技术。

1986年，栉孔扇贝养殖7000亩，产量1.6万吨，分别占全国栉孔扇贝养殖总面积、总产量的57.37%和67.54%，产量居全国之冠，栉孔扇贝养殖成为全县渔业经济的支柱产业之一。栉孔扇贝养殖的大发展，使长岛渔业生产由长期的“猎捕型”转为“渔牧型”，全县渔村致富的步伐加快。

80年代中后期，全县栉孔扇贝养殖面积不断扩大。掀起继海带养殖之后的第二次浪潮（也称“捞银工程”）。

1989年，全县栉孔扇贝专业养殖户260余户，养殖场、联合体30余个，从业人员1万余人（含外雇工人），养殖总面积8900亩。进入90年代，全县掀起以栉孔扇贝养殖为主的大规模海洋开发热潮。1991年，全县放养总规模突破万亩大关，达1.2万亩。1993年达3.3万亩，全县近海岸变成“蓝色牧场”。

其间，长岛县鼓励全县各级各部门“以海养业”，1991年有近20个县直部门、企事业单位以及部分驻岛部队开发栉孔扇贝养殖，达1000余亩；1992年，128个县直机关、企事业单位，通过自办和联办的形式开发栉孔扇贝养殖生产，达4000余亩，实现创收3082万元；1993年，达到5000亩；济南军区、兰州军区、山东省军区等单位开发扇贝养殖达2000亩。

1992年始，南长山镇、北长山乡等养殖联合体，在海阳县开发扇贝养殖，至1994年，总面积发

90年代中期，海上万亩养殖场

展到3000余亩。其间，栉孔扇贝养殖海域逐步扩展到山东沿海县市，在长岛县的带动下，蓬莱、海阳、龙口、招远和威海、胶南等地开始大面积养殖。

1994年，全县栉孔扇贝养殖面积、单位产量创全国之最，养殖面积达3.5万亩，总产量15.9万吨，约占全国产量的70%，实现收入3.6亿元。是年，全国和全军扇贝养殖学习班先后在长岛举办，推广长岛栉孔扇贝养殖经验。

1994—1995年，栉孔扇贝出现不同程度死亡，死亡率在20%～40%，6—9月为高发期，浅海养殖区高于外海区。1995年7、8月间，因赤潮和持续高温，长岛县在海阳县海域养殖的栉孔扇贝大面积死亡，直接经济损失过5000万元。1996年秋天，境内栉孔扇贝出现大面积死亡，而且逐年加重。

1998年7月下旬，栉孔扇贝从境内南部海域新井洲海区开始死亡，随后从西向东、从南向北，迅速蔓延。至8月下旬仅1个月，全县受灾面积约为2.7万亩，占养殖总面积的90%以上，南五乡镇大部分养殖户绝产绝收。1998年全县国内生产总值10.14亿元，比上年减少25.9%；乡、村两级收入9.3亿元，减少40.9%；水产品总产量21.3万吨，减少27.6%；渔民人均纯收入3467元，减少30%，长岛经济发展严重受挫。

面对栉孔扇贝大面积死亡困局，长岛县多次聘请专家到长岛分析原因，比较一致的结论：造成栉孔扇贝病害死亡的根本原因是海洋大环境污染和栉孔扇贝贝种的老化退化；直接原因是养殖过度密集、饵料不足。

栉孔扇贝从70年代开始到1998年，20余年没有更换品种。80年代后，养殖贝苗几乎全部来自境内海区半人工采苗。这些苗种多是生长差、当年不能收获的三类贝种。长期使用弱贝种繁殖后代，导致扇贝免疫力退化，病害多发。另外，由于增加放养密度，每层放养量高者达到200粒，每笼最高养到2000粒以上，超出合理放养密度将近3倍。同时，全县齐上扇贝，养殖面积无序增加，养殖海域水流不畅，海洋环境越来越差，各种不利因素叠加，在1997—1998年开始集中爆发，栉孔扇贝大面积死亡，人为因素占很大比重。1998年10月，长岛县召开全县养殖结构调整会议，要求压缩栉孔扇贝养殖面积，扩大海带、海湾扇贝养殖面积，优化区域生态。

1999年，印发《优化调整长岛县扇贝养殖结构调整的实施意见和具体工作方案》，要求栉孔扇贝外区每笼每层放苗不能超过70粒，中里区每层不能超过50粒，即外区每亩不准突破20万粒，中里区每亩不准突破16万粒。为坚决刹住养殖户"多养点，就算死一半还剩一半"的惯性思维，县委、县政府成立4个督查组，对全县扇贝养殖户逐乡镇、逐村、逐户进行编码排号，统一制作标记牌，要求逐笼投放，共放置标记牌700余万个。是年，全县扇贝养殖面积2.5万亩，其中栉孔扇贝1.5万亩，海湾扇贝1万亩，海带及藻类1.2万亩。是年，全县栉孔扇贝继续死亡。

2000年，长岛县集中水产科研技术力量，通过引种培育开展栉孔扇贝杂交育苗，改良栉孔扇贝种质，提高抵御自然病害的能力。组织专家编写《栉孔扇贝养殖技术规范》，对分苗时间、扒网、提水层等工序进行讲解。是年，实施栉孔扇贝养殖方法调整。改变栉孔扇贝传统上形成的"春分秋收"或"春分翌年收"养殖方法，实行"春分夏收"或"秋分夏收"，避免栉孔扇贝容易出现死亡的夏季高温。在栉孔扇贝收获后的夏季，放养适宜较高水温的海湾扇贝，改往年的一茬养殖为两茬养殖。同时，制定扇贝养殖休作期制度，规定每年的7月25日至8月31日为南五乡镇扇贝养殖休作期，7月30日至8月31日为北五乡镇扇贝养殖休作期，休作期内严禁从事分苗、搬运、提水层等有可能影响扇贝生长的作业项目。是年，全县栉孔扇贝养殖面积压缩到1万余亩，其中换季养殖面积3800亩。

2001年，继续压缩栉孔扇贝养殖面积，开始推广杂交栉孔扇贝养殖。2002年5月，县水产研究所从蓬莱引进1850万粒杂交栉孔扇贝试养，产量高于原品种。6月，又引进由山东省海洋水产研究所杂交繁育的1～1.5厘米的杂交贝22万粒，其中正交贝（虾夷扇贝为母本，栉孔扇贝为父本）2万粒，反交贝（栉孔扇贝为母本，虾夷扇贝为父本）20万粒，分别在南长山镇、砣矶镇、小钦岛乡、北隍城乡、大竹山增殖基地等海区进行适应性试养。同年12月，检测成活率达70%以上，平均个体在4厘米以上。11月，从大连引进杂交贝600万粒进行试养，成活率高。2003年2月，从俄罗斯引进栉孔扇贝原种100公斤，并引进朝鲜、日本杂交栉孔扇贝种贝3000公斤进行试养，均取得良好效果。

2003年，全县栉孔扇贝养殖面积8000亩，产量近1万吨，收入3000余万元。2004年，杂交栉孔扇贝新品种开发有所突破，养殖面积达到1万亩，产量1.7万吨，收入4540万元。

2005—2007年，加大杂交扇贝养殖力度，到2007年，全县杂交扇贝养殖面积，占栉孔扇贝放养面积的70%。是年，全县栉孔扇贝产量2.3万吨，收入1.2亿元。

2009年，栉孔扇贝产量达4万吨，产值1.5亿元。2010年，产量3.96万吨，价格增幅66%左右，产值1.74亿元。2011年，产量4.1万吨，产值2亿余元。2012年，贝类养殖出现不同程度异常死亡，通过调整养殖布局和密度，实现栉孔扇贝产量3.8万吨，产值2.1亿元。

2013—2016年，栉孔扇贝养殖规模较往年有所缩减，每年存养量200万笼，产量3万吨左右。2017年，栉孔扇贝养殖养量350万笼，产量5万余吨。是年，北城渔民专业合作社规模不断壮大，逐步形成“企业+基地+养殖户”发展模式，在吸纳嵩前、花沟等村扇贝养殖户的基础上，又将黑山乡扇贝养殖户纳入合作社，成员总户达248户，并投资3000余万元对冷藏加工厂进行改造扩建冷库容量达4000吨，单冻机12台，扇贝加工生产线11条，日加工能力达1500余吨，收获加工2.25万吨。

2018年，全县栉孔扇贝养殖总面积3万余亩（含底播面积），产量3.16万吨，总产值1.72亿元。

虾夷扇贝养殖

虾夷扇贝原产于日本、俄罗斯远东地区及朝鲜沿海，一般个体为12～14厘米，体重达300～350克，最大个体达16厘米，市场价格为栉孔扇贝的2～3倍，贝柱含蛋白质20.8%，脂肪0.8%，贝柱含蛋白质占软体部重量的35%。虾夷扇贝属于低温生长的种类，适宜境内海域生长。

1986年，北隍城乡群众在海带养殖生产过程中，发现浮筏和海带上附有少量虾夷扇贝贝苗，北隍城乡党委组织人工进行自然采苗，在全县率先试养虾夷扇贝。翌年秋季，越冬贝苗成活率较高、生长情况良好，最大壳高达到10厘米。1988年，县水产研究所承担山东省科委下达的虾夷扇贝工厂化育苗和海上人工筏式养殖试验课题，当年人工室内育苗81万粒，进行筏式养殖试验。是年，长岛县同时承担农牧渔业部水产局下达的虾夷扇贝人工养殖技术研究课题。

90年代，在北隍城乡海域底播虾夷扇贝获得成功，30万粒贝苗长势良好，成为省内第一个虾夷扇贝底播养殖区。1990年，全县试验性放养虾夷扇贝100亩，产量15吨，收入34万元。1991年，北隍城乡成立专业虾夷扇贝养殖场，以点带面逐年推广。1993年，其他北五乡镇也开始进行专业化、规模化养殖虾夷扇贝。

1994年6月，在南隍城海域引进规格为2厘米虾夷扇贝苗种7200万粒，使用栉孔扇贝养殖器材进行筏式养殖试验，至1995年春，共收获壳高为8～10厘米的商品虾夷贝32吨。1995—1997年，虾夷扇贝以深水筏式笼养为主，养殖规模扩大。1998年，虾夷扇贝养殖被列入长岛县渔业生产计划，当年虾夷扇贝底播与筏式养殖面积501亩，产量120余吨。北五岛成为烟台市虾夷扇贝养殖的主要产区。

2000年，南隍城岛、小钦岛、大竹山岛建成3个水深10～20米的虾夷扇贝底播增殖区，总面积达1万余亩。是年11—12月，采用潜水员水下撒播的方法，底播壳高30毫米以上虾夷扇贝苗种

5000万粒，密度为20粒平方米。翌年，成活率达43%，平均个体81毫米。2001年5—10月，在小钦岛增殖区底播壳高30毫米以上的苗种1800万粒。2002年，在小钦岛增殖区底播壳长30毫米以上的虾夷扇贝苗种1.67亿粒。2003年，全县虾夷扇贝底播达2亿粒，筏养1.32亿粒。2004年，虾夷扇贝底播3.5亿粒，筏养2.3亿粒。

2005年5月，长岛县选派4名副科级干部组成工作组，赴长海县各乡镇挂职，重点学习长海县虾夷扇贝筏养和底播生产技术。是年，全县虾夷扇贝筏养增加到2500亩。2006年，外购幼苗16亿粒，海上保苗4.2亿粒，养殖面积6500亩。2007年，筏养面积达1.2万亩，销售成品贝8217吨，收入1.13亿元。南隍城乡10个养殖队收入均达200万元以上，最高达到400万元；北隍城乡虾夷扇贝产量达2400吨，收入3000万元。2008年，虾夷扇贝养殖规模继续增长，全县筏养面积突破2万亩，产量1.8万吨，产值2.8亿元，创历史之最。

2009年后，受养殖密度过大和海洋大环境变化等因素影响，北五岛虾夷扇贝养殖出现病害和死亡，产量和养殖面积锐减。长岛县采取推广贝藻兼养措施，要求各乡镇凡新增贝类养殖必须增加相应的海带养殖面积，改善海域生态。2010—2016年，虾夷扇贝养殖一直保持调整态势，至2016年全县虾夷扇贝产量稳定在1万吨左右，销售收入1.5亿元。2017年，虾夷扇贝养殖主要以养殖一龄贝为主，产量1.1万吨。2018年，全县虾夷贝养殖总面积1.03万亩，产量6881吨，产值5278万元。

牡蛎养殖

境内牡蛎养殖主要集中在南五岛。1991—1995年，筏式吊绳养殖牡蛎技术逐步推广，太平洋牡蛎成为全县主要养殖品种。至1995年，全县新增牡蛎养殖面积670亩。90年代中后期，因抗病能力强、高产、养殖技术易掌握等特点，牡蛎养殖面积稳定在800亩左右。

2000年，全县养殖产业调整期间，南长山岛、北长山岛、庙岛、大黑山岛的部分养殖户在从事扇贝养殖同时兼养少量牡蛎。养殖户利用海区自然繁殖的牡蛎幼苗，放到扇贝笼养成，主要供应当地市场。因牡蛎养殖规模和产量比较少，一直没有形成产业。

2016年始，牡蛎市场销量开始增加，收购价格上涨，牡蛎养殖规模开始扩大。是年，由牡蛎养殖大户李培基发起成立长岛首个牡蛎养殖合作社——长岛鸿基牡蛎养殖专业合作社，入社成员11户，带动周边养殖户45户，合作社养殖面积6750亩，年产值700万元。2017年，全县牡蛎养殖规模继续扩大，由南五岛向北五岛扩展，南隍城等乡镇也相继探索新品种牡蛎养殖。其中，南长山鸿基牡蛎养殖专业合作社，首次引进四倍体无性牡蛎养殖，产量达3300吨，产值580万元。是年，全县牡蛎养殖面积7800亩，产量达2.23万吨。

2018年，县水产研究所先后引进黄金牡蛎、三倍体牡蛎等新品种，在北长山、黑山、南隍城、北隍城开展养殖试验并取得成功，其中三倍体牡蛎以其生长速度快、成活率高成为全县牡蛎养殖新增长点，并在全县范围进行推广。是年，全县牡蛎养殖面积7900亩，总产量达2.64万吨。

第二节　鱼类养殖

90年代中期，长岛县开始发展网箱养鱼。鱼类养殖品种主要有鲈鱼、黑鲪鱼等。

鲈鱼养殖

1996年，从莱州、潍坊昌邑购买1～3厘米的小规格鲈鱼苗种暂养，或者购进5厘米以上鱼苗下箱养殖鲈鱼。长岛鲈鱼养殖采用的网箱规格为5×5×4米，网箱主要有框架、网衣、浮子、锚泊固定系统和附属设施。框架用莎木杆子做成，网衣采用聚乙烯材料，浮子大都采用浮力为200公斤的白色泡沫材料。锚泊固定采用打桩和下锚两种方式。网箱设置在8～10米水深的海区，以组的形式布置，单排或双排，一组的数量不超过10

网箱养鱼（2018年）

区域由庙岛扩展到北长山岛、小黑山岛、大钦岛、小钦岛、南隍城岛和北隍城岛等海域。至2001年，黑鲪鱼成为全县网箱养鱼的主要养殖品种。2001—2003年，在大钦岛选择水深20～40米、海流较缓的海域，进行黑鲪鱼深水网箱养殖试养，获得成功。2004—2005年，大钦岛乡深水网箱养鱼发展迅猛，受此影响和带动，北五乡镇深水网箱养鱼逐步兴起。至2006

个网箱。

1997年，县水产研究所在北长山岛店子湾试养10个网箱的鲈鱼长势良好，在境内海域养殖鲈鱼获得成功。是年，全县共计养殖鲈鱼网箱57个、养殖鲈鱼苗约2万尾，开始批量养殖鲈鱼。1998年，鲈鱼养殖基地迁至庙岛湾，庙岛村开展规模化鲈鱼养殖。1999年，全县养鱼网箱达233个，年产量100余吨，产值121万元。其中，鲈鱼产量50吨，产值67万元。至2000年，鲈鱼养殖网箱扩大到1103个，放养鱼苗960万尾，产量达400吨，产值480万元。鲈鱼属于越冬鱼类，养殖过程中由于解决不了越冬问题，鲈鱼未长成品只能提前出售。未成品鲈鱼大多不超过0.5公斤，市场滞销，造成积压。为保护群众养殖积极性，长岛县采取在县内分配的销售方法，出现吃"爱岛鱼"现象。2000年后，由于鲈鱼苗种来源和市场行情的原因，鲈鱼养殖逐年萎缩。2001年，全县养鱼网箱650余个，放养鲈鱼苗147.9万尾，收入20余万元。2002年，大批鲈鱼网箱下马，鲈鱼鱼苗仅剩34万尾。是年年底，鲈鱼养殖从全县鱼类养殖中退出。

黑鲪鱼养殖

1998年，境内开始试养黑鲪鱼。是年，黑鲪鱼在庙岛湾养鱼基地试养成功。至1999年，黑鲪鱼养鱼网箱161个，产量40余吨。2000年，养殖黑鲪鱼45万余尾，之后养殖规模逐年扩大，养殖

年，全县深水网箱增加到196个，放养黑鲪鱼717万尾，产量764吨，产值2876万元。2009年，全县深水网箱达1534个。2010年，黑鲪鱼总产量1479吨，产值5778万元。其间，深水网箱设备不断更深换代，逐步达到网箱底面积40～60平方米，高约10米，养殖水体580立方米，每箱养殖0.25公斤鱼苗3000尾。至2016年，黑鲪鱼逐步打开国内销售市场，全县年网箱存鱼量约3700万尾，年销售总产量1450吨左右，价格稳定在40～50元/公斤，年均产值约7500万元。2017年，深水网箱黑鲪鱼人工驯化鱼苗及复合饵料养殖试验在大钦岛、南隍城岛实施。其中，在大钦岛乡试养人工培育黑鲪鱼苗100万尾，成活率80%，生长速度快、抗病能力强，养殖周期由4年缩短为2.5年。

2018年，全县黑鲪鱼网箱677个。其中，深水网箱351个，普通网箱326个，产量928吨，产值5278万元。

第三节　藻类养殖

境内藻类养殖主要包括海带、裙带菜养殖。2008年后，陆续引进羊栖菜、坛紫菜以及铜藻、海黍子等近10种。

海带养殖

长岛县是全国海带生产养殖基地之一，有"中国海带之乡"美誉。80年代初，海带养殖发展

较快，钦岛乡海带养殖纯收入占全乡纯收入的70%，每个养殖劳动力年创产值7426元。海带养殖的发展，促使渔业由长期单一的捕捞渔业，转变为捕养并举.渔业经济不断壮大。至1984年，全县以海带养殖为主的第一次浪潮掀起（也称“捞铜工程”），全县海带养殖面积1.5万亩，总产量达2.12万吨。80年代中期开始，栉孔扇贝放养面积的不断扩大，挤占海带养殖海域，海带养殖面积、产量锐减。

1986年，全县放养海带面积3200亩，产量9073吨。养殖面积比1985年的1.1万亩减少8600亩，减少比例达72%，产量比1985年的1.57万吨减少6656吨，减产比例达42%。

1987年，全县放养海带面积3500亩，产量8130吨，收入894万元。1988年，全县放养海带面积减少到2000亩，产量6869吨，产值1575万元。但因海带价格大幅上调，比1987年增加681万元，增幅为76%。1989年，海带放养面积比1988年有所回升，放养面积3760亩，产量6674吨，产值1506万元。

1990年，恢复被栉孔扇贝养殖挤占的部分海带养殖区，全县海带养殖面积达6000亩以上。1991年达6300亩，总产量1.27万吨，产值1898万元。其间，长岛县通过引进优良的品种进行驯化、试养、杂交育苗，培育出适合境内养殖的“海杂1号”“中科1号”“中科2号”等，并研究、推广十几种养殖方法，以提高海带单位养殖效益。在“平养法”的基础上发明“一绳双挂”“贝藻兼养”等养殖技术，较好解决海带相互缠绕等难题，使海带亩产量提高25%以上，平均亩产由2吨左右提高到2.6吨左右。

1992年，全县放养海带面积6350亩，产量达1.79万吨，平均亩产2.8吨，比1991年增产39%。同年，县外贸部门指导海带精深加工，共加工淡干菜1.15万吨，其中出口菜1292吨，由于出口海带价格大幅上调，总收入达4289万元，海带养殖大丰收。1993—1994年，放养面积平保持在7600亩以上，产量均达1.67万吨，但因价格下调，年均收入2800万元。1995—1997年，放养面积稳定在7000亩，产量均达1.21万吨以上，海带价格重新大幅回调，总产值比1994年将近翻一番，达到5500万元以上。

1998年后，由于栉孔扇贝养殖大面积受灾，更加凸显海带养殖的稳定性和重要性，全县扩大海带养殖规模。2000年，海带放养面积达9650亩，产量达2.15万吨。2001—2002年，海带养殖面积有所下降，保持在6600亩的规模上。2003年，海带养殖面积7000亩，收获海带1.93万吨，产值4503万元，其中加工出口菜885吨，食品菜2390吨，鲜嫩菜350吨。2004年，加工淡干海带1.32万吨，加工出口菜646吨，食品菜3400吨，产值5910万元。

2007年，北五乡镇压缩海带面积，将腾出的海区用于虾夷扇贝养殖。虽然海带亩数减少，但收入有大幅度地提高，全县出口海带产量突破1000吨，加工食品菜3414吨。2008—2009年，全县放养海带保持在1.5万亩，产量均达1.92万吨，加工出口菜1100吨，食品菜3500吨，年均产值近1亿元。2010年始，全县将海带生产模式转移到

小钦岛忙碌晒海带（2014年）

精深加工上，由量的积累转向质的提高，海带产量达到2.03万吨。其中，出口菜和食品菜产量分别达到2511吨和6864吨，化工海带产量达1.1万吨，出口菜、食品菜和化工海带平均价格增幅15.8%、22.2%和154.5%，实现产值1.31亿元。

2011—2017年，全县海带养殖面积稳定在2万亩以上，总产量保持4万吨，总产值2.8亿元。其间，为保持海带优良品种，县育苗科技人员经常深入养殖海区选种，根据养殖生产的需要选择适宜性状的个体做种菜，先后引进东方2号、5号、8号、10号、荣科等多个海带品种。

2018年，全县海带养殖总面积2.33万亩，总产量3.55万吨，总产值2.51亿元。

【附记】

当春晒海带

长岛海带的人工养殖，始于1958年，被渔家称为“衣食父母”。养殖海带需要打橛子、下架子、夹苗、管理和加工、出口、销售等一系列繁杂的工序。只说“晒”这一环节，要比内陆的“三秋”“三夏”更为忙累，且时间长，劳动强度大。

时至“五一”前后，海带陆续成熟，开始间(jian)割。这时，村里的中青年妇女都绷紧了弦、铆足了劲，一切为抢晒让路。凡是“参晒”的，都有一个信念，一是抓早(起)，二是抓好(天)，谁也不能错过大晴天。人人心里明白，中午晒不完，傍晚入库难。

时过半夜，割海带的青壮年渔民便摇着排子(以橹为动力的触板，现为挂尾机)在口外集结，由拖头(机械拖船)拉到各自的海区。待所有的排子上都堆成了“山”后，由拖头拖回上岸。

晒海带，太阳还没露面到正晌太阳当头，要在7~8小时内晒完，只能一鼓作气，傍晚才能合格入库。遇到阴天下雨，或大雾袭来，时间表被打乱了，令人哭笑不得。时而，阵风乍起，旋风扭动，半干的海带被“卷了包”“扬了场”，需四处去规弄，与风捉起了迷藏。

晒在滩岸上的海带，时至半干，还需逐棵去抽动一下，以防海带粘连在卵石上，否则海带晒干后收拥易破碎，会降低等级。假如傍晚天气干燥，海带不反润，还要等上一个时辰。待它“脾气”软了才能收捆。不然，焦躁的海带会粉身碎骨。

7月，是晒海带的攻关月。这时，雨季来临，水温升高，海带晒收不及，未割的海带开始放泡子、出现白化(烂尖子)。这个时节，晒场变赛场。收割、晾晒、入库需昼夜统筹；车船、劳力、物资要科学调配。领导、群众说话一个主题；男女老幼行动，一个步调；集体、个体相帮互助，村民、外工、亲邻各尽其能，不放过一个晴天，不浪费一缕阳光。

1972年，大钦岛平均亩产海带为3000公斤，一级率达90%，居全国之首。1978年，产品荣获全国科技进步奖；在广交会上，大钦岛小浩村的海带倍受外商的青睐，成为出口的第一桶金。1988年，该村收获的一棵“海带王”长890厘米(未含烂掉的50厘米尖子)，最宽处57厘米，海带基部的厚度达1厘米，根部直径2.5厘米，全体呈黑褐色，令人叹奇。1995年，长岛县获“中国海带之乡”称号。

——选自《走向世界》

裙带菜养殖

1972年，境内开始人工筏式养殖裙带菜，养殖面积67亩，平均亩产300公斤左右。1974年，养殖面积188亩，后因品种不佳，价格偏低，逐步停止养殖。

1986年后，裙带菜养殖在外贸价格好的年份也有过少量的养殖，由于对菜的鲜嫩期把握比较困难，渔民积极性不高。1991年，裙带菜开始规模化养殖，长岛县从大连市养殖公司引进苗种，在砣矶以北乡镇进行试养，当年放养面积700亩，加工盐渍菜6801吨，收入204万元。由于裙带菜养殖过程中长“毛”问题无法解决，影响产品出口，加之产值较低，收入不及海带，1992年养殖面积下降到不足300亩，加工盐渍菜1550吨，1993年后停养。

2000年，在全县养殖结构调整中，为增加藻类养殖面积，大钦岛乡以北4个乡进行裙带菜养殖，当年放养面积1100亩，加工盐渍菜8200吨，收入656万元，达到历史最高水平。后因销路不畅、价格低而再次停止养殖，只有个别乡村进行少量养殖。

2003年，大钦岛乡加大新品种开发力度，裙带菜开发有新突破，与大连客商合作开发裙带菜养殖，当年养殖面积100亩，收入90万元。2004年，该乡又新增裙带菜养殖面积330亩。2007年，北五岛推广“贝、藻、珍”立体化生态养殖模式，裙带菜养殖面积达到1000亩。2011年，长岛县制定《2012年度藻类养殖及加工财政专项资金补贴办法》，分别对海带苗购进、裙带菜养殖和藻类加工用盐进行财政专项资金补贴。是年，全县裙带菜养殖面积1120亩，产量3000吨。至2016年，全县裙带菜养殖面积增加到1995亩，产量4200吨，产值255万元。2017年，裙带菜养殖面积近3000亩，产量4675吨。2018年，全县裙带菜养殖总面积3360亩，总产量7200吨，总产值490万元。

第四节　海珍品增养殖

境内是中国北方刺参、皱纹盘鲍的正宗产地，所产海珍品享誉海内外。全县海珍品主要有：皱纹盘鲍、刺参、光棘球海胆等。由于采捕生产过度，产量日益减少，为恢复、发展和壮大海珍品产业，长岛县把海珍品增养殖作为全县渔业发展重点之一。

鲍鱼增养殖

境内鲍的增养殖品种为皱纹盘鲍，养殖方式主要为筏式养殖和底播增殖。

1980年5月，长岛县海珍品增殖站由国家投资62万元，在南长山岛建成一座500立方米水体的海珍品育苗室，人工培育幼鲍进行放流增殖。1981年，培育鲍苗1万头，其中5000头投放海区，观察其增殖和生产效果。1982年，烟台市水产局从长岛县移植4～5厘米幼鲍100公斤，其中50公斤底播于担子岛以北的豹子堪一带，其余用网笼养殖在担子岛前的浮筏上进行试养，生长情况良好。

1986年，长岛县先后进行“鲍鱼人工养殖试验”“鲍鱼底播放流增殖试验研究”，获得山东省科技进步奖。是年，砣矶镇井口村进行人工鲍养殖试验在全市首次取得成功，当年放养鲍苗380万头。1987年，大钦岛乡东村成立海珍品试验场，投资200余万元，修筑200立方米的幼鲍越冬池，建成全省第一处鲍养殖基地。是年，投入壳长1.5厘米鲍苗100万头，从大连购进鲍鱼养殖笼5000个，进行鲍鱼筏式养殖试验。至1988年11月，平均亩产鲍800公斤。

1989年，长岛县承担省、市两级科委下达的“皱纹盘鲍工厂化养殖技术研究”课题，在大钦岛乡东村、砣矶镇井口村进行筏式筒养技术试验。是年11月，在砣矶镇将6.6万头壳长1.15厘米苗种放养在直径25厘米、高60厘米的塑料筒内，每筒放养100头，放养面积为1.65亩，经2年养成，成活率达74.5%，产量1125公斤，平均亩产鲍672公斤。是年，县水产研究所对壳长1.1厘米的稚鲍进行养殖试验，当鲍壳长达到5.7厘米时，其成活率为70%，平均每亩生产商品鲍800公斤（1992年，该项目获山东省科技进步三等奖）。是年，长岛县采取财政补贴等优惠政策，先后在砣矶镇后口村、小钦岛乡、北隍城乡底播稚鲍74.6万头。同年，大钦岛乡东村自建育苗场育出鲍鱼苗30余万头全部进行底播，砣矶镇后口村自筹资金15万元购进鲍鱼苗44.6万头进行底播。

1990年，县科委、县水产研究所共同承担省科委下达的“皱纹盘鲍底播放流研究”课题研究。是年5月，利用越冬后2～3厘米苗种，先后在南长山镇孙家村海区、大黑山乡土岛村海区、砣矶镇后口村海区分别投放1.5万、1万和40万头鲍苗种，试验地选择在底质为岩礁底或有大块石散布的稳定的砾石底，水深及海底形态符合放流鲍种栖息隐蔽的生态条件并且周年无明显的饵料匮乏期。放流的鲍苗，在室内让其附着在0.2～

0.5平方米的塑料波纹板上，每板约100～500头，潜水员将附着鲍苗的板送于海底，3～5天后，幼鲍自行移动到周围岩礁或石块上。17个月后验收，放流鲍的存活率达62.6%，商品率75%，回捕率47%，单位面积分布量为0.47头/平方米。

长岛县在鲍鱼增养殖方式上不断探索，除筏式养殖、底播增殖外，还利用坑道进行养殖以及工厂化养殖。1987年12月，南隍城乡在雷达山坑道进行小鲍鱼越冬试验，坑道长70米，越冬水体120立方米，从县育苗场购进壳长约1厘米规格鲍鱼苗3万粒。利用坑道地温，海水温度最低是零度以下，坑道温度保持在7℃～8℃，翌年5月，越冬鲍鱼平均增长1.5厘米，坑道养鲍获得成功，属全国首例，并在全县推广。

1990年3月，砣矶镇利用坑道养鲍，对皱纹盘鲍在坑道池中越冬、养成进行全面、系统的研究和试验，基本摸清鲍在坑道池中的活动规律、放养密度、时间、饵料种类及投饵量等关键技术问题。在总面积1000平方米的坑道池内，放养壳长1.5厘米的鲍苗41.8万头，经20个月养成，平均壳长达到6厘米，平均体重26克，成活率93%。是年，长岛县在南长山、大黑山、砣矶海区共底播壳长2～2.5厘米的鲍苗42.5万头，经17个月养殖，鲍平均个体重达29.9克，平均壳长5.67厘米，成活率62.6%，回捕率47%。是年6月，砣矶镇磨石嘴村在砣子坑道养殖鲍鱼1.9万头（平均3～3.5厘米）。1991年4—6月，获得成品鲍350公斤。1991年，北五乡镇利用坑道37条，坑道总长522米，面积1760平方米，养殖鲍鱼540万头。

1993年，长岛县在烟台市率先开展鲍工厂化养殖。先后有3个乡镇、6个县直单位、25个村办企业利用育苗间、坑道及新建厂房进行工厂化养鲍，共投入资金500余万元，建成养鲍场3处，养殖水面1800平方米；改造坑道22处，养殖水面1.3万平方米。后因苗种越冬病害严重，所有工厂化养鲍单位均因亏损而相继停产。是年，全县底播增殖鲍鱼400万头，水泥沉箱养鲍80万头，坑道和工厂化养鲍600万头，全年销售商品鲍150余吨，产值1005万元。至1993年，全县鲍养殖已发展到采用筏式养殖、潮间带沉箱养殖、坑道养殖、陆地工厂化养殖和潮间带底播等几种方法。

1994年，全县开发利用鲍鱼养殖坑道39条，发展工厂化和大棚养鲍场12处，共养殖鲍鱼2000余万头。同年，海上筏式养殖鲍鱼幼苗600余万头。1995年，全县以实施“捞金工程”为重点，制定鼓励鲍鱼增养殖发展的优惠政策，多次召开现场会交流鲍鱼育苗和养殖经验。当年，全县鲍鱼养殖坑道达56条，各类鲍鱼养殖场200余处，鲍鱼存养量达9000余万头。其中，筏式养殖1000万头，潮下带养殖120万头，坑道和工厂化养殖500万头，底播增殖7380万头，全县全年销售商品鲍180吨。1996年，全县鲍鱼存养量为8470万头，其中，筏养556万头，底播5500万头。

90年代后期，全县的鲍养殖由于生产周期长、病害多、成本高等多种原因始终没有取得较高效益，大部分养殖单位常年处于赔多赚少的状况，加之市场波动较大等原因，鲍工厂化养殖遭受挫折。

1997年，全县鲍鱼养殖规模有所减少，存养量仅5000万头。1998年，全县底播鲍鱼530万头，产量50吨，产值2100万元。1999年，底播鲍鱼165万头。2000年，鲍鱼增养殖有所回升，全县鲍鱼苗种存养量为3956万头，底播增殖312.5万头，筏式养殖84.8万头。2002年，全县鲍鱼筏式养殖170万头，底播增殖759.6万头。2003—2005年，底播增殖保持在1500万头左右。2008年，收获成品鲍鱼110吨，产值8360万元。2009年，全县鲍鱼底播增殖面积发展到近万亩，收获成品鲍鱼177吨。

2010年入春后，渤海湾遭受历史罕见的低温和冰冻灾害，海水温度在1℃～3℃持续时间长达50余天，由于水温过低，沿海各地鲍鱼养殖出现大量死亡，当年全县鲍鱼采捕量仅7.9吨。之后，底播增殖的鲍鱼回捕量也减少。2012年后，底播增殖的鲍鱼回捕量有所恢复，至2016年年均90吨左右。2018年，产量96吨，产值7200余万元。

海参增养殖

境内海参增养殖种类为刺参，增养殖方式主要为底播、海上围网等。

1974年始，长岛县向自然海区共投放刺参幼体29亿头进行增殖。1984年，长岛县海珍品增殖站投石4.5万立方米，建成“瓜珑式”刺参增值区，进行刺参养殖。1986年始，全县多次进行刺参底播放流技术研究，并进行刺参室内人工养殖和围堰、围网养殖等试验。

90年代，全县刺参增殖主要有苗种放流、成参移植、投石筑礁等方式。1990—1995年，建成13公顷增殖示范区，每公顷投放2～3厘米参苗2.25万～4.5万头，回捕率达35%～40%。1992年，山东省海水养殖研究所在砣矶后口村增殖示范区放流平均体长为2.26厘米的参苗10万头，选择水深5米以内，底质为岩礁、藻类丰富的区域作为投放点，将苗种水运至投苗区进行全封闭式养殖，经2年养成后起捕。该村年年放流底播，隔年收捕，捕大留小，刺参（鲜重）产量一直稳定在3～5吨。

1994年，全县开始在北五岛适宜海域进行大批量底播增殖。海参养殖和底播增殖的苗种来源主要来自海参保苗单位，当专业育苗场育出稚参后出售给各保苗单位，由保苗单位进行越冬管理，升温饲养。翌年4—5月，所保苗种达到标准后，由增殖单位购苗进行养殖或底播放流增殖。1995年，全县底播海参500万头。1996年，全县存养海参7485万头，底播增殖3046万头，圈养面积达5.47万平方米。1997年，全县新建圈养池23处，底播增殖4328万头，存养量8162万头。

1998年，南长山镇分别进行海上围堤圈养、陆上筑池饲养和利用岩礁区底播增殖，养殖刺参面积达30万平方米，投放参苗680余万头。个体养殖户还利用刺参与鲍两者在饵料摄取上的互补性进行混养，在人防工程的坑道养成和进行海底笼养，一般每平方米养鲍池投放参苗1～3头。

潜水作业，采捕刺参（2013年）

同年，大黑山乡采用海区沉箱吊养新技术，利用深水网箱养参取得成功。放养3.4万头参苗，经半年养殖，体长普遍达到8～10厘米，成活率达95%以上。当年养殖户发展到20户，养殖网箱700余个，投放参苗10余万头。是年，全县底播增殖海参1220万头，圈养986万头，新增海上浮式养参网箱2000余个。海参圈养（围堰养殖）和围网养殖面积分别达到56万平方米和15万平方米，当年全县海参产量170吨，产值1000万元。

2000年，长岛县加大养殖结构调整力度，海参增养殖通过典型带动和示范引导，发展较快。当年全县海参存养量为8276万头，新建海参圈养池13处，圈养总面积达32.7万平方米，圈养海参2200万头，底播增殖1038万头。

2002—2005年，长岛县提出渔业“三年翻番”目标，以海参增养殖为重点，全县加大资金投入。2002年，全县海参底播放流增殖7525.4万头，围堰养殖1703万头，总投资额为8874.4万元。2003年，底播海参1.5亿头，是2002年的一倍。2004年，全县海参增养殖1.1亿头；北长山乡、北隍城乡和大黑山乡通过招商引资等措施，加大资金投入，重点培植海参主导产业，全年投入资金1.2亿元，分别增养殖海参2850万头、1050万头和1320万头。至2004年，海参作为渔业翻番的骨干品种，提前实现渔业翻番目标，累计底播海参3.8亿头，海参底播增养殖规模快速膨胀。

2005年，全县先期底播增殖的大规格海参苗种，经过3年时间生长均达到收获期。当年，全县收获商品参385吨，收入5000万元。至2007年，全县收获597吨，收入9476万元。2008年，全县底播海参面积达5万余亩，收获鲜海参4550吨，产值达9.8亿元。2010年，海参采捕量达7180吨。2011—2013年，海参采捕量有所下降，产量稳定在3000吨左右。

2014年后，因实施海岸修复整治项目，长岛县沿岸所有海参育保苗场和圈养池进行全部拆除。全县大规模的海参底播增殖减少。2018年，全县海参总产量3100吨，总产值7000余万元。

海胆增养殖

境内海胆增养殖品种主要有紫海胆、虾夷马粪海胆等。

1986年，长岛县与国家海洋局一所共同承担山东省科委下达的“光棘球海胆人工育苗和底播增殖”研究课题。经历2年试验，海胆育苗取得成功，同时海胆移植工作也基本完成。是年，在车由岛海域，投放增殖3厘米以上海胆苗种5万粒。海胆移植后经检查，车由岛海域海胆生长良好，且伴有自繁的优质海胆。1987年，在大钦岛小浩村、大黑山育苗场2处试验点放养海胆4.5万粒。1988年，南隍城乡成立专业海胆养殖队，养殖由日本引进的虾夷马粪海胆。当年2月，购进1厘米虾夷马粪海胆苗种进行养殖，至12月，其直径达到4厘米以上。当年全县底播虾夷马粪海胆44万粒，筏式或网箱养殖52万粒。虾夷马粪海胆的引进和养殖，为全县多品种养殖增加新的模式。

1999年，长岛县开展紫海胆增殖，以自然增殖、育苗底播为主。是年，全县推广南隍城乡的海胆增养殖经验，筏式网箱养殖有发展较快，全县筏养海胆210万粒，底播20万粒。

2000年，全县底播增殖海胆60万粒，人工筏式养殖76万粒。2001年，由于海胆患口器疫病、黑斑病等，死亡率高达80%～90%，全县仅收获10吨左右。2002年，长岛县再次发动开展海胆养殖，底播增殖656万粒，人工筏式养殖达到1594万粒，规模扩大至2000余亩，收获130吨。此后因受市场价格等不利因素影响，2003—2005年，海胆底播数量逐年有所下降，分别为1350万粒、949万粒和531万粒。2010年，全县海胆采捕量632吨。2012年后，全县海胆增养殖规模不断扩大。2013—2017年，全县海胆产量均达2500吨左右。2018年，全县海胆养殖总面积8000余亩（含底播面积），总产量2615吨。

第五节　生态养殖与海洋牧场

生态养殖

贝藻间养、轮养　贝藻生态养殖模式，主要包括区间养和绳间养两种方法。区间养是一个海区养贝类，另一个海区养海带或裙带菜等其他藻类。绳间养是在一行筏架上贝、藻混养，这两种养殖模式既保护海洋生态环境，又使贝藻生长相得益彰。80年代中期，长岛县采取栉孔扇贝与海带间养技术，使栉孔扇贝大获丰收。1986年，长岛县贝藻间养亩产值达5093元，比单养1亩栉孔扇贝提高产值约1600元，比单养1亩海带增加产值约500元，间养的栉孔扇贝平均壳高3.83厘米，出肉率12.8%，分别比单养提高1.1厘米和2.4%。至1988年，栉孔扇贝养殖面积快速增加，海带养殖面积开始锐减，盲目扩大生产，不注重生态平衡，是导致栉孔扇贝大面积死亡原因之一。

立体生态养殖　1998年后，长岛县更加注重海洋生态保护，开始利用共生和生态互利的特点，将贝类养殖、增殖技术与藻类养殖技术有效嫁接一起，采用海水上层养殖海带、贝类，中层网箱养鱼，海底播养海参、鲍鱼、海胆、虾夷扇贝等海珍品的上、中、下立体养殖空间模式。到2008

年，全县海带养殖面积达1.5万亩，裙带菜、紫菜等藻类养殖面积1200亩，采用底播、筏养、圈养等模式，累计投放海参12.5亿头，鲍鱼3500头，虾夷扇贝19.2亿粒。2018年，全县立体生态养殖面积达45万亩，养殖总产值50余亿元。

人工鱼礁　人工鱼礁是人为在海中设置的构造物，能够为鱼、虾、贝、蟹等海洋生物提供繁殖、生长、索饵和庇敌场所。人工鱼礁不仅有良好的生态效益，还可拉动旅游、餐饮、游钓等相关产业发展。长岛县人工鱼礁投放始于80年代中期。1984年，全国海洋人工鱼礁推广会议召开后，在境内马枪石海域试验点，投放8空方的鱼礁300个。鱼礁筑成1年后，即有多种生物栖息，筑礁区刺参密度由原来的0增至2～8头/平方米。是年，长岛县海珍品增殖站投石4.5万立方米，建成“瓜垅式”刺参增值海域4万余亩。

2000—2002年，全县各乡镇和相关渔业企业加大海底投石改造力度，推广南隍城经验做法，采取人工投石、投放人造礁体等方式，在离岸300～500米海域，选择底质较好的沙砾底、石板底海域进行投石布礁，拓展立体化生态养殖海底适养空间。2003年，全县100余艘小马力船申请报废，报废渔船被分期分批沉放海底布设人工鱼礁。5月27日，长岛县举行农业部长岛人工鱼礁项目一期工程海上投放仪式，开始人工鱼礁开发。投入资金100万元，完成马枪石、猴矶、竹山等6个鱼礁区布设，共沉放报废渔船16艘、投放规格10.8立方米的空心方块水泥沉箱240个、水泥槽400个，投石900立方米，布设鱼礁面积1000亩。

2005年，实施人工鱼礁建设二期工程，人工鱼礁项目从点到面，从近岸向外海区逐步拓展，通过争取国家和省市项目支持，总投资900万元，分批在大竹山岛南部、猴矶岛西北部和马枪石北部深海海域布设人工鱼礁，礁区总面积750亩。2007年，按照多品种、生态型要求，北五乡镇加大海区投石改造力度，投石6.5万立方米，改造扩大增殖海区6000亩。2008—2009年，进行渔业资源修复，南隍城人工鱼礁项目投资1003万元，先后投放“V”混凝土礁体3930个、报废渔船3艘、废旧轮胎106吨、大型石块4万立方米，布礁8万余立方米。

2013—2014年，长岛嘉祺海洋技术有限公司引进、研发出适宜20～60米水深的聚鱼型人工鱼礁和适宜10～20米水深的增值型多功能人工鱼礁，在4处海洋牧场和海钓基地投放176个，被山东省海洋与渔业厅确定为省级人工鱼礁研发中心。2015年，全县投放生态型人工鱼礁180个、5万空方，礁体构件1万个、8.3万空方，石块7.7万立方米，集装箱40个。2016年，投放生态型人工鱼礁220个。2017年，佳益、弘祥海洋牧场加大人工鱼礁投放，累计投入近5000万元。至2018年，投放生态型人工鱼礁400个，累计达1400余个，投礁累计达127万空方。

海底森林　即人为在海中种植大型藻类，为海洋生物提供氧气、饵料和生长、繁殖、庇敌的场所，其目的是改善海域生态环境，营造海洋生物栖息的良好环境，保护、增殖和提高渔获量，是海洋生态环境和海洋渔场的守护者。

90年代中期，长岛县更加注重海底生态涵养。2000年，全县实施“海底森林工程”，在各岛屿潮间带和潮下带近海海域人

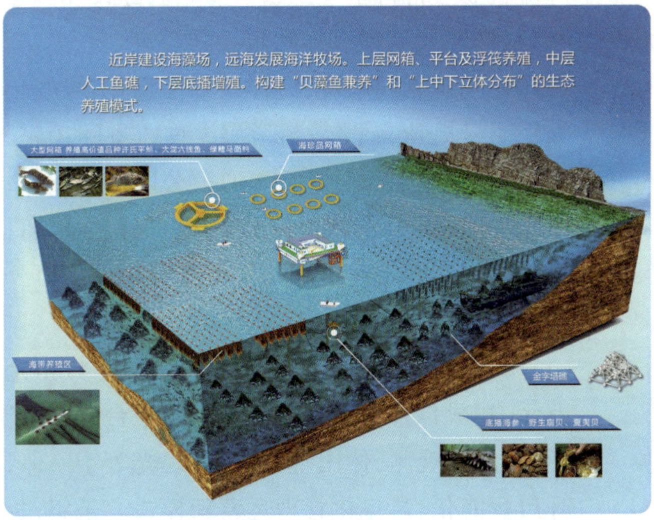

生态立体养殖示意图

在长岛海域增殖放流许氏平鲉（2016年）

工栽培海带、裙带菜等大型藻类。至2005年，海底人工造林面积2万亩，潮间带由过去断断续续的2～3米，发展到连续不断的7～15米。2008年，长岛县制定“两个一百万”（百万亩海底森林、百万亩立体化生态养殖基地）目标，海底森林建设加速推进。至2009年，全县海底森林面积达44万亩，生态养殖基地建设面积66万亩。2017年，首次在2000余块深水礁区开展铜藻、海黍子等大型藻类移植，获得成功。2018年，在南长山街道孙家村设立铜藻增殖放流试验站，增殖铜藻3万株。至2018年，全县海底森林面积达到79万亩。

增殖放流　即用人工方式向海洋放流生物苗种，以补充和恢复生物资源种群结构，维护生物多样性。2001年12月至2002年1月，长岛县与山东省捕捞管理站共同将30万尾体重200～250克鲈鱼分期分批放流在大黑山岛、小黑山岛、庙岛、南长山岛以及蓬莱港外等海域。2008年，进行渔业资源修复，小钦岛钦发公司虾夷扇贝增殖项目完成底播放流面积4000亩。2009年7月，开展渤海生物增殖放流活动，放流黑鲪鱼苗30万尾，牙鲆鱼苗2万尾。是年，按照国家海洋资源修复计划，放流黑鲪鱼种鱼60万尾。2010—2011年，增殖放流虾夷扇贝500万粒，增殖放流黑鲪鱼70万尾、黑鲷50万尾、牙鲆100万尾。2012年，推进海底环境改造，开展藻类移植繁育和鱼贝类增殖放流，放流牙鲆230万尾，黑鲷60万尾，黑鲪50万尾，虾夷扇贝500万粒，魁蚶6000万粒，移植藻类360万株。2013年，完成增殖放流项目投资400余万元，放流魁蚶、牙鲆、黑鲷等苗种1.1亿粒（尾）。2017年，实施“海生·长岛”渔业科技项目，增殖放流黑鲪、大泷六线鱼等经济鱼类626万尾。至2018年，全县增殖放流各类鱼苗累计达3000余万尾。

海洋牧场

海洋牧场是基于海洋生态学原理和现代海洋工程技术，充分利用自然生产力，在特定海域科学培育和管理渔业资源而形成的人工渔场，其生产力和生产效率优于传统养殖。2009—2012年，长岛县集体经济、私人企业开始在外海区投放石块礁以及多种形式的构件礁体，通过增殖大叶藻、鼠尾藻等有益生态藻类，提升聚鱼效果，带动海珍品增殖，海洋牧场初期成效逐步呈现。

2013年，长岛县规模化海洋牧场建设正式启动。是年，编制完成《长岛县海域使用规划》，对海洋牧场进行科学规划、合理布局，建设休闲生态型、资源增殖型海洋牧场。2015年，建成3套海洋牧场观测网系统，海洋牧场信息化、可视化水平明显提升。是年，新增海洋牧场项目10宗，面积1780公顷，累计达到1.07万公顷。2016年，海洋牧场建设持续推进，当年受理海洋牧场项目申请11宗，累计达到70宗，用海面积1.28万公顷。休闲海钓基地达13处。

2017年，佳益和弘祥公司分别投资1700余万元，建成自升式和半潜式多功能平台，集牧场管理、海洋观测、休闲垂钓、旅游观光等于一体，开启智能化、装备化管理运营新模式。是年，长岛县渔业振兴推进委员会成立，印发《海洋牧场

建设项目申报实施意见》,3处海洋牧场列入国家海洋局《全国生态岛礁工程“十三五”规划》,弘祥公司、佳益海珍品发展有限公司获批国家级海洋牧场示范区,大洋渔业专业合作社获批省级海洋牧场。

2018年,开始编制《长岛县海洋牧场建设规划》,完成本底资源调查,探索建立北方海岛型海洋牧场建设模式,创建国家级海洋牧场示范园区,引导企业布局海洋牧场开发。至2018年,长岛海洋牧场累计用海确权84宗,总面积达1.64万公顷,拥有国家级海洋牧场示范区2处,省级海洋牧场示范区3处(含国家级2处)。

长岛弘祥国家级海洋牧场　位于大钦岛海域,隶属于长岛弘祥海珍品有限责任公司。2013年2月,被确定为长岛县海洋牧场项目,确权海域1140公顷。2016年12月,被农业部公布为“国家级海洋牧场示范区”,2017年4月,获批“省级海洋牧场示范项目”。该牧场分为海上垂钓区、养殖观光采捕体验区、赶海区、滨海洗浴区和食宿餐饮综合服务区五大功能区。牧场投放大型石块礁、3米×3米×3米方形人工鱼礁、7.2米×7.2米×5.2米金字塔型构件礁及废弃船只等4种人工鱼礁20.91万空方。

该海洋牧场主体设备有全国首个半潜式海洋牧场平台1座。半潜式多功能海洋牧场平台,投资总额788万元,采用4根立柱半潜式结构设计,型长25米、型宽25米,为山东省海洋牧场平台中唯一的半潜式平台,面积为650平方米,作业吃水3米,可为游客提供海上垂钓、海洋监测、观光、网箱养殖鱼类的观赏等休闲活动。

渔夫海钓场　位于弘祥牧场礁区内海底渔业资源丰富,钓客日人均垂钓量可达约50千克。2015年1月,被山东省水生生物资源养护管理中心评为“省级休闲海钓钓场”。2017年12月,被山东省休闲垂钓协会评为“山东省十佳休闲钓场”。钓场装备有长23米玻璃钢海钓管理船1艘、8.5米铝合金游钓船5艘。至2018年,共接待钓客1000余人。

长岛佳益国家级海洋牧场　位于车由岛东部海域,隶属于长岛佳益海珍品有限公司,确权海域面积1100公顷,累计投放各类人工鱼礁礁体15万空方。2015年1月,被山东省水生生物资源养护管理中心评为“省级休闲海钓基地”。2017年11月,被农业部公布为“国家级海洋牧场示范区”。佳益海洋牧场平台自升式多功能平台,长25米,宽25米,深2.8米,采用4条圆柱形桩腿及液压插销式升降系统,通过太阳能、柴油发电机组实现稳定供电。2018年7月10日,佳益公司与蓬莱中柏京鲁船业有限公司签约建设深水半潜式智能网箱,网箱投资3279万元,直径52米,周长163米,深度10米,作业吃水25~35米,养殖容量2万立方米水体。

长岛大洋省级海洋牧场　位于南长山岛东南部海域,隶属于长岛大洋海产品增养殖专业合作社,确权海域面积369.87公顷,投放大型石块礁、三角形型钢混构件礁、船礁、废旧公交车体、废旧火车车厢等各种礁体3.216万空方。2017年4月,被山东省海洋与渔业厅公布为省级海洋牧场。半潜式多功能海洋牧场平台由中集来福士建造,长35米,宽29.8米,浮筒长度35米,设计水深18米。

南隍城海洋牧场　位于南隍城岛东部海域,隶属于南隍城海珍品发展有限公司,确权海域面积1913.33公顷,共投石20余万立方米,投放混凝土构件礁18280个,改造海区达26.4万空方,为省级皱纹盘鲍原种场、国家级水产种质资源保护区、健康养殖示范区、山东省渔业标准化示范基地。2018年12月8日,南隍城与中集蓝海洋科技有限公司签约建设深水智能大网箱平台,网箱投资2986万元,采用钢结构坐底式,分为沉垫、立柱、下环、四侧斜支撑、上部工作平台、生活区等部分。网箱主尺寸为30米×25米×26米,作业吃水18.8米,年产鲍鱼可达63吨,实现集约化养殖新模式。

赵王湾游钓型海洋牧场　长岛天顺海洋水产有限公司位于长岛区南长山岛东侧赵王村海

域，隶属于确权海域面积595.73公顷，为省级休闲海钓钓场。投石礁10万余立方米，建成人工鱼礁群30余个。

高山岛游钓与装备复合型海洋牧场　烟台银礁海洋科技有限公司位于高山岛东侧海域，隶属于确权海域面积786.67公顷，鱼礁规模12万空方。为省级休闲海钓钓场。平台配有垂钓泊位码头1座及2处垂钓园、投放人工鱼礁10座、数字化管理中心与监控1套、展示厅1栋与室外显示屏1套、海底观测网1套、开发海洋牧场观测系统与网箱养殖综合化管理保障系统软件各1套、配备海钓船10艘。

其他海洋牧场　长岛北城渔业专业合作社的长岛北长山海洋牧场位于北长山北城海域。确权海域面积1053.33公顷，建成海洋牧场区50公顷，投放石块礁、方型钢混构件礁11.7万空方。长山海珍品有限责任公司海洋牧场位于南长山东部海域，确权海域面积2520公顷，建成海洋牧场1153.33公顷，投放石块、人造礁体12万空方。烟台天安海洋牧场位于砣矶东部海域，确权海域面积397.4公顷，投放鱼礁10万空方。

第五章　海水育苗

长岛县海水育苗起步较早，始于70年代。1986年后，全县建成育苗场4家，县级以上水产科研单位5家，其中长岛县增殖站为国家级海水育苗科研单位。

2018年，全县有省级水产良种繁育中心3个，海参良种繁育中心，投资950万元，育苗水体1500立方米，实验室200平方米；鲍鱼良种繁育中心投资1000万元，育苗水体1000立方米；贝鱼类良种繁育中心投资1000万元，育苗水体3000立方米，实验室150平方米。

第一节　栉孔扇贝半人工采苗

1976年始，长岛县海珍品试验场每年在海上投放1~2万个采苗袋，每袋获苗150~400粒。之后，因苗种缺乏，扇贝养殖一直处于中间试验阶段。1979年，长岛县在17个采苗区进行栉孔扇贝大面积半人工采苗获，均获成功，当年投放采苗袋3.2万个，获苗460万粒，平均每袋采苗140粒。1980年，全县投袋4.1万个，采集扇贝苗1510万粒，可供200亩养殖用苗。1981年，投袋增至45万个，平均每袋获苗近300粒。1986年，全县海上半人工采苗累计达41亿粒，除供应当地开展养殖外，还为芝罘、蓬莱、招远、海阳等地提供用苗。1986—1996年，栉孔扇贝养殖所需苗种主要依靠境内自然海区半人工采苗获得。其间，全县栉孔扇贝半人工采苗单位和个体户达300余家，投袋7000余万个，采苗9120亿粒，产值达8600万元。1996年秋，栉孔扇贝出现大面积死亡，造成栉孔扇贝病死重要原因之一是栉孔扇贝贝种老化退化。1998年，停止境内海域栉孔扇贝半人工采苗。

第二节　贝类育苗

境内贝类育苗主要有栉孔扇贝、虾夷扇贝和海湾扇贝3个品种。

栉孔扇贝育苗

1986年，全县只有县海带育苗场综合育苗车间具有栉孔扇贝育苗能力，育苗水体为1100立方米，当年出池稚贝1.6亿粒。1988年，全县新投产南长山镇、北长山乡、大黑山乡、庙岛乡4个海珍品育苗场，育苗水体3500立方米，出池稚贝10亿粒。全县栉孔扇贝养殖苗种主要采用海上半人工采苗，而人工育苗成本较高，市场销路不畅。1997年，全县栉孔扇贝育苗规模维持在3000立方米，各育苗场靠政策补贴和卖苗收入勉强经营，大多转产或倒闭。1998年，全县停止海上半人工采苗后，栉孔扇贝人工育苗有所回升。2000年，全县31个育苗场投入栉孔扇贝育苗，出池稚贝7亿粒。2003年，把栉孔扇贝种质优化改良作为育苗重点，引进3500公斤俄罗斯栉孔扇贝原种，无偿分发到各育苗单位，经人工驯化、杂交育苗，有4000余万粒优质苗种投入养殖。2004年，北长山乡采取苗种补贴的政策，引导、鼓励养殖户使用杂交苗种，全乡购进杂交贝苗8600万粒，放养400余亩。2004年，全县育购杂交栉孔扇贝1.8亿粒。2007年，杂交栉孔扇贝育苗水体1060立方米，出池稚贝15亿粒，同时外购杂交栉孔扇贝苗6.7亿粒，海上保苗1.5亿粒，育苗收入9500万元。2011年后，蓬莱、芝罘湾等地自然采苗的栉孔扇贝质量好，比栉孔扇贝人工育苗市场价格低，境内育苗场逐步放弃该项育苗，养殖所需苗种均由外地购进。

虾夷扇贝育苗

1986年，县水产研究所、县海带育苗场共同承担烟台市科委下达的"虾夷扇贝人工育苗"课题研究，全县虾夷扇贝培育池水体120立方米，出稚贝1.6亿粒，经海上培育成出商品苗1700万粒。该课题通过市科委的鉴定，达到省内先进水平。由于全县养殖品种主要是栉孔扇贝，虾夷贝养殖规模不大，养殖区集中在南隍城岛、北隍城岛海域。1996年，全县虾夷贝育苗水体2000立方米，出池稚贝2.7亿粒。1998年，在全县养殖结构调整中，虾夷扇贝养殖取得规模性效益，带动虾夷扇贝育苗发展，全县有虾夷扇贝育苗场16家，新增水体2000余立方米，出池稚贝11.7亿粒，保苗后获得幼贝1.32亿粒。1999年，全县虾夷扇贝育苗场发展到42家，虾夷扇贝育苗水体达4000立方米，年均出池稚贝18余亿粒。至2003年，全县育苗水体达1万余立方米，育出稚贝24亿粒，海上保苗达5.2亿粒。2004年后，除境内育苗外，开始购进外地苗种，加大虾夷扇贝多品种养殖，当年育、购虾夷扇贝苗16.4亿粒。2005—2007年，虾夷扇贝苗种购买比例上升，全县育苗水体下降到2000立方水体，出池稚贝保持在15亿粒左右。2008年后，虾夷扇贝苗种以外购为主。是年，育苗水体下降到900立方米，外购幼贝近22亿粒。2009—2017年，全县有虾夷扇贝育苗场3家，育苗水体基本保持在1000立方米，年均育出稚贝10亿粒，苗种年均收入约3500万元。

2018年，全县有虾夷扇贝育苗场1家，育苗水体1000立方米，出稚贝50亿粒，苗种收入6533万元。

海湾扇贝育苗

由于境内海域水温偏低，海湾扇贝成品周期长、经济效益不高等因素影响，海湾扇贝养殖规模较少。海湾扇贝育苗苗种主要销往县外。1991年，全县海湾扇贝育苗水体1000立方米，出池稚贝7亿粒。1996年，海湾扇贝育苗水体2250立方米，共销售稚贝100亿粒。2000年，海湾扇贝育苗水体4880立方米，出池稚贝97余亿粒。2005年，海湾扇贝育苗水体仅有600立方米，出池稚贝4亿粒。之后，停止海湾扇贝育苗。

第三节 鲍鱼育苗

长岛县是烟台市最早开展鲍苗种生产的地区。1973年，烟台水产研究所与长岛县水产局、砣矶后口合作，进行鲍鱼人工培育。1974年，在2立方米水体中培育出鲍鱼幼体50.8万头，育成壳长0.2～0.3厘米的幼鲍鱼305头。至1975年，共获幼鲍3万头，取得阶段性科研成果。

1986年，县海带育苗场改造部分车间为鲍鱼育苗车间。是年，长岛县海珍品育苗增殖中心正式投产。主要以鲍鱼育苗和工厂化养殖为主，投资100余万元，建设鲍鱼育苗车间2400平方米，立体式工厂养鲍车间3600平方米，具有国内最为先进的鲍鱼育苗和工厂化养殖设施。

1987年，长岛县承担省科委下达的“鲍鱼人工育苗研究”课题研究，高级工程师于永平创造每平方米剥离1厘米稚鲍6700粒的“鲍鱼育苗之最”，通过省科委鉴定，该项成果获烟台市科技进步一等奖。是年，县第一育苗场在800立方米水体中培育出平均壳长1.3厘米的稚鲍苗760万头，平均每立方米水体出稚鲍9963头，创国内鲍鱼的单位水体出苗量最高纪录。之后，部分乡镇、村相继建起20余处鲍鱼育苗场，育苗总量6000余万头。

进入90年代，全县鲍鱼育苗发展步入快车道。1993年，全县鲍鱼育苗水体达到1万立方米，剥离稚鲍600万头。1995年，全县加大以鲍鱼增养殖为重点的“捞金工程”实施力度，制定鼓励鲍鱼增养殖发展的多项优惠政策，开展各种类型的培训班和现场会，鲍鱼育苗规模和育苗技术取得新的突破。全县鲍鱼育苗水体2万立方米，剥离稚鲍2525万头。

1996年，剥离稚鲍3464万头。1997年后，鲍鱼育苗规模不断增长的势头受到剥离死亡率高和养殖抗逆能力差的困扰冲击，育苗面积及数量有所下降。1998年，剥离1363万头。1999年，由于剥离后死亡率过高，基本停止鲍鱼育苗。当年，全县鲍鱼育苗水体仅为2200立方米，剥离鲍苗220万头。

为解决剥离死亡率高、养殖过程生长慢的难题，2000年10月，长岛县科技园育苗中心利用现代生物技术，引进日本仙岛海域虾夷盘鲍作父本，以长岛野生皱纹盘鲍为母本，进行杂交育苗实验，培育出优质杂交鲍苗种。杂交鲍苗种成活率提高30%以上，养殖周期由2年缩短为18个月，越冬抗逆能力增强。2000—2002年，全县鲍鱼育苗水体稳定在1.2万立方米，年均剥离稚鲍5620万头。

2002年后，全县鲍鱼育苗场家一直保持在12家左右。2008年，增加到15家，培育商品苗9400万头，其中在福建等南方省份保苗1200万头。2010年，鲍鱼育苗种价格增幅在40%左右，实现苗种收入3218万元。之后，鲍鱼养殖以外地采购苗种为主，境内鲍鱼育苗开始逐年减少。2018年，全县有鲍鱼良种繁育中心1处，育苗水体1000立方米。

第四节　海参育苗

1972年，烟台水产研究所与砣矶岛后口合作，开展海参人工育苗。1973年，每平方米水池出幼参173万头。1974年，每平方米水池中育成幼参3.25万头，刺参人工授精率达95%以上。经两年养殖，最大参体重246克，并对110克以上个体进行催产，人工育出第二代稚参，初步掌握刺参的生态习性和繁殖生长规律。之后，又对中间培育、投石筑礁、放流大规格幼参等增殖技术进行研究，为刺参增殖放流提供技术保障。

90年代中期，海参育苗业快速发展。1994年，育成海参苗400万头，在北五乡镇适宜海域进行底播增殖。

1995年，海参育苗取得关键性技术突破。首次在稚参的饲料中加入活性海泥成分，突破稚参培育阶段身体瘦弱、生长慢的技术难题。

1996年，全县海参育苗水体4580立方米，育出稚参1225万头。1997年，育苗水体达7980立方米，育出稚参5337万头。2000年，全县共育出稚参1.12亿头。2002年，全县共育出稚参8.47亿头。

2003年，投入海参育保苗水体7.86万立方米，保苗7.7亿头。2004年，全县海参育保苗户猛增到855户，育保苗保持在16万立方米规模，育保海参苗10.4亿头，收入近3亿元。2006年，育保海参苗15.5亿头。2008年，育保苗水体17.4万立方米，培育商品苗13.3亿头。2008年，全县有育保苗场达824家。2009年，保苗水体4万立方米，培育海参苗16亿头。2010年，投入育保苗水体17.3万立方米，培育商品苗7亿头，全县海参育保苗收入达5亿余元。

至2012年，海参育保苗生产因市场等多种原因开始逐年回落，海参育苗处于亏损状态，大部分育苗场倒闭或转卖。2014年之后，因海岸带修复建设，海参育保苗场全部拆除。

第五节 海胆育苗

1997年，县养殖公司第二育苗场和砣矶镇磨石嘴育苗场共同承担市科委下达的"虾夷马粪海胆人工育苗技术研究"课题，投入育苗水体980立方米，育出虾夷马粪海胆160万头，通过市科委组织的鉴定验收。1998年，县直育苗场开始进行虾夷马粪海胆育苗。

2003年，全县虾夷马粪海胆育苗水体1650立方米，育出幼苗6000万粒，增养殖1350万粒。至2005年，虾夷马粪海胆育苗数量有所下降，全县共出苗1500万粒。

2007年，虾夷马粪海胆育苗1600万粒。之后，虾夷马粪海胆育苗基本停止。其主要原因是虾夷马粪海胆摄食量大，每隔几天就需要往笼内添加新鲜海带，秋冬两季饵料匮乏，加上养殖费用高、产量少，形不成销路，虾夷马粪海胆育苗因此中断。之后，虾夷马粪海胆增养殖苗种全部外购。

第六节 海带育苗

1986年，全县海带育苗场维持年产3亿株海带苗的生产能力。是年，县海带育苗场承担省科委下达的"海杂1号海带新品种"研究课题，1987年通过鉴定。"海杂1号"是继"860"和"X35"之后极为优良的新品种。

1990年，县政府投资300万元，在北城村新建一处育苗水体4000立方米育苗场(长岛县第三育苗场)，专门进行海带育苗，1991年投产。

90年代中期，海带育苗场基本转产，培育海参、鲍鱼等苗种。与此同时，烟台、蓬莱、威海等周边地区海带育苗产业快速发展，境内海带育苗场1999年停产。之后，长岛海带养殖所需苗种，均由外地购进。

第七节 育苗企业

长岛县第一育苗场

1971年，县海带育苗场建成，为国有企业，隶属于县水产局。1978年，扩建一座新库，海带育苗水体3600立方米，年生产海带苗3亿株。1984年12月，筹建综合育苗车间，1986年4月投产，总育苗水体1100立方米，年可育扇贝苗2亿粒。1987年，海带育苗场改属于县养殖公司。1990年，新建海带育苗场。1991年，海带育苗场搬迁至第三育苗场，不再生产海带苗，改为鲍鱼育苗和海参育苗。1999年，第一育苗场停产。

长岛县第二育苗场

1986年，县海珍品育苗增殖中心建成。1994年，改称为长岛县第二育苗场。该建有鲍鱼育苗车间2400平方米，饵料培育车间1400平方米，工厂化养鲍车间3600平方米，海水育苗车间1500立方米。2002年，年生产剥离鲍鱼苗1500万头，年暂养5厘米规格的商品鲍140万头，年产海参苗2200万头。承担过多项省、市科委下达的与海珍品育苗有关的科研课题。2010年，第二育苗场停产。

长岛县第三育苗场

1991年，建成投产。有海带育苗车间4000平方米，可年产海带苗3亿株。海水综合育苗车间400立方米，年产海参苗600万头或贝类苗1亿粒。投产之后连续几年因海带苗生产不顺利、销售价格低、生产成本高等因素，1998年宣布停产倒闭。

长岛县第四育苗场

1993年，建成投产。1996年，更名为长岛县科技园育苗中心。育苗、中间育成面积2.5万平方米。鲍鱼育苗水体5000立方米，年可育鲍鱼苗1500头；鲍鱼中间育成水体400立方米，年可饲育越冬鲍鱼500万头；扇贝、海参、海胆等综合育苗水体1200立方米，年可培育扇贝稚贝3亿粒、海参稚参500万头，及其他海珍品苗种。1998年，第四育苗场改制，由个人承包经营。2002年，基本停止育苗，改由保苗为主。

第六章　水产品加工

80年代之前，境内水产品加工主要分布在各岛的水产站。每到鱼汛旺季，渔船捕获的大量鲅鱼、鲐鱼、刀鱼等大宗经济鱼类集中到水产站过秤记账，组织妇女劳力突击加工。水产加工以腌制为主，各水产站均建有大型腌鱼池，鲅鱼、鲐鱼由背部剖开，取净内脏和鱼籽，放入池中层层撒盐进行腌制，待秋季后出池装包，由水产部门统一调配销售。

80年代，水产品加工方式逐步由粗加工转向精加工、深加工，产量逐年增长。1998年，随着海洋渔业资源的不断衰退，全县冷藏加工业陷入困境，有20%～30%的冷藏企业资不抵债而破产。2002年，全县水产加工企业20余家，销售收入1.26亿元。其间，长岛县调整思路，确定把水产加工业的发展重点转移到以海洋食品和海洋药物为主的新产品研发上，相继建成海洋食品加工企业6家，海洋食品药物企业2家。2003年，长岛县水产品精深加工和新产品研发工作步伐加快，以海带为主的藻类产品综合开发取得重要突破，海带生物有机碘添加剂和10余种海带系列食品陆续上市。被列入国家和省技术创新计划的即食海参、海参精华素项目先后投产，形成年加工40万支的能力，产品供不应求。随着新产品研发的不断深入，长岛水产品加工业彻底告别"粗加工，大包装，论吨卖"的历史，产品附加值、科技含量大幅提升。2005年，全县水产加工业实现产值4.9亿元，出口创汇3900万元，实现利税1352万元。2008年，冷藏加工业产品出口受限，以国内市场为主。2013年，实现出口交货值1.3亿元。

2018年，全县共有水产品加工企业8家，年加工能力3.2万吨，实现产值2.42亿元。

第一节　传统加工

境内传统加工水产品相对多样，以腌制和晒干为主。

腌制品

腌制品又称腌渍或卤制。80年代前，境内主要采用这种传统加工方法腌制水产品。80年代，开始建大型冷库，带动冷藏加工业兴起，腌制水产品数量逐减。因该类产品具有耐贮藏、风味独特的优点，至2018年仍有一定市场空间，主要有咸鱼、海蜇皮、虾酱、海兔酱等。

咸鱼　境内水产腌制品主要品种。传统腌鱼设备水泥池、大口缸或坛子。腌制前将鱼体顺脊（或腹）割开，清除内脏。鲐鱼、鲅鱼多用盐水汤腌，随吃随捞。其他咸鱼均用大盐粒拌匀干腌。整体腌渍的品种有黄花鱼、黄姑鱼、带鱼、海鲫鱼、青鳞鱼及小杂鱼等。80年代后，随着冷藏业的发展，咸鱼逐年减少。至2018年，整体腌制的黄花鱼、带鱼等品种已不多见，割片腌制的鲅鱼、鲐鱼等品种在部分企业和家庭仍有加工。

海蜇皮　用海蜇伞部经"三矾提干"而成，即用矾盐更替浸泡和盐矾混合液再次浸泡的办法，反复脱水，整个工序约30天。海蜇的口腕部加工后，制成海蜇头。海蜇皮以整体完整、不破碎、皮直径30厘米以上，颜色洁白有光泽，肉质韧而松脆者为上品。一般蜇头成品率可达7%，蜇皮为3%～4%，常年存放不变质。80年代，鲜海蜇数量有所减少，海蜇皮加工数量下降。90年代初，随着鲜海蜇捕捞数量的增加，海蜇皮加工数量开始回升。1992年，全县捕捞鲜海蜇10万余吨，加工

海蜇皮、头2.5万吨。90年代中后期，海蜇皮加工数量稳定在3000吨左右。2014年后，长岛县禁止矾海蜇皮。

虾头酱　采用对虾虾头加工而成。境内渔民在加工对虾时，习惯将废弃的虾头粉碎或捣碎，制成对虾头酱自食，也有少量销售，加工数量较少。这种加工方法一直沿袭至今。

海兔酱　海兔名小乌子，形似梧桐树花。将鲜海兔漂洗干净，加少许精盐拌匀，渍卤3小时许，沥去卤水，以兔、盐1∶0.08比例，拌盐装罐（或坛）密封。密封四五天揭盖放气。之后。再密封10余天，海兔酱发蒸可食。这种加工方法一直沿袭至今。

海怪酱　海怪名寄居蟹。将新鲜的海怪，摘去整腿，粉碎成稠糊状（只用其肉腹制酱，可不粉碎），加一成精盐，搅拌后封于罐内，10天后即可食用。封盖瘫熟的海怪酱，呈黄红色，蟹籽散涌酱中，味道鲜美、香醇，开胃下饭。

盐渍裙带菜　裙带菜的加工以盐渍品、干品加工为主，以此为原料可深加工成各种小包装方便食品。境内裙带菜收割期一般从2月上旬起至3月中旬止。加工时选叶片厚实、鲜嫩、无污染的鲜菜，将其在90℃以上水中漂烫30～50秒后立即放入18℃以下清洁的海水中均匀冷却，沥水，然后加入相当菜重35%的精盐，经脱水要求含水量在60%以内，再进行选菜、理菜，包装储存。80年代末至90年代中期，裙带菜曾一度出口日本。这种加工方法一直沿袭至今。

干制品

干制品分为盐制和淡干两种。其中，干海参、干贝、大海米、金钩海米等闻名全国。

鱼干　境内盐干鱼品种主要有鲅鱼、鲐鱼、老板鱼、小黄鱼、青鳞鱼、比目鱼、乌鱼干、河豚、香梭鱼等。加工方法多为腌制后晒干，北五岛也常不加盐淡晒制成鱼干。鱼干多为自家食用，90年代末至今，有企业加工成批鱼干出售。

鱼米　是蒸熟晒成的鲜鱼肉干，主要加工原料有鲅鱼、针良鱼、辫子鱼、马面鱼等。每临鱼汛，境内有晒鱼米习俗，常年食用。做法是剖开鲜鱼肚腹，除去内脏，冲洗干净，切块（小鱼整块）平摆在箅子上，稍撒一层精盐，上锅蒸煮，剔除骨刺，将鱼肉弄碎或切成小块，晒干或晾干即成。晒干的鱼米，鲜味不减，味道纯净，比鲜鱼另有一番味道，极有嚼头，易存放。至今仍有企业批量加工各种鱼米。

大海米　多由鹰爪虾加工而成。其体表光滑洁净，色泽杏黄微红，体型前部粗圆、后端尖细，是海米中佳品。鹰爪虾洄游渤海，途经长岛海域，旺汛正值早春和深秋，水凉虾肥，晒成的海米体肥个大、味道鲜美。80年代始，鹰爪虾多被加工成冻虾仁，海米产量锐减。90年代中后期后，市场鲜见质量上乘的大海米。

金钩海米　俗称小海米，由小红虾晒制而成。此虾产地以大钦岛、小钦岛、北隍城、南隍城海域为主，小海米加工一般经选料、煮熟、晒干、脱壳等工序，以大钦岛加工而成的金钩海米最为正宗。小红虾与鹰爪虾相比个体较小，晒制的虾米后端尖细而带弯钩，色泽鲜红，俗称“金钩海米”。90年代末至今，金钩海米声名鹊起，成为当地闻名的地方特产和旅游纪念品。

干贝　80年代前，以长岛捕捞自然生长的栉孔扇贝闭壳肌加工而成的干贝，俗称“真干贝”，品质极佳，是全国名贵海味品，属“海八珍”之一。80年代始，随着栉孔扇贝人工养殖的发展，干贝加工渐以人工养殖的栉孔扇贝为主要原料，年产量呈逐年递增趋势。干贝加工工艺是：先将鲜贝开壳取下贝柱，洗净后用盐水蒸煮（一般淡水加盐5%，海水加盐3%），再沥水干燥，出成率约2.5%～3%。干贝不宜久藏，储藏两年以上，其色、香、味均有明显劣变。90年代，随着冷藏业的发展，冷冻扇贝柱发展较快，其产品成为全县冷冻出口的主要品种之一，干贝加工逐渐被冷冻扇贝柱替代。90年代初期，长岛县用人工养殖栉孔扇贝加工的冻煮干贝和原汁干贝加工成罐头制品，一度受到广大消费者的欢迎。

干海参　以长岛所产刺参加工而成的干品。

晒制干贝丁（2018年）

其传统加工方法是：将采捕到的刺参，用长形小刀在背面尾部剖约一寸长的口，摘去内脏和泥沙，用海水冲洗干净，然后将洗净后的海参放入铁锅中，加少量盐煮熟，时间约30分钟，再将煮熟的海参用漏勺捞出，倒入铁盒或木盒内（也有用泡沫箱），加15%的盐，用木棍或铲子不停搅拌均匀，盐渍3～5天后，在阳光下晒干。品质好的上乘干海参，要求个头齐、肉肥厚、刺挺拔、开口正、体内无杂质，一等海参个头一般在30～40厘米。干度足的海参可存放数十年不变质。（注：本节“保鲜加工”“精深加工”参见第十一编“工业·民营经济与乡镇企业”第一章“海产品加工业”第二节“海产品创新加工”）

第二节　水产品特产

境内海产品特产众多，80年代的“长岛牌”海产品以鲜活、纯正而远近闻名。2006年，南隍城海珍品有限公司的“南隍城”商标通过省工商局认证，成为山东省著名商标。2012年，长岛县宝悦海洋食品有限公司“CHANGDAO”商标被认定为山东省著名商标。2009—2018年，长岛鲍鱼（活）、长岛海参（活）、长岛海参（干品）、长岛扇贝（活）、长岛海胆（活）和长岛海带6件获国家地理标志证明商标。

皱纹盘鲍

俗称鲍鱼，是中国鲍鱼之王，汉代即为贡品，长岛为中国鲍鱼之乡。境内皱纹盘鲍个体肥大，肉质细嫩，味道鲜美，含蛋白、脂肪及20余种氨基酸，被誉为海味之冠，境内多以清蒸鲍鱼上桌，原汁原味，鲜美无比。亦可做芙蓉鲍鱼、鲍鱼清汤等。鲍壳是中药材，名石决明，又叫千里光，有明目、清热、平肝息风的功效，可治疗头昏眼花和发烧引起的手足痉挛、抽搐等症。

刺参

境内海藻较多，海参食物丰富，是国内海参生长水质最好区域之一，多为灰黑色或黄褐色，成参体长20～40厘米，为名贵滋补品。干品蛋白含量60%以上，含碳水化合物、钙、铁、碘等多种成分，胆固醇几乎为零。刺参还具有较高药用价值，有补肾壮阳、益气补阴、通肠润肺之功效。刺参的食用分滋补和宴席佳肴两种：滋补食用，将干海参用水浸泡之放大，去掉参路（俗称“筋”）煮烂，配白糖、蜂蜜或黄酒食用，有延年益寿、强健体魄之功能。宴席上多做成红烧海参、烩海参、清煮鲜海参、海参汤、海参饺子等。

光刺球海胆

又称紫海胆，俗称“黑刺锅子”，属海胆纲中较为珍贵品种。其海胆卵黄鲜度高，含蛋白、谷氨酸、肌甘酸、氨基葡萄糖多种成分。当地人多用其炒菜、做汤卤、煮熟鲜食。宴席上多做清蒸芙蓉海胆、海胆汤、海胆黄饺子，亦可辣根蘸汁生食。

对虾

对虾又称渤海湾大对虾，历史上常成对出售而得名，是名贵海产品之一。境内海域是其洄游必经之地，也是中国北方捕虾主要渔场。对虾每百克含蛋白质20.6克，含脂肪0.7克，并含钙、磷、铁等元素与多种维生素，味道鲜美，是宴席佳肴。传统食法制成虾干偏多。长岛对虾鲜食法有清蒸、炸虾球、糖醋大虾、氽汤等，可用虾肉、猪肉和韭菜制作三鲜饺子。

鲅鱼

学名蓝点马鲛，习称鲅鱼。鲅鱼肉厚坚实，呈蒜瓣状，肉色发红，味美，刺少。性味甘温，有补五脏、滋阴补虚、养胃润燥功效。长岛有吃鲅鱼水饺习俗，谚语道："春来秋去鲅鱼美，不吃好比没长嘴"。鲅鱼可炖、蒸、烧、熏、鲅鱼丸子等。长岛鲅鱼水饺，为烟台市非物质文化遗产，是长岛金牌名吃。

带鱼

习称刀鱼，渤海湾刀鱼品质上佳，肉肥膘厚，味道鲜美醇香，其肉、鳞、油有食疗功效。传统食法多为腌制、加工罐头。鲜活刀鱼可焖、煎、炸，刀鱼韭菜包子为当地特色美食之一。

黑鱼

长岛黑鱼资源丰富，近海可捕捞或垂钓。黑鱼性味甘温、滋补肝肾、调经养血。民间有腌制、风干保存习俗。宴席可焖、炖、红烧、做汤等，黑鱼做成的鱼锅饼子是当地风味特色美食。

黄鱼

学名六线鱼，习称黄鱼，是渤海经济型鱼类之一，外形美观，肉质鲜嫩。长岛黄鱼红烧、清蒸、氽汤味道均佳。尤其质地肥美丰满的黄鱼氽汤，其汤汁如同奶油状，汤鲜、肉嫩，风味鲜美。

镜鱼

学名银鲳，肉质白嫩、细腻，鱼刺绵软，有健骨强筋、补益气血功效，具有较强食疗效果。清蒸镜鱼为当地名吃，有腌制食用习俗。宴席可焖、炖、蒸、煎、涮等。

辫子鱼

学名鳙鱼，为境内主要经济鱼类之一。鱼肉硬实、甘温、脂肪少，有消食健脾、滋阴补虚等食疗功效。传统做法多晒成鱼米干、腌制，利于保存。宴席可炖、焖、红烧等。

偏口鱼

学名牙鲆，习称偏口、牙片鱼，为海洋名贵经济鱼类之一。肉质细嫩，无筋骨，易脱骨，细刺少，味道肥美而不腻，肉质入药甘平，养血补虚，益肝肾，有较强食疗功效。牙片鱼饺子是当地名吃之一。

牡蛎

长岛牡蛎主要生长在岛屿潮间带的礁石上，现主要以海水笼养为主。牡蛎味道鲜美独特，营养丰富，含蛋白约55%、肝醣20%，并含有维生素A、B、D、C等。传统食用牡蛎肉做汤卤和菜肴，炸蛎黄是当地传统名吃之一。现做法多样，主要有海蛎饺子、萝卜丝炒蛎黄、清蒸牡蛎等。清代诗人宋琬《牡蛎》诗云："悬崖簇簇缀蜂房，醒酒偏宜子母汤。何物与君堪娣姒，江瑶风味略相当。"

海蜇

主要分面蜇、沙蜇，性味碱平，具有清热解毒、化痰软坚、和胃暖肚、降压、祛风、除湿、消积、润肠之功效，食疗作用明显。海蜇可鲜食，海蜇汤为当地特色风味名吃之一。亦可腌渍，加工成海蜇皮、海蜇头，适于储存。食用时用水发泡，可凉拌、热炒。

海虹

学名贻贝，习称海虹。境内近海海域养殖，采摘快、鲜度高，肉色橙黄，味道鲜美，有益精补髓、滋阴补血、消瘿散结功效，俗称"海中鸡蛋"。海虹肉可煎炒烹炸、凉拌、做汤等。大盆清煮海虹为长岛风味特色名吃。

海带

境内海带优质高产，出口量大，为中国海带之乡。个长质厚、肉质肥美，性味偏碱，有软坚散结、消肿利水、润下消痰功效。海带可鲜食、干制、凉拌、热炒等。近年开发的即食海带系列产品，成为长岛主要旅游纪念品之一。

红螺

俗称胶肎，长岛红螺其肉肥实，鲜螺可蒸、煮、烤食，取肉可炒、爆、凉拌，亦可制馅。

栉孔扇贝

扇贝食用部分主要是闭壳肌，俗称扇贝丁，含蛋白63%以上，氨基酸含量高达23%，并含有脂肪、碳水化合物、谷氨酸、钙、磷、铁、核黄素、尼克酸等多种成分。传统加工方法是制成干品。通称"干贝丁"。现多鲜食，扇贝饺子、炸、炒、做汤均美味可口，活扇贝可直接放锅中蒸煮，手扒扇贝，蘸以佐料，其味最佳。

赤贝

又名魁蚶，属瓣鳃纲，蚶科。长岛赤贝贝壳大而坚厚，左右两壳相等，呈斜卵圆形，极膨胀。壳顶膨胀突出，放射肋宽，平滑无明显结节。主要生长在3~5米水深的软泥或泥沙质海底。足丝强韧，多附着在石砾或死贝壳上。无水管，潜居后仅后端部分露出海底。魁蚶为冷水性贝类，生活水温为5℃~25℃，肉味鲜美，富含营养，宜鲜食。

江珧贝

属于双壳贝，贝壳大而薄，前尖后广，呈楔形。长岛江瑶贝表面具有放射肋，肋上有三角形略斜向后方的小棘。颜色淡褐到黑褐，幼时略透明。足丝发状，很发达。它以壳的尖端直立插入泥沙中生活，以足丝固着海底，以一些单细胞藻类和有机碎屑为主食，它的后闭壳肌很发达，约占体长1/3以上，又大又圆，肉嫩味美，营养丰富，含有丰富的维生素和极高的牛磺酸。

鸟贝

俗称“鸟贝”，学名鸟蛤，为大型、深水埋栖的双壳贝类，足部肌肉发达，能时常用足从海底飞跃跳起运动，故名。属软体动物门、双壳纲、异齿亚纲、帘蛤目、鸟蛤科。长岛鸟贝生长在纯净冰冷海域，以体大、壳薄艳丽、肉脆嫩、味甘美而闻名，可以作为补充优质蛋白质和钙元素的首选原料，含有多种氨基酸。

紫石房蛤

俗称天鹅蛋，软体动物门、双壳纲、帘蛤目、帘蛤科，生活在潮下带4~20米深的泥沙或沙泥质海底。其贝壳坚厚，壳体略呈卵圆形，壳表黄褐色，壳内面暗紫色并泛珍珠光泽。成贝壳长6~8厘米、重70~85克，最大者体壳长12厘米、重400克。肉质肥厚，味道鲜美，是蛤类上品。

虾爬子

习称爬虾，学名虾蛄，又叫琵琶虾，虾体长约15厘米。春季是吃虾爬子的最佳季节。虾爬子有龙虾和螃蟹的鲜味，雌虾膏黄满壳。以蒸煮为首选。

赤甲红

学名日本蟳。赤甲红个头大，肉质细嫩，味道鲜美，含有大量蛋白质、脂肪、碳水化合物、无机盐及多种维生素等，营养丰富。赤甲红在春末和中秋节期间最肥，渔民常说“麦黄蟹”“豆黄蟹”，是指这两个季节的蟹子最肥。民间流传着“八月蟹子顶盖肥”“春吃尖脐秋吃圆”的谚语。

寄居蟹

俗称海怪，寄壳而生、风味独特，多以蒸煮为主，保留原汁原味。寄居蟹腌制的“海怪酱”，为特色风味名吃之一。

小红虾

小红虾洄游渤海湾，途经长岛海域，旺汛正值早春和深秋，水凉虾肥，味道鲜美。可蒸、煮、炸、炒。由小红虾加工晾晒海米色泽金黄、形如弯钩，得名长岛“金钩海米”，为驰名旅游纪念品。

退潮海滩丰富藻类资源（2018年）

鹰爪虾

鹰爪虾体长6～10厘米，虾肥味美。可油炸、清蒸、熘虾仁、包水饺、做汤，色味俱佳。亦可加工干制品，俗称大海米，优质海米通常是虾体弯曲，色泽鲜红、活鲜虾蒸煮、晴天短期晒干。

海兔

可煮、蒸、涮、炒、凉拌、煲汤、腌制、晒干等。所制腌酱是当地传统美食，以北五岛腌制最为纯正，远近闻名，当地有“腌酱蘸大葱，撑得肚子胀绷绷”谚语。

海菜

境内海域生态优良，水质肥沃，盛产紫菜、海青菜、裙带菜、骆驼毛菜、牛毛菜。长岛海菜食法主要有做汤，凉拌，包包子、饺子，亦可晾干、腌渍。长岛海菜包子最富特色是骆驼毛包子、海青包子。海菜食法较多，可做海紫水饺、海紫汤、牛毛汤、凉拌裙带菜等。晾干晒制的紫菜、海青菜等为长岛旅游纪念品之一。

第七章 管理与服务

第一节 管理机构

长岛县海洋与渔业局

1980年12月，长岛县人民政府设立水产局。1993年11月，长岛县水产局改称长岛县渔业海洋局。1996年12月，改称长岛县海洋与水产局。2001年12月，改称长岛县海洋与渔业局。2018年，内设办公室（挂政工科牌子）、渔业科（挂环境保护科牌子）、海域和海岛管理科、行政许可科、规划项目科、无线电管理科。辖中国海洋监察长岛县大队、长岛渔港监督、县水产研究所、县通信管理站、长岛县海洋环境监测中心。

直属单位

长岛县海洋监察大队　1995年11月，成立长岛县海洋监察大队，长岛县渔政监督管理站并入其中，对外继续挂牌、使用名称，隶属长岛县渔业海洋局，为副科级全额事业单位，内设渔政管理科、海洋管理科、财务科和综合科。2003年6月，撤销财务科。主要职责是渔业资源管理、海域使用管理和海洋环境保护管理。渔政管理主要以渔政执法船海上检查为主，以陆地渔港和海鲜市场检查为辅。

长岛渔港监督　长岛渔港监督前身为长岛县船舶管理站，成立于1972年，主要职责是渔船检验登记和渔用灯标管理。1981年，改称长岛县渔船渔港监督管理站，简称“渔监站”。1990年，下设乡镇渔监所7处。1991年12月，渔船渔港监督管理站与码头管理所合并。1994年1月，长岛县渔船渔港监督管理站更名为中华人民共和国长岛渔港监督，同时挂山东省长岛渔船检验站牌子，挂山东省渔业船舶检验局长岛检验站牌子，隶属长岛县渔业海洋局，为副科级全额事业单位。1995年11月，长岛渔港监督内设综合科、港监科、船检科、海务科、检查科。1998年3月，码头管理所从长岛渔港监督中分出。2001年8月，山东省长岛渔船检验站改称山东省渔业船舶检验局长岛检验站。2018年，内设综合科、港监科、船检科、海务科、检查科、保险科、财务科。

长岛县海洋环境监测中心　2009年，长岛海洋环境监测中心成立。2011年5月，升格为正科级全额拨款事业单位。设综合科、检验科、质控科3个科室，同时承担农产品安全检验检测和长岛县水生动物疫病防治职责。2015年9月，增设县海洋预报服务站、县海洋减灾中心。2018年，内设综合科、检验科、质控科和海洋预报服务站、县海洋减灾中心。

长岛县水产研究所　1977年成立。2018年，挂长岛县渔业技术推广站牌子，正科级，隶属于县海洋与渔业局。（参见第二十五编“科学技术与医疗卫生”第一章“科学技术”第一节“科研机构”）

第二节　海域使用管理

1993年，长岛县渔业海洋局开始实施海洋管理职能。1998年10月，省政府印发《山东省海域使用管理规定》。是年，对全县筏式养殖海区以及滩涂、码头等用海情况进行普查。1999年，全县海域使用管理工作在基础调查的基础上，制定《长岛县海域使用管理规定》。同年烟台市海洋与水产局将长岛县确定为“全市海域使用管理工作试点单位”。县渔业海洋局成立海洋管理科，对全县筏式养殖海域、5个无居民岛的浅海滩涂等用海进行实地勘测和复审登记。同年6月，在大黑山乡举行“国家海域使用证”首发仪式，标志着全县使用管理工作正式启动。2000年，在完成全县筏式养殖海域确权发证的基础上，开展滩涂围堰圈养和码头、坞道用海项目确权工作。2001年，长岛县制定《长岛县海域使用申请审批程序》《长岛县海域使用权出让合同》，开展《长岛县大比例尺海洋功能区划》编制工作。同年，查处私自建设海参圈养池等违规用海项目8个。

2002年，成立海域管理科。当年全县确权海域面积3万余公顷，其中浮筏养殖海面2.43万公顷，海珍品底播增殖区8667公顷，有9处历史遗留的海域划界纠纷得到妥善解决。先后对2个不符合海洋功能区划的工程项目予以纠正，3个违法用海项目被依法取缔。2003年，长岛县海域使用管理工作纳入信息化管理，全县受理新增用海项目23个，其中筏养用海项目16个，滩涂用海项目4个，围海项目3个，换发新版海域使用证217个，全县共征缴海域使用金65万元，占应征缴总额的95%，海域使用金累计征收近80万元，完成应收总额的100%，整个海域管理步入规范化管理轨道。

2004年，长岛县将原村级所有的海域使用权全部变更确权给规范化公司，有40余个增养殖用海单位提出海域使用变更申请。同年，县政府重新修订《长岛县海域使用管理规定》《长岛县海域使用金征收管理实施细则》，对全县海域使用情况先后进行3次大规模勘验核实，依法规范用海行为。在全县范围开展大规模的海域普查确权和海域金征收工作。完成6个乡镇的筏养海域普查登记工作，重新普查登记用海项目630个，海域面积3667公顷。是年，共受理新增用海项目30个，其中筏养用海项目19个，滩涂用海项目6个，围海项目5个，收缴海域使用金83万元。2005年，全县重新确权海珍品底播增殖海域70公顷，发放海域证106本，确权浮筏养殖海域3000公顷，登记用海项目1000余个，收缴海域使用金336万元，海域使用金征缴率达100%。全县共为生产单位和养殖业户办理海域使用权贷款抵押64件，贷款总金额5800余万元。是年，长岛县被国家海洋局确定为“全国海域使用管理示范县”。

2007年7—11月，对全县养殖用海情况进行拉网式排查，共出动各类船只360余航次，普查各类养殖用海1万公顷，其中筏式养殖海域3334公顷，底播增殖海域5733公顷。全县普查登记养殖户1690户，确权发证1690本。

2009年9月24日，长岛中心渔港建设项目的勘察和初步设计获得农业部批复。2010年，长岛中心渔港扩建工程进入施工，对施工区域内的滩涂养殖、筏式养殖及海珍品底播进行测量测算和清点登记。共拆除养殖筏架505行，其中有养殖产品筏架185行，发放补偿款144万元，此次海上拆迁补偿工作为长岛县首次。是年，按照国家海洋局《关于进一步规范地方海域使用论证报告评审工作的若干意见》《关于进一步规范海域使用项目审批工作的意见》要求，成立“长岛县海域使用项目审核委员会”“长岛县海域使用论证报告专家评审委员会”，负责重大用海项目的审核和评审工作。

2011年，长岛县制定《海上拆迁筏式养殖补偿认定办法》《海上拆迁补偿办法》，通过清点、核实和确认，全县共拆除养殖筏架4200行，滩涂242.87公顷，围海、围网养殖17.47公顷，养殖网箱67个，与80余户养殖户签订补偿协议，涉及拆迁资金4000余万元。对20起违规用海行为进行查处，拆除违规养殖筏架300余行，清理大钦岛碍航养殖筏架150行。

2015年，共受理海域续期46宗，批准用海申请606宗，面积2920公顷。是年，持续推行海域开发优惠政策，鼓励海洋牧场集中连片开发建设，新增海洋牧场项目10宗，面积1780公顷，累计达到1.07万公顷。

2016年，《长岛县海域使用规划》获省海洋与渔业厅、市人民政府联合批复，当年审批筏式养殖、海洋牧场等项目用海606宗，2920公顷，新增海洋牧场11宗，全县总数达70宗、1.28万公顷。首次启动并完成海域使用权招拍挂工作，成交面积2086.67公顷。抽调精干力量，组成4个工作组，集中利用2个多月时间，完成南部岛屿养殖海域普查登记，确权海域近1000公顷。加大海域使用金征缴力度，全县海域使用金征收首次达到1000万元。2017年，长岛海域动态监视监测系统和监测车投入使用，配合市监测中心开展一季度和二季度省批填海项目的跟踪监测和现场勘查。2018年，全县海域管理工作按照规划引领要求，完成《长岛县养殖水域滩涂规划编制》并通过省级评审。全县海域使用管理工作全面步入规范化、法制化轨道。

第三节　海洋环境保护

海洋环境监测

1986年，长岛县在近海海域设立11个监测点，确定21项监测指标，开始对庙岛海域116.5平方千米海域进行监测。至2018年，全县海洋环境监测采集样品1.05万余份，出具报告2200份，监测面积约4100余平方千米。先后承担长岛县国家级海洋生态文明建设示范区、国家级许氏平鲉种质资源保护区、国家级皱纹盘鲍、光棘球海胆种质资源保护区、长岛县国家级海洋公园、庙岛群岛典型生态系统、增养殖区、海水浴场、溢油应急等监测项目共42项次。（参见第三编“环境保护”第一章“环境监测”第二节“水环境监测”）

海洋自然保护区

庙岛群岛海洋自然保护区　1991年，经省政府批准建立，保护面积5250公顷。庙岛群岛属暖湿带海岛生态系，海区内自然生长的经济动植物达294种，其中经济鱼、虾、蟹类30余种。每年春秋途经此地的候鸟约120余万只，共18目46科333种。

庙岛海豹省级自然保护区　2001年建立，面积17.31万公顷。其中，珍珠门、挡浪岛、马枪石、犁犋把岛、宝塔礁、香炉礁等岛屿及周围海域为核心区，保护面积640公顷；核心区向北向东包括高山岛至大竹山岛一带海域为缓冲区，保护面积2.66万公顷。主要保护对象为斑海豹，资源量约400只。

海岛保护

2010年3月1日，《中华人民共和国海岛保护法》颁布实施，为海岛保护提供法律依据。2011年，长岛县制定《长岛县海岛保护海岸线巡查制度》《长岛县海岛保护登岛巡查制度》等4项制度和《长岛县“护岛2011”专项执法行动实施方案》。是年，由县海监大队牵头，组织开展长达8个多月的“护岛2011”专项执法行动。全年组织海岛保护执法69次，出动执法船艇80余次，人员500余人次，通过专项执法行动，建立海岛保护基础信息档案32个，编制完成海岛岸段本底资料，汇集海岛照片600余张，视频资料100多分钟。组织开展多期《海岛保护法》学习班，培训人员400余人次，发放海岛保护提示书及相关宣传资料1000余份，被中国海监总队确定为全国海岛保护执法工作示范县候选单位。

2012年，通过“海监通”定位、拍照、摄像和登记归档等技术手段，详细记录海岛建筑设施、植被生长、自然景观等信息，填写《海岛执法基础信息》《无居民海岛登岛航次记录》等300余份，完善全县海岛基础档案。组织海岸线巡查63次，依法拆除无居民岛建筑物1处，在无居民海岛设置8处海岛保护公告牌。

2013年，县海监机构依法处理南北长山大桥建设工程违法填海案件，罚款233.7万元。同年4月17日，省海洋与渔业厅在长岛召开全省海岛保护执法示范成果验收推广会，提出“南学象山，北学长岛”要求，并将长岛经验在全省推广。

2015年，对大钦岛、庙岛、大黑山3起陆岛交通码头违规填海行为立案调查，并依法处理。对王沟村、店子村涉嫌违规围海、填海进行取证，下达限期整改通知书。同年，长岛县承办省海监总队组织的海岛保护执法研讨会暨培训班，并在会上做典型发言。

2017年，开展“蓝剑2017”专项行动，对全县19个涉海工程项目建立监管档案。按照“一岛一档”管理要求，完成151个海岛的保护执法巡查，查处王沟村两起构筑物违法占用海域行为，责令恢复海域原状，并处罚1.4万元。

2018年，全县海岛保护工作日趋规范，巡查执法成为常态，资料数据基本完善，海岛群众保护海岛意识普遍提高，海岛保护和管理走上正轨，并走在全省前列。

第四节　渔业资源管理

管理设施

1986年前，长岛县渔政管理站配有1艘300马力钢质渔政船405号，在近海以及海岛周围进行渔政执法检查。1988年，配备中国渔政37061号1艘。2002年，渔政执法船只“中国渔政37061”功率增大到800马力，并配备高速玻璃钢执法摩托艇2艘。2012年，“中国海监4019”正式入列，2013年新建“中国海监4049”高速快艇1艘，2015年中国渔政37163号建成使用，2016年“中国渔政37069号”建成使用。至2018年，全县有渔政船7艘，配备较为先进的航海仪器及设施。

渔业资源品种保护

1991年11月，长岛县制定《长岛县渔业管理暂行规定》，规定海珍品的开捕日期：海参：4月1日至6月19日，8月1日至12月10日；鲍鱼：4月1日至6月19日，9月1日至12月10日；海胆：6月15日至7月15日；自然生扇贝：4月1日至5月19日，9月11日至12月10日；江珧贝：10月1日至翌年4月30日；严禁在开捕期以外的时间采捕。海珍品的采捕规格标准：海参，按传统工艺加工，每千克干品够等级的不得超过130个头，等外参不得超过200个头，且等外参不得超过总采捕量的15%；鲍鱼，壳长6.5厘米以上；海胆，壳直径（不含刺长）8厘米以上，不够采捕规格标准的，不得超过采捕量的5%；扇贝，壳长7厘米以上，不够采捕规格标准的，不得超过采捕量的5%；江珧贝，壳长不得少于30厘米。2003年，对《长岛县海珍品管理暂行规定》进行修订，制定《江珧贝采捕管理暂行办法》。

2007年，经山东省政府批准，在南、北隍城岛相关海域，建立皱纹盘鲍省级水产种质资源保护区，保护面积300公顷。2008年，经农业部批准，在南、北隍城岛和大、小钦岛之间9块海域，建立皱纹盘鲍、光棘球海胆等国家级水产种质资源保护区，保护面积6600公顷。是年，经山东省政府批准，在大、小钦岛海域4块海区，建立栉孔扇贝省级水产种质资源保护区，保护面积2000公顷。

2010年，经山东省政府批准，在南、北隍城岛周围4块海区建立长岛光棘球海胆省级水产种质资源保护区，保护面积100公顷。2012年，经农业部批准，在车由岛海域4块坐标海区建立国家级保护区，主要保护许氏平鲉，以及在保护区内生长的海参、海胆、魁蚶、牙鲆、孔鳐等各种鱼、贝类。保护面积1000公顷。2013—2014年，相继建成长岛魁蚶省级水产种质资源保护区、长岛刺参省级水产种质资源保护区等。

2018年，全县国家级水产种质资源保护区2

个，省级水资源保护区6个，保护总面积为1.1万公顷。保护上百种国家重点保护渔业资源及其产卵场、索饵场、越冬场、洄游通道等关键栖息场所。

禁渔区与休渔期管理

禁渔区　1979年，国务院规定，以旅顺老铁山灯塔至蓬莱老北山灯塔间的连线为界，此线以西的渤海海域全年禁止机动渔船底拖网作业。1990年11月8日，农业部印发《黄渤海区对虾亲虾资源管理暂行规定》，规定北纬37°45′05″、东经120°35′，北纬38°20′、东经120°35′，北纬38°11′、东经120°00′，北纬37°30′、东经120°00′点与海岸线连线所围海域为对虾洄游通道。每年4月6—30日，禁止拖网、定置张网、对虾流网、三重流网、小围网、绷网、落网作业。

1997年12月25日，执行农业部《黄渤海区对虾亲虾资源管理暂行规定(修正)》，压缩定置作业数量和网地范围，不准超越机动渔船底拖网禁渔区线外作业。在洄游通道Ⅰ区每年2月15日至4月15日、11月10日至12月15日，禁止拖网作业；4月1—15日禁止定置张网、对虾流网、三重流网、小围网、绷网、落网作业。在洄游通道Ⅱ区每年4月6—20日，禁止拖网、定置张网、对虾流网、三重流网、小围网、绷网、落网作业。在洄游通道Ⅲ区每年4月16—30日，禁止拖网、定置6业。

渤海区严禁捕捞自然亲虾，每年5月1—15日为对虾流网、扒拉网、三重流网禁渔期；每年5月1—15日为挂子网(袖网、转轴网、架子网)樯张网、底张网、坛子网、大桶网、绷网禁渔期。黄海中部对虾亲虾休渔区每年3月10—31日，禁止拖网、对虾流网、三重流网、小围网以及其他捕捞对虾的渔具作业。

伏季休渔期　1995年始，全国实施伏季休渔制度，境内休渔时间从6月16日12时至9月1日12时，禁止除90毫米以上流刺网、钓钩及省级渔业行政部门批准的专捕海蜇、毛虾专项品种捕捞作业以外的其他捕捞作业。1998年，国家实行伏季强制休渔制度，长岛县伏季休渔时间为6月15日12时至8月16日12时，境内除单层刺网(单层流网网目尺寸须在90毫米以上)和钓钩外，禁止其他渔具从事捕捞活动。在休渔期间，长岛县每年成立由分管县长牵头，渔政、边防、工商等部门负责人组成的领导小组，对海上、码头和水产品市场联合检查，查处违规作业和贩售违禁渔货物等违法行为。

2017—2018年，被称为史上“最严”的伏休制度开始实施，休渔期从5月1日开始至9月16日结束，定置网从5月1日休渔至8月1日结束。休渔期间必须船靠港、人上岸、网入库，凡是渔船离港必须向渔政部门提前申请。伏休期间安排渔政执法人员和船艇严格开展执法检查，采取海上查、陆上堵、港口监控等措施，严厉查处违规渔船，保持伏休秩序稳定。

渔业许可管理

1989年4月13日，农业部发布《渔业捕捞许可证管理办法》，规定县级以上渔政主管部门按不同作业水域、作业类型、捕捞品种和渔船大小实行分级审批发放“渔业捕捞许可证”。长岛县渔政站按照“管理办法”要求，对全县不同种类的捕捞渔船进行核查、审批。90年代，由于黄渤海渔业资源相对较好，全县捕捞渔船的总功率和船只数量达到顶峰，2000年后逐渐衰减。2002年，共计发放大马力渔船捕捞许可证200余本，44.1千瓦以下的小马力渔船捕捞许可证1000余本。2017年，新办及换证1672本，办理捕捞许可证年审459件。2018年，全县发放渔船捕捞许可证983本。

第五节　渔船渔港监督

1986年后，先后配置“中国渔监09”“中国渔监263”监督艇和摩托艇，年均出海150余天，年均查处违规船只200余艘次。加大船员培训考试发证工作力度，采取自学办证方法，每年考(审)证300余本。至1995年，普通船员培训核发上岗证1271人，持证率达30%，五等职务船员持证率达到50%以上。渔船船检注重提高船检人员的自身素质，严格按照船检规范把好船检质量关。渔养生产期间，对辖区内的小马力渔船进行检验，渔船的受检率为95%以上。1997年，长岛渔港监督经山东渔船检验局考核合格，成为船检达标单位。至2003年，长岛渔船检验站管辖的船只数量为2200艘。其中从事捕捞生产的渔船800艘，从事养殖生产的渔船1400艘。2008—2017年，年均检渔船2200余艘，签发船舶证书1000余套，培训职务船员500余人、普通船员350余人；执法船年均出海180余天，检查渔船500余艘，查处违规渔船90余艘；办理休闲渔船、渔业运输船等进出港签证600余航次；范围开展“渔船渔港百日安全督查行动”。2018年，年检渔船2810艘，长岛县海洋与渔业监督大队被授予“全省海洋与渔业文明执法窗口单位”称号。

港口签证

1986年后，进入长岛海域作业的外籍渔船明显增多，县渔船渔港监督管理站为方便外籍渔民办理签证，在渔船集中停靠的长岛渔港码头设立签证办公室，办理船舶进出港签证，并对船舶进行安全检查。在秋季“大战渤海湾”之时，渔监签证人员昼夜值班，并配合码头调度人员维持渔港秩序。1991年12月，渔监站与码头所合并后，由港监科负责签证。1990年9月始，大黑山乡、小黑山乡、庙岛乡、砣矶镇、南长山镇、北长山乡、大钦岛乡渔监所受长岛渔港监督委托，负责辖区渔港的船舶签证工作。1986—1996年为签证高峰期，全县各港口累计，每年签证渔船8000余艘次，1996—2002年每年签证约4600艘次。2002年机构改革中，乡镇渔监所陆续被撤销，签证章由长岛渔港监督收回。

船员发证

1986年7月，国家渔政渔港监督管理局颁发《渔业船员专业训练发证办法》，要求150千瓦以上的现职船员进行四项技能训练，考试合格后发给“四小证”证书。长岛县150千瓦以上的大马力渔船陆续到山东渔港监督局参加培训考试，船员全部持证上岗。1989年，农业部颁布《中华人民共和国海洋渔业船舶船员考试发证规则》，授权县级渔船渔港监督管理机构对驾长、机驾长、司机进行考试、发证，有效期为5年。未满30总吨和主机功率不足14.7千瓦的渔船需配机驾长1名，14.7～45千瓦需配驾长、司机各1人。90年代，长岛县的渔船、船员数量猛增，1996年1月，成立培训科，专门负责船员培训考试工作，并与省局培训中心协作，举办了20余期远洋、三等、四等职务船员学习班，同时还举办五等职务船员培训班100余期。1996年，20余艘大马力渔船赴印度尼西亚、马绍尔等地进行远洋捕捞作业，培训科及时联系省局培训中心，并在最短时间内为出国渔船办理职务证书。1998年，《中华人民共和国渔业船舶普通船员专业基础训练考试发证办法》颁布，规定主机功率150千瓦以下渔业船舶的普通船员必须经过专业基础训练，取得基础训练合格证（绿卡），船员实行持证上岗制度。根据“规则”要求，长岛渔港监督每年组织船员培训。至2002年，培训驾长4600人次，司机4300人次，机驾长6200人次，普通船员9500人次。2010—2016年，举办渔业船员培训班61次，培训船员4330人次。至2018年，办理渔业船员证1200本。

渔船检验

1984年，长岛渔船检验站与长岛渔港监督合署，负责辖区内44.1千瓦（60马力以下）小型渔业船舶的检验、发证工作，44.1千瓦以上的大马力渔船由龙口分局检验。1990—1996年，南五乡镇大规模开发扇贝养殖，尾挂机船数量猛增，渔船检验站委托南长山镇、北长山乡渔监所对尾挂机船进行初次检验和办理船舶证书。1998年6月，经山东渔船检验局授权，长岛渔船检验站对44.1～75千瓦的非国有渔船进行营运检验，由龙口分局发给乙种证书，75千瓦以上的渔船仍由龙口分局检验登记。渔船检验工作主要包括：对船体、轮机、轴系、舵系、稳性、水密件、锚泊设备等技术状况进行检验,使其符合规范要求;对救生消防、通信导航、号灯号型等安全设备进行检验,使其处于良好的工作状态。对检验不合格渔船责令整改,直到符合检验规范要求为止。其间,船检机构不断加大检验工作力度,采取海上、港口、码头检查相结合等措施,常年开展渔船检查检验,全县渔船检验合格率达到96%以上。现场对渔船的检验严把“五关”,即渔船建造质量关、渔船坞修关、船用产品质量关、监督检查关、船厂职工技术素质关,凡是不符合安全要求的渔船一律停止建造。按照《小型渔业船舶监督检验细则》规定,小型渔船需每年进行一次年度检验,每四年进行一次特别检验。2002年,长岛渔船检验站管辖的船只数量2200余艘,其中从事捕捞生产的渔船800余艘,从事养殖生产的渔船1400余艘。2018年,全县共检验渔船3327艘,换发渔船国籍登记728艘,办理特管船487艘。

第六节　渔业生产安全

安全设备

80年代后期,长岛县加快渔船通讯导航设备的更新换代,渔业通信仪器由单边带(远距离通信设备)逐步替代原有的发报机,陆地和海上的联络改为直接通话期。1986年,长岛通信站设置IC-751A单边带总值班台,对全县渔船进行24小时监听,负责渔船渔情、气象信息的传递,以及对渔船海上突发事件的救援联络工作。

90年代初,长岛县14.7千瓦以上渔船基本配有船用对讲机,136千瓦以上渔船(部分88.2千瓦)配备雷达、探鱼仪、定位仪。1997年,后卫星导航GPS逐渐取代定位仪。

2008年,建成山东渔船渔港动态监控管理系统后,陆续为渔船补贴发放通导与安全装备。2011年,为60马力以上渔船配备天奥SPA-1000型AIS共计68套。

2012年,为渔船配备FT-801型82部超短波对讲机。2012—2013年,为120马力以上渔船渔运船发放北斗定位终端UBD-S-1型32套。

至2015年,累计发放东信EG1000C水上漂定位手机2350部。2016年,国家每部补贴800元免费发放VT-T7手机457部。针对小型渔船的特点,2016年,国家补贴发放便携AIS815台,有效保障小型渔船的航行安全。2018年,渔民又每部补贴800元配备信源达Q603手机318部。

安全生产管理

1986年,长岛县成立渔业安全生产管理委员会,具体负责全县渔业安全生产的管理工作。1990年,《山东省海洋渔业安全生产管理规定》颁布实施后,长岛县采取一系列措施,建立大风警报传递系统、渔业航标通信系统、船员资质管理系统等,确保辖区渔业生产安全。同时,制定并完善各项渔业安全生产制度,渔港监督每年定期组织监督管理人员对渔港和海上生产渔船进行拉网式检查,加大安全生产管理力度。90年代初,海上大风警报是由县水产局通知各乡镇,再由乡镇逐村印发通知,各村通过有线广播、对讲机等通知海上作业渔民。1999后,长岛县安全生产管理力度逐步加大,提出渔业安全管理“无死角、全覆盖”目标,主管部门强化监管措施和责任,县、乡、村三级与所有渔养生产单位和渔船层层签订《渔业安全生产责任书》。同时,加强宣传教育和安全培训,加大海上检查和违规渔船处罚力度,增强渔民安全防范意识和遇险自救能力。2004年,配合全县“治理重特大事故隐患百日会战”活动,渔港监督集中一个月时间,对全县8个乡镇40个渔村、15个船厂、25个渔港及自然港湾和4处休闲渔船出海签证点进行全面检查和整顿。共检查渔船600余艘,下达整改通知书60余份。2012年始,针对渔民临水作业不穿救生衣,易发安全事故的问题,争取省、市、县三级补贴累计203万元,分4批为全县渔民配发新型救生衣2.3万套。

2013年,争取省海洋与渔业厅200余万元,建成长岛渔业安全监控平台1处,在各岛屿设监控探头21处，覆盖全县所有渔港。其中3千米高清激光夜视仪4处，1.5千米高清激光夜视仪3处，500米高清激光夜视仪14处。总控制室设在海洋与渔业局，乡镇设分控点。2014年投入运营后，发现并制止渔船违规载客和超抗风等级出海等违规行为数十起。2014年1月，被农业部、国家安全监管总局授予“全国平安渔业示范县”。2015—2017年，累计出动执法船428艘次，出动执法人员3178人次，航程9000余海里，清理定制网、流刺网等网具318盘，查处违规渔船222艘。2018年，发放新式救生衣3000余套，船用安全通信终端配备率100%，发布恶劣天气预警40余次，全县实现对渔港渔船24小时动态监控。

海洋预报

2005年，根据省海洋与渔业厅提出的“自2005年开始，利用三年时间，建立省市县三级海洋环境监测和海洋预报网络体系”的要求，长岛在烟台市率先提出成立长岛海洋预报站的申请，得到烟台市局的批复。2015年7月，成立长岛县海洋预报站和海洋减灾服务中心。2016年10月，与国家海洋局烟台海洋预报站达成合作意向，由烟台海洋预报站根据气象资料，为长岛海域制作海洋预报产品，通过长岛电视台每天向全县滚动播放。2017年，长岛手机台每天向社会公布海洋预报信息。是年10月，通过国家海洋预报中心将长岛海洋预报产品上架到中央电视台新闻频道、国家旅游卫视频道，每天中午新闻播报后安排5秒播报时段。

第八编　旅 游 业

长岛，地处黄渤海交汇处，境内蓝天碧海，岛礁林立，空气清新，气候宜人。优越的地理位置，旖旎的自然风光，丰富的物产资源，灿烂的历史文化，使其素有“海上仙山”之美誉。

长岛旅游起步于1984年，以“三馆两园”为标志迈出长岛旅游第一步。1995年9月，长岛县委七届二次全会作出“旅游兴岛”战略，旅游发展建设热潮开始出现，旅游业发展步入快车道。2002年8月，山东省政府在长岛县召开现场办公会，会议要求“打好旅游翻身仗”、把长岛建设成山东的“海上明珠”。2004年11月，长岛县委九届五次全会形成决议：确立旅游支柱产业地位。2007年7月，烟台市在长岛县召开支持长岛科学发展现场会，把旅游产业上升到经济发展的第一位次，要求长岛建成中国最佳旅游休闲度假海岛。2012年12月，长岛休闲度假岛规划经山东省政府批复实施。2016年12月，国务院发布《“十三五”旅游业发展规划》，长岛作为海岛旅游目的地被写入规划。长岛旅游积30余年的精心打造与培育，旅游产业规模迅速壮大，吃、住、行、游、购、娱相配套的旅游综合体生产力体系较快发展，逐步形成海岸休闲、海上环游、渔家风情、环岛慢行、休闲渔业等于一体的大旅游格局。2018年，全县接待游客381万人次，旅游总收入46亿元，旅游业增加值占GDP比重为30%以上，旅游业成为县域经济中的特色支柱产业。

伴随着旅游业的发展，长岛美誉度、知名度不断提升。1986—2018年，长岛县先后荣获国家级荣誉称号有中国十大最美海岛、中国最佳避暑胜地、中国最佳生态旅游县、国家级风景名胜区、国家级自然保护区、国家级海洋公园、国家森林公园、国家地质公园、国家首批农业旅游示范点、国家园林县城、中国旅游强县、中国绿色名县、中国十大全域旅游示范县市、中国十大影响力旅游风景区和最受中国公民喜爱的世界海岛旅游目的地等称号。

第一章　旅游资源与开发

长岛水清、岸绿、滩净、湾美，海、岛、礁、山、城俱佳，古迹四布，自然资源和人文资源兼备。秀丽的海岛风光、淳朴的渔家风情、原始的自然生态、悠久的历史文化构成长岛旅游资源的黄金组合。在长岛可感受粗犷豪放的渔家民俗，观赏壮丽海岛自然奇观，享受海鲜饕餮盛宴，体验慢生活的宁静与安逸。

长岛海域水清、岸绿、湾美（2011年）

第一节 旅游资源

滨海旅游资源

长岛有大小岛屿151个，奇礁异石分布于3541平方千米广阔的海域，有“海上石林”之美誉。海岸风光独特，有“海上盆景”之称，蜿蜒曲折的海岸线长187.8千米，沿岸岬湾相间、星罗棋布，有较大海湾30余处，海水清澈，银滩百里，松林成片，海鸟翔集。长岛属暖温带季风区大陆性气候，受海洋调节程度高，具有冬暖夏凉特点，年平均气温12.6℃，夏季平均温度24.7℃，避暑是长岛旅游的气候环境特质，是中国著名的避暑胜地。全县森林覆盖率54%，大气环境质量达到国家优良标准，空气中负氧离子含量高，林海公园被称为天然“氧吧”。长岛风景多貌，海滋、海市、平流雾等奇观享誉中外，黄海日出、渤海日落蔚为壮观，可观潮涨潮落，赏渔舟唱晚，素有“人间海市”之美誉。长岛海洋生物多样性，每年途径候鸟有333种，百万之多，有“候鸟驿站”之称，万鸟岛被誉为“海鸥王国”；钓鱼岛海域栖息斑海豹最多达400余只，为庙岛群岛省级海豹自然保护区；境内蝮蛇藏量约万条，大黑山岛被称为中国第二蛇岛；白江豚、鲸鱼、海龟等珍稀海洋动物常在海域内游弋，各类海藻遍布潮间带，呈现人与自然和谐共生的生态画卷，是天然海滨观光度假旅游带。

长岛渤海日落（2015年）

地质地貌旅游资源

长岛是全国唯一海岛型国家地质公园，地质年代可追溯19亿年前。地质地貌类型多样，有地质遗址面积2.8平方千米。主要地质遗迹与自然景观类型有海蚀地貌遗迹、海积地貌遗迹、地质构造遗迹、火山岩地貌遗迹、崩塌地质灾害遗迹、黄土地貌遗迹、天然石画遗迹、多彩石球遗迹等8类，具有很高的科研价值。尤其是黄渤海分界线砾脊海积地貌景观和大黑山海蚀栈道海蚀地貌景观，集山、海、湾、礁、崖、洞、古迹于一体，融奇、雄、美、险、迷、神于一身，属国内独一无二之天然景观。长山列岛在地质地貌、气候、生物及海洋水文等诸多方面，几乎兼备中国北方海岛典型特征，资源品质极高。

历史文化旅游资源

长岛历史悠久，文化积淀凝重。在旧石器时代晚期就有人类生息，是中国海洋文明的重要发端地。距今约6500年的北庄史前遗址，是中国渔猎文明的代表，与农耕文明代表西安半坡有等同的历史价值，被考古学家称为“东半坡”。庙岛群岛（长岛古称）是春秋时期齐国开辟的东方海上丝绸之路上重要通道，在秦汉时期成为中国与朝鲜半岛文化交流和海上贸易的重要基地。境内至今仍保留一批具有古人类活动特征的古村落、古墓群、古城墙、古港口、墩台、摩崖石刻等遗迹，陆续发掘古遗址24处、古墓群8处，发掘出土文物1万余件，全县文物保护单位33处，其中北庄遗址、猴矶灯塔为全国重点文物保护单位。

长岛文化荟萃，是东方神仙神话的发源地，有“蓬莱、方丈、瀛洲”海上三神山之美誉。著名的神话传说有八仙过海、娘娘赐灯、秦皇之梦、张羽煮海、唐王东征、徐福东渡、三岛求方等。长岛自古就是帝王、文人墨客神往之地，秦始皇五次出巡，汉武帝八次东巡，均曾寻仙长岛。秦朝方士徐福、卢生等入海采药，找寻“蓬莱仙人”的故事，广为人知。唐代诗人白居易、北宋文豪苏轼、明代作家吴承恩以及清乾隆皇帝等留下称颂美文几十篇，广为流传。

长岛在妈祖文化的形成、北传和发展中占有极其重要的地位，有中国北方最古老、最具影响的妈祖官庙，与福建湄洲岛妈祖庙并称“南北祖庭”。妈祖文化于1060年传播至长岛，是“中华妈祖文化之乡”。

长岛红色、军旅文化资源丰富，自古为海防重镇，兵家必争之地。新中国成立后，更成为国防要塞，曾7次获“全国双拥模范县”称号。建有长山岛战役纪念馆、长岛革命烈士纪念馆、长岛双拥共建纪念馆、“老海岛”精神纪念馆、少年军校等，是著名国防教育基地。

民俗文化旅游资源

长岛渔俗文化底蕴深厚，渔乡风貌浓郁，地域文化个性鲜明，在中国北方有典型代表性和深远影响力，从明代天启年间至今有近400年历史。其海猎、渔具、渔场、鱼汛及渔俗在沿海旅游资源中独具特色。扬帆捕捞、海上养殖、退潮赶海、乘船垂钓、岸边捉蟹等渔猎活动别具一格。以渔家号子为代表的海洋渔俗文化，可体验出海祭祀、掌篷、升帆、摇橹等渔家传统海上作业方式。2008年，“长岛渔号”被列入国家级非物质文化遗产。

庙岛群岛风光（2013年）

休闲赶海体验(2011年)

物产旅游资源

长岛海域辽阔,拥有许多优良港湾、水道、滩涂和渔场,所处海域离岸较远,水域较深,潮汐与海流规律变化明显,营养盐丰富,盐度分布梯度大,为浮游生物繁殖发育和各种海洋生物栖息创造良好条件,为国家水产种质资源保护区。周围海域一直保持着国家一类二类海水标准,是国家级重点生态功能区,水产资源丰富,特别是

长岛县主要旅游资源一览表

表8-1

大类	主类	亚类	主要旅游资源点
自然旅游资源	天象与气候	日月	海上日出、日落
		红霞蜃景	海滋、海市
		云雾景观	平流雾
		气候	避寒避暑(年均气温12.6℃)
	地文景观	地质面貌	海蚀、海积地貌、火山岩地貌、球石、天然岩画
		岛礁	宝塔礁、望夫礁、观音礁、弥陀礁
		洞府	聚仙洞、八仙洞
		山石景	龙爪山、姊妹峰、砣矶石林、将军石
	水域景观	海湾海域	滨海浴场、海域风光、海面船只
	生物景观	珍稀动物	斑海豹、白江豚
		植物	国家森林公园 森林覆盖率54% 天然氧吧

大类	主类	亚类	主要旅游资源
人文旅游资源	名胜古迹	遗址遗迹	北庄遗址、猴矶岛灯塔
		摩崖题刻	南隍城摩崖石刻
		雕塑	妈祖像、观音
	建筑及设施	民居宗祠	妈祖庙、海会寺、海草房
		文娱建筑	天然海石画展馆
		交通建筑	港口码头、灯塔
	园景	植物园	槐花谷、苹果园
		动物园	鸟岛、蛇岛、海豹苑
	人物风俗	人物记事	秦始皇寻仙问药、孙悟空仙岛求方、八仙过海处
		民俗文化	祭海、祭拜妈祖风俗、婚丧嫁娶民俗、渔民号子
		节庆赛事	妈祖文化、海鲜节、环岛马拉松、海钓比赛

海参、鲍鱼、海胆等海珍品，在国内外享有盛誉，是中国重要的海珍品出口基地。长岛是中国海带、扇贝、鲍鱼之乡，全县海洋动物282科650种，盛产30余种经济鱼类和200余种贝藻类水产品，是中国海上物种“博物馆”，水产品年产量40余万吨。盛产栉孔扇贝、带鱼、黄黑鱼、大对虾、贻贝、红螺、牡蛎、海蜇、海带、紫菜、裙带菜等海产品。金钩海米、海兔酱、海怪（寄居蟹）酱、虾酱、海带丝、咸鲅鱼等土特产有口皆碑。全县旅游纪念品有10余类，涉及工艺、美术、食品等行业。其中，最具地方特色的旅游纪念品有砣矶砚、大帆船模型、海参、金钩海米、海带系列等工艺品和海产食品。

第二节　旅游规划

80年代，伴随旅游业兴起，长岛县旅游规划随之起步。

1985年5月，南开大学教授江月启对长岛旅游资源进行考察，写成《长岛县发展旅游业之浅见》调查报告，成为长岛旅游建设、发展的指导性文件，为长岛旅游初期建设、发展做了开启性工作。1988年8月1日，经国务院批准，荣成成山头和蓬莱、长岛两个省级风景名胜区合并为“胶东半岛海滨风景名胜区”，列为第二批国家重点风景名胜区。胶东半岛海滨风景名胜区规划大纲把长岛风景区性质确定为：以历史文化、天景天象、海岛风光为主要特色；可供游览、避暑度假休养以及开展部分科学文化活动。

90年代，随着旅游业发展，旅游规划被列入议程。1991年，长岛县委六届四次全会把“旅游兴岛”作为实施“耕海牧渔、建设宝岛”总体战略的重点之一。在十年规划、“八五”计划中勾画出逐步把长岛建设成为观光、赏古、品鲜、度假、娱乐的海上旅游胜地的宏伟蓝图。

1991年6月，烟台市委邀请建设部城市规划院完成国家级风景区（长岛）规划大纲。是年8月，国家城市规划院及省、市建委专家在长岛召开胶东半岛海滨风景名胜区（蓬莱、长岛部分）规划评审会，对长岛部分的风景、名胜景点进行全面评估和规划。1992年，通过建设部组织的评审，成为长岛第一个发展旅游的总体书面规划。在《规划》指导下，长岛旅游景点由人文馆庙型向自然山水型转变。

1994年，长岛县邀请天津园林苑规划所为望夫礁公园、高山岛作全面规划。1997年8月，在规划指导下，望夫礁公园建成正式对游人开放。1998年，高山岛景区对游人开放，景区总体设计为八大景、八大礁、八大洞。

进入21世纪，长岛县在旅游规划中本着保护与开发并重的原则，邀请天津园林苑规划设计院的专家多次进岛，对南、北长山景区进行考察论证，编制《南北长山岛生态旅游区总体规划》《山东省长岛风景旅游区规划设计说明书》，并依据该规划对景区进行改建、扩建。邀请山东大学、北京大学旅游系专家教授对境内旅游资源进行全面考察，编制《长岛旅游总体规划》，并完成申报国家级生态旅游示范区考察论证报告。

2002年，长岛县与山东大学旅游管理系、北京大学城市与环境学院联合编制《长岛生态旅游区规划》，长岛旅游总体形象设计为“海上仙山——长岛”。规划确定把长岛建设成完全的绿岛、完全的生态岛、国家级生态旅游示范区、世界闻名的生态功能保护区。按照规划，长岛在总体布局上分为中心旅游区和北四岛原始海岛生态旅游区。中心旅游区，即南、北长山岛及其近邻岛屿，包括南部烽山林海生态观光旅游区，北部崖湾探奇休闲度假旅游区，庙岛海上牧场生态观光旅游区，大、小黑山岛科考观光旅游区，钓鱼岛、万鸟岛等星散岛屿海岛风光旅游区和砣矶岛彩石观光旅游区。北四岛原始海岛生态旅游区，即南、北隍城岛自然人文旅游区，大、小钦岛生态探险旅游区。

2005年，《长岛县旅游业发展十一五规划》中确定发展大旅游、开发大市场、建设大产业，做大做强旅游业，围绕建设中国北方海岛度假中心、中国北方妈祖文化中心、中国休闲渔业中心，突出“海、岛、滩、礁、崖、石、洞”等旅游特色资源，把长岛建成集观光旅游、度假休闲、民俗体验为一体的旅游目的地。在规划指导下，先后推出岛岸风光游线路、自然生态游线路，打造万鸟岛观鸟之旅、岛礁探奇、妈祖生日庆典游、渔家风情游等旅游精品。

2008年，烟台市旅游局委托青岛大学、山东滨海旅游规划专家组，编制完成《长岛旅游发展总体规划》。规划根据长岛县所辖区域的地理位置、交通区位、资源禀赋、开发现状、市场现状和未来发展趋势，重点突出旅游观光、休闲度假、大项目拉动、旅游品牌塑造、区域联合、旅游管理体制、海上游发展机制、渔家乐管理、系统经济等旅游发展战略。是年11月，聘请中科院和青岛大学专家完成《长岛生态旅游区控制性详细规划》。规划就尊重海岛现有地形、地貌和生态、海域环境，提出旅游开发要按照旅游资源永续利用和社会经济可持续发展要求，科学、有序进行。规划重点对南长山岛、北长山岛、庙岛、大黑山岛、小黑山岛及其所属海域，岛陆面积30平方千米，海域面积3000平方千米范围进行详细规划。

2010年，《长岛县旅游业发展十二五规划》中把长岛旅游发展总目标确定为打造具有生态观光、休闲娱乐、海滨度假、文化体验、会议会展、康体健身等功能的国际生态旅游岛，形成“南有海南，北有长岛”的海岛旅游度假新格局，建设高档服务设施、开发特色旅游产品、开拓高端客源市场、争取更加开放旅游政策、创新运营体制机制。2011年，《山东省旅游业发展“十二五”规划》通过专家评审，提出建设长岛国际休闲度假岛，并积极推动《长岛休闲度假岛发展规划》编制工作。

2013年，《长岛休闲度假岛发展规划》编制完成并实施，为全省第一个由省级批复的县级规划。规划对长岛旅游区域进行发展定位，长岛休闲度假岛分为南五岛休闲度假聚集区、北五岛海岛风情体验区和海上生态旅游区三大功能区。南五岛休闲度假聚集区，为“一湾五岛”，即南长山岛、北长山岛、小黑山岛、大黑山岛、庙岛和庙岛湾，是休闲度假核心功能区。北五岛海岛风情体验区，即砣矶岛、大钦岛、小钦岛、北隍城岛、南隍城岛和附近海域，是生态渔业与专项度假融合发展区。海上生态旅游区，为其他海域、无居民岛和岛礁，承担南五岛和北五岛的部分功能拓展，是资源保护、海上生产和海洋观光的主要区域。

2014—2015年，长岛县与山东大华旅游规划设计院共同编制完成《长岛县乡村旅游发展总体规划》。规划总体目标定位为具有世界影响力的国家级滨海生态养生、渔家乡村旅游度假区。规划以南北长山岛为核心，建设具有全国示范意义的滨海生态养生度假区、渔家乡村旅游度假区，并与大小黑山岛、北五岛形成“一核带动，两翼驱动，多组团”的一体化休闲养生岛发展格局。一核，即南北长山岛核心景观，将南北长山岛和大小黑山岛打造世界级“生态旅游示范区”。两翼，即大黑山岛增长极，海岛休闲度假集中区，包括大黑山岛、庙岛和庙岛湾，为生态养生岛的核心功能区；北五岛潜力极，海岛风情体验区，包括砣矶岛、大钦岛、小钦岛、北隍城岛、南隍城岛和附近海域，为生态渔业与专项度假的融合发展区，在北五岛建设“生态渔业示范区”的基础上打造兼具个性与特色的“海洋自助体验游目的地”。多组团，即中心城区组团、仙境海岸组团、鱼水情组团、发源地组团、民俗情组团和滨海廊道组团。

2015年，《长岛县旅游业发展十三五规划》中确定重点建设智慧旅游项目、月牙湾风情小镇建设项目、庙岛妈祖旅游文化园开发项目、南海岸亲海体验区、西海岸旅游娱乐商务区开发项目和游艇港建设等。规划明确提出创建AAAAA景区,推行票制改革,实现全域景区化,组建旅游集团公司。规划要求以“一慢道、三海岸”为主线,加快升级旅游服务设施。重点提速打造南北长山环岛慢行旅游服务系统;推进南长山岛东、西、南三条海岸带综合开发,加快建设东海岸休闲养生度假区、特色商业街区,西海岸旅游娱乐商务区,南海岸亲海公园,打造三条各具特色的靓丽海岸带。

2016年,长岛县委托山东大华旅游规划设计院编制完成《长岛海上旅游景区总体规划》,亦即长岛“海上游”AAA级景区创建规划,成为全国率先制定的海上景区旅游规划。按照规划,海上景区以南、北长山岛为景区入口,通过海上游线路的连通,将庙岛、大小黑山岛、车由岛、猴矶岛、高山岛、砣矶岛、大小钦岛、南北隍城岛等主要海岛进行总体性和统筹性旅游资源整合开发。长岛海上景区旅游规划范围为境内8个居民岛及所属海域和5个无居民岛及所属海域,不与海豹保护区、国家级自然保护区、森林公园、军事管辖区、渔民养殖(海洋牧场)的范围相冲突。8个居民岛屿包括大黑山岛、小黑山岛、庙岛、砣矶岛、大钦岛、小钦岛、南隍城岛、北隍城岛;5个无居民岛为高山岛、车由岛、猴矶岛、大竹山岛、小竹山岛。2017年12月,长岛海上景区正式获批海上AAA旅游景区,为全国首个。

2017年,国务院颁布实施《“十三五”旅游业发展规划》,长岛作为海岛旅游目的地被写入规划。是年,长岛县与联合国世界旅游组织专家斯图亚特、北京京师天成旅游规划设计院共同编制完成《长岛县全域旅游发展总体规划》。2018年6月,规划由省旅游发展委员会批准实施。规划总体定位为国际知名的海岛休闲度假目的地、中国海岛型全域旅游示范区,旅游形象定位为“海上仙山·自在长岛”(之后调整为“海上仙山·生态长岛”)。按照规划,长岛全域旅游总体空间布局为打造“一核引领、一轴串联、三组支撑”。一核引领,即南北长山岛一体化旅游综合服务区。一轴串联,即南北长山岛、西三岛、砣矶岛、北四岛向全域旅游一体打造轴。三组团支撑,即西部文化体验组团,中部海洋休闲组团,北部海岛风情组团。全域旅游产品主要为山海观光、渔业观光、港城观光,海岛度假、渔业休闲,大众海钓、海洋美食、海洋文化等。

2018年,长岛县编制完成《长岛省级旅游度假区规划》,是年3月,烟台市规划局批准实施。规划主体范围为南、北长山岛可进行旅游开发的区域,剔除山东长岛国家级自然保护区的核心区和缓冲区部分,规划面积17.42平方千米。规划确定度假区空间结构上以旅游资源有序开发和生态环境可持续发展为导向,依托功能区与城市发展目标相协调、海岛与陆城互联互通的布局理念,采用片区组团式空间布局结构,形成“一道三带三区”的空间结构。一道,即环岛慢行旅游服务系统。三带,即休闲度假、康体养生、亲海体验为主题的三条特色海岸带。三区,即三条海岸带向陆地延伸,分别形成休闲度假区、康体养生区和亲海体验区三个组团式片区。

第三节 旅游建设与开发

长岛旅游景点开发始于1984年。是年,月牙湾公园建成,并接待游客,成为长岛首个旅游景点。1985年,烽山公园建成,园内鸟展馆为全国最早的鸟类标本展馆。同年,长岛航海博物馆建成,为中国第一个县级航海博物馆。1987年1月,长岛县新博物馆建成,并正式开放。至此,建成鸟类标本展馆、航海博物馆、历史博物馆三馆和月牙湾公园、烽山公园两园,开启长岛旅游之路。

1984—1990年,长岛县制定一系列优惠政策，鼓励集体、个人和县外资金发展旅游业。1986年，由省旅游局拨款建设的“海市宾馆”动工。此后，长岛旅游发展建设热潮开始出现，相继建成海市宾馆、银扇大厦、燕鲁宾馆、长山饭店等旅游接待性宾馆，相继建成北京工人疗养院、天津干休所疗养院、北京毛纺织公司疗养院、北京石景山疗养院等。

1991年，九丈崖公园建成，并接待游客。1992年，长岛被林业部批准为首批国家森林公园。1993年，全县共有旅游景点8处，宾馆、饭店、招待所发展到113家。1994年，九丈崖公园“海底世界”对外营业。1995年，林海公园建成。1997年，望夫礁、龙爪山景区建成，高山岛海上公园正式营业，北庄史前遗址博物馆建成。1998年，仙境源风景区建成。2000年，钓鱼岛（挡浪岛）被辟为旅游风景区。

1997—2002年，旅游基础设施和旅游环境建设发展加快，全县通过国债资金、贴息贷款、自身开发资金等渠道筹措2亿元建设资金，开工建设20多项旅游工程，建设滨海广场、商贸城，做好城市及景区绿化、美化工程，完善交通、供电、供水、通信等基础设施。2001年，开辟海上观光海豹旅游项目，观赏海豹成为海岛旅游一大亮点。2002年，全县初步形成5条旅游专线：九丈崖公园、半月湾公园陆上北线海岸风光游；望夫礁、仙境源陆上中线海滩娱乐游；烽山公园、林海公园、明珠浴场陆上南线绕岛林海游；庙岛天后宫、宝塔礁、龙爪山公园海上漂流访古游；万鸟岛、高山岛海上漂流观岛游。

2002—2006年，长岛县印发《促进旅游服务业又好又快发展的若干意见》《推进民营经济突破性发展的实施意见》等办法，设立旅游发展专项资金，对旅游基础设施建设、旅游企业培育、“渔家乐”升级改造等方面给予政策和资金支持，积极引导县外资金、民营企业和社会资金进入旅游服务行业。同时，建设、交通、通信等相关部门也出台政策，配合全县旅游发展。这一时期，投资50余亿元，引进旅游大巴20余辆、游艇2艘，建设宾馆6家。将原有的14个景点整合成九丈崖月牙湾地质公园、林海烽山国家森林公园、望夫礁仙境源民俗风情公园、庙岛妈祖文化公园、海上石林公园5大主题景区，实行景区联票制度，统一政策标准。先后开发九丈崖月牙湾海石画长廊、张健横渡海峡纪念馆、地质陈列展馆、仙岛求方景观、中华福源头、四海福宫、毛主席像章馆、苏东坡塑像、奥运丰碑、海豹苑、“玉雕展”、中国海岛纪念碑、仿古大帆船、渔家乐长卷、中华福印等景观。成功注册海上仙山、四海福地、渔家海上游、小康渔家4个商标，开创长岛旅游商标之先河。其中，长岛渔家乐（小康渔家）通过全国首批工农业旅游示范点验收，成为国内知名品牌。

2007年，全县餐饮服务场所达到580家，客货滚装渡轮由9艘增加到20余艘，客位增加到4500个，航班增加到50余个，旅游车辆增加到300余辆，城区拥有出租车200余辆，达到每百人1辆。

2008年，景区门票开通电子票，实施电子闸机检票。在九丈崖购物区建设山东省非物质文化遗产长岛船模展示中心，主要展销妈祖、渔俗文化产品及仿古帆船船模、渔绣、贝壳类等工艺品，促进游客二次消费。“海上仙山”商标被正式认定为山东省著名商标，成为全省唯一的服务业旅游类著名商标。

2009—2010年，围绕建设国际休闲度假岛的发展目标，提出旅游转型升级、提速增效的发展思路，实施文化街、海滨路、通海路建筑立面改造和亮化升级，完成南北长山风机路及庙岛整体亮化，旅游形象全面提升。完成九丈崖、半月湾综合改造，开辟3条“海上游”航线，推进“渔家乐”改造升级，长岛旅游吸引力不断增强。2009年，开工建设长岛游客中心，总投资1500万元，2010年投入使用。2010年6月，长岛陆上旅游景区正式获批国家AAAA级旅游景区。

2011—2013年，全县旅游要素体系逐步完善。2011年，投资5000万元，完成蓬长游客服务中心主体施工。引导“渔家乐”实施星级标准改造，星级“渔家乐”占比达到20%。更新改造海鲜大排档、蓝鲍湾海珍品购物中心等场所，提升餐饮购物消费水平。开通烟台—长岛旅游航线，拓展长岛旅游通道。新增“海上游”船只4艘、旅游观光车16辆。2013年，由晟达客运公司联合祥坤、长通、祥隆三家涉旅客运企业成立长岛旅游车辆联合经营中心，实现境内旅游车辆整合运营，拥有53辆旅游车辆，2378个客位，严格实行“统一促销、统一售票、统一票价、统一调度、统一燃料、统一结算”的“六统一”政策，为南北长山岛全域景区化奠定基础。

2014年，投资800万元，建设望夫礁慢行服务站，对钓鱼岛、龙爪山景区甬路进行安全修复，引进青岛海鲨游艇俱乐部成立游艇旅游公司，开发建设休闲海钓基地。

2015年，加快建设环岛慢行旅游服务系统，建成各类慢道11千米，建设服务区、观景平台7处。投资700余万元升级改造景区基础设施，对九丈崖、望夫礁景区进行绿化，改造九丈崖、望夫礁景区停车场，开通景区免费wifi无线网络。

2016年，开通实名制验票，打造智慧旅游景区，确定手绘导览图、智能导览APP系统、公众微信发布、自助导游系统、标识导览系统5种智能导览方式。在南长山区域慢行系统规划设置智能卡口15处，配备管理用房8处。更新景区售检票闸机22台，实现二维码、身份证、IC卡、指纹识别等智能检票功能。成立导游词编撰团队，邀请鲁东大学教授重新编撰导游词。2016年4月29日，长岛——蓬莱直升机跨海通勤摆渡航线开通首航仪式，在明珠广场举行。此航线是全国首条陆岛通勤摆渡航线，是环渤海湾地区首个摆渡航线，是首个由直升机完成的陆岛飞行航线。此航线对长岛旅游发展具有里程碑的意义。

2017年，全线贯通南北长山慢行系统，建成运营豪华游船、王沟渔家风情园、南城壹號院，获批全国首个海上AAA级景区。成立长岛县美丽长岛旅游管理有限公司、海纳旅游公司等子公司，整合经营旅游产业链条；坚持走“旅游集团+战略合作+资本市场”路子，与北部湾旅游股份有限公司合资成立长岛旅游投资公司，注册资本1亿元；推进“旅游+文化”发展步伐，与中国乡土艺术协会合作成立“海岛旅游文化研究发展中心”；成立长岛海上仙山旅游有限公司，从事海上旅游客运、海上垂钓服务以及体育运动项目等经营；与万盈（天津）股权投资基金合伙企业、长岛万顺通旅游投资有限公司共同投资成立长岛南龙须港旅游发展管理有限公司，从事旅游码头经营及旅游商业服务等业务；与山东惠游旅游服务有限公司开发建设微信支付宝现场扫码购票平台。在九丈崖景区新建“海洋

山间慢道（2015年）

科普馆”；与北京华彬天星公司合作开通直升机空中观光项目，在长园服务区和月牙湾景区内设两个起降点，开通蓬长摆渡与空中观光项目；成立长岛智慧旅游有限公司，打造成全省首个旅游智慧平台，全新改版长岛智慧旅游网和掌上长岛APP。

2018年，南北长山慢行旅游服务系统全线运营，孙家渔家风情园、万泰渔号小镇、高端渔家乐园区和乡村民宿等业态互补融合。环岛马拉松赛事首次实现全程直播，智慧旅游云平台上线运营，“悠游出行”共享汽车、“智能骑行”共享单车、蓬长两港微信订票等公共服务平台建成投用。海上游、道路客运实现联合运营，南龙须港鲜岛码头商业营销中心运营。投资400余万元在九丈崖景区新增动感飞艇项目。80辆新能源车辆用于“悠游出行”岛内共享汽车运营；76辆电瓶观光车在长园、林海等部分服务区运营。

第四节　旅游节庆

90年代，为展现长岛的城市魅力、弘扬渔俗文化、推动旅游业发展，长岛县开始恢复举办长岛渔号表演、二月二龙头香会、盂兰盆会、庙会、渔家过大年等传统节庆活动，举办扇贝节，招商引资，招徕游客。2001年后，陆续举办渔家乐民俗文化节、太阳节、航海节、妈祖生日庆典、仙岛求方春会、海鲜节、音乐节、环岛马拉松、海钓节等特色旅游节庆活动，推动旅游节庆活动多元发展。

扇贝节

1992年9月6日，’92长岛扇贝节在明珠海水浴场开幕。李子超、陈建国、马连礼、董传周、巴忠鼎、刘延凤等省市领导及各地来宾1000余人，海岛军民近2万人参加开幕式，为长岛县历年规模最大、形式最隆重的一次节日盛会。开幕式上礼炮齐鸣、鸽翔蓝天，并进行“耕海牧渔”海上表演和砣矶秧歌表演。晚上在县影剧院举行文艺汇演，总政歌舞团、北京电影学院的演员、学生和县文化中心的演员联合表演精彩节目。扇贝节本着“文化搭台、经贸唱戏”的思路，在明珠海水浴场举办水产品展销，新华社、《人民日报》、中央人民广播电台、《文汇报》和《中国海洋报》等22家新闻单位，突出报道扇贝节的盛况和经贸活动成果，该届扇贝节招徕各地参会及旅游人员4000余人，长岛知名度得以提升。此后，1993年9月6日、1994年9月6日、1995年9月6日，先后在明珠海水浴场举办长岛扇贝节。节日期间，邀请中央歌舞团、潍坊焰火队等文艺团体到长岛演出，宋祖英、克里木、李金斗等著名艺术家表演精彩的文艺节目，累计5000余名来宾、游客参加盛会。

渔家乐民俗文化节

2001年7月28日，在南长山镇王沟村仙境源景区举办“长岛（南长山镇）渔家乐民俗文化节”，并推出“渔家乐”形象大使——王沟村村民张存兴。在节庆活动中，游客观看渔家民俗文艺演出；吃在渔家，住在渔家，感受渔家生活；随渔家海上游，体验民俗风情。该次节庆活动、形象大使的故事于8月20—21日，在央视名牌栏目东方时空的“百姓故事”中播出，渔家乐民俗游在全国产生反响。

第一届“山东·长岛渔家乐民俗文化旅游节”　2002年5月2—7日举行，2日，首届渔家乐民俗文化旅游节开幕式在明珠广场举办。节日期间，举办渔家号子、渔家大秧歌、舞龙、舞狮等大型民俗活动表演，众多游客参与海上休闲渔业和“渔家乐”活动。

第二届“渔家乐民俗文化旅游节”　2004年4月7日至5月18日举办。节日期间，邀请全国700余家旅行社负责人和20余家媒体记者进岛考察旅游路线，与旅游商家签订合作协议300余份。中央、省、市各级媒体对节庆活动予以报道。

2004年4月7日,第二届长岛民俗文化节开幕式

此次由长岛县主办的“渔家乐民俗文化旅游节”规模之大、规格之高,为历届之最。节庆期间对外推出长岛旅游新定位:“北方海岛度假,海上仙山长岛”。长岛旅游开始从观光型向旅游度假转型。

第三届“渔家乐民俗文化旅游节” 2005年4月30日至5月5日举办。节日期间,发起“诚信旅游、文明服务”活动,“渔家乐”业户、旅行社经理、出租车司机、宾馆饭店负责人代表近千人参加,并举行签名仪式。

第四届“渔家乐民俗文化旅游节” 2006年4月29日至5月7日,举行第四届渔家乐民俗文化节暨海上游航线启动仪式。节日以“新渔村,新旅游,新体验,新风尚”为主题,举办大型祭海仪式,新辟海上游航线首航,集中展示迷人海岛风光和浓厚渔家风情。神秘海岛之旅、妈祖朝拜之旅、群鸥逐帆之旅、海豹探春之旅、民俗风情之旅成为海上生态观光的亮点。

海鲜节

山东·长岛首届海鲜节 2010年9月11日,在明珠广场开幕,节日主题为“金秋你我相约·长岛吃海品鲜”。节日1天时间,进岛游客5148人。参加海鲜节千人海鲜宴的嘉宾、游客、记者、旅行社经理等统一身着“发现长岛”T恤衫,在海鲜大排档品尝海鲜、观赏焰火、参加篝火晚会。海鲜节期间,举办“金秋聚焦长岛——摄影大赛”“美丽眼睛看长岛网上征文大赛”系列主题活动。推出“金秋吃海之旅”“金秋放飞之旅”“金秋感恩园丁之旅”“金秋团圆之旅”“金秋长寿之旅”等线路产品。此系列活动相继在山东电视台新闻联播、旅游新视界等电视媒体,胶东在线、水母网、新华网等旅游网站及《中国旅游报》《上海旅游时报》等媒体进行宣传报道,在烟台电视台天气预报栏目前连续做一个月的15秒广告宣传。

第二届长岛海鲜节 2011年9月3日,在明珠广场开幕,节日主题为“中秋月团圆·长岛品海鲜”。该届海鲜节增加具有海岛特色的祭海仪式和渔家号子表演,举办由游客参与的海岛趣味运动会。节日1天时间,当日进岛游客3454人。参加海鲜节千人海鲜宴来宾、游客、记者、旅行社经

2010年9月11日,首届长岛海鲜节开幕式

理,统一身着"发现长岛"海石画衫和T恤衫,在千人海鲜宴就餐区海鲜大排档,品尝长岛海鲜并参加篝火晚会。此系列活动相继在《中国旅游报》《中国日报》《齐鲁晚报》、新华网、人民网、中国网络电视台、网易、新浪以及山东电视台旅游新视界、烟台电视台爱在山海间等媒体做大量的新闻信息及软文宣传。

第三届长岛海鲜节　2012年9月1日,在明珠广场开幕,该届海鲜节主题为"饕餮海鲜盛宴·浪漫海岛风情"。海鲜节开幕式包括具有浓郁海岛特色的祭海祈福仪式和渔家号子表演、千人海鲜宴、海鲜小吃评选、篝火晚会等活动。海鲜节1天时间,推出"海鲜之旅""感恩园丁之旅""银色年华之旅""金秋候鸟放飞之旅""金秋垂钓之旅"等富有特色的线路产品。

第四届长岛海鲜节　2013年9月7日,在明珠广场开幕,该届海鲜节主题为"乐享海鲜盛宴·自在生态长岛"。活动内容主要包括祭海祈福仪式、"醉美长岛"特色美食展示、海岛文艺晚会、千人海鲜宴、焰火晚会等系列活动。活动时间1天,推出"金秋海鲜之旅""金秋垂钓之旅""候鸟放飞之旅""金秋海岛养生之旅"等特色旅游线路产品。

第五届长岛海鲜节暨"长岛吃货"美食达人大赛　2014年9月6日,在明珠广场开幕,该届海鲜节主题为"海上仙山赏美景·自在长岛享美食"。该届海鲜节创新策划"长岛吃货"美食达人大赛活动,让各地游客以"吃客"的身份参与到活动中去,体验长岛的美食文化。由长园宾馆、怡景轩酒店、万辉大厦、蓬达酒店为大赛提供鲅鱼、墨鱼、扇贝丁、牛牛4种特色海鲜水饺,供比赛使用和免费品尝,由蓝鲍湾海珍品展示中心赞助海鲜礼箱作为奖品。海鲜节时间1天,邀请山东电视台美味食客栏目组、烟台电视台、《中国旅游报》、胶东在线、中国网等14家媒体;烟台、青岛、北京、天津、江苏等地的50余家旅行社代表参与活动。

第六届长岛海鲜节暨首届海岛马拉松赛消夏晚会　2015年9月12日,在明珠广场开幕。由万泰集团、长岛县文广新局、长岛县旅游服务中心主办,永泰体育休闲发展有限公司承办,该届海鲜节首次与海岛马拉松结合。海鲜节活动时间1天,推出"千人海鲜宴"、海岛民俗表演、游客现场互动等系列内容,参加海鲜宴游客享受长岛景区门票半价优惠活动,增加活动影响力,吸引客源,打造海岛美食天堂。

第七届长岛海鲜节　2016年9月9日,在林海景区黄、渤海交汇处广场举办开幕式,该届海鲜节主题为"悠游慢长岛·乐享海鲜宴"。海鲜节首次将举办地点设在地质奇观黄海、渤海交汇处,活动内容包括音乐狂欢节、海鲜自助大餐及篝火、焰火晚会。改变游客围桌就餐方式,采用自助餐,享受海鲜美食。在活动现场架起十几口大锅现场煮海鲜,特制具有渔俗文化的仿古风帆船造型长桌,十几种海鲜一同摆上桌,用农家竹编簸箕盛放,海岛渔家特色鲜明,游客可直观了

2015年9月12日,第六届长岛海鲜节渔家民俗表演

解长岛海鲜加工过程。该届海鲜节持续到9月11日，旅游景区与海鲜节“捆绑”互动，游客既可品尝海鲜，又能以优惠的门票领略景区的魅力风光，享受长岛精致的慢生活。32家新闻媒体，对节庆活动进行宣传报道，与省内知名网站胶东在线合作，开展为期两天的“山海仙境·慢漫悠游”全国媒体长岛采风行活动。

2018年9月1日，游客乐享海鲜盛宴

第八届长岛海鲜节　2017年9月2日，在长园服务区广场开幕，节日主题为“饕餮海鲜节·享跑马拉松”。节日当天，环岛马拉松赛吸引全国4000余名跑步爱好者参赛，分专业组和家庭组，沿南北长山岛环海慢行道享跑。节日当晚，推出民俗演出、千人海鲜宴、沙滩篝火音乐晚会等活动。游客不仅能欣赏民俗活动，也可参与到活动现场，跟着渔家大嫂学做“鲅鱼水饺”“手擀鱼面”等渔家饭；在现场品尝鲍鱼、海参、海胆、大虾等海珍品。活动1天时间，游客可在钓鱼岛体验赶海、随船出海拖网、拔蟹笼等一系列特色渔事项目。该届海鲜节首次聘请专业直播团队在活动现场进行全程网络直播，观看人数达36.8万人次，网络热评1万余条。

第九届烟台长岛海鲜节　2018年9月1日，在山前服务区广场开幕。节日主题为“乐享海鲜盛宴·自在仙山长岛”。该届海鲜节新增海鲜美食大胃王和挑战海鲜快手王比赛，并且穿插有奖问答和幸运大抽奖互动环节。节日1天时间，进行全程网络直播互动，采用新媒体直播平台实时发布关于海鲜节的热点话题，通过分享榜TOP10送奖品、半价金秋游长岛、填问卷砸金蛋、分享美图点赞送好礼、互动话题赢奖品等形式进行现场和线上实时互动裂变传播，活动当天直播点击率达54万人次，直播受众地域除西藏、台湾以外覆盖全国各省份。

第一届海岛音乐节

2018年9月28—29日，由共青团山东省委主办，共青团烟台市委、中共长岛县委、长岛县人民政府承办的“音为梦想·乐动长岛”——2018山东新文艺青年海岛音乐节在长岛县举办。共青团山东省委副书记李梦遥出席开班式并讲话，来自全国各地的10余支优秀青年乐队、100余名青年独立音乐人和数千名音乐爱好者参加此次活动。本次音乐节由青社学堂、大咖讲座、创作交流、广场演出等环节组成。活动期间，各地青年音乐人与专家学者、国内知名音乐人、流行乐队等业内大咖零距离交流，全程参与青社学堂唱作分享、LiveHouse演出。活动内容形式多样、体验感强。

环岛马拉松赛

为展现海岛风光魅力，推动旅游业发展，2015—2018年，长岛县先后举办四届环岛马拉松赛。比赛分全程、半程和短程，以游客参与为主，专业选手较少。共有12600名选手和游客参赛，其中游客选手占70%，以家庭为单元比赛娱乐占20%，专业选手约占7%。招徕大批游客进岛观赛、游览。赛事期间，共有来自法国、韩国等10余个国家57名外籍选手参赛。（参见第二十四编“教育体育”第六章“体育”第六节“赛事·马拉松赛”）

全国海钓比赛

2017年9月9—10日、2018年9月29日，来自全国51支队伍、204名海钓专业选手和爱好者参加比赛。赛事期间，新闻媒体全程报道、转发，充分展现长岛广袤的海洋牧场、丰富的海洋资源和旖旎的海岛风光。（参见第二十四编“教育体育”第六章“体育”第六节“赛事·海钓比赛”）

第二章 景区景点

第一节 陆上景区

九丈崖景区

国家AAAA级旅游景区。位于北长山岛西大山北侧，为长岛国家地质公园主体部分。崖体形成于1亿年前的燕山构造运动和喜马拉雅山造山运动，从海底抬升上来的沉积岩堆积而成，崖壁海拔69.7米，绵延400余米，经过亿万年的风吹浪打，形成海蚀崖中的奇特景观：崖倾、崖裂、崖凹和崖凸，被地质专家们称之为“天然壁景”。在中国古代，人们以“九”为阳数中最大数，故称“九丈崖”。据考古发现，商代便有人在此定居，现仍存有遗址。九丈崖景区西依珍珠门水道，北邻国际航线长山水道。景点于1991年建成开放，景区占地2平方千米，集山、海、岛、礁、洞、古迹于一体，融奇、雄、秀、美、险于一身，山崖险峻、水深流急、岩礁棋布，尤以崖壁罕见的石质组合和高峻险要著称，在中国众多的海蚀崖中独树一帜。

九丈崖岩层为新元古代（距今8亿年）蓬莱群，石英岩与板岩、千枚岩互层，经过数万年风吹浪打，易腐蚀风化的千枚岩、页岩相继脱落，崖体参差峥嵘。岩层中垂直节理裂障发育，在浪花、海流的侵蚀作用下，崖底的石柱、石穴、石礁、石球等海蚀地貌一览无余。岩层上形成的彩雕石画，被地质专家誉为“九丈奇景，贵在天然”。酷暑时节，崖上烈日炎炎，崖下凉爽宜人，崖上和崖下竟能相差十多度，大有阴阳割昏晓之意境。漫步海边，崖壁与周围的山、海、岛、礁相映成趣。

九丈崖景区（2009年）

九丈崖景区主要有：观音菩萨塑像、观景台、九叠石、仙姑洞、珍珠门遗址、观音洞等景观。九丈崖底有石英岩、蟠龙崖和龙舌礁等景观。

观音菩萨塑像 高12米，身披白纱，头顶佛冠，左手拿降龙珠，右手持净水瓶，观音菩萨后面有一尊类似狮子的坐骑，名称“犼”。

观景台 又称望崖台，置身台上，可以看到马枪石、海豹礁、鸥翅湾等景观。马枪石是长山水道与珍珠门水道的交汇处的一块礁石,海拔8.9米,因远望酷似威武航行的军舰,又称为"军舰礁"。海豹礁,每年3—6月途经长岛海域的斑海豹,最喜欢爬上此礁,小小的礁石上有时竟躺有30多头海豹,故称为"海豹礁"。

鸥翅湾 位于观景台东侧,海湾两端为石英岩岬角,岩石较完整,质地坚硬,岬角之间因地层软弱形成湾口,地质沉积物主要是石英质砾石,现仍为受侵蚀状态,因酷似海鸥翅膀而得名。传说有年海风呼啸,海浪狂涌,瞬间岛屿被海水淹没大半,人们惶恐不安,携儿带女齐聚在山巅,祈祷神灵能够出现,此时一只神鸥从天而降,用两只巨大的翅膀赶走肆虐的海浪。海水退却,而神鸥却再也没能翱翔蓝天,其翅膀化作这片美丽幽婉的海湾,为纪念这只神奇的海鸥,称鸥翅湾。此处为电视剧《大校的女儿》主要外景拍摄地之一。

九叠石 观景台崖底有一尊高9米、宽1米的塔状崖柱,称"九叠石",石岩层层叠压垒积,故此得名。九叠石原本与崖体相连,经过数万年的海蚀,柱、崖间直立的节理裂隙增大从而与崖体

母子崖(2018年)

分离,当地渔民把其和九丈崖一起称为"母子崖"。

伊冠石 观景台东崖壁上有一尊向外凸出的天然石像,面朝北方,酷似一位头戴皇冠的王者,称为伊冠石。

石英岩 为一整块铺叠在海蚀崖中的岩石,平整洁净、非常罕见,它红似朱砂,绿如翡翠,千变万化,犹如仙人留下的水墨丹青。

蟠龙崖 为千枚岩风蚀后,脱落凹陷于崖体后形成,呈五彩色,犹如蟠龙绕壁。

龙舌礁 长50米、宽8米的长礁石,酷似龙的舌头,龙舌礁周围暗礁密布,海藻丛生,是各种鱼类的栖息地,也是一处理想的垂钓处。

仙姑洞 为海蚀洞,洞外海中有四块巨石,传说是何仙姑的梳妆台。相传某日傍晚,八仙中的七位男仙畅饮后乘兴东渡扶桑游玩,临行前却忘通知独居一室的何仙姑。何仙姑每天都要到梳妆台上梳妆打扮,等待七仙归来。后在洞内塑一尊2.5米高的何仙姑汉白玉石像,以增添景区情趣。

九丈崖西山坡 空气清新、视野开阔。螳螂岛、犁犋把岛、大小黑山岛、高山岛、猴矶岛,由近及远,尽收眼底;珍珠门、宝塔门、西大门水道与长山、登州水道互相交错,四通八达。为电视剧《激情燃烧的岁月》第二部外景拍摄地之一。

珍珠门遗址 为商代至西周中期文化,距今约3000年,省级文物保护单位。三面悬崖临海,一面靠坡临山,陡峭悬崖阻挡海面上刮来的大风,形成避风区,先民在此居住和渔猎。1976年北京大学苏秉琦等专家曾三次在此考古,出土文物有青铜器、石器、陶器以及众多动物骨骼化石。珍珠门遗址平滩上建有"旌表",长岛先民属东夷之人,东夷人以鸟为图腾,此旌表反映的就是长岛先民以鸟为图腾的历史。长岛先民也崇拜太阳,每年秋分在此举办祭日仪式。

观音洞 70年代开凿的军事防御工事(防空

洞），90年代停止军事使用，开发为旅游景观。因靠近珍珠门又得名珍珠隧道，全长280米，高和宽皆为3米，隧道内仍保留军事设施原貌。

月牙湾景区鸟瞰（2013年）

月牙湾景区

国家AAAA级旅游景区。位于北长山岛嵩前村北，长约一千米，古称北口，俗称半月湾，因湾形似半月而得名。月牙湾背依青山绿野，怀抱碧海清波，犹如深邃夜空的一湾新月。月牙湾滩卵石圆润晶亮，小者若珠玑，大者如圆月，系燧石经海浪琢磨而成，五彩斑斓，玲珑剔透。古往今来，这些玛瑙般的卵石为众多的文人墨客所称颂。宋代大文豪苏东坡曾对长岛美石情有独钟，并赋诗："我携此石归，袖中有东海，置之盆盎中，日与山海对"，并题《北海十二石记》"五彩斑斓或作金色，皆秀色粲然"。1955年，国防部长彭德怀视察长岛要塞，看到这片神奇的海湾，戎马一生的他禁不住慨叹道："好一处半月湾啊"。1964年，国家副主席董必武曾写下"海角苍波远，滩头白石圆"的诗句。1979年，全国人大委员长叶剑英看到十里长滩处妇女们捡球石的情景，欣然挥毫题词："内长山岛月牙湾，勤事渔农并石田，昂价石球生异彩，妇孺岂惜指头艰"。书法家启功也曾挥毫泼墨，描写月牙湾："一弯新月印滩涂，水碧山青举世无，仙境不需求物外，行人步步踏明珠"。

月牙湾景区海上动感飞艇（2018年）

月牙湾水质清纯、清凉透彻，是一处不可多得的天然浴场。在这里可以欣赏到光洁圆润的长岛球石，还可以参与摩托艇、皮划艇等海上游乐项目。

月牙湾景区80年代投资兴建，湾前建有长约千米的挡浪大坝，大坝右侧为洁净素雅的T型百米长廊。长廊前有用赤色石球嵌边、白色石球衬里铺就的百米石毯。长廊尽头，为古朴典雅的月牙亭。半月湾西端的危崖绝壁之上，建有飞檐翘首的观览亭。登临亭上，观碧波万顷，长坝如带，船只穿梭其间，鸥鸟翻飞起落，令人心旷神怡。后又陆续设置"渔村唱晚""层林尽染""长街夜市"及野炊基地，为游客提供观海、游海、吃海鲜、体验渔家生活等特色项目。1992年修建海豹苑，游客既可欣赏海豹表演，又可与海豹合影留念。

望夫礁景区

国家AAAA级旅游景区。位于南长山岛连

望夫礁景区日出(2013年)

城村北，依山傍海，因景区内有一石礁，远远望去，酷似一位妇女怀抱孩子盼望丈夫出海归来而得名。望夫礁景区于1994年开发，1997年建成。景区集山、水、林、礁、滩、洞、亭台、楼宇等自然景观与人文景观于一体，融美丽的传说和历史古迹、丰富的文化内涵于一身。景区内有虎口崖、龙头礁、金蟾石、鲫鱼献玺、观音亭、福禄寿星对弈处等景观，并建有长山列岛国家地质博物馆，以实物、图片和文字等形式，展示长岛地质变迁史。

龙头礁　位于望夫礁海滩东首，宛如一探海的巨龙，故此得名。另外，从空中俯瞰南长山岛像一条蜿蜒的巨龙，龙头便坐落在这里，龙尾位于林海景区黄渤海交汇线。每年的农历二月初二民间的“龙抬头”节日，大家聚会于此，举行盛大龙头香会，招龙祈福，赐佑渔家。

虎口崖崖体　像老虎张口造型，气势非凡，有猛虎吞海之势。

海水浴场　景区内有天然海水浴场，山林环绕，海阔天空，海水清澈，海底砾石圆润平滑，海滩由浅至深，坡度较缓，夏季游人可在此游泳、戏浪、休憩。

金蟾石　崖壁旁有一块崖石形似金蟾，故称金蟾石。金蟾石周围还分布着卧虎石(又像狸猫石)、握手石、石猴(猴子上山)、睡狮等众多象形石。

鲫鱼献玺　传说唐太宗东征行至长岛海域时，庙岛群岛在薄雾笼罩中犹如仙境一般，陶醉之时，不慎把手中的玉印掉进海里，命令军士下水打捞，可水深流急，半天也没打捞上来。此时见海中冒出串串水泡，泛起阵阵水花。只见一条大鱼浮出水面，头上顶着大印向太宗游来。太宗取过一看，果真是刚才掉入水中的大印，便立即命令全体将士向大鱼致谢。而此时，大鱼却朝船头拜三拜，然后摇着尾巴游走。不少将士发现大鱼的头顶上留下一道深深的印痕，知道那是被玉玺压得，于是禀告太宗。太宗感叹道：“好个知吾心通朕意的鱼儿，今日不讨赏而去，实感过意不去，就赐名为印鱼吧！”从此这鱼的后代头顶上也全都长有印痕，印鱼的名字也就流传至今，只是左边多个鱼字旁，称鲫鱼。

观音亭　《西游记》第二十七回“孙悟空三岛求方，观世音甘泉活树”中，孙悟空因将镇元大仙的人参果树推倒，惹出一身麻烦，为救活神树，无奈之中想起“方从海上来”，立即赶往东洋大海蓬莱仙岛寻方，在蓬莱岛的白云洞外松荫下看到“福”“禄”“寿”三星在下棋，便上前讨方，后因三星指点，找到观音，救活人参果树。长岛在古代就是人们所说蓬莱仙岛，为纪念故事中的场景，在望夫礁景区建有孙悟空仙岛求方登临处和观音亭。

长岛地质博物馆　建于2007年12月，2015年翻修新建，共有5个展厅，分别是一层：A厅—地质概况、B厅—岩石矿物、C厅—地质遗迹、D厅—地质遗迹、E厅—多样性生物；二层：F厅—特色海石、G厅—特色海石、H厅—多媒体。馆内通过感应图书、大比例尺影像图、多媒体影像演示、电子沙盘、录像放映、立体模型、展示标本、图片和大量实物，向游人展示长岛漫长而复杂的地质演变历程，直观、生动地展示黄渤海交汇处周边的地质地貌和历史变迁，为开展地质科普游、海洋文化游创造有利条件。

林海景区

国家AAAA级旅游景区。位于南长山岛东南端，因广袤的大海和茂密的森林而得名，东面是浩渺的黄海，西面是一望无际的渤海。1982年辟为省级自然保护区，1988年被评为国家级自然保护区，1992年被审批为国家级森林公园，1996年开辟为旅游景区。

林海景区北接烽山凌空的鸟展馆，南衔玉滩堆雪的长山尾。景区内山峦起伏绵延，千亩松涛，浪绿波翠，百鸟啾鸣。因空气清新、负氧离子含量高，故有“天然氧吧”之称。景区南端，是著名的黄海、渤海分界线——长山尾，在此可看到黄渤二海交汇相击的壮丽景观，又可体会“一脚踏两海”的豪情。景区主要景观为：长山尾、黄渤海交汇界碑、海边木栈道、拂云亭、鸳鸯石、369海天梯等。

长岛国家地质博物馆（2016年）

林海景区黄渤海交汇处界碑（2016年）

长山尾（黄渤海交汇处） 有“玉滩飞雪”之美称，宽10余米，长约1.5千米（大部分在水下），石滩平伸向登州海峡，2010年被辟为省级海洋地质遗迹保护区。长山尾由珠玑卵石堆积而成，由

林海景区长山尾（2010年）

阔而尖，弯曲飘逸，形似“马尾”。长山尾将一碧海分为两个世界，泾渭分明，令人无不感叹大自然的鬼斧神工。这里常年波涛流急，即使风平浪静，长山尾也是浪花翻腾，旋涡团转，涛声盈耳。当风、流相向的东风西流或西风东流时，东边黄海的浪向西涌，西边渤海的浪向东奔，两浪相击，水势澎湃，大有千军万马对峙之势；当风、流相背的东风东流或西风西流时，两边浪头攒动，形成的“S”形风痕浪迹分外壮观，远望犹如蛟龙戏水，又似沙鸥翩翩起舞，步行其中，可感受到一脚踏两海的豪情。

黄渤海交汇标志界碑　由两条白玉龙组成，寓意黄、渤两海在此交汇；龙体高9.7米，寓意香港百年回归；底座边长12米，预示渔家四季生活富庶，月月平安康泰。双龙对脊，卧首扬尾，欲腾云驾雾。龙脊上，镶嵌的四道铜环金光闪烁，标志着四大海皆平安；双龙间相牵的两条铜链紧结连环，显示黄渤两海相交融。

木栈道、玻璃栈桥　长山尾海上栈道，长约900米，高出水面3~4米，栈道净宽2米的沿海人行栈道采用钢筋混凝土结构，栈道护栏及道面采用防腐木，局部采用玻璃面层，每平方米承载400~450千克，沿栈道设置观景平台3处。

拂云亭　1999年8月，农业部原部长刘中一到长岛视察，偶遇海上平流雾飘涌而来，一丝丝云雾从身边飘过，从脚下流过，恍如置身于仙境，写下“拂云亭”三字，并即兴题书一副楹联“东黄海，西渤海，庙岛群岛雄踞万顷烟波；南胶州，北辽州，烽山一峰气吞千里风云”。登临亭上，极目远眺，海上烟波浩渺，车由岛、大小竹山岛历历在目，远处大海正是海市蜃楼、海滋、平流雾海上三大奇观出没之地，也是观日出的最佳位置。

妈祖祈福石　崖下有一块礁石，形似妈祖，她发髻高挽，双手合十，似为过往的行船保驾护航。

远观台　1993年7月，原国家领导人华国锋同志到长岛，驻足林海山崖，登高东望，思绪万千，写下两个苍劲的大字“远观”。书法家吴三大畅游林海后，乘诗兴特书楹联一副：“长岛跨渤海有仙山仙境，一脚踏两海观日出日暮”。

雄狮探海　因其酷似一只雄狮，身卧群山，头昂大海，故曰“雄狮探海”。崖壁斑驳皱裂、裸

林海景区海上木栈道（2016年）

雄狮探海（2016年）

岩峥嵘，是观渤海日落的好去处。

海天梯　为通往海边的通道，呈人字形，由鹅卵石铺就，共有369级，拾阶而下，可直接到达海边木栈道。

水晶洞天　为海蚀洞，海浪冲击的光滑明洁的石英岩，在海浪映照下，似一颗颗明亮的水晶，故曰“水晶洞”。洞内开阔，自成数门，洞高约2~4米。落潮时，部分洞体可露出水面；涨潮时，洞内可乘小船进出。相传水晶洞就是当年八仙居住的地方，洞内有岩石酷似石桌、石凳、石床。

山崖画卷　经风化海蚀的悬崖山石裸露形成的自然画卷，形态各异，有的似龟兔赛跑，有的如仙女下凡，有的像鹰击长空。

惊涛湾　岩石上的两个大字“惊涛”由中国著名书法家柳志光所题。春夏风平浪静的时候，是天然的赶海垂钓园区；秋冬时节，狂风巨浪拍打岩石，有惊涛拍岸卷起千堆雪之感。

虎崖滩　山丘犹如一只猛虎横卧海滩中央，人称卧虎岭，猛虎把一湾长长的海滩一分为二，形成南北两湾海滩，当地人称为虎崖滩。虎崖滩绵延近千米，整个海滩由鹅卵石组成，抬头仰望会看到不同深度的8条沟壑，称为虎崖岭，如刀切斧劈，巍巍壮观，周边山体植被丰茂，景致幽美。

老虎洞　卧虎岭下面有一个石洞，叫老虎洞。老虎洞有三个洞口，南北两个洞口是贯通南北虎滩的要道。老虎洞东南角，百姓俗称鱼窝，是休闲垂钓的好去处。

烽山景区

国家AAAA级旅游景区。位于南长山岛东南部，因明代抗倭名将戚继光坐镇登州时，曾在此山设立烽火台而得名。景区始建于1984年，是集山、林、鸟、科教于一体的旅游区。景区内松柏葱郁，四季常青，每逢春秋时节，过往的候鸟多在此栖息羁旅，林中百鸟啭鸣，委婉动听，是候鸟南迁北徙的栖息之地，有“候鸟旅站”之称。1982年被划为山东省鸟类自然保护区，1984年设立山东省长岛保护环境中心站，1988年5月被国务院命名为第二批国家级自然保护区，1991年国务院总理李鹏到长岛视察，登上烽山，为候鸟做环志放飞，2009年被命名为国家级科普教育基地。登上山巅远眺，列岛隐约，渔舟穿梭，宛如奇妙无尽的海市蜃楼。

槐花飘香（2015年）

雄鹰雕塑　1984年建成，雄鹰雕塑高8.3米，重16.5吨，既是候鸟保护的象征物，又是长岛改革开放经济腾飞的标志，因此烽山又称“鹰山”。山顶矗立一硕大的“飞”字，由著名书法家张逊三题写，站在峰顶举目四眺，长岛诸岛的风姿也一览无余。这里也是观海、观潮、观日出日落的佳地。

候鸟标本展览馆　1985年建成，占地面积560平方米，建筑面积270平方米，为仿清代北方园林式建筑。展馆建筑似空中楼阁，“鸟阁凌空”牌匾为全国人大原副委员长兼秘书长刘宁一题写。内设标本室和活禽室，陈列的鸟类标本有200多种，分为猛禽、涉禽、鸣禽、攀禽、游禽5大类，都是途经长岛的候鸟。其中属国家重点保护的鸟类标本有白鹳、黄嘴白鹭、中华秋沙鸭、大天鹅、鹗、游隼、蜂鹰、苍鹰、鸢、红隼、燕隼、长耳鸮和短耳鸮等，并根据鸟类的不同性情与体态，将其翻飞、觅食、追捕、登枝、求偶和啼啭的各种神态展现出来。候鸟馆东侧，沿着一条石级小路可直达烽山主峰。

仙境源（2006年）

仙境源景区

国家AAAA级旅游景区。位于南长山岛王沟村东部，是传说中历代帝王前来寻求长生不老药的地方，被称为“仙境之源”。80年代，这里发现有东周墓葬近百座。仙境源不仅是“长岛第一村”和“化石智人”的发源地，是集人文景观、自然景观于一体，历史古迹、神话传说于一身的休闲体验区。1998年建成，景区内有唐王李世民东征浮雕、古城墙、亭阁、栈桥、九龙洞、垂钓台等景观。

神龟湾　因湾内有一只大的龟石而得名，它身卧水中，昂首举目，急切地看着山坡上五只小石龟。《列子·汤问》中记载：“渤海之东有大壑，其深无底，中有五山，常随波漂动，上帝使十五巨龟，举首载之五山兀峙不动”。十五神龟完成使命后，得到大帝恩准，择仙境源而居，久之化为石龟。

金蟾洞　洞里玉泉潺潺、清冽甘爽。相传古时有金蟾在此修炼。龙女盆景礁与海狗礁，相传龙王选海中美石做盆景，为女儿作嫁妆，龙女将其摆放在仙境源的碧海上，派海狗在此守护。

黄渤阁　建于1998年，阁高16米，登上阁顶，朝可看黄海日出，暮可观渤海日落，故此得名，相传这里也是八仙常聚的地方，因此又有“仙人阁”之称。

“步仙桥”　用汉白玉做成，相传桥下玉女瑶池，是何仙姑养鱼种花的地方，当地民间流传着“走下成仙梯，登上步仙桥，听到玉女瑶池里的金蛙三声叫，成仙得道乐逍遥”的说法。台阶共有88级，陡峭难行，但景色优美，称之为“成仙梯”。茶寿石的“茶”字，分解开是二十加下面八十八，刚好是一百零八。传说八仙经常在旁边的“聚仙亭”上相聚，一天何仙姑给张果老斟茶时，不小心把一杯香茶洒在这块石头上，后来有人不经意地摸一下这块石头，此人便增寿108岁。

寿龟宫　里面存放着一个千年的六棱神龟。据专家考证，它有1500多年的高龄，体重达380千克，体长1.9米，此龟交配一次能连续四年产卵，是国家一级保护动物。据说此龟知道自己要寿终正寝时，想要游回自己的出生之地仙境源。此龟来到之时，正是仙境源建园之际，于是将其安放在“寿龟宫”。“寿龟宫”的大门正对着“石龟湾”，“寿龟宫”远处是“石龟山”。

唐太宗东征的11幅壁画　第一幅是唐太宗东征率千军万马来到城子门下；第二幅是唐太宗听大臣们讲海上“三仙山”的故事；第三幅描绘的是唐太宗乘战船来到仙岛上观赏美景的情景；第四幅是讲唐天子出行惊动九龙，九龙闹海，风浪大作；第五幅是太宗怕贻误战机，朝天跪拜观音，观音空中显现，降服九龙，风平浪静；第六幅描绘太宗化险为夷平安回到城子门下，激动的将士们高呼万岁；第七幅讲大臣们跪在太宗脚下，请战出兵；第八幅是千军万马攻打敌营旗开得胜的场景；第九幅是俘获敌军首领盖苏文，并斩首示众；第十幅是百姓在村里为唐王立一座牌坊叫“望驾沟”；第十一幅是为抵御敌寇再次侵入，修建“城子门”城墙。

镇海观音　相传唐太宗东征时乘战船经过此海域，九龙闹海，风浪大作，情况紧急，怕贻误战机，太宗无奈，虔诚合掌跪求观音，观音显现，端立云端，瞬间降服九龙，海上风平浪静。后太宗率将士凯旋回朝，并下令在此修建观音金身塑像并开光，从此许愿还愿、上香叩拜的信男信女络绎不绝，香火极为旺盛。当地人每逢初一、十五和佛的道场日或出海打鱼等重大节庆活动都会到镇海观音像前祈求平安。

第二节　海上景区

2016年，长岛县提出海上AAA景区创建。2017年3月，编制完成《长岛海上景区总体规划》。是年12月，长岛海上景区正式获批海上AAA旅游景区，成为全国首个海上AAA旅游景区。

龙爪山景区（2013年）

龙爪山景点

龙爪山，原名破半山，位于大黑山岛北端，北邻长山国际水道，由5座高峻险峭的绝壁山峰连绵而成，山势雄壮，巨石玄妙，幽洞奇幻。相传，龙爪山原本是一座秀美的青山。有年二月初二，山摇地动，一条巨龙抓起半座山峰向北腾空而去，剩余的半座山留下四道深深的山沟，变成五峰并立的雄姿。被巨龙抓走的那半座山落入东北海滨，如今的砣矶岛和高山岛，就是当年巨龙北送半山时，坠入海中的两块巨石。1997年，辟为景区，景区主要景观有“聚仙洞”（大顶洞）、海石栈道、“聚仙楼”等。游人在此可观光、探险、赶海、垂钓；龙爪山石英岩与板岩、页岩互层明显，裸露原始地质、地貌痕迹，遂成为研究胶辽地质的第二课堂。

“聚仙洞”　亦称大顶洞，为石英岩海蚀洞。洞高30米，宽5米，深83米，传说是八仙聚会议事的场所。此洞可乘小舟直接入内，洞内流水潺潺，高穹陡悬，洞顶千姿百态。洞深约30米处，有一高大石墙顶立当中，似一巨大屏风将“八仙议事厅”分为左右两廊。左廊有两个拱门，恰如两个内室，其中一室因洞顶有阳光渗入，竟似明丽灯光闪耀其中，一线天光，神奇莫测。洞内两侧石壁，若削若劈，石理分明，平滑光润；仰视洞顶，近似拱形，凹凸有致，浑然天成。

海石栈道　位于龙爪山的东侧，栈道东高西低，长1.5千米，高3米，宽0.81米，距海面5~20米。由于海浪冲击，山体带状的板岩受到无休止地剥蚀与侵吞，逐渐向内凹入，形成栈道。为海侵与海退活动遗迹，是极为罕见的海蚀奇观。

“聚仙楼”　又名石楼。位于龙爪山西侧约20米处，独立于水中，高约5米、宽约5米，成方形，远望酷似一座两层石楼，栩栩如生，由此得名。传说张果老与汉钟离在此博弈。一次，汉钟离连输五盘，一气之下抓起把棋子撒向大海，棋子化作礁石，于是周边海域便有了将军石（将帅）、马枪石（马）、车由岛（車）和双卒礁（卒兵）。若“登斯楼也”，可沿自然形成的石阶攀登，在此远眺，心旷神怡，则有“天高任鸟飞，海阔凭鱼跃”之境界。

莲花池　龙爪山两侧为一湾银滩，滩白石圆，水碧如镜，传说这里是何仙姑沐浴的莲花池，滩前有一石壁，是仙姑搁放衣裙的地方。

钓鱼岛景区赶海（2018年）

钓鱼岛景点

钓鱼岛地理名称挡浪岛，面积0.16平方千米，海拔36米，海岸线长1860米。它北眺长山国际水道，东靠珍珠门水道，西邻宝塔门水道，南依庙岛塘、螳螂岛和庙岛。岛上裸岩斑驳皱裂、崖壁悬垂欲倾，海岸蜿蜒曲折，水下岩礁密布，洞穴栉比，海藻繁生。2000年，辟为旅游景区，主要景观有“鱼尾涌浪”“海豹戏水”“石舰远航”“碧海仙鹤”“雄师宝座”“玉洞白练”“神龟探海”等。每年3—5月，在此能观赏到成群的斑海豹游弋嬉戏壮观场面。这里是海参、海螺、螃蟹及各种鱼虾理想的栖息之所，是垂钓、赶海、野营、野炊、摄影、绘画的好地方。

万鸟岛（车由岛）景点

位于庙岛群岛东部，亦称车由岛，面积0.044平方千米。因岛屿栖息上万只黑尾鸥、海鸬鹚、白腰雨燕等海鸟，故称“万鸟岛”。万鸟岛90%是断崖陡壁，断崖系石英岩与板岩互层，节理发育，破碎性强，经千百年风化和海蚀，崖壁此凸彼凹，石窟、石穴鳞次栉比，形成一座巨大的“海鸥石楼”。每年四五月间，成千上万只海鸥在此安家，觅食、休憩、繁育。乘船临岛，仰望崖壁，鸥影绰约，鸟声盈耳、上万只海鸥与长住这里的白腰雨燕、海鸬鹚、扁嘴海雀构成“鸥歌燕舞鸬鹚纷”的万鸟图奇观。此时，车由岛尽在千羽万翼之下，成为鸟的天，鸟的海，鸟的岛，景象颇为壮观。万鸟岛只有一条路，叫“通天路”，极其险峻。但勇攀而上，可领略无限风光。一路上，人尽在鸥鸟翻飞的裹同之中，甚至一伸手便可触摸到鸟的羽翼。登上山顶，密密扎扎的鸥鸟围着你上下翻飞，坐着、倚着、躺身，都可随心所欲地欣赏“鸥鸟百态图”。

万鸟岛（高山岛）景点

位于庙岛北部，海拔202.8米，面积0.454平方千米，为长岛最高岛屿。高山岛环岛皆是奇陡的海蚀崖壁。据地质专家考证，是由于亿年前燕山构造运动和喜马拉雅山造山运动造成地壳的隆起而形成的半劈陡峭形态。东北角有两块突兀的礁石，一高一低，高的约39米，低的约30米，远远望去，酷似大海上升起的两张风帆，名曰石帆礁，也称姊妹峰，渔民叫它“两棵桅”。西南角有一条长50米的海蚀洞名曰“锁龙洞”，传说这里是仙人惩罚龙王三太子的地方。高山岛的西南角是全岛最陡峭的地方，人称“摩天岭”，奇妙的是：高陡的崖壁到底部却突然悬空，仅有4根粗壮的石柱支撑着，将岛的一角分成4个洞口，洞

海上游（2017年）

待游客量20万余人。

长岛博物馆

位于南长山岛黄山脚下，是一座古朴典雅的仿古园林建筑群。由6个单体建筑组成。包括序展示、史前文化展厅和历史时期展厅3部分。全面展示长岛自旧石器晚期、新石器及整个历史时期的社会历史文化面貌。作为向游客展示长岛历史、长岛概况的重要场所，长岛县博物馆对游人免费开放，年接待游客约6万余人。

北庄史前遗址博物馆

位于大黑山岛北庄村。北庄遗址是一处距今五六千年的新石器时代村落遗址，面积2.24万平方米，被考古学家誉为“东方的半坡”，是全国重点文物保护单位。馆内翔实展示遗址的发现、发掘和保护工作。作为展示长岛文化底蕴的旅游景点，年接待参观人数近10万人次。

观音礁

位于北隍城乡山后村东北海域，形态酷似观世音菩萨的天然礁石。该礁石距海岸20余米，高约28米，其神态宁静祥和，面北背南而立，像在隔海远眺辽宁老铁山方向，素有“北普陀”称谓。

弥陀礁

位于南隍城岛东南海域。据《登州府志》记载：“南隍城岛东南一石，壁立水中，水深流急，舟不能进。上有‘南心济宅地阿弥陀佛’九字，名弥陀礁。”弥陀礁周围海域辽阔，为南来北往船只的重要通道。此礁高约80米，上窄下宽，以拔海凌空之势，将九个古朴苍劲的大字竖立于风波浪涌之间，以昭示所有来此的航海者。

洞相连，从任何角度看都像大象的鼻子造型，称为“象鼻洞”。高山岛也是鸟的天堂，堪称“万鸟岛第二”。

第三节　其他景点

显应宫

妈祖庙，俗称“娘娘庙”，坐落于庙岛北部的凤凰山前，东西临海，距离县城2.5海里。妈祖庙建于北宋嘉祐五年，即公元1060年。庙宇初为沙门佛院，仅茅舍3间，因闽浙船民于院中专设奉祀妈祖的道场，遂改奉海神娘娘。后经元、明、清历朝重建、修葺，逐渐形成规模，即包括外、前、中、后四院，占地6公顷的古建筑群。山门琉璃匾额之上，为崇祯皇帝御赐“显应宫”三个大字，大殿正中悬挂着咸丰皇帝御笔亲书“神功济运”的匾额。殿内还有碑、碣、匾200余块和历代船只模型300余件。

显应宫是妈祖文化旅游资源开发的重要载体，作为海上游专线的重要观赏景点之一，每年都会吸引大批游客前往进香、朝拜，从长岛港庙岛塘乘船20分钟可达，游览时间约40分钟，年接

第三章 旅游市场

第一节 客源市场

1980年前，境内游客较少。1983年，随着长岛对国内开放，到长岛游客逐渐增多。境内自然风光吸引北京、天津、济南等地机关、企事业单位到长岛兴建宾馆、疗养院、培训中心，长岛的接待能力迅速增强。1986年，全县接待国内游客2.5万人次，游客以北京、天津为主。此后，到长岛游客以每年30%以上速度增长，至1990年，国内游客达到43万人次。

90年代初期，长岛扇贝养殖大丰收，海水养殖极高的利益冲击，减缓旅游业发展步伐，加之城市容量、其他旅游地竞争等因素，到长岛游客有所减少。1994年，国内游客29万人次。1995年，长岛县实施“旅游兴岛”战略，加快开发旅游景点，支持和帮助组建旅游经济实体，宣传促销纳入旅游重点工作，在巩固北京、天津、济南等地客源地的基础上，开辟潍坊、烟台、徐州、上海、浙江等新客源市场，游客人数逐渐增长。1996—1998年，重点对省内、环渤海地区、长江三角洲和珠江三角洲地区开展系列宣传促销活动，游客市场不断扩大。1998年，接待游客34万人次。

1999年实行“黄金周”长假制度后，游客显著增加。国庆节期间，全县接待游客4.7万人次，平均每天近7000人次，其中，省内客源约占60%，主要为济南、淄博、东营、潍坊、滨州、德州等距离长岛较近的地市。2000年，省内及北京、天津、河北、河南、辽宁、上海等地为最重要客源地，占86.9%。五一劳动节期间，全县接待游客5万余人次，旅游直接收入700余万元。

2001年，以“吃住在渔家，游乐在海上”的渔家乐定型并兴起，全县游客接待量明显增加。全县旅行社加强与北京、天津、济南等大城市旅行社合作，大批旅游团队进岛观光。全年接待游客74.7万人次，旅游收入1.2亿元，形成以省内、河南、河北、京津为主体的客源市场结构。

2002年，开辟新疆、青海、陕西、山西、甘肃等“冷线”市场，客源地发展到全国20余个省市，省内济南、青岛等城市以及河北、河南、北京、天津成为长岛主要客源地，上海、新疆、青海、陕西、山西、甘肃等地市场份额明显增长，全年游客增至近90万人次。

2003年3月下旬，受非典型性肺炎（简称“非典”）疫情影响，全国人口流动受到限制，旅游人数明显下降。5—6月，团队旅游全部停止。下半年全国“非典”疫情被有效控制后，旅游市场迅速启动，与蓬莱市旅游局联手构筑蓬长黄金板块，以仙境之旅为主题，推出渔家民俗游、自然生态游、观海豹之旅等特色旅游产品和旅游路线。同时，调整门票政策和实施奖励旅行社促销招徕活动政策，通过旅行社组织的游客进一步增多。至年末，全县旅游接待人数75万人次，旅游总收入1.35亿元。

2004年，全县接待游客人数首次过百万，达到105万人次，旅游直接收入1.89亿元。客源市场主要集中在济南、青岛、烟台、淄博、潍坊、济宁、枣庄、临沂等省内城市和河南、河北、北京、天津、山西、陕西、江苏、安徽、东北三省等15个省市、65个城市（地区）。

2005—2008年，游客数量稳定增长，共接待国内游客532万人次，旅游直接收入18亿元。其中，省内客源占62%，省外客源占38%，客源地达30个省（自治区、直辖市），自主客源市场达到整个客源市场份额的80%以上，散客客源与团队比例由31:69上升为41:59。过夜游占进岛游客50%以上，传统淡季收入平均增幅20%以上。2008年，天津客源首次超过北京，成为河北、河南之外第三大省外客源市场。

2009年，随着长岛局部对外开放，入境旅游实现零突破，先后接待来自美国、德国、法国、印度、日本、韩国等近10个国家游客进岛观光游览，累计接待境外游客和港澳台同胞1.5万人次。其中，2009年2月23日，来自美国、挪威、荷兰和瑞典的9名游客进岛旅游，为长岛局部改革开放以来首批外籍游客。2010年，新开通省外、济南、烟台等五地旅游直通车，省内外旅游直通车专线达12条，北京、天津、上海及江苏等高端客源市场增长26%，全县接待国内外游客突破200万人次大关。

2011—2014年，长岛旅游市场日臻成熟，游客数量稳健增长。2011年“十一”黄金周，进岛人数突破7万人，旅游门票收入400万元。2013年，京津唐客源由10%增长到35%。2014年，省内客源地济南最高占27%，省外客源地河北最高占29%。全年旅游门票收入1.19亿元，首次突破亿元大关。

2015年自驾游客源显著增长，占每日进岛游客50%以上。2015、2016年，烟台市客源总数显著增加，约占省内客源总数61%。2017年，游客数量达385万人次。

2018年，实行外地车辆限制进岛政策，游客数量略有减少，旅游总人数为381万人次，旅游总收入46亿元，为历年最高。是年，省内外客源比为45:55，省外游客总数首次超过省内游客总数。省内客源地，烟台市占30%，济南市占22%，青岛市、潍坊市均占7%，聊城、滨州、德州、临沂、东营、济宁、泰安、莱芜、威海等地各占1%~3%。省外客源地主要分布，河北21%，北京19%，天津、河南均为10%，江苏、山西各占5%，内蒙古占4%，上海、浙江、安徽、黑龙江、吉林、辽宁、陕西、四川、甘肃、新疆、重庆等省市各占1%~3%。客源地辐射31个省份（直辖市、自治区）、500余个市县区。

长岛游客主要集中在7月中旬至10月中旬，暑期旅客最多，高峰时每天进2~3万人次，宾馆、旅店趋于饱和。而11月至翌年4月，长岛游客较少，来岛游客季节性较强；年龄构成上18~40岁的游客约为56%，是来岛旅游的主体，其次为41~60岁的游客，比例约为27%；约占55%的游客最喜欢长岛的自然风光，约35%的客人来长岛休闲度假，6%的游客来长岛考察顺便旅游；从游客的出游方式看，通过旅行社组织的占40%，自驾游等其他方式来长岛旅游的约占60%；过夜的游客约占55%，一日游的游客约占45%，进岛游客停留时间普遍较短。

长岛局部对外开放后，首次迎来外国游客（2009年）

第二节 旅游宣传推介

1986年，县旅游局成立，旅游宣传促销开始启动。1988年，首次印制风光折页《长岛明信片》及《海上仙山长岛》《长岛仙岛》等书刊，拍摄《长岛你好》《长岛拾零》等风光专题片，宣传推介长岛旅游资源。1986—1991年，主要采用媒体宣传，发放旅游宣传品、景点报价表和参加旅游交易会、联系旅行社、面对面到厂矿企业推介，邀请国家、省市旅游局领导到岛考察等方式开展旅游宣传促销。1992年，配合长岛首届扇贝节活动，邀请省市旅游局、多家旅行社进岛参加节庆、考察观光，期间与各地旅行社达成组团意向20个。

1993年配合'93中国山水风光游活动，参加在广州举办的'93(广州)中国国内旅游交易会，长岛县组团在交易会上促销宣传。通过播放长岛风光片、举办联谊会、发放宣传资料等活动，吸引游客到长岛观光旅游。是年，编写《长岛导游词》，对旅游宣传导游词进行规范。

1994—1997年，先后参加(海南)全国旅游交易会、(大连)中国国内旅游交易会、第二届APEC博览会、山东旅游博览会、青州旅游恳谈会等10余次大型旅游交易会。1995年，长岛县首次在上海举行“山东长岛旅游资源新闻发布会”，上海10余家电台、电视台和30余家旅行社参加并宣传推介。1996年，邀请中国人民大学专家教授、《人民日报》、中央电视台等新闻单位负责人、记者召开长岛形象设计与建设暨地区形象研讨会，开始整体设计包装长岛形象。1997年，邀请香港《大公报》驻济南办事处记者进岛拍摄长岛风光，首次在中央电视台1套播放长岛旅游节目。

1998年，长岛县组团随省旅游局赴华东五市参加旅游情况说明会。自此，长岛被编入山东旅游线路。是年，京、津、沪三地45家旅行社进岛考察旅游线路，与北京、天津多家旅行社签订组团合同30余个，京津地区成为长岛主要客源地之一。

1999—2000年，通过山东电视台“走四方”栏目，播放长岛旅游天地、风味小吃、旅游人等节目，邀请烟台23家旅行社进岛考察“渔家欢乐游”线路，开始宣传推销渔家民俗游品牌。期间不断开拓新旅游市场，先后参加(郑州)中西部地区旅游交易会、(太原)中国北方交易会、(大连)中国旅游风景区、度假区博览会、(上海)国际旅游交易会。

2001年，长岛县开始引入新的市场营销理念，制定有针对性的促销方案，在省内济南、东营、淄博、潍坊四地整体推销长岛旅游产品，与100余家旅行社签订合作合同。策划长岛健身幸运游旅游项目、在省电视台播放“钓鱼岛”斑海豹专题节目，吸引游客进岛旅游。先后参加大型旅游交易会5次，发放各种宣传品2万余份，签订合作协议300余份。是年10月，国家旅游局会同中央电视台、中国旅游报等新闻单位，在长岛开展“中国质量神州行”活动，对长岛旅游景区假日期间旅游市场秩序进行全面检查和宣传报道，长岛旅游影响力进一步提升。

2002—2004年，以“黄金周”为切入点，开展大规模、多渠道宣传促销，与中央、省级、地方等30余家媒体合作，通过发布旅游形象广告、播放旅游专题片、刊发旅游专题采访等形式，在全国范围内推出“海上仙山—长岛”促销品牌。2003年，与蓬莱市联合构筑蓬长黄金旅游板块，共同打造“仙境之旅”品牌。是年，首次开通长岛旅游网，制作长岛概况，海岛风光，旅游指南，旅行社，精品线路，特色旅游，招商引资等板块网页，图文并茂宣传推介长岛。2004年，旅游定位“北方海岛度假”促销口号，投入200余万元，通过采取客源地大篷车促销、各种媒介立体化宣传等形式，叫响中国北方海岛度假中心、妈祖文化中心和休闲渔业中心。实施全天候、立体化旅游直销，先后开辟新疆、青海、山西、陕西等“冷线”市场，赴开封、新乡、焦作、洛阳、郑州、淮南、合肥、南京、镇江、徐州、兰州、西宁、银川、西安等地进行宣传促销，共发放各类宣传资料15万份，与国内600余家旅行社建立业务关系，签订合作协议4000余项，客源地发展到40多个省、市、地。举办渔家乐民俗文化节、二月二龙头香会、太阳节、妈祖生日庆典、盂兰盆会、正月十五赶庙会等节庆进行宣传促销活动。摄制《海上仙山—长岛》，并首次制成中、日、韩三个语言版本用于国外招商推介。2004年，游客首次突破百万大关。

2005—2007年，按照“面向全国、主攻周边、重点突破”的市场开发战略，通过推介活动、媒体宣传、节庆招徕、参加交易会等形式进行立体运作。建立长岛旅游媒体资源库，动态发布长岛旅游信息，形成电视、报纸、杂志、网络、电台等五位一体的强势宣传态势。在省内、西北、东北、长三角、珠三角等地区，北京、天津、南京大中城市进行旅游推介活动，发放宣传资料23万余份，走访1800家旅行社，签订合作协议3000余份。与中央电视台走遍中国栏目组合作，完成6集长岛专题系列片的拍摄，在央视播出。成功举办《四海心·妈祖情》大型文艺晚会，中央四台进行实况录播。邀请央视走遍中国、每日农经、山东卫视旅游365、《中国旅游报》《中国消费日报》以及全国百家网络媒体进岛现场采风，在各大媒体发布广告560篇。出版《长岛渔家乐图卷》《长岛旅游文萃》《长岛旅游》《碧海仙山话长岛》《长岛神话传说》等系列丛书，推介长岛人文旅游资源。编印《长岛旅游指南》《长岛导游指南》为游客服务。

2008—2010年，长岛县实施“引进100万进岛高端游客，打造国际旅游度假岛”客源市场促销计划，把旅游营销融入全县大宣传格局，由县委宣传部门统一策划运筹，成功举办海岛经济论坛、妈祖文化节。2008年，首次投资240万元在央视连续8个月进行长岛形象宣传。开展“山东人游长岛”“烟台人游长岛”推介活动，率先向省内和京津塘等环渤海中高端客源市场发放集游、购、食、宿于一身的综合消费券5000万元，惠及群众100余万人。加强与国内新闻媒体及香港特别行政区《大公报》、台湾地区TVBS电视台等媒体合作，在中央电视台“走遍中国”栏目连播《神秘的史前面具》7集长岛文化专题片。举办中国（长岛）中华妈祖文化节和妈祖公祭大典、山东·长岛首届海鲜节暨千人海鲜宴等大型旅游节庆。结合长岛“百千万亿”（“百年渔俗文化”“千年妈祖文化”“万年史前文化”“亿年地质文化”）文化工程，推出《传奇长岛》《长岛渔家》《仙山美如画》等书籍、画册、光盘等30余种特色旅游文化纪念品。

2011—2015年，发挥网络媒体营销作用，利用网络、微信平台进行推介、促销，与马蜂窝网合作制作长岛旅游攻略，在同程、途牛、携程、驴妈妈、去哪等知名网络平台开通售票渠道，加入淘宝网山东省旅游旗舰店。参与央视、山东卫视高端媒体“联合推介，捆绑营销”，在北京、天津、河南、河北、山东等十大旅游客源地媒体投放长岛形象宣传片。打造“蓬长龙”旅游一体化营销模式，开辟港澳台和日韩入境游市场。以“海上仙山·自在长岛”为主题，举办长岛旅游资源专题推介会16次，邀请央视、旅游卫视、山东电视台、天津电视台、河北电视台等10余家新闻媒体拍摄《长岛之恋》微电影、《我们的品牌》《美丽中国乡村行走进长岛》《长岛渔家乐》《长岛神旅游》等专题进行宣传推介。举办“聚焦生态长岛”“漫游长岛、对话山海”全国摄影比赛，举办“长岛之春”旅游越野赛、“金秋候鸟放飞”、海鲜美食之旅、“美丽眼睛看长岛”为主题的世界旅游小姐长岛总决赛、“长岛嘉年华”等旅游文化节庆活动。

2016年，以“山海仙境·慢慢悠游”“海上仙山·生态长岛”为整体形象，宣传推介长岛旅游。

世界旅游小姐大赛长岛总决赛(2011年)

在津京冀、杭州等地大型专场旅游推介会5次，参加各类交易会、博览会20余次，发放宣传材料30余万份。深入新加坡、马来西亚、泰国开展主题促销活动，引进泰国旅行商、媒体团实地考察踩线，开拓海外客源市场。举办“仙境海岸·鲜美烟台—我为鲜美家乡喝彩·点赞鲜美时刻”活动、烟台人游烟台海上游启动仪式、渔家号子表演、海鲜节等系列促销活动，吸引游客参与。以“旅游+网络”推介形式，吸引新客源，拍摄制作“自在长岛—蓝色生态之岛”AR视频、《光影长岛》，邀请抖音新媒体、海外验客、同程旅游和网红达人等进岛拍摄制作专题宣传片，在国内外的主流媒体平台对外推广，在腾讯新闻和天天快报APP，通过闪屏和信息流曝光形式，投放宣传图片和视频，挖掘长岛美景、美食、美文(人文)，推介代言视频宣传片以及拍摄制作长岛三维全景旅游图等宣传片，全面介绍长岛旅游风光和生态长岛。

2017年，创新“宣传营销+智慧旅游”，拓展旅游客源市场。投入400余万元，加强形象广告宣传和网络营销，更新户外宣传广告和宣传资料。拓展宣传营销模式，兼容民俗文化与旅游营销，把国家级非物质文化遗产“长岛渔号”表演节目带到推介活动现场，先后在北京、四川、湖南、内蒙古等多个地市进行17场推介和展会活动。创建B2B2C商业运营，推出以吃、住、渔家特产为综合体的销售模式。

2018年，以“旅游+”为切入点，创新开展旅游宣传营销。与百度、360浏览器签约推广长岛旅游关键词和手机端信息流，与联通、移动合作开通游客进岛落地短信业务，为游客提供多元、便捷的消费选择和体验功能，实现游客“一部手机游长岛”，投资310万元购置智游宝票务管理系统，与7家OTA平台签署景区门票代销协议，开设飞猪长岛旅游旗舰店网店。利用微信、微博、抖音小视频转发长岛美文美图超过2万人次。赴沧州、北京、天津、南京、杭州五地召开旅游推介会，参加烟台市旅行社协会组织的中国旅游日、青岛啤酒节、烟台春季车展等宣传活动共计15场次；接待安徽蔚蓝假期、徐州皇冠假日旅行社、唐山旅行社联合体等100余家旅行社进岛踩线；与烟台人民广播电台合作推出“听长岛故事，游海上仙山”主题广播。通过广播、画刊、电视等传统渠道和互联网、微博、微信等新媒体渠道相融合的全媒体信息传播机制，建立全方位的旅游宣传营销体系。

第三节　旅游效益

1986年，随着旅游产业不断发展壮大，长岛县基础设施、服务设施逐步改善，城市形象整体提升。在旅游业拉动下，第三产业发展迅速，2018年，全县第三产业增加值26.7亿元，社会消费品零售总额达到24.6亿元。游客由1986年的2.5万人次达到2018年的381万人次，增长152倍。旅游总收入从1986年的7.5万元，达到2018年46亿元。2006年后，长岛旅游业每年总体保持20%以上的增长速度，县域内旅游从业人员占全县总人口的1/4。2007年，长岛成为首批中国旅游强县，南长山街道、北长山乡、黑山乡等5处街道、乡镇和乐园村、黑石嘴等14个村被评为旅游强乡镇和特色村。至2018年，长岛旅游成为招商引资重要窗口，长岛经济发展特色产业之一，海岛群众致富创收的重要载体。

2018年，进岛客源散比由80:20转变为30:70，"过夜游"由30%~40%上升到60%~70%，全县旅游业收入占GDP30%以上。海岸休闲组团、海上环游组团、渔家风情组团，南北长山环岛慢行服务系统、渔家风情园及特色民宿、休闲渔业等海岛特色产品带动旅游市场持续升温，休闲化、生态化、智慧化、全域化、文明化旅游态势显现，旅游业经济效益、社会效益与环境效益显著。

1986—2001年长岛县旅游总收入统计表

表8-2

年份	旅游总收入（万元）	接待游客人数（万人次）
1986	7.5	2.5
1987	9.75	31
1988	950	38
1989	656	31
1990	924	43
1991	1100	40
1992	1200	41
1993	1740	28
1994	1856	29
1995	3090	30
1996	4280	40
1997	5200	38
1998	5200	34
1999	5250	36
2000	5300	48
2001	12000	74.7

2002—2018年长岛县旅游门票收入统计表

表8-3

年份	旅游总收入（亿元）	接待游客人数（万人次）	门票收入（万元）
2002	1.42	89	1310
2003	1.35	75	1200
2004	1.89	105	2224
2005	3	118	2500
2006	3.6	128	2820
2007	4.5	146	3200
2008	6.9	150	4340
2009	8.5	170	5146
2010	11.2	200	5825
2011	15.1	240	6800
2012	20.3	242	8898
2013	27.1	275	9850
2014	30.3	303	11900
2015	35	349.5	13940
2016	38.7	353	14150
2017	43.5	385	16500
2018	46	381	12000

第四章 旅游服务

第一节 宾馆、饭店

80年代初，长岛旅游业处于起步阶段，食、宿设施简陋。1985年8月，县旅游公司在蓬莱“仙阁旅社”设立旅游接待处，负责开展旅游业务，长岛旅游业开始走向市场，成为烟台地区及山东省内发展旅游业较早的几个县市之一。1988年后，旅游设施和旅游接待水平逐渐提高。除长岛宾馆外，先后建成燕鲁宾馆、银扇大厦、海市宾馆、山东省勘察设计教育培训中心、长园宾馆、珍岛宾馆、烟台市国税局长岛培训中心等旅游接待性宾馆。至1993年，全县宾馆、饭店、招待所发展到113家，其中南、北长山岛88家，拥有床位4800个（含渔家乐床位）。菜系以鲁菜为主，突出海鲜特色。至2002年，全县共有宾馆、饭店等场所160余家，全旅游接待床位达到8500个（含渔家乐床位）。2005年9月，长岛威哥大酒店举行二星级宾馆挂牌仪式，为境内第一家星级宾馆。至2018年，全县有长园宾馆、怡景轩酒店等高端接待性酒店9家，其中四星级酒店1家，三星级酒店3家，二星级酒店1家。此外还有海都大酒店、如家、汉庭酒店等。

长园宾馆

旅游涉外和政务接待宾馆，总建筑面积约2万平方米，坐落在县城东南烽山脚下，东邻林海烽山国家森林公园，南与蓬莱阁隔海相望，西距明珠海水浴场，依山傍海，环境优雅，到长岛港仅5分钟车程。宾馆拥有133间各类豪华客房、8间风格各异的中式餐厅、可容纳200人的多功能宴会厅及4个不同类别的会议室，各项娱乐设施齐全，是会议、办公、商务、旅游、度假的理想之地。

2018年长岛县主要酒店宾馆一览表

表8-4

序号	单位名称	单位地址	行业类别	从业人员（人）
1	长园宾馆	文化街2号	酒店	70
2	怡景轩酒店	文化街127号	四星酒店	40
3	万辉大厦	乐园大街119号	三星酒店	22
4	世纪假日酒店	店子村北	三星酒店	28
5	丽晶酒店	文化街20号	三星酒店	9
6	长威宾馆	海滨路79号	二星酒店	4
7	蓬达度假分时酒店	海滨路418号	酒店	30
8	长岛宾馆	迎宾街69号	酒店	16
9	鑫雅酒店	海滨路418号	酒店	10

怡景轩酒店

位于县文化街127号，明珠广场北侧，距海水域场约300米，2011年6月28日建成开业，总建筑面积2万余平方米，四星级酒店。酒店与蓬莱隔海相望，客房全为观海设计，大堂采用高挑8米石柱。多功能厅分别设在酒店一楼和二楼，分大中小三类，大型多功能厅可同时容纳400余人，中型多功能厅可容纳100余人，小型多功能厅可容纳40~50人。有房间154间，客房布置宽敞通透、色调柔和；内饰优雅别致、唯美温馨，可纵览苍峦碧海。另外，酒店附设餐厅、会议厅等休闲配套，各项功能一应俱全。

第二节 旅行社

1989年12月，长岛县首家旅行社—长岛旅行社注册成立，隶属于县旅游局。其前身为县政府招待所，后为旅游公司经营。下设客房部、餐饮部、商品部、后勤部，从业人员13人。至1993年，旅行社拥有一处宾馆，两个旅游景点，四部客运车辆，形成吃、住、行、游、购一条龙服务。有导游人员13人，与全国70家旅行社业务往来，年接待游客10万人次，营业收入突破百万元。1999年，长岛兴成旅行社、青联旅行社及文化旅行社相继挂牌运行。2002年，境内旅行社有长岛、兴成、文化、青联、海之旅5家。2005年7月，长岛县旅行社协会成立，选举产生协会名誉会长、会长、秘书长，讨论通过《长岛县旅行社协会章程》，各旅行社签订《旅行社行业自律约定书》。至2018年，全县有资质旅行社共9家，其中A级旅行社1家，均无出境游资质。

2018年长岛县旅行社一览表

表8-5

序号	单位名称	单位地址	行业类别
1	长岛旅行社	海滨路305号	旅行社
2	青联旅行社	海滨路68号	A级旅行社
3	海上明珠旅行社	海滨路68号	旅行社
4	海之旅旅行社	海滨路海港街26号	旅行社
5	海通旅行社	海滨路85号	旅行社
6	映华旅行社	海滨路97号	旅行社
7	祥隆旅行社	文化街97号	旅行社
8	王沟仙境旅行社	王沟村	旅行社
9	蓝鲍湾国旅旅行社	乐园大街129号	旅行社

第三节 主要旅游线路

一日游线路(2条)

第一条 九丈崖—月牙湾—林海—烽山—仙境源

第二条 九丈崖—月牙湾—仙境源—钓鱼岛

二日游线路

第一天 九丈崖—月牙湾—仙境源—明珠广场—夜宿长岛

第二天 林海—烽山—钓鱼岛

三日游线路

第一天 九丈崖—月牙湾—仙境源—明珠广场—夜宿长岛

第二天 林海—烽山—钓鱼岛—夜宿长岛

第三天 乘船海上游—庙岛—宝塔礁—猴矶岛—高山岛

海上游专线4条

第一条 万鸟岛航线:长岛港庙岛塘乘船出发——游览庙岛(登岛40分钟)——远观太阳岛、螳螂岛、钓鱼岛、九丈崖、宝塔礁——近看万鸟岛、姊妹峰——喂食海鸟、拍照与海鸥近距离接触——返回长岛港庙岛塘乘船点(航程约4小时)。

第二条 大黑山岛航线:长岛港庙岛塘乘船出发——游览庙岛(登岛40分钟)——远观羊砣子岛、牛砣子岛、海豹礁、小黑山岛——观赏宝塔礁——游览大黑山岛、龙爪山景区(登岛60分钟)——返回长岛港庙岛塘乘船点(航程约4小时)。

第三条 砣矶岛航线:长岛港乘船出发——到达砣矶岛——"渔家乐"用餐——游览砣矶岛石巷、石屋——登临霸王山景点——拜读海会寺——观赏千年银杏树——近游万鸟岛(不登岛)——参观庙岛妈祖显应宫——返回长岛港(航程约5小时)。

第四条 猴矶岛航线:长岛港庙岛塘乘船出发——远观庙岛(不登岛)——远观太阳岛、螳螂岛、钓鱼岛、九丈崖、宝塔礁——近看猴矶岛、近距离接触海鸥——返回长岛港庙岛塘(航程约2.5小时)。

特色线路4条

探秘海豹之旅(3—6月)

每年3—6月,西太平洋斑海豹成群结队途经长岛,憨态可掬的海豹们爬上礁石享受日光浴。

线路编排:乘车直达九丈崖景区西半坡通过高倍望远镜观看,或乘非机动船驶入保护区边缘,近距离与海豹接触。

观鸥赏崖之旅(4—7月)

高山岛是海鸥的王国,栖息数万只海鸥,乘船临岛,恍若进入童话世界,岛屿四周白羽蔽日、鸣声萦耳,船行鸥随,万翅逐帆。

线路编排:在休闲渔业码头乘海上游船赴高山岛,绕岛观光,抛洒食物喂海鸥,引来海鸥绕船翩翩起舞,观赏万鸥翱翔奇观。

海滨避暑休闲之旅(6—8月)

线路编排:蓬莱码头乘船进岛,乘车至九丈崖,观亿年前燕山造山运动遗留下来的地质遗迹,在九丈崖下感受"阴阳割昏晓"的清凉世界;奔向月牙湾的天然海水浴场,与大海深情相拥;至林海观世界地质奇观—黄渤海分界线,体验"一脚踏两海、两耳听双涛"的豪情气概。

金秋吃海之旅(9—11月)

长岛秋天鱼肥蟹美,是在渔家品尝海鲜最好的季节。

线路编排:入住渔家;自休闲渔业码头乘坐"渔家乐"船只,观摩海上养殖生产,和渔民一起从事海上拖网作业等各项生产活动,体验做渔民的乐趣。

第四节　旅游信息服务

长岛智慧旅游

2014年6月，在山东省内率先启动智慧旅游项目。2016年5月，长岛县与中国电信集团有限责任公司开始建设，总投资560万元。2017年4月，项目框架基本建成后，移交长旅集团。同月，长岛智慧旅游有限公司成立。2018年2月，长岛智慧旅游云平台正式启动上线，实现游客“一部手机游长岛”。是年4月，长岛智慧旅游网、掌上长岛APP分别与百度、360浏览器签约推广长岛旅游关键词和手机端信息流。与网通合作，旅游旺季前实行游客进岛落地短信推广掌上长岛APP。

掌上长岛APP　整合长岛县各景区、旅行社、商家等各项旅游资源，为游客提供“吃住行游购娱”旅游信息服务，游客只需一部智能手机，即可实现对长岛旅游资源的查询、预订、购物、电子导览、实时视频、支付等服务。

电子导览系统　通过嵌入掌上长岛手机客户端，采用GPS定位、beacon等各项技术相结合，为游客提供基于位置的实时语音、图片、文字的景区、景点的讲解服务。

旅游服务平台　集旅游信息展示、旅游网络运营、旅游电子商务三大功能模块，拥有完整的后台运营管理系统，前端销售系统融合于掌上长岛中，满足长岛旅游整体运营，包括对长岛土特产品，旅游产品的宣传、销售等服务。

预订管理系统　对景区、餐饮、酒店、娱乐等涉旅行业预订需求定制开发的预订管理系统，该系统集成平台处理子系统、手机无线预订子系统，为餐饮、娱乐企业提供餐饮预订管理、货物管理服务，为消费者提供一站式餐饮座位、酒店房间、娱乐设施预订服务。

运营指挥中心　核心系统为中央管理平台，其作为智慧旅游管控一体化平台，实现长岛智慧旅游基础数据收集、整理、推送、数据统计分析、应急指挥、旅游值班等功能。

大数据分析平台　通过中国电信基站数据，实现对景区接待游客数的实时统计分析，获取游客接待量的同比、环比数据，客源地分析，游客性别年龄段分布情况，游客驻留时长、热门旅游线路等分析数据，同时基于游客互联网搜索数据提供在线旅游热点分析。

长岛旅游旗舰店　2018年11月，长岛智慧旅游有限公司以母公司长岛旅游集团资质申请入驻阿里巴巴飞猪旅行，开通长岛旅游局官方唯一指定店——长岛旅游旗舰店。经营项目以长岛旅游景区门票为主，以门票+二销项目、门票+酒店、景区+景区套票辅助的形式产品，开创长岛旅游集团品牌天猫店。

智游长岛小鲸商城　2018年12月，长岛旅游集团向浙江深大智能科技有限公司申请获得小鲸商城的免费使用权，填补智慧旅游综合平台手机网站空白。通过“智游长岛”微信公众号，实现游客线上门票、食宿预定，景区导游导览，海产品订购等商务功能。通过小鲸商城二级分销功能，发展酒店、“渔家乐”、出租车、旅行社商户作为长岛旅游景区门票分销商，实现全区全民营销的旅游商业模式。

长岛旅游网站

2003年，开通长岛旅游网站，网站涉及长岛概况、海岛风光、旅游指南、特色旅游、精品线路、招商引资等多方面内容。

长岛旅游微信公众号

2016年开通，账号：changdaoly。主要包括景区介绍、旅游助手、购票中心等模块，具备旅游宣传、咨询、订票等功能。

长岛旅游抖音号

账号：changdao99。借助抖音短视频宣传营销平台和微信公众号平台，推介长岛主题旅游线路，快捷传递旅游信息，增加长岛旅游的持续曝光量。

第五节　旅游服务平台

南北长山环岛慢行旅游服务系统

2015年开工建设，2018年全线运营，慢道环绕南北长山，总长99.9千米。慢道系统拥有休憩、导览、健康养生、景观、公共卫生及交通安全、自行车租赁等完善的服务设施。沿线共设有各级旅游服务站点26个，主要为游客提供交通换乘、旅游服务、餐饮休闲、应急救援等服务。慢道系统设有高阁揽胜、百舸争流、望福迎晖、金台夕照等观景台20余处。

长岛游客中心

位于长岛渔港码头北广场，总建筑面积1723平方米，总投资1500余万元，2009年开工建设，2010年9月投入使用。游客中心服务项目主要有：旅游票务，使用计算机售票和管理信息系统，面向旅行社和游客出售长岛景区各类门票，并向友好合作单位提供各类优惠业务；旅游咨询，采用影视、文字图片、电脑信息系统查询等方式，让旅客方便快捷了解长岛旅游环境、旅游资讯；投诉受理，中心受理长岛旅游局所属景点、旅行社、车队的旅游投诉，转至县旅游局质量监察大队处理。

长岛（蓬莱）游客服务中心

位于蓬莱市海港路和田横南路道路交叉口，由长岛县国有资产运营中心投资建设，建筑面积近7000平方米，投资5000万元，于2011年9月开工建设，2015年投入使用。为进岛游客提供景点信息、旅游咨询、门票预售、团体确认、散客接待、投诉受理以及交通、食宿预订等全方位服务。

长岛游客中心（2010年）

第六节　旅游商品与商场

旅游商品

砣矶砚　亦称金星雪浪砚，是著名的鲁砚之一。系用砣矶岛特产的金星雪浪石加工而成。此石质地油润细腻，细中有锋，柔中有刚，制成砚，则黑泽如漆，金星闪烁，雪浪腾涌。具有研不起沫，涩不滞笔，油润而不吃墨之特点，受到历代文人墨客的喜爱。砣矶砚至清代成为贡品，为皇帝和王公大臣们所赏识。上贡给乾隆皇帝的一方砣矶砚，仍保存在故宫博物院内，贡砚为长方形，受墨处宽平，金星雪浪显著，墨池宽广。中刻一蟠（即无角之龙），边刻四螭绕之。砚底刻有乾隆赞誉砣矶砚的绝句："驼基石刻五螭蟠，受墨何须夸马肝，设以诗中例小品，谓同岛瘦与郊寒"。砣矶砚始制于宋朝熙宁年间，兴盛于明、清两朝。至20世纪30年代断产。至80年代，砣矶镇成立工艺美术厂，重新制作砣矶砚。

木帆船船模　长岛传统以渔猎为主，渔民自行设计建造大风船出海捕捞，大风船制造技艺有350年历史。大风船，亦称"大瓜篓"，是以风力和摇橹为动力的大型木船。木帆船按其造型、功能、运载的特点，可分为大风船、榷子和舢板。长岛船模纯手工制造，没有固定的图纸，全凭工匠心中的尺寸和技艺，是几百年来长岛人闯海斗浪的实践结晶，是航海者历史征程上的活档案，也是中国海洋文化的宝贵遗产，具有鲜明的地域特色和珍贵的历史、文化和科学价值。

鲍鱼　属"八珍"之一，为极为名贵的海

珍品，被誉为海味之冠，早于东汉初年即列为贡品。鲍鱼浑身都是宝，岛上人做手术，一般都以鲍鱼为补，不仅其有消炎作用，刀口也会长得好。鲍鱼壳又名石决明，具有止血止痛、消炎助长功效。（参见第七编“海洋与渔业”第六章“水产品加工”第二节“水产品特产·皱纹盘鲍”）

长岛刺参　是海参家庭中品质最好的一种，与陆地上的人参齐名，是一种名贵的高级滋补品。（参见第七编“海洋与渔业”第六章“水产品加工”第二节“水产品特产·刺参”）

干贝　长岛为中国扇贝之乡，干贝取长岛优质扇贝加工而成。具有滋阴补肾、和胃调中功能，能治疗头晕目眩、咽干口渴、虚痨咳血、脾胃虚弱等症，常食有助于降血压、降胆固醇、补益健身。（参见第七编“海洋与渔业”第六章“水产品加工”第二节“水产品特产·栉孔扇贝”）

紫海胆　又名光棘球海胆，其状如刺猬，卵黄味道鲜美，营养价值极高。紫海胆主要分布在长岛北部诸岛及大、小竹山岛海域，是美食上品。（参见第七编“海洋与渔业”第六章“水产品加工”第二节“水产品特产·光棘球海胆”）

干海带　长岛海带色泽黑，个长质厚，富含碘、海藻酸钠等微量元素和其他矿物质等人体所需要的营养成分，深受国内外客户的好评。（参见第七编“海洋与渔业”第六章“水产品加工”第二节“水产品特产·海带”）

金钩海米　长岛金钩海米色泽金黄，形如弯钩，故称“金钩海米”。其味鲜美，含有大量的无机盐和多种对人体有益的微量元素，营养价值极高。每年春秋两季，渤海湾中有洄游小红虾出没，渔民将其打捞上来，立灶煮熟，暴晒几天，虾壳焦脆时即可摔制加工成金钩海米，是著名旅游特产。

渔号印象文创纪念品　以“长岛渔号”国家级非物质文化遗产为IP，经过形象提炼创造渔号logo，然后将其系统元素应用于服装类、饰品类、酒店用品类以及非遗作品结合类等方面，进行衍生品的开发。主要包括文创T恤衫、帆布包、纪念胸牌、产自渔号海洋牧场的优质海鲜产品等，设计创意融合渔号logo、木质大风船、祥云、海浪等元素，具有长岛旅游纪念象征。

旅游商场

长岛进境商品保税直销中心　2015年，长岛旅游发展股份有限公司投资200万元建设长岛进境商品保税直销中心项目，对原毛纺厂俱乐部、蓝鲍湾海珍品展示中心进行改造。5月25日，保税直销中心项目正式启动。长岛进境商品保税直销中心是上海自贸区保税展销政策推广之后，山东省海关特殊监管区外的首个复制推广项目。展销面积800平方米，商品主要来源于韩国、日本、东南亚和欧美等20余个国家和地区，涵盖食品、酒水、日用百货、母婴用品、家用电器等8类、800多个品种，1500多个单品。

长岛蓝鲍湾海珍品展示中心　2011年1月9日，长岛旅游发展股份有限公司注册成立长岛蓝鲍湾海珍品有限公司，在原海产品交易大厅，投资500万元，建成蓝鲍湾海珍品展示中心，并于2012年6月29日正式对外营业。占地面积约5000平方米，展销面积约1200平方米，分为普通、中高档和活鲜产品三个楼层，主要展示长岛鲜活海珍品，演示海产品加工，展销长岛刺参、鲍鱼、扇贝、海带、海胆、金钩海米等特色海产干品、长岛海石画系列的旅游纪念品。

长山海产品商场　位于乐园大街64号，隶属长山商贸有限公司。商场经营数十种海产品。公司采集长岛野生海参加工而成的“庙岛”牌干海参、拉缸盐海参、水发海参荣获中韩国际博览会金奖。

第五章　旅游管理

第一节　管理体制

长岛旅游体制在前行中不断探索实践，由创业初期的公司逐步向公司、事业、行政三位一体过渡，管理体制由多种所有制形式并存，向事业处统一经营管理发展，全县旅游体制由多种所有制形式向国有统一经营、国有买断、股份制合作经营方式转变，全县旅游发展环境得到优化整合。

80年代初期，长岛县一直以良好的口碑形象示人。但旅游活动中产生的小纠纷、小摩擦，影响旅游整体形象。1984年12月，长岛县旅游公司成立，隶属长岛县人民政府，对全县旅游工作进行行业管理。1986年1月，为进一步理顺旅游体制，加强政府主导旅游管理力度，长岛县旅游局成立，与旅游公司合署，行使旅游管理职能，全县旅游体制向事业、企业双轨制管理过渡。

80、90年代，长岛县鼓励部门及乡镇、村以参股的形式参与景区开发建设，全县14处景点景区经营和管理权隶属7部门、单位和集体，存在经营管理权分散，缺乏统一管理，导致回扣、宰客、逃票现象产生，管理权、经营权相互交织，制约长岛旅游发展进程。

进入21世纪，长岛县按照“大旅游、大市场、大开发、大发展”的发展战略，开始对旅游体制进行改革。2001年2月，组建长岛旅游集团公司，采取入股分红、自负盈亏、租赁承包等经营方式，将全县14处景点纳入集团化管理、集约化经营轨道。探索实施“资产所有权和经营权相分离，股份制合作与承包经营相结合”的旅游管理新模式，全县旅游统一政策、统一经营、统一办法、统一结算。是年12月，长岛县旅游事业管理处成立，与旅游局合署，授权行使旅游行政管理职能。旅游事业管理处的成立，既实现企业的经营行为，又履行政府职能，全县旅游体制逐步形成公司、事业、行政三位一体，长岛旅游整体合力和市场竞争力得以提升。

2004年，旅游体制进一步理顺、创新，长岛县博物馆、航海博物馆、艺术团并入旅游局。旅游与文物、文化相融合，促进长岛旅游业由资源优势向产业优势、经济优势转变，经营范围由单一的旅游景区向文博、文化艺术等领域拓展。至此，长岛旅游业突破多家管理旅游的瓶颈，形成以旅游文物局统一管理全县旅游业的格局，旅游管理体制日臻完善。

2017年，长岛县采取国有资本控股的方式构建长岛旅游集团，在政府主导和国有资本双重力量作用下理顺管理和经营体制。是年1月27日，长岛旅游集团有限公司注册成立，2月15日授牌运营。2018年长旅集团下设7家子公司，合作成立5家合资公司，涉猎景区、交通、餐饮、酒店、旅行社、旅游商店、旅游车船、旅游码头以及休闲娱乐等多种核心旅游产业。

第二节　旅游市场监督管理

1986—1997年，县旅游总公司行使旅游管理职能。1999—2001年，长岛县先后印发《全县整顿规范旅游市场秩序工作方案》《关于深入发展旅游市场整顿规范工作的通知》，规范管理全县旅游市场。

2002年始，全县加大旅游市场监督管理力度，从旅游、公安、工商、交通、卫生、税务等部门抽调执法人员，成立“旅游综合治理办公室”，督查旅游场所，纠正不正当经营行为，调解纠纷，受理投诉。2003年，成立旅游稽查大队，全年查扣违规出租车3辆，处结旅游纠纷7起，处理违规经营单位1家，从业人员7名。对全县渔家乐业户和申报业户进行复查验收，制定《后“非典”时期渔家乐旅游经营管理补充规定》，按照标准规定，审验挂牌渔家乐业户681户。与乡（镇）、村、业户层层签订协议书，实行契约化管理。对景区经营管理提出“十个零”管理目标要求（零门票减免、零逃票观景、零假票济私、零顶班换岗、零打牌玩耍、零野蛮言行、零敞门空岗、零内部创收、零投诉举报、零安全事故）。

2016年5月，长岛县旅游警察大队成立

2004年，成立长岛县旅游质量监督管理所，与旅游稽查大队合署办公，重点对旅行社、导游队伍以及城市旅游综合环境、“渔家乐”进行全面治理整顿，检查导游人员350余人，查处5枚假IC卡导游证和16枚非正规导游证，查处无理拒绝旅游行业管理的旅行社1家。印发《长岛县“渔家乐”旅游项目管理办法》，对渔家乐实行公司化管理模式，健全完善相关证件，实行挂牌制度，查处非法经营“渔家乐”业户20余家，取消不合格业户60余家，纠正不规范经营行为100余件。

2006年，成立海上游管理办公室。2010年，强化旅游执法队伍建设，聘请10名退休老干部、旅游从业人员及社会人员作为旅游市场监督员。2013年，成立旅游市场秩序联合整治小组，在港口设立专岗，现场办公。印发《整顿旅游客运市场秩序须知》《出租车进港管理办法》。

2014年，成立旅游行业管理委员会，制定《长岛县旅游管理工作考核办法》，将旅游管理工作纳入全县岗位目标考核，印发《加快规范和推进海上观光休闲体验项目发展实施意见》。

2016年5月，长岛县成立全省首个旅游警察大队，快速依法公开规范旅游市场秩序和旅游治安环境，严厉打击扰乱市场秩序行为，以维护游客和经营者合法权益，开展各类群众救助176起，处理涉旅游案件50余起，调解纠纷24起。

2016年7月，成立全国首个海岛旅游速裁法庭，依法快速裁决涉旅案件，为游客提供强有力的法律服务和司法保障。大力推进旅游监管从单一行政调解向“综合协调+专项保障”为特征的“1+3”旅游管理体制转变，快速、及时处理涉及游客权益旅游纠纷43件；接受法律咨询80余件，调解矛盾纠纷39件，收案标的19.8万元，结案标的6.6万元。

2017年，组建旅游联合执法队伍，全年共出动1300余人次对全县旅游重点部位进行检查，查处和取缔无证照或过期、超许可范围从事经营等违法违规行为，打击“黑社、黑导”，受处理旅游投诉纠纷230件，所有投诉均得到及时、有效处理，处结率100%，游客满意率100%，为游客挽回经济损失1.5万元。

2018年，建立实施旅游市场“黑名单”制度，处理违规和妨碍执行公务渔家乐16家，取消好客山东星级称号违建渔家乐32家，并在长岛县旅游局官方网站公布。至2018年，受理各类旅游投诉处结率100%，游客满意率98%以上。

第三节　教育培训

80年代末，长岛旅游教育培训开始起步。正规培训主要针对厨师和服务员，选派从业人员出岛学习与聘请旅游专业教师进岛授课结合。1988年7月，为适应旅游业发展需求，提高旅游从业人员素质，在县中等职业学校筹备开办旅游专业，开设旅游管理、旅游统计及导游业务等课程，为旅游接待部门输送专业人才。

1991年，长岛县印发《关于加强旅游从业人员培训工作的意见》《岗位培训实施细则》，组织全县旅游从业人员进行岗位培训，并在全县旅游系统开展“满意在长岛，优质服务竞赛活动”。1993年，举办旅游职工、旅行社导游员培训班，进行系统的政治思想、职业道德和业务技能培训。

1994—1995年，结合创建中国优秀旅游城市活动，在全县推广《长岛县旅游行业文明用语》，在旅游行业开展“努力提高服务质量，争创全国最佳旅游环境县城”竞赛活动，召开全县旅游创十佳工作会议，规范旅游从业人员的职业素养。

1996年，长岛县印发《关于在旅游行业开展精神文明建设的意见》，推进全行业的精神文明建设。召开旅游企业经理、旅行社经理会议，推进提高旅游行业服务质量。先后对400余名从业人员进行系统培训，形成旅游从业人员淡季培训制度。

1997—1998年，在全县举办各种形式的旅游知识竞赛活动，提高行业人员的业务素质，创建旅游青年文明号。宣传贯彻《中国旅游行业岗位规范》《国务院关于导游人员管理条例》，推行持证上岗制度。先后开展评选最佳服务窗口、优质服务明星活动，望夫礁、半月湾公园被授予烟台市十佳文明景点称号，2人获烟台市十佳景点服务明星称号，1人获烟台市十佳文明导游员称号，11人取得旅游行政执法资格。

1999—2004年，长岛县先后印发《关于加强全县旅游教育培训工作的意见》《关于大力发展旅行社和导游队伍的意见》，举办旅游系统职工业务知识培训班、导游讲解和旅游知识问答比赛，全县11家接待单位、37名选手参加。2000年，在旅游行业开始实行中层干部竞争上岗聘任制度，6位景区主任和10名景区副主任得以竞岗上岗。2001年始，实行旅游系统全体干部职工进行为期5天的学习教育培训班制度。2004年，在长岛高级职业学校举办导游人员业务知识培训班，50余名导游参加培训。

2005—2008年，旅游行业采取在岗培训、离岗培训、以促销促培训的方式方法，聘请专家授课8次，全面提高职工队伍业务水平，累计培训职工3000余人次，培训率达98%。围绕旅游主题形象，先后开展“严格把关、微笑服务”“三优一满意”“服务质量在长岛”“青年文明号”“文明景区”“文明优秀导游员”“优秀旅行社、饭店”“细微服务型机关（景区）”等行业创建活动，开展以诚实守信为主要内容的职业道德教育，通过创建活动，全面提高旅游从业人员的综合素质。2008年，全县旅游队伍人数由1984年的4人增加至229人。其中本科30人，占13%，专科125人，占55%；中层以上干部实现大专以上学历。

2009年，旅游行业举行为期6天的“机关教育整顿及春季业务培训”活动。邀请鲁东大学旅游系、蓬莱市旅游局、蓬莱阁管理处等单位的旅游专家、专业人士进行旅游专业辅导讲座，培训内容包括旅游法规，服务技能，旅游规划管理等方面知识。2010年，开展“全国旅游服务质量提升年”活动，先后开展户外拓展训练、“渔嫂”培训、秋冬季教育培训、举办长岛烹调师职业大赛等形式，加大培训力度。面向社会招聘10名导游员，举办全县导游岗前培训班。

2011—2015年，以抓好党建和精神文明建设，树旅游人崭新形象为抓手，开展“抓作风、树形象、增效益”为主题的作风整顿建设活动，扎实开展“党员先锋岗”“青年文明号”“工人先锋号”“巾帼文明岗”等岗位创建活动。2015年，县旅游服务中心被授予“山东省基层双拥创建模范单位”。

2016年，开展蓬长航线文明创建活动，组织为期3个月的从业人员业务学习、技能培训、技能比武活动，累计培训船员、乘务员60人。开展“全域旅游我示范、文明服务亮身份”等活动，组织“最美渔村、最美渔家、最美渔嫂”等系列评选，举办餐饮、服务等从业人员技能大赛。

2017—2018年，健全“组织建设+队伍建设”，提升旅游服务管理水平，建立旅游行业经营管理考核体系，围绕岗位服务规范、绩效管理等专业知识进行6期专题培训。开展“塑造美好形象，提升服务质量”活动。

第九编　渔 家 乐

长岛县“渔家乐”旅游起步于90年代。1999年5月，南长山镇王沟村11家渔民率先经营以“吃住在渔家，游乐在海上，揽胜于景区，娱乐在渔村”为特色的“渔家乐”旅游接待业。“渔家乐”以旅游景区和海上游为依托，以休闲度假、观光娱乐和体验劳作为内容，领略自然风光，体验渔家民俗文化，备受游客青睐。县委、县政府高度重视“渔家乐”健康、有序发展，加强政策扶持、规范管理和示范引领，实施环境改造、文化提升、技能培训和品牌建设，“渔家乐”特色旅游得到迅猛发展，逐步从群众自我发展、分散经营向公司化管理、合作化经营转变，呈现方兴未艾的发展态势。2002年，全县“渔家乐”旅游客源市场辐射到全国20多个省、市和地区，综合收入1500余万元，“渔家乐”成为海岛旅游的重要组成部分，成为渔民转产转业、增收致富的重要渠道。2004年，长岛“渔家乐”被国家旅游局命名为首批“全国农业旅游示范点”。是年，《长岛县“渔家乐”旅游项目规范管理办法》实施，“渔家乐”旅游市场管理进一步规范。2009年，南长山镇黑石嘴村成立全县首家旅游服务专业合作社。“渔家乐”文明旅游创建活动持续开展，改厕改厨工程惠及经营业户。2013年，长岛县被省旅游局评为“山东省乡村旅游示范县”。

2015年，《长岛县乡村旅游规划》编制实施，“渔家乐”加快转型升级，一批渔家风情园和特色民宿相继建成运营。2018年，全县共有“渔家乐”业户1118家，接待床位2.4万余张，接待游客117万人次，实现经济收入1.75亿元，直接从业人员1万余人，约占全县就业人口比重的40%。先后有3个乡镇（街道）获“山东省旅游强乡镇”，13个渔村获“山东省旅游特色村”，30家“渔家乐”业户被评为“中国乡村旅游金牌农家乐”，483家“渔家乐”业户被评为“好客山东星级农家乐”。

第一章　产业发展与品牌打造

第一节　产业发展

90年代初，长岛旅游逐渐兴起，始有北长山乡嵩前村村民在旅游旺季，利用毗邻半月湾景区的地理优势开办家庭旅馆，为外地游客提供食宿，增加家庭收入。

1998年，南长山镇王沟村建成仙境源景区。1999年4月，王沟村委和县青联旅行社、兴成旅行社在对旅游市场进行考察的基础上，策划推出以“吃住在渔家，游乐在海上，揽胜于景区，娱乐在渔村”为特色的“渔家乐”旅游项目。5月1日，“渔家乐”正式启动运营。首批11家“渔家乐”经营业户将自己住宅闲置的房间进行简单改造，配备相应的食宿接待设施，接待游客入住渔家；在近海水域放置蟹笼，购置各种规格的渔网和鱼竿，乘载游客出海拔蟹笼、钓鱼、体验渔家生产劳作；夜间在海滩举办篝火晚会，让游客参与娱乐，放松身心；吃渔家特色饭，睡渔家大炕，畅游海岛风光。这一新兴旅游项目一经推出，对于身居闹市、渴望亲近自然、享受生态休闲的大都市游客立刻产生较强的吸引力，激活原有的观光型旅游客源市场，也成为渔民增收致富的新途径。是年，11家经营业户户均纯收入近万元。

住渔家，品海鲜（2002年）

1999—2000年，“渔家乐”基本处于群众自我发展、分散经营状态，渔民利用渔闲季节兼顾“渔家乐”经营，主要依靠旅行社提供客源，经营成本和接待标准较低，行业管理尚不规范。2000年，“渔家乐”旅游由王沟村延伸至南长山镇、北长山乡10多个村，经营业户近百家，接待旅客20余万人次，户均纯收入6000～7000元。

2001年始，县、乡、村三级协调工作机制逐步完善，“渔家乐”行业管理规范初步形成。县政府进一步加强政策扶持和服务引导，鼓励渔村群众旅游创收。以举办“渔家乐”民俗文化节活动为载体，扩大宣传促销，打造“渔家乐”品牌，“渔家乐”旅游进入快速发展时期。2002年，全县“渔家乐”旅游发展至14个村、434家、接待床位6000余张、海上游船只56艘、从业人员1000多人，客源市场辐射到全国20多个省、市和地区，形成长年性经营与季节性经营并存，高、中、低档次多样化发展的产业格局。“渔家乐”游客占进岛游客总量的1/3以上，进岛游客留宿时间明显延长，由过去的半日游逐渐向一日游、二日游或更长时间过渡，有效拉动海岛第三产业发展。2007年，全县“渔家乐”业户发展至454家，床位8800余张，年接待游客35万人次，收入4500万元，从业人员1200人。

2008年始，“渔家乐”旅游列入《长岛旅游发展总体规划》，“渔家乐”经营体制和文明旅游创建活动不断深化，行业管理和专项整治进一步规范，专业合作社试点运行，基础设施加快改造升级，“渔家乐”保持健康有序发展。2008年，全县“渔家乐”示范户达到125家，占全县“渔家乐”业户总数的30%，户均收入2.4万元，收入同比增长33%。2011年，全县“渔家乐”业户发展至594家，中高端“渔家乐”比例达到70%，高档“渔家乐”户均收入18万元左右。2013年，改厕改厨工程启动，全县首批582家“渔家乐”经营业户通过验收。2014年，王沟、鹊咀、孙家、乐园、山前5处“渔家乐”风情园项目先后启动，规划总建筑面积近10万平方米。

2015年，《长岛县乡村旅游规划》《长岛县旅游十三五发展规划》编制完成，“渔家乐”产业发展、区域空间布局和经营运作模式得以进一步明确。是年，长岛县启动美丽乡村“六化”提升工程和“渔家乐”文化提升工程，加快推进乡村旅游环境建设。2017年，王沟渔家风情园、南城壹号院特色民宿相继建成并投入运营。至2018年，“渔家乐”旅游接待辐射全县10个乡镇（街道、开发管理处）、27个村，1118家业户，接待床位2.4万余张，接待游客117万人次，实现经济收入1.75亿元。

第二节 品牌打造

2001年7月28日,南长山镇在王沟村仙境源景区举办首届“渔家乐”民俗文化节,策划推出“渔家乐”形象大使。节庆活动情况和形象大使的故事在中央电视台《东方时空百姓故事》栏目中分两期播出,“渔家乐”在全国产生较大反响。

2002年5月2日,长岛县举办首届山东长岛“渔家乐”民俗文化旅游节,先后推出以“今夏度假何处去,渤海深处有渔家”“春节到渔家过年”为代表的旅游精品线路。2003年,“渔家海上游”“小康渔家”旅游商标相继注册成功,其中“小康渔家”为全省唯一旅游商标。全县第一家旅游纪念品商场——长岛小康渔家购物城正式营业。南长山镇黑石嘴村和北长山乡店子村被县政府评为民俗文化旅游村。

2004年,长岛县进一步丰富“渔家乐”旅游内容,重点推出两个精品项目。一是渔家风情游项目(二日、三日、四日、五日游线路)。把游客请进渔家,尝渔家饭菜,扭渔家秧歌,睡渔家炕。白天请游客随船出海,学渔家劳作,喊渔家号子,听渔家传说,傍晚组织渔家号子、舞龙、舞狮、秧歌、渔鼓说唱及篝火晚会等反映渔家生活丰富多彩的文化娱乐活动。二是“海上仙山”环岛游项目。利用仿古大帆船进行出海、民俗表演及海上观光。游客体验掌篷、升帆、摇橹等昔日渔家海上作业方式,感受渔俗、渔风、渔文化的无穷魅力。是年,长岛“渔家乐”被国家旅游局命名为首批全国农业旅游示范点,是全国306个工农业旅游示范点中唯一一个带“乐”字的农副业项目,成为国内著名的旅游品牌。

2005年,长岛县制定推行《长岛县“渔家乐”等级评定标准》,在全省率先推行“渔家乐”A级评定制度,启动“渔家乐”规范化、品牌化建设。首次评选出20家AAA级“渔家乐”示范户和37名“诚信文明好渔嫂”。2006年,《长岛县“渔家乐”旅游项目规范管理办法》《因地制宜发展旅游业》通过中国社会科学院城市发展与环境研究中心、政府创新与中小城市发展高峰论坛组委会评审委员会的评审,获2006年度中小城市管理创新奖。是年,南长山镇乐园村村民刘守佳所办“渔家乐”获全县首个“烟台市旅游团队接待服务推荐单位标准”标志牌。

2007年10月,全县开展“渔家乐”示范村和示范户评选活动,南长山镇乐园村、黑石嘴村和连城村被评为“渔家乐”旅游示范村,59家“渔家乐”业户被评为旅游示范户。2008年12月,南长山镇和乐园村被省旅游局分别命名为首批旅游强镇和特色村。2009年,“金星雪浪·砣矶之旅”项目启动,推出以“渔家、土炕、家常菜,高山、石林、赏生态”为特色的海岛深度游,“渔家乐”由南五岛向北五岛延伸。是年,南长山镇黑石嘴村被省旅游局评为“省级旅游特色村”。2010年,南长山镇后沟村、连城村,北长山乡店子村被评为“省级旅游特色村”。

2011年,根据《山东省好客人家农家乐等级划分与评定标准》,以打造“设施完善、功能齐全、风格独特、管理规范”的“渔家乐”示范点为目标,全县开展“渔家乐”星级创建工作。2012年,全县117家“渔家乐”被省旅游局授予“山东省首批星级好客人家渔家乐”称号,水乡苑渔家被省旅游局评为全县首个省级五星级“渔家乐”。2013年12月,长岛县被省旅游局授予“山东省乡村旅游示范县”称号。南长山街道乐园村宝悦渔家、南长山街道黑石嘴村鲁山居渔家获得五星级好客人家星级农家乐称号。是年,长岛县与中央电视台共同制作完成《我们的品牌》《美丽中国乡村行走进长岛》2部“渔家乐”专题系列片。2014年,北长山乡被评为省级旅游强乡,南长山街道王沟村、后沟村,北长山乡北城村被评为省级旅游特色村,南长山街道鹊咀村被评为省级乡村旅游示范村,北长山乡花沟村、南长山街道山前村被评为省级乡村旅游示范点。

2015年,在国家首批乡村旅游“千千万万”品牌创建活动中,南长山街道鹊咀村被国家旅游局评选为“中国乡村旅游模范村”；南长山街道黑石嘴村冬梅“渔家乐”被国家旅游局评选为“中国乡村旅游模范户”；水乡苑渔家、鲁山居渔家等30家“渔家乐”业户荣获国家旅游局颁发的“中国乡村旅游金牌农家乐”奖项；王昌利、肖述广、刘新贵被国家旅游局授予“中国乡村旅游致富带头人”称号。是年，南长山街道被省旅游局评为省乡村旅游发展示范镇，北长山乡花沟村被省旅游局评为省乡村旅游发展示范村，20家“岛上人家”“渔家乐”业户为被省旅游局评为省乡村旅游发展示范经营户。钓鱼岛渔家大院、梁燕渔家被省旅游局评为省乡村旅游特色农庄，王沟村被省旅游局评为省乡村旅游休闲度假乡村，黑石嘴村被省旅游局确定为科研基地和网络营销试点村。黑山乡被省旅游局评为旅游强乡，黑山乡土岛村、砣矶镇磨石嘴村被省旅游局评为省级旅游特色村。中国台湾东森电视台进岛拍摄“长岛渔家乐”等3部长岛旅游专题片，6月在台湾地区播放。11月，中央电视台第四套“走遍中国”栏目播出长岛县2部生态专题片“海岛寻海珍”“渔家乐乐万家”。是年，“长岛渔家民俗之旅”及赶海园活动申报成为全市“最受游客喜爱的端午小长假旅游活动”。

2016年，长岛县创建文明旅游环境动员大会召开，“全域旅游我示范、文明服务亮身份”等活动相继启动，组织评选表彰10家“最美渔家乐”和20家“文明诚信渔家乐”。山东长城梅地亚文化传播有限公司对鹊咀村国家级首批“中国乡村旅游模范村”进行采风，制作专题宣传片。是年，黑石嘴村、鹊咀村、王沟村渔家风情园纳入“全省十条乡村旅游精品路线”。南长山街道鹊咀村列入全省100个乡村旅游网络营销试点村。2017年，长岛壹號院、长岛王沟渔家风情园、长岛月月渔家、长岛水乡苑、长岛海铭居5处精品民宿和1处乡村休闲度假村（南长山街道黑石嘴村），通过省旅游发展委员会专家组验收，列入烟台市“100个乡村旅游示范单位”名单。

2018年，组织开展“长岛十大最美渔嫂”评选活动，宣传先进典型，弘扬“渔家乐”行业新风。拍摄制作“自在长岛——蓝色生态之岛”AR视频、“海上仙山·自在长岛”短视频和“我为鲜美家乡喝彩”推介代言视频宣传片，展示海岛美景、美食、美文（人文）。邀请旅游卫视、抖音新媒体、海外验客、同程旅游和网红达人进岛入户拍摄制作专题宣传片，“渔家乐”旅游融入新媒体宣传，收到良好的宣传促销效果。

第二章　经营管理与培训服务

第一节　经营管理

“渔家乐”运营初期，行业管理尚不规范，主要由旅行社、经营业户根据旅游报价和食宿条件商定相应的接待标准，价格为游客每人每天40～120元，缺乏相关职能部门的监督。

2001年始，“渔家乐”发展纳入县政府宏观调控，南长山镇、北长山乡成立“渔家乐”旅游服务中心，有“渔家乐”的村成立专门的管理办公室，基本形成县旅游部门牵头行业管理，县、乡、村三级垂直运作的经营模式。县政府印发《关于规范“渔家乐”定点服务产业接待服务工作的意见》，明确“渔家乐”申报条件、经营范围、接待标准及违规处理办法，推行统一促销、统一价位、统一接客、统一食谱、统一结算、统一纳税，行业规范初步形成。

2003年，“渔家乐”市场持续升温，业户数量剧增，违规经营、压价竞争、滥搭乱建等问题日益突出。长岛县先后制定实施《长岛县旅游接待登

记管理暂行规定》《长岛县海上游览管理暂行规定》，推行“渔家乐”旅游接待每人每天最低60元的宏观指导价格。县旅游局配套制定《“渔家乐”游客须知》《乡村“渔家乐”管理办公室工作规范》，健全管理、服务、培训、促销网络等工作机制。县、乡、村、业户层层签订协议书，实行契约化管理。县政府从公安、工商、卫生、渔监、物价等部门抽调执法人员组建旅游稽查队伍，加强一线执法，强化“渔家乐”市场秩序治理整顿。在旅游旺季，执法组进驻码头、渔村，检查登记游客近20万人次，取缔无证无照经营业户3家。是年，全县审验合格的“渔家乐”业户共681家，接待床位8000余张。4月，全县“渔家乐”旅游管理工作会议召开，通报表彰2个“渔家乐”示范村和30家规范经营、带头致富的“小康渔家”示范户。

2004年始，“渔家乐”管理规范基本形成，公司化管理模式开始推行。制定实施《长岛县“渔家乐”旅游项目规范管理办法》，简化“渔家乐”审批手续，对“渔家乐”服务范围、经营条件及标准、管理体制做出统一规定。“渔家乐”主要为游客提供食宿、岛岸观光、海上休闲活动；申办业户必须是户口在渔村的渔户，房屋要求独门独院，床位总数不少于10张，家庭成员住所与客舍分离，厨房与餐厅分离，床位布局合理，配备卫生、安全、娱乐等设备设施；推行公司+业户的管理模式，每户“渔家乐”业户均须取得工商执照，具备旅游综合保险、卫生许可证、健康证等相关从业资格证件。建立审核检查机制，推行挂牌经营制度。是年，开展“渔家乐”复查验收，查处不达标经营业户66家，取缔、处罚无证、无照业户7家。2005年，长岛县首次将“渔家乐”纳入星级评定和管理，对接待档次和水平进行划分，引入竞争机制，带动全县“渔家乐”整体规范发展。由县旅游管委会和精神文明委员会牵头评选出AAA级“渔家乐”业户20家，取缔、处罚无证经营业户11家，纠正不规范经营行为17家，并通过新闻媒体在全县进行曝光。2007年，制定实施《“渔家乐”示范村和示范户评选标准》，开展示范村、示范户评选活动，各村成立“渔家乐”经营公司或“渔家乐”旅游服务中心，“渔家乐”实现由管理型向经营型的转变。2008年，倡导“旅行社+公司+业户”经营模式，推行食宿分开，全县示范户达到125家，占全县“渔家乐”业户的30%。2009年，南长山镇黑石嘴村率先成立“渔家乐”旅游服务专业合作社，开启“渔家乐”公司化试点运营。县旅游、公安、工商和卫生部门对3家违反《治安管理处罚法》的“渔家乐”业户给予摘牌处理，取消其“渔家乐”经营资质。

2010年，全县“渔家乐”纳入特种行业管理，由公安部门办理特种行业许可证，工商部门办理营业执照，重新登记办证。2012年，经物价部门核准，在南长山街道和北长山乡全面实行食宿分开公开价格。2013年，开展餐饮食宿场所专项治理，重点整治无证经营、证照不全等行为，抽查“渔家乐”238家，查处证件过期、证照不全和卫生不达标的“渔家乐”50家，组织限期整改。是年，全县星级“渔家乐”达到262家，整体接待价格和服务质量有较大提升，接待均价游客每人每天200元，旅游投诉和纠纷较2012年同期下降近一半。

2014年始，“渔家乐”管理进一步规范，标准化建设逐步推行。修订《长岛县“渔家乐”管理办法》，制定《长岛县“渔家乐”服务质量标准》，调整完善“渔家乐”经营范围、行为规范、管理服务、经营资质、质量标准、申报资格、等级评定等相关规定，鼓励“渔家乐”向规模化经营、企业化发展。2015年，制定实施依法治理旅游市场秩序三年行动方案。旅游、市场监管、公安、物价、交通等部门联合执法，“渔家乐”专项整治实现常态化。以卫生安全、食品安全、消防安全、旅游服务质量为整治重点，开展拉网式排查，共发现并组织整改安全隐患236处，其中消防安全隐患147处，食品卫生安全隐患89处。是年，南长山街道、北长山乡、黑山乡、砣矶镇共有7个村相继成立旅游服务中心或旅游公司，实行“统一经营管理、统一配备餐饮和床上用品，统一宣传促销”模式。2016年，全省旅游质监培训班在长岛县召开，现场观摩推广长岛联合执法典型经验做法。开展“渔家乐”消防安全专项整治行动，完成对全县26个村1006家从事渔家接待的经营业户的消防安全排查，组织集中整改消防隐患845处。2017年，全县开展“渔家乐”专项检查，入户指导填写《“渔家乐”检查登记表》，按村归档。共检查业户1000余家，查处无证照经营7家，证照不全38家，建立档案15卷1000余份。

2018年，全县850余家“渔家乐”安装登记系统，检查“渔家乐”1000余次，督促办理营业执照76家、食品经营许可证122家；建立实施旅游市场“黑名单”制度，将16家违规和妨碍执行公务的“渔家乐”业户列入“黑名单”，对32家存在违建情况的“渔家乐”取消“好客山东星级渔家乐”称号，并在官方网站公布。是年，长岛智慧旅游有限公司成立，为全省首个县级智慧旅游平台，启动网络商业运营模式，改变原有“渔家乐”网上单一房间预订，实行以吃、住、渔家特产销售为综合体的商城经营模式，基本实现全县旅游资源整合，特色旅游服务订制、海产品在线交易等功能。至2018年，全县共有“渔家乐”经营公司15个，专业合作社3个。

第二节 休闲渔业及休闲体验项目管理

休闲渔业是“渔家乐”旅游重要组成部分。“渔家乐”兴起之初，各经营业户利用自家或租用的渔船，装载游客出海体验以拔蟹笼为主的海上生产劳作。从事海上体验项目的渔船一般载客8～10人，配有1～2名安全员。由于缺乏监督管理，在安全和经营上存在着诸多问题和隐患。2001年，南长山镇以黑石嘴村为试点，加强码头登记管理，配齐渔船安全设备，组织10艘40马力的渔船从事海上游活动，休闲渔业在南长山镇、北长山乡逐步推开。至年底，全县从事休闲渔业的船只达56艘。

2002年始，休闲渔业纳入法制化管理。《长岛县休闲渔业管理暂行规定》印发实施，明确县海洋与渔业局为休闲渔业主管部门，乡镇政府、村委会和休闲渔船所有人或经营人为责任主体，对休闲渔业从业人员条件、船舶类型、安全设备配备、航区范围、抗风等级、载客数量和违规处罚等方面做出规定。全县设9处休闲渔业出海口，由县渔港监督部门负责签证管理。2003年，省海洋渔业局在长岛县召开全省休闲渔业现场会，对长岛休闲渔业提出技术性建议和要求，全县从事休闲渔业的船只压缩至23艘，出海签证点由9处整合至南长山镇乐园村、长岛渔港、北长山乡北城村3处，配备管理人员15人。在管理上实行统一出海口、统一签证、统一售票、统一结算，一改以往多点出海、管理松散、安全隐患大的状况。县旅游事业管理处成立休闲渔业公司，凡参与海上游览的船只必须挂靠休闲渔业公司，并签订经营合同，进行统一管理。是年，县旅游、渔监部门对从事休闲渔业的船只马力、载客人数和安全设施等制定标准，加强审批和检查，处罚违规渔船16艘。由于受“非典”的影响，是年休闲渔业接待游客2.3万人，发送1600余船次，实现收入61万元。

2004年，县政府制定实施《长岛县休闲渔业管理办法实施细则》，设置休闲渔业管理办公室，进一步规范休闲渔业管理体制和操作规程。对从事休闲渔业的功率、标识及救生、消防、联络等设备设施的配备，出海天气及海况，船员资质作出明确规定。从事休闲渔业的船只必须由村级申报、乡镇把关、旅游部门审核，再由渔监部门进行全面检验，符合《长岛县休闲渔业管理办法实施细则》的渔船，方可从事休闲渔业。在3处出海口设置签证办公室，配备与渔船统一频率的对讲机，成立应急救援组织，制定应急救援预案，实行统一管理。是年3月，经各村、乡镇申报和渔监部门的检查审验，全县共有23条渔船符合标准。4月，全县第一期休闲渔业船只四项技能培训班举办，70名休闲渔业从业人员通过专业培训考试取得上岗证书。同月，长岛县建造的仿古帆船“渔家乐1号”投入运营，主要用于“渔家乐”海上游项

2004年4月,“渔家乐1号”仿古帆船投入运营

目宣传和示范,先后开发喊渔家号子、撑篷升帆、摇大橹、拖网垂钓等古帆船民俗表演的旅游观赏项目,带动休闲渔业由单一的出海拔蟹笼到海上观光、垂钓等多种体验项目转变。是年,全县休闲渔业共接待游客4.6万人次,实现收入90余万元。

2005年始,休闲渔业推行公司化管理,产业化逐渐形成。以南长山镇乐园村出海口为试点,“渔家乐”管理部门与出海口码头签证办公室、载客渔船业主签订安全责任书,在经营上统一价格、统一滚动发船、统一结算,统一服务标准。是年,休闲渔业共接待游客5万人次,实现收入110万元。2006年,县海上游管理办公室成立,海上游“五一”期间正式启动运营。是年,长岛县被省海洋渔业厅和省旅游局确立为“省级休闲渔业示范点”。2007年,北城和乐园出海口实行公司化运作,对参与休闲渔业的所辖船只进行统一管理,由村委与每条船签订安全协议,收取质量保证金,落实安全责任。渔家海上游项目逐步丰富,开辟香缘之旅、大黑山岛西线游和高山岛北线游等海上游线路。是年,全县从事休闲渔业的船只共15艘,接待游客4.8万人次,收入120万元。

2008年始,进一步强化渔船载客出海监管和限制措施,启动休闲基地建设,全面推行公司化经营,加快转型升级。2011年,规划钓鱼岛部分海区,建设全县首家海钓基地,成立长岛海钓俱乐部。2013年,引进青岛海鲨游艇公司,注册成立烟台海鲨游艇旅游有限公司,拥有各类豪华游艇10余艘。

2014年,长岛县制定《长岛县海钓休闲体验项目管理暂行办法》《加快规范和推进海上观光休闲体验项目发展实施意见》和游艇、海钓船只管理办法,将海上旅游市场的准入许可权前置到旅游部门,规范发展海上休闲产业。是年,全县成立4家海钓休闲公司,开工建设3处海钓基地,开发渔猎、垂钓、赶海等休闲体验项目。南长山街道孙家赶海园建成投入运营,全年共接待游客2.5万人,实现收入375万元。

2016年,东方明珠、长通、羚翔、映华、天资5家海上游公司投入海上休闲体验项目经营。大洋海产品增养殖专业合作社、砣矶岛原生态旅游开发有限公司经过县海洋渔业局验收,船只符合标准,确定出海口,启动海上观光休闲体验项目。是年,长岛弘祥海珍品有限责任公司、长岛佳益海珍品发展有限公司和2处旅游公司入选烟台市新业态公司,全年接待游客5000余人次,实现营业收入500余万元。2017年,长岛旅游集团所属3艘船舶获批从事休闲渔业活动,全年运营航次1100余次,载客1万余人,实现收入180万元。是年,县旅游稽查大队对南五岛周边、海上游航行区、出海口及非法载客重点领域加强巡查,查处违规船舶5条,处以罚款共计1万元。

2018年,全县获批3处省级休闲海钓场,建造完成18艘海钓船,13处休闲渔业出海口全面启用,策划推出神秘海岛生态之旅、海洋牧场垂钓之旅等5条海上旅游线路,全年接待游客3万人次,实现收入450万元。至年底,全县共有从事休闲渔业经营公司4家,休闲渔业船只14艘。

第三节 培训交流

“渔家乐”运营之初，主要由旅行社根据旅游相关要求，指导经营业户做好环境卫生、饮食、安全防护等方面工作。2001年始，针对“渔家乐”业户的厨艺、文明礼仪、经营管理等方面的培训逐步常态化。县旅游局、人社局、总工会、职业中专等部门和单位利用旅游淡季，联合开展渔家大嫂厨艺培训及大赛、导游员和讲解员培训及大赛等活动，不断提升旅游从业人员的服务质量水平，每年培训人员2000余人次。每年2次邀请旅游专家进岛授课，集中培训，提升“渔家乐”业户经营管理理念。2004年，举办首届渔家大嫂厨艺比赛，68名从事“渔家乐”经营的渔村妇女参加比赛。2005年，举办3期“渔嫂”培训班，全县600余名渔村妇女参加培训，组织南长山镇和北长山乡15名经营业户代表赴青岛、日照、威海等地考察学习外地“渔家乐”规范经营经验。2009年，县旅游局、人社局联合南长山镇、砣矶镇先后举办2次渔家大嫂服务礼仪、电脑网络宣传培训班，培训“渔家乐”从业人员300余人次，组织4个村60名渔家大嫂到青岛等地考察学习先进的经营管理经验。2008年，举办“烟台长岛‘长园杯’海鲜烹饪大赛”“岗位服务明星评选”等活动，对300余名“渔家乐”从业人员进行业务知识和职业技能培训。2012年，县相关部门联合山东旅游学院、鲁东大学举办全县乡村旅游培训会、旅游餐饮服务技能大赛、旅游知识竞赛和“渔家乐”厨艺大赛等活动及业务技能培训班20余次，参训人员5000多人次。2013年，县旅游局、人社局、总工会组织旅游服务技能培训3次，旅游餐饮大赛1次，培训“渔家乐”从业人员2300余人次，组织100名“渔家乐”从业人员到省旅游职业学院进行为期一周的乡村旅游专题培训。

2014年，长岛县职业中专申报为烟台市唯一的省级乡村旅游培训基地，开展中级面点师培训、礼仪培训等780余人次。通过邀请专家授课、现场教学等方式，从服务礼仪、从业技能、经营理念等方面入手，培训全县“渔家乐”从业人员1000余人次。县旅游局、人社局、总工会、妇联组织举办“农商银行杯”旅游从业人员餐饮服务技能大赛，以赛事的形式宣传推介海岛旅游。组织31名“双改”（改厨改厕）村负责人及“渔家乐”带头人赴中国台湾地区参加乡村旅游考察观摩，组织22名村级“渔家乐”管理办公室负责人赴莱芜、临沂等地考察乡村旅游专业合作社经营运作经验；组织旅游特色村负责人赴济南参加全省乡村旅游业务骨干培训班。

2016年，长岛县组织13名乡村旅游带头人赴中国台湾地区及韩国、西班牙、意大利等国家进行精准交流。开展旅游从业人员专项培训4批次2000余人次。组织旅游系统骨干力量赴北五岛、西三岛开展送学进渔村活动，培训“渔家乐”从业人员200余人。邀请省、市旅游部门相关负责人及旅游专家进岛举办长岛乡村旅游发展调研和专题座谈会，组织近百名“渔家乐”业主参与交流。2017年，组织4名渔村主要负责人参加全省乡村旅游带头人赴国外精准交流。开展“送智下乡”专题培训活动，邀请专家为500名涉旅从业人员进行餐饮服务等技能培训。2018年，邀请烟台工贸技师学院8名资深讲师，为全县800余名“渔家乐”业主进行专题授课，分别就餐饮技能、服务礼仪、微时代营销、导游讲解、现场实践等方面进行现场教学。

第三章　设施建设与文化提升

第一节　设施建设

“渔家乐”运营之初，渔村经营业户利用渔闲季节兼顾“渔家乐”经营，房屋一般不做大的改造和装修，客房一般设3～4间，每个房间住2～5人，多为4～5人/间，“大通铺、低档次”现象比较普遍。独立卫生间和空调机配置较少，设备设施比较简陋。2005年，县旅游局制定“渔家乐”分级标准，根据经营业户房屋和设备设施配备情况，实行A级至AAA级评定，根据级别推行相应的接待标准，达不到A级的，禁止从事旅游接待，鼓励引导经营业户改造接待设施。县政府在税费方面给予政策倾斜，对业户应缴纳的工商、卫生、消防等相关规费下调50%。是年，全县90%的“渔家乐”业户达到A级标准，AAA级业户达到30家。

2007年，全县开展争创示范村、示范户活动，要求在村级活动场所和业户庭院中增设船模、渔网、网笼等渔具，悬挂干鱼、贝类等装饰物，展现渔村、渔家形象，让渔村、渔家“美”起来；要求经营“渔家乐”村庄必须悬挂灯饰，增加渔家民俗风情的氛围，让渔家“亮”起来；“渔家乐”业户对居住环境和室内装饰进行改造升级。南长山镇先行推出乐园村、黑石嘴村和连城村申报示范村，在乐园村选出8家“渔家乐”作为示范户推广样板，按照标准配齐设施，组织黑石嘴和连城村40余家代表现场观摩，然后再自行建设改造，到“五一”节前基本按照其标准改造完成。创建活动初见成效，游客对这些示范村和示范户的接待条件和服务水平评价普遍较高，信誉度明显增加，当年“渔家乐”示范户旅游收入同比增长30%以上，示范带动其他经营业户自觉改造。2009年，全县60余家业户投资300余万元改造升级接待设施，普遍改造为2～3人/间，配备独立卫生间及空调机、热水器等设备，新改造的业户和示范户散客接待价格均保持在80～100元/人·天，高者可达到130～180元/人·天。

2011年，按照《山东省好客人家农家乐等级划分与评定标准》，以南长山街道黑石嘴村和北长山乡店子村为试点，组织“渔家乐”业户进行星级改造，全县中高端“渔家乐”比例达到70%，高档“渔家乐”户均收入18万元。至2012年，全县共评选省级二星级以上“渔家乐”业户117家。其中二星级2家，三星级87家，四星级27家，五星级1家。“渔家乐”旅游服务质量及接待档次实现质的变化，逐渐形成具有高、中、低不同档次，并能满足不同消费者需求，常年性经营与季节性经营并存、单一低档次向高、中档次发展的局面。

2013年，实施“渔家乐”改厕改厨工程。根据《山东省乡村旅游经营业户“改厕改厨”奖励办法》和《双改标准》相关要求，县政府成立专门工作班子，开展调查摸底和政策宣传。经审核，全县共有13个村613家渔家业户符合相关条件，占全县“渔家乐”总业户的近80%。改厕改厨工程实行市场化运作，统一标准，采取以奖代补的形式，鼓励经营业户进行改厨改厕。2014年，“渔家乐”“双改”全面完成并通过省双改检查小组的复核验收。全县“渔家乐”经营业户共投资1100余万元，改善住宿条件，购置冰箱、消毒柜、洗手盆等设备2000余台（件），接待服务档次明显提升。2015年，“渔家乐”“双改”奖励资金全部发放到户，共发放省、市、县三级奖励资金980.8万元，并通过山东省乡村旅游发展专项资金使用绩效评价。

至2018年，全县拥有“好客山东星级“渔家乐””483家。其中，五星级6家，四星级208家，三星级263家，二星级6家。

第二节 园区建设

“渔家乐”运营之初，经营业户多为单独经营，比较分散，“院内整洁院外乱”等现象突出。2001年起，乡镇、渔村有重点地对“渔家乐”集中区域进行绿化、美化和街道硬化、亮化。建立卫生保洁、治安管理等制度，成立卫生清洁队、治安巡逻队，加强管理和服务，营造文明和谐旅游环境。2003年，结合“诚信旅游、美誉长岛”活动的开展，全县每个渔村创建一条“文明路”，展示海岛乡村旅游形象。社会主义新渔村建设、生态文明乡村建设、美丽乡村标准化建设及乡村振兴战略相继实施，在推进“渔家乐”产业发展方面，加强政策扶持和财力支持，统筹推进人居环境综合整治，优化乡村旅游环境。

2006年，南长山镇黑石嘴投资1000余万元，规划建设“渔家乐”新村。至2008年，基本建成“渔家乐”别墅楼46家、12000余平方米，区域内建设1处文化大院、4处健身广场，栽植银杏、石榴、紫玉兰、白蜡等观赏苗木5.7万余株，培植绿地近1000平方米，道路硬化、亮化率达到100%，卫生保洁、治安管理、文化活动制度化，生活垃圾统一收集外运。楼内全部改造为带有独立卫生间的2人标准间和家庭间，空调、彩电、洗浴、宽带无线有线上网相配套，碗筷消毒柜户户具备，庭院为铝合金全封闭，遮风挡雨保温，环境干净舒适，形成较为规范的“渔家乐”园区。当年接待省内外游客3万余人次，实现直接收入300多万元，分别较2007年增长195%和280%。

2007年，长岛县政府印发《长岛“渔家乐”综合服务性项目建议书》。按照建设南长山岛、北长山岛核心旅游区的要求，编制“渔家乐”民俗风情园建设项目，并列入省、市旅游招商项目库统一对外宣传招商。2012年，《长岛县加快推进城区渔村改造工作意见》及配套政策颁布实施，全县旧村改造步伐加快。2014年，南长山街道王沟、鹊咀、孙家、乐园、山前5处“渔家乐”风情园项目启动，规划总建筑面积近10万平方米，年内完成1.6万平方米渔家楼主体工程建设。2015年，《长岛县乡村旅游规划》《长岛县旅游十三五发展规划》编制完成，进一步明确加快乡村旅游品牌建设步伐，大力扶持优势产业集群化的发展方向。

2015年，黑山乡南庄村投资300余万元，建设总面积3500平方米的赶海园，建造垂钓平台1个，开发海洋牧场近200公顷，投资100余万元建造休闲渔船5艘，推出赶海、拔蟹子笼、海上渔猎体验等休闲渔业项目，升级改造1处百年海带草房为主题的渔家老宅，乡村旅游品位持续提升。2017年，南庄村被省林业厅授予“全省森林村庄”称号。

2016年，砣矶镇磨石嘴村列入省民俗文化村建设项目，通过争取上级专项资金支持和村集体自筹资金的方式，投入400余万元，完成民俗文化村规划、石板路和传统民居修复、木帆船地标制作等项目建设。2017年，砣矶镇获批实施省级乡村连片治理项目，投入1260万元，在完善乡村道路、环卫、亮化等基础设施的基础上，整修渔俗文化展馆、文化广场8处，建成“老巷子”“石疃”“百年海草房”等一批展现一村一品、体现乡风乡愁的标志建筑和景观。

2017年，北长山乡北城村与中国乡建院合作，立足海岛特有的自然资源、民俗文化和产业优势，规划和启动“一城一街一海岸”（古城民宿文化区、文化一条街、南海岸休闲旅游度假区）建设。投资600余万元建成渔俗文化一条街及水塘环廊、文化活动中心、旅游公厕等标志性设施。投资8000余万元建设旅游购物中心，观光+休闲+购物的文旅融合产业链条初步形成。2017年，北城村被农业部评为中国美丽休闲乡村。

2017年5月，南长山街道王沟渔家风情园建成投入运营。王沟渔家风情园占地5.3万平方米，总投资8700万余元，建设具有江南建筑风格的渔家别墅33幢92家，建筑面积2.8万平方米，

王沟渔家风情园（2017年）

主要用于渔村群众的转产转业。风情园实行规范的园区化管理，布局合理、现代宜居的多层渔家小楼代替过去低矮的民居，装修风格突出海岛特色，形成体现渔家风情的特色主题房，普遍设有标准间、大床房、家庭房、复式阁楼、VIP套房，满足游客不同的消费需求。在管理上，成立长岛王沟渔家风情园有限公司，对收费标准、配套服务、景区及交通票务办理、技能培训、宣传促销等实行统一管理。当年接待游客3.5万余人次，实现收入900余万元。

2017年8月，南长山街道壹號院度假民宿建成投入运营。壹號院度假民宿以县供销社旧址及南长山街道原办公区的建筑为基础，占地面积8000余平方米。投资2000余万元进行保护性开发，保留原有石墙灰瓦传统建筑风貌，植入当代设计手法和度假理念，建成集文化创意、时尚休闲、旅游度假为一体的综合性“渔家乐”体验园。度假民宿包括450平方米的民俗馆和1800平方米的民宿客房，兼具海岛特色民俗文化的展示功能和高端度假民宿的双重属性。内设民俗体验馆、咖啡吧、红酒餐吧、亲子体验吧、露天BBQ（户外烧烤）、小剧场、会务吧和44间精品度假别院客房。客房设家庭房阳光标准间、阳光大床房、度假大床房、温馨家庭房、土炕度假房、土炕家庭房、Loft度假房、农舍度假房阳光标准间，满足游客个性化消费体验。可筹办个性化露天婚礼、亲子休闲、各类型聚会和企业团建拓展活动，为全市首家公司化运营的度假民宿。

2018年，黑山乡获批实施省级乡村连片治理项目，投入2200余万元，建设改造游客服务中心、公园、健身广场及道路、自来水、排污等基础设施，重点对“中国美丽休闲乡村”土岛村实施村居风貌改造，完善乡村记忆、渔村文化平台和服务接待设施，形成主题特色突出、地域特色鲜明的黑山“渔家乐”品牌。

2018年，北隍城乡筑海文化旅游综合体启动建设。项目总投资2400万元，建设面积2077平方米。设置生产区观摩走廊，让游客亲身体验海产品从捕捞收获到生产加工全过程，领略海洋科普文化；设置产品展厅，销售旅游小商品即食海珍品、旅游纪念品渔绣、剪纸等；设置海岛民俗特色接待区，让游客在吃住上感受海岛浓浓的文化气息，示范引领和带动“渔家乐”旅游，推动

壹號院度假民宿（2017年）

文化与休闲旅游、生态渔业融合发展。是年，南长山街道山前村渔家风情园一期工程完工，建筑面积7000余平方米，32家“渔家乐”业户入住投入运营。

第三节　文化提升

“渔家乐”运营之初，县、乡两级通过举办节庆活动，渔村组织秧歌、舞龙表演等渔俗活动，丰富“渔家乐”文化内涵。县旅游、文化等部门先后编制出版长岛组歌、文化丛书等系列作品，引进山东画院烟台创作基地在长岛落户，推出“周末喜相逢”和“美丽长岛·开心渔村”系列文化活动，上演渔家号子、海岛秧歌等民俗节目，使游客深层次感受渔俗文化深厚底蕴。2004年，长岛旅游艺术团编排的《长岛渔号》节目在烟台中韩国际食品交流与合作博览会上演出，倍受好评。2005年，反映长岛“渔家乐”发展的《渔家乐》长卷由著名画家王成喜历经两年绘制完成。画卷长38.8米，宽0.56米，首次采用纵画长卷的方式，被誉为“国画直幅第一卷”，入选上海大世界吉尼斯纪录。2006年，《长岛渔号》获第九届中国开渔节全国渔歌邀请赛作品、表演二等奖。2010年，由县文化局创作编排的《渔岛渔嫂渔家乐》在全省曲艺会演决赛中获演出二等奖。2012年，投资50多万元，在明珠广场建设活动式舞台，从7月开始每个周末举办一场“周末喜相逢、开心在长岛”广场消夏晚会，共演出12场，每场观众达3000余人，特别是由渔民渔嫂表演的《长岛渔号》《渔岛渔嫂渔家乐》和《渔家秧鼓》等原生态渔俗文化节目。

2015年起，根据《长岛县乡村旅游规划》，围绕“一岛一主题、一户一特色”，发掘渔家院落、渔家生活、渔家生产等渔家文化，实施“渔家乐”文化内涵提升项目研发和改造示范，扶持引导“渔家乐”差异化发展。县政府拨付专项基金100万元，提升“渔家乐”品牌文化内涵，从食、住、娱等多方面进行研发和改造示范，每年扶持10～20家主动转型高端“渔家乐”，以点带面提升“渔家乐”文化品牌和服务接待质量。南长山街道荻沟村、北长山乡店子村部分经营业户在改善食宿条件的基础上，请专业人员规划设计，在软件建设上提升文化品位，建成6处以摄影、海钓、地中海等元素为主题的“渔家乐”。像北长山乡店子村“家之味”主题“渔家乐”，石头墙、老家具、渔养工具，再现传统渔家风貌，庭院绿化美化和门窗装饰，注重中国味的改造，凸显海岛民居原汁原味的生活气息和海洋文化特征。是年，全县首支“长岛秧歌”民俗文化表演队成立，县财政免费为其配备乐器、服装，先后举办舞林会、秧歌会7场；对重点文化产业项目、骨干文化产业实体加大扶持力度，砣矶民俗博物馆列入2015年市级文化产业专项资金项目。同时成立主题“渔家乐”合作社和“渔家乐”音乐协会，并出版“渔家乐”菜谱、长岛故事集等。2016年，北长山乡北城村传统民居“渔家乐”改造项目、砣矶岛渔俗文化博物馆、木帆船制作技艺、砣矶“金星雪浪”砚老坑遗址保护、砣矶“金星雪浪”砚雕刻5个项目成功申报市重点文化企业园库区。县乡村

“家之味”主题“渔家乐”（2015年）

三级文化联动链条逐步形成，培养渔俗撰书、渔号传唱、古船制作等30多个本土文化能人。

2017年，以系列广场文化活动为载体，在声乐、曲艺、舞蹈等门类上通过老歌新唱、老曲新编等形式推出一批反映长岛民俗文化、展现时代风貌、传承海岛精神的优秀作品。完成《渔歌高唱奔小康》等9件作品的编创，其中《长岛“渔家乐”》被评为“全省群众艺术优秀新创作品”，《渔家大嫂夸长岛》等2件作品进入全市繁荣舞台艺术“双演”机制第三轮选拔。是年，列入县文化提升工程项目的砣矶镇20家“渔家乐”示范户完成改造。2018年，南长山街道渔号小镇·渔俗文化街建设成为中国北方第一个海岛度假综合体项目，北长山乡北城文化旅游休闲中心、砣矶镇井口渔家文化休闲园、大钦岛乡海上养殖体验特色民宿启动建设，文化提升工程实现全域推进，渔家乐呈现民俗化、主题化、定制化发展态势。

第四章　入住渔家乐趣多

第一节　吃住在渔家

住宿

游客经过车船辗转、长途跋涉，直到坐到渔家的床上，才长吁一口气“总算是到家了”。看看住宿的环境，无论是新房旧屋，不管是大房间、小房间、单人床、双人床或大炕，都干干净净，整齐有序。男女老少、夫妻伴侣、大人孩子，几个人、十几个人，户主都按客人要求，灵活调配，住不开的可与邻居调换，直至客人满意为止。客人入住渔家，年龄不论长幼，身份不论高低，总让你放心、安心、称心。

所有的房间，清一色的瓷砖铺地（或木质地板），刮板的白墙，有字画镶嵌。席梦思床上的被褥，里表三新、整齐划一，清洁卫生。多数渔家的庭院，都用纱网围罩，让你走进一个无蚊蝇的世界。

在渔家，电视、电热器、电风扇、电冰柜、纯净水、双洗手间，一应俱全。在这里入住，无须担忧坑、蒙、拐、骗。所有挂牌的“渔家乐”，都经过工商部门注册，旅游部门监管，卫生防疫部门许可，公安、消防、环保部门督查，县乡村三级都把关爱投进来。

2007年秋，一位枣庄的画家进岛写生，经人介绍入住到乐园村的情缘渔家。那天晚上，他见客人不多，竟自选了睡大炕。渔家大嫂特地给他烧炕，赶赶寒气。第二天，他夸赞大炕宽敞，睡姿舒展自由，全身得到松弛。

餐饮

看看渔家的菜谱，听听主妇的报价，足让你住得起、吃得消。渔家把游客看成是朋友，并非是“摇钱树”。渔家图的是多交结朋友，创“渔家乐”品牌，让老客带新客，多来回头客。

渔家餐桌上的菜食，常常是东邻西舍作比较，互相交流，取长补短。10人1桌，10菜1汤，是必不可少的。倘若谁家有新花样而自家没有，都见贤思齐地取长补短，宁肯少挣钱也不能掉身价、丢脸面，让客人小瞧。渔家大嫂有个习惯，餐前总要征求客人意见。有忌口的，得另做小灶；有特需的，得设法去补“短板”。客人可以点菜，标准可高可低，酒水可以自备。对于海参、鲍鱼、大对虾这三大珍品，渔家云：“要看规格高不高，先看三件少不少”。上不上这三大件，主人总是先征求客人意见，一切主随客便。

瞅瞅“渔家乐”待客的餐桌，大盆里是冒尖儿的海虹、扇贝、蛎子头；大盘里是冒着热气的小虾、虾爬、海蟹子。桌面上的盆盆碗碗，摞起来活像一座座石礁。鲜活的海产，原汁原味儿；顶鼻盖儿的美味，勾得人直咂嘴。

第一次来岛，不知桌上都是什么“馅”，心存疑虑，不敢下手。这时，面带笑容的渔家大嫂走过来，报菜名、做示范，教游客从哪下手，从哪入口，蘸什么佐料。对于浑身长满倒钩刺儿的虾爬子，大嫂一本正经地面向客人，亲手扒食给大人看，教会大人扒给孩子吃。

“渔家乐”的餐饮食材是纯绿色的、鲜活的；加工制作是传统工艺和当代技艺结合的。为提高渔家主妇的烹饪水平，县住宿和烹饪协会、旅游局、工会和乡村“渔家乐”管理办公室，多次组织户主内培训、外取经和比赛、考评活动，请县城名厨名师下乡送艺，实地操刀掌勺，以利于提高“渔家乐”的烹饪技艺。

按照渔家“进门的饺子出门的面”的习俗，客人临门或离别，渔家分别以鲅鱼水饺和开卤面来款待。饺子，系白元宝，象征客人来，必生财；面条，似金丝线，缠住财神再生财。渔家用长岛的名吃和风味小吃来开头、结尾，吉意深远，主客皆大欢喜。

逢年过节、老兵退伍、新兵入伍，黑石嘴村的拥军老娘渔家和“长岛好人”贾平渔家，用鲅鱼水饺、端午粽子、团圆月饼去连队拥军，慰问的是特殊的“兵客”。时有顺口溜：“大道东西两家人，一个连队一户民。平日一绳晒衣服，节日军地倍加亲”。

互动

游客在“渔家乐”户入住，白天多随团游览景区。时到晚上，主客互动丰富多彩。早期“渔家乐”户主特邀请岛上的文化人介绍海岛的地理概况，讲述渔家的风土人情，宣讲海上的自然奇观、闯海的惊险故事和鲜为人知的奇闻轶事，增进互动体验。

在海岛购买海产品，“渔家乐”主人是最好的参谋。不论是选货还是论价，总让远来的客人买到实惠的特产。有的外省来客要去拜娘娘（妈祖），这让渔家找到知音，祈福求安让主客更有共同语言。渔家总是耐心地告诉客人，去庙岛在哪儿买票、从哪儿上船，说只要人心诚，神仙必有灵。主人反复叮嘱：“千万别误了返回的船”。

饭前饭后，主客各自夸赞自己的家乡，彼此交流致富的门路。有的相认干亲，有的为婚事牵线搭桥，笑说愿当红娘。真是一回生、两回熟、三回是朋友。

客到景点游，特别是乘船海上游，渔家大嫂会让你多穿衣服。见有穿拖鞋的，便找来跟脚鞋让你换上。有的客人感冒，主人会呼名喊姓地叫你别忘吃药，顺便递上一瓶矿泉水。这时候，“在家千日好，出门事事难”的古语，在渔家不知藏到哪去。

第二节　游乐在海上

乐乘游船观海景

90年代初，长岛旅游部门先后在海上开辟长岛港至万鸟岛（车由岛）、长岛港至大黑山岛、长岛港至高山岛、明珠广场码头至长山尾、店子村至钓鱼岛（挡浪岛）5条旅游路线。

海上游需专用码头、专人专船营运，严禁渔船非法载客。看看船上，统一着装橙红色安全背心，便能分出人的身份。船长和船员，都是登记在册的专业人员。

夏季的海上，烈日当头。可冰凉的海水、清爽的海风却沁人心肺。看看游客的心情，惊奇、喜悦。他们在蓝天碧海的衬托和鸥鸟随船的伴舞中，感受着乘风破浪的气势，享受着大海凭鱼跃的自由，每个游客的精气神都毫不掩饰地呈现在脸上。

登万鸟岛，可领略万鸥展翅的奇景，增强守家护门和众志成城的海洋国土意识。岛上的黑尾鸥，对于登岛的不速之客，它们铺天盖地地聚拢过来，一边呼叫着警告，一边用翅尾扑打，有的衔毛驱赶，有的拉屎投弹，轮番地自卫攻击，誓不让陌客侵犯。鸥鸟的领土意识令游客敬畏不已。

在前往高山岛的游路上，眼尖的鸥鸟从四面八方飞来，为的是乞求游客施舍，自食育雏。原来，游客在上船之前就备好馒头、方便面、火腿肠等，以喂食这些可爱的生灵（后来改用专为鸥鸟加工的鱼食）。

有些脸皮厚的饥鸟，不害羞、不害怕。大胆地落到赐食者的手上、肩上夺食；体壮的鸥鸟专在空中争抢抛食；体弱的鸥鸟在浪花和浪痕中捡漏食。那种人鸟亲近的零距离，令人物我两忘。

游船靠近高山岛，给游客带来“离天三尺三”的刺激。200多米的悬崖，直帮陡站，欲倾欲倒。鸥鸟在这里组建成“石楼村”。它们凭借危崖安家、群体御敌。凶残的老鹰只能在峰顶崖上盘旋，在千鸥万鸟的空防中没有用武之地。

在长岛港至大黑山岛的游路上，可谓一程一景，山光水色，目不暇接。船经钓鱼岛，可静观海豹登礁姿态，偷拍晒日光浴的懒样。海豹受惊滚礁的情景，让人偷笑不已。船在这里要停机，人在这里要闭语，一切观察都在静悄悄中。船长提示大家，别看海豹闭上眼睛，它的耳朵鼻子却十分机灵，怪声、异味都是它警惕的信息。

游船至宝塔礁处，海蚀崖、海蚀柱、海蚀洞、海蚀平台，高低错落，地貌原始，各种地质遗迹、海蚀奇观一览无余。

船至龙爪山景区，海蚀奇观更胜一筹，这里有83米深的石英岩海蚀大洞，也有张果老的驴槽礓，何仙姑的神碓臼。崖壁上有岌岌可危的帽活石，一条登天下海的天桥横亘其中。山崖之西北角，一幢独门独户的“假楼”引人入胜。楼上有阳光通透的阳台，楼下有石阶、石凳可供人来客往。这是一处大自然鬼斧神工与岛上村民用神话堆积起来的海蚀博物馆。

从明珠浴场码头到长山尾的游路上，可睹沙坝东侧的浪向西奔，沙坝西侧的浪向东涌的自然奇观。这条由风浪、海流和水中沙坝共同形成的千古奇观，专家评说，“世界稀有，国内无双”。而今，长山尾奇观已被中央一台外宣部门拍摄，作为文图并茂的珍贵影像资料。

大半天的海上游结束后，游客回到渔家，不断地回味海岛自然风光的魅力，感叹保护海洋生态的重要价值，主客有说不完的新话题，猜不完的自然谜。

随船出海当渔民

2002年，长岛县的旅游业蒸蒸日上。渔家叫响“吃住在渔家，游乐在海上”的口号。南长山岛的乐园村，率先在近岸海区开辟海上休闲游的项目。利用严格规范的渔船，经职能部门审核批准，遵循切实的安全措施，载客出海，到黄、渤海分界线海域观赏“玉滩堆雪”奇观，在海上牧场区体验下蟹笼、拖小网的渔猎情趣。

好奇的游客，有的直接参与拔网、拔笼劳动，有的问长问短求知解惑。大方的船长亲自讲述猎捕技术，布网要领，一一点教海产名称，并让游客把部分鱼、虾、蟹、贝带回渔家，自己蒸煮，自品其味。让远离大海和久居闹市的游客，享受一次海上休闲的乐趣和当一次渔民的自豪。一位游客在品食鲜活海产品后口福大增，诗兴来潮：“长岛海产活而鲜，美食名吃纯天然。好客长岛邀相饮，海上仙境醉八仙。”

仿古船上听渔号

长岛渔民号子源于掖县（今莱州市），由清末民初当地的造船工匠或渔民带入岛内。那时，砣矶岛排造的大风船，系母船带子船在远海作业，船上的劳力每船多达15~16人。繁重的体力劳动，需有一个统一的号令来凝聚力量、协调劳动。于是，渔号的文化得到发扬光大，成为国家“非遗”。2004年，长岛县旅游局以砣矶岛大风船（俗称大瓜篓）为原形，投资150万元，先后排造“渔家乐1号”和“渔家乐2号”仿古风帆旅游船（系风帆、机动两用船），开辟南部诸岛间“一线多点”的海上游路。

游客乘船观光游，可亲身体验摇橹、掌篷、拔锚、起网的重体力劳动，感悟大海上那呐喊音乐的美感，体验国家级非物质文化遗产长岛渔号的魅力。

好奇的游客，先行拔锚。只见20几个人使不齐劲，锚在水下如同生根，纹丝不动；他们又试摇橹，30多斤的大橹橹锥对不准橹盘，无法推拉。

不认输的年轻人争着去掌篷，刚把提头拉起几米，风帆再也不动了。有的女客打着“滴流”，笑痛了肚子，也没把篷掌起来。

这时节，船长（兼号头）令伙计们上手。只听号子一起，船员们全神贯注。“哎——嗨——好上一个外呀——”，此系领号的预令。“哎嗨——吆吼——外上一个好哇呀——”这是众人的和声。力，就在“合”的声律里生，在“齐”的字音里长。合号的句头紧咬着领号的句尾，这一领一合，音程八度大跳，大有力挽狂澜和排山倒海之势。游客见此劳作情景，敬畏不已，纷纷拍掌点赞，感叹“人心齐泰山移”的真谛。那轮番的叫唱，反复的呐喊，有节奏的动作，让游客深刻领悟出长岛渔号的威力，它能让多心眼想到一起，能叫八股绳拧到一块，产生以十当百凝聚力和向心力，许多青年男女争相与船长、船员合影留念。有的游客自语：“听长岛渔号是一顿比吃海鲜还过瘾的文化大餐。”

游船自长岛渔港码头启航，沿途经北长山岛、螳螂岛、挡浪岛、犁犋把岛、大黑山岛。一路上，山情水势、奇异景观让游客目不暇接，纷纷点赞，说这里是神仙住的地方一点不假。

游船回归，停靠庙岛，游客可登岛祭拜海神，观瞻中国北方上千年的海上古建筑群，向海神妈祖虔诚跪拜，许下自己的心愿，释放心灵深处的淤积。

赶海园里海获多

1998年，北长山乡的店子村，率先开发钓鱼岛（挡浪岛，无居民）的海上垂钓场和休闲赶海园，让游客定时、定点捡螺拾贝、钓鱼捉蟹。钓场任游客自选。岛上的管理员、导游员当参谋、当向导、当安保。收获的鱼、虾、蟹、螺，各自带回房东渔家。无论是原汁原味儿蒸煮，或是加工配料来提味，都主随客便，让其自劳自食，品味这“活鲜”的美味，一饱难得的口福。

2011年，孙家村也开辟了赶海园。供游客捡螺、拾贝、抓蟹子，让其自劳、自娱、自乐。2014年，随着东山休闲美食山庄的开发，赶海园的游乐项目也在增多。园内的潮间带长约1000米，且坡度缓，砾石、明礁、暗礁多，最适把杆垂钓。在景区北侧的湾滩处，增设了划皮艇、摩托艇拖“海上沙发”和风帆划游项目，使景区与赶海园相配套，让海上游乐场项目丰富多彩。同时，在岸上建起了宽大的临海餐厅，门窗由大块玻璃镶嵌，采光极佳，视线开阔。游客可在品食海鲜的同时，居高临下地观赏海上的巨轮飞舟，眺望远近海岛的风情，猜度当神仙的滋味。

挡浪岛上观海豹

船临挡浪岛，人船无声息。只见海豹趁潮选择礁的缓坡处，以鳍当足，向上蠕动。虽然动作拙笨，但憨态可掬的形象，惹人赏心悦目。最多时有23只海豹同聚一礁，可谓摞上摞，肉挤肉。当周边平安无事时，则闭目美美地享受日光浴。别看它们睡了，但它的耳朵和鼻子却“醒”着，一旦发现响声或异味，立即惊醒，互通情报，迅速翻滚下礁入海。一会儿，又露出脑袋，观察动静，待机再登礁。

听导游员说，这些不速之客，是在辽东湾的冰上越冬的。它们在这里产子哺乳后，随着冰融南下东去，到朝鲜半岛的白翎岛上换毛度夏，秋末经老铁山水道返回辽东湾。明年春天，还要路过长岛。它们千里横渡渤黄两海，选在这里休憩、觅食、晒太阳，挡浪岛成了它们东渡的“加油站”。

这种海豹，经中韩两国专家联合调查证明，属一特殊物种，与太平洋斑海豹无基因关系。2002年，长岛被划为山东省海豹自然保护区。

海上垂钓乐趣多

2010年后，长岛县周边的县市和大城市的垂钓爱好者陆续进岛。这些入住渔家的钓客，有单人独行的、夫妻结伴的和渔友组团的。

南五岛的钓场多选在岸边、码头、坝沿或近海的养殖架子处。钓鱼协会组织的“垂钓”，选在无人岛的深水海域。

后来，钓场由南向北拓展。相对南五岛，北五岛的水深、流大、海况复杂。有趣的是，“渔家乐”的户主被聘请当参谋，有的请有经验的老渔民当向导，乘坐着挂尾机船趁着潮汐去闯鱼窝。这些退休的闯海人，心里各有一幅秘而不宣的海图。无论是志石、船礁（沉船）、沟心，都能参照地物、凭着记忆，通过目测把它找到。有的老渔民保密一辈子，没有外传，因为这是“秘方”。

在他们的指导下，垂钓者各显神通。你拔鱼、我下线，手忙脚乱。凌晨3点，钓手们就被叫起来，到了钓场天刚放亮。每次出海，他们总是满载而归。好心的渔家除当天让他们享用海鲜外，还腾出冰箱，把海鲜冰起来作为回家的战利品，向妻儿老小献宝。

第三节　主客联欢乐

游客入住渔家，亲如一家，特别是回头客，亲情胜似一家。日久天长，夏夜主客举行的联欢会，已成时尚。老客户们都心里有底，“有备无患”，总是把准备好的联欢节目当成礼物。

庭院联欢乐

渔家的庭院宽敞明亮，蚊蝇被网罩隔绝。联欢的时机，多选在接风宴、饯行宴或节庆的日子。渔家主人，要致欢迎词、欢送词或祝福词。话是真情的、腔是土洋结合的（指普通话）。往往是边品海鲜，边喝美酒，节目在酒兴里、掌声中拉开序幕。

渔家的联欢，没有节目单。有的自告奋勇，即席献艺；有的被点名“轰”到台上。无论是吹、拉、弹、唱，或者是口技、谜语、变魔术，方言的色彩浓，乡土的味道鲜。联欢会把“南腔北调”融为一体，让夏夜的海岛成为欢乐的海洋。

渔家的主人不甘示弱，吼出一曲“好汉歌”。岂料，唱了半截忘了词儿、跑了调，哪知越是离谱越是叫好，隔壁邻居都来助阵，一个渔民号子把晚会推向高潮。

有的渔家因人制宜，接待的主客是省城组织的夏令营。主人特设了“文化餐”。请来岛上的文化老人，专场讲述妈祖赐灯、抢险救难、渔家习俗和岛上的奇闻轶事，让远道而来的小客人，寓教于乐，倍受家长和青少年的欢迎。

广场集体乐

由各村“渔家乐”管理办公室组织的娱乐晚会，多在村中的广场举行。表演的内容有耍狮舞龙、燃放礼花鞭炮（2019年2月禁放鞭炮）、扭秧歌、卡拉OK、时装走秀、篝火、腰鼓、活报剧、广场舞等。节目有经典歌曲、京剧清唱、快板。表演不分演员观众，地域不论东西南北，“渔家乐”业户以海岛人献艺为荣，团体客为家乡人助兴为乐。

在集体乐的广场上，河南客唱豫剧，山东客唱吕剧，东北客是被点名演出二人转。合唱是团体客的优势，不论老歌、新歌，观众以掌声拍节奏，给“渔家乐”户增光，给家乡人添彩。台上台下以“乐”为媒，把“五湖四海”的文化在夏夜的海岛碰出火花。

广场晚会亦是一次选拔的预演，一场彩排，各家各户都铆足了劲儿，它为县办的“周末喜相逢”，评选优秀节目，选拔参演的演员。

周末喜相逢

周末喜相逢，是长岛县旅游局、文化局和各村“渔家乐”管理办公室共同举办的综合性大型文艺晚会，场地设在南长山岛濒海的明珠广场。参与者，有当地文艺演出队、外来的知名艺术人和“渔家乐”业户代表队。

舞台搭设考究，灯光音响效果良好，台上背景影像鲜活生动，色彩纷呈。场上观众，一边纳凉享受海风的清爽，一边观赏多样的文艺表演。临近的渔家和游客“近水楼台”，几乎全家出动；外岛和远处的渔家与游客结伴相随，前来观赏助兴。

长岛渔民号子是压轴戏。它是风帆时代渔民在船上劳作的真实场景。每当渔号叫起，那节奏、那呐喊、那力量，可谓气贯长虹，令人振奋不已。每当表演时，全场鸦雀无声，就连孩子们也停止打闹，他们自动组合，合伙模仿，自演自乐。他们的童声，让人感到时代的变迁和文化的传承。

第五章　渔家名吃·风味小吃

90年代后，长岛"渔家乐"业户坚持吃、住、行、游、购、娱六大服务理念，以吃为龙头，用传统工艺结合当代技艺，通过技术培训、外出参观、交流评比、烹饪技能得到不断提升，形成面食类、炸烧类、蒸煮类、焖炖类、生冷类、汤羹类、发酵类、干腌类、冻僵类等多种类海鲜美食。这些风味多样、食药兼备、特色鲜明的食品，深受游客青睐。

第一节　渔家名吃

葱烧海参

由海参配大葱白勾芡烧制而成。主料，水发海参；配料，段葱白、八角、料酒、酱油、盐、味精、淀粉、白糖。

葱烧海参，既有名贵的身价，又具品馐之魅力，成品可弥补海参自身鲜度欠佳之"短板"。可谓海八珍之冠。

葱烧海参

浇汁鲍鱼

鲍鱼浇汁，既不减其本味，又可增其浇汁之美味。主料，新鲜鲍鱼；配料，精盐、味精、淀粉、明油。制作时要把鲍鱼肉从壳上取下，去肚洗净打花刀，再行制汁、浇汁。

浇汁鲍鱼

清蒸大虾

鲜活的大虾，多用于清蒸，食其原汁原味；储藏的大虾，多用于的手艺，使其锦上添花。

主料，大虾；配料，白糖，油、盐、酒、醋、白糖、葱丝、姜丝、清汤。制作时需注意挑去背部沙线和头部沙包，再按步骤施艺。

这三大海产是长岛的珍品。餐桌上只要有了这三道珍馐，待客的规格算到顶了。对于这三大海鲜，主人总是先报菜名，征求游客意见，因需加工。

芙蓉扇贝

芙蓉扇贝是采用扇贝丁和鸡蛋清搅拌蒸熟的海鲜。以鲜嫩为特色，洁白为主调，被称为"白雪公主"的汤羹菜食。

焖鲜鱼

焖鲜鱼是渔家餐桌上的主菜。特别是迎宾待客，无鲜没有特色，无鱼不成敬意。因"鱼"与"余"谐音，寓意着吉利和富有。

黑鱼和黄鱼，在长岛都有"常住户口"，春、夏、秋季和初冬都有鲜活的鱼可供。而镜鱼、刀鱼、黄花鱼、偏口鱼、辫子鱼等，随季可取。

焖鱼的作料多为葱、姜、大料、大蒜和面酱。其加工的工艺既不是"炒"，也不是"煮"，而是盖紧锅盖，添汤适中，长时间的慢火来“焖”。俗叫“千炖豆腐万炖鱼”。

炸蛎黄

用鲜嫩的海蛎肉挂糊炸成的蛎黄，外酥里嫩，味道独特，鲜香无比。趁热而食，口感尤佳。

清蒸海蟹

飞蟹、海蟹、虾爬子清蒸出锅后，外红内白，肉质肥美，鲜嫩兼备，原汁原味儿，配用姜末、醋汁提味，更显扒食的情趣。

炒海蜇头

用海蜇头配五花肉和葱、姜、椒、盐、料酒、淀粉、香油等炒制的海蜇头，集鲜嫩、鲜香于一体。此系渔家粗料精工的一个创举。

加工时，水发的海蜇头要切成块，猪肉切成片，葱切成花，姜切成丝，蒜切成片。经多个工序后，成品的作料“五湖四海”，碟里色泽五彩斑斓。

生食江珧贝

江珧贝柱硕大，洁白似玉。用柱体切成的片儿蘸辣根，是餐桌上一道提精爽神的鲜辣凉菜。食时，蘸辣根要适中。少了，不刺激；多了，辣到头顶。它在餐上既让人眼馋，又叫人生畏。

可与江珧贝相媲美的还有生食海胆、赤贝、鸟贝、牡蛎肉等。

海带卷

海带的食用、药用价值很高。渔家巧用泡发的海带条块，包裹精作的肉馅，在屉上蒸食。这种菜食，风味独特、造型美观、地方特色浓郁，保健价值很高，很受游客欢迎。

第二节　渔家风味小吃

鲅鱼水饺

长岛鲅鱼水饺是风味名吃中的佼佼者。其主料与配料分别是：新鲜鲅鱼、鲜嫩韭菜、肥肉丁、花生油、料酒、精盐、味精、凉水。饺子的特点是：个头大，饺皮薄。拌馅时，边顺时针搅，边加凉水，直至挑一筷子能成堆为止。2018年，长岛的鲅鱼水饺制作技术入选烟台市非物质文化遗产名录。

另有，扇贝水饺、海蛎肉水饺、牙片鱼水饺、虾仁水饺、紫菜水饺，都各有千秋，独具风味。

骆驼毛包子

是冬季“数九”后（或“出九”至清明）的季节性海鲜包子。骆驼毛菜最喜大油、大蒜，若适加白菜和海蛎肉，味道极鲜。

这种海菜包子因冬季取材艰辛，产量较少，故，品尝回味算是一种奢侈。制作时，除净泥沙、粗剁、挤干水是关键。

与骆驼毛包子媲美的还有海青菜包子、裙带菜包子、小黑瞎菜包子、海螺包子等，都独具特色、各有千秋。

鲜鱼大面

渔家大面是传统的面食。它工序简易、食材单一，汤面一体，最宜冬季食用。

面条宽而短，多为粗细面两兑和。鲜鱼、咸鱼（浸泡）、海蛎肉、鲅鱼秸子、鱼米、虾米、海菜均可作配料。渔家大面最喜葱末、香椿、韭花作调料，俗称面碟。

鱼锅饼子

是渔家最大方、最实惠、最具特色的配伍风味小吃。

其特点是，在铁锅里用葱、姜、面酱爆锅添水后，将小型的黄花鱼、镜鱼、辫子鱼等鲜鱼放入锅内，待鲜鱼焖至半熟时，在锅沿上贴饼子，即可营造出一个烀焖相融、食菜结合的风味小吃。

鱼锅饼子

海蜇汤

在夏末秋初捕海蜇的旺季，将新鲜海蜇去头和内脏，洗净切成片状，再把片状切成条状，后用清水洗去腥气、咸气。

海蜇汤，汤是质量的关键。它与蛰条相配，虽然生冷，但不伤胃，俗称暖肚。看碗内，四色纷呈；品味道，五味俱全。嚼起来，咯嘣、艮悠；喝起来，喷香、凉爽。享有风味小吃之冠的美名。

海蜇汤

鲅鱼丸子

鲅鱼丸子，类似鲅鱼水饺的馅。它不用包皮，而是用汤煮。制作省时省事，便于吃米饭和吃干粮。

锅内开水烧至60℃左右，始下丸子，烧开后加入盐、味精、料酒、白醋、葱花、香菜、香油和胡椒面。这种小吃，鲅鱼本味不减，又有汤水流食。

海兔酱

是用新鲜海兔发酵制成的酱。用大葱蘸酱当就食，成为传统的风味小吃。制作的关键：一是反复冲洗海兔，一定把水控干；二是加盐比例（一般为10:1）适中。发酵成功的海兔酱，勾人馋虫，催人食欲，成为吃饭的“冤家”。

牛毛蛎羹

用牛毛菜与海蛎肉熬制的汤羹，富有黏性，有绵软密口之特点，热喝为汤，凉食为冻儿，润滑不腻，汤菜一体。

海胆汤

海胆的卵黄共5瓣，米黄色，橘瓣状。用其作汤羹，鲜而不腻，微苦透香，是难得的“海洋味精”。

咸鱼饼子

是渔家最原始、最传统的饭食。饼子，玉米面掺和豆面、小苏打；咸鱼，系指咸鲅鱼或咸鲐鱼，它是盛宴上的小品，主食的配角。

砣矶杂面

当地亦称喜面，多在结婚当天早上制作。由白面粉搭配黄豆粉加水揉成面团，加工至极薄极细面条。葱油爆锅加鲜鱼块调配，添水烧开煮面，煮至软烂，感觉入口即化、鲜香浓郁。

第十编　农　业

80年代，长岛县境内农业耕种以南五岛为主，粮食自给有余。本着“宜粮则粮、宜菜则菜、宜林则林、宜果则果”原则，逐步调整种植结构。特别在全省海岛工作会议后，有计划实施大面积退耕还林。至2018年，全县只有南长山街道、北长山乡、黑山乡有零星土地种植，主要以小麦、玉米、蔬菜为主。

1985年后，长岛县总结推广适应海岛特点的“四大”造林法，科学规划，整体推进，提前两年完成省级“八五”绿化达标任务。1988年5月，国务院批准成立山东长岛国家级自然保护区。1991年4月，县委、县政府作出关于加快造林步伐，两年消灭荒山，五年绿化达标的决定，大力推进造林绿化。1992年9月，长岛国家森林公园获批成立。2002年后，实施“绿化美化大变样”工程，持续开展以海防林建设、裸露山体治理、主要公路两侧高档绿化带建设及“花园式渔村”创建为重点的造林绿化活动。2012年后，实施林业生态治理与恢复，重点对干旱枯死树迹地、病虫害迹地、林中空隙地、裸露山体等进行补植造林。至2018年，全县累计完成退化林修复1000公顷，森林抚育1333.3公顷，补植造林100公顷。全县森林覆盖率为54%，林木绿化率为54.73%。长岛县先后获“全国造林绿化百佳县和沿海防护林体系建设先进单位”“全国绿化先进单位”“全省野生动植物保护和森林病虫害防治工作先进单位”“山东省依法治林保护森林资源工作先进单位”等称号。

境内水资源保护以蓄为主，综合治理，采取屋檐接水、水利工程蓄水、海水苦咸水淡化等多种方式保障供水。2014年后，蓬莱至长岛跨海引水工程建成通水，饮水安全工程逐步实施。至2018年，乡镇供水工程均实现集中供水，城乡供水一体化基本实现。

第一章　林果业

第一节　林业资源

树种资源

1985年退耕还林后，全县有林地2069.27公顷，森林覆盖率为38.9%。80年代中期，从岛外引进雪松、龙柏、蜀桧等作为“四旁”(村旁、宅旁、路旁、水旁)栽植，占林地比例较少。阔叶树种以刺槐为主，占总林地面积的15.1%。

2018年，全县林地面积3294.85公顷。其中，乔木林3098.88公顷，占94%；灌木林183.54公顷，占5.6%；无立木林地和林业辅助生产用地12.43公顷，占0.4%。全县所有林种均为国家一级公益林。有胸径5厘米以上的活立木蓄积10.1万立方米，森林覆盖率为54%，林木绿化率为54.73%。

古树名木

境内古龄树木种类主要有国槐、银杏、柘树、皂荚、文冠果等，百年以上古树有14株。其中，砣矶镇井口村的2株银杏树，至2018年已有508年树龄。林业部门对古树名木实行登记造卡、建立档案，定期防病观察，安排专人管护。

砣矶镇井口村庙后的古银杏树(2018年)

2018年长岛县古树名木统计表

表10-1

编号	树种	位置	树木概况					长势
			树龄（年）	冠幅（米）	树高（米）	胸围（厘米）	地径（米）	
1	国槐	南长山街道赵王村	146	15	20	220	0.8	旺盛
2	国槐	南长山街道赵王村	116	8	16	154	0.55	旺盛
3	国槐	北长山乡北城村村	268	12.3	13	348	1.32	旺盛
4	银杏	北长山乡店子村	215	13.6	8.5	192	0.78	旺盛
5	国槐	北长山乡店子村	168	15.1	16	245	1.06	旺盛
6	国槐	北长山乡店子村	168	13.4	15	133	0.6	旺盛
7	国槐	北长山乡店子村	168	13.6	15	143	0.66	旺盛
8	国槐	北长山乡店子村	168	15.6	16	214	0.97	旺盛
9	国槐	北长山乡嵩前村	268	7.4	18	285	1.12	一般
10	皂荚	小黑山村	128	11.6	11	128	0.46	旺盛
11	皂荚	小黑山村	128	12.4	10	110	0.48	旺盛
12	文冠果	黑山乡北庄村	403	5	5	212	0.68	较差
13	银杏	砣矶镇井口村	508	14	13	389	1.36	旺盛
14	银杏	砣矶镇井口村	508	15	23	380	1.31	旺盛

第二节 植树造林

1985年后，县林业部门组织技术人员开展专项调查，针对海岛地质、地貌、气候特点，因地制宜制订造林绿化方案。对荒山确定“山顶黑松戴帽，山坡刺槐缠腰”；对“四旁”提出“上乔、中灌、下花草”；对退耕还林地提出“宜林则林，宜果则果，多树种、多层次”；对城区绿化美化树立精品意识，按照“三季有花、四季常青”的要求，实施全方位立体绿化。

80年代末，改良以往“一镢松”“鱼鳞坑”“水平阶”等造林法，推广大坑、大苗、大容器、大水量的“四大”造林法。1991年4月，县委、县政府作出关于加快造林步伐，两年消灭荒山，五年绿化达标的决定，全县干部群众和驻军官兵采取划块包干办法，层层落实责任，展开消灭荒山攻坚战，提前两年完成山东省委、省政府提出的“八五”绿化达标任务。

2002年，按照建设“生态城市、花园城市、旅游城市”的目标要求，开展以退耕还林、林地补植、城区美化、村庄绿化和主要公路两侧高档绿化带建设为重点的造林绿化工程。全县退耕还林100公顷，植树16万株，裸露山体造林7000余平方米，单位庭院、居民小区和全县40个渔村绿化覆盖率均达30%以上。2003年，《山东省长岛县林业生态建设工程总体规划》印发实施。2005年，长岛县被评为“全市林业工作先进单位”。

2006年，实施“花园式渔村”创建工程。至2010年，全县累计投入造林绿化资金2500万元，完成林地补植和新造林650.5公顷，栽植各类乔、灌木40余个品种100余万株。大钦岛乡和黑山乡南庄村、南隍城乡南隍城村、南长山街道连城村相继被评为烟台市造林绿化“十佳乡镇”和“百佳村”。

2008年，长岛县制定《关于两年大造林的意见》，规划奋战两年造林400公顷。2012—2018年，实施林业生态治理与恢复，重点对干旱枯死树迹地、病虫害迹地、林中空隙地、裸露山体等进行补植造林，累计完成退化林修复1000公顷，森林抚育1333.3公顷，补植造林100公顷，生态修复80台已拆除风机场地。2018年，南长山街道孙家村被省自然资源厅授予“山东省森林村居”称号。

第三节 林木管护

封山育林

80年代，全县实行封山育林、封山育草、牛羊圈养、留苗养树、限制砍伐等措施保护林木。封山育林实行死封活放、定期开山、监护保持林的管理办法。1985年，实行山林承包责任制，明确绿化任务，严格兑现奖惩，签订合同2149份，承包林地1639.5公顷，封山面积1711.5公顷，占山林面积的83%，其中常年封禁林区114.2公顷。1994年后，封山育林与封山护林相结合，成为森林保护和造林的主要方式。

1995年始，对部分病虫害迹地、疏林地、未成林造林地和无居民岛上的灌木林地采取人工造林、补植改建、留苗养树、天然萌生等多种方式实施封山育林，划定封育区，一封5年，封山育林面积达1000公顷。2001年后，护林组织逐步建立健全，封育设施日趋完善。2018年，全县林区实行网格化管理，有专职护林员88人，分包看管。

森林防火

1987年，长岛县成立护林防火指挥部，各乡镇、村建立护林防火领导小组，成员共计91人。1988年，制定《护林防火须知与规定》，组建以乡镇林业队、派出所、治安小分队、当地驻军为主的护林防火联防队和以民兵为基础的扑火突击队共计1395人，设立瞭望台、防火哨卡，配备扑火设备。1995年2月，县公安局森林公安科成立，主要负责林业执法和护林防火工作。1997年，查处毁林案件1起。2001年，国家对重点公益林实行森林生态效益补偿制度，全县森林管护组织进一步健全，国有长岛林场及10个乡镇均建立森林资源管护专业队，招聘护林员85人，签订管护合同，责任落实到人。2003年2月，县林业稽查大队成立，与县国有林场合署办公。2004年，制定《长岛县护林员管理办法》，对护林员统一考核，按履职情况奖罚2009年，长岛县被山东省人民政府森林防火指挥部、山东省林业局评为“全省森林防火先进单位”。

2010年，投资20余万元，为县消防大队和部队防火预备队配备风力灭火机30台，为护林员配发CDMA手机100余部。2012年始，境内严禁在林区、林缘烧香、烧纸、燃放鞭炮。在南长山岛、北长山岛进山主要路口建防火警示碑13处，在城区内实行机关事业单位包村防火联防责任制。查处一般性森林火灾案件4起。2014年，开展野外违法用火专项治理活动，投资140余万元，购置小型消防车1辆、进口风力灭火机64台、油锯32台、背负式水枪20台等防火物资设备。招录5名护林防火协管员，对护林员实现GPS动态管理定位。在重点区域建设蓄水池24个，总蓄水量700立方米。始建军地协同联防机制。

2015年，投资220万元，完成南长山岛、北长山岛森林防火视频监控平台建设；购置森林消防车4辆，以及油锯、水枪、消防服等易耗器材装备。重要节假日，全县手机用户防火宣传短信提示实现全覆盖。2016年，实行县级领导包乡镇、机关单位包区片、乡镇干部包村、村干部包户、护林员包山头的联防联控制度，实行网格化管理，卡实时间严防死守，形成县级防火巡护队定点监视、流动巡查，机关干部蹲点看守，渔村干部包片看管“三位一体”的森林防火防控体系。

2018年，在县广播电视台和客船上常态化播放护林防火教育片和公益广告，在清明、春节等重要节日发送防火提醒短信近10万条；在各进山路口、村镇驻地、林区道路两侧、墓地等重点部位悬挂宣传横幅、粉刷或张贴标语750余条，增设防火标志50余处。修缮改造县级森林消防专业队营房，配备专用对讲机13部，实现防火期内队员集中食宿、快速出动。投资169万元，购置15吨水罐车1辆、小型森林消防水车1辆、高压灭火水泵系统1套，为西三岛、北五岛配备道路语音智能卡口50套、推车式灭火器50个、高扬程森林消防泵8台，在黑山乡林区增设森林防火视频监控2处。

病虫害及防治

80年代，随着林业快速发展，大量外地苗木、花卉和木材被引进。1988年，长岛县境内首次发现国际性检疫对象美国白蛾。1990年，在南长山镇鹊咀村信号山发现松材线虫病。县、乡、村加强监测，采取综合防治措施，疫情得到有效控制。（参见第二编“自然环境”第五章“自然灾害”第三节“森林病虫害”）

林木检疫

1988年，境内出现美国白蛾疫情后，县农业部门启动森林植物检疫工作。1989年，检疫木材500立方米。1991年，设立县级测报点2个，乡镇级测报点5个，开展测报员培训，检疫苗木1万株。1996年，县林木检疫站成立，逐步建立起完整的检疫体系，组成遍布全县的检疫网络，进行产地检疫和调运检疫。1989—2008年，累计检疫木材1.43万立方米、苗木64.2万株，设立检疫哨卡10处，建立一支由5名专职检疫员、50余名兼职检疫员组成的检疫队伍，常年在商港、渔港、军港检验检疫。2009年后，侧重强化岛内检疫，开展林木采样监测。

第四节　林政管理

林政管理工作始于1987年，由县林业站负责。1998年，成立林政科，编制4人，主要负责林地征用、占用管理，林木采伐、加工、运输管理，林木种子生产、经营管理，陆生野生动物保护和驯养繁殖管理等。

2001年，实行森林资源分类区划，界定国家级公益林1800公顷，其中重点防护林1733.3公顷、特种用途林66.7公顷，涉及10个乡镇、40个行政村和国有林场。2004年，为全县40个行政村和国有林场发放林权证，确权面积3187.5公顷。2006年后，加大山林巡查力度，加强牛羊饲养管理，严厉打击乱砍滥伐、乱征滥占和乱放滥牧等行为。2010年，依法查处大钦岛乡东村少数村民破坏国有林场树木案和大钦岛乡、砣矶镇山林火灾案。2016年，境内实现森林保险全覆盖。2006—2018年，共依法处理各类违法行为113起，罚款5.97万元，教育违法人员230余人次。

第五节　长岛国家级自然保护区

机构沿革

1982年4月，山东省人民政府批准成立长岛省级鸟类自然保护区。1984年6月27日，林业部批准建立长岛候鸟保护环志中心站，对中国东部候鸟迁徙规律进行系统研究。1985年，长岛县野生动物保护协会成立。1988年5月9日，山东长岛国家级自然保护区经国务院批准成立。1991年7月，林业部批复同意《山东长岛国家级自然保护区设计任务书》，投资194万元进行保护区建设。1992年，山东长岛国家级自然保护区管理处成立，编制15人。2001年，山东长岛国家级自然保护区管理处更名为山东长岛国家级自然保护区管理局，和长岛县林业局“两块牌子，一套班子”。2010年，县林业局撤销，成立县农林水务局，承担林业行政管理职责。

位置面积

山东长岛国家级自然保护区是国务院公布的第二批国家级森林和野生动物类型自然保护区之一，是山东省第一个国家级自然保护区，范围为长岛县全境。保护区总设计面积5015.2公顷，其中核心区面积1333.8公顷，实验区面积3681.4公顷，有永久性湿地海域面积1105.2公顷，是以保护迁徙猛禽为主，并保护其他鸟类、兽类、海洋动物的国家级自然保护区，分布有列入《濒危野生动植物种国际贸易公约》中的动物56种、植物2种。

野生动物种类

保护区地处环西太平洋候鸟迁徙路线，是中国东部候鸟栖息与迁徙的重要通道，素有候鸟“驿站”之称。境内有国家一级保护鸟类丹顶鹤、东方白鹳、黑鹳、金雕、大鸨、白鹤、中华秋沙鸭、白尾海雕、白肩雕、短尾信天翁10种；国家二级保护鸟类大天鹅、鸳鸯、游隼、凤头蜂鹰、苍鹰、燕隼、鹰鸮、长耳鸮、短耳鸮、草鸮等51种。国家一、二级保护动物中，以猛禽居多，达40种。陆生动物除鸟类外，还有两栖类、爬行类、哺乳类以及浅海动物等。1984年，长岛开始鸟类环志研究，即将有标记的金属或塑料环套在野生鸟腿部，通过观察回收记录，研究候鸟的迁徙时间、路线、年龄、换羽和种群演变情况。至1997年，累计环志候鸟78种4.60万只，其中猛禽19种3.46万只，并在国内外回收环志猛禽121只。截至2018年，境内共有鸟类21目70科333种，占全国鸟类种数23.0%，占全省70.1%。累计环志候鸟28.89万只，其中环志猛禽8.17万只，国内外回收环志鸟226只。

候鸟放飞（2005年）

境内的游隼——国家Ⅱ级保护鸟类

境内的红角鸮——国家Ⅱ级保护鸟类

鸟类与动植物资源保护

在物资匮乏的年代，境内曾有捕鸟猎鸟食鸟玩鸟习俗，爱鸟护鸟意识薄弱。1982年，长岛被列为省级鸟类自然保护区后，禁止一切乱捕滥猎行为。同年，县、乡、村三级分别成立护鸟队伍，并将每年9月15日至10月15日定为“爱鸟月”。相继发布《长岛县自然保护区管理暂行规定》《长岛县牛羊饲养管理办法》等管理规章，开展《中华人民共和国森林法》《中华人民共和国野生动物保护法》《自然保护区管理条例》《野生植物保护条例》等法律法规宣传教育，群众保护意识不断提高。保护区成立后，群众自发救助伤、病、迷鸟累计1200余只。强化自然景观与野生鸟类栖息地保护，先后于1991—1996年、1998—1999年实施两期保护工程建设，逐步形成“人爱鸟、鸟护林、林涵水、水养人”的良好生态链。开展多项基础性调查研究，形成长岛猛禽资源生态环境影响调查、长岛候鸟迁徙规律研究等10余项科研成果，其中《中国东部沿海猛禽迁徙规律研究》获林业部科技进步三等奖。

第六节　果　业

80年代，本着“因地制宜，适当集中，发挥优势，综合利用”的原则，果树种植逐步推行。1986年后，境内果业生产发展较快。1986年，全县果树面积43.2公顷，分布于南长山岛、北长山岛、大黑山岛、砣矶岛、大钦岛5个岛上。通过嫁接和引进新品种，形成苹果、梨、葡萄、樱桃、桃、石榴等多品种产业结构。红富士、青香蕉、“烟富-6号”栽植面积占苹果总面积90%。优良苹果品种和“红灯”大樱桃、“青皮”甜石榴、“莱选1号”桃、“日本三水”梨等优良品种种植率达95%以上。经营较好的村有大黑山乡北庄村、南庄村、小濠村，南长山镇乐园村、南城村、获沟村、山前村、王沟村及王沟北山园艺场，北长山乡店子村、嵩前村、北城村等。

果业品种

1991年，在全省苹果新品种评审中，长岛县的青香蕉、金帅、富士苹果被评为特优苹果。“嘎拉”苹果获农业部银质奖。1999年，全县进行退耕还林还果。至2002年，共引进苹果、梨、桃、杏、柿子、李子、葡萄、枣、石榴、大樱桃等10个树种58个品种，果园总面积75.5公顷。2008年，南长山镇南城村园艺场开拓北京、天津市场，外销果品20吨。2010—2013年，因城镇建设，南长山镇山前村、获沟村、南城村和北长山乡店子村、嵩前村果园相继被征地。至2018年，全县果园面积缩减到24.2公顷，果品总产量256.44吨。

青香蕉苹果　果实顶端具有明显的五棱“猪嘴”突起，果实清香甘甜，为大型果；树型紧凑丰产，以短果枝结果为主；亩产量在4.5万～6万千克/公顷。1986—1987年，连续两年在烟台市水果评选中被评为优质产品；1989年、1991年，在全省苹果新优品种评审中被评为特优果品。至

大黑山乡园艺场果园（1992年）

2002年，青香蕉苹果种植面积13.3公顷，产量约100吨，主要分布在南长山镇山前村、王沟村、南城村，北长山乡店子村、北城村，大黑山乡北庄村。2008年后，随红富士苹果价格提升，栽培面积逐年扩大，“烟富-6号”苹果栽植面积占比90%，至2018年，全县仅黑山乡有零星栽培青香蕉苹果。

嘎拉苹果　果实短圆锥形，果面金黄色，阳面具浅红晕，有红色断续宽条纹，果型端正美观。1987年，由烟台果树研究所引进栽培，属于中早熟高产品种，一般于9月上旬成熟，先期在北长山乡店子村试栽。1990年后，种植面积逐年扩大。1992年，店子村嘎拉苹果获农业部首届农业博览会铜牌奖。1994年，获农业部第二届农业博览会银牌奖。2003年后，嘎啦苹果作为主要授粉品种，种植面积稳定在12公顷，产量100吨。

技术推广

1985年，举办首届果树技术培训班，培训23人，主要培训果树修剪技术。1986—1996年，共举办害虫防治、果树修剪技术等学习班11期，共培训121人次。1997—2001年，每年举办2期培训班，上半年培训花期人工授粉技术，下半年培训果树修剪及害虫防治技术，先后共培训技术员168人次。2002年，主要培训对新品种的栽培与管理，共举办2期，培训46人次。2005年后，推行果园集约化经营，以村为单位成立联合体承包经营，此模式一直沿用。

1992年，北长山乡店子村嘎拉苹果获第二届中国农业博览会银奖

1986—2018年长岛县果品产量统计表

表10-2　　　　单位：吨

年份	果品总产量	苹果	桃	葡萄	梨	其他
1986	300	100	30	100	40	30
1987	400	220	20	90	40	30
1988	500	350	20	60	40	30
1989	520	330	20	120	20	30
1990	630	420	20	90	30	70

续表 10-2

年份	果品总产量	苹果	桃	葡萄	梨	其他
1991	710	420	90	90	40	70
1992	1250	790	150	100	60	150
1993	1940	1520	130	90	40	160
1994	2000	1610	120	80	40	150
1995	2250	1910	110	60	30	140
1996	2000	1800	100	40	30	30
1997	1680	1530	90	30	20	10
1998	1950	1780	80	30	30	30
1999	1320	1270	10	5	5	30
2000	1600	1495	50	5	20	30
2001	1360	1170	100	60	0	30
2002	1300	1110	80	110	0	0
2003	1320	1270	10	5	5	30
2004	1360	1170	100	60	0	30
2005	1260	1110	80	70	0	0
2006	1650	1530	90	30	0	0
2007	1555	1450	100	5	0	0
2008	1710	1520	100	90	0	0
2009	1760	1650	80	30	0	0
2010	1360	1270	80	10	0	0
2011	955	880	65	10	0	0
2012	658	580	70	8	0	0
2013	606	580	16	10	0	0
2014	204.5	195	5.7	3.8	0	0
2015	397.2	370	19.7	7.5	0	0
2016	387.4	366.8	16.4	4.2	0	0
2017	417.49	396.75	16.46	4.28	0	0
2018	256.44	246.3	5.61	4.53	0	0

第二章 种植业与畜牧业

第一节 作物种植

粮食作物

1984年以前，境内主要以种植小麦、玉米等粮食作物为主。1985年全省海岛会议后，长岛县调整产业结构，实行退耕还林，发展海上生产，农业种植业面积急剧减少。大黑山乡土岛村由村统一耕播，田间管理、生产费用由家庭负责。1986年，全县共退耕面积433.3公顷，存有小麦种植面积189.3公顷，总产550吨，单产193.7千克/亩；玉米种植面积178.3公顷，总产468吨，单产174.9千克/亩。

1989年，全县按照"宜粮则粮、宜果则果、宜菜则菜、宜林则林"的原则，适度退林还耕。南长山岛各村相继将林业队改成农林队，重新购买农机具，由农林队集体耕种管理。县政府向南长山镇、北长山乡、大黑山乡派出3名挂职副乡镇长和2名专业技术人指导农业生产。至1990年，粮田恢复到353.3公顷。1998年，全县围绕旅游总体规划，重点区域退耕还林，发展观光果树和绿化林地。之后部分未还林的耕地由村民和外来务农人员自愿种植。对外来务农人员用地，村委酌情收取耕地使用费。

进入21世纪，当地村民主要以种植玉米、小麦为主，外来务农人员根据市场需要多以种植地瓜和鲜食玉米为主。2018年，全县有耕地173公顷，主要分布在南长山街道王沟村、乐园村，北长山乡店子村、嵩前村，黑山乡北庄村、土岛村、大濠村、小濠村、南庄村和小黑山村。

蔬菜种植

1986年，境内种植蔬菜21.8公顷，总产809吨。主要品种有韭菜、大葱、土豆、大白菜、萝卜、西红柿、黄瓜、茄子、芸豆、菜豆、芹菜、花菜、辣椒、大蒜、西葫芦、油菜、茼蒿、甘蓝等。1987年，县农业技术推广站在王沟库区改造建设蔬菜基地，建设拱形抗风蔬菜大棚1座，生产淡季蔬菜，如黄瓜、西红柿等。并配套安装滴管设备，带动全县蔬菜生产。1989年，全县种植蔬菜29.6公顷，总产1534吨，为历年产最高。1992年，推广黄瓜嫁接技术获得成功。1994年9月，在县养鸡场建设一面坡蔬菜大棚1座，当年投入生产。之后，南长山镇山前村、黑石嘴村，县林场等先后建设冬暖大棚11座，有效缓解海岛军民吃菜难问题。1995年，全县种植蔬菜15公顷，总产938吨。是年，县蔬菜站成立。1997年，举办蔬菜技术培训班，参训人员35名。同年，在南长山镇黑石嘴村蔬菜大棚增施二氧化碳气肥试验，增产效果明显。之后，种植面积逐年减少。2002年，全县蔬菜种植面积仅有13公顷，总产量270吨。2010年后，境内只有少量耕地种植各类蔬菜，产量较小。

第二节 农作物保护

农作物检疫

1984年，长岛县植物检疫站成立，与农业技术推广站合署办公，始设2名专职检疫员。1986年前，检疫对象有小麦全蚀病、苹果棉蚜、甘薯茎线虫病。1989—1990年，据普查，境内危险性病虫害主要有：甘薯茎线虫病、苹果棉蚜。1986—1995年，甘薯茎线虫病在县内发病较广，通过采用温汤浸种、茎线灵药剂浸种苗和更换良种，效果较好，1996年后发病面积逐年下降，到2018年只有零星发生，地瓜病块率在1%以下。90年代，使用久效磷或氧化乐果果树涂环防治苹果棉蚜，效果较好。1995年、1998年，分别在蔬菜中发现美洲斑潜蝇和南美斑潜蝇，严重危害蔬菜生产，疫情严重时发生面积达33.4公顷，大棚绞瓜因受害绝产，通过及时清理病残和采用“虫螨克”等药剂防治，效果较好。2001年，在码头船运沙堆发现菟丝子，经及时铲除，未扩散。2002—2018年，境内未发生新疫情。

病虫害防治

境内主要农作物病虫害有黏虫、蝼蛄、蛴螬、金针虫、小地老虎、小麦白粉病、玉米病毒病等。

1986年前，小麦、玉米以“二、四畦”套种为主，二代黏虫发生危害较重。90年代后，零星发生。蝼蛄、蛴螬、金针虫、小地老虎在80年代后期随着粮田面积下降，发生量随之减少，主要零星危害瓜菜类幼苗。通过推广小麦、玉米种衣剂拌种技术，地下害虫基数下降，对粮食种植危害减轻。

2005年，北长山乡店子村玉米粗缩病发生较重，严重地块减产50%以上。主要通过防治周边灰飞虱，消除传播途径，选择抗病品种“农大108”“郑单958”等综合防治措施，之后偶有零星发生。小麦白粉病、根腐病、锈病、玉米茎腐病等由于轮作换茬，危害减轻。

病虫害防治坚持“预防为主，综合防治”，以生态学观点采取综合防治技术，诸如抗病品种的布局、保护利用天敌做好预防预报、实行低容量喷雾等。至2002年，高毒高残留农药基本淘汰，高效低毒生物农药得到应用，大部分病虫害得到有效控制。2013年，推广物理生态杀虫技术，购置安装太阳能频振式杀虫灯10台，分别安装在南长山街道、北长山乡和黑山乡；测报灯1台，安装在南长山街道山前村，病虫得到及时监测，通过适期防治，消灭害虫成虫，繁殖基数下降，农作物用药次数和用药量随之减少。至2018年，没有严重病害发生。

农药使用和管理

1986—1998年，农药经营主要由县生资公司门市部和县供销社门市部2个国有单位承担。1999年，生资公司和供销社门市部相继解体，由其职工接续经营。1986—2015年，检查农药经营业户10家，无违法案件和假冒伪劣农药查出。2001年后，高效低毒农药得到推广应用，向种植户主要推荐使用无公害杀虫、杀螨剂8类76种，杀菌剂3类53种。随着农产品质量安全标准提高，禁止使用的农药从2001年6种增加到2016年38种。2016—2018年，实行农药进销货备案告知制度和高毒农药定点销售制度，境内没有纳入农药监管平台的单位和业户，农药主要从岛外购买。

第三节　畜禽饲养

家畜

主要品种是牛、猪、羊。80年代后，使役不再是大家畜的主要饲养目的，境内驴、马、骡逐渐消失，牛、猪、羊养殖保持较小规模。

牛　包括黄牛和奶牛，黄牛以肉食和役用为主，通常采取栏养和季节性放牧，饲料以农作物秸秆为主。90年代，随着人们饮食结构改变，奶牛饲养量逐渐增多，21世纪初期达到高峰，饲养量为120头。2002年后，受品牌牛奶冲击，饲养量明显下降，存栏40头。2010年后，年存栏量保持在20头左右。

猪　80年代中后期，境内猪饲养集中在南长山镇、北长山乡、大黑山乡和砣矶镇4个乡镇。1989年，县粮食局畜禽饲养公司建立猪场，年饲养量近千头，引进“杜洛克”“长白”“烟台黑”等品种。1992年，全县瘦肉型猪养殖占比95%。1998年后，当地草猪全部淘汰，养猪业户全部饲养瘦肉型优质猪。1998年，县粮食局畜禽饲养公司养猪场倒闭。2018年，存栏量降至180头，为历史最低水平。

羊　1986年后，境内羊饲养以奶山羊为主，多由村民散养，以挤奶和食用为主，饲养量多年维持在700～1200只。90年代，相继引进小尾寒羊和波尔山羊，改良均未成功。进入21世纪后，为保护山林资源，境内采取限制饲养政策，存栏量显著下降。2018年，存栏700余只。

家禽

境内家禽以鸡为主。80年代后，以县家禽良种场和砣矶镇养鸡场为主，饲养量高峰时达10.52万只。1984年，由县畜牧兽医站、综合办站筹建养鸡场，从昌乐种鸡场引进“288”蛋种鸡600只，自繁自养。至1987年，发展成为拥有商品蛋鸡7700只、肉食鸡8000只的综合性养鸡场。1988年，县家禽良种场投资50余万元，在县毛纺厂至王沟村公路西侧征地1.9公顷，建设集孵化、育雏、育成、饲料加工为一体的中型蛋鸡场，每年向社会提供商品蛋近400吨、白条鸡1.5万余只。2005年，受全国高致病性禽流感疫情影响，境内禁止养殖家禽，停止经营。砣矶镇养鸡场于1985年由砣矶镇工业公司建立。是年，鸡存栏3000只，年产蛋45吨。1988年，发展到5000只，年产蛋66吨。1989年，购进1套孵化设备，鸡存栏达到1万只，年产蛋135吨。1995—2002年，鸡存栏数为5000只。后受鸡蛋价格和饲养成本等因素影响，停止经营。2005年后，境内农户散养取代规模化养鸡。2018年，全县存养量在3000只左右。

特种动物

水貂 水貂饲养始于1973年，南长山公社率先建起养貂厂，从烟台国营貂场引进苏联水貂100只。1986年，全县总存养量为2.2万只，1987年为4.9万只，年产貂皮均在10万张以上。1989年，养貂生产达到高峰，存养量达5.1万只，收入1500万元。1990年后，因貂皮出口受限，饲养量急剧下降。至1994年，全县仅剩大钦岛乡1家饲养户，存养种貂100余只，年产貂皮400余张。2002年，存养种貂1000余只，年产貂皮4000余张。2009年后，由于鱼虾等食物减少和市场价格影响，水貂养殖业逐渐停止经营。

长毛兔 1988年，境内业户引进西德长毛兔与本地兔杂交，长毛兔存栏量达2000余只。1994年后，受国际国内兔毛价格影响，养殖数量逐渐减少。2002年，养兔场全部停止经营。

疫病防治

1988年后，畜禽疫病防治除每年春秋两季定期进行防疫外，对从外地购进牲畜实行随时购进随时防疫，对当地自繁自养仔猪实行跟窝防疫。2000年始，境内实行定点屠宰，开展屠宰检疫，共检疫生猪9000余头，免疫率及屠宰检疫率均达100%。2005年11月12日，南长山镇山前村发生家禽不明原因死亡，全县启动禽流感防控工作紧急预案，对重点区域的家禽、家畜进行捕杀掩埋处理，境内设49个监测点实施防控，未发生人感染高致病性禽流感病例。2016年，境内唯一屠宰场—百盛屠宰场，因地处长岛国家级自然保护区内，不符合环保要求被取缔。此后，生肉食品全部由经营业户从境外购进。至2018年，境内畜禽无疫情发生。

第三章 水 利

第一节 水利设施

水库

80年代，境内开始兴建水库，先后建起王沟水库、磨石嘴水库，均为小(2)型水库。此后再未兴建水库。

王沟水库 1986年建成，为境内第一座水库，位于南长山镇王沟村，为小(2)型水库，工程总投资560万元。水库流域面积2.71平方千米，干流长度1.7千米，坝长288米，最大坝高14.5米，坝顶高程17.4米，坝顶宽5.7米，为黏土心墙亚砂土壳坝。水库总库容60万立方米，兴利库容33万立方米。2009年、2015年，先后投入近200万

元，实施除险加固工程，主、次要建筑物级别均为5级，设计洪水标准为30年一遇，校核洪水标准为300年一遇，溢洪道消能防冲设计标准为10年一遇，抗震设计烈度为7度。2016年6月，通过蓄水验收。

磨石嘴水库 始建于1987年建成，位于砣矶镇磨石嘴村，规模为小(2)型水库，包括大坝、溢洪道两部分，总投资64.3万元。总库容11.48万立方米，兴利库容5万立方米，流域面积1.258平方千米，干流长度2.08千米，干流坡度0.064米/米，最大坝高12.2米，坝顶长度93米，坝顶高程30.3米，最大泄量28.8立方米/秒(P=0.33%)，净高15米。受多年干旱影响，磨石嘴水库自建成后一直未能有效蓄水。2018年，投入107万元，实施除险加固工程，设计洪水标准为30年一遇，校核洪水标准为300年一遇。

塘坝

1986年，境内有塘坝39座。1986—2018年，先后建设塘坝8座。其中，1986年建成3座，分别为大钦岛南村1座，库容1.2万立方米，投资7万元；小钦岛村1座，库容1万立方米，投资10万元；南长山镇荻沟村1座，库容1.5万立方米，投资35万元。1987年，南隍城乡建成1座，库容1万立方米，投资11万元。2014年，实施小水源工程，投资941.67万元，建成小黑山村、小钦岛村2座塘坝；对砣矶岛霸王山塘坝、北隍城乡山前村塘坝进行维修，配套建设集雨环山渠，采购超滤净水设备，对收集的雨水进行净化处理。2015年，实施小水源二期工程，投资618.15万元，建成南隍城乡南隍城村、大钦岛乡东村2座塘坝，对庙岛山前村塘坝进行维修加固，配套相关设施。2018年，对北长山乡嵩前村、北城村、砣矶镇北村、小黑山乡小黑山村南塘坝等进行维修加固。

机井

1986年4月，长岛县对境内水资源情况进行普查，并编制完成《长岛县水资源调查评价与水利区划报告》，对20座塘坝、59眼大口井、57眼机井、174眼民用小口井进行调查分析，绘制地下水开采量水利区划、水文地质等5份图及相应表格34份，编写调查报告2份。1989年1月，全县第一眼超深淡水井在南长山镇钻探成功，总进尺601.78米，单井出水量600立方米/日，水质优良，为低矿化淡水。90年代，随着社会经济不断发展，外来人口增加，钻打机井数量年均增加3~4眼。2011年，经全国第一次水利普查，境内共有机电井86眼。其中，规模以上机电井有40眼，规模以下机电井、人力井有46眼。2012年后，北五岛地下水水质不断恶化，机井大部分报废，村民饮用水以海水淡化为主。至2018年，全县共报废机电井23眼，其他67眼处封存状态。

大黑山乡北庄村平塘(1988年)

防潮堤

1986年后，长岛县重视保护国土安全，维护生态环境，逐步实施海堤建设。2011年，编制完成《长岛县“十二五”防潮堤规划》，对已建防潮堤进行调查摸底，对新建和改建防潮堤进行科学规划。是年，投资1224万元，建设南长山岛西海岸防潮堤350米。2012年，实施南长山岛西海岸防潮堤二期项目，总投资1500万元，建设防潮堤460米。2014年，实施砣矶岛防潮堤一、二期工程，投资2605.05万元，完成砣矶岛大口北村、吕山口村、磨石嘴村、后口村、井口村及大口塘防潮堤工程总计2678米。2015年，投资437.04万元，建成小黑山岛防潮堤486米；投资519.18万元，建成小钦岛防潮堤531米。2016年，投资1.346亿元，建成南长山岛山前村段防潮堤3245米，连城村段防潮堤270米。

第二节 供水水源工程

雨水集蓄

1987年，长岛县通过屋檐接水工程课题研究及外出考察，确定在严重缺水的小黑山岛和庙岛山前村进行屋檐接水工程试点。屋檐接水工程是利用居民屋顶收集雨水，经屋檐接水槽、落水管流经过滤池（过滤池分5层，分别装有卵石、火遂石、活性炭、中沙和粗沙），到地下蓄水池贮存，经过滤的雨水浊度和细菌指标均符合国家标准，经消毒后供居民使用。1993年，试点成果通过水利部组织的专家鉴定验收。1995年，长岛县屋檐接水试验成果在第七届世界雨水大会上得到推广。1998年，获山东省水利厅科技进步三等奖。

1995年，《长岛县集雨水工程管理办法》印发实施，屋檐接水工程进一步规范化、标准化，路面接水及楼房屋顶接水工程相继实施。路面接水，即在路面隔距横筑一道铁箅，雨水流入下面的引水道内，再汇入路旁地下蓄水池中净化；楼房屋顶接水为屋檐接水的扩展，即将楼房屋顶的雨水经过落水管引入地面导水沟渠，汇入蓄水池蓄存。在县房产局、县人民医院、青年路北建成3处地下集雨水蓄水池，总蓄水量1200立方米。1996年，全县发放屋檐接水工程建设补贴款27万元。

1999年，结合风电道路建设，在南长山岛、北长山岛建成集雨蓄水池20处，蓄水容积近2000立方米。2003年，明珠广场、海滨路等区域建成8个地下集雨水蓄水池。至2003年，全县共建屋檐接水工程5459家（处），年蓄水量20余万立方米。2018年，按照海绵城市建设规划，投资1100万元，在交通局、青年路西沙滩、影剧院内等区域建成地下蓄水池9处、6900立方米。雨水集蓄成为境内进行地面硬化建设项目的必建配套工程，为缓解淡水资源匮乏发挥重要作用。

海水淡化

2000年6月，南长山岛反渗透海水淡化工程开工建设，总投资1200余万元，占地2250平方米，日产淡水1000吨，11月竣工，出水指标达到设计要求。2001年7月1日正式投入运行。运行后，城区每日生活、生产供水，按62%的淡化水、38%的地下水供给。2001年后，海水淡化、苦咸水淡化供水工程在各居民岛逐渐推行。2018年，投资2700万元，建设南长山岛2000吨/日海水淡化工程，该工程采用绿色免加药环保海淡技术，主要包括海水淡化输水管道工程、取水管道工程、海水淡化气浮池工程、厂房改造工程等。至2018年，全县共有海水淡化站11处，日产淡水

2000—2018年长岛县海水、苦咸水淡化站建设基本情况表

表10-3

序号	所在乡镇（岛屿）	建设位置	规模（吨/日）	建设年份	淡化类型	运行现状	设备投资（万元）
1	南长山	鹊咀村南	1000	2000	海水淡化	报废	1200
2	小钦岛	小钦村西	75	2001	海水淡化	报废	100
3	北隍城	山前村	75	2002	海水淡化	报废	100
4	北长山	北城村东	300	2005	海水淡化	报废	400

续表10-3

序号	所在乡镇（岛屿）	建设位置	规模（吨/日）	建设年份	淡化类型	运行现状	设备投资（万元）
5	砣矶	北村村西	200	2006	海水淡化	正常	420
6	黑山	土岛村	24	2007	苦咸水淡化	正常	20
7	大钦岛	南村东	200	2007	苦咸水淡化	正常	470
8	小钦岛	小钦村北	50	2008	苦咸水淡化	正常	50
9	南隍城	南隍城村	360	2008	苦咸水淡化	正常	100
10	北隍城	山前村	200	2008	苦咸水淡化	报废	80
11	北隍城	山后村	50	2008	苦咸水淡化	报废	50
12	大钦岛	东村西南	150	2009	苦咸水淡化	正常	60
13	北长山	北城村北	200	2009	苦咸水淡化	正常	85
14	北长山	嵩前村西	100	2009	苦咸水淡化	正常	61
15	北长山	店子村北	100	2009	苦咸水淡化	正常	61
16	小黑山	小黑山村	50	2011	苦咸水淡化	正常	50
17	庙岛	庙岛村	50	2012	苦咸水淡化	正常	50
18	北隍城	山后村	100	2013	苦咸水淡化	正常	50
19	小钦岛	小钦岛村	20	2015	海水淡化	正常	35
20	砣矶	北村	300	2016	海水淡化	正常	300
21	大钦岛	南村	500	2016	海水淡化	正常	400
22	小钦岛	小钦岛村	100	2017	海水淡化	正常	150
23	车由岛	车由岛	25	2017	海水淡化	正常	81
24	喉矶岛	喉矶岛	50	2017	海水淡化	正常	131
25	庙岛	庙岛村	340	2018	海水淡化	正常	214.6
26	螳螂岛	螳螂岛	200	2018	海水淡化	正常	267.78
27	高山岛	高山岛	50	2018	海水淡化	正常	132.76
28	南长山	鹊咀村南	2000	2018	海水淡化	调试	1720

3785吨。

蓬莱—长岛跨海引水

2012年5月，蓬莱—长岛跨海引水工程项目启动，总投资1.79亿元。由山东水务投资有限公司投资，烟台水务投资公司建设，工程贯通蓬莱市区、蓬莱至长岛海域及长岛县南长山岛、北长山岛，整个工程铺设两条10公里的引水管线，其中海底管线长约8.2公里，设计日供水量达1万吨。工程主要建设内容包括新建南长山岛加压泵站、高低位水池各1座，铺设陆地输水管线21.63千米、海底输水管线17.04千米（双管），新建及改造城区管网23千米以及管理设施建设等。工程规模为小

2014年10月30日，蓬莱—长岛跨海引水工程通水仪式

型，工程等别为Ⅴ等，泵站、管道工程等主要建筑物级别为5级。泵站设计流量0.058立方米/秒，低位水池有效容积4480立方米，高位水池有效容积2048立方米。陆地输水管线为球墨铸铁管，管径DN800-DN200；海底输水管线为AGR管材1根，加筋PE管材1根，管径均为DN355。城区管网为球墨铸铁管，管径DN400-DN100。南长山岛低压区管网设计规模6500立方米/天，高压区设计规模2600立方米/天，北长山岛管网设计规模3900立方米/天。2013年6月26日，陆上管网敷设改造开工，当年完成陆上供水管网改造和单根海底供水管道敷设，打压试水成功。2014年10月30日，工程竣工通水，南长山岛、北长山岛近2.8万人饮用淡水难题得到解决。

城区供水

1986年，长岛县基本实现村村通自来水。2007年城区实现全天候供水。2018年，城区供水用户达到9411户，年供水量达114万吨。（参见第四编“城乡建设”第二章“城区建设与管理”第三节“市政公用设施”）

乡镇（村）供水

境内乡镇供水工程主要水源为机井水，包括大口井、深机井等。其中，南长山岛、大黑山岛、庙岛水质较好，基本符合饮用水标准，其他岛屿乡村供水水质大都为苦咸水，氯离子浓度偏高。鉴于有居民岛各自孤立、供水水源不同，供水管理主要由乡村负责。均实行单村集中供水，配备专职供水管理员。2000年，砣矶镇供水中心成立，开启联村集中供水模式。进入21世纪，引进海水淡化、苦咸水淡化技术，并争取国家、省级农村饮水安全专项资金支持，在各有居民岛乡村推广使用。2016年始，实施北三岛（小钦岛、南隍城岛、北隍城岛）船运淡水，居民用水得到改善。至2018年，农村饮水安全工程已建设完成24项，总投资4583.38万元，其中中央补助投资653万元、省级1347万元、市级1477.78万元。工程由县水利部门组织建设，乡、村两级共同管理，以村级管理为主。乡镇供水工程均实现集中供水，南长山岛、北长山岛推进城乡供水一体化基本完成，供水水源以蓬长跨海引水工程调水为主、以海水淡化为应急备用，北五岛、西三岛供水水源以海水淡化为主、苦咸水淡化为备用，乡镇供水量得到基本保障。

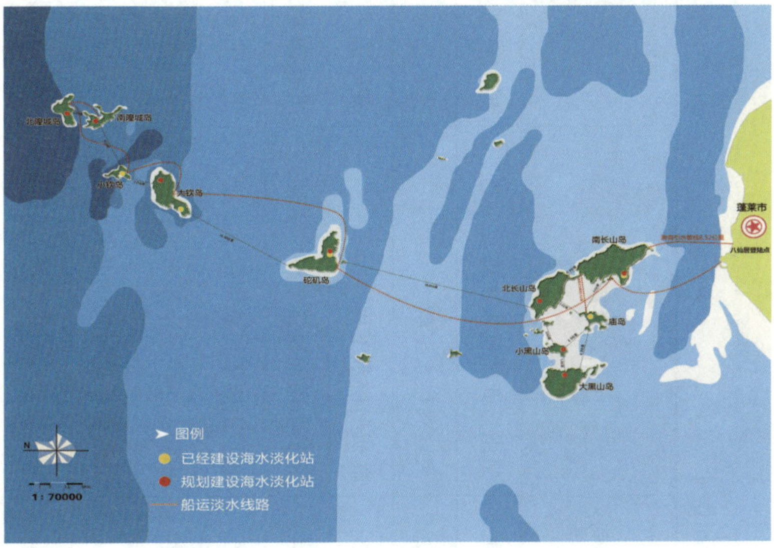

长岛县居民供水保障系统平面图

2006—2016年长岛县农村饮水安全工程统计表

表10-4

序号	工程名称	工程位置	工程投资（万元）					开工时间	完工时间	设计供水能力（立方米/天）
			总投资	国家资金	省级资金	市级资金	县级资金			
1	黑山乡北庄供水工程	黑山乡北庄村	37.6	13	0	0	24.6	2006.6	2006.12	160
2	大钦岛供水工程	大钦岛乡	443	62	0	50	331	2006.6	2006.12	200
3	砣矶岛供水工程	砣矶镇	330	77	0	0	253	2006.6	2006.12	121
4	北长山山前村集中供水工程	北长山乡山前村	15.2	8	0	0	7.2	2006.6	2006.12	63
5	北长山店子村集中供水工程	北长山乡店子村	54.16	20	10	15	9.16	2009.6	2009.12	88
6	小钦岛单村集中供水工程	小钦岛乡小钦岛村	44.77	15	12	9	8.77	2009.6	2009.12	100
7	北隍城乡单村集中供水工程	北隍城乡山后村	45.66	15	15	9	6.66	2009.6	2009.12	82
8	北长山北城村集中供水工程	北长山乡北城村	79	30	15	18	16	2009.6	2009.12	178
9	砣矶岛东山供水工程	砣矶镇东山村	256	2	100	0	154	2009.6	2009.10	40
10	北长山嵩前村集中供水工程	北长山乡嵩前村	63.47	25	12	13	13.47	2009.6	2009.12	63
11	砣矶镇集中联村供水工程	砣矶镇	126.04	40	25	26	35.04	2009.6	2009.12	319
12	小黑山单村集中供水工程	黑山乡小黑山村	60.36	15	6	12	27.36	2009.6	2009.12	34
13	长岛县南长山镇管网延伸工程	南长山镇	420	140	84	30	166	2010.3	2010.6	695
14	黑山乡土岛村供水工程	黑山乡土岛村	15.36	2	11	1	1.36	2012.9	2012.12	24

续表10-4

序号	工程名称	工程位置	工程投资（万元）					开工时间	完工时间	设计供水能力（立方米/天）
			总投资	国家资金	省级资金	市级资金	县级资金			
15	黑山乡联村延伸供水工程	黑山乡	89	30	11	32	16	2012.9	2012.12	142
16	南隍城乡南隍城延伸工程	南隍城乡南隍城村	43.11	15	10	5	13.11	2012.9	2012.12	360
17	北长山乡庙岛延伸供水工程	庙岛开发管理处庙岛村	41.87	13	4	2	22.87	2012.9	2012.12	50
18	砣矶镇中学工程	砣矶镇中学	13.22	7.03	5.03	1.16	0	2013.9	2013.12	37
19	北隍城乡山前村单村供水工程	北隍城乡山前村	99.46	32.96	19.6	46.9	0	2013.9	2013.12	200
20	南长山岛第二实验中学工程	南长山镇二校	20.06	11.24	6.32	2.5	0	2013.9	2013.12	79
21	北长山乡花沟村管网延伸工程	北长山乡花沟村	27.04	1.77	1.05	24.22	0	2013.9	2013.12	24
22	2015年农村饮水安全水质检测中心建设工程	南长山镇	80	72	0	8	0	2015.10	2015.12	1
23	长岛县2016年农村饮水安全巩固提升工程	砣矶镇，大钦岛，小钦岛，南隍城，北隍城	2173	0	1000	1173	0	2016.7	2016.11	1519
24	2016年农村饮水安全巩固提升（农村供水消毒设施配套）工程	黑山乡小濠、土岛、西濠、北庄、庙岛、南长山山前	6	6	0	0	0	2016.11	2017.8	150
—	合 计	—	4583.38	653	1347	1477.78	1105.6	—	—	4729

第三节　水土保持

水土流失状况

1986年，全县水土流失面积为51.8平方千米。其中，轻度侵蚀面积21.47平方千米，中度侵蚀面积9.50平方千米，强度侵蚀面积14.90平方千米，剧烈侵蚀面积5.93平方千米。全县平均土壤侵蚀模数为1874吨/年·平方千米，土壤平均侵蚀深1.4毫米，土壤年侵蚀总量9.8万吨。全县水土流失类型主要为水力侵蚀，其次是风力侵蚀和海浪侵蚀。

经过30多年综合治理，至2018年，全县水土流失面积缩减至7.07平方千米。其中，轻度侵蚀面积5.31平方千米，中度侵蚀面积1.41平方千米，强度侵蚀面积0.33平方千米，极强度水土流失面积0.02平方千米，水土流失综合治理率达94%。

水土流失治理

80年代，开展以岛陆整体为主，以小流域为单位，以防治人为水土流失为重点的山、水、林、田、路、村综合治理，强化水土保持生态环境建设及管理，坡度在25°以上的耕地全部还林。采用“预养装置育苗、碎石覆盖、抢墒造林”等技术手段，整治历史遗留的坑道排渣地、裸露岩石坡等极难治理的非宜林宜草地。至1990年，全县治理水土流失28平方千米，林地21.33平方千米，林木覆盖率41%。1992年，长岛县裸岩区治理的做法在全省推广。

90年代后，推广应用营养钵育苗、预养装置造林、坡地改梯田、屋顶接水、路面截流、沟道拦水蓄水、地下水勘探、农田节水、果品及蔬菜高产种植、生态旅游开发等技术。开展“城镇水土流失及防治研究”“风电工程水土保持生态建设技术研究”“屋顶接水试验研究”“人为倒石堆绿色生态再造技术研究”等科研项目，获省水利科技进步二等奖1项、三等奖1项。

至2018年，全县治理水土流失面积49平方千米，水土流失综合治理率达到94%；林地面积30平方千米，林草保存面积达到宜林宜草面积的100%；“四旁”植树23万株，县城区人均绿化面积37平方米，全县40个行政村基本实现绿化和美化。

碎石覆盖法造林（1993年）

小流域治理

80年代后，长岛县主要以海岛岛陆为单元，结合海岛沟道走向和行政村分布，对小流域治理进行科学规划，综合治理。1986年，投资13万元，对南长山岛、大黑山岛、砣矶岛、大钦岛、庙岛等小流域进行初步治理，改善治理水土流失面积6平方千米。之后，每年都坚持进行小流域综合治理，相继治理境内18条小流域。至2002年，累计投资184万元，治理小流域水土流失22.97平方千米。

2015年，投资121.57万元，实施砣矶镇磨石嘴小流域综合治理项目，治理水土流失285公顷，实施水保林栽植、疏林补植、蓄水池、干砌石护坡、排水沟等工程。

2018年，投资219.62万元，实施黄山小流域水土保持综合治理项目，治理水土流失面积300余公顷，主要包括风机场地生态绿化、南城平塘扩建增容、环山渠建设、谷坊建设等工程。

第四节　防汛抗旱

80年代，县、乡、村分别成立防汛抗旱领导小组，并组织以民兵为主体的防汛抗旱队伍，落实防汛抗旱物资，对暴雨袭击和旱情提前部署，层层落实，责任到人。

1995年以前，普遍采用人工量测雨情，用无线对讲机传达雨水情，报汛数据速度慢、精度低。1996年后，投资17.2万元购置10套现代化雨量遥测设备，分别安装在10个乡镇，通过中心站计算机直接监控到各乡镇雨量站的雨情，精度高，遥测便捷。1998年7月7—9日，北隍城乡遭受特大暴雨袭击，48小时降雨量达327毫米，全乡800余家群众中近600家中进水，水深1米左右，直接经济损失900余万元。灾情发生后，县、乡、村三级领导亲临现场，组织人员疏通沟道，排除居民家中积水，转移百姓财物，使损失降到最低。2000年春大旱，大黑山乡南庄村仅有的一眼供水机井枯竭，村民无水饮用。大黑山乡抗旱服务队立即出动2辆机动送水车送水进村，30多天共出动送水车辆60台次，为百姓送水260余立方米。同时，县抗旱服务队筹集20万元为南庄村钻井1眼。

2012年，投资30万元建设省级防汛抗旱视频会商系统，沟通联络水平显著提高。2018年，投资448万元，建设农村基层防汛预报预警体系，主要建设内容包括自动监测系统、预警系统、监测预警平台、县乡视频会商系统等，防汛系统覆盖全县各个乡镇，防汛抗旱能力进一步提高。

第五节 水政管理

水资源管理

境内区域水资源匮乏，水资源保护工作历来受到重视。2000年，县水行政主管部门加大县域内水源地环境保护工作力度，所有水库、塘坝、供水机电井、海水淡化站均安排单位或专人负责维护管理，并签订维护管理责任书。王沟、磨石嘴两座水库由王沟、磨石嘴水库管理所负责，设专职管理员8人；城区海水淡化站由供水中心负责，设专职管理员5人；小钦岛和北隍城乡山前村海水淡化站均由所在村专职人员负责管理。其他水利工程均由工程所在地村委会负责管理。

2000年始，对全县城区、乡镇工业用水实施取水许可制度，形成审批签证、年检、期满换证、续证等工作流程。是年，发放取水许可证40本，遏制无序、超量开采地下水事件发生。每年6月抽取机井水、用户水水样送交烟台市水环境监测中心化验，对水质（主要是氯离子含量）不达标的，限制开采量，确保饮用水水质安全。2002年，全县发放取水许可证57本，机关企事业单位、乡、镇、村所有供水机电井均办理取水许可证；化验水样60个，个别水样氯离子含量超标。

2014年10月，蓬莱—长岛跨海引水工程通水运行后，在南长山岛山前水厂安装水量监控系统，实时监控工程来水量。2017年12月始，实施水资源税，各取用水户按季度将各自机井水表拍照，上传至省水资源税管理信息系统，水行政主管部门对各取用水户季度用水量进行监控，核定本季度实际用水量，形成水量核定书上传信息系统至税务局。2018年，实施最严格水资源管理制度，并纳入年度乡镇经济目标考核，推进水资源管理制度化、规范化。2018年，全县共有23个单位拥有取水许可证。

河湖长制管理

2014年，长岛县河长制工作领导小组成立，办公室设在县农林水务局。主要承担河长制组织实施具体工作，落实河长确定事项；负责河长制实施中组织协调、调度督导、检查考核等具体工作，协调有关部门、单位按照职责分工落实责任，督导指导乡镇级河长制办事机构完成任务，总体推进库塘管理保护工作。2017年，在2座水库及18座重要塘坝设立县级总河长5个，乡镇级河长28个，村级河长21个，河管员23个。2017年，印发《长岛县全面实行河长制工作方案》，各乡镇、成员单位相继出台各自河长制工作实施方案，并按照要求开展河长制工作。2018年，在南长山岛王沟水库、砣矶岛磨石嘴水库设立河长制县级水库公示牌2块，在大钦岛南村塘坝、大黑山岛北庄塘坝、砣矶岛霸王山塘坝设立县级塘坝公示牌3块，在南长山岛南城平塘等15个县级塘坝设立河长制公示牌15块，全县共设置河长制公示牌20块。

规费征收

长岛县水利规费征收涉及费种有水资源费、水土保持补偿费、水土流失防治费3项。

水资源费　1988年始，县水利局水资源管理办公室开始征收水资源费。开征范围为乡镇企业、县属及以上工业用水户，共62个单位。水资源费征收额按照实际用水量征收，征收标准为工矿企业、机关、团体征收额为0.08元/立方米。

2000年，按规定，水资源费征费标准调整为：一般地区0.40元/立方米，限制开采区0.50元/立方米，海水浸染区0.80元/立方米，县域内按限制开采区征收标准定为0.50元/立方米。2002年，按照全省统一规定：地表水征费标准为0.20元/立方米，地下水0.80元/立方米。是年，全县共征收水资源费21万元。2016年始，地表水征费标准调整为0.40元/立方米，地下水为1.50元/立方米。是年，全县共征收水资源费51.85万元。2017年12月1日起，国家实行水资源费改税政策，水资源费改为水资源税，由取用水户按季度在水资源税管理信息系统中上传计量设施（水表）数据，经水行政主管部门核定水量，形成水资源税核定书，再由取用水户自行到税务部门完税。2018年，完成水资源税核定书62份，核定实际用水量118.6万立方米。

水土保持补偿费　1988年，长岛县制定《关于防治新的水土流失的若干规定》和《水土流失赔偿费（或罚款）标准》，明确“谁造成水土流失，谁投资治理；谁造成水土流失危害，谁负责赔偿”的基本原则。2014年，《山东省水土保持补偿费征收使用管理办法》出台。2015年始，按照《山东省水土保持补偿费收费标准》，依法征收水土保持补偿费。至2018年，对全县290个开发建设项目全部征收水土保持补偿费，收费额80万元，水土保持补偿费征收率达100%。全县开发建设项目自行治理和返还治理费用达800余万元，水土保持恢复治理率达100%。

水土流失防治费　采取责成开发建设单位自行治理，治理完成后进行水土保持设施验收的方式，该项费用未予征收。在规费使用上，确保专款专用，所收费用用于水资源保护、水土保持补偿及水土流失防治。在规费管理上，在银行设立规费征收和使用2个独立账户，实行收支两条线管理。征收规费纳入财政专户，作为预算外资金统一管理。使用规费时，由县财政直接把费用划拨到专用账户上，杜绝费用的截留和挪用。

依法行政

1986年后，长岛县水资源管理办公室和水土保持办公室负责长岛县境内水行政执法工作。

水资源执法　2014年，水行政执法人员在巡查过程中，发现长岛县永盛水产有限公司在其公司院内违法钻井，并已成井。按照行政执法程序，县农林水务局责令其封填机井，恢复原样，并罚款2万元。

水土保持执法　1986年后，长岛县相继建立和完善水土保持监督管理领导体系、法规体系和监督体系，成立县水土保持委员会、水土保持监督执法试点工作领导小组和水土保持生态环境监督管理规范化建设工作领导小组，以及县水土保持监督管理站、水土保持监督管理中队。1993年，建立由20名县级水土保持监督员组成的水土保持监督执法队伍。1994年，形成县、乡（镇）、村三级水土保持监督网络，水土保持监督员84名。1998年，风电工程在南长山岛破土动工，县水土保持监督管理部门实施水保方案申报、审批、水保规费征收、水保检查、水保设施验收等一系列监管机制。投资267万元，对4.93万平方米水土流失区进行综合治理，治理率达100%。基于该项目水土保持监督管理实践开展的科研成果——“风电工程水土保持生态建设技术研究”，经省科委组织中国工程院院士关君蔚等专家鉴定，填补国内空白，居国内领先水平。长岛县还

相继被列为“山东省水土保持监督执法试点县”和“全国水土保持生态环境监督管理规范化建设县”。2009年，开展创建全国水土保持监督管理能力建设县工作，全县水土保持方案审批率、生态环境恢复治理率、设施验收率均达到100%，自然资源开发、生产建设与水土保持生态环境建设同步进行、协调发展。2011年7月，创建工作通过验收。至2018年，没有发生水土保持违法案件，没有发生严重水土流失危害，生产建设项目水土保持恢复治理形成良性发展。

第四章 农业综合管理

第一节 农村经济管理

农村集体财务与资产管理

1985年，长岛县在原有4名乡镇农经员基础上，招聘合同制农经干部14人，乡镇均建立经营管理指导站，每站平均1～2人，保证渔村财务管理工作顺利开展。1986年，全县改革会计核算体系，将过去“收支分配”核算体系改为以“成本、利润”为中心内容的会计核算体系；改财产收付记账法、增减记账法为统一借贷记账法；改不同会计科目为统一会计科目；改革资金核算。1987年，县政府制定《渔村财务管理制度》，规范渔村财务管理工作。

1990年，全县40个渔村均建立财务室，对各经营层次的财务、资金、产品，实行由村财务室统管、内部资金融通和集体资金有偿使用的办法。

1991年，开展渔村经济审计工作。建立县、乡镇审计站，实行一套机构、两个牌子，经管站站长任审计站站长；制定审计工作规章制度，培训审计人员并为合格人员颁发审计证书；审计范围由财务收支、收益分配拓宽到干部离任经济责任、企业经济效益、资产清查与评估、违经违纪案件等。1994年，大钦岛乡北村率先开展渔村股份合作制试点工作。

1996年始，全县开展“渔村财务整顿年”活动，从县、乡镇抽调有关部门人员组成渔村财务整顿工作组，对全县40个村级、120个村办企业、650个新经济联合体和生产承包单位全面进行财务整顿。重点搞好“六清理”，即清理集体财产物资，规范资产使用；清理集体资金，整顿资金管理秩序；清理债权、债务，理顺经济关系；清理集体积累，完善积累机制；清理干部报酬办法，完善激励机制；清理农民负担，防止回潮反弹。整顿工作于1996年结束，全县共损失集体资产1000余万元，渔村人均占有资产2.4万元，村集体净资产人均占有6308元，收回欠款5400余万元。清理累欠借贷款2.5亿元，办理“欠转贷”7050万元，完善承包合同700余份。在清理整顿基础上，各村建立资金管理、财产物资管理、合同管理等制度，对财务收支计划、非生产性开支和集体积累使用作出严格规定。1998年，开展渔村集体资产清产核资工作，明确资产所有权、资产估价、核实集体资产价值总额，建立起产权明晰、权责分明、民主监督、科学管理的渔村集体资产管理体制和运行机制。同年，实行农民负担监督卡管理制度。

2004年，改革财务公开办法，推行以现金流量表为主的财务公开榜，便于群众监督。2007年，首次实现渔村干部工资补贴制和公司负责人年薪制，渔村民主理财小组组建率100%，按季度实行民主理财和财务公开的村达95%。2014年，开展渔村账单票据审核制度，同时在南长山街道、黑山乡率先推行“三资”（农村集体经济中的资金、资产、资源）委托代理服务试点工作，共有

17个村委会、14个村级公司、31套账被代管，2015年在全县推开。至2018年无变化。

渔民负担监督管理

80年代末，农民负担问题逐步被纳入各级党委、政府重要议事日程。1990—1991年，全县开展“乱摊派、乱罚款、乱收费”治理工作，累计减少渔民负担130余万元，减征免收海水养殖费、捕捞自筹费200余万元。1992年始，全县开展以“四清查”（清查文件、清查负担项目、清查村提留和乡统筹、清查以资代劳款）、“三整顿”（整顿村提留和乡统筹，整顿各项收费、集资、摊派和罚款，整顿义务工及劳动积累工使用与管理）为主的渔民负担清理整顿活动，共废止收费文件8个、停止执行1件，取消收费押金项目12个。

2004年，发放“一证一卡”（农业税、农业特产税核定证书和农民负担卡）。凡负担卡上未列明的项目，渔民有权拒付。2005年，调整充实全县减轻农民负担工作领导小组，落实党政“一把手”负责制和部门分工负责制，研究减负政策，落实减负专项经费，确保全县减负工作落到实处；建立完善县、乡、村三级农村价格收费监督网络和管理机制；统一印刷发放《长岛县涉及农民负担收费文件、项目公开册》900余份；聘请40余名义务监督员对涉农收费价格进行监督。2007年，实行“三补贴”政策，其中发放粮食直接补贴0.34万元、农业生产资料补贴0.7万元、渔业燃油补贴1016万元。2011年始，开展村级公益事业建设“一事一议”财政奖补工作。至2012年，全县共发放奖补资金950余万元。2013年后，县经管站持续抓好农民负担卡发放、减轻农民负担工作目标责任书、检查落实兑现“三补贴”等工作。

第二节　农产品质量安全监管

2003年，县农产品检验监测站成立，与农业技术推广站合署办公，主要负责制定全县无公害农产品生产技术规程，对农产品生产、销售进行全程检验、监测。2013年，购置农药残留检测仪，配套相应检测设备及工作台，建立局农药残留检测室，定期开展农产品农药残留抽样监测。是年，对家家悦超市、麦德隆超市、金鼎市场共11个单位（业户）每周进行抽样检测，共抽检31批次、18个蔬菜品种、458个样品，合格率均达100%。设立农产品质量检测公示栏，及时公布抽检信息。同年，砣矶镇、大钦岛乡也开始检测测试工作。2018年，长岛县被命名为“山东省农产品质量安全县”。

第三节　农业技术推广

1986—2011年，县农业技术推广站、果树站等业务站室通过安排试验示范、召开现场会、发放明白纸、举办科技讲座等形式，推广新品种、新技术。设立农业科技110服务热线，下乡巡回讲解推广烟台市农业十大实用技术，促进农业增效和农民增收。每年春季，农技推广站依托乡镇农技人员统计种子、化肥、农用竹竿、棚膜、地膜等农资，统一购进分发，2012年，取消此项服务。农业技术推广站与其他站室合并，成立农业综合服务站，主要依托农技推广补助项目，遴选全县主推品种和技术，组织科技指导员培训，依靠科技指导员下乡指导科技示范户，科技示范户再带动周边农户，从而实现技术推广和普及。2012—2018年，争取国家项目资金207万元，培养科技示范户400家，建设示范基地3处。组织农技人员和农民技术员参加省、市、县培训210人次，培育科技示范基地2个，推广主推品种4个、技术2项。科技指导员适时进村入户开展技术指导，入户率和到位率均达100%。推广小麦“一喷三防”（指一次施药，可防病虫害、防早衰、防干热风）技术，实现改善田间小气候、减少干热风危害、延缓衰老、提高粒重等多重效果。至2018年，推广面积达40公顷。

第四节 农机服务与管理

1986年后，长岛县农业机械随着渔村产业结构变化，尤其是海水养殖业的兴衰而发生变化，农机工作逐渐由农机田间作业技术指导、技术推广、技术培训向新机具推广、驾驶员培训、购置补贴政策落实等方向转变。

农机服务

机具推广　境内退耕还林后，梨、耙、播种机、收割机等田间作业机械和脱粒机、扬场机等场间作业机械逐渐废弃或淘汰。1986年，全县农业机械总动力6.38万千瓦（统计数据含渔船动力，下同）。其中，拖拉机310台，20马力以上的大中型拖拉机239台，链轨式拖拉机8台，“东方红-75”型拖拉机4台。1990年，全县农业机械总动力6.79万千瓦，拖拉机主要以“泰山-12”型和“泰山-25”型为主，50马力以上拖拉机等大型机械全部淘汰。1991年始，随着全县扇贝养殖业兴起，拖拉机数量逐渐增加。2002年，全县农业机械总动力9.38万千瓦，拖拉机保有量676台，机型仍然以“泰山-25”型、“泰山-12”型为主，大多用于渔业养殖物资和产品的运输。

2010年后，随着农机购置补贴政策持续实施，拖拉机由原来以12马力、25马力两种机型为主，更新为30～60马力多种机型的大中型拖拉机。至2018年，农机总动力增至8.02万千瓦，拖拉机743台，动力达1.20万千瓦。

驾驶员培训　1986—1996年，通过举办培训班对拖拉机驾驶员进行培训，累计培训拖拉机驾驶员800余人次。1997年后，因培训机构资质不足，由蓬莱市农机化学校代培，学员取得合格记录后，在县农机监理站考取驾驶证。县内开展拖拉机挂牌、年检和驾驶证申请和考试等业务，拖拉机行驶证、驾驶证需报烟台市农机监理站审核制作。

农机购置补贴　2010年始，落实农机购置补贴政策，由于扇贝养殖业不景气，渔民购置的拖拉机等机具数量较少，当年落实补贴资金仅2.74万元，补贴农机具7台（套）。之后随着扇贝养殖生产复苏，购置拖拉机数量不断增加，购置补贴随之增加，至2018年累计落实补贴资金190余万元，补贴机具235台（套）。

农机管理

1986年后，县农机管理站承担全县农机管理工作，主要负责农机技术推广与指导、技术培训和农机管理等。其间，对全县农用拖拉机实行牌证管理，定期举办拖拉机驾驶员和田间作业机械操作手培训班。1990年，增设县农机安全监理站，与农机管理站合署办公，配备农机监理员，负责全县农业机械安全监督管理工作，并受托于公安部门，依照道路交通安全管理和公路运输管理法规、规章，对既从事农田作业又从事运输的拖拉机进行管理。1995年始，依据《山东省农业机械管理条例》对全县农业机械实施管理。县农机监理站配备5名专业监理人员，各乡镇设1名人员兼职协助农机管理工作、各村设1名兼职农机协管员。2013年，撤销农机管理站，农机业务归属县农业综合服务站，由原农机监理人员继续从事农机业务工作。2016年，建立县、乡、村三级农机网格化实名制管理体系，实行由县农机主管部门监管、乡村农机安全协管员协管、农机安全生产属地管理的工作机制，以加强农机安全生产管理，全县农机安全生产形势多年来保持安全平稳无事故。1986—2018年，全县累计办理拖拉机挂（换）牌1108台次，年检率年均达95%，办理新增驾驶员45人。至2018年，全县尚有挂牌拖拉机523台，持有效驾驶证人员495名。

第五节 扶贫开发

2012年始，长岛县成立扶贫开发领导小组，启动扶贫开发工作。2014年，召开精准识别动员大会，从相关部门抽调7人，组织精准识别培训，按照宣传动员、农户申请、入户调查、民主评议、公示公告、建档立卡程序，印制信息采集表9800

份，识别确认贫困户7家共16人，均属因病、因残失去劳动能力而致贫，未识别出符合标准的贫困村。通过采取纳入低保、残疾人救助、“雨露计划”、走访看望等帮扶措施，2016年，贫困户全部脱贫。2018年，落实双帮扶责任人制度，从县直部门选派6名第一书记作为第一帮扶责任人驻村帮扶，贫困户所在乡镇选派第二帮扶责任人，确保贫困户脱贫不返贫。至2018年，全县享受脱贫政策建档立卡贫困户共计6家13人，稳定脱贫标准为人均年收入3730元。经过省、市历次检查考核，全县贫困户均达到“两不愁，三保障”（不愁吃、不愁穿，义务教育、基本医疗、住房安全有保障）和饮水安全标准，脱贫返贫精准度和群众满意度均达100%，没有新的贫困户出现。

第十一编 工业·民营经济与乡镇企业

80年代，长岛县工业主要由县直工业、乡镇工业、村办工业组成，经济成分以国有、集体公有制为主。在“耕海牧渔、建设宝岛”政策推动下，以冷藏加工、罐头食品、船舶修造、塑料制品为主的乡、镇企业发展迅速。1988年1月，全县最大规模的工业企业——县毛纺厂投产，成为全县支柱工业企业之一。是年，全县工业企业户数创历史高峰，达到172家，实现工业总产值1.66亿元。

90年代初期，企业内部改革逐步推行，完善承包经营责任制，转换经营机制。1994年后，在工业企业中推行股份制改造。1995年，全县工业总产值5.24亿元，主要有修造船、冷藏加工、轻纺、塑料制品、聚氨酯、人造革等行业。此后，受海上渔养业滑坡影响，为渔养生产服务的相关产业经营困难，多数塑料厂、罐头厂、冷藏厂、船厂停产倒闭，工业经济跌入低谷。1999年，全县工业总产值下降至1.4亿元。

进入21世纪，全县工业经济开始回升，逐步形成以风力发电、海产品精深加工、船舶制造为支柱的工业发展格局。2005年，全县规模以上工业企业18家，其中国有企业3家、集体企业1家、股份企业8家、合资企业6家。当年，工业企业总产值6.84亿元，工业增加值1.89亿元，销售收入5.99亿元，利税3797万元。

2016年后，根据生态环境保护的相关要求，县域内80台风机全部拆除。省委、省政府《关于推进长岛海洋生态保护和持续发展的若干意见》《长岛海洋生态文明综合试验区建设实施规划》相继发布实施，长岛县全面排查与国家级自然保护区、国家海洋特别保护区等保护功能定位不一致的建设项目与开发活动，停止一般性加工项目进岛落户，对境内工业企业逐步实现“退转”。2018年，全县有规模以上工业企业5家，全县工业增加值4.35亿元，销售收入16.39亿元，利润6045万元，上缴税金3452万元。

第一章 海产品加工业

70年代中期，长岛县境内海产品加工业逐渐兴起，以冷冻、冷藏、粗加工为主。至90年代初期，全县拥有中、小型加工企业65家，其中水产冷藏厂62家、水产品加工厂3家，日冻结能力660吨，冷藏能力7500吨，冷藏加工能力10280吨/次。

90年代中期，随着渔业资源衰减和栉孔扇贝大面积死亡，加工企业货源不足，成本提高，部分企业亏损严重而停产。水产加工业发展重点逐步转向以海洋食品和海洋药物为主的新产品研发上。1997年开始，县直所属水产加工企业全面改制，以职工参股形式将加工实力较强、销售网络健全、市场信誉良好的加工企业合并成立股份公司，通过政策和资金扶持，先后培植起以华联、海洋食品、天然水产等为代表的10余家水产加工骨干企业，使有限资源得到合理配置和有效利用。2002年，全县有海产品加工企业20家，限额以上企业年实现销售收入1.26亿元。2005年，海洋食品加工业出口形势较好，天然、明仁、广源、永盛4家水产品加工出口企业，全年出口交货值达到2.64亿元，占全县水产品加工出口的86.5%。2008年，受全球金融危机影响，出口受限，出口交货值开始下滑。2013年，水产加工业实现出口交货值1.3亿元。2016年，全县水产品加工企业获QS认证有17家，水产品加工企业和个体工商户注册商标96件，其中烟台南隍城海珍品发展有限公司的"南隍城"商标为山东省著名商标。2018年，全县水产加工业完成工业增加值2.8亿元，实现销售收入10.1亿元，实现利润3900万元，上缴税金2200万元。

第一节　海产品传统加工

改革开放后，长岛县水产品加工及综合利用打破原有国家设立定点水产收购站加工模式，形成国企、集体、股份制、个体多种经济成分的经营体制，干品、腌煮制品、冷冻品、罐头食品等多种类发展格局形成。80年代，水产品加工业仍然以冷冻、冷藏为主，随着市场需求扩大和加工工艺改进，加工企业快速发展。"七五"计划期间，全县共投资6000多万元，建造冷藏厂30余家，年增加生产能力2500吨。1989年10月，砣矶镇后口罐头厂生产的"双顶山"牌原汁海螺罐头，获评农业部优质产品。1990年，全县共有冷藏厂75家，加工能力达1万吨以上。1993年，有冷藏厂62家，冷藏加工能力1.03万吨。1994年，全县冷藏加工量1.42万吨。加工产品货源主要来源于当地捕捞生产的渔货、贝类以及养殖生产的贝类、藻类，货源不足时，到岛外收购进行加工。加工方式是冷冻为主的粗放型加工。1998年始，随着海洋渔业资源不断衰退和企业竞争能力减弱，冷藏加工业逐渐陷入困境，近30%冷藏企业因抬价收购经营而负债累累，直至关闭，一部分因资不抵债而破产。2002年，仅有日出水产、永盛水产、华联水产、海洋食品等15家冷藏加工企业坚持生产，年实现销售收入1.26亿元。2008年，受世界金融危机影响，冷藏加工业出口受限，开始重视国内市场。2013年，实现出口交货值1.3亿元。2018年，全县共有水产品加工进出口企业8家，实现进出口额2.42亿元。

海产品罐头制造

罐头制品　80年代，境内海洋罐头食品业快速发展，产品涉及鱼、虾、蟹、贝、螺、藻等诸多种类，出产"鲜嫩鲍肉""原汁扇贝柱""原汁海螺""茄汁鲅鱼""五香花鱼""酥炸贻贝""海胆黄""海兔酱"和"熟食海带"系列等共30余个品种，并开发软包装罐头食品，产品销往全国各地。至1986年，全县有罐头厂18家，年产量783吨。1988年，产量达993吨，为最高纪录。是年9月，县罐头总厂原汁海胆罐头、原汁扇贝柱罐头，原汁海螺罐头、原汁赤贝肉罐头，在国际登山节山东省旅游产品展销评比会上获"泰山旅游杯"优秀奖。是年12月，县罐头总厂原汁扇贝柱罐头、原汁海螺罐头在北京中国首届食品博览会上获银质奖。之后连续5年，全县罐头产量在400～700吨。1989年10月，砣矶镇后口罐头厂生产的"双顶山"牌原汁海螺罐头，荣获农业部优质产品称号。1994年，乐恒海产品有限公司开发的"鲁霞"牌扇贝系列产品被烟台青岛商检部门确定为免检产品。1995年后，由于受海产品资源下降影响和市场需求减少，产量降至100～200吨，多数罐头厂倒闭或转产。1999年，北隍城供销社建成海产品罐头加工厂，先后开发以海胆罐头为主的10余种产品。至2002年，全县罐头企业5家，年产海产品罐头不足100吨。之后有所恢复，2005年近200吨。随着海产品资源变化，海产品罐头生产由以前的鱼类、海珍品为主转为贝类、藻类、酱类为主，生产企业以泛洋、宝悦、南隍城、龙宴等企业为主，品种20余个。2018年，全县海产品罐头总产量400余吨。

海藻制品加工

海藻制品加工　80年代后期快速发展，海藻制品加工有海带、裙带菜、紫菜等，以海带加工为主，产品有鲜嫩海带系列、出口板菜、海带粉、即食食品、"一点碘"褐藻口服液等。每年向日本、韩国等国家出口海带板菜600～1000吨。1990年前后，鲜嫩海菜加工具有一定规模，每年加工鲜嫩海带菜200～400吨，收入1800万～2400万元。1996年，县海洋食品研究所与山东师范大学合作开发研制"一点碘"褐藻口服液。1997年后，海藻制品由于受销路影响多数停产。

鲜嫩海菜产品加工　起步于70年代后期。1990年前后，形成一定规模。北五乡镇基本村均一台海菜烫煮机，原为烫煮裙带菜，后改为烫煮海带。由于海带个体大于裙带菜，其烫煮温度、操作流程达不到烫煮海带产品要求，影响鲜嫩海带加工质量，2～3年后停用。1999年，北隍城乡、南隍城乡、大钦岛乡和县海洋食品分公司。从大连市购买4台海带专用烫煮机，加工海带丝、海带结、海带卷、海带块等产品，内销为主，少量优质产品出口。1999—2005年，年加工鲜嫩海带2000～4000吨，年收入1800万～2400万元。2006—2017年，全县年加工鲜嫩海带、裙带菜800～1500吨。2018年，因环境保护全面停止鲜嫩海带、裙带菜加工。

出口海带加工　80年代后，全县每年都有一定数量海带加工出口板菜，以北五乡镇为主。其加工方法是：将海带晒至7~8成干，挑选褐色或黑褐色平直部不少于10厘米海带，从上部往下截至1.0米处剪下，展开压平，去边晒实后，按等级标准挑选，每件20千克，打捆存放，验收后入库。全县年加工收购一般600～1000吨(每年国家出口分配计划500～800吨)。海带板菜主要出口日本、韩国。1994年，大钦岛渤海渔业有限公司引进日本技术、设备和配方，进行即食海带加工，产品全部返销日本市场，取得良好效益。1997年后，受销路影响，海带出口逐步减少，多数转为内销。海带养殖面积逐年减少，到2007年全县海带养殖面积仅有260公顷，跌至历史最低。之后，海带销路逐步恢复，海带养殖面积逐年增加。2010年后，海带板菜销售仍然以内销为主，网络销售大幅度增加，仅有少量出口。

海带粉加工　1996年，大钦岛养殖公司海带粉加工厂成立，产品分为食用和调料两种，年加工量30～50吨，收入20万～30万元。1997年，南隍城海带粉加工厂成立，以食用海带粉为主，年加工量100吨左右，收入100万元。因销路问题，2000年后，两家企业处于停产状态。

鱼粉加工　80年代至90年代，鱼粉加工主要在南隍城乡、北隍城乡、大钦岛乡东村、县军粮局、县海洋渔业公司。其他多为个体或单位零星加工。年加工能力随渔业资源情况和市场价格而定，一般年产量在500～1000吨。2005年，鱼粉加工企业均处于停产半停产状态，以后陆续退出市场。

第二节　海产品创新加工

90年代中后期，随着海洋渔业资源不断衰退，传统海产品加工企业经营困难，为适应市场需求和渔民生产需要，海上鲜活、陆上保鲜保活加工等行业逐渐兴起。

海产品保鲜保活

海上保鲜保活主要以定点挂靠企业为主，采取海上收购保活，直接出口交易，或陆上保活，达到一定数量后再进行交易等方式。

长贺岛公司成立于1994年，隶属于长岛县外贸公司，职工25人，配备鲜活渔船1条，保鲜车1辆，海上暂养网箱30组，主要在各岛设立收购点，收购渔民延绳钓、垂钓、笼兜以及海上捕捞的鲜活品，主要品种有黑裙、六线鱼、牙鲆等。集中暂养达到交易要求规格、重量，且够交易批发量后，再进行国内外海上陆上交易。活鱼一般销往韩国、日本，由保鲜、保活船只直接送货或对方来船接货，一般年销售量30余吨，收入400余万元，纯收益20万～30万元。1996年后，因海洋渔业资源衰退，渔获量严重不足，年收购鲜活鱼仅5～6吨，收入20万元左右。2001年后，基本停产。

“长鑫”1号货轮隶属于长岛海洋渔业公司，定员12人，以收购海上捕捞渔货为主，主机功率441千瓦，保鲜加工能力60吨，可在海上收购、加工。1992年7月3日，“长鑫”1号货轮满载鲜活海产品首航直达日本，开通长岛县第一条通往国外海上运输线。每次加工10～15吨渔货或贝类直接运抵日本交易，平均每年约12个航次，年销售收入300万元。1997年后，由于海洋渔业资源衰退，渔货收购量越来越少，再加资金不足，市场疲软，年加工发货交易2～3航次，年交易量不足30吨，企业因严重亏损而停产。

海产品深加工

方便食品　80年代，长岛县在全市率先进行海带小包装方便食品的加工试验，专门生产“海带丝”。1983年，长岛县海带食品公司成立，生产的“海带丝”“海带罐头”“海带酱菜”等产品，在国际海藻会议上受到与会专家的一致好评。

1983年，县罐头总厂在生产海产品罐头产品的基础上开始开发生产方便食品，主要有烤鱼片、海带脯等。1986年，北隍城乡海带丝厂开发生产海带丝、海带脯等方便食品。之后大钦岛乡、南隍城乡、北隍城乡的乡村加工企业陆续开发生产小包装即食海带丝、海带结、海带片、贻贝干、小干鱼等方便食品。90年代中期，全县水产品方便食品20余种，产量30～50吨。1996年，长岛中医药研究所成立，生产“佰海先牌即食海参”等方便食品。进入21世纪，龙晏、泛洋、宝悦、永盛、长山、微海岛等公司先后购进生产、包装及检测设备，研制开发贝类、藻类、酱类等方便食品，年产量在300～500吨。2001年后，龙宴海产食品专业合作社开发即食海带丝、鲍螺等方便食品，每年产量在30吨左右。2007—2017年，泛洋公司先后开发生产香辣鱿鱼、风味马步鱼、香辣带鱼、熏鲅鱼等60余个品种即食休闲食品，年产量平均200余吨。2008—2011年，永盛公司来料加工出口即食鱿鱼丝、板、条等品种，总量在500吨左右。2013年，长山海珍品公司先后开发生产干贝丝、虾酱、小干鱼、海带脯等风味食品，2015年后开发生产小包装速食海参、马步鱼、黄花鱼、鱼排、小银鱼、带鱼块等风味食品，品种近百个。2016年，微海岛海珍品公司先后开发生产即食鲍螺、贝肉、香辣黄花鱼、手工烤鱼片、海带脆片等10余个品种，年产量10余吨。2018年，生产企业以长山、微海岛、龙宴等企业为主，品种100余个，全年产量100吨左右。

“一点碘”口服液（碘糖浆）　1996年，长岛县海洋食品研究所与山东师范大学合作开发出碘糖浆，经卫生部批准为保健食品，是中国优生优育协会的推荐产品。该产品以长岛优质海带为主要原料精制而成，年生产30吨左右，销售收入20万元左右。后因受补碘事件影响停产。

海参口服液　1989年，县科委研究试产的“海参口服液”，获山东省科技进步奖。1991年，长岛县海洋药物研究所成立，1992年与潍坊药材公司及美国斯巴维克公司合作成立长岛海利宝海洋实业公司，生产的“刺参玉液”和“斯利姆减肥宝”获得国际推荐资格，并获全国海洋药物与保健品金奖，年销售额150万元。受国际次贷危机影响，1995年停产。2002年，长岛县海洋药物研究所解散。

海洋生物药品　1996年，长岛中医药研究所成立，主要从事海洋生物药品科研、生产与经营，拥有国家发明专利17项，国家保健品批号1个，国家级新产品奖项2个，省技术创新重点项目2个，省、市科技进步奖多项，被认定为山东高新技术企业。先后研究开发海洋药物80余种、各种小制剂40余种，其中较为著名的有“佰海先牌康体通胶囊”“海胆天钙”等。

第二章　电力工业

第一节　风电建设

风力资源是一种可再生的环保资源，是国际社会倡导的绿色能源之一。长岛位于渤海海峡风道，秋冬季多西北风，春夏季多西南风，全年主导风向北北东（NNE），年均风速为5.8米/秒，历史最大风速为34米/秒。风力历年分布均匀，是建立风电场理想地区。

1990年，国家"七五"攻关项目55千瓦风力发电机组在北长山岛安装实验，于当年10月通过验收合格投入运行。1994年，成立长岛风力发电筹备小组，县计委和县外经委牵头，县供电公司具体实施。筹备小组先后对长岛经济状况和风电工程预算、电力状况、气象、测风资料、地震、地质状况、环境状况、交通状况等方面进行系统调查、整理和评估。1995年，分别在南长山岛烽山、北长山岛长条山及玉石街立测风塔3座，实地测控长岛风力资源，取得第一手资料。

1998年3月，由山东鲁能发展集团公司和长岛县电业总公司分别以60%和40%股份合资成立山东长岛风力发电有限责任公司，注册资本1250万元。1998年10月，长岛风力发电有限责任公司一期工程开始进行道路和基础施工建设。1999年9月，9台600千瓦风机吊装调试完成并网发电运行，总投资5016万元，总装机容量5400千瓦，当年销售收入900余万元，利润200余万元，上缴税金200万元。2003年12月，长岛风力发电有限责任公司一期续建4台风机正式投产，新增发电容量2700千瓦。2004年8月，一期续改7台风机投产发电，新增发电容量4200千瓦。2005年2月，二期技改10台风机在南长山岛和小黑山岛建设，总装机容量9150万千瓦。2006年，公司售电量6208.5万千瓦时，实现销售收入5901.8万元，同比增长5.1%，实现利润482.5万元，实现利税852.8万元。长岛风电公司风电场是山东省第一个商业化运营风场。

南长山岛风电场（2006年）

2000年11月，长岛风力发电开发有限公司成立，注册资本3600万元。

2003年8月，长岛联凯风电发展有限公司注册成立，注册资本654万美元，大唐山东发电有限公司出资370.16万美元、中国大唐海外投资有限公司出资185.74万美元、长岛风力发电开发有限公司以土地出资98.1万美元，分别占注册资本56.6%、28.4%和15%，公司总资产9611万元。2005年，在砣矶岛开工建设16台750千瓦风电机组总装机容量1.2万千瓦风电场，总投资10030万元，2007年3月并网发电。

2004年12月，由华能集团公司与香港中华电力公司合资成立华能中电长岛风力发电有限公司，在南长山岛、北长山岛建设32台850千瓦风电机组，总装机容量2.72万千瓦。2005年，该项目获得全国电力行业优质工程奖。2006年5

月，正式发电运行，当年实现销售收入3777万元，实现利润602.3万元，实现利税847万元，完成增加值2241.7万元。

至2007年，全县3家风电企业共计安装风机82台，总装机容量6.215万千瓦。当年发电量1.09亿千瓦时，完成工业增加值22024万元，实现销售收入70514万元，实现利税6218万元，实现利润3904万元。2010年，全县发电量突破1.4亿千瓦时，完成工业增加值7107.2万元，实现销售收入9688.8万元，实现利润3527.2万元，实现利税4994.7万元，其中工业增加值和利税分别占全县工业的19.9%和44.0%。2015年，全县风电企业发电量1.01亿千瓦时，完成工业增加值5155.8万元，实现销售收入5762.2万元，实现利润1596.3万元，上缴税金1328.7万元。

长岛县陆上风电场自1997年开始建设，至2007年共有82台风机投产运营。2013年，长岛风力发电有限责任公司和华能中电长岛风力发电有限公司2家企业分别自行拆除1台风机，长岛陆域尚有风机80台。2016年，按照环保部要求对位于国家级自然保护区核心区内12台风机予以拆除(其中长岛风力发电有限责任公司拆除5台，长岛联凯风电发展有限公司拆除7台)，2017年8月，3家风电企业对长岛县陆域内剩余68台风机全部关停；同年12月，风机全部拆除。

第二节 电力供应

电网建设

1980年，长岛县投资336万元，开始敷设蓬莱至南长山岛35千伏海底电缆。1982年9月打压试验成功，10月正式由烟台电网向南长山岛输电。电缆全长18.8千米，其中海底部分长10.5千米，是当时全国电压等级最高，距离最长的海缆。1982年，蓬长海底电缆敷设以后，多次受到外力破坏，造成全县停电事故。1986年6月，成立海缆办公室，负责海缆看护和维修。1986年7月，南长山岛至庙岛、小黑山岛、大黑山岛10千伏海底电缆敷设完成并正式送电。全线长16.3千米，其中海缆长9.6千米，工程总投资136万元。至1986年，长岛拥有35千伏变电站1座，主变1台，容量为3150千伏安，35千伏海底电缆3条计10.5千米，10千伏架空线25千米，海缆15千米。

1987年，变电站新增2号主变，容量3150千伏安。1988年6月，南长山岛至砣矶岛35千伏海缆敷设完成。同年10月，35千伏南长山岛—砣矶岛变电站及南长山岛—砣矶岛架空线竣工。1989年7月，南长山岛—砣矶岛线一次投运送电成功，砣矶35千伏变电站全面投产，变电量为2000千伏安；长砣线全长31千米，海底电缆21千米，是全国当时最长的海底电缆，整个长砣输变电工程总投资916万元。

1994年12月和1995年5月，蓬莱—南长山岛海底电缆2次遭到外力破坏，导致全县线路停电长达14天。为防止类似事件发生，供电公司建立海上电缆安全监测站2座，昼夜对海上进行监护。购进L8250ZLDl000千瓦柴油发电机2台，1995年12月试运行。1995年10月31日，南长山岛—西三岛10千伏海底电缆(庙岛段)因外力破坏，停止供电，抢修5天恢复供电。1998年8月，投资1200万元，完成蓬莱—南长山岛35千伏2根备用海缆敷设任务，与原来4条海缆构成双回输电规模。

1998年9月，35千伏长岛变电站迁址改造工程启动。1999年1月，运用电脑监控的变电站建成，形成35千伏双站互为备用供电新格局。1999年2月，完成35千伏蓬莱—南长山岛2根备用海缆与两侧海缆房对接。1999年7月，大钦岛、小钦岛、南隍城岛、北隍城岛输变电工程及海底电缆敷设工程竣工，共利用二批农网建设改造资金6350万元。同年9月送电，结束北四岛靠柴油机发电的历史，全县10个有居民岛全部实现电网供电，消除山东省电网最后一个“盲点”。2000年10月，增设1条砣矶岛—大钦岛35千伏备用海缆，增加大钦岛、小钦岛、南隍城岛、北隍城岛供电可靠性。同年11月，完成全县10个乡镇40个行政

敷设南长山岛—砣矶岛35千伏海缆(1988年)

村农网低压改造任务。2002年4月,一期农网建设改造工程验收合格。至2002年,全县共有35千伏变电站3座,主变压器3台,变电容量21.45兆伏安,共有35千伏线路2条,线路总长度37.62千米,其中架空线路16.58千米,电缆线路21.04千米;共有10千伏线路13条,配变242台,其中公用配变80台,容量15.82兆伏安,专用配变162台,容量30.02兆伏安。其中,配电室78座,箱变2座。

2003年8月,总投资3694万元110千伏长山输变电工程竣工投入运行。2003年11月,投资6700万元蓬莱—长岛110千伏输变电工程竣工投入运行。2004年3月,总投资2450万元城区电网改造工程启动,对城区5条10千伏输电线路和部分低压线路进行大规模改造更新。至2004年,全县共有110千伏变电站1座,110千伏变电容量31.5兆伏安,有110千伏线路1条,总长度20.7千米;35千伏公用变电站2座,主变2台,变电容量111.45兆伏安,电缆线路21.04千米;共有10千伏线路15条,配变270台。其中,公用配变92台,容量18.04兆伏安;专用配电室88座,箱变4座。2005年12月,35千伏蓬莱—南长山岛备用海缆工程敷设竣工。

2008年10月,山东电力集团公司出资4356万元,全长23千米35千伏南长山岛—砣矶岛海缆更换工程敷设完成竣工投运。2008年9月,35千伏小黑山输变电工程开工。2009年6月,35千伏西三岛变电站通过验收送电成功,西三岛实现双电源供电。

2010年7月26日,110千伏蓬长海缆遭外力破坏,致110千伏长山站停运。确定故障点后,实施海缆混合并网通电方案并获得成功,将全县停电时间由十几天降为30多小时;8月6日,恢复供电。2012年,完成110千伏邱长Ⅱ线及110千伏长山站二期扩建工程,全年完成电网建设投资1.2亿元。2013年9月,南长山岛至大竹山海缆,避开海水养殖、捕捞、抛锚区域,成功改变登陆路径,保证海缆安全、稳定运行。同年11月,35千伏大钦变电站二期扩建工程一次验收合格送电成功。2014年8月,10千伏钦隍线新建工程海底电缆敷设完成,工程总投资2322万元,海缆全长15.5千米。同年12月,35千伏大钦站10千伏钦隍线一次送电成功。

2015年7月,长岛(砣矶)微网一期工程建成投产,2015年12月通过国网公司、国家能源局组织的24h孤岛运行考核,工程总投资1753万元。长岛分布式发电及微电网接入控制示范工程建设,在全国首次建成集风力发电、太阳能、气象监测、风功率预测于一体微电网工程,高质量通过国家电网公司科技项目验收,成为全球能源互联网示范工程。

2016年9月,烟台电网220千伏汤邱站至110千伏长山站海底光缆在长岛侧成功登陆敷设完成,海缆总长度10.5千米,为山东省首条电力海底光缆。2017年8月,新建35千伏南长山岛—砣矶岛二回输电线路主体工程全部竣工。

2018年3月,开展长岛智能微电网群系统工程建设。主要有砣矶岛子微网改造、大钦岛等北部四岛子微网建设、新增柔性直流输电系统建设、分布式光伏系统建设、北五岛微电网能量管理系统建设五部分，工程总投资9770万元。

电力服务

1998年5月，电力“110联动便民服务中心”挂牌成立，提出“您一个电话，余下的事由我们做”服务口号。2000年3月，电力“彩虹工程”启动，成立客户关系委员会，设立2万元联动基金。同年4月，成立客户服务中心，实现渔村电价、发票、抄表、核算、考核“五统一”，抄表、销售、收费、服务“四到户”，电量、电价、电费“三公开”工作目标，做到用电申请、抄、收、核、电修检测、事故排除一条龙服务。

2002年，长岛电视台开辟《电力彩虹》专栏，定期编发《长岛电业》专刊，展现长岛电业人风采。2004年，长岛电业部门结合“彩虹工程”向社会作出“十项服务”承诺，让社会评价，让客户打分。2006年7月，供电部门召开第五届客户关系委员会暨“彩虹工程”常态运行会议，把“彩虹工程”各项承诺落到实处。2008年10月，为确保电能计量“公开、公平、公正”，长岛供电公司成立电能计量中心。

2011年，制定印发《迎峰度夏、迎峰度冬有序用电方案》，对全县100千伏安及以上用户变压器安装负荷控制装置，实现用户用电需求实时分析和在线监测，形成与“95598”客户服务热线联动预警机制，达到快速定位和主动抢修服务。

2018年3月，开展“煤改电”情况调研，争取上级业务部门对长岛“煤改电”工程给予支持。同年9月，长岛县政府与烟台市供电公司、省综合能源服务公司签订区域智慧能源系统建设战略合作协议。长岛城区“煤改电”工程，11月6日完成电气设备安装试运行，11月15日正式供暖，共建设15个清洁能源供热站、供暖用户8619家、供暖面积60万平方米，实现利用清洁能源（电能）替代煤炭消费1.1万吨，区域内减排二氧化碳2.1万吨，减少碳排放5780吨、二氧化氮320吨。每年5—10月旅游旺季，建立“渔家乐”保供电包保责任制，做到包保到村、责任到人，建立一村一案，确保安全供电。

1986—2018年长岛县供电公司综合指标完成情况统计表

表11-1

年份	供电量（万千瓦时）	售电量（万千瓦时）		线损电量（万千瓦时）	线损率（%）	最大负荷（千瓦）
		实际完成	增长率（%）			
1986	1268.3	1249	32.4	19.3	1.5	2500
1987	1640.6	1570.7	25.8	69.9	4.3	2600
1988	1927.8	1895.7	20.7	32.1	1.7	3200
1989	2101	2076.8	9.6	24.2	1.2	4300
1990	2400.4	2204.8	6.2	195.6	8.1	4500
1991	2795.7	2697.7	22.4	98	3.5	5000
1992	3431.5	3257.2	20.7	174.3	5.1	6200
1993	3571.5	3369.5	3.4	202	5.7	7000
1994	3752.5	3542.6	5.1	209.9	5.6	7000

续表11-1

年份	供电量（万千瓦时）	售电量（万千瓦时）		线损电量（万千瓦时）	线损率（%）	最大负荷（千瓦）
		实际完成	增长率（%）			
1995	3711.3	3526.5	-0.5	184.8	5.0	7200
1996	3945.9	3847	9.1	98.9	2.5	6600
1997	4259.5	4107.3	6.8	152.2	3.6	7200
1998	3928.6	3768.6	-8.3	160	4.1	6600
1999	3804.8	3630.1	-3.7	174.7	4.6	7900
2000	4651.7	4472.1	23.2	179.6	4.0	8800
2001	4710	4663.1	4.3	46.9	1.0	8200
2002	4515.4	4482.1	-3.9	33.3	0.7	8200
2003	5046.8	4869.8	8.65	177	3.51	10600
2004	5934.2	5850.6	20.14	83.6	1.41	15400
2005	6310.5	6233.9	6.55	76.6	1.21	15420
2006	6233.2	6097.1	-2.19	136.1	2.18	15600
2007	6484.8	6407.6	5.09	77.2	1.19	15400
2008	6940.1	6823.8	6.5	116.3	1.68	15800
2009	7300.6	6952.7	1.89	347.9	4.77	16100
2010	7545.3	7010.2	0.82	535.1	7.09	15860
2011	7860	7396.3	5.51	463.7	5.9	16000
2012	9138	8600.4	16.28	537.6	5.88	20300
2013	9676.4	9100	5.81	576.4	5.96	20500
2014	9240	8615	5.33	625	6.76	19400
2015	9430.8	8801.2	2.16	629.6	6.68	21000
2016	9948.2	9300.54	5.67	647.66	6.51	27000
2017	10213.69	9649.93	3.76	563.76	5.52	25617
2018	11068.88	10387.78	7.65	618.1	6.15	41260

第三章　船舶业

1985年，全县有船厂17家，主要以维修当地渔船为主，县船厂和各乡镇船厂能够制造小型钢壳渔船和木质机帆船。之后，随着渔业的迅速发展，船只需求量增大。1989年，全县各类船厂20余家，北五乡镇几乎村村建船厂，修造船能力也有很大提高。90年代中期，县船业总公司、砣矶渔轮厂2家企业具有制造钢质渔轮资质，多数船厂能够制造木质渔轮。此后随着渔业资源下降，渔船需求量锐减，修造船业也逐渐萎缩。2005年，全县有各类船舶制造、修理企业19家，能够正常运行的仅有10家，造船能力2.5万载重吨，从业人员450人，具有建造1000吨级船舶、维修3000吨级船舶能力，当年全县修造船业实现销售收入1750万元。

2010年，全县共有规模以上修造船企业2家，分别为县船业总公司和烟台昱安船厂。全县修造船业完成增加值1329.4万元，实现销售收入3469万元。

2018年，全县共有修造船企业13家，县船业总公司是全县唯一县属国有企业。当年全县修造船业完成工业增加值8762万元，实现销售收入27529.6万元。

第一节　船舶修造

船舶维修

1978年，全县13家船厂维修各类船只1041艘。其中，30千瓦以上船只493艘，30千瓦以下船只548艘。1989年，全县各类船厂达到20多家，当年维修各种船只2111艘。1992年，全县维修各类船只2738艘，为历史最高水平。其中，县船业总公司、县渔轮厂、县交通局船厂能够维修750千瓦以下渔轮和1000吨位以下的驳船。

90年代中期以后，随着渔船锐减，修造船业逐渐萎缩。2002年，全县正常运行船厂仅存10家，全县年维修船只不足800艘。2018年，全县13家船厂修船总数500艘左右。

船舶制造

木质渔船制造　1978年，全县具有制造100千瓦以下木壳渔船的船厂有8家。是年，县船厂自行设计制造817型136千瓦木壳渔船4艘。1978—1985年，全县共制造木壳机动渔船65艘，总功率950千瓦。至2002年，共制造各种木质渔船600余艘。2006年6月，船业总公司建造仿古大风船“渔家乐9号”完工下水，用于海上观光、捕鱼体验。2010年后，全县渔村船厂陆续建造近百只木质旅游渔船。

钢质渔船制造　1980年，县船厂开始设计制造9.44千瓦钢壳渔船。1983年，设计制造33.12千瓦钢壳渔船。1986年，与大连渔轮厂横向联合设计制造808型136千瓦钢质渔轮。1987年8月，首对808型钢质渔轮下坞。至2002年，县船业总公司（县船厂）共制造808型等5种型号钢质渔轮56艘。

1990年，县渔轮厂（砣矶船厂）开始研制生产811型200千瓦钢质渔轮。1991年，生产8对16艘。1993年，研制生产819型220千瓦钢质渔轮2对4艘，1994年通过专家鉴定，1996年获烟台市科技进步三等奖、山东省行业评比二等奖，1998年获国家专利。至2002年，县渔轮厂共生产钢质渔轮82艘。2005年以后，由于渔业资源锐减，钢质渔轮制造停止。

长岛船业总公司是长岛县船舶制造骨干企业。其前身是长岛县船厂，成立于1960年，1993年改称长岛船业总公司，企业占地面积3.27公顷，

长岛船业总公司横移坞道(2017年)

修船专用码头两处共200米,有1000吨坞道1条,600HP横移坞道1条,普通坞道2条,可同时容纳长度50米各类船只40艘,年造300HP~400HP船只30艘,修船量年均在600多艘。2018年,有职工80人,专业技术人员40人。公司具备建造船长20米(≤)木质和船长45米(≤)钢质渔业船舶和船长55米、排水量1000吨以下钢质海洋运输船舶的资质和能力。公司自行设计建造的实用新型钢质捕捞渔船船体被国家专利局授予专利权。公司先后自行设计建造20HP、30HP、40HP、60HP、135HP、185HP812型,817型等类别的木壳船只;20HP~135HP水泥船、150吨水泥货船;40HP、45HP钢制渔船;DY808型185HP、250HP、270HP、275HP、300HP钢质渔轮;ⅤCD808-1-198.6kw(270HP),ⅤCD805-1-220kw275HP、300HP,ⅤCD805-2-220kw300HP钢质海洋拖网冷冻渔轮;参加山东省渔船设计组设计876型钢质渔船;设计制造150吨钢质货船;组装建造蓬长航线200客位旅游交通船。船舶制造业务拓展到国外,先后在肯尼亚和坦桑尼亚两个国家分别建造2条12HP(195)木壳船只。

1991年8月,为808型钢质渔船安装液压稳车和冷冻设备,在烟台市范围内尚属首次。2004年3月,烟台海事局审核准予公司在长岛县境内从事船舶、残油接收作业,由此船舶维修范围扩展到省外、国际。2006年6月,建造仿古大风船“渔家乐9号”;12月,建造两艘双机、双桨、双舵多用途海上工程船“津渔工1号”“津渔工2号”。

2001年8月,总公司成立国际合资合作小组,与烟台远发海洋渔业公司共同就坦桑尼亚渔业合作发展项目、乌干达合作造船项目、肯尼亚海产品运销等项目进行合资合作。

2009年2月,为浙江宇大航道工程有限公司建造的45吨起锚艇“宇大6号”轮竣工下水。2010年5月,建造第一条客滚船“新长山”轮下水。2012年,建造3艘长趸船。

2016年,首次分段建造、主道合拢的“锦容15”轮,船长59.8米、宽13.8米,主船体于当年9月下水。2018年6月,山东渔业船舶检验局鉴定公司资质为“钢质二级60米及以下”。

2018年,船业总公司实现销售收入1400万元,上缴税金121万元;修船260艘,造船10艘。企业先后获省级文明单位、文明企业、重合同守信用企业等称号,涌现出全国劳模赵金兰、省级劳模石茂盛等先进模范。

第二节　拆船业

1984年7月,县拆船厂在北长山北城村建成投产。建筑面积7800平方米,有80米长、40米宽拆船槽1条。1984年11月,正式接船拆解。第一条船是法国“女神”轮,重量为9529轻吨。1985年6月,接收瑞典“荣城”轮和荷兰“安娜巴”轮,重量分别为5640轻吨和13400轻吨。1987年4月,第四条拆解废船——日本的“江洋”散货轮冲滩,重量为12055轻吨,长223米,宽32.2米。同年8月,金属材料安装加工队成立。1988年12月,第五条拆解废船——苏联“利亚可奥”轮冲滩,船长

84.7米，宽14.02米，重量为1888.5轻吨。拆船公司与烟台三利拆船公司和县海运公司联营承揽拆解石油钻井平台业务。进入90年代，国际拆船业进入竞争激烈阶段，船源少、船价高，销售难度大。1990年3月，拆解海上平台4个，拆解钢材5150吨。1995年后，拆船业基本停产，企业转入海产品加工等经营项目。

第四章　渔需物资加工业与其他工业

80年代，渔需物资加工业一度发展到30余家，轻纺业发展到5家、建材业2家、电子器材业3家、聚氨酯产品制造1家、人造革生产企业1家、光学材料制造1家、工艺美术1家、印刷业4家、农业机械1家、拆船业1家、食品加工业3家、粮油加工1家、饲料加工2家。

1990年前，县水产公司独家经营长岛县渔需物资供给，下设分支机构，每个乡镇1个，承担各岛渔具修补材料、机械日用配件、生产燃料、劳动保护用品供应。1991年后，随着市场经济体制变化，国企、集体、股份、个体等多形式经营格局逐渐形成，经营渠道逐渐拓宽。到90年代初期，全县渔需物资生产品种扩大到线、绳、网、泡、盘、板等十几个品种，渔需塑料制品产量达到8700吨；5家轻纺企业完成工业总产值占全县工业企业总产值22.56%；1992年，县人造革厂实现销售收入1700万元，实现利税320万元，达到历史最高水平。之后，随着渔业资源衰退和市场竞争加剧，多数企业被迫转产或倒闭，一部分企业先改制，后经营不善解体。1991年，全县城乡居民粮油销售价格放开后，民营粮油加工户迅速增加。2002年，全县有食品加工企业70余家，从业人员300余人，当年食品加工总量1740吨。

1992年后，海参育苗业逐渐发展。1998年始，海上网箱养鱼兴起，全县海参、鲍鱼、海胆、虾夷贝、扇贝等海珍品育保苗业发展迅猛，2002—2005年，全县海珍品育保苗业户1000余家，带动海珍品饲料生产企业快速发展。2006年，全县有3家规模较大海珍品饲料生产企业，为宏华、鸿利、坤鑫水产饵料公司，主营海参饵料，年产量3000余吨。小型饵料加工点遍及乡村，生产粉碎海青菜、黑菜、马尾藻等单一海参饵料。2012年起，为保护生态环境，修复海岸线，沿海海参育保苗场逐步拆除，海珍品饲料生产企业随之停产。

其间，轻纺、建材、电子器材制造、聚氨酯制造、人造革生产、光学材料制造、印刷、机械加工、工艺美术品生产、食品加工、粮油加工、动物饲料生产、海珍品饲料生产等工业，都有不同程度的发展。

第一节　渔需物资加工业

1985年，全县有线绳、浮泡等渔需物资加工企业30余家，生产各种渔需塑料制品2777吨。1986年10月，县塑料厂分为塑料一厂和塑料制品厂。塑料一厂主要生产线绳，引进日本产2台结网机，年生产网片120吨。1988年12月，塑料一厂搬迁扩建，新增生产设备24台（套），年生产能力由600吨提高到1500吨。塑料制品厂主要生产渔养用塑料浮及冷库加工用的冷冻盘等塑料制品，1992年安排一部分残疾人就业，改称福利塑料制品厂，增加生产设备6台（套），增加塑料绳、双牵网生产。1992年1月，塑料一厂与烟台塑料工业公司、日本日江株式会社合资成立烟台日江网具有限公司。是年，生产网具等产品1757吨，产值2293万元，利润182万元。1992年，全县渔需物资生产品种扩大到线、绳、网、泡、盘、板等十几个品种，全县渔需塑料制品产量达到8700

吨，为历史最高峰。

1993年2月，由烟台日江网具有限公司承担的“机织高密度聚乙烯建筑安全网”项目通过市级鉴定，该技术达到国内先进水平，填补省内空白。同年，日江公司进行捕捉笼安全网等项新产品开发，1996年通过省级鉴定，被评为1996年推荐产品。1993年7月，长岛县第二塑料厂成立，主要生产鲍鱼盒、波纹板等新产品。同年10月，厂内设立养殖器材研究所。1993年10月，由县第二塑料厂承担的“旋转式塑料成网机头”项目通过市级鉴定，该项目填补国内空白，达到国家先进水平。1995年，第二塑料厂研制的双牵网旋转机头，获得烟台市科技进步二等奖。鲍鱼养殖箱及筏式养殖工具获得省二轻厅优秀新产品三等奖。是年，实现销售收入133.5万元。日江网具公司2001年12月合资经营期满，董事会决定解散，停止生产。90年代后期，由于受渔业资源和养殖受灾影响，全县渔需物资加工业萎缩，多数企业停产转产。2002年，仅存渔需加工企业3家，生产各种渔需塑料制品产值788万元。2005年，实现产值1000万元。2010年后，有10余家私营企业或个体业户，阶段性生产养殖用塑料泡、盘、板等，产量有限。2017年，因环境保护，全部清理停产。

第二节 其他工业

轻纺工业

80年代，长岛县轻纺企业发展到5家。1990年，5家轻纺企业完成工业总产值占全县工业企业总产值的22.56%。至2012年之前，5家企业均因市场竞争能力下降倒闭或停产。

1985年，长岛县针织厂由原93个腈纶品种增加到117个毛腈品种，产量7.6万余件。是年，厂房进行扩建，总面积1600平方米。1986年，与北京市毛针织工业联合公司签订横向联合协议。1987年，投资140万元，购进I507A绣花织袜机80台，I507Ac织袜机4台，建成织袜车间。1989年，引进意大利产粗针距袜机6台，年产运动袜能力提高到90万双。同年，羊毛衫设计花色图案增加到20多种，有9种在天津外贸针织品公司订货会上深受欢迎。1989年，实有职工282人，主要产品为羊毛衫、运动袜和锦纶丝袜子。1991年，生产销售羊毛衫10万件，完成工业总产值376.8万元，实现销售收入252.1万元，实现利税34.6万元。之后，产品缺乏竞争性，经济效益逐年下滑，2001年停产。

1985年，长岛县服装厂有职工14人，固定资产8000元。1987年12月，实行承包经营。1994年7月，实行股份制改造，成立服装有限公司。1995年6月，服装公司吸收残疾人就业，县残联投入资金参入股份，改称县残疾人就业培训中心。是年7月，购买10台缝纫机，承揽全县中小学校服加工业务。1996年，总产值42万元，销售收入16万元，利润1万元。1998年6月，残疾人就业培训中心全部资产和人员整体划归县残联。2002年，有人员9名，销售收入3.2万元。2010年后停产。

1986年，长岛县皮鞋厂有职工76人，内设开帮、跑帮、胶粘、线缝、设计5个车间。是年，生产的男女马靴参加烟台市组织的艺术节商品展销，分别获得三等奖。1991年，琴月牌胶粘男式皮凉鞋被评为市优产品。是年，职工人数95人，产值116万元，销售收入77.9万元。1997年1月，皮鞋厂破产。

1988年8月，县二轻工业公司投资200万元，建设年生产各种锦纶丝袜200万双规模织袜厂。1989年正式投产，当年完成产值13万元。1990年，生产丝袜14.5万双，完成产值60万元，实现销售收入12万元，实现利税1.7万元。1991年，有职工79人，生产丝袜29万双，实现销售收入26.4万元，实现利税1.7万元。由于产品积压严重，1991年12月停产，由县塑料一厂兼并。

1988年1月，县毛纺厂投产，项目总投资535万元，厂区面积26000平方米，建筑面积6000平方米，安装生产设备35台(套)，生产规模2400锭，时有职工290人，为全县人数最多企业。1988年，生产针织绒线417吨，完成产值927万元，实现销售收入906万元，实现利税207万元。是年，获得自营进出口权，出口东南亚及日本、韩国等国家。1989年12月，二期工程投产，在原有6台细纱机2400锭的基础上又增加4台细纱机，生产规模扩大到4000锭。1992年，在全县率先试点推行全员劳动合同制取得明显成效，并在全县推广。1993年，被确定为中型(二)企业。1994年，投资200万元上清花、梳棉、并条、粗纱、细纱机械设备。1997年5月，投资70万元上2台梳毛机、2台并条机，生产能力增加到年产量1600吨。1998年4月，租赁县针织厂厂房安装2台花色捻线设备。2000年6月，租赁日江网具公司厂房改建为雪尼尔车间，生产雪尼尔纱线。产品品种由建厂初期单一的腈纶纱线，发展到毛腈纱、纯毛纱、丙腈纱、涤腈纱、锦腈纱、冰岛毛、大肚纱、雪尼尔、圈圈纱等20多个品种。2001年11月，企业改制为企业内部职工持股的股份制企业，成立长岛宏凯毛纺有限公司，当年产量1525吨，完成工业总产值4336万元，实现销售收入3287万元，实现利税59万元。2002年，企业有职工600人，技术人员40人，主要生产设备120台(套)，固定资产3600万元，生产规模精纺10000锭，生产能力2000余吨。2003年，成为全县第一家工业产品出口企业，产品先后出口东南亚、韩国、日本等国家。2003年，完成销售收入1376.4万元。是年，被授予烟台市工商联系统“诚信纳税会员企业”，被中国市场研究中心授予“中国质量、服务、信誉AAA级企业”。2005年后，由于受资金短缺、原材料涨价、交通不便、产品市场竞争力不强等不利因素制约，企业一直亏损经营，于2012年停产。

建材业

1986—2018年，全县先后成立6家建材加工企业，从事采石、水泥制品等生产项目。

1974年7月，长岛县燧石场成立，到1982年，共采石3000吨，全部用于出口。1986年，燧石场有正式职工4人，采石民工100余人，12马力船只1条。1988年，产量770吨，产值92.4万元。1989年，产量490吨，产值58.8万元。1990年4月，二轻公司将燧石场移交县矿产资源局。同年6月，因自然保护等原因，停止开采。

1978年3月，长岛县水泥制品厂成立，时有职工14人，主要生产混凝土预制件。是年，产量1142立方米，产值22.6万元。1986年，生产水泥制品2631立方米，产值59.2万元。1993年，产量3255立方米，产值138.4万元。之后，产量逐年下滑。1996年，有职工32人，固定资产净值141.8万元，产量1074.7立方米，产值75万元。1997年，划归县建筑安装公司。

2012年，长岛县宏泰公司搅拌站成立，2013年3月投入生产，当年商品混凝土产量约2万立方米，2014—2016年产量均为3万立方米左右，2017年产量15000立方米，2018年产量5000立方米。2018年5月，被长岛城投商品混凝土有限公司兼并，当月停止生产。

2010年12月，长岛鲁跃建筑工程有限公司成立。2012年3月投入商品混凝土生产，当年商品混凝土产量2万立方米。2016年注册成立长岛鲁跃公司搅拌站。至2018年，生产商品混凝土总量约为14万立方米。

2015年3月，长岛县嘉祺混凝土工程有限公司成立。2016年3月投入商品混凝土生产，当年商品混凝土产量约为4000立方米。2017年混凝土产量约为18000立方米，2018年混凝土产量约为1000立方米。2018年5月，被长岛城投商品混凝土有限公司兼并。

2017年12月，长岛城投商品混凝土有限公司成立。2018年5月，收购整合长岛宏泰建筑建安有限公司混凝土搅拌站、长岛县嘉祺混凝土工程有限公司两家搅拌站。2018年，商品混凝土产量约为7万立方米。

电子器材制造业

1986—2018年，长岛县电子器材业有3家企业，分别是县电子技术开发公司、县电子器材厂、长岛安全仪器厂。

1988年，长岛县电子技术开发公司成立，集体所有制企业，时有职工8人。租赁县电业公司3间厂房作为生产车间，先后开发研制数字功率表、电流表和游戏机。至1991年，共生产254台（套），其中1988年生产的COF-234系统产品数字功率表、电流表荣获山东省星火计划银奖，达到国家标准，并获得计量器具检验合格证书，填补省内空白。1990年10月，研制的“MQ-C催化可燃气敏检测元件”项目通过省级技术鉴定，该项目填补省内空白，具国内先进水平。在此基础上又研制成功可燃气泄漏报警器投放市场。1991年9月，企业倒闭。

1990年，长岛县电子器材厂成立，属国有企业，与县制修厂一个企业、两块牌子。1993年，从蓬莱引进2名技术人员，研制生产镀锡铜线。是年，镀锡铜线获省经委优秀新产品奖。1994年，电子器材厂成立电子器材研究所，厂所一体。1995年9月，通信电缆镀锡铜线一次试车成功。1996年1月，电子器材厂独立核算。内设拔丝、电镀和退火3个车间。1997年，销售收入281万元。2002年，有职工41人，实现销售收入46.5万元，实现利税1.5万元。同年年底停产。

1991年，长岛安全仪器厂成立，研究开发气敏检测元件、电子安全仪器、传感器及其他电子产品，注册资本7万元，固定资产2万元，人员15人。1992年，实现产值14万元，利税3.5万元。1993年因销售困难停产，1997年倒闭。

聚氨酯产品制造

1985年11月，县农业机械厂引进生产设备5台，试制聚氨酯产品，1986年上半年批量生产。1990年，投资30万元扩建聚氨酯车间，购进聚氨酯生产设备4台。1991年，聚氨酯产品收入30万元。1993年，与一汽集团协议开发聚氨酯钢板衬套。1994年，购进用于生产大型聚氨酯制品的平板硫化机2台，热塑性注射成型机2台。1995年，增加注射成型机4台，作料反应釜1台。1995年7月，聚氨酯密封件经青岛外贸出口美国。10月，为长春一汽集团轻型车生产钢板弹簧衬套开始批量供货，当年生产聚氨酯制品21吨。1996年后，先后与一汽集团及其分厂哈尔滨轻型车厂、山东“黑豹”和安徽“杨子”、北汽“福田”、山东汽车改装厂、东风汽车集团等汽车生产厂家签订供货合同。2000年，开发生产“硫化合件”，向东风汽车集团供货，当年生产1.6万套。2001年9月，企业研制的“发动机前后聚氨酯垫块总成”获国家发明专利。2002年1月，由国有全民所有制企业改制为民营企业，成立长岛高能聚氨酯有限公司；同年3月，引进国际“ISO 9000质量体系”，7月获得国家认证中心认证，当年生产聚氨酯制品60.1吨，实现利税160.4万元。2003年，“一种聚氨酯及其用途”获得国家专利。2006年，通过ISO／TS16949质量管理体系高级认证，是全县第一家获得质量管理体系高级认证企业。2010年，实现销售收入3368万元，上缴税金120万元，产值3735万元，创造企业历史之最。2011年，在文苑路151号扩建10000余平方米的现代化厂房，新设物理实验室和化学分析室，引进先进自动化聚氨酯产品生产设备，当年生产聚氨酯产品1650吨。2013年，投资360余万元在新厂区建设信息化生产车间1座；同年3月，聚氨酯两化融合示范项目开工建设。2016年，公司获得国

聚氨酯数控机床及生产车间（2018年）

家知识产权局颁发的"一种聚氨酯关节球销总成"实用新型专利证书。2017年，聚氨酯限位块总成产品获得中国重汽公司"最佳质量"奖，设计改进聚氨酯产品关节球面销总成获得年度"最佳提案"奖。同年，自创关节球生产工艺创新、球面销总成自动开模机两项发明每年为企业节能增效30万元以上。2018年，生产聚氨酯制品6000吨，上缴税金430万元。

人造革生产

1986年6月，砣矶镇成立人造革厂筹建小组，聘请吉林省辽源市人造革厂4名退休技术人员作为技术指导。同年10月，长岛县人造革厂正式挂牌。1987年1月，试生产取得成功，生产出合格PVC阻燃地板革样品。同年3月，试生产成功PVC阻燃苫布革和座椅革。1989年12月，县人造革厂"聚氯乙烯阻燃地板革"实验通过省级鉴定，填补省内空白。1990年，人造革生产线技术改造项目列入山东省科委星火计划，投资30万元，对人造革生产线部分设备进行改造。1991年，实现销售收入1140万元，实现利税225万元。同年10月，更名为烟台市人造革厂。是年，"天涯牌PVC帆布基阻燃地板革"获省优质产品。1992年，产品数量和质量均大幅度提高，职工达到87人，当年实现销售收入1700万元，实现利税320万元，达到历史最高水平。同年12月，人造革技术改造项目获省科委星火计划科技成果奖。同月，人造革厂与美国鲁岛开发有限公司合资成立长岛长明制革有限公司。1995年12月，PVC阻燃地板革在中国乡镇企业出口产品展览会上被评为优秀产品。1998年6月，厂址由砣矶镇搬迁到南长山镇。1997—2002年，人造革厂连续6年被省工商局授予"重合同守信用"企业称号。2001年10月，通过国家"ISO 9000质量体系"认证。1998年后，企业效益连年下滑。2002年，有职工42人，销售收入400万元，实现利税45万元。是年，公司将股份全部退还股东，2003年破产。

光学材料制造

1985年，长岛县光学材料研究所成立，主要研制用于防护核工业放射同位素和放射医学的光学铅玻璃，先后承接2项省级立项科研课题，研制出ZF3、ZF6铅玻璃生产工艺并投入生产，产品共计9类60个品种，填补山东省光学材料玻璃工业空白，企业研制的防辐射玻璃获得省科委生产新工艺技术二等奖。1990年，研制成功BA131同位素分装器，被国家列为安全测井必备设施。1992年，研制成功的低能射线防护铅玻璃属国内首创，可与国际同类产品相媲美，获得国家专利。1999年，研制成功的多功能防护眼镜具有抗疲劳功效，获得国家发明专利。2001年，生产的防护玻璃板产品达到采标验收标准，通过山东省采用国际标准验收。2002年，通过ISO 9001:2000质量管理体系认证。产品销往国内20多个省（自治区、直辖市），出口德国、美国、日本、加拿大、瑞典、沙特等十几个国家。2005年，研究所改制成立屿珠光学材料有限责任公司，时有职工40人。2010年，产品产量达到70多吨，实现销售收入489万元，上缴国家税金44万元。2016年，实现销售额900万元，上缴税金70万元，达到历史最高水平。企业拥有国家发明专利4项，注册"屿珠"商标。2017年12月，因环境保护停产。

印刷业

1986—2018年，境内共有印刷厂4家，即县印刷厂、部队印刷厂、振业印刷厂和丝网印刷厂。县印刷厂成立于1986年，县属集体企业，时有人员20人，主要承担县委、县政府公文及会议材料印刷任务。1994年10月，印刷厂实行股份制改造。2001年，职工集资7万元，购置全套胶印设备1套，淘汰落后的铅印设备。2005年，有职工8名，产值15万元。2008年销售收入13.7万元，2010年销售收入8万元，自2011年不再纳入统计范围。2016年，县印刷厂仅有1名退休返聘人员，2018年6月企业注销。其他3家印刷厂规模较小，备有铅印设备，职工2～5人，主要承揽本系统和零星印刷业务。2005年，部队印刷厂和丝网印刷厂停产。2018年，正常运营仅有振业印刷厂，职工2人，产值28万元。

机械加工

长岛机械加工业仅有长岛农业机械厂1家企业，成立于1970年，原称农业机械修理制造厂，1984年改称农业机械厂。1982年，主导产品YQ5B千斤顶获工业部颁发的生产许可证。1985年，有职工66人，主要设备39台，固定资产76万元，厂房建筑面积3954平方米，车、铣、钳、刨、锻工种齐全，专业生产YQ系列油压千斤顶和黄油枪等产品。1986年，YQ5D型千斤顶被评为省级优质产品，1987年，在全国行业评比中被评为“优等品”，先后出口美国、加拿大、英国、澳大利亚、日本等国。进入90年代，增加剪式千斤顶、海带打捆机、扇贝分苗机等机械产品的加工生产。1986—1995年，累计生产黄油枪133071支，油压千斤顶69677台，剪式千斤顶6290台，海带打捆机13台，扇贝分苗机40台。1993年研制的扇贝振动分苗机获国家实用新型专利。1995年，企业转产聚氨酯制品。

工艺美术品生产

长岛县工艺美术品生产历史悠久，代表产品有砣矶砚和盆景雕刻。

砣矶砚　砣矶砚石，原石产于长岛县砣矶岛西海岸悬崖山泉水眼处，质地坚硬，含有金星，纹如雪浪，故谓之“金星雪浪石”。用以制砚，称砣矶砚或“金星雪浪砚”。此砚细腻，平滑，细中有峰，柔中有刚，研墨不起沫。砚台最早制砚大约在唐代，兴盛于明清，清代砣矶砚成为地方官吏进贡皇帝贡品。1979年，砣矶公社加工厂开始批量加工生产砣矶砚，当年生产450方，全部出口日本，创汇1.1万元。同年11月，长岛县工艺美术厂成立，厂址位于砣矶大口东山村。1986年，共有技术工人15人，年产砚台400方，人均创产值1万元，主要产品发展为砣矶砚、山水石盆景、观赏石、挂屏、工艺瓷盘等5大系列100多个品种。1992年，有职工20名，生产砣矶砚800多方，山石盆景300多盘，产值20万元；产品销往美国、日本、韩国、新加坡等国家和中国香港地区。2002年，有职工12人。2003年企业改制，原厂职工个人或者联合其他人开办多个砚台店、家庭制砚作坊等，每年均有少量生产。2013年6月，“长岛砣矶砚雕刻技艺”被山东省政府列入第三批省级非物质文化遗产名录。是年，全县制砚近1000方，销售额400余万元，为历史制砚最高年份。之后，由于资源保护，至2018年制砚不足百方。

盆景雕刻　盆景即砣矶山水石盆景，已有900多年制作历史。盆景石多产于霸王山下，属“浪蚀条带绢云母千枚岩”。内含云母40%，石英30%，绿泥石25%，其他矿物5%，故石料多呈蓝白相间的条带色彩，分红、白、黄、蓝四种。砣矶山水石盆景石以砣矶岛霸王山北部近海处出产为最佳。由于长期风化浪蚀，此石玲珑剔透，造型奇特，取其自然形态，稍事雕琢，自成一格，是盆景上品。1980年，由县工艺美术厂开发批量制作，当年制作60盆，发售青岛展销，收入3600元。砣矶山水石盆景从1981年起远销日本和美国，此后，国内外订单不断，连续8年接受订单限量发往美国1个集装箱，约为120盆，年创汇2～4万元。1985年，研发以砣矶石为原料的工艺瓷盘和挂屏两种产品，广受好评。1987年，生产砣矶山水石盆景、工艺瓷盘、挂屏达到高峰，总计出品1000多盆（件），产值11万元。同年10月，在北京举办的中国首届花卉博览会上，砣矶山水石盆景代表山东省参展，荣获最高奖项优秀奖。90年代至21世纪初，砣矶山水石盆景、看盘、挂屏受到人们的青睐，成为企业、单位和家庭馈赠友人特色礼物。

砣矶石盆景作品（1993年）

之后，由于资源保护，到2018年每年仅有零星制作和展销。

食品加工

1985年，县食品厂有职工48人，设有糕点、冰棍、小菜、酿造和小食品5个车间，年产量360吨，产值37万元。1986年，原鹊咀粮库组建为食品公司，生产糕点、挂面、月饼等食品。同年，县粮食局建粮油食品综合服务楼1座，建筑面积2185平方米，主要生产馒头、油炸食品等。1987年，增加雪糕生产。1989年形成规模，共有职工150人，食品加工点20个，在北长山岛设挂面生产线1条，糕点烤箱6个，烤饼箱20个，馒头蒸箱10个，生产花色品种60多个，当年生产食品1412吨。其中，月饼56吨、油炸品419吨、糕点150吨、挂面130吨，实现利润28.6万元。1990年，生产各类糕点食品83.8吨、雪糕79.5吨、酱油36.5吨，实现工业产值112万元，利税5.5万元。1991年，在北长山岛投资30万元建成年产千吨挂面厂，投资60万元建设餐饮客房综合服务楼一幢，面积1022平方米。

90年代后，城乡居民粮油销售价格放开，民营粮油加工户迅速增加。至2002年，全县食品加工户70多家，从业人员300余人，当年食品加工总量1740吨。2004年，全县从事干、鲜、冻海产品加工、罐头、粮油、饮料、桶装水、面食制品、糕点等生产加工的企业、个体户共88家。2005年，粮食购销企业改革，粮所撤并，人员分流，各粮食企业因地制宜，以副补主，继续开展以馒头生产为主的食品加工，每年产销量300～400吨。2010年后，粮食企业食品加工逐步停产，个体私营食品加工业户快速发展。至2018年，全县食品加工个体私营业户54家，主要生产馒头、包子、糕点、面条、油炸品等，年食品加工总量3000吨左右。

粮油加工

1993年前，境内无规模粮油加工业。1994年，县粮油供应公司投资30万元，利用旧粮仓建一处小型面粉加工厂，加工面粉主要供给当地居民，是为全县唯一粮食加工企业。至2001年，8年间共加工面粉2000余吨。2001年，省财政拨款更新机组一套，日产面粉20吨，产品质量提高，以当地收购和外地采购小麦进行常年加工，当年加工面粉400余吨。2004年，加工面粉500吨。2005年加工面粉120吨。2006年停产。

动物饲料生产

1983年，南长山镇黑石嘴村饲料公司成立，1986年有职工75人，设备38台，生产各种饲料1648吨，产品主要在山东省内销售。同年，与烟台市饲料公司、莱阳农学院联合研制的一、二号水貂颗粒饲料，被省经委授予“八六年度山东省优秀新产品二等奖”。1987年，生产饲料2200吨，其中水貂饲料450吨，被授予“山东省优质产品”称号。1988年，生产各种饲料3500吨。1989年，生产各种饲料2915吨，产值117万元。1990年以后，由于国际貂皮市场价格大幅下降，貂场纷纷倒闭，饲料加工停产，1994年转产。进入21世纪后，部分个体私营企业零星生产动物饲料。

海珍品饲料生产

1982年，在黄海水产研究所专家支持下，长岛开始海参、鲍鱼的人工育苗试验。随之，进行人工配合饲料生产试验。1983年，长岛海珍品增殖实验站生产出全县第一批鲍鱼人工合成饲料。1984年，研制生产出海参人工合成饲料。90年代初，全县鲍鱼人工育苗迅速发展。1993年，全县鲍鱼育苗企业有30余家，育苗面积1.2万平方米，对饲料需求量增大。1992年，先后建成县第一、第二、第四育苗场和砣矶后口、磨石嘴、大钦岛东村6家人工配合饲料厂，年生产能力近百吨。随后，南隍城村、北隍城山前村、山后村、小钦岛村也先后建起海珍品饲料加工厂。1992年后，海参育苗业逐渐发展，先后在县第一育苗场、第二育苗场、南长山镇后沟村建成3处以经营为主海参饲料加工厂，年产合成海参饲料50余吨。1998年后，多处乡镇开展海上网箱养鱼生产，在小黑山村、北长山乡北城村建两处鱼类饲料加工厂，年产鱼类饲料近百吨。

进入21世纪，全县海参、鲍鱼、海胆、虾夷贝、扇贝等海珍品育保苗业发展迅猛，高峰时1000余家，带动海珍品饲料生产企业快速发展。2004年7月，县粮油开发中心投资2.4万元购置一台海菜粉碎机，加工销售海参饵料20吨以上。2005年，全县海珍品饲料生产企业达30余家，主要分布在南五岛，年产量5000吨左右。2006年，全县3家规模较大海珍品饲料生产企业为宏华、鸿利、坤鑫水产饵料公司，主营海参饵料，年产量达3000余吨。各乡镇、村均有小型饵料加工点，生产粉碎海青菜、黑菜、马尾藻等单一海参饵料。2010年始，修复海岸带修复工程启动，沿海海参育保苗场逐步拆除，海珍品饲料生产企业随之停产。

第五章　民营经济与乡镇企业

中共十一届三中全会后，长岛县乡镇企业发展迅速，至90年代中期达到鼎盛。1993年始，在全县乡镇企业中广泛推行产权制度改革，多数乡（镇）、村办企业改制成为股份制、个体或私营企业。1997年10月，全县个体私营经济工作会议召开，印发《关于鼓励个体私营经济发展的意见》。2002年，全县个体私营企业总数达到1774家，从业人员3760人。2003年后，乡镇企业全部并入民营经济统计。

2003—2008年，县委、县政府印发《长岛县民营经济发展意见》《民营经济工作考核办法》等文件，将推进民营经济发展工作指标细化分解到乡镇、部门和单位，纳入机关岗位目标责任制考核。2007年，组织乡镇和部分民营企业赴南方有关省市考察学习民营经济发展经验做法，召开全县民营经济发展大会，表彰民营经济发展中涌现出的各类先进典型，掀起民营经济发展新一轮热潮。2008年，全县个体工商户1740家，从业人员3044人，注册资金4166万元；民营企业达到990家，从业人员5664人，注册资金46874万元。

2010年，县财政设立100万元民营企业扶持资金，对民营企业在技术改造、结构调整、贷款贴息、争创品牌等方面给予扶持奖励。2013年，县委、县政府印发《关于加快推进民营经济发展的若干意见》，每年设立支持民营经济发展专项资金100万元，统筹用于对中小微企业扶持和奖励。2015年，实施以“一企一技术”为核心的中小企业创新工程、专精特新育苗扶壮工程和中小企业成长计划，先后培育市级及以上“一企一技术”企业7家，其中省级2家；培育市级及以上专精特新企业25家，其中省级7家。2018年，全县个体工商户4262家，从业人员7780人，注册资金54064万元；民营企业1428家，从业人员6105人，注册资金580807万元。

第一节　发展历程

1986年，全县个体工商业269家，从业人员690人，注册资本100.3万元；全县个体工商业销售额175.4万元，占社会零售额2.6%。1988年，对个体养殖业和畜牧业进行工商登记管理。1990年，全县开展城乡合作户工商登记，纳入工商个体进行统计，全县个体工商户达到1244家。

“八五”计划期间，全县个体私营经济进入较快发展时期。1995年，允许个体商户从事批发业务，开始注册私营企业。至年底，全县私营企业发展到23家，从业人员256人；个体商户达到1449家，从业人员2397人；主要从事批发零售，日用百货、烟酒糖茶、日用杂品、米面油等。是年，个体私营经济实现产值2394万元，营业额9340万元，占社会消费品零售总额27.6%。1992—1995年，共有128名下岗人员从事个体工商业。1998年8月，县委、县政府印发《关于鼓励个体私营经济发展的若干规定》，实行“三放开，四不限”，即放开经营范围，放开经营方式，放开从业人员，不限发展比例，不限发展速度，不限发展规模，不限发展地域，鼓励机关工作人员领办、创办私营、民营等优惠政策。

2002年，市委、市政府印发《关于加快发展民营经济的意见》，在放宽经营范围、鼓励民营企业参与公有制企业改革、鼓励各类人员从事民营经济、完善城镇民营经济从业人员社会保险制度、拓宽融资渠道、鼓励发展民营科技型企业等方面，作出明确规定。长岛县将2002年定为“环境建设年”，印发《长岛县治乱减负工作意见》，民营经济发展环境进一步优化，市场主体更加活跃。2002年11月，县民营经济发展局成立，同时挂县中小企业服务中心牌子，成为全县民营经济发展服务性机构。2002年年底，全县个体私营企业总数达到1774家，从业人员3760人，注册资本6784万元。2003—2008年，以旅游服务、海上航运、修造船、海上风电、水产品加工、海珍品育保苗为重点的特色产业发展壮大。2008年，全县个体民营企业共完成增加值36804万元，同比增长41.0%；实现营业收入176146万元，同比增长40.9%；实现利税13340万元，利润9199万元，同比分别增长34.5%和35.0%。

2009—2012年，全县中小企业、民营经济经受住2008年下半年爆发的国际金融危机严峻考验，实现平稳健康发展。2010年，县财政设立100万元民营企业扶持资金，加大对企业技术改造、结构调整、贷款贴息、争创品牌等方面扶持奖励力度。在县监察局设立县民营企业维权投诉中心，集中处理解决民营企业遇到的困难和反映的热点问题。开展“行风监督民企行活动”和“百名政法干警、法律工作者牵手百家民营企业活动”，切实为民营经济发展创造良好环境。全县民营企业加大对国内市场的开拓力度，共实现技改投入8.15亿元，强力拉动全县民营经济发展。2009年，长岛祥坤运输有限公司被省政府授予“全省先进民营企业”荣誉称号。2012年，全县民营经济完成增加值82379万元，实现营业收入390626万元，实现利润总额20717万元，上缴税金8194万元，同比分别增长16.3%、15%、

2004—2018年长岛县民营经济产业门类情况统计表

表11-2　　　　单位：个、户

年份	农林牧渔业	制造业	电力、燃气及水的生产和供应业	建筑业	交通运输、仓储和邮政业	信息传输、计算机服务和软件业	批发和零售业	住宿和餐饮业	金融业	房地产业	租赁和商务服务业	科学研究、技术服务和地质勘查业	水利、环境和公共设施管理业	居民服务和其他服务业	卫生、社会保障和社会福利业	文化、体育和娱乐业	其他行业
2004	52	166	0	15	23	14	983	546	0	0	3	0	0	203	0	4	4
2005	859	178	0	18	29	16	1095	578	0	0	5	0	0	216	1	6	2
2006	837	155	1	17	28	12	946	278	0	3	6	0	0	203	4	4	5
2007	801	167	1	20	30	14	1039	302	0	5	10	0	0	218	4	4	10
2008	813	169	3	26	34	14	1091	317	1	7	15	0	1	230	4	5	0
2009	454	161	3	28	31	15	1121	626	1	9	21	1	1	192	4	7	0

续表11-2

年份	农林牧渔业	制造业	电力、燃气及水的生产和供应业	建筑业	交通运输、仓储和邮政业	信息传输、计算机服务和软件业	批发和零售业	住宿和餐饮业	金融业	房地产业	租赁和商务服务业	科学研究、技术服务和地质勘查业	水利、环境和公共设施管理业	居民服务和其他服务业	卫生、社会保障和社会福利业	文化、体育和娱乐业	其他行业
2010	455	170	3	35	32	15	1247	727	1	13	29	1	2	216	4	8	0
2011	421	153	4	31	27	15	1168	771	1	14	41	5	2	198	5	8	1
2012	444	158	5	35	28	16	1268	813	1	15	51	8	2	214	5	8	1
2013	411	164	4	43	30	17	1316	924	1	24	53	8	3	235	5	8	1
2014	381	173	5	55	39	9	1412	1123	1	28	64	14	7	240	5	17	3
2015	384	194	5	61	50	16	1527	1262	1	31	106	17	7	257	5	21	3
2016	381	217	4	98	64	40	1690	1380	5	33	160	41	10	261	5	24	4
2017	394	224	4	140	67	51	1809	1563	4	35	204	48	10	291	6	28	7
2018	382	248	5	232	65	60	2128	1774	5	36	254	105	11	331	7	40	7

16.5%、16.7%。

2013年，市政府印发《关于促进小型微型企业健康发展的意见》，县委、县政府印发《关于加快推进民营经济发展的若干意见》等文件，全力支持大众创业、万众创新。县财政自2013年起，每年设立支持民营经济发展专项资金100万元，统筹用于对中小微企业的扶持和奖励。

2015年，长岛县把促进中小企业"专精特新"发展作为推动中小企业创新转型的重要抓手，深入实施以"一企一技术"为核心中小企业创新工程、专精特新育苗扶壮工程和中小企业成长计划，把政策的发力点聚焦到引导中小企业"专精特新"发展、加大技术改造和创新发展上来。先后培育市级及以上"一企一技术"企业7家，其中省级2家；培育市级及以上专精特新企业25家，其中省级7家。

2018年，全县民营经济各行业发展状态良好，水产品加工业完成增加值2.8亿元，实现营业收入10.1亿元，实现利润总额0.39亿元，上缴税金0.22亿元。航运业完成增加值1.25亿元，营业收入4.65亿元，利润0.31亿元，上缴税金0.16亿元。传统工业完成增加值900.97万元，营业收入5215.6万元，利润93.54万元，上缴税金401.81万元。修造船业完成增加值305万元，营业收入614.08万元，利润97万元；上缴税金96万元。

第二节　产业门类

80年代中后期，境内个体工商业主体为第三产业，包括商业、饮食业、服务业和修理业。1995年后，私营企业开始出现在一、二、三产业各个领域。到2003年，个体私营经济逐渐形成以农林牧副渔、制造业、建筑业、交通运输仓储业、批发和零售贸易、餐饮业、社会服务业等行业为主的产业门类。

随着民营经济快速发展，各类经济组织在社会各个行业中活跃程度越来越高，个体工商户、私营企业经营门类开始逐渐改变。2004—2018年，长岛县民营经济主要产业为批发零售业、住宿餐饮业、养殖业和服务业4大门类。批发零售业一直是长岛县民营经济第一大门类，由1985年241家稳步发展到2018年的2128家。第二大门类是住宿餐饮业，2018年达到1774家，主体是21世纪以后兴起的“渔家乐”及民宿，2018年达到1118家，占全县住宿餐饮业总数63.02%。第三大门类是渔养业，其间经历曲折发展进程。80年代，个体、联合体渔养业户发展迅猛。90年代以后，随着渔业资源枯竭和扇贝养殖业灾害，渔养业规模锐减，渔养业户由1986年700余家，下降至2004年的52家，跌入低谷。受海参育保苗业辐射带动，2005年渔养业户增至859家。之后，因育保苗业衰退和环境保护政策制约，渔养业户逐年下降，2013年后，一直保持在400家上下。第四大门类是服务业，其间发展比较稳定，至2018年发展至300余家。

2004年，民营经济一、二、三产业的构成比重分别为2.6%、9.0%、88.4%；2018年，民营经济一、二、三产业构成比重为6.7%、8.5%、84.8%。从数量上看，第三产业牢牢占据全县民营经济优势地位，第一、第二产业构成比重亦呈上升趋势。

第三节　民营经济发展政策

1988年，县政府印发《关于个体经济管理暂行规定》，个体经济由乡镇、村及有关部门协同县工商行政管理机关进行统一管理。申请经营工业、手工业、建筑业、交通运输业、商业饮食业、服务业、修理业及第一产业生产者和经营者必须持有关证件向工商行政管理机关办理登记注册，经核准发给营业执照。个体经济达到私营企业标准的，按国家关于《私营企业暂行条例》《私营企业所得税暂行条例》和《关于征收私人企业投资者个人收入调节税的规定》执行。县工商局将个体养殖业户纳入个体工商业户管理，确定个体养殖业在生产、加工、销售等方面法定地位，当年注册登记个体养殖业户145家。同时，进行验照和查处无证商贩工作，对26家进行变更登记，对12家情节严重、屡教不改的给予罚款处理，对43家无证经营督促在规定时间内办理营业执照。

1993年，县政府印发《长岛县渔业个体私营经济管理暂行规定》，维护对以私人资产从事近海养殖、捕捞生产以盈利为目的的个体劳动者和经济组织相关权益。规定渔业个体私营经济由乡镇政府及县水产局会同有关部门负责管理，个体私营经济自有财产可以依法继承、转让、变卖和租赁，在核准范围内自主从事生产经营活动等。个体私营经济可从事近海贝藻养殖、坛子网、锚流网、底拖网和钓钩生产，不得从事自然海区鲍鱼、海参、海胆等海珍品资源采捕，不得经销渔养废旧物资。

2002年，县政府印发《长岛县扶持水产品加工企业发展的有关政策规定》。要求县内水产品加工企业自2002年4月起，对收购的水产品（不含海带收购）不分内购、内销，外购、外销，以及代理出口，按国家规定5%税率计提收购环节特产税，由征收机关先按实现额30%征收入库，另外70%以财政补贴方式返还给企业，直接增加企业当年利润。

2010年，县政府印发《长岛县2010年度水产品加工和海运业财政专项补贴资金管理办法》，安排100万元用于私营企业贷款贴息及其他补助。财政贴息资金，主要贴息对象是具备独立法人资格、在长岛注册成立的水产品加工企业和海运企业；贴息主要用于县内农副产品收购、储运、销售等方面当年度新增贷款以及用于扩大生产能力等方面当年度新增贷款；贴息资金额度为按照贴息期限内发生贷款利息50%确定，每个企业财政贴息补助金额分别不超过10万元。其他财政补贴资金：对当年获得中国名牌产品或驰名商标企业，奖励10万元，对当年获得山东省著名商标的企业，奖励3万元；水产品加工企业在中央、省、市电视台进行产品宣传的，分别一次性给予广告费用30%、20%、10%补助，最高补助额不超过10万元、5万元、2万元；对参加国际或全国产品展销企业可给予适当补助。

2013年，县委、县政府印发《关于加快推进民营经济发展的若干意见》，确定县财政自2013年起，每年设立支持民营经济发展专项资金100万元，用于对中小微企业扶持和奖励。县委、县政府印发《关于支持非公有制经济健康发展的实施意见》，出台10项优惠政策，推动长岛县非公有制健康发展，确保在高质量发展中发挥重要支撑作用。

第四节 乡镇企业

1985年，全县有乡镇企业197家，从业人员4732人，总收入4535万元，实现利润863万元，实现税金227万元。1990年，全县乡镇企业216家，其中乡（镇）办88家，年销售收入18212万元，工业总产值5684万元。进入90年代，税收、金融、外贸、投资体制等方面一系列改革措施相继实施。1991—1996年，成为全县乡镇企业发展较快时期，形成水产品加工业、塑料制品业、建筑业、渔船修造业等四大行业。1993年始，在全县乡镇企业中广泛推行产权制度改革。1996年，全县乡镇企业总产值达到4.6亿元，为历史最高水平。"九五"计划时期，由于海产品资源下滑和市场竞争加剧，加之企业布局不合理，以水产品为原料的加工企业和为渔养生产服务的相关企业遭受致命打击，造成大批罐头厂、冷藏加工厂、船厂、塑料厂停产转产，乡镇企业经济步入低谷。1998年，乡镇企业范围及项目变更，联户办（股份合作）、户办（个体、私营）企业等列入乡镇企业统计。1999年，村办企业改制面达到72%，73家乡镇办企业全部完成改制。至2002年，全县乡镇企业中乡村集体办企业66家，从业人员1535人，实现总产值9984万元。自2003年起，长岛县乡镇企业纳入全县民营经济管理及统计范畴，不再单独以乡镇企业进行统计。

生产门类

80年代初，长岛县乡镇企业多数是为渔养业服务行业，主要有修造船、渔需物资加工、海产品冷冻加工、海产品罐头、水貂饲养等产业，占整个乡镇企业总收入80%以上。80年代中后期，商业流通、旅游服务、交通运输、建筑、光学材料、食品加工、人造革等增长很快。90年代后，随着渔养产业衰退，乡镇企业渔需产业占比重大幅度下降。至2002年，逐步形成以乡村工业、商业流通、旅游服务、交通运输、建筑、饲养、海产品养殖、远洋捕捞等行业为主的多种经营模式。乡镇工业主要门类有：修造船、食品加工、汽车维修、塑料加工制品、罐头制品、冷藏加工、人造革（皮革制造）、工艺美术、光学材料、装潢材料等。

经营与管理

经营机制　长岛县乡镇企业在自身发展过程中逐步形成一套独特经营机制，概括为五个方面。自筹资金、自身积累发展机制：长岛县乡镇企业资金来源主要是渔民自存资金，筹集引进资金和信贷资金，企业注重自身积累，对国家依赖性较小。自主经营、自负盈亏经营机制：乡镇企业根据市场需求确定产品、生产规模和经营方式，企业完全自负盈亏，经营情况直接决定企业发展前景，使乡镇企业在市场竞争中真正做到按市场经济规律办事。选贤任能、能上能下的用人机制：乡镇企业在选择管理人员时，大多采用招聘或选任办法，完全根据经营管理实际，择优录用，打破地区、年龄、任期等限制，切实做到选贤任能。自主招用、双向选择用工机制：乡镇企业职工大多数来自渔村，企业完全根据生产需要和职工能力表现，确定录用或辞退，职工有较大的择业和竞争权力，保证乡镇企业职工队伍整体素质不断提高。按劳分配为主、分配机制和奖罚分明的激励机制：企业普遍实行严格奖罚制度，职工的劳动与企业效益紧密挂钩，拉开分配档次。通过实行计件工资、百分考核等方式，贯彻按劳分配原则，充分调动职工的劳动积极性。实行股份合作制的企业，职工收入中增加按股金分配的红利部分。

管理机构　1980年7月，长岛县公社工业局设立。1982年6月，改称社队企业管理局。1984年3月，与县多种经营办公室合并成立多种经营乡镇企业局，是县政府主管乡镇企业的职能部门，对企业进行指导、监督、协调、服务。1990年，县多种经营乡镇企业局更名为县乡镇企业局。同时，将多种经营工作移交给县农业委员会。1993年11月机构改革，县乡镇企业局由行政单位改为差补事业单位，更名为长岛县乡镇企业综合服务公司，内部机构设置和工作职能不变。1997年5月，原乡镇企业综合服务公司更名为乡镇企业管理局，仍为科级差补事业单位。2001年12月，撤销县乡镇企业管理局，工作职能移交县经贸局。2002年11月，设立县民营经济发展局（与县中小企业服务中心一个机构，两块牌子），隶属于县经贸局。

1985—2002年长岛县乡镇企业基本情况统计表

表11-3　单位：家、人、万元

年份	企业数	其中		从业人员	其中		总产值（总收入）	其中		备注
		乡镇	村办		乡镇	村办		乡镇	村办	
1985	197	46	151	4732	1511	3221	5195	2642	2553	—
1986	223	65	158	4916	1907	3009	6646	2620	4026	总收入
1987	245	79	186	6163	2474	3689	10736	4803	5933	总收入
1988	249	85	164	5778	2477	3291	16968	7166	9802	总收入
1989	216	88	128	5511	2134	3377	15839	5867	9972	总收入
1990	162	76	86	4498	1873	2625	13065	5779	7286	1990年价
1991	160	74	86	5061	2365	2696	21988	12754	9234	1990年价
1992	158	80	78	5268	2664	2604	29855	14817	15038	1990年价
1993	162	88	74	5677	2356	3321	30082	18758	11324	1990年价
1994	152	87	65	4720	1930	2790	36725	19209	17516	1990年价
1995	148	78	70	4040	1639	2401	43208	24057	19151	1990年价
1996	175	78	97	4053	1854	2199	46586	26022	20564	1990年价
1997	169	集体 130	私有 39	3653	集体 3274	私有 379	28708	集体 27114	私有 1594	1990年价
1998	325	124	12	3812	3195	141	18263	15258	649	1990年价
1999	190	111	10	3066	2696	126	27923	26231	606	1990年价
2000	147	99	13	2961	2651	174	30923	29417	849	—
2001	1484	70	64	4925	2265	671	37768	31658	1792	—
2002	1860	66	66	5690	1535	1439	33476	9984	16834	—

第五节　企业选介

长岛高能聚氨酯有限公司

前身是长岛县农业机械厂。1986年，筹备聚氨酯制品生产，同年8月，成立长岛县聚氨酯制品厂。1995年7月，生产的聚氨酯密封件经青岛外贸出口美国。

2000年4月，更名为长岛高能聚氨酯厂。2002年1月，由国有全民所有制企业改制为民营企业，成立长岛高能聚氨酯有限公司，职工98人；当年生产聚氨酯制品60.1吨，实现利税160.4万元。2010年，实现销售收入3368万元，上缴税金120万元，产值3735万元，创造企业历史之最。2011年，在文苑路151号扩建10000余平方米现代化厂房。2014年，获得省工商行政管理局颁发的“守合同重信用公示企业”、市科学技术局颁发的“烟台市科技型中小企业”证书。

至2018年，先后开发40多个品种、150多个型号聚氨酯、橡塑制品。企业自行研制汽车发动机前后悬挂软垫总成、轻型车钢板弹簧衬套、双桥汽车推力杆衬套总成等系列产品，先后有3个产品获省创新项目，4个项目获得国家专利。是山东省汽车行业协会会员，连续多年被评为“烟台市守信用、重合同企业”“山东省诚信守法企业”。被东风设备公司、中国重汽集团公司分别授予“优秀供应商”称号。2018年，生产聚氨酯制品6000吨，实现销售收入5000余万元，上缴税金430万元。

长岛宏凯毛纺有限公司

原为长岛毛纺厂。1986年11月建厂，1988年1月投产，总投资535万元，安装设备35台(套)，厂区面积2.6万平方米，建筑面积6000平方米。1987年企业生产规模为2400锭。1989年12月，第二期工程投产，增加4台细纱机，生产规模扩大到4000锭。1988年，长岛毛纺厂与香港亨利贸易有限公司合作成立长亨毛纺有限公司，当年4月被确认为自营进出口企业。1992年4月，与香港美坚系统有限公司合资成立长岛兴岛纺织有限公司。1994年2月，与县针织厂成立长岛县纺织工业公司。2001年11月实行股份制改造，更名为长岛宏凯毛纺有限公司。2001年，完成产量1525吨，产值4336万元，实现销售收入3287万元，利税59万元。产品主要销往北京、天津、四川、河北、山东及东北三省，出口东南亚、韩国、日本等国家，成为全县第一家工业产品出口企业。2005年，企业有职工150人，固定资产2228.2万元。2012年，停产歇业。

长岛县永盛水产有限责任公司

前身为长岛县对外贸易公司冷藏厂，建于1982年，1985年投产。2001年12月，改制成立永盛水产有限责任公司。公司先后投资两个合资企业(长岛龙和水产有限公司、烟台龙华海产有限公司)，拥有两处冷藏厂(均为国家核定的水产出口企业)，其中1处为欧盟注册工厂。冷库总储量为2000吨，附设200吨制冰间1处，年加工出口水产品8000吨。拥有海洋底播养殖区70公顷，有1000多立方米水体海水育苗厂2处，有台湾投资建造冷风干燥库2座。是集海洋收购、水产品加工、海水养殖、工厂化育苗于一体企业。主要产品有海参、鱿鱼、鳕鱼、扇贝、虾夷贝、海带、鸟贝等系列。其中，扇贝、鸟贝、虾夷贝、海带、鱿鱼等系列产品全部出口澳大利亚、日本、韩国等地。2005年，有职工260人，其中技术工人86人；企业总资产1400万元，注册资金900万元，厂房占地面积8000平方米；实现销售收入9557万元，利税597万元，利润277万元；出口创汇1100万美元。2011年，成立长岛东兴虾夷贝养殖合作社和长岛龙达海运有限公司。2013年，投资5000多万元，建设水产品精深加工项目。该项目占地16000平方米，新建8000平方米高标准加工车间1处，4000平方米技术开发中试车间2处，并按照美国HACCP以及欧盟水产食品加工注册标准，新上4条具有国际先进水平水产品加工生产流水线，日可加工10万千克贝类产品。曾连续两年被市政府授予“烟台市产业化百强龙头企业”称号。

2018年，实现营业收入9733万元，利税554万元。

长岛海洋食品有限责任公司

前身为长岛县食品公司，1975年成立。1984年10月，建冷藏厂1处，冷库容量为340吨，主要加工及储存肉类。1987年，改为加工水产品。1995年，进行改造，增加设备，扩大规模，产值达到1376.3万元，年创利税超百万元。产品主要销往欧美、日本、韩国、东南亚及中国香港、台湾地区。2001年，县食品公司改制为股份制公司，更名为长岛海洋食品有限责任公司。是年，与韩国最大的渔业公司——东源水产公司合资成立长岛利源水产有限公司，并取得进出口权。2005年，公司占地1万多平方米，厂房占地2000平方米，固定资产800万元。职工200人，其中专业技术人员和熟练技术工人80人。建有800吨冷库1座，30吨速冻室2间，大型全新快速隧道式单冻机2台，远洋保鲜收购船1只。2013年、2014年企业投入近300万元对氨气设备进行更新。2018年实现销售收入1344万元，上缴税金30万元。

长岛县渔轮厂

原称砣矶公社船厂，1965年7月建厂，为集体所有制企业，1985年改称长岛县渔轮厂。拥有1000吨级坞道1条，400吨级坞道2条，各种机械设备50多台（套），能够维修千吨以下各类船舶，设计制造生产小型机帆船，是中国渔船渔机协会会员单位。最高年份1995年建造198～220千瓦钢质海洋渔船26条，维修40余条，制造维修小功率渔船40余条。该厂研制生产819型220～257千瓦钢质海洋渔船（船长34米，排水量220吨），1994年通过专家鉴定，航速拖力达到国内同类船型先进水平，获得省、市科技进步奖，1998年获国家专利。企业注册成立长岛县船业研究所，从事船业开发研究。该厂是省级先进企业、省级重合同守信用企业。2005年，有职工100人，工程技术人员30人，固定资产1000多万元，2015年停产。

长岛县日出水产有限责任公司

前身为长岛县渔业公司第二冷藏厂，1986年成立，1988年1月正式投产，生产能力为速冻水产品20吨/日，时有职工169人，占地面积9791平方米，建筑面积2370平方米，固定资产231万元。1990年，实现产值734.1万元。1994年，改制成立国有控股的长岛县万达水产供销有限责任公司。1998年，开始水产品礼品箱生产。2002年6月，改制为长岛县日出水产有限责任公司。主要从事水产品收购、加工、批发、零售等项目。水产品加工种类有活鲜、冰鲜、冷冻、调味品、干熟食品、卤制品和综合利用产品等10大类共60多个品种，其中江瑶贝、赤贝、扇贝、针鱼、鲅鱼，鱿鱼、海胆、藻类等为主导产品。产品销往美国、日本、韩国、加拿大及中国香港、台湾地区。2005年，拥有固定资产1700万元，占地面积1.56万平方米，拥有1000吨冷库2座，速冻能力日产100吨。有职工200人，其中专业技术人员80人、熟练技术工人120人。拥有自营进出口权，年水产品加工量为6000吨，出口量200吨，创汇100万美元。2018年，投资200余万元新增环保锅炉、单冻设备及污水处理设备等，有职工50人，实现销售收入1195万元，上缴税金28万元。

长岛天然水产食品有限公司

1998年11月成立，时有员工90人，注册资本19.6万美元，固定资产560余万元，占地面积7000平方米，是以海洋食品和农副产品为主的食品加工企业。主要生产、加工海洋水产品，海洋水产干制品，调味干制品及花生、大蒜、蔬菜、水果、罐头等农副产品，产品销往日本、美国、韩国及中国香港地区。1999年，出口创汇192万美元，实现销售收入1600万元，利税130万元。2000年，实施出口水产品企业HACCP质量体系管理，当年出口创汇370万美元，实现销售收入3100万元。2001年，购买工厂1处，购置烘干设备6条，加工生产设备4台，当年出口创汇540万美元，实现销售收入4300万元。2018年，实现销售收入3642.8万元，实现利润58.2万元。

长岛县华联水产有限责任公司

1958年建厂，时称长岛县酱菜厂，1977年更名为长岛县食品厂。1983年，建容量为300吨冷藏厂1处，主要收购、加工肉类和水产品。1991年，以食品厂为基础组建华联水产公司，主要经营水产品冷藏加工。1995年，实现产值2036万元，利税105万元。2001年7月，华联水产公司改制成立长岛县华联水产有限责任公司。2005年，公司占地面积7158平方米，厂房面积4268平方米，有职工153人，主要产品有扇贝、鱿鱼、夏夷贝、鲅鱼等系列产品，主要销往上海、北京、石家庄等地，出口日本、韩国等国家。2010年，企业实现销售收入718万元，实现利税27.7万元。2018年，企业有员工76人，主要生产扇贝、鱿鱼、夏夷贝、鲅鱼等系列产品，大部分销往上海、北京、石家庄等地，出口日本、韩国，当年企业实现销售收入1090万元，上缴税金30万元。

第十二编　商业贸易

80年代初，国营商业和供销合作社商业为商业贸易主渠道，1981年，长岛县境内开始出现个体经商户，并日趋活跃。1985年，全县有各类商业企业257家，从业人员1535人，销售总额5731万元。1986年后，随着改革开放不断深入，多种经济成分、多种经营形式、多渠道少环节的商品流通体制逐步形成。1990年，全县各类商业企业发展到590家，从业人员3243人，销售额8145万元。

1991—1995年，全县社会消费品零售总额年均增长33.6%；1995年全县各类商业企业发展到1559家，从业人员3346人，销售额3.38亿元。1996—2002年，非公有制经济实现较快发展，商品结构日趋合理，商品消费从满足供应向高质量发展。2002年，全县各类商业企业发展到1493家，从业人员3876人，社会消费品零售总额4.74亿元，国有和民营经济分别占16.2%和83.8%。2003—2005年，全县社会消费品零售总额年均增长4.73%，其中非公有经济占整个经济成分达84.67%。2006—2010年，全县社会消费品零售总额年均增长12.12%。2010年，全县各类商业企业2256家，从业人员4095人，其中国有和民营经济分别占28.95%和71.05%，社会消费品总额10.28亿元。2015年，全县社会消费品零售总额18.89亿元。2018年，全县社会消费品零售总额24.69亿元，各类商业企业4262家，从业人员7780人，其中国有和民营经济分别占16.15%和83.85%。

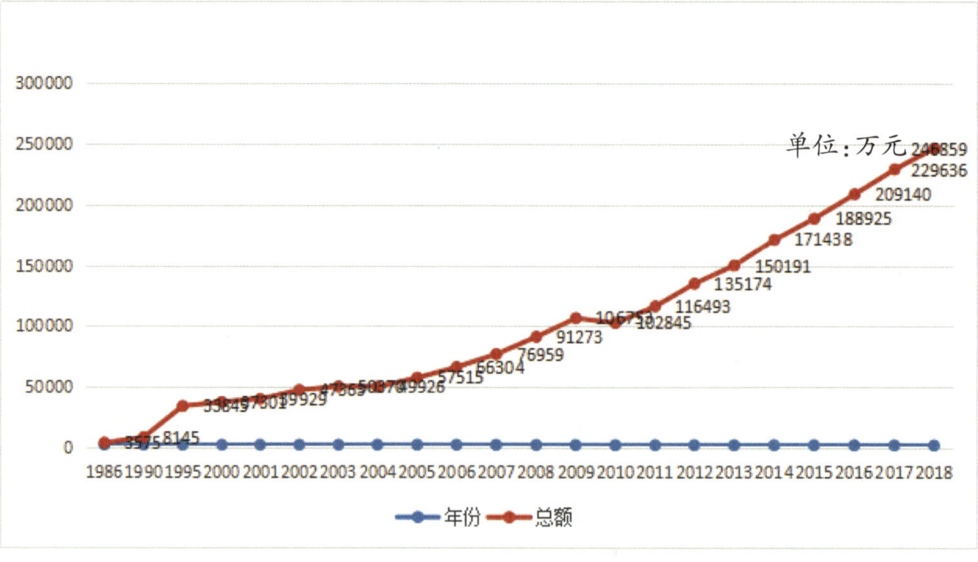

1986—2018年长岛县社会消费品总额增长情况示意图

第一章　流通体制改革

第一节　商业体制改革

1986年，县商业局为县政府行政主管部门，主管商业系统计划内物资采购与分配，如烟草、糖酒类、电视机、自行车、食品油、面粉、酿造原料、生猪等。其间，隶属商业局的烟草、粮食和贸易分离，成立烟草公司、粮食局和外贸公司。1990年，开始计划经济与市场经济双轨运行，县商业局为集商贸、饮食服务业、水产加工、水产养殖、海洋捕捞、食品加工为一体的国有商业管理部门，下属国有企业有县百货公司（内设烟酒糖茶公司、针纺公司等）、县五交化公司、县食品公司、县饮食服务公司、县食品厂、县华联水产公司、县商业水产公司、县商业捕捞公司、县商业贸易中心、县养殖公司。至1992年，计划经济基本退出商业系统，全面进入市场经济。

1992年4月，县商业局由行政主管部门改为局级企业公司，成立县商业总公司，对辖属企业的国有资产进行管理，对生产经营进行指导协调。同年，开始对下属商业企业建立现代企业制度。总公司辖8家企业：县百货公司、五交化公司、饮食服务公司、银扇大厦、华联水产公司、食品公司、商业水产综合公司和商业鑫峰宾馆。改制当年，商业系统共完成商品销售总额5793.5万元，比上年增长37.4%；实现利税372万元，比上年增长43.4%；实现利润207万元，比上年增长44.7%；3项经济指标名列全县各大系统之首。1993年，县商业总公司在系统内对企业进行改革，县百货公司成为全县首家股份制试点企业，县饮食服务公司、商业水产公司、商业捕捞公司先后分别改制成丽水饮食服务有限责任公司、商业水产有限责任公司、商业捕捞有限责任公司。1994年8月，县商业总公司下属企业完成改制，建立现代企业制度。其中，饮食服务公司改制成立县丽水饮食服务有限责任公司（注册资金23.8万元），五交化公司改制成立县金鼎五交化股份公司（注册资金68.5万元）。1996年10月，商业海滨饭店从商业水产公司分离出来，单独核算。

1998—2001年，先后采取租赁、买断、承租柜台，定岗定员、自由组合、竞争上岗、内部柜组租赁等办法，对百货公司和五交化公司进行改革，把企业全面推向市场。县华联水产公司和食品公司以职工买断入股方式，均以80万元价格买断各自公司全部资产，组建具有法人资格的华联水产有限责任公司和海洋食品有限责任公司。21世纪初，商业总公司主要经营水产品加工、商品零售批发、餐饮服务、五金交电等，拥有县华联水产有限责任公司、县海洋食品有限责任公司、县丽水饮食服务有限责任公司、县百货公司、县五交化公司、县银扇大厦、县商业宾馆、兴华水产有限责任公司、利源水产有限责任公司、银海（集团）有限公司。2001年7月，县华联水产公司和县食品厂进行改制，成立县华联水产有限责任公司（注册资金96.6万元）；县食品公司改制成立县海洋食品有限责任公司（注册资金80万元）。同时，华联水产有限责任公司和海洋食品有限责任公司两家民营企业分别成立享有进出口权的兴华水产有限公司（隶属华联水产有限责任公司，注册资金60万美元）、利源水产有限公司（隶属海洋食品有限责任公司，注册资金40万美元）。商业总公司成立国有独资的具有自营进出口权的银海集团有限公司，引领商业企业出口创汇。

2002年，全系统共有正式职工240人，临时工520人；完成商品销售收入2400万元，上缴国家税金88万元，创汇140余万元。之后几年，各企业运转正常，商业系统销售收入每年约3000万元左右，出口创汇200万美元左右（2008年后无出口业务），上缴税金100余万元。2005年，百货公司采取“先出让后改制”方式进行改制，由蓬莱市汽车运输总公司将县百货公司整体兼并，成立长岛祥坤物流有限公司。2006年，银扇大厦整体出让给烟台长岛鸿辉酒店开发管理有限公司进行管理运营，改制为万辉大厦；五交化公司、商业贸易中心等经营困难，出现亏损，处于半停产或停产状态。

2014年，县商业总公司划归县国有资产运营中心直属，管理职能不变。2018年，商业总公司辖民营企业6家：县华联水产有限公司、海洋食品有限公司、鸿辉酒店管理有限公司（万辉大厦）、祥坤物流有限公司、盛吉生有限公司、金鼎五交化有限公司；国有企业1家：银海商贸有限公司。

第二节　供销体制改革

1983年以前，县供销合作社与县商业局合署办公。1983年8月，长岛县供销合作社召开第四届社员代表大会，成立长岛县供销合作社联合社，选举产生理事会和监事会，正式从商业局分离出来，为隶属县政府的行政单位。供销合作社主要负责城乡居民有关产品的购销，特别是农副产品购销和日用生活品销售。经营网点遍布城乡，拥有干部职工500余人。1986年，在县城区乐园大街建综合营业楼和办公楼，经费开支和经营方式延续计划经济时代模式。

1992年，全县实行“政改企”机构改革，县供销合作社联合社改为县供销总公司，由行政部门改为企业单位，自主经营、自负盈亏、独立核算。县供销总公司开拓经营渠道，扩展经营领域，经济指标大幅度提高，利税突破“双百万”。供销总公司在做好对所属各企业指导协调服务同时，可直接参与企业各项经营活动。先后成立第一经营部、第二经营部和果品经营部，内部成立结算中心，1994年全系统实现利税150万元。

1994年，先后对所属8家企业实行股份制改革。通过入股集资，将职工利益与企业体制改革有机结合。1995年，根据上级指示精神，把供销社定为农民的商业组织，主要为渔村提供生产生活保障，为渔民生产提供系列化服务，供销社从股份制企业又转为一般企业，职工股金或集资款也逐年予以返还。1996年，供销系统所属企业15家。1997年，由于市场萎缩，化肥、农药、鞭炮等专营商品放开经营，整个供销系统经营困难。

2000年，依据县企业改革精神，对所属企业实行整体租赁改制。2000—2002年，先后对隍城供销社、钦岛供销社、砣矶供销社实行抽本租赁经营，企业内部对各班组实行承包租赁改革。至2002年，供销企业只剩下8家维持经营。2003年，开始对企业不良贷款实行政策性核销，核销所属5家企业贷款金额146万元。2005年，生资公司依法破产。同年，对所属企业内部班组和门店进行改制，通过租赁、承包和拍卖方式，实现深层次、多方位改革和改组。

2007年，钦岛供销社与隍城供销社合并，成立隍城中心合作社。同时，成立长岛县龙宴海产食品专业合作社。

2012年，先后在隍城、砣矶供销社建立乡级配货中心，发展生产资料经营网点49家，农资超市16处，日用品超市14处，扩大销售额100多万元。发展烟花爆竹专卖店138家，发展食盐业务加盟店170余家。2013年，基本完成系统企业改制和职工安置工作，于2013年清算完毕。2014年，供销总公司划归国资运营中心管理。

第三节　粮食流通体制改革

1985年，粮食企业财务体制由省粮食局统一结算下放到地方财政包干，烟台市财政给长岛县财政亏损补贴每年包干152万元，延续至2018年未改变。粮油购销体制造成购销价格严重倒挂，供应非农业人口粮油，需财政大量补贴，补贴额逐年增加，1985年亏损196万元，1989年上升到

497.5万元，财政不堪重负。

1991年5月，县粮食局率先对全县非农业人口粮食销售价格放开(农业人口已于1988年对退耕还林时执行返销粮，改为市场议价供应)，成为全国3个试点县之一。长岛县非农业人口平价粮油销售价格放开，实施情况在商业部召开的粮改会议上进行交流，在全国产生一定影响。这一重大改革，把粮油销售全面推向市场，社会反映良好，过渡平稳，国营、集体、个体多条经营渠道并存，市场活跃，货源充足，结束30多年统销政策，废除按人分等定量、票证流通管理等繁杂手续制度，群众买粮方便，改革政策深得人心。1992年4月，撤销县粮食局，成立县粮油总公司。同年，粮食系统建立内部结算中心，下属县直专业公司实行统一信贷、统一结算、统一调度、统一管理流通程序，提高资金使用率，当年节约利息5万元(1998年撤销内部结算中心，由基层企业直接与银行结算)。

1994年，为保证粮价放开后粮食市场的宏观调控能力，确保粮食供应，根据烟台市政府规定，长岛县建立地方粮食储备制度，按期如数从岛外调入储足小麦。同时，建立粮食风险基金，当年县财政筹备风险基金50万元。同年，根据国务院、中央军委印发《关于深化军粮供应体制改革的通知》要求，县军供面粉自行采购，食油、大豆由部队自行采购。1996年11月，对外仍挂县粮食局牌子。1997年10月，成立县军粮供应管理站，与粮食局合署。1998年3月，更名为县军粮供应管理局，7家基层企业挂“军粮供应管理站”牌子，负责军粮供应工作。

1998年4月，根据国务院关于深化粮食流通体制改革的相关要求，执行“敞开收购，顺价销售，收购资金封闭运行”3项政策，“实行政企分开，储备与经营分开，中央与地方责任分开，新老粮食财务挂账分开，完善粮食价格形成机制”。是年，外采收购粮食2520吨，在进价基础加费用，本着不赔稍有利润进行销售，以稳定社会粮价。农发行对粮食企业贷款按以“库贷挂钩”“钱随粮走”，收多少粮贷多少款资金管理办法封闭运行，使销货款和贷款利息回收率达100%。1998年，成立县粮食收储管理中心，下设7个收储站，采取资产、资金整体划转收储企业，多余人员分流，由120人缩减到79人；保留县粮食局，作为县政府粮食管理职能部门。2001年，粮油总公司降格为军粮局下属单位，部分基层粮食管理所也改为粮油公司。

随着全国粮食生产连年丰收、国家粮食储备逐年增加，粮食流通形势发生很大变化。2002年7月，停储“101”储备粮。同月，长岛县印发《关于实行粮食购销市场化改革的意见》，加强全县粮食市场化改革措施，放开粮食市场，实行经营主体多元化，继续深化国有粮食购销企业改革。是年，烟台市政府核定长岛4000吨地方储备粮规模，县粮食部门于2003年11月将外采的874吨小麦和县内收购的126吨小麦补充入库。

2000年始，受全国大气候影响，粮食市场出现几次波动。2006年，长岛县制订《长岛县粮食应急预案》，规定紧急情况下动用粮食地方储备和应急储备的时机及结束以后的补偿措施。2008年、2012年和2016年，先后对《粮食应急预案》进行完善和修改。

2008年，根据《烟台市人民政府办公室关于进一步做好当前粮油市场供应工作的通知》要求，增加成品粮油应急储备240吨(40吨花生油和200吨特一粉)。2014年，烟台市政府办公室印发《全市粮食储备规模充实调整和仓储设施建设调度会议纪要》，确定长岛县在原4000吨储备粮规模基础上，增加地方储备小麦2000吨，于2015年、2016年、2017年分别增加地方储备小麦700吨、700吨、600吨。地方储备粮按储存年限(不超过4年)每年进行轮换。

第四节　外贸体制改革

1978年12月，长岛县对外贸易局设立，与县商业局合署。1979年1月，长岛县对外贸易公司成立，与对外贸易局合署。公司业务直属烟台食品进出口支公司管理，由县商业局实行代管。1981年，实行独立核算。1984年3月，撤销县对外贸易局，其行政职能由县对外贸易公司代行。公司辖冷藏厂、海珍品加工厂、畜产品采购供应站，有职工240名，固定资产470万元。1986年，县对外贸易公司下属企业实行内部承包经营。1991年2月，县对外贸易公司进行内部改革，分设5个独立核算单位。1992年，县外贸公司出口海带1140吨，创历史最高水平。

1993年10月，省政府批准成立长岛县外向型加工区，1994年进驻企业5家，其中中外合资企业4家、外商独资企业1家，进出口贸易额600万元。1994年1月，经省外经贸厅批准，县对外贸易公司获得自营进出口权，成为长岛县首家获得进出口权的流通企业。同年7月，外贸体制下放，县外贸公司由市属企业改为县属企业。1995年1月，正式开展对外进出口业务，结束单一出口商品收购经营模式，走上商品收购和自营进出口并重经营轨道，直接进入国际市场。之后，国家加快外经贸经营管理体制改革步伐，鼓励有条件企业自主开展进出口业务，长岛县一批符合条件的外经贸企业、各类生产企业、商业物资流通企业及民营企业等相继获得自营进出口权。1995年3月，县海洋渔业公司获得自营进出口权，成为长岛县首家获得自营进出口权的生产企业。1995年11月，长岛广源食品有限公司获得自营进出口权，成为全县首家获得自营进出口权的民营企业。1999年7月，长岛宏凯毛纺股份有限公司获得自营进出口权，成为全县首家获得自营进出口权的股份制企业。2000年6月，长岛银海集团获得自营进出口权，成为全县首家获得自营进出口权的商业物资企业。至21世纪初，全县已有县养殖公司、远洋渔业公司、水产企业集团公司、钦岛海洋渔业公司、日出水产有限公司、船业总公司等10家企业获得进出口经营权，其中县外贸流通企业1家、各类生产企业9家。之后，长岛相继成立一批生产和商贸流通领域包括民营企业等内资企业，申请批准为自营进出口企业，享有自营进出口权。至2018年，全县有55家企业获得进出口经营权，全县从事外贸进出口业务的经营主体已形成既有外商投资企业又有外贸流通企业和生产企业，既有公有制企业又有民营企业全方位、多元化出口经营格局。

第五节　物资体制改革

1975年8月，长岛县物资局成立，系政企合一机构。1984年3月，机构改革，县物资局改为县物资综合公司，对外挂县物资局牌子，仍为行政体制。1985年，辖金属、木材、机电、化建、燃料、物资贸易中心6个专业公司，均实行独立核算，自主经营。1986年后，由计划经济逐渐向市场经济转变，物资企业打破单一计划供应体制，实行计划调拨与市场调节“双轨”并存经营体制。1987年，县物资综合公司同县政府签订经营承包合同书，采取规划、政策、调控等手段和一系列监督措施，引导企业进行生产经营活动，由直接管理变为间接管理，扩大企业经营自主权。下属6家专业公司通过推行经理负责制，上缴风险抵押金，引入竞争机制，实行招标承包，先后推行三轮承包经营责任制，实行经营、价格、分配、用工“四放开”改革。物资系统经营权、人事权、财务权下放，各企业有经营决策权、劳动用工权、人事管理权、工资奖金分配权。

1992年4月，机构改革，县物资综合公司改称县物资总公司，实行企业化改造。1993年9月，县金属公司改制为国家控股、企业职工个人参股的股份制企业，为县直企业进行产权制度改革试点6家企业之一。1994年4月，县金属公司再次改制为由内部职工完全持股的有限责任公司，成为全县首家挂牌并完成改制的国有企业。同年，县物资建材、木材、化轻、燃料等物资企业也先后完成产权制度改革，成为内部职工完全持股的股份制企业。随着物资市场全面放开，个体民营物资网点迅速发展，国有物资企业及网点经营市场受到冲击，经营陷入困境，亏损严重，大多改制物资企业资不抵债。1997年后，机电、金属、化轻、养殖基地4家企业先后停止运行或解体。1998年6月，物贸商厦抵贷给农行返租经营。2002年，物资总公司人员进行精简，公司定编4人，其余一次性分流。2003年，全县物资体制改革基本完成。2006年，振业木材公司追加投资资本970万元，总注册资本1000万元，经营范围增加房地产开发、物业管理。2008年，燃料公司西海岸煤场拆迁，面积400平方米。2009年4月，物资总公司办公楼拆迁(包括原金属公司门市部)。2011年，振业房地产开发公司承建的海景源住宅楼建设项目完工。同年，启动连城玉成山庄小区建设项目。2013年，建设长岛悦君海景旅游假日公寓。2014年，物资总公司划归国资运营中心管理。

第二章　商品经营

1986年以后，国家计划分配物资和商品逐步减少，实行计划调拨与市场调节“双轨”并存经营体制，国营商贸流通企业仍然发挥主渠道作用。1992年机构改革，长岛县商业局、粮食局、物资局、供销社分别成立总公司，改为企业体制。1993年，计划商品物资全部取消，商品经营步入市场化运行。同年，企业进行管理体制改革，转换经营机制，试点股份制改造。1995年，全县商业服务网点发展到1449个。1996年，全县国有商贸流通企业基本完成产权制度改革，大多数国有商业企业纷纷改制成为职工持股的股份制企业，实行自主经营，自负盈亏。1997—2005年，改制后的商贸流通企业经营困难，多数停业、破产、出售或租赁经营。2000年、2002年，先后放开石油和粮食经营市场，个体私营企业纷纷加入商品经营。2006年以后，四大总公司主要承担盘活资产、安置职工、促进稳定、解决历史遗留问题职责。2014年，商业、物资、供销总公司划归国资运营中心管理。

第一节　粮油经营

粮油购销政策

从1986年开始，落实山东省召开的海岛工作座谈会议精神，全县农业征购任务全部免除，南五岛农业人口由于退耕还林，口粮由吃自产粮改吃国家供应的商品粮，非农业人口和其他国家规定范围用粮仍由国家供应。粮油销售从当年起由烟台市下达销售指标，包干使用，超销不补，节约归地方；所需粮食由市逐年下达调拨计划，粮源主要是招远、莱阳、莱州、蓬莱、龙口等地；首先保证定量人口，正常农村统销，保证全县人民生活和经济发展的正常需要；酿造业维持上年水平，对饮食、糕点、副食业指标剩余多少安排多少，不足部分安排议价粮油。为压缩不合理销售，从当年4月起，取消会议、干部出差、参加劳动、下乡和夜餐补助粮，一律改为议价粮。

1987年4月，对农民合同制工人口粮改为议价粮油，限价粮关系不变，从事体力劳动由用人单位补助平议差价。是年，粮食销售包干1.2万吨，其中非农业用粮5000吨、农业用粮7000吨；食油包干450吨，其中非农业350吨。1988年，将宾馆、招待所等单位全部改为议价粮油，驻军服务单位供应平价。糕点、饮食业开始压销20%，早点不供平价粮油。1988—1990年，三年平均支出包干粮食12350吨，其中非农业5200吨，食油包干450吨。三年包干期间，少开支粮食归地方，超支由地方买议价粮解决。1991—1992年，每年粮食销售包干4050吨，食油170吨。之后，烟台市对长岛县停止粮油包干。

1991年5月，全县除军供外非农业用粮价格全部放开，粮食企业经营粮油全面转为议价。1992年4月，国家提高粮食收购销售价格，实行购销同价，改变原有购销价格倒挂状况，取消粮油加价款。1993年，全国粮价逐渐放开，允许民营粮商经营。1994年，根据省政府《山东省地方粮食风险基金管理暂行办法》，长岛县建立粮食风险基金制度。

2001年5月，根据国家粮食局规定，长岛县取消粮食关系，对所有粮食供应证等粮籍资料进行封存。2002年4月，粮食定购和烟台市级粮食调拨制度取消，不再下达定购计划和调拨计划，全面放开辖区内粮食市场，实行市场化运作。放开粮食收购后，长岛县粮食部门继续承担储备粮的收购、保管、轮换和军供以及政府安排的救灾粮、救济粮销售等任务。

粮油购销

1986年开始，长岛县实行退耕还林，南五岛取消粮食征购政策，居民口粮全部由国家按购销同价供应，不足部分由粮食部门用议价粮食调剂补充。1988年，长岛县粮食系统多种经营创历史最高纪录，实现利润100万元。1992年粮食价格放开后，粮油总公司主要承担全县粮食流通管理和宏观调控，贯彻落实各项粮改政策，负责“101”国家储备粮、地方储备粮、保护价粮食的收购、储存、轮换、调拨、加工、销售并指导各粮食企业执行军供政策，搞好军供粮采购、调拨、储存、销售工作，指导各粮食企业搞好周转粮外采，掌握足够粮源，保证城镇居民粮食供应和价格稳定。2000年以后，县粮食管理部门重点推进粮食流通体制改革，保证海岛军粮供应，丰富粮油经营品种。2010年，粮油经营品种60余个，食品生产品种30余个。

2011年7月，首家“放心粮油标准店”正式营业。至2011年，在城区主要街道及乡镇建设解放路、长园路及北长山乡、砣矶镇、大钦岛乡、北隍城乡建设6家“放心粮油”示范店，当年销售粮油2597吨，占全县销售粮油总量45%。2012年，“放心粮油”工程列为长岛县“为民服务实事”项目之一，分别在南长山岛、北长山岛、大黑山岛、砣矶岛、大钦岛、小钦岛、南隍城岛、北隍城岛建设放心粮油店12家，总数达到18家，县军粮局被市粮食局评为“放心粮油工程建设先进单位”。是年，国有粮食企业县内销售粮油4000吨，占全县销售粮油总量70%。至2018年，国有粮食企业每年销售粮油一直在2000吨上下，约占全县年销售粮油总量40%左右。

平价粮油销售　中华人民共和国成立后，城镇人口粮油实行定量供应。供应细粮70%，粗粮30%。粮食供应数量根据所从事工种和年龄划分确定。国庆节、春节食用油分别提高到每人0.25千克，离休人员每月每人供应大米1.5千克。1992年10月，取消城镇人口粮油定量供应。1995年，凭优惠票限价、限量向城镇居民每人每月供应10千克面粉，0.5千克花生油。1996年6月，停止供应。2001年5月，全省通用的供粮审批凭证、农村粮食关系转移证明同时废止。

议价粮油销售　80年代初期，境内议价粮油基本没有。1984年，工商业、饮食业、饮料、酿酒业用粮油由平价供应逐渐改为议价供应。1992年10月以后，粮食销售价格全部开放，议价粮油经营成为境内粮所经营主要业务。

1986—2018年长岛县粮食购销情况统计表

表12-1　　单位:吨

年份	购进数			销售数			年末库存量		
	合计	平价调入	议购	合计	平价粮	议价粮	合计	平价粮	议价粮
1986	16614	15902	712	15005	14300	705	6873	6430	443
1987	13020	11243	1777	14602	12906	1696	5291	4767	524
1988	17660	14410	3260	16610	13788	2822	6341	5389	952
1989	18883	14215	4668	17708	13439	4269	7516	6165	1351
1990	6358	4257	2101	10159	8273	1886	3715	2149	1566
1991	10066	10066	—	13026	11460	1566	755	755	—
1992	5884	1905	3979	6567	3301	3266	72	-641	713
1993	5909	3341	2568	5795	3125	2670	186	-425	611
1994	4513	—	4513	4693	—	4693	6	—	6
1995	5808	2685	3123	4902	3596	1306	912	-911	1823
1996	12235	7986	4249	11670	7174	4496	1477	-99	1576
1997	3855	2108	1747	4828	1941	2887	504	68	436
1998	3732	1070	2663	3649	1138	2511	587	—	587
1999	2538	—	2538	2387	—	2387	738	—	738
2000	2042	—	2042	2350	—	2350	422	—	422
2001	2329	—	2329	2203	—	2203	548	—	548
2002	1993	—	1993	2237	—	2237	304	—	304
2003	1369	—	1369	1411	—	1411	262	—	262
2004	1716	—	1716	1652	—	1652	326	—	326
2005	1812	—	1812	1900	—	1900	238	—	238
2006	1873	—	1873	1857	—	1857	254	—	254
2007	2015	—	2015	2039	—	2039	230	—	230
2008	1995	—	1995	2040	—	2040	185	—	185
2009	2407	—	2407	2329	—	2329	263	—	263
2010	2095	—	2095	2103	—	2103	255	—	255
2011	2679	—	2679	2597	—	2597	337	—	337
2012	4068	—	4068	4000	—	4000	405	—	405
2013	1969	—	1969	2071	—	2071	303	—	303
2014	2616	—	2616	2623	—	2623	296	—	296

续表12-1

年份	购进数			销售数			年末库存量		
	合计	平价调入	议购	合计	平价粮	议价粮	合计	平价粮	议价粮
2015	2524	—	2524	2419	—	2419	401	—	401
2016	1866	—	1866	1937	—	1937	330	—	330
2017	1902	—	1902	2004	—	2004	228	—	228
2018	1743	—	1743	1783	—	1783	188	—	188

粮油储藏

仓库建设　1986—2002年，全县有储粮库房83处，总容量18245吨。储粮仓库类型分为苏式仓、基建房式仓、地下储粮坑道；仓库分为预制和石木结构两种。其中，南长山岛有储粮库房12处，容量4165吨；庙岛2处，容量105吨；大、小竹山车由岛10处，容量640吨；北长山岛10处，容量2235吨；大黑山岛8处，容量1145吨；小黑山岛1处，容量25吨；砣矶岛15处，容量4125吨；大钦岛10处，容量2970吨；小钦岛3处，容量535吨；南隍城岛5处，容量675吨；北隍城岛7处，容量1625吨。以上储粮库房多数建于20世纪五六十年代，设施简陋，粮食管理部门每年自筹和争取维修改造资金对破损库房进行修缮。2003年，对部分储粮库房进行置换变卖。至2018年，有储粮库房56处，容量16225吨。其中，南长山岛有储粮库房9处，容量4440吨；庙岛2处，容量105吨；大竹山2处，容量175吨；北长山岛7处，容量1560吨；大黑山岛7处，容量1130吨；砣矶岛10处，容量3710吨；大钦岛7处，容量2745吨；小钦岛3处，容量535吨；南隍城岛3处，容量450吨；北隍城岛6处，容量1375吨。

储藏管理　80年代初期，采用塑料薄膜密闭，提高储粮稳定性。1984年，推广“三低”（低温、低氧、低剂量）储粮方法，磷化铝成为主要熏蒸剂，空仓消毒采用“敌敌畏”。1990年，储粮点推行双笆仓、机械通风仓；粮食测温采用电子测温。除每年4次定期普查外，危险粮天天查，半安全粮3天查一次，安全粮7天查一次。严格执行《粮油储藏技术规范》，制定完善粮油出入库、粮情检查、清洁卫生、器材管理、国有资产管理以及仓储统计等制度，开展科学保粮活动，建设“四无粮仓”（无害虫、无变质、无鼠雀、无事故），做到储粮仓库“三防”（防鼠板、防雀网、防虫线）设施齐全。1994年，国家粮食储备局将“四无”改为“一符四无”，要求做到账实相符，无害虫、无变质、无鼠雀、无事故。

1999年，进行粮食购销体制改革，实行主副业务分开，仓库保管责任落实到人，粮油出入库全部实行“四包”（包数量、包损耗、包费用、包安全）制度。是年，山东省粮食局印发《山东省规范储粮单位标准》，长岛县实施规范化储粮管理，完善仓储管理制度，每季度组织一次粮油安全大检查，实行奖优罚劣。

2001年，国务院建立全国粮食清仓查库工作制度并组织第一次全国粮食清仓查库工作。之后，每年由省市组织一次粮食库存检查，方式为粮食库存自查和县（市、区）之间互查。按照“有仓必到，有粮必查，有账必核，查必彻底”库存检查工作原则，长岛县每年完成县内自查，参加县（市、区）互查。至2018年，在多次国家及省市检查和县市区互查中获得评价均为：长岛县粮食库存数量账账、账实相符，库存粮食质量合格，卫生安全情况良好，账务处理符合规定，粮食储存规范、管理严格，库存粮食质量合格率和品质宜存率均达到国家要求。

第二节　生产、生活资料经营

改革开放后，长岛县供销部门发挥全县渔村

商品流通主渠道作用，成为联结城乡经济的桥梁和纽带。1992—1993年，连续两年创利200万元。1996年以后，受全县扇贝大面积死亡的影响，社会购买力急剧下降，资金短缺，银根紧缩，供销企业发展受到严重制约。供销总公司在做好商品供应基础上，因地制宜，开拓新的经营项目，以副养主。1997年，砣矶和北隍城供销社开发浴池服务项目。1999年，隍城供销社建成海产品罐头加工厂，先后开发海胆、罐头等十几种产品，在国内市场打开销路。2000年，开展抽本租赁承包产权制度改革，对所属企业内部进行配套改革，完成班组、门店改制。2003年，对5家企业不良贷款实行政策性核销。2005年，将3家企业贷款通过法律程序核销。是年，所属8家企业班组和门店进行改制，通过租赁、承包和拍卖等多种方式，实现独立经营。2006年，生资公司依法破产，2家企业处于停产和半停产状况，县供销社所属企业由原来8家缩减到5家。同年，隍城供销社在海产品罐头高、精、深上下功夫，在扩大经营规模同时增加经营品种，扩建冷库，十几个品种上市，在上海、北京、济南等地打开销路，企业效益明显提高。

2012年，先后在隍城、砣矶供销社建立乡级配货中心，发展生产资料经营网点49个、农资超市16处、日用品超市14处，扩大销售额100多万元。同年，发展烟花爆竹专卖店138家，发展食盐业务加盟店170余家。

2014年，供销总公司划归国资运营中心。2016年，开展社村共建精准扶贫，申请专项资金9万元，用于相关养殖设施购置和主体建设。2017—2018年，开展特色旅游服务项目，先后引进投资200余万元，对社有资产实行改造，开展特色旅游项目。2018年，长岛县供销社有砣矶、黑山、钦岛、隍城4处基层供销社，经营网点有黑山供销社门市部、吕山口门市部、井口门市部等10个，日用品超市3家，年销售总额1500万元左右。

生产资料供应

1986年前，长岛县大部分渔需商品供应由水产行业提供，供销社只作为生产资料供应的补充。由于农业不发达，生产资料供应主要以化肥、农药、地膜和小农机件为主。80年代开始，生产资料实行多渠道经营，除国家分配指标外，基本实现放开经营，化肥、农药等少数品种仍由供销社实行专营。1986—1998年，全系统供应化肥8864吨，供应农药44吨。随着市场不断放开，供销社拓展经营服务范围，如渔具、石油、小机件等，渔需商品养殖物资供应逐渐强化，但总体规模不大。由于全县退耕还林政策实施，农业生产资料需求下降，市场逐步萎缩，县生产资料土产杂品公司于1996年依法破产。2002年，供销企业只剩下8家维持经营。2006年，生资公司依法破产，2家企业处于停产和半停产状况，县供销社所属企业缩减到5家。2012年，隍城、砣矶供销社建立乡级配货中心，发展生产资料经营网点49个，农资超市16家，日用品超市14家，扩大销售额100多万元，发展食盐业务加盟店170余家。2013年3月，对南城供销社土地和房屋款项进行清算。2014年，供销总公司划归国资运营中心。

生活资料供应

改革开放初期，个体经营刚起步，供销社购销体制比较完整，经营网络遍布全县每个乡镇，各村大都有供销社代销点，供销社为渔村商品流通的主渠道，特别北五岛的市场供应主要由供销社提供保障，生活资料销售每年在1000万元以上，大到家用电器，小到针头线脑，都能及时满足供应。1994年，国家对商品经营实行"四放开"，允许其他组织与个体经营，供销社日用商品经营逐渐萎缩。1992年，供销社改为企业，供销社系统逐渐改革经营体制，扩大经营渠道和经营范围，推动跨行业、跨地区经营。先后成立畜牧公司、果品公司、经营部、综合服务公司、养殖公司5个经营单位，商品销售突破3000万元，利税突破"双百万"。1998年后，部分供销企业陷于经营困难，有的停业、停产甚至破产倒闭，这时的个体私营企业逐步成为生活资料供应的主渠道。至2006年，各基层社生活资料供应渐被个体私营企业取代,仅存隍城、砣矶供销社等5家企业。至2018年,全县供销企业只剩下3家企业维持经营。

农副产品购销

80年代初期尚处于计划经济时代,供销社主要职责之一是收购农副产品,如果品、生猪等。当时,海产品大都由水产行业负责购销,其他农副产品规模不大。1986年,长岛县养貂行业逐渐兴起,貂皮主要由供销社与外贸公司进行收购和销售。县供销社专门成立畜牧服务公司,负责全县貂皮生产技术指导和销售。供销社从养貂技术服务链带商品供应和购销,每年貂皮收购销售均达上百万元。1988年,供销社成立水产品冷藏厂,参与海产品加工销售经营活动,经营范围为水产品收购、储存、加工和销售,但规模不大。90年代后,供销社逐渐扩大对当地海产品加工和销售,隍城供销社和钦岛供销社先后成立海产品罐头加工厂,对当地特产海产品进行加工和销售。2002年,随着市场全面放开,由供销社收购经营的生猪、鲜蛋、蔬菜、水果等农副产品,均由农民自行销售。至此,全县农副产品购销全部实现市场化。

废旧物资回收

80年代,全县废旧物资一直由供销社统筹经营,废旧物资门店遍及城乡,年收购金额为30万元左右。1988年开始,供销社把废旧物资回收作为工作重点之一,组织全系统干部职工走街串巷,挨门逐家收购。至1992年,全县废旧物资回收金额达60万元,每年递增20%。之后,废旧物资部分(三类物资)实行放开经营,市场出现多元化竞争,供销企业废旧物资回收额逐年下降。1995年后,县废旧公司和基层供销社废品回收站连年亏损,废旧物资回收被个体私营企业取代。

2001年,全县废旧回收在工商局注册登记办理营业执照5家。2008年注册登记8家,2013年注册登记13家。2014年7月,县商务局对全县13家再生资源回收企业进行备案登记,统一印制核发再生资源回收企业备案登记证,将再生资源回收企业纳入规范化管理。同年,根据创建国家级卫生城部署和城市规划建设要求,长岛县废旧物资回收公司、长岛锦远废旧钢材回收站、长岛聚源废品收购站、长岛茂源金属回收部、长岛县渤海物资回收部5家再生资源回收企业先后搬离城区居民区。2016年,加强对未办证和新开业再生资源回收企业登记注册管理。2018年,全县注册登记再生资源回收企业共51家,其中南长山街道21家、北长山乡4家、黑山乡7家、砣矶镇1家、大钦岛乡9家、小钦岛乡5家、北隍城乡2家、南隍城乡2家。

第三节　专卖品经营

石油经营

经营机构与网点　中国石油化工股份有限公司山东烟台长岛石油分公司前身为山东省烟台石油采购供应站长岛分站,成立于1975年11月。1985年7月,更名为山东省石油公司长岛支公司。1992年12月,更名为山东省石油集团长岛公司。2000年,中国石油化工集团公司重组改制,山东省石油集团长岛公司作为存续公司保留,公司名称为中国石油化工股份有限公司山东烟台长岛石油分公司,上划为中央直属企业,成为国家特大型企业——中国石化集团下属的销售企业。

2000年11月,中国石油化工股份有限公司山东烟台长岛石油分公司与中国石油化工股份有限公司山东烟台蓬莱石油分公司合署办公。2002年3月,长岛、蓬莱石油分公司分开办公,在岛外的加油站全部划为蓬莱石油分公司经营。至2002年,长岛石油分公司有油库1座,加油站8座,分别位于南长山镇南城村、县渔港内、县商港内、大黑山乡北庄村、砣矶镇磨石嘴村、大钦岛乡北村、北隍城乡山前村、南隍城乡南隍城村;公司建成功能完善、配套齐全的仓储运输和终端销售网络体系,县内成品油供应网点覆盖率85%。

2013年,更名为中国石化销售有限公司山东烟台长岛石油分公司。至2018年，全县共有加油站点11个，加油站6座，分别位于南长山街道南城村、大黑山乡北庄村、砣矶镇磨石嘴村、大钦岛乡北村、北隍城乡山前村、南隍城乡南隍城村。

石油购销　进入80年代，全县大马力渔船逐年增长，用油量随之增加。1987年，根据海岛生产用油特点，确保重点建设项目及渔民鱼汛捕捞用油，当年销售总量20215吨，比1985年增长44.11%。1988年，石油资源紧张，平价油指标比1987年减少3698吨。1988年，计划外自采油6832吨，占购进总量26.74%。1989年，石油供应采取新办法，即计划内石油指标由县计划委员会统一分配，计划外用油由石油公司根据市场变化动态，自行采购，以补充计划内指标不足。

90年代初，随着海岛经济发展，发电用油量迅速增加，其中乡镇电厂9处，年需柴油2000吨左右。1990年，全县石油总需求量3万吨，计划内指标不足万吨，用油缺口60%。9月、10月，正值鱼汛季节，因货源紧张，计划内分配指标没有到位，造成脱销20多天，石油公司紧急从东北地区计划外采购柴油2000吨，缓解县内柴油市场紧张状况。1991年，销售总量30298吨，创石油公司专营最高水平。1994年，国务院整顿石油市场，改革原油、成品油流通体制，实行成品油资源导向配置。90年代末，黄海、渤海渔资源枯竭，加之导致扇贝大面积死亡，渔养经济滑坡，直接影响县内成品油销售。1997年，成品油销售总量17470吨，1999年为13605吨。2000年后，国家放开石油经营市场，长岛县陆续有3家石油经营企业开张。同时，随着渔业资源逐年减少，大马力渔船逐渐淘汰，北五岛电路改造为双回路，发电机成为历史，全县用油量大幅减少，中石化公司县内成品油销售总量由1991年高峰时期的30298吨，锐减到2018年的1969吨。

设施建设　1986年，境内有油库2座，分别位于县城区和砣矶镇磨石嘴村。1992年6月，将钦岛水产站接收建设加油站1座。1992年10月，在大钦岛北村建成千吨油库。1995年7月，在长岛商港西侧建设加油站1座。

2000年，在大黑山乡北庄村、北隍城乡山前村、南隍城乡南隍城村租赁3座加油站，在蓬莱市城区西出口、烟台市开发区收购2座加油站，在蓬莱市东出口南关路325号、烟潍路206国道解宋营镇驻地路南、烟潍路206国道刘沟镇驻地路南租赁3座加油站，在福山区八角镇烟潍路北全资收购1座加油、加气站，长岛石油分公司时有14座加油站。2001年4月，全资收购蓬莱市海达石油有限公司1座8000立方米库及4座加油站。

1986—2018年中石化公司长岛县成品油销售总量表

表12-2　　　　单位：吨

年份	销售数量	年份	销售数量	年份	销售数量	年份	销售数量
1986	19890	1995	21000	2004	7254	2013	4446
1987	20215	1996	19500	2005	6875	2014	4281
1988	20102	1997	17470	2006	6382	2015	3888
1989	19970	1998	15450	2007	5984	2016	2739
1990	20000	1999	13605	2008	5783	2017	2618
1991	30298	2000	9640	2009	6137	2018	1969
1992	26000	2001	9320	2010	2752	—	—
1993	23000	2002	8750	2011	1549	—	—
1994	22000	2003	8021	2012	5008	—	—

1992年，长岛后口石化物资公司在后口村设加油站1座，1996年在县城区长山路建先东加油站。2001年，中石油长岛公司分别在长岛渔港、县船厂码头、海滨路中心渔港建立3处加油站，其中长岛渔港、县船厂码头2处加油站于2013年停止运营并拆除，海滨路中心渔港加油站2013年10月移交长岛常丰石油化工有限公司。2002年，长岛石油分公司设油库1座。2005年，长岛2站因建设新渔港拆迁，移到乐通码头建设，2017年5月停止营业拆除。2012年，长岛常丰石油化工有限公司在庙岛、小黑山岛分别建立加油站1座。2007年，渔港码头改造，港内加油站停业，2015年办理注销。2013年2月，因受县内成品油需求下滑较大影响，长岛油库关停。2014年4月，投资900余万元在南长山街道南城加油站西建设标准化加油站，老站停用。2018年5月，双层油罐双层管线改造工程完工并恢复营业。至2018年，中石化长岛石油分公司有加油站6座，全县在用油罐33个。

烟草经营

1983年《烟草专卖条例》颁布后，国家对烟草及其制品生产、加工、收购、批发和销售等各个环节，对专用设备和专用辅料（如盘纸、过滤嘴等）生产和供应实行集中统一管理和经营。1987年，长岛县烟草专卖局成立，与当地各执法行政部门联合，整顿卷烟市场，清理发放卷烟销售许可证。2000年10月，县烟草专卖局更名为山东烟台烟草有限公司长岛分公司（简称长岛烟草分公司）。2005年8月，更名为山东烟台烟草有限公司长岛营销部。2012年，销售卷烟2466箱，实现销售收入5368.3万元，实现利税1024.6万元，销售额及利税为历史最高。之后，销量及利税呈下降趋

1987—2018年长岛县烟草专卖销售情况统计表

表12-3

年份	销售量（箱）	销售收入（万元）	实现利税（万元）	年份	销售量（箱）	销售收入（万元）	实现利税（万元）
1987	1560	176.70	1.05	2003	2129	2091.5	3.5
1988	1617	224.92	1.24	2004	1900.4	2132.4	22.5
1989	1679	316.33	2.83	2005	1560	1387.8	93.6
1990	1781	393.98	0.13	2006	1785	1661.7	196.6
1991	2026	648.59	2.15	2007	1958	2173.4	402.9
1992	2107	528.69	5.61	2008	2116	2639.5	539.3
1993	2126	842.42	20.57	2009	2260	3136.8	469
1994	2845	1225.09	9.1	2010	2371	4028.2	721.2
1995	3160	1501.58	29.10	2011	2426	4978.8	1008
1996	2988	1802.75	36.65	2012	2466	5368.3	1024.6
1997	3358	2061.04	35.78	2013	2190	4830.6	710
1998	3391	2076.12	6.5	2014	2019	4226	551.4
1999	2148	1833.30	7.10	2015	2092	4348.8	800.6
2000	2232	1646.54	2.68	2016	1757	3709.4	721.3
2001	1628	1197.86	0.53	2017	1639	3710.1	748.8
2002	1360	838.28	0.23	2018	1697	3920.7	656

势。2018年，营销部下设综合办公室、管理监督科、专卖监督管理科(稽查大队、内管派驻组)、卷烟营销科4个科室，在职人员15人，全年销售卷烟1697箱，单箱值26867元，销售额4561万元，实现利税656万元；查处假冒注册商标且伪劣卷烟案件4起，查获涉案卷烟2400支，案值5500元。

盐业专营

盐产品销售　1996年5月，烟台市盐业公司长岛支公司成立，隶属于烟台市盐业公司，主要职能是履行长岛县境内盐政管理并负责辖区内各类盐的供应。1996年，规范完善盐业市场秩序，检查用盐、销盐单位400余家，销售食用盐66吨，渔业用盐194吨。1996年下半年，推行食盐零售许可证制度，送销碘盐55吨。1997年，加强对北五岛盐业市场管理，在砣矶、黑山、大钦岛、北隍城4个供销社设立盐业专(代)批点，负责当地盐业市场监督管理和盐产品供应。是年，销海带用盐1000吨，占全年各类盐产品销量83%，送销碘盐120吨。2000年，送销碘盐130吨。2001年2月，换复合膜小包装，全年小包装碘盐销售135吨。2002年，销售各种盐2940吨，其中送销碘盐148吨。1999—2002年，全县食盐“三率”(食盐计划任务完成率、碘盐覆盖率、合格碘盐食用率)连续4年达100%。

2003年，全年共销售各类盐2024吨，其中复合膜小包装碘盐140吨。2004—2006年，每年分别送销小包装碘盐120吨、140吨、130吨。2007年7月，烟台市盐业公司长岛支公司改称烟台盐业公司蓬莱分公司长岛经销处。同年，送销各类食盐831吨，其中小包装碘盐130吨、大包装精制盐16吨、渔盐685吨。

2009—2013年，食盐销售数目变化不大，年均销售各类食盐866.4吨，其中小包装食盐年均133吨、大包装精制盐和渔盐年均733.4吨。2014年，销售各类盐产品4186吨，其中小包装食盐118吨，大包装精制盐和渔盐4068吨，为历史最高水平，之后呈下降趋势。2017年，销售各类盐产品3137吨，其中小包装食盐90吨，大包装精制盐和渔盐3047吨。2018年，体制改革，盐业实现政企分离，原盐业公司保留，撤销县盐务局及盐政执法权，食盐价格放开并允许跨区域经营。同年，环保力度加大，全面禁止盐渍海带、裙带菜等加工，渔盐用量大幅度减少，当年销售各类盐产品242吨，其中小包装食盐18吨，大包装精制盐和渔盐224吨。

1996—2018年长岛县盐产品销售统计表

表12-4　　　　单位：吨

年份	小包装食用盐数目(吨)	大包装海产品加工用盐(吨)	销售盐总数
1996	66	194	260
1997	120	—	—
1998	128	—	—
1999	126	—	—
2000	130	—	—
2001	135	—	—
2002	148	2792	2940
2003	140	1884	2024
2004	120	1035	982
2005	140	716	779
2006	130	635	769
2007	130	701	831
2008	133	663	813
2009	136	638	774
2010	143	780	923
2011	148	670	818
2012	122	774	896
2013	116	805	921
2014	118	4068	4186
2015	122	700	822
2016	131	3000	3131
2017	90	3047	3137
2018	18	224	242

盐政管理 1996年,为加强全县盐政执法管理,维护盐业市场秩序,由县政府牵头组织公安、工商、卫生、质量监督等部门联合协作,开展为期5个月的专项检查,共检查渔村业户、商店120余次,发放宣传资料2000余份,查处非碘盐1000千克。1996年下半年,共查私盐2.5吨,罚款2300元。1997年,查处私盐案件22起,罚款4500元,没收私盐8吨,结案率100%。1998年,对城区内20个村130个食盐经销部和用盐单位,进行全面排查并建立用盐单位档案。全年查处私盐案件9起,罚款6700元,没收私盐20吨。1999年,对6所中小学校及幼儿园食堂、50家宾馆饭店、156家个体商店、批发部和27个企业食堂进行全面检查,查处私盐案件4起,没收私盐14吨,清除非法窝点4个。

2003年,成立县打击非法经营食盐违法犯罪工作联合办公室,联合公安执法6次,查获盐业违法案件5起,查获盐产品13吨。2004年,对城区20个村130个食盐经销部和用盐单位,进行摸底排查,完善用盐单位档案,查处私盐案件1起,没收私盐1吨,罚款2000元。2005年,重点对全县城区内食盐批发商点、宾馆、饭店、学校等用盐单位进行4次拉网式检查和不定期检查,活动期间发放宣传材料3000份。

2014年始,对"渔家乐"、宾馆、单位食堂食盐使用状况进行记录存档。对县城区15个村、107家商店、140多家"渔家乐"业户、20余家单位食堂进行常态化专项检查。2017年,走访商超、"渔家乐"业户,宣传食盐真假辨别、严禁工业用盐用于食品加工,共发放宣传材料1000余份。2018年9月,长岛县完成盐业体制改革,食盐价格放开并允许跨区域经营,撤销长岛县盐务局及其盐政执法权。

第四节 医药品经营

1986—2000年,长岛县药品经营行业整体发展较为缓慢。至2000年,辖区仅有药品经营单位4家,其中国营药材公司1家,药品经营商店3家,从业人员40余人。进入21世纪后,医药商业经营全面开放,个体私营医药经营单位出现较快增长。2001年,增加私营药店5家,长泰、久安堂、顺天博济、康源等个体私营单体药店、连锁店陆续开业,药品经营品种不断增加。2005年,药品经营品种达3214个。2002年,长岛药材公司兼并蓬莱药材公司,一套班子两个牌子,统一管理、

1996—2018年长岛县药品销售统计表

表12-5　　　　单位:万元

年份	销售收入	实现税金	实现利润
1996	2626	104	5
1997	2864	118	8
1998	2665	105	6
1999	2852	113	8
2000	2761	102	9
2001	3030	131	11
2002	2963	108	8
2003	2895	118	7
2004	2980	123	10
2005	3021	132	8
2006	2923	110	6
2007	3150	136	6
2008	3187	117	14
2009	3904	149	17
2010	4448	161	18
2011	3740	136	10
2012	3452	116	11
2013	2516	90	14
2014	2689	85	14
2015	2348	86	-13
2016	2969	86	-44
2017	4606	110	-58
2018	3254	92	-190

分口核算、分别纳税汇总考核，并更名为烟台市医药公司蓬莱公司。2004年，有职工20人，年销售额600余万元，实现税金10万余元。2005年，烟台市医药公司蓬莱公司实施整体改制，一次性出售给企业职工，退出原国有资本。2007年，更名为蓬莱阁医药长岛支公司，公司下属1家药品批发公司（蓬莱阁大药房连锁有限公司）和8家药房（分布南长山岛、北长山岛和北五岛）。2014年，全县有药品经营单位22家，医疗器械经营单位3家，药械使用单位43家，从业人员61人。2016年，全县所有药店通过GSP认证。至2018年，全县共有药品经营单位25家，其中批发1家、连锁总部1家、单体1家、门店22家（其中直营门店6家、加盟门店16家），药品经营品种1165种，全年销售收入3254万元，实现税金92万元。

第五节　集市商超

1986年年初，全县有农贸市场2处，共有货棚189平方米，货台58米，总摊位582个。1987年到90年代中期，砣矶镇、大钦岛乡、小钦岛乡、南隍城乡、北隍城乡、北长山乡、黑山乡相继建起当地集贸市场。其间，县城区先后重点建设和改造7处市场。至2018年，全县主要商场、超市有麦德隆购物中心、家家悦有限公司长岛店、傲海传奇海珍品商城、蓝鲍湾海珍品展示中心、燕鲁超市等。

集市

凌云市场　位于城区市场街，1986年11月动工兴建，1987年5月1日建成开业，建筑面积6250平方米（含两端停车场），投资80万元，市场顶棚面积4250平方米，总长256米，宽18米，营业房136间，摊位392个。后经多次改建维修，总投资143万元，半封闭棚式结构，占地面积8300平方米。2002年，凌云市场从业人员426人，店面149间、摊位649个、摊点360个。主要经营日用百货、服装、鞋帽、布匹、蔬菜、水果、生肉、熟肉、食品、干果和水产品等，为当时全县最大的农贸市场。2003年，凌云市场不能满足群众的购物需求，并且存在安全隐患，2004年停止使用并拆除。

商业步行街　位于县城区步行街，占地8000平方米，总建筑面积20000平方米，总投资3000万元。2005年3月，在原凌云市场原址开工建设。2006年3月，竣工投入使用。2008年，步行街经营业户104家，市场成交额9500万元。2015年，经营业户83家，市场成交额6200万元。2018年，共有经营业户90家，市场成交额7000万元。

凌云海产品市场　建于1988年，位于城区凌云市场街中部，占地150平方米，30个摊位，交易品种主要为冷冻鱼类、冰鲜鱼类、鲜活贝类、螺类、蟹类以及海菜等。日交易量3～5吨，交易额4万元左右。2001年5月，交易场迁至凌云市场西首，占地700平方米，设100个摊位。2002年，日交易量10吨左右，日交易额10万元左右。2003年，鲜活海产品日交易量达到20吨，2004年拆除。

海鲜市场　建于2004年，位于县城区鹊咀路南部，投资总额200万元。2010年，建露天摊位60个，有固定经营业户23家，临时经营业户13家，年市场成交额1100万元。2015年，由烟台丰海海洋发展公司投资260万元，建设2层店铺22间，摊位60个，经营面积1100平方米，增加钢结构遮阳避雨顶棚。2018年，有经营业户45家，年营业额6000余万元。

明珠海产品交易市场　位于县城区文化街，南邻明珠广场和海水浴场。1992年5月，社会集资兴建，总投资600万元，同年9月交付使用，总建筑面积2000平方米。1992年9月6日，长岛县举办首届扇贝节期间，在此举办水产品展销，共订销水产品2000多吨。1999年5月，移交市场管理办公室管理。1992—2000年，年交易额平均600万元，业户平均15家。2001—2006年，年平均交易额1000万元，业户平均20家。2007—2011年，有经营业户30家，年平均交易额1500万元。2012年，交付长旅集团使用。

后沟市场　90年代中期建成并投入使用，位于县府街东部，有固定业户10余家，流动业户20

余家，主要经营蔬菜、水果、肉、蛋、米、面、水产品、电器维修等。2006年，固定商户26家，流动业户30余家，销售额200多万元。2012年，后沟村旧村改造时拆除。

金鼎商贸城 位于县城区鹊咀路中部，2003年4月开工建设，2004年5月竣工投入使用。占地6000平方米，4层总建筑面积16000平方米，总投资2000万元。2004年，金鼎商贸城有经营业户166家，从业人员534人，主要经营日用百货、服装、鞋帽、布匹、蔬菜、水果、生肉、熟肉、食品、干果等。2005年，共有经营业户112家，市场成交额3100万元。2006—2010年，年平均经营业户100家左右，年市场成交额3500万元左右。2018年，有经营业户98家，年市场成交额3000万元。

长岛县商业步行街（2012年）

商场 超市

麦得隆购物中心 建于2005年10月，位于商业步行街东部，总建筑面积1800平方米，总投资200万元。购物中心一层为食品、生鲜、洗化区，品种3万多个；二层为家居、家电、文体用品、服装等百货区。2015年设获沟分店，2016年设后沟分店。2018年，职工44人，零售总额1024万元。

烟台家家悦有限公司长岛店 成立于2010年9月，位于金鼎商贸城三楼，总建筑面积3100平方米，总投资2000万元，是经营食品、生鲜、日用百货、小家电等一体便民超市。2016年，京东家电进驻商场。2018年，有职工40人，实现零售总额2754万元。

傲海传奇海珍品商城 原称长山商贸城，成立于1992年，注册资本2700万元，位于乐园大街93号，2016年4月改现称，占地面积2600平方米，建筑面积4800平方米，固定资产1880万元。2015年，商场进行全面装修。2016年，销售收入2371万元，为历史最高。2018年，有员工28人，实现销售收入1685万元，其中电子商务网络实现销售额253万元。

蓝鲍湾海珍品展示中心 成立于2015年5月，位于文化街，占地面积2000平方米。展销面积1200平方米，分为海珍品、进口洗护系列和进口食品系列3个楼层，一楼展示长岛海参、鲍鱼、扇贝、海带、海胆、金钩海米等特色海产干品；二楼展示进口女婴、孕妇系列及厨房用具等商品；三楼展示进口食品，经营商品来自日本、韩国、欧美等国家，产品涵盖食品、保健品、酒水、日用百货、母婴用品、家用电器等8大类、1400多种进口产品。中心采用“前店后库”经营模式，“前店”体验中心展示交易，“后库”保税仓库备货，所有产品依托保税仓库以保税状态进行展示销售。中心联合国内各大主流快递，为顾客提供“异地消费、送货上门”服务。2018年，有员工20人，实现销售收入65万元。

燕鲁超市 老店位于长园路，1995年9月开始营业，经营面积50平方米，主要经营日用百货。2001年，超市设分店1处，面积120平方米，增加蔬菜及米、面、油、蛋等，年零售总额200余万元。新店建于2017年3月，位于长园路文化局一楼110号，建筑面积1400平方米，总投资2800万元，2018年11月投入运营，有职工32人，当年实现零

售总额100余万元。

第六节　服务业

餐饮、住宿业

餐饮业　1986年，全县餐饮业主要有原商业系统的海滨饭店、长岛饭店和长岛宾馆、长山饭店、珍岛宾馆、海味酒家等10余家餐饮企业。1987年1月，县商业局对下属的海滨饭店、长岛饭店实行公开招标租赁经营。1990—1999年，长岛县餐饮业进入快速发展阶段，长园宾馆、威哥大酒店、银扇大厦、工行接待处、情真饭店、万顺楼、丽晶假日酒店、电信宾馆、金海湾酒店、渔郎湾酒店、世纪假日酒店、国税培训中心、地税培训中心、山东勘察设计院培训中心等餐饮企业陆续开业。2000年后，长岛县餐饮业进入发展高峰阶段，陆续开业的宾馆饭店有观潮大酒店、蓬达酒店、鑫雅酒店、怡景轩酒店、汉庭酒店、海德酒店，遍布城区大街小巷的小餐馆、小吃店、早餐店、烧烤大排档、特色小吃以及南长山街道、北长山乡、黑山乡、砣矶镇、大钦岛乡、北隍城乡、南隍城乡等1000多家“渔家乐”业户相继开业。2013年10月，在中国烹饪协会名厨专业委员会举办的第五届全国海鲜烹饪技能大赛中，长岛县选手李建全、徐晓波分别获得特金奖和金奖。至2018年，全县共有各类餐饮企业1787家。

住宿业　1986年年初，长岛县住宿业共有宾馆、旅馆、招待所39家。1990年，全县住宿业县属宾馆有长岛宾馆、兴岛宾馆等；合资宾馆有燕鲁宾馆；集体旅店有华园旅社、月牙湾宾馆、各乡镇招待所等；个体旅店有荻沟旅社等；外地在长岛设立的接待处、疗养院有北京市工人疗养院、天津干休所等。1990—1999年，陆续开业的宾馆有长园宾馆、威哥大酒店、银扇大厦、山东勘察设计院培训中心、工行接待处、农行接待处、丽晶酒店、电信宾馆、金海湾酒店、渔郎湾酒店、世纪假日酒店、国税培训中心、地税培训中心等。2000—2018年，陆续开业的宾馆饭店有观潮大酒店、蓬达酒店、鑫雅酒店、怡景轩酒店、汉庭酒店、海德酒店等。21世纪初，全县“渔家乐”业户快速发展，2012年5月，全县119家“渔家乐”首批获得山东省“星级好客人家”授牌。至2018年，省文化厅、旅游厅授予长岛县“星级好客人家”业户共计483家，其中二星级6家、三星级264家、四星级207家、五星级6家。2018年，全县共有住宿企业1803家、床位3万余张，其中“渔家乐”(民宿)业户1118家、床位2.4万张，分别占总数62.01%和80.00%。

2007年11月，万辉大厦、世纪假日酒店被批准为三星级宾馆，为长岛县首批星级宾馆。至2018年，有星级酒店5家，其中四星级1家(长岛怡景轩酒店)、三星级3家(烟台长岛万辉大厦管理有限公司、长岛世纪假日酒店有限公司、长岛丽晶假日酒店)、二星级1家(长威酒店)。2018年，全县规模以上餐饮与住宿企业实现营业额1863万元。

仓储、物流、快递业

仓储业　2009年1月，长岛信和网络业务信息速递服务中心注册成立，为长岛县首家仓储企业。之后，又相继成立5家仓储企业。2014年7月，长岛鹏程配送中心注册成立。2015年6月，长岛县德兴利配送中心和长岛盛强商贸中心注册成立。2016年5月，长岛顺通物流有限公司注册成立。2017年2月，长岛港通物流仓储有限公司注册成立。

物流业　1983年10月，长岛祥坤物流有限公司注册成立，是长岛县首家注册的物流企业。21世纪以后，长岛县境内物流业得到快速发展。2004年8月，山东中邮物流有限责任公司长岛分公司注册成立。2014年7月，长岛鹏程配送中心成立；同年9月，长岛全峰物流配送中心成立。2015年4月，长岛县汇通配送服务部成立；同年6月，长岛县德兴利配送中心成立；同年11月，长岛县优速物流配送有限公司注册成立。2018年5月，长岛县贵贵物流服务中心注册成立。至2018年，全县从事陆地物流业务企业有11家，分别为：

山东中邮物流有限责任公司长岛分公司、烟台长岛长兴物流有限公司、长岛顺通物流有限公司、长岛祥坤物流有限公司、长岛邦德物流有限公司、长岛鹏程配送中心、长岛全峰物流配送中心、长岛县汇通配送服务部、长岛县德兴利配送中心、长岛县优速物流配送有限公司、长岛县贵贵物流服务中心。海上货运公司2家：分别为烟台丰海海洋发展有限公司、长岛祥坤物流有限公司。2018年，各种物流运输车30余辆，海上货运船只12艘，海上货运营业收入3亿元，利润超过5000万元。

快递业　21世纪后，随着网络购物快速发展，快递公司纷纷在长岛设立投递站或投递点，2010年后陆续登记注册分公司。2012年3月，烟台智浩电子科技有限公司（长岛中通快递）注册成立。2013年2月，蓬莱市申通商务信息咨询有限公司长岛分公司注册成立。同年4月，长岛县圆通速递有限公司注册成立。2014年，长岛韵达物流有限公司、长岛鹏程配送中心、长岛全峰（国通、优速、天天）物流配送中心、长岛县汇通配送服务部分别注册成立。2015年5月，烟台顺丰速运有限公司顺海分公司长岛站营业部注册成立。至2018年，先后有邮政、申通、圆通、中通、汇通、韵达、顺丰、全峰、天天等10余家快递企业落户长岛，快递从业职工100余人，营业面积4000多平方米，有配送车辆20余辆。2018年，配送各种物件350余万件，营业总额2000多万元。

理发、照相业

理发业　1998年始，长岛县境内理发业户需办理工商注册登记，均为个体经营。理发店、美发店、发型设计中心、专业烫染店等在县城区及各乡镇相继注册经营。1998—2010年，累计登记注册45家。2011—2018年，登记注册16家。至2018年，全县登记注册的理发商家店共有61家。其中，城区32家，乡村29家。

照相业　1986年年初，县办照相馆2处即县饮食服务公司照相馆、海滨路照相馆，军人照相馆1处，乡镇办照相馆1处。1992年6月，乐园大街文化馆一楼新增1处长岛图片社，2008年5月搬迁到蓬莱。90年代，县饮食服务公司下属照相部因公司改制，照相业务剥离给个人，不久后停业。1998年长岛裕兴婚庆用品商店开展照相业务，1999年引进数码摄影、摄像，2004年更名为长岛大胡子婚庆婚纱摄影店。2006年，原长岛军人服务社下属军人照相馆，由服务社交由原职工经营并在县工商局办理注册登记。2010年9月，长岛县家家电脑技术服务二部登记注册并开展照相业务。2012年5月，长岛县艺苑影楼登记成立。2018年，长岛正常运作的照相馆均为个体经营，共有4家，即大胡子婚庆婚纱摄影店、军人照相馆、家家电脑技术服务二部、艺苑影楼。

洗浴、家政、娱乐业

洗浴业　1979年，长岛县饮食服务公司浴池建成投入使用，一次可容纳100余人。1994年公司改制，剥离给个人，更名为长岛丽水饮食服务有限责任公司，辖洗浴一部（2008年拆除）、二部（2015年改称明水浴池，2018年改称清香浴池部）。1997年，砣矶和北隍城供销社开发浴池服务项目。2000年，县城市综合建设开发公司投资建设的开发浴池对外营业，2010年由县青年旅行社租赁经营。2002年9月，幸福浴池注册成立对外营业。2004年4月，靓丽洗浴注册成立对外营业。2011年8月，在水一方洗浴中心注册成立。至2018年，全县对外营业洗浴池（店）共5家。

家政护理服务业　2004年8月，长岛县康复家政服务部登记注册成立，是全县第一家从事家政服务企业。主要服务项目：家庭卫生清理、厨房电器及厨具卫生清洗、家庭老人护理、母婴儿月子护理、幼儿护理、搬家、管道疏通和维修等。随着城乡对家政服务需求增多又陆续成立多家家政服务企业。2013年1月，长岛县工农兵装卸搬运服务中心注册成立；2014年1月，长岛县新视觉家政注册成立；2017年11月，长岛县梦之缘家政服务部注册成立；2018年1月，长岛县舒心家政服务中心注册成立；2018年9月，长岛县佳悦家政服务中心注册成立。至2018年，长岛登记注册的家政服务单位有32家，其中17家私营企业、15家个体业户。

娱乐业　2008年12月，长岛县嗨异练歌房登记注册，是全县第一家以练歌为主娱乐企业。2009—2018年，相继成立5家娱乐企业，分别为2009年3月成立的长乐歌舞厅、2010年1月成立的碧海蓝天练歌广场、2013年4月成立的56号练歌房、2017年2月成立的新起点练歌房、2018年7月成立的之韵娱乐厅。

第三章　对外经济贸易

80年代，长岛县按照“以进养出、以进带出、进出结合、大进大出”指导思想，加大对外贸易工作力度，进出口贸易取得突破性进展。1984年后，先后制定印发《长岛县外向型经济发展规划》《长岛县发展外向型经济的若干规定》《招商引资奖励办法》《关于进一步加强招商引资工作的意见》《关于对企业实行一站式服务的意见》等文件。1986年12月，长岛县第一个中外合资企业——南园海珍品有限公司成立，总投资164万元，合同引进外资100万元。1987年8月16日，《人民日报》头版头条发表题为《长岛县开放促改革面貌大变》文章，向全国介绍和推广长岛发展外向型经济的经验。进入90年代，长岛县采取组织企业参加在国内外举办的各种进出口商品交易会、经济贸易洽谈会，组织贸易团组出国开辟市场、寻找客户上门推销和举办扇贝节、“渔家乐”民俗文化旅游节等措施，发展以水产品加工、扇贝和海带养殖为主导的创汇渔业，通过多种形式全方位对外开拓，逐步建立起比较系统的对外销售网络，形成多元化市场格局，全县外贸出口呈现连年持续增长势头。

21世纪始，为加快进出口企业转型升级，不断扩大出口规模，通过政策扶持、向上争取，引导县内水产品出口加工骨干企业对厂房、设备进行升级改造。2002年3月，长岛县取得加工贸易合同审批权。2010年后，以建设水产品精深加工园区为切入点，在资金和政策上给予支持，淘汰落后厂房和设备，引领水产品加工行业转型升级，提升出口产品质量，培植新的出口利润增长点。县内主要水产品出口加工企业纷纷投资建设标准化厂房和引进先进技术设备。同时，开展创建出口水产品质量安全示范区，建立完善组织保障体系、水产品质量安全标准化体系、渔业化学投入品控制体系、质量安全可追溯体系、监控评估预警体系、企业质量安全诚信体系、多元化国际市场体系7大体系建设。2013年1月，省商务厅、出入境检验检疫局、农业厅、财政厅联合批准长岛县为“山东省出口农产品质量安全示范区”。同年12月，长岛县被国家质检总局批准为“国家级出口食品农产品质量安全示范区”，是2013年度烟台市唯一一家申报并成功创建县市。2015年，推进“大走访、大招商”工作常态化，登门走访央企、国企、世界500强等知名企业100多家，在建在谈项目73个，合同投资155亿元，到位资金7.1亿元，全年外贸进出口5683万美元，超额完成市下达5300万美元任务目标，同比增长12.7%，增幅位列全市第二；实际使用外资503万美元，完成市下达500万美元任务目标，同比增长10.3%。2016年，全县实现外贸进出口53131万元（折合8000万美元），同比增长50.4%，增幅列烟台市第二位。其中，外贸出口42320万元，增长48.7%，增幅列烟台市第一位；外贸进口10811万元，增长57.6%，增幅列烟台市第二位。以上3项指标均实现历史上的新突破。据海关统计，1986—2018年，全县累计完成进出口贸易额63456万美元。

第一节　进出口贸易

进口贸易

90年代前，全县进口贸易发展比较缓慢。据海关统计，1990年全县进口贸易额为52万美元，“八五”计划期间，全县共完成进口额752万美元。“九五”计划期间，全县共完成进口额173万美元，比“八五”计划减小222万美元，降低幅度43.8%。“十五”计划期间，完成进口额1868万美元，比“九五”计划增长10倍。“十一五”规划期间，完成进口额4231万美元，比“十五”计划增长126.5%。“十二五”规划期间，完成进口额3753万美元，比“十一五”计划下降11.3%。1986—2018年，全县累计完成进口贸易额11584万美元。进口国别有日本、韩国、美国、德国、波兰、意大利、摩洛哥7个国家。进口商品53种，主要有汽车、海产品冷冻及加工设备、船只、钢材、医疗设备、塑料、海产品等，其中进口各种车辆98辆。

出口贸易

长岛县商品出口始于1954年，主要品种有海胆、牙鲆鱼、鲳鱼、鳎板鱼、鲅鱼、对虾、海带、兔毛、貂皮等。进入80年代，增加扇贝、砚台和石盆景等品种。1984年，烟台成为全国首批对外开放城市后，长岛县开始引进外资兴办“三资”企业。1988年，由日本大阪东光商事株式会社与南长山镇合资兴办的南园海珍品有限公司出口72万美元，成为全县第一家有出口实绩“三资”企业。1989年，全县外贸出口实现945万美元，是1988年的13倍。90年代初期，全县围绕多出口、多创汇，大力发展以水产品加工、扇贝和海带养殖为主导产业的创汇渔业。1995年，全县获得自营进出口经营权企业3家，开业投产“三资”企业75家。全县出口总额3010万美元，其中“三资”企业出口2430万美元，外工贸企业出口580万美元。自营出口国家和地区6个，建立稳定贸易关系的海外客户30家。1998年，全县出口总值3997万美元，其中“三资”企业出口完成3000万美元，占全县出口总值75%。2000年，全县外贸出口2040万美元，是1988年的28倍。

进入21世纪，长岛县出口商品种类不断增多，全县外贸出口呈现连年持续稳定增长良好势头。据海关统计，2001年，全县出口2240万美元。其中，“三资”企业完成1555万美元，占出口总值69.45%；县直外贸公司完成601.1万美元，占出口总值26.8%；生产企业完成84.4万美元，占出口总值3.8%。出口超过百万美元以上企业7家，分别是县对外贸易公司、天然水产有限公司、广源水产有限公司、长盛水产有限公司、海达利水产有限公司、明仁食品有限公司、泰隆水产有限公司。出口超过500万美元以上企业2家，分别是县对外贸易公司601万美元，天然水产有限公司532万美元，这2家企业出口额占全县出口总额50.6%。2002年，全县出口商品发展到50多个品种，主要包括扇贝、江珧贝、赤贝等贝类，黑鱼、黄花鱼、鲳鱼、针良鱼、牙鲆鱼、鲅鱼等鱼类，海带、裙带菜等藻类。海带是对外贸易传统经营项目，年出口日本海带占全国总量50%以上，主要产品有淡干海带、海带粉、盐渍海带丝、海带结、海带卷、海带板、熟食海带丝、海带块等。其他还有海胆、章鱼、鱿鱼等。按商品结构分，贝类产品出口1120万美元，占出口总值50%；鱼类产品出

1986—2018年长岛县外贸进出口额统计表

表12-6　　　　单位：万美元

年份	进出口总额	出口额			进口额
		小计	“三资”企业	自营进出口企业	
1986	20	—	—	—	20
1987	65	—	—	—	65
1988	88	72	72	—	16
1989	999	945	945	—	54
1990	805	753	753	—	52
1991	869	820	820	—	49

续表 12-6

年份	进出口总额	出口额			进口额
		小计	"三资"企业	自营进出口企业	
1992	1340	1229	1229	—	111
1993	1627	1232	1232	—	395
1994	2488	2334	2334	—	154
1995	3053	3010	2430	580	43
1996	3620	3580	3050	530	40
1997	3918	3880	3280	600	38
1998	4032	3997	3337	640	35
1999	1374	1346	893	453	28
2000	2072	2040	1644	396	32
2001	2268	2240	1555	685	28
2002	1704	1638	1407	231	66
2003	1591	1530	1395	135	61
2004	2393	2374	2229	145	19
2005	5544	3850	3759	91	1694
2006	3063	3007	2258	749	56
2007	2511	2374	2041	333	137
2008	2184	2045	2037	8	139
2009	3570	3410	3410	0	160
2010	2365	2228	2228	0	137
2011	3599	3164	2793	371	435
2012	4000	3500	3118	382	500
2013	4460	3905	3875	30	555
2014	5044	3885	3844	41	1159
2015	5683	4579	4579	0	1104
2016	8000	6363	5171	1192	1637
2017	4367	3287	2096	1191	1080
2018	5082	3596	2719	877	1486
合计	93798	82213	72553	9660	11585

口780万美元，占出口总值34.8%；其他类产品出口340万美元，占出口总值15.2%。按市场结构分，对亚洲市场出口1780万美元，占出口总值79.5%；对北美洲市场出口320万美元，占出口总值14.3%；对欧洲市场出口140万美元，占出口总值6.2%。出口的国家和地区28个，按出口额列前三位的国家是韩国920万美元、日本560万美元、美国240万美元，分别占全县出口总值的41.1%、25%、10.7%。"九五"计划期间，全县完成出口额14816万美元，比"八五"计划增长71.8%。"十五"计划期间，完成出口额11632万美元，比"九五"计划下降21.5%。"十一五"规划期间，完成出口额13064万美元，比"十五"增长12.3%。"十二五"规划期间，完成出口额19033万美元，比"十一五"规划增长45.7%。1986—2018年，全县累计完成出口贸易额达51872万美元。

加工贸易

长岛县加工贸易起步较晚。1993年，开展加工贸易企业只有烟台日江网具有限公司1家，从韩国进口9万美元塑料制品，加工贸易进出口额为9万美元，仅占当年全县出口总值0.7%。1996年，长岛县积极组织指导企业使全县加工贸易步入快速发展时期。2002年，全县加工贸易出口额128万美元，占全县出口总值5.7%。从事加工贸易企业5家，从业人员146人，加工贸易经营领域发展到纺织、塑料、水产品等行业。1993—2002年，全县累计完成加工贸易473万美元，年均增长5.2%。2016年，全县加工贸易进口额1637万美元，创历史最好水平。至2018年，全县实现加工贸易进出口总额7.99亿元。

海产品进出口

长岛县海产品进出口交易，主要由有出口权的县外贸公司，独资或合资的加工企业以及直销船等经营，出口海产品主要有海带、精装食品菜、冷冻水产品、鲜活鱼类等。海带菜一般年出口1000吨左右，主要销往日本等国家；冷冻水产品年出口7000吨，主要销往美国等国家，鲜活产品主要销往韩国、日本等。

长岛海洋渔业公司是长岛县最大水产企业，是经营海洋捕捞、海水养殖、水产收购加工、冷冻冷藏、水产品出口、渔需物资供应多功能综合性公司。1987年，公司成立初，辖4个中外合资企业、4个冷藏加工厂、8个海珍养殖场和1个捕捞船队、水产品供销站、渔需供应站、商场、招待所等20多个独立核算单位。有冷库4座、总容量3600吨。捕捞收购船18艘，其中远海渔轮8艘、水产收购船9艘，600HP冷藏运需船直航日本、韩国。有各种运输车42部，其中冷藏保温车7部。年水产品收购量万吨以上，总收入8000多万元，利税800万元。

1987年后，海产品收购渠道主要是靠海上收购船收购，其次根据市场需求到沿海各地进行蹲点收购。1987—1994年，水产品收购销售总体由总公司宏观调控。1994年，公司所属企业均改制为股份制和私人企业，水产品收购、销售都由各企业自行做主，企业根据市场需求变化，决定购销的品种和数量。水产品销售的主要渠道是出口日本、韩国、美国、加拿大等国家，出口产品主要有扇贝、赤贝、江瑶贝、鲜鱼、海带等。

1986—2018年长岛县海产品收购和销售统计表

表12-7　　总额：万元、吨

年份	购进				销售			
	总量	鲜鱼	对虾	贝类	总额	总量	鲜鱼	贝类
1986	1233.2	926	226.7	20.5	1313	460.4	54	—
1987	4249	3201	66	920	730.9	2242.6	1472.7	—
1988	6358.7	2966.4	257.8	3135	1163.7	3234.1	1724.9	1509.2
1989	7697	1125.5	4.2	6567	1152.1	2483	1305.5	1177.5
1990	4047	2071	265	1711	852.6	2120	971	1149
1991	5585	2532	112	2941	3484.2	3195.9	1540	1655.9
1992	2146	463	11	1603	1246	1080	283	680
1993	1308.6	700.3	5.5	602.8	582.2	569.7	261.7	288
1994	2150	536	21	1552	1795	678.5	132	501
1995	1840	29	—	1811	4741	1034.8	675	250.8
1996	2522	43	—	2479	4780.1	1420	350	1070
1997	414	154	—	260	3598.3	1514.3	434	1080.3
1998	1843	954	2	887	1426	978.6	1823	796.3
1999	452	299	—	153	484.3	253.1	22.7	230.4
2000	1124	335	—	772	1433.6	399	159	240
2001	976	380	—	596	1473	398.8	105.6	293.2
2002	1305	450	—	855	1022	1105.4	27	1078.4

续表12-7

年份	购进				销售			
	总量	鲜鱼	对虾	贝类	总额	总量	鲜鱼	贝类
2003	24568	—	—	11697	8530	21855	—	—
2004	39098	21	—	19048	19212	31162	89	13256
2005	43872	388.5	—	30156	25298	38645	257	—
2006	52186	764	—	38820	44429	46391	826.4	29475
2007	44216	731	—	31636	43680	39268	668	41524
2008	49924	978	—	35287	45132	42689	897	29851
2009	65883	1338	—	50361	51359	56279	1823	42368
2010	65576	1479	—	49814	66231	58324	1257	41289
2011	72389	1555	—	47422	72909	69412	1681	52167
2012	74443	1597	—	42327	74431	64528	1354	32594
2013	76429	1659	—	39973	81146	70294	1347	37658
2014	89632	1703	—	41751	91825	78365	1899	42586
2015	91681	1703	—	42807	97675	85731	1602	38564
2016	93717	1600	—	43414	109692	77619	1722	35128
2017	115323	1140	—	78032	85548	91536	1085	58364
2018	75532	928	—	38544	70366	58349	901	28564

第二节 对外经济合作

1983年始，长岛县开展对外经济合作，主要分为劳务输出和在境外设立销售机构。对外承包工程和劳务合作自80年代末90年代初兴起，是发展外向型经济的重要组成部分。

合作机构

1993年4月，烟台经济技术合作公司长岛分公司成立，行政隶属县外经贸委，业务接受烟台国际经济技术合作公司指导，有对外签约、洽谈权。公司性质为全民所有制企业，实行独立核算、自负盈亏，人员编制12人，公司注册资金60万元。

劳务输出

1983—1985年，全县共外派捕鱼劳务人员3批次41人，外派国家是毛里塔尼亚和西班牙。1992年，由省水产集团公司牵头，县渔业公司“鲁长捕”961、962号船和砣矶镇工业公司“鲁长渔”7025、7026号船共73人，参加与摩洛哥直布罗陀（英属）MQMAYK公司合作经营华龙大西洋渔业公司，合作期限8年。船队于5月中旬到达摩洛哥，当年收入120万美元，平均每艘收入30万美元。1993年，收入160万美元，平均每艘收入40万美元。同年，由农业部中国水产联合公司牵头，县水产局“鲁长捕”5、6号船共20人于6月中旬赴贝劳捕金枪鱼，近5个月获纯利15万美元。

1986—2002年，全县共外派捕鱼劳务人员220起，560人次；外派研修生56起，224人次；实现劳务收入800万美元。2002年，全县对外劳务合同额实现180万美元，比上年增长63.6%；期末在外劳务人员370人，在外船只2艘。涉及劳务相关数据2003年以后不再统计。

境外投资

随着对外开放不断发展，长岛县有条件企业实施走出去战略，走出国门，在境外设立销售机构和投资办企业。1992年，南长山镇长莱水产有限公司与加拿大列治文市AERO热交换器股份有限公司合作，在加拿大设立一处海产品销售机构，是长岛县首次在境外设立的海产品销售机构。1992年11月，南长山镇长莱水产有限公司与加拿大亚联集团公司合资企业——亚美水产有限公司在加拿大温哥华成立，公司注册资金10万加元（折8.4万美元），主要从事开发海洋捕捞、水产养殖、海产品加工、产品销售等项目，是长岛县首个在境外设立的投资企业。1993年，该公司转移到美国注册运营。1992—1996年，通过亚美公司每年向加拿大和美国销售冷冻扇贝丁500～600吨，年销售总额在3000万～4000万元。1997年以后，受岛内扇贝养殖业大幅减产影响，亚美公司基本停止运营。2009年4月，长岛宏茂商贸有限公司在俄罗斯远东纳霍德卡市注册成立俄罗斯长岛宏茂商贸有限公司，公司总投资1000万美元，主要从事建筑材料的生产、加工、连锁销售、煤炭开采、贸易、废旧金属等，在俄罗斯联邦滨海边疆区投资农业生态园，种植以大蒜、大豆、玉米、高粱等农作物为主，养殖以牛、猪、羊为主。2011年3月，长岛月牙湾投资开发有限公司在尼日利亚阿布贾市注册成立太阳矿业有限公司，总投资500万美元，主要从事矿业经营、矿山勘探、矿山开发等。至2018年，中方实际投入资金109万美元。

外资利用及招商

1984年，长岛县利用外资工作开始起步，主要通过海外华侨引进外资。1986年12月，长岛县第一家中外合资企业——南园海珍品有限公司注册成立，总投资164万元，合同引进外资100万元。至2002年，全县共成立外商投资企业93家。其中，合资经营企业82家，占总数90.1%；合作经营企业2家，占总数2.2%；外商独资经营企业6家，占总数6.6%；利用国际贷款项目1家，占总数1.1%。总投资人民币134051万元，折合19451万美元；注册资本101211万元，折合15250万美元；合同利用外资11890万美元；实际利用外资6784万美元，占合同外资57%。引进外资的国家分别为：日本21家，韩国13家，美国8家，加拿大7家，西班牙3家，德国、马来西亚、新加坡各1家，共计8个国家。分布情况为：县直企业42家，乡镇企业15家，村办企业34家。1986—2002年，先后投产企业68家，撤销企业59家。累计完成产值19亿元，完成销售收入25.7亿元；实现利润1674万元，上缴税金2098万元，外汇29200万美元，完成出口总量8万吨。

进入21世纪，长岛县每年把招商引资任务指标逐级分解到各个乡镇和县直各部门。年初将全县重点招商项目列出单子，逐一落实到各个县级分管领导和主管单位负责人，实行“一个项目，一个方案，一套班子，一抓到底”，协调有关部门及时解决项目进程中遇到困难和问题。先后印发《长岛县外向型经济发展规划》《长岛县发展外向型经济的若干规定》《招商引资奖励办法》《关于进一步加强招商引资工作的意见》《关于对企业实行一站式服务的意见》等文件。2004年12月，由华能新能源环保产业控股有限公司与香港中电投资有限公司合资经营华能中电长岛风力发电有限公司，投资总额人民币24768万元，注册资本人民币9907.2万元。2005年，全县合同利用外资2992万美元，同比增长231%；实际利用外资324万美元，同比减少12%。2008年，长岛县局部岛屿对外开放，开放型经济环境不断优化。2012年1月，省商务厅批复长岛长通旅运有限公司为中外合资经营企业，外方——马来西亚公司以251万美元并购，成为长岛县第一家外资并购

长岛县第一家中外合资企业——南园海珍品有限公司签字仪式（1986年）

企业。2003—2018年，全县共新批利用外资项目27个，合同利用外资10077万美元；实际利用外资5675万美元。

出国招商　1986—2018年，全县累计办理出国出境参观学习、经贸考察、洽谈的团组97起，375人次，出访国家有日本、韩国、美国、加拿大、俄罗斯、肯尼亚、摩洛哥、菲律宾、澳大利亚、比利时、法国、德国、泰国、马来西亚、新加坡等。其中，仅1992年全县就办理出国经贸考察团组21起，175人次，是历史上全县出访人数最多一年。出访团组累计引进合资项目17项，引进外资合同额5500万美元，签订贸易合同额1.6亿美元。

节日招商　90年代初期，主导产业扇贝养殖获得丰收。长岛县进一步扩大招商引资工作，“文化搭台，经贸唱戏”，1992—1995年连续举办4届扇贝节。1992年9月6日，举办首届扇贝节，实到外商29人，订销水产品2000多吨；签订合资目7个，合同引进外资124万美元；签订意向书10个，引进外资3302万美元。1993年9月6日，举办第二届扇贝节，来自美国、韩国、日本、新加坡、丹麦5个国家30名外商应邀进岛参加经贸洽谈活动，签署中外合资企业合同2项，项目总投资80万美元，其中外方投资25万美元；签署贸易合同出口额1473万美元，海产品出口量3016吨，其中扇贝2884吨。同月8—10日，长岛县组团参加“烟台国际葡萄节”，与6个国家和地区20余位客商进行接触，签订合资协议10份，其中外资额150万美元。1994年和1995年9月6日，分别举办第三届、第四届扇贝节，邀请国内外客商举行经贸洽谈会。

2002年5月，长岛县分别举办“首届渔家乐民俗文化旅游节”“妈祖诞辰暨庙岛显应宫香缘880年庆典”。其间，开展招商和经济合作联谊活动，国内外客商2200余人应邀进岛参加，全县共引进内外资项目8项，项目资金4.1亿元。2008年2月，长岛县举办妈祖塑像奠基仪式客商推介会，来自国内外150多名客商参加推介会。

村镇招商　90年代初，开始大规模引进外资，各乡镇、村发挥本地资源优势，想方设法联系外商，开展各种形式的经贸洽谈活动，合资合作开发项目。至2018年，全县共兴办合资企业117家，其中乡镇（街道、开发管理处）、村中外合资企业28家，占总数23.9%，全县10个乡镇（街道、开发管理处）都有中外合资企业。

重大经贸活动招商　90年代初至2018年，对外经贸合作进一步扩大，全县先后统一组织参

中日合资企业——长园宾馆签字仪式（1987年）

加在韩国、日本等国家举办的各种经贸洽谈会、展览会等60余次，共签订利用外资项目、协议和意向600多个，外资额3.8亿美元，外贸进出口贸易8000万美元。其中，1992年6月，组织县、乡、村共150多人参加青岛对外贸易洽谈会，共接触国内外客家104个，达成合作意向6个，引进外资合同额135万美元，签订出口贸易合同额185万美元。2001年6月，参加第二届APEC投资博览会，与外商签订进出口贸易合同额2800万美元，签订利用外资项目合同、协议4个，外资额4050万美元。2001年10月，组织参加第三届果蔬加工技术与产业化国际研讨会暨展览会，共签订贸易合同额800万美元，引进外资项目2个，外资额60万美元，内资项目1个，合同额3000万元。2009年，组团参加烟台（深圳）制造业重点项目投资合作洽谈会、烟台（香港）重点服务业项目投资合作洽谈会、山东省（香港）重大区域发展战略说明会及经贸洽谈会及烟台市组织的赴新加坡服务业招商推介等经贸洽谈活动，洽谈多个项目，签约项目2个。其中，与向日葵国际集团中国有限公司签订《长岛县海岛旅游开发项目协议书》，总投资2.1亿元的螳螂岛旅游开发项目在长岛注册公司并开工建设。

重大项目招商　90年代以后，长岛县实施经济国际化战略，发动全社会力量开展招商引资活动。1992年12月，长岛经济开发集团公司与香港中银集团合资兴办“烟台长岛经济开发有限公司”，注册资本2988万美元，长岛县以10个乡镇和3个县属公司资产作为资本投入，成为全国第一个“合资县”。1999年9月，由德国政府贷款，总投资6000多万元的全省第一个风力发电项目——山东长岛风力发电有限责任公司一期9台600千瓦风机吊并网发电。至2010年，先后与国内外多家公司签订合作开发长岛风力资源项目合同或协议，协议利用外资额2.28亿美元，项目上网电价承诺和并网承诺得到省有关部门批准。

会议招商　2008年4月，长岛县组织参加天津十五届投资贸易洽谈会及“烟台天津招商推介会”，举办长岛（天津）招商暨旅游推介会，邀请150多位客商出席，县政府分别与中国大唐集团公司签约长岛30万千瓦海上风电项目，与天津香岛旅游村开发有限公司、天津市津联假期旅游联合体签约长岛旅游开发项目，与蓬莱蓬达房地产开发有限公司签约东海赢洲二期工程项目；县海洋与渔业局与大连獐子岛渔业集团股份有限公司签约海产品养殖开发项目；砣矶镇与天津市河北区王串场街道办事处签约虾夷贝营销项目；南长山镇孙家村与淄博齐新置业有限公司签约长岛东海岸休闲度假区项目。6个项目意向资金达77亿元。2008年10月24—28日，“科学发展在长岛”招商旅游推介展览在济南省科技馆举办，展出图片300多幅、展板180块。签订海上风场、旅游发展等5个招商项目，投资总额130亿元。2009年4月，在天津举行山东长岛（天津）招商推介会，中国大唐电力集团、天津向日葵国际集团等公司参加，会上签订海上风电、螳螂岛旅游开发等招商项目，投资总额达65亿元。成功举办2013中国北方生态旅游度假岛·长岛招商推介会，会上共签约项目7个，总投资57亿元，投资领域涵盖旅游地产、新能源开发利用、水产品精深加工等方面。2014年，成功举办上海、北京两场招商推介会，参会中外企业100多家、参会客商150多人，新华社等20多家新闻媒体对会议进行了宣传报道。

网络招商　2003年以后，长岛县利用“长岛招商网”和“烟台大经贸网”等平台，建立外经贸动态档案库，对招商项目重新进行包装和对外推介，把招商项目、出口商品目录等内容纳入数据库管理，实现对外经贸信息、资源共享。至2018年，全县有8个乡镇（街道、开发管理处）、39家企业、26个招商项目、近百种产品通过“长岛招商网”对外推介，共制作260多个网页。同时，将县内10家企业、16个产品、5个招商项目通过市外经贸局进入“烟台国际投资促进网”和“烟台大经贸网”。

第三节　对外经贸管理

进出口商品检验检疫

长岛商检局于1996年12月成立，1997年1月起承接长岛辖区出口水产品检验业务，开展出口水产品检验、鉴定、签证和监督管理业务。从建立健全质量控制体系入手，指导出口企业制定《质量手册》《良好操作规程》《程序文件》等质量控制文件，完善检验检疫工作流程，加强进出口产品的检验。1999年11月，长岛商检局改称烟台出入境检验检疫局长岛办事处。2000年，针对长岛地区无卫生检疫机构的情况，开展卫生检疫工作，为出国人员办理出国查体和预防接种，为出国船只办理船舶卫生证书。韩国是长岛水产品出口主要国家，2002年《中韩水产品卫生管理协议》签订后，韩国提高对中国水产品进口的质量要求，为保证长岛水产品能够顺利出口，检验检疫长岛办事处加大对输韩水产品的检验检疫力度，实行出口产品批批检验，保证出口产品质量。

2010年后，先后开通"电话传真报检""无纸化报检"等特别报检通关业务，送培训送技术到企业，定期免费培训企业质量管理人员，指导和帮助企业落实质量主体责任，健全质量保证体系，免费培训出口企业25家次、200余人次。配合县农业局、商务局等政府部门，对长岛出口食品农产品质量安全示范区建设进行现场指导，推广先进地区出口农产品质量安全示范区建设经验，长岛国家级出口食品农产品质量安全示范区于2013年12月获国家质检总局批准。

进出口企业认证管理

为加强对出口企业监督管理，在出口企业中推行HACCP(危害分析及关键控制点)管理，指导企业制定《质量手册》《程序文件》等质量控制文件，完善企业质量控制体系。支持指导企业根据注册相关要求和标准，改造升级设备设施，提高产品质量。1998年，长岛东兴水产养殖公司和企荣冷藏厂两家企业通过美国HACCP注册。2001年，长岛东兴水产养殖公司成为长岛第一家欧盟注册企业。到2018年，全县共有检疫卫生注册企业12家。其中，欧盟注册企业1家，对美HACCP注册企业2家，对韩注册企业9家。实现出口备案食品企业5家，为企业实现对韩国、美国、欧盟注册出具卫生证书、健康证书等各类出口证书600余份，出口产品30多种，出口国家和地区20余个。

服务和监管

1997年，为方便企业报检，长岛商检局印发《长岛商检局服务承诺制度》，实行全天24小时值班，假日不休，保证出口企业随时报检，不误船期。为提高出口企业管理人员水平，检验检疫长岛办事处每年都根据企业发展需要，免费为企业培训质检员、化验员，提高企业质量管理水平，保证出口产品质量。

长岛商检局设立综合实验室，由食品检验室、理化室、微生物室等组成，拥有设备25台(套)，能够开展水分、蛋白质、盐分、二氧化硫、脂肪、细菌总数、大肠杆菌、金黄色葡萄球菌、沙门氏菌等多种项目检验，满足长岛地区出口水产品检验需要。1997年，经山东商检局实验室考核组评审通过三级实验室考核。同年，长岛商检局参加国家局组织的K9705课题研究，对长岛地区水温、盐度、溶解氧进行测量，对海区内水样、扇贝样的细菌、理化等项目进行化验，形成《长岛出口贝类养殖海区普查报告》，编写《长岛贝类卫生监控体系》，对长岛贝类生产、加工和产品监管上提出科学管理办法。1999年，根据长岛县养殖结构调整需要，结合长岛刺参养殖不断增长的实际情况，与南长山镇鹊咀村养殖场合作，对养殖海参的生长情况、养殖条件等进行研究，形成《刺参圈养可行性研究》研究报告。2000年，翻译《美国(国家)贝类卫生计划》法令模型，整理出版，为检验检疫部门和出口企业完善HACCP计划提出重要参考资料。

2000年以后，烟台检验检疫局长岛办事处配合企业出口快速通关需要，实行报检改革，推行电子报检，减少企业报检台前工作量，全县电子报检率达到100%，提高出口商品验放速度。至2018年，申报检验进出口放行1000多批，未出现出口产品安全质量事故。

“三资”企业管理

1998年10月，蓬莱海关驻长岛办事处成立，履行海关监管、征税、查私和统计职能，通过与公安、工商、税务、外汇等部门联系沟通，加强物流监控工作，防止加工贸易渠道的走私违法活动。

2015年5月，长岛进境商品保税直销中心启动运营。中心经营面积1200多平方米，经营商品全部来自日本、韩国、欧美等国家，产品涵盖食品、保健品、酒水、日用百货、母婴用品、家用电器等8大类、1400多种进口产品。中心采用“前店后库”经营模式，“前店”体验中心展示交易，“后库”保税仓库备货，所有产品依托保税仓库以保税状态进行展示销售。中心还联合国内各大主流快递，为顾客提供“异地消费、送货上门”服务。

至2018年，共完成外商投资企业和对外贸易经营者备案登记企业海关注册备案73家，办理减免税审批业务数十件，减免税金额上千万元，办理加工贸易合同备案330余件。

第十三编 财政 税务 金融

1980年，长岛县实行经济管理体制改革，以财政体制改革为突破口，改革高度集中的“统收统支”管理体制，迈出经济体制改革的第一步。1984年，全省第一次海岛工作会议后，省政府给予长岛县三年享受省级税收免征的政策。省、市对长岛县单独实行“收入全留，定额补助”的财政政策。国家及省、市各级对长岛县的经济发展持续给予政策、资金等方面支持。1986—2018年，海岛经济社会持续稳定发展，财政管理体制、税收征管体制不断深化，财政收入和税收保持持续稳定增长。1986年，全县财政收入1494万元；2018年达到26145万元，年均增长9.36%。1986年，全县税收总收入995万元。2018年达到23392万元，年均增长13.1%。

1986年，全县有金融机构7家。随着金融改革的深化及社会生产力的快速发展，货币流通与资金融通大幅度增加，推动金融业发展，入驻长岛的金融机构不断增加。2002年4月，长岛县中小企业融资担保有限公司成立。2013年12月，长岛县金融工作办公室成立（对外挂长岛县金融监督管理局牌子），对全县金融机构、上市公司及直接融资活动进行监督管理。至2018年，全县有各类金融机构17家，其中银行10家、保险机构7家。基本形成布局合理、业务规范、功能完善的金融服务网络体系。

第一章 财 政

1987年，山东省继续加大对长岛县财政的支持力度，免收省级税收政策再延长三年。1990年，长岛县实施“耕海牧渔，建设宝岛”战略，海洋经济发展迅速。1992年，长岛县率先成为山东省第一个小康县，全县实现生产总值6.13亿元，财政总收入4211万元。

1996年下半年始，全县扇贝养殖连续三年出现大面积死亡，经济严重下滑，财政收入增长乏力。长岛县一方面加快产业结构调整步伐，加大渔业、工业、旅游业的培植力度，另一方面，争取国家及省、市各级对海岛发展的政策和资金支持。2000年始，全县经济实现恢复性增长。2006年，全县财政收入突破亿元，达到11876万元，较2005年增长41.3%。2007年，烟台市对长岛县实行连续三年地方财政收入全留政策，加大对县财政的转移支付力度。2009年始，长岛县获得中央财政“边境地区转移支付资金”1300万元，用于海洋事务管理、改善民生等项目。之后逐年增加，至2018年增到5000万元，增长2.85倍。2010年始，为提高国家重点生态功能区的基本公共服务保障能力，长岛县获得重点生态功能区转移支付补助资金1113万元。之后逐年增加，至2018年增加到11814万元，增长9.6倍。2011—2015年“十二五”规划期间，全县累计争取落实支持政策58项，争取上级资金27.8亿元。2016年，长岛县获得省财政的农业转移人口市民化奖励资金。

至2018年，共获取两次该项补助资金，分别为475万元与3000万元。

2016年，烟台市继续对长岛实行“收入全留”的财政体制。

2017年，财政总收入创历史最高为53973万元，其中完成公一般公共财政预算收入12802万元。

2018年，将城乡居民养老保险、医疗保险等6项基本民生项目，省市补助比例由80%提高至100%，每年补助资金600万元。当年，全县财政总收入26145万元，是1986年的17.5倍，其中一般公共财政预算收入14354万元，是1986年的18.4倍。

第一节　财政体制

县级财政管理体制

1985年以前，县财政实行“划分收支，分级包干”管理体制，后改为“总额分成”“分级包干，分灶吃饭”，省、市对长岛县单独实行“收入全留，定额补助”的财政优惠政策，将总额增长分档分成：财政收入增长8%以内，按总额分成比例分成；增长幅度在8%～15%，增长分成比例提高10%；增长15%以上部分，在保证上缴中央分成收入后，其余全部自留。1986年，由于烟草企业上划中央，分成比例调整为45.5%。之后，县财政适时进行财政管理体制改革，科学细化预算编制，将所有机关事业单位划分为全额拨款、差额拨款和自收自支单位，实行不同经费供给办法。

1988—1993年，省、市继续对长岛县单独实行“收入全留，定额补助”财政体制，将收入基数减支出基数的余额为定额上缴，每年递增8%，实际收入比上年增长不足8%部分由市财政补足，增长8%～15%部分省与市“三七”分成，增长15%以上全留市级。1994年，财政实行分税制体制，增值税是中央与地方共享税种，并根据上年收入情况核定长岛县增值税返还基数是901万元，以后增长部分按1∶0.3增加返还基数，达不到基数相应扣减税收返还基数。2002年调整分税财政体制，以2001年为基期，按改革方案确定的分享范围和比例计算确定。分享的营业税收入小于当年实际营业税收入，差额部分作为税收返还基数，由市财政予以返还；营业税收入大于当年实际营业税收入，差额部分作为上缴基数，专项上缴市财政。2007年，调整和完善财政管理体制，新旧体制并轨，取消1994年分税制改革以后保留的体制递增上解办法；规范分配关系，建立以共同利益为纽带、共享收入为主体的收入分配新机制。长岛县地方收入市级分享比例为10%，年终通过体制结算上缴市级财政。2017年12月1日起，水资源税收入按照20∶80的比例在省与市县之间进行分成。

2018年1月1日起，环境保护税收入按照30∶70的比例在省与市县之间进行分配。是年，再次调整完善市对县、市、区财政管理体制，各县（市、区）实现的车船税全部上缴市级国库，由市财政部门根据各县（市、区）车辆保有量等相关情况，定期分配划转至县级国库，划转的车船税纳入市与县（市、区）总额分享范围。

乡镇财政管理体制

乡镇财政收支由预算内资金、预算外资金和自筹资金三部分组成。基于全县的产业经济结构情况，1986—1989年对乡镇财政实行“核定收支、收支挂钩、超收分成”的财政体制。根据不同乡镇，不同经济结构，将乡镇财政收入的增收潜力分出不同级别，分税种确定收入增幅。支出基数一年一定，年内新增人员和超支的经费由各乡镇自己负担，县级财政不予考虑。

1990—1993年，实行“划分收支，总额分成，减收不补，增支自负”的政策。1994—1999年，实行“定收定支，超支不补”政策。1999—2002年，长岛县对乡镇财政体制调整为“定额上缴，超收全留”。2005年，坚持“收入分级、吃饭分灶”的原则，完善税收属地化征管，增强乡镇财政自我发展和独立理财能力；坚持“利益共享，风险共担，统筹兼顾，政策激励”的原则，鼓励“谁发展、谁受益”；坚持规范、稳定的原则，增强体制的可操作性和透明度。2010年，税收征管体制不变，收入按行政区域划分、增收部分全部返还。2012年核定收支，定额上解或补助，超支不补，超收全留。2015年，南长山街道和北长山乡行政区域内的地方税收继续作为县级与南长山街道、北长山乡共享收入，由税务一并征收。其他乡镇（含开发管理处）实行“核定收支基数、超收全留”的财政管理体制。

第二节　财政收入

1986年，全县财政收入1494万元，预算内收入和预算外收入分别为781万元、713万元。随着海洋捕捞、海水养殖及水产品加工业的迅猛发展，财政收入大幅增长。1987—1992年，财政累计收入18844万元，6年年均收入为3140万元。1996年，财政收入5202万元，其中一般公共预算收入2677万元，比上年增长30.1%；预算外收入增幅较大为2430万元，比上年增长223.14%，增幅大的主因是中央政府性基金纳入预算管理，加入乡镇自筹和统筹资金。基金收入增加电力建设基金、工业交通部门基金、文教部门基金、社会保险基金、农业部门基金等收入加大。2002年，财政体制改革，营业税、企业所得税、个人所得税全部实行中央与地方共享，将全县营业税20%、企业所得税8%和个人所得税15%上划省级，当年实现财政收入为5888万元，较上年下降23.8%。其中营业税实现539万元、企业所得税实现416万元、个人所得税实现113万元，较上年分别下降11.5%、55.5%、48.2%。

2003—2005年，财政收入不断增长，2006年突破过亿，达1.19亿元。其中，预算内收入5040万元、预算外收入4104万元、基金收入2732万元，分别比上年提高33%、22.1%、118.4%。2009年，全县财政总收入突破2亿元，为21931亿元。其中，一般公共预算收入突破1亿元，为10018万元，占财政总收入45.7%。2011年，实现财政收入3.38亿元，其中一般公共预算收入1.21亿元。之后受产业结构调整的影响，财政收入有所下降。

2016年始，全面推开营改增试点，原营业税逐步分行业改征增值税，县级分享比例统一调整为50%，当年实现财政收入2.11亿元。2017年，全县财政收入5.4亿元，其中一般公共预算收入1.28亿元、基金收入4.12亿元，基金收入主要为国有土地出让、城市基础建设配套费收入。

1986—2018年长岛县财政收入统计表

表13-1　　　　单位：万元

年份	合计	一般公共预算收入	预算外收入	基金收入
1986	1494	781	713	—
1987	2193	1202	991	—
1988	2998	1241	1757	—
1989	3077	1466	1611	—
1990	2872	1581	1291	—
1991	3493	1767	1726	—
1992	4211	1978	2233	—
1993	2813	2390	423	—
1994	2595	1712	883	—
1995	2810	2058	752	—
1996	5202	2677	2430	95
1997	4704	3294	1316	94
1998	7945	3388	3143	1414
1999	7420	3728	2377	1315
2000	8342	4109	3124	1109
2001	7727	4439	2491	797
2002	5888	4009	1399	480
2003	7555	4728	2049	778
2004	6425	2885	3058	482
2005	8401	3789	3361	1251

续表13-1

年份	合计	一般公共预算收入	预算外收入	基金收入
2006	11876	5040	4104	2732
2007	15223	6350	4796	4077
2008	16598	8002	5491	3105
2009	21931	10018	6246	5667
2010	32393	12518	6343	13532
2011	33770	12118	—	21652
2012	14702	8058	—	6644
2013	17223	10518	—	6705
2014	29952	11728	—	18224
2015	32136	12901	—	19235
2016	21098	12630	—	8468
2017	53973	12802	—	41171
2018	26145	14354	—	11791

说明：2011年1月1日起，将预算外资金管理的收入（不含教育收费）全部纳入预算管理，无预算外资金收入

2018年，财政总收入完成2.61亿元，其中完成一般公共预算收入1.43亿元，政府性基金收入完成1.18亿元。当年增加环境保护税，县级分享比例为100%。

一般公共预算收入

长岛县地方财政一般公共预算收入的主要来源是税收。1986年，一般公共预算收入为781万元。1994分税制改革前，一般公共预算收入包括：工商税收类（含工商税、产品税、增值税、营业税等26项）、农牧业税、国营企业上缴收入、排污费收入、教育费附加收入等。1996年，一般公共预算收入2677万元。增收原因为实行以增值税为主体的分税制改革，工商税收增长所致。2002年调整税制，一般公共预算收入包括：增值税县级分享25%部分，营业税县级分享80%部分，城市维护建设税，城镇土地使用税，土地增值税，车船使用和牌照税，契税，教育费附加收入等（以上均不含中央、省、市级收入部分）；企业所得税县级分享部分、个人所得税县级分享部分、资源税（不含海洋石油和石油资源税）；县级以下企事业单位的国有资产收益及亏损补贴、农牧业税、农业特产税、耕地占用税等。

2017年，一般公共预算收入12802万元，其中增值税收实现5159万元。2018年，一般公共预算收入14354万元，是1986年的18.4倍。

预算外资金收入

预算外资金收入包括财政部门收入、行政事业单位收入、国有企业及其主管部门收入、基金和附加收入、主管部门集中收入、乡镇自筹资金和其他收入。1986年预算外收入713万元，1998年达到3143万元，2010年预算外收入6343万元，为历史最高，是1986年的8.9倍。自2011年起，预算外收入全部纳入预算管理，预算外收入项目取消。

基金收入

1996年，电力建设基金等项中央政府性基金纳入预算管理，加入乡镇自筹和统筹基金，长岛县始有基金收入，当年为95万元。1998年增至到1414万元，之后几年有所减少。2007年，全县房地产开发项目增加，土地出让金等项收入增多，当年基金收入为4077万元。2010年基金收入突破过亿，为13532万元。其中，国有土地使用权出让收入12047万元，土地收益金收入755万元，农业土地开发基金收入298万元，住房基金收入与彩票公益金收入分别为100万元、20万元。2017年基金收入41171万元。其中，含国有土地使用权出让金收入32284万元，国有土地收益基金收入1708万元，城市基础设施配套费收入6791万元，农业土地开发基金收入240万元。以及彩票公益金等其他政府性基金收入148万元。

2018年，基金收入降至11791万元，其中国有土地使用权出让金收入6467万元，仅为上年收入的1/5。另外，城市基础设施配套收入、国有土地收益基金收入、农业土地开发基金收入等项均

大幅下降。

上级补助资金及转移支付

1986—1995年，争取上级转移支付资金为3.39亿元；1996—2005年，争取到位4.33亿元；2006—2015年，争取到位36.71亿元；2016—2018年，争取到位21.02亿元。33年争取到上级转移支付资金总计65.45亿元，年均1.98亿元。主要用于全县的教育、医疗卫生、社会保障、农林水务、科研项目、市政建设、山体治理、岸滩整治、海岛地质遗迹保护、海岸线生态修复、环境保护、跨海引水工程、环岛慢道修建等项支出。

第三节　财政支出

长岛县财政支出主要由一般公共预算支出、预算外支出和基金支出组成，其中一般公共预算支出是主项。1986年，财政总支出为2056万元，一般公共预算支出、预算外支出分别为1456万元、600万元。其中，支出较大的项目为文体广播事业费、教育事业费、农林水利气象部门事业费和卫生经费。1987—1993年，全县财政总支出为24217万元，一般公共预算支出、预算外支出分别为15141万元、9076万元。地方财力的不断增强，各项投资逐年增加，支援农村生产支出、各项事业费和行政管理费所占比重加大。1993年预算外收入减少，当年的预算外支出也大幅下降至445万元，比上年下降77.9%。

1994年，实行财税体制改革。当年财政总支出为3622万元，其中预算内支出2787万元，预算外支出835万元。1995年后，县财政加大对科技、教育、卫生、农林水气象等项公共事业投入。全县重点支出得到基本保障，基层运转得以有效保证，稳步推进支农资金整合工作。

1995—2001年，财政总支出57564万元。为支持农村建设、文化教育、卫生与社会保障等方面的快速发展，长岛财政支出不断加大，一般公共预算支出、预算外支出两项支出合计为53822万元。同时，县财政于1996年出现基金支出110万元，至2001年合计支出3742万元，主要包括商贸部门基金支出、文教部门基金支出、土地有偿使用支出与地方财政税费附加支出等项。

2002年，财政总支出11651万元。其中，一般公共预算支出9709万元，比上年增长43.8%；预算外支出1322万元，比上年下降52.4%；基金支出620万元，较上年下降17.9%。一般公共预算支出中，卫生经费555万元，比上年增长41.2%；农林水利气象部门事业费551万元，比上年增长15.3%；文体广播事业费381万元，比上年增长13.1%；科技三项费用支出251万元，比上年增长28.7%。预算外支出中行政事业费支出918万元、乡镇自筹统筹资金支出404万元。基金支出中，地方财政税费附加支出469万元、文教部门基金支出233万元、商贸部门基金支出83万元。

2003—2010年，财政总支出累计为22.84亿元。其中，一般公共预算支出16.73亿元，预算外支出2.80亿元，基金支出3.31亿元。总支出中包括：2008年投入资金2000万元用于加强公共卫生服务体系建设，投入2000万元用于南长山岛—砣矶岛海底电缆工程。2009年投入1200万元用于西海岸拆迁，投入1066万元用于半月湾综合改造工程，2010年投入1500万元用于海滨路、通海路、文化街建筑立面改造、岛屿山体及城乡街道亮化改造工程，投入868万元用于集体供暖扩容工程，投入1217万元用于垃圾中转站建设和污水处理工程，投入1008万元用于文化中心和游客集散中心的建设装修。

2011—2013年，财政总支出合计20.92亿元，其中一般公共预算支出合计16.57亿元。科技三项费用支出1685万元，农林水利气象部门事业费支出36243万元，文体广播事业费支出3321万元，教育事业费支出19081万元，卫生经费支出10430万元。全县投资于较大建设工程项目有：投入约9000万元用于南城示范小区工程建设，投入6000万元用于县医院改建、南北长山大桥拆迁补偿、西海岸护岸工程及文化乡村建设项目等。

2014年1月始，县财政对渔村小学、幼儿园任教（代课）已退休的民办教师187人补发教龄补助3.27万元/月。2015年1月始，补发全县100名退休乡村医生（赤脚医生）任职时期的生活补助3.35万元/月。至2018年两项补助合计补发金额358.6万元。

2014—2015年，财政支出合计19.98亿元，其中一般公共预算支出合计15.27亿元。用于科技三项费用支出1261万元，农林水利气象费用支出18285万元，文体广播事业费支出2778万元，教育费支出15048万元，卫生经费支出5734万元等。工程建设项目投资5.25亿元，主要投入环岛慢道与服务系统建设、南北长山大桥建设、蓬长跨海引水工程、交通码头改扩建、渔家乐双改、岸滩整治修复、山体治理、城乡道路改造、老旧小区改造及城区绿化等项目。

2016—2017年，财政支出合计21.70亿元，其中一般公共预算支出合计15.38亿元。用于科技三项费用支出804万元，农林水利气象费用支出16518万元，文体广播事业费支出2658万元，教育费支出18243万元，卫生经费支出5078万元。建设项目投入1.58亿元，主要用于环岛慢道旅游服务系统、岸滩整治修复，海洋生态修整恢复等

1986—2018年长岛县财政支出统计表

表13-2　　单位：万元

年份	财政支出			
	合计	一般公共预算支出	预算外支出	基金支出
1986	2056	1456	600	—
1987	2575	1622	953	—
1988	2925	1580	1345	—
1989	3574	1897	1677	—
1990	3206	2042	1164	—
1991	3887	2407	1480	—
1992	4639	2627	2012	—
1993	3411	2966	445	—
1994	3622	2787	835	—
1995	4046	3275	771	—
1996	7228	4944	2174	110
1997	6764	5442	1208	114
1998	9538	5078	3140	1320
1999	9302	5828	2578	896
2000	10403	7208	2648	547
2001	10283	6752	2776	755
2002	11651	9709	1322	620
2003	13795	11138	1628	1029
2004	14914	11740	2643	531
2005	18032	13742	2842	1448
2006	20937	14659	3385	2893
2007	27864	19635	3985	4244
2008	34812	27288	4293	3231
2009	41461	30483	4651	6327
2010	56535	38569	4552	13414
2011	64103	42573	—	21530
2012	57305	47414	—	9891
2013	87834	75743	—	12091
2014	108656	83950	—	24708
2015	91188	68781	—	22407
2016	85128	71419	—	13709
2017	131918	82363	—	49555
2018	151772	94553	—	57219

说明：2011年1月1日起，预算外资金支出通过一般预算或政府性基金预算安排，无预算外资金支出

项目；投入1.1亿元用于污水处理工程、无居民岛开发建设、林业生态治理、城区绿化及南北长山慢道绿化等项目。

2018年，财政支出15.18亿元，其中一般公共预算支出9.46亿元。投入科技三项费用支出534万元，农林水气象费用支出7471万元，文体广播事业费支出1863万元，教育费支出12953万元，卫生经费支出2274万元等。建设项目投入资金1.99亿元，用于岸滩整治修复、污水处理与运营、综合地下管网改造、地质灾害治理等项目建设。

第四节　财政管理

预算外资金管理

改革开放后，预算外资金增长较快。1989年，财政局设综合计划股，加强对预算外资金管理。1996年6月，长岛县预算外资金管理处成立。1999年3月，县政府制定《长岛县预算外资金管理规定》，用于规范全县行政区域内国家机关、事业单位和社会团体的预算外资金收支活动。4月，县政府印发《长岛县预算外资金管理实施细则》，确定"所有权归政府，管理权归财政"的管理体制；制定《长岛县预算外资金管理奖惩办法》，对纳入预算外资金管理的单位，按核定的收入计划实行"收支挂钩，超收分成，歉收扣减经费"的办法。

预算外资金由县财政局建立统一财政专户，实行收支两条线管理。各部门、各单位收取的预算外资金按规定纳入单位财务统一核算和管理。预算外资金必须及时、足额存入县财政局在银行设置的预算外资金专户，支出由县财政局按预算外收支计划，从财政专户拨付。任何部门和单位必须经县财政局批准方可在银行开设预算外资金支出账户。各部门、各单位按规定编制预算外资金收支计划，经批准后必须严格执行，在组织预算外资金收入过程中，必须使用省财政厅统一印制、发放的专用收费票据。对预算外资金管理好的部门和单位给予通报表扬和奖励，建立超收节支奖励、短收超支处罚的激励机制。1994年，根据省政府印发的《山东省行政事业性收费管理条例实施办法》，明确规定票据适用范围、职责部门。

1996年前，财政票据管理部门为财政局综合科，长岛县预算外资金管理处将票据纳入预算外管理。1999年，根据山东省财政厅印发的《山东省行政事业性收费和政府性基金票据管理办法》，确定行政事业性收费和政府性基金票据的概念、种类、适用范围、印制购领、核销及违规处罚标准等，使行政事业性收费进一步细化，减少票据混用、混开的问题，强化财政监督和预算外资金的合理调度，更加明确收费与纳税的界限，促进地方税收的增加，保证交费者的合法权益。

经费管理

公用经费　1986年前，在全县推行行政经费全额大包干。事业单位分为有收益和无收益2种类型分别管理。有收益单位一部分实行"事改企"，参照企业管理办法；一部分自收自支、自求平衡。无收益或收不抵支单位，实行全额拨给或差额补助。90年代起，对行政、事业单位继续实行"经费包干，超支不补，结余留用"的管理办法，把办公费、差旅费、邮电费、水电费、机车燃修费等公用经费一次包给单位，一经下达，不得突破，年内无论增加或减少人员，县财政都不再调增或调减包干指标。各乡镇公用经费按行政编制人数核定。1998年始，南长山镇、北长山乡、大黑山乡每人每年1500元；砣矶镇、大钦岛乡、北隍城乡每人每年1800元；庙岛乡、小黑山乡每人每年2000元；小钦岛乡、南隍城乡每人每年2300元。

2002年5月，长岛县会计结算中心成立，县直财政拨款的行政事业单位财务纳入财政结算中心管理。

2005年，公用经费黑山乡按每人每年1800元核定；砣矶镇、大钦岛乡按每人每年2000元核定；小钦岛乡、南隍城乡、北隍城乡按每人每年2500元核定。2012年，南长山街道、北长山乡按每人每年2500元核定；黑山乡、小黑山办事处、庙岛办事处按每人每年3000元核定；砣矶镇、大钦岛乡按每人每年3500元核定；小钦岛乡、南隍城乡、北隍城乡按每人每年4500元核定。2015年，公用经费南长山街道、北长山乡按每人每年3000元核定；黑山乡、小黑山乡、庙岛开发管理处按每人每年3500元核定；砣矶镇、大钦岛乡按每人每年4000元核定；小钦岛乡、南隍城乡、北隍城乡按每人每年5000元核定。

人员经费　人员经费标准按工资实际发放数核定。1998年，南五乡镇每人年均7500元，北五乡镇每人年均8000元，其中县、乡各负担50%。差补单位的住房、养老按50%比例核定。1999年人员经费，南长山镇、北长山乡、大黑山乡、庙岛乡、小黑山乡每人年均8500元，砣矶镇、大钦岛乡、小钦岛乡、南隍城乡、北隍城乡每人年均9000元。2000年8月始，财政统一发放工资。2002年6月，乡镇教师工资由财政统一发放。2005年，以人事部门核定的乡镇编制数为依据，以上年末在编人员实际执行工资标准予以核定。2012年，以编制部门核定的上年度乡镇实有人数为依据，按全县平均工资标准予以核定。年终一次性资金、取暖费、海岛生活补助按县直标准统一核定。2015年，以编制部门上一年度末实有人数为依据，按全县平均工资标准予以核定。年终一次性奖金、取暖费按县直标准统一核定。体制执行期内上级出台增资政策所需资金由县财政承担。

政府采购管理

1999年4月，县政府成立采购管理委员会，下设政府采购办公室，具体经办政府采购工作。制定《长岛县政府采购管理暂行办法》，开始在县级实行政府采购制度。主要包括：基础设施和公共工程建设；办公设备、通信工具、交通工具以及构成固定资产的设备、房产以及使用较多、规格一致的低值易耗品；为开展公务而发生的大额、批量性消费，主要是机动车燃油、维修、保险、各类会议、接待以及部分可以利用市场竞争开展的劳务。政府采购采取集中采购与分散采购相结合的方式。政府采购的商品目录和服务项目由政府采购管理委员会确定，县财政局负责公布。

工资发放管理

2000年8月始，对县直68个机关、全额事业单位及6个大乡镇实行财政委托银行统一代发工资。2001年，行政和全额事业单位工资由财政统一发放，清理部分不应由财政承担工资人员，进一步规范财政供给范围。同时，对全县由财政代发工资人员进行信息录入，实现动态管理。2002年5月，县会计结算中心成立，县直财政拨付的64个部门和单位的财务纳入统一管理，设置账套74个。2004年4月，图书馆纳入财政统发工资。2006年1月始，发放年终一次性奖金。2011年1月，水科所纳入财政统发，居民街道办移交南长山镇发工资。2013年1月，农村养老保险、公共就业服务中心纳入财政统发工资。2015年1月，工商局、质量技术监督局纳入财政统发工资。2016年7月，发放公务员交通补贴。2018年10月，发放事业单位交通补贴。

住房公积金管理

1992年1月，县财政局成立住房基金管理科。1994年10月，印发《关于加强住房基金管理制度的通知》，统一住房基金账务处理。1996年，县政府《关于印发长岛县深化城镇住房制度改革方案》规定，所有行政和企事业单位及其职工均应按照"个人存蓄，单位资助，统一管理，专项使用"的原则缴纳住房公积金，由在职职工个人及其所在单位按照职工个人工资总额的5%逐月缴纳，并随工资的调整而浮动。1999年4月，县住房基金管理处成立，负责筹集、返还、管理、使用住房基金。2000年1月1日起，住房公积金缴纳的基数个人与单位均由原来的5%调整为6%，缴纳基数按上年度12月基本工资总额计算。2008年3月，烟台市住房公积金管理中心长岛管理部成立，负责对全县住房公积金缴纳、提取和使用及贷款的管理。

会计管理

1987年，乡镇企业财务会计制度改革，按制度要求更换新账。1991年，对乡镇财政所和部分企事业单位的会计工作进行检查验收，确认40个

2003年6月，县财政局开展《会计法》宣传活动

单位为会计工作达标单位，10个单位经市考评小组验收达到会计工作三级单位；举办首批会计证岗位培训班，对160名无证会计人员进行岗位培训；会同烟台财校编写《水产养殖企业会计》一书，对全县30多名养殖财务人员进行业务培训。1993年，取消会计职称评审工作。1994年，组织会计专业技术资格考试工作，190名财会人员参加培训考试。1995年，制定《长岛县财会人员管理办法》。1997年，建立县毛纺厂和县珍岛宾馆两个会计基础工作规范化示范单位。1998年，设立长岛县高级职业学校会计电算化培训点。1999—2000年，对全县1214名会计进行普查，通过信息卡的填报和微机处理工作。

2001年，会计人员持有的“会计证”统一换发为“会计从业资格证书”。2008年，会计从业资格考试实行网上报名。2012年，财政部会计资格评价中心于8月7—18日在长园宾馆召开专家会议，为当年初级、中级、高级会计职称考试命题。当年举办“小企业会计准则”培训班，请烟台市财政干校专家辅导，全县近百家企业，150名会计参加培训。2014年7月，对全县150余人换发新版会计从业资格证书。2015年，对国有企业、行政事业单位及村级所有会计队伍的持证和管理状况开展调研。2017年，会计从业资格证取消。

财务检查

1991年始，长岛县根据国务院统一部署，成立财政、税务、物价大检查办公室，开展每年一次财务税收大检查。参加自查单位277家，被重点检查单位96家，其中违纪户15家。1992年，全县累计自查单位740家，被重点检查单位308家，其中违纪户96家，占被检查单位总数31.2%，查出违纪金额合计58万元，补收30万元，入库金额30万元。1993年，全县累计自查单位730家，被重点检查单位342家，其中违纪户136家。1994年，全县自查单位181家，被重点检查单位130家，其中违纪户49家。1995年，全县累计自查单位700家，被重点检查单位180家，其中违纪户75家。1996年，全县累计自查单位738家，被重点检查单位175家，其中违纪户68家。1997年，全县累计自查单位738家，被重点检查单位累计738家，检查面100%，其中违纪户72家。1991—1997年，共查出违纪金额534万元，应补收429元，入库金额429元。1998年后，财税大检查职能由财税专项检查取代。

专项检查　1998年，开展财政资金运用专项检查，重点对县公安局、检察院、法院和工商局部门收费与罚没收入情况进行专项检查，对部分单位收费票据管理不严、填写不规范，应交未交预算外收入、超标准、超范围收费、擅自处理固定资产等问题组织集中整改。加大对罚没收入的检查力度，严肃财经纪律，规范财务行为。2000年7月，《中华人民共和国会计法》修订施行，县财政局组成两个检查组，对全县10个乡镇进行自1999年下半年至2000年8月财政预算内、外的收支情况的全面检查，对存在的问题下达整改意见书，限期整改。10月，对全县141个行政事业单位进行账外账资金检查，查处违规案件1起。

2011年，对上年度中央财政专项资金开展自

2000年9月，召开全县依法整顿财经秩序工作会议

查，涉及16个单位30个中央专项资金项目。2012年至2013年4月，对相关单位各项上级专款使用情况进行专项检查，共涉及159个部门，对部分有问题的单位下达整改意见书，并针对检查情况，提出规范使用专项资金的意见和建议。2014年，开展项目审批和专项转移支付治理检查，检查涉及56个单位138个项目，县监察局、县财政局对部分资金额度大、涉及民生的项目进行督查和重点检查，要求问题单位限期整改。2017年，对全县40个村级的上两年财政拨付的专项资金开展检查，查出违规资金159万元，整改159万元。2018年，选取资金额度较大9个部门10个项目的专项资金开展检查。检查违规资金63万元，整改63万元。

第五节　国有资产管理

1991年4月，成立县国有资产管理局，开始对全县国营企业的改制及资产清查进行摸底、登记。2005年1月，撤销国有资产管理局，设立县国有资产运营中心。

行政事业单位资产管理

2006年4月，县国有资产运营中心对全县100个行政事业单位国有资产进行摸底和产权登记，确权资产总额为3.2亿元。2007年2—5月，运营中心对全县行政事业99个单位的国有资产进行全面清查，建立资产管理数据库。2009年，建立行政事业单位资产管理信息系统，包括资产从建卡入账、运营管理到报废处置的全过程电子管理路径。2013年，对全县109个行政事业单位资产数据录入数据库，实现国有资产动态管理，当年资产总额3.97亿元。2014年3月，县国有资产运营中心承担的行政事业单位国有资产监督管理职能划归县财政局监管。2015年，资产总额增至5.8亿元。2016年，印发《关于长岛县行政事业单位职工房改房资产核销有关问题的通知》，对全县106家行政事业单位开展资产清查，以及职工房改房挂账资产进行核销。制定《长岛县行政事业单位通用资产配置标准》《长岛县行政事业单位国有资产有偿使用管理实施细则》等规章制度，通过清查基本掌控各单位资产和财务状况，进一步夯实行政事业国有资产管理基础。2017年，资产总额达到6.97亿元。

2018年，长岛县印发《关于深入推进行政事业单位国有资产运营管理的意见》，建立“国家统一所有，政府分级监管，单位占有、使用”的行政单位国有资产管理体制。当年较上年增加国有资产3980万元，全县行政事业单位国有资产总额

2006—2018年长岛县行政事业单位固定资产总额统计表

表13-3　　单位：亿元

年份	2006	2007	2008	2009	2010	2011	2012	2013	2014	2015	2016	2017	2018
资产总额	3.20	3.05	3.11	3.15	3.01	3.12	3.10	3.97	5.53	5.80	6.30	6.97	7.37

7.37亿元。

国有企业资产管理

1993年，开始对县百货公司与物资总公司下属企业金属材料公司进行试点改制，改制成为职工持股的股份制企业。至1996年，商业、物资、供销、粮食、二轻五大公司全部实行改制为股份制企业。2001年，县商业食品公司、毛纺厂、外贸公司冷藏厂先后改制为股份制企业。2002年1月，县农机厂由国有全民所有制企业改制为民营企业。6月，县渔业公司第二冷藏厂实行改制为股份制企业。10月，县政府印发《长岛县改制企业规范运作试行意见》。

2003年，委托第三方对长岛县长通旅运有限公司资产进行评估，为企业改制提供价值依据。2004年6月，长岛宾馆土地使用权、房屋与房屋内外附属物以620万元的价格转让。

2005年11月，县物资总公司对其所属土地进行招商开发，按规定100元/平方米缴纳土地出让金，开发后与原办公楼房产同等面积的房屋产权归县国资所有。

2006年，对县城市综合开发公司进行改制前的项目评估，资产(不含房产)转让给烟台民泰房地产开发公司，并由县市政建设管理处对其投资970万元予以控股。4月，经县政府同意，县市政管理处将其在烟台民泰房地产开发公司的股权全部转让给个人；6月，县制修厂和电子器材厂进入依法破产程序；10月，开始对县针织厂进行破产清算事宜；12月，粮油食品公司实行改制。2007年，对太平山庄有限公司的房地产以250万元的价格实行回购；对烟台日江网具有限公司和县塑料一厂的房地产通过诉讼方式实行保全；完成县针织厂破产清算资产180余万元；将小竹山岛海区以年租金60万元的价格租赁给长岛威哥发展有限公司期限15年。2009年，长岛县驻烟台办事处房产实施拆迁，获拆迁补偿1220万元。县国有资产运营中心先后筹措资金335万元，安置县海洋食品公司、远洋渔业公司、罐头总厂等单位职工79人。2010年，完成育苗二场拆迁工作，做好安置职工、资产清查处置和育苗三场15家职工住宅的评估工作。

2011年，完成林海山庄育苗间的评估、补偿与拆迁工作；对县船厂建在南长山街道南城村的9家宿舍拆迁进行补偿；完成县供电公司清产核资工作。2013年11月，县政府制定《长岛县国有企业资产监督管理办法》，对船业总公司、电影公司、粮油开发公司等20家国资、国有控股企业的资产、负债、权益等状况进行统计登记。2014年，回购县废旧回收公司的房地产。2015年，推进西海岸工程建设进度，完成企荣冷藏厂、粮食局粮库、电业总公司办公区搬迁工作。2016年，监管长岛骏达旅游有限公司由长岛旅游发展有限公司吸收合并。2017年，协商电子器材厂将设备报废，将房产以评估价回收，款项解决职工养老保险金。2018年12月，县国有资产运营中心共监管国有资产17家，监管国有资产11.45亿元。

无居民岛及海区资产管理

1986年5月，长岛县对22个无居民岛屿确定权属，并成立县开发无居民岛屿办事处。开始加强对无居民岛海区的监管。之后，军队缩编，高山、大竹山、小竹山、车由等岛屿回归地方辖管。长岛县政府先后以租赁、承包、划拨等方式，将无居民岛以及个别乡村的海区实行转包经营。

高山岛　1991年秋，高山岛由砣矶镇磨石嘴村接管经营。1996年承包给外地客商。2000年，磨石嘴收回经营权。2002年，承包给长岛华联水产公司。2005年，磨石嘴村收回经营权，承包给烟台客商。2017年收回经营权，承包给长岛永盛水产公司。

车由岛　2000年7月，划拨给烟台长岛经济开发有限责任公司，海域面积113.33公顷。2018年1月，将海区划拨给长岛旅游集团有限公司经营。

大竹山岛　2000年，由长岛县机关干部劳动培训基地转为长岛县大竹山海珍品增养殖基地。2003年，由香港客商承包，成立长岛威哥集团，后更名为烟台长威渔业有限公司。海域两块总面积253.33公顷，分别为53.66公顷、199.67公顷。

2007—2018年长岛县国有企业监管情况统计表

表13-4 单位：万元

年份	企业数量	企业资产总额	负债总额	所有者权益
2007	24	46997.4	33434.8	13562.6
2008	24	—	—	—
2009	24	—	—	—
2010	24	53848.3	32230.7	21617.6
2011	—	—	—	—
2012	—	—	—	—
2013	20	31461.82	30149.06	1312.76
2014	20	38062.6	36258.44	1804.16
2015	20	31461.8	1312.77	30149.03
2016	17	12235.97	4243.26	7992.71
2017	18	87854.6	71401.85	16452.75
2018	17	114465.3	97591	16874.3

承包年限15年，到期可再续15年，年租金60万元。2014年8月，转包给辽宁凯达集团。

猴矶岛 2013年10月，猴矶岛海域使用权由原猴矶岛管理站变更为烟台荣昌药业名下，成立长岛同人海洋事业发展有限公司，海区面积两块，分别为194.6公顷与54.31公顷。合同约定使用期限为15年。到期后，双方可再延续到2043年，年租金为80元/亩。

砣矶岛后口村海区 2003年5月，与大连獐子岛渔业集团股份有限公司签订合同，将海区34.4公顷租赁给对方30年使用权，到2033年5月止。年租金180万元。

第二章 税 务

1994年，全国税收征管体制改革，实行分税制。由于多种原因，经请示批准，长岛县单设国家税务局，暂缓设立地税局机构，应属于地税局征收的税务，有部分地方税收由财政局农税科征收，其他地税税收业务由县国税局代替征管。1997年2月，根据国家机构改革方案，分设国家税务局与地方税务局两套税务机构。3月，根据新的税收征管机构设置，将税收划分为管理服务、征收监控、税务稽查等工作程序，依法办理一切纳税事宜，建立起自核自缴为基础的申报纳税与税务稽查制度，形成相互协调、相互制约的税务体系。分设后的县国税局当年税收为2650万元，地税各项税收收入1581万元。2016年，国税局税收收入10240万元，当年县地税局税收收入8152万元。2017年7月，县国税局与县地税局联合办税服务厅正式运行，实现税收服务“一厅办结”。2018年7月，根据征管体制改革方案，县国税局、县地税局合并为国家税务总局长岛县税务局。当年税收收入2.34亿元，其中中央级收入完成1.04亿元、地方级收入完成1.3亿元。

第一节　管理机构

长岛县税务局

1986年，长岛县税务局为正科级行政单位。内设财务股、征管股、税政股、人事股、办公室及砣矶、大钦、北隍城、南长山、北长山、大黑山6个乡镇税务所。1990年5月，成立长岛县税务局稽查队。1993年6月，成立长岛县税务培训中心。

长岛县国税局

1994年机构改革，实行垂直管理，长岛县税务局改称长岛县国家税务局，内设办公室、税收管理科、征收管理科、计划财务科、人事科、监察室、政工科7个行政科室和直属、南长山、砣矶、涉外、稽查5个分局以及北长山、大黑山、大钦岛、北隍城、集贸5个税务所。事业单位：税务培训中心。2001年4月进行机构调整，设办公室、人事教育监察科、综合业务科、税收管理一科、税收管理二科、税收管理三科；直属机构2个：稽查局、计划征收局；管理分局2个：砣矶分局、大钦岛分局；事业单位：信息中心。1997年2月，设立长岛县财政税务局，负责地税征管业务。

2017年11月，长岛县国家税务局被中央精神文明建设指导委员会授予"全国文明单位"。

2017年11月，长岛县国税局被评为"全国文明单位"

长岛县地税局

1998年10月，分设长岛县地方税务局，实行垂直管理。主要负责长岛县辖区内的地方税务征收管理、政府基金（费）的征缴等工作。内设办公室、监察室、人事教育科、征收管理科、政策法规科、会计统计科、信息管理科五科一室；并设立稽查局、直属分局两个直属单位；下辖南长山分局、砣矶分局两个基层征管机构。2011年机构编制重新核定，局内设办公室、法规税政科、征管和科技发展科（挂税源管理科牌子）、收入核算和财务科5个科室；设立稽查局、直属局两个直属单位；下辖南长山中心税务所、砣矶中心税务所两个基层征管机构，一个事业单位纳税服务中心。

国家税务总局长岛县税务局

2018年7月，根据国家征管体制改革方案，长岛县国税局和县地方税务局合并为国家税务总局长岛县税务局。7月20日正式挂牌。为正科级行政单位。内设13个科室，2个事业单位，4个派出机构。

第二节　税务体制

税制改革

1985年以前，长岛县税收征管范围涵盖财政预算外资金渔业自筹和养殖自筹的征收管理，针对渔村财产下放，在全县范围内逐步对渔业自筹和养殖自筹逐级实行核定征收。同时，实行"专管员"征管制度，对每户纳税人的税款征收、管理、检查等工作，由税管人员进行专人负责，一年或两年轮换一次。1986年，长岛县继续实行第二部利改税税收政策。在批发环节代扣工商营业税；国有企业向国家上缴利润的制度改为缴纳企业所得税，除按50%的税率缴纳，还要额外上缴能源交通建设基金和国家预算调节基金。1991年，贯彻落实《税收征管条例》，推进依法治税，税收征管工作由"应用型"向资料完备、制度严明的"法制型"轨道转变，全县村以上企业全部实行申报纳税制度。1992年，全市税收征管改革会议后，长岛县根据省、市“两个规程”试点，推行“征管由基层单位负责，检查以稽查队为主的纵向征管、检查两条线，横向征管、查分阶段征管”的新办法。1994年，分税制后，按税种划分为中央税、地方税、中央与地方共享税，相应核定收支范围，实行转移支付制度。初步建立便捷、规范、贴近市场经济发展需要的税收体制。建立以流转税和所得税为主体税种，其他辅助税种与之相配合的复合税制。税制改革遵循“统一税法、公平税负、简化税制、合理分权”以达理顺分配关系，规范分配方式，保障财政收入，建立符合社会主义市场经济要求的税制体系。同时，工商税制改革，建立以增值税为主体，以消费税、营业税为补充的流转制度。

1997年3月，设立城区直属征收分局。4月开始取消“专管员”分户管理制度，将税收征管划分为管理服务、征收监控、税务稽查等工作系数列，实行税收征管专业化管理，确立纳税人主体地位与所承担的法律责任，逐步建立起以纳税人“自核自缴”为基础的纳税制度。加强税务稽查力量，形成选案、稽查、审理、执行等整套工作程序。7月，城区设立便捷、多功能的办税服务厅，由直属征收分局管理股和计征股在厅内设立窗口，使用全省统一的税收征管软件，在征管领域建立信息共享、计算机信息管理应用系统。纳税人在县农业银行开立税款结算账户，采取银行直接划转缴税，实行税、银一体化管理。

1999年，实行纳税户分地域管理的征管模式。对北五岛纳税人设立邮寄申报，方便纳税人。2002年，真正实现“以申报纳税和优化服务为基础，以计算机网络为依托，集中征收，重点稽查”的新征管模式，实现征收管理组织机构、工作职责、执法文书、操作规程四个统一。

税种调整

1986年10月，开征房产税、车船使用税。1987年1月开征个人收入调节税，起征点为400元。1988年8月，国务院发布《中华人民共和国印花税条例》，长岛县于10月1日起实行对各类合同、账簿、产权转让数据、权利许可证照等作为凭证开征印花税。11月，开征城镇土地使用税。1989年，开征渔业产品税，1994年并入农业特产税。1990年，属于税务系统征收的税种共有33个，另外有国家能源交通建设基金、国家预算调整基金、教育附加费三项基金收入。工商税制改革后，工商税税种总数减少到18个，即增值税、消费税、营业税、企业所得税、个人所得税、涉外企业所得税、资源税、城市维护建设税、土地增值税、城镇土地使用税、车船使用税、房产税、遗产税、证券交易税、固定资产投资方向调节税、印花税、屠宰税、筵席税。1993年，开征消费税、土地增值税、取消奖金税和工资调节税。1997年1月，将金融保险业的营业税税率由5%提高到8%，提高部分归国税，原5%税率征收部分归地方财政收入。2004年，取消除烟叶以外的农林特产税。2005年，开始征收车辆购置税。2006年始，农业税停征，屠宰税废止。2008年，新的企业所得税正式实施，内、外资企业所得税并轨。2012年，分步实施增值税改革。持续推进消费税、资源税及环保保护费改革，有序提升税收

2005年4月，长岛县税管人员深入渔村宣传税法

立法层级。2016年，营业税改增值税，营业税废止。

第二节　税务征收

长岛县税务征收主要包括农业税收和工商税收两个方面。

农业税收

1993年前，农业税收包括农业税、农业特产税、耕地占用税和契税，也称农业四税。境内以渔养产业为主，所征渔业产品税1994年归类为农业特产税，在四税中占比最大。至2003年，10年共征收13277万元，是其他三税之和的58.2倍。农业四税从1994年开始，由县财政局收缴。2006年，农业税、农业特产税停征。2011年，耕地占用税和契税，转由县地方税务局收缴。

农业税　1986年，征收农业税4.6万元。1993年，农业税的计税价格由原来的0.57元/千克产粮，调整为0.68元/千克，再按15%税率征收。2003年，征收农业税4万元。

农业特产税　征收范围：一是园艺水果产品，例如苹果等，征收对象为生产者，税率为12%；二是捕捞养殖水产品，例如捕捞鱼类、海水养殖、水生植物等产品，生产者适用税率为8%，收购者适用税率为5%；三是贵重海珍品，例如海参、鲍鱼等，生产者适用税率8%，收购者适用税率为25%。1986年前后，税收征管范围实行财政预算外资金的渔养自筹征收管理模式，通过渔村村委实行查账征收。渔村财产下放后，实行承包制。对渔业自筹和养殖自筹实行核定征收，将征收数额核定到乡镇，乡镇核定到村，村委再按照渔船马力的大小核定到船，按照养殖亩数核定到养殖户，由村委会统一代征。各税收专管员按照管辖范围，实行包村或者包户的办法，对各项税收进行监管。1989年，为解决渔船自销水产品无法管控的问题，县政府决定把渔船常年收入的30%～40%作为渔船自销水产品的收入，核定征收产品税，其征收办法与渔业自筹相同。1994年，渔业产品税并入农业特产税，取消地方渔业自筹后，渔业产品税相应停止征收。7月1日，《山东省征收农业特产税办法》施行，农业特产税成为县财政收入的主要来源，当年征收424万元。至2003年特产税收入达2968万元，占地方财政收入的比重达70%以上。2004年，特产税收缴部分税款划归在农业税中。2006年，农业特产税停征。

耕地占用税　以纳税人实际占用耕地面积为计税依据，按照规定的税率一次性征收，长岛县征税标准为5.50元/平方米。1989年，全县开征耕地占用税，当年征收4万元。境内耕地缺乏，占用极少。2011，年耕地占用税由县地税局取代县财政局征收。征收标准提高到27.5元/平方米，当年征得耕地占用税277万元。国家税务总局颁布《耕地占用税管理规程(试行)》，自2016年1月15日起施行。2017年，全县耕地占用税收入310万元。

契税　包括国有土地使用权出让、土地使用权转让、房屋买卖、房屋赠予、房屋交换五项内容。1998年6月30日前，施行《山东省征收契税施行细则》，税率为6%。1998年7月1日，施行《山东省契税征收规定》，税率为3%，原细则同时废止。1999年8月，根据财政部、国家税务总局《关于调整房地产市场税收政策的通知》，对个人购买自用普通住宅暂减半征收契税。契税实行3%～5%的幅度税率。2010年10月1日始，对个人购买90平方米以下且属家庭唯一住房的普通住房，按1%的税率征收契税。2011年始，契税由县地税局征收。至2018年，全县年征收契税1209万元。

工商税收

增值税　设置三档税率，即基本税率为17%，低税率为13%以及零税率。零税率的适用范围仅限于出口货物。对年销售额少，财务核算不健全的小规模纳税人销售货物和应税劳务，直接按6%征收率计税。1986年，长岛县征收增值税是纺织业、船舶修造业及机械制造等行业，当年征收382万元。1994年1月1日起，执行新颁发的《中华人民共和国增值税暂行条例》，施行以增值税为主体的分税制改革，把工商税拆分成具体税种。同时，将增值税的征税范围拓展到所有工业生产环节，且延伸到商业批发和零售环节。至2001年，全县几个主要增值税纳税大户为县电业局、长岛风力发电公司、南城装潢材料厂、县毛纺厂、县船厂等，当年实现增值税2489万元。2017年7月1日起，新的增值税税率有关政策正式实施，原销售或者进口货物适用13%税率的全部降至11%；当年增值税收入达10306万元，占各项税收总额的77.5%，首次单项税收过亿元。2018年5月1日起，制造业等行业增值税税率从17%降至16%，将交通运输、建筑、基础电信服务等行业及农产品等货物的增值税税率从11%降至10%。2018年，全县增值税收入12428万元，是1986年的32.5倍。

营业税　1986年，营业税征收296万元，之后稳步递增，1993年征收1081万元。1994年税制改革后，营业税是应税劳务、转让无形资产及销售不动产的单位和个人，就其营业额征收的一种流转税。根据《中华人民共和国营业税暂行条例》及其实施细则，适当缩小征收范围。改革后的营业税，设置交通运输业、建筑业、金融保险业、邮电通信业、文化体育业、娱乐业、服务业、转让无形资产和销售不动产9个税目。税率归并为3%和5%两档。1997年1月1日，国家调整金融保险业税收政策，将金融保险业的营业税税率由5%提高到8%，实行原5%归地方财政收入，新提高的3%归中央财政收入。其时，全县缴纳3%为中央财政收入部分，主要是各商业银行、农村信用社与保险公司7家金融企业。该税种自2001年起每年降低一个百分点。至2002年，累计税收收入251万元。2003年前，营业税税收由国税与地税分别征收。当年国税征得17万元，地税征得701万元。之后国税局停征，营业税全部由地税局征收。2011年11月，营业税改征增值税试点方案。2013年，地税征收5424万元。2016年，全面推开“营改增”改革。2016年5月1日始，营业税停征。

消费税　是以特定消费品为征税对象而征收的税种。是流转税中的主要税种之一。征收方式分为从价计征和从量计征两种方式。1989年2月始，对彩电和小轿车征收特别消费税，采用定额税率。1991年4月，停止对国产彩色电视机征收特别消费税。长岛县以消费税征收的税种含11个税目、25个征收科目。消费税实行比例税率和定额税率两种，计14个档次。比例税率最高为45%，最低为3%；定额税率最高为240元/吨，最低为0.1元/升。境内消费税征收主要是4家金银首饰店，总量较低。从1997年开征至2018年，税收收入11.3万元。

车辆购置税　纳税人为购置应税车辆的单位和个人，征税范围为汽车、摩托车、电车、挂车、农用运输车等。车辆购置税法自2001年的4月1日起，实行统一税率为10%。2005年，征车辆购置税7万元。至2010年，每年征收12万元以内。2011年始，全县车辆购买力增强，当年税收增至到343万元。2013年，征收车辆购置税611万元。2018年，实现车辆购置税收收入763万元。

企业所得税　1984年11月，山东省海岛工作会议决定长岛县享受省级税收减免，企业税收减免直接由县级批复。1986年，企业所得税收入169万元。1994年，减免优惠取消。当年，实行税制改革，本着“公平税负、促进改革”的原则，取消按企业所有制形式设置所得税的办法，以执行统一的33%税率，实现内资企业所得税制度统一执行。2002年11月，贯彻国家税务总局通知，对企业所得税优惠政策及执行情况进行清理检查，使国家规定的所得税优惠政策落实到位，做到依法减免。2014年，实施扩大小微企业所得税优惠政策，增值税对小规模纳税人的征收率由以前的6%和4%降至3%。2018年，国务院出台国家普惠性小规模纳税人税收优惠。全县共实现企业所得税收入2500万元，是1986年的14.8倍。

个人所得税　征税范围包括工资、薪金所

得、个体工商户的生产经营所得、对企事业单位的承包经营、承租经营所得、劳务报酬所得、稿酬所得等征收的税种，实行超额累进税率和比例税率两种。1986年9月，国务院发布《中华人民共和国个人收入调节税暂行条例》，规定对国内公民的个人收入高者统一征收个人收入调节税。1994年1月1日实行《中华人民共和国个人所得税法》。2002年1月1日，实行中央与地方按比例分享。个人所得税工资扣除基数(免征额)：2005年为1100元；2006年1月1日调整为1600元；之后随着国民经济不断发展，人民收入水平提高，免征额度不断提升。2008年3月改为2000元；2011年9月，调到3500元；2018年10月1日起，免征额提高到5000元。首次增加子女教育支出、继续教育支出、大病医疗支出、住房贷款利息和住房租金6项专项附加扣除。工资薪金、劳务报酬、稿酬和特许权使用费四项劳动性所得首次实行综合征税。县国税局于1999年开始征个人所得税，2013年停征，累计征收3492万元；县地税局于1996年开征个人所得税，至2017年累计征收8105万元。2018年，合并后的县税务局征收3238万元。

涉外企业所得税　在境内设立的中外合资经营企业、中外合作经营企业和外资投资等企业，就其生产经营所得和其他所得征收的税种。1987年，长岛县首家中外合资企业——长岛县南园海珍品有限公司成立。1989年，涉外企业享受税收“两免三减半”政策。1992年，该纳税户实现全县第一笔外商投资企业所得税，1993年5月，经汇算清缴后入库5万余元。1997年，征收入库80.3万元。2011年，涉外企业所得税收缴436万元。2018年，实现外资企业所得税收入100万元。

税收减免　80年代初，全县的集贸市场实行免征税收三年。1984年，山东省召开海岛会议，决定授予长岛县在之后三年享受省级税收管理免征的权限。1987年，将省级税收管理权限延长至1990年。长岛县享受6年的省级税收管理权限，累计共享税收优惠和税收减免1010万元。1991年始，全县开始按照税收管理权限上报减免税，至1994年实行新税制，取消减免税，三年共上报审批减免税累计1500余万元。

出口退税　对具有出口经营权的企业所自营出口或代理出口的货物，除税法另有规定者外，允许在货物报关出口并销售后，凭有关普惠凭证，按月报经主管出口退税的税务机关批准，给予退还或免征增值税和消费税。1992年始，境内的出口企业呈现快速增长的趋势，至1994年，办理税务登记的涉外企业70多家。1995年5月，全县实现第一笔出口退税收入，即县外贸公司的鲅鱼出口，退税0.5万元。1997年，全县涉外企业包括出口免税、退税及外商投资企业所得税减免共计500余万元。1998年始，在境内水产品货源大幅度下滑的情况下，县出口企业利用拥有自营进出口权的优势，利用外地货源进行深加工、精加工。2000年，实现出口退税1024万元。2001年，全县农税减免生产收购环节税费152万元，出口创汇补贴70万元。2018年，出口退税为2334万元，其中出口货物退增值税1534万元。

1986—2017年长岛县国税局税收完成情况统计表

表13-5　　单位:万元

年份	合计	农业税收				工商税收							中央级	省级	市县级
		农业税	农业特产税	耕地占用税	契税	增值税	营业税	企业所得税	涉外企业所得税	个人所得税	车辆购置税	其他税费			
1986	995	5	—	—	—	382	296	169	—	—	—	143	663	—	332
1987	1368	10	—	—	—	452	488	196	—	—	—	222	912	—	456
1988	1909	20	—	—	—	496	761	347	—	—	—	285	1273	—	636
1989	1801	66	—	4	—	439	813	221	—	—	—	258	1201	—	600
1990	1906	105	—	—	—	648	663	239	—	—	—	251	1271	—	635
1991	2085	113	—	—	—	682	704	391	—	—	—	195	1390	—	695
1992	2219	102	—	—	—	613	800	299	—	—	—	405	1479	—	740
1993	2663	121	—	—	—	664	1081	220	—	—	—	577	1775	—	888
1994	2445	—	424	—	—	1156	556	129	—	—	—	180	1347	—	674
1995	2687	—	413	—	—	1346	639	189	—	—	—	100	1516	—	758
1996	3456	—	627	—	—	1583	941	201	—	—	—	104	1886	—	943
1997	2650	13	1000	6	1	1538	24	51.4	15.9	—	—	0.7	395	—	1235
1998	6725	15	1253	—	38	2489	16	440	61.6	—	—	1776.4	3251	—	2168
1999	3738	2	1361	—	38	1939	15	44.7	—	0.3	—	338	1284	—	1053
2000	3788	8	1786	—	14	1562	57	123	73	165	—	—	1023	—	957
2001	3729	—	1511	—	21	1602	41	102	58	394	—	—	1717	—	480
2002	3497	5	1934	—	25	907	80	80	0.1	466	—	—	1032	242	259
2003	4831	4	2968	—	38	1135	17	299	6.5	330	—	33	1319	143	359

续表13-5

年份	合计	农业税收				工商税收							中央级	省级	市县级
		农业税	农业特产税	耕地占用税	契税	增值税	营业税	企业所得税	涉外企业所得税	个人所得税	车辆购置税	其他税费			
2004	2242	722	—	—	69	940	2	152	7	342	—	8	871	145	435
2005	2016	—	—	—	104	1379	—	187	12	320	7	7	1147	191	574
2006	2651	—	—	—	345	1546	—	302	112	336	5	5	1384	231	691
2007	3201	—	—	—	256	2031	—	330	95	471	8	11	1768	294	884
2008	3568			600	458	1969	—	218	53	253	8	9	1506	251	753
2009	3463	—	—	370	480	1882	—	229	130	296	12	64	1910	34	669
2010	4379	—	—	831	659	1962	—	591	129	113	12	82	2062	58	769
2011	4140	—	—	—	—	2179	—	1178	436	4	343	0	2950	129	1061
2012	4668	—	—	—	—	2544	—	1504	226	1	393	0	3340	138	1190
2013	5528	—	—	—	—	2714	—	1792	410	1	611	0	3261	0	1857
2014	7668	—	—	—	—	4380	—	2277	384	0	627	0	4099	0	3569
2015	8119	—	—	—	—	5400	—	1746	417	0	556	0	4389	0	3730
2016	10240	—	—	—	—	7818	—	1657	311	0	454	0	5652	0	4588
2017	13296	—	—	—	—	10306	—	2038	398	0	554	0	7168	67	6061

说明：长岛县农业四税从1994年开始，一直由长岛县财政局收缴。随着农业税、农业特产税的停缴而废止。耕地占用税和契税，直到2011年转由地方税务局收缴

1994—2017年长岛县地税局税收完成情况统计表

表13-6　　单位：万元

年份	合计	房产税	营业税	企业所得税	个人所得税	城市维护建设税	城镇土地使用税	土地增值税	教育费附加	涉外税收	耕地占用税	契税	其他税收收入	中央级	省级	市县级
1994	818	67	547	105	—	47	9	—	19	—	—	—	24	—	151	667
1995	1014	48	624	198	—	48	9	—	28	—	—	—	59	—	199	817
1996	1456	87	941	209	43	97	7	—	30	42	—	—	0	—	237	1219
1997	1581	118	974	184	62	85	17	—	33	43	—	—	65	—	269	1312
1998	1532	143	862	196	90	92	21	—	42	44	—	—	42	—	225	1307
1999	1583	128	663	387	111	84	27	—	45	40	—	—	98	—	112	1471
2000	1661	152	805	362	113	102	32	—	48	47	—	—	0	—	134	1527
2001	2121	164	636	860	218	97	31	2	54	59	—	—	—	—	27	2093
2002	2329	164	724	942	226	99	46	1	54	73	—	—	—	593	241	1495
2003	2217	128	701	893	226	90	61	—	49	69	—	—	—	682	213	1322
2004	2444	145	876	904	237	85	38	7	53	99	—	—	—	685	258	1501
2005	3005	159	1377	630	245	109	56	5	66	191	—	—	167	525	363	2117
2006	3768	173	1940	610	240	147	83	33	72	214	—	—	256	510	474	2784
2007	4375	199	2366	479	225	161	215	151	95	286	—	—	198	423	547	3405
2008	5403	166	2800	438	573	197	198	322	147	297	—	—	265	607	682	4114
2009	5955	199	3431	401	351	261	218	295	178	334	—	—	287	451	773	4713

续表 13-6

年份	合计	房产税	营业税	企业所得税	个人所得税	城市维护建设税	城镇土地使用税	土地增值税	教育费附加	涉外税收	耕地占用税	契税	其他税收收入	中央级	省级	市县级
2010	7011	191	4120	445	360	299	370	393	209	269	—	—	355	483	917	5611
2011	8238	196	4201	569	434	381	301	337	220	295	277	738	289	602	964	6672
2012	8406	232	5337	584	523	406	294	179	233	276	—	155	187	664	1205	6537
2013	9072	254	5424	607	452	432	359	142	246	422	335	335	64	635	5	8432
2014	8975	263	4630	1038	378	472	436	231	265	228	86	488	460	850	1	8124
2015	8589	275	3995	585	709	463	776	124	266	156	33	652	282	776	—	7813
2016	8152	258	2987	1127	890	491	873	147	283	177	—	483	436	1188	—	6964
2017	7012	280	9	665	1399	535	1031	193	332	147	310	1440	671	1333	—	5679

2018年长岛县税务局税收完成情况统计表

表 13-7

单位:万元

年份 税收	合计	增值税	企业所得税	个人所得税	房产税	城镇土地使用税	城市维护建设税	印花税	土地增值税	车船税	车辆购置税	契税	其他税收	中央	省级	市县级
2018	23392	12428	2500	3238	299	1061	580	240	858	175	763	1209	41	10421	54	12917

第四节　征收服务与管理

税务登记

1986年7月1日始，税务登记证每三年换发一次。县税务局严格实行三年一换证制度，1987—1999年，共换发税务登记证件4次。80—90年代，全县合资企业发展较快，至1994年办理税务登记的涉外企业达70多家。2001年1月，CTAIS软件正式运行后，税务登记证件的发放工作下放到各个征收单位。2015年10月1日，全国推行“三证合一、一照一码”登记改革。“三证”包括工商营业执照、组织机构代码证、税务登记证。新设立企业领取由工商部门核发加载法人和其他组织统一社会信用代码的营业执照后，无须再进行税务登记，不再领取税务登记证，即可直接到税务部门办理纳税申报。

2016年12月始，实施个体工商户营业执照和税务登记证的“两证合一”，增加户数379家。2018年，税务登记户数2408家。

纳税申报

1986年，长岛县纳税申报一般采用三种方法：国营、县级集体企业自算税额，自填缴费单，自行缴纳入库，按期向税务机关报送纳税申请表，税务机关进行纳税辅导检查；乡镇、村办企业自填纳税申报表，税务机关审核后直接征收；私营企业和个体等商户自行申报，税务机关核定后定期定额征收。1990年始，纳税人主动申报缴税。1991年始，推进依法治税，税收征管工作由“应用型”向资料完备、制度严明的“法制型”轨道转变，全县村以上企业全部实行申报纳税制度，个体业户实行申报纳税达95%以上。1992年，烟台市税收征管改革会议后，长岛县实行“征管由基层单位负责，检查以稽查队为主的纵向征管、检查两条线，横向征管、查分阶段征管”的办法。同时，以搞好骨干税源和重点企业发展为突破口，为企业争取政策性减免。1992年，全县国营、集体企业申报纳税率达100%，乡镇、村集体企业达98%，个体申报达95%。2000年7月，在全系统推行办公自动化工作，全部公文和信息通过网上处理，引导纳税人采取电子申报、电话申报和银行网点申报等纳税方式，发挥“12366”纳税服务热线功能，推行“一窗式”服务，减少审批环节，简化办税程序和手续，提高工作效率和服务水平。2001年1月，全县范围内的“双定”（定期、定额）征收业户实现电话申报和到邮政网点申报两种方式。2002年1月，3家纳税人实现网上申报。2013年4月，纳税网上申报达99%以上。

2018年始，办税服务厅践行“一次办好”，推出“三个中心”，服务“三个群体”工作理念。一般纳税人、小规模纳税人及个体工商户纳税申报3154家。

2016年4月，长岛县国税局开展“营改增”政策宣传

发票管理

1986年前，境内统一使用套印红色“山东省税务局统一发货票专用章”的发货票，其印制、保管、领发、使用、缴销由税务机关监制。对水产品收购实行“水产品统一收购结算单”。当年10月1日，实行财政部颁布的《全国发票管理暂行办法》，对发票的性质、作用、管理、违章处理等作出统一规定。1987年，根据发票管理办法的要求，对发票实行改版，控制发票开票的最高

2017年7月，县税管人员深入军营宣传国家对复转军人再就业税收优惠政策

限额，发货票的印制、保管、领发、使用、缴销由税务机关监制。1988年，税务部门对全县发货票的印制、使用和管理情况进行全面检查。1989年1月，根据国家税务局规定，统一启用套印“发票监制章”的发货票，原用发货票废止。3月，印发《长岛县统一发票管理工作管理规程》，对发货票进行统一规范管理。1991年，制定实施验旧领新、限额使用、专人保管、登记入账、统一销毁等一系列方案。1992年，对发票实行专户控管，制定“一专二查三不售”和“四级管理”办法，发票管理逐步走向正规。

1997年，县国税局建立“以票管税”制度，对欠税企业停止发售增值税专用发票，改由税务机关代开，在开具时催缴欠税，征收滞纳金和罚款。当年累计清理陈欠460万元，占欠税额的84%。2002年，县国税局将普通发票管理等工作从有关职能科室中分离出来，设置发票管理所，统一开具、管理发票。2005年，实行全国统一的普通发票分离代码和发票号码。2014年8月，启用新版专用发票、货运专票和普通发票。2017年，启用全国增值税发票查验平台。

税务检查

1986年，县税务局成立征管监察股，对税收政策、法令、制度、规定的执行情况进行监督检查。1988年，县检察院与县税务局联合成立兼职查账队，专门进行税收检查，对县内85家国营、集体、乡镇企业实行检查，查补入库、偷漏、拖欠税款33.2万元。1990年，成立行政复议委员会，加强税务检查工作。1994年12月，国税垂直管理后，设立稽查分局。1998年12月，成立县稽查局，负责对全县纳税人实施税收专项检查、重点检查和全面检查等。2016年，检查纳税人10家，移交公安机关侦办3家，查补入库税款284.4万元。2017年，利用协查信息管理系统、稽核管理系统和人工检查方式相结合，委托协查531起，录入协查发票8070份，涉及金额69.06亿元，税额11.73亿元。2018年，实施征管体制改革，取消县级稽查局，实行跨区稽查。设立税收风险管理股。

第三章 银 行

1986年，境内设有6家银行机构，存款余额8776万元，贷款余额7202万元。至1993年，新增3家银行机构。1994年始，随着国民经济的增长及金融体制改革的逐步深化，各专业银行向商业银行转轨。同时，经营业务有所突破，工行、农行、建行等机构相继争取到外汇、外币存款业务。1995年，全县银行各项存款78624万元，贷款余额达77138万元。2018年，全县各类银行共8家，人民币存款余额46.25亿元，其中企业存款16.83亿元，城乡储蓄存款19.45亿元；贷款余额12.94亿元。

存、贷款余额分别是1986年的52.7倍、18倍。

第一节　银行机构

中国人民银行长岛县支行（简称长岛人行）

1986年7月，中国人民银行长岛县支行与中国工商银行长岛县支行分设，中国人民银行长岛县支行独立行使中央银行职能，依法对全县金融机构进行监管。1990年9月，设立国家外汇管理局长岛支局。2003年12月，设立银行监管办事处。2006年9月，内设机构统一整合为“两部两室”，2016年，由原来的“两部两室”调整为“两科一室”，即办公室（纪检监察室）、货币信贷调统科（金融稳定科）、金融服务管理科。2018年，中国人民银行长岛县支行有在职员工19人。

中国银行业监督管理委员会烟台监管分局长岛办事处（简称银监办）

2003年12月，从长岛人民银行分出设立，科级单位，职员4人。主要履行对辖内银行业监督管理的各种职能，负责对金融机构的设立、变更、终止及各项业务活动进行监管，对金融机构的违法和违规行为依法进行查处。

中国工商银行股份有限公司长岛县支行（简称长岛工行）

1986年7月，长岛工行与长岛人行分设后，设立储蓄所3个，职工55人。1987年5月，工行码头分理处设立。1994年，设立获沟、南城、北长山、砣矶4个储蓄所。1997年，撤销砣矶储蓄所。2000年，进行人事机构改革，撤销南城储蓄所、获沟储蓄所、北长山储蓄所3个储蓄所。2001年8月，撤销长岛县第二储蓄所。2002年8月，长岛县工行并入蓬莱市支行（对外仍是支行），部分员工分流至蓬莱支行，同年撤销长岛县第一储蓄所。2003年，码头分理处迁址至蓬莱北沟，更名为蓬莱市支行北沟分理处。2018年，机构设置为营业部1个，在职员工11人。

中国农业银行股份有限公司长岛县支行（简称长岛农行）

1986年，长岛农行共设10个营业网点机构，各项存款余额5869万元，各项贷款余额4642万元。1994年3月，根据国务院关于金融体制改革的决定，农业银行与信用社分设办公，分账经营。1997年3月，原农业银行代理的农业发展银行专项业务划转出来，成立中国农业发展银行长岛县支行（2005年撤销），与农业银行脱钩。农业银行完成“一分一脱”，逐步向商业化银行转轨。是年，长岛农行储蓄网点增加到23个，在职员工102人。1999年始，根据改革需要，长岛农行储蓄网点陆续撤并，至2004年成为单点支行，在职员工34人。2009年11月，农业银行完成股份制改造，改称中国农业银行股份有限公司长岛县支行。2018年，设营业部1个，在职员工28人。

中国银行长岛支行（简称长岛中行）

1992年8月28日成立，有员工12人。1993年，设立英山路、海滨路储蓄所、砣矶分理处。1994年，设立长山路储蓄所，员工增至33人。1996年，人民币存款余额为7462万元，外币存款合263万美元。人民币贷款达6133万元。2000年9月，撤销砣矶、英山路、海滨路、长山路4个储蓄网点。12月，长岛中行降格为“中国银行烟台分行长岛分理处”。2005年10月，长岛中行撤销。

中国建设银行股份有限公司长岛县支行（简称长岛建行）

1986年，长岛建行内设会计股、业务股，人员编制11人。1988年5月，成立房地产经营公司，主要经营房地产开发。1989年10月，撤销长岛建行房地产经营公司。1995年7月，对外开办外币储蓄业务，开办代理保险业务。1996年3月，中国人民建设银行长岛县支行改称中国建设银行长岛县支行。1999年11—12月，撤销砣矶办事处和县府街、南城、明珠商场、长山路4个储蓄所，业务归并到海滨路和乐园大街2个储蓄所，实行优化组合、竞聘上岗，将裁减人员分流到建行系统其他县、(市)区支行和当地农村信用社。2001年3月，撤销海滨路储蓄所。2002年10月，撤销乐园大街储蓄所，全行打破会计、出纳、储蓄等业务界限，实行综合业务柜员制。2018年机构设置2部：业务部、综合部，全行人员18人。

中国农业发展银行长岛县支行(简称长岛农发行)

1997年3月，中国农业发展银行长岛县支行从长岛县农业银行分出设立，员工6人，为农业政策性金融机构。主要职能是筹建农业政策性信贷资金，承担国家规定的农业政策性金融业务，代理财政支农资金拨付，为农业和农村经济发展服务。担负县内农业发展专项储备资金的存、放与结算等业务。1998年，农业发展银行业务范围进行调整，专司农业粮油收购资金发放、监督使用，实行粮油收购资金封闭管理。2005年8月，农业发展银行长岛县支行撤销。

山东长岛农村商业银行股份有限公司(简称长岛农商行)

前身为长岛县农村信用合作社联合社，1986年6月成立，与中国农业银行长岛县支行合署办公，属集体企业，有职工19人，1993年增加到118人。1994年4月，与县农业银行分设。2006年3月，经山东省银监局批准，成立长岛县农村信用合作联社。2014年4月，经中国银监会山东监管局批准，完成银行化改革，成立山东长岛农村商业银行股份有限公司。2018年，设置分支机构12个，职工114人。

中国邮政储蓄银行股份有限公司长岛县支行(简称邮储银行)

1986年10月，长岛县开办邮政储蓄业务。1987年，邮政储蓄网点发展到6个，储蓄余额增加到240余万元。1996年3月，县邮电局设立储汇部。1998年11月，更名为储汇分局。2002年8月，改为储汇室。2008年5月，设立邮政储蓄银行长岛县支行，与长岛县邮政公司分营。2018年，全行机构设置3个部，从业人员18人。

恒丰银行股份有限公司长岛支行(简称恒丰银行长岛支行)

前身为烟台住房储蓄银行长岛县支行，1992年11月6日成立，有职工12人，当年存款535万元，贷款1054万元。1994年4月，砣矶岛分理处成立。2003年8月，烟台住房储蓄银行长岛县支行更名为恒丰银行长岛支行；9月，撤销砣矶岛分理处。2018年，内设1部1科1室，共有员工16人。

烟台银行股份有限公司长岛支行

2014年12月30日成立，其经营范围主要为人民币业务，吸收公众存款，发放贷款，办理国内结算，代理保险业务，提供保险箱服务，办理地方政府财政信用周转使用资金的委托存贷款及经中国人民银行批准的其他业务。2018年，内设3部1室，员工22人。

第二节　货　币

货币发行

自中华人民共和国成立至2018年，长岛县境内先后发行五套人民币。

第一套人民币　1948年12月1日中国人民银行发行人民币，统一解放区流通货币。烟台市域于1949年7月开始行使人民币，长岛于1949年8月12日开始行使人民币。

第二套人民币　1955年3月1日开始发行。第二套人民币共10种，1分、2分、5分、1角、2角、5角、1元、2元、3元和5元，1957年12月1日发行10元及1分、2分、5分三种金属币，与纸分币等值流通。

第三套人民币　1962年4月20日开始发行。第三套人民币发行枣红色1角纸币，1980年4月15日发行1角、2角、5角、1元金属币。经过18年的逐步调整、更换，先后发行10元、5元、2元、1元、5角、2角、1角纸币及1元、5角、2角、1角金属币。第三套人民币到2000年7月1日停止流通。第三套人民币在印刷工艺上增强了人民币的反假能力。

第四套人民币　1987年4月27日开始发行，与第三套人民币混合流通。采取“一次公布，分次发行”的办法。1987年4月27日首先发行50元券和5角券，1988年5月10日发行100元、2元、1元和2角纸币，1988年9月22日发行10元、5元、1角纸币。1992年6月1日发行1元、5角、1角金属币。8月20日，发行1990年版带安全防伪线的50元、100元纸币。1995年3月1日和1997年4月1日，分别发行1990年版和1996年版1元纸币。1996年4月10日，发行2元纸币。2018年5月1日起停止第四套人民币旧版100元、50元、10元、5元、2元、1元、2角纸币和1角硬币在市场上流通。

第五套人民币　1999年10月1日，在中华人民共和国建国50周年之际，发行第五套人民币，仍然采取“一次公布，分次发行”的方式。第五套人民币共8种面额：100元、50元、20元、10元、5元、1元、5角、1角。至2005年8月31日，中国分别6次发行15种新版人民币。2015年11月12日起，发行第五套人民币100元纸币。

外汇兑换券　由中国银行于1980年4月1日发行，有7种面额：100元、50元、10元、5元、1元、5角、1角。外汇兑换券系改革开放初期，国家外汇储备十分拮据，用外汇券与进入境内的外国人、华侨、港澳台同胞持有的外币进行兑换，为国家吸取外汇，外汇券是在国内指定范围内替代外币同人民币等值流通的券币。在粮、油、布、烟、酒、糖等一切凭票供应的年代，持兑换券到侨汇商场购买任何商品都无须再要票证，在当时被认为是一种享有“特权”的货币。兑换券于1995年1月退出流通领域。

纪念钞

自1999年始，中国人民银行先后发行5套具有重大纪念意义的纪念钞。纪念钞面额等同市面流通，并有增值作用。

1999年，发行中华人民共和国成立50周年50元纪念钞。

2000年，发行迎接新世纪100元纪念钞。

2008年，发行“第20届奥林匹克运动会”纪念钞。

2015年，发行中国航天纪念100元纪念钞。

2018年，发行纪念人民币发行70周年50元纪念钞。

发行库

中国人民银行在其分支机构设立分支发行库，货币发行主要通过普通银行的现金收付业务活动实现。商业银行存取款必须在人民银行开立存款户，方能对商业银行办理现金存取业务。

1986年，长岛人行与工商银行分设后，设立人民银行发行库，负责全县发行基金的保管和与专业银行之间的现金交存、调拨工作。1997年6月，人民银行安装运行“货币发行管理信息系统”，推行信息化建设。1998年10月，烟台市人民银行在长岛县举办货币发行信息系统管理经验现场观摩会。2000年3月，长岛人行发行库撤销。长岛县农村信用合作联社和长岛农行分别建立现金业务库。2014年7月，长岛农商行在中国人民银行烟台市中心支库开办现金存取业务，并为县内其余6家金融机构代理现金存取款业务。

流通管理

长岛县日常所需生产资料和生活资料基本依靠岛外供应，现金收支比较活跃，基本处于净投放状态。1986年，全县现金累计收入17035万元，累计支出18698万元，收支相抵，投放1663万元。1995年3月27日至4月2日，长岛人行成立人民币宣传周领导小组，在全县范围内开展人民币宣传周活动。5月5日，长岛人行规定全县金融机构加强对开户单位现金支出管理，逐月制订现金用款计划。2003年4月，应用“大额现金管理系统”，初步形成大额现金管理架构。2008年，确定长岛农行、长岛县农村信用合作联社2家金融机构和长岛天然水产食品有限公司等5家企事业、个体及私营单位为人民币流通管理监测点，通过“货币发行管理监测系统”，开展

人民币流通管理数据的采集、汇总和上报工作。2010年8月，成立长岛县人民币管理服务中心。2013年8月，开展提升现金服务水平专项行动和现金服务示范网点创建活动，长岛县农村信用合作联社营业部被确定为长岛县现金服务示范网点，并被人民银行烟台市中心支行评为2013年烟台市提升现金服务水平专项行动先进集体。2018年，全县现金累计收入265916万元，累计支出272866万元，收支相抵，投放6950万元。收入、支出、投放额分别是1986年的15.6倍、14.6倍、4.2倍。

反假人民币

1987年，中国人民银行发行大面额人民币后，假人民币在长岛时有出现。1990年，长岛人行开始组织县内金融机构出纳人员进行反假币培训，提高一线人员的反假意识和反假能力。同年，对各金融机构人民币反假情况进行全面检查。当年6月，长岛人行印发《关于人民币反假情况的通报》，到年末全县金融机构相继发现收缴假币5张，金额400元。其中，100元券3张，50元券假币2张。1991年始，长岛人行每年对全县金融机构人民币反假情况开展统一检查，集中收缴假币，同时经常性组织开展反假人民币宣传，提高人民群众识假、反假货币能力。2005年6月，成立由分管副县长任组长，县委宣传部、法院、检察院等20个单位负责人为成员的长岛县反假货币工作联席会议领导小组。2006年，确定农村反假货币义务宣传员40人，范围涵盖全县每个行政村。

2008年，开展"三师"队伍建设工作，选拔货币真伪识别师1人。2009年，配合公安机关开展反假货币"09行动"，收缴假人民币317张20920元。2010年，推荐人民银行和金融机构4名从业人员为货币真伪鉴别师、5名农村反假货币义务宣传员为货币真伪识别师。之后，通过健全组织建设、构建反假货币网络和开展经常性的反假货币宣传活动，境内收缴的假币基本呈现减少趋势。2018年，全年收缴假币62张4765元。

第三节　存　款

居民储蓄存款

城乡居民储蓄存款种类包括：活期储蓄、定活两便储蓄、整存整取定期储蓄、零存整取定期储蓄、存本取息定期储蓄、养老返本储蓄、保值储蓄等。1986年，长岛县城乡储蓄存款总计2165万元，人均储蓄549元。1987—1994年，储蓄存款由4717万元，增长至52786万元，8年年均递增38.3%，人均存款由1048元升至12051元，人均储蓄增长11.5倍。

1988年9月，全县银行机构对城乡居民个人三年期以上储蓄存款除按现行利率支付利息外，再按全国统一的保值补贴率支付给补贴利息。1990年，城乡储蓄存款、社员储蓄存款合并，统称为城乡储蓄存款。1991年12月，保值储蓄停办。

1995年，全县居民储蓄存款上升至63998万元，人均1.46万元，居全国第一。1996年后，各银行陆续开通同城、全省、全国储蓄通存通兑，开始实行柜员制。

2012年3月，银行员工走进军营宣传金融储蓄知识

1986—2018年长岛县现金投放回笼情况统计表

表13-8　　单位：万元

年份	现金累计收入	现金累计支出	投放(+)回笼(-)
1986	17035	18698	1663
1987	24802	27433	2631
1988	42727	46052	3325
1989	51444	54235	2791
1990	60643	69689	9046
1991	68764	76709	7945
1992	89205	100435	11230
1993	122801	130482	7681
1994	160598	168703	8105
1995	197586	209731	12145
1996	211022	226710	15688
1997	197667	218235	20568
1998	197675	217612	19937
1999	189538	208004	18466
2000	196890	212908	16018
2001	210672	224885	14213
2002	194630	208824	14194
2003	229800	240656	10856
2004	273684	284584	10900
2005	272025	281607	9582
2006	308348	315164	6816
2007	1160966	1181371	20405
2008	367478	373097	5620
2009	431450	430660	-790
2010	551521	553417	1896
2011	657529	660117	2588
2012	—	—	—
2013	—	—	—
2014	—	—	—
2015	—	—	—
2016	—	—	—
2017	—	—	—
2018	265916	272866	6950

说明：2012—2017年，未进行现金收支统计

1990—2018年长岛县银行收缴假币统计表

表13-9　　单位：张、元

年份	张数	收缴假币金额
1990	5	400
1991	—	360
1992	—	1290
1993	—	4795
1994	—	8980
1995	—	17000
1996	—	12135
1997	—	3170
1998	—	6805
1999	1250	6265
2000	—	1430
2001	—	2275
2002	128	9630
2003	—	9850
2004	214	18000
2005	119	9800
2006	120	9405
2007	146	12540
2008	195	14455
2009	317	20920
2010	57	4680
2011	82	7420
2012	89	8230
2013	102	9260
2014	111	9855
2015	71	5860
2016	68	4840
2017	75	5120
2018	62	4765

1998年，储蓄存款为80025万元。2000年4月始，城乡储蓄存款账户实行实名制。2006年城乡储蓄存款突破十亿大关，达到107015万元，人均储蓄2.469万元。城乡储蓄存款最高年份为2017年，达298657万元。2018年，城乡储蓄存款为294116万元，全县人均储蓄存款为7.089万元。

企业存款

1986年，全县企业存款总计1290万元。1989年后，长岛经济快速发展，企业存款增长较快。同时，各银行重视存款任务，采取多种措施促进存款增长，出现竞争局面。1990年，全县企业存款达2789万元，是1986年的2.16倍。此后，除个别年份略有下降外，企业存款总体呈不断增长趋势。1997年，企业存款11285万元，首次突破1亿元。2009年，企业存款为27264万元。2010年达到63671万元。2014年，企业存款119031万元。2018年，企业存款总计为88627万元，是1986年的68.7倍。

1986—2018年长岛县各项存款余额统计表

表13-10　　单位：万元

年份	合计	企业存款	财政存款	机关团体存款	储蓄存款	农业存款	信托存款	其他存款
1986	8776	1290	20	483	2165	3962	482	374
1987	9785	1213	63	349	4717	1897	648	898
1988	13146	1576	29	295	8314	1879	774	279
1989	16981	1784	108	308	12071	1892	405	413
1990	29501	2789	57	605	23856	1051	392	751
1991	35584	3212	211	687	29594	921	2	957
1992	43144	4074	-198	716	37290	728	-137	671
1993	48244	4095	404	668	41616	713	-144	892
1994	60759	5876	1348	—	52786	906	-157	—
1995	78624	7938	522	619	63998	1214	4333	—
1996	88842	9235	426	696	74005	1000	3480	—
1997	94285	11285	571	837	76909	1168	3515	—
1998	96554	14153	492	800	80025	1871	-1078	291
1999	97163	9417	1909	803	81999	3420	-1012	627
2000	99399	10983	1493	864	83632	3599	-1972	800
2001	103673	11069	5337	750	83753	3779	-1631	616
2002	107371	9266	7100	2335	85345	4335	-1653	643
2003	116973	15159	7079	739	91246	3932	-1654	472
2004	115502	16402	3775	3043	90555	3377	-1653	3

续表13-10

年份	合计	企业存款	财政存款	机关团体存款	储蓄存款	农业存款	信托存款	其他存款
2005	138094	18552	3262	11469	97104	7223	-14	498
2006	149672	17520	1406	12653	107015	7491	1	3586
2007	161370	18899	3386	13800	118030	5313	—	1942
2008	183935	26471	4492	9177	134056	7446	—	2292
2009	220041	37264	3380	12104	153434	9601	—	4258
2010	281326	63671	6204	32591	175004	1692	—	2164
2011	260225	62785	1378	—	195428	—	—	—
2012	289131	65466	10146	—	212958	—	—	—
2013	336939	94621	4804	—	236079	—	—	—
2014	388974	119031	11861	—	258013	—	—	—
2015	439408	81257	5467	74664	278021	—	—	—
2016	449140	79002	534	73510	296093	—	—	—
2017	469311	97792	443	72419	298657	—	—	—
2018	462514	88627	142	79628	294116	—	—	—

说明：1. 1986年人民银行统计的储蓄存款，时称“城镇储蓄存款（未包含社员储蓄存款）”。1990年后，合并城镇和社员储蓄统称“城乡储蓄存款”

2. 1998年起，统计项目“信托存款”改称“委托存款”

第四节　贷　款

1986年，银行贷款方式由原来单一信用贷款发展到保证贷款、抵押贷款、质押贷款和消费贷款等多种形式。当年全县各项贷款总计7202万元，其中流动资金贷款3310万元、农业贷款3535万元、固定资产贷款357万元。1987年，在各家银行机构合计存款9785万元余额下，超指标发放贷款达11516万元，存、贷比例严重失调。1990—1997年，为支持地方经济发展，贷款倾斜于“耕海牧渔”政策的实施，各家银行向上争指标、跑资金，每年贷款余额平均递增9300多万元，至1997年的贷款余额达90167万元。由于投资海上产业风险过大，所放贷款本息难收，大多成呆账、死账，银行机构出现负债经营状况。2004年4月，初步核定全县银行机构不良贷款占比76.2%，个别银行高达96%。5月，金融系统累计剥离与划转不良贷款本息51573万元，核销不良贷款本息27900万元，两者合计79473万元。1998年，各家银行执行“计划指导、自求平衡、比例管理、间接调控”的管理体制，实行收缩银根，严格管控信贷结构，放贷规模逐年降低。至2004年，各项贷款余额降至33756万元。其中不良贷款10928万元，不良占比32.37%，是烟台市辖内平均水平的2倍。2010年，全县房地产开发等产业兴盛，银行贷款增幅较大。2018年，全县金融系统各项贷款余额129373万元，是1986年的17.96倍。

农业贷款

长岛县农业贷款包括国营农业贷款、农村集体贷款、农户贷款、开发性贷款等。1986年，全县农业贷款总计3535万元。1990年始，农业贷款主要用于支持渔业产业化调整，即支持渔业生产、扩大扇贝养殖的发展，贷款以较快的速度增长。1993年达22150万元，是1986年的6.3倍。1994年，银行贷款科目调整，不再按流动资金、固定资产、农业贷款等分类，改为按期限分为短期贷款、中长期贷款。其中，短期贷款分为：工业贷款、商业贷款、建筑业贷款、农业贷款、乡镇企业贷款、“三资”企业贷款。中长期贷款分为：基本建设贷款、技术改造贷款、其他贷款。1996年，人民银行建立农村调查研究制度，协调各银行机构搞好农业资金调度，确保全县渔业生产稳步发展。贷款规模出现大幅度增长，当年农业贷款总额达24814万元，主要用于扇贝养殖业的发展及工厂化养鲍的投入。2009年，全县农业贷款49811万元。

工业贷款

长岛县工业贷款包括工业企业贷款、物资供销企业贷款、集体工业设备贷款等。主要支持县石油公司、毛纺厂、塑料厂、燃料公司等主要工业企业的经营和发展。1986年，全县工业贷款858万元，此后逐年增加，至1998年达到最高值7778万元，是1986年的9.1倍。1999年之后，因产业结构及银行信贷结构调整，长岛县工业贷款呈下降态势，2009年总额为450万元。

商业贷款

长岛县商业贷款包括商业贷款、粮食贷款、供销合作贷款、外贸贷款、其他商业贷款等。主要支持县外贸公司、粮油公司、供销系统企业、渔业公司及下属企业、水产加工冷藏企业等。1986年，全县商业贷款总额2307万元。此后逐年增加，至1997年达到最高值，贷款总额为20838万元，是1986年的9倍多。1998年之后，因产业结构及银行信贷规模紧缩的结构调整，长岛县商业贷款呈下降态势。

乡镇企业贷款

长岛县乡镇企业贷款始于1987年，主要支持乡镇海产品收购、加工、冷藏等企业的经营发展。当年，全县乡镇企业贷款1911万元，此后乡镇企业中兴起修船造船、塑料制品、网线绳索加工等企业，所用贷款逐年增长。2009年贷款总额为5385万元。

1986—2018年长岛县贷款情况统计表

表13-11　　　　单位：万元

年份	合计	短期贷款	流动资金贷款	固定资产贷款	地方专项贷款	信托贷款	中长期贷款	其他贷款
1986	7202	3535	3310	357	—	—	—	—
1987	11516	5599	4692	735	490	0	—	—
1988	14596	4718	7931	1518	—	329	100	—
1989	15341	4465	8800	1416	—	300	360	—
1990	24366	10745	11772	1224	—	300	—	325
1991	31395	14098	15402	1550	—	—	—	345
1992	44597	19985	20865	1941	—	—	—	1806
1993	52251	22150	24265	4654	—	205	—	977

续表13-11

年份	合计	短期贷款	流动资金贷款	固定资产贷款	地方专项贷款	信托贷款	中长期贷款	其他贷款
1994	60175	34437	—	—	—	—	23653	2085
1995	77138	46125	—	—	—	4137	19352	7524
1996	83672	55262	—	—	—	3549	15928	8933
1997	90167	65358	—	—	—	3795	13179	7835
1998	86417	73319	836	—	—	—	11673	589
1999	84012	76959	—	—	—	—	5480	1573
2000	65869	58922	96	—	—	—	6851	—
2001	64415	59136	113	—	—	—	4902	264
2002	65691	59372	167	—	—	—	5902	250
2003	65121	59365	411	—	—	—	5255	90
2004	33756	31218	326	—	—	—	2002	210
2005	33973	31498	—	—	—	—	2475	—
2006	41568	31446	—	—	—	—	9322	800
2007	58197	43459	—	—	—	—	13048	1690
2008	58950	36551	—	—	—	—	20399	2000
2009	78620	60004	—	—	—	—	18262	353
2010	99509	66581	—	—	—	—	31427	1500
2011	116245	79389	—	—	—	—	36856	—
2012	113649	78540	—	—	—	—	32109	3000
2013	122507	95050	—	—	—	—	24457	3000
2014	126357	102459	—	—	—	—	23898	—
2015	155661	109047	—	—	—	—	43614	3000
2016	133477	85748	—	—	—	—	36329	11400
2017	120362	76531	—	—	—	—	32632	11200
2018	129373	75956	—	—	—	—	42356	11051

说明：1. 1986—1993年，农业贷款单独设立，1994年始并入短期贷款项下。为方便起见，本表将其八年农业贷款数额分别列入短期贷款栏内

2. 自2016年起，长岛县金融系统经营状况统计表中贷款总额不包括长岛农商行在烟台的两家分支机构贷款数据

1986—2009年长岛县分项贷款情况统计表

表13-12 单位:万元

年份	农业贷款	工业贷款	商业贷款	乡镇企业贷款
1986	3535	858	2307	—
1987	5599	961	3404	1911
1988	4718	1871	4495	2232
1989	4465	2361	4748	2402
1990	10750	2540	6427	2365
1991	14098	3750	9001	2199
1992	19985	5165	12521	2352
1993	22150	5365	15795	2114
1994	8920	5442	15605	1571
1995	17186	6125	17671	1926
1996	24814	6444	18950	2068
1997	29747	7503	20838	2120
1998	37330	7778	17447	1830
1999	40257	6876	19287	1875
2000	33027	6470	11980	1096
2001	35268	5701	11833	1259
2002	37489	3682	7923	1094
2003	38804	2175	7993	1228
2004	28161	—	623	494
2005	28952	—	275	1488
2006	26145	—	18	1551
2007	26507	—		2621
2008	30441	—	600	4961
2009	49811	450	—	5385

说明:2010年之后长岛县金融系统经营状况统计表中贷款种类不再具体划分农业、工业、商业等贷款类型

第五节 结 算

联行清算

1989年以前，长岛县各银行联行清算通过人民银行进行，人民银行联行清算制度根据集中统一与分级管理相结合的原则，分为全国联行往来、省辖往来和与支行的辖内往来3种。1990年，联行清算制度进行改革，专业银行跨系统的汇划和系统内大额汇划，通过人民银行转汇和结算资金，实行汇划款项与资金清算同步。对各专业银行系统内下拨、上缴资金及其他资金往来，确需调拨资金时，通过人民银行联行系统办理汇兑。对因客户办理异地结算发生跨系统的汇划款项，采取“相互办理转汇、及时清算资金”的划拨清算办法。汇划款项与资金清算同步进行，各专业银行先将资金交人民银行，作为汇差资金，由人民银行控制。各银行全国联行跨系统和系统内未达起汇点的汇划款项、内部资金汇划款项和县以下全国联行通汇机构的汇划款项，由各银行系统或本系统联行划转。

1992年11月，烟台住房储蓄银行长岛县支行成立，其联行业务通过人民银行的特约联行代理。2002年，各银行联行资金清算全部由各银行联行综合应用系统进行处理，联行汇划由联行子系统操作，资金清算遵循各银行资金“统一管理、分级负责”原则，由清算中心自动进行，在网内自上而下，逐级滚动清算。

同城票据交换

1986年后，县内金融系统的同城票据交换业务由人民银行主持，人民银行设立同城票据交换中心，各专业银行在人民银行开设往来账户，办理同城票据交换业务。参加同城票据交换的金融机构有工商银行、农业银行、建设银行。1988年，放宽结算条件，推广汇票、本票、支票、信用卡等“三票一卡”为主的结算方式。随着其他银行的相继分设或设立，中国银行、恒丰银行、农业发展银行、信用社也参与同城票据交换业务。2002年，全县7家金融机构参加人民银行同城票据交换业务，年票据资金交换额3.02亿元。

2007年6月25日，全国支票影像交换系统建成，中国人民银行建成运行基于影像技术的、覆盖全国的支票影像交换系统，实现支票在全国的流通使用。长岛人行建立支票影像票据交换所，用于采取分散模式银行机构的票据影像的业务处理。由于小额支付系统功能的拓展，全国支票影像交换系统于2018年关闭。

第六节 外汇管理

1990年11月1日，设立国家外汇管理局长岛支局，支局局长由长岛人行行长兼任。

企业创汇核销

1986年，国家继续实行严格外汇计划管理，所有外汇收入必须售给国家，用汇实行计划分配，国家对外贸和外汇实行统一经营。1991年1月1日，国家开始实行进出口收付汇核销制度，长岛县于1992年开始经办。当年发放核销单156份，回收139份。2001年，涉外企业产品出口笔数最多，发放核销单626份，回收核销单513份，核销金额2071万美元；2006年发放核销单523份，累计回收548份，核销金额为3235.29万美元。至2010年累计发放核销单5878份，回收5235份，核销率89.1%。出口收汇核销累计18796万美元，进口付汇核销累计1940万美元。

个人用汇核销

严格控制个人用汇，包括出国用汇需经国家外汇管理局审批，并办理核销制度。1992—1996年，全县合计出国考察、招商、贸易洽谈等项用汇合计70万美元，回国核销36.9万美元，核销占比52.7%。

外汇管理体制改革

1994年1月1日始，国家对外汇管理体制进行重大改革，取消外汇留成，实行银行结售汇制度，建立全国统一规范的外汇市场。1995年始，外管支局对长岛县外商投资企业的资本金到位情况等进行年检。对年检不合格和未参加年检的企业，收回其“外商投资企业外汇登记证”，并对其外汇业务实行逐笔审批。2011年，货物贸易外汇管理制度改革，取消外汇核销制度。县内完成23家涉外企业《货物贸易外汇收支业务办理确认书》的签署工作。组织完成辖内企业名录清理和档案维护工作，对符合国家外汇总局通知第五条第二款规定的“贸易外汇收支企业名录”清单进行核查汇总。2012年，继续推进辖区货物贸易外汇管理制度改革，依托“货物贸易外汇监测系统”开展货物贸易外汇监测及有关报告的报送工作。2013年，改革服务贸易外汇管理制度，取消服务贸易事前审批，所有外汇结算业务直接到专业银行办理。2015年，取消直接投资外汇年检，改为实行存量权益登记。

1992—2010年长岛县进出口收付外汇核销统计表

表13-13 单位：万美元

年份	发放核销单	收回存根	核销金额	进口用汇
1992	156	139	—	686
1993	261	194	571	749
1994	262	274	1275.83	212.3
1995	269	252	1082.76	141.19
1996	278	253	1123.26	152.39
1997	146	133	—	—
1998	136	123	—	—
1999	264	243	—	—
2000	339	327	1124	—
2001	626	513	2071	—
2002	514	503	1680	—
2003	435	468	1749.6	—
2004	559	485	2041.6	—
2005	—	—	—	—
2006	523	548	3235.29	—
2007	—	—	—	—
2008	388	355	—	—
2009	432	425	—	—
2010	290	—	2841.1	—

第七节 银行代理业务

代发工资

1999年，境内农业银行开办代发工资业务，由对方单位提供职工工资明细、划拨资金，银行为代发工资单位职工开立工资存折户，按月在规定日期将工资额记入职工工资账户，可随时支取。2000年8月，信用社在县城区各营业网点开办代发工资业务，当年代发财政工资810多户、300多万元，代发其他单位工资120多户、70多万元。2008年，邮政储蓄银行开办代发工资业务。2009年3月，恒丰银行长岛支行开办代发工资业务。至2018年，农业银行代发工资单位15个，年代发工资额5000余万元。长岛农商行代发工资单位46个，年代发工资额1.2亿元。邮政储蓄银行月均代发工资16951户，年代发工资1.9亿余元。恒丰银行开办代发工资户共14户，全年代发工资金额813万元。

代收代付

1998年，长岛县农业银行开办代收费业务，主要包括代收行政事业单位罚没款和手续费业务。2002年，开办代收养路费、交警罚款、法院诉讼费、固定电话费、移动电话费等，年代收费用20万元。2000年，信用社开办代收代付业务，当年代收、代付资金3万多元，每月累计周转资金75万元。2002年，代收、代付资金8万元，每月累计周转资金125万元。恒丰银行于2009年开始相继开办代收财政非税收入，企业税款、社保等业务。2016年9月，烟台银行长岛支行与烟台富阁节电科技有限公司达成合作意向，2016—2018年，为该公司代收采暖费，代收户数约为6400户，代收金额为1880万元。

国债业务

长岛县国债发行和兑付主要由县人民银行组织各银行、信用社承担。1981年，全国开始发行国库券。当年分配长岛县的发行任务为34万元（只对单位发行），由于受当时经济条件和人们的认识水平限制，发行方式基本上是以派售为主。1989年，增发新的国债品种——特种国债（只对单位发行）和保值公债，国库券不再对单位发行，只对居民个人发行。保值公债，单位和居民均可购买。1994年，国家开始增发凭证式国债，逐步减少国库券实物券的发行份额。1996年后，停止发行国库券实物券。凭证式国债由各商业银行总行承购包销后，给各分支行下达包销任务。各行包销金额完成后再由各系统自行上划。2017年，上级行制定国债发行巡查制度和承销机构考评制度。国债发行首日，人民银行到各银行机构进行巡查考评。当年，全县各银行机构共发行储蓄国债18期（凭证式8期、电子式10期），销售金额2926万元。2018年，全县各银行机构共发行储蓄国债18期（凭证式、电子式各9期），销售金额2181万元。

第八节　金融管理

账户管理

1989年，人民银行长岛县支行对全县各家银行开立的单位账户进行清理整顿。审批基本账户389个，专用账户95个，辅助账户96个，撤销账户27个。1990年，人民银行总行印发《关于搞好账户清理整顿工作的通知》，长岛县支行审批基本账户498个，专用账户113个，辅助账户116个，其他账户53个，对新批账户进行跟踪检查验收。1991年，对10个未经批准擅自开户的账户予以撤销，调整账户21个。1994年，人民银行总行颁布《银行账户管理办法》，按办法规定，人民银行长岛县支行将各银行账户分为基本存款账户、专业存款账户、一般存款账户和临时存款账户。建立基本存款账户由人民银行核发开户许可证，其他三类账户向人民银行申请备案，同时建立银行账户年检制度。1996年始，每年对全县各银行机构账户实行年检。1997年，为企事业单位开立各类账户723个，撤销各类账户131个。1999年，审批基本账户138个，专用账户107个，一般账户46个。撤销各类账户89个。2003年9月，人民银行总行颁布施行《人民币银行结算账户管理办法》，将银行结算账户按存款人不同分为单位银行结算账户和个人银行结算账户，由中国人民银行核发开户许可证，其他账户（包括个人结算账户）实行备案制度。2018年，境内核准人民币银行结算账户335户，变更240户，销户79户。全县各类账户存量为2536户。其中，基本存款账户1909户，一般存款账户491户，专用存款账户134户，临时存款账户2户。

稽核检查

1997年12月，人民银行长岛县支行开展信贷管理大检查。全县借款户2129户，贷款4750笔，贷款余额为83450万元。其中，信用贷款620万元，占0.7%；保证贷款68973万元，占82.7%，抵（质）押贷款13829万元，占16.6%。存在的主要问题有：借款人资信不符合条件、金融机构贷款程序、审贷分离制度及贷款担保中存在问题等。1998年11月，人民银行长岛县支行组成由县财政局、县审计局、各商业银行、县邮政局负责人组成的整顿工作领导小组，开展整顿银行账外账及违规经营工作。存在的主要问题：金融机构因违规签发银行汇票形成银行垫款、金融机构贴现贷款中无企业供销合同等。2000年4—5月，对各银行、农信社开展贷款质量、盈亏真实性、内控制度、高级管理人员任职资格进行检查。现场检查12个机构的2622笔贷款，总额66703万元，其中不良贷款53455万元（占80.1%）。

2001年5月，人民银行长岛支行成立整顿和规范金融市场秩序工作领导小组。6月，成立行政处罚委员会、行政复议委员会，依法开展行政处罚和行政复议工作。12月，对违反《个人存款账户实名制规定》的有关金融机构，依法给予行政处罚。2004年5月，开展人民币结算账户检查，检查面达到100%。存在的问题有专用账户清理较差、原开立基本账户的工会账户未按要求转为专用账户、部队账户清理不力等。2009年7月28日—8月4日，对长岛工行、恒丰银行、邮储银行等6家金融机构人民币银行结算账户管理情况进行现场检查，发现应撤销账户未及时备案、基本账户未经人行核准提前开户、转入久悬账户系统未做标识或未及时转入久悬账户等问题，对3家银行出具行政处罚意见告知书。2010年始，每年都根据业务需要开展准备金管理、人民币流通管理、征信业务等各项专业检查。2018年共立项检查8次。

第四章 保 险

1984年4月，中国人民保险公司长岛支公司由中国人民银行长岛支行保险科剥离成立。是全县唯一保险机构，全年保费收入67.7万元。1996年4月，中国人民保险公司长岛支公司分设为财产保险公司和人寿保险公司。之后太平洋人寿、新华人寿、鑫山代理、山东华晨和泛华代理分别在长岛设立分支代理机构。2018年，全县保险机构7家。其中财产保险保费收入1667.1万元；人寿保险和新华人寿两家寿险保费收入7792.1万元。

第一节 保险机构

中国人民财产保险股份有限公司长岛支公司

1996年4月，中国财产保险公司长岛支公司成立。1998年4月，恢复为中国人民保险公司长岛支公司。2003年，中国人保顺利完成重组改制上市后，更名为中国人民财产保险股份有限公司长岛支公司。内设机构为综合部、理赔分部、直销业务部、营业室。

中国人寿保险股份有限公司长岛支公司

1996年4月，中国人寿保险公司长岛支公司成立。2003年7月，更名为中国人寿保险股份有限公司长岛支公司，内设办公室、个险销售部、团体保险部，银行保险部、客户服务部。

新华人寿保险公司烟台中心支公司长岛营销服务部

2002年5月，新华人寿保险在长岛成立营销服务部。2018年，在职员工10人，营销人员65人。

其他保险机构

太平洋人寿保险公司长岛代理部　2001年4月成立，经营几年因业绩不佳撤离。2018年，保留1人进行业务兑付。

山东华晨保险公司长岛代办处　2007年8月成立。2018年有员工2人。

鑫山代理长岛营销部　2015年4月成立，2018年，在职内勤员工9人，外勤营销人员17人。

泛华联兴保险中介长岛营业部　2016年3月成立。2018年有营销人员6人。

第二节 保险种类

1986年，全县保险机构经营的业务主要为财产险、责任险、人身保险三大类，近40个险种。1993年，开办住宿旅客意外险、学生平安险，无偿为长岛第二届扇贝节提供客商人身意外伤害险。1996年后，财产保险险种有财产险类、运输工具类、货物运输类、意外伤害险类、责任险类、工程险类、农险类和其他险种8大项，上百个险种。之后，相继开办旅行社责任险、公众责任险、雇主责任险、建筑和安装工程险、码头建筑工程险。2002年，开办购房抵押贷款保证险和产品质量保证险等。2005年，开办危险行业安全生产责任险。2014年，开办医疗责任险，并与县委政法委共同牵头办理平安家园责任险。2015年开办政策性公益林保险。2017年，开办以授权投保人为烟台市民政局，由中国人民财产保险、中华联合财产保险、太平洋财产保险、阳光财产保险和中国大地财产保险5家保险公司共同承保的烟台市民生综合保险项目。至2018年，财产保险长岛支公司经营有近200个险种。

人寿保险险种包括定期返还类、普通两全类、寿险类、年金类、健康险类、万能类、少儿类、短期险八大类型。之后相继开办66鸿运、88鸿利年金险、国寿英才少儿险、99鸿福等险种。2001年，增加康宁定期险及康宁终身险和养老型保险松鹤养老、美满人生年金险。2012年，开办升级的康宁定期2012版，以及女性安康、男性安康、银龄安康等险种；新华人寿险种有健康无忧c1、多倍保、汇鑫保、住院无忧保、意外伤害、意外伤害医疗险等几大类。

第三节　保费收付

长岛县保险公司投保海上渔船、养殖业受风灾海难的影响，导致保费赔付率一直较高。1986—1995年十年赔付平均值为74.8%。1986年，保费收入67.7万元，赔付69.9万元，赔付率103.3%，当年资不抵债。1992年，赔付率高达113%。1996年后，赔付率降低，当年财产保险保费收入565.8万元，赔付241.3万元，赔付率达42.6%。2018年，财产保险、人寿保险、新华人寿3家保险机构保费收入总计9463万元，赔付3372万元，赔付率为35.6%。

1986—1995年长岛县保险公司保费收付统计表

表13-14　　单位：万元

年份	保费	赔款	年份	保费	赔款
1986	67.67	69.93	1991	357.85	247.35
1987	102.48	67.42	1992	386.39	437.28
1988	153.63	73.46	1993	442.01	285.19
1989	197.17	149.18	1994	538.29	327.33
1990	274.70	184.39	1995	543.20	438.38

1996—2018年长岛县财产保险保费收付统计表

表13-15　　单位：万元

年份	保费	赔款	年份	保费	赔款
1996	565.8	241.3	2008	520.58	275.7
1997	565.01	210.92	2009	614.42	210.47
1998	517.07	256.33	2010	719.36	255.96
1999	480.07	132.65	2011	814.97	260.38
2000	509.09	139.66	2012	824.97	319.91
2001	450.42	221.3	2013	1010.7	282.66
2002	508.72	251.78	2014	1122.64	230.87
2003	303.55	141.53	2015	1251.86	616.29
2004	344.59	112.08	2016	1466.58	740.62
2005	351.69	131.28	2017	1508.21	475.06
2006	388.56	167.35	2018	1667.09	465.72
2007	432.33	166.03	—	—	—

2010—2018年长岛县人寿保险保费收付统计表

表13-16　　单位：万元

年份	保费	赔款	年份	保费	赔款
2010	3798	399	2015	4983	1265
2011	3380	674	2016	5521	2469
2012	3378	1918	2017	5458	2068
2013	3663	3587	2018	5806	2161
2014	4064	1245	—	—	—

2013—2018年长岛县新华人寿保费收付统计表

表13-17　　　　单位：万元

年份	保费	赔款	年份	保费	赔款
2013	1745.9	211.1	2016	3258.8	1065.9
2014	1901.2	401.7	2017	2590.9	997.5
2015	2758.6	1379.6	2018	1990.1	745.0

第四节　理赔·案例

理赔

1986年，全县保险系统共受理各种理赔案件184件，赔付69.93万元。2018年，财产保险、人寿保险、新华人寿3家保险机构的理赔案件合计为3023件，赔付总额3371.72万元。

1995年6月20日，“长通一号”客渡轮将河北“冀海驳14号”船撞沉，财产保险赔付82.6万元。1996年6月21日，县经济开发公司一辆轿车在济青高速肇事，造成七死一伤、两车报废的重大恶性交通事故，财产保险赔款55万元。2014年12月1日，县龙兴海运公司所属“龙庆158号”轮船，遭遇狂风，在南长山街道鹊咀村海域搁浅，船体严重受损，财产保险赔付478.55万元。

案例

被保险人王某，2017—2018年分别在人寿保险投保防癌险、康宁定期和女性安康三份保险。2018年12月，王某诊断为宫颈癌，公司赔付30万元。被保险人宋某，2017年投保国寿福至尊版和百万康悦医疗A，其后宋某被诊断为白血病，人寿保险报销住院治疗费15万元，后续住院治疗费用报销至额度205万元。被保险人杨某于2013年在新华人寿保险投保健康福星增额终身重大疾病险。2018年，因病确诊肝硬化及肝内实质团块。经介入手术治疗后，杨某获赔23万元。

2014年12月，“龙庆158号”轮船遇险现场

第十四编　经济管理

1986—2018年,长岛县经济管理部门适应市场经济发展的需要,不断规范完善职能,服务经济社会发展。全县计划工作重点由计划经济逐步转移到对社会经济活动的预测、规划、指导、调控,发挥计划导向性作用。统计部门扩大统计调查、统计服务和统计监督业务范围,及时把握全县经济社会发展脉搏,围绕亮点、难点、重点问题,深入调研分析,促进统计工作规范化、法制化。县物价部门除对工业品价格、交通运输价格、电力价格和非商品收费进行管理外,加强物价监督检查,推行明码标价以及价格监测和价格认证工作。审计工作形成包括国家审计、内部审计和社会审计较为完整的审计体系。工商部门从侧重管理集贸市场、个体私营经济和企业登记等,转变为监督管理各类市场及市场交易行为和维护公平交易执法。食品药品监督管理由监督管理药政、药检和药品、医疗器械生产流通等职能,扩大到对全县生产、流通、消费环节的食品安全和药品安全实施统一监督管理。质量技术监督部门加强工业标准化、计量、产品质量监督及特种设备安全监察等方面管理。国土资源部门加强对土地矿产资源开发、利用和管理执法力度,强化保护措施,逐步将土地矿产资源管理纳入法治化和规范化轨道。安全生产监督管理部门每年组织有关单位和企业开展安全生产月活动,侧重于安全生产、管理和监督监察,开展专项整治和安全生产事故查处工作,防止重大安全事故发生。

第一章　计　划

1993年11月,县计划委员会改称县计划统计委员会。2001年12月,县计划统计委员会改称县计划统计局。2005年1月,县计划统计局改称县发展改革和统计局,负责全县计划、统计、物价等工作。

第一节　计划编制与执行

长岛县国民经济及社会发展计划,分为长远规划、五年计划和年度计划。1987年,《烟台市海岛开发总体规划》批准执行,该规划以《长岛县1990—2000年海岛社会发展规划》为主体。90年代后,相继编制完成《长岛县综合国土规划》《长岛休闲度假岛发展规划》《长岛海洋生态文明综合试验区建设实施规划》3个长远规划;编制“七五”至“十三五”7个五年中期计(规)划;制定全县国民经济和社会主要指标年度目标计划。

长远规划

《长岛县综合国土规划》　1993年5月开始编写,1994年10月通过国家、省、市有关专家和领导评审鉴定。1995年7月,烟台市政府批复通过。规划以1993年为基期,以2000年和2010年为规划期,地域范围包括全县10个乡镇32个岛屿共计56平方千米的全部陆域面积及周围3000

多平方千米的海域。

战略目标：到2000年，县域各类资源得到综合开发利用，自然面貌、社会环境根本改观，实现经济发展与人口、资源、环境关系协调统一，把长岛建设成为经济全面振兴，城乡环境优美，人民生活富裕新的外向型经济县。

具体目标：海洋资源开发利用实现多品种、立体化，海水养殖实现上、中、下水层综合利用，贝、藻、珍品种全面发展，海洋资源开发利用达到国内领先和国际先进水平，全县贝类养殖区域达到9.4万亩，藻类养殖区域达到2万亩，海珍品底播增殖保护区达到60万亩，2000年实现渔业总产值38亿元，2010年实现115亿元。各种水产品资源得到合理、科学开发和深度加工，高、深、精加工比例达到80%以上，成为全国最重要海珍品生产和加工基地，到2000年实现工业总产值20亿元，2010年实现60亿元。旅游资源得到大规模开发利用，提高其综合、配套能力，使县域成为集观光、集会、度假、娱乐于一体的海上旅游胜地，到2000年接待游客120万人次，直接收入4500万元；到2010年接待游客150万人次，直接收入突破1亿元。经济外向度得到较大提高，到2000年，全县外贸商品收购总值达到1.5亿元，全县“三资”企业发展到90家，累计利用外资1.3亿元，“三资”企业出口创汇达到1亿元。重点科技成果推广应用率达到80%以上，办学条件进一步改善，全面实施九年制义务教育，高中普及率达90%以上。形成合理的城镇布局体系，到2000年县城和主要乡镇经济实力进一步加强，县城规划建设区达到4.4平方千米，人口达到1.7万人，将县城建成具有多功能、现代化的政治、经济、文化中心，将砣矶镇、大钦岛乡、大黑山乡等乡镇建成具有一定规模的工业、商业、交通的重点乡镇。到2000年全县国内生产总值达到30亿元，人均纯收入达到10000元，实现富裕目标；到2010年达到100亿元，人均纯收入达到20000元，提前40年达到当时亚洲中等发达国家水平。

《长岛休闲度假岛发展规划》　2012年12月，山东省发展改革委批复《长岛休闲度假岛发展规划》，主要目标是2011—2020年，抢抓山东半岛蓝色经济区建设机遇，以“五年大变、十年巨变，打造改革开放新三十年全国样板”为总体目标。“十二五”规划期间，立体化综合交通框架不断完善，水、电等基础设施“瓶颈”得以突破；南部以“一湾五岛”为主体的休闲度假核心区基本成型，休闲度假产业要素进入数量聚集和品质提升阶段，公共服务体系逐步完善，综合承载能力有效提高；北五岛生态渔业体验和专项度假发展取得突破；成为“智慧山东”集成试点示范区；争取设立环渤海度假合作示范区；休闲度假岛整体形象鲜明，具有较高的市场认知度，成为国内休闲度假热点区域。“十三五”规划期间，基础设施得到较大改善，综合交通满足发展需要，长岛与蓬莱、龙口实现“一体化”发展；国家AAAAA级旅游景区、全国生态旅游示范区、国家级旅游度假区和国家海洋公园范围拓展到北五岛区域，申报世界地质公园、世界自然遗产；休闲度假与现代渔业全方位融合；区域合作取得实质性突破，著名品牌要素加快聚集；“智慧长岛”体系全面完成；休闲度假产业体系达到国际水准，建成有全国竞争力、国际吸引力的休闲度假胜地和海洋文化名城。

《长岛海洋生态文明综合试验区建设实施规划》　2018年4月10日，山东省印发《长岛海洋生态文明综合试验区建设实施规划》，规划期为2018—2025年，展望到2035年。

发展目标：到2020年，综合试验区建设取得重要阶段性成果，山体、海岸、林地、岸滩等资源得到保护修复，南北长山岛裸露山体和地质灾害治理基本完成，修复山体生态面积20余万平方米；森林抚育270公顷，恢复和保护湿地464公顷，自然岸线占比不低于85%。基础设施条件明显改善，以生态旅游、现代渔业、海洋文化为主导的生态产业体系基本形成；争创国家级军民融合示范区、旅游度假区和AAAAA级旅游景区。到2025年，综合试验区基本建成，海陆生态环境得到根本改善，体制机制健全完善，绿色生产生活方式全面形成；大气质量接近或达到国家一级标准，全域生态环境状况指数大于60%，建成国内一流、国际先进的海洋生态岛；争创海洋类国家公园。到2035年，建成国际一流的海洋生态文明岛，成为国际海岛保护发展的典范，建成“山青、海蓝、林茂、岸美、滩净、城靓”生态海岛。

中期计（规）划

第七个五年计划　“七五”（1986—1990年）计划时期，计划1990年（按1990年不变价计算），全县国民生产总值3.6016亿元，比1985年增长80%，五年平均增长12.5%；国民收入3.1392亿元，比1985年增长113.2%，五年平均增长16.3%；实现工农业总产值66706万元，比1985年增长1.4倍，五年平均增长20%；实现财政收入1689.7万元，比1985年增长2.3倍，五年平均递增26.9%。

计划执行情况：1990年，全县完成国民生产总值3.6亿元，增长78%；财政收入1689.7万元，比1985年增长2.3倍，五年平均递增26.9%；工业产值10192万元，完成年度计划300%；农业总产值19680万元；水产品总量102378吨，完成年度计划146%，其中捕捞52378吨，完成年度计划161%；养殖50000吨，完成年度计划133%。

第八个五年计划　“八五”（1991—1995年）计划时期，计划1995年全县国内生产总值11.7亿元，年均递增31.5%；财政总收入4982万元，五年年均递增24%；渔村集体积累余额2.5亿元，五年平均递增16%；全县固定资产投资原值16亿元，五年年均递增18%；产业结构比例由1990年的55.5∶30.8∶13.7调整为1995年的55∶15.3∶29.7。

计划执行情况：1995年，全县国内生产总值11.8亿元，五年年均递增31.5%；全县人均国内生产总值2.7万元，乡、村两级经济总收入14.2亿元，五年平均递增31.6%；财政收入4982万元，五年平均递增24%；全县固定资产投资原值16亿元，五年平均递增18%；渔村集体积累余额达2.5亿元，五年平均递增16%；产业结构调整明显加快，重大比例关系趋向协调，一、二、三产业的比重由1990年的55.5∶30.8∶13.7调整到1995年的55∶15.3∶29.7。

第九个五年计划　“九五”（1996—2000年）计划时期，计划2000年全县生产总值40亿元，年平均增长27.7%，人均1万美元，比“八五”末翻两番；乡村经济总收入70亿元，年均增长35.5%；水产品总量40万吨，年均增长7.1%；全社会固定资产投资16亿元；一、二、三产结构比例由“八五”末期的55∶15.3∶29.7调整为2000年的41∶20∶39。社会消费品零售总额8亿元，年均递增18.8%。

计划执行情况：2000年，全县实现国内生产总值10.26亿元，年均下降2.5%；实现乡、村两级经济总收入8.42亿元，年均下降9.1%；城乡居民储蓄余额8.36亿元，年均增长5.5%；实现社会消费品零售总额4.36亿元，年均递增5.2%；产业间比例关系趋向协调，一、二、三次产业比例由1995年的55∶15∶30调整到2000年的56∶8∶36。

第十个五年计划　“十五”（2001—2005年）计划时期，计划2005年全县国内生产总值20亿元，年均增长14%，人均42500元；一、二、三产业的增加值分别为9.8亿元、2.6亿元、7.6亿元，年均增长分别为11.1%、27.9%、15.4%；乡村两级经济总收入21亿元，年均增长18.5%；五年累计完成全社会固定资产投资13.2亿元，年均增长16%；社会消费品零售额7.5亿元，年均增长11.5%。

计划执行情况：2005年，全县实现地区生产总值21亿元，年均增长15.4%，完成“十五”计划105%，人均6000美元；实现乡、村经济总收入16.7亿元，年均增长14.7%，完成“十五”计划83.5%；实现全社会固定资产投资7亿元，年均增长33.5%；实现社会消费品零售总额5.75亿元，年均增长5.7%，完成“十五”计划76.7%；一、二、三次产业比例调整到56∶11∶33。

第十一个五年规划　“十一五”（2006—2010年）规划时期，计划2010年全县实现地区生产总值44亿元，年均增长16%，人均突破10000美元；实现地方财政收入1亿元，年均增长21.4%；实现乡村两级经济总收入34亿元，年均增长15.3%；一、二、三产业结构比例调整为44∶16∶40；全社会

固定资产投资26亿元，年均增长30%；实现社会消费品零售总额8亿元，年均增长6.8%；物价涨幅控制在3%以内。

计划执行情况：2010年，实现生产总值50.4亿元，五年平均增长19.1%，高于预期增速3.1个百分点；人均生产总值达到1.75万美元；地方总财力达6.87亿元，年均增长30.7%，财政总收入达3.23亿元，年均增长20.3%；社会消费品零售总额12.7亿元，年均增长17.2%；全社会固定资产投资五年累计完成42亿元，年均增长16%。

第十二个五年规划　“十二五”（2011—2015年）规划时期，计划2015年全县实现生产总值150亿元，年均增长24.4%，人均生产总值突破5万美元；财政总收入年均增长25.4%，达到10亿元；城乡居民收入实现“倍增”，城镇居民人均可支配收入、渔民人均纯收入分别达到5万元和3万元。

计划执行情况：2015年，实现生产总值63.4亿元，年均增长7.8%；一般公共预算收入1.29亿元，年均增长10%；社会消费品零售总额18.9亿元，年均增长12.9%；全社会固定资产投资五年累计完成48亿元，年均增长21.7%。

第十三个五年规划　“十三五”（2016—2020年）规划时期，计划2020年全县生产总值100亿元，年均增长9.5%；一般公共预算收入2亿元，年均增长9.2%；全社会固定资产投资24亿元，年均增长15%；社会消费品零售总额32亿元，年均增长11%；城乡居民人均可支配收入3.43万元，年均增长8%；新增城镇就业人数2500人以上，城镇登记失业率控制在1.8%以内，城镇化率达到60%以上。

计划执行情况：2016年，实现生产总值67.7亿元，年均增长8.3%；一般公共预算收入1.26亿元（按可比口径），年均增长12%；固定资产投资7.4亿元，年均增长13.6%；社会消费品零售总额21亿元，年均增长12.5%。全县存、贷款余额分别达到45亿元和13.3亿元，年均分别增长11.7%和3.9%；城镇居民和渔民人均可支配收入分别达到3万元和1.9万元，年均分别增长7.9%和8.1%。争取市级连续展开两轮支持长岛科学发展，累计落实政策62项，争取上级无偿资金30.7亿元，是前五年的2.7倍。

2017年，实现生产总值71.4亿元，增长2.7%；一般公共预算收入1.28亿元，可比增长9%；固定资产投资8.6亿元，增长13.2%；社会消费品零售总额22.96亿元，增长9.8%；城镇和渔村居民人均可支配收入分别为3.3万元、2万元，增长7.8%和10.6%；完成节能减排降碳约束性指标。

2018年，实现生产总值73.06亿元，一般公共预算收入1.44亿元，社会消费品零售总额14.7亿元，城镇和渔村居民人均可支配收入分别3.56万元和2.21万元。县域行政管理体制改革实现历史性重塑，“宽职能、扁平化”大部门管理机构框架全面形成，行政机构较改革前缩减55.6%。渔村集体产权制度改革基本完成，成立经济合作社39家。

短期（年度）计划

为推进全县经济又好又快发展，每年年初，在分析全县经济环境及发展趋势和县直各有关部门、单位分析提报相关指标预测值的基础上，县发展改革部门以上一年经济指标为基数预算出当年经济增长速度，提出全县每年度各项主要指标预安排计划，提交县人民代表大会审议。审议通过后，根据县人代会确定的各项目标任务，把各项主要指标分解落实到各乡镇、街道和各有关部门，最终编制完成年度国民经济和社会事业发展计划并印发全县执行。各乡镇、各部门在全年经济社会工作中围绕计划预期目标开展各项工作。

备注：本节数据均为当年公布的统计数据，后根据国家经济普查有所调整。

第二节　项目审批

80年代以后，长岛县深化改革计划管理体制，下放计划管理权限，缩小指令性计划，扩大指导性计划，发挥市场调节作用。2004年，开始针对投资主体不同实行投资分为审批类、核准类和备案类三种。2005年，国家发改委印发《产业结构调整指导目录》，根据项目建设内容分为鼓励类、限制类、淘汰类。1986—2016年，加强企业投资项目核准备案管理；衔接上级核准的投资项目目录，及时修订长岛县目录，做好承接和取消下放投资审批权限工作，共计批复项目计划700余个。

2017—2018年，落实国家、省、市投资审批制度有关改革政策。2017年2月始，正式运行投资项目在线审批监管平台，县级权限内非涉密投资建设项目审批、核准、备案全部通过在线审批监管平台网上受理、办理；深化"一次办好"改革，编制审批服务指南，实行"一次告知"，立项审批办理时限由20个法定工作日压缩到即时办结；对属于上级部门审批项目，实行"代办制"。项目审批实现"在线申办"和"一次办好"，有效提升项目审批服务效能。两年网上批复项目共计63个。

第二章　统　计

1983年设立县统计局，1984年并入县计划委员会，内设统计科。1986年，在6个较大乡镇设立乡镇统计站，在庙岛乡、小黑山乡、小钦岛乡、南隍城乡各安排1人担任综合统计和乡村企业经管统计。1989年始，实行统计管理登记和统计人员持证上岗，企业推行统计负责人制。90年代，统计工作伸展到经济和社会发展各个领域，逐步形成新的国民经济核算体系和统计指标体系。1993年设立县计划统计委员会，2001年改称县计划统计局。2005年，县计划统计局更名为县发展改革和统计局，负责全县统计工作的组织指导和综合协调，对统计调查项目、统计标准和统计数据发布实施管理。1986—2018年，全县共开展13项全国性普查和3项调查任务，主要有人口、工业、农业、经济、基本单位普查和第三产业调查等。

第一节　统计调查

1985年，长岛县建立国民生产总值统计年报制度。工业统计年报与工业快速普查同时进行，工业综合年报表以全国第二次工业普查摘要表的形式布置下达，各年报表口径范围、指标解释，分组及各项目录，以工业普查中有关规定为准，境内工业统计指标主要为工业总产值及主要产品产量。90年代后，工业统计范围不断扩大，逐步形成包括生产、经营、效益等方面统计月报。农业统计改为农村统计，主要增加价值和社会经济效益方面指标体系，同时严格管理发往农村基层统计报表，减轻农村基层统计负担。建筑业统计逐步健全完善。综合统计报表有《主要经济效益完成情况》《建筑业生产完成情况一览表》《建筑业净产值》《财务成本完成情况》《渔村建筑业生产完成情况》等。

1987年，增加固定资产投资财务拨款统计报表。固定资产投资报表种类有《按国民经济行业分的基建项目个数和投资》《基本建设房屋建筑面积及竣工房屋价值》等10余种。贸易业统计形成完善的指标体系，其统计报表包括《社会商业商品购销存总额》《社会商品零售总额》《社会商品购买力》《商业零售机构人员》等20多种统计报表。劳动工资统计报表指标体系，随着电子计算机在劳动统计中应用，统计范围不断拓宽，增加职工人数和工资多层次分组指标、企事业和机关职工变动统计以及专业技术人员情况统计。

进入90年代，物资统计增加工业品销售和能源统计报表，其统计报表指标体系包括《物资统计报表》《主要物资消费、库存量》《原材料燃料进、耗、存》《生产用主要物资使用方向》《生产用主要物资按国民经济分组消费量》《物资消费与库存总值》等。能源统计表有《工业企业能源购进、消费及库存》等。建筑业统计实行电子计算机超级汇总，统计部门不再上报表式报表，改报经过计算机处理的数据库磁盘。劳动工资统计报表有《全部职工人数和工资》《全部职工人数和工资补充资料》《全民所有制企业固定职工和合同制职工增加来源和减少去向变动情况》《城镇集体所有制单位全部职工增加来源和减少去向变动情况》《全部职工工资总额构成情况》等10余种。

1992年，根据省统计局关于国民生产总值统计报表制度的要求，在工业统计方面，增加经济效益，工业生产增加值、净产值等报表指标体系，采用微机处理超级汇总工业统计年报表，每10年使用不同不变价格。工业统计分年报和月报，主要报表有《全部乡及乡以上工业企业和生产单位数及工业生产销售量指标》《全部全民所有制独立核算工业企业主要经济指标》《全部其他经济类型独立核算工业企业主要经济指标》《工业总产值及主要产品产量》《分行业总产值》《主要工业产成品(实物量)库存》等20余个。固定资产投资统计报表制度更加完善，形成一套以投资效果为中心，全面反映投资过程和结果指标体系，其内容包括固定资产建设项目、固定资产投资价值量、新增生产能力、房屋建筑面积、投资效果等各个方面。

2000年后，固定资产投资统计实现5000万元及以上固定资产投资统计联网直报报表，依托专用网络实现数据汇总提取。商业统计范围由统计“大中型”商业改为“限额以上商业”全部调查，2006年由“非大中型”全部商业统计改为“限额以下”商业进行抽样调查。

2005年，各项专业调查主要有规模以下工业企业调查、工业品价格调查、部门采购经理调查、电子商务交易情况调查等。

2012年后，建筑业改为实现资质以内建筑业报表单位通过统计联网直报报表，通过网络查询汇总数据。

2014年始，住户调查由农村住户调查改为城乡一体化住户调查，调查范围由农村扩大到城乡，采用统一抽样办法，建立住户调查体系，统一城镇居民和农村居民收支指标。

2017年，实施投资统计改革。2018年始，500万～5000万元固定资产投资采用财务支出法统计，5000万元及以上固定资产投资项目仍采用形象进度法统计。农业方面，到2018年，主要报表有《农林牧渔总产值》《农林牧渔中间消耗》《农林牧渔增加值》《县(市)社会经济基本情况》《乡(镇)社会经济基本情况》《村社会经济基本情况》等。

第二节　普查工作

1986—2018年，全县共开展13项全国性普查任务。主要有人口普查、工业普查、农业普查、经济普查、基本单位普查等，另外开展第三产业、农业生产及乡村冷藏业经济效益情况等调查。

人口普查

1986—2018年，长岛县先后进行3次人口普查。

第四次全国人口普查　标准时间1990年7月1日零时，共设21个项目，其中人记录15项、户记录6项。普查结果：全县总户数14016户，总人口49412人，其中男性25434人、女性23978人，性别比为100:94。非农业人口11174人，农业人口38136人。全县有9个民族，其中汉族人口49389人、少数民族23人。

第五次全国人口普查　标准时间2000年11月1日零时。普查结果：全县总人口52890人(包括外来人口，不包括外出人口)，全县共有家庭户16686户，家庭户人口47227人，占总人口89.29%，平均家庭户规模2.83人；男性27601人、占52.19%，女性25289人、占47.81%，性别比为109:100；汉族人口52854人、占99.93%，少数民族人口36人、占0.07%；接受大学(指大专以上)教育2550人、占4.82%，接受高中(含中专)教育8000人、占15.13%，接受初中教育21689人、占41.01%，接受小学教育14010人、占26.49%。

第六次全国人口普查　标准时间2010年11月1日零时。普查结果：全县总户数18307户，登记总人口52387人，户籍人口43085人，常住人口44025人，其中男性22290人、女性21735人；城镇人口10006人，城镇化率22.728%；汉族43952人、蒙古族12人、回族8人、苗族4人、彝族23人、壮族2人、满族17人、土家族2人、佤族3人、纳西族2人；6岁以上人口42613人，其中文盲1856人、小学学历9849人、初中学历18833人、高中学历7897人、大专学历2738人、本科学历1407人、研究生学历33人；2010年当年出生人口236人，死亡人口244人。

人口普查每10年进行一次，在两次人口普查之间每年开展一次1%人口抽样调查。调查采用两阶段、分层、整群、概率比例抽样方法，调查内容包括住户基本情况和个人性别、年龄、民族、受教育程度、迁移流动、就业、社会保障、婚姻、生育、死亡、住房情况等指标。

工业普查

1986—2018年，长岛县进行2次工业普查。

第二次全国工业普查　1986年开展，历时4年。普查结果：全县1985年年底共有工业企业120家，其中全民独立核算工业企业8家、县以上集体独立核算工业企业21家、县以上非独立核算工业企业5家、村办工业企业73家、联合体办工业企业5家、个体工业企业2家；轻工业76家、占63%，重工业44家、占37%。当年全县工业总产值5268万元，县直工业总产值1776万元，乡镇工业总产值2085万元，村及村以下办工业总产值1407万元。全县工业企业职工4975人，其中：县直工业企业职工1959人（其中全民独立核算工业企业职工693人），乡镇工业职工846人，村以下办工业职工2170人。

第三次全国工业普查　1996年开展，普查结果：1995年年末全县有工业企业95家，从业人员4808人，实现工业总产值48387万元，其中独立核算工业企业91家、从业人员4674人、实现工业总产值46590万元。

农业普查

1986—2018年，长岛县进行3次农业普查。

第一次全国农业普查　1997年开展，普查范围涉及农业生产经营单位、农村住户、农业企业、农业用地、乡村社会环境与基础设施等方面基本情况。

第二次全国农业普查　2006年开展，普查主要包括从事第一产业活动单位和农户生产经营情况、乡（镇）、村委会及社区环境情况、农业土地综合利用情况、农业和农村固定资产投资情况、农村劳动力就业及流动情况等。

第三次全国农业普查　2016年开展，长岛县普查单位户数348户，乡村普查户数2748户，乡村普查人口数8307人。全县实际耕种的耕地面积1462亩，实际经营林地面积42383亩；海水养殖面积773212亩，海水养殖产量315179吨；普查农、林、牧、渔各业经营收入合计114815万元。

经济普查

1986—2018年，长岛县进行4次经济普查。

第一次全国经济普查　2004年开展，主要是全面调查2004年全县第二产业和第三产业发展规模、结构和效益等信息。普查涉及第二、三产业法人单位371个，其中企业法人单位215个、机关事业法人单位109个、社会团体法人单位5个、其他法人单位42个；产业活动单位227个，其中第二产业12个、第三产业215个。

第二次全国经济普查　2008年开展，全面调查全县第二产业和第三产业发展规模及布局，了解全县产业组织、产业结构、产业技术现状以及各生产要素构成；摸清全县各类企业和单位能源消耗基本情况。通过普查，进一步夯实统计基础，完善国民经济核算制度，为加强和改善宏观调控，科学制订长岛县中长期发展规划，提供科学准确统计信息支持。普查对象是在长岛县从事第二产业和第三产业全部法人单位、产业活动单位和个体经营户。普查结果：2008年全县从事二、三产业法人单位681个，年从业人数9829人，其中企业法人单位383个，机关、事业法人单位216个，社会团体法人单位10个，其他法人单位72个。产业活动单位145个，其中第二产业17

个、第三产业128个。

第三次全国经济普查 2013年开展，全面调查全县第二产业和第三产业发展规模及布局，了解产业组织、产业结构、产业技术现状以及各生产要素构成；查实服务业、战略性新兴产业和小微企业发展状况，摸清各类单位基本情况，全面更新覆盖国民经济各行业基本单位名录库、基础信息数据库系统；夯实统计基础，健全统计工作部门协调机制和信息共享机制。普查对象是在长岛县境内从事第二产业和第三产业全部法人单位、产业活动单位和个体经营户。普查结果：2013年，全县共有法人单位855个。其中，企业法人577个，机关、事业单位法人199个，社会团体和其他法人79个。产业活动单位992个，其中从事第二产业和第三产业单位756个，比2008年减少28个，降低3.6%。全县第二产业和第三产业法人单位从业人员10181人，比2008年增加353人，增长3.6%。

第四次全国经济普查 2018年开展，普查时期资料为2018年度，普查对象是长岛县境内从事第二产业和第三产业活动全部法人单位、产业活动单位和个体经营户。2018年，全县共有从事第二产业和第三产业活动法人单位1285个，比2013年(第三次经济普查年份)增加430个，增长50.3%；产业活动单位1550个，增加558个，增长56.3%；个体经营户3614个。在第二产业和第三产业法人单位中，位居前三位行业是：批发和零售业224个，占17.4%；租赁和商务服务业175个，占13.6%；公共管理、社会保障和社会组织业174个，占13.6%。在个体经营户中，位居前三位行业是：住宿和餐饮业1574个，占43.6%；批发和零售业1376个，占38.1%；居民服务、修理和其他服务业209个，占5.8%。

基本单位普查

1986—2018年，长岛县进行2次基本单位普查。

第一次全国基本单位普查 1996年进行，普查结果为：1996年全县单位总数905个，其中法人单位473个、产业活动单位432个。

第二次全国基本单位普查 2001年进行，全县共普查848个单位，其中法人单位471个、产业活动单位377个。

其他调查

第三产业调查 1986年，开展第三产业情况调查。截至1986年8月底，全县从事第三产业企业611个，比1980年121个增长4倍；从业人员2901人，比1980年987人增长2倍；从事流通劳动力比重由1980年38%上升到48%，大大高于全国平均13%水平。

南五乡镇春季农业生产情况调查 1989年，进行南五乡镇春季农业生产情况调查。调查结果：全县农业总的形势是好的，全县近5000亩小麦长势喜人，丰收在望，春播工作已近尾声，整个春季农业生产轰轰烈烈，扎扎实实，大力发展农业生产气候已初步形成。

乡村冷藏业经济效益情况调查 1990年，针对全县1989年乡村冷藏业出现资源紧张、管理不善、销售困难等问题，对全县乡村冷藏经济效益情况进行全面调查。长岛县最早的冷藏厂于1981年建成投产，1989年全县乡村级冷藏业发展到50处，建厂投资总额3289万元，其中自筹资金599万元、贷款2690万元。当年实现总收入7947万元，实现税金401万元。调查结论：冷藏业发展解决大批渔村劳动力就业，在增加财政收入、实现水产品增殖、增强群众商品意识等方面都起到不可估量作用。由于受资源限制、经营管理制约等诸多因素影响，1989年全县50处乡村冷藏行业有2处停产、32处亏损、2处微利保本、14处盈利，亏损、微利、停产占乡村总冷藏数的72%，年亏损额245万元。

第三节 统计服务与执法

统计服务

1986年，县统计工作不断适应改革需要，加强乡村统计工作，建立6个乡镇统计站；开展渔村经济调查和渔村住户调查增点扩户工作，在原2

个乡镇3个点30户基础上增加到10个乡镇16个点160户，准确反映渔村经济实情及渔民收入、生活水平状况；编制月份统计资料和主要经济指标完成情况，整理编制长岛县1985年度及1980—1985年2月份国民经济统计历史资料；举办6期基层统计学习班，培训人员156人，当年形成统计分析12篇。

1989年，组织县工商局、县商业局、县粮食局、县税务局、县供销社等单位对1988年全县商业、饮食、服务网点情况进行普查，完成150个国营网点、165个集体网点和440个个体营业网点普查工作。利用统计资料撰写统计分析24篇。向全国海岛县发送月度统计资料11期、计121份，年度统计资料11份，发送统计分析24期、共264份。接收其他海岛县发来统计资料、统计分析共计160余份。

进入21世纪后，按时发布历年《长岛县国民经济和社会发展统计公报》。2002年，利用专业年报和季报、各种普查、抽样调查资料，撰写调查报告及统计分析20余篇。1985—2005年，每年编辑出版《长岛县国民经济统计资料》，汇集全县国民经济和社会综合情况主要统计数据，分综合、人口与劳动、农业、渔业、工业、固定资产投资、交通、邮电、商业、外贸、财政、金融、劳动工资等章节。2008年，出版《长岛县计划统计劳动物价志》（下限为2004年），记述中华人民共和国成立后长岛县计划、统计、劳动、物价工作的发展历程。1995—2018年，先后汇编1985—1990年、1990—1995年、1995—2000年、2000—2005年《长岛县国民经济统计资料》、2006—2010年《长岛县统计年鉴》和2011—2015年《长岛县统计年鉴》。

统计执法

1989年3月，对8个乡镇、9个村委、6家乡镇办企业、19家村办企业、13个县直业务主管局、13个县直企事业单位共68个单位进行统计执法检查。1990年开始，实行统计管理登记和统计人员持证上岗制度，每隔4年对统计上岗证进行核实检查。至2018年，每年进行统计执法检查，共检查20余次，处罚统计违法单位10余个。

第三章　物　价

1985年，长岛县逐步放开大部分农副产品价格、部分工业消费品价格、工业生产资料价格。1986年后，价格管理逐步由计划经济管理模式转变为市场经济管理模式，政府定价范围主要限定在重要公用事业、公益性服务、网络型自然垄断环节。1987年，建立农产品成本调查机构，成立农产品成本调查室。1988年，在乡镇成立群众价格监督站，设立群众价格监督员34人。

1992年，逐步理顺价格体系，建立和完善物价管理制度和各项相应措施。1993年，放开粮油价格、煤炭价格，其他商品价格随之上涨。是年，撤销县物价局，工作职能并入县工商局，内设物价检查所。1999年4月，恢复设立县物价局，与县计划委员会合署办公，内设物价检查所。1999年12月，成立长岛县价格鉴证中心，与物价检查所合署办公，2001年更名为价格认证中心。2001年12月，计划委员会更名为计划统计局（对外挂物价局牌子），承担物价管理职能，内设物价检查所。2005年，县计划统计局更名为县发展改革和统计局，挂县物价局牌子。2012年6月，县物价检查所更名为县价格监督检查局，为县发改局直属副科级行政机构。2012年9月，县发改局内设价格管理科（挂成本调查监审科牌子）。2017年8月，县价格监督检查局调整为县发改局内设机构，更名为县价格管理办公室，原承担的物价行政处罚、强制、监督检查等行政执法职能转入县综合行政执法局。

第一节　价格(收费)管理

1986年,长岛县首次制定半月湾、烽山、历史博物馆等旅游景点收费标准。1987年,制定《长岛县物价管理暂行办法》《关于加强物价管理的有关规定》,稳定猪肉、蔬菜、果品等副食品价格,对不合理的23种县管产品做出价格调整,对粮油等实行提价申报制度。1988年,根据国家物价局印发的《关于发布第一批计划外生产资料全国统一最高限价的通知》要求,实行计划外柴油、煤油、汽油销售最高限价管理,对计划外采购农药、化肥、柴油、钢材等重要生产资料,实行归口经营,对其价格实行审查制度。

1989年,全县收费管理工作步入法制化轨道,对行政事业性收费实行申报制度,核定收费标准,控制乱收费、乱罚款等现象。1991年,开展"清费、治乱、减负"和规范收费管理,实施收费年审制度,当年取消、废止27项收费项目,对全县132个行政事业单位进行年审。

1991年,卷烟零售价格、电冰箱等4种交电商品价格全部放开,全年共放开606种商品价格。1992年,在国营企业推行经营、价格、分配、用工"四放开"改革,放开商品品种达2020种。废止提价申报制度,除国家规定的石油、金属、木材等工农业生产资料外,其他商品无须提价申报。1993年,放开滚装登陆艇运输货运价格和煤炭销售价格。

1994年1月,根据山东省物价局《山东省行政性事业性收费管理规定条例实施办法》,全县取消178种收费项目。1998年,对汽油、柴油零售价格进行改革,由政府定价改为政府指导价。1999年,北四岛海缆敷设并网运行,确定北四岛电价为:渔村居民照明用电0.67元/千瓦时,非普工业用电0.78元/千瓦时,办公照明用电0.88元/千瓦时。

2000年9月,长岛风力发电公司机组上网电价暂核定为0.90元/千瓦时。2001年,制定《长岛县涉及农民负担收费文件、项目公开册》,规范涉农收费行为。同年5月,放开水运价格。7月,供水价格统一确定为5.5元/立方米。2002年1月,对辖区内11个景点门票价格进行调整,理顺旅游景点门票价格,并对海上游价格进行批复。同年5月,小黑山风电项目上网电价确定为不超过0.65元/千瓦时。

2003年7月,长岛县召开城区城市生活垃圾处理费价格听证会,印发《征收城区生活垃圾处理费意见》,明确征收范围,调整收费标准。2005年,淡化水用电继续执行0.35元/千瓦时优惠政策。2006年,省物价局批复华能中电长岛公司32台850千瓦发电机组上网电价暂定执行0.76元/千瓦时。是年,长岛县制定征收城市基础设施配套费政策;召开价格听证会,首次制定城区公共交通价格。

2007年1月,制定《长岛县污水处理费征收管理办法》,开征城市污水处理费。2008年11月,召开调整城区供热价格听证会,调高城区公共管网供热价格。2011年,对海洋渔监收费进行梳理,将收费项目及标准进行公示。同年,全面推行国家基本药物制度,落实基层医疗机构基本药物零差率政策规定,在全县基层医疗卫生机构实施一般诊疗费收费项目和标准。

2012年始,免征小型微型企业22项收费,每年可减负近百万元。2013年,制定新建小区供电基础设施配套费、有线数字电视收视维护费、幼儿园收费等规定。2014年3月,推进旅游景点门票价格改革,重新制定景点门票价格政策。同年11月,开展公立医院医药价格改革,实行药品零差率政策,调整公立医院部分医疗服务价格,放开非公立医疗机构医疗服务价格、医保目录内低价药品价格;各类电信业务资费,实行市场调节价;放开港口竞争性服务收费,包括船舶垃圾处理、供水服务等价格;放开会计师事务所、工程监理、房地产评估等18项服务收费标准,实行市场调节价。

2015年,降低工商业用电价格,农业用电全省同价;放开大部分药品价格,实行市场调节价;推进收费管理改革,取消收费年审制度和收费许

城区居民供水实施阶梯价格制度听证会（2018年）

可证制度，收费实行事中事后监管。

2016年，推进医疗服务价格改革，落实降低CT、核磁共振等大型医疗设备检查价格，理顺诊查费、手术费、护理费、床位费等部分服务项目价格政策。同年，完成城区污水处理费标准调整，取消建筑工程施工图审查费等6项部分服务收费项目，放开机动车驾驶员培训费、机动车安全技术检验服务费、征地地上附着物和青苗补偿费等30项服务价格，实行市场调节价。

2017年4月，召开龙爪山景区门票价格听证会，确定龙爪山景区门票价格。同年，制定旅游景区停车场停车收费标准；出台城区居民和非居民计量供热价格政策；国家放开食盐价格，由企业自主确定。

2018年1月，争取到全县海水淡化用电价格优惠政策，确定自3月1日起长岛海水淡化项目“十三五”规划用电价格按0.555元/千瓦时标准执行。同年，获得清洁取暖用电价格优惠政策，完成城区供水、轮渡票价、旅游景区价格改革，放开政府投资的体育文化设施收费、防雷检测服务费、房地产测绘费等20项商品和服务价格。

第二节　价格监督检查

1986—1997年，价格监督检查在坚持节日检查与日常检查、专项检查与行业检查的基础上，经常性开展物价大检查，累计检查行政、事业、国营、集体等单位2700多个，查处各类违价案件630起，罚没款40.6万元。1998年，开展执法检查5次，罚没款1.3万元。1999年，对卫生、教育、住房等民生热点问题组织检查，立案查处5起，收缴违法所得入库12.8万元。2000年，设立举报电话“3219851”，全年受理群众各类投诉案件10起，处理10起，办结率和回复率100%。2001年，价格举报电话更换全国统一号码“12358”，当年受理各类举报和投诉案件15起，处理15起，办结率和回复率100%。同年查处违价行为8起，收缴入库1.4万元。2002年，在全县推行涉农收费公示制度，收费单位对其收费项目、标准、依据、监督电话进行公示，在乡镇、村组设立公示牌、公示栏，当年实现公示率97%。

2003年防治“非典”期间，重点对粮油、药品、食盐等60余种的商品和服务价格进行重点检查。全面落实价格和收费公示制度，建立完善渔村价格监督网络。

2005年，对全县商业零售、餐饮、旅游等行业开展价格欺诈行为专项检查，检查各类单位近200个，纠正不规范商业促销行为20起。2007年，推动“价格服务进万家”活动，重点开展价格服务进港口、景点、学校等活动。2009年，开展价格专项检查，立案查处3起，没收违法所得8.2万元。2010年，对7个单位价格违法案件进行查处，没收违法所得147.8万元。

2011年，落实国家、省房地产明码标价规定，房地产开发企业公布全部房源，按一房一价进行标示。2012年，规范“渔家乐”住宿餐饮价格行为，统一制定“渔家乐”食宿价格表，全县580家“渔家乐”业户全面实行“渔家乐”经营明码标价制度。2015年，实施市场价格监管方案，规范汽车安全技术和尾气检测收费行为、驾驶员培训收费行为管理。

2016年5月，开展旅游市场价格行为监管，根据消费者举报对某海鲜城违反明码标价问题进行立案查处，罚款3000元，并对其违法行为予以曝光。

2017年，集中开展全县旅游市场秩序整治，重点对全县范围内“渔家乐”、酒店、旅行社、旅游景区等进行物价执法检查。2018年，落实国家、省降低一般工商业电费政策，召开电价政策提醒告诫会，清理规范电网和转供电环节收费。

第三节 价格监测与基金管理

1990年，长岛县开始建立副食品调节基金制度，全年征收8.5万元，发放补贴1.5万元。健全物价指数目标控制体系，将7类420种商品控制任务分配到8个主管局和30多家企业。至1998年，共收取副食品价格调节基金近30万元，其中用于各类补贴8.6万元。1998年，长岛县副食品价格调节基金停止征收。

2003年，为应对“非典”影响，县价格主管部门制订应急方案，对市场上重要商品和服务价格每日进行监测，定时上报市局监测数据。2006年，制定《长岛县应对价格异常波动工作预案》，完善工作制度，健全价格异常波动应急机制。2007年，印发《长岛县价格调节基金征收使用管理办法》，规定自同年7月1日起，再次征收副食品价格调节基金。2008年，启动价格波动应急预案，执行国家和省临时价格干预措施，落实调价备案制度，对粮油供应公司、石油液化气供应公司、麦得隆超市3家企业实行部分重要零售商品调价备案制度。2010—2012年，启动联动机制，对城乡低保对象、渔村“五保”供养对象及优抚对象共安排用于困难群体生活补贴32万元。2013年，启动长岛鲜海参价格监测，完成3个海参价格监测点布点，定期上报监测点有关价格数据。2014—2015年，开展市场价格监测，编写月度价格分析报告。2016年，全县停止征收价格调节基金。2017—2018年，每月定期对市场粮、肉、油等重要商品市场价格进行监测，向市物价局报送监测数据。

第四节 成本调查与监审

1987年10月，成立长岛县农产品成本调查室，承担全县农产品成本调查职责。1986—1990年，确定5个常年调查点，对3大品种（捕捞、扇贝、海带）开展成本调查，对生猪、蛋鸡、蔬菜、肉食品等10个品种进行一次性成本调查。1991—2002年，多次开展海带养殖成本调查，先后形成《海带及海珍品生产成本及效益的调查分析报告》等多篇成本调查报告，其中《海带生产效益高》调查报告被市物价局《工农成本调查》刊物刊载。

2003—2011年，先后开展航运企业运营成本、风力发电经营成本、城区生活垃圾处理成本、城区公共管网供热成本、城区公共管网供水成本、城区公交客运成本调查和审核，及时掌握企业经营和成本情况。

2011年，全县开展特色农产品养殖成本调查，确定3家省级海参养殖成本调查户。2017年，对热力厂2014—2015、2015—2016、2016—2017三个供热年度开展成本定期审核，完成成本监审报告。是年，完成龙爪山景区定价成本监审。2018年，对长岛供水分公司2015年、2016年、2017年三个年度开展城区公共管网供水成本定价监审。

第五节 价格认证

1994年，长岛县首次开展价格认证工作，县工商局取得“价值认定资格证”，开始受理司法机关委托对涉及刑事、民事和经济案件的涉案物品进行价格认定。1999年，县物价局设立县价格鉴证中心，县工商局价格认证职能转到县物价局。2001年，县价格鉴证中心更名为县价格认证中心。1994—2002年，全县共受理各类涉案物品价格鉴证案件271件，认定价值总额261万元。

2003年，长岛县按照《山东省涉案物品价格鉴证条例》，全年共受理涉案物品价值鉴定32起，认定价值总额14.5万元。2006年，按照《山东省价格鉴证规范》修订版实施，鉴定程序、方法更加完善和规范，全年共办理涉案价格鉴定18起，价格鉴定总值近30万元。2014年，受理涉案物品价格鉴定11起，涉案金额近9万元。2017年，价格认定委托书改为价格认定协助书，全年协助公安等部门办理涉案物品价格认定21起，涉案金额26万元。2018年，协助公安部门办理涉案物品价格认定22起，涉案金额10万元。

第四章　审　计

1983年11月，长岛县设立审计局。1986年11月，全县开始实行厂长（经理）调离审计制度。1987年，始设企业股、财政金融股、行政事业股3个内部机构，分别负责全县工商企业、金融企业和行政单位审计工作。1988年，开始组织各单位内部审计机构和社会审计组织对县属企业年度承包经营情况进行审计。1989年4月，成立烟台市审计师事务所长岛分所，承担社会审计职责。1997年，开展预算执行审计。1998年11月，烟台审计师事务所长岛分所与县审计局脱钩，与烟台会计师事务所长岛分所合并成立长岛升华会计师事务所。2000年1月，长岛升华会计师事务所改制为长岛瑞祥有限责任会计师事务所，县审计局不再开展社会审计工作。同年，开始经济责任审计工作。2002年，县会计结算中心成立，各单位不再配置专职会计人员，同时不再设置内审机构。2018年，县审计局下设办公室（挂举报中心、法规科牌子）、行政事业审计科、经贸金融投资审计科3个行政科室和县经济责任审计处（副科级事业单位）。

第一节　国家审计

财政财务收支审计

1997年，县审计局首次开展预算执行审计。每年确定一两个审计重点，逐步规范审计方式、方法，使预算执行审计成为龙头项目。1997—2002年，共对县财政局、县地税局等97个预算单位及其二级单位预算执行情况进行审计，查出应纳未纳预算收入等违规和管理不规范金额共计6641万元。

2003—2008年，县审计局加大预算执行审计工作力度，与经济责任审计相结合，分别对县财政局等3个单位本级预算组织情况、县建设局等54个预算单位及其二级单位预算执行情况、南长山镇等4个乡镇财政预决算情况进行审计，查出应列未列支出、漏缴税金等违规和管理不规范金额共计18014万元。

2009—2014年，重点关注项目资金管理使用情况，从项目审批到资金收付，沿资金流向，坚持资金运用到哪里，审计就跟踪到哪里，做到审深、审透。主要对县国库等3个单位本级预算组织情况、县科技局等21个预算单位及其二级单位预算执行情况、南隍城乡等12个（次）乡镇财政预决算情况进行审计，查出虚列财政支出、应缴未缴财政收入等违规和管理不规范金额共计23142万元。

2015—2018年，重点关注“三公经费”特别是公务接待费、公车运行费等管理使用情况，主要对县财政局、县地税局2个单位本级预算组织情况、县工商局等5个预算单位及其二级单位预算执行情况、北长山乡等8家乡镇财政预决算情况进行审计，查出固定资产账实不符、应缴未缴财政收入等违规和管理不规范金额共计76844万元。

企业财务收支审计

1988年，开始组织各单位内部审计机构和社会审计组织对县属企业年度承包经营情况进行审计，1988—1997年共对118家企业进行承包经营情况审计，查出收入挂账不实、潜亏挂账等问题金额3206万元，对盈亏情况进行原因分析，提出加强和改进财务管理等意见和建议。

1998年，开始对县属企业年度承包经营情况审计工作，主要由社会审计组织和内部审计机构完成，县审计局不再统一组织。1998—2012年，按照烟台市审计局统一安排，对5个部门6家县直企业改制转让出售净资产回收资金管理使用情况进行审计调查，对9家企业进行经营期间资产、负债和损益情况审计，发现个别改制企业资金注册不符合规定、未及时上缴国有资产租赁费和土地使用费、国有股和个人股同股不同利、自行退股等问题，并提出改进建议。

2003—2012年，对全县8家粮食购销企业和县军粮局进行专项清算审计，查出少计提费用、少转成本等影响财务亏损问题金额140万元。完成对2家企业审计，查处违规行为和管理不规范等金额7673万元，查处小金库2个、金额42万元，直接增加国有资产72万元。

2007—2018年，对21家国有企业资产负债和损益情况进行审计，查处应缴未缴企业所得税等违规和管理不规范金额共计33944万元。

经济责任审计

2000年，县审计局开始进行经济责任审计工作，印发《关于开展领导干部任期经济责任审计的意见》《县直部门单位主要领导干部任期经济责任审计工作方案》等文件。2000—2004年，完善对领导干部审计监督机制，实行任中经济责任审计和离任审计有效结合，共对106人次进行任期经济责任审计，查处违规和管理不规范等金额15143万元，移交案件1起，同纪检部门联合查出截留国有资源出售收入、违规报销费用等重大违规违纪问题金额374万元，增加财政收入200万元。

2005年6月，召开全县经济责任审计工作会议，同时“以会代训”。同年11月，印发《领导干部任中经济责任审计暂行办法》，规定实行审计预告制度，使任中经济责任审计走上规范化轨道。2005—2011年，对99人次进行任期经济责任审计，查处违规和管理不规范等金额共计19211万元。

2012—2016年，贯彻中共中央办公厅、国务院办公厅《党政主要领导干部和国有企业领导人员经济责任审计规定》和省、市《党政主要领导干部和国有企业领导人员经济责任审计实施办法》，制定《县直部门单位主要领导干部任期经济责任审计工作方案》《乡镇党政领导干部任期经济责任审计工作方案》等文件，先后对96人次进行任期经济责任审计，查处违规和管理不规范等金额共计17039万元。

2017—2018年，持续加大对中央八项规定和财经纪律执行情况的监督检查力度，推动领导干部依规依纪依法履行职责，共对32人次进行任期经济责任审计，查处违规和管理不规范等金额1495万元。2017年，首次开展主要领导干部履行

县审计局人员在施工现场进行审计（2011年）

自然资源资产情况离任审计试点。至2018年年底，共对1名乡镇、1名部门主要领导干部履行自然资源资产情况进行离任审计。同时，启动问责机制，共移交案件线索2起，1名科级干部和1个相关主管单位被处罚。

专项资金审计和审计调查

1991—1998年，强化对民生资金审计和审计调查，分别对县公安系统1990年度行政性收费和罚没收入、全县小型农水费和水土保持补助费等5个项目进行专项审计和审计调查。

1999—2009年，重点关注涉及群众切身利益的资金、科技资金投入及管理使用等情况，揭示资金管理及政策执行方面的问题，共对全县养老基金使用情况等48个涉民资金进行审计和审计调查，重点关注各项专项资金的管理、拨付和使用情况，促使做到专款专用，发挥最大的惠民效益。对审计发现企业欠缴养老保险、专项资金使用不合理等问题，及时提出《关于进一步加强专项资金管理使用的审计建议》等10多条意见建议。

2010—2018年，对城市建设专项资金投入及管理使用情况、科技资金投入及管理使用情况等60个项目进行专项审计和审计调查，并对贯彻执行党和国家经济方针政策、决策部署情况审计纳入审计监督范围。

第二节　内部审计

1986年，开始内部审计工作。至1996年，内审机构由8个增加至21个，内审人员由8人增加至23人。2002年，成立县会计结算中心，集中核算行政事业单位账务，各单位不再配置专职会计人员，同时不再设置内审机构。

1986—2002年，共计下达内审计划60个，完成内审项目529个，查出违纪金额413万元，促进增收节支金额326万元，查出损失浪费金额328万元，被采纳建议21条。

第三节　社会审计

1989年4月，成立烟台市审计师事务所长岛分所，为副科级全民事业单位。1991—1998年，全县社会审计共完成委托审计项目788项，验证资金总额3.8亿元，工程审减金额150万元，委托单位挽回经济损失710万元，查出资产不实等金额3700万元。1998年，烟台审计师事务所长岛分所与烟台会计师事务所长岛分所合并成立长岛升华会计师事务所，开展各类审计项目。

1999年12月，对长岛升华会计师事务所进行脱钩改制。2000年1月，山东省财政厅印发《关于对“长岛升华会计师事务所改制工作申请验收报告”的批复》，同意长岛升华会计师事务所改制为股份合作制企业长岛瑞祥有限责任会计师事务所，人员、财务、业务和名称四个方面与挂靠单位实行彻底脱钩，工作人员全部退出事业编制，人员档案存于县人才交流中心。同时，县审计局不再开展社会审计工作。

第五章　工商行政管理

1986—1998年，长岛县工商行政管理工作由县工商局负责，主要职责是维护城乡市场秩序，对市场交易活动进行监督管理，查处违法经营活动，管理城乡集贸市场，组织办理工商个体登记，实施监督管理，打击投机倒把活动等。1993年12月，物价职能由计划委员会合并到工商局。1996年，工商行政管理机关实现市场监管职能与经营服务分离。1999年5月，物价职能由工商局分离，划归计划统计委员会。1999—2013年，省以下工商行政管理机关实行垂直管理，行政管理收归山东省工商局。职能进行适当调整，将指导广告业发展职能交给经济贸易委员会，取消市场培育建设、市场布局规划、开展各类交易市场登记管理职能，把引导个体、私营经济发展职能交给有关行业协会。2014年1月，工商行政管理部门下划地方，隶属县政府管理。2015年3月，县工商行政管理职能整体并入县市场监督管理局，纳入全县工商行政管理、质量技术监督、食品药品监管合并统一"大市场"管理。主要职责是加大对旅游市场、食品市场、节日市场等与消费者密切相关商品、服务专项整治，重点查处虚假广告、无照经营、假冒伪劣商品违法违章案件，维护市场秩序和消费者合法权益。

第一节　企业与个体工商户登记管理

登记注册

1986年，全县实有工商企业320家，个体工商户241家。是年，开展规范清理党政机关和机关干部经商办企业，清理37家。1988年，对个体养殖业和畜牧业进行工商登记管理，登记工商企业770家。1990年，开展城乡合作户工商登记并纳入工商个体进行统计，全县个体工商户1244家。1991年，渔村个体渔养业户回归集体，办理个体经营户、城乡合作户歇业手续552家，全县实有个体户降至961家。1992年，县政府出台支持企业搞活九条意见。1993年，个体工商户登记增加131家，企业增加135家。1994年，全县内资企业总量达到顶峰，总数达到1087家。1995年，开始对国有、集体企业等内资和私营企业进行区分登记，登记私营企业23家。1997年，县委、县政府召开全县个体私营经济工作会议，印发《关于鼓励个体私营经济发展的意见》，加快个体私营经济发展。至1999年，全县个体工商户2018家，私营企业45家。

2001年，全县推行"渔家乐"经营业户统一登记管理，当年登记"渔家乐"45家，2002年达到300家，2003年达到721家。2004年，南长山镇、北长山乡镇渔村分别成立"渔家乐"管理办公室，"渔家乐"登记以及经营管理逐步规范化。

2005年，推行育保苗业户工商登记，当年登记育保苗业户900余家。海参育保苗行业快速发展，带动私营企业登记注册大幅度提升，全年增

1985—2018年长岛县市场主体登记注册情况统计表

表14-1

年份	个体工商户数	个体从业人数	个体注册资金（万元）	公有制企业家数	公有制企业从业人数	公有制企业注册资金（万元）	私营企业家数	私营企业从业人数	私营企业注册资金（万元）
1985	241	640	89.6	320	—	—	—	—	—
1986	269	690	100.3	299	—	—	—	—	—
1987	301	746	226	549	—	—	—	—	—
1988	613	1247	669	770	16444	26600	—	—	—
1989	998	1876	1540	648	15200	22900	—	—	—
1990	1244	1924	1473	735	17685	25500	—	—	—
1991	961	1750	873	776	17728	34700	—	—	—
1992	899	1482	470	866	27431	58877	—	—	—

续表14-1

年份	个体工商户数	个体从业人数	个体注册资金（万元）	公有制企业家数	公有制企业从业人数	公有制企业注册资金（万元）	私营企业家数	私营企业从业人数	私营企业注册资金（万元）
1993	1030	1670	585	1001	24292	53650	—	—	—
1994	1392	2305	1291	1087	32184	70485	—	—	—
1995	1449	2397	2164	1061	32515	72390	23	256	776
1996	1508	2409	2908	975	—	72625	21	244	934
1997	1600	2635	2840	855	—	75904	23	312	1117
1998	1837	3245	3019	771	—	71722	41	558	1614
1999	2018	3099	3406	612	—	102098	45	620	1599
2000	2315	3514	3723	564	—	105932	53	466	1596
2001	1360	2050	2299	500	—	109333	62	779	2571
2002	1704	2768	3275	479	—	105649	70	992	3509
2003	1721	2839	3363	461	—	105537	115	1751	8575
2004	1845	3067	3771	396	—	84033	168	2879	13426
2005	2030	3446	4064	382	—	82701	973	5981	28534
2006	1549	2709	3249	331	—	81113	950	5618	9340
2007	1696	2936	3708	294	—	79156	929	5517	8277
2008	1740	3044	4166	289	—	78614	990	5664	46874
2009	2008	3540	9126	282	—	79561	667	5116	51902
2010	2256	4095	10432	286	—	72456	702	5300	56702
2011	2156	3973	11618	270	—	80353	709	5319	53438
2012	2315	4225	13287	275	—	80802	757	5484	89803
2013	2497	4588	16406	265	—	82194	750	5503	126893
2014	2787	5188	21030	261	—	86618	789	5285	220739
2015	3029	5670	25120	270	—	83469	918	6129	294244
2016	3381	6321	29646	280	—	96500	1036	6875	355752
2017	3712	6874	42808	275	—	117900	1173	5177	494534
2018	4262	7780	54064	275	—	118578	1428	6105	580807

说明：以上数据为年期末实有数，统计日期以上级工商部门统计周期为准，“—”为未登记或未列入统计内容

加私营企业822家。同年，私营企业总数达到973家，注册资本28534万元。

2008年，开始在“渔家乐”行业推行合作社登记试点。同年5月，南长山镇黑石嘴村挂牌成立全县首家“渔家乐”专业合作社。至年底，共登记“渔家乐”合作社10家，注册“渔家乐”成员户89家，总出资额469万元。2018年，专业合作社总数72家，注册成员总数1487家，总出资额3.77亿元。

2013年，推行工商登记制度改革，注册资本实缴改为认缴登记并取消公司注册资本最低限额制度。2014年后，先后实施企业住所、企业名称、全程电子化和电子营业执照、企业简易注销、“先照后证”“证照分离”等一系列改革，降低市场准入门槛，便利企业注册登记。2015年，启动“三证合一、一照一码”登记，2016年启动“五证合一、一照一码”和个体工商户“两证整合”登记，2017年推行“多证合一、一照一码”登记，2018年营业执照达到“四十五证合一”。2018年，全县市场主体总量6042家，其中个体工商户4262家、内资企业275家、私营企业1428家、外商投资企业77家。

监督管理

1986年始，依法监督和查处个体工商业户的违法违章经营活动。至1995年，累计查处无照经营业户178家、依法取缔经营121家、立案处罚32起。

1989年，全面落实《企业法人登记管理条例》，撤并注销、变更企业名称22家，查处有违法经营行为公司9家，非法经营额215万元，罚没款5万多元。1992年，推行“四放开”政策，深入乡镇村办企业现场办公96次，解决企业申办事项1232项。

1995年，放宽个体私营经济准入，对外地到长岛经营者允许先试营再办执照，全县个体工商户共有来自福建、黑龙江等8个省30多个县(市、区)200多家。2000年，个体工商户启用新版营业执照和新登记系统，同时对名存实亡、歇业未注销个体工商户进行全面清理，至2001年共清理1123家。

随着市场经济发展，全县小型国有、集体企业大多通过改制转私营、注销、破产清算、依法吊销等形式纷纷退出市场。2004年，对全县企业按地域建立包括注册登记为主要内容静态档案和以日常监管为主要内容动态档案的“经济户口”，实施属地管理，当年依法吊销违反登记管理企业执照31家。至2005年，全县登记并核发营业执照内资企业382家，其中国有企业121家、集体企业169家、股份合作企业4家、有限公司88家。

2006年，开展个体工商户登记单位逐户核查登记，清理吊销多年未经营业户615家。2008年，全部实行“网上年检验照”。2009年，实施《个体工商户验照办法》，清理吊销未经营个体工商户406家。2010年，对连续两年未年检育保苗户进行清理，吊销434家。2005—2010年，通过监管检查累计查处无照经营个私企业462家，其中责令限期办证398家、立案处罚64家。

2014年，内资企业由最高峰1994年1087家下降到261家。2018年，全县内资登记企业275家，注册资金11.86亿元。

第二节　市场建设与管理

市场建设

参见第十二编《商业贸易》第二章“商品经营”第五节“集市商超”。

市场管理

1988年，开展对掺杂使假、短斤缺两、商标违法等案件查处，共查处各类违法违章案件108起，查处各种假名酒1157瓶，假冒伪劣饮料16420瓶，销毁不合格商标标识5万张，没收使用他人注册商标标识85万张。1989年，推行实施经营者售货发票制、商品“三包”(包修、包换、包退)制、信誉卡制等监管模式，并将执法监管重点转向严厉打击哄抬物价、投机倒把、中间盘剥和非法物资经营查处上，累计查处非法经营物资5种，价值350万元；联合有关部门对文化、建筑、水陆市场进行检查，没收淫秽书刊6828册，淫秽录像带24盘；查处无证施工单位10家，查处无证运输11家。1995—1998年，对经营饮料、酒类、服装、鞋帽、饮食服务、电子游戏、旅游出租等行业进行重点检查，开展专项检查47项，处置各类违法违规行为279起。2000年，集中整顿和规范市场经济秩序，假冒伪劣商品明显减少。

2001年，重点打击市场欺行霸市、强买强卖、拒缴管理费问题，依法整治违法违规行为人20余人，立案处罚违法经营4家，整顿砣矶镇、九丈崖市场扰乱市场秩序，清理"钉子户"6人。2002年，开展市场清理整治工作，先后制订《集贸市场专项整治方案》《整顿规范企业专项行动方案》《加油站专项整治实施方案》《出租车专项治理实施方案》《户外广告清理整顿工作方案》等，对全县市场无证经营、制假售假、短斤少两、坑蒙拐骗、欺诈消费者、抗拒执法等违法行为进行全面清理整顿，有效维护市场经营秩序。2005年，依法查处各类违法违章经济案件29起。2006年，开展农资经营优秀诚信企业评选，长岛鸿利饵料有限公司被烟台市工商局表彰为全市农资经营诚信企业。2007年，开展"红盾护农行动"，查处无照经营农资2家，超范围经营8家；开展旅游市场集中整顿，454家"渔家乐"加入村级"渔家乐"服务中心，查处无照经营"渔家乐"业户6家

2010年，开展整治非法展销活动，县工商局联合公安部门查处1起假借组织"苏杭丝绸服装博览会"销售假劣商品、散发虚假广告案件，查处"展销商"43家72人；联合兽药监管部门开展渔用药物、饲料等专项检查，查处违禁用药物、激素、饲料1500多千克。是年5月，国家工商总局《网络商品交易及有关服务行为管理暂行办法》发布实施，开始对网络市场交易行为实施监管，并逐步建立起"线上线下一体化"监管模式。2011年，重点查处无照经营以及经营使用超薄塑料袋行为，收缴不合格塑料袋20多千克。2015年，实施"先证后照"改革，全县市场监管开始推行以信用监管为中心的事中事后监管新模式。2016年，对全县白酒市场开展专项执法打假，对1家违法经营单位进行立案查处，没收假冒白酒43箱。至2018年，全县已全面推行企业信息公示制度、"双随机一公开"监管执法制度，推进企业信用信息采集、共享与协调监管应用，建立以信用监管为核心的新型市场监管机制。

第三节　经济合同管理

合同鉴证

1985年，国家工商行政管理局发布《关于经济合同鉴证的暂行规定》，长岛县工商局开始承担经济合同鉴证工作职能，主要工作是根据双方当事人申请，依法证明经济合同真实性和合法性。当年，为单位、个体户鉴证经济合同2份，价值30万元。1986年始，每年走访企业宣传经济合同法规，鼓励企业主动申请经济合同鉴证。至1996年，累计为企业鉴证经济合同495份，调解仲裁合同纠纷76起，为全县企业避免或挽回经济损失1800余万元。1997年11月，国家工商行政管理局公布《合同鉴证办法》，对合同鉴证程序、申请资料、鉴证效力进一步规范。1997—2004年，县工商局共鉴证经济合同1300余份，为企业避免或挽回经济损失近9000万元。2004年，国家工商行政管理局决定《合同鉴证办法》自2004年6月30日废止，合同鉴证工作终止。

合同行政监管

1981年，开始对经济合同行政管理。1986年，对全县31个企事业单位进行经济合同情况检查，共检查各类经济合同4422份、合同总额16291万元。1987年，制定《长岛县合同管理制度》，举办培训班16期、参加培训1300多人次。是年，全县签订各类经济合同6777份，标的金额11213万元，合同履约率超过98.7%。

1989年，开展经济合同大检查大整治行动，抽查240家企业的经济合同894份，合同金额3500多万元，办理合同欺诈类案件36件，为企业避免或挽回经济损失191.4万元。1990年，帮助

企业建立合同管理机构200余个，占全县应建企业81%。1991年，为企业追回合同欠款73.9万元，确认无效合同2份、处置不合格合同27份，为企业避免或挽回经济损失140余万元。1992年，两次为企业追回货款22万元、合同标的尼龙袋60万个。1993年，检查合同669份，合同金额2997万元。

1994年，贯彻《山东省经济合同管理条例》，实行凭经济合同签订和管理资格证书授权上岗制度。1999年，《中华人民共和国合同法》颁布实施，合同监管重点转向社会公共服务格式条款合同，打击霸王条款行为，发挥抵押登记办理职能，助力企业融资发展。2000—2002年，全县办理抵押合同19份，抵押物价值2508万元；2004年办理抵押合同1份，抵押物价值80万元；2006年，办理抵押合同1份，抵押物价值6841.8万元。

2010年，在全县推广"订单渔业"，制定海参、鲍鱼、海胆、海带、活鱼、虾夷贝6种主要海产品订购合同示范文本，发送乡村及各养殖业户，当年通过订单方式销售海产品达3000多万元。2011—2014年，开展合同格式条款规范整治3次，对全县使用格式条款合同的旅行社、银行、

1988年长岛县市级"重合同、守信用"企业一览表

表14-2

企业名称	经济性质	生产经营范围	经营方式	备注
长岛县农业生产资料土产杂品公司	集体	生产资料、土产杂品，兼营日用百货、五金交电	批发、零售	连续三年
长岛县皮鞋厂	集体	皮鞋	生产、销售	连续两年
长岛县饲料公司	全民	各种配合饲料	生产、加工、销售	连续两年
长岛县针织厂	全民	针织品	加工、销售	连续三年
长岛县建筑安装工程公司	集体	土木工程建筑，兼营水电安装	建筑安装	连续两年
长岛县船厂	全民	渔货船修理兼营渔货船制造	制造、维修	连续两年
长岛县农机公司	全民	农机产品、配件，兼营农用车辆	批发、零售	连续三年
长岛县乐园建筑公司	集体	建筑安装	建筑安装	连续两年
长岛县农业机械厂	全民	机械产品、聚氨酯弹性体制品	制造、销售	连续三年
长岛县鹊咀建筑公司	集体	土木建筑、水电安装	建筑、安装	连续两年
长岛县塑料一厂	集体	塑料制品	生产、销售	—
长岛县海洋渔业公司第一冷藏厂	全民	水产品冷藏	收购、加工、销售	—
长岛县海洋渔业公司第二冷藏厂	全民	海产品，兼营货运	加工、销售、运输	—
长岛县海洋渔业公司第三冷藏厂	全民	海产品，兼营软包装罐头	加工、销售	—
长岛县海洋渔业公司	全民	水产品、渔需物资，兼营日用百货、五金交电、针织品、烟酒糖茶、土特产品	批发、零售、代购、代销	—
长岛县工业供销公司	集体	轻工产品、五交化、日用百货、副食品	批发、零售	—

2016—2018年长岛县获"守合同、重信用"公示企业统计表

表14-3

企业名称	最高公示级别	公示时间
烟台南隍城海珍品发展有限公司	国家级	2016年
烟台昌盛工艺美术装潢有限责任公司	国家级	2016年
长岛常丰油轮运输有限公司	省级	2018年
长岛龙和水产有限公司	省级	2018年
长岛县日出水产有限责任公司	省级	2018年
长岛渔丰海珍品有限公司	省级	2018年
长岛北城渔业专业合作社	省级	2018年
长岛县长山海珍品有限责任公司	省级	2018年
长岛祥隆水运有限公司	省级	2018年
长岛县旅行社	省级	2018年
长岛天然水产食品有限公司	省级	2018年
长岛县筑路工程有限责任公司	省级	2018年
长岛高能聚氨酯有限公司	省级	2018年
烟台立业建筑有限公司	省级	2018年
长岛旅游集团有限公司	省级	2018年
长岛县大钦信合海产品专业合作社	省级	2018年
长岛县华联水产有限责任公司	省级	2018年
长岛县海洋食品有限责任公司	省级	2018年
烟台长岛宝悦海洋食品有限公司	省级	2018年
长岛县大钦信合海产品专业合作社	市级	2017年
长岛县龙宴海产食品专业合作社	市级	2017年
华能中电长岛风力发电有限公司	市级	2017年
烟台新绎游船有限公司	市级	2017年
长岛蓝鲍湾国际旅行社有限公司	市级	2017年
长岛常丰石油化工有限公司	市级	2017年
长岛县屿珠光学材料有限责任公司	市级	2017年
山东长岛风力发电有限责任公司	市级	2017年

说明：上级公示的"守合同、重信用"企业同时具有下级公示企业资格

超市、保险、电信等行业企业进行检查，收集和规范各类格式条款合同38份，有效防范和制止"霸王条款"。

2015—2018年，经济合同监管职能由县市场监管局承担，累计组织开展合同法规知识培训2次、培训企业经营管理人员82人次，开展经济合同专项检查2次，收集格式条款合同文本60余份，纠正"霸王条款"等违规问题12起。

"守合同、重信用"企业创建

1986年，在全县开展"重合同、守信用"企业创建活动，倡导企业诚信守约、维护市场经济秩序、促进企业信用建设。是年，县农业机械公司、生资公司、农机厂、针织厂、第二包装厂成为全县首批市级"重合同、守信用"企业。至1988年，全县获评烟台市"重合同、守信用"企业16家。

1990年，增加省级"重合同、守信用"企业认定并实行"重合同、守信用"企业认定年审制度。是年，全县15个系统29个单位参加"重合同、守信用"企业评选申报，25个单位被授予"重合同、守信用"荣誉称号。至2000年，全县共撤销"重合同、守信用"企业8家，查处违法使用"重合同、守信用"荣誉称号企业2家。

2002年，国家工商总局将"重合同、守信用"改为"守合同、重信用"，并对获评企业实行公开公示。至2013年，全县拥有"守合同、重信用"省级9家、市级13家。2014年，"守合同、重信用"企业评选活动改为2年一次。2016年，烟台南隍城海珍品发展有限公司、烟台昌盛工艺美术装潢有限责任公司首获国家工商总局认定公示，成为长岛县第一批国家级"守合同、重信用"企业。至2018年，全县公示有效"重合同、守信用"企业共27家，其中国家级2家、省级17家、市级8家。

第四节　商标与广告管理

商标注册管理

1979年开始，开展注册商标、未注册商标、商标印制和保护注册商标专用权等方面管理。

1981年8月，“香炉礁”牌商标获准发证，是长岛县第一个注册商标。至1986年，全县共有有效注册商标12件，其中海产品罐头9件，塑料制品、针织品、农机各1件。1987年，商标工作重点在商标宣传培训和未注册商标使用管理方面，宣传商标法律知识，组织商标法规培训，提高企业商标意识，鼓励商标注册。

1990年，对商标印制单位实施资格审批管理，县印刷厂、第二包装厂、商标彩印厂取得“指定印制商标单位”资格，商标印制许可审批于2002年取消。

1992年，全县累计核转商标注册申请180多件，有效注册商标总量72件。1993年，推行商标代理制，商标注册由中介机构代理。1994年以后，先后组织未注册商标专项检查活动10余次，查处违法使用商标案件1件，滥用和擅自改变注册商标案件4件，查处印制与商标注册证中图形不一致商标标识5万张，查没、销毁违反《中华人民共和国商标法》商标标识200万张，查处商标使用侵权案件1件。

1997年，有效注册商标88件。1998年，全县企业进入“撤、改、并”集中时期，新注册商标每年仅有个位数，部分注册商标专用期限到期后，不再办理，有效注册商标总量开始连年下降。至2007年，全县有效注册商标降至51件。至2010年，进行注册商标验证5次，对商标使用情况每年清理检查1轮次，累计清理注销注册商标88件，办理商标转让6起，理顺“金星雪浪”等商标使用权2件。

2010年后，企业商标保护意识逐渐增强，每年新注册商标均在20件以上。2017年，注册商标申请量达到高峰，全年通过核准新注册商标82件。至2018年，全县有效注册商标总量394件，210件商标处于注册申请中。其间，全县总计查处商标侵权问题2起，辖区企业商标侵权假冒行为明显减少。

1986—2018年长岛县实有注册商标情况统计表

表14-4　　单位：件

年份	有效注册商标总量	年份	有效注册商标总量	年份	有效注册商标总量
1986	12	1997	88	2008	60
1987	26	1998	76	2009	76
1988	53	1999	73	2010	92
1989	63	2000	67	2011	107
1990	66	2001	62	2012	137
1991	70	2002	59	2013	171
1992	72	2003	57	2014	192
1993	77	2004	54	2015	222
1994	77	2005	60	2016	260
1995	76	2006	61	2017	336
1996	78	2007	51	2018	394

著名商标培育　1993年，长岛县实施商标战略，成立商标战略领导小组，建立重点培育企业名录，安排专人指导企业运用商标策略开拓市场，帮助企业增强品牌意识，积极谋划驰名商标、著名商标、集体商标、地理标志证明商标的培育申报工作。2005年，重点培育南隍城海珍品有限公司，2006年“南隍城”商标通过省工商局认定，成为全县首个山东省著名商标。2009年11月，长岛骏达旅游有限公司注册的“海上仙山”商标通过省工商局认定，成为全省首件旅游服务类著名商标。2011年烟台昌盛工艺美术装潢有限公司“雪浪”商标、2012年烟台长岛宝悦海洋食品有限公司“CHANGDAO”商标相继被认定为山东省著名商标，至此全县著名商标总数量增至4件。

集体商标培育　2011年，在渔村“渔家乐”业户中开展集体商标培育。2012年3月，连城村“渔家乐”协会完成“庙岛群岛望夫礁”集体商标注册。2012年12月，黑石嘴村民俗文化协会完成“黑石嘴渔家”集体商标注册。两件集体商标由各自协会统一管理，并对符合一定条件协会用户授权使用于旅游住宿服务领域。

地理标志证明商标培育　2007—2008年，县政府连续两年将商标战略列入政府工作报告，并

1986—2018年长岛县获认证山东省著名商标一览表

表14-5

商标名称	认定商品或服务	注册人	商标注册时间	注册证号	认证时间
南隍城及图	贻贝（活）	烟台南隍城海珍品发展有限公司	1997年11月7日	1125424	2006年
海上仙山及图	旅行社（不包括预订旅馆）；观光旅游；旅游安排	长岛骏达旅游有限公司（长岛旅游发展股份有限公司）	2005年10月7日	3512717	2009年
雪浪及图	乳胶漆；防水粉（涂料）	烟台昌盛工艺美术装潢有限责任公司	2005年6月7日	3665438	2011年
CHANG DAO及图	水产品；海带；水产罐头	烟台长岛宝悦海洋食品有限公司	1997年7月1日	1060960	2012年

纳入部门乡镇工作考核。2009年，先后召开部门联席会议34次，邀请中央美术学院、天津工艺美术学院、山东工艺美术学院等5家单位7名教授设计商标标识663稿，准备资料36万字，3次赴京汇报对接，当年注册完成3件。2009—2010年，长岛鲍鱼（活）、长岛海参（活）、长岛海参（非活）、长岛扇贝（活）、长岛海带、长岛海胆（活）6件获注国家地理标志证明商标。2013年，6件地理标志证明商标授权烟台南隍城海珍品发展有限公司独家使用。是年6月，邀请专业团队对地理标志证明商标商品进行全方位、多品类的视觉识别系统专业设计，对公司运行规范、产地质量认证、产品加工环境、商品销售网络等诸多环节进行品牌化同步建设。是年，完成6类8种地理标志商品包装物设计并投入运营。至2018年，长岛地理标志证明商标已形成完整推广应用体系，助力打造和推广长岛海珍品品牌。

广告管理及监督

广告经营单位管理 1982年后，长岛县按照国务院《广告管理暂行条例》，依法管理广告经营单位。1989年，办理1家兼营广告登记。1996年，登记广告兼营单位2家。2002年，广告经营单位增至5家，从业人员40余人，广告经营额20万元。2005年，增加至7家，从业人员126人。是年，工商部门不再发放广告经营许可证，通过年度检验、企业自查、入户检查等方式开展广告经营监督检查。2002—2005年，累计查处超范围经营广告、冒充国家机关名义制作广告等违法案件5起。2007年，查处违法经营广告案件1起。2011年，查处违法经营广告案件2起。2012年，全县有广告经营单位12家，广告经营额140万元。2017年，《广告发布登记管理规定》实施，开始对从事广告发布业务广播电台、电视台等单位进行广告发布登记。至2018年，登记广告发布单位仅县广播电视台1家。

广告监督 1986—1989年，制定《城区张贴广告管理办法》《加强对户外广告的管理通知》，对随意张贴、悬挂广告行为定期进行指导规范。1994年，实行户外广告发布审查制度。1995年，开始对食品、化妆品、家电、金融、招工、服装、房地产等户外广告进行审查。1997年，印刷品广告实行发布审查登记制度。至1998年，累计审查各类户外广告3万余条，查处不合格广告、违法广告700余件。是年，国家工商总局印发《关于停办广告审查机构的通知》，广告发布前审查工作停止。至2002年，累计开展广告清理整治活动20余次，清理非法户外广告1800余处。

2004年，对有碍观瞻、设置不规范、牌面破旧的广告进行清理整治，下达限期整改通知40多份并督促落实整改到位，规范沿街广告设置。2005年，施行修改后的《印刷品广告管理办法》，非固定形式印刷品广告不再进行登记。2006年，对保

2009—2018年长岛县地理标志证明商标一览表

表14-6

商标名称	使用商品	注册号	注册日期
长岛鲍鱼 CHANGDAO ABALONE	鲍鱼(活)	7366847	2009年12月14日
长岛海参 CHANGDAO HOLOTHURIAN	海参(活)	7366848	2009年12月14日
长岛海参 CHANGDAO HOLOTHURIAN	海参(非活)	7366849	2009年12月14日
长岛扇贝 CHANGDAO SCALLOP	扇贝(活)	7602741	2010年2月21日
长岛海带 CHANGDAO KELP	海带	7602742	2010年2月21日
长岛海胆 CHANGDAO URCHIN	海胆(活)	7602743	2010年2月21日

健品市场进行整顿，重点整治利用广告进行虚假宣传的违法违规行为，发出预警通知书45份。2007年，重点整治医疗、药品、食品等广告，首次将电子显示屏广告纳入户外广告监管范围。2008年，审核各类广告1800余条，驳回不合格广告和含有违法内容广告100多条。2009年，开展违法药品广告专项执法，责令12种违法广告限期整改。2011年，重点加强户外广告、印刷品广告、药品和保健食品广告监管。至2014年，累计立案查处各种广告违法违规行为42起，案值20余万元。

2015年3月，广告管理及监督职能由县市场监督管理局承担。2017年，户外广告和牌匾标识的设置、监督管理工作改由城市管理行政主管部门负责，工商部门负责对发布虚假广告、欺骗误导消费者等广告违法行为进行查处。至2018年，依法规范线上线下各类违规广告11起，立案查处违法广告行为1起。

第五节　公平交易执法

打击不正当竞争

80年代，经济监督检查工作的重点是打击投机倒把行为。1988年，查处掺杂使假、短斤缺两、商标违法案件，当年查处违法违章行为108起、各种假冒名酒1157瓶、伪劣饮料16420瓶，没收使用他人注册商标标识85万张，查处劣质低压电器1752只。1989年，打击哄抬物价、投机倒把、中间盘剥和非法物资经营行为，查处非法经营物资35种、价值350万元。其中木材276.76立方米、柴油486.08吨、煤114吨、铝材10.65吨、钢材295.47吨、彩电127台、假冒凤尾鱼罐头105096瓶、仿冒塑料袋10万个、假酒720瓶。

1993年，《中华人民共和国反不正当竞争法》颁布，经济督查检查工作改为公平交易执法，职责转向监督检查市场主体交易行为，制止和查处不正当竞争、行业垄断、商业贿赂、制售假冒伪劣商品、流通领域走私贩卖行为及传销等其他市场交易的经济违法违章案件，保护消费者、经营者合法权益和社会公众利益。1994年，举办《中华人民共和国反不正当竞争法》讲座，培训执法人员；举办《中华人民共和国反不正当竞争法》宣传活动，散发宣传材料400余份。2002年，县工商局增设公平交易局，开展不正当竞争执法，重点打击仿冒、误导、虚假宣传等商业欺诈行为。至2007年，总计查处相关案件20余起，罚没款11万余元。

2004年，开展“黑网吧”专项整治行动。至

2007年，共取缔“黑网吧”23家、没收电脑20台（套）。同期，开展打击非法收购加工国家野生保护动物行为，查处非法捕杀、收购、加工野生保护鸟类业家19家，给予行政立案处罚。2008年，开展企业不正当竞争行为专项整治，重点查处限制不正当竞争和乱收费行为，检查企业20余家，查处不公平交易案件2起、案值0.25万元、罚款1.15万元。

2009年，开展商业贿赂专项治理，查处不正当竞争案件3件、案值11万元。2010年，开展食品行业公平竞争执法，查处用商业贿赂手段推销啤酒、白酒案件2起，查处虚假宣传保健品案件2起。2012—2014年，结合“红盾护农”行动开展农资领域专项监管检查，累计开展农药经营检查3次、其他检查17次，对全县16家农资经营单位进行信用分级监管，其中信用A级13家、B级3家。

2015年3月，公平交易执法并入市场监管统一执法。至2018年，全县范围食品生产销售经营、药品经营使用、化妆品销售、保健品销售等市场监管领域全部实现分级分类监管，初步建立起较为完善的信用监管体系，累计开展各类执法检查活动130余次，查处侵权假冒、虚假宣传等违反公平交易类案件10余起。

打击传销及变相传销

1998年，贯彻国务院《关于禁止传销经营活动的通知》，防范传销活动流入境内。2002年，县公平交易局挂打击传销办公室牌子，具体承担防范和打击传销工作职能。2004年，打击传销及变相传销工作纳入全县社会治安综合治理和平安建设。至2005年，全县无涉传销企业，也无人员参与传销活动。

2006年，传统拉人头式传销活动向长岛渗透。至2014年，处置外地流窜入岛涉传销事件3起、驱散涉传人员8人，调查本地人员外地涉传案件1起2人。

2015—2018年，开展打击传销工作检查20余次，没收用于虚假宣传广告册页、方便袋、纸巾盒500多册（个），排查并移交处置“上钰财富”“阿斯拉姆中巴友谊之家”等涉变相传销案件2起，立案处罚涉变相传销违法广告行为1起。

第六节　消费者权益保护

商品质量监管

2004年，县工商部门开始履行流通领域商品质量监督管理职能，推行商品质量市场准入、进货查验、索证索票、不合格商品登记退市、商品质量承诺等一系列制度措施，建立健全商品质量管理制度体系。是年，联合有关部门开展流通领域商品质量打假，查扣进口服装271件、盗版电子出版物480盒。

2005年，集中开展海产品、调味品、儿童食品、月饼市场专项检查，没收劣质、过期奶粉10多千克，“三无”（无生产日期、无质量合格证或生产许可证、无生产厂名）食品200余千克，假冒酒50余瓶，不合格海产品30余千克。2006年，开展食用油市场及相关生产经营单位整治，查处不合格食用油500千克，“三无”食品155袋，面包糕点82袋。2007年，加大对手机、电子电器、食品质量监管，查处贴牌及“三无”问题手机13部，不合格电热毯等案件5起，假冒伪劣商品货值4万余元。2008年，重点整治校园周边商品质量，没收“三无”饮料、奶制品、糕点、果脯等食品17种800余袋，没收无“QS”认证标志麻辣小食品1500余袋。2009年，查处不合格棕榈油、假茅台、劣质电热锅等商品质量案件6起，罚没款4万元。

2010年，联合查处假借组织“苏杭丝绸服装博览会”销售假劣商品案件1起，查处“展销商”43家72人；开展“红盾护渔”行动，联合兽药监管部门开展渔用药物、饲料等专项检查，查处违禁用药物、激素、饲料1500多千克；推进农村产品质量和食品安全示范店创建，共创建农资示范店1处，食品店1处。2011年，开展音像、服装等市场检查18次，收缴非法出版物20余册、音像制品1000余盘、仿冒军服16件、假冒红葡萄酒62瓶。2012—2013年，查处产品质量违法案件2起，罚款2万元。

2015年3月，流通环节商品质量监管职能整体并入县市场监督管理局。至2018年，全县流通环节累计开展学生用品、家用电器、消防产品、电动车辆、成品油等重点商品专项检查整治20余次，立案查处假冒伪劣商品案件1起，罚款31715.2元。

县市场监督管局执法人员在家家悦超市开展食品安全检查（2018年）

受理和处理消费申（投）诉举报

1990年6月，长岛县消费者协会成立，负责对辖区商品和服务进行社会监督，保护消费者的合法权益，引导广大消费者合理、科学消费；履行监督检查、处理消费者投诉，向企业和执法部门反馈消费者意见等职责。1991年起，每年“3·15”消费者权益日，组织有关部门和企业开展宣传咨询、假冒伪劣商品展示、消费者咨询解答、处理消费者投诉等活动。1992年，县工商局增设县消费者协会办公室，承担协会日常工作。1994—1996年，宣传贯彻落实《中华人民共和国消费者权益保护法》，履行消费者协会7项职能，对商品和服务进行社会监督。1997年以后，陆续建立消协分会2个、消费者投诉站5个；在公平交易局设立“12315”申诉举报中心，设立“12315”联络站41处，并设置大型“12315”公益宣传牌、设立“12315”联络员。1999年，县消费者协会“12315”投诉举报网络与烟台市工商局联网，形成以协会保护为主导、行政司法保护为后盾、企业保护为基础、消费者自我保护为主体消费维权体系。至2002年，累计处理消费者投诉1200余件、投诉金额160余万元，为消费者挽回经济损失70余万元，解答消费者咨询23000余人次；推荐、认定省级消费者满意单位1家、市级消费者满意单位8家。

2003—2014年，县消费者协会累计解答消费咨询约1.1万人次，处理消费者投诉1600多件，投诉涉及金额400余万元，为消费者挽回经济损失170余万元。2015年，县消费者协会办公室更名为县消费者投诉服务中心，县市场监管局内设消费者权益保护科，二者合署办公。2017年，县消费者协会注销。至2018年，县市场监管局累计接待群众来信来电来访440余人次，受理消费者投诉举报232起，“诉转案”（通过投诉举报发现问题线索）查处违法违规行为2起，为消费者挽回经济损失11.7万余元。

第六章　食品药品监督

1995年以前，在食品卫生监管中，县卫生部门处于主体地位，质监、工商部门在履行质量管理、市场监管等方面对食品监管承担部分职责。1995年后，县质监、工商部门食品监管职能逐步加强，食品安全监管实行较为分散的分段监管体制。2004年，确立“以分段管理为主、品种管理为辅”监管模式，即农业（渔业）部门负责农（渔）产品生产环节，质监部门负责食品生产加工环节、工商部门负责食品流通环节，卫生部门负责餐饮业和食堂等消费环节监管等。

2007年，组建长岛县食品药品监督管理局，负责全县食品安全监管的综合监督、组织协调及重大事故查处，并承担药品、医疗器械监管职责。2010年，县食品药品监督管理局及职能并入县卫生和人口计划生育局。2012年，县政府成立县食品安全委员会，委员会办公室设在县政府办公室，作为全县食品安全监管综合议事协调机构，负责综合协调、规范指导、督促检查全县食品安全工作。

2014年1月，整合食安办食品安全综合协调职责、质监部门食品生产监管职责、工商部门食品流通监管职责、卫生部门餐饮服务监管职责，重新组建县食品药品监督管理局，食品安全"分段监管"模式退出历史舞台。2015年3月，县食品药品监督管理局整体并入新组建的市场监督管理局（挂食品药品监督管理局、食品安全委员会办公室牌子），开始统一负责辖区食品生产、流通经营、餐饮服务以及药品、医疗器械、保健食品、化妆品安全监管职责。

第一节　监督机制

2014年，县食品药品安全实行统一监管后，全县食品安全工作列入"十三五"规划、政府工作报告、政府重要议事日程。县政府与全县10个乡镇（街道、开发管理处）签订食品目标责任书，将食品安全纳入全县目标管理综合考评体系。县食安委制定《长岛县食品安全责任追究制度》，各乡镇成立食安办，全县5个社区和40个行政村设置食品安全协管员，构建起县、乡、村"三级"联动监管网络。监管运用"双随机"监管、事中事后监管、信用监管等，食品药品生产经营市场准入日趋简化，食品小作坊、小餐饮店、小食品摊点登记备案方便快捷。"双随机"监管与传统分区划片定责定人监管有机结合，日常监管、风险排查、抽样检验、随机抽查相互补充，事中事后监管机制更加完善。2018年，长岛县印发《关于贯彻落实食品安全党政同责的意见》，全县食品生产企业、流通经营单位、餐饮服务单位、药品批发零售单位全部建立起较为完善的分级分类信用监管档案，并实施动态管理。同年，完成县级食品抽检228批次，食用农产品快检200批次；协助完成市级以上食品抽样260批次，药品抽样55批次、保健食品抽样4批次，化妆品抽样3批次；处置不合格食品1次，不合格药品3批次。

第二节　食品监督

餐饮食品监管

1986年，全县共有各类型餐饮单位34家，主要由卫生部门依据《中华人民共和国食品卫生法（试行）》进行监管。1995年，《中华人民共和国食品卫生法》正式颁布实施，县计卫委在餐饮服务单位集中开展食品卫生法规知识宣传工作，重点提升餐饮业经营者食品卫生责任意识。1999—2000年，集中对餐饮经营者卫生情况、食品采购、加工和贮存、餐饮具等情况进行专项治理，开办培训班，讲解预防及处置食物中毒有关方法措施。

2002年始，在餐饮业和学校食堂推行食品卫生监督量化分级管理制度，按风险度和诚信度划分等级进行管理。2010年，餐饮环节开始推行食品、食品原料、食品添加剂、食品相关产品采购查验和索证索票制度。2010—2012年，"地沟油""瘦肉精"等食品安全问题爆发，开展以"规范管理"为核心大规模集中督查整顿行动，对海水浴场烧烤大排档、火锅店、学校食堂进行重点治理，完成小餐饮店摸底调查66家，检查100余家次，下达监督意见书12份，提出整改意见40余条，检查从业人员202人，对65名无健康证从业人员进行督促整改。2013年，全县有各类餐饮单位120家，其中大型餐馆5家、中型餐馆32家、小型餐馆65家、小吃店8家、饮品店1家、食堂9家，从业人员892人、健康证明持证率96.5%，实行量化分级管理104家、占总数86.7%，餐饮服务食品安全示范店3家、"四心"（学校尽心、学生舒心、家长安心、政府放心）食堂2家。

2014年，餐饮食品安全监管统一纳入县食品药品监督管理局管理。是年起，围绕"食安山东"

建设，组织开展“清洁厨房、明厨亮灶、量化分级、寻笑脸就餐”等活动，累计完成清洁厨房创建15家、明厨亮灶建设3家，创建餐饮服务示范店1家、餐饮服务示范街1条。结合全县优化旅游服务环境活动，先后联合旅游、卫计、公安等部门对全县“渔家乐”、旅游景区及城区重点公共餐饮单位食品安全进行集中整治，开展培训8批次，培训从业人员2000余人次，发放各类培训资料3600余份；开展检查30多轮次，检查各类经营单位2100多户次。规范治理各类无证无照经营“黑户”“黑店”130家次。统一制作并免费发放餐饮服务单位信息公示栏、采购记录、消毒记录、废弃物处理记录等规范记录文本，辖区餐饮食品经营户营业执照、登记备案证、健康证实现统一规范公示。采取提前介入、全程监督、重点监控、快速检测、及时巡查等工作措施，完成重大活动保障任务30余次，未出现一例食物中毒事故。2015年，餐饮食品安全监管并入县市场监督管理局。

2016年后，对校园食品安全问题进行重点整治，专题开展校园食品安全负责人行政约谈会议2次，对6家学校食堂和托幼机构、1家学生小饭桌每季度一次定期检查、每年两次开学前期检查和全年不定期专项检查。对校园周边4家食品商店、2家小餐饮经营单位、16个食品摊点做到检查全覆盖。争取资金为6家学校食堂全部更换菜刀、案板等用具，为实验幼儿园、部队幼儿园分别提供设备设施维修资金1万元。全县3家学校食堂全部达到“三星级学校食堂”标准，全部通过“食安山东”餐饮服务品牌示范学校食堂创建验收。

2017—2018年，辖区网络订餐行业开始兴起，县市场监管局组织开展网络订餐食品安全专项治理活动，先后约谈辖区订餐行业经营负责人2次，整改下线经营资质不全、宣传信息不实“线上”经营单位50多家。至2018年，全县实有公共餐饮服务单位139家、学校及幼儿园食堂6家、学生小饭桌经营单位1家、网络订餐平台1个、提供餐饮服务“渔家乐”业户1100余家，均未发生餐饮食品安全事故。

食品流通监管

1983年，《中华人民共和国食品卫生法（试行）》颁布实施，城乡集市贸易食品卫生管理工作和一般食品卫生检查工作由工商部门负责。1986—2003年，县工商局大多随市场管理、整顿和规范市场经济秩序、打击假冒伪劣商品等活动将食品与其他各类市场流通产（商）品一同进行监管，未实行单独列管。2004年，开始统一承担辖区流通领域食品安全监管职责，食品安全监管逐步从各类产（商）品中独立出来，成为重点监管对象。是年，在全县城区商场、超市推行“三制、两账、一站”管理，即食品质量安全准入制度、不合格食品下架退市制度、食品质量安全承诺制度，建立食品进货台账和不合格食品下架退市台账，设立“12315”申诉服务站。对食品进货源头研究制定“厂场挂钩”“场地挂钩”和“引真驱假”政策，在城乡接合部、集镇、渔村建立食品经营者专控模式，流通领域食品监管逐渐规范。

2004年，县工商局联合有关部门开展“苏丹红”、儿童食品、节日旅游市场、中小学周边环境、禽类及产品等专项整治行动20余次，查封过期变质“人参”牌啤酒100捆、假冒名牌“菊花”味精10袋、禁销商品“精萘球”20袋、假冒花生油1600千克、过期变质罐头150余瓶、过期变质和“三无”小食品400余千克、问题海产品100多千克。2005年，重点对节日市场食品安全进行检查整治，清理过期变质食品35千克、罐头46瓶、饮料63瓶，纠正标识不合格海产品经营户8家、查处不合格海产品30余千克。联合质监、卫生等部门对乳制品、婴幼儿食品、生熟肉制品、干鲜海产品、烟酒市场等进行集中整治，没收劣质、过期奶粉10多千克、“三无”食品200余千克、假冒酒50余瓶。2006年，开展清理规范食品经营主体资格工作，进行专项整治20余次，取缔无照经营百货商店1家、无照生产加工食品店1家，查扣“三无”食品155袋、面包糕点82袋、无标识水果罐头78听。2007年，组织开展“四制一创建”活动，集中开展

全县乡村食品药品协管员培训班（2017年）

猪肉市场、应节商品、无照经营小食杂店、小摊点等专项整治，检查各类经营主体340户次、规范登记28家、清理证照不齐14家、立案2起、查处各类不合格食品177千克。2008年，对校园周边摊贩、商业网点进行专项整治，对9家经营户印发限期整改责令书，取缔无照经营摊点3家，没收“三无”饮料、奶制品、糕点、果脯等食品17种800余袋，无“QS”认证标志麻辣小食品1500余袋。2009年，加强乡镇食品安全监管，在132家渔村食品经营户推行食品安全监管制度，检查各类食品经营户380余家，重点查处劣质棕榈油、假茅台白酒、无标识花生油等问题食品。

2010年，印发《创建食品安全放心海岛工作意见》，工商、质监、卫生、食药、农业等部门及8个乡镇共同参与。是年，县工商局逐户对食品经营户进行排查850多户次，取缔无证无照经营户4家，查获不合格大米3吨、不合格食用油12000千克、无标识花生油900千克、不合格酱油625千克、不合格食醋600千克、假茅台酒11瓶、劣质中老年蛋白质粉26盒、“三无”月饼22.5千克、不合格儿童小食品130袋、无标识散装食品90千克、假鲍鱼6千克，清理规范标识不合格海产品130千克，查处外地非法经营者进岛经销食品案件6起。在进行严打严治的同时，推行食品经营规范化示范店创建，创建“食品安全示范店”36家。

2011—2012年，开展流通环节食品添加剂专项整治及渔村食品市场城乡接合部、城乡集贸市场、校园周边食杂店、食品商贩以及送货上门食品批发商和流动送货商等重点部位专项整治，累计查处食品相关违法案件9起、罚没款6.8万元，没收假冒“解百纳红葡萄酒”62瓶。2012年，全县实有流通环节食品经营户共计291家。其中，乳制品经营户72家，食品批发商5家，零售商286家，现场制售食品户33家，海产品（海参）经营户81家。

2014年，境内流通环节食品安全监管职能划转至县食品药品监督管理局。2015年，食品安全

2009年长岛县主要食品生产加工单位一览表

表14-7

企业名称	主要产品类别	地　址
烟台长岛宝悦海洋食品有限公司	海产品罐头、干制水产品	长岛县乐园大街东首
长岛泛洋海产食品有限公司	海产品罐头、干制水产品	长岛县南长山镇王沟村
长岛长山商贸有限公司	干制水产品、盐渍水产品	长岛县乐园大街93号
长岛科元海洋生物开发有限公司	干制水产品、蛋制品、其他水产品加工	长岛县北长山工业园
长岛天然水产食品有限公司	干制水产品	长岛县南长山镇连城村
烟台龙华海产有限公司	干制水产品	长岛县南长山镇王沟村

续表 14-7

企业名称	主要产品类别	地 址
烟台明源食品有限公司	速冻食品	长岛县海滨路36号
长岛威哥海珍品发展有限公司	干制水产品	长岛县海滨路79号
长岛绿色保健品厂	干制水产品	长岛县文化街20号
长岛县仙泉纯净水有限责任公司	饮用纯净水	长岛县乐园大街
长岛县珍岛宾馆	饮用纯净水	长岛县解放路
长岛县金沣纯净水厂	饮用纯净水	长岛县海滨路42号
长岛北达水产有限公司	干制水产品	长岛县大钦岛乡北村
长岛东村海珍品发展有限公司	干制水产品	长岛县大钦岛乡东村
长岛县恒达渔业有限公司	海产品罐头	长岛县北隍城乡山后村
长岛龙宴海产食品专业合作社	海产品罐头	长岛县北隍城乡山前村
长岛县海洋食品有限责任公司	冷冻水产品	长岛县乐园大街
长岛县华联水产有限责任公司	冷冻水产品	长岛县南长山镇乐园村
长岛县日出水产有限责任公司	冷冻水产品	长岛县海滨路
长岛县永盛水产有限责任公司	冷冻水产品	长岛县海滨路

监管并入县市场监督管理局。2015—2018年，开展食品流通环节全面规范治理，对市场内食用农产品经营者进行分批培训，重新统一设计制作“入市经营公示标牌”，在市场公开设立“市场开办者守法经营公开承诺书”看板、食用农产品市场监管人员公示牌，严格落实“一票通”“索证索票”“韭菜双证管理”等制度。长山商城、家家悦超市等9家单位通过“食安山东”食品流通示范店达标验收。

食品生产监管

1986—2003年，全县食品生产监管包括生产、采集、收购、加工、储存、运输、陈列、供应、销售等环节，主要由卫生部门负责。质监部门负责食品生产企业产品质量监督和抽样检验工作。1994—2002年，县产品质量监督检验所重点对糕点、调味品、粮油制品、饮料、冷冻饮品、干海产品、冻海产品等实施监督检验，累计检验1326批次，整体合格率68.2%。

2003年，推行食品质量安全市场准入制度，食品企业必须取得食品生产许可证、产品检验合格并在包装上加贴(印)准入标准“QS”方可出厂销售。2004年，县质监局开始承担食品生产加工环节安全监管责任，采取巡查、年审、产品定期检验、监督抽查等制度措施加强食品生产企业监管。是年，印发《长岛县食品生产经营秩序专项整治活动实施方案》，由县质监局牵头并联合工商、计卫、经贸、公安等8部门，抽调18名执法人员组成2个工作组，对辖区从事干、鲜、冻海产品加工及罐头、粮油、饮料、桶装水、面食制品、糕点等生产加工企业、个体户进行专项治理，累计检查生产经营单位88家，抽检疑似问题样品46个，印发责令整改通知20份，取缔无证经营2家，销毁变质啤酒1000瓶、劣质饮料300瓶、“三无”糕点100千克，没收假冒名牌味精10袋，立案查处冷冻鱿鱼违规使用氢氧化钠、海参用盐超标、使用工业盐等严重违法违规问题6起，整治情况通过县电视台全程曝光。

2005年6月，召开全县食品生产加工企业申办食品生产许可证工作专题会议，启动食品生产企业规范整治、达标审证工作。2006年，开展食品生产加工小企业、小作坊专项整治，全县列入整治范围食品生产加工小企业小作坊共19家。其中，桶装饮用水7家，水产品罐头生产企业5家、干制水产品生产小企业5家，小麦粉及食用油生产小作坊各1家。对1家无证无照经营桶装饮用水生产小作坊进行依法取缔，对其余18家营业执照、卫生许可证齐全的小企业小作坊，列为"允许有条件存在"建立目录并实施严密监管。

2007—2009年，开展食品安全整治行动4次，重点加强食品小作坊、纯净水、罐头、糕点、干海参、冷冻水产品监管，成立督导组赴乡镇、城区经营主体进行督导3次，召开调度会议12次，对63家食品企业或食品加工小作坊进行监管检查，责令3家企业停产整改，查处3起无证生产案件，关闭3家不合格食品小作坊。

2010年，对3家豆制品、5家面食制品、5家糕点制品、3家饮用纯净水、2家食用油、18家加工小作坊等生产加工企业（个体户）进行逐一检查，对36批次产品进行抽检，检验合格率100%。

2011—2013年，先后开展"食品安全百日整治""食品安全冬季大会战"等整治行动，重点打击生产环节假冒伪劣、使用添加剂"违禁超限"等违法违规行为，累计对获证食品生产企业、食品生产加工小作坊、水产品加工企业进行监督检查200余家次，建立10家获证生产企业、32家小作坊风险排查档案；完成定期抽样检验134批次，年均合格率91.04%。

2014年，全县食品生产环节监管职能移交县食品药品监管局统一负责。2015年，并入县市场监督管理局，食品生产企业开始推行分级分类监管。2015—2018年，围绕"食安山东"建设、烟台市创建"国家食品安全城市"等工作，对食品生产企业和食品加工小作坊严格落实食品安全市场准入管理、动态实施分级分类监管。

第三节　药品监督

1986—2006年，长岛县药品监督工作由卫生行政管理部门负责。卫生部门专设药政人员，负责全县药品管理，通过推行GSP（药品经营质量管理规范）认证管理，开展药品、医疗机构制剂、特殊药品、中药材和中药饮片、医疗器械、邮售假药、非法回收药品等检查整治活动，保证药品质量。各医疗单位亦设置专人负责本单位药品管理。2007年4月，县食品药品监督管理局成立，开始承担药品、医疗器械监管职责。2010年8月，食品药品监督管理局及职责并入卫生和人口计划生育局，对外保留食品药品监督管理局牌子。2014年，药品监管职责划入新组建的食品药品监督管理局。2015年，药品监管职责整体并入新成立的市场监督管理局。

2000年以前，长岛县药品经营行业整体发展较为缓慢。2000年，辖区仅有药品经营单位4家。其中，国有药材公司1家，药品经营商店3家，从业人员40余人。2001年，医药商业经营全面开放，个体私营医药经营单位出现较快增长，当年辖区新增药店5家，2002年新增2家。至2014年，全县药品经营单位22家，医疗器械经营单位3家，从业人员61人；药械使用单位43家。

2014—2018年，完成药品经营许可审查发证3家，保健食品审查发证19家。累计评价并上报药品不良反应224例，医疗器械不良事件112例。确定过期失效药品定点回收单位12家，全县乡镇街道覆盖率100%。

至2018年，全县共有药品经营单位25家，其中批发1家、连锁总部1家、单体1家、门店22家（直营门店6家，加盟门店16家）；医疗器械生产经营使用单位51家，其中生产单位2家、使用单位21家、经营单位28家。

第四节 行政执法监督管理

1986年后，长岛食品药品行政执法监督管理工作虽然历经多次改革调整并由多个职能部门分别承担，但监管趋势总体向严，监管水平不断提升。2010年始，质量技术监督、工商行政管理、食品药品监管等部门全部实现行政处罚案件上网运行，做到"即办即录即审"，所有处罚结果全部依法公开，未发生一起行政复议、行政诉讼案件，未发生一起行政赔偿、行政复议被变更或者撤销案件，案件办理时效性显著增强，流程更加科学规范，办理质量明显提高。维权投诉、问题举报处置机制规范健全，年均处理消费者投诉举报100余起，平均满意率达到98%以上。

至2018年，已全面建成以《中华人民共和国行政处罚法》《中华人民共和国食品安全法》《中华人民共和国药品管理法》等国家法律法规为主体，以行政执法持证上岗制度、执法公示制度、全过程记录制度、重大执法决定法制审核制度、内部执法监督制度、案卷评审制度、行政执法评议考核制度等一系列执法监督管理制度为补充的健全管理体系。与县农安、公安加强食品安全行政执法与刑事司法衔接，建立"三安"联动机制，实现食品安全监管、执法、检测、信息资源共享，显著提升食品药品执法监管水平和能力。重大行政执法坚持做到集体决策，简易程序案件全部及时登记备案，行政执法、行政决策程序和自由裁量权公开透明，案件办理准确率达到100%。

第七章 质量技术监督

1986年，县标准计量所负责全县标准、计量工作。1990年2月，撤销县标准计量所，恢复设立县标准计量局。同年3月，复设县标准计量所，隶属于县标准计量局。同年8月，县标准计量所更名为县计量所，对外挂县产品质量监督检验所牌子，履行产品质量监督检验职责。1993年3月，县标准计量局更名为县技术监督局，同年11月撤销，行政职能并入县经贸委，服务职能移交县技术监督所，原县计量所更名为县技术监督所。1997年7月，县技术监督所对外挂县技术监督局牌子，行使行政管理和行政执法职能。1998年12月，恢复设立县技术监督局，技术监督所并入县技术监督局，实行局所合一体制。2000年7月，县技术监督局更名为县质量技术监督局，实行省以下垂直领导，县局及所属技术机构上划编制。同年9月，原属县人社局承担的锅炉、压力容器、电梯、防爆电器等特种设备安全监察职能移交县质量技术监督局，县锅炉压力容器检验所划归县质量技术监督局，遂形成全县质量、标准、计量、锅容管特统一管理体系。2014年，县质量技术监督局下划地方，由县政府管理。2015年3月，县质量技术监督局撤销，行政职能并入县市场监督管理局，检测机构并入县检验检测中心。1986—2018年，先后开展计量器具检定、建立工业产品标准档案、产品标准化考核，产品质量检验、质量认证，打击生产假冒伪劣商品等工作。

第一节 标准化管理

企业标准化

1986年，全县企业标准化工作开始起步。1987年，制定《冻扇贝柱》《干贝》两项产品标准，作为烟台市地方标准发布实施。1988年，制定《姜黄素》食品添加剂标准，作为烟台市地方标准发布实施。是年，县农业机械厂液压"千斤顶"产品通过山东省采用国际标准验收，成为长岛县第一个采用国际标准生产企业和产品。

1989年，《中华人民共和国标准化法》颁布，全县开始开展标准化法实施工作，组织工业企业负责人和业务骨干78人参加国家标准计量局全国中小企业标准化函授培训。1990年，开展企业产品标准备案管理，编写制订企业标准302项。

1992年，开展工业产品执行标准登记，登记生产企业89个、登记产品标准265项。1994年，先后举办《GB7718食品标签通用标准》《GB/T19000-ISO 9000质量管理和质量保证》等系列标准宣传贯彻学习班，培训工商企业人员53人，工业企业负责人及技术人员25人。1996年，组织服务行业36名负责人参加由国家技术监督局和中央电视台联合举办的《GB/19004.2-ISO 9004-2质量管理和质量体系要素第二部分：服务指南》电视讲座培训。1997年，举办《GB5296.1-GB5296.5消费品使用说明》系列标准及进口预包装食品标签等国家标准宣贯学习班，培训经销企业人员42人。是年，第二次开展工业企业产品执行标准普查登记，累计登记129家企业380项产品标准。

1999年，实施"消灭无标准生产活动"，对全县工业企业执行标准第二次进行全面普查登记，确定68家企业现行有效产品执行标准160项，全县工业产品标准覆盖率100%，被烟台市技术监督局和烟台市人事局授予实施标准化法先进集体。2001年，县光学材料研究所生产的防护玻璃板产品达到采标验收标准，通过山东省采用国际标准验收。2003年，长岛县印发《帮扶全县中小企业及私营经济体加快发展的实施意见》，对45家企业建立重点帮扶台账，帮助企业完善产品标准，全县企业标准到期复审率100%，产品标识合格率100%。

2004年，县质监局联合旅游部门制定《"渔家乐"接待服务规范》，并发布实施长岛县"渔家乐"接待地方标准。是年，全县完成11家企业标准备案，企业标准备案累计321个；完成15家企业产品执行标准登记，企业产品执行标准登记累计145个。2005年，完成18家企业标准备案登记，3家企业标准到期修订复审；2006年，完成2家企业2种产品的企业标准起草、备案，完成11家企业产品执行标准登记。2007年，县质监局印发《关于规范全县公共信息图形符号标志的通知》，对港口码头、旅游景点、宾馆饭店等标志符号设置进行统一规范，同年10月联合旅游部门进行检查验收。2013年，推广食品企业产品标准，全县食品获证企业10个，产品数量37个，执行国家标准3个、行业标准13个、企业标准6个。

1999—2010年，连续开展"送标准下乡入企"活动，辖区生产加工企业标准化意识逐年增强，基本消灭无标准生产问题。2005—2015年，累计为79家企业备案企业产品标准44项，登记产品执行标准112项。2015年，企业产品标准备案和登记工作取消，开始实施企业产品标准自我声明公开制度，标准化管理重点转为对企业标准声明、执行情况进行检查指导。2015—2018年，累计检查各类生产企业标准46家103项。

农业标准化

80年代，长岛县农业标准化工作开始起步，主要贯彻上级农业标准化有关规定，向辖区群众宣传推广普及农业标准知识。1995年，长岛成为全国首批农业标准化示范区，承担"胶东半岛水产养殖标准化示范区"任务。1996年，县技术监督所会同县水产科学研究所、县育苗场等单位组织编写皱纹盘鲍育苗、养殖系列标准7项。1997年，组织编写海带、扇贝、海参的育苗、养殖标准技术规范13项。1998年，编写《刺参围圈养殖技术规范》《盐渍海带》《皱纹盘鲍鲜活品标准》3项标准，修订皱纹盘鲍育苗、养殖标准4项。1996—1998年，全县共制定发布长岛县地方标准20项，制定水产品加工方面的企业产品标准12项，应用有关的国家标准、行业标准8项，形成贯穿海水养殖产前、产中、产后的标准体系，完成海水养殖生产全过程标准化管理。1998年8月，《胶东半岛水产养殖标准化示范区（长岛县）》通过国家技术监督局考核验收。1999年,《皱纹盘鲍苗种》《虾夷扇贝苗种》2项长岛县地方标准被升级为山东省地方标准并发布实施。2000年,县技术监督局受到国家质量技术监督局奖励。

2004年,县质监局会同有关部门编写制定《海参育苗技术规范》《海参保苗技术规范》2项长岛县地方标准并发布实施。是年,县政府印发《关于开展质量兴县暨实施名牌战略活动的意见》,对取得无公害产品认证企业提供奖励政策,5家企业取得无公害农产品产地认证和产品认证,各获得县政府奖励1万元。2005年,长岛众鑫海珍品、东源海产2家企业的刺参产品分别获得无公害产品认证。2006年,无公害产品认证及争创省优鲜活农产品工作列入全县"十一五"规划。是年,海洋食品、华联水产等9家企业19个产品获得无公害产品认证。2007年,组织上报1家企业1种无公害产品,获得省质监局审查验收。至2007年,全县累计17家企业27个鲜活水产品和深加工水产品通过无公害产品认证。

2008年2月1日,农业部《农产品地理标志管理办法》实施,无公害农产品、绿色食品、有机农产品和农产品地理标志全部开始纳入农业部门统一管理,不再列为质监部门农业标准化内容。2008—2018年,受地域、环境等条件限制,辖区农业渔业品类少、规模小,农业标准化工作缺乏基础支撑,未自行组织开展相关工作。

商品条码管理

1991年,按照省、市标准计量部门统一要求,县标准计量局正式开展条码工作。主要职责是宣传贯彻国家条码工作方针政策,组织实施条码国家标准和技术规范,协助办理使用中国商品条码申请手续,并对辖区商品条码系统成员负责统一管理。是年,县罐头总厂申请加入中国物品编码系统,成为全县第一个使用商品条码的企业。之后,全县商品条码成员单位逐年增加。2002年,发展中国物品编码系统成员27个,108种产品使用商品条码。至2018年,全县累计有39家企业成为中国物品编码系统成员,其中23家企业现行有效。

组织机构代码管理

1993年9月,县技术监督局开始受理组织机构代码证书申领事项。1996年,烟台市技术监督局将赋码打证权授予县技术监督部门。1998年,县组织机构代码数据库与省代码网络系统实现联网,代码及IC卡发放首次实现"统一规范、统一格式、统一发放、统一管理",组织机构代码管理逐步走向信息化、规范化。1999年,组织机构代码由原来分散赋码向省级集中赋码工作方式转变,社会保障系统开始应用组织机构代码。2000年,将工会法人纳入赋码范围。2001年,组织机构代码实现与税务部门联网交换数据,在公安车辆管理全面应用。至2002年,全县各级组织机构共申领组织机构代码证书915个,IC卡560个。

2003年1月,《山东省组织机构代码管理办法》正式施行。同年,国家启动社会诚信体系建设,组织机构代码成为单位主体唯一的、统一的标识。2005年,全县正式启用组织机构代码基本信息检索系统、代码电子档案管理系统,代码档案管理由过去自行排序管理模式变更为按系统自动生成流水号归档管理模式。同年,县质监局全面推开纸质档案电子化工作。至2007年,全县组织机构代码电子档案数据库正式通过省质监局验收。

2004—2013年,连续10年组织人员入乡开展代码年检"一条龙"服务,累计服务企事业单位700多家(次),降低乡镇组织机构办理代码证书年检交通及时间成本。其间,全县组织机构代码年检累计完成5100份,年检率由58.8%上升至75%,电子档案上传率100%。

2014年6月,启用组织机构代码信用信息平台,组织机构代码由年度现场检查验证制度改为年度网上基本信息报告制度。2015年1月,停止征收小微企业组织机构代码申领、换证、年检等有关费用,全县98%以上企业和个体工商户受益。同年10月,开始全面推行"三证合一、一照一码”登记制度改革，组织机构代码纳入“三证合一”整合范畴，市场监管部门不再办理企业、农民专业合作社及个体工商户发放和更换组织机构代码证书业务。2016年1月，全县机关、事业单位、社会团体及其他依法成立的机构发放和更换组织机构代码证书工作全部终止办理。

第二节 计量管理

量值传递

1986年，县计量所社会公用压力计量标准进行改制。1987年，县内检定测微量具标准装置、检定游标类量具标准装置、检定指示量具标准装置、三等砝码标准器组、四等砝码标准器组、检定压力仪表标准装置6套计量标准通过考核。

1992年，全县土地面积测量开始推行法定计量单位，贸易结算、安全防护、医疗卫生、环境检测方面列入强制检定范围的计量器具开始实行强制检定。1993年，二等砝码标准器组、检定单相电能表标准装置、检定电三表标准装置3套计量标准通过考核。1994年，全县建立衡器、长度、压力、天平、电磁5个计量检定实验室，9套通过建标考核的社会公用计量标准，能够开展贸易结算及安全防护方面的天平、20千克（M1级）以下砖码（砝码、增砣、定量砣）、杆秤、案秤、台秤、地秤、弹簧度盘秤、单相电能表、压力表、氧气表、电流电压表、量具等41种计量器具检定。至2000年，累计检、修保各类计量器具10万台（件）。

进入21世纪，全县医疗卫生、交通设施逐步发展完善，量值传递出现新需求，县质监部门再次补强计量检定装置。至2014年，增建血压计、加油机、水表、心电图仪、出租车计价器、定量包装商品等社会公用计量检定装置12套，计量服务能力得到进一步提升。2015年，全县量值传递工作开始由县检验检测中心承担。2001—2018年，全县累计检定强检计量器具1万多台（件）、检测校准非强检计量器具2万余台（件），修理计量器具5000多台（件）。

商贸计量管理

1987年，全县统一推行使用法定计量单位。1989年，计量改制工作完成。1993年，生产领域定量包装产品和流通领域销售的定量包装商品开始列入重点监督检查范围。1996年，港口、旅游景点、集贸市场固定摊位全面限制使用杆秤。1993—2000年，全县累计抽查定量包装商品29500余批（次），合格率稳定在96%以上。

2002年，开展“集贸市场计量专项整治”，对辖区4处集贸市场进行计量统一规范。是年12月，县凌云市场被烟台市质量技术监督局授予“计量管理模范市场”荣誉称号。2004年，开展商贸计量器具专项整治，检定各类商贸计量器具32种291台（件），合格率98.7%；开展餐饮服务计量监督检查，检查餐饮服务单位60家，下达责令整改通知8家，帮助30家餐饮业户配备符合准确度等级的计量器具。2005年，组织计量专项检查29次，检查单位216个，立案处罚计量违法行为7起。

2007年，实施“计量惠民”服务专项行动，为砣矶镇磨石嘴村、大口西村、大口北村自来水网改造减免600多只水表首次检定费，合计减免1万余元。2008年，实施“关注民生、计量惠民”专项行动，强化计量惠民、利民、为民监管理念，新建住宅水表、电表首次检定率实现100%，较大用能单位能源计量器具配备率达到100%；减免8处渔村集贸市场摊位衡器、30余家医院（企业）计量器具检定费用。2009—2015年，每年组织“计量惠民”行动，累计检定各类商贸计量器具7300多台（件），减免各种行政事业性收费近30余万元。

2016年，加强成品油市场监管，专人专车专用设备赴各乡镇开展加油机检定，全年检定加油机56台（次）；对9家医疗卫生机构的171台（件）计量器具开展专项计量监管，并建立监管档案，完成14家企业264台（件）安全防护计量器具网上登记备案。2017年，全县强制检定计量器具全面停止收费。同年，配合市场秩序整治，组织开展城区集贸市场、旅游景区、超市、粮店在用120余台计量称具进行全面检定；配合危化品安全整治，检定冷藏企业压力仪表121件。在月牙湾、九丈崖等景区设置公平秤。以冷藏企业、食品加工企业为重点，开展贸易结算类计量执法检查，对2家企业使用超期未检电子秤的行为实施行政处罚。

2016—2018年，邀请烟台市计量所每年下乡开展医疗计量器具免费检定，累计检定在用强检计量器具230台（件），为辖区群众免费检定家用血压计157台（件）。

企业计量管理

1986—1991年，全县计量管理工作主要以计量行政管理为主，计量法制管理为辅。1986年，市标准计量局和物价局联合开展“物价、计量信得过单位”评选活动，县百货公司等6个单位获市级“物价计量信得过单位”称号，县医药公司等25个单位获县级“物价计量信得过单位”称号。1986年，开始组织全县工业企业开展计量定、升级工作，培养计量管理人员30余人。至1991年，县农机厂等13个单位通过烟台市标准计量局组织的计量工作评审，县毛纺厂通过山东省标准计量局组织的二级计量评审。1992年，计量监督管理工作转入法制化管理轨道，在关系国计民生、人身安全产品企业中实行质量保证体系计量认证制度。1993年，生产领域定量包装产品、流通领域销售定量包装商品和零售商品列入重点监督检查范围。1996年，完成在港口、旅游景点、集贸市场固定摊位限制使用杆秤任务。1999年，开展商品销售面积测量工作。2002年5月，开展集贸市场专项整治。是年，长岛光明制革有限公司、县光学材料研究所、县高能聚氨酯有限公司3家企业质量保证体系获得计量认证。

1992—2002年，全县开展严厉打击计量违法行为工作，对生产企业和流通领域使用不合格计量器具、伪造数据和故意破坏计量器具准确度违法行为进行查处，累计查处各类计量违法行为393件，其中查处伪造数据案240件；查处销售不合格计量器具案43件；查处使用不合格计量器具案108件；查处违法制造和修理计量器具案2件。随着计量管理法规体系的不断健全完善，以及执法监管力度持续增大，计量违法行为呈现逐年下降趋势。2003—2012年，全县总计查处计量违法案件107件。2013—2018年，累计查处计量违法案件8件，辖区计量违法违规状况显著好转，市场经济秩序更加和谐有序。

第三节　质量管理与监管

产品质量管理

长岛县产品质量管理工作起始于80年代初期，主要开展产品质量行政管理，配合上级质检部门开展产品质量检验。1987年，县农业机械厂制造的千斤顶获评山东省优质产品称号。1988年，砣矶镇后口罐头厂的“双顶山”牌原汁海螺罐头产品获评农牧渔业部部优产品。1989年，砣矶镇人造革厂的“天涯”牌人造地板革产品获评烟台市优质产品，1990年获评山东省优质产品。

1992年，开始实施质量认证管理工作。1993年，组织商贸系统50余人参加国际技术监督局举办的假冒伪劣商品识别学习班，并在商贸系统开展“商品质量信得过”“百城万店无假货”和“清柜台、清仓库”活动，县百货大楼、供销大楼、生资公司等单位先后获得市级“质量信得过单位”称号。1998年，围绕整顿经济市场秩序开展打假治劣工作，重点对涉及人身健康和生命财产安全的产品进行专项整治。2001年10月，烟台市人造革厂（原砣矶人造革厂）取得ISO 9001:2000质量管理体系认证证书，成为县内首家通过认证的企业。至2002年，先后查处劣质低压电器、不合格面粉和食用油、劣质柴油、超期变质罐头食品和饮料（酒）、劣质电线电缆和化妆品等假冒伪劣商品货值520多万元，依法处理经销假冒伪劣商品单位300余家，罚没款26万多元。是年，高能聚氨酯有限公司、县光学材料研究所2家单位先后通过ISO 9001:2000质量管理体系认证。

2004年，县政府印发“质量兴县”实施方案，全县8个乡镇推开“质量兴镇、兴乡、兴企”活动。

至2005年，全县工业产品抽检合格率达到89.2%。2006年，受理消费者关于鞋类、卫生洁具、阀门类等投诉6起，为消费者挽回经济损失1000余元。

2007年，开展为期4个月产品质量和食品安全专项整治行动，以食品、消费品、建筑材料为重点，张贴宣传海报28套、发放明白纸500余份，电视台播放滚动字幕、每周开设电视新闻专栏2次，与10家小作坊签订质量安全承诺书，对16类食品进行检查，累计行政立案3起，查获违法案值2200元，对3家无证生产桶装饮用水企业实施停业整改，没收无证产品152件，取缔违法违规小型生产企业2家。

2009年，启动“质量和安全年”活动，通过“三送一诊断”（送法规、送标准、送管理经验到企业，帮助企业诊断质量问题），帮助10家企业开展产品质量提升，帮助3家乡镇企业取得食品生产许可。

2015年，县市场监管局统一负责全县产品质量管理工作。是年，开展大型商超、水产品生产销售单位质量专项检查3次。2016年，开展食品、消防产品、旅游纪念品质量专项检查5次，检查单位30余家，立案查处销售假劣白酒违规行为1起，没收假冒白酒43箱。2017年，以包装食品、儿童用品、CCC强制认证产品为重点，开展消费品质量专项执法，检查经营单位32家，责令整改不规范问题3起。2018年，开展质量助企行动，组织长岛壹号院度假民宿参加烟台市首期百家中小企业质量援助暨首席质量官任职培训，助推该企业获得全市质量援助行动重点扶持。2016—2018年，加大成品油质量监管力度。2016年，对县城区3个加油站9个品种成品油进行抽样检验。2017年、2018年，对全县8家加油站汽柴油品种抽检做到全覆盖；通过质量抽检，查处成品油质量不合格案件1起。

产品质量监督检验

1990年3月，长岛县产品质量监督检验所成立。同年8月，开始履行产品质量监督检验职责。1991年12月，通过山东省质量技术监督局组织的产品质量检验机构计量认证和审查验收，取得计量认证合格证和验收证书。至2004年，对糕点、调味品、粮油制品、饮料、冷冻饮品、干海产品、冻海产品、饲料、网具、绳索等渔养生产资料、成品燃料油、农机及配件、家用电器、电工电料、建筑材料等产（商）品质量实施监督检验，累计检验各类产品2216批（次）。同时，为企业、社会提供检验测试服务1200余批（次）。

2005年，全县产品质量监督工作重点向食品方向转移，完成冷冻水产品、干海参、罐头制品、糕点、面食、海藻制品等11种127批（次）检验计划。2006年，完成70家生产加工单位生产的包括馒头、糕点、海产品罐头、蜂蜜、配制眼镜等14种产品152批（次）样品进行检验。2007年，完成11种产品95批（次）监督检验任务和15批（次）委托检验任务。2009年6月，《中华人民共和国食品安全法》实施，食品抽检开始实行买样制度，免收各项检验费用。是年，完成15家食品生产企业64批（次）产品、7家食品小作坊15批（次）产品定期检定，检验费用全部由财政承担。2010年，完成12家食品生产企业8类36批（次）产品进行抽检，检验合格率100%。2011年，抽检水产制品等8类产品36批（次）。2012年，对23家食品生产企业和小作坊完成食品定期抽样检验42批（次），合格38批（次），合格率90.5%。2013年，组织完成各种海产品、纯净水产品22批（次），合格20批（次），合格率90.9%。

2015年，产品质量监督检验职能划归县检验检测中心。同年，县检验检测中心综合实验室改造工程正式启动。2016年，微生物实验室建设通过省疾控中心验收。2017年，获得检验检测机构资质认定证书，检测能力包括56类产品991个参数（含单列项）、22种海产品、29种生活食用品及水质、消毒餐饮具等。

2018年，县检测中心对全县10个乡镇井水进行摸底检测，全面掌握全县地下水水质状况。同年，开展食品检测135批（次），涉及检验参数1706个，涵盖水质检测（自来水、船运水、淡化水、井水、过滤水、平塘水）100批（次）、水产制品（海米、烤虾干、扇贝、虾夷贝、鱿鱼头、鱿鱼花、海参）34批（次）、消毒餐饮具1批（次），完成速检150批（次）。

第四节　特种设备安全监察

1994年11月，成立长岛县锅炉压力容器检验研究所，隶属于县劳动局，主要履行生产生活用锅炉、压力容器检验职能。1997年，划转至县人社局，并逐渐增加特种设备安全监察职能。2000年10月，县锅炉压力容器检验研究所整建制划入县质监局，质监部门开始承担锅炉、压力容器等设备的检验监管工作。2001年，开展特种设备普查登记工作，共普查6乡2镇使用单位82家，特种设备280台。2001—2002年，组织特种设备作业人员培训3期，培训并考核发证特种设备作业人员279人，全县特种设备作业人员持证上岗率98%；开展特种设备全面检查，印发《锅容管特安全监察意见通知书》102份，查处各类违反“锅容管特”法律法规案件24起。2002年，锅炉、压力容器安全附件检验工作启动。是年，县锅炉压力容器检验所检验各种型号安全阀140只。2003年，全县启动气瓶托管管理。2004年，以浴池、学校幼儿园、育保苗企业取暖锅炉、热水锅炉为重点，开展锅炉安全专项检查，检查常压锅炉210余台，排查大气连通管按照阀门问题40余起；开展压力管道全面普查，核实登记使用单位6家77条35637米。

2005年，《长岛县特种设备重特大生产安全事故应急救援预案（试行）》印发实施，计算机引入特种设备监管应用，金质特种设备管理系统正式启用，特种设备监管数据实现全省统一联网，监管、检验信息化管理水平明显提升。同年，以海参育保苗企业为重点，开展特种设备安全隐患专项整治，检查常压锅炉180台（件），排查事故隐患20起，完成锅炉、压力容器定期检定170台，机电类设备定检40台（件），定检率分别达到99%、100%；立案查处特种设备违法行为4起。

2006年，组织开展特种设备“百日安全整治”行动，检查设备使用单位120余家，检查各类设备300余台（件），立案查处案件1起，消除安全隐患20起。是年，完成特种设备定检240台，设备定期检验率达到99%。2007年，以液化气充装经营、冷藏加工企业压力容器、小型锅炉为重点开展专项整治，检查特种设备使用单位120余家，检查各类设备300余台（件）。完成辖区8个岛屿乡镇228台特种设备定期检验任务，定期检验率98%。2008年，开展“隐患治理年”、特种设备百日督查专项行动。2009年，以落实“三落实、两有证、一检验、一预案”为目标，完成辖区8个乡镇200余台设备检验，设备定检率达到100%；对152名特种设备作业人员进行培训，作业人员持证上岗率98%。派出安全监察人员，对砣矶镇、大钦岛乡、黑山乡液化气供气点进行安全检查，纠正违法行为2起；对辖区新安装5台（套）特种设备实施安全监察。2010年，以液化石油气充装单位为重点，全面开展在用气瓶、压力容器检查，对无证充装、非法倒灌、充装不合格气瓶、压力容器超期不检验等行为进行全面规范，完成在用设备检验300余台，检验率99%。完成13台电梯安装检测。2011年，召开乡镇分管领导、特种设备安全协管员会议，为10名协管员发放聘书。2012年，重点强化对超期未检和安全隐患问题的整改，治理安全隐患20处，辖区特种设备作业人员持证上岗率、在用设备注册登记率和定期检验率，分别达到99%、100%、99%。

2013年，开展夏季特种设备安全专项整治，联合旅游部门，对全县各景区及周边大型游乐设施进行排查，将属于特种设备管理范畴的大型游乐设施全部列入重点整改范围，现场关停经营设备11台（套），责令限期注册、检验，确保设备运行安全；联合安监等部门，对南北长山岛8家、北五岛7家涉氨制冷企业压力容器、压力管道进行安全隐患大排查。2014年，邀请第三方检测机构，对全部涉氨企业在用压力容器、压力管道进行无损探伤检测，对16家隐患企业列出问题清单，逐一制订整改方案，启动整改。至2015年，7家企业重新改造、4家“氨改氟”、4家关停、1家拆除，涉氨制冷企业特种设备安全隐患治理全面完成。

2015年，特种设备安全监察职能并入县市场监管局。是年，开展特种设备和危险化学品安全大检查6次，检查特种设备使用单位60多家，发出特种设备安全监察指令书14份，排查整改各类安全隐患17处。2016年，强化作业人员培训，邀请蓬莱培训机构分三批（次）进岛对19家单位锅炉、叉车、观光车作业人员进行取证培训，累计培训200余人（次）；落实安全监察职责，突出重点保安全，对超市医院电梯、景区周边游乐设施、热电厂锅炉等重点设备以及液化气充装、涉氨冷藏等进行重点检查监管，累计出动执法人员260人（次），检查特种设备使用单位108余家（次），下达监察指令书20余份，整改各类安全隐患50余处。2017年，对全县液氨冷藏企业在用压力容器、锅炉、电梯等重点设备和3家气体充装单位进行多轮次集中检查，累计检查有关单位80余家（次），下达监察指令书15份。2018年，累计出动执法人员120余人（次），检查特种设备使用单位90余家（次），下达特种设备安全监察指令书14份，整改安全隐患17处；加强液化石油气钢瓶监管，对全县100余家酒店、餐饮企业开展监督检查，建立气瓶使用台账。至2018年年底，全县特种设备使用单位41家，在用压力容器总计270台。其中，锅炉6家7台，压力容器13家112台，电梯25家142台，起重机械2家4台，场（厂）内机动车辆3家5台。压力管道使用单位11家，管道总长3.89千米。全年特种设备运行安全无事故发生。

第五节　行政执法

1986年后，长岛县标准计量行政与执法机构建设逐步加强。1988年，开展打假治劣工作，当年查处劣质低压电器1788只，查处劣质超期变质食品、罐头、饮料、酒价值3万余元。1989年，印发《关于对伪劣产商品实施社会监督举报的通告》，对冷藏加工企业在加工扇贝过程中大量掺水行为进行专项治理。

1990—1991年，重点整治扇贝生产加工质量问题，对县内30多家冷藏企业进行专项整顿，依法查处8家冷藏企业在扇贝中掺杂使假行为。1992年，贯彻国务院《关于严厉打击生产和经销假冒伪劣商品违法行为的通知》。至2002年，县技术监督局开展数十次打假专项行动，查获劣质低压电器、劣质轴承、劣质柴油、不合格面粉、食用油、电线电缆、低压电器、化妆品、白酒、服装、皮鞋、干海产品等假冒伪劣商品100余种、货值500多万元，查处经销假冒伪劣商品案件300余起、罚没款40多万元。

2003年，将建筑、装潢材料、农机配件等列为年度执法监管重点，成立执法办案小组集中侦办涉民、涉安全案件，立案6起。是年，开展防“非典”护民生行动，查没假冒伪劣口罩260只，三无“84消毒液”4箱。2004年，查办特种设备、食品质量安全和定量包装商品违法案件13起。

2005年，县质监局稽查队挂牌成立。是年，围绕涉及人身、生命、财产安全和社会反映热点问题，组织开展食品、质量、特种设备专项检查治理，累计检查单位68家、乡镇集贸市场6处，立案查处违法违规行为11起。2006年，《质量技术监督区域监管工作规范》山东省地方标准出台，县质监局成立区域监管工作领导小组、区域监管办公室，划分区域监管责任区、责任组，明确相关工作职责和工作要求，区域划分网格化监管模式自此开始并延续多年。2007年，执法检查审核登记、抽检分离、案审分开、责任追究、考核评议等行政执法制度制定实施，执法监管“PDA”系统开始启用，行政执法法制化、信息化水平得到提升。2008年，推进“阳光政务工程”，全面推进政务公开，健全行政复议、行政执法案件听证、行政执法网上办案等制度，进一步保障质量技术监督行政执法的公开、公平、公正；同年，对建筑工程材料、北京奥运会期间食品、特种设备安全进行重点整治。

2010年，在全县集中开展以水产品、食品、家用电器为重点打击侵犯知识产权和制售假冒伪劣商品专项行动，立案查处各种违法违规行为10起。2011年，开展特种设备、食品、水产品整治工作，出动执法人员363人（次），执法车辆80台次，查办违法案件10件，罚没款5.1万元。2012年，对玩具类、文具类、妇幼用品类、消防产品类、电线电缆、电子电器等进行专项整治，查处销售假劣开关、灯具案件2起。2013—2014年，开展特种设备、计量、食品专项整治，查处特种超检定周期使用、强检计量器具未经检定、食品非法添加等案件13起。2015年，质量技术监督行政执法工作开始由县市场监管局统一行使。至2018年，围绕食品药品安全、特种设备安全、商品质量打假治劣等工作，不定期开展专项检查和市场巡查，及时受理处置群众投诉举报，累计办理假劣食品、劣质药品、虚假宣传等违法违规案件21起，处置群众投诉300余起。

第八章　国土资源管理

1986年，土地管理工作由县农业局负责，内设土地管理站。同年，开展全县土地资源调查。1988年通过省级验收并获评优秀等级。1987年，长岛县沙石管理办公室成立，加强矿产资源管理。1988年2月，县土地管理局设立。6月，县矿产资源管理局设立，均与县农水局合署办公。同年，开始城镇土地确权申报登记工作。1993年，土地管理局、矿产资源管理局与农委分设，合并成立县土地矿产管理局。1998年，编制完成《长岛县土地利用总体规划》。2001年11月，县农业水利局和土地矿产管理局合并，成立县农业水利和国土资源局。2002年11月，县农业水利和国土资源局设立土地资产经营中心，承担全县土地储备、开发、经营和出让工作。2005年，单设县国土资源局，实行双重管理，同时撤销县建设局规划测绘站，其测绘管理职能划入新设立的县地理信息中心，隶属于县国土资源局。2006年，县土地资产经营中心与县土地矿产管理站分设，县土地资产经营中心升格为副科级事业单位，挂征地办公室牌子。是年，完成南长山镇山前村和北长山乡北城村共计24.5公顷土地的征收工作。2006年3月，长岛县第一次开展海岛土地调查，对全县32个岛屿土地利用进行数据采集和编绘。2012年，开展农村集体土地所有权和集体土地使用权登记发证工作，完成全县40个村11645宗地确权调查。2013年，县土地资产经营中心与土地

《长岛县土地利用总体规划（2006—2020）》土地利用结构调整表

表14-8　　　　单位：公顷、%

地类		规划基期年		规划近期目标年		规划远期目标年		规划期间面积增减
		面积	比重	面积	比重	面积	比重	
农用地	耕　地	286.0	4.99	220.0	3.85	200.0	3.49	-86.0
	园　地	472.2	8.25	536.0	9.36	557.0	9.73	84.8
	林　地	2525.8	44.10	3710.0	64.78	3800.0	66.35	1274.2
	其他农用地	155.6	2.80	200.6	3.50	132.2	2.31	-23.4
	小　计	3439.6	60.06	4666.6	81.49	4689.2	81.88	1249.6

续表14-8

地类			规划基期年		规划近期目标年		规划远期目标年		规划期间面积增减
			面积	比重	面积	比重	面积	比重	
建设用地	城乡建设用地	建制镇用地	46.1	0.80	62.3	1.09	71.5	1.25	25.4
		农村居民点用地	389.8	6.80	380.2	6.64	345.2	6.03	-44.6
		城市用地	342.7	6.00	381.5	6.66	427.3	7.46	84.6
		小计	778.6	13.60	824.0	14.39	844.0	14.74	65.4
	交通水利用地	水工建筑用地	13.8	0.24	15.1	0.26	18.6	0.32	4.8
		港口码头用地	5.4	0.10	6.5	0.11	8.5	0.15	3.1
		公路用地	33.8	0.59	36.5	0.64	41.1	0.72	7.3
		小计	53.0	0.93	58.1	1.01	68.2	1.19	15.2
	其他建设用地	特殊用地	143.6	2.50	112.9	1.97	111.8	1.95	-31.8
		小计	143.6	2.50	112.9	1.97	111.8	2.00	-31.8
	小计		975.2	17.03	995.0	17.37	1024.0	17.93	48.8
其他土地	水域	滩涂	93.4	1.63	10.3	0.18	2.6	0.05	-90.8
	自然保留地	荒草地	863.0	15.07	35.8	0.63	5.6	0.10	-857.4
		裸地	355.6	6.21	19.1	0.33	5.4	0.09	-350.2
	小计		1312.0	22.91	65.2	1.14	13.6	0.24	-1298.4
土地总面积			5726.8	100.00	5726.8	100.00	5726.8	100.00	0.0

矿产管理站合并组建县土地经营管理中心。2015年12月，将土地、房屋、林地、草原、海域等不动产登记职责整合到县国土资源局，成立县不动产登记中心。至2018年，不动产登记中心共发放不动产登记证书2513本，不动产登记证明1344份，出具查询证明3419份。

第一节　土地利用规划

1995年10月，长岛县第一次土地利用总体规划编制完成，经烟台市政府审查批准。1996—1998年，编制《长岛县1996—2010年土地利用总体规划》，通过山东省国土资源厅验收。

2009年，开展第二轮土地利用总体规划编制工作。2010年，完成《长岛县土地利用总体规划（2006—2020）》编制以及其数据库建设，该规划以2005年为基期年，规划期限2006—2020年。主要规划内容：农用地由2005年3439.6公顷规划调整为2020年2887.71公顷，减少551.89公顷；建设用地由2005年975.2公顷规划调整为2020年1393.27公顷，增加418.07公顷。其他未利用土地由2005年1312.0公顷规划调整为2020年

1643.64公顷，增加331.64公顷。至2018年，一直沿用《长岛县土地利用总体规划(2006—2020)》，只对其中个别项目进行修改完善。

第二节　土地征用

征地制度

1987年1月始，根据《中华人民共和国土地管理法》，全县征用耕地3亩以下、其他土地10亩以下的，由县级人民政府批准。国家建设所征用的集体所有的土地，所有权属于国家，用地单位只有使用权。

1999年1月始，《中华人民共和国土地管理法》规定，征用下列土地的由国务院批准：基本农田、基本农田以外的耕地超过35公顷的；其他土地超过70公顷的。征收规定以外土地的，由省、自治区、直辖市政府批准，并报国务院备案。

2011年1月始，根据《山东省土地征收管理办法》规定，土地征收遵循程序合法、公开透明、足额补偿、妥善安置的原则，兼顾国家、集体和个人利益。县政府负责本行政区域内的土地征收工作。

征地审批

根据1999年1月施行的《中华人民共和国土地管理法实施条例》规定，征用土地方案经依法批准后，由县政府组织实施，并将批准征地机关、批准文号、征用土地的用途、范围、面积以及征地补偿标准、农业人员安置办法和办理征地补偿期限等，在被征地土地所在地的乡镇、村予以公告。对补偿标准有争议的，由县级以上政府协调；协调不成的，由批准征用土地的机关裁决。征地补偿、安置争议不影响征用土地方案的实施。征用土地的各项费用应当自征地补偿、安置方案批准之日起3个月内全额支付。

根据2011年1月施行的《山东省土地征收管理办法》规定，县国土资源局依据本级政府发布的征收土地公告，组织勘测定界，并会同财政等有关部门、乡镇政府或者街道及用地单位，与村民委员会、承包户对拟征收土地的权属、地类、面积以及地面附着物权属、种类、数量等进行现场调查、清点、核实、填写土地征收勘测调查清单。土地征收勘测调查清单由参与现场调查、清点、核实的各方共同确认。

2017年，根据《山东省人民政府办公厅关于进一步严格规范征地管理工作的意见》要求，公告材料采取书面形式在被征地农村集体经济组织村务公开栏等场所予以张贴，通过征地信息公开网络平台或广播、电视、报纸等渠道予以公开、公示。综合运用照相、摄像、录音等方式做好公告、公示材料现场信息采集、留存和归档。

2018年9月，根据山东省国土资源厅《关于完善建设用地审查材料加快重点项目用地报批工作的通知》，在农用地转用和土地征收报批时，涉及保护红线区内土地的，须提供相关区域主管部门同意使用的审核意见；涉及陆海规划重叠区域内土地的，在陆海规划重叠管理问题解决前，须提供海洋与渔业主管部门同意使用海洋意见；涉及占用林地的，需提供林业主管部门同意使用审核意见。确保建设用地审批工作依法、依规开展，实现审批质量与审批效率双保障。

征地补偿

1987年1月始，贯彻《中华人民共和国土地管理法》，征用耕地的补偿费为该耕地被征用前3年平均年产值的3~6倍，征用其他土地补偿费标准参照征用耕地的补偿费标准规定；征用耕地安置补助费，按照需要安置农业人口数计算；需要安置农业人口数，按照被征用耕地数量除以征地前被征地单位平均每人占有耕地数量计算；每一个需要安置的农业人口安置补助费标准，为该耕地被征用前3年平均每亩产值2~3倍，每亩被征用耕地安置补助费，最高不超过被征用前3年平均年产值10倍；征收其他土地安置补助费标准，参照征用耕地安置补助费标准规定。

1999年1月起，贯彻修订后的《中华人民共和国土地管理法》，征收耕地补偿费用包括土地补偿费、安置补助费以及地上附着物青苗补偿费；征收耕地土地补偿费为该耕地被征收前3年平均年产值6～10倍；征收耕地安置补助费，按照需要安置农业人口数计算；需要安置农业人口数，按照被征地耕地数量除以征地前被征收单位平均每人占有耕地数量计算；每一个需要安置农业人口安置补助费标准，为该耕地被征收前3年平均年产值4～6倍，每公顷被征收耕地安置补助费，最高不得超过被征收前3年平均年产值15倍；征收其他土地补偿费和安置补助费标准参照征收耕地土地补偿费和安置补助费标准规定，土地补偿费和安置补助费综合不得超过土地被征收前3年平均年产值30倍。

2004年，根据《山东省人民政府办公厅关于调整征地年产值和补偿标准的通知》，限定征地年产值最低标准，根据各地经济发展水平，参照新增建设用地有偿使用费征收等别，将全省划分为四类地区。参照《山东省年产值标准地区分类表》，长岛县位于第四类地区，城市规划区内耕地最低年产值标准为每亩1200元，并按照该年产值30倍计算长岛县征地补偿费。

2006年，根据《国务院关于深化改革严格土地管理的决定》要求，首次制定长岛县综合地价，征地补偿同地同价。综合地价分为5个标准，即4万元/亩、3.6万元/亩、3.3万元/亩、2.6万元/亩、2.5万元/亩。

2009年7月，根据《山东省人民政府办公厅关于实施征地区片综合地价标准的通知》，地上附着物和青苗补偿费，按照《山东省人民政府办公厅关于调整征地年产值和补偿标准的通知》规定，各类建设项目涉及征收使用农村集体土地，应严格执行同地同价原则，同一个区片内，相同土地类别的征地补偿价格相同，不因项目不同而变化；征地区片综合地价标准每3年调整一次。长岛县征地补偿费调整为5个标准，即4.2万元/亩、3.8万元/亩、3.5万元/亩、3.1万元/亩、3万元/亩。

2013年1月，根据《山东省人民政府关于调整山东省征地区片综合地价标准的批复》，征地区片综合地价标准，是指征收一般农用地补偿费与安置补助费之和，其他地类以综合地价标准为基础按以下系数调整：农用地中的基本农田1.2、建设用地1.0、未利用地0.8。长岛县征地补偿费调整为3个标准，即4.6万元/亩、4.2万元/亩、3.5万元/亩。

2016年1月，根据《山东省人民政府关于调整山东省征地区片综合地价标准的批复》，其他地类以综合地价标准为基础按以下系数调整：农用地中的基本农田1.2、建设用地1.0、未利用地0.8。长岛县征地补偿费调整为两个标准，即5.4万元/亩、5万元/亩。

第三节　土地利用

土地供应

1986—1991年，长岛县土地实行无偿、无限期使用制度，各类建设用地审批主要以省、市下达建设用地使用计划来审批土地，其间共审批国家建设项目230个，共63.2公顷；集体建设项目65个，共8.2公顷；渔民建房610家，共7.5公顷。

1992年8月，《长岛县土地管理若干问题的规定》实行国有土地有偿使用制度，开始进行土地储备，土地经营推向市场。1993年4月，《长岛县国有土地使用权出让和转让暂行规定》明确对国有土地使用权出让、转让、出租和抵押进行规范；对经营性土地全部实行有偿使用制度，土地出让方式采取协议、招标、拍卖3种方式，土地用途分为商业、住宅、工业、其他4种，土地最高使用年限商业为40年、住宅70年、工业和其他50年；规定未按照土地出让合同规定的期限和条件投资开发、利用土地的，土地使用权不得转让、出租、抵押。1994年3月，县政府印发《关于清理土地隐形市场的通知》，对使用国有土地的单位和个人，有出租、买卖、以地换房、利用划拨土地经营商品房行为进行清理，清理查处违法用地453宗、面积16.4公顷，建立国有土地有偿使用健康运行机制。1992—1998年，共办理土地出让49宗，面积9公顷，收取土地出让金1135

万元。

1999年，修订后的土地管理法实施后，实行严格建设用地用途管制制度，取消限额审批，实行国务院和省政府两级统一审批。2000年，实行建设项目用地“批前参与、批中审核、批后跟踪验收”全程管理制度。至2002年，共审批各类建设用地48宗，总面积6.51公顷，出让金477万元。

长岛县城镇土地级别评定及基准地价更新听证会(2016年)

2003—2006年，土地审批项目109个，其中工业项目53个、商业项目26个、住宅项目12个。2007年，土地市场动态监测与监管系统运行，开启土地供应线上线下公示、监管模式。2007—2014年，共发布出让信息公告37条、成交公示33条、录入供应结果89条，动态巡查率控制在80%左右。2015年，烟台市国土资源网上交易系统运行，土地供应环节更加公正透明，竞买人自由申请在网上交易。2015—2018年，通过网上挂牌竞拍成交土地45宗，总面积67公顷，出让金额5.8亿元。其中，房地产开发包括南长山街道荻沟、后沟、鹊咀、乐园、孙家、赵王等村的旧村改造项目37个，面积51.54公顷。

地价管理

1994年3月至1995年11月，依据国家土地管理局的《城镇土地分等定级规程(试行)》《城镇土地估价规程(试行)》和《中华人民共和国土地管理法》，对城区含南长山镇范围内12.5平方千米的土地进行第一轮土地定级估价。将县城区土地划为3级，分别测算商业、住宅、工业用地级别基准地价和级别基准地价修正系数。

2003年12月，对县城区含南长山镇范围内12.5平方千米的土地进行第二轮土地定级估价。

2007年，进行第三轮基准地价更新，本轮基准地价设定基准地价内涵：平均容积率商业1.2、住宅1.2、工业0.5。土地开发程度：“五通一平”。土地使用年限：商业用地40年、住宅用地70年、工业用地50年。2007年10月，印发《关于公布长岛县城区国有土地基准地价和调整政府出让土地收益标准的通知》。规定城镇居民住宅用地执行标准：划拨用地因转让、继承等原因补交出让金的，城区范围内按80元/平方米标准执行，城区范围外按60元/平方米标准执行，容积率统一按1.2计算用地面积；房改房上市交易执行房屋评估价格的1%；非住宅用地期限届满，申请续期使用的，出让金标准不低于国土资源管理部门采用的评估地价80%；住宅出让用地期限届满，自动续期的，出让金按国家规定标准执行。

2011年7月，县政府印发《关于公布长岛县城区国有土地基准地价的通知》。第四轮基准地价调整完成。本轮基准地价调整的城区面积为22平方千米，包括南长山岛、北长山岛。2014年3月，县政府印发《关于公布长岛县城区国有土地基准地价的通知》。长岛县第五轮基准地价调整完成。本轮基准地价设定基准日为2013年1月1日。2017年7月，县政府印发《关于公布长岛县城区国有土地基准地价的通知》。长岛县第六轮基准地价调整完成。设定基准日为2016年1月1日。至2018年，长岛县基准地价仍然参照该标准。

土地储备

受海岛特殊地理位置限制，全县土地资源紧缺。2002年1月，《烟台市土地储备办法》公布实施，长岛县储备方式主要是无偿收回储备、有偿收回储备、收购储备。2002—2017年，主要针对本辖区内低效用地收回再开发，没有作为政府储备计划。2017—2018年，县国土资源局申请土地储备专项债券2000万元，安排用于原军粮局、原文广新局、外贸区片、黑石嘴区片共4个区片地块项目。至2018年，4个区片已收储土地0.6公顷。同年，将西海岸填海项目62.79公顷纳入政府储备，此为长岛县第一次将本区域土地纳入政府储备。

第四节　土地登记

1988年12月，开展城镇土地申报登记工作，制定城镇土地申报登记工作若干规定。至1989年6月，全县党政机关、企事业单位等122个单位上报土地信息资料，全县国有单位用地469宗。

1991年8月始，国有单位和渔村村民土地登记发证，当年发证1032本。至1995年，渔村宅基地发证基本完成，发证数量10182宗地，发证面积140公顷。1996年后，开展变更登记发证业务，年均发证量国有单位30本、宅基地40本，1996、1997年发证量205本。1998年5月，制定《长岛县土地登记办法》，对土地使用权和所有权属进行界定规范。2001年，开展城镇居民土地登记发证，年登记发证数量上升为500本左右。至2012年，城镇居民发证量总数5622本，发证覆盖率95%。

2013年，完成全县渔村集体所有权调查，涉及全县40个行政村，调查面积52.25平方千米，完成渔村集体所有权登记发证100宗地，发证率100%。2016年，开展渔村集体土地使用权登记发证确权工作，完成全县40个地籍子区总宗地数11645宗地权属调查、属性补录、外业修补测、数据入库等工作，其中已确权登记10831宗、纳入日常地籍335宗、确权完成率96.99%，形成城乡一体化地籍管理系统。

2016年9月，县不动产登记中心成立，负责全县土地、房屋、海域、林权登记工作。房管、海洋、林业3部门将全部纸质电子档案资料移交县不动产登记中心，共移交林权档案71卷、海域登记档案300宗、房屋登记档案14383份、土地登记档案11559宗。2016—2017年，县不动产登记中心完成不动产存量数据整合，共计土地整合2698宗、房屋整合14586家，建成全县不动产登记数据库。2016—2018年，县不动产登记中心共发放不动产登记证书2401本、不动产登记证明1291本，其中宅基地及房屋类登记2386件、海域类登记业务158件、查封和解查封业务59件，出具房屋信息查询证明1897份、共计4742人，大宗查询105次、共计1484人。

第五节　土地调查

1986—1987年，长岛县完成全县第一次土地资源调查，土地资源成果通过省级验收，被评为优秀等级。此次调查共取得7项重大技术成果：查清全县土地类型、数量及其利用现状；核实并划定土地权属范围及其面积；编制县、乡、村三级土地利用现状图及各村地籍图和长岛县地图；完成土地初始登记、统计；完成土地变更统计、登记，建立土地档案；完成耕地坡度分级，回执耕地坡度级图及耕地坡度分级面积统计表；编写长岛县土地资源调查报告和各乡镇说明书。

1995年，开展城镇地籍调查，采用GPS卫星定位测量方法，建立南北长山20平方千米地籍测量控制网，调查面积2.7平方千米，调查宗地1456宗，建立城镇地籍管理数据系统，地籍管理由纸质管理方式过渡为电子管理方式。

1998年，开展城镇变更地籍调查，调查南长山建城区3.89平方千米，调查宗地2138宗土地，实测界址点6978个，完成1∶500标准分幅图98幅，建立城镇地籍管理信息系统。同年，完成砣矶镇大口4个村面积0.6平方千米范围地籍调查，调查宗地1393宗，编绘1∶1000地形图4幅。至2002年11月，城镇地籍调查完成。2006年3月，长岛县开展第一次海岛土地调查，由县国土资源局与山东海天地理信息工程有限公司共同承担，对长岛县32个岛屿土地利用进行全面数字化数据采集和编绘。

2008—2010年，开展全县第二次土地调查。布设图根点321个；开展城区3.892平方千米变更调查，调查宗地103宗；新增南、北长山9个行政村村庄居民点，实际调查面积2.639平方千米；编绘地籍图49幅；地籍入库及系统建设6.531平方千米。至2018年，全县规划、经济建设和城市开发均以此次调查数据为依据。

第六节　测绘管理

1995年，县规划测绘站成立，隶属于县建设局，具有丙级测绘资质，采用“长岛县自由坐标系”和“长岛县独立高程系”，使用全站仪野外采集数据，手工纸质成图工作方法。1995—1996年，完成长岛县第一次城镇地籍调查项目。1997—2000年，完成南长山岛全貌1:500地形图测绘。2000—2004年，完成北长山乡、北隍城乡、大钦岛乡、大黑山乡等部分乡镇村庄1:500地形图测绘。

2005年，规划测绘职责由县建设局划转到县国土局，成立县地理信息中心，保留丙级测绘资质。工作内容拓展至管护全县测量标志、管理已有测绘成果，根据需要随时测绘、更新测绘成果。测绘技术更新为全站仪结合RTK（卫星定位测绘仪器）外业采集数据，内业电脑软件处理成图方法，坐标系从“长岛县自由坐标系”变更为“西安80国家坐标系”，高程系统仍为“长岛县独立高程系”。

2011年、2016年，分别修编《长岛县“十二五”基础测绘规划》《长岛县“十三五”基础测绘规划》，通过专家论证后由县政府发布。2013年，完成南北长山岛、北长山岛全貌1:500数字化地形图更新测绘项目。2018年，完成10个有居民岛屿全境1:500数字化地形图更新测绘项目。同年，长岛县国土数据由“西安80坐标系”转换为“国家2000的坐标系”。

第七节　土地执法与宣传

1987年，《中华人民共和国土地管理法》颁布实施后，县国土资源管理部门开展宣传土地管理法，严格落实土地管理政策，组织土地执法巡查。至2002年，累计开展执法巡查61次，下达通知书6份，查处违法占地案件2起并提交法院审理，纠正在农用土地上乱搭滥建现象11次。2005年，国土资源局下设国土资源监察执法大队，负责执法巡查。2017年11月，土地执法等职能划转到县综合行政执法局。2017—2018年，县国土资源局联合综合行政执法局，依据国家督察局卫星影像监测长岛县疑似违法用地图斑数据，现场核查陆域违法用地6宗、面积18.98亩，全部立案查处，收缴罚款19.464万元，没收土地7834平方米，当年通过省厅验收。

2005—2018年，结合“4·22”世界地球日、“6·25”全国土地日、“8·29”测绘宣传日，围绕宣传主题，组织人员到县城区主要街道张贴宣传条幅，发放宣传材料，进乡入户宣传政策，解答群众提出有关国土资源方面的问题，通过多形式、多渠道、多层次宣传土地法律、法规、教育群众。至2018年，共计发放宣传明白纸2万余张，解答群众咨询200余次，电视报道土地法规文稿20余篇。

第八节　矿产资源管理

资源开发利用

长岛县矿产主要资源为非金属矿产，有砣矶砚石、球石、毛石、海砂等资源。

砣矶砚石　主要分布在砣矶岛，因资源珍贵、储量少，长岛县一直限制开采。

球石　俗称鹅卵石、海卵石，主要以海滩球石为主，分布在全县多数岛屿，球石工业用途主要水泥制造厂矿企业使用，是球磨机不可缺少的材料。1982年，开始由各乡镇村自行管理开采和

销售，球石开采方式粗放，管理不规范。1994年，按划定范围限量开采，执行“统购统销”制度，球石资源进入有序开采时期。2000年，对重点景区和沙滩球石资源规定永久不得开采利用。2002年1月，县矿产管理中心成立；同年4月，县政府制定《长岛县球石资源管理规定》，对全县球石开发和运营进行统一管理，普通球石年开采量保持3万吨左右。2009年，县政府制定《关于进一步加强球石资源管理工作的意见》，规定长岛所有球石不得开采和销售。2013年，根据国家自然保护区和国家地质公园地质遗迹保护区内禁止开采矿产资源的规定，长岛县全面禁止开采球石。

毛石、山石　主要分布在南长山岛、北长山岛。2000年前，全县有5家开采毛石、山石采石场。2001年始，因采石导致山体裸露及植被破坏，造成地质灾害影响较大，国土资源管理部门对采石加强管控，境内采石限定用于填海造地、修筑环岛、环山公路等领域。国土资源管理部门现场勘查指定区域适当开采，其他区域禁止开采。2002年，县政府制定《长岛县矿产资源管理规定(试行)》，关停采石点10多处。2013年，境内禁止开采毛石、山石。

海砂　境内海域海砂多处分布，主要区域在南五岛海域。80年代末，开采海砂须由省、市国土资源部门发放准采证，划定开采区域进行限量开采。进入21世纪，开采海砂须由国土资源部发放准采证。2002年，县乐通轮驳公司取得国土资源部颁发的“长岛县庙岛南部A区海砂采矿证”，年可开采量5万吨。2007年后，2年申请延续一次，县乐通轮驳公司最后一次延续申请时间为2014年9月，有效期2年。2016年，禁止开采海砂。

矿业秩序整顿

境内球石、毛石、山石开采历史悠久，80年代，滥采滥挖现象比较严重。1987年，长岛县成立砂石管理办公室，加强矿产资源管理。1988年6月，县矿产资源管理局下设沙石供销公司。同年9月，印发《关于严禁销售海砂石的通知》，规定除县政府下达计划统一组织外销、内销外，其他单位和个人不得以任何借口私自批准使用和销售海卵石。任何船只(包括军船)不得参与海卵石运销。凡未批准擅自运销海卵石的，除没收全部收入并按砂石价值3~5倍处以当事者罚款外，每次由县财政扣减所在乡镇当年经费500~1000元。同年11月，查处2个行政村私自运销海卵石50多吨，按照规定对2个村所在乡镇政府罚款500元，并进行通报。

1989年，县政府对海砂生产和管理工作进行整顿，投放海上标志，依法办理采砂许可证，划定沙场界限。采砂企业到港口后一切管理和销售结算工作全部由砂石供销公司负责。全年销往上海砂石6万余吨，县内建筑用沙5万吨。1990年，对全县采矿企业进行全面检查，严格开采审批手续，对无证开采、违法开采、偷运球石等违法违规行为进行查处，全年共查处违规偷运球石事件6起，罚款2.6万元。1991年5月，县政府印发《关于坚决制止外运球石的紧急通知》，封闭海滩球石资源。1992年8月，印发《长岛县矿产资源管理暂行规定》，明确矿产资源属于国家所有，由县政府统一管理，乡镇、村负责管护。

1993年9月，县土地矿产管理局下设矿产管理科，实行球石开采、发运和采石登记报告制度，建立管理台账，开展矿业秩序整顿。1994年4月，县政府印发《关于加强矿产品开采运销管理的通知》，加强矿产品运销的监督管理。全年共清理不法踩点8处，没收球石200吨。

1998年，以各景区、沿海滩涂为整顿重点区，以私采滥挖、浪费资源、无证非法开采为治理整顿重点内容，全年共没收球石10车、6船，制止乱开山20余次。2000年，对重点景区和沙滩等重要区域球石资源死封，永久不得开采利用。对非重点区域地下球石资源开采，必须持有采矿许可证，由县政府批准实行定时、定量开采，对采挖出的球石实行全县统一定价、统一收购、统一销售、统一结算，并查实征收矿产资源税和资源补偿费。全年共查处违法案件11起，没收球石100余吨。

2001年11月，县农业水利和国土资源局下设行政科负责矿产资源管理工作，对无证开采、越界开采、乱采滥挖现象进行依法整治。同时，采取专题广播、悬挂张贴标语、举办培训班、组织法律法规知识竞赛、散发立法材料等形式，宣传《中华人民共和国矿产资源法》及整顿工作要点。2002年4月，县政府印发《长岛县矿产资源管理规定(试行)》，对合理开发利用和保护矿产资源进行全面和细致的规定。累计查处球石900余吨，查封关停非法采石场2处。

2004年12月，国土资源管理系统体制改革，单独设立县国土资源局，下设矿产资源管理中心，进行矿产资源管理。2005年，印发《关于停止开采砂石资源的紧急通知》《关于加强球石管理的紧急通知》《长岛县砂石资源专项整治工作实施方案》等文件，开展砂石和球石资源专项整治，对非法采运山石、海砂案件进行重点监控和查处。全年共出动巡查500余次186车次，全县9处采石点关停8处，1处责令恢复治理，6处球石经营关停3处，查处违法案件18起。2006年，关闭北长山乡嵩前、北城和南长山镇南城、孙家4处采石场，依法强制拆除并查封采矿设备并没收矿产品。同年，查获非法盗采砣矶砚石毛料5.5吨，巡查200余人车次。2007年，查处违规运输球石100余吨，非法装载海砂3000余吨。2009年查处违法案件10余起，查获偷运球石车辆10车次，没收球石100余吨，罚款3万余元。2012年，重点加强北长山乡北城和嵩前2处采石场监管，多次制止非法采石行为。同时，加大球石整治力度，查扣违法开采运输球石20余吨；依法查封采石点12个，拆除工棚1000多平方米，没收矿用设备4台(套)，拆除变压器、空压机5台，拆除供电线路，关闭取缔非法采石点12个。2013年，开展巡查40余次，查处违法采挖球石案件2起，涉案球石1100余吨。同年，根据国家自然保护区和国家地质公园地质遗迹保护区内禁止开采矿产资源的规定，长岛县全面禁止开采球石、毛石、山石等矿产资源。

第九章 安全生产管理

1986年12月，复设县安全委员会办公室。1987年，开始推行安全生产目标考核管理。1988年，安全生产管理纳入经济责任制。1989年，县政府首次把安全生产工作列为考核领导政绩的一项主要内容，赋予安全工作“一票否决”权。1991年11月，县安全委员会办公室撤销，工作职责由县政府办公室承担。1994年6月，县政府办公室对外挂县安全委员会办公室牌子。2000年10月，县安全委员会办公室移交县经贸委。2001年12月，设立县安全生产监督管理局。2002年，重新调整安全生产委员会，安委会办公室设在县安监局，安委会成员单位33个，下设14个专业领导小组；8个乡镇成立安全生产办公室，40个行政村设立兼职安全生产监督员，全县初步形成县、乡两级安全生产领导机构和县、乡、村三级安全管理体系。2004年7月，成立县安全生产监察大队，为县安全生产监督管理局下属股级全额事业单位。2005年2月，县安全生产监督管理局升格为正科级行政单位，列入县政府工作部门，同时为县安全生产委员会的常设办事机构，下设副科级全额事业安全生产监察大队。

第一节 监督机制

2002年，长岛县调整安全生产委员会，成员单位33个，设交通、渔业、供电等14个专业安全生产领导小组，成员98人。2003年，将全县8个乡镇及县有关部门负责人充实到安委会，安委会成员由33人增加到46人，14个专业安全生产领导小组，成员增加至119人，制定《长岛县安全生产管理工作意见》《长岛县关于进一步加强安全生产基层基础工作意见》和《长岛县关于开展百日无事故活动的通知》等文件，为安全生产管理工作提供指导。

2004年，县政府作出《关于进一步加强安全生产工作的决定》，提出各类生产事故死亡人数逐年递减4.5%以上。2005年，在全县推行安全生产第一责任人安全生产述职制度，26个有监管职能部门和乡镇主要负责人每季度向县安委会进行一次安全生产述职。同年2月，县安全生产监督管理局列入政府工作部门，同时为县安全生产委员会的常设办事机构。之后，县政府两次调整县安全生产委员会和各专业安全生产领导小组成员，调整后安委会成员增加到53个，14个专业领导小组成员增加到158人。

2008年，实行安全生产述职制度，加强对安全生产工作考核力度，将全县岗位目标考核对象和40个渔村全部纳入考核范畴。2009年，8个乡镇均成立安监中队和渔监站，配备17人。2010年，组织督查组78个，检查单位246家（次），印发安全生产建议书8份，隐患治理督办单5份，落实安全措施100多项，印发通报及简报17份。

2011年，县政府进一步明确安全生产委员会工作职责，确定安委会成员单位67个，下设12个专业安全生产委员会；在全市率先推行安全生产网格化管理，将762家生产经营单位、2996条船舶纳入网格管理，对14名县级领导、137名乡镇和部门负责人、142名村级负责人实行网上定格定责。2012年，调整县政府安委会和12个专业委员会成员及职能，开展"安全生产责任落实月"活动，签状范围延伸到乡镇安全监管人、包村领导、机关干部和安全协管员，全县共签订安全生产责任书1.6万余份，高危行业签状率达100%。

2013年，开展安全生产责任落实月活动，全县共签订安全生产责任书2万余份，其中县级签订责任书73份；乡镇共签订安全生产责任书5839份；乡镇安全监管人、包村领导、机关干部和安全协管员签订承诺书387份；县直单位、企业签订安全生产责任书14726份，基本达到县与乡镇、部门，部门与企业、科室，乡镇与渔村、船队全覆盖，高危行业签状率达到100%。2014年，加强全县12个专业安委会履职功能，完善并印发专业安委会月例会制度和安全检查、隐患治理、应急救援等多项工作机制。2015年，制定《关于进一步加强安全生产工作的意见》《关于加强基层安全生产监管队伍建设的意见》《关于建立安全生产监管责任的问题隐患台账有关事项的通知》《关于开展安全社区创建工作的意见》等规范性文件11个。同年，完成对全县806家企业、2444家个体工商户监管责任落实工作，分级建立"实名制"管理清单。

2016年，将"加强安全生产监督管理"纳入长岛县国民经济和社会发展总体规划，作为保障经济社会发展的基本支撑，与经济社会发展同步部署推进。2017—2018年，县政府办印发《关于实行部门包乡镇安全生产督查制度的通知》，由相关部门组成10个督查组对各乡镇（街道、开发管理处）安全生产工作进行定期督查。县政府安委会印发《关于实行领导干部分包企业督查安全生产工作的意见》，将生产经营单位分A、B、C三级由县领导和安委会成员单位、乡镇领导干部分包开展安全生产督查。县委办公室、县政府办公室印发《关于县级领导分包企业督查安全生产工作的通知》，明确12名县级领导分包A级企业名单。县委办公室、县政府办公室印发《长岛县安全生产工作问责制度》，实行安全生产"黄牌警告""一票否决"等问责措施。

第二节　安全监管

1986年后，全县对安全生产工作认识逐渐提高，采取多种形式，加强安全生产管理。90年代始，经常性开展安全生产大检查。县安监局成立后，加强安全生产监督检查，在开展四季安全生产检查基础上，元旦、春节、“两会”、“五一”、“十一”等重要节庆活动期间，组织开展安全生产检查。

2002年，全县共组织各项检查415次，检查单位2261个(次)，排查危险源1403处，查出事故隐患773处，整改653处。当年，发生各类安全生产事故6起，比上年下降60%。死亡6人，比上年下降75%，工商贸企业未发生安全生产事故，成为全市第一个工商贸“零事故”县，南长山镇、大钦岛乡、小钦岛乡、南隍城乡、北隍城乡5个乡镇实现安全生产“零事故”。县安监局被市安监部门评为“全市安全生产工作先进单位”。

2003年，全县确定1467处重大危险源，其中省级监控危险源13处，市级监控危险源1405处，县级监控危险源49处，建立起县、乡、村三级危险源监控体系。2004年，全县发生安全事故95起(含轻微事故)，死亡5人，受伤4人，比上年下降25%，四项安全指标均控制在市下达预控目标以内。同年，对全县危险源重新调查摸底，全县冷藏企业37家，使用压力容器292台，柴油加油站16处，汽油加油站5处，液化气站点10处。

2005年，发生安全事故76起，比上年下降20%；死亡5人，与上年持平；受伤3人，比上年下降25%；直接经济损失30万元，比上年下降25%；四项安全指标均控制在市下达预控目标以内。2006年，全县发生安全事故54起，比上年下降28.9%，其中46起属轻微事故；4起死亡事故，死亡5人，与上年持平；受伤2人，比上年减少1人、下降33.3%。2007年，全县发生各类安全生产事故41起，其中轻微事故38起，比上年减少18起，下降30.5%，各项考核指标均控制在市下达预控指标范围。

2008年，开展安全生产检查活动18次，组织各类安全生产检查组240余个，查处安全生产违法违规行为200余起，下达整改通知78份。2009年，实施船舶安全“3+1”管理模式。按照“一艘船、一个企业主体、一个主管单位、一个监管部门”的要求，对全县船舶进行调查核实，登记造册，对97艘非渔船舶和2888艘渔业船舶逐一指定主管单位、监管部门，落实分管责任人和监管责任人，形成自上而下的责任落实体系。2010年，组织开展安全生产检查活动25次，开展春季和冬季安全生产专项整治活动2次，对海上运输、道路交通、渔业生产、森林防火、公共消防、海泥生产、危化品和烟花爆竹及民爆器材、食品卫生、球石管理10个行业进行整治。组织各类安全生产检查组374个，查处安全生产违法违规行为580余起，下达整改通知150余份。

2011年，投资800余万元用于安全生产技防建设，建立港航监控和渔业监控2个平台，购置登高平台消防车，为乡镇配备消防器材，新建民用液化石油气瓶检验站，为渔民配备新式救生衣5000套。同年，推进企业安全生产标准化建设，完成14家企业主体责任申报，4家企业职业危害申报，7家危化品企业延期换证工作。2012年，发生生产事故15起，比上年减少4起，下降21.1%。2013年，全县发生生产安全事故1起，比上年减少14起，下降93.3%。同年，全县成立安全生产大检查领导小组29个，制订各行业安全生产大检查方案42个，组织检查2042次，检查单位2300余家，查改隐患200余处，查处违法违规行为460余次，印发整改通知170次，整改复查142次。2014年，发生生产安全事故2起，死亡2人。全年组织各类专项整治活动20次，组成安全生产检查组268个，开展各类安全检查3456次，查改各类问题589处。

2015年，发生生产安全事故1起，死亡1人，安全生产主要指标连续14年控制在市下达预控目标以内。2016年，开展“两节”、“两会”、“五一”、春季、汛期、安全生产月等安全生产大检查活动6次。2017年，开展重点时期安全生产大检查活动9次，组织“大快严”检查组1100余个，检查企业4000余家次，查改各类安全隐患1800余处。2018年，开展安全生产大检查检查10余次，组织“大快严”检查组1100余个，检查企业4000余家次，查改各类安全隐患1800余处，全年实现安全生产“零事故”目标。

第三节　专项治理

1987年，组织对事故多发行业开展专项治理，先后对渔业生产、道路交通、农机、建筑施工、电力、液化气等行业进行专项安全检查。1999年“11·24”烟台特大海难事故后，县政府加大海上安全生产管理力度，停航淘汰运输船舶44艘，对250多艘违规渔养船舶进行处理，拆毁2艘“三无”（无船名船号、无船舶证书、无船籍港）船舶，组织开展以“明确安全责任、提高安全意识、消除事故隐患、落实安全措施”为主题的宣传教育活动。

2001年，制定《长岛县安全生产目标等级管理考核办法》《长岛县休闲渔业管理办法》及实施细则等文件，实行领导例会制度和重点调度制度；对全县重大危险源进行普查，建立长岛县重大危险源数据库。2002年，全县在海上运输、道路交通、公共消防、民用爆破器材和烟花爆竹、渔业生产、水上缴通、危化品8个行业和领域开展安全生产专项整治活动，组织检查组150多个，查出事故隐患200多处，提出整改建议120余条。2003年，开展“百日安全无事故”活动，组织检查123次，排查危险源472处，检查单位619家，查出隐患239处。2004年，在全县开展“重特大事故隐患百日会战”，历时100天，对渔业生产、海上运输、道路交通、危化品、公共聚集场所等重点区域安全隐患进行排查，共排查隐患60处，整改57处，整改率达95%。

2005年，开展“冬季安全生产百日集中整治”、“两节”“两会”期间安全生产大检查、春季安全生产大检查和安全生产“大检查、严治理、严监控”、百日安全无事故等多项活动，共组织检查20余次，检查单位100多家，消除各类事故隐患40多处。2006年，全县开展各类检查500余次，检查单位2300余个次，排查危险源1300余处；排查整改事故隐患550余处，整改率96%以上，组织对3处市级重大隐患进行验收，重大隐患整改率100%。

2007年，安全生产检查200余个次，查改各类事故隐患600余个，纠正安全违规行为500余次。2008年，以隐患治理年活动为主线，在重点行业、重点领域组织开展5个阶段的隐患排查活动，共查出安全隐患230处，整改221处，整改率96%。2009年，开展“打非、治违、抓责任”三项行动，安全生产执法行动39次，检查单位368家，查处无证无照或证照不全从事生产经营行为10余起、不按规定培训或无证上岗48人、纠正“三违”（违章指挥、违章操作、违反劳动纪律）行为156起。

2010年，开展打击违法生产经营建设行为专项行动，出动执法人员680人次，检查生产经营单位448家，查处非法违法行为120起，查处无证生产经营单位5家，下达整改通知45个。2011年，组织执法专项行动32次，对海上游、海上客滚运输、海上砂石运输、道路交通等10多个行业开展联合执法，下达整改通知64份，查处各类违规行为350起。2012年，开展渔船专项整治和查处“非法载客”“三无”船只和非法采捕江瑶贝等“打非”行动68次，出动执法人员960多人次，执法船累计出海87航次，检查渔船2700余条，查处违法违规案件74起，对162条“三无”渔船逐一下达《禁止离港通知书》，当年全部完成整改。

2014年，县安委会对41处重点隐患实行挂牌重点督办，95%隐患完成整改，28处重点隐患转长期监控。2015年，开展联合执法检查33次，参与单位124家次，开展明察暗访69次，整改重点问题60多项，其中“海上打非”出动执法人员2000多人次，出动船艇600多艘次，查处船艇40多艘次，查扣船艇3艘，县政府督查通报乡镇政府5次；航道清理共清理养殖筏架1327行，网箱71个，政府发放补偿资金281万元；涉氨领域，16家企业关停转8家，其余8家企业投入整改资金达960多万元；政府补贴燃气治理企业21万元，置换气瓶1900多个。

2016年，开展为期6个月的打击海上非法载客“铁拳2016”联合整治行动，组织海事、边防、港航、海渔、旅游等单位成立海上打击非法载客联合执法队伍，出动执法人员1131人次，执法船艇259艘次，巡航7400多海里，陆上查堵9次，出动执法人员54人次，共查堵海上非法载客船艇79艘次，调查处理6艘次。

2017年，组织生产经营单位开展风险点排查，建立“一企一册”，对10家标杆和重点企业采取政府补贴购买服务进行规范提高，对20处县级重点隐患进行督办，约谈隐患责任单位负责人6次，下达隐患督办单6份，20处县级重点隐患全部整改完成。

2018年，开展海上运输、渔业生产、道路交通、危险化学品、旅游等重点行业领域安全生产专项整治，检查生产经营单位10217家次，排查整治各类安全隐患542处，立案23起。

第四节　法制建设

1987年，开始实行安全生产目标考核管理。1988年，安全生产管理纳入经济责任制。1989年，按烟台市《关于实行安全目标管理》要求，推行安全生产目标管理，县委、县政府开始把安全生产工作列为考核领导政绩和企事业评选先进重要指标，赋予安全生产工作“一票否决”权，县安全生产委员会实行“双向考核”措施，主要内容为“一起事故两笔账”，即事故发生后追究事故单位和监管单位责任，安全生产目标管理与企业升级、工资挂钩，与监管单位办公经费挂钩，每年定期检查考核。

2002年，《中华人民共和国安全生产法》颁布实施后，长岛县建立健全安全生产属地管理和行业主管部门负责制、安全生产重点监控制、各类伤亡事故行政责任追究制、安全生产分级考核制、各类伤亡事故快速报告制和事故处理结案制五大管理制度，推行领导干部“一岗双责制”。按照“安全生产实行属地统一管理、行业主管部门对本行业安全生产负责”规定，落实企业法定代表人为“安全生产第一责任人”，层层签订安全生产责任状，逐级落实责任。

2002年后，每年6月组织开展“安全责任重于泰山”“生命至上、安全发展”等主题不同的“安全生产月”活动，出动宣传车、悬挂和张贴安全横幅标语、发放宣传材料，设立安全生产咨询台、隐患举报台，摆放展板宣传安全生产方针政策、法律法规、接受群众咨询，开展知识答卷、观看安全生产教育片等活动。

2005年，推行乡镇安全生产达标创建活动，制定《长岛县生产经营单位安全生产规范》，督促16家企业制定完善安全生产应急预案，有3家企业进行安全评估，办理安全生产许可证。2006年，在全市率先推行渔村安全生产管理达标活动，全县各乡镇和渔村建立完善安全生产各项规章制度和安全生产台账。2007年，举办培训班3期，培训100多人。2008年，开展培训5期，培训人数400余人，采取以会代训等形式培训外来务工人员2000余人，对200余名安全管理人员和特种作业人员进行培训，持证上岗率95%以上。2009年，在县电视台播发安全流动字幕160多条，发放安全明白纸5万多份，开展各类培训活动40余次，培训特种作业人员、安管人员200人次，外来务工人员1000余人，船员和驾驶员600余人次。2010年，开展各类培训活动40余次，其中县安监局组织培训班4期，培训特种作业人员、安管人员200人次。2011年，开展各类安全生产宣传培训活动280次，播发电视字幕200余条次，发送安全短信3万余条，组织培训安全管理人员130名，特种作业人员70名。

2013年，在县电视台连续播发安全生产公益广告200余条次，发送山林防火、道路交通等安全短信40000余条次，发放安全宣传单16000余份，组织安全生产培训、讲座32次。2014年，在全县实施安全教育培训“四个一”工程，乡镇安全生产主要负责人和安管人员、所有生产经营单位管理人员、重点人群、所有从业人员培训率达100%。2015年，组织新安法教育讲座3次，安全生产知识竞赛和普法考试等活动4次，发放各类宣传资料2万余份，受教育人数万人以上。

2016年，在企业持续开展安全生产标准化创建，18家中小企业完成安全标准化建设工作，其中6家企业达到三级安全标准化。创建安全班组54个，应急救援示范点4个，职业健康安全工作有效推进，组织20家企业开展职业病危害因素现场检测，对150名职工进行职业病危害体检，检查率、查体率均达100%；在乡镇启动全域创建安全社区工作，全县8个乡镇均制订创建方案。免费向企业印发安全生产资料两万余份，事故警示教育光盘100余张，在县电视台开辟警示教育专栏，编发安全生产简报6期。

2017年，开展送安全知识到企业、渔村、学校、社区等活动，举办安全生产法律法规知识竞赛，全县60多个单位职工参加竞赛；6月，组队参加全市安全生产知识竞赛，在29支参赛队伍中，获得第10名；在县电视台安全生产专栏定期播发安全生产警示教育片、宣传字幕。发放警示教育光盘100份、《致企业一封信》2300份，开设微信公众号。

2018年，开展《关于办理危害生产安全刑事案件适用法律若干问题的解释》专项普法宣传、全民消防大培训、有限空间安全作业宣讲、家人叮咛促安全等安全生产宣传培训活动7次。在县电视台安全生产专栏定期播发安全生产警示教育片、宣传字幕，利用微信公众号、短信等新媒体加强宣传。

第十五编　中国共产党地方组织

1986年之后，中国共产党长岛县委员会（简称中共长岛县委）共召开8次党员代表大会，选举产生8届委员会。历届中共长岛县委以中国特色社会主义理论为指导，贯彻党的路线、方针、政策，坚持从海岛实际出发，先后研究制定实施一系列推动政治、经济、社会、文化、生态建设的政策措施。2018年，根据海洋生态文明综合试验区建设实施规划，以创建国家生态文明试验区、国家旅游度假区、国家军民融合发展示范区，打造蓝色生态之岛、休闲宜居之岛、军民融合之岛为目标，全面推进海洋生态保护和持续发展。33年间，长岛的发展经历过辉煌，也遭受过挫折，历届县委团结带领全县人民，解放思想，抢抓机遇，攻坚克难，开拓奋进，取得令人瞩目的成就，县域综合实力和人民生活水平不断提高。

1986—2018年，历届中共长岛县委坚持党要管党，从严治党，重视自身建设和基层党组织建设，开展主题教育活动，转变工作作风，党组织的凝聚力、向心力和战斗力不断增强。加强党风廉政建设，开展专项治理，强化正风肃纪。正确处理改革、发展、稳定三者关系，党的执政能力建设、基层民主政治建设、组织建设、宣传思想和社会治安综合治理等工作得到全面加强和提升。2018年7月，中共长岛县委班子被省委组织部授予“全省干事创业好班子”称号。

第一章　中共长岛县党员代表大会

1986—2018年，中共长岛县委先后召开中共长岛县第五次、第六次、第七次、第八次、第九次、第十次、第十一次、第十二次代表大会，选举产生中共长岛县第五届、第六届、第七届、第八届、第九届、第十届、第十一届和第十二届委员会，同时选举产生县纪律检查委员会领导班子成员。每次大会总结上届县委工作，确立不同时期工作任务和奋斗目标。

第一节　代表选举

县党代会代表选举在县委领导下进行，由县委分配代表名额，乡镇（街道）党（工）委和县直部门、企事业单位党委（党组）组织选举产生，选举采取民主集中制原则，充分发扬民主，采用无记名投票方式，进行差额选举。各基层党组织采取自下而上、上下结合、充分酝酿的方法进行推荐提名，由党委（党组）根据县委分配的代表名额和有关要求，经过充分酝酿，根据多数党组织或多数党员的意见，提出代表候选人初步人选；经组织部门全面审查同意后，召开党委（党组）会，确定代表候选人预备人选；报县委审查，原则同意后，由选举单位召开代表大会或党员大会选举产生。

第五次党代会代表

1987年4月，全县各选举单位选举产生代表

184人，其中，各级领导干部104人，占56.5%；各类专业技术人员32人，占17.4%；各条战线的先进人物47人，占25.6%；武警部队代表1人，占0.5%。代表总数中，妇女代表30人，占16.3%。

第六次党代会代表

1990年3月全县各选举单位选举产生代表183人，其中，各级领导干部104人，占56.8%；各类专业技术干部31人，占16.9%；优秀工人、农民和各条战线的先进人物代表47人，占25.7%；武警干部代表1人，占0.5%。代表总数中，妇女代表28人，占15.3%。

第七次党代会代表

1995年3月，全县各选举单位选举产生代表180人。其中，各级领导干部94人，占52.2%；各类专业技术人员36人，占20%；工、农、商及武警、公安等各条战线的先进模范人物50人，占27.8%。代表总数中，妇女代表34人，占18.9%。

第八次党代会代表

1998年7月，全县各选举单位选举产生代表170人，其中，各级领导干部120人，占70.6%；各类专业技术人员32人，占18.8%；各方面先进模范人物18人，占10.6%。代表总数中，妇女代表36人，占21.2%。

第九次党代会代表

2003年1月，全县各选举单位选举产生代表170人，其中，各级领导干部120人，占70.6%；各类专业技术人员32人，占18.8%；各条战线先进模范人物18人，占10.6%。代表总数中，妇女代表35人，占20.6%。

第十次党代会代表

2007年1月，全县各选举单位选举产生代表180人，其中：各级领导干部104人，占57.8%；各类专业技术人员41人，占22.8%；各条战线先进模范人物35人，占19.4%。代表总数中，妇女代表34人，占18.9%。

第十一次党代会代表

2011年12月，全县各选举单位选举产生代表180人，其中，各级领导干部代表101人，占56.1%；生产和工作一线代表79人，占43.9%。生产和工作一线代表中，各类专业技术人员代表40人，占22.2%；各条战线先进模范人物代表39人，占21.7%。代表总数中，妇女代表45人，占25%。

第十二次党代会代表

2017年1月，全县各选举单位选举产生代表180人。其中，各级领导干部代表96人，占53.3%；生产和工作一线代表84人，占46.7%。生产和工作一线代表中，各类专业技术人员代表41人，占22.8%；各条战线先进模范人物代表43人，占23.9%。代表总数中，妇女代表50人，占27.8%。

第二节　历次大会

中共长岛县第五次代表大会

1987年4月8—10日召开。出席代表184人。审议并通过县委书记王爱民所作的《为建设文明发达的新长岛而努力奋斗》工作报告，审议并通过张天健代表县纪律检查委员会作的工作报告。选举产生中国共产党长岛县第五届委员会和中国共产党长岛县纪律检查委员会，其中县委委员26人、候补委员3人，纪律检查委员会委员13人。原则通过《长岛县“七五”期间社会主义精神文明建设规划》和关于《规划》的决议。

中共长岛县第六次代表大会

1990年3月25—27日召开。出席代表173人。审议并通过县委书记宋修武所作的《艰苦创业、开拓进取，为全面振兴长岛而努力奋斗》工作报告，审议并通过张天健代表县纪律检查委员会作的工作报告。选举产生中国共产党长岛县第六届委员会和中国共产党长岛县纪律检查委员会，其中县委委员26人、候补委员3人，纪律检查委员会委员13人。通过《长岛县国民经济社会发展第八个五年计划主要指标》《关于贯彻中央〈关于加强同人民群众联系的决定〉的决议》。

中共长岛县第七次代表大会

1995年3月8—10日召开。出席代表180人。审议并通过县委书记宋修武所作的《全面贯彻执行党的基本路线，为建设富裕、美丽、文明的“海上乐园”而努力奋斗》工作报告，审议并通过王国强代表县纪律检查委员会作的工作报告。选举产生中共长岛县第七届委员会和中国共产党长岛县纪律检查委员会，其中县委委员27人，候补委员5人，纪律检查委员会委员14人。

中共长岛县第八次代表大会

1998年7月20—22日召开。出席代表170人。审议并通过县委书记赵玉才所作的《高举邓小平理论伟大旗帜，把富裕文明的新长岛带入二十一世纪》工作报告，审议并通过葛长鹏代表县纪律检查委员会作的工作报告。选举产生中共长岛县第八届委员会和中国共产党长岛县纪律检查委员会，其中县委委员26人，候补委员5人，纪律检查委员会委员14人。

中共长岛县第九次代表大会

2003年1月22—24日召开。出席代表170人。审议并通过县委书记于旭华所作的《卧薪尝胆、奋战五年，为建设富裕美丽文明的新长岛而努力奋斗》工作报告，审议并通过王强代表县纪律检查委员会作的工作报告。选举产生中共长岛县第九届委员会和中国共产党长岛县纪律检查委员会，其中县委委员27人，候补委员5人，纪律检查委员会委员15人。

中共长岛县第十次代表大会

2007年1月21—23日召开。出席代表180人。审议并通过县委书记姜清春所作的《以科学发展观统领全局，努力把长岛建设成为山东的海上明珠》工作报告，审议并通过林钰涛代表县纪律检查委员会作的工作报告。选举产生中共长岛县第十届委员会和中国共产党长岛县纪律检查委员会，其中县委委员27人，候补委员5人，纪律检查委员会委员15人。

中共长岛县第十一次代表大会

2011年12月28—30日召开。出席代表180人。审议并通过县委书记张延廷所作的《抓住机遇、乘势而上，为建设长岛国际休闲度假岛而努力奋斗》工作报告，审议并通过于红旗代表县纪律检查委员会作的工作报告。选举产生中共长岛县第十一届委员会和中国共产党长岛县纪律检查委员会，其中县委委员38人，候补委员3人，纪律检查委员会委员29人。

中共长岛县第十二次代表大会

2017年1月21—23日召开。出席代表178人。审议并通过县委书记刘树军所作的《坚定信心决心、勇担使命责任，奋力谱写生态旅游度假岛建设精彩新篇章》工作报告，审议并通过李桂勋代表县纪律检查委员会作的工作报告。选举产生中共长岛县第十二届委员会和中国共产党长岛县纪律检查委员会，其中县委委员36人，候补委员7人，纪律检查委员会委员25人。

1986—2018年中共长岛县委历届书记、副书记、常委一览表

表15-1

届次	职务	姓名	任职时间
第五届（1987.4—1990.3）	书记	王爱民	1987.4—1988.8
		宋修武	1988.8—1990.3
	副书记	宋修武	1987.4—1988.8
		孙以勤	1987.4—1990.3
		宋家来	1989.12—1990.3
	常委	王爱民	1987.4—1988.8
		宋修武	1987.4—1990.3
		孙以勤	1987.4—1990.3
		宋家来	1987.4—1990.3
		孙盛华	1987.4—1990.3
		李建九	1988.8—1989.12
		赵玉才	1987.4—1990.3
		骆永铭	1987.4—1990.3
		张绪麟	1989.12—1990.3
第六届（1990.3—1995.3）	书记	宋修武	1990.3—1995.3
	副书记	孙以勤	1990.3—1991.6
		宋家来	1990.3—1992.6
		赵玉才	1991.6—1995.3
		姜必欣	1992.11—1995.3
		刘延林	1993.1—1995.3
	常委	宋修武	1990.3—1995.3
		孙以勤	1990.3—1991.6
		宋家来	1990.3—1992.6
		孙盛华	1990.3—1993.2
		葛长鹏	1990.3—1995.3
		赵玉才	1990.3—1995.3
		骆永铭	1990.3—1993.2
		张绪麟	1990.3—1992.12

续表15-1

届　次	职　务	姓　名	任职时间
第六届（1990.3—1995.3）	常　委	孙长文	1990.3—1995.3
		姜必欣	1992.11—1995.3
		张连汉	1992.12—1995.3
		刘延林	1993.1—1995.3
		王国强	1993.1—1995.3
		林春丰	1993.1—1995.3
		刘淑琴（女）	1993.1—1995.3
		王德奎	1995.1—1995.3
第七届（1995.3—1998.7）	书　记	宋修武	1995.3—1996.10
		姜必欣	1995.4—1998.7
		赵玉才	1996.10—1998.7
	副书记	姜必欣	1995.3—1995.4（援藏）
		刘延林	1995.3—1996.8
		赵玉才	1995.3—1996.10
		王国强	1995.9—1998.7
		张连汉	1997.3—1998.7
		郭春晓	1997.3—1998.7
		于旭华	1997.12—1998.7
	常　委	宋修武	1995.3—1996.10
		赵玉才	1995.3—1998.7
		刘延林	1995.3—1996.8
		姜必欣	1995.3—1998.7
		张连汉	1995.3—1998.7
		葛长鹏	1995.3—1998.7
		王国强	1995.3—1998.7
		林春丰	1995.3—1998.2
		刘淑琴（女）	1995.3—1998.2
		王德奎	1995.3—1998.7

续表15-1

届 次	职 务	姓 名	任职时间
第七届（1995.3—1998.7）	常 委	王国进	1995.9—1998.7
		于学全	1996.8—1998.7
		郭春晓	1997.3—1998.7
		于旭华	1997.12—1998.7
		吴德强	1997.12—1998.7
第八届（1998.7—2003.1）	书 记	姜必欣	1998.7—2001.11
		于旭华	2001.11—2003.1
	副书记	于旭华	1998.7—2001.11
		王国强	1998.7—2001.1
		张连汉	1998.7—2001.1
		王国进	1998.12—2002.12
		吴德强	2001.1—2003.1
		张延廷	2001.1—2003.1
		王德奎	2002.6—2003.1
		于 玲（女）	2002.12—2003.1
		王 强	2002.12—2003.1
	常 委	姜必欣	1998.7—2001.9
		于旭华	1998.7—2003.1
		王国强	1998.7—2001.1
		张连汉	1998.7—2001.1
		葛长鹏	1998.7—2001.1
		王德奎	1998.7—2003.1
		王国进	1998.7—2002.12
		于学全	1998.7—1999.10
		吴德强	1998.7—2003.1
		郭 强	1998.7—2003.1
		刘福林	1999.10—2003.1
		张延廷	2001.1—2003.1

续表 15-1

届　次	职　务	姓　名	任职时间
第八届（1998.7—2003.1）	常　委	王树斌	2001.1—2003.1
		冷述根	2001.12—2003.1
		王传礼	2001.12—2003.1
		宋昌林	2002.6—2003.1
		于　玲（女）	2002.12—2003.1
		王　强	2002.12—2003.1
第九届（2003.1—2007.1）	书　记	于旭华	2003.1—2006.12
		姜清春	2006.12—2007.1
	副书记	吴德强	2003.1—2006.12
		张延廷	2003.1—2007.1
		于　玲（女）	2003.1—2004.11
		王　强	2003.1—2004.3
		郭　强	2004.8—2006.12
		吴有进	2005.6—2007.1
	常　委	于旭华	2003.1—2006.12
		吴德强	2003.1—2006.12
		张延廷	2003.1—2007.1
		于　玲（女）	2003.1—2004.11
		王　强	2003.1—2004.3
		郭　强	2003.1—2006.12
		王树斌	2003.1—2006.12
		王传礼	2003.1—2005.6
		宋昌林	2003.1—2007.1
		吴忠波	2003.1—2007.1
		王成强	2004.8—2007.1
		吴有进	2005.6—2007.1

续表15-1

届　次	职　务	姓　名	任职时间
第九届（2003.1—2007.1）	常　委	蒋绪臣	2005.6—2006.3
		郑广科	2006.3—2007.1
		姜清春	2006.12—2007.1
		林钰涛	2006.12—2007.1
		李才令	2006.12—2007.1
第十届（2007.1—2011.12）	书　记	姜清春	2007.1—2011.11
		张延廷	2011.11—2011.12
	副书记	张延廷	2007.1—2009.11
		吴有进	2007.1—2011.12
		宫　权	2010.1—2011.11
		李胜刚	2011.11—2011.12
	常　委	姜清春	2007.1—2011.11
		张延廷	2007.1—2009.11 2011.11—2011.12
		吴有进	2007.1—2011.12
		宋昌林	2007.1—2011.11
		吴忠波	2007.1—2011.11
		王成强	2007.1—2011.11
		郑广科	2007.1—2007.2
		林钰涛	2007.1—2011.12
		李才令	2007.1—2010.12
		冷彩凌（女）	2007.1—2009.9
		朱长福	2007.2—2009.4
		胡志德	2007.10—2011.12
		张家良	2009.4—2011.8
		宫　权	2010.1—2011.11
		刘文家	2010.12—2011.12
		石宪平	2011.7—2011.12
		李胜刚	2011.11—2011.12

续表15-1

届　次	职　务	姓　名	任职时间
第十届（2007.1—2011.12）	常　委	李俊杰	2011.11—2011.12
		王立胜	2011.11—2011.12
		于红旗	2011.11—2011.12
第十一届（2011.12—2017.1）	书　记	张延廷	2011.12—2016.11
		刘树军	2016.11—2017.1
	副书记	李胜刚	2011.12—2013.5
		吴有进	2011.12—2013.5
		刘树军	2013.5—2016.11
		李俊杰	2013.9—2017.1
		赵永刚	2016.12—2017.1
	常　委	张延廷	2011.12—2016.11
		李胜刚	2011.12—2013.5
		吴有进	2011.12—2013.5
		胡志德	2011.12—2013.9
		李俊杰	2011.12—2017.1
		王立胜	2011.12—2016.12
		刘文家	2011.12—2016.9
		石宪平	2011.12—2012.3
		于红旗	2011.12—2016.12
		宋春燕(女)	2011.12—2017.1
		谭　刚	2012.3—2015.2
		刘树军	2013.5—2017.1
		郑　钧	2013.9—2016.12
		孙华君	2013.9—2017.1
		赵永刚	2016.12—2017.1
		李桂勋	2016.12—2017.1
		邵　蕾	2016.12—2017.1

续表15-1

届次	职务	姓名	任职时间
第十二届（2017.1—）	书记	刘树军	2017.1—2018.10
	副书记	李俊杰	2017.1—
		赵永刚	2017.1—2018.12
	常委	刘树军	2017.1—2018.10
		李俊杰	2017.1—
		赵永刚	2017.1—2018.12
		宋春燕（女）	2017.1—
		孙华君	2017.1—
		李桂勋	2017.1—2018.9
		张世岩	2017.1—
		邵蕾	2017.1—
		田存基	2017.1—

第二章　组织机构

第一节　县委工作机构

1986年，县委增设组织员办公室，共设县委办公室、组织部、组织员办公室、县直机关党委、宣传部、统战部、企业政治部、农村工作部、政法委员会、社会治安综合治理委员会办公室、党史委员会、保密委员会办公室、老干部局、信访办公室、档案局（馆）、党校等16个工作部门。1987年，撤销企业政治部，增设研究室、老龄问题委员会办公室。1988年，增设对台工作办公室。1991年，保密委员会办公室改为保密局，老龄问题委员会办公室改为老龄委员会办公室（与老干部局合署办公）。1990年，党史委员会和县志办公室合署。

1993年，全面实施县级机构改革，撤销县委研究室、信访办公室、档案局、保密局、组织员办公室、对台工作办公室、民族宗教事务办公室、社会治安综合治理委员会办公室、农村工作部。撤销老龄委员会办公室、老干部局，设立老干部服务中心。县委下设机构由19个减少至7个：县委办公室、组织部、宣传部、统战部、政法委员会（与司法局合署）、党史委员会、党校。1994年，复设信访办公室。1995年，复设组织员办公室。1996年，设立农村工作办公室、政策研究室、精神文明建设委员会办公室，撤销县委信访办公室，设立县委信访局。1997年，设立党史研究室。至1998年6月，县委设置的工作部门、部门管理机构和直属事业单位共15个（按系列排列）：县委办公室、政策研究室、党史研究室、信访局、档案局（馆）、组织部、组织员办公室、县直机关党委、老干部局、宣传部、精神文明建设委员会办公室、统战部、政法委员会(与司法局、社会治安综合治理办公室合署)、农村工作办公室、党校。

2001年12月,全县进行机构改革,县委设工作部门5个,分别为县委办公室、纪律检查委员会机关、组织部、宣传部和政法委员会。撤销县委统战部、政策研究室,县委办公室挂统战部牌子;撤销县委党史研究室,县委党校内设史志研究室;组织部挂机关工作委员会牌子;撤销老干部局,设立老干部服务中心。设部门管理机构1个:信访局。2003年,设立台湾事务工作办公室,与县委统战部办公室合署;设立考核工作办公室。2006年,设立渔村工作办公室。2005年、2010年、2014年的机构改革,主要深化行政管理体制改革,除2010年增设机构编制委员会办公室外,县委工作部门基本无变化。

2018年,县委设工作部门6个,即县委办公室、纪律检查委员会机关、组织部、宣传部、政法委员会、机构编制委员会办公室。部门管理机构1个,即信访局。直属事业单位3个,即党校、渔村工作办公室、考核工作办公室。是年10月,烟台市委、市政府印发《长岛海洋生态文明综合试验区管理体制和机构设置方案》,批复试验区工委、管委管理体制,设工作机构12个:工委管委办公室、党群工作部、宣传文化旅游部、政法委员会、财政金融局、经济发展局、社会事务局、自然资源局、交通和住房建设管理局、市场监督管理局、综合行政执法局、行政审批服务局,直属事业单位6个:党校、山东长岛国家级自然保护区管理局、政策研究中心、长岛国家海洋公园管理处、海洋经济促进中心、大数据信息资源管理中心。

第二节　基层组织机构

1985年4月,根据山东省海岛工作会议精神,全县进行区划调整,以岛建乡,增设4个乡,即小黑山乡、庙岛乡、小钦岛乡、南隍城乡,同时设立乡党委、政府。县委所辖乡镇党委由6个增至10个。至1986年12月,全县共有党委16个,包括乡镇党委10个,县直部门、单位党委6个,党总支21个,党支部256个。2001年3月,撤销庙岛乡和小黑山乡,分别并入北长山乡、大黑山乡,县委下辖2个镇、6个乡党委。同年12月,县级党政机构进行改革,基层党组织进行相应调整,至年底,全县共有党委28个,包括8个乡镇党委以及县经济贸易委员会党委、县教育委员会党委、县公安局党委等20个县直部门、单位党委,党总支17个,党支部300个。2009年7月,成立庙岛办事处,设党总支。2010年4月,成立小黑山办事处,设党总支。2010年12月,撤销南长山镇,以其原行政区域设立南长山街道,设南长山街道党工委。

2014年12月,县政府机构改革后,基层组织进行相应调整,全县共有党委31个,党总支12个,党支部258个。2016年5月,撤销长岛县水产养殖公司党委;2016年7月,撤销商业总公司党委、物资总公司党委、供销总公司党委、海洋渔业公司党委;2017年8月,设立综合行政执法局党委;2018年9月,成立国家税务总局长岛县税务局党委;2018年11月,成立国家税务总局长岛县税务局机关党委。至2018年,全县共有党委29个,其中乡镇(街道)党(工)委8个:南长山街道党工委、北长山乡党委、黑山乡党委、砣矶镇党委、大钦岛乡党委、小钦岛乡党委、南隍城乡党委、北隍城乡党委;县直党(工)委19个:教育体育局党委、经济和信息化局党委、农林水务局党委、住房和规划建设管理局党委、卫生和计划生育局党委、交通运输局党委、海洋与渔业局党委、公安局党委、军粮供应管理局党委、长岛国家级自然保护区管理局党委、长岛旅游集团有限公司(旅游服务中心)党委、县委党校党委、国有资产运营中心党委、国网山东长岛县供电公司党委、综合行政执法局党委、国家税务总局长岛县税务局党委、县直机关党工委、县委非公有制经济组织和社会组织工委、老干部党工委;二级党委2个:国家税务总局长岛县税务局机关党委、南长山街道非经济组织和社会组织综合党委,党总支17个,党支部317个。

第三章　县委重要会议

第一节　县委全委会议

中共长岛县第四次代表大会

四届四次全委会议　1986年1月20日召开。会议传达学习省委四届六次、市委六届四次全会精神。总结全县1985年工作，确定1986年各项工作任务。

四届五次全委会议　1987年1月10—11日召开。会议传达贯彻省委四届八次、市委六届六次全会精神，介绍烟台市1987年工作要点，讨论省委、市委全会精神，研究确定全县1987年工作要点。

四届六次全委会议　1987年4月7日召开。会议通报中共长岛县第五次代表大会筹备情况，讨论通过四届县委工作报告（讨论稿）《长岛县“七五”期间社会主义精神文明建设规划（讨论稿）》。

中共长岛县第五次代表大会

五届一次全委会议　1987年4月11日召开。选举产生中共长岛县第五届委员会常务委员会委员、副书记、书记。

五届二次全委会议　1988年2月3—4日召开。主要传达贯彻省四届十次和市六届八次全委会议精神，研究确定全县1988年工作要点。

五届三次全委（扩大）会议　1989年7月11—12日召开。传达贯彻市委七届二次全委扩大会议精神，审议通过《关于学习贯彻党的十三届四中全会精神的决议》。

五届四次全委（扩大）会议　1989年8月9—10日召开。审议通过《关于进一步深化渔村经济体制改革的决议》。

五届五次全委会议　1989年12月26—27日召开。研究部署进一步治理整顿和深化改革的任务与措施，讨论通过《长岛县1990年几项主要工作的安排意见》。

五届六次全委（扩大）会议　1990年3月18日召开。研究通过五届县委和县纪委向中共长岛县第六次代表大会的工作报告。

中共长岛县第六次代表大会

六届一次全委会议　1990年3月28日召开。选举产生中共长岛县第六届委员会常务委员会委员、书记、副书记；通过县纪委书记、副书记、常委选举结果。

六届二次全委（扩大）会议　1990年2月24日召开。传达中央和省委领导同志关于开发海洋、建设海岛的指示精神，审议通过《关于耕海牧渔，建设宝岛的决议》。

六届三次全委（扩大）会议　1991年1月18—19日召开。传达贯彻党的十三届七中全会和省、市全委扩大会议精神，通过《长岛县一九九一年工作要点》。

六届四次全委（扩大）会议　1991年3月24—26日召开。审议通过《关于长岛县国民经济和社会发展及“八五”计划（草案）》以及准备提交人代会审议的关于规划和计划的报告。

六届五次全委（扩大）会议　1991年12月23—24日召开。审议通过《长岛县1992年工作要点》和《关于在全县渔村开展“奔富裕”活动的决议》。

六届六次全委（扩大）会议　1992年8月21日召开。审议通过《关于组织“两个突破”，加速实现富裕型目标的决议》。

六届七次全委（扩大）会议　1993年11月12日召开。贯彻学习中央和省委、市委关于机构改革的指示精神，传达《关于长岛县党政群机构改革的批复》，审议通过《长岛县县级党政群机构改革的实施方案》《关于认真做好机构改革中机关人员分流工作的意见》及相关决议。

六届八次全委（扩大）会议　1994年2月1日召开。通过《长岛县一九九四年工作要点》。

六届九次全委会议　1995年3月6日召开。讨论并原则通过中共长岛县第六届委员会向县第七次党代会的报告（草案）。酝酿并原则通过中共长岛县七届县委委员、候补委员和下届县纪委委员候选人预备人选的安排意见。原则通过中共长岛县第七次代表大会主席团常务委员会委员建议名单。审议通过《中共长岛县六届九次全委会议关于召开中国共产党长岛县第七次代表大会的决议》。

中共长岛县第七次代表大会

七届一次全委会议　1995年3月10日召开。选举产生中共长岛县第七届委员会常务委员会委员、书记、副书记；通过县纪委书记、副书记、常委选举结果。

七届二次全委（扩大）会议　1995年9月29日召开。传达学习省委书记赵志浩重要讲话精神，总结全县实施“旅游兴岛”战略的经验教训，审议通过《关于加速实施“旅游兴岛”战略的决议》。

七届三次全委（扩大）会议　1995年12月8日召开。审议通过《长岛县国民经济和社会发展“九五”计划及2010年远景目标纲要（草案）》。

七届四次全委（扩大）会议　1996年11月11日召开。审议通过《中共长岛县委关于学习贯彻〈中共中央关于加强社会主义精神文明建设若干重要问题的决议〉的实施意见》《长岛县“九五”期间社会主义精神文明建设规划（草案）》。

七届五次全委（扩大）会议　1997年10月21日召开。审议通过《关于认真学习贯彻党的十五大精神的决议（草案）》。

七届六次全委会议　1998年6月27日召开，讨论并原则通过中共长岛县七届委员会向县第八次党代表大会的报告（草案）；审议《通过关于召开中共长岛县第八次代表大会的决议》；酝酿并原则通过中共长岛县八届县委委员、候补委员和县纪委委员候选人预备人选的安排意见；原则通过中共长岛县第八次代表大会主席团常务委员会委员建议名单。

中共长岛县第八次代表大会

八届一次全委会议　1998年7月22日召开。选举产生中共长岛县第八届委员会常务委员会委员、书记、副书记；通过县纪委书记、副书记、常委选举结果。

八届二次全委（扩大）会议　1999年1月14日召开。讨论通过《中共长岛县委关于贯彻党的十五届三中全会精神，进一步做好渔业和渔村工作的意见》；研究确定长岛县出席烟台市第九次党代表大会代表候选人预备人选。

八届三次全委（扩大）会议　1999年12月26日召开。审议通过《中共长岛县委关于贯彻〈中共中央关于国有企业改革和发展若干重大问题的决定〉的意见》《中共长岛县委关于加强和改进思想政治工作的意见》《长岛县2000年工作要点》。

八届四次全委（扩大）会议　2000年12月25日召开，审议通过《长岛县国民经济和社会发展第十个五年计划纲要（草案）》。

八届五次全委（扩大）会议　2001年8月12日召开，审议通过《中共长岛县委关于按照“三个代表”要求加强和改进党的基层组织建设的意见（审议稿）》，集中研究全县基层党建工作。

八届六次全委（扩大）会议　2001年11月1日召开。集中研究新形势下加强和改进党的作风建设的任务和措施。

八届七次全委会议　2002年12月9日召开，通过《关于召开中共长岛县第九次代表大会的决议》；讨论通过中共长岛县第八届委员会的工作报告和中共长岛县纪律检查委员会的工作报告。

中共长岛县第九次代表大会

九届一次全委会议　2003年1月24日召开。选举产生中共长岛县第九届委员会常务委员会委员、书记、副书记；通过县纪委书记、副书记、常委选举结果。

九届二次全委（扩大）会议　2003年3月6日召开。研究通过加快推进城市建设、优化养殖产业结构等重点任务措施。

九届三次全委（扩大）会议　2003年11月12日召开。审议通过《中共长岛县九届三次全体会议公报（草案）》。

九届四次全委（扩大）会议　2004年6月3—4日召开。审议通过《中共长岛县委关于牢固树立和认真落实科学发展观的决定（审议稿）》。

九届五次全委（扩大）会议　2004年10月8日召开。通过《中共长岛县委关于学习贯彻党的十六届四中全会精神加强党的执政能力建设的决定（审议稿）》。

九届六次全委（扩大）会议　2005年9月2—3日召开。学习贯彻省、市赶超发展现场会暨读书会和市委工作会议精神，研究部署重点工作任务。

九届七次全委会议　2005年11月10日召开。审议通过《长岛县国民经济和社会发展第十一个五年规划纲要（草案）》。

九届八次全委会议　2006年11月2日召开。审议通过《中共长岛县委关于贯彻落实党的十六届六中全会和中共山东省八届十三次全委会议、中共烟台市十届十一次全委会议精神努力构建社会主义和谐社会的决定（讨论稿）》和《中共长岛县九届八次全委会议公报（讨论稿）》。

中共长岛县第十次代表大会

十届一次全委会议　2007年1月23日召开。选举产生中共长岛县第十届委员会常务委员会委员、书记、副书记；通过县纪委书记、副书记、常委选举结果。

十届二次全委会议　2007年11月20日召开。审议通过《中共长岛县委关于学习贯彻党的十七大精神的决定》。

十届三次全委（扩大）会议　2009年1月12日召开。审议通过《中共长岛县委关于进一步深化渔村改革推进渔村经济社会发展的意见（讨论稿）》和《中共长岛县委关于在新的历史起点上推进改革开放的决定（讨论稿）》；评议县委常委2008年度干部选拔任用工作和2008年度新提拔的党政主要领导干部。

十届四次全委（扩大）会议　2011年1月8日召开。讨论通过《中共长岛县委关于制定国民经济和社会发展第十二个五年规划的建议（讨论稿）》《中国共产党长岛县第十届委员会第四次全体会议公报（草案）》。

十届五次全委会议　2011年11月14日召开。审议通过《关于召开中国共产党长岛县第十一次代表大会的决议》。

中共长岛县第十一次代表大会

十一届一次全委会　2011年12月30日召开。选举产生中共长岛县第十一届委员会常务委员会委员、书记、副书记；通过县纪委书记、副书记、常委选举结果。

十一届二次全委会　2012年12月5日召开。审议通过《中共长岛县委关于深入学习宣传贯彻党的十八大精神的决议（草案）》《中共长岛县委十一届二次全体会议公报（草案）》。

十一届三次全委会议　2014年1月15日召开。审议通过《中共长岛县委关于贯彻落实党的十八届三中全会精神全面深化改革的意见》。

十一届四次全委会议　2014年9月15日召开。审议通过《中共长岛县委关于落实党风廉政建设党委主体责任、纪委监督责任的实施意见（试行）》。

十一届五次全委会议　2014年12月19日召开。审议通过《中共长岛县委关于贯彻落实党的十八届四中全会精神全面推进依法治县的意见》，研究部署全面推进依法治县工作。

十一届六次全委会议　2016年1月21日召开。审议通过《中共长岛县委关于制定长岛县国民经济和社会发展第十三个五年规划的建议》。

十一届七次全委（扩大）会议　2016年11月18日召开。审议通过《关于召开中国共产党长岛县第十二次代表大会的决议》。

中共长岛县第十二次代表大会

十二届一次全委会议　2017年1月23日召开。选举产生中共长岛县第十二届委员会常务委员会委员、书记、副书记；通过县纪委书记、副书记、常委选举结果。

十二届二次全委（扩大）会议　2017年6月27日召开。审议通过《中共长岛县第十二届委员会第二次全体会议公报（草案）》。

十二届三次全委会议　2017年11月9日召开。审议通过《中共长岛县委关于深入学习贯彻党的十九大精神的决议》，通过《中共长岛县委十二届三次全体会议公报》。

十二届四次全委会议　2018年3月8日召开。审议通过《中共长岛县委关于调整长岛县行政区划的决议（草案）》。

十二届五次全委会议　2018年7月5日召开。讨论审议县委关于深入学习贯彻习近平总书记视察山东、视察烟台重要讲话精神的意见，通过《中共长岛县委关于深入学习贯彻习近平总书记视察山东视察烟台重要讲话精神的意见（草案）》《中共长岛县委十二届五次全体会议公报（草案）》。

第二节　县委常委会议

议事决策制度

1986—2018年，中共长岛县委常委会会议由书记召集并主持。书记不能参加会议时，可委托一名副书记召集并主持；常委会会议一般每月召开2至3次，如遇重要情况和急需研究的重要事项可随时召开；常委会会议必须有半数以上常委到会方能召开，研究决定重大事项和干部任免事项时须有2/3以上常委到会。常委因故不能参加会议应当在会前请假，其意见可用书面形式表达；按照干部管理权限和规定程序研究干部的任免、推荐提名和奖惩事项。不临时动议研究干部问题。研究的干部涉及常委本人或其亲属及身边工作人员的，有关常委应予回避；常委会会议讨论决定问题时，应当充分发扬民主，做到畅所欲言、集思广益。表决可根据讨论事项的不同内容，分别采取举手、无记名投票或记名投票等方式。表决时赞成票超过应到会常委人数的半数为通过。未到会常委的书面意见不计入票数。会议决定多个事项时，应当逐项表决；推荐、提名干部和决定干部任免、奖惩事项，应当逐个表决。对重要问题如有不同意见，双方人数接近，除紧急情况下必须按多数意见执行外，应当暂缓作出决定，进一步调查研究、个别酝酿、交换意见，条件成熟时再提请常委会会议讨论；常委会作出的决定，常委个人无权改变。个人如有不同意见，在坚决执行的前提下，可以保留意见，也可以向上级党组织报告，但不得公开发表同决定相反的意见；常委会会议讨论决定重大问题，如有常委因故缺席，会议主持人指定常委向其通报情况；县人大常委会党组书记和县政协党组书记列席常委会会议。根据会议议题，由常委会会议主持人确定其他相关人员列席常委会会议；常委会会议实行限时汇报，根据议题内容确定汇报时间并提前通知汇报人，汇报时间一般不超过10分钟；常委讨论发言应当简明扼要、突出重点，除会议表决外，意见相同不重复发言；根据常委会会议内容，经会议主持人同意，可安排新闻单位报道。新闻稿由县委办公室主任审定，重要稿件由会议主持人审定；常委和列席人员对应该保密的会议内容和讨论情况，必须严守秘密，不得泄露。对研究中出现的不同意见，应当严格控制在会议范围内，不得在会外传播。

议事决策内容

1986—2018年，中共长岛县委常委会会议主要传达学习党的路线、方针、政策和中央、省委和市委的重大决策部署，研究贯彻意见，检查落实情况；组织实施中央、省委、市委领导的重要指示、决定及县全委会的决议；召集全委会，向全委会负责并报告工作，对应由全委会决定的事项事先进行审议和提出意见；研究决定召开县委全体会议及其他重要会议；研究决定关系本县全局的重大事项，对全县经济建设、政治建设、文化建设、社会建设、生态建设和党的建设中带有全局性、战略性和前瞻性的重要问题作出决策；审定以县委名义上报上级党委的重要请示、报告，研究审定县委重要文件、县委主要负责人的重要讲话稿和其他常委涉及全面政策、原则问题的讲话稿；讨论县人大常委会党组、县政府党组、县政协党组、县纪委、县人民武装部党委、县法院党组、县检察院党组和各乡镇（街道）党（工）委、县委各部门、各人民团体党组提请议定的重大问题，作出决定或提出指导意见；严格按照《党政领导干部选拔任用工作条例》和干部管理权限研究干部工作；审议决定本县重要机构的设置和调整方案；对重大突发事件和紧急情况，及时研究对策，作出处理决定，并向上级党组织报告；研究其他应当由常委会决定的事项。

第四章　县委重要决策

1986—2018年，历届中共长岛县委认真贯彻落实党的路线、方针、政策，结合海岛实际，注重调查研究，深化改革，创新实践，对全县政治、经济、社会、文化、生态建设作出一系列重大决策。33年间，长岛县委先后确立并实施“耕海牧渔，建设宝岛”发展战略、“以养兴渔，以渔兴岛”“旅游兴岛”“科技兴岛”发展战略、“打好三个翻身仗，实现两个大变样”发展战略、“一二三四”发展战略、休闲度假岛建设、“三区”“三岛”发展战略，为长岛县可持续发展指明方向。

第一节　政治建设

加强党的建设

1990年9月3日，县委制定《1990年7月—1991年7月党的建设工作计划》，以党的基层组织建设、领导班子和干部队伍建设、党员队伍建设、党的制度建设及党的作风建设为主要内容，要求渔村党支部优秀班子要达到25%以上，一类班子55%以上，二类班子不超过15%，三类班子在5%以下；副局（科）级以上党员干部参训率达到90%以上。党员过组织生活的参加率达到95%以上；坚持“三会一课”制度，领导干部每年下基层在两个月以上，一般干部参加劳动20天以上。

加强思想作风建设

1986年3月5日，县委制定《关于进一步加强思想政治工作的意见》，要求“抓紧抓好干部的正规化理论教育”，确定《政治经济学》《科学社会主义基本原理》《中国社会主义建设》和《哲学》为必读材料。

1990年6月5日，县委提出《关于进一步加强党员教育的意见》，要求结合实际抓好“六个”教育，即党的基本路线教育、党的理想教育、党的宗旨教育、党的优良传统和作风教育、党的纪律教育、党员标准教育。11月1日，县委印发《关于建立县委常委党建联系点制度的通知》，每个常委分别联系一个乡镇和一个县直企事业单位，作为自己的工作责任区和党建联系点，推进干部作风建设。

1999年12月27日，县委制定《关于加强改进思想政治工作的意见》，要求坚持传统工作方法，坚持从为群众办实事入手，坚持依法治理，坚持强化精神文明创建活动载体，坚持典型引路、示范带动。

2007年6月19日，县委下发《关于推进领导干部作风建设八落实的意见》，要求落实“勤奋好学、学以致用”的要求，争做学习型领导干部；落实“心系群众、服务人民”的要求，模范落实党的宗旨；落实“真抓实干、务求实效”的要求，坚决反对形式主义，官僚主义；落实“艰苦奋斗、勤俭节约”的要求，力戒贪图享乐、奢侈浪费；落实“顾全大局、令行禁止”的要求，自觉维护中央和省、市、县委权威；落实“发扬民主、团结共事”的要求，努力形成心齐风正劲足的良好局面；落实“秉公用权、廉洁从政”的要求，大力培养高尚的道德情操。

2017年9月22日，县委制定《关于进一步加强全县干部作风建设的意见》，要求以改进干部工作作风、全面提升群众满意度为目标，坚持将工作抓在平时，深入开展干部联系服务对象及包村联户工作，始终保持干群联系经常化；坚持问题导向，解决好社会关注、群众关心的问题；强化督导落实，以铁的手腕抓干部作风建设，为推动生态旅游度假岛建设提供坚强的组织保障。

加强党风廉政建设和反腐败工作

1989年2月16日，县委下发《关于加强廉政建设的意见》，要求加强制度建设，建立和完善监督机制，解决群众意见大、反映强烈的“热点”问题。8月26日，县委、县政府作出《关于加强廉政建设，做好九件事情的决定》，进一步清理整顿公司；坚决制止党政领导干部利用职权为家属、子女、亲友谋取私利；坚决刹住吃喝送礼风；全面清查干部职工在城镇违纪建私房和超标准建房；继续实行回避制度；继续实施物质分配改革办法；严格按规定配备和使用小汽车；检查清理弄虚作假，骗取职称问题；坚决查处违法犯罪案件。

1995年3月，在各级领导干部中，实行“三项制度”：《领导干部廉洁自律定期民主评议制度（试行）》《领导干部个人生活重大事项报告制度（试行）》《领导干部国内公务活动收受礼品登记制度（试行）》。

2010年6月1日，县委印发《关于2010年建立健全惩防腐败体系深入推进反腐倡廉工作分工意见》，要求进一步加强惩治和预防腐败体系建设，建立联席会议制度，完善协调配合和监督检查机制，深入推进反腐倡廉工作。是年，相继制定实施《长岛县关于进一步加强政府投资项目管理的意见》《关于加强县属国有资产有偿使用收入管理的意见》《长岛县规范公务员津贴补贴实施方案》《长岛县科技防腐工作实施意见》《长岛县关于推进行政审批制度改革的实施意见》等一系列配套措施，启动网上行政审批和网上电子监察系统建设。

全面从严治党

2018年4月28日，县委印发《关于实践监督执纪“四种形态”推进全面从严治党的实施意见（试行）》，要求要严明纪律，发挥纪检、监察、巡察作用，用好监督执纪“四种形态”，持之以恒整治形式主义、官僚主义、享乐主义和奢靡之风，坚持抓早抓小、防微杜渐，让党员干部知敬畏、存戒惧、守底线。

加强和改进基层党组织建设

1989年9月1日，县委制定《关于加强渔村基层党组织建设几个问题的意见》，要求加强渔村基层党组织的建设，重点搞好渔村支部班子整顿，加强渔村党小组的建设，进一步改进和完善党员联户工作。

1996年12月23日，县委决定在全县渔村中开展“创五好、争一流”竞赛活动。目标是：建设一个好班子，培养一支好队伍，选准一条发展经济的好路子，完善一个好经营机制，健全一套好管理制度。

1998年7月1日，县委下发《关于开展创建“六好”乡镇党委活动的意见》，对好领导班子、好干部队伍、好工作作风、好制度措施等标准作出规定。

2011年12月8日，县委制定《关于在全县开展构建党员“双管双责”工作机制的意见》，要求探索新形势下改进党员组织关系管理和参加组织活动的方式，通过党员资源整合促进党的组织设置创新；探索新形势下各领域基层党组织和党员更好发挥作用的有效途径，通过完善联系服务群众工作机制，进一步增强基层党组织功能，推动社会管理创新。

2016年3月8日，县委制定《关于以基层服务型党组织建设为重点全面推进党的基层组织建设的实施意见》，要求以全面进步、全面过硬为目标，强化问题、服务、创新、责任四种导向，实施政治引领、服务提升、党员活力、运转保障四项工程，进一步深化基层服务型党组织建设。

建设中国特色社会主义理论教育

1993年12月17日，县委决定在全县渔村集中开展建设中国特色社会主义理论教育，着重进行4个专题教育：解放思想、深化改革教育；加深对社会主义本质的认识，努力搞好“四一”工程建设的教育；树立市场经济观念，加快发展“两高一优”创汇渔业的教育；加强社会主义精神文明建设，坚持“两手抓、两手都要硬”的教育。

讲学习，讲政治，讲正气教育

2000年3月13日，县委印发《长岛县县级领导班子、领导干部“三讲”教育实施方案》，要求重点围绕理想信念问题、全局观念问题、群众观念问题、开拓创新问题、民主集中制和干部路线问题、工作作风问题和廉洁自律问题，认真搞好查摆和整改。12月4日，县委印发《关于开展“三讲”教育“回头看”活动的实施意见》，要求进一步加强理论学习，开展调查研究，搞好自看自查，推动深入整改。

“三个代表”重要思想学习教育

2000年12月26日，县委印发《关于在全县渔村开展“三个代表”重要思想学习教育活动的实施方案》，要求全县各级领导班子和党员干部要紧密联系实际，用“三个代表”重要思想武装头脑，切实解决工作上和思想上存在的宗旨观念和群众路线问题，带领渔民群众调整经济结构、发展经济、增加收入的自觉性和能力问题，在新的历史条件下做好渔民工作、提高化解人民内部矛盾的能力和水平问题，坚持“两手抓、两手都要硬”的意识和本领问题。

保持共产党员先进性教育

2005年1月26日，县委印发《关于深入开展以实践“三个代表”重要思想为主要内容的保持共产党员先进性教育活动的实施意见》，要求重点解决个别党员干部理想信念不够坚定，政治观念、大局意识不强，加快发展的本领不高，宗旨观念和群众观念淡薄，民主执政、科学执政、依法执政的能力不足，少数基层党组织创造力、凝聚力、战斗力不强等问题。

学习实践科学发展观活动

2009年3月12日，县委印发《关于深入学习实践科学发展观活动的实施意见》，要求全面把握科学发展观的科学内涵、精神实质和根本要求，紧密联系实际，坚持边学边改，着力解决发展思路不清、信心不足、办法不多、力度不大、方式落后、层次较低、后劲不足，全局意识不够强，片面发展、盲目发展、只顾眼前发展等影响和制约科学发展的突出问题，以及有的党员干部宗旨观念不强、服务意识淡薄，党性不够强、党风不够正、执行党纪不够严等党性党风党纪方面群众反映强烈的突出问题。

党的群众路线教育实践活动

2014年3月3日，县委印发《关于深入开展党的群众路线教育实践活动的实施意见》，要求紧紧围绕保持党的先进性和纯洁性，牢牢把握“照镜子、正衣冠、洗洗澡、治治病”的总要求，以为民、务实、清廉为主要内容，着力解决领导机关、领导班子和领导干部在形式主义、官僚主义、享乐主义、奢靡之风等“四风”方面存在的突出问题，切实解决关系群众切身利益、联系服务群众不到位的问题。

“三严三实”专题教育

2015年5月20日，县委印发《关于在全县县处级领导干部中开展“三严三实”专题教育的实施方案》，要求围绕严以修身、严以用权、严以律己，谋事要实、创业要实、做人要实主题，逐条梳理分析“不严不实”的问题和具体表现，深入查摆、深刻剖析、深度整改，推动领导干部把“三严三实”作为修身做人用权律己的基本遵循、干事创业的行为准则，努力打造忠诚干净担当的干部队伍。

“两学一做”学习教育

2017年5月24日，县委印发《关于推进全县“两学一做”学习教育常态化制度化的实施方案》，要求把思想教育作为首要任务，坚持用党章党规规范党组织和党员行为，用习近平总书记系列重要讲话精神武装头脑、指导实践、推动工作，为统筹推进“五位一体”总体布局和协调推进“四个全面”战略布局，为建设国内领先、国际一流的生态旅游度假岛提供坚强组织保证。

第二节　经济发展

“科技兴岛”战略

1990年5月6日，县委、县政府印发《依靠科技进步，振兴海岛经济的决定》，要求推广贝藻间养技术，发展多品种养殖，间养面积达到3000亩；开发赤贝、鲍鱼、海参、海胆等新品种养殖技术，掀起全县渔养生产“第三次浪潮”；加大科技投入，坚持实行科技“双放”(放活科研机构、放活科研人员)政策和奖励政策；健全三级科技网络；实行新技术成果推广应用同科技开发课题研究相结合，在赤贝、鲍鱼育苗，工厂化、筏式人工养殖和底播放流等课题研究上实现突破。

“耕海牧渔，建设宝岛”战略

1990年9月24日，中共长岛县六届二次全委(扩大)会议通过《关于耕海牧渔，建设宝岛的决议》，要求进一步强化“耕海牧渔”观念，向海洋开发广度和深度进军，在科研开发上实施突破，健全管理和服务体系。12月14日，县委、县政府制定《关于“耕海牧渔、建设宝岛”若干问题的意见》，要求坚持“耕梅牧渔，养捕结合，综合经营，全面发展”的方针，发展多品种养殖和远洋开发，健全产销服务体系，苦战三年，实现“以养兴渔，以渔兴岛”的奋斗目标。1992年1月3日，县委作出《关于在全县渔村开展“奔富裕”活动的决定》，要求全县渔村广泛深入开展“奔富裕”活动，耕海牧渔建宝岛，齐心协力奔富裕，提出到20世纪末人均渔村经济总收入达到5万元(即1万美元)，建设富裕、美丽、文明的“海上乐园”。

“旅游兴岛”战略

1995年9月29日，中共长岛县七届二次全委(扩大)会议作出《关于加快实施“旅游兴岛”战略的决议》，要求发挥海岛旅游资源优势，多渠道投入，全方位开发，加快由观光旅游向度假旅游、特色旅游发展。围绕旅游资源，开发特色旅游，改造完善基础设施，形成以南长山岛、北长山岛为中心，旅游业全面发展新格局。

养殖结构调整

1998年10月8日，县委、县政府制定《关于优化调整海水养殖结构实施意见》，提出把海带、栉孔扇贝、海湾扇贝、海参、鲍鱼、虾夷扇贝、虾夷海胆和鱼类八大养殖品种作为养殖结构调整重点，明确各品种发展计划。10月13日，县委、县政府召开全县养殖结构调整工作会议，专题研究养殖产业结构的调整问题，分析造成扇贝病害死亡原因，决定压缩扇贝养殖面积，全县扇贝养殖面积由3万亩压缩到1.5万亩；扩大海带和海湾贝养殖面积，海带增养到1万亩，海湾贝发展到1万亩，实行贝藻间养、轮养和多品种养殖，实现区域布局的生态优化。

外向型经济发展

1988年2月，县委集中研究关于大办创汇渔业和发展外向型经济问题，决定建立扇贝、鲍鱼、捕捞、海带和畜产品5个出口产品生产基地；建立以扇贝为主的海珍品加工销售集团、水产品加工销售集团和轻纺产品出口集团三大出口企业集团。

2003年8月15日，县委、县政府制定《关于加强招商引资工作的意见》，要求全县各级各部门进一步树立长岛以外都是外的思想，将招商引资任务指标纳入岗位目标考核，严格考核奖惩，调动全县各方面招商引资的积极性。

民营经济发展

1998年8月，县委、县政府制定《关于鼓励个体私营经济发展的若干规定》，实行“三放开、四不限”，即放开经营范围，放开经营方式，放开从业人员，不限发展比例，不限发展速度，不限发展规模，不限发展地域，鼓励机关工作人员领办、创办私营和民营企业等优惠政策。

2002年8月20日，县委、县政府制定《关于加快发展民营经济的意见》，出台放宽经营范围、简化和规范审批登记手续、鼓励民营企业参与公有制企业改革、鼓励各类人员从事民营经济等优惠政策，并配套强化对民营经济保护、服务和管理措施。

2018年11月21日，县委、县政府制定《关于支持非公有制经济健康发展的实施意见》。要求深化“放管服”改革和行政审批制度，推进非公有制企业规范化公司制改制，减轻企业税费负担，推动行业协会商会与行政机关脱钩，支持非公有制企业参与“一带一路”建设，加大非公有制企业知识产权保护力度。

三年大发展、大变样战略

2002年8月，省委、省政府在长岛召开现场办公会，要求长岛三年大发展、大变样，走到全国14个海岛县前列。县委、县政府提出“打好渔业、工业、旅游业三个翻身仗，实现城市建设和绿化美化两个大变样”的工作目标。按照“品种调优、规模调大、效益调高”的要求，加快渔业产业结构调整，打好渔业翻身仗。发挥风力、水产、修造船三大资源优势，加快工业骨干产业培植，打好工业翻身仗。围绕打造北方海岛度假中心、妈祖文化中心、休闲渔业中心三大品牌，加快推进“旅游兴岛”战略，打好旅游翻身仗。加快建设生态城市、花园城市、旅游城市，实现城市建设和绿化美化两个大变样。

“一二三四”发展战略

2007年1月，县委、县政府提出实施一个目标、两大布局、三大产业、四大工程的“一二三四”发展战略。以建设山东海上明珠为总体目标，统筹发展南五岛和北五岛两大区域板块，大力发展生态旅游业、生态渔业、生态工业三大产业。建设四大工程：建设100万亩“海底森林”，吸引100万旅游高端游客，建设100万亩生态养殖基地，建设100万千瓦海上风场。

休闲度假岛建设

2011年1月，长岛休闲度假岛建设列入《山东半岛蓝色经济区发展规划》，国务院批复《山东半岛蓝色经济区改革试点工作方案》，提出“提高旅游产品质量和国际化水平，建设长岛休闲度假岛”。3月15日，长岛国际休闲度假岛建设列入《山东省国民经济和社会发展第十二个五年规划纲要》。2012年12月，《长岛休闲度假岛发展规划》经省政府批复实施。

生态旅游度假岛建设

2013年5月，市委、市政府印发《关于支持长岛加快建设中国北方生态旅游度假岛的意见》。县委、县政府提出实施“桩基工程”，优先保护和修复海岛生态环境，高点建设基础设施和服务设施，做大做强以休闲度假服务业为主导，以生态渔业、文化产业、新能源为支撑的“1+3”海洋优势产业，推动经济社会稳定、可持续发展，加快建设彰显蓝色魅力、独具海岛特色的休闲度假胜地，努力把长岛打造成全省乃至全国的文明窗口。

“三区”“三岛”建设

2017年12月7日，省委、省政府出台《关于推进长岛海洋生态保护和持续发展的若干意见》。县委、县政府按照“生态先行、绿色发展”部署要求，创建“国家生态文明试验区、国家旅游度假区、国家军民融合发展示范区”，打造“蓝色生态之岛、休闲宜居之岛、军民融合之岛”，推进海洋生态保护和持续发展，打造全国海洋生态文明建设高地、著名的滨海旅游度假品牌、坚实的国家战略安全屏障的工作目标。

第三节　体制改革

企业改革

1986年11月20日，县委、县政府批转组织部、企业政治部、人事局、审计局《关于实行厂长（经理）调离审计的报告》，全县开始实行厂长（经理)调离审计制度。12月中旬,县委、县政府决定在乡镇企业中逐步推行劳动合同制。对乡镇企业利润确定“四、三、三”的分配比例,即企业积累占40%,乡镇提成占30%,职工奖金占30%。

1998年4月3日,县委、县政府制定《关于进一步深化企业改革的试行意见》。要求以建立现代企业制度为目标,调整和完善所有制结构,以产权制度改革为突破口,逐步完善和深化企业改革,全面彻底放活国有集体中小企业,多模式推进企业产权制度改革,建立起适应社会主义市场经济体制的企业运行机制。

2018年11月27日,县委、县政府制定《关于进一步深化企业改革的实施方案》。要求按照“规范改制一批、整合重组一批、淘汰出清一批”的思路,加快企业规范改制步伐完善法人治理结构;优化资源配置,建立规范完善的公司治理体系、管理科学的现代企业制度、灵活高效的市场运行机制。

渔村经济体制改革

1988年8月28日,县委、县政府召开首次全县深化渔村改革研讨会,研究部署深化渔村改革任务。9月1日,县委作出《关于深化渔村经济体制改革的决定》,决定从依法完善承包合同、增加集体积累和实行规模经营入手,推进渔村经济体制改革。至1995年,县委、县政府每年召开全县深化渔村改革研讨会,制定实施一系列渔村经济体制改革政策措施。

2003年7月2日,县委制定《关于渔村经济体制改革的实施意见》,明确渔村经济体制改革以组建公司制企业为重点,加大依法规范力度,创建金融安全区。加快各类经济实体的公司化进程,整合海产品资源优势、推行产品标准化生产。

2018年6月7日,县委、县政府制定《关于稳步推进农村集体产权制度改革的实施意见》,要求明晰农村集体产权归属,维护农村集体经济组织成员权利,推进集体经营性资产改革,以发展股份合作等多种形式的合作为导向,坚持农村土地集体所有,分类推进农村集体资源性、经营性和非经营性资产改革,探索集体经济新的实现形式和运行机制。

城镇住房制度改革

1991年11月12日,县委、县政府召开房改动员大会,正式启动长岛县城镇住房制度改革。此后相继出台《长岛县城镇住房制度改革实施方案》《长岛县深化城镇住房制度改革方案》《关于实施新一轮住房制度改革有关问题的通知》《关于深化长岛县住房制度改革有关问题的通知》《长岛县实施住房货币化分配的意见》等一系列配套政策文件。

机构改革

1992年3月4日,县委、县政府下发《关于精兵简政,兴办经济实体的意见》,要求通过简政放权,压缩行政机关事业单位机构人员编制,兴办经济实体,减轻财政负担。

1996年6月7日,县委、县政府印发《长岛县县直事业单位改革实施意见》,要求坚持“政事分开和精简、效能”的原则,精简事业机构,压缩人员编制,积极推进“事改企”,理顺工作关系,增强事业单位的内部活力。

2001年12月4日,县委、县政府印发《长岛县县级党政机构改革实施意见》,要求切实转变政府职能,调整组织机构,精简人员编制,完善行政运行机制。

2010年8月31日,县委、县政府制定《关于长岛县人民政府机构改革的实施意见》,要求坚持精简统一效能、上下基本对应、因地制宜的基本原则,加快推进政企分开、政资分开、政事分开、政府与市场中介组织分开,进一步深化行政审批制度改革,理顺和明确政府部门与垂直管理部门的权责关系,建立健全协调配合机制,严格执法监管。

2012年5月8日,县委、县政府制定《关于长岛县乡镇(街道)机构改革的实施意见》,要求以转变政府职能为核心,下放管理权限,理顺职责关系,创新体制机制,优化机构和岗位设置,严格控制人员编制,着力提高社会管理和公共服务水平，建立精干高效的乡镇（街道）行政管理体制和运行机制。

渔村税费改革

2002年8月12日，县委、县政府制定《长岛县渔村税费改革（试点）实施方案》，改革的主要内容概括为：“三取消、两调整、一改革”，取消乡统筹费、农村教育集资等专门面向渔民征收的行政事业性收费和政府性基金、集资，取消屠宰税。逐步取消统一规定的劳动积累工和义务工，调整农业税政策，调整农业特产税政策，改革村提留征收使用办法，以及相关的配套政策。

林权制度改革

2011年5月8日，县委、县政府制定《关于深化林权制度改革的意见》，要求通过明晰林地所有权，放活经营权，保障收益权，推进综合配套改革，充分调动广大渔民和社会各界参与林业建设的积极性，进一步解放和发展林业生产力，促进传统林业向现代化林业转变。

第四节　社会事业

发展教育

1989年8月22日，县委、县政府作出《关于加强教育工作的决定》，要求深入贯彻党的十三届四中全会精神，强化全民教育观念，解决实际问题，稳定教师队伍，严格控制中、小学学生流失，进一步搞好教育费附加的征管工作，加强组织领导，深化教育改革。

“海上花园”建设

1996年3月11日，县委、县政府召开全县建设“海上花园”动员大会。专门设立“我为长岛添光彩”基金；在机关干部中实行义务劳动“奉献日”制度；先后颁布实施《关于公共场所车辆管理规定的通告》《关于公共场所严禁吸烟的通告》等一系列规章制度。

农村社会保障体系建设

1997年3月31日，县委、县政府决定，在全县建立健全农村社会保障体系，开展争创农村社会保障先进乡镇活动，进一步完善和推行社会养老保险制度、社会救济制度、优抚安置制度、社会福利制度、合作医疗制度、社会互助制度。

减轻农民负担

1999年4月30日，县委、县政府下发《关于进一步做好减轻农民负担工作的通知》，要求全面贯彻落实农民收入及负担统计“乡改村”工作，落实减轻农民负担政策三年不变；严禁向农民乱收费、乱集资、乱摊派、乱罚款，搞不切实际的达标升级活动；健全完善农民负担的各项管理制度；加强村提留、乡统筹费的管理；加强监督检查，严肃查处加重农民负担的违法违纪行为。

平安长岛建设

2003年11月19日，县委、县政府印发《建设“平安长岛”实施方案》，要求全面落实社会治安综合治理各项措施，突出抓好社会治安六大工作体系和四项保障机制建设，确保社会长治久安。特别要突出抓好海上治安秩序整治，健全完善海上看护防范网络，扎实开展“平安海洋”和“海盾2005”联合执法行动；深入开展“双教育、双规范”等活动，维护社会和谐稳定。

建立重大事项社会稳定风险评估机制

2010年4月1日，县委、县政府制定《关于全面建立重大事项社会稳定风险评估机制的意见》，要求坚持以人为本、促进发展、民主法治、权责统一的基本原则，坚持主动维稳和源头预防，对重大事项制定实施后可能出现的稳定风险超前预防、超前评估、超前化解，创造更加稳定和谐的社会环境。

加强和创新社会管理

2011年10月6日，县委、县政府制定《关于深入推进社会管理创新工作的意见》，要求以建设和谐稳定模范县为目标，围绕维护海岛社会和谐稳定的源头性、根本性、基础性工作，健全八大体系，强化三项保障，实施人本型、综合型、服务型、和谐型管理，全面提升社会服务管理水平。

调整完善生育政策

2015年4月27日，县委、县政府作出《关于调整完善生育政策进一步加强计划生育工作的实施意见》，要求依法实施单独两孩政策，稳妥扎实有序地实施一方是独生子女的夫妇可生育两个孩子的政策，逐步调整完善生育政策，稳步提高出生人口素质，实现人口与社会和谐发展。

安全社区创建

2015年9月16日，县委、县政府印发《长岛县关于推进安全社区创建工作指导意见》，提出以全县乡镇（街道）为建设主体，通过开展安全社区建设，进一步宣传、普及安全知识和技能，全面改进提升基层安全水平，为实现全县安全生产形势持续稳定、构建社会主义法治社会和和谐社会强基固本、提供支撑。

美丽乡村建设

2007年4月9日，县委、县政府制定《关于纵深推进社会主义新渔村建设，促进海岛经济社会和谐发展的意见》《关于在全县深入开展“村企共建年”活动的意见》，要求紧紧抓住“双增发展、稳定和谐”两个主题，重点突出“现代渔业、社会事业、环境治理”三大任务，着力强化“资金投入、配套改革、社会参与、组织领导”四项措施，进一步扩大“3+1”联手共建成果，推动社会主义新渔村建设扎实开展。

2012年8月13日，县委、县政府制定《关于加强生态文明乡村建设的意见》，要求牢固树立“以人为本、生态优先、全面协调、绿色发展”理念，以生态文明建设规划为先导，发展高效生态产业，建设优美人居环境，保护修复生态环境，完善公共服务体系，加强渔村党建和社会管理，强化组织领导、项目带动、政策扶持、督导考核，建设产业生态高效、环境优美宜居、生活文明健康的美好家园。

2018年9月15日，县委、县政府制定《关于加快推进乡村振兴战略的实施意见》，要求以《长岛海洋生态文明综合试验区建设实施规划》为引领，全面实施乡村振兴战略。到2020年，全面建成小康社会，乡村振兴取得重要进展，全县农村建设全部达到产业高效发展、基础设施完善、村容村貌美观、公共服务健全、乡风文明和谐、村庄管理民主的标准。到2035年，乡村振兴取得决定性进展，农业农村现代化水平保持全市领先。

环境保护

1991年4月4日，县委、县政府作出《关于加快造林步伐，两年消灭荒山，五年绿化达标的决定》，制定《长岛县实现绿化标准和检查验收奖惩办法》，要求坚持国家、集体、个人一齐上的方针，坚持生态环境效益、社会效益、经济效益相结合，全社会办林业，全民搞绿化，主攻荒山造林，加快城乡绿化，因地制宜，全面发展。

2008年4月2日，县委、县政府印发《关于进一步加强节能减排工作的意见》，提出严格控制“两高”行业的项目和投资，着力构建节约型、环保型产业体系。运用市场、法律等手段加快淘汰落后生产能力。突出抓好重点企业和重点领域节能减排，加快推进节能减排技术进步，大力发展循环经济。

2018年3月12日，县委、县政府印发《关于全面推进生活垃圾分类的实施意见》，要求按照“统筹规划、先易后难、循序渐进、分步实施”的原则，以生活垃圾减量化、资源化、无害化为目标，构建“政府主导、社会参与、设施完善、分类准确、循环利用”的垃圾分类收集、分类运输、分类处置体系，提升生态文明建设水平。

2018年9月24日，县委、县政府印发《关于加快推进生态文明建设的意见》，要求坚持把生态保护作为第一要务，把绿色发展作为根本前提，改善陆海生态环境，健全体制机制，形成绿色生产生活方式，全力推进长岛海洋生态保护和持续发展。

2018年12月19日，县委、县政府印发《长岛县加强污染源头控制推进“四减四增”三年行动方案（2018—2020年）》。要求坚持源头防控，坚持调整优化产业结构、能源结构、运输结构、农业投入结构，坚持“四减四增”，提升绿色、低碳、循环的高质量发展水平。

第五章　纪检　监察

1979年5月，长岛县恢复设立县委纪律检查委员会，为正科级行政单位。1984年1月，县委纪律检查委员会升格为副县级单位，改为中共长岛县纪律检查委员会，并与县委同时换届，由党代会选举产生，下设办公室、检查科两个科室。1987年设立县监察局，属正科级行政单位。1988年，增设信访室、案件审理室。1992年设宣教室。1993年4月，县纪律检查委员会机关与县监察局机关合署办公，实行“一套工作机构，两个机关名称”的体制。2001年，增设纠正行业不正之风办公室。2014年，撤纠正行业不正之风办公室，设党风政风监督室。2017年，成立县委巡察工作领导小组，设立2个巡察组。2018年1月，撤销县监察局，挂牌成立长岛县监察委员会，与中共长岛县纪律检查委员会合署办公，内设办公室、第一纪检监察室、第二纪检监察室、党风政风监督室、信访室、案件监督管理室、案件审理室，4个派驻纪检组。

第一节　党风廉政建设

廉洁自律教育

80年代末，主要结合整党进行系统的马克思主义基本理论和党的基础知识教育，组织开展新时期共产党员如何发挥先锋模范作用的大讨论，总结宣传正面典型7个。在全县党员中开展反腐蚀教育，组织收看党性党风教育录像片100余场，受教育者5000余人次。

1990年，举办理论学习班和读书会，培训骨干900余人；县乡两级建立教育试点17个、联系点74个；开展宣讲辅导讲座148场，受教育党员干部达8000余人次。1999年，开展“讲学习、讲政治、讲正气”党性党风和党规党纪教育活动，观看《纪律处分条例》等党员干部电教片12部，全县党员干部参与率90%以上，举办纪检监察干部培训班2期，培训160余人次。

2001—2003年，开展“讲党性、守纪律、树形象”学习教育活动，对全县副科级以上党员领导干部开展警示教育。2006年，开展“廉政文化建设年”活动，把开展“八荣八耻”教育与加强理想信念和党纪条规、国家法律法规教育相结合，将法律教育、廉政勤政教育和警示教育分别纳入公务员培训计划、党校教学计划和各级中心组学习计划。2008年，以科级以上领导干部为重点，剖析典型案例，挖掘和宣传廉洁勤政先进典型26个。2010年，将《廉政准则》列入各级党委理论中心组、县委党校干部培训班学习内容，组织全县各单位开展学习《廉政准则》知识竞赛。2012—2013年，开展“恪守从政道德，保持党的纯洁性”主题教育活动，在县政府网站、县电视台开设“海岛清风”专栏，宣传报道5个单位作风先进事迹、典型经验。

2015年，建立“课堂+基地+网络+信息”一体化教育机制，以重要节假日为节点，通过短信平台向领导干部发送廉洁守纪提醒短信1447条次，全县党员干部教育覆盖率达100%。2016年，县反腐倡廉警示教育基地建成，接待机关企事业单位、渔村两委干部参观学习53批、1260人次。2017年，组织全县党员干部2200人开展党规党纪知识学习测试，测试结果在全县范围通报并对不及格党员干部限期补考。2018年，推行廉政教育“套餐化”，根据教育内容制定“党建套餐”“廉政套餐”“业务套餐”，下发《领导干部警示教育案例汇编》《全面从严治党辅导材料》等反腐倡廉读本2000余册。

党内监督

1986—1990年，制定实施《关于在涉外活动中收受礼品问题》《领导干部实行回避制度》等具体规定；在党政机关推行“两公开一监督”制度，在14个与群众利益密切相关的部门和单位推行政务公开，确定25个政务公开重点项目，县乡两级共聘请党风党纪监督员350人。全县乡镇、村全部实行公开办事制度，建立党风廉政监督小组和群众参政议政小组，形成比较完整的监督体系。

1992—1994年，制定印发《关于党员、干部、职工违反喜事新办、丧事从简、禁止赌博的党纪政纪处分规定（试行）》《关于狠刹公车迎亲嫁娶风的有关规定》，聘请党风廉政特邀监督员33名，对3名违规公车迎亲嫁娶行为的科级干部进行通报批评和经济处罚。1995年，完善干部配车、住房、出国等方面的制度规定，以及领导干部公费住宅电话限额报销办法和压缩接待经费意见。全面实行领导干部廉洁自律“三项制度”：即《领导干部廉洁自律定期民主评议制度（试行）》《领导干部个人生活重大事项报告制度（试行）》和《领导干部国内公务活动收受礼品登记制度（试行）》。1996年，完善领导干部建造、购买住房方面的制度规定。1999年，制定实行县级领导干部下乡镇“约法三章”和《长岛县渔村村级组织非生产性开支管理办法》，全年共压缩减少各种会议和活动40余次，节约经费开支40余万元。

2001年，建立和完善党员领导干部重大事项申报制度。全县395名副科级以上领导干部填报个人重大事项申报表，75名领导干部报告购房、子女结婚、购买大额商品等重大事项。2003年，制定实施《长岛县国有土地使用权招标、拍卖、挂牌出让暂行办法》，开展对经营性土地使用权招标、拍卖、挂牌出让情况执法监察，督导建立完善建设用地集体统一供应、土地审批事项集体决策、土地供应计划公开等八项制度。2004年，制定《长岛县机关事业单位公务小汽车配备和使用管理规定》，对全县机关事业单位公务小汽车的配备和使用管理进行规范，完善购买、调配、更换、报废审批制度。2005年，制定实施《关于建立科级领导干部述职述廉制度的意见》，乡镇（街道）和政府序列部门主要负责人定期述职述廉，接受群众监督。

2007—2008年，制定《长岛县重大工程建设项目预防腐败暂行办法》《政府采购工作流程和操作规程》，加强对行政审批权的规范和监督，解决政府采购过程中工作机制不健全、采购程序不规范等问题。2010年，制定《关于进一步规范村级财务“委托代理”的意见》，结合渔村经济体制改革，在乡镇（街道）设立村级财务委托代理结算中心，将村级财务全部纳入代理中心管理。2012—2013年，梳理各项权力619项，绘制流程图652张，查找内设机构和个人岗位风险点1375个，制定防控措施1240条，发出风险预警21人次。

2014年，制定《长岛县县管领导班子和科级干部党风廉政预警管理实施办法（试行）》，实施三级预警制度，做到早发现、早提醒、早纠正、早查处。全年共下发17起提醒谈话通知书，对倾向性、苗头性问题进行预警提醒。2016年，建立落实主体责任工作台账和日常监督抓早抓小工作台账，共发放领导干部主体责任台账281本、监督责任台账291本；建立“两本台账”定期督查制度，对4名落实主体责任不力的领导干部进行追责问责。2018年，制定实施《关于实施精准监督服务长岛海洋生态文明综合试验区建设的意见》，对全县102项重点工作、36个重点项目和12件为民服务实事推进情况跟踪监督，坚决纠正和查处有令不行、有禁不止等问题。

第二节　案件查处

1986—1987年，以端正党风为重点，查处贪污、受贿等违法乱纪案件18起，党纪处分9人，批评教育、免予处分11人，查处大案要案7起，党纪处分2人，刑事处分13人，追回赃款11.76万余元。1988年，采取分级负责、一级检查一级的办法，全年共立案查处党员违纪案件7起，处分党员5人，其中留党察看1人，撤销党内职务1人，党内严重警告2人，警告1人。1989—1990年，建立县纪委常委例会、案件排查、案情报告和领导包案制，立案查处党内违纪案件14起，处分党员9人，其中留党察看4人，严重警告4人，警告1人。1992—1993年，设立举报电话，对大案、要案实行领导包案责任制、常委集体研究案件制度和执法执纪部门联合办案制度，查处违反党纪案件14起、政纪案件6起、大要案4起、经济案件4起，处分违纪党员、干部15人。1994年，制定下发《关于对县管党员干部实施停职检查的具体办法（试行）》，将办案过程中的线索排查、初查立案、调查取证、定性处理诸环节有机结合，全年受理群众举报41起，立案查处违反党纪政纪案件7起，处分党员、干部6人，其中，留党察看2人，严重警告1人，行政记大过1人，警告2人。1997年，制定《关于对党员领导干部实行询问警戒的暂行规定》，强化领导责任制，全年共受理信访举报41件次，涉及科级领导干部1人，对1名党员干部询问警戒，对10名党员干部进行谈话。

1998年，健全基层信访举报网络，坚持县级领导、乡镇和县直部门主要负责人信访接待日制度。至2000年，共受理来信来访154件次，其中，来信115件，来访22起，电话举报17起。2001—2002年，实行“书记、常委包片，干部包点”的信访工作机制，共受理信访举报69起，其中来信52起，来访17起。2004年，开展“信访举报质量年”活动，健全三级信访工作网络，建立信访工作应急预案，参与“大信访”案件的调查处理，办访3起，办结2起，避免集体访2起。2005年，加强信访受理网络建设，建立健全基层信访体制和工作机制，推行信访承诺制，共受理群众来信来访18件，处结率为100%。2012年，建立健全县、乡镇（街道、开发管理处）、村三级信访排查调处网络，共受理各类信访案件39起，结案34起，对2起司法机关移送的案件进行审理。2016年，整合受理平台，实行包信访举报责任制，共受理各类信访举报103件次，办结94件次，开展正风肃纪行动8次，初核问题线索46起，集中力量、从严从快办结省委巡视组移交问题线索23起；立案33起，给予党纪政纪处分33人，其中对违反中央八项规定精神问题的党员干部立案6起，给予党纪政纪处分6人；组织处理违反工作制度的党员干部33人。

2017年，围绕“三个时间节点”和“三类人”，落实“治病树、拔烂树”工作，共立案审查违纪问题30起，给予党政纪处分30人；受理各类信访举报66起，处结信访积案6起，初信初访分类处置，做到“零暂存”。2018年，开展渔村纪检监察信访举报问题专项行动、推进基层作风建设化解信访举报问题专项行动，共受理各类信访举报50起，办结48起；立案查处违纪违规问题26起，党纪政务处分26人次，组织处理103人，其中，给予乡科级领导干部党纪政务处分4人。

第三节　行风评议

1991年始，全县每年都组织一次行风评议活动。是年，由116名来自机关、企业、渔村的各界代表组成25个评议组，走访110个单位，召开62个座谈会，调查群众1100余人次，对11个县直职能部门提出批评建议、要求、呼吁、疑问及分析性意见610余条。1993年，采取纵向考核和部门、单位之间填评议票的形式，对100多个县直部门和企事业单位进行综合考核，评出先进部门和单位各10个，评出较差部门10个、较差企事业单位5个。1998年，采取问卷调查的形式，对党风廉政建设的重点以及纠风和社会风气中存在的问题进行社会调查，共发放问卷500份，回收467份，回收率94%。对调查中反映的个别行风不正、问题较多，群众反映较大的部门和单位，发出询问警戒书17封。1999年，确定15个重点部门和单位为评议对象，发放民主测评票207张，回收200张，并分别确定前3名和后3名，在全县进行通报。

2000年，分2次对22个重点部门行风建设情况进行检查督导，共修订完善和建章立制200余项，向社会作出承诺160余项。2002年，开展“家长评学校、社会评教育”活动，开展中小学收费自查自纠和专项检查，规范中小学收费行为，强化教育行风建设。2003年，成立评议行风工作领导小组，聘请监督员30人，在全县范围内各层次共发放评议票180份，回收176份，回收率达到98%，并对评议结果进行全县通报，对评议后三名的单位进行约谈。2006年，结合千人评机关，对全县80个机关和32个窗口单位进行民主评议，评议结果纳入岗位目标考核。

2008年，开展“行风监督民企行”活动，走访68家不同规模不同行业的民营企业，建立面对面与群众对话制度，组织全县行政执法部门开展10场“面对面话环境、心连心促发展”座谈会，现场解决群众最关心、最直接、最现实的利益问题160余个；成立民营经济维权中心，开通“民营经济热线”，受理企业投诉1起，解决1起。2010—2011年，开展“解困助企大走访活动”，在部分企业建立优化发展环境联系点15个，帮助企业解决实际困难和问题20个。2012年起，设立违反中央八项规定精神举报绿色通道和网络举报邮箱，向社会公布机关作风和机关效能建设专项投诉举报电话，拓宽监督渠道。

2018年，围绕作风大改进工作及重点项目推进、“千人评”问题整改、“一次办好”改革等方面问题，成立14个督导组，明察暗访，发现问题线索30余条，慢作为问题3条，对涉及的11个部门、单位问题进行反馈整改。征求党员干部群众及人大代表、政协委员意见256条，反馈至82个部门、单位进行整改落实。

第四节　纠风工作

80年代，以查处党员干部损害群众利益等突出问题为重点，清查党政机关干部在企业兼职，违规在城区建私房，装修住宅，以权谋私等不正之风。1989年，要求在企业中兼职的11名党政干部全部办理脱钩手续，调整县直机关、企事业单位中应回避人员20名，全年返还物资差价款972万元。1990年，对“三清”工作中清查出的3户违纪建私房的党员干部，分别给予补交“三费”4023元、补交土地税2633元和罚款1050元的处理；对21户违章在城区购买商品房的，进行产权调整、补交差价、补交两税和清退处理；查处公款装修住宅总金额19余万元，对用公款装修和配备的住宅内所有设施，不分年限，一律归产权单位所有，并登记造册，统一管理；对“小金库”问题进行检查清理，查处私设“小金库”7个，违纪额4.1万元。1991年，清理清查党员、干部、职工借用、挪用公款、占用公物工作，查处非正常借用公款110人，金额68万元；挪用公款2人，金额8470元；占用公物7人，48件，价值17787元。

1993年，成立纠正行业和部门不正之风领导小组，逐步建立和完善纠、评、建共同促进的工作机制。是年，开展“六清查一评议”工作，对党政机关及所属单位巧立名目乱收费问题进行清理整顿，共撤、停、并、降46个收费项目、75个标准，涉及基层和农民负担188万元。清理整顿党政机关、事业单位兴办的各类经济实体36个。清理党政机关、事业单位2人无偿占用资金6400元，物资折款20.8万元，清理归还各种拆入资金5300万元。1994年，确定纠风工作的9个重点，清查存在借欠挪用公款问题的单位27个、179人，总额252.5万元，查处违纪案件3起。审查取消出国团组1个，11人次，节省开支30余万元。1995年，对1992年7月1日以后出国的5批54名人员进行全面审查，对其中通过旅游渠道出国旅游的25人，作出收缴“三费”3万余元的处理。1996年，对全县预算外资金进行清理，检查单位68个，清理总额2148万元，查出违纪资金42万元，清理上缴代管资金301万元。对中小学收费权限、项目、标准、时间和收费卡实行“五统一”。清理1994年6月以后个人借欠挪用公款350余万元。

1999年，制定《长岛县县乡机关事业单位非生产性小汽车配备管理暂行规定》和《长岛县关于检查清理县乡机关事业单位小汽车的实施意见》，查出有问题的小汽车29辆，对5辆挂私人牌照的车全部办理过户手续。2000年，全面清查1998年以后领导干部用公款超面积建房、购房情况，共清理领导干部住房17套，清理超面积住房116户，超面积681.36 平方米。2001年，编制《长岛县涉及农民收费文件、项目公开册》《渔村村级组织非生产性开支办法(试行)》。在中小学收费中推行“一生一卡”“一生一票”制度。2002年，推行涉农价格和收费公示制，查处9个单位擅自使用过期发票或使用不正规发票向群众乱收费乱摊派行为，清理违规收费金额27万元。2004年，对事业单位改革中清产核资工作和公房产权交易活动、行政事业性收费情况进行监督检查，检查单位33个，涉及金额总计744.1万元。

2007年，开展商业贿赂专项治理工作，发现问题和工作隐患4个，涉及单位3个，涉及人员3人，对1名人员进行处理。2008年，审计监督工程项目40个，查处违规行为金额255万元、管理不规范金额11874万元。2009年，印发《长岛县工程建设领域突出问题专项治理工作实施意见》，对31个建设工程招投标和公共服务性项目招投标进行现场监督，分别涉及金额743万元和100.5万元。2010年，建立科级党政领导干部联系群众情况报告制度，对全县党政机关事业单位实行公务用车统一标识。

2011年，开展对事业人员公开招考等社会热点问题的监督，参与县委党校、海渔局等单位8名事业人员的招录工作。2012年，开展以“提升服务质量和效率，提高服务能力和水平，树立良好形象”为主要内容的“三查五创两监督”主题活动，制定实施《长岛县机关效能问责办法》《长岛县党政机关公务用车管理办法》等制度。2013年，开展集中督查活动48次，按规定进行效能问责12起，诫勉谈话7人次，通报批评3人次，调离岗位2人次。集中开展党政机关会员卡专项清退活动，全县1136名党政干部全部做到零持有、零报告。

2014年，以整治“四风”问题为重点，开展正风肃纪行动38次，查处违反中央八项规定精神的问题17起，并在全县通报曝光，党纪政纪处分6人，组织处理11人。2015年，成立27个检查组，开展明察暗访10次，对6起违反机关作风建设问题和2起“不作为”事件启动问责程序并全县通报，对5起违反中央八项规定精神问题进行通报曝光，党纪政纪处分4人。对全县各餐饮场所、渔家乐、旅游景区等开展明察暗访近30轮次，督导检查乡镇(街道、开发管理处)和县直有关单位102个，查处未张贴公车标志牌单位9个、公车14辆，并对相关责任人进行预警。2016年，对惠渔政策落实领域进行专项检查，查处违规领取国家燃油补贴的公职人员10人，其中科级领导干部5名。2017年，开展明察暗访21次，监督党员干部婚丧嫁娶事宜15次，对7名违反中央八项规定精神党员干部给予党纪处分并全县通报，对9名违反机关工作制度的干部给予机关效能问责。开展直查直纠专项行动，处理村党支部书记、主任2人，科级干部2人。2018年，开展14轮正风肃纪行动，查处违反中央八项规定精神2起，给予党纪政务处分2人，组织处理2人；通报履职不力问题4期、8人，其中给予党纪政务处分4人。开展扫黑除恶专项斗争重点领域机动式巡察，共发现4个方面43条问题，全部进行反馈整改。

第六章　组织工作

1986—2018年，县委组织部门围绕县委、县政府中心工作，不断加强基层党组织建设，开展农村基层党组织整顿，建立完善党员干部教育培训机制，深化干部管理制度改革，做好老干部工作，干部选拔、任用、考评体系日趋完善，为全县经济社会发展提供坚强组织保证。2018年，全县共有基层党（工）委29个，党总支17个，党支部317个，党员5658人。

第一节　基层组织建设

1986年，以制度化建设为重点，先后总结推广南长山镇、砣矶镇党委及南长山镇乐园村、小黑山乡小黑山村、北隍城乡山前村党支部的经验作法，建立党务工作检查评比制度。1988年，在全县40个渔村全面推行干部任期目标责任制和党员年度目标责任制，建立和完善目标决策、实施控制、民主监督、评议考核、奖优罚劣等五项制度，总结推广大黑山乡、砣矶镇搞好决策、实施控制的典型经验。

1990年，开展争创党建工作先进县、先进乡镇活动，通过召开会议、巡回检查、外出观摩、推广典型等形式，推进创建活动各项工作落实。1992年，结合渔村实行企业化管理改革，推行渔村支部书记兼任公司总经理。1996年，选调县直部门16名干部组成8个工作队长驻全县8个重点村。同时，调整16个有经济实力的部门对8个重点村进行帮扶，共协调资金165万元。

1996年12月，在全县渔村开展“创五好、争一流”竞赛活动。即建设一个好班子，培养一支好队伍，选准一条发展经济的好路子，完善一个好经营机制，健全一套好管理制度，力争一流业绩。在实际工作中，坚持做到“三个结合”，即创建活动与目标责任制相结合，创建活动与推行渔村规范化管理相结合，创建活动与评先树优相结合。细化、量化创“五好”目标，实行百分考核，于1997年末逐村逐条组织检查验收，进行检查，依据标准，评分排队。1998年，开展创建“六好乡镇党委”活动。各乡镇创办立体化养殖、蔬菜大棚等科技示范服务基地14处。

2003年，在全县开展“三级联创”活动。南长山镇党委等5个“五个好党委”、南长山镇王沟村党支部等20个“五个好渔村党支部”、县委政法委党支部等22个先进基层党组织受到表彰。2007年，在渔村党组织全面落实“五项规程”，开展“五治五促”集中教育活动。在县乡机关，加强党员日常教育管理，落实党内组织生活制度。在非公有制企业开展“四结合四发挥四有为”活动，创建党员示范岗，规范党建基础性工作。2009年，对村级党组织活动场所“分类管理、规范提高”，按照示范型、标准型和实用型三类标准进行规范建设，累计投入200余万元，全县40%的渔村活动场所达到示范型标准。

2010年，在全县开展“创先争优”活动。总结宣传5个先进党组织、6名优秀共产党员的先进事迹。以“创建海岛优秀基层党组织”“争当海岛先锋共产党员”为目标，各级各行业党组织实施41项创新课题，以书面形式向社会公开承诺17224项，帮助基层办实事7000余件。2011年，在全县“两新”组织中开展“建组织、扩覆盖”“组织找党员、党员找组织、党员找党员”活动，重新建立全县非公企业台账，27个非公有制企业和17个社会组织单独建立党组织，4个非公企业建立联合党组织，全县“两新”组织党的工作覆盖面达到100%。2012年，开展“基层组织建设年”活动，按照渔村“五有”，城市社区、“两新”组织、国有企业、机关事业单位“五个好”标准，对全县基层党组织进行分类定级，确定优秀党组织264个、一般党组织59个、薄弱党组织12个，至年底薄弱类党组织基本实现转化升级。对全县所有渔村党支部书记、村委会主任和228名后备干部建立档案，实行渔村干部动态管理。强化工作领导和统筹指导，29个渔村实现印章“乡村联管”。

2017年，在渔村全面推行党组织和党员积分制管理，对5个薄弱党支部进行整顿转化，对12名不合格党员进行组织处理。开展村干部干事创业活动，落实村级运转保障有关政策，拨付村级运转经费769万元，村均19万余元。从8月份起，将农村支部书记基本报酬纳入财政惠农补贴“一本通”系统，由县财政以800元/月的标准按月统一发放，2个村获全市“干事创业红旗村”称号。

2018年，开展组织制度规范化提升年活动，制定《乡镇党建工作操作规范》和《机关事业单位党建工作操作规范》，规范党内政治生活。在北隍城乡、黑山乡、南长山街道建设3处区域化服务型农村党建示范区，总结推广北长山乡北城村党支部领办合作社经验做法。在县乡两级分别建立村“两委”干部后备人才库。其中，县级人才库中登记全县村级后备人才334人。2018年7月1日，中共山东省委授予长岛县委班子“干事创业好班子”，授予黑山乡党委书记林雪梅、北长山乡北城村党支部书记顾兆国“担当作为好书记”称号。

第二节　党员队伍建设

党员规模和构成

80年代之后，长岛县按照“坚持标准，保证质量，改善结构，慎重发展”的要求，建立定期培养、超前考察、预批推优和县级组织员直接谈话、集中培训、预公告等制度，明确发展党员的重点，高质量地吸收和发展新力量加入党组织。1986年，全县共有党员3657人，男2971人，女686人，大中专以上文化程度379人，中学文化程度（高中和初中）1596人，小学文化程度1459人，文盲223人。2003年，党员人数增加到5251人，男4339人，女912人，大中专以上文化程度1965人，高中文化程度748人，初中及以下文化程度2538人。2018年，全县党员总数5658人，男4254人，女1404人，大中专以上文化程度2770人，高中文化程度790人，初中及以下文化程度2098人。

党员教育与管理

1986年，在全县党员中开展四项基本原则和共产主义远大理想教育、党的根本宗旨教育、形势和政策教育、遵纪守法教育。1988年，重点开展中共十三大文件和党的宗旨、纪律、形势等方面的教育，组织全县党员和非党积极分子观看教育录像14部，共148场次。加强党员档案管理，全县4042名党员实现档案、卡片、花名册三统一。1990年，开展“学党章、正党风”“三基”教育和社会主义思想教育活动，组织党员观看电教片24部，观看人数达2万人次。

1993年，开展争先创优活动，组织全体党员积极参与“我为长岛添光彩”活动，先后有6名党员和2个乡镇党委、3个基层党支部受到市委表彰。1998年5月，在大黑山乡召开全县党员“双带”工作现场会，总结该乡开展“党员带头致富，带领群众共同致富”活动的经验和做法。2003年，开展以“公道正派”为主要内容的“树组工干部形象”活动，组织全县组织人事政工干部共计62人，分为7个组，进行为期3个月的集中教育，集中学习政治理论和业务知识，累计1200学时，撰写学习体会文章82篇，查摆整改问题15个。2007年，对全县流动党员进行全面排查，分层次建立流动党员台账，向全县49名流出烟台市外党员全部发放《流动党员活动证》，逐一落实定人联系、定期汇报、定责管理、定点活动、定向服务“五定”管理措施。年底，发放《致全县流动党员的一封信》，明确流动党员责任，通报有关情况，号召流动党员发挥应有作用。

2009年，在全县渔村全面推行“星级党员”创评、无职党员设岗定责活动，“星级党员”创评、无职党员设岗定责、渔村干部民主评议实行“一会三票”评议。开通12371党员咨询服务电话。2012年，构建党员“双管双责”工作机制。全县确定南长山街道、县公安局、县卫计局和县供电公司四家单位为重点培育单位，先行先试组织开展活动。全县到社区、渔村登记报到的党员占县直机关事业单位在职党员的99.75%。按照“根据住所划片、自觉自愿参加”的思路，确定每月15日、30日为环境卫生集中清扫日，引导党员主动服务社区。先后组织开展“义务植树、我为党旗添风采”“学习雷锋进社区”“美化家园用心做、环境卫生我清扫”等主题活动，为群众解决实际困难、办好事实事1500多件。2016年，制定“党员活动日”方案，围绕“擦亮党徽见行动、比拼作为展形象”的实践要求，全面推行党员佩戴党徽、设立党员示范岗，在渔村创建“共产党员户”示范户1399户。2017年，开展“强阵地、抓载体、创品牌”建设，全面推行党员积分制管理，先后对300余名在拆迁治违等重点工作中发挥带头作用的党员进行激励加分，对80余名造成负面影响的党员进行扣分处理。2018年，制定印发《党员领导干部政治生活台账》，对参与组织生活情况全程纪实。开展“三联系三当好三争创”活动，推动实现县委常委与乡镇、县直部门与渔村、党员与群众3个包联全覆盖，为民服务办实事、解决困难297件，落实帮扶款物达1417.5万元。

党员电化教育工作(党员远程教育)

1994年6月，长岛县成立党员电教中心，为副科级事业单位。1995年3月，县委组织部印发《关于认真组织收看党员电教片的通知》，从1995年4月10日开始，将每月10日确定为“党员电教日”，在晚间通过县电视台播放党员电教片，组织党员以党支部为单位，统一时间、统一地点、统一收看党员电教片。1996年实施“党员电教科技工程”，在乡镇建设电教站和播放收看点，为每处乡镇配备一台录像机，全县实现乡乡有电教站，村村有播放点，两机一柜齐备、四簿一册健全，全年播放电教片590场次。1997年，拍摄科技片《海参育苗与养殖》，获全市党员电教片一等奖。2000年，拍摄科技片《杂交鲍的人工育苗技术》和专题片《与灯塔同辉》分获二、三等奖；举办乡镇电教播放员演讲比赛。2001年，摄制反映省优秀共产党员孙衍志先进事迹的专题教育片《人生无愧》；拨出3万余元为全县8各乡镇、40个村配备DVD等电教设备。

2004年7月，长岛县远程教育正式开通，县、乡、村先后投资30多万元，对站点场所进行改造修缮和内部设备配套，全县共有8个乡镇、38个村基本达到“三防一配套”(防盗、防潮、防尘，桌椅配套)的标准。组成6个技术小组，先后三次对管理员进行计算机基础知识、远教软件基本操作、安装调试上机操作和故障排除办法培训。建成全县中心站1个，乡(镇)、村接收站点44个，乡(镇)建站率达到100%，渔村建点率达到90%。

2006—2008年，在砣矶镇试点推行现代远程教育“入户工程”，新建3处站点，统一配齐硬件设备，实现站点100%达标，全县4个村被命名为市级示范站点，新编吕剧《墙头记》被省远程教育中心教学资源库采用，“用好远程教育，服务现代渔业”工程项目被评选为“全市十佳亮点工程”。2009年，在县电视台开办《远教之窗》栏目，设立“政治理论”“党建天地”“养殖技术”“新渔村建设”四个板块。在全国电视行业协会举办的第十三届优秀电视片展评中，课件《为了那片海》获三等奖。2010—2011年，对全县所有接收点设备进行网络升级，实施远程教育“入户工程”，制作《长山一号》《在产业链上凸显党组织专业化》等10部课件，累计播出时间达100多分钟。2012—2014年，长岛党建频道开通，设置《党的群众路线教育实践活动》和《十八届三中全会精神解读》等专栏，累计播放学习课件700余部。

2015年6月，长岛县党员电教中心(挂县党员干部现代远程教育中心牌子)更名为中共长岛县委组织部党员教育中心，机构规格由副科级升格为正科级。“长岛党建”网站和手机APP正式开通，实现党员教育“上电视”“上互联网”“上手机”。2018年，加强“灯塔—党建在线”平台管理，配齐安全员、审计员、管理员队伍，建立备案台账，进行动态管理；推广组织关系网上转接和e支部等系统；依托e支部等系统；对基层党支部组织生活开展情况实现动态监控；组织全县党员参加“灯塔—党建在线”、中共十九大精神学习竞赛活动，参与人数累计3万多人次。

第三节　干部队伍建设

1988年，建立和完善民主测评、民主推荐制度。年底，县委作出《关于提拔副科（局）级领导干部实行任职聘任制的暂行办法》，聘任副科级领导干部10名，并实行（亲属）回避制度。1990年2月，县委印发《关于我县党政群机关工作人员实行“三三制”的意见》，决定在全县工作人员实行“三三制”（即把机关工作人员分为三部分，轮流完成下基层和参加劳动、学习轮训、在岗工作三项任务），创建干部劳动培训基地。要求全县党政群机关551名工作人员中，22%的人员下基层劳动，12%的人员参加轮训学习，66%的人员在岗工作。翌年，按照县委“三三制”工作法的要求，抽调28名机关干部分10个工作组下基层包乡镇包村。

1993年，改革干部人事制度，将乡镇双管单位任免管理权限下放到乡镇，将企业主要负责人选拔、任免和管理权下放到经济主管部门，将企业中层干部任免、管理权归企业。2000年，制定《关于选拔任用领导干部实行公示制的暂行规定》，对4批共25名符合公示条件的拟提拔干部进行公示。制定《长岛县局级领导干部选拔任用工作细则》《长岛县关于实行领导干部任期制、试用制和聘任制的意见》和《长岛县关于机关事业单位推行竞争上岗的意见》，规范完善干部选拔重用机制。2003年，对2002年度民主评议不称职票达到或超过30%，经考察确实不称职的3名局（科）级领导干部，免去领导职务。2004年，成立股级干部科，制定《股级干部管理工作暂行规定》《预批管理股级干部任用工作程序》，对全县机关事业股级干部进行全面调查统计和审查核实，确认股级干部381名，其中预批管理39名，对不符合任职规定的7个单位的48名股级干部全部进行清理。先后组织砣矶卫生院、城区街道办、军粮局、农水局4个单位开展竞争上岗工作，公开竞聘股级干部20名。

2007年，首次采取公开选任的方式，在全县卫生系统选拔3名优秀中青年医生，充实到北部乡镇，担任乡镇卫生院副院长。2009年，实行干部选拔任用票决制度，县委常委会先后两次对涉及提拔重用和交流使用的47名干部进行票决。制定《关于公开考选副科级干部的实施意见》，组织开展全县首次公开考选副科级干部工作，经过报名、资格审查、笔试、面试、考察和任用等环节，公开选拔5名副科级领导干部。是年，建立对领导干部进行诫勉谈话和函询制度以及干部监督联络员暨选拔监督员制度。实行干部选拔任用工作全程记实制度。是年，实施“一村一名大学生”工程，安排全市统一考录的两名大学生到渔村任职，建立县乡村三级6名干部分别联系1名大学生村官制度，建立村官考核机制。2010年，研究确定4名优秀年轻股级干部，到渔村挂职担任党支部副书记。2011年，制定《长岛县股级干部管理办法（试行）》，明确股级干部任职资格条件、任职流程等，规范股级干部管理。

2012年，建立完善干部经常性考察评价体系，搭建了解掌握干部、管理监督干部以及畅通干部诉求三个平台，对县直及乡镇56个单位、321名科级以上干部进行全面考察谈话，约谈群众2500余人，组织县级领导班子、部门主要负责人、县级“两代表一委员”及渔村主要负责人对县直、乡镇单位主要负责人进行综合测评，调整科级干部260名。是年，启动选派“第一书记”到村任职。全县遴选6名专职、33名兼职“第一书记”到渔村任职。各渔村“第一书记”先后走访党员1293名，群众3158户，引进项目24个，帮助新增集体经营性收入653万元。

2017年，制定《长岛县党政干部容错纠错实施办法（试行）》，坚持“三个区分开来”，建立激励干部担当作为的工作机制。制定《长岛县关于在领导干部诫勉期间实行职务“代理”的意见（试行）》，对1名正科级领导干部进行诫勉谈话，实行职务“代理”。开展干部联系服务对象工作，全县78个部门，2350余名机关干部，每人分包15名服务对象，建立联系服务对象数据库。2018年，实现部门单位与村（社区服务中心）包联全覆盖，实施部门包村工作全程写实制度，为民服务办实事、解决困难297件，落实帮扶款物达1417.5万元。是年，调整科级领导干部373人，选配9名30岁以下副科级干部，配强4名35岁左右年轻乡镇（街道）党政正职。

第四节　人才工作

80年代，县委成立知识分子工作领导小组，通过争取上级统分统配、招聘、委托大专院校和科研院所代培代训等形式，进行人才引进、培养。1987年12月，县委、县政府批转县知识分子工作领导小组《关于专业技术拔尖人才管理的试行意见》，开始对拔尖人才实行统一管理。1988年，制定鼓励专业技术人才合理流动暂行规定，支持和鼓励专业技术人员到乡镇企业工作。是年，全县选拔10名县级专业技术拔尖人才，安排3名县直单位技术人员到乡镇企业工作。1991年，对首批县级专业技术拔尖人才进行审核，对3名不符合条件的人员予以调整，选拔县级拔尖人才8名。

1991年，制定《科技人才引进管理办法》《鼓励科技人才自主创业管理规定》《拔尖人才选拔管理办法》，开展多种形式的科技人才培训。调整充实全县19个人才培训领导小组，各乡镇和基层单位、渔村企业采取“一派二请三自培”的方法，有计划地派出人员到大、中专院校进修，聘请专家进岛讲课，集中举办培训班、学习班、现场会等推广新技术新经验。全县共举办各类培训班42期，培训技术人员2278人次。1993年，制定《长岛县引进专业技术人才暂行意见》，从高校招聘大中专毕业生16名。加强乡村科技优秀人才的管理，评选表彰12名首批乡村科技优秀人才。

2004年，成立长岛县人才工作领导小组，制定《关于进一步加强人才工作的意见》《关于鼓励大学毕业生来岛工作的暂行规定》和《关于引进高层次人才智力的暂行规定》。全县筛选57名专家级人才，建立不同级别、不同行业的专业技术人才库和国家、省、市级专家人才库。2010年，制定高层次人才招聘方案，配套出台对聘用人员除国家规定执行工资标准外，硕士研究生和博士研究生每月分别补发800元和1200元生活补贴的优惠政策。是年，共招聘5名硕士研究生，其中1名为博士在读人员。

2012年，制定《长岛县人才引进三年规划》，全年引进选调生、公务员及各类专业人才104名。通过设置综合管理职位面向长岛籍毕业生招聘，放宽学历条件等措施，鼓励回岛就业。2015年，为解决急需人才匮乏问题，省海洋渔业厅、省旅游局安排2名干部挂职长岛县副县长，市发改委、市港航局等9个市直部门安排9名干部挂职长岛县县长助理、部门副职，挂职期2年。2017年，加大双向交流挂职锻炼力度，推荐县内1名副县长挂职省海洋渔业厅锻炼，争取山东省海洋生物研究院1名高级工程师挂职长岛县科技副县长。2018年，落实省、市推进长岛保护发展的扶持政策，市委组织部选派市财政局、规划局、海监支队3名干部挂职长岛县相关部门副职，引入中国科学院烟台海岸带研究所、省海洋生物研究院、中国海洋大学等7所高校院所的10位硕士以上学历（其中8位博士学历）专家学者入选长岛县省级科技特派员计划。

第五节　老干部工作

机构沿革

1985年4月，中共长岛县委老干部局成立。1993年11月，老干部局撤销，成立老干部工作服务中心。1996年11月恢复成立老干部局。2001年老干部局撤销，成立老干部服务中心，老干部服务中心内设办公室、综合科，隶属县委组织部。

老干部安置

1986年，全县共有离休干部143人，其中男132人，女11人；享受厅（局）级待遇者3人，享受县（处）级待遇者56人。异地安置者8人。全县10处乡镇，除南隍城乡没有离休干部外，北隍城乡1人，小钦岛乡1人，小黑山乡1人，庙岛乡1人，大钦岛乡8人，大黑山乡7人，北长山乡8人，砣矶镇25人，南长山镇24人。至1990年，全县共安置离退休老干部203人，离休干部148人，退休干部55人；离休干部中享受（局）级待遇3人，享受处（县）级待遇的59人。至2018年，全县共有离休干部47人，其中男41人，女6人；享受县（处）级待遇19人；老干部年龄最大100岁，最小84岁。

组织建设

老干部局成立后，坚持把落实老干部政治待遇和加强思想政治工作结合起来，逐步形成每月政治学习、重大会议邀请老干部参加、定期通报工作情况、重大节日走访慰问等制度。1991年，在原有6处乡镇老干部党支部的基础上，在12个县直机关建立党支部，老干部党支部达到19个，党小组37个。1992年，成立县直老干部党总支，下设县委系统老干部党支部、政府系统老干部党支部、人大老干部党支部、政法系统老干部党支部、金融系统老干部党支部五个老干部党支部。1998年，修订完善《老干部来信来访制度》，建立解决老干部问题制度保障。

2000年起，每年免费为老干部订阅《老干部之家》和《党员干部之友》等报刊，保证老干部政治理论学习制度化、经常化。2003年9月，召开全县老干部总结表彰暨慰问大会，表彰17个老干部先进集体、4个离退休老干部支部先进单位、18名老干部工作先进个人、26名离退休先进个人，4名先进老干部作典型交流发言。2006年，修订完善离退休老干部党支部、离退休干部党员考评办法及考评细则。2007年7月，县直老干部党总支被省委组织部、省委老干部局授予全省先进离退休干部党支部称号。2011年8月，南长山街道老干部党支部被省委组织部、省委老干部局授予全省先进离退休干部党支部称号。

2014年，建设网上离退休干部党支部，丰富老干部思想政治工作内容和形式。2016年，按照就近方便原则，划片成立18个老干部学习小组，每月集中一次学习；对体弱多病，行动不便的40余名老干部，采取组织专人送学上门的办法，定期到老干部家中进行学习辅导。2017年，建立社团+支部党建模式，打造“晚霞辉映仙山”品牌，先后组织全县30余名副县级老领导和离退休干部党支部书记到荣成、牟平、微山湖等地进行红色教育。1986—2018年，全县各级各部门各单位走访慰问老干部5500余人次，通报工作情况52次，组织老干部外出或就近参观考察3200余人次。

生活待遇

老干部局成立后，按照老干部优先原则，逐步建立完善医疗保障、生活照顾、丧葬和善后事宜等12项制度，相关生活待遇均按国家、省、市、县相关政策规定执行。1987年，对老干部医疗费用采取每人每年120元包干，节约归己，超支核实报销办法。1988年8月始，对全县离休老干部发放乘车费。自1988年开始，免费供应驻岛的142名离退休干部所需液化气，每年财政和有关单位补贴1万余元。自1989年开始，对离退休干部实行医疗费据实报销。1995年年初，县医院成立老干部康复科。1997年，完成全县78名企业（包括省属企业）离休干部的入保统筹进网工作，建立离休费由银行代发运作机制。2001年，建立离休干部离休费、医药费保障机制和财政支持机制，解决离休干部“两费”拖欠问题，清欠率达100%。

1998年起，每季度对老干部的“两费”落实情况进行一次调查摸底和督查落实。2003年，制定《关于医疗制度改革的补充意见》，老干部治疗转往医院由6家增至11家，门诊用药一次性处方量由3天放宽到7天，慢性病一次性处方量由7天放宽到15天，简化医疗费报销手续，常用药报销范围放宽到30种。自2008年1月起，将全县11个困难企事业单位的34名离休干部纳入财政保障范围。2009年，在老干部居住集中区域，成立两处社区医疗服务站，增设40张老干部病床。2013年，县财政投资1500万元对县医院进行升级改造、增设12间老干部病房，并建立省立医院等岛外专家远程会诊系统，老干部医疗服务条件得到进一步改善。

文体活动

老干部局成立后，每年年初研究制定当年老干部文体活动计划、活动内容及经费落实等。每年组织县直及南长山镇的老干部举行春、秋两季运动会、老年健身操和门球比赛。1989年，整修200平方米门球场。1990年，县财政拨款25万元扩建500平方米老干部活动室。1998年，县老干部艺术团成立，坚持经常性组织开展文化演出活动。2000年，投资6万元为老干部搭建一处露天舞场，安排专人为老干部搞好服务。2004年，调整成立时事政治、老年健身、花卉栽培、庭院经济、卫生保健、书画、宣传、门球队等8个兴趣小组，组织开展各种形式的文体活动。2013年，投资40余万元新建高标准门球场，投资50余万元对老干部活动广场进行改造绿化。2016年，组织全县老干部文化展，共展出书画、诗歌、剪纸、根雕、刺绣、花边、藏石等八个系列300余幅作品。是年，县老干部艺术团被省委老干部局授予“山东省优秀老干部文艺团队”称号。2017年，由县旅游服务中心老干部党支部表演创作的《长岛渔歌》在“中国这么美—2017轻快百台春晚”中，获全国十佳节目。2018年9月，在县明珠影城举办“纪念抗战胜利73周年老干部电影专场”活动，全县离退休干部100多人参加活动。1986—2018年，全县每年各级举办门球、棋类、书画等活动10余场次，老干部艺术团组织文艺演出20余场次。

发挥余热

老干部局成立后，引导老干部力所能及地参与经济社会建设，先后有60余名老干部被各中小学校聘为政治辅导员。1998年，离休老干部巩振德不计名利，义务奉献社会，在全省老干部工作双先会上受到省委组织部、老干部局通报表彰。2001年后，开展“五讲五参与”“我为十五计划立新功”“我为跨越发展立新功”等活动，组织专题学习讨论活动40余次，撰写交流体会300余篇，组织参观20余次，参与科技研究开发15人次，成立招商引资小组22个，发招商引资信函百余封，帮助困难群众35户。2016年，“五老”志愿者组织成立，先后6次到中小学开展“长岛渔号”等国家非物质文化遗产相关知识宣传，进行书法讲座5次，法律知识宣讲7次。2016年12月，县旅游局退休干部林克松被省委老干部局授予“山东省最美志愿者”称号。至2018年，全县老干部向各级各部门提供合理化建议300余条，被采纳200余条。

第七章　宣传工作

第一节　理论教育

80年代，按照“理论武装、指导实践、推动工作”的要求，每年年初下达全年理论学习实施意见，完善并组织实施县委中心组、县直部门主要负责人和县乡机关干部学习日制度。1986年，在全县开展党员干部正规化理论教育，举办培训班3期，重点学习政治经济学、精神文明建设等方面理论知识。1987年起，组织开展中共十三大精神、社会主义初级阶段理论和基本路线的宣传教育，举办理论教育培训班3期，广播讲座3次。组织开展关于生产力标准的大讨论，围绕深化渔村经济体制改革编写宣讲提纲500余份。

进入90年代以后，理论学习逐步正规化、系统化。1990年，建立健全干部考学、评学、述学制度，采取定期检查、重点抽查、调阅读书笔记、组织理论考试等措施，对县乡机关干部的学习进行综合考评。1992年，科级领导干部每两个月集中学习一次，由县委宣传部理论骨干结合国际国内形势进行辅导讲课。是年，以邓小平建设中国特色社会主义理论学习教育为主，举办副科级以上干部、渔村党支部书记、企业厂长经理和基层理论辅导骨干培训班，培训300余人次。1993—1996年，开展中共十四大精神主题教育活动，结合县委提出的“创建基本现代化县”目标，开展“岛兴我荣，岛富我强，我为长岛添光彩”大讨论和理论调研，发放邓小平视察南方谈话和十四大精神学习辅导材料4000余份。

1997年，以贯彻十五大精神为主线，举办3期副科级以上干部培训班，组织宣讲团巡回乡镇、渔村、企业、社区、学校，组织宣讲60余场次，受教育党员群众3000余人次；组织党员、群众学习十五大精神，开展学理论、学党章“双学”活动和爱国家、爱集体、爱社会主义“三爱”教育活动，培训骨干300余名，集中宣讲40余场次，党员面授率达95%以上，渔村群众受教育面达90%以上。

2000年，开展讲学习、讲政治、讲正气“三讲”教育，举办4期副科级以上干部培训班。县委中心组集中理论学习11次。是年，在全县党员群众中开展“致富思源、富而思进”教育，在全县副科级以下干部中实施以“学习新知识、树立新观念、创造新业绩”为主要内容的“党员素质工程”，举办骨干培训班4期。集中开展“三个代表”重要思想学习教育活动，参学单位共87个，党员干部2869人，其中副科级以上领导干部387人，参加村级“学教”活动的渔村40个，党员干部2600余人，其中村两委班子成员、村级集体经济负责人353人。

2002—2004年，开展以中共十六大精神和“三个代表”重要思想为主要内容的理论教育活动。举办宣讲骨干、副科级以上干部培训班34期，培训2000余人次；开展“三年大发展，我们怎么办”“永葆共产党员先进性”等大讨论活动和主题教育，组织宣讲150余场次，受教育党员群众6000余人次；组织村两委班子成员、党员集中上党课60余次，集中辅导3000余人次。

2007年，开展以中共十七大精神和科学发展观为主的理论教育活动。举办专题辅导班4期，培训200余人。在全县党员干部中开展集中学习教育活动。2011年，制定《长岛县委理论学习中心组学习制度》，推进中心组学习制度化、规范化建设。

2013年，开展以中共十八大精神为主要内容的理论教育活动，组织宣讲团走进渔村、社区、企业、学校进行宣讲，在县广播电视台开办“贯彻十八大精神·聚力度假岛建设”专栏，开展以十八大精神为主题的摄影、征文、演讲和文艺等基层文化活动。2014年，组织开展党的群众路线教育实践活动，进行理论宣讲30余场。2015年，开展“三严三实”专题教育，深化作风建设年活动，全县1200余名联户干部累计走访群众3.1万户次，征集群众意见建议诉求1470条，办结答复率98%。2016年，修改完善理论武装考核细则，对党委（党组）中心组学习实行“一学一报”制度。成立学习贯彻党的十八届六中全会精神宣讲团，深入基层宣讲36场。

2017年，对全县科级干部进行中共十九大精神专题培训。组织宣讲团巡回各部门各单位进行理论学习指导和专题宣讲。首次依托浙江大学高校师资平台，举办全县文化与旅游融合发展培训班，全县60名部门、单位和乡镇、渔村负责人参加培训。2018年，组织开展面向基层的“原原本本读十九大报告”“手抄党章一百天”等活动，部分党员群众、渔村干部首次在“长岛手机台”“长岛发布”等新媒体平台通过录音的形式读十九大报告。

第二节　社会宣传

1986年，围绕县委提出的“三年内建成‘海上文明县’”的创建目标，从党建、文化教育、社会秩序、道德风尚、计划生育等方面入手，开展文明乡镇、文明村、文明单位、文明船、文明户等一系列宣传、创建和评比活动。1987年，开展四项基本原则教育，举办县直机关党政干部培训班4次，组成宣讲队伍，巡回全县10处乡镇和威海、荣成等渔船收港地宣讲16场次。1988年，开展外向型经济宣传，举办培训班1期，培训干部31人；举办广播讲座3次；订购、印发宣传学习材料500余份；制作《发展外向型经济典型报告》录像带一套；总结宣传县海洋捕捞公司、县食品公司等8个发展外向型经济的先进典型经验。1989年，举办庆祝长岛解放四十周年文艺晚会、长岛战役史展览、长岛革命烈士事迹展览、长岛革命斗争史知识比赛和“热爱共产党，热爱社会主义，热爱人民解放军”歌咏比赛。

1990年，运用“十法”，即专题教育法、对比教育法、典型教育法、调查教育法、直观教育法、现身教育法、寓教于乐教育法、演讲教育法、一事一议教育法、结合工作教育法，进行以壮大集体经济为主要内容的社会主义思想教育。在全县举行以“反和平演变”为主要内容的思想教育活动，各级共举办理论骨干培训班33期，培训1340人次，举办全县“双基”知识竞赛、“党史、党建、党纪”知识竞赛活动，2500余名干部群众参加。1991年，制定下发《在全县开展城市社会主义教育的实施意见》和《城市社会主义教育检查考核细则》，培训社教宣讲员80余人，举办培训班20余期，培训人员900余人次。采用正面灌输、解疑释难、文艺汇演、树典型、干实事、比奉献等方法，提高社会宣传效果，为群众办实事90余件。1995年，围绕建立渔村股份合作制，开展爱国主义、集体主义、社会主义教育，举办影片展映、知识竞赛和集中宣讲等活动，群众参与11000余人次，党员干部面授率达95%以上。1996年，围绕“海上花园”建设，宣传表扬一批建设“海上花园”、实行“门前五包”的先进单位和个人。

1998年，组织部分乡镇人员赴大连、石岛等地对远海作业的本县船队进行跟踪教育，利用渔闲宣讲十五大精神和全县经济调整思路，播放有关录像片。开展为期一个月的以宣传税法、渔民负担有关规定为主要内容的“三爱”教育活动，编写发放《税收及农民负担知识问答》1万册，在电视台举办专题讲座，全县干部群众受教育面达99%。在城区每个居民区设立黑板报、宣传栏，发放《烟台市民文明手册》《长岛县居民文明规范》和“做文明市民、创文明楼院、建文明社区”倡议书3000余份。1999年，开展“崇尚科学、远离迷信”主题教育，在城区和各乡镇举办科普一条街活动，展示科普挂图120余幅，制作科技幻灯片4部，巡回放映20余场次，编发科普知识小册子3000余份。开展渔村集中教育，下发辅导材料700余份，开展宣讲60余场，党员面授率达95%以上，渔村群众受教育面达90%以上。

2002年，制定下发《学习宣传贯彻公民道德建设实施纲要的意见》，各级各单位以《公民道德教育十二讲》为教材，开展各种形式的学习教育活动。2004年，印发《关于建设“平安长岛”法律道德教育体系工作实施方案》，开展科教、文体、法律、卫生“四进社区”活动、健全渔村普法工作机制，开展素质教育和法制宣传活动，推进文明家庭建设。2006年，印发《关于开展“八荣八耻”主题社会宣传的通知》，在全县广泛开展“讲文明、树新风”活动。2008年，印发《创建省级文明县社会宣传工作方案》，各单位利用墙报、黑板报、宣传橱窗、宣传栏等宣传阵地，重点宣传《公民基本道德规范》“长岛人精神”《长岛县公民文明公约》等内容。5月，举办“五万海岛人，同献报国心”赈灾募捐晚会，全县累计为汶川震区捐款500余万元，人均捐款位居全市前列。2009年，深化“诚信、创新、拼搏、奉献”“长岛人精神”大讨论，总结宣传和弘扬爱国拥军、爱心奉献、爱心孝老、爱岛敬业的“海岛人美德”。2012年，开展“三爱三心三创”主题教育活动，即爱国拥军、爱岛敬业、爱心孝老“三爱”教育；志愿服务热心工程、做文明人创文明岗诚心工程、海岛周末喜相逢开心工程“三心”工程；创全国双拥模范县、创国家卫生城市、创全国文明县城“三创”目标。2013年，举办首届长岛好人评选活动，9名个人和1个团体获此殊荣。深入城乡开展“做文明有礼长岛人”宣传教育活动。2016年，启动海岛文化大讲堂，举办妈祖文化、民俗文化、地质文化、文明礼仪讲座12期。2017年，全县善行义举“四德榜”在县、乡、村实现全覆盖。2018年，开展新时代文明实践活动，建设2处新时代文明实践中心和2处新时代文明实践站。“崇尚新风、文明祭祀”、垃圾分类等主题宣传活动采取线上与线下同步进行，通过签订承诺书、入户调查、志愿者引领等方式相结合，呈现多媒体、多形式宣传特点。

第三节　新闻宣传

1987年8月16日，《人民日报》头版头条发表题目为《长岛县开放促改革面貌大变》的文章，向全国介绍和推广长岛发展外向型经济的经验。1990年，长岛县新闻协会成立，全县县直部门、单位和乡镇均成立1—3人的通讯员队伍。是年起，县委宣传部、县广播电视局定期对各部门、单位和乡镇新闻稿件采用情况进行通报，每年对新闻报道先进集体和个人进行表彰。1989年，《大众日报》以三个版面报道长岛双拥共建事迹和经验，并配发《做好新时期“双拥共建”工作》的社论。1992年，《长岛成为全国最富海岛县》《长岛县率先实现“小康”》分别在《人民日报》《大众日报》显要版面刊发。1994年，电视专题片《海上仙山生态游》获得全国外宣精品二等奖。1996年，全县在市级以上新闻媒体发表新闻通讯2600余篇，以海洋经济、可持续发展、双拥共建、造林绿化、精神文明建设为主要内容，《长岛：耕海牧渔兴宝岛》《长岛县由“小康县”向现代化县迈进》《话说长岛》等一批有较大影响的新闻通讯和专题片在国内外新闻媒体和广播电台、电视台刊播。

1997年，电视专题片《长岛生态保护与开发》获山东省外宣精品二等奖，通讯《突出海岛特色，打造外宣精品》获得山东省对外传播新闻论文二等奖。1998年，通讯《建设蓝色生态家园》分别获得全国“万里海疆行”新闻三等奖、山东省外宣精品二等奖、烟台市外宣精品一等奖。1999年，通讯《长岛县委大院无围墙》《长岛县南庄村半拉楼风波》获全国年度好新闻二等奖。2000年，电视专题片《长岛人长岛情》获山东省外宣精品二等奖。2002年，电视专题片《长岛生态利用》获山东省、烟台市外宣精品二等奖。

2003年“2·22”海难发生后，长岛人民在海难中舍生忘死、奋力营救遇难人员的壮举，在《人民日报》等国家级媒体得到广泛宣传。《人民日报》先后刊载《六小时生死时速——搜救“辽旅渡7”遇险客滚船纪实》《活着，真好——“辽旅渡7”轮脱险人员的心声》《“辽旅渡7”轮善后顺利》，进行专题系列报道。2004年，电视新闻连续报道《2·22海难》获市广播电视优秀节目一等奖，纪录片《兵情》获市广播电视优秀节目二等奖。2008年，《人民日报》刊发《双拥之花—军民共建海上明珠》，记述长岛县第五次获“全国双拥模范县”相关事迹。

2009年，《长岛：以负碳经营模式构建蓝色生态经济区》在山东卫视新闻联播节目中提要播出，在全省率先报道负碳经济理念。同年，在烟台电视台播发新闻头条11篇，实现历史性突破。2010年，首届海岛经济论坛期间，《大众日报》刊发《长岛：瞄准国际休闲度假岛》，报道长岛转方式、调结构，促进经济社会平稳较快发展的转型新模式。2014年，参与中央电视台《走遍中国》栏目在长岛拍摄制作多期节目，《长岛用上大陆水》《我省第一座海岛跨海大桥通车》等专题报道在新华网、《大众日报》、山东卫视等媒体刊发或播出。

2016年，制作并发布全县首部城市形象宣传片《海上仙山·胜景长岛》。国庆节期间，中央电视台《江山多娇》大型特别节目在长岛进行现场直播。2017年，中央电视台多频道、多栏目集中播放《山东长岛·海鸥的王国》。2018年7月31日，中央电视台科教频道播出《中国影像方志·山东长岛篇》纪录片，首次从地方志的角度系统全面解读长岛的历史渊源、文化传承、地理风物和发展历程。全县对外刊播新闻、图片、视频等突破10000条，创长岛外宣历史之最。以海洋生态文明建设为主题，组织全国主流媒体采风报道活动20余次，在省级以上媒体上宣传报道7000余条。组织长岛发布、长岛手机台、长岛政府网等媒体发布各类信息和报道2000余条，阅读量300余万人次。

第四节　网络宣传管理

2013年，长岛县网络宣传管理办公室成立，副科级事业单位，隶属中共长岛县委宣传部。主要负责全县网络宣传和信息服务的监督管理，处置突发舆情，保障信息安全。

2013年，制定印发《关于建立全县网络新闻发言人和网络评论员工作机制的意见》，建立健全网络宣传管理制度。全县66个部门、单位设立181个网络评论员岗位，初步建立网络评论员工作机制。完善网络建设与管理相关考核细则，对舆情监管、网络宣传等进行细化考核，并纳入全县宣传思想文化考核。2014年，开通“美丽长岛”外宣门户网站。网站分为宣传推介和旅游服务两大板块，15个一级栏目，40个二级栏目。网站共更新文字信息10万余字，图片300余张，视频信息100余分钟。建立网络评论员和新闻发言人队伍，全县58个部门、单位设立网络新闻发言人和网络评论员。在新浪微博、腾讯微博开设长岛政务微博发布平台，拓宽新形势下政务信息发布渠道，共有42个单位开通微博，并入驻“长岛政务微博发布厅”，共发布微博信息500余条。

2015年4月，开通“长岛发布”微信公众号，打造网上长岛宣传窗口，与网络主流宣传模式接轨。以图、文、视频、音乐等多种形式全方位展示长岛的特色风光、人文风俗和社会发展，利用微信的“蜂窝式”传播，推介长岛，开启新媒体系统宣传新模式。2016年，“长岛发布”微信公众平台发布微信250余期，900余条，关注量较2015年增长300%。2017年，全县政务微信公众号发展至28个。“长岛发布”微信公众号累计发布300余期，1400余条。

2018年，举办2次新闻舆论宣传工作培训班，培训100余人，开展网上主题宣传30余次。对全县所有在第三方平台注册开通的账号（微博、微信公众号等）开展登记备案工作，登记备案微信公众号33个，微博帐号12个。

第八章　统战工作

1982年3月，县委统战部恢复成立，与县侨务办公室合署。1988年12月，县台湾工作事务办公室（简称台办）设立，与县委统战部合署。1991年10月，县民族宗教事务办公室设立，与县委统战部合署。1993年11月，县侨务办公室撤销，调整为县委统战部内设机构。2001年12月，县委统战部调整为县委办公室内设机构，县委办公室挂统战部牌子，并承担台湾事务工作。民族宗教工作划归县政府办公室。2003年6月，恢复成立县台湾事务工作办公室，与县委统战部合署。县政府办公室承担的民族宗教工作职能划归县委统战部。2004年7月，民族宗教工作职能由县委统战部调整到县政府办公室。2010年8月，民族宗教职责划归县委统战部（对外挂民族宗教事务局牌子）。2014年12月，将县委办公室（挂县委统战部牌子）的民族宗教管理职责划入县政府办公室，县政府办公室对外使用县民族宗教事务局名称。2016年3月，独立设置中共长岛县委统一战线工作部（挂中共长岛县委台湾工作办公室、长岛县人民政府台湾事务办公室牌子），为县委工作部门，代行县政府台湾事务和侨务管理职能。2017年5月，县民族宗教事务局成立，与统战部合署办公。

第一节　民族宗教工作

80年代，境内宗教活动逐步恢复，人数较少，居住分散。2002年，经调查，全县共有信教人员130余人，大部分信奉基督教和佛教，主要分布在南长山镇、北长山乡、砣矶镇所辖11个行政村和县城区4个居民区，长期处于无正式组织、无登记注册活动场所、无合法教职人员的“三无”状态。是年，建立健全县、乡、村三级宗教事务管理网络和民族宗教工作网络，对基层干部进行民族宗教工作相关政策及法律法规等方面的培训，累计培训247人次。规范宗教活动，建立健全备案登记制度。“民族团结进步宣传月”、清真食品专项检查、“宗教政策法规学习月”“宗教知识大宣讲”“创建和谐寺观教堂”等活动得以经常性开展。

2004年10月，庙岛显应宫依法登记为宗教活动场所，由显应宫管理委员会负责日常事务管理工作。2008年，显应宫被烟台市民族宗教事务局评为“2008年度和谐宗教场所”。是年，庙岛妈祖露天塑像建设获批建设，2月28日奠基，后因故至2018年未能建成。2011年，长岛县宗教工作领导小组成立，由县委统一领导，建立健全由县委统战部牵头、22个相关部门参与的宗教工作联席会议制度。2014年，重建佛教寺庙隆兴寺获批，后因重建地址选在国家级自然保护区核心区内而停止建设。是年7月，位于原县外贸公司楼内的基督教福音堂依法报批登记为宗教活动场所，登记在册信徒58人，经常参加教会活动约30人。2017年5月，县民族宗教事务局成立，重组优化县、乡、村三级民族宗教工作网络，进一步规范宗教活动。2018年6月，组织召开全市宗教政策法规大宣讲（长岛专场），县级有关领导、基层民族宗教干部90余人参加。至2018年，全县注册登记的宗教活动场所2处，其中，道教1处，信徒3人；基督教1处，信徒48人。另有佛教信徒43人。

第二节　非公有制经济人士工作

90年代，境内非公有制经济实现较快发展。2001年，长岛县工商联成立，通过发挥桥梁纽带作用，加强与非公有制经济代表人士联系，组织非公经济企业及非公经济人士积极参与“凝心聚力、富民兴烟”“光彩事业”等系列活动。2006年，发挥统一战线联系广泛的优势，引进蓬莱市蓬达集团，实施星级酒店建设和城区自来水管网改造等项目。至2009年，“富民兴烟”活动共印发倡议书1000余份，提合理化建议113条，被采纳71条，提供致富信息57条，上报市级发明成果7项，发表各级学术论文103篇，帮扶贫困家庭12户，资助贫困学生20名，企业提供就业岗位120个，安排再就业人员43人，引进项目3个。2010年，组织非公有制经济代表人士与金融机构开展银企联手合作，金融机构为非公企业增加贷款600余万元。2013年，非公经济人士开展“爱老送温暖”活动，投入帮扶资金7万余元，帮扶26人次，创造就业岗位30个。2014年，开展非公经济走访调研活动，调研走访22家非公企业，征求意见建议12条。2017年，组织非公经济新生代企业家9人赴浙江大学参加“薪火接力”专题培训。2018年，全县11个重点产业项目中，旅游商超综合体建设、豪华旅游船舶建造、北长山旅游购物中心建设等5个项目由县工商联会员企业、商会承办。

第三节　党外人士工作

80年代，本着“统筹兼顾、全面安排”的方针，县委建立完善党外代表人士队伍建设、党外干部培养选拔工作规划和党外知识分子联系制度，通过基层提名，会同组织部门考察、推荐党外人士担任县级政协委员和省、市政协委员。1987年，县政协委员划分为15个界别，其中有党外人士48人，占全县政协委员的60.8%。1989年，全县共有大专以上学历、中级以上职称的非党知识分子438名。至2002年，先后有7名党外干部当选县人大常委会副主任、政协副主席，有15名党外干部担任县直部门和乡镇副科级以上领导职务。2003年，1名党外副县长和1名党外政协副主席分别当选为政协山东省第九届政协委员、烟台市第十届政协委员。2004年，县委向市委统战部推荐10名党外知识分子代表人士和2名中介机构党外知识分子加入烟台市社会新阶层党外知识分子联谊会。引导党外代表人士发挥优势，开展调研活动，撰写学术论文58篇。

2005年始，完善党外人才工作机制，党外领导干部、知识分子理论培训形成制度化。2011年，将培养选拔党外代表人士工作纳入全县人才和干部队伍建设的总体规划。开展全县党外代表人士情况调查摸底，为108名党外代表人士建立基本信息数据库，实行动态管理，并为党外代表人士搭建“三个一”服务热线平台。2014年，确定北长山乡为长岛县党外代表人士实践锻炼基地。2016年，在县委党校正式挂牌成立长岛县社会主义学院。推进统战知识进课堂，编印发放《统一战线知识手册》500本。2017年5月，长岛县党外知识分子联谊会成立，选举产生第一届领导机构。2018年，县政协九届委员中党外委员65名，占59.1%，其中11名为县政协常委。担任副县级以上职务党外干部4名，副科级以上职务干部16名。

第四节　侨务工作

1986年12月，长岛县第一家侨资企业南园海珍品有限公司成立。1987年3月，长岛县第三次归侨侨眷代表大会召开，选举产生长岛县第三届委员会。是年，徐仁绪、徐礼绪等旅日爱国华侨回乡探亲，徐礼绪投资300余万元与县政府合资建设长园宾馆。90年代始，长岛籍侨胞回乡投资兴业、参与社会公益事业日渐升温。1995年，全县合资企业发展至9家，合资金额达400余万美元，其中侨资近300万美元。2004年，中国侨联“侨心工程”向县第二实验小学资助20万元建设“长岛县侨心小学”。2004年8月，由中国归国华侨联合会副主席林淑娘带队，县委书记于旭华等5人赴印尼考察巴厘岛、棉兰沙摩西岛旅游产业开发，拜访部分华人企业家，推介宣传长岛，并与印尼苏北省沙摩县签订加强友好合作协议。2005年，澳大利亚华侨王元耆向长岛中学捐赠51台电脑及课桌。2006年，香港福丰年董事长刘爱丽向长岛县侨心小学（第二实验小学）捐赠21台电脑。2015年，组织全县600名中小学师生参加世界华人学生作文大赛，并获组织奖。2016年，走访归侨侨眷及侨资企业，开展贫困归侨侨眷精准识别工作，帮扶贫困归侨、侨眷，发放帮扶资金11800元。2018年，澳大利亚华人魏基成通过市侨联向长岛20岁以下听力障碍人员发放助听器8台，并为长岛县第一实验学校等4所学校家庭生活较为贫困学生捐赠过冬棉衣100件，价值2.7万元。至2018年，全县共有海外侨胞400余人，归侨6人，侨眷120余人。先后把8名生活困难归侨侨眷纳入帮扶救济，共发放补贴、救助金、慰问金20余万元。

第五节　对台交流

1987年，中国台湾当局放宽民众赴大陆探亲限制，台胞回乡探亲和台属去境外会亲逐年增多。1989年6月，县内台属开展“向台胞发一封慰问信、一张光盘、邀请台胞回家看看”等系列活动。1990年12月，长岛县台胞台属联谊会成立，通过调查走访，建立重点台属名单，确定台属694户，联系、慰问、帮扶等制度逐步建立。随着长岛经济的发展，台属逐步由初期的接受馈赠变为向台胞馈赠。至2002年，县内台属共向台胞赠送价值600余万元的物品和现金。

2002年始，妈祖文化交流成为对台工作重点内容。是年4月，台湾地区海峡两岸合作发展基金会董事长张世良到庙岛显应宫参观考察。5月，长岛县举办妈祖诞辰1042周年暨庙岛显应宫香缘880年庆典活动，邀请台湾地区妈祖宫庙代表参与活动，首次组织长岛妈祖文化交流访问团一行5人前往台湾地区北港朝天宫访问交流，庙岛显应宫成为对台妈祖文化交流重要基地。2004年，举办第一届北方妈祖文化研讨会，组织妈祖文化交流访问团和妈祖祭祀古礼仪传授团赴台进行交流。2006年4月，县委书记于旭华带队赴台开展妈祖文化交流。是年9月24—26日，在长岛县举办第二届妈祖文化节暨海峡两岸妈祖文化研讨会。2007年始，承办“中国·长岛中华妈祖文化节”。其中，“2008年中国·长岛中华妈祖文化节暨戊子年公祭妈祖大典”被评为山东省优秀对台交流项目。2013年6月，长岛县妈祖文化交流协会成立。2015年5月，庙岛显应宫获省台办批复设立为省级海峡两岸交流基地。11月，应台湾地区北港朝天宫邀请，县委书记张延廷带队赴台参加“北港—长岛妈祖文化交流回顾恳谈会”。2018年5月，县委统战部联合烟台市台办举办两岸妈祖宫庙会香暨公祭妈祖典礼活动，邀请台湾地区北港朝天宫、桃园慈护宫、台中乐成宫等8家友好宫庙39位代表到长岛交流。9月，庙岛显应宫千年妈祖因缘金身赴台结缘会亲活动，参访台湾地区7个县市、23处乡镇，结缘会亲台湾地区友好宫庙76家，海峡两岸直接参与活动人员总数超过6000人。至2018年，全县共有去台人员1000余人，二、三代台胞3000余人，台属12000余人，回乡定居台胞6人。先后组织9个团组81人次赴台考察参访，接待台胞、台商、台湾宫庙代表、记者、妈祖信众等台湾地区人士来访4000余人次。县台办共组织协调接待台胞1500余人次，安置回乡定居台胞16人，为台胞子女及其眷属办理农转非31人，办理升学手续6人。

第九章　政法工作

80年代，长岛县经济社会步入较快发展时期，社会治安综合治理工作得到不断巩固和完善。县社会治安综合治理委员会成立后，全面落实社会治安综合治理责任制，形成县、乡、村三级联动、纵横交织、覆盖城乡的综治防范网络；对社会治安综合治理实行一票否决制和责任查究制，建立预警预报机制，完善重大决策社会稳定风险评估责任追究机制；推进“平安长岛”建设，推行以“3164”为主体的基层综治组织建设模式；深入开展“严打”专项斗争、预防青少年犯罪、实施科技创安工程、矛盾纠纷化解、互联网网络信息安全等工作，维护社会和谐稳定，发挥保驾护航作用。2002年，长岛县被省委、省政府授予“社会治安综合治理先进县”称号。

第一节　社会治安综合治理

1988年，长岛县成立城区治安维护队，各乡镇成立政法领导小组，全县40个村逐步成立综合治理办公室及治安巡逻队、调解、治保组织。

1989年，村级综合治理办公室配备专职主任或副主任，县直工厂、企事业单位90%以上都建立安全保卫组织和调解组织。1990年，在基层自治组织建立社会治安综合治理委员会、治保委员会、人民调解委员会；看门望锁队、治安巡逻队；治安办公室“三会、两队、一室”，实行目标责任化管理，签订责任状。1991年，长岛县综合治理委员会成立，乡镇成立综合治理领导小组和办公室，村级成立综治办，县直17个系统均成立综治委或领导小组。1992年，开展社会治安综合治理宣传年活动，采取集中培训、闭卷考试、巡回广播、开办电视专题讲座专栏等形式进行宣传，发放宣传材料3000多份。是年，县政府下发《依法治村考核标准》，推广大钦岛乡东村依法治村、创建遵纪守法户活动经验。实施细胞工程，开展“十星级文明家庭”创建活动。

1994年，县直有关部门、乡镇、渔村建立健全社会治安综合治理办事机构。是年，县政府制定下发《长岛县海区管理办法》，各乡镇、渔村成立海上巡逻队56支，建立瞭望哨63个，调配各类看护船只155只，海上治安人员503人。1995年，调整充实乡镇、村的综治机构，渔村70%两委班子成员担任治保、调解主任，县直系统、企事业单位配备专（兼）职内保人员。1996年，实施“科技兴安”工程，在大钦岛乡推行以技防为主的目标化管理试点。1997年，在全县推行领导责任制、部门分工责任制和岗位目标责任制，在乡镇、村逐步推行治保、调解、帮教、巡逻、普法“五位一体”建设，并将创安与“十星级”文明家庭评选相结合，确定16个村和1个社区作为文明创建活动示范点。年底，小钦岛乡小钦岛村被省综治委授予“安全文明村”称号。至1998年，全县40个渔村均设立“五位一体”综治办；县直各部门均设立综治工作领导小组，配备专兼职人员。

2000年，实施科技兴安和科技管海工程，重点要害部门、部位及各乡镇、村建立无线报警联网，设置海上监视网。是年，印发实施《关于建立乡镇司法调解中心的实施意见》，建立乡镇司法调解中心、村调委会、安全文明责任小区、村民小组等四级基层调解组织。2001年，县社会治安综合治理委员会制定《长岛县社会治安综合治理一票否决权制实施办法》和《关于对重大案件防范责任查究通报的暂行规定》，对31个单位实施一票否决，对4个单位给予黄牌警告，对22个有重大防范责任案件的单位进行通报。8个乡镇成立治安联防大队，40个行政村成立治安联防中队；在边防站设立“海上110”值班室；40个渔村综治办达到有专人、有房子、有牌子、有制度、有交通工具和通讯装备“五有”标准。至年底，全县40个行政村全部建立治安联防中队，配备巡逻船、通信工具。

2003年，启动“平安长岛”建设，全县10处有居民岛码头均设立警务工作站，城区建立3处社区警务室，建立起以雷达扫描、监控系统为中心的海域技防网络。2004年，确定北长山乡、南隍城乡、北隍城乡作为建设“平安长岛”试点乡镇。“12348”协调指挥法律援助中心成立，乡镇（街道）调解中心建成率达100%。2005年，投资20.48万元，完成县110、119、122“三台合一”系统安装调试，对港内各滚装、客运、货运泊位和客运大厅内等进行全方位的监控。乡镇成立社会治安综合治理工作中心，下设综治办、司法所、信访室、警务工作站。40个渔村调解委员会全部达到标准化，实现有固定调解场所、有标识牌、有登记簿、有统计台账“四落实”。年底，南长山镇被省委、省政府授予“平安建设先进基层单位”称号。2006年，推进乡镇综治中心、渔村警务室建设，8个乡镇全部成立社会治安综合治理工作中心，20个渔村设立警务室，在港口码头等重点部位建立10处警务工作站。设立海上治安联防组织，配备专职治安人员，设立监控岗哨和“110”报警点，配有看护船只、海上看护木屋、投放海底防护砣，形成海上治安立体防控体系。2007年，全县8个乡镇、40个渔村全部成立专职治安巡逻队伍，配备队员427人。

2012年，建设县群众工作中心，8个乡镇（街道）和25个渔村成立综治维稳工作中心（群众工作站室）和基层综治维稳组织。2013年，全县设置综治维稳工作站的渔村增加到35个。在南长山街道、南隍城乡实行渔村（社区）网格化管理，分别开展“街道社区型”“乡镇村居型”两种网格化管理模式试点。2014年，在全县各乡镇（街道）推行“街道社区型”“乡镇村居型”网格化管理模式，在城区成立5处社区管理服务中心，配备专职网格员9人、兼职网格员105人；配齐配强渔村专兼职综治人员，实现社区管理网格化目标。至2015年底，各乡镇（街道）全部成立综治维稳工作中心，渔村建立综治维稳工作站，5个社区实施网格化管理。2016年，全县8处乡镇（街道）全部成立综治工作中心，40个渔村全部建立综治工作站，调整充实乡村调委会50个，健全行政调解组织46个，建成省级规范化司法所5个，建立专业调解组织3个，配备专兼职网格员381人，做到基层综治工作“有人干事、有钱办事、有章理事、有场所议事”。2017年，全县8个乡镇（街道）标准化综治中心全部实现人员、经费、场所、设施、制度“五到位”，并通过市综治办验收。在城区推行“1+2+N”社区警务模式，在渔村推广“一村一警务助理”渔村警务模式，全县40名渔村警务助理和12名城区网格员经培训已正式上岗，非警务警情分流率达67%。继续深化社区网格化管理，全县城乡网格化管理覆盖率已达100%。2018年，全县乡镇（街道）综治中心标准化建成率达到100%，8个乡镇（街道）综治中心全部通过市综治办检查验收；渔村（社区）综治中心标准化建成率达到75%以上。县乡村三级网格化服务管理中心基本建立，“一村一警务助理”全面配备，全县40个行政村和城区5个社区共划分45个基本网格，配备网格管理员52人、网格协管员135人、渔村警务助理40人。

第二节 维护社会稳定

1983年始，执行中共中央“从重从快、一网打尽”方针，开展为期三年的“严打”斗争。至1986年，全县共破获各类刑事案件45起，打掉犯罪团伙9个，抓获刑事犯罪分子73人。是年6月，县委、县政府召开全县严打战役和社会治安综合治理工作表彰大会，对33个先进单位进行表彰。1987年，按照“打防结合，以防为主”的方针，以发案少、秩序好、群众满意为导向，对派出所警务制度进行改革，城区派出所警力增加到17人。开展“三无”乡镇、“四无”企业创建活动，推广北隍城乡山前村社会治安综合治理经验。

90年代，政法各部门把打击的着力点对准强奸、杀人、抢劫等严重暴力犯罪、团伙犯罪，特别是带黑社会性质的犯罪以及以海上盗窃为重点的直接危害人民群众切身利益的多发性犯罪。1993年，推广砣矶镇海上治安管理经验，建立起“山上有哨，陆上有警，码头有站，水上有艇”的立体化治安防范体系。1998年“海上110”报警指挥中心成立，海上治安管理实现联防联动。1999年，成立“148”法律服务专线协调指挥中心，开通“148”法律服务专线。至90年代末，全县32个港口全部建立检查站点，8处乡镇、2处无居民岛开发处的50多艘看护巡逻船统一编号，对讲机开通专用频道，实行全县统一指挥，建立起“山上瞭望有哨、海区监控有船、海上巡逻有艇、码头堵截有点、海底拦护有砣”的海上治安防控体系，有效避免和减少海上盗窃等违法犯罪案件的发生。

1998年，县综治委成立预防和减少青少年违法犯罪、刑释解教人员安置帮教等6个专项工作指导组。1999年，建立县综治办、司法局、教委和学校“四位一体”的预防和减少青少年违法犯罪网络。2000年，召开全县预防青少年违法犯罪工作经验交流会，县综治委、教委、司法局联合制定《长岛县各类学校法制副校长、辅导员工作规则》，17所学校全部聘请法制副校长和辅导员，健全学校、家庭、社会“三位一体”的教育网络，建立“青少年维权中心”和“维权岗”。

2002年，开展旅游市场秩序专项整治。组建旅游保安大队，在各景点分别成立旅游市场秩序综合整治办公室，重点加强对“渔家乐”旅游项目

的规范化管理。是年，对全县15家废品回收业户进行重新审核办证，签订《治安责任书》。2003年，结合防治“非典”，重点加强流动人口登记、办证、函查和租赁房屋等环节的管理，清查租赁房屋364间，登记人口6274人，暂住人口登记率达到98%。2007年，长岛县维护稳定工作领导小组办公室成立，与县政法委合署办公，实行包案责任制。在海上治安整治活动中，查处各类海上盗窃案件14起，抓获作案人员16名，查处违规渔船16条、船民18人，调处海上纠纷77起。2008年，制定印发《关于建设和谐稳定模范县的意见》《建设和谐稳定模范县工作实施方案》，把建设和谐稳定模范县工作纳入全县考核体系，与经济社会指标一同检查考核。

2010年，制定印发《关于重要决策事项实行社会稳定风险评估的意见》，建立预警预报机制。2012年，对暂住人口实施分层次管理，对特殊人群进行摸底排查，并按照危险等级实施颜色管理，登记特殊人员315人，其中，红色管理11人、黄色管理40人、绿色管理264人。2014年，建立完善重大决策社会稳定风险评估工作机制，共确定稳定风险评估事项20个，完成评估16个，其他4项因项目原因未开展稳定风险评估。2015年，县城区建立社区服务中心。各乡镇(街道)全部成立综治维稳工作中心，渔村建立综治维稳工作站，配套设立各项工作制度和职责。2016年，成立互联网信息管控中心，编发《互联网舆情简报》，加强网络舆情监控，全县网络信息安全整体平稳。

2018年，组建国内首支海岛旅游警察大队和烟台市首个处理旅游纠纷的速裁法庭，为群众提供咨询、起诉、立案、调处、执行“一站式”服务。在长岛中学建成全县首个青少年法治宣传教育基地。推进扫黑除恶专项斗争，核查涉黑涉恶举报线索29条、摸排各类人员114人，一举打掉涉恶团伙1个，抓获犯罪嫌疑人6名、破获涉恶类案件4起。

第十章　调研　督查　考核　信息

第一节　调研工作

1987年12月，县委成立研究室，副科级单位，具体负责政策调研和综合文字工作，为领导科学决策、部署工作提供参考和依据。80年代中期至90年代，重点围绕耕海牧渔战略、渔村经营体制改革、企业改制、海洋开发等方面的课题开展调研，先后形成《关于南长山镇赵王村经营管理体制改革的情况调查》《理顺体制，转换职能，着力搞活村级集体经济》《关于培植渔村新的经济增长点增加渔民收入问题的调查与思考》《县直企业改革的现状与对策》《长岛县确立多元化海洋经济发展新思路》等调研文章。在1995年召开的全县深化渔村改革研讨会上，集中总结推广北隍城乡山前村、大黑山乡土岛村、南隍城乡、砣矶镇井口村、小钦岛乡、南长山镇王沟村的经验做法。

2002年，围绕“三年大发展、大变样”的奋斗目标，在优化经济结构、构建多品种养殖格局等方面开展调研，先后形成《加大海参养殖力度壮大村级集体经济》《关于推进我县渔业产业化与发展高效渔业的对策研究》《关于对我县“渔家乐”特色旅游项目的调查与思考》等调研文章。2007年，按照一个目标、两大布局、三大产业、四大工程“一二三四”发展思路，先后形成《四个一百万：长岛实现历史性跨越的新起点》《创新落实科学发展观、实现生态渔业新跨越——对长岛县生态渔业双百万工程的理论思考》《奏响“蓝色”旅游主旋律》等调研文章，并在省委办公厅主办的《山东通讯》和市委《工作情况交流》发表稿件5篇，位居全市前茅。

2010年，围绕国际休闲度假岛建设，开展经验交流和对上宣传工作，先后在《经济日报》、市委《工作情况交流》等发表稿件7篇。2012年，配合省委政研室开展专题调研，形成《科学开发我省海岛资源拓展蓝色经济区建设新的空间》参阅件，并呈报省委、省政府、省政协相关领导参阅。配合市委政研室开展专题调研，首次将长岛作为海岛经济增长极，列入全市“一极领先、多极崛起”战略格局。《省人大调研组给予长岛五方面支持》信息被市委办《领导参阅信息》转发，市政府主要领导作出重要批示，并在长岛召开座谈会，专题研究创新长岛体制机制等问题。

2013年，县委成立政策研究中心，正科级事业单位，隶属县委办公室，牵头或参与组织有关部门对全县经济社会发展等方面的重大问题进行调查研究。先后形成《科学开发我省海岛资源拓展蓝色经济区建设新的空间》《创新生态旅游度假岛建设管理体制机制、推动县域经济区向特殊功能区转变》《沿海省份海岛发展动态》等调研报告。2015年，开展多领域、多层次的专题调研，先后组织完成旅游市场秩序整治、保税直销中心建设等7个专题调研报告，其中3篇得到县委主要领导批示。2018年，按照“大学习、大调研、大改进”部署，督导全县调研工作，形成《全力打造海洋生态文明高地，争做“两山论”实践生动样板》《积极践行新发展理念，逐梦经略海洋生态样板》《关于长岛县强化旅游全产业链的调研与思考》等调研文章，编发《政研参考》6期。

第二节　督查工作

1991年，县委先后印发《关于加强全县督查工作的意见》和《关于做好督查联系点工作的通知》，规范督查工作各项制度，强化对重点工作、重要事项的督查落实。1995年，县委创办《督查专报》，形成定期督查工作机制，年均编发《督查专报》20余期，主要对重点工作推进、窗口单位作风建设、渔村改革、企业管理等情况进行督查并通报。1999年，县委印发《关于对全县重点项目和重要工作进展情况进行督查的通知》，开始对重点项目、重要工作实行月调度、月通报。2003年，重点对重要工程项目和养殖结构调整进展情况进行督查，建立养殖结构调整日报制度，全年办理领导批示25件。

2007年，以专项查办和决策督查为重点，完善批件办理制度和程序，落实督办制度，开展专项督查。对县委重大部署、决定事项和领导批示实行专簿登记、专文通知、逐项落实。特别是对年初确定的重点项目，实行每月调度通报，并将招商引资、引企增收、乡镇双增等重点工作纳入年底考核督查。全年共下发县委决定事项督办单18份，完成县委决定事项报告4篇，编发《督查专报》7期，基本做到事事有回音，件件有着落。2009年，以专项查办和决策督查为重点，创新督查形式，由一般督查向重点督查转变、由文电督查向现场督查转变、由被动督查向主动督查转变。全年共编发《督查专报》20期，督办事项77项，跟踪落实县委领导批示35件次。2011年，变以往会议决定事项全面督查为分单位、分行业、分时限督查，变以往上报文字材料督查为实地和材料相结合督查，提高督查时效性和准确性。全年共编发《督查专报》16期，督办事项85项，跟踪落实县委领导批示39件次。2012年，建立重点项目月度督查制度，编发督查专报11期。

2015年，实施“两办”联合督查和现场督查等形式，对县委主要领导确定的50项具体事项实行台账跟踪，对环岛慢行旅游服务系统建设实行每周调度，对领导批示交代事项实行销号办理，对重点项目、为民服务实事实行月调度、月通报，共印发《督查专报》30期。2018年，通过“两办”联合督查和现场督查等形式，对县委主要领导确定的具体事项实行台账跟踪，对领导批示交代事项实行销号办理。并定期开展改革试点工作推进情况专项督查，稳步推进12项国家级、省级改革试点建设。全年制发《督查专报》24期。至2018年，共完成县委重要会议、重大工作部署督查事项1000余项，领导交办事项700余项，上级要求督办事项300余项，累计编发《督查专报》175期。

第三节　考核工作

2003年9月，长岛县考核工作办公室（以下简称考核办）成立。翌年，对全县8个乡镇、89个部门、单位实施统一集中综合考核，减轻基层迎考负担，并制定招商引资、渔业经济等配套考核细则。建立考核过程、结果公开通报、查询质疑、错考追究制度，严肃考核纪律，确保考核结果公平、公开、公正。2005—2006年，实行日常考核、季度通报与半年考核、年终考核相结合，对县直部门的招商引资和重点项目进行现场认定，对8处乡镇的经济发展情况进行实地考核。2007年，制定考核指标体系，按照“突出重点、分类考核”的原则，对县直部门、单位主要考核重点工作和招商引资；对乡镇进行差异化考核，南三乡镇主要考核旅游服务业、城市建设和休闲渔业，北五乡镇主要考核现代渔业。2009年，将县直部门和驻岛单位分为党群人大政协部门、经济管理部门、政务综合社会发展部门和中央省市属驻岛单位四类，根据工作性质、业务范围确定不同的考核指标。每年对考核范围和内容实行动态调整，年终按照类别进行排名，确定先进乡镇（部门）。2011年，将庙岛办事处和小黑山办事处纳入考核范围，归在乡镇组。

2012年，调整完善县直部门和中央省市驻岛单位考核细则。考核日常工作共9项，实行百分考核，分别是业务工作（中央、省、市驻岛单位考核对长岛的贡献情况）、党的建设和基层组织建设、宣传和精神文明创建工作、廉政建设和机关效能建设、稳定和社会管理创新工作、信访工作、依法行政工作、安全生产工作、社会评价。县直部门业务工作增加服务对象的评价打分。中央和省、市驻岛单位按照行政执法类、商业银行类和企业类划分三个组，主要考核对长岛的贡献情况。对商业银行组，增加新增贷款和税收情况考核，对企业组增加税收情况考核。其他指标考核适当突出党的建设和基层组织建设（将部门包村工作列入其中）、安全生产工作。重点工作，实行加减分，争取资金实行分档加分和组内排名计分。乡镇考核不再分南北板块，统一进行排名，只在个别经济指标上不同，南五乡（街道、办事处）重点考核旅游服务第三产业，北五乡镇重点考核生态渔业。

2013年，长岛县在烟台市群众满意度测评首次达到90分以上，排名第十。较上年度提高4.89分，前移3个位次。是年，修订考核细则，将文化产业、城市管理等内容纳入考核，强化对重点项目、重点工作考核，完善固定资产考核办法，建立考核公示制度。2014年，新增生态保护、旅游管理、殡葬改革、渔村换届选举等考核内容，按照同类同考的原则和单位工作职能，对考核部门进行重新分组，按照省市统一部署，对全县相关考核项目进行清理规范。在年终考核的基础上，开展日常考核、季度考核和半年考核，加大考核密度，提高考核质量。

2015年，增加民生考核指标，将城乡居民基本养老和医疗保险参保征缴纳入考核。取消税收贡献指标考核，重点鼓励乡镇、部门、单位引进注册型企业，给予考核加分。增加人大代表建议和政协委员提案办理考核，明确工作落实考核细则，取消渔村换届和争取计划外土地指标的加扣分考核。对在党风廉政建设、机关效能建设、维护社会稳定等重点工作中出现问题的，取消评先资格。将银行等金融机构单独考核，旅游服务中心从经济管理组中划出，单独成立旅游发展组进行考核。

2016年，旅游休闲产业考核范围由南五乡镇扩大到全县10处乡镇（街道、开发管理处），在全域旅游、生态渔业等方面对乡镇实行差异化考核，制定固定资产考核认定办法，招商引资列入考核。重点项目考核实现“实时监控管理、季度考核通报”，以项目进度影像视频和动态督查文字记录作为考核重要依据。建立完善项目考核台账，实行考核台账的动态管理。

2017年，长岛县在全省群众满意度测评中获得第二名，在烟台市经济社会发展综合考核中首获三等奖。同年，在县内考核中，综合分值实行200分制考核。在考核总体框架和内容上，根据县情和乡镇部门的差异化，按照五位一体、全面均衡发展的理念，将乡镇考核分为经济发展、社会稳定、民生改善、生态文明、党的建设、目标责任、综合评价、加扣分项目八项指标。县直部门和驻岛单位一组考核公共责任目标、服务质效评价、加扣分，驻岛二组考核贡献情况和加扣分项目。将违法建设治理和深化渔村经营管理体制改革等难点重点工作纳入考核。县直部门新增《目标责任清单》考核，实行销号管理，动态考核。领导评价实行实名制打分。出台《建设长岛突出贡献奖评选办法》，增加《重要工作考核办法》。重要经济指标考核上，除一般公共预算收入外，其他均不下达计划，对总量和增幅采用目标比值法和功效系数法。考核分组上县直部门由四个组调整为三个组。年终按照综合成绩确定乡镇和县直部门一、二、三档，一档授予红旗集体（乡镇），二档授予先进集体（乡镇），驻岛单位按照综合成绩分为一档和二档，一档为红旗单位，二档为先进单位。

2018年，烟台市委、市政府在《2018年度经济社会发展综合考核办法》中，对长岛县实行生态GDP考核，并将推进长岛海洋生态保护和持续发展工作列入目标责任清单，纳入全市考核。长岛县根据生态GDP考核等方面要求，取消对乡镇一些经济指标考核，加大生态环保绿色考核比重，并将省、市确定的推进长岛保护发展的102项重要事项、改革创新成效、违建治理、作风改进、渔村集体产权制度改革、劳动纠纷、保密工作、深化“放管服”“一次办好”改革、政务服务列入考核。在保留美丽乡村建设、植树造林及林业保护基础上，增加垃圾分类处理及设施运转率、大气污染防治、清洁能源推广、区域用水总量控制、河长制湖长制等生态指标。在负面清单中增加城乡环境综合整治不力、发生破坏生态环境行为的扣分考核，对环境保护、节能工作实行一票否决，对防止污染方面发生重大负面影响、未完成违建治理任务的，取消评先树优资格。是年，长岛县在烟台市经济社会发展综合考核中再获三等奖，在全省群众满意度测评中位列烟台市12个县市第二名。

第四节　信息工作

1986—1997年，信息工作主要编发《长岛信息》以及上报省委、市委有关信息，及时反映全县工作情况，编辑县委主要领导活动新闻稿件，累计编发700余期。其中1991年编发《长岛县实施“耕海牧渔”战略实现五大突破》《长岛县无居民岛开发取得新成效》《长岛县为企业搞活商品流通提供政策保障》《南长山镇注重外雇人员的表彰奖励》等信息306篇。1997年，创办《领导参阅信息》，实行党委系统信息日编发、月通报、年考核制度，为县委领导了解情况、科学决策、指导工作搞好信息服务。

2003年，建立紧急信息报送网络，对旅游旺季信息实行每日报送制度以及社情、雨情、灾情等登记报告制度。2007年，制定印发《长岛县重要紧急信息报送规范》，建立健全重要紧急信息报送制度，呈报《重要紧急信息》57期。2008年，建立健全党委系统信息采用月通报等工作制度，全年编发《领导参阅信息》392篇。先后在《山东通讯》刊发《推进“四位一体”生态建设，打造生态文明岛》《坚持以党的十八大精神为指引，努力开创国际休闲度假岛建设新局面》《蝶变转型、激情创业，加快建设生态旅游度假岛》等文章20余篇。

2009年，实行党委系统信息日编发、月通报、年考核制度，建立乡镇工作情况和部门重点项目进展定期上报制度，全年编发《领导参阅信息》365篇、县委领导批示13篇。2016年，强化党委信息报送网络建设，延伸触角，先知先报，编发县内《领导参阅》130期、主要领导批示8篇，上报各类信息200余条，《“桩基工程”催生美丽海岛蝶变转型》《长岛县获批国家重点生态功能区》《长岛—蓬莱直升机跨海通勤摆渡航线开通》等20条信息稿件被《山东信息》等省级以上刊物、媒体采用，位居全市前列。

2018年，重点围绕海洋生态文明综合试验区建设，突出生态保护、绿色发展主题，编发县内《领导参阅》70期，上报各类信息700余条，其中《长岛县践行“两山论”做好生态文明“加减法”》《长岛聚焦新旧动能转换，着力打造全省海洋生态文明高地》《长岛县全力打造夜不闭户放心家园》等110条信息稿件被省级《山东信息》等市级以上刊物、媒体采用。

第十一章　信　访

1986年7月，县信访办公室由副科级单位升格为正科级单位，属县委、县政府合设机构，归县委办公室和政府办公室管理，以县委办公室管理为主。1997年，全县10个乡镇全部成立信访办公室，配备信访助理员10名。1993年11月，撤销县信访办公室，其部门职能并入县委办公室。1994年6月，恢复设立县信访办公室，为正科级单位。1996年11月，长岛县信访办公室改称中共长岛县委、长岛县人民政府信访局。2012年，内设县政府信访事项复查办公室，为股级内设行政科室，人员编制内部调剂使用。2012年6月，投资80余万元建设信访服务大厅，面积300余平方米。大厅内设来访登记室、接谈室、复查办，承担县级领导公开接访、相关部门联合接访、矛盾隐患排查、信访事项复核等多种功能。2013年，成立县信访调处中心，为县信访局所属股级事业单位。1996年、1998年，长岛县委、县政府先后2次被山东省委、省政府授予“全省信访工作先进单位”。

第一节　信访制度建设

1986年，长岛县实行领导接访、批阅群众来信等制度。1990年，建立领导现场办案制度，县委领导带队，到乡镇、渔村、企业就地处理问题，杜绝越级上访事件的发生。1991年，制定印发《长岛县党政机关信访工作百分考核标准》，在全县推行信访工作目标管理责任制。县信访办每年两次组织检查，检查成绩纳入对乡镇、部门、单位年度工作目标责任考核。1994年，制定《关于群众逐级上访制度试行办法》。1995年，建立领导接访制度，确定每月5日为领导接访日，各级党政主要领导亲自接待来访群众、亲自包案、亲自抓信访问题解决。1996年，推行逐级上访制度，分级负责，归口办理。1997年，全县10处乡镇全部成立信访办公室，并在全县基层推广逐级上访“双向承诺卡”制度。1998年，建立党政“一把手”必须亲自出面处理重要信访问题和群众集体访责任制，明确各级领导干部的信访工作责任。1999年，建立信访通报制度、信访工作一票否决制度、处理信访问题监督制度等一系列信访规定和要求，信访工作逐步规范化。

2000年，实行每月全县集中排查集体访和越级访制度。2001年，在全县建立推行信访督查、回访、调研三项制度。2002年，建立信访首问责任制制度，将无进京访、无越级访、无重大集体访“三无乡镇”创建活动纳入岗位目标责任制。2004年，修订完善重大信访问题领导包案、重复上访问题集中整治、联席会议等制度。2005年，推行“双教育、双规范”工作制度，明确教育对象和教育标准，使上访人自觉依法进行信访活动。2006年，健全排查调处工作制度，强化督查协调和责任追究制度，把信访工作绩效纳入公务员考核体系，信访工作由软任务变成硬指标。2008年，开展各级领导干部大接访制度，明确落实属地、部门单位、领导干部三项责任制和签订责任书、台账管理、通报、考核及责任追究五项制度，对因工作失职，无视群众困难和诉求造成不良影响的，严肃追究有关领导和人员的责任。2009年，进一步落实领导包案责任制，对市交办的案件全部落实包案领导并实行五个“明确”：每起案子明确一名县级领导，明确承办责任单位和责任人，明确调处意见，明确处结和结服时限，明确稳控措施。明晰责任，消除推诿扯皮现象。2010年，完善领导公开接访和预约接访制度，通过实行公开接访、领导下访、集中会办、定期督查通报等多种形式，强化领导责任的落实，推动问题的化解和稳控责任的到位。2011年，加强信访通报制度，对处事不力，引起矛盾激化的责任部门报包案领导并在全县进行通报。

2012年，印发《县级领导接访下访工作的安排意见》，县级领导班子成员轮班接访，每月至少抽出2天时间到所包乡镇（街道）、部门下访、回访；乡镇（街道）、部门领导班子成员每月接访不少于2次，并随时回访。成立县矛盾纠纷排查化解工作专项督导检查工作组，完善督查制度，设4名信访督查专员。2013年，制定《关于进一步落实信访工作责任制的意见》，明确落实属地、部门单位、领导干部三项责任制和签定责任书、台账管理、通报、考核及责任追究五项制度，建立健全由党委政府统一领导、部门协调、标本兼治的信访工作责任体系。2018年，进一步完善责任督办催办制度、信息分析机制和综合协调机制，妥善处理各类信访案件。

第二节　信访案件受理

80年代中期，群众信访问题主要是要求解决社教运动和“文化大革命”时期的遗留问题，以及进一步落实整风“反右”时期的有关政策问题。1986年，全年共接收来信288件次，接待来访371人次。1988年，开展创建信访“三无乡镇”活动，集中处结信访积案，处结信访问题50余起，全年没有出现到上三级机关越级访事件，在全市率先达到“三无乡”标准。1995年起，实行县级领导包案制度。是年，县级领导包案5起，4起案件得到妥善处结。砣矶镇后口村、县供销社等单位的3起疑难信访案件在相关部门的协调配合下全部处结。

90年代中期，随着渔村经营体制改革、企业改制、住房制度改革等改革措施的逐步深入，相关利益诉求的信访案件较为集中。1997年，开展不稳定因素集中排查，实行县级包案，化解处理不稳定因素45起，处结率达100%。1999年，开展现场巡回办公，变群众上访为领导干部下访。先后组织两批共8个工作组靠到重点乡镇和部门帮助解决问题，办结案件45起。

2000年后，群众信访的重点是要求帮助解决企业改制后遗留的拖欠职工养老金、农民工工资拖欠、拆迁补偿及生活困难帮扶救助等问题。2002年，建立信访首问责任制，落实县直部门和乡镇责任，强化对信访隐患的排查调处。县委、县政府领导接待群众来访114起176人次，批阅群众来信107件。全年召开协调会议40余次，处理疑难信访案件62起，结服率95%。2006年，县委、县政府主要领导亲自牵头处理疑难复杂的信访案件24起，其中市级交办案件15件。2009年，制定印发《关于开展县委书记大接访活动的实施意见》和《县级领导公开接访安排表》，全县共排查不稳定因素58起，有越级倾向和苗头的32起，全部建立台账，组织解决。

2011年，设立信访救助资金，化解6起信访积案。2012年，实行领导包案化解信访积案和解决疑难信访问题，将自行排查出的60件案件，连同省、市交办的11起信访积案，一并纳入积案范围，实行领导包案签状交办，全部得到有效化解。2014年，印发《关于进一步加强和改进新形势下非正常访处置工作的意见》，相关部门先后对2人进行依法处置，对1名无理闹访、恶意非访人员依法刑事拘留并予以批捕。办理复查复核案件1起，通过省级审核认定。2015年，网上信访受理平台投入使用，共受办理信访事项20件。2016年，县领导带头落实信访工作责任，与10个乡镇（街道、开发管理处）、20个县直有关单位签订信访工作目标管理责任书，将信访工作纳入年度工作目标管理考核内容。2018年，省、市交办18起“四个重点”信访积案全部办结，中央巡视组交办的8起信访事项，3件事项结服，4件事项办结，1件事项三级终结。

第十二章　党校教育　党史工作　档案工作

第一节　党校教育

机构沿革

1986年，县委党校设办公室、教务处、总务处、理论室，教师20人。1990年2月，县广播电视大学并入县委党校。1992年8月，县委党校批准为中等专业学校体制，升格为副县（处）级单位，设办公室、教务处、总务处、理论室。1993年3月，县行政干部学校成立，与县委党校合署。1995年9月，县广播电视大学从县委党校分离。1996年6月，县委党史资料征集研究委员会和县志办公室并入县委党校，设置史志办公室，为中层机构。2002年11月，县委党史研究室、史志办从县委党校分离。2014年，新增信息化办公室。2018年，在编18人，其中参公人员12人，教师6人。

主体班次培训

县委党校的主体班次包括进修班、培训班和理论班。进修班主要根据领导干部轮训计划，组织在职的县、乡（镇）副科级以上领导干部及村支部书记、村委会主任等各级领导干部开展必修课程的学习，培训班主要培训县、乡（镇）、村后备干部，理论班主要是培养县、乡（镇）企业、村的理论骨干。80年代中期，正规化的干部培训机制逐步完善，以党的政治理论、基础知识为重点，按计划组织学习培训。1988年，以轮训的方式对全县副科级以上的领导干部进行马克思主义基本理论、党的方针政策、社会主义市场经济理论、科技知识和法律知识等方面知识的培训，全年举办培训班4期，参加培训干部62人。1991年，举办全县首期机关企事业中青年干部培训班，参加培训干部20人。1992年开始，举办党员中级及以上知识分子进修班，主要学习中国特色社会主义理论、社会主义市场经济理论、党的路线、方针、政策等理论知识。1996年，举办短训班培训课程，先后为县直机关、经贸系统、三资企业、妇联及驻军举办微机培训班，共13期，178人次。1997年始，对党政机关、事业单位新录用人员进行入职培训。是年，举办培训班1期，培训21人。2000年始，根据中共中央《关于面向21世纪加强和改进党校工作的决定》精神，党校组织宣讲骨干深入一线，加大教育培训力度，先后为部门、渔村“送理论、送知识”26场。2004年，添置多媒体教学设备，实现教学手段的创新。2006年，首创“菜单式”教学，根据部门、单位需要有针对性地进行备课，上门授课。2007年，举办全县首次企业厂长经理和旅游局一线工作人员微机培训班，参加培训人员18名。

2008年，进一步完善教育教学和目标责任制考核等制度，推行“研究式”教学方法。2014年，实施班主任跟班制度，加强对主体班次受训学员的学习考核。2015年，在坚持“走出去”授课的基础上，开展“请进来”的主题外聘方式。2018年，利用县委领导讲党课、加大主业主课分量、开展集体备课评课、下乡宣讲等方式，授课覆盖2000人次。

1986—2018年，举办主体班次188期，培训党员干部12996人次，其中县、乡领导干部进修班37期2148人次，渔村党支部书记、村委会主任轮训班12期575人次，机关企事业中青年干部培训班17期543人次，机关、事业单位股级干部培训班18期891人次，渔村后备干部培训班4期155人次，中高级知识分子培训班17期1500人次，国家公务员、事业单位新录用人员培训班8期376人次，理论研讨班30期2800人次，其他各种短训班57期4008人次。

学历班次教育

1983年开始，开展函授学历教育，采取脱产教育与业余教育两种形式，举办大专预科班、干部中专班、会计中专班，业余大专、大本班等学历班次。至2018年底，共举办各种学历班次36个3439人次，学员全部毕业。1985—1986年举办两期中专班，学制2年，毕业29人。1989年7月，与烟台师院中文系联合举办汉语言文学大专班，学制4年，毕业65人。1990—1995年，开设经济管理、会计、旅游、计算机、法律等8个专业26个班次，学制3年，毕业657人。1995—2008年，先后举办经济管理、法律专业大专班18个，学制3年，毕业578人。大本班20个，学制两年半，毕业651人。2010年，与鲁东大学达成联合办学协议，开始在长岛党校设立教学点。2011—2016年，共举办经济管理、法律、旅游管理等专业大专班40余个，学制3年，毕业320余人，经济管理、法律、旅游管理等专业大本班40余个，学制2.5年，毕业285人。2016年，业教工作停止招生，至2018年底，函授学员全部毕业。

理论研究工作

80年代中期始，理论研究主要围绕海岛产业发展、体制改革等方面开展调研，形成《长岛县渔业产业化思考》《市场条件下按生产要素分配》《长岛国有育苗企业的调查》《加快知识向能力的转化》等科研文章。90年代，《在深化改革中发挥党校阵地作用》《市场经济条件下精神文明建设的几个问题》《也谈社会主义本质》等7篇文章获市级以上优秀论文或调查报告奖，先后8人次参与市以上教材编写组的编写工作。至2002年，共撰写科研文章192篇，其中多篇调查报告被县委采用，59篇在市以上报刊发表，8篇论文获市县级优秀奖。

2004年，以“社会实践出题目，科研做文章，成果上课堂”为目标，逐步实现教学科研一体化，全校95%以上的专业技术人员参与科研，撰写论文17篇，发表13篇。2006年，《关于长岛县教育状况调查与思考》《关于长岛县医疗卫生状况的调查与思考》上报省政府，省政府主要领导作出重要批示。2007年，调整科研方向，组织老师结合教学专业，带着题目开展调研，共撰写理论文章22篇，发表13篇，其中，《长岛县教育和医疗卫生工作调查报告》《建设先进性长效机制永葆党的生机和活力》获烟台市委党校科研一等奖和三等奖。2009年，全年共完成理论文章和调研报告20篇，其中《长岛县生态渔业双百万工程的调查与思考》被中央党校刊物采用发表。2010—2013年，共撰写调研报告66篇。

2014年始，组织成立科研工作领导小组，参与全县重要课题调研。2015年，参与起草的《关于加快我县电子商务发展的思考》《关于我县城市规划建设管理情况的调研》，得到县委主要领导批示。2016年，《以美丽乡村建设为契机，积极发展北部岛屿特色旅游》《关于积极发展全县养老产业的调研报告》等调研文章在县委《政研参考》上刊发。2017年，《关于海岛政策的调研报告》被列入省级决策参考，《加快发展长岛全域旅游》在省级刊物《旅游总览》刊发。2018年,《发展特色旅游建设美丽乡村》等4篇理论文章被市级以上刊物采用;申报省级立项课题1项、市级立项课题3项,完成市级结项课题2项。

第二节　党史工作

机构沿革

1982年1月,长岛县党史资料征集研究委员会办公室成立,为县委正科级工作部门,负责全县党史资料征集、研究和编纂工作。1990年3月,党史委员会与县志办公室合署,为正科级事业单位。1996年6月,撤销党史委员会,其业务并入县委党校,设史志办公室。1997年10月,恢复设立党史机构,改称县委党史研究室(兼管地方志工作),为正科级事业单位。2001年12月,撤销党史研究室,其业务并入县委党校,设史志研究室。2002年11月,恢复设立县委党史研究室,为副科级事业单位,隶属县委办公室。

党史编纂

1989年5月,完成《中国共产党长岛县组织史资料(1942—1987)》精装本的征集、整理、编纂、修改和印刷出版工作。是年6月,出版发行《中共长岛县委党史大事记(1942—1949)》以及《长山岛战役》。1990年10月《列岛洪波》出版发行。1991年6月,出版发行《长岛革命斗争史话》。2000年5月,出版发行《中国共产党山东省长岛县组织史资料(1987—1998)》。2001年11月,出版发行《中共长岛历史大事记(1949—1999)》。2003年9月出版发行《碧海仙山话长岛》。2006年6月,出版发行《中国共产党长岛地方史》(第一卷),该书是长岛县第一部全面、系统、真实记述长岛党组织建立、发展历史的党史专著。2007年10月,出版发行《中国共产党长岛县历届党代会文件汇编》。2015年9月,出版发行《中国共产党山东省长岛县组织史资料(1998—2014)》。其中《长山岛战役》《中国共产党山东省长岛县组织史资料》《中国共产党长岛地方史》获山东省党史书籍优秀成果奖。其间,研究撰写《201艇起义》《长岛一五计划》《长岛拨乱反正》《砣矶岛兵站——东北大运兵》《南下支前》《双拥共建》《2·22海难纪实》《长岛改革开放》《长岛旅游历程》等较有影响的党史专题,发表党史论文数十篇。

党史宣传

利用重大节日、纪念日,采取多种形式,通过报刊、广播、电视等新闻媒体,广泛宣传长岛党的历史,弘扬党的光荣传统,传承红色基因。累计举办党史专题讲座30讲,研讨会、报告会、座谈会20余次,举办全县党史知识竞赛9次,制作宣传栏60余期,宣传报道林乎加等党史人物19人。2012年7月,完成长岛烈士陵园、长山岛战役纪念馆革命纪念地申报工作,2013年4月获批“山东省党史教育基地”。2018年9月,双拥共建纪念馆被评为烟台市爱国主义教育基地。

第三节　档案工作

机构沿革

1986年,县档案馆、档案局合署。1992年,内设部业务指导科、管理科。1993年11月,县乡两级进行机构改革,撤销档案局,保留档案馆,为隶属县委的正科级事业单位,其行政执法职能移交县委办公室。1996年11月,档案管理体制改为以档案馆为主体,对外挂档案局牌子,行使有关行政管理职能,为正科级全额事业单位。2003年,档案馆对外挂文件服务中心牌子,负责开展向社会提供现行文件服务工作。2013年,增设技术科。1999年、2003年,县档案馆先后两次被省人事厅、省档案局授予“全省档案工作先进集体”称号。2015年被山东省档案局授予“全省档案系统宣传工作先进单位”称号。

档案馆(室)建设

县档案馆　1986年,县档案馆设在县府街原县政府办公区,库房总面积为120平方米。2001年,增加库房面积45平方米。投资5万余元,配备40联密集型档案柜，10套铁质档案柜及消毒柜、空调、除湿机、吸尘器、自动防盗报警等档案安全保管设施设备，基本达到“九防”要求。1994年9月，县档案馆晋级为山东省三级先进档案馆。1996年10月，晋级为山东省二级先进档案馆。2002年，配备计算机、扫描仪、复印机、电视机、光盘刻录机等档案现代化管理设备，达到档案收集、整理、保护、鉴定、编目和提供利用的要求。2002年，按照烟台市档案局的统一要求，运用“柯兰得”档案管理专家软件开展现有馆藏档案的文件级目录数据库建设，实现档案文件级计算机检索。2008年，搬迁至长山路原县残联办公楼，办公用房和库房总面积增加到213平方米，配备除湿机、吸尘器、复印机、照相机、电脑等设备，新上密集型档案柜40联，铁制档案柜10套。2013年投资21万元，购置2套档案数字化管理系统及相关硬件设施，搭建数字化信息平台，开展档案数字化工作。2017年5月，县档案馆改扩建工程启动，在县府街原县委党校综合楼的基础上实施新馆建设。次年主体工程竣工并通过初验，总建筑面积3041.27平方米，总投资1400万元。至2018年，馆藏档案共有77个全宗，16373卷、33701件，案卷排架长度319米。其中革命历史档案28卷、实物档案102件、录音录像带47盘、照片档案2458张。馆藏资料共计12949册，全部进行编号归档。馆藏除文本资料外，还分三大类馆藏实物，主要为国家、省、市委、政府授予县委、县政府的各种荣誉，有锦旗、奖状、奖杯、证书等。

机关档案室　1986年，全县共有46个县直机关企事业单位设有档案室，总面积1100平方米，54个单位配备档案装具256套，各单位文件、资料的形成、积累和归档工作逐步规范，并按规定定期向县档案馆移交档案。至1993年，共有120个单位建立档案室，库房面积1400平方米，140多个单位配备档案柜640套。共保管30多个门类的档案12万卷、底图1.3万张、资料2.5万册。至2013年，机关企事业单位档案室均落实档案管理人员。全县参加规范化目标管理省级认定工作的单位有45个。其中，省特级2个，省一级11个，省二级32个。2015年开展山东省档案工作科学化管理测评工作。至2018年，县国税局、大钦岛乡、社保中心、检察院、法院、供电公司6个单位获评“档案工作科学化管理测评工作示范单位”，南长山街道、北长山乡等16个单位获评“档案工作科学化管理测评工作先进单位”。

基层档案室　1996年，全县40个行政村均建立档案，其中34个村建立专门档案室，面积为948平方米。各行政村共有档案柜149个，保存档案51726卷，其中文书档案3134卷，会计档案38915卷，科技档案16卷，村民档案7342卷，其他档案2319卷。各村档案均由会计人员兼管，初步实现规范化管理。2012年，逐步建立村档镇管工作机制，将村级档案集中到乡镇，实现档案资源共享。

档案管理

1987年，制定《档案馆收集档案实施细则》，建立健全档案收集、鉴定、统计、借阅等档案管理制度。按照档案归档制度，及时接收县委、县政府所辖属各部门、各单位、群众团体以及部分企事业单位形成的永久、长期保存档案；中华人民共和国成立后撤销的党政机关、事业单位形成的档案；中华人民共和国成立前党政机关形成的档案，并按照档案法制化、规范化的要求，完成进馆档案的鉴定、卷皮印制、装订、编号，建立完善全宗、检索工具，健全档案总登记簿、案卷目录登记簿、档案接收登记簿、档案修复登记簿、史料编纂登记簿。采取“三集中、一统一”的方法，集中时间、集中地点、集中人员、统一标准。至1995年，共续编文件卡片和人名卡片近10万张，编写专题姓氏索引5册，复制字迹退化档案103多万字。

1995年9月起，首次接收乡镇档案2100多卷。1997年8月，由县人大教科文卫工作委员会、政府法制办公室、司法局、档案局组成的执法检查组，开展档案执法检查。是年，接收全县42个县直机关单位1988—1990年形成的档案进馆。

1999年，接收县财政局自1952年至1970年买卖房屋土地的契税档案及存根，整理出“契税档案及存根”各18卷，共计36卷。2002年新接收县直部门1991—1995年进馆档案2369卷。2003年收集各乡镇、各单位1990—2002年度的组织沿革情况、大事记等，续编《长岛县档案馆指南》。2002年，购置微机等档案现代化设备，并按烟台市档案局要求，运用“柯兰得档案管理专家软件”进行馆藏档案文件机读目录的编制工作，实现文件级档案目录检索计算机化。2002年底，已完成录入档案文件级目录6万余条。2004年，编写《1994—2003年中共长岛县委、县政府设置的临时机构汇集》，编辑印发档案利用成果典型汇编。2005年编印《1996—2005年长岛县人民政府任免通知汇集》，编辑印发档案利用成果典型汇编20例。2013年始，开展档案数字化工作，至2018年，已完成馆藏档案文件2457卷、1523966幅，8.5T，录入档案文件级目录20万余条。

1988年，制定实施《长岛县档案馆开放档案暂行办法》。至2018年，共开放档案2797卷，接待借阅人员5412人次，利用档案17643卷次。1994—2003年，先后完成《档案馆指南》等22种资料汇编。其中《长岛县征用土地资料汇编》获山东省档案局开发利用档案信息资源成果奖，《利用气象档案引进风力发电建设项目》获2001年省档案局利用成果三等奖。

档案选介

革命历史档案　共计28卷，记录长山岛特区工委1945年至1949年工作情况。卷内档案主要内容有：对长山群岛战果评价、备战工作情形汇报、解放长山岛战役支援工作总结报告、长山岛特区地势图等。革命历史档案是县档案馆馆藏档案中形成年代最早的档案，对了解长岛新中国成立前期的革命历史具有重要的指导意义和史料价值。

买卖契税档案　1999年，接收县财政局自1952年至1970年买卖房屋土地的契税档案及存根，整理出契税档案及存根各18卷，共计36卷，覆盖全县5个乡镇30个村。

第十六编　地方权力机关

1986—2018年，长岛县第十至第十八届人民代表大会各次会议如期举行，共选举产生9届常务委员会。历届县人民代表大会及其常务委员会依法行使职权，履行宪法和法律赋予的职责，发展完善县人民代表大会制度，推进民主法治建设，依法行使决定权、监督权和任免权。其间，共召开人民代表会议35次，审议"一府两院"和有关部门工作报告400余个，讨论决定重大事项200余项，任免县级国家机关工作人员1074人次，办理代表议案、建议1685件。组织代表开展调查和视察290余次，指导乡镇人大工作依法规范运行，在推动全县经济社会发展中发挥重要作用。

第一章　人民代表大会

长岛县历届人民代表大会代表的产生，是在县人民代表大会常务委员会的统一领导下，依照《中华人民共和国选举法》和《山东省县乡两级人民代表大会选举实施细则》的规定，在充分发扬民主，反复酝酿协商的基础上由选民直接选举产生。代表任期与每届大会的任期一致，代表中间出缺，在会前进行补选。

县第十届人民代表大会至县第十二届人民代表大会任期均为3年，自县第十三届人民代表大会始，改为5年一届（县第十六届人民代表大会任期为4年）。

县人民代表大会一般每年召开一次，听取审议县政府工作报告、计划与财政报告、县人民法院和县人民检察院工作报告，讨论决定全县政治、经济、文化、社会、生态建设等重大事项。

第一节　代表选举

1986年7月22日，补选县第十届人民代表大会代表11名，经县人大常委会代表资格审查委员会审查确认，县第十届人民代表大会第三次会议代表139名。

1987年3月30日，举行县第十一届人民代表大会换届选举。全县划分选举县代表选区111个，登记选民26820人，参加投票选举的选民25032人，参选率为93.3%。选出代表146名，其中工农代表70名，干部代表37名，知识分子代表39名。代表中，中共党员代表97名，妇女代表31名。

1990年3月20日，举行县第十二届人民代表大会换届选举。全县划分选举县代表选区116个，登记选民29981人，参加投票选举的选民28536人，参选率为95.2%。选出代表146名，其中工农代表90名，干部代表35名，知识分子代表20名，其他代表1名。代表中，中共党员代表91名，妇女代表27名。

1993年1月6日，举行县第十三届人民代表大会换届选举。全县划分选举县代表选区127个，登记选民30057人，参加投票选举的选民28651人，参选率为95.3%。选出代表146名，其中工农代表89人,干部代表30名,知识分子代表27名。代表中,中共党员代表84名、妇女代表34名。

1998年1月8日,举行县第十四届人民代表大会换届选举。全县划分选举县代表选区102个,登记选民30823人,参加投票选举的选民29771人,参选率为96.6%。选出代表132名。其中工农代表72名,干部代表33名,知识分子代表25名,其他代表2名。代表中,中共党员代表85名,妇女代表35名。

2003年1月12日,举行县第十五届人民代表大会换届选举。全县划分选举县代表选区104个,登记选民29580人,参加投票选举的选民27509人,参选率为93%。选出代表133名,其中工农代表71名,干部代表37名,知识分子代表23名,其他代表2名。代表中,中共党员代表83名,妇女代表36名。

2007年11月26日,举行县第十六届人民代表大会换届选举。全县划分选举县代表选区106个,登记选民28657人,参加投票选举的选民25509人,参选率为89%。选出代表130名,其中工农代表78名,干部代表38名,知识分子代表13名,其他代表1名。代表中,中共党员代表83名,妇女代表34名。

2011年12月16日,举行县第十七届人民代表大会换届选举。全县划分选举县代表选区81个,登记选民29746人,参加投票选举的选民27355人,参选率为92%。选出代表127名,其中工农代表85名,干部代表39名,知识分子代表9名,其他代表3名。代表中,中共党员代表81名,妇女代表38名。

2016年12月26日,举行县第十八届人民代表大会换届选举。全县划分选举县代表选区83个,登记选民32378人,参加投票选举的选民27374人,参选率为84.5%。选出代表134名,其中工农代表70名,干部代表45名,知识分子代表10名,其他代表2名。代表中,中共党员代表83名,妇女代表48名。

第二节 历届县人民代表大会

第十届人民代表大会

第一次会议和第二次会议先后于1984年、1985年召开。第三次会议于1986年7月22日召开,会期3天,与会代表120人,列席人员22人。会议审议批准县政府工作报告、关于第七个五年计划的报告、计划和预算报告和县人大常委会、人民法院、人民检察院工作报告,作出相应决议。补选张寿之为县人大常委会主任,宋修武为县长。

第十一届人民代表大会

第一次会议于1987年4月17日召开,会期3天,与会代表137人,列席人员26人。会议审议批准县政府工作报告、计划和预算报告、县人大常委会工作报告和县人民法院、人民检察院工作报告,作出相应决议。大会选举张寿之为县人大常委会主任,李克特、蔡德新、马贵仁、袁大仲为副主任;选举宋修武为县长,宋家来、王化东、葛长鹏、王国强为副县长;选举叶开洪为县人民法院院长,林熙玲为县人民检察院检察长。

第二次会议于1987年12月9日召开,与会代表120人,列席人员26人。会议听取讨论县委书记王爱民《关于进一步学习贯彻中共"十三大"会议精神的讲话》;听取讨论县长宋修武《关于1—11月全县经济形势和经济体制改革的情况报告》。选举出席烟台市第十一届人民代表大会代表13名。通过关于学习贯彻党的第十三次代表大会会议精神的决议。

第三次会议于1988年4月1日召开,会期2天半,与会代表122人。会议审议批准县政府工作报告、计划和预算报告、县人大常委会工作报告和县人民法院、人民检察院工作报告,作出相应决议。

第四次会议于1989年4月3日召开,会期2天半,与会代表124人,列席人员30人。会议审议批准县政府工作报告、计划和预算报告、县人大常委会工作报告和县人民法院、人民检察院工作报告，作出相应决议。增补4位人大常委会委员。

第十二届人民代表大会

第一次会议于1990年4月5日召开，会期3天半，与会代表143人，列席人员51人。会议审议批准县政府工作报告、计划和预算报告、县人大常委会工作报告和县人民法院、人民检察院工作报告，作出相应决议。选举张寿之为县人大常委会主任，蔡德新、王化东、张天健、袁大仲、刘守基为副主任；选举宋修武为县长，宋家来、王国强、张连汉、姜必欣为副县长；选举金树恭为县人民法院院长，冷绍春为县人民检察院检察长。

第二次会议于1991年3月28日召开，会期3天，与会代表118人，列席人员76人。会议审议批准县政府工作报告、关于长岛县国民经济和社会发展十年规划与第八个五年计划报告、计划和预算报告和县人大常委会、人民法院、人民检察院工作报告，作出相应决议。审议通过县人大常委会议事规则。选举吴隆义为县人民检察院检察长。

第三次会议于1992年4月11日召开，会期3天，与会代表128人，列席人员79人。会议审议批准县政府工作报告、计划和预算报告、县人大常委会工作报告和县人民法院、人民检察院工作报告，作出相应决议。组织代表视察全县耕海牧渔部分重点工程项目。

第十三届人民代表大会

第一次会议于1993年2月12日召开，会期3天半，与会代表137人，列席人员73人。会议审议批准县政府工作报告、计划和预算报告、县人大常委会工作报告和县人民法院、人民检察院工作报告，作出相应决议。选举孙盛华为县人大常委会主任，王化东、张天健、袁大仲、刘守基、赵松田为副主任；选举刘延林为县长，张连汉、梁程科、梁财新、高长华、冷述根为副县长；选举宋宗君为县人民法院院长，吴隆义为县人民检察院检察长；选举出席烟台市十二届人大代表14名。

第二次会议于1994年3月2日召开，会期3天。与会代表147人，列席人员73人。会议审议批准县政府工作报告、计划和预算报告、县人大常委会工作报告和县人民法院、人民检察院工作报告，作出相应决议。

第三次会议于1995年3月13日召开，会期3天，与会代表125人，列席人员76人。会议审议批准县政府工作报告、计划和预算报告、县人大常委会工作报告和县人民法院、人民检察院工作报告，作出相应决议。补选2位人大常委会委员。

第四次会议于1996年2月29日召开，会期3天，与会代表141人，列席人员67名。会议审议批准县政府工作报告、关于长岛县国民经济和社会发展第九个五年计划及2010年远景目标纲要报告、计划和预算报告、县人大常委会工作报告和县人民法院、人民检察院工作报告，作出相应决议。补选4位人大常委会委员。

第五次会议于1997年3月10日召开，会期3天，与会代表139人，列席人员85人。会议审议批准县政府工作报告、计划和预算报告、县人大常委会工作报告和县人民法院、人民检察院工作报告，作出相应决议。补选宋宗君为县人大常委会副主任，王国强为县长，栾奎珍为县人民法院院长。

第十四届人民代表大会

第一次会议于1998年2月6日召开，会期3天半，与会代表131人，列席人员84人。会议审议批准县政府工作报告、计划和预算报告、县人大常委会工作报告和县人民法院、人民检察院工作报告，作出相应决议。选举赵玉才为县人大常委会主任，王化东、袁大仲、刘淑琴、高长华、赵松田、宋宗君为副主任；选举于旭华为县长，张连汉、冷述根、姜清春、于玲、刘玉璞为副县长；选举栾奎珍为县人民法院院长，赵培富为县人民检察院检察长；选举出席烟台市十三届人民代表大会代表10人。

第二次会议于1999年1月30日召开，会期2天半，与会代表132人，列席人员90人。会议审议批准县政府工作报告、计划和预算报告、县人大常委会工作报告和县人民法院、人民检察院工作报告，作出相应决议。

第三次会议于2000年1月19日召开，会期3天半，与会代表127人，列席人员91人。会议审议批准县政府工作报告、计划和预算报告、县人大常委会工作报告和县人民法院、人民检察院工作报告，作出相应决议。补选王本恒为县人大常委会副主任。

第四次会议于2001年3月6日召开，会期4天半，与会代表112人，列席人员87人。会议审议批准县政府工作报告、长岛县国民经济和社会发展第十个五年规划纲要（草案）、计划和预算报告、县人大常委会工作报告和县人民法院、人民检察院工作报告，作出相应决议。补选张连汉、葛长鹏为县人大常会副主任；补选2位人大常委会委员。

第五次会议于2002年2月25日召开，会期4天半，与会代表118人，列席人员73人。会议审议批准县政府工作报告、计划和预算报告、县人大常委会工作报告和县人民法院、人民检察院工作报告，作出相应决议。补选吴德强为县长；补选4位人大常委会委员。

第十五届人民代表大会

第一次会议于2003年1月18日举行，会期4天半，与会代表126名，列席人员64人。会议审议批准县政府工作报告、计划和预算报告、县人大常委会工作报告和县人民法院、人民检察院工作报告，作出相应决议。选举于旭华为县人大常委会主任，张连汉、冷述根、刘绪安、吴忠宪、葛晓云为副主任；选举吴德强为县长，张延廷、刘延飞、袁旭、李忠武、朱大良、蔡德利为副县长；选举栾奎珍为县人民法院院长，赵培富为县人民检察院检察长；选举出席烟台市十一届人民代表大会代表10人。

第二次会议于2004年2月9日召开，会期3天半。与会代表120人，列席人员69人。会议审议批准县政府工作报告、计划和预算报告、县人大常委会工作报告和县人民法院、人民检察院工作报告，作出相应决议。补选1位人大常委会委员。

第三次会议于2005年2月18日召开，会期3天半。与会代表122人，列席人员79人。会议审议批准县政府工作报告、计划和预算报告、县人大常委会工作报告和县人民法院、人民检察院工作报告，作出相应决议。增补3位县人大常委会委员；补选徐英敏为县人民法院院长，林兰剑为县人民检察院检察长。

第四次会议于2006年2月14日举行，会期3天半。与会代表127人，列席人员75人。会议审议批准县政府工作报告、长岛县国民经济和社会发展第十一个五年规划纲要（草案）、计划和预算报告、县人大常委会工作报告和县人民法院、人民检察院工作报告，作出相应决议。补选梁彦为县人大常委会副主任；补选1位人大常委会委员。

第五次会议于2007年1月30日召开，会期3天半。与会代表126名，列席人员72人。会议审议批准县政府工作报告、计划和预算报告、县人大常委会工作报告和县人民法院、人民检察院工作报告，并作出相应决议。补选姜清春为县人大常委会主任，朱大良、李忠武为副主任；补选张延廷为县长，宋昌林、冷彩凌、胡志德为副县长。

第十六届人民代表大会

第一次会议于2007年12月9日召开，会期4天。与会代表126人。会议审议批准县政府工作报告、计划和预算报告、县人大常委会工作报告和县人民法院、人民检察院工作报告，作出相应决议。选举姜清春为县人大常委会主任，朱大良、李忠武、梁彦、林建国为副主任；选举张延廷为县长，宋昌林、刘延飞、蔡德利、冷彩凌、李俊杰、王作文为副县长；选举徐英敏为县人民法院院长，林兰剑为县人民检察院检察长；选举出席烟台市第十五届人民代表大会代表10人。

第二次会议于2009年2月6日召开，会期3

天。与会代表126人，列席人员78人。会议审议批准县政府工作报告、计划和预算报告、县人大常委会工作报告和县人民法院、人民检察院工作报告，作出相应决议。

第三次会议于2010年1月24日召开，会期3天。与会代表106人。会议审议批准县政府工作报告、计划和预算报告、县人大常委会工作报告和县人民法院、人民检察院工作报告，作出相应决议。补选刘延飞为县人大常委会副主任；补选2位县人大常委会委员；补选宫权为县长。

第四次会议于2011年1月17日召开，会期3天。与会代表117人，列席人员84人。会议审议批准县政府工作报告、长岛县国民经济和社会发展第十二个五年规划纲要（草案）、计划和预算报告、县人大常委会工作报告和县人民法院、人民检察院工作报告，作出相应决议。补选浦彩霞为县人大常委会副主任；补选4位县人大常委会委员；补选郝敬尧为县人民法院院长。

第十七届人民代表大会

第一次会议于2012年1月10日召开，会期4天。与会代表122人，列席人员86人。会议审议批准县政府工作报告、计划和预算报告、县人大常委会工作报告和县人民法院、人民检察院工作报告，作出相应决议。选举张延廷为县人大常委会主任，朱大良、刘延飞、林建国、浦彩霞为副主任；选举李胜刚为县长，胡志德、李俊杰、马克勤、郑钧、吴吉壮、陈端梅为副县长；选举郝敬尧为县人民法院院长，林兰剑为县人民检察院检察长；选举出席烟台市第十六届人民代表大会代表10人。

第二次会议于2013年1月22日召开，会期3天。与会代表123人，列席人员72人。会议审议批准县政府工作报告、计划和预算报告、县人大常委会工作报告和县人民法院、人民检察院工作报告，并作出相应决议。补选王尊清为县人大常委会副主任；补选4位人大常委会委员。

第三次会议于2013年6月29日召开，会期2天。与会代表114人，列席人员94人。县委书记张延廷在会议开幕时作讲话，补选刘树军为县长。

第四次会议于2014年1月17日召开，会期3天半。与会代表121人，列席人员67人。会议审议批准县政府工作报告、计划和预算报告、县人大常委会工作报告和县人民法院、人民检察院工作报告，并作出相应决议。补选胡志德、马克勤为县人大常委会副主任；补选张世岩为副县长。

第五次会议于2015年3月2日召开，会期3天。与会代表124人。会议审议批准县政府工作报告、计划和预算报告、县人大常委会工作报告和县人民法院、人民检察院工作报告，作出相应决议。补选1位人大常委会委员；补选聂洪川为县人民法院院长，孙健为县人民检察院检察长。

第六次会议于2016年2月25日召开，会期3天。与会代表120人，列席人员44人。会议审议批准县政府工作报告、长岛县国民经济和社会发展第十三个五年规划纲要（草案）、计划和预算报告、县人大常委会工作报告和县人民法院、人民检察院工作报告，作出相应决议。补选胡志德为县人大常委会主任；补选2位人大常委会委员。

第十八届人民代表大会

第一次会议于2017年2月26日召开，会期3天半。与会代表133人，列席人员53人。会议审议批准县政府工作报告、计划和预算报告、县人大常委会工作报告和县人民法院、人民检察院工作报告，作出相应决议。选举胡志德为县人大常委会主任，王立胜、王尊清、马克勤、浦彩霞为副主任；选举李俊杰为县长，孙华君、陈端梅、宋卫绪、宋滨、张涛为副县长；选举聂洪川为县人民法院院长，孙健为县人民检察院检察长；选举出席烟台市第十七届人民代表大会代表9人。

第二次会议于2018年1月16日召开，会期3天。与会代表120人，列席人员53人。会议审议批准县政府工作报告、计划和预算报告、县人大常委会工作报告和县人民法院、人民检察院工作报告，作出相应决议。选举李桂勋为县监察委员会主任。

第三节　县人民代表大会常务委员会

第十届人大常委会（1984年4月10日—1987年4月16日）

第十届人大常委会由11人组成，其中主任1人，副主任2人，召开常委会会议18次。听取审议重大事项，做出相应的决议、决定。任免国家机关人员115人次，办理代表建议、批评、意见67件。补选出席烟台市第十届人大会议代表1人。

第十一届人大常委会（1987年4月16日—1990年4月9日）

第十一届人大常委会由11人组成，其中主任1人，副主任4人。召开常委会会议24次，听取审议重大事项，做出相应的决议、决定。任免国家机关人员113人次，办理代表建议、批评、意见167件。

第十二届人大常委会（1990年4月9日—1993年2月15日）

第十二届人大常委会由15人组成，其中主任1人，副主任5人。召开常委会会议24次。听取审议重大事项，做出相应的决议、决定。任免国家机关人员119人次，办理代表建议、批评、意见254件。

第十三届人大常委会（1993年2月15日—1998年2月9日）

第十三届人大常委会由15人组成，其中主任1人，副主任5人。召开常委会会议39次。听取审议重大事项，做出相应的决议、决定。任免国家机关人员205人次，办理代表建议、批评、意见263件。

第十四届人大常委会（1998年2月9日—2003年1月18日）

第十四届人大常委会由17人组成，其中主任1人，副主任6人。召开常委会会议36次。听取审议重大事项，做出相应的决议、决定。任免国家机关人员143人次，办理代表建议、批评、意见254件。

第十五届人大常委会（2003年1月18日—2007年12月8日）

第十五届人大常委会由19人组成，其中主任1人，副主任5人。召开常委会会议37次。听取审议重大事项，做出相应的决议、决定。任免国家机关人员107人次，办理代表建议、批评、意见241件。补选出席烟台市第十四届人大会议代表1人。

第十六届人大常委会（2007年12月8日—2012年1月10日）

第十六届人大常委会由22人组成，主任1人，副主任4人。召开常委会会议30次。听取审议重大事项，做出相应的决议、决定。任免国家机关人员108人次，代表建议、批评、意见183件。

第十七届人大常委会（2012年1月10日—2017年2月25日）

第十七届人大常委会由20人组成，主任1人，副主任4人。召开常委会会议39次。听取审议重大事项，做出相应的决议、决定。任免国家机关人员113人次，办理代表建议、批评、意见182件。

第十八届人大常委会（2017年2月26日—　）

第十八届人大常委会由29人组成，其中主任1人，副主任4人，2017—2018年召开会议15次。听取审议重大事项，做出相应的决议、决定。任免国家机关人员51人次，办理代表建议、批评、意见74件。

1986—2018年长岛县历任人大常委会主任、副主任一览表

表16-1

届　次	职　务	姓　名	任职时间
第十届（1984.4—1987.4）	主　任	刘　玉	1984.4—1987.4
	副主任	袁大仲	1984.4—1987.4
		蔡德新	1984.4—1987.4
第十一届（1987.4—1990.4）	主　任	张寿之	1987.4—1990.4
	副主任	李克特	1987.4—1990.4
		蔡德新	1987.4—1990.4
		马贵仁	1987.4—1990.4
		袁大仲	1987.4—1990.4
第十二届（1990.4—1993.2）	主　任	张寿之	1990.4—1993.2
	副主任	蔡德新	1990.4—1993.2
		王化东	1990.4—1993.2
		张天健	1990.4—1993.2
		袁大仲	1990.4—1993.2
		刘守基	1990.4—1993.2
第十三届（1993.2—1998.2）	主　任	孙盛华	1993.2—1998.2
	副主任	王化东	1993.2—1998.2
		张天健	1993.2—1998.2
		袁大仲	1993.2—1998.2
		刘守基	1993.2—1998.2
		赵松田	1993.2—1998.2
		宋宗君	1997.3—1998.2
第十四届（1998.2—2003.1）	主　任	赵玉才	1998.2—2003.1
	副主任	王化东	1998.2—2001.2
		袁大仲	1998.2—2001.12
		刘淑琴	1998.2—2001.2
		高长华	1998.2—2001.2
		赵松田	1998.2—2001.2
		宋宗君	1998.2—2001.2

续表16-1

届　次	职　务	姓　名	任职时间
第十四届（1998.2—2003.1）	副主任	王本恒	2000.1—2003.1
		张连汉	2001.3—2003.1
		葛长鹏	2001.3—2003.1
第十五届（2003.1—2007.12）	主　任	于旭华	2003.1—2007.1
		姜清春	2007.1—2007.12
	副主任	张连汉	2003.1—2005.2
		冷述根	2003.1—2007.1
		刘绪安	2003.1—2007.1
		吴忠宪	2003.1—2007.1
		葛晓云	2003.1—2007.1
		朱大良	2007.1—2007.12
		李忠武	2007.1—2007.12
第十六届（2007.12—2012.1）	主　任	姜清春	2007.12—2012.1
	副主任	朱大良	2007.12—2012.1
		李忠武	2007.12—2010.1
		梁　彦	2007.12—2010.1
		林建国	2007.12—2012.1
		刘延飞	2010.1—2012.1
		浦彩霞	2011.1—2012.1
第十七届（2012.1—2017.2）	主　任	张延廷	2012.1—2016.2
		胡志德	2016.2—2017.2
	副主任	朱大良	2012.1—2014.1
		刘延飞	2012.1—2014.1
		林建国	2012.1—2013.1
		浦彩霞	2012.1—2017.2
		王尊清	2013.1—2017.2
		胡志德	2014.1—2016.2
		马克勤	2014.1—2017.2

续表16-1

届 次	职 务	姓 名	任职时间
第十八届（2017.2— ）	主 任	胡志德	2017.2—
	副主任	王立胜	2017.2—
		王尊清	2017.2—
		马克勤	2017.2—
		浦彩霞	2017.2—

第四节 乡镇人民代表大会

1986年后，乡镇人民代表大会一直按县人民代表大会届次排列，在县人民代表大会召开前召开，主要任务是选举乡级领导，听取审议和通过乡镇政府工作报告，对乡镇部门工作进行评议。2000年12月，长岛县撤销乡镇建制，改制为区工所，乡镇人民代表大会随之撤销。根据相关规定要求，2006年2月下旬至4月上旬，在全县开展恢复建立乡镇人民代表大会工作。各乡镇经过建立组织、宣传发动、划分选区、登记选民、提名、酝酿候选人等各阶段工作，于3月25日依法选出乡镇人大代表287名。经各乡镇选举委员会确认，选举程序合法，代表资格有效。3月28日至4月8日，各乡镇分别召开十六届乡镇人民代表大会一次会议，会期两天。各乡镇人民代表大会代表审议、通过本乡镇政府工作报告、“十一五”规划和财政报告，依照《中华人民共和国全国地方各级人民代表大会和地方各级政府组织法》的规定，等额选举产生各乡镇人民代表大会主席、政府乡（镇）长，差额选举产生各乡镇人民代表大会副主席、政府副乡（镇）长。从2007年起至2018年，各乡镇均依照法律规定按期召开人民代表大会，每届任期5年。

1986—2018年长岛县乡镇各届人民代表大会召开时间及代表人数

表16-2 单位：人

年份	届数	南长山镇（街道）	北长山乡	黑山乡	砣矶镇	大钦岛乡	小钦岛乡	南隍城乡	北隍城乡	合计
1987	十一	50	41	40	50	40	28	20	40	309
1990	十二	42	40	40	50	39	25	22	40	298
1993	十三	48	39	40	46	37	29	19	38	296
1996	十四	45	39	37	46	42	29	19	39	296
1999	十五	43	37	38	46	40	28	19	38	289
2006	十六	43	40	33	44	38	29	23	37	287
2007	十七	43	41	33	44	37	25	24	37	284
2011	十八	—	38	33	39	42	30	24	35	241
2017	十九	—	42	41	46	43	30	30	42	274

第二章　县、乡人大机构设置

第一节　县人大常委会机构

1980年11月，长岛县第九届人民代表大会第一次会议选举产生县人大常委会。1984年，县第十届人大常委会设常设工作机构办公室，非常设机构4个，分别为政法委员会、财政经济委员会、教科文卫委员会和代表资格审查委员会。1987年6月，县人大常委会增设法制、财经、教科文卫3个常设机构。1989年6月，增设人事代表工作委员会。1990年，县人大常委会设办公室、法制工作委员会、财政经济工作委员会、教科文卫工作委员会、人事代表工作室。1999年4月，县人大常委会增设信访办公室，至此，县人大常委会下设办事机构和工作机构为6个。2007年，法制工作委员会更名为内务司法工作委员会。2015年3月，县第十七届人民代表大会常务委员会第二十四次会议决定设立预算工作委员会；人事代表工作室更名为人事代表工作委员会。根据《中华人民共和国地方各级人民代表大会和地方各级政府组织法》的规定和上级要求，2016年12月，县委批复县人民代表大会专门委员会设置和相关机构调整设置。同意在县人民代表大会设立内务司法委员会、财政经济委员会、教育科学文化卫生委员会、城乡建设环境保护委员会4个专门委员会。将人大常委会财政经济工作委员会、内务司法工作委员会、教科文卫工作委员会分别更名调整为人大专门委员会财政经济工作室、内务司法工作室、教科文卫工作室，设立县人大专门委员会城建环保工作室。4个工作室作为专门委员会办事机构，为正科级规格。调整后，县人大常委会设办事机构2个：办公室、信访室；设工作机构2个：人事代表工作委员会、预算工作委员会，均为正科级规格。2017年2月，县第十八届人民代表大会第一次会议决定，设立内务司法委员会、财政经济委员会、教育科学文化卫生委员会、城乡建设环境保护委员会4个专门委员会。

第二节　乡镇(街道)人大机构

1989年前，各乡镇人民代表大会没有设立工作机构，由乡镇党委一名负责人兼管人大工作。1989年10月，设置各乡镇人民代表大会办公室。1995年4月，乡镇人大办公室改称乡镇人民代表大会，乡镇人大办公室主任由乡镇人民代表大会主席兼任。2000年12月，长岛县撤销乡镇建制，改制为区工所，乡镇人大机构随之撤销。2003年6月，经省政府批准，恢复乡镇建制。县十五届人大常委会第二十三次会议决定，于2006年2月下旬至4月上旬，在全县开展恢复建立乡镇人大工作。各乡镇先后于3月28日至4月8日分别召开十六届乡镇人大一次会议，选举产生各乡镇人代会主席，一般由乡镇党委书记兼任。2010年，南长山镇改为南长山街道，由县人大常委会任命人大工作室主任。2016年11月，按照中共中央、省、市转发《关于加强县乡人大工作和建设的若干意见》的通知，县委制定《中共长岛县委关于加强县乡人大工作和建设的实施意见》，规定街道人大工作委员会设专职主任1名，副主任1名，由县人大常委会任命。乡镇人大设专职或兼职主席1名，主席提名为县人大代表人选，乡镇(街道)人大机构配备专(兼)职工作人员，协助开展人大工作。2016年换届选举后，1个街道设人大专职主任，1个乡配备专职人大主席，6个乡镇配备兼职人大主席，3

个乡镇配备兼职人大副主席，各乡镇街道人大均没有配备专职工作人员。至2018年，各乡镇（街道）人大机构围绕县委、乡镇（街道）党（工）委决策部署，履行监督职责，加强基层民主法治建设，促进解决群众关注的热点难点问题。

第三章 职权行使

1986—2018年，县人大常委会通过决议、决定200余（项）个，听取审议“一府两院”工作报告400余个，任免国家工作人员1074人次，办理代表议案、建议1685件。

第一节 决定重大事项

长岛县人大常委会对事关全县经济社会发展大局的一系列重大问题，依法进行审议，作出相应决议、决定。第十届人大常委会共组织召开18次常委会议，作出决议、决定14个。第十一届人大常委会共组织召开24次常委会议，作出决议、决定16个。第十二届人大常委会共组织召开24次常委会议，作出决议、决定19个。第十三届人大常委会共组织召开39次常委会议，作出决议、决定27个。第十四届人大常委会共组织召开36次常委会议，作出决议、决定26个。第十五届人大常委会共组织召开37次常委会议，作出决议、决定28个。第十六届人大常委会共组织召开30次常委会议，作出决议、决定21个。第十七届人大常委会共组织召开39次常委会议，作出决议、决定46个。第十八届人大常委会（2017—2018年）共组织召开15次常委会议，作出决议、决定10个。

1986—2018年长岛县人大常委会重要决定、决议一览表

表16-3

时　间	届　次	主要决议、决定
1986年7月25日	十届常委会十三次会议	关于同意县政府报请审批的《计划生育若干问题试行办法》的补充意见的决议
1987年11月29日	十一届常委会四次会议	关于长岛县在南长山区域五年内逐步取消从事运输拖拉机的暂行规定的决定 关于长岛县实施环境噪声管理的暂行办法的决定
1988年5月27日	十一届常委会十次会议	关于长岛县实施《中华人民共和国渔业法》办法的决定
1988年7月29日	十一届常委会十一次会议	关于在全县进一步贯彻执行有关工商法规的决定
1989年6月6日	十一届常委会十八次会议	关于成立县人民法院告诉申诉庭的批复 关于增设县人大常委会人事代表工作委员会，将县人大常委会法制委员会、财政经济委员会、教育科学文化卫生委员会，更名为法制工作委员会、财政经济工作委员会、教育科学文化卫生工作委员会的决议
1990年5月3日	十二届常委会二次会议	关于长岛县全民国防教育暂行办法的决定
1990年10月25日	十二届常委会四次会议	关于推进耕海牧渔、建设宝岛的决议

续表16-3

时　间	届　次	主要决议、决定
1990年12月22日	十二届常委会五次会议	关于同意长岛县城镇总体规划调整方案的决定
1991年4月27日	十二届常委会九次会议	关于原则同意长岛县实施《山东省计划生育条例》办法的决定
1991年5月28日	十二届常委会十次会议	关于长岛县近海渔业管理的暂行规定的决定
1991年7月26日	十二届常委会十一次会议	关于长岛县村民议事办法的决定
1992年1月15日	十二届常委会十四次会议	关于齐心协力奔富裕的决议
1993年11月29日	十三届常委会五次会议	关于加强教育立法,建立教育投资体制议案办理意见的决议
1994年11月10日	十三届常委会十一次会议	关于长岛县"九五"科技发展规划的决定 关于县十三届人大二次会议主席团交付审查县十三届人大二次会议代表议案审查结果的决定
1996年11月19日	十三届常委会二十九次会议	关于撤销长岛县设立长岛市的决议
1997年11月13日	十三届常委会三十七次会议	关于批准县城市总体规划的决议
1998年9月16日	十四届常委会四次会议	关于加快个体私营经济发展的决议
1999年5月27日	十四届常委会九次会议	关于加强球石资源管理的决议
2000年11月29日	十四届常委会十九次会议	关于加快实施长岛县城市总体规划的决议
2001年7月26日	十四届常委会二十四次会议	关于在全县公民中开展第四个五年法制宣传教育的决议
2003年2月18日	十五届常委会一次会议	《长岛县人民代表大会代表建议、批评和意见办理暂行办法》
2004年5月25日	十五届常委会十次会议	通过长岛县人民代表大会常务委员会信访工作办法
2005年7月28日	十五届常委会十八次会议	关于城市基础设施建设项目贷款报告的决定
2006年2月21日	十五届常委会二十三次会议	关于县十五届人大四次会议代表提出"城区出让土地必须按功能区划并适时进行""将筹建长岛垃圾处理场列入'十一五'规划"的两件议案作为重要建议处理的意见
2008年7月29日	十六届常委会三次会议	关于进一步加快造林绿化工作的决议
2009年2月7日	十六届人大二次会议	关于加强球石资源保护和管理的议案的决议
2012年12月27日	十七届常委会六次会议	关于认真学习宣传贯彻中国共产党第十八次全国代表大会精神的决议
2013年7月25日	十七届常委会十一次会议	关于批准长岛县政府关于融资建设环岛路(慢行道)项目的议案的决定
2014年9月29日	十七届常委会二十次会议	决定批准长岛县国民经济和社会发展第十二个五年规划纲要及长岛县2014年国民经济和社会发展计划部分指标调整方案

续表16-3

时　间	届　次	主要决议、决定
2014年11月27日	十七届常委会二十一次会议	关于批准长岛县政府关于融资（二期）建设环岛路（慢行道）项目的议案的决定
2015年5月26日	十七届常委会二十五次会议	关于批准长岛县政府关于建设南海岸亲海公园及防潮堤工程的议案的决定
2016年5月24日	十七届常委会三十四次会议	关于长岛县城市总体规划（2014—2030年）的决议
2018年3月8日	十八届常委会九次会议	关于同意调整长岛县行政区划的意见

第二节　监督工作

审议监督

每年定期听取审议县政府关于重点项目、为民服务实事落实、代表建议办理情况报告，听取和审议县政府上年度财政决算草案的报告、审查和批准上年度决算，听取和审议上年度预算执行和其他财政收支的审计工作报告，本年度国民经济和社会发展计划、预算执行情况的报告。1986—2018年，围绕县委确定的中心任务和重点工作，听取审议医疗卫生、环境保护、养老产业、饮水工程、社会保障、旅游发展、禁毒工作、司法执法等工作情况报告，向"一府两院"转交常委审议意见1000余项。1998年，县十四届人大常委会第五次会议通过《长岛县人大常委会同政府、县人民法院、县人民检察院工作联系办法》。2005年，县十五届人大常委会第二十次会议通过《关于提高常委会会议审议质量的意见》。2011年，常委会对县十六届人大二次会议做出的《关于进一步加强球石资源管理和保护的决议》贯彻落实情况进行督查。县政府制定《关于加强球石资源保护和管理工作的意见》，建立长效监管和配合联动机制，非法采挖、运销球石行为得到有效遏制。2014年11月和2015年12月，听取审议、批准两期共计2亿元融资建设环岛路（慢行道）项目的议案，推进环岛路（慢行道）项目按规划实施。2015年，县十七届人大常委会第二十四次会议通过《长岛县人民代表大会常务委员会专题询问工作办法（试行）》，综合运用专题询问、评议、检查、调查、视察等方式，强化常委会审议意见的跟踪督查。2015年9月，县人大常委会首次就城乡规划建设管理工作开展专题询问，聘请7名县级人大代表为监督员，跟进城建管理监督工作。2017年，通过听取汇报、问卷调查等方式了解全县污染防治工作情况，听取环境治理工作情况报告，提出要牢固树立"绿水青山就是金山银山"的发展理念，抓住中央环保督察的有利契机，推进光学玻璃厂关停，燃煤锅炉、渣土车、建筑扬尘治理，雨污分流处理，环保新能源应用推广等工作。2018年，听取违章建设治理、道路优化提升、特色旅游发展、预防未成年犯罪等工作报告，安排常委会组成人员现场调研、督导，推进油轮建造、林业生态修复、城乡供水管网改造、道路改造等重点项目实施。

执法检查

1986年后，县人大常委会重点对渔业生产、环境保护、安全生产、科教文卫事业等涉及的法律、法规进行视察和执法检查，保证法律、法规贯彻实施。1986—1990年，对全县普法工作和《食品卫生法》《企业法》《工商行政管理法规》《渔业法》《土地管理法》的实施情况进行执法检查。1988年始，成立以县人大常委会主任为组长，职能委办参加的执法大检查领导小组，指导全县执法大检查活动。1991—2000年，对政法部门执法情况和《行政诉讼法》《计划生育条例》《中华人民共和国义务教育法》《农民承担费用和劳务管理条例》《山东省农民负担管理条例》《食品卫生法》《环境保护法》等10余部法律、法规贯彻实施情况进行视察和执法检查。2001—2010年，对《消防法》《工会法》《食品卫生法》等法律法规贯彻情况进行执法检查。2011年6月，为规范海域使用管理，对贯彻实施《海域使用管理法》情况进行执法检查，提出从解决海域使用管理中的最紧迫和最实际问题出发，切实提高海域使用管理水平的意见。2012年7月，对县政府贯彻实施《中华人民共和国城乡规划法》情况进行执法检查，提出加快总体规划修编、强化规划监督与执法、杜绝各类违规行为发生的意见。2014年，对县政府贯彻实施《政府采购法》、县人民法院贯彻实施《中华人民共和国民事诉讼法》情况进行执法检查，强调要领会立法精神，进一步改进民事审判和执行工作，提高审判质量和诉讼效率。2015—2018年，对《山东省旅游管理条例》《环境保护法》和大气污染防治、安全生产“一法一条例”的贯彻执行情况进行视察和执法检查，针对存在的问题提出改进意见。

第三节 人事任免

县人大常委会坚持党管干部和人大依法任免相统一的原则，严格任免程序。1989年8月，审议通过《长岛县人民代表大会常务委员会人事任免暂行办法》。2000年7月，审议通过《长岛县人民代表大会常务委员会人事任免办法》，并于2015年进行修订。2015年，审议通过《长岛县人民代表大会常务委员会任命人员任前法律知识考试办法》，对提请任命的干部人选，通过任前法律知识考试、作供职报告、无记名投票表决、向宪法宣誓等方式，增强任免工作的严肃性和权威性。自第十届至第十八届，共依法任免县级国家机关工作人员1074人次。

第四节 议案和代表建议办理工作

第十届人民代表大会

第三次会议期间，共收到代表建议、批评、意见67件，其中，文教卫生方面7件，工业环保方面7件，基本建设方面15件，劳动福利方面15件，其他方面23件。其中，关于基层建设投资规模和经济基础、积累和分配不成比例，县城无职业非农业人口增多，建议设立居民委员会等建议引起县政府重视，筹备推进相关工作，其他建议、批评、意见均由有关部门作相应处理。1988年3月，长岛县城镇居民委员会成立。

第十一届人民代表大会

第一次会议期间，共收到代表建议、批评、意见87件。第二次会议期间，因开会时间紧，未作代表议案和建议、批评、意见的征集工作。第三次会议期间，共收到代表建议、批评、意见38件。第四次会议期间，共收到代表议案、建议、意见和批评42件。根据柳慎之等10名代表提出的关于要求解决染化厂污染的议案，会议作出《关于驻军染化厂限期停产、转产的决议》。第十一届人大常委会第二十一次会议上，县城乡建设委员会作关于驻军染化厂限期转产停产的决议落实情况的汇报。上述建议、意见均由有关部门办理完毕。

第十二届人民代表大会

第一次会议期间，共收到代表议案23件。经大会主席团审定，将关于住县城的初中、高中和中专就读的农村学生享受商品粮、煤待遇的议案，作为大会议案处理，其余作为建议处理。本次大会共收到建议、批评和意见56件。县人大常委会和县政府对会议议案的办理非常重视。4月，县人大常委会、县政府组织联席会议研究，决定住县城的初高中、技校和中专学校在校就餐（南长山镇学生除外）的农村学生按定量标准享受农村统销粮待遇。由县粮食局从1990年5月份开始，按月供应。第二次会议期间，共收到代表议案7件。其中农林水产方面3件，福利方面2件，财贸方面2件，经大会秘书处依法审定，并报请大会主席团通过，全部作为建议、批评和意见处理。大会共收到建议、批评和意见97件。第三次会议期间，收到代表提出的议案8件，经大会秘书处审定，并报请大会主席团通过，全部作为建议、批评和意见处理。共收到代表提出的建议、批评和意见101件。上述建议、意见均由有关部门办理完毕。

第十三届人民代表大会

第一次会议期间，共收到代表联名议案20件。经议案组审定，将《尽快制定我县规范性实施九年义务教育的地方法规》《尽快拓宽筹措办学资金渠道促进教育更快发展》2件议案提交大会审议，其余作为建议处理。共收到建议、批评和意见73件。1993年11月，县政府书面向县人大常委会提交关于对《加强教育立法、建立教育投资体制》两项议案的处理报告。县政府批转教育局《关于征收义务教育保证金及调整学杂费标准的意见》。第二次会议期间，收到代表联名议案15件，经过审定，将《成立海上治安巡逻队，加强海上管理》作为议案提交审议，其余作为建议处理。共收到代表建议、批评和意见51件。县政府于1994年9月1日印发《长岛县海区管理办法》，法工委于1994年11月在县十三届人大常委会第十一次会上作议案办理情况的报告。第三次会议期间，共收到代表联名议案2件，其中将《扩宽教育筹资渠道，增加教育投入》作为大会议案处理，另外1件作为建议处理。本次会议共收到代表建议、批评和意见47件。第四次会议期间，共收到代表议案5件，经大会秘书处审定，全部作为建议处理。共收到代表建议、批评和意见47件。第五次会议期间，共收到代表议案5件，经大会秘书处审定，全部作为建议处理。共收到代表建议、批评和意见45件。上述建议、意见均由有关部门办理完毕。

第十四届人民代表大会

第一次会议期间，共收到代表议案17件，均作为建议处理。本次会议共收到代表建议、批评和意见67件。第二次会议期间，收到代表议案6件，经过审定，将《加强球石管理，保护海岛环境》作为议案处理，其余作为建议处理。共收到代表建议、批评和意见50件。县人大常委会作出《关于加强球石资源管理》的决议。第三次会议期间，共收到代表联名议案7件，均作为建议处理，收到代表建议、批评和意见34件。第四次会议期间，共收到代表议案5件，均作为建议处理，共收到代表建议、批评和意见78件。第五次会议期间，共收到代表议案4件，均作为建议处理，共收到代表建议、批评和意见25件。上述建议、意见均由有关部门办理完毕。

第十五届人民代表大会

第一次会议期间，共收到代表议案2件，经审定均作为建议处理。会上，代表共提出由县政府系统承办的建议38件，会后，又收到代表建议8件，共计46件。其中，人事旅游类18件，城建农水类7件，教育文化类6件，工业经贸类3件，金融财税类7件，水产科技类5件。第二次会议期间，代表共提出建议、批评和意见48件，其中，人事旅游类11件，城建农水类13件，教育文化类10件，工业经贸类4件，金融财税类4件，水产科技类6件。第三次会议期间，共收到代表建议、批评和意见43件。其中，人事旅游类3件，交通治安类9件，城建农水类11件，教育文化类8件，工业经贸类1件，金融财税类2件，水产科技类9件。第四次会议期间，共收到代表团及代表提出的议案2件，分别是《城区出让土地，必须按功能区域规划并适时进行》和《将筹建长岛县垃圾处理厂列入‘十一五’规划》，经大会秘书处审定，大会主席团通过，将两件议案于大会闭会后，交县人大常委会有关工作机构调查审议，由常委会决定是否作为议案处理。2月，经常委会二十三次会议研究，作为重要建议处理。共收到代表提出的建议、批评和意见67件。批评和意见37件，其中，渔业生产方面的1件，城乡建设方面的6件，工业交通方面的14件，文教卫生方面的6件，劳动人事及福利保障方面的2件，农水矿产方面的4件，社会治安方面的1件，其他方面的3件。上述建议、意见均由有关部门办理完毕。

第十六届人民代表大会

第一次会议期间，代表提出建议56件，其中，渔业海域管理类3件，城乡建设市政管理类14件，工业交通类7件，文教卫生类3件，社会治安类5件，人事劳动社会保障类7件，农林水利类7件，旅游类3件，其他类7件。第二次会议期间，代表共提出议案1件，收到代表建议、批评和意见共46件，其中：渔业生产管理方面的4件；城乡建设方面的9件；工业交通方面的7件；文教卫生方面的4件；社会治安方面的8件；人事劳动和社会保障方面的4件；农水林业方面的4件；其他方面的6件，作出关于加强球石资源保护和管理的议案的决议。第三次会议期间，共收到代表建议、批评和意见45件，其中：渔业生产管理方面的6件；城乡建设方面的10件；工业交通方面的9件；旅游方面的3件；文教卫生方面的3件；社会治安方面的2件；干部人事和社会保障方面的3件；农水林业方面的3件；其他方面的6件。第四次会议期间，共收到代表建议、批评和意见共36件，群众比较关注的解决县城区雨季排涝、增加北五岛和西三岛海上运力、加大全县渔业安全生产投入、对部分学校乘车就读学生给予交通补贴、乡镇路灯照明等建议。上述建议、意见均由有关部门办理完毕。

第十七届人民代表大会

第一次会议期间，收到代表建议、批评和意见共43件，其中，财税管理方面的6件，农林水务方面的4件，旅游管理方面的5件，文教卫生方面的8件，渔业生产管理方面的5件，工业交通方面的5件，城乡建设方面的7件，干部管理方面的1件，其他方面的2件。第二次会议期间，收到代表建议、批评和意见共29件，其中，渔业生产管理方面的7件，工交生产管理方面的5件，城建与市政管理方面的4件，旅游管理方面的2件，文教卫生方面的5件，食品安全方面的2件，农林水务方面的1件，其他方面的3件。常委会在8月份到乡镇、渔村、企业走访调研活动中，又征求关于解决供电保障、海上交通、群众就医、城市管理、电视收视等问题的建议。对此，县委主要领导作出“认真研究，妥善解决，做到让群众满意”的批示，建议所提问题全部得到解决。第三次会议主要议题是选举事项，代表没有提出建议、批评和意见。第四次会议期间，共收到代表建议、批评和意见共44件，其中，渔业生产管理方面的4件，城乡建设方面的7件，工业交通方面的7件，旅游方面的3件，文教卫生方面的7件，社会治安方面的6件，干部人事和社会保障方面的4件，农水林业方面的1件，其他方面的5件。第五次会议期间，共收到代表建议、批评和意见32件，其中，城市建设管理与环境保护方面的7件，工交生产管理方面的5件，渔养生产方面的4件，农林水利方面的4件，文教卫生方面的3件，旅游管理方面的1件，社会治安管理方面的1件，其他方面的7件。经主任会议研究，将《关于城区增设停车场的建议》和《西三乡和蓬长线同等气候条件下享受同样的通航率》2件建议列为重点建议。第六次会议期间，共收到代表建议、批评和意见34件，其中，城市建设管理与环境保护方面的7件，渔养生产方面的3件，工交生产管理方面的7件，文教卫生方面的6件，农林水利方面的3件，旅游管理方面的2件，其他方面的6件。上述建议、意见均由有关部门办理完毕。

第十八届人民代表大会

第一次会议期间，共收到代表提出的建议、批评和意见54件，其中属政府系统办理的53件。经主任会议研究，确定《关于关停长岛屿珠光学玻璃厂的建议》《关于对外地渔船采用喷水式拉网加大执法力度的建议》《关于将通信发射塔外迁的建议》和《关于加强对后沟、店子两所沈鸿烈学校进行保护、修复、展示的建议》等四件建议为重点建议办理。第二次会议期间，共收到代表提出的建议、批评和意见20件，其中，会议期间大会秘书处交办1件，其余19件均属政府系统办理的建议，予以转交。经主任会议研究，确定《关于第一实验学校改善冬季取暖问题的建议》《关于解决旅游旺季长岛居民进出岛困难问题的建议》《关于在长岛工作的外籍人员车辆进出岛费用与本地居民执行统一标准的建议》和《关于加强北岛森林防火设备的建议》及《关于提升森林防火能力的建议》为重点建议。上述建议、意见均由有关部门办理完毕。

第五节　调研视察

1986—2018年，县人大常委会共组织视察、调研活动290余次，参加代表2500余人（次），代表提出建议1100余条，形成调研（视察）报告100余篇。

1986年4月，组织驻岛的省、市人大代表视察县针织厂、拆船厂和北城、嵩前村的经济发展和体制改革情况。10月，组织视察南五乡镇退耕还林和土地利用情况。

1987年7月，组织视察饮食服务业发展、街道绿化美化净化工作。10月，成立两个调研组，调研南五乡镇和北五乡镇的卫生工作，提出改善偏远乡镇卫生医疗条件、增加医疗设备、提高医务人员待遇、加强技术培训等建议。

1988年4月，组织调研组赴即墨、莱州等地考察医院改革和卫生城建设情况。9月，视察乡镇敬老院工作。1989年，视察《渔业法》《食品卫生法》贯彻落实情况和社会治安等工作，组织代表赴荣成、牟平、龙口等地考察渔业发展情况。

1990年，视察政法工作、“耕海牧渔”实施情况，开展侨务外事工作情况调查。1991年，视察工商行政管理工作、《计划生育条例》落实情况、行政事业单位工作人员有关福利情况，组织召开人大工作专题经验交流会。1992年，组织到江苏、浙江、安徽、河南、上海等四省一市考察乡镇企业发展情况。

1993年9月，针对部分乡镇海上治安秩序混乱，养殖物资丢失情况严重的问题，对北五岛依法治村和海上治安工作进行调查。10月，组织县公安局、人民法院、人民检察院、司法局和信访局等部门在南五岛联合开展海上治安调查，建议县政府成立海上治安管理部门，配备船只、人员，严打海上偷盗行为。1994年11月，组织对工商企业经济效益情况、重点工程建设情况、护林爱鸟情况进行视察、调研。1995年6月，视察《长岛县海区管理办法》实施情况和海上治安情况。9月，视察“捞金”“捞银”“钻石”三项工程计划完成情况，调研“科技兴岛”、广播电视工作。

1998年10月，对全县个体私营经济发展情况和县政府贯彻《税收征收管理法》情况进行调查，提出完善个体税收、零散税征管措施相关建议。1999年3月，围绕《加强球石管理、保护海岛环境》议案提出的问题开展专题视察。2000—2002年，组织对税收征管、贯彻实施《渔业法》、县直企业改革、城区集中供暖、农贸市场管理、“事改企”单位运行情况、旅游工作进行专题调查。

2003年，对县人民法院已申请执行案件情况、退耕还林和绿化美化工作进行调研。2004年，对“渔家乐”业户的环境卫生状况、工业经济运行情况和城市建设情况进行调研，建议重新规划渔市，加强环境卫生管理。2005年，对全县养殖结构调整进行视察，建议规范网箱养鱼，提高海水水质，确保海水养殖健康发展。

2007—2008年，视察城区大环境卫生、绿化美化情况，调研城中村“村改居”、《渔业法》贯彻执行工作，提出“营造‘海底森林’保护海洋生态环境，促进长岛渔业增养殖健康可持续发展”的建议。2009年，视察集雨水工程建设、海上治安工作，调研海陆交通安全、县医院改造、旅游工作，建议落实交通安全监管责任，强化交通安全监管。2010—2012年，对海上治安、渔业“双百万”工程、长岛地理产品保护、生产经营公司化、居住生活社区化推进工作、饮水安全、森林防火等工作开展视察、调研。

2012年，组织对旧村改造、优化全县教育布局等工作开展视察、调研。2013年4月，对西三岛渔村加快城乡一体化建设进行调研。6月，组织对县城区管理执法、蓬长跨海引水工程进行视察，建议加快推进蓬长跨海引水项目，研究供水应急预案，加强备用水源管理和建设，保障城乡供水安全。2014年，组织对生态渔业工程建设情况、县人民检察院规范化建设工作进行视察。2015—2016年，对全县饮水安全及水源地建设保护、招录使用医疗技术专业人员情况、海上客运发展、渔家乐改造升级、美丽渔村建设、禁毒工作等进行调研、视察，提出加快北岛海水淡化设备升级和城乡供水管网改造，尽快解决乡镇医疗卫生人员不足问题、大力实施渔家乐优化提升工程等建议。

2017—2018年，对重点项目建设、森林防火工作、海上客运业发展及服务提升、城乡规划建设管理、“清洁家园、美丽渔村”建设、县人民法院工作、信访工作、社会养老服务体系建设、优化提升城市道路交通环境、预防青少年犯罪、推进特色旅游发展、违法建设治理等工作进行调研、视察。2017年6月，对县内外社会养老状况进行调研，建议把发展养老事业作为一项惠民暖心工程，编制养老事业发展专项规划，优先解决失能、半失能和高龄老人的养老需求。

2018年9—11月，对道路改造、违法建设拆除等工作进行调研、视察，赴长海、嵊泗、南澳等海岛县考察生态保护和陆岛交通建设情况，建议严格执行《长岛海洋生态文明综合试验区建设实施规划》，全面推进生态保护和绿色发展。

第六节　代表工作

县人大常委会历次换届后，采取集中培训和送教下乡方式，对新履职代表进行一次以坚持人民代表大会制度、人大代表的权力与义务、人大工作知识为主要内容的专题培训。届中，根据需要和适合代表工作的特点，通过开展座谈会、专题讲座、知识竞答等方式，增强代表履职能力。加强代表小组建设。换届后，按照就地就近、方便高效的原则，及时调整划分代表小组，帮助代表小组制定学习、视察、联系选举单位等规章制度。加强代表履职平台建设。定期召开代表履职和主题实践活动交流会，总结交流乡镇人大工作情况和开展代表主题实践活动经验做法，增强履职实效。2005年，县十五届人大常委会第十七次会议，通过《关于开展县人大代表述职评议活动的实施意见》。2013年，开展“为加快建设生态旅游度假岛建功立业”主题实践活动，全县各级人大代表立足本职，承诺实事完成983件，走访联系群众9860余人次，提出合理化建议236项。2017年，开展“为人民履职、做合格代表”主题实践活动，常委会组成人员每人联系3—5名代表，每名代表联系5—10名群众，定期轮换，加强常委会组成人员与代表和群众的联系沟通。

1989—2018年，先后制定《长岛县人大常委会联系人民代表大会代表暂行办法》《长岛县人大常委会关于加强与人大代表联系和人大代表与人民群众联系的意见》，完善“双联”制度，规范县人大常委会与县人大代表的工作联系。采取邀请代表列席常委会会议、参加常委会组织的视察、调研和座谈会等形式，广泛联系代表。定期组织代表参加县人民法院审理旁听。改革代表建议办理的交办方式。制定《长岛县人民代表大会代表建议、批评和意见办理工作办法》《长岛县人大代表建议、批评和意见督办工作办法》，推行代表建议联合督办和“大督办”机制，由县人大常委会主任、副主任牵头，相关委室落实督办任务。

第十七编　地方行政机关

1986—2018年，长岛县人民政府共换届8次。先后进行6次政府工作机构改革，施政方式、工作机制不断完善，政府法治、行政审批与服务、应急管理等综合政务深入实施。历届政府在中共长岛县委领导下，坚持从海岛实际出发，以经济建设为中心，深化改革，扩大开放，励精图治，依法施政，推动全县经济社会实现可持续发展。

第一章　政府机构

第一节　领导成员

1986—2018年，长岛县人民政府历经8届。1993年前，每届任期3年。自第十三届始，县人民政府每届任期5年。

第十一届人民政府

由1987年4月17日召开的长岛县第十一届人民代表大会第一次会议选举产生。县政府设县长1人、副县长4人。至1989年12月，补选副县长1人。

第十二届人民政府

由1990年4月5日召开的长岛县第十二届人民代表大会第一次会议选举产生。县政府设县长1人、副县长4人。至1992年12月，补选副县长1人。

第十三届人民政府

由1993年2月12日召开的长岛县第十三届人民代表大会第一次会议选举产生。县政府设县长1人、副县长5人。至1996年12月，补选副县长1人。至1997年3月，补选县长1人。至1997年12月，补选县长1人、副县长2人。

第十四届人民政府

由1998年2月6日召开的长岛县第十四届人民代表大会第一次会议选举产生。县政府设县长1人、副县长5人。至1999年1月，补选副县长1人。至2000年9月，补选副县长1人。至2001年1月，补选副县长2人。至2001年11月，补选县长1人。至2002年6月，补选副县长1人。至2002年12月，补选副县长1人。

第十五届人民政府

由2003年1月18日召开的长岛县第十五届人民代表大会第一次会议选举产生。县政府设县长1人、副县长6人。至2006年12月，补选县长1人，副县长3人。至2007年10月，补选副县长1人。

第十六届人民政府

由2007年12月9日召开的长岛县第十六届人民代表大会第一次会议选举产生。县政府设县长1人、副县长6人。至2009年11月，补选副县长2人。至2010年1月，补选县长1人。至2011年11月，补选县长1人、副县长4人。

第十七届人民政府

由2012年1月10日召开的长岛县第十七届

人民代表大会第一次会议选举产生。县政府设县长1人、副县长6人。至2013年5月，补选县长1人。至2013年9月，补选副县长2人。至2013年12月，补选副县长1人。

第十八届人民政府

由2017年2月26日召开的长岛县第十八届人民代表大会第一次会议选举产生。县政府设县长1人、副县长5人。

1987—2018年长岛县历届人民政府县长、副县长一览表

表17-1

届　别	职　务	姓　名	任职时间
第十一届（1987.4—1990.4）	县　长	宋修武	1987.4—1990.4
	副县长	宋家来	1987.4—1990.4
		王化东	1987.4—1990.4
		葛长鹏	1987.4—1990.4
		王国强	1987.4—1990.4
		姜必欣	1989.12—1990.4
		杨华东（聘任）	1988.9—1990.4
		于洪民（挂职）	1989.8—1990.4
第十二届（1990.4—1993.2）	县　长	宋修武	1990.4—1993.1
		刘延林（代理）	1993.1—1993.2
	副县长	杨华东（聘任）	1990.4—1991.7
		宋家来	1990.4—1992.6
		王国强	1990.4—1993.1
		张连汉	1990.4—1993.2
		姜必欣	1990.4—1992.12
		矫　毅（挂职）	1991.3—1992.12
		梁程科	1992.12—1993.2
		于洪民（挂职）	1990.4—1990.12
第十三届（1993.2—1998.2）	县　长	刘延林	1993.2—1996.8
		王国强（代理）	1996.8—1997.3
		王国强	1997.3—1997.12
		于旭华	1997.12—1998.2
	副县长	张连汉	1993.2—1998.2
		梁程科	1993.2—1997.12

续表 17-1

届别	职务	姓名	任职时间
第十三届（1993.2—1998.2）	副县长	梁财新	1993.2—1997.12
		高长华	1993.2—1998.2
		冷述根	1993.2—1998.2
		黄少军(挂职)	1993.4—1994.12
		迟景国	1996.12—1997.12
		姜清春(挂职)	1995.4—1997.12
		姜清春	1997.12—1998.2
		刘玉璞	1997.12—1998.2
第十四届（1998.2—2003.1）	县长	于旭华	1998.2—2001.11
		吴德强	2001.11—2003.1
	副县长	张连汉	1998.2—2001.1
		冷述根	1998.2—2003.1
		姜清春	1998.2—2001.1
		于　玲(女)	1998.2—2002.12
		刘玉璞	1998.2—1999.1
		李洪涛(挂职)	1998.9—2001.1
		刘延飞	1999.1—2003.1
		王景山(挂职)	2000.7—2003.1
		袁　旭(女)	2000.9—2003.1
		吴德强	2001.1—2003.1
		李忠武	2001.1—2003.1
		朱大良	2002.6—2003.1
		张延廷	2002.12—2003.1
第十五届（2003.1—2007.12）	县长	吴德强	2003.1—2006.12
		张延廷	2006.12—2007.12
	副县长	张延廷	2003.1—2006.12
		刘延飞	2003.1—2007.12
		袁　旭(女)	2003.1—2007.12

续表 17-1

届　别	职　务	姓　名	任职时间
第十五届（2003.1—2007.12）	副县长	朱大良	2003.1—2016.12
		蔡德利	2003.1—2007.12
		李忠武	2003.1—2016.12
		林国明（聘任）	2006.4—2007.12
		赵友奎（挂职）	2006.4—2007.12
		宋昌林	2006.12—2007.12
		冷彩凌（女）	2006.12—2007.12
		胡志德	2006.12—2007.10
		李俊杰	2007.10—2007.12
		顾维良（挂职）	2007.11—2007.12
第十六届（2007.12—2012.1）	县　长	张延廷	2007.12—2010.1
		宫　权	2010.1—2011.11
		李胜刚	2011.11—2012.1
	副县长	宋昌林	2007.12—2011.11
		刘延飞	2007.12—2009.11
		蔡德利	2007.12—2008.8
		冷彩凌（女）	2007.12—2009.9
		李俊杰	2007.12—2012.1
		王作文	2007.12—2012.1
		王立胜	2009.11—2011.11
		马克勤	2009.11—2012.1
		胡志德	2011.11—2012.1
		郑　钧	2011.11—2012.1
		吴吉壮	2011.11—2012.1
		陈端梅（女）	2011.11—2012.1
第十七届（2012.1—2017.2）	县　长	李胜刚	2012.1—2013.5
		刘树军	2013.5—2017.2
	副县长	胡志德	2012.1—2013.9

续表17-1

届别	职务	姓名	任职时间
第十七届（2012.1—2017.2）	副县长	李俊杰	2012.1—2013.9
		马克勤	2012.1—2013.9
		郑　钧	2012.1—2013.9
		吴吉壮	2012.1—2016.12
		陈端梅（女）	2012.2—2017.2
		王喜有（挂职）	2013.5—2017.2
		林存瑛（女、挂职）	2013.5—2017.2
		刘文家	2013.9—2016.9
		孙华君	2013.9—2017.2
		张世岩	2013.12—2017.2
		郝善丞（挂职）	2015.9—2016.9
		刘海滨（挂职）	2016.5—2017.2
第十八届（2017.2—　　）	县　长	李俊杰	2017.2—
	副县长	孙华君	2017.2—
		陈端梅（女）	2017.2—2017.10
		宋卫绪	2017.2—2018.12
		宋　滨	2017.2—
		张　涛	2017.2—2018.4
		刘海滨（挂职）	2017.2—2017.5
		李翘楚（挂职）	2017.9—2018.9

第二节　职能部门

1987年，长岛县人民政府共设工作部门35个，分别为县政府办公室、经济委员会、计划委员会、城乡建设环境保护委员会、交通局、科学技术委员会、教育局、文化局、体育运动委员会、卫生局、计划生育委员会、对外经济贸易委员会、公安局、司法局、监察局、民政局、人事局、财政局、税务局、审计局、土地管理局、矿产资源管理局、水产局、农业水利局、林业局、乡镇企业管理局、商业局、粮食局、人防办公室、体制改革办公室、法制办公室、广播电视局、房产局、县志办公室、旅游局。

1993年，全县进行机构改革，撤销、合并部分委、办单位，此后进行调整理顺。至1998年6月，长岛县人民政府共设工作部门22个，分别为县政府办公室、经济贸易委员会、计划统计委员会、城乡建设环境保护委员会、交通委员会、科学技术委员会、教育委员会、文化体育委员会、对外经济贸易委员会(与口岸办公室合署)、公安局、安全局、计划生育卫生委员会、司法局(与县委政法委员会合署)、监察局(与纪律检查委员会合署)、民政局、人事局(与县机构编制委员会合署)、财政税务局(与国有资产管理局合署)、审计局、工商行政管理局、土地矿产管理局、海洋与水产局、农业水利局。

2001年,长岛县人民政府共设工作部门16个,分别为县政府办公室、计划统计局、经济贸易局、教育文化体育局、科学技术局、公安局、监察局(与纪律检查委员会合署)、司法民政局、财政局、人事劳动和社会保障局(与县机构编制委员会合署)、农业水利和国土资源局、建设环保局、交通局、海洋与渔业局、计划生育卫生局、审计局。

2005年,长岛县人民政府共设工作部门19个,分别为县政府办公室、发展改革和统计局、经济贸易局、教育文化体育局、科学技术局、公安局、监察局(与纪律检查委员会合署)、民政局、财政局、司法局(与县委政法委员会合署)、人力资源和社会保障局(与县机构编制委员会合署)、国土资源局、农业水利局、建设局(与县环境保护局合署)、交通局、海洋与渔业局、人口和计划生育卫生局、审计局、安全生产监督管理局。

2010年,长岛县人民政府共设工作部门20个,分别为县政府办公室、发展改革和统计局、教育体育局、科学技术局、公安局、监察局(与纪律检查委员会合署)、民政局、司法局(与县委政法委员会合署)、财政局、人力资源和社会保障局、国土资源局、住房和规划建设管理局、交通运输局、农林水务局、海洋与渔业局、商务局、文化广电新闻出版局、卫生和人口计划生育局、审计局、安全生产监督管理局。

2014年,长岛县人民政府共设工作部门23个,分别为县政府办公室、发展改革和统计局、经济和信息化局、教育体育局、科学技术局、公安局、监察局(与纪律检查委员会合署)、民政局、司法局、财政局、人力资源和社会保障局、国土资源局、住房和规划建设管理局、交通运输局、农林水务局、海洋与渔业局、文化广电新闻出版局、卫生和人口计划生育局、审计局、环境保护局、市场监督管理局、安全生产监督管理局、政务服务中心管理办公室。

2018年6月,山东省政府批复设立长岛海洋生态文明综合试验区。10月,烟台市委、市政府印发《长岛海洋生态文明综合试验区管理体制和机构设置方案》,批复试验区工委、管委管理体制,设区级工作机构12个:工委管委办公室、党群工作部、宣传文化和旅游部、政法委员会、财政金融局、经济发展局、社会事务局、自然资源局、交通和住房建设管理局、市场监督管理局、综合行政执法局、行政审批服务局,直属事业单位6个:党校、山东长岛国家级自然保护区管理局、政策研究中心、海洋经济促进中心、长岛国家海洋公园管理处、大数据信息资源管理中心。

第三节　乡镇(街道)机构

1985年4月,根据山东省海岛工作会议精神,全县进行区划调整,以岛建乡,增设4个乡,即小黑山乡、庙岛乡、小钦岛乡、南隍城乡。乡镇政府由6个增至10个。2001年3月,撤销庙岛乡和小黑山乡,分别并入北长山乡、大黑山乡,全县设2个镇6个乡。2003年7月,大黑山乡改称黑山乡。2009年7月,成立庙岛办事处。2010年4月,成立小黑山办事处。2010年12月,撤销南长山镇,在其原行政区域设立南长山街道办事处。2012年11月,小黑山办事处更名为小黑山开发管理处,庙岛办事处更名为庙岛开发管理处。全县设7个乡镇政府,3个派出机构(街道办事处、开发管理处)。至2018年未发生调整变化。

第二章　施政方式

长岛县政府通过召开县政府全体会议、县政府常务会议、县长办公会议和县政府专题会议，传达贯彻上级党委、政府以及县委的重要决策部署；研究制定县政府决策、措施和经济社会发展规划，讨论制定县政府工作计划和事关全局的重大事项。实行县长分工负责制，不断完善审批、调研、督查和县长公开电话等工作机制，推进各项工作落实到位。

第一节　会议制度

县政府全体会议

由县长、副县长和政府职能部门负责人组成，由县长或县长委托负责常务工作的副县长（以下简称常务副县长）召集和主持，一般每半年召开一次。县人民政府办公室主任、副主任，各乡镇（街道）人民政府（办事处）、开发管理处主要负责人列席，根据工作需要可安排（邀请）有关部门、单位负责人列席会议。会议主要内容：传达贯彻上级和县委重要指示，以及县人大常委会及其常委会的决议、决定；总结县政府阶段性全面工作，部署下一阶段工作任务；讨论决定县政府重要工作事项及需由县政府全体会议讨论决定的其他事项等。

县政府常务会议

由县长、副县长组成。会议由县长或县长委托常务副县长召集和主持，会议组成人员超过半数方能召开。常务会议按月召开或因重要事项临时召开。与会议议题有关的单位主要负责人列席会议。会议的主要内容：传达贯彻上级和县委重要指示精神，以及县人大常委会及其常委会的决议、决定，研究提出具体贯彻意见；研究本县经济社会发展中的重要问题以及与人民群众利益密切相关的重要事项；研究讨论提请县人民代表大会及其常委会审议的议案等；讨论研究县政府制定的需要会议集体研究的规范性文件等；研究讨论需要县政府常务会议集体决定的重要事项。

县长办公会议

由县长或县长委托常务副县长召集和主持。根据工作需要，安排与会议议题有关的部门、单位和乡镇主要负责人列席会议，邀请县委、县人大常委会、县政协有关工作部门负责人，中央和省市驻岛有关单位，县人民团体负责人等参加。会议的主要内容：研究落实县政府常务会议决定的一些事项；研究处理县政府日常工作中的一些问题；研究讨论需要县长办公会议集体决定的重要事项。

县政府专题会议

专题会议一般一事一议，与会议内容有关的乡镇（街道）政府（办事处）、开发管理处及其相关的部门负责人参加。若会议内容涉及两位以上副县长，可共同召集会议。专题会议可以根据议题随时召开。会议的主要任务是：研究部署县政府领导分工范围内需要统一协调办理的事项；研究组织实施县政府规定、决定中需要办理的专门事项；研究处理县政府工作执行、推进过程中需要协调解决的具体问题；研究需要提交县政府常务会议及其他会议讨论研究的重要工作事项。

第二节　运行机制

县长分工负责制

县政府由县长、副县长和政府职能部门主要负责人组成；县政府实行县长负责制，县长主持县政府的全面工作。副县长协助县长工作，并向县长负责；县政府副县长按分工负责处理分管工作，受县长委托，负责其他方面的工作或者专项任务，并可代表县政府进行外事活动；县政府工作部门的主任、局长负责本部门的工作；县政府工作部门受县政府统一领导，在本部门的职责范围内行使职权。涉及多个部门职责范围内的工作，主办部门主动与协办部门协调，协办部门积极配合；县长外出期间，由负责常务工作的副县长主持县政府工作；县政府副县长对分工工作中的重要问题和重要情况，要及时向县长汇报；县政府各部门的负责人要及时向分管副县长汇报工作情况，重大问题可同时向县长报告。

公文审批

县政府办公室统一受理、承办上级机关来文，各乡镇政府、街道办事处、开发管理处，县政府各部门以及其他单位向县政府报送的公文。县政府领导批示的公文，由县政府办公室统一转办、处理；县政府部门内设机构工作中需要请示的事项，向主管部门请示；确需向县政府请示的事项，由其主管部门向县政府行文。请示、报告类公文，由部门主要负责人或者主持工作的负责人签发。内容涉及其他部门职能的，应协商一致；向县政府或县政府办公室报送公文，要实事求是地标注公文缓急程度，确属紧急事项的，在文中注明紧急原因及在本部门的办理过程；收到乡镇政府、街道办事处、开发管理处，县政府部门和县直单位报送县政府的公文后，县政府办公室提出拟办意见，并按程序送县政府领导签批；向县政府报送需要审批的公文，除县政府领导直接交办事项和必须直接报送的绝密事项外，不得直接报送县政府领导个人，更不得多头主送。对有具体请示事项的公文，县政府分管副县长签署明确意见、姓名和日期；县政府印章和各类专用章，须经县长、副县长或县政府办公室主任同意方可用印。县长印章，须经县长或县长授权县政府办公室主任同意，方可用印。议事协调机构和临时机构不刻制印章；加快网络化办公进程，提高公文办理效率。对部门请示县政府的事项，一般在7个工作日内给予回复。对紧急公文，按照"特事特办、急事急办"的原则迅速办理；精简公文和电报。凡以县政府或县政府办公室名义制发的公文，均由县政府办公室负责审理和送审、送签。县政府领导不直接签批未经县政府办公室审理的公文文稿；以县政府和县政府办公室名义制发的公文，由主办部门代拟草稿，在确保符合法律法规及有关政策前提下，由主办部门主要领导签字同意。各部门内设机构除办公室外不得对外行文，不得要求乡镇政府、街道办事处、开发管理处向本部门（单位）报送公文。属于业务性较强及行业性的重要工作，或其他需县政府同意的事项，报经县政府领导审定后，加"经县政府同意"字样，由部门行文。未经县政府同意，议事协调机构和临时机构不得对外行文。

调研

90年代，县政府办公室逐步加强信息调研工作，成立综合调研机构，主要负责县政府领导讲话、汇报提纲、综合材料的起草和修改把关，确保起草材料符合国家、符合上级政策、符合长岛实际；负责组织或参与全县政府系统调查研究工作，开展调查研究和政策研究，为领导决策提供依据；承办县政府办公室交办的其他工作事项；发挥参谋助手作用，及时、准确、全面反映长岛县社会经济发展中的各种新情况、新问题，加强对事关全局的重大问题、群众普遍关注的热点问题的调查研究。1986—1990年，以发展乡村经济、基础设施建设、水产品加工、耕海牧渔为重点开展调查研究，编发《我县水产品加工业投资过热》《当前我县扇贝生产存在的问题和今后发展的意见》等调研文章。1991年后，重点围绕渔村改革、渔养生产、远洋捕捞、造船业发展等方面开展调查研究。其中，《耕海牧渔的路子越走越宽》《深化渔村体制改革加快耕海牧渔步伐》《关于我县水流网生产情况的调查与建议》《关于我县私营企业发展情况的调查》《大钦岛乡冷藏加工业发展情况调查》等文章入选年度重点调研报告。2000年后，以体制机制改革、重点项目建设、旅游开发、生态渔业、民营经济发展等为调研重点，《关于长岛县民营经济发展情况的调研报告》《深化旅游经营管理体制机制改革提升旅游业发展的层次和水平》等调研文章入选《烟台政务调研》等市级以上报刊。2008年后，《关于扇贝问题的调研报告》《关于解决我县北五岛和西三岛饮水安全问题的调查与思考》等调研文章为相关政策的制定提供重要参考。2016年起，调研工作聚焦海岛生态保护发展、重点项目和民生工程建设、多元化发展长岛经济等方面，2018年编写的《长岛县坚持生态立岛统筹全域力量推动生态保护发展》得到省政府主要领导批阅。

督查

1993年11月，县政府办公室设信息督查科。主要负责县委、县政府重要工作督查落实工作；负责县政府领导批示、交办事项的办理和督查落实工作；负责重要文件、重要会议决定事项督查落实工作；负责组织协调、督查落实人大代表建议、政协委员提案办理工作。

综合督查工作　1994年，建立月报督查制度。1998年，县政府制定《关于强化重要政务事项督查的意见》，明确办理时限、定期通报、责任追究等相关要求。至2003年，先后对县委、县政府确定的1708项重要事项开展督查，督办临时交办事项200余项，省、市督查落实事项100余项，编发督查调研情况或信息通报198期。2004年，对县政府会议确定事项、领导批示和交办事项建立督查专报制度和督查工作台账，对县“两会”、全县经济会议、县长办公会议确定的重点项目、为民服务实事及安全生产、环境卫生整治等重要工作，逐一进行责任分解，卡实责任部门和责任人，实行定期调度通报，跟踪督查。2014年，将定期督查明确为月度通报、季度考核，一般事项坚持书面调度+现场督查+月调度通报制度，重大事项实行专班制+周调度制度，并需提报现场照片和相关手续等佐证材料。2015年，构建电子政务督查平台，实现“线上和线下”同步推进的工作落实机制，重大决策、重大事项、规范性文件全部实施网上公告公示、政策解读。2018年，建立“手机问政”制度，搭建党委、政府与人民群众之间沟通的桥梁。2004—2018年，共完成县委、县政府重要会议、重大工作部署督查事项2000余项，领导交办事项1130余项，上级要求督办事项400余项，累计下发政务督查通报164期、督查专报132期，督查现场100余个。

建议提案办理　1993—2004年，县政府办公室共组织办理县级人大代表建议和政协委员提案共1000余件，市级人大代表建议和政协委员提案10余件，办结率均为100%。2004年始，县政府办公室进一步完善人大代表建议和政协委员提案办理制度，明确要求办理单位必须向人大代表、政协委员进行面复，并对答复情况进行电话回访。每年组织人大代表、政协委员围绕县级重点项目、重要工作开展现场视察。2018年，建立人大代表、政协委员列席县政府常务会议制度，组织办理人大代表建议和政协委员提案共71件，组织人大代表、政协委员视察4次。

领导批示件办理　1993年，县政府办公室建立县政府主要领导批示件交办、催办、反馈等办理工作制度，确保件件有落实、事事有回音。2015年，进一步完善领导批示件办理登记、归档等制度，每月对批示件落实情况进行汇总反馈，并结合现场督查、专项督查，组织协调机关职能部门，跟踪督导，提高批示件办理效果。至2018年累计组织办理主要领导批示件751件。

为民服务实事办理　2006年始，县委、县政府每年在教育、医疗、卫生、交通等涉及群众生活方面，筛选确定一批亟须解决的民生事项，纳入年度重点工作任务。是年，确定城区自来水管网改造、村村通自来水、高级中学新校区扩建、县医院部分医疗设施更新等12项涉及电力、交通、教育、医疗等民生领域亟须解决的事项。明确相关部门、单位责任分工和完成时限，加强日常督查落实。各项为民服务实事如期完成。2018年，美丽乡村标准化建设、城乡环卫一体化、渔村配电台区改造、教育设施建设等12件实事18项具体工作均按期完成年度目标任务。2006—2018年，全县累计完成为民服务实事154件，涉及事项200余项。

县长公开电话　90年代末，县政府办公室设县长公开电话，由县政府办公室督查科兼办。2005年7月，受理端口并入市级公开电话平台系统实行双线管理。2015年6月，89000民生服务中心正式开通运营。同年9月，县长公开电话并入，建立事项登记、处理、督办、回访、归档工作机制，确保群众诉求得到明确回应。2017年7月2日起，统一整合到烟台市12345政务服务热线平台（简称市热线平台），由烟台市热线平台负责受理、转办、回访和监督管理等工作，县政府督查科负责市热线平台转办事项的分办、督办、反馈等工作。政务服务热线开通后，年均受理群众来电诉求300件以上，回复率、办结率均保持在99%以上。

第三章　施政举要

第一节　重要政令

1986年2月，县政府制定《关于科技成果奖励办法的暂行规定》，建立和完善科研项目申报、奖励制度，旨在调动全县科技人员和社会力量的积极性、创造性。12月，县政府制定《长岛县乡镇村办企业实行劳动合同制试行办法》，对招工录用，劳动合同的订立、变更、终止、解除及职工待遇等做出规定，旨在促进乡镇骨干企业规范化运营。

1987年，县政府先后制定《关于加强海上治安管理试行办法》《关于加强定置网管理的意见》《关于加强养殖海区管理和航道清理若干问题的暂行规定》等文件，内容涵盖船舶管理、海区划定、航道清理等事宜，对国营、集体和个人的海上经营行为进一步规范。1988年6月，制定《长岛县发展外向型经济的若干规定》，对外资利用、产品出口、技术成果转让、人才培养做出规定。1988年9月，县政府制定《关于进一步深化改革促进企业全面发展若干问题的意见》，确定继续将竞争机制引入承包经营企业，实行全员抵押金、职工风险金等保障制度，明确企业兼并、固定资产核算、环境保护等方面相关要求。1988年9月，县政府制定《关于渔村经济联合管理暂行规定》，要求渔村经济联合体实行计划管理、健全财务制度、明确股金分红和收益分配。是月，制定《关于渔村招用工管理的暂行规定》，从组织管理、劳务输出、招收录用等方面做出规定，进一步健全全县渔村用工市场体系。同期制定的《关于个体经济管理暂行规定》，旨在加强对个体经济的引导和管理，盘活市场发展后劲。1989年9月，制定《关于进一步稳定和完善企业承包经营责任制若干问题的意见》，建立健全承包指标体系、经营者考核审计制度，鼓励骨干企业增收超前、加速发展。

1990年2月，县政府印发《长岛县自然保护区管理暂行规定》，成立县野生动物保护委员会，设立山东省长岛国家级自然保护区管理处，负责县内自然保护工作，加强保护区建设。3月，县政府作出《关于总结经验、表彰先进，加快我县造林绿化步伐的决定》，计划到1992年全县封山育林增加6000亩，总面积达到3.6万亩。10月，印发《关于进一步搞好封山育林工作的意见》，要求各级各部门加强宣传、制定规划、建立护林队伍，巩固绿化成果。1990年6月，县政府制定《关于企业新一轮承包的实施意见》，确立“三级承办，基数递增、超收分成、歉收自补”的企业承包方法，兼顾国家、集体、个人的共同利益。1991年1月，印发《关于停止烧窑恢复耕地的通知》，对县内9处窑场予以关停。是年，制定《长岛县渔业管理暂行规定》，规范养殖生产、底播增殖、捕捞生产、海珍品采捕等各类海上生产经营行为。1992年5月，县政府制定《长岛县渔村村民养老保险试行办法》，以乡镇为执行主体，推行养老保险规划，推动社会养老保险步入法制轨道。

1993年3月，县政府制定《关于加强扇贝销售管理的意见》，成立县扇贝生产销售领导小组，组建销售集团公司，实行最低（最高）保护限价政策、实行统一的“长岛”牌商标管理和多种形式的参股入股方式。1993年4月，制定《长岛县农村宅基地有偿使用办法》《长岛县国有土地使用权出让和转让暂行规定》，规范土地市场，对农村宅基地有偿使用，国有土地出让、转让的管理及法律责任做出规定。1993年8月，印发《关于加强无居民岛海珍品资源管理的通知》，禁止任何单位、个人在无居民岛海域从事非法捕捞作业。1993年11月，制定《长岛县城镇住房制度改革实施方案》，启动城镇住房制度改革。此后相继印发《长岛县深化城镇住房制度改革方案》《关于实施新一轮住房制度改革有关问题的通知》《关于深化长岛县住房制度改革有关问题的通知》《长岛县实施住房货币化分配的意见》等一系列配套政策文件，以指导全县城镇住房制度改革。1993年7月，制定《关于引进人才的暂行办法》，对引进人员的住房、补贴、工资做出规定。1994年1月，县政府制定《关于稳定渔村中小学校教师队伍的意见》，制定教师定级、补贴、住房优惠政策，解决民办教师转正待遇问题。同月，制定《关于企业新一轮承包经营的实施意见》，确立主管局（总公司）向县承包，企业向主管局（总公司）承包的基本形式。1994年3月，制定《长岛县水资源管理办法》，对县内水资源管理职责、分配原则、勘探采补、奖励处罚做出规定。1995年4月，作出《关于进一步加强建设项目环境保护管理的决定》，要求全县在建、新建项目必须坚持“先评价，后建设”“三不上（高耗水项目不上、高耗能项目不上、高污染项目不上）”原则，进一步明确环保审批前置条件，实行“三同时（同时设计、同时施工、同时投入生产或者使用）”保证金制度。是月，印发《防止贝壳类等海产品废弃物污染环境的暂行规定》，实行环境保护一票否决制，并视情节轻重对污染单位给予千元以上万元以下的罚款。1995年7月，制定《长岛县海底地播增殖保护区规划》，划定南长山镇、北长山乡、黑山乡以及县渔业开发公司等单位底播增殖保护区范围。1996年12月，县政府制定《长岛县渔村集体资产管理暂行规定》，严禁任何组织和个人以任何方式侵占、挪用、平调和破坏集体资产。是月，制定《长岛县渔村经济民主管理办法》，进一步规范村级政务、财务工作监督。

1998年3月，县政府以政府令的形式发布《长岛县义务植树的若干规定》，确定由县绿化委员会统一组织实施全县绿化植树工作，要求各责任单位和个人植树成活率在85%以上。同月，印发《关于进一步加强殡葬管理工作的通知》，要求乡村完善乡规民约，引导渔村群众文明丧葬，责成相关职能部门对部分乡镇、旅游景点乱埋乱葬和丧葬迷信活动进行集中整治。7月，印发《关于对全县筏式养殖海域实行确权发证的通知》，开始对筏式养殖海域确权发证。同月，印发《关于加强全县旅游景区景点开发建设管理工作的意见的通知》，鼓励国营、集体、个人等多种经济成分在统一规划和管理的前前提下，共同参与县内旅游资源开发。8月，印发《长岛县保障残疾人合法权益规定》《长岛县分散按比例安置残疾人就业规定》，对符合“三无”条件的残疾人予以定期补助和救济，对渔村特困残疾人实施最低生活保障制度和安置就业相关政策。11月，针对扇贝大面积死亡的问题，县政府制定《长岛县优化调整海水养殖结构实施意见》，全面推行海水养殖结构调整。翌年发布《长岛县海域使用管理规定》，进一步完善海域有偿使用制度。1999年4月，县政府以政府令的形式发布《长岛县政府采购管理

暂行办法》，成立采购管理委员会，通过集中和分散的方式组织商品及劳务的采购。5月，制定《关于改革旅游管理体制的意见》，确定成立旅游管理委员会，负责对全县旅游规划、景点开发、行业管理等工作。同月，印发《关于清理整顿无证无照旅行社、"旅游托"及宾馆、饭店、景点压价竞争问题的通知》，开展对旅游业违规经营行为集中整治，维护正常的市场秩序。12月，印发《关于进一步加强球石资源管理和保护的紧急通知》，严禁违法违规开采、运销球石。2000年6月，制定《长岛县无居民岛开发保护管理暂行规定》，对海岛开发的申请立项、保护规划、工程建设、奖惩处罚等事项做出规定。2001年5月，制定《长岛县城市建设房屋拆迁管理办法》《长岛县加快旧城改造暂行规定》《关于我县调整有关房改政策的意见》，批转《关于加强房地产市场开发管理的意见》，对拆迁管理、拆迁补偿、拆迁评估、法律责任及房改政策、房地产市场开发管理等方面做出规定。2002年10月，制定《长岛县土地储备办法》，明确土地储备、收购、无偿和有偿收回土地相关规定。

2003年4月，县政府制定《关于加强职业培训教育全面提高劳动者素质的意见》，要求通过调整专业设置、加大师资建设、改革招生办法，进一步完善县内职业教育体系。8月，制定《关于鼓励渔村非公司制经济组织向公司制企业发展的优惠政策》，鼓励从事渔业生产的非公司制经济组织（含个体经济）向规范化公司制企业发展。10月，制定《长岛县科学技术进步奖励暂行办法》，对符合条件的企业技术、工程建设、技术推广等方面取得显著成效的集体或个人给予奖励。2004年2月，印发《关于切实做好育（保）苗场规范整顿的紧急通知》，重点治理海参育（保）苗场乱搭滥建行为。3月，制定《长岛县爱国卫生工作管理办法》。4月，制定《长岛县休闲渔业管理办法》《长岛县"渔家乐"旅游项目规范管理办法》，规范"渔家乐"经营资质、营运条件及相关部门监管责任。9月，修订完善《长岛县海域使用管理规定》，对县所辖海域水面、水体、海床和底土的开发利用明确界定，加强海域综合管理。10月，制定《关于开展质量兴县暨实施名牌战略活动的意见》，要求坚持企业为主、政府推动的原则，强化工农业产品质量基础工作，争取跨入全国质量兴县先进行列。2007年3月，制定《关于建立新型农村合作医疗制度的意见》《长岛县新型农村合作医疗制度管理办法（试行）》，全面推行由政府组织、引导、支持，农民自愿参加，个人、集体和政府多方筹资，以大病统筹为主的农民医疗互助共济制度。6月，制定《长岛县城镇廉租住房保障管理办法》，规定以发放租赁住房补贴为主，重点解决城镇住房与经济"双困户"的住房问题。2008年4月，制定《关于长岛县节能减少排放工作综合性实施方案的意见》，要求通过优化产业结构，淘汰落后产能的方式。6月，印发《关于加强水产品质量安全区域化管理的实施意见》，旨在建立现代渔业发展平台和质量安全控制体系，推行水产养殖、捕捞、加工标准化生产。2011年，先后制定《关于开展新型农村社会养老保险试点的实施意见》《关于开展城镇居民社会养老保险工作的实施意见》，新型农村社会养老保险、城镇居民社会养老保险全面推行。

2012年5月，县政府印发《关于加快推进出口水产品质量安全示范区建设的意见》，要求对出口水产品各环节、全过程进行质量安全监管，构建以企业为龙头、基地为依托、标准为核心、品牌为引领、市场为导向"五位一体"的出口水产品质量安全示范区发展体系。6月，制定《关于长岛县一体化管理卫生室推行基本药物制度的实施意见》，推进建立统一规划建设、统一人员准入、统一业务管理、统一药械购销、统一财务监管、统一绩效考核，财务独立核算、责任独立承担的一体化村级卫生室管理模式。同月，制定《长岛县加快推进城区渔村改造工作意见》《2012年度城区渔村改造优惠政策》，对拟改造渔村的土地进行统筹规划，出台土地出让纯收益全部用于村级的拆迁安置，减免城市基础设施配套费和各种规费等一系列优惠政策。8月，制定《关于完善重点项目推进机制的意见》，明确项目筛选、资源配置、协调推进等三个方面相关规定。2014年7月，印发《关于推进政府职能转变简政放权减少行政许可的意见》，旨在进一步理顺部门职责关系、界定层级权限，循序渐进的优化审批程序和职能配置、减少和规范行政管理事项、逐步完善社会组织体制。10月，印发《关于建立行政权力清单制度的通知》，组织县编办、发改、统计、财政等部门审核权力事项，优化运行流程，建立清单调整机制。2015年4月，发布《关于划定高污染燃料禁燃区的通告》，将南长山岛、北长山岛陆上区域划定高污染燃料禁燃区，禁止燃用的高污染燃料，禁止新建、扩建、改建燃用高污染燃料的项目。2016年3月，制定《长岛县进一步完善城乡义务教育经费保障机制实施方案》，调整完善义务教育经费保障机制，用2年时间，建立起统一的城乡义务教育经费保障机制。6月，制定《长岛县实施最严格水资源管理制度》，要求严格贯彻落实《山东省用水总量控制管理办法》，实施最严格水资源管理制度。

2017年6月，县政府制定《关于加快发展全域旅游的实施意见》，对完善旅游发展体制机制、发展多元化旅游业态、构建营销宣传体系做出进一步的规划。8月，印发《长岛县散煤治理和洁净型煤推广使用实施方案》，持续推进空气环境治理。2018年4月，印发《深入开展城乡环境综合整治的实施意见》，全面排查并依法拆除城乡违法建筑。6月，印发《长岛县国土绿化提升三年攻坚行动实施方案》，持续推进绿化和生态保护工作。12月，印发《长岛县养殖海域滩涂规划（2018—2030）》，进一步明确养殖水域滩涂功能区范围，科学规划布局水产养殖生产。同月，长岛县政府、蓬莱市政府联合发布《关于全面禁止外地机动车辆进岛的通告》。长岛县政府发布《关于在长岛行政区域内禁止燃放烟花爆竹的通告》。

第二节　主要政绩

长岛县第十届人民政府任期至1987年1月。1986年，全县生产总值1.1亿元，一般公共预算收入781万元，固定资产投资额1433万元，社会消费品零售总额4015万元，城乡储蓄余额8776万元。县人民医院门诊楼、长岛港客运站竣工投入使用，凌云市场开工建设，成立全县首家中外合资企业，推广新技术、新成果16项。是年，长岛扇贝首次进入国际市场，开启对外贸易新篇章。

长岛县第十一届人民政府自1987年1月任期至1990年2月。1989年，全县生产总值1.94亿元，一般公共预算收入1466万元。固定资产投资额1616万元，社会消费品零售总额8122万元，城乡储蓄余额1.7亿元。乡镇企业由108家发展至216家、总收入1.58亿元。建成南长山岛至庙岛、大黑山岛、小黑山岛、砣矶岛海底输电工程，大竹山岛安全港投入使用，完成南隍城安全港、南龙须港一期工程。商业、饮食服务业网点发展到490个，程控电话并网使用。全县荒山造林3251亩，四旁植树15万株。绿化覆盖率由1986年的40.7%上升至46.5%。外贸出口1162万元，引进外资379万美元、实现出口创汇945万美元。11项科技成果获得省、市科技进步奖和新产品奖。先后获省级卫生城、社会治安综合治理先进单位等称号。

长岛县第十二届人民政府自1990年2月任期至1993年2月。1992年，全县生产总值6.13亿元，一般公共预算收入1978万元。固定资产投资额1.99亿元，社会消费品零售总额1.96亿元，城乡储蓄余额4.31亿元。“耕海牧渔”战略深入实施，竣工投产育苗场10处，水产品养殖总产量8.6万吨，养殖品种增加到鲍鱼、赤贝、虾夷贝、裙带菜等10余个品种。主要街道硬化率达到98%以上，公路通车里程80余公里，建成明珠海水浴场和明珠海产品交易中心。渔村建立以村集体经济主导、多种经济成分并存的生产经营体制，成立村级实体公司36个，固定资产2.7亿元。推行企业承包经营、物资体制、粮食供销体制改革，在全国率先实行粮油价格放开的改革。与港澳中银集团合资兴建烟台长岛经济开发有限公司，渔业公司运输船舶首航日本。先后获全省社会文化先进县、“科技兴鲁”先进县、齐鲁杯城市“三上”活动先进县、全国双拥模范县、全国农村自来水普及县等称号，1992年被省委、省政府命名表彰为全省小康县。

长岛县第十三届人民政府自1993年2月任期至1998年1月。1997年，全县生产总值13.39亿元，一般公共预算收入3294万元，固定资产投资额1.09亿元，社会消费品零售总额3.72亿元，城乡储蓄余额9.43亿元。扇贝养殖业主导地位得到强化，全县水产品总产量达到20.6万吨，其中，扇贝产量达到12万吨、海带收获1.8万吨、鲍鱼存养累计3000万头，海珍品育苗场达26处、3万平方水体。8个乡镇、20处渔村的365个单位实行资产承包制，113个单位实行股份合作制。全县拥有合资企业64家、合同利用外资2979万美元，自营出口创汇1232万美元。设立长岛进出口商品检验局筹备处、海关办事处，二类口岸开放通过省级验收。建成全省首个数字微波传输程控本地网。第三产业市场主体1380户、从业人员7700人，商品零售总额2.6亿元，接待游客40多万人次，直接收入1800万元，三产比重达到国民生产总值的26.9%。明珠水产品批发交易中心、凌云市场改造。科技园二期工程如期完工。跨入全国农村综合实力百强县和科技实力百强县行列。国家级社会发展综合实验区和海岛资源综合开发区创建分别通过省级、国家验收。先后获全国文化先进县、科学技术工作先进县、全国绿化先进单位等称号。

长岛县第十四届人民政府自1998年1月任期至2003年1月。由于受扇贝养殖大面积死亡影响，全县经济严重下滑。县政府适时调整工作思路，加快养殖结构调整步伐，加大渔业、工业、旅游业三大支柱产业培植力度，全县经济从2000年开始实现恢复性增长。2002年，全县生产总值11.62亿元，一般公共预算收入4009万元，固定资产投资额1.9亿元，社会消费品零售总额4.7亿元，城乡储蓄余额10.74亿元。出口创汇1850万美元。水产品总产量20.5万吨，捕捞产量10.5万吨。县乡工业企业实现增加值5520万元，实现利税1689万元。投资6000余万元投产全省第一个风力发电项目。五年间，全县累计投入技改资金2400万元，完成技改项目25个。全县15处旅游景点纳入统一管理，“渔家乐”业户达到434户，床位6000余张。全县第三产业增加值4.7亿元，比1997年增长36%。全县合同利用外资7100万美元，实际利用外资3300万美元，出口创汇8486万美元。10个有居民岛屿实现岛岛通轮渡，北四岛海缆输电工程、城区低压区支管网改造工程、海水浴场旅游码头工程、国防公路和省道263线建设工程相继完成。建成城区日产1000吨海水淡化工程。完成南隍城岛、北隍城岛海底光缆敷设工程和ATM宽带网接入工程。成立庙岛群岛省级海豹自然保护区。先后获全国水土保持生态环境监督管理规范化建设县、全国水土保持生态建设示范县等称号。

长岛县第十五届人民政府自2003年1月任期至2007年12月。2007年，全县生产总值27.52亿元，一般公共预算收入6350万元，固定资产投资额5.1亿元，社会消费品零售总额7.7亿元，城乡储蓄余额16.14亿元。旅游直接收入4.5亿元，旅游综合门票收入3200万元。风电总装机容量6.2万千瓦，成为全省营运规模最大的风力发电场。建立基准地价公布和评估体系，经营性用地全部实行“招拍挂”出让。五年累计实际利用岛外资金14亿元，出口创汇1.38亿美元。累计投资20亿元，先后完成城建、交通、供暖、供水、供电等工程100余个。实施城市建设、旧城改造和绿化美化工程，被评为首批“国家园林县城”。改建省道263线、市政道路、乡村道路等主次干道20余条，总里程40千米。完成长岛港服务设施改造等工程。自来水管网覆盖区域实现全天候供水。

开通空中救助航线，完成6处岛屿救助直升机停机坪建设。成功实施“2·22”海难营救，创造世界海难史上的营救奇迹。实施教育布局调整和县乡医疗基础设施改造。海洋管理进一步规范，获全国海域使用管理示范县称号。2004年，再次跨入全国农村综合实力百强县行列。

长岛县第十六届人民政府自2007年12月任期至2012年1月。2011年，全县生产总值46.69亿元，一般公共预算收入1.21亿元，规模以上固定资产投资额4.58亿元，社会消费品零售总额11.65亿元，城乡储蓄余额26.02亿元。五年间，长岛局部实现对外开放，长岛国际休闲度假岛建设纳入山东半岛蓝色经济区发展规划。2011年全县景区接待游客240万人次，实现门票收入6800万元，年均分别增长13%和19%。良种繁育中心、国家级水产种质资源保护区相继建成，6件水产品获得国家地理标志证明商标。海上运力由4000吨增加到5.4万吨。西海岸护岸和陆域吹填工程开工建设，天然气供气入户。建设中心渔港和陆岛交通码头7处，改建省道263线和县乡道路65千米。完成8处淡化站和32个渔村自来水管网改造。民生工程累计投入资金4.8亿元，先后完成为民服务实事114件。新型渔村养老保险、城镇居民养老保险和基本医疗保险顺利推行，养老、医疗保险实现全覆盖。获得国家和省科技进步奖2项。先后获国家可持续发展先进示范区、中国旅游强县、全国双拥模范县、全国文明县城等称号。

长岛县第十七届人民政府自2012年1月任期至2017年2月。2016年，全县生产总值67.17亿元，一般公共预算收入1.26亿元，规模以上固定资产投资额7.41亿元，社会消费品零售总额20.91亿元，城乡储蓄余额44.91亿元。五年间，投资16亿元用于生态综合治理，累计拆除南北长山岸线破旧建筑53万平方米，整治修复岸线20千米，旅游和自然岸线占比由38%提高到74%。整治修复岛屿和区域13处，开发改造海域0.67万公顷。建设生态化海洋牧场和种质资源保护区13处。治理裸露山体11处，补植造林400余公顷，拆除自然保护区核心区风机12台。蓬长跨海引水工程竣工投用。全域双回路电网改造基本完成，南北长山联岛大桥、中心渔港和7处陆岛交通码头、14艘客运（滚）船舶建成投用。开工建设重点项目267个，完成投资48亿元。长岛旅游景区晋升国家4A级景区，南北长山环岛慢行旅游服务系统基本建成。五年间，累计实施为民服务实事63件，投入民生资金38亿元。先后获全国文明县城、国家卫生县城、国家重点生态功能区、国家海洋公园、国家海洋生态文明建设示范区等称号。

长岛县第十八届人民政府自2017年2月始。县政府根据省委、省政府《关于推进长岛海洋生态保护和持续发展的若干意见》和《长岛海洋生态保护和持续发展规划》，全面落实生态修复、基础设施、医疗教育、社会保障、财税金融、产业发展、人才引进、体制机制等15类支持政策。完成重点项目投资12.3亿元。省、市《意见》确定的102项重点工作事项，34项完成三年工作计划、60项完成年度工作计划，落实各类资金及债券累计13.7亿元。实施“山水林海城”生态保护修复工程，完成剩余68台风机拆除任务，完成南长山岛、北长山岛25万平方米裸露山体绿化喷播和2处地质灾害项目治理。完成5处有居民岛综合整治及5处无居民岛开发利用与示范项目，整治修复岸线5.3千米，拆除南五岛岸线育保苗场14.6万平方米。实施城区道路“白改黑”，首次实现地下综合管网一体规划建设，完成长岛港陆域回填及千吨级泊位主体改扩建。实施机动车辆“双控”、新能源公交车辆替代、集中供暖“电代煤”改造、扬尘治理、燃煤锅炉取缔等“护蓝”行动，空气质量位居全省前列。推行生活垃圾分类，城区污水处理设施实现全覆盖。南北长山环岛慢行旅游服务系统全线运营，海上游、道路客运实现联合经营，海上游获批国内首个3A级旅游景区，长岛县获评全球文化旅游目的地、2018年度中国十大全域旅游示范县市。推广渔业新技术、新品种、新模式20余项。建造坐底式深远海智能化网箱、海洋牧场多功能平台各1座，获批国家级和省级海洋牧场、休闲钓场6处。渔村集体产权制度改革基本完成，成立经济合作社39家。两年内完成为民实事33件，民生投入15.2亿元。2018年，全县生产总值73.06亿元，一般公共预算收入1.44亿元，社会消费品零售总额24.69亿元，城乡储蓄余额46.25亿元。

第四章　综合政务

第一节　政府法治

1988年，长岛县政府法制办公室设立，为副科级行政单位，由县政府办公室代管。1993年11月，撤销县政府法制办公室，其工作职能纳入县政府办公室。1994年6月，县政府办公室对外挂县政府法制办公室牌子。2001年12月，撤销县政府法制办公室牌子。2002年2月，县政府办公室内设法制办公室，机构规格为股级。2005年4月，县政府法制办公室升格为副科级行政单位，隶属于县政府办公室。2007年7月，县政府法制办公室升格为正科级行政单位，归口县政府办管理，内设协调监督科和法规复议科。2015年9月，县政府办公室加挂县政府法制办公室牌子。2017年12月，县政府法制办公室加挂县政府行政执法监督局牌子。

行政规范性文件发布、审查及清理

1990年，县政府印发实施《关于规范性文件发布和执行工作程序的规定》，规范文件起草、送审、发布程序。2012年，实行规范性文件三统一制度，明确规范性文件必须统一登记、统一编制登记号、统一公布并向市法制办和县人大常委会备案。至2018年，共制定规范性文件137件，内容涉及政务、财政、农业、金融、城建、社会保险、旅游、环保、城管等领域。

1990—2002年，先后开展四次规范性文件集中审查、清理工作。1990年，对1949—1989年的规范性文件进行集中清理，共清理县级规范性文件358个，其中有效103个，废止243个，修改12个；清理部门规范性文件136个，其中有效94个，废止39个，修改3个。1997年，配合《行政处罚法》的实施，对1990年后印发的规范性文件进行清理，共清理不符合处罚法规定的规范性文件51件，予以废止。2001年，结合中国加入世贸组织，对80年代以后发布的文件进行清理，清理出与WTO规定不符的6件，予以废止。2012年，集中对2010—2012年发布的规范性文件进行清理，共清理2012年前发布但确需继续执行的规范性文件10件，按程序重新发布3件。2017年，开展对生态文明建设、环境保护以及“放管服”改革涉及的规范性文件专项清理，重点围绕与上位法的规定不一致或者相抵触、与国务院行政审批制度改革、投资体制改革等决定不一致的问题进行审查清理，共废止规范性文件12件，保留25件，修改1件。2018年，重点清理与产权保护、生态文明建设和环境保护要求不一致，不利于民营企业发展的规范性文件，确定25件规范性文件继续有效，3件规范性文件需要修改，6件规范性文件予以废止。

行政复议

90年代，长岛县成立由分管副县长任组长的行政复议应诉小组，聘任两名常年法律顾问，县政府法制办公室具体承办县政府的行政复议应诉案件。1999年，培训行政复议应诉人员27人，颁发“山东省行政复议应诉人员业务资格证书”。2000年，县政府设立行政复议办公室，落实机构、人员、经费、办公场所，规范行政复议程序，开展相对集中行政复议权相关工作。至2002年，全县共受理行政复议案件5件，均按照程序进行依法处理。2002年9月23—27日，全市行政复议研讨会在长岛县召开，对长岛县行政复议工作给予充分肯定。2003年，制定印发《行政复议案件办理规定》《行政复议案件办理程序》，规范行政复议案件的办理规程、审理方式，全年依法受理并办结行政复议案件3件。2005年，制定印发《行政复议工作规范》《行政复议办案程序》《案卷立档制度》《文书归还制度》，统一规范格式，推进行政复议工作的规范化和法制化。2006年，制定电话受理、简化受理及简便程序等便民措施，公开行政复议办案程序、便民措施及公开电话等，全年共接受行政复议申请4件，依法受理并办结2件，维持行政行为1件；当事人撤销1件；不予受理2件。2007—2012年，共收到行政复议申请13件，依法审结13件，不予受理2件，复议维持5件，终止6件。2013年，下发《关于开展行政复议权工作的决定》《关于成立行政复议委员会的通知》，明确开展集中复议权工作的意义、实施时间、范围和内容。是年，共收到4件复议申请，按照办案规则依法受理3件，作出不予受理1件，结案1件。2014—2017年，共收到14起复议申请，依法受理11件，作出不予受理3件，结案11件。2018年，共收到5起行政复议案件，申请人主动撤回1起，不予受理1起，受理3起，审结2起，均为驳回复议决定，中止审理1起。

行政执法监督检查

1993年，县政府印发实施《长岛县重大行政处罚决定备案管理暂行规定》。1997年，开展清理县级行政处罚主体、整顿执法队伍工作，共确认行政处罚主体27个。1998年，经过修改重新发布《长岛县重大行政处罚决定备案管理规定》。是年，共收到部门报送备案的4件重大行政处罚案，经审查，发现其中1件执法主体不明确，及时给予纠正。1998年，全县376名行政执法人员参加全市统一组织的申领"山东省行政执法证"公共法律知识考试，合格率100%。翌年2月20日正式启用山东省人民政府统一印发的"行政执法证"。5月10日始，正式实施罚缴分离制度，县政府指定农业银行为代收机构。是年，全县27个行政执法主体共收缴罚款12.6万元。2001年，实行行政处罚听证主持人资格证制度，全县共有行政处罚听证主持人28名。至2002年，全县共有有效执法证件493个，收回废止152个。2003年，通过设置政务公开栏、实行社会听证制度、利用新闻媒体公示等多种方式公开政务信息，以政府令形式发布《长岛县人民政府关于重新公布县级暨市属驻岛行政处罚主体的通告》，共审核确认44个行政处罚主体。2004年，通过举办培训班、讲座等形式，对执法人员和政府工作人员进行法律、法规培训，共培训执法人员500余人次，依法对全县486名执法人员进行执法资格资格审查。2006年，制定实施《长岛县行政执法错案追究办法》，全县行政执法部门（单位）按照明确部门（单位）与科室、科室与个人的执法职责和责任的规定，签订执法责任状。2009年，按照省政府83号令要求，对每个执法人员单独建立档案，执法资格从申请到废除的全程管理。2014年，加强行政执法的指导、纠正和规范，驳回劳动合同制人员、劳务派遣人员、临时借调人员以及其他无行政执法资格人员共18人的申领申请。邀请市法制办公室对全县26个部门、乡镇（街道、开发管理处）的120名行政执法人员进行集中培训，105人通过公共法律知识考试。对全县符合备案条件的9个部门的193个执法证进行备案登记。2015年，制定实施《长岛县重大行政决策程序规定》，规范重大行政决策行为。2018年，推动执法信息网上公开，完成24个行政执法主体网上信息录入工作，审验证件51个，录入新申领人员证件信息71个，注销已调离、退休人员证件5个。

第二节　应急管理

2007年4月，长岛县应急管理办公室成立，为县政府办公室内设机构，副科级单位，主要履行值守应急、信息汇总、综合协调等职能，发挥运转枢纽作用。

组织体系建设

2006年12月，长岛县海上搜救中心正式成立，由公安、交通、渔业、旅游、安监、港务、海事等部门组成，主要负责组织长岛海域海上险情和事故搜救行动、应急救援行动以及海上防抗台风和船舶污染海洋应急反应工作。2008年，成立由县海洋与渔业局、港航局、海事、渔政、渔监等部门组成的海上应急救援队，由县公安、消防、林业部门组成的消防灭火应急救援队，由22个县直部门组成的机关干部应急救援队，民兵预备役应急救援队，按类别、职能和区域共分为19个小组，共1251人。2011年，县政府成立突发公共事件应急指挥部，统一领导全县突发公共事件的应对处置工作，由县长任总指挥，各副县长任副总指挥，26个县直部门负责人任成员，下设抢险救援组、人员安置组、社会稳定组、后勤保障组等12个应急指挥小组。同年，各乡镇（街道）相继成立突发公共事件应急委员会领导小组及应急办公室，办公室主任由各镇（街道）党政办公室主任兼任，村级安排专人负责。县公安、海洋渔业、卫生、安监等部门也都明确相应的应急管理办事机构和工作人员，县、乡、村三级应急管理工作体系初步形成。2014年，渔业、林业部门招聘乡镇协管员13名；在40个渔村采取分工负责、按行业补贴的方式，配备行业协管员146名，县财政每年发放协管员工资或补贴100余万元，县、乡、村形成较为完善的应急监管队伍。至2018年，全县共设立各类应急管理领导小组28个，基本形成以县政府、乡镇政府和主管部门三个方面条块结合、分类管理、分级负责的应急管理体制。

应急设备设施

2006年，长岛县与交通部北海第一救助飞行队合作，借助国家救助资源开通空中救助航线，筹资300万元，先后在10个有居民岛建成10处设施齐全的停机坪。2007年2月，渤海湾地区陆岛空中救援网暨长岛直升机起降点正式启用。2008年，争取国家交通部、海防委资金1100万元，先后建成3处VTS雷达站和2处视频监控站。是年，开展全县重点防护目标（危险源）、应急救援物资及其他应急资源普查，共普查应急船舶9艘、地下水源井7口、挖掘机7辆、铲车19辆、各种型号吊车5辆、风力灭火机61个，并对这些应急资源的归属单位、存放位置、联系人进行调查摸底，并登记造册。2014年，县政府为相关部门和10个乡镇（街道、开发管理处）统一增配安全检查设备198台（套），价值近60万元。县财政累计投入100余万元用于购买消防水罐车、进口风力灭火机、进口油锯、背负式水箱等扑火装备，装备水平显著提升。2015年，投资220万元建成南长山岛、北长山岛森林防火视频监控平台和指挥中心。自2008年始，实施渔业和海上运输两个电子监控平台建设。至2018年，全县建成监控点位24处，实现对所有渔港停泊点的24小时监控，为渔船配备CDMA手机2325部，AIS防碰撞终端165部，北斗通信终端34部，落实财政补助资金75.5万元。为28艘客运船舶安装3G无线视频监控系统，11处港口及一处旅游艇停靠点安装光缆专线传输远程监控系统，实现对全县海上运输船舶和所有陆岛交通港口的动态监管。

预案编制

2006年5月，县政府制定突发公共事件总体预案，对组织领导、预测预警、应急响应、应急演练、应急处置等方面做出明确规定，编制完成自然灾害、事故灾难、突发公共卫生事件、突发社会安全事件等专项预案。按照省、市《突发公共事件总体应急预案》的目标任务和有关要求，全县各类应急预案信息报送、处置流程、紧急响应等环节和综合协调联动机制逐步完善，覆盖领域不断扩大。2012年，开通全县应急短信平台系统，严格执行24小时值班制度，节假日领导带班制度和应急信息30分钟内报告制度，做到有登记、有报告、有落实、有反馈，应急管理制度化、规范化水平不断提高。至2018年，全县制定《长岛县海上防风暴潮、台风应急预案》《长岛县地震应急预案》《长岛县城区强降雪应急预案》等县级专项预案19个，乡镇应急预案8个，部门应急预案28个，有73家企业建立企业应急预案，基本覆盖全县各行各业，形成较为完备的预案体系。

培训演练

2007年2月，长岛县与交通部北海救助局联合举行渤海湾海空立体救援演练，北海第一救助飞行队与“北海救201”船参加演练。2008年，县政府印发《关于贯彻落实突发事件应对法实施意见》，制定学习培训计划，开展集中宣传活动和应急知识下乡、入户、上船、进机关、进校园培训活动。至2018年，共组织收看《诠释突发事件应对法》《地震有关知识及预测预报》《消防知识与队伍救援》等专题讲座10次，开展公众避险防灾减灾知识宣传30余次，发放宣传资料1万余份。2014年6月，长岛海上搜救中心在长山水道附近首次举办大规模海上搜救演习，海事、交通、港航及企业多方参与，参加演习船舶15艘，人员300余名，应用CCTV视频监控、AIS、VTS传输系统、船舶查寻系统、救助现场音频和船舶报告系统等科技手段，取得较好的演习效果。至2018年，县应急办公室牵头组织开展海上救助、山林防火等贴近海岛特点应急演练80余次、出动人员1500余人次、动用船舶、车辆装备100余台(艘)次。政府、部门、企业3个层面上开展海上交通、工业商贸、旅游、校园安全等专项应急演练15次，企业开展应急演练40次，参与2000余人次。

突发事件处置

全县应急救援组织成立后，先后参与处置突发暴雨、暴雪、寒潮大风、风暴潮等自然灾害、山林火情、海域污染等事件30余次，均按突发事件接收及处置流程进行处置。2007年3月15日，北隍城乡受暴雪大风侵袭，山前村一条看海渔船失联，船上有村民2人。县、乡、村和海上搜救中心开展海上搜寻，于次日发现漂流至烟台牟平外海域的遇险渔船。利用直升机实施救援，被困村民成功脱险。2007年7月19日6时30分，宁波大唐海运有限公司所属“大唐19”轮与芜湖华夏船务有限公司所属“金华夏158”轮在长山水道西口附近水域发生碰撞事故。海上搜救中心立即协调“远力6”轮、“中国渔政37062”轮等共27条船舶参与搜救，救出船员112人。2008年9月20日，长岛县北部海域出现大面积油污染，接到报告后，县应急办立即组织海上救援队伍迅速到达现场，进行油脂取样调查分析、海洋渔业资源和生态损害评估及取证等工作，处置得当，得到省、市领导的好评。2012年，先后4次组织对在长岛海域遇险的“COSMOS1”轮(巴拿马籍)、“鄂黄冈货0599”轮、“鲁长渔养2939”船、“金晨1”轮实施紧急救援，遇险船舶成功脱险，救助成功率100%，实现“零死亡”。2018年8月15日，长岛县长通公司“和航兴龙”轮在大钦岛靠泊码头时，突遇强对流天气，船舶推进器被养殖架缠住失去动力，船上被困乘客269人、船员15人。经各级积极救援，16日成功脱险。2006年空中救助航线开通后，至2018年先后协调北海第一救助飞行队应急飞行210架次，成功救助海岛危急病员和遇险群众210人。

第三节　行政审批与服务

行政审批制度改革

2002年，长岛县县级行政审批制度改革启动，制定《长岛县行政审批管理暂行办法》，审查32个部门和单位行政审批事项323项，决定取消41项，合并8项，变更47项，保留270项。2004年，对行政审批、收费事项进行全面清理削减，取消行政许可事项43项，保留180项行政审批事项，审核确认29个行政许可主体。2007年，对行政许可事项重新进行梳理登记，明确审批单位、办理程序、办理时限、收费标准、责任科室人员、监督电话等，形成《长岛县政务公开指南》，通过印制发放明白纸、广播、电视、网站等形式向社会公布。2013年，建立行政审批制度改革工作联席会议制度。2014年4月，设立长岛县政府行政审批制度改革工作办公室，为副科级行政机构，负责指导、协调全县行政审批制度改革工作。首次编制完成《行政审批事项目录》，公布29个县直部门取消、承接、调整和保留行政审批事项。其中，取消23项，承接上级下放129项，调整248项，保留93项（行政许可85项，非行政许可8项），减少行政审批事项230项，精简比例达49%，办理时限比法定时限平均压缩59%。2015年3月，按照"法无授权不可为"的原则，编制完成县级行政权力清单，在县政府门户网站、机构编制网站对外公布，共梳理保留30个部门行政审批、行政处罚等10类行政权力2221项，精简压缩2911项，精简比例达56.7%。7月，按照"法定职责必须为"原则，编制完成政府部门责任清单，并对外公布，共梳理27个部门主要职责288项，具体责任事项1174项，追责依据687项，追责情形885项，职责边界42项，公共服务事项91项，进一步推进机构、职能、程序、责任的法定化、清单化。同步梳理27个部门事中事后监管制度312项并对外公布。9月，以省通用目录为依据，经审核清理，保留24个部门（单位）行政审批事项268项，保留17个县直部门（单位）行政审批中介服务收费项目86项。2017年5月，编制公开县乡两级公共服务事项832项，其中38个部门（单位）公共服务事项697项，乡镇（街道）公共服务事项135项，编制服务指南523项。编制公开8个乡镇（街道）行政权力事项87项。保留10个部门年检事项22项，政府指定培训事项14项。2018年5月，经审核清理，保留13个部门政务服务事项中介服务项目38项，通过政府门户网站公开。7月，全面梳理并编制公布35个县直部门（单位）政务服务"一次办好"事项共1127项，其中，行政权力事项863项、公共服务事项264项，涉及依申请政务服务事项629项，精简压缩办事环节1137项、申请材料1631项、办理时限7001个工作日，实现依申请政务服务事项"一次办好"全覆盖。

政务服务

2014年12月，长岛县政务服务中心管理办公室成立，为县政府派出机构，正科级规格，负责组织有关部门实行集中行政审批和服务。2015年10月，政务服务中心改建完成，面积360平方米，正式启动运行。2017年9月，县政府办公室电子政务相关职责整合到政务服务中心管理办公室，长岛县政务服务中心管理办公室更名为长岛县政务服务管理办公室。

2015年，政务服务中心运行初期，全县26个县直部门270余项行政审批和公共服务事项进驻中心集中办理，进驻率达到90%以上。设置综合窗口、商事登记窗口、不动产登记窗口、婚姻登记窗口、船舶年检窗口。2016年，投入50万元专项资金建设网上政务服务平台，将9个业务量较大的职能部门和政务服务中心连接电子政务外网专线。完成28个职能部门的265个行政许可事项和2700余个行政许可外的其他行政权力事项及公共服务事项录入，实现政务服务网上运行。2017年，将8个乡镇（街道）的816个服务事项录入网上平台，推进"互联网+政务服务"基层全覆盖。2018年，企业注册登记、项目投资、资质认定以及教育医疗、社会保障、劳动就业等与企业和群众密切相关的服务事项全部纳入山东政务服务网运行，电子监察实现全程监管，网上政务服务平台共办结13266件次，按期办结率和咨询按时回复率均达100%。推进贴心帮办"一次办结"，推行保姆式代办服务，办理政务服务代办事项计4800余件，为企业和群众提供延时服务25次、预约服务126次。上门入户为渔村群众办理船舶检验、登记等业务6200余次。是年，制定《政务服务中心窗口工作人员考核办法》，招聘13名劳务派遣人员充实到政务服务大厅及各部门分厅，实行首问负责、一次告知、限时办结等制度，建立群众满意度考核评价机制，构建服务质量综合管理体系。

2015—2018年，县政务服务中心窗口共办理业务43680件次，其中市场主体类13377件次，民政服务类11621件次，土地房产登记类3616件次，渔业检验登记类14206件次，综合事务类860件次，按时办结率和群众满意率均达100%。

第四节 外 事

出访

1989年10月，县委副书记、县长宋修武带队一行5人到日本考察水产养殖项目，与旅日山东同乡会名誉会长徐仁绪签署关于海产品养殖和开发协议。

1990年4月，应日本喜姆斯株式会社邀请，县委副书记孙以勤带队一行4人到日本考察水产养殖等项目。

1990年5月，县委副书记宋家来一行3人到西班牙拉斯帕尔马斯岛考察水产品资源、捕捞方式、合作形式和市场行情。

1990年11月，应日本新大阪饭店株式会社邀请，县委常委孙盛华一行3人赴日本考察水产品市场及捕养精加工等项目，并签订贸易合同。

1992年5月，县委书记、县长宋修武率团赴加拿大、美国考察水产品市场。

1994年10月，县委书记、长岛经济开发有限公司董事长宋修武一行2人赴日本考察水产品销售市场。

1996年5月，县委书记宋修武带队，组织有关人员赴澳大利亚、印度尼西亚考察国际渔业资源及渔场作业，看望首批赴印度尼西亚渔场作业的渔民。

1999年4月，副县长姜清春赴德国考察风电技术。

2004年8月，由全国侨联副主席林淑娘带队，县委书记于旭华等5人到印度尼西亚考察巴厘岛、棉兰沙摩西岛旅游产业开发，与印度尼西亚苏北省沙摩县签订加强友好合作协议。

2004年2月25日—3月4日，县委副书记、县长吴德强，副县长蔡德利到日本参加烟台市政府组织的“日本·大阪渔业推介会”。

2004年3月4—8日，副县长蔡德利到韩国釜山参加烟台市政府组织的“韩国·釜山渔业推介会”。

2005年11月30日—12月15日，县委副书记、县长吴德强率领的长岛考察团一行5人，对希腊、意大利、法国、德国、荷兰、比利时、卢森堡、摩纳哥、圣马力诺、梵蒂冈等欧洲十国进行考察访问。

2011年10月23—30日，县委副书记、县长宫权带领县海渔局、旅游局等部门负责人随市经贸促进团到日本进行经贸洽谈。

2011年11月，县委书记姜清春一行6人到美国、加拿大、墨西哥考察城市规划和旅游开发。

2012年3月，县委书记张延廷，县委常委、副县长李俊杰一行7人到新加坡、泰国考察城市规划建设和休闲度假产业开发。

2013年6月，县委书记张延廷，县委常委、副县长李俊杰一行6人到希腊、意大利、西班牙考察城市建设开发。

2015年6月，县委副书记、县长刘树军到澳大利亚参加省委组织部组织的新型城镇化建设培训班。

1992—2018年，全县累计办理因公出国参观学习、经贸考察、洽谈的团组51起，294人次，出访日本、韩国、美国、加拿大、意大利、俄罗斯、肯尼亚、摩洛哥、菲律宾、澳大利亚、荷兰、比利时、瑞典、法国、西班牙、希腊、德国、泰国、马来西亚、新加坡等20个国家。其中，仅1992年全县就办理出国经贸考察团组21起，175人次，是历史上全县出访人数最多的一年。

来访

1992年9月6日，长岛县举办首届扇贝节，29名外商应邀到长岛参加经贸洽谈活动。

1993年9月6日，长岛县举办第二届扇贝节，美国、韩国、日本、新加坡、丹麦等5个国家的21名外商应邀到长岛参加经贸洽谈活动。

2002年5月1日，长岛县举办首届渔家乐民俗文化旅游节暨纪念庙岛显应宫妈祖诞辰880年活动，新加坡、日本、韩国、巴西、印尼等国家的5名外宾参加活动。

2007年9月25日，美国德克萨斯州安娜市副市长、博士万斯，美国爱克西姆投资公司董事长、安娜市市政委员会主任汉密尔顿等到长岛考察旅游招商项目。

2008年10月，长岛县局部地区对外开放。翌年2月23日，美国、挪威、荷兰和瑞典的9名游客到长岛旅游，开放的长岛迎来首批外籍游客。

2009年11月29日，新加坡雅思柏设计事务所董事长刘太格一行到长岛参观考察。

2010年8月16—18日，国家海洋局、山东省人民政府在长岛县举办海岛经济论坛，美国哥伦比亚大学教授、诺贝尔经济学奖获得者罗伯特·蒙代尔、太平洋岛国论坛驻华代表萨姆·萨沃等4名国外知名专家学者到长岛开展考察研讨活动。

2010年10月30—31日，来自美国斯坦福大学骨科医疗中心主任甘波和瑞斯克到长岛义务诊疗。

2015年9月12日，首次有法国、韩国等国家的4名外籍运动员参加长岛环岛马拉松赛，法国选手Ben获得男子组冠军。至2018年，先后有10个国家的53名外籍运动员参赛。

2016年7月2日，韩国全罗南道高兴郡郡守朴炳淙率水产考察团一行14人到长岛考察海水养殖加工业。

2017年7月7日，联合国世界旅游组织专家斯图亚特到长岛考察全域旅游。

2017年8月，世界旅游组织专家彼特到长岛考察全域旅游。

第五节 地方史志工作

1980年4月，长岛县志办公室成立。7月，长岛县志编写委员会成立，编委会下设办公室，办公室设在县志办公室。1983年1月，县志编写委员会改称地方史志编纂委员会，翌年3月改称县志编纂委员会。1990年3月，县志办公室与县党史资料征集研究委员会合署。1996年6月，撤销县志办公室，有关工作移交县委党校。2002年11月，恢复成立地方史志办公室，为副科级事业单位。2003年，第二轮修志工作启动。2011年，《长岛年鉴》创刊。

志书修编

《长岛县志》编纂始于1980年，1989年7月定稿，历经9年。1990年5月，由山东人民出版社出版发行，文字总量56万字。首立概述、大事记，中设28个事业篇，末设附录。为长岛县第一部志书，上溯不作统一时限，下限断至1985年，概括反映长岛建置至1985年的历史，重点记叙新中国成立后，长岛政治、经济、文化和社会生活发生的重大变化，是长岛建置以来重要的社会科学成果之一。

2003年3月，县政府启动第二轮修志，计划从1986年续修至2002年。组织开展专题调研、资料征集、编纂整理等相关工作，但未能成稿。2018年，县政府根据省委、省政府批准设立长岛海洋生态文明综合试验区，行政区划面临重大调整的实际，报请上级史志部门同意，决定将《长岛县志》第二轮编修时间下限延至2018年，续编1986—2018年内容。

2011年，县政府颁布实施《长岛县地方史志工作管理暂行办法》，对地方志工作"一纳入，五到位"明确要求和规范。2016年，制定《关于做好乡镇村志编修工作的意见》，推进史志工作规范化、制度化建设。至2017年，县史志办编纂出版《长岛县机构志》，指导完成《长岛县地名志》等部门志10部、《北隍城乡志》等乡镇志3部、《南庄村志》等村志6部。

年鉴编纂

《长岛年鉴》为县委、县政府主办，县地方史志办公室编纂的公报性、综合性、资料性工具书。年鉴实行"一年一鉴"，主要记叙反映长岛县上年度政治、经济和社会发展基本情况，力求突出海岛特色，聚焦重大决策、重点工程及重大事项，更好地为宏观决策服务、为科学研究服务、为社会咨询服务，同时也为编修地方志储备资料。2011年6月，《长岛年鉴（2008）》出版发行。至2018年，累计编纂出版11卷，每卷正文65万字左右，分设30余个类目。

第十八编　地方政协组织

1984年4月，中国人民政治协商会议长岛县委员会成立。1986—2018年，共召开33次全体会议，选举产生9届县政协委员会领导班子。全体会议一般每年召开一次，主要议题围绕县人民政府、人民法院、人民检察院工作报告以及县委、县政府重要工作部署、重大决策、重要人事安排等关系全县发展大局的问题进行协商讨论，提出意见和建议。

县政协坚持团结和民主两大主题，通过提案、调研、视察等形式，把协商民主贯穿履行职能全过程，推进政治协商、民主监督、参政议政制度化、规范化、程序化。坚持围绕中心、服务大局，做到与县委同心、同步、同力、同向，推动发展，关注民生，促进社会和谐稳定。

第一章　政协会议

长岛县政协委员构成比较广泛，主要来源于各界别、各乡镇具有代表性的人物，有一定的参政议政能力。1986—2018年，县政协共召开33次全体会议。县政协全体会议，主要听取审议县政协常委会工作报告和提案工作报告，列席县人民代表大会会议，听取并讨论县政府工作报告和其他工作情况报告，并进行政治协商。委员所提建议和意见，均得到县委、县政府重视和支持，绝大多数得到落实。长岛县政协常务委员会是县政协的领导机构，主持政协长岛县委员会的会务。其间，县政协内设办事机构不断完善。历届政协常委会按照政协章程规定，审议提交政协全体会议的文件，组织实施政协委员会会议各项决议，政治协商、民主监督、参政议政职能得到有效发挥。

第一节　政协委员

1986—2018年，长岛县政协委员的产生办法基本未变，一般经过提名推荐、协商确定建议名单、政协常委会通过和公布等步骤。中共党员人选由县委组织部提名，非中共党员人选由县委统战部提名，建议名单由县委统战部汇总，在征求县委组织部、政协党组意见后，报县委审定，然后按政协章程规定的程序产生。政协委员应具备以下基本条件：赞成人民政协章程并遵守和履行其规定；是某一党派、团体或界别的具有代表性的人物；有一定的参政议政能力。每届委员的安排，从有利于巩固和促进安定团结的政治局面、促进改革开放和社会主义市场经济发展、推进社会主义民主政治、精神文明建设及祖国和平统一大业出发，既注重委员的广泛性、代表性，又考虑委员的整体政治结构、知识结构、年龄结构、能力结构的合理性。政协长岛县第一届委员会有政协委员73人，第二届有政协委员80人，第三届有政协委员91人，第四届有政协委员105人，第五届有政协委员91人，第六届有政协委员98人，第七届有政协委员118人，第八届有政协委员118

人，第九届有政协委员117人。

第二节　政协全体委员会议

第一届委员会

政协长岛县第一届委员会第三次会议　1986年7月22—25日召开。会议听取并讨论县委书记讲话；听取并审议政协常委会工作报告；听取并审议提案办理情况报告；列席县十届人大三次会议，听取并讨论县政府工作报告和其他报告；通过本次会议的有关决议。

第二届委员会

政协长岛县第二届委员会第一次会议　1987年4月16—19日召开。会议听取并讨论县委书记讲话；听取并审议县政协常委会工作报告；听取并审议提案办理情况报告；列席县十一届人大一次会议，听取并讨论县政府工作报告和其他报告；选举县政协第二届委员会主席、副主席和常务委员；通过本次会议的有关决议。

政协长岛县第二届委员会第二次会议　1988年4月1—3日召开。会议听取并讨论县委书记讲话；听取并审议县政协常委会工作报告；听取并审议提案办理情况报告；列席县十一届人大二次会议，听取并讨论县政府工作报告和其他报告；通过本次会议的有关决议。

政协长岛县第二届委员会第三次会议　1989年4月2—3日召开。会议听取并讨论县委书记讲话；听取并审议县政协常委会工作报告；听取并审议提案办理情况报告；列席县十一届人大三次会议，听取并讨论县政府工作报告和其他报告；补选县政协常务委员；通过本次会议的有关决议。

第三届委员会

政协长岛县第三届委员会第一次会议　1990年4月5—8日召开。会议听取并讨论县委书记讲话；听取并审议县政协常委会工作报告；听取并审议提案办理情况报告；列席县十二届人大一次会议，听取并讨论县政府工作报告和其他报告；选举县政协第三届委员会主席、副主席和常务委员；通过本次会议的有关决议。

政协长岛县第三届委员会第二次会议　1991年3月27—29日召开。会议听取并讨论县委书记讲话；听取并审议县政协常委会工作报告；听取并审议提案办理情况报告；列席县十二届人大二次会议，听取并讨论县政府工作报告和其他报告；通过本次会议的有关决议。

政协长岛县第三届委员会第三次会议　1992年3月31日—4月2日召开。会议听取并讨论县委书记讲话；听取并审议县政协常委会工作报告；听取并审议提案办理情况报告；列席县十二届人大三次会议，听取并讨论县政府工作报告和其他报告；通过本次会议的有关决议。

第四届委员会

政协长岛县第四届委员会第一次会议　1993年2月11—14日召开。会议听取并讨论县委书记讲话；听取并审议县政协常委会工作报告；听取并审议提案工作情况报告；列席县十三届人大一次会议，听取并讨论县政府工作报告和其他报告；选举县政协第四届委员会主席、副主席和常务委员；通过本次会议的有关决议。

政协长岛县第四届委员会第二次会议　1994年3月2—4日召开。会议听取并讨论县委书记讲话；听取并审议县政协常委会工作报告；听取并审议提案工作情况报告；列席县十三届人大二次会议，听取并讨论县政府工作报告和其他报告；补选县政协副主席、常务委员；通过本次会议的有关决议。

政协长岛县第四届委员会第三次会议　1995年3月13—15日召开。会议听取并讨论县委书记讲话；听取并审议县政协常委会工作报告；听取并审议提案工作情况报告；列席县十三届人大三次会议，听取并讨论县政府工作报告和其他报告；补选县政协常务委员；通过本次会议的有关决议。

政协长岛县第四届委员会第四次会议　1996年2月29日—3月2日召开。会议听取并讨论县委书记讲话；听取并审议县政协常委会工作报告；听取并审议提案工作情况报告；列席县十三届人大四次会议，听取并讨论县政府工作报告和其他报告；补选县政协副主席、常务委员；通过本次会议的有关决议。

政协长岛县第四届委员会第五次会议 1997年3月10—12日召开。会议听取并讨论县委书记讲话；听取并审议县政协常委会工作报告；听取并审议提案工作情况报告；列席县十三届人大五次会议，听取并讨论县政府工作报告和其他报告；补选县政协副主席、常务委员；通过本次会议的有关决议。

第五届委员会

政协长岛县第五届委员会第一次会议 1998年2月5—8日召开。会议听取并讨论县委书记讲话；听取并审议县政协常委会工作报告；听取并审议提案工作情况报告；列席县十四届人大一次会议，听取并讨论县政府工作报告和其他报告；选举县政协第五届委员会主席、副主席和常务委员；通过本次会议的有关决议。

政协长岛县第五届委员会第二次会议 1999年1月29—31日召开。会议听取并讨论县委书记讲话；听取并审议县政协常委会工作报告；听取并审议提案工作情况的报告；列席县十四届人大二次会议，听取并讨论县政府工作报告和其他报告；补选县政协常务委员；通过本次会议的有关决议。

政协长岛县第五届委员会第三次会议 2000年1月17—20日召开。会议听取并讨论县委书记讲话；听取并审议县政协常委会工作报告；听取并审议提案工作情况报告；列席县十四届人大三次会议，听取并讨论县政府工作报告和其他报告；通过本次会议的有关决议。

政协长岛县第五届委员会第四次会议 2001年3月5—8日召开。会议听取并讨论县委书记讲话；听取并审议县政协常委会工作报告；听取并审议提案工作情况报告；列席县十四届人大四次会议，听取并讨论县政府工作报告和其他报告；选举县政协主席；通过本次会议的有关决议。

政协长岛县第五届委员会第五次会议 2002年2月21—23日召开。会议听取并讨论县委书记讲话；听取并审议县政协常委会工作报告；听取并审议提案工作情况报告；列席县十四届人大五次会议，听取并讨论县政府工作报告和其他报告；通过本次会议的有关决议。

第六届委员会

政协长岛县第六届委员会第一次会议 2003年1月17—20日召开。会议听取并讨论县委书记讲话；听取并审议五届县政协常委会工作报告；听取并审议五届县政协提案工作情况报告；列席县十五届人大一次会议，听取并讨论县政府工作报告和其他报告；选举县政协第六届委员会主席、副主席和常务委员；通过本次会议的有关决议。

政协长岛县第六届委员会第二次会议 2004年2月8—10日召开。会议听取并讨论县委书记讲话；听取并审议县政协常委会工作报告；听取并审议提案工作情况的报告；列席县十五届人大二次会议，听取并讨论县政府工作报告和其他报告；补选县政协常务委员；通过本次会议的有关决议。

政协长岛县第六届委员会第三次会议 2005年2月17—19日召开。会议听取并讨论县委书记讲话；听取并审议县政协常委会工作报告；听取并审议提案工作情况的报告；列席县十五届人大三次会议，听取并讨论县政府工作报告和其他报告；补选县政协主席；通过本次会议的有关决议。

政协长岛县第六届委员会第四次会议 2006年2月14—16日召开。会议听取并讨论县委书记讲话；听取并审议县政协常委会工作报告；听取并审议提案工作情况的报告；列席县十五届人大四次会议，听取并讨论县政府工作报告和其他报告；补选县政协副主席和常务委员；通过本次会议的有关决议。

政协长岛县第六届委员会第五次会议 2007

年1月30日—2月1日召开。会议听取并讨论县委书记讲话；听取并审议县政协常委会工作报告；听取并审议提案工作情况的报告；列席县十五届人大五次会议，听取并讨论县政府工作报告和其他报告；补选县政协副主席和常务委员；通过本次会议的有关决议。

第七届委员会

政协长岛县第七届委员会第一次会议　2007年12月8—10日召开。会议听取并讨论县委书记讲话；听取并审议六届县政协常委会工作报告；听取并审议六届县政协提案工作情况报告；列席县十六届人大一次会议，听取并讨论县政府工作报告和其他报告；选举县政协第七届委员会主席、副主席和常务委员；通过本次会议的有关决议。

政协长岛县第七届委员会第二次会议　2009年2月5—7日召开。会议听取并讨论县委书记讲话；听取并审议县政协常委会工作报告；听取并审议提案工作情况的报告；列席县十六届人大二次会议，听取并讨论县政府工作报告和其他报告；补选县政协常务委员；通过本次会议的有关决议。

政协长岛县第七届委员会第三次会议　2010年1月23—25日召开。会议听取并讨论县委书记讲话；听取并审议县政协常委会工作报告；听取并审议提案工作情况的报告；列席县十六届人大三次会议，听取并讨论县政府工作报告和其他报告；补选县政协主席、副主席、常务委员；通过本次会议的有关决议。

政协长岛县第七届委员会第四次会议　2011年1月16—18日召开。会议听取并讨论县委书记讲话；听取并审议县政协常委会工作报告；听取并审议提案工作情况的报告；列席县十六届人大四次会议，听取并讨论县政府工作报告和其他报告；通过本次会议的有关决议。

第八届委员会

政协长岛县第八届委员会第一次会议　2012年1月8—11日召开。会前表彰在“双为一优”活动中工作突出的优秀政协委员、七届一次会议以来优秀提案。会议听取并讨论县委书记讲话；听取并审议七届县政协常委会工作报告；听取并审议县政协七届一次会议以来提案工作情况报告；列席县十七届人大一次会议，听取并讨论县政府工作报告和其他报告；选举县政协第八届委员会主席、副主席和常务委员；通过本次会议的有关决议。

政协长岛县第八届委员会第二次会议　2013年1月20—23日召开。会议听取并讨论县委书记讲话；听取并审议常委会工作报告和提案工作情况报告；列席县十七届人大二次会议，听取并讨论县政府工作报告和其他报告；补选县政协秘书长、常务委员；通过本次会议的有关决议。

政协长岛县第八届委员会第三次会议　2014年1月15—18日召开。会议听取并讨论县委书记讲话；听取并审议常委会工作报告和提案工作情况报告；列席县十七届人大四次会议，听取并讨论县政府工作报告和其他报告；通过本次会议的有关决议。

政协长岛县第八届委员会第四次会议　2015年3月1—3日召开。会议听取并讨论县委书记讲话；听取并审议常委会工作报告和提案工作情况报告；列席县十七届人大五次会议，听取并讨论县政府工作报告和其他报告；通过本次会议的有关决议。

政协长岛县第八届委员会第五次会议　2016年2月24—26日召开。会议听取并讨论县委书记讲话；听取并审议常委会工作报告和提案工作情况报告；列席县十七届人大六次会议，听取并讨论县政府工作报告、长岛县国民经济和社会发展第十三个五年规划纲要（草案）和其他报告；通过本次会议决议及有关事项。

第九届委员会

政协长岛县第九届委员会第一次会议　2017年2月24—27日召开。会议听取并审议八届县政协常委会工作报告；听取并审议县政协八届一次会议以来提案工作情况报告；列席县十八届人大一次会议，听取并讨论县政府工作报告和其他报告；选举县政协第九届委员会主席、副主席、秘书长、常务委员；审议通过本次会议的有关决议。

政协长岛县第九届委员会第二次会议　2018年1月15—17日召开。会议听取并审议九届县政协常委会工作报告和提案工作情况报告；列席县十八届人大二次会议，听取并讨论县政府工作报告和其他报告；审议通过本次会议决议及有关事项。

第三节　政协常务委员会议和主席会议

政协常务委员会议

长岛县政协常务委员会是县政协的领导机构，主持政协长岛县委员会的会务，由政协长岛县委员会主席、副主席、秘书长（2013年八届二次全委会补选配备）和常务委员组成。主要职责是：依照政协章程规定，召集并主持政协长岛县委员会全体会议；组织实施政协章程规定的任务；执行全国、省、市、县政协全体会议的有关决议；协商决定下届政协长岛县委员会的委员人选，届中委员的增加或者变更，常务委员会组成人员增加或者变更时，向全体会议提出建议名单；审查通过提交中共长岛县委、长岛县人大常委会、长岛县人民政府的重要建议案；决定政协长岛县委员会工作机构的设置和变动，并任免其领导成员；根据中国人民政治协商会议章程决定对参加政协的单位和个人的纪律处分事项。政协常委会设立办事机构，负责处理常务委员会日常工作。

1986—2018年，长岛县政协常务委员会议由政协长岛县委员会主席主持，一般每季度举行一次，由主席会议拟定议程和日程，并及时将会议的有关事项通知常务委员会组成人员。第一次常务委员会议一般在全体委员会议后召开，主要协商通过全年工作要点、协商计划、专委会成员调整、联络组分组方案、委员考核制度等情况；第二次一般为每年7月份左右，主要是听取全县经济社会发展情况，组织视察全县重点项目工程；第三次一般为每年10月份左右，主要是听取提案办理情况，视察政府实事落实、听取情况汇报等；第四次一般在政协委员会全体会议前召开，主要协商通过全体会议相关事项。

政协主席会议

主席会议由政协委员会主席、副主席、秘书长（2013年八届二次全委会前为办公室主任，之后为秘书长，兼任办公室主任）组成，负责处理常务委员会重要日常工作。一般每个季度召开一次。主要行使下列职责：贯彻落实全国、省、市政协的重要会议精神，贯彻落实中共长岛县委的工作部署，执行县政协常务委员会的决议；协商讨论全县改革、发展、稳定中的重要问题，提出意见和建议；审议召开县政协全体委员会议的日期、议程和日程，决定召开常务委员会会议的日期、议程和日程；审议提交全体委员会议和常务委员会会议的文件；审议县政协年度工作计划；审议、审定县政协的建议案和重要调研报告；研究确定委员调研视察、参观考察等重要活动事项；审议县政协工作机构的设置和变动事项；审议提交常务委员会会议的人事任免事项。

1984—2018年长岛县历任政协主席、副主席一览表

表18-1

届　次	职　务	姓　名	任职时间
第一届（1984.4—1987.4）	主　席	葛长发	1984.4—1987.4
	副主席	隋联状	1984.4—1987.4
		宋承均	1984.4—1987.4
		李广义	1984.4—1987.4
第二届（1987.4—1990.4）	主　席	葛长发	1987.4—1990.4
	副主席	隋联状	1987.4—1990.4
		宋承均	1987.4—1990.4
		袁克业	1987.4—1990.4
第三届（1990.4—1993.2）	主　席	李克特	1990.4—1993.2
	副主席	隋联状	1990.4—1993.2
		宋承均	1990.4—1993.2
		邹明才	1990.4—1993.2
第四届（1993.2—1998.2）	主　席	骆永铭	1993.2—1998.2
	副主席	隋联状	1993.2—1996.3
		宋承均	1993.2—1998.2
		邹明才	1993.2—1998.2
		林建国	1994.3—1998.2
		姜德爱	1996.3—1998.2
		郭玉才	1997.3—1998.2
第五届（1998.2—2001.3）	主　席	林春丰	1998.2—2001.3
		王国强	2001.3—2003.1
	副主席	姜德爱	1998.2—2001.3
		郭玉才	1998.2—2003.1
		林建国	1998.2—2003.1
		袁　旭（女）	1998.2—2003.1
		张勤先	1998.2—2003.1
第六届（2003.1—2007.12）	主　席	王国强	2003.1—2005.2
		王德奎	2005.2—2007.12

续表18-1

届次	职务	姓名	任职时间
第六届（2003.1—2007.12）	副主席	王德奎	2003.1—2005.2
		郭玉才	2003.1—2006.2
		林建国	2003.1—2007.12
		袁　旭（女）	2003.1—2007.12
		张勤先	2003.1—2003.7
		刘毓鹏	2006.2—2007.12
		王树斌	2007.1—2007.12
		吴忠宪	2007.1—2007.12
第七届（2007.12—2012.1）	主　席	王德奎	2007.12—2010.1
		吴有进	2010.1—2012.1
	副主席	王树斌	2007.12—2011.1
		吴忠宪	2007.12—2010.1
		袁　旭（女）	2007.12—2012.1
		王作文	2007.12—2012.1
		王尊清	2007.12—2012.1
		陈华利	2010.1—2012.1
		李志松	2010.1—2012.1
第八届（2012.1—2017.2）	主　席	宋昌林	2012.1—2017.2
	副主席	袁　旭（女）	2012.1—2017.2
		王作文	2012.1—2017.2
		王尊清	2012.1—2013.1
		陈华利	2012.1—2017.2
		李志松	2012.1—2017.2
第九届（2017.2—　）	主　席	宋昌林	2017.2—
	副主席	王作文	2017.2—
		陈华利	2017.2—
		李志松	2017.2—
		于淑波（女）	2017.2—

第二章　机构设置

第一节　县政协工作机构

1984年4月，长岛县政协成立，同时设立办公室。同年5月，设立提案工作委员会、学习委员会、文史资料研究委员会3个委员会及经济建设工作组、文化教育体育工作组、科技医药卫生工作组、祖国统一侨务工作组4个工作组。1985年4月，撤销科技医药卫生工作组，增设科学技术工作组、妇幼医药卫生工作组、“两户一体（专业户、重点户和新的经济联合体）”工作组。1986年8月，撤销经济建设工作组、祖国统一侨务工作组、科学技术工作组，增设经济技术联络委员会、统一祖国侨务工作委员会。

1987年4月，统一祖国侨务工作委员会更名为祖国统一侨务工作委员会。1989年3月，设立三胞联谊委员会、文教卫生工作委员会，撤销祖国统一侨务工作委员会，撤销妇幼医药卫生工作组、教育文化体育工作组、水产工作组、“两户一体”工作组。

1990年4月，提案工作委员会改称提案委员会，文史资料研究委员会改称文史资料委员会，文教卫生工作委员会改称文教卫生委员会。1991年3月，撤销学习委员会、文教卫生委员会，增设学习文教卫生政法委员会。

1993年2月，经济技术联络委员会改称经济科技委员会。1997年12月，撤销文史资料委员会、三胞联谊委员会、学习文教卫生政法委员会，设立学习文教文史委员会、三胞政法委员会。

2012年11月，增设政协委员工作室。

2016年12月，设立县政协专门委员会工作一室、工作二室、工作三室，为县政协专门委员会的办事机构。

2017年3月，经济科技委员会改称经济科技和人口资源环境委员会，学习文教文史委员会改称教文卫体和文史资料委员会，“三胞”政法委员会改称社会法制民族宗教和港澳台侨委员会。

2018年，县政协工作机构设办公室、提案委员会、经济科技和人口资源环境委员会、教文卫体和文史资料委员会、社会法制民族宗教和港澳台侨委员会、政协委员工作室6个工作部门和政协专门委员会工作一室、工作二室、工作三室3个专门委员会的办事机构。

第二节　基层政协组织

1991年3月，南长山镇、砣矶镇、北长山乡、大黑山乡、大钦岛乡、北隍城乡6个乡镇设立政协工作办公室，为正科级行政机构，设主任或副主任，主持日常工作。1991年4月15日，县政协主席会议研究通过《长岛县乡镇政协工作办公室工作简则》，明确乡镇政协工作办公室性质、职责、主要任务和工作方法。乡镇政协工作办公室在乡镇党委的领导和县政协的指导下开展工作，主要职责是，贯彻党的统战方针政策和《政协章程》，组织带领驻乡镇政协委员和各界人士，结合本乡镇实际开展工作，同时协助搞好统战、对台、侨务、民族、宗教等方面的工作。乡镇政协工作办公室成立后，坚持以党的基本路线为指导，履行政治协商、民主监督职能，组织委员学习和开展调查、考察和视察活动，协助县政协和有关部门做好提案、“三胞”联络、文史编写等工作，在维护政治与社会稳定，推进改革开放和经济发展，促进祖国统一等方面，做了大量工作。

2001年12月，因乡镇机构改革，政协委员联络工作由乡镇党政办公室（或综合事务办公室）

承担，乡镇政协工作办公室撤销。

2013年10月，南长山街道、北长山乡、黑山乡、砣矶镇、大钦岛乡、小钦岛乡、南隍城乡、北隍城乡分别设立政协工作室，配备副主任1名。2015年9月，8个乡镇（街道）政协工作室撤销。同年10月，在乡镇（街道）设立政协委员联络室，联络室主任由乡镇（街道）党委副职兼任，可配备1名专职工作人员，所需编制在各乡镇（街道）编制内调剂解决。

第三章　履行职能

第一节　参政议政

1984—1986年，县政协成立之初，围绕全县两个文明建设、群众普遍关心的问题、重大人事安排，以及统一战线内部重要事务，进行广泛的议政协商，就全县经济与社会发展规划、重大经济改革措施、年度工作要点、财政预决算、法制建设等重大问题，进行讨论协商，提出扩建驻蓬莱联络站、建县人民医院传染科病房、调查大黑山岛蝮蛇资源等意见建议120余条。1987—1989年，围绕改革开放和经济发展，开展协商议政活动，召开全委会议3次、常委会议14次，其他座谈会、调查通报会、研讨会等8次，委员们提出意见建议137条。

1990—1992年，建立健全参政议事制度，制定主席会议、常委会议、全委会议议事准则，协商监督活动经常化。根据县委各个阶段工作部署，通过不同形式，对实施“耕海牧渔”战略、调整产业结构、落实“科技兴岛”方针等重点工作工作，以及群众普遍关注的问题，进行协商议政，提出意见建议162条。

1993—1997年，围绕产业结构调整、旅游开发、个体私营经济、对外经贸工作、教育文化卫生等重点工作，提出建设性的意见和建议100余条。

1998—2002年，通过全委会议总体协商、常委会议专题协商和主席会议重点协商。围绕全县经济发展、改革开放和精神文明、民主法制建设等方面重大问题协商议政。先后召开21次常委会议，听取全县养殖结构调整、国有企业运行、重点工程项目建设、招商引资、无居民岛开发、卫生医药体制改革、旅游管理体制改革、社会保障体系建设、社会治安综合治理等工作情况通报，经协商讨论，提出建设性意见建议200余条。

2003—2007年，围绕每年度的政府工作报告、国民经济和社会发展计划报告、财政预决算报告、法院和检察院工作报告等进行协商讨论。特别针对长岛行政区划改革，研究提出大岛建小岛迁的政策思路。

2008—2011年，围绕长岛县“十二五”规划、“一府两院”工作、重点项目建设和为民服务实事等关系全局的重大事项进行协商讨论，召开全委会议4次、常委会议17次，组织对口协商活动14次，提出各类意见建议100余条。其中，围绕食品药品监督管理、卫生防疫、海运业发展、社会治安综合治理、弱势群体救助等事关发展和稳定的重大课题进行专题协商，提出建议。

2012—2016年，围绕城市规划建设管理、旅游和文化产业发展、交通建设和交通工作、制订“十三五”规划等事关长岛发展稳定大局的重点课题，召开全委会议5次、常委会议21次，其中5次常委会专题议政协商，提出有关产业发展、民生保障、环境整治等协商意见90余条。

2017—2018年，按照“党政所需、群众所盼、政协所能”原则，围绕全县经济发展重点课题和民生改善关键问题，制定协商计划，进行调查研究，开展议政协商。围绕美丽乡村建设、休闲渔业发展、加强医养结合、发展健康养老服务业等议政协商课题开展调研，形成调研报告，并通过常委会议、界别会议等专题协商，为推进相关工作有效落实建言献策。

第二节　调研视察

县政协注重发挥政协委员人才荟萃、智力密集的优势，围绕全县改革发展重大战略和中心任务，紧扣经济社会发展综合性、战略性、前瞻性课题，组织政协委员开展各类调研视察工作。1986—2018年，围绕渔业、旅游、交通、环保、治安、科教、文卫、个体私营经济、精神文明建设等重点领域，组织调研和视察活动382次，形成书面报告174篇，提出一批高质量的意见、建议。

1984—1986年，调研视察主要以委员会、工作组活动形式开展。经济技术联络委员会牵头对境内淡水资源情况逐村进行调查。教育文体工作组考察隍城乡教育工作情况和南长山镇幼儿教育工作，并与妇幼医药卫生工作组联合视察城区大环境卫生工作，提出相关意见和建议。

1987—1989年，组织各种考察、视察、研讨、论证活动15次，形成调查报告、会议纪要12份，提出建议60余条，内容涉及渔养生产、经济科技、农水建设、文教卫生、群众生活等各个方面。

1990—1992年，组织考察、视察活动12次，提出意见和建议近百条，内容涉及渔村改革、渔养生产、教育科技、文化卫生、群众生活等各个方面。

1993—1997年，全县各级政协组织视察和调查活动70余次，其中，县政协组织的23次，重点关注发展多品种养殖、搞好水产品精细加工、实现旅游产业化、加快县直企业“两个转变”、建立海上养殖生产新秩序、发展渔村经济等事关经济发展全局的课题，并对渔村文化工作、海上花园建设、水资源保护、贯彻执行《食品卫生法》、改善城区办学条件、南五乡镇家庭建设等社会普遍关注的一些热点问题进行视察或调查。

1998—2002年，围绕渔业发展、旅游业管理、“渔家乐”经营、渔村税费改革、企业厂务公开与民主管理、下岗职工再就业等组织调查，提出意见和建议200余条。同时，对渔村青年劳力流失、水产科技工作及未来长岛发展定位问题开展调研视察，提出着力强化水产科技推广工作、努力提高工作效率等10余条意见和建议。

2003—2007年，围绕大岛建小岛迁、挖掘长岛“渔家乐”内涵潜力、加强殡葬管理等组织各类调研视察活动158次，形成专题调研报告40篇，提出有参考价值的意见和建议300多条。利用上级领导到长岛调研机会，在更高层次、更深领域探索参政议政的新途径。先后参与省政协副主席张敏、市政协主席栾秉良、市政协副主席罗开田等省、市政协领导牵头的关系长岛可持续发展的专题调研。邀请国家有关部委领导和专家到长岛县开展以妈祖文化为中心的地域发展调研。

2008—2011年，围绕海区滩涂使用、建设国际休闲度假岛、弘扬妈祖文化、殡葬改革等开展专题调研6次，对重点项目建设、城区供暖扩容、卫生事业发展、城市亮化美化等组织集中视察7次，形成视察调研报告13篇。各政协联络组围绕城乡一体化、生态渔业、文化产业、新渔村建设等群众关切的热点、难点问题，开展调研视察56次，形成报告40多篇，提出意见建议360多条。参与市政协主席栾秉良，市政协副主席、发改委主任孙承贤牵头的关于市委、市政府支持长岛科学发展的专题调研。

2012—2016年，围绕文化产业、“渔家乐”及渔俗文化、医疗卫生事业、电子商务、青少年禁毒工作等组织调研活动20余次，形成《关于长岛文化资源及文化产业发展的调研报告》等23篇。围绕食品质量安全、社会管理综合治理、海岛生态环境保护等群众关心的民生问题，组织开展视察活动19次，提出加快农产品检验检测站建设、加大食品安全执法检查力度、加快改造海鲜市场、健全监控网络建设、加强对海岸线和受损山体修复、更新绿化美化树种等70多条视察意见建议。

2017—2018年，围绕美丽乡村建设、发展北部岛屿特色旅游、发展休闲渔业特色旅游、加强医养结合发展健康养老服务业、科学布局近远海养殖实现长岛渔业振兴、放大马拉松赛事品牌效应助力旅游产业发展、近岸海域生态环境整治修复、海绵城市建设及垃圾分类处理等重点课题组织考察调研，形成调研报告9篇。围绕全县医疗卫生事业发展、旅游市场管理、危化品供应保障和质量安全问题、城区集中供暖电代煤改造情况开展专项视察监督活动，提出监督意见。

第三节　提案工作

1986—2018年，县政协委员共提出各类提案2420件。提案委员会在进行提案征集、审查立案、整理交办的同时，加强与县委办公室、县政府办公室及各承办单位的联系和沟通，加大提案办理的督办检查、调度视察和提案效果的舆论宣传等工作力度，做到件件有回音、事事有着落。

1986年，县政协一届三次会议期间，提出提案43件，会后收到平时提案2件。经提案委员会审查，报请县政协常委会研究，45件提案全部作为建议处理。

1987—1989年，提出提案137件，涉及改革开放和两个文明建设等方面。经提案审查委员会审查，受理112件。其中，立案处理3件，作为建议处理109件。立案的3件提案为二届一次会议提出的《修筑液化气站路面》《保护好宝塔礁》《开展灭蝇月活动》，均得到及时办理。

1990—1992年，共收到提案162件，受理152件，全部作为建议处理。经过办复，问题得到解决或基本解决的85件，占办复提案的55.9%。其中《想方设法建立长岛县的海洋制药工业》提案，得到县委、县政府高度重视，发展海洋生物制药列入在县委六届二次全委会相关决议。根据《修复蓬长海底电缆》提案，县政府专门编制和实施备用海底电缆敷设项目。

1993—1997年，收到提案280件。提案内容对全县改革、发展、稳定等多方面提出具有前瞻性、科学性和可行性的意见建议。其中《搞好贝藻兼养，维护生态平衡》提案，反映全面单一养殖品种所面临的生态危机，关系到养殖生产能否持续发展。县政府多次召开专题会议，研究推行贝藻兼养措施，在砣矶井口村召开现场会议，推动贝藻兼养计划落实。

1998—2002年，共收到提案510件，立案382件。其中，经济建设方面189件，科教文卫方面71件，民主法制方面73件，社会公益方面49件。经提案委员会审查，报请县政协常委会研究，均作为建议处理。

2003—2007年，共收到提案353件，合并立案269件。其中，经济建设类121件，科教文卫类68件，民主法制类36件，社会公益类44件。未立案的43件提案，作为来信转交有关部门处理。

2008—2011年，共收到提案293件，经提案委员会审查，除6件作为来信转交有关部门处理外，共合并立案245件。其中经济建设类109件，科教文卫类52件，民主法制类47件，社会公益类37件。这些提案经承办部门办理后，于当年已经解决或基本解决的119件，占总数的48.6%；列入计划逐步解决的121件，占49.4%；提案办理，因政策限制或条件尚不具备暂时难以解决，向委员解释并留作研究探讨的5件，占2%。委员满意或基本满意率为100%。

2012年7月，市政协在长岛县召开全市提案工作会议，传达学习全国、省、市提案工作座谈会精神，就修订《烟台市政协提案工作条例》和《关于评选表彰优秀提案试行办法》进行座谈讨论，并参观考察砣矶镇旅游发展和“渔家乐”运营情况。

2012—2016年，共收到提案529件，其中《加强生态文明建设，积极构建美丽长岛》《加快推进我县海洋渔业转型升级》《转变渔家乐经营管理机制，恢复海上游休闲体验项目》《加快城市旧村改造步伐》《加强城市综合执法力度》《重新规划设计调整公交线路》等68件被评为优秀提案，面对面办案率、办复率、委员满意率或基本满意率均达100%。收集社情民意600多条，上报关注支持渔家乐合作经营、合理设置交通安全标识、提高基层医疗卫生机构服务能力等一批能够反映基层群众心声的社情民意信息，得到相关部门的重视和解决。

2017—2018年，共立案提案111件，办复率100%，满意或基本满意率达到97.3%，其中，关于《推动我县海上旅游产业项目发展的建议》《加快发展我县社会养老服务事业的建议》《改善城区旅游旺季交通环境的建议》《加强我县城市建设与管理的建议》《在全县范围内禁止燃放烟花爆竹的建议》《设立集中倾倒场所和实行垃圾分类回收的建议》《加强和改善老年人残疾人交通服务的建议》等18件提案被评为优秀提案。

1986—2018年长岛县政协委员提案统计和典型提案办理情况一览表

表18-2

届别	次别	提案（件）	立案（件）	典型提案
第一届	三次会议	45	45	关于加大措施搞好鲍鱼苗种生产的建议（提案人：林建国）
第二届	一次会议	56	40	关于保护好宝塔礁的建议（提案人：隋联状）
	二次会议	42	42	关于发展鲍鱼生产的建议（提案人：柳传忠）
	三次会议	39	30	关于重视解决初中学生辍学问题的建议（提案人：谢在库）
第三届	一次会议	52	48	关于发展长岛县海洋制药工业的建议（提案人：谢在佩）
	二次会议	51	45	关于抓紧修复蓬长海底电力电缆的建议（提案人：王幸天）
	三次会议	59	59	加强以扇贝为主的水产品质量管理（提案人：谢克勤　李国华）
第四届	一次会议	54	49	搞好贝藻兼养，维持生态平衡（提案人：袁鸿泰　李国华）
	二次会议	54	52	关于长岛应建立地方储备粮制度和粮食风险金的建议（提案人：韩阜然）
	三次会议	52	48	关于多渠道筹集资金，进一步改善办学条件（提案人：袁旭）
	四次会议	30	30	关于解决县第二实验小学生上学交通难的建议（提案人：石其学）
	五次会议	90	90	加大治安整治力度，维护海上生产秩序（提案人：张连奎）
第五届	一次会议	111	96	采用提纯扶壮苗种，强化扇贝养殖技术规范（提案人：范国坤　马玉春）

续表 18-2

届别	次别	提案（件）	立案（件）	典型提案
第五届	二次会议	97	79	调整产业结构，促进税收分流，保证财政收入（提案人：陶忠）
	三次会议	109	90	优化投资环境，培植新的经济增长点（提案人：吴少林）
	四次会议	120	71	建议成立"一小时"气象站，解决蓬长交通难问题（提案人：杨培新）
	五次会议	73	46	保护"渔家乐"品牌，规范"渔家乐"服务（提案人：袁承胜　赵作松）
第六届	一次会议	81	56	关于改变旧城面貌的建议（提案人：马玉春）
	二次会议	79	55	关于为全县育保苗业户提供技术支持的建议（提案人：范强东）
	三次会议	73	56	关于加强饲养宠物管理及出台有关规定的建议（提案人：范强东）
	四次会议	48	39	关于加大防范力度，制定渤海湾石油开发预警机制的建议（提案人：范国坤）
	五次会议	72	62	关于实施集雨水工程，涵养地下水的建议（提案人：李景兰　范强东）
第七届	一次会议	62	53	关于确立"文化立县"方针的建议（提案人：孙彩云）
	二次会议	77	65	关于加快旅游景点设施改造的建议（提案人：刘静喜　姜宏明）
	三次会议	66	62	关于加快推进城乡一体化建设的建议（提案人：王尊清　沈德江）
	四次会议	88	65	关于加快推进国际休闲度假岛建设的建议（提案人：赵延凌　周曰文　吴忠民）
第八届	一次会议	96	72	关于开发海岛特色文化旅游的建议（提案人：张慧珠）
	二次会议	129	94	关于加强对我县"生态渔业"建设工作的建议（提案人：乔涛）
	三次会议	130	82	关于丰富"渔家乐"旅游文化内涵的建议（提案人：高宏伟　余良琴）
	四次会议	88	52	关于发展壮大渔村集体经济的建议（提案人：宋明徽）
	五次会议	83	54	关于推动实施全域旅游"大概念"的建议（提案人：郭贤坤　胡书俊）

续表18-2

届别	次别	提案（件）	立案（件）	典型提案
第九届	一次会议	93	58	关于推动我县海上旅游产业项目发展的建议（提案人：周曰文　刘国武　孙晓梅　赵欣）
	二次会议	83	53	关于解决油气等危化品供应保障和质量安全问题的建议（提案人：郭贤坤　孙世杰　王新霞）

第四节　委员活动

1986年，主要以工作组形式，组织委员开展调查、考察，举办专题讲座、新春灯会、书画展、经验交流座谈会等各类活动。1987—1989年，组织委员加强政治理论学习，开展调研、视察、专题研讨等活动。1990—1992年，以县直委员学习活动组和乡镇政协工作办公室为主开展活动，组织委员学习政治理论和方针政策，开展“为祖国做奉献”活动和调查研究，召开恳谈会，举办学习讲座，参加行风评议，参与统战、侨务、对台等活动。

1993—1997年，指导乡镇政协办公室组织委员规范开展活动，每年对渔村文化工作、实施“四一”工程、海上治安状况、“海上花园”建设等重点工程项目进行视察。开展“做奉献添光彩”活动，涌现出一批以南隍城乡党支部书记王成强为代表的先进委员。

1998—2002年，开展以争当行业优秀工作者和优秀委员或联络员为主要内容的“双优”活动。组织开展委员活动100余次，委员参与面达到95%以上。乡镇政协组织将委员活动与中心工作相结合，重要工作决策征求委员意见、重大措施落实邀请委员监督、重点项目实施组织委员视察，委员在推动乡镇两个文明建设中发挥积极作用。县直委员各活动组按照县政协要求，学习、视察、调查、评议监督多种形式并举，视察、监督活动不断规范。

2003—2007年，组织委员参与帮困扶贫工作、再就业工程、救助弱势群体和其他救助活动，累计捐款捐物100余万元。政协常委赵乐通为教育事业无偿捐助资金30万元。委员陈玉玲上缴利税1100余万元，创民营经济纳税之首，帮助200余名下岗工人实现重新就业，投资近百万元，支持老龄事业和公交事业发展。政协常委王尊清常年深入渔村现场指导科学化养殖，引导群众走科学化、规范化养殖之路，受到渔民群众的好评。

2008—2011年，以“为长岛发展建功立业、为政协事业增光添彩、争当优秀政协委员”为主题，组织委员开展技术培训、爱心捐助、志愿者服务、“3+1”联手共建及文化、科技、卫生“三下乡”等活动，为基层和群众办实事、解难题，先后55人次受到市、县政协表彰。汶川地震发生后，政协机关先后三次共向灾区捐助4.36万元，全县非党政协委员向灾区捐款23万元；玉树发生地震后，工商联委员一次性捐款11.6万元，全县政协系统累计捐款捐物价值190余万元。医疗界委员开展“送医、送药、送健康”义诊活动，向渔村困难群众免费发放药品价值数万元。

2012—2016年，以“在本职岗位建功，争创优秀业绩；在履职岗位尽责，争当优秀委员”为主题，实施“五大工程”。医疗卫生界委员与烟台专家组成义诊医疗队，开展“服务基层，情系百姓”义诊下乡活动，为2200余名渔村群众提供诊疗和咨询服务，免费发放药品价值20余万元，救治危急病患10余例。文化界委员和岛外书画家联合开展“书画联谊，文化下乡”活动，为海岛渔村群众和驻军送去书画作品110余幅。科技界委员和相关科技人员常年坚持为生态渔业发展和渔民增收提供科技支持和服务。开展“阳光助学”“委员拥军”活动，11个联络组结对帮扶20名困难学生，累计捐款捐物10余万元。经常性组织委员走进军营，举办军地篮球赛、慰问驻岛官兵等拥军活动30余次，赠送各类慰问品价值20万元。委员开设的“士兵之家”，对到长岛探望官兵的家属免费提供食宿200余人次。部分政协委员还通过组织义工队、志愿者等形式，帮贫济困、服务社会。实施“助推发展”“引资聚贤”工程，通过开展“结对帮扶”“双招双引”，鼓励政协委员积极投身一线助发展。

2017—2018年，开展“站在新起点　实现新作为”主题活动，举办“政协大讲堂”系列讲座，增强委员履职意识。加强制度建设，修订委员会及机关工作规范，建立主席联系委员、各委办室联系委员、委员联系群众制度。组织委员开展“爱心惠民”活动，为群众办实事、解难题，树立政协履职为民良好形象。科技界委员深入部分乡镇开展渔养生产科技指导服务，发放科普图书和宣传册6000余份。开展“阳光助学”“扶贫救困”“委员拥军”等活动，捐资助学、为低收入群体捐款捐物价值约60万元，为驻岛和岛外部队发放慰问品价值18万元，组织演出活动20余场。

第五节　文史宣传工作

县政协注重发挥文史资料“存史资政、团结育人”作用，通过座谈、走访、上门约稿等办法，发动社会各界人士撰写“亲闻、亲见、亲历”的“三亲”史料。

1986年，征集编纂《我所知道的林绍愈》《沈鸿烈与东北海军》《孙荣明生平事略》《国民党中业舰在小黑山岛搁浅的调查》《解放长山岛前夕抗台风抢修船只的回忆》等5篇文史资料。1989年，编纂完成《驶向光明——201号扫雷艇起义专辑》并出版发行。1994年，编写完成《长岛游子》并出版发行，40名旅居日本、美国、哥斯达黎加的侨胞以及中国台湾、香港地区同胞的简介收录该书。1995年，编辑出版《长岛文史资料》第二辑。

2012年始，县政协牵头推进全县文化产业发展工作，提出全县文化产业发展工作要点，策划落实18个重点工作和重点项目。至2016年，先后编纂完成《烟台区域文化通览·长岛卷》《明代朝鲜使臣笔下的庙岛群岛》《长山列岛语言及民俗文化研究》《仙岛联韵》《长岛政协30周年书画庆展活动书画集》，创作完成吕剧音乐组曲《妈祖颂》，拍摄微电影《长岛，爱就在这里》等一批反映海岛历史文化、风土民情的文化艺术作品。其中，《烟台区域文化通览·长岛卷》填补长岛文史研究空白，《明代朝鲜使臣笔下的庙岛群岛》获山东省第三十次社会科学优秀成果二等奖。编纂完成《长岛的对外开放之路》《长岛县政协志》（第二部）《长岛改革开放历程》《长岛县旅游发展历程及经验》《长岛双拥共建的历程、成就与经验》。其中《长岛的对外开放之路》入选全国政协纪念全国首批14个沿海城市对外开放30周年大型文史丛书，《长岛改革开放历程》《长岛双拥共建的历程、成就与经验》相关文章被《烟台改革开放实录》《山东改革开放实录》收录。

2017年，启动《记忆长岛》征编工作，通过搜集整理亲历者的“三亲”史料，对中华人民共和国成立以来长岛县域重大事件进行编撰。至2018年，《记忆长岛》共落实选题70个，征集回忆文章30篇。完成《妈祖故事》编写，《海上仙山》大型摄影画册获省政府第十届泰山文艺奖三等奖，完成省政协《记忆山东》3篇稿件征集，启动《长岛双拥画史》《长岛旅游发展史》编撰。

第十九编 社会团体

80年代后，长岛县各社会团体组织机构逐步建立健全，组织建设、工作机制日趋完善。在中共长岛县委的领导下，紧紧围绕全县工作大局，依托各自领域的优势，履行宪法和团体章程所赋予的职能，组织开展政策宣传和实施、专业技术培训、权益维护、就业创业、康复救助、文学艺术创作等活动。随着改革开放不断深入，全县社会团体得到健康有序发展，团结带领团体成员，积极投身地方建设。

第一章 工 会

第一节 组织建设

1986年，长岛县总工会内设组宣部、生产生活部和职工俱乐部。1987年9月，职工俱乐部改称为工人文化宫。1989年11月，成立女职工委员会。1994年，全县基层工会达到93个，其中国有企业工会69个，集体企业工会21个，外商投资企业工会2个，乡镇企业工会1个。1996年，组建县直机关、公安局、党校、旅游局、长岛宾馆、广播电视中心6个机关工会组织，其中县直机关工会建立17个基层分会，结束县直机关无工会的历史。至2000年，全县国有企业、集体企业、股份合作企业建会率均达100%，机关事业单位建会率达95%；私营企业建会率达67%。2004年，全县基层工会共有130家，会员4360人。2014年始，有计划、有步骤地通过区域性、行业性工会建设推动外资企业、小微企业建会，扩大工会组织覆盖面，全县企业动态建会率、入会率达98%。2016年，乡镇（街道）和规模以上企业职工服务中心（站点）建立工会组织28个，建成海上职工服务中心（站点），进一步拉近工会服务与职工的距离，形成全覆盖、多元化、一站式服务网络。2018年，开展新兴产业工会组建工作，成立长岛佳益海珍品发展有限公司工会，增加会员39人。至年底，全县共有161家工会组织、7007名工会会员录入大数据信息系统。

第二节 职工代表大会

第七次职工代表大会

1987年6月6日召开，历时2天。出席代表124人，其中女代表34名，占代表总数的27.4%；知识分子19名，占代表总数的15.3%；工会积极分子60名，占代表总数的48.4%；工会干部69名，占代表总数的55.6%。大会通过《关于深入进行坚持四项基本原则的教育，积极开展增产节约、增收节支运动的决议》，选举产生县总工会第七届委员会，常委5人，副主席1人，主席1人。

第八次职工代表大会

1992年5月14日召开，历时2天。出席代表

159名，其中女代表58名，占代表总数的36.5%；具有大专文化程度的代表16名，占代表总数10.1%；工会积极分子26名，占代表总数的16.4%；工会干部91名，占代表总数的57.2%。大会通过《关于在深化改革扩大开放中充分发挥工人阶级主力军作用的决议》，选举产生县总工会第八届委员会，常委5人，副主席1人，主席1人。1995年1月，八届四次全委会补选主席1人。1998年1月，八届七次全委会补选主席1人。2002年1月，八届十一次全委会增补副主席1人。2004年12月，八届十四次全委会补选主席1人。

第九次职工代表大会

2013年1月26日召开，历时2天。出席代表100名，其中女代表41名，占代表总数的41%；知识分子85名，占代表总数的85%；工会积极分子37名，占代表总数的37%；工会干部49名，占代表总数的49%。大会通过《凝聚智慧谋发展，服务大局促和谐，团结动员全县广大职工为建设国际休闲度假岛而努力奋斗》的工作报告，选举产生县总工会第九届委员会，常委5人，副主席1人，主席1人。选举县总工会经费审查委员会委员3人，主任1人。

第三节　职工维权与帮扶互助

80年代初，职工维权主要监督检查职工福利和劳动保护落实情况，开展安全教育和女职工特殊权益保护活动。1986年，建立劳动争议工作制度，指导基层工会建立劳动争议调解委员会。1996年，选择在不同所有制、不同类型的企业进行签订集体合同试点，指导企业把劳动就业、工资报酬、工作时间、职业安全卫生等带有共性的问题签入集体合同。至1997年，全县有12个系统、10个企业签订集体合同。2001年，建立健全《特困职工档案》和《困难职工档案》，开展救助特困职工子女上学活动，全县机关事业单位和系统与20个特困职工家庭结成帮扶对子，救助特困职工子女98名，帮扶资金合计10.5万元。2002年，成立县职工互助互济储金会和职工法律咨询服务中心。2003年，成立长岛县困难职工援助中心，建立县政府与县总工会联席会议制度，完善劳动关系三方协商机制。翌年，县总工会会同县委组织部、县人事劳动和社会保障局、县经贸局、县海洋与渔业局等部门，联合查处县船业总公司和宏凯毛纺有限责任公司侵权、违规等问题，对县船业总公司领导班子进行调整，责令宏凯毛纺有限责任公司为职工缴纳拖欠3年之久的各种社会保险金130万元。2005年，开展特困职工家庭生活现状调查，确定50户补助对象，建立特困职工档案，实行动态管理和帮扶。2006—2009年，争取中央财政专项帮扶资金20.99万元，救助困难职工283人。2012年，向72户困难家庭发放救助金共计4.5万元，向10名女职工发放“两癌”救助金1万元，向10名考上本科以上分数线的困难职工子女发放金秋助学金1万元。是年，推进企业工资集体协商制度，调解劳动争议纠纷10起。2016年，建立健全工会劳动法律监督和职工法律援助等制度，发挥法律顾问作用，引导职工依法理性表达利益诉求。开展春送岗位、夏送清凉、金秋助学、冬送温暖“四季服务”活动。2017年，开展安全生产法律法规知识竞赛、“女职工维权知识答卷”活动，全县90%以上的基层工会组织参加比赛，有效参与率96%，准确率95%以上。2018年，推进工资集体协商，组织工资集体协商座谈会和专业培训指导活动，完善全县协商数据库，健全月报制度，加强督导落实，切实维护劳动者的合法权益。全县共签订工资专项集体合同13份，覆盖企业13家，职工697人。

第四节　民主管理

1986年，全县共有60个基层单位实行以职工代表大会制度为基本形式的民主管理制度。翌年，在企业推行民主评议领导干部制度。至

1990年，全县有17个基层单位建立三级民主管理网络。是年7月，召开全县民主管理现场会，推广先进单位的做法和经验，并在全县企业中广泛开展征求合理化建议活动。至11月，全县共有4314人次提出合理化建议2323条，采纳467条，实施244条，创造可计算价值113万元。1997年始，推行厂务公开，制定《长岛县厂务公开考核细则》，确定117个县直企业、25个乡镇企业为应实行厂务公开单位，在全市率先将厂务公开工作延伸到乡镇和医院、学校等事业单位。2000年，成立乡镇工会工作委员会，并在乡镇企业建立工会组织，工会维权职能延伸到基层。至2001年，全县共有55个国有、集体以及国家和集体控股企业，14个乡镇企业全面实行厂务公开，34个事业单位按照相关规定落实公开制度，建立公开栏76个，征求职工合理化建议500余条，采纳220条，创经济效益60万元。2004年，开展星级职代会创建活动，在高能聚氨酯有限责任公司等非公企业进行试点，70%以上的企事业单位达到合格星标准。2005年后，相继制定非公有制企业厂务公开实施细则、厂务公开民主管理工作实施意见等，以非公企业和中小型企业为重点，推进各项工作扩面提效。2014年始，以职代会星级创建和示范单位创建活动为载体，在职工中开展“人人都是管理者”主题活动，举办工资集体协商专题培训班，开展法律法规知识竞赛，聘请工资集体协商专职指导员。制定实施《长岛县总工会工资集体协商指导员管理制度》《长岛县工资集体协商规范手册》，建立《长岛县50人以上企业台账》《区域行业单位台账》，推进制度化、规范化建设。至2018年，共培育民主管理典型企业3个。

第五节　劳动竞赛

80年代，县总工会组织开展以“为四化立功”为主题的劳动竞赛，每年对先进个人和集体进行表彰。1993年起，开展多层次、多形式、全过程、全员化的社会主义劳动竞赛，全县13个经济主管部门、80多家企业分成四个竞赛组，共提合理化建议3450条，被采纳480条，推广应用新技术35项，开发新产品35项。至1995年，职工参赛率达98%，共提合理化建议1800条，小改革、小发明70项。1996年，开展“学技术，比奉献，争当新时期先进劳动者”活动，全县10个单位、28个班组（车间、科室）被授予“劳动竞赛先进集体”，52人被授予“劳动竞赛标兵”称号。2000年，开展“迎接新世纪建功立业”主题系列竞赛活动和“安康杯”安全生产竞赛活动。2002年8月，举办全县职工“通信杯”计算机技能大赛，全县20余个基层单位的43名计算机技术人员参赛。2003年始，在全县职工中开展“学、创、树”活动，采取技能培训与技能比武相结合的形式，组织开展计算机操作、渔家乐中式烹调师技能大赛等形式多样的劳动竞赛。2004—2011年，以普法教育、女职工权益保障、文明礼仪和职业技能培训为重点，采取知识答卷、专题讲座、现场观摩等形式，开展常态化的劳动竞赛活动。2016年始，开展“践行新理念·建功‘十三五’”劳动竞赛，发挥工友实训基地作用，组织开展各类培训10期，培训职工1000余人次，培育县级“工人先锋号”10家。组织导游、教育、渔家乐等行业性技能比武4场次，参与职工近1000人。2018年，建设3处“长岛县工匠工作室”，培植2处创新竞赛示范企业。从全县36个重点项目中重点选择5个项目，开展“五比一创”活动，在重点项目中开展“抓安全、保质量、促生产”劳动竞赛，按月按节点目标完成情况评比打分，对优胜团队、优胜项目技术人员、创新工作人员予以奖励，劳动竞赛活动进一步深化。

第六节　劳模评选与管理

1986—2018年，全县共涌现全国劳动模范4人，省级劳动模范和先进工作者26人，市级劳动模范和先进工作者32人，县级劳动模范和先进工作者279人。1989年，全县共有县级以上劳动模范和先进工作者110人，县总工会组织征集相关资料，统一建立档案。1995年4月，县船业总公司电焊工人赵金兰被国务院授予“全国劳动模范”称号，县总工会组织全县职工开展向赵金兰学习活动。是年5月，举办企业发展成果和劳模人物事迹宣传活动，连展2天，海岛干部群众5000余人次参观展览。2007年4月，制定《长岛县劳动模范评选管理工作意见》，劳模培养、评选、表彰、奖励、管理工作得以规范。2012年始，恢复劳模评选机制，县级劳动模范每三年评选表彰一次，积极向上推荐评选国家、省、市级劳动模范。同时明确“全国劳动模范离退休（渔民劳模女年满55周岁，男年满60周岁，下同）后每人每月享受100元的荣誉津贴，省级劳动模范离退休后每人每月享受80元的荣誉津贴，市级劳动模范离退休后每人每月享受60元的荣誉津贴，县级劳动模范离退休后每人每月享受40元的荣誉津贴。多次获得全国、省、市和县劳动模范荣誉称号的人员，按其获得最高档次荣誉称号的标准执行”。2014年，设立困难劳模救助资金，对45位县级困难劳模发放救助金5.5万元。解决全县破产、倒闭、撤销企业31名离退休县级劳模和1名市级劳模荣誉津贴问题。2017年，组织45位劳模参观考察、健康休养2次。2018年，在县电视台、工会微信公众号开辟“建功试验区·工会在行动”专栏，集中宣传报道一批工会工作先进集体和劳模、工匠、最美一线职工先进事迹，营造“学习先模、尊重劳动、精益求精”浓厚氛围。全年组织70位劳模参观考察、健康休养3次。

第七节　文体活动

1986年，全县23个单位的“职工之家”验收合格，基层工会文体活动阵地逐步完善。1987年始，职工文艺汇演、篮球赛、健美操比赛等文体活动经常性开展。1991年，举办全县女职工知识竞赛，全县共300余名女职工参赛。是年，全县19个基层工会获市级“先进职工之家”称号。1994年，举办长岛县首届外雇工卡拉OK比赛，各乡镇组织20位外雇工中的爱好者参赛。1999年12月，工人文化宫建成，建筑面积1400平方米，配套建有图书室、健身房、彩排大厅等设施。2003—2004年，先后举办“劳动模范戴红花”活动、庆五一“劳动者风采”演唱会、“劳动者风采”职工摄影展及乒乓球、篮球比赛等一系列文体活动，群众性文体活动日渐丰富。2005年，组织举办“诚信旅游杯”全县职工环岛接力赛，21支基层工会代表队126名运动员参加比赛。同年8月，举办“我为魅力烟台添风采”演讲比赛。2006年始，职工文艺汇演、乒乓球及象棋比赛得到经常性开展，基本实现每年有组织地开展文艺汇演和业余体育比赛活动。2015年始，以职工课堂的形式，开展“中国梦·劳动美”“爱读书·读好书”“塑造健康人生，共享幸福生活”“永远跟党走·共筑海岛梦”等以提升职工素养为主题的教育培训活动9次，组织乒乓球比赛、迎新年书画摄影展等各类文体活动近20场次。2016年，建立“职工书屋”示范点10个，藏书2000余册；2017年，建立“职工书屋”示范点8个，藏书1600余册。2018年，举办“建功试验区·工会在行动”文艺汇演等各类活动8场次，参与职工1000余人。

第二章　共 青 团

第一节　组织建设

1986年，共青团长岛县委员会内设组织部、宣传部、学少部三个部室。全县共有基层团委16个，团总支4个，团支部192个，团员3297人，占全县适龄青年总数的31.34%；女团员1601人，占团员总数48.56%；专职团干部10人。1987年，开展争当优秀青年工作者和评选优秀团支部活动，90人次被评为县级以上优秀团支部书记。1988年10月，在全市率先实行团员证制度。1992年，开展基层团支部升级达标和团员教育评议，全县283个团支部全部达到三类以上标准，4318名团员全部评议合格。1993年11月，进行机构改革，撤销组织部和宣传部，团县委内部设置基层工作部、学少部，人员编制3人。1995年，开展“两推一带”工作，制定《关于认真做好“推荐优秀共青团员做党的发展对象”“推荐优秀共青团干部做党的后备干部”工作的意见》，完善团的“三会一课”制度、民主集中制度等规章制度。1998年，全县共有基层团委（总支）31个，团支部283个，团员3879人，专职团干部16人。2002—2003年，制定《关于进一步加强团干部队伍建设的意见》和《关于按照“三个代表”要求，加强和改进基层“党建带团建”工作的意见》，把团建纳入党建规划，完善考核机制。2005年，实施“凝聚力工程”，建立健全基层团组织档案，在流动团员领域和海参育保苗行业建立基层团组织2个。开展“千名团干部抓基层”活动，建立团干部联系点23个，帮助解决实际问题20余个。2014年，巩固乡镇实体化“大团委”建设成果，推进街道区域化团建工作，实现组织共建、资源共享、工作共抓、阵地共用。是年，全县共有基层团（工）委30个，团支部112个，团员2597人，专职团干部73人。2018年，开展“三联四促”活动，引导团干部走出机关、迈开双脚、深入基层、深入实践、提高能力、锤炼作风。举办基层团干部培训班，培训各基层团组织负责人和业务骨干40人。是年，全县共有基层团委24个，团总支2个，团支部77个，团员1286名，专职团干部81人。

第二节　团员代表大会

共青团长岛县第十一次代表大会

1988年6月30日召开，历时3天。出席代表183人，特邀代表6人。审议并通过《勇于探索、大胆创新，带领青年为开创我县两个文明建设新局面贡献青春》的工作报告，选举产生共青团长岛县第十一届委员会，委员17人，常务委员6人，副书记1人，书记1人。

共青团长岛县第十二次代表大会

1991年11月12日召开，历时3天。出席代表176人，特邀代表5名。审议并通过《奋发进取，开拓创新，为实现长岛“耕海牧渔”的奋斗目标建功立业》的工作报告，选举产生共青团长岛县第十二届委员会，委员23人，常务委员8人，副书记1人，书记1人。

共青团长岛县第十三次代表大会

1995年4月17日召开，历时3天。出席代表136人。审议并通过《肩负起光荣的历史使命，为建设富裕、美丽、文明的“海上乐园”贡献青春和力量》的工作报告，通过《长岛县青年志愿者协会章程》，选举产生共青团长岛县第十三届委员会，委员27人，候补委员3人，常务委员7人，副书记1人，书记1人。

共青团长岛县第十四次代表大会

1998年5月6日召开，历时2天。出席代表91人，特邀代表10人。审议并通过《高举邓小平理论伟大旗帜，团结带领全县青年阔步迈向二十一世纪》的工作报告，选举产生共青团长岛县第十四届委员会，委员27人，候补委员3人，常务委员7人，副书记1人，书记1人。

共青团长岛县第十五次代表大会

2004年4月12日召开，历时2天。出席代表70人。大会审议通过共青团长岛县第十四届委员会工作报告，选举产生共青团长岛县第十五届委员会委员25人，候补委员3人，常务委员7人，副书记1人，书记1人。

共青团长岛县第十六次代表大会

2008年7月2日召开，历时2天。出席代表66人。审议通过《全面贯彻落实科学发展观，团结带领广大团员青年为建设山东海上明珠和中国最美海岛而努力奋斗》的工作报告，选举产生共青团长岛县十六届委员会委员25人，候补委员3人，常务委员9人，副书记1人，书记1人。

共青团长岛县第十七次代表大会

2013年12月召开，历时2天。出席代表70人。审议通过《高举旗帜跟党走，青春践行勇担当，为建设中国北方生态旅游度假岛而努力奋斗》的工作报告，选举产生共青团长岛县十七届委员会，委员25人，候补委员3人，常务委员9人，副书记1人，书记1人。

共青团长岛县第十八次代表大会

2018年6月15日召开，历时2天。出席代表89人。审议通过《不忘初心跟党走，聚力青春勇担当，团结带领广大团员青年奋力谱写“三区”“三岛”建设的青春华章》的工作报告，选举产生第十八届委员会委员28人，候补委员13人，常务委员11人，副书记1人，书记1人。

第三节　思想政治教育和权益维护

思想政治教育

80年代，在全县团员青年中广泛开展爱国主义、集体主义、社会主义教育。在重大节日期间组织开展“忆十年话改革”演讲比赛、“继续革命传统，勇挑时代重任”“永远跟党走”文艺演出等系列主题活动。90年代，顺应时代发展要求和青少年成长特点，青少年思想教育活动从内容到形式不断丰富，开展“少先队雏鹰争章”“青年文明号”等一系列主题实践活动。2003年，在全县中小学生中开展“学英雄、见行动”主题教育活动，弘扬“2·22”英雄群体精神，加强爱国主义、集体主义和社会主义教育。2004年，组织青少年学习贯彻《公民道德建设实施纲要》和“爱国守法、明礼诚信、团结友善、勤俭自强、敬业奉献”的基本道德规范。开展“建设诚信长岛，从我做起”“争做诚信长岛青年”等活动。2007年，先后建成9处“长岛县关心下一代工作示范点”和6处“长岛县关心下一代教育基地”。南长山镇和县航海博物馆分别被市关心下一代工作委员会和市精神文明建设委员会办公室命名为全市首批“烟台市关心下一代工作示范点”和“烟台市关心下一代教育基地”。2008年，组织成立“五老”宣讲团，深入学校和渔村，举办各种报告会6场。2015年，开展“我的中国梦”主题教育实践活动和社会主义核心价值观宣传，举办“党旗下，我们茁壮成长”励志教育讲座，“文明在三月”主题教育活动，“感恩的心，感谢有你”征文比赛、“讲述身边的感动”演讲比赛，引导广大团员青年不断加深对核心价值观的理解。2018年，开展“思想大解放·青春创时代”“拥抱新时代·争做好队员”“传承红色基因·做新时代接班人”等主题实践活动。围绕培育和践行社会主义核心价值观，弘扬优秀传统文化，组织优秀青少年代表参加“国学达人”挑战赛和“青年书香号”创建活动。组织“五四红旗团支部”“青年创业导师”推选活动，选树和宣传推介各领域优秀典型。完善微博、微信等团属网宣平台建设，开展网络新媒体作品征集活动，加强宣传教育引导，深化思想教育。

权益维护

80年代，全县各级团组织开展各种形式的普法活动，累计举办学法培训班1100多次，举办法律知识抢答赛、问卷答题、学习征答等57次，覆盖全县80%以上的青年。1992年，各级团组织成立12个帮教队，通过建立健全定期走访、集中学习和节假日集中帮教制度，开展对失足后进青少年帮教转化工作。2000年始，成立县青少年维权中心，在县公安局、司法局等10个部门、单位下设10个维权服务站、12个维权服务点和30个维权服务岗。举办预防未成年人犯罪工作现场会，开展校外法制辅导员授课、模拟法庭活动20余次。开展“让未成年人远离‘三厅一台’活动”，组织联合执法检查10余次，处理维权案件20余起，组织维权活动50余次。至2003年，共处理维权案件60余起，组织开展维权活动100余次，先后有10个岗位被确立为市级“优秀青少年维权岗”。2004年始，每年联合教育、文化、公安等有关部门，对全县网吧、游戏厅、书店、练歌房等娱乐场所进行突击检查，先后查封“黑网吧”10家。2005年始，开展“青少年网络文明”活动，通过发放网络文明监督卡、设立网络文明监督箱、网络文明监督员等形式，引导青少年养成健康文明的网络生活方式。2008年，协调县文化局、教育局等部门，开展网吧、出版物、文化娱乐市场以及校园周边环境整治活动5次，净化社会环境。2009年，开展健康安全进校园活动，普及卫生防疫、消防、逃生安全教育，提高青少年自我保护意识。2015年始，以“法治阳光，伴我成长”为主题，举办预防毒品犯罪普法讲座、禁毒宣传进校园、18岁成人仪式等活动，全方位开展青少年道德法制教育。2018年，深化“牵手关爱行动”，完成留守儿童数据库更新工作，探索政府购买服务的实现形式，引导社会组织投入重点青少年群体服务管理。开展青少年自护教育—“女童保护”儿童防性侵知识进校园活动，覆盖全县500余名少年儿童以及300余名学生家长。

第四节　社会实践活动

青年志愿者行动

1986—1989年，在全县团员青年中开展“学雷锋、送温暖”活动，义务为老党员、老教师、老工人做好事，清扫街道卫生，植树造林、拥军优属等，参与活动15000余人次。1990年11月，“鲁长渔2041”船年仅19岁的报务员丛树海因抢救船员，献出宝贵生命。1991年，团市委授予丛树海“雷锋式的优秀共青团员”荣誉称号，在全市共青团员和广大青年中开展向丛树海学习活动。1991年，开展“为您服务一条街”活动，把每个月的第一个星期天作为青少年奉献日。至1991年，全县共有14个集体和17名个人分别被省、市团委授予“学雷锋先进集体”和“学雷锋先进个人”称号，团县委被团市委授予“学雷锋送温暖活动先进单位”。

1992年始，全县建立学雷锋责任区36个，学雷锋队伍300余支，开展以“学雷锋精神，树时代新风，做四有新人”为主题的志愿服务活动。组织青年团员到码头、客运站、影剧院、集贸市场等公共场所进行卫生清扫，组织医务人员到敬老院，孤寡老人、残疾人及离退休老干部家中进行登门服务，开展义务查体；联合部队团工委在县城乐园大街举办“军地青年为您服务一条街”活动，设立服务摊点30余个，开展义务维修家电、修理自行车、理发等项目60余项，参与活动3000余人次。

1997年，全县建立青年志愿者服务队100余支，青年志愿者2000余人，定期开展以清理环境卫生和帮困、助老、拥军等为主要内容的志愿者活动。制定一助一送温暖结对制度和青年志愿者责任区挂牌制度。青年志愿者与300余名老干部和50余名残疾人结成服务对子，建档立案，印制发放青年志愿者服务卡，明确服务时间，服务内容，预约项目。

2002年，“长岛县志愿者”组织成立，招募并注册个人志愿者217人，团体志愿者2个。制定《关于在全县广泛组织开展志愿者活动的意见》和《长岛县志愿者注册管理办法》，启动一助一结对帮扶活动。翌年，全县志愿者服务队按地域、行业和志愿服务项目重新进行划分，成立15个志愿者服务队，46个志愿者服务小组。开展“爱心假日”“金辉行动”“志愿者助百村”等主题活动，义务为群众维修电器、法律咨询、医疗卫生服务、清理环境卫生等活动。为20位一线抗击“非典”工作者提供照顾老人、卫生清理、维修家电等志愿服务。2006年，深化志愿者活动，组织开展“关爱孤寡老人”“相伴夕阳红”、植绿护绿等主题活动，成立3支植绿护绿志愿者服务队，建设海岛青少年绿化基地12处。2007年，开展志愿者“青春送暖”活动，全县团员青年、志愿者为弱势群体捐献棉衣1000余件，大米、面粉60余袋，花生油50余桶，基层团委与46个残疾人家庭结成帮扶对子，定期开展志愿服务活动。

2012年，长岛县志愿者协会成立，在整合全县党员、青年、妇女、慈善义工等志愿服务组织的基础上，重新统一注册。5月，长岛县志愿者协会第一次会员代表大会召开，通过《长岛县志愿者协会章程》和《长岛县志愿者协会管理办法》，选举会长、副会长和理事。全年吸收发展志愿者200余名，组织开展各类志愿活动50余场次。

2015年，在南长山街道北山社区建立青年志愿服务站，培育以基层团组织和团员青年为主体，以扶贫济困、助老助残、社区服务、拥军优属等为主要服务领域的专项志愿服务组织4个。2015年始，每年组织青年志愿者200余人参与环岛马拉松、全国海钓锦标赛（长岛站）等重大赛事活动，承担交通维护、手环发放、终点计时等服务任务。2018年4月，青年志愿者、县委办公室干部孙宇在省千佛山医院完成外周血造血干细胞采集，为长岛首例造血干细胞捐献者。

希望工程

1993年8月，组织开展“缴纳特别团费·救助灾区失学少年”活动，筹集特别团费4596元。1995年6月，组织开展“学习孔繁森·援建烟台—聂拉木希望小学”活动，全县33个基层团委（支部）捐款6.9万元。2001年，开展希望工程扶贫助学活动，筹资8000余元，资助23名学习成绩优秀但家境比较贫困的学生。2002年，争取市希望工程基金5.17万元，救助贫困学生9名，资助建设语音室1处。2003年，开展“爱心助学”和“希望工程助百村”活动，争取“一助一”希望工程资金1.69万元，帮扶贫困学生33人；争取上级希望工程款17万元，资助6名品学兼优的贫困学生免费到龙口市南山东海学校学习；建立企业希望工程专项助学金，争取岛外资金2.5万元，对50名贫困学生进行一次性救助。2004年，开展中小学贫困学生摸底调查，建立健全贫困学生档案。利用新闻媒介，宣传“爱心助学”行动，通过建立企业专项救助金、争取上级希望工程基金和希望工程免费生名额等形式，实施帮扶救助。2007年，争取省市希望工程专项基金和社会赞助43.3万元，筹建砣矶镇全球通希望学校，在县第一实验学校、第二实验学校建立“共青希望图书室”2处。2008年始，利用企业赞助资金60余万元，先后为县第一实验学校、北长山乡中心小学和县第二实验学校3所学校配备图书、教学设备、体育器材，在县第一实验学校和第二实验学校建设两处希望工程快乐体育园地，在全县6所乡镇小学（教学点）建设爱心水站添置直饮水设备6台。2015年始，开展“心愿直通车”“助残阳光行动”等活动，帮助少年儿童圆梦112人次，帮扶残疾青少年家庭22个。至2018年，共救助贫困学生771人次，发放助学金70余万元。

第五节　爱岗创业活动

青年文明号活动

1995年，全县启动创建青年文明号活动，6个窗口单位、青年集体被授予烟台市级“青年文明号”称号。1996年“五四”期间，评选表彰全县十佳“青年文明号”和十佳“青年岗位能手”。1997年，制定《长岛县青年文明号管理办法》，统一制作青年文明号争创标志牌，推行青年文明号服务卡，集中表彰十佳“青年文明号”单位。全县共有6个单位被授予市级“青年文明号”，2个单位被授予省级“青年文明号”。2005年，建立和完善青年文明号动态考核机制，实行总量控制、摘牌制度和公示制。2007年，县渔政监督管理站、邮政局万联邮递公司被团中央命名为国家级青年文明号，县工商局城区工商所等9个单位被团市委命名为市级青年文明号，团县委被烟台市创建青年文明号活动组委会授予“烟台市青年文明号活动优秀组织奖”。2011年，在全县青年比较集中的行业及窗口单位开展青年文明号创建工作，试点单位12家。2015年，长岛渔村商业银行股份有限公司南长山支行、县经济责任审计处获评市级“青年文明号”。2018年，开展市级青年文明号复核工作，对全县创建青年文明号单位统一备案，规范完善创建机制。

青春建功活动

1986年始，团县委连续两年在全县企业中开展“七五建功杯”青工竞赛活动，依托县水产学校，开设水产养殖、渔业捕捞、会计统计、水产加工、机电等五个方面的专题培训，举办实用技术培训班204期，培训渔村青年4382人次，取得“五小成果”199项。127个企业团支部组织开展技术改造、节约能源、解决急难任务、提高经营管理水平等方面的竞赛活动。1986年12月，范国元等10名青年积极参与救助在珍珠门海域遇险的“鲁荣渔7122”船上4名渔民，被团省委授予“新长征突击手”称号。

1990年，组织实施“长岛县青年科技216工程”，表彰新长征突击队10支，新长征突击手标兵10人，新长征突击手105人。1993年，组织开展以“岛兴我荣，岛富我强，我为长岛添光彩”为主题的系列青春立功活动，50名在“添光彩”活动中涌现出来的先进青年模范受到表彰，砣矶镇人造革厂厂长郑录强获“全国渔村青年科技星火带头人”称号。

1995年，开展“青年捞金十状元”评选活动，表彰10名在促进海岛经济发展过程中艰苦创业、刻苦钻研、开拓进取的青年先进典型。1996年，召开长岛跨世纪青少年人才群英会，表彰各类青年先进典型71人。是年，南隍城村党支部书记王成强当选为第七届“中国十大杰出青年”。

1998年，团县委组织开展首届“杰出外来青年”暨“优秀外来青年”评选活动，评选优秀外来青年85人。2000年，组织开展争当“青年带头人”活动，培养“青年带头人”100余人，创建科技示范基地3处，确立科技推广项目20余项。2002年，开展争当青年“技术创新能手”等一系列活动，先后举办4期旅游服务技能培训班，培训旅游从业人员、导游、客船船员、出租车司机700余人。2004年，启动青春创业行动“东西互助”项目，团县委与宏凯毛纺有限公司、聚氨酯有限公司、高级职业学校签订协议书，合作推出宏凯毛纺项目、聚氨酯项目和高职助学项目，帮助356名青年实现就业，58名渔村青年实现自主创业。2006年，举办海珍品养殖技术培训班2期，培训渔村青年150人。2007年4月，南长山镇连城村党支部书记刘新贵被共青团中央、全国青联授予第十一届“中国青年五四奖章”。

2009年，筹建青年就业创业见习基地5处，见习青年120人。争取省市青春创业贴息项目落地落实，为北长山乡两家企业争取贴息资金6.3万元。2014年，南隍城村党支部书记李盛平获第十八届“山东青年五四奖章”。2018年，选聘青年创业导师2名，为创业青年提供专业咨询服务，开展一对一结对帮扶。

第六节　少年先锋队工作

1987年6月，中国少年先锋队长岛县第一次代表大会召开，选举产生长岛县少年先锋队的最高领导机构—中国少年先锋队长岛县工作委员会，少先队组织建设逐步完善。80年代，“文明礼貌月”“五讲、四美、三热爱”等活动深入开展。1991年6月，长岛县红领巾理事会成立。是年，表彰6个少先队工作先进集体，20名优秀辅导员和30名学赖宁金星队员。1996年10月，在全县少先队组织中开展“少先队雏鹰争章”活动，促进少先队员德智体全面发展。1997年12月，表彰20名少先队辅导员、10名少先队工作先进个人、20名优秀少先队员。2000年，在县博物馆、长山岛战役纪念馆、革命烈士陵园设立常设性教育基地，利用重要时间节点对中、小学生开展系列主题教育活动。2009年，在全县少先队员中开展中华诗文背诵活动，传承中华传统文化，提高文化素养。2013年，在少先队员中组织开展“长岛传说故事”电视大赛，传承长岛传统文化，增强“爱岛、爱家、爱国”情感。2016年，开展“红领巾相约中国梦—听党的话，做好少年”主题队日活动，推动少先队活动课开展，提升全县少先队工作科学化水平。2017年，开展“小手拉大手·共筑碧水蓝天”行动，组织少先队员50余人参与渤海牙鲆标志实验性增殖放流活动，放流牙鲆鱼苗4万尾，2018年，开展传承红色基因、争当文明标兵等活动，在重要时间节点，对全体队员开展爱国主义教育，开展“动感中队”创建活动，集中表彰少先队工作先进集体11个，少先队工作先进个人和优秀少先队员16人。

第三章　妇女联合会

第一节　组织建设

1986年，全县共有县、乡（镇）、村三级妇女组织46个，其中乡镇妇联6个，村妇代会40个。1989年4月，成立基层妇女工作委员会17个。1991年，全县共有乡镇妇女联合会（简称乡镇妇联）6个，机关及事业单位妇女委员会（简称妇委会）16个、乡镇企业妇女委员会14个，县直妇女代表会（简称妇代会）6个、渔村妇代会40个。至1995年，全县10个乡镇均建立妇联组织。1992年、1997年，县妇联先后两次被省妇联授予“基层妇女组织建设先进单位”称号。2001年，因乡镇机构改革，撤销小黑山乡、庙岛乡，妇联随乡一并撤销，其所辖基层组织分别隶属黑山乡妇联、北长山乡妇联。是年，全县共有乡镇妇联8个，系统妇委会13个，渔村妇代会40个。2007年，进一步规范完善“妇女之家”“儿童活动中心”“家长学校”和“巾帼文明队”“巾帼宣传队”“巾帼帮教队”等基层组织建设，建立健全目标责任、监督检查、示范带动机制，实行分性别统计，加强妇女儿童基层组织建设。2011年，全县共有机关事业单位妇委会14个，私营企业中妇女组织21个，民政部门登记注册的妇女社团1个，乡镇（街道）妇联8个，渔村妇联组织40个。2012年，南长山街道连城村、北长山乡店子村、砣矶镇北村、大钦岛乡东村等4个村被省妇联授予“全省妇联基层组织建设示范村”称号。2016年，全县8个乡镇（街道）妇联聘任兼职副主席。2017年，制定《长岛县妇联改革实施方案》《长岛县乡镇（街道）妇联换届工作实施方案》，推进基层妇联组织区域化建设改革，在北长山乡花沟村启动村级妇代会改建妇联（“会改联”）试点工作。2018年，完成乡镇（街道）妇联换届工作，共选出乡镇（街道）执委57人，专兼职副主席10人，乡镇（街道）妇联主席进班子实现全覆盖。渔村妇女组织全部完成“会改联”，共选出村妇联执委257人，专兼职副主席42人，村级妇联主席全部进村“两委”班子。县长旅集团公司、税务局分别召开第一次妇女大会，成立全县首个企业妇联和机关单位妇联。开展渔村“妇女之家”示范创建活动，培育北长山乡花沟村和大钦岛乡东村两个规范化建设示范点。

第二节 妇女代表大会

长岛县第十次妇女代表大会

1986年11月1日召开，历时2天。出席代表125人。审议通过《团结奋斗，积极进取，努力开创全县妇女工作新局面》的工作报告，选举产生长岛县第十届妇女联合会委员会，执行委员18人，副主席1人，主席1人。

长岛县第十一次妇女代表大会

1992年5月9日召开，历时2天。出席代表160人。审议通过《振奋精神，再鼓干劲，为建设富裕、美丽、文明的新长岛建功立业》的工作报告，选举产生长岛县第十一届妇女联合会委员会，执行委员17人，副主席1人，主席1人。

长岛县第十二次妇女代表大会

1999年5月20日召开，历时2天。出席代表115人。审议通过《高举邓小平理论伟大旗帜，团结动员全县妇女为实现长岛跨世纪的宏伟目标努力奋斗》的工作报告，选举产生长岛县第十二届妇女联合会委员会，执行委员22人，候补委员1人，副主席1人，主席1人。

至2018年，长岛县第十三次妇女代表大会因故未如期召开。

第三节 妇女儿童权益保障

权益保障

80年代，维护和保障妇女权益的县法律顾问处、乡镇法律咨询站和村法律咨询小组三级法律顾问机构普遍建立。1986年，举办基层妇女干部法律知识学习班和法律知识抢答竞赛活动，重点学习宣传《刑法》《继承法》和《经济合同法》。县、乡（镇）、村三级法律咨询处共解决民事纠纷8起。至1987年，三级妇女组织共举办普法学习班251期，培训28993人次，举办妇女法律知识竞赛15次。1991年始，以宣传贯彻《妇女权益保障法》为重点，实施法制宣传教育第二个五年规划，举办培训班10期，培训600余人次，发放宣传资料3000余份。

1996年，制定实施《长岛县妇女发展规划（1996—2000）》《长岛县儿童事业发展规划》。1997年始，每年开展“贯彻男女平等基本国策，实施妇女发展纲要”宣传月活动，通过制作展板、设置宣传栏、法律知识答卷等方式，宣传男女平等基本国策和妇女发展纲要。2000年，建立女陪审员队伍，参与处理关系妇女权益的典型案件。至2001年，共收到妇女权益方面来信245件，接待来访310人次，处结率达98.5%。2001年，制定实施《长岛县儿童发展纲要》。是年，省妇联分别授予砣矶镇妇联和南长山镇妇联“全省妇联系统‘三五’普法工作和信访工作先进集体”称号。2002—2005年，开展“法律进万家”“零家庭暴力”“平安家庭”等活动，举办女性科普与法律知识讲座11次，开办“138”女性服务热线，发挥妇女维权站作用，为妇女提供各种形式的维权服务49人次，调处家庭婚姻矛盾纠纷45起，调处率70.82%。

2006年始，制定实施《县妇联“五五普法”和依法治理工作规划》《长岛县妇联系统开展法制宣传教育第五个五年规划（2006—2010年）》，开展“妇女学法律，家庭创平安”“关爱打工妹权益行动”等主题活动，推进法律进社区、进乡村、进学校、进企业、进家庭。2008年9月，长岛县妇女法律援助中心和维护妇女儿童权益协调组成立，在每年3月组织开展不同主题的“三八”妇女维权周活动。至2010年，先后聘请20人次专业律师为妇女群众提供法律咨询，举办培训班、讲座22次。2011年，全县建有乡镇妇女维权站8个、村级妇女维权站40个，实现乡村两级全覆盖。2008—2018年，县乡两级妇联共受理妇女来信来访302起，解决253起，结案率83.77%。帮扶困难家庭49户，救助患“两癌”（乳腺癌、宫颈癌）贫困母亲23人。

春蕾计划

1995年始，实施“春蕾计划”，开展集体救助、个人结对、全民募捐等形式的捐资助学活动。是年，全县为灾区儿童捐款5.1万元，为“希望工程”捐款12万元，为西藏聂拉木学校捐款4.2万元。2006年，开展“阳光助学”行动，募集资金1.8万元，资助81名贫困女童。2007年，关注贫困女童、流动人口子女问题，争取专项资金8.3万元，救助贫困女童97人。2011年，开展“大爱洒海岛，走向阳光，迈向幸福”行动，筹集2万多元慰问金及物品用于春蕾女童救助。2018年，联合烟台毓璜顶医院等医疗机构，为50名困难学生免费配制功能性眼镜，总价值1.5万元。1995—2018年，“春蕾计划”共募捐8.9万元，资助贫困、重病儿童171人。

第四节　巾帼建功活动

80年代，发动全县妇女学科学、学技术，在各条战线发挥半边天作用。1988年，在南长山镇山前村召开妇女从事商业生产经验交流会。1989年，表彰在商业生产经营中业绩突出的女精英20名。1989年始，在渔村妇女中开展“学文化、学技术、比成绩、比贡献”竞赛活动（简称“双学双比”活动），并以此为主线组织开展“争当科技女能手、女状元”、“巾帼科技致富工程”等活动，推进科技培训、科技服务和科技示范三大网络建设。

1991年始，在城镇妇女中开展“巾帼建功”活动，以此为主线组织开展“巾帼文明示范岗”“争当岗位明星”“巾帼社区服务工程”“市场建功”等活动。1994年、2000年，县妇联先后两次被省妇联授予“双学双比先进协调单位”称号。2000年、2001年，县妇联先后在南长山镇、砣矶镇召开“科技进家”现场经验交流会，表彰“双学双比”先进集体和个人。至2002年，全县建立“三八科技示范基地”6处，“三八绿色工程”14处，375人获得绿色证书，91人获得女农民技术员职称。1999年，北隍城乡山前村妇代会主任李来英被授予省级“科技女状元”。

2004年，举办首届渔家大嫂厨艺比赛，68名从事渔家乐经营的渔村妇女参加比赛。2005年，举办3期“渔嫂”培训班，600余名渔村妇女参加培训，组织渔嫂赴外地参观学习先进经验。2006年，开展“增收致富项目进家庭”活动，建立县、乡、村三级培训网络，举办各类科技培训班、讲座18场次。编印发放《“诚信好渔嫂”服务手册》及科技辅导材料2万余份。召开科技致富现场会、经验交流会2次，近3000名渔嫂参加各种类型的技术培训。是年，长岛县妇女渔养与育保苗协会成立，发展会员122名，建设县级海珍品育保苗示范基地1处，带动养殖专业户1000余户，形成“协会+基地+养殖户”的产业化发展模式。

2008年，以“新渔村、新女性、新作为”为主题，开展“巾帼科技致富四个一”推进活动和“信贷助推百万渔村妇女创业行动”，帮助创业妇女新增贷款150万元。2010年，开展“携手助推城乡一体化暨妇女创业就业”活动，聘请村妇代会主任为信用社信贷信息员，全年为妇女贷款52笔，1145万元。至2011年，搭建“资金项目科技三牵手”服务平台，发放小额贷款830万元。建设巾帼星火创业培训基地1个、巾帼科技生产示范基地5个。举办渔村妇女实用技术培训班8期，培训2630人次。2012年，举行“三八”妇女节表彰暨先进事迹报告会，对“巾帼文明岗”“巾帼建功标兵”“巾帼创业致富标兵”等8个类别的150余名先进典型进行表彰。2013年6月，烟台市妇联在长岛县召开全市巾帼创业就业现场观摩会，对巾帼创业就业工作给予高度评价。

2015年始，实施“妇女创业就业促进行动”，先后举办餐饮服务职业技能大赛、渔家乐中式烹调师职业技能大赛等活动，组织120名妇女参赛。组织165名基层妇女干部到渔家乐居家创业就业示范点体验、学习，推广渔家乐管理经营经验，带动渔村妇女创业就业。2015年，贾平渔家乐专业合作社被省妇联、农业厅授予“全省巾帼现代农业示范基地”。至2018年，共创建国家级巾帼文明岗1个、省级8个、市级21个、县级76个。

第五节　精神文明创建

1986年始，全县开展以“爱国守法，热心公益好；学习进取，爱岗敬业好；男女平等，尊老爱幼好；移风易俗，少生优育好；勤俭持家，保护环境好”为主要内容的“五好家庭”评选活动。至1989年，全县共评选出五好家庭8737户，占全县总户数的85.5%。是年，在登记结婚的青年男女中开展签订《喜事新办合同书》活动，规定婚礼形式、婚宴标准、搞好家庭和睦、计划生育等内容。1991年，安徽、江苏两省发生洪涝灾害，县妇联组织开展“一包寒衣、一封信，一份情谊、一片心”活动，全县妇女捐款10.7万元、衣物5万余件。1993年，县妇联、总工会、团县委联合开展向济宁、菏泽灾区捐献活动，捐献衣物4万余件。1993年始，开展“十星级文明家庭”创评活动，全县共有8000余户家庭参与，参评户率达95%以上。

1994年始，相继开展以“美在居室、美在庭院、美在街巷”为主要内容的“三美”活动和“科技进万家”“爱心献老人”等活动，评选“尊老敬老好儿女”“优秀母亲”，举办“讲文明、树新风家庭美德事迹报告会”“十佳恩爱伴侣庆典”“产业结构调整家庭事迹报告会”，树立文明向上的社会风尚。是年10月，全市家庭建设现场交流会在长岛县召开，实地考察南长山镇、北长山乡部分渔村家庭建设情况，北隍城乡在会上作典型发言。全市家庭建设现场会在长岛县召开，推广长岛县家庭建设工作经验。1994年5月，全国妇联副主席赵地到长岛县视察调研妇女工作时给予充分肯定。1995年8月，全市基层妇女组织建设工作现场经验交流会长岛县召开，参观北隍城乡山前村妇代会工作，观看小黑山乡“妈妈演出队”文艺演出。

1997年10月，组织特色家庭事迹报告团，下乡巡回报告8场。县司法局李国勤一家被评为“全国五好文明家庭”。2000年，乐园村刘守佳一家获“齐鲁百佳环保家庭”称号。2001年，全市家庭建设经验交流会在长岛县召开。县妇联获省级“五好文明家庭创建活动先进单位”称号，南长山镇王沟村获省级“美在农家先进单位”称号。2002年，砣矶镇井口村村民朱桂芝获“山东省十佳兵妈妈”称号。

2003年，在县广播电台、电视台开办“美德进我家，关爱身边你我他”“文明新风吹进家”等专题节目，宣传报道20个文明家庭、40名先进个人。举办“健体魄、促发展”健身操表演和“滨海之夏”文艺晚会，广场文化活动日趋丰富。2004年，组织全县渔村剪纸作品展，征集作品200多幅。2006年，开展“美在家庭建设年”活动，建设“美在家庭”示范点8处。2008年“三八”节期间，表彰“三八”红旗手和优秀妇女干部50人、“三八”红旗集体20个。2009—2015年，在县电视台先后开办“新长岛·新女性·新发展”“和乐家庭”等专栏，组织举办“文明我先行”征文比赛、“关爱女性健康大讲堂”文明礼仪宣讲等活动20余期，1500余名妇女参加活动。2011年，县妇联被省妇联授予“幸福进家活动先进单位”称号。

2015年3月，开展五好文明家庭、好婆婆、好媳妇评选表彰活动，表彰“五好文明家庭”10户、“好婆婆”9人、“好媳妇”9人。2016年7月，举办全县妇女健身广场舞、秧歌表演，来自全县各行各业的4支秧歌代表队、4支广场舞代表队共100余名妇女文艺骨干参加演出。2018年3月，对127名“最美媳妇、最美婆婆、最美邻居”和75名“三八红旗手”“三八红旗集体”进行表彰。县平安液化气公司徐海英家庭被评为“全国最美家庭”，县交通局宋海建家庭被评为“山东省最美家庭”。至2018年，共评选县乡两级“五好文明家庭”3965户、“好婆婆”437人、“好媳妇”482人，其中4个家庭受到国家级表彰，12个家庭受到省级表彰，635个家庭受到市级表彰。

第四章　科学技术协会

第一节　组织建设

1985年，长岛县科学技术协会下辖青少年科技辅导员协会、医学会、中医药学会、科普创作协会、化工协会，共有会员385人。同年，县科委内设科普科，承担县科协相关工作职能，对外仍称“长岛县科协”。1988年，在全县10个乡镇均成立科委（科协）。

1992年，县科协批复成立南隍城科普示范基地、北隍城乡青年民兵科技示范基地。1995年，砣矶镇政府被烟台市委市政府授予“科教兴烟先进集体”称号。1997年，长岛县获批建立“全国科技兴海山东长岛海水增养殖示范基地”。1998年，大钦岛海带协会成立。全县培植科技示范户20余户，开始设立科普示范基地工作，认定庙岛乡羊砣子刺参增养殖科普示范基地、南隍城乡虾夷扇贝增养殖示范基地和大钦岛乡海珍品增养殖示范基地3处县级科普示范基地，大钦岛乡海珍品增养殖示范基地被市科协确定为全市首批“科普示范基地”。1999年，建成南长山岛、北长山岛2处贝藻兼养示范基地，县级科普示范基地达到5处。至2009年，全县相继建成4处分别以栉孔扇贝养殖、海水立体化养殖、深水网箱养鱼、虾夷扇贝底播和海参养殖为重点的示范基地，成立5个分别以海珍品育（保）苗、鲍鱼育保苗、海参育保苗、虾夷贝养殖、养鱼为主的行业协会。2007年，大钦岛海带协会被评为“全国科普惠农兴村先进单位”，南隍城乡科普示范基地被评为“全省渔村科普示范基地”。翌年，大钦岛海带协会被省科协列为“科普惠农服务站”试点单位，年底命名为“全省优秀科普服务站”。2010年，砣矶镇虾夷贝养殖协会被国家科协授予“科普惠农兴村先进单位”称号，南长山镇海珍品育保苗协会和大钦岛深水网箱养鱼示范基地被列入山东省科普惠农项目库。

2012年，乡镇科委（科协）建制取消，县科协对全县乡镇、村科普工作进行摸底调查，重新调整组建以乡镇分管负责人、渔养技术服务站长和村科普员、科技示范户、专业技术人才为主体的科普工作队伍，制定《关于进一步加强全县渔村专业技术协会建设和发展的意见》和《基层渔村专业技术协会规范化建设标准（试行）》，完成全县农技协备案。2017年，印发实施《长岛县行业协会商会与行政机关脱钩实施方案》，基层科技协会均被注销。至2018年，全县共建有示范基地12处，示范户255户，专业技术人才1600余人。创建国家级科普示范单位3个，省级科普示范单位6个，市级科普示范单位2个，3个农技协会、3个科普示范基地被授予省级“先进单位”称号，1人被授予省级“科普带头人”称号，1人获“全国科普惠农科普带头人”称号。

第二节　科普宣传

80年代，基层科协主要通过举办讲座、放映科教电影、发放科技宣传资料等形式，开展科学技术宣传普及工作。1990年9月20日，举办全县第一次“科普宣传周”活动，并通过广播电视进行宣传。共有16个单位参展，设置46块科技知识展板，接收群众咨询500余人次。1991年，开展“科技宣传月”活动，共组织街头宣传2000人次，设置展板40余块，发放科普宣传材料15000余份。1992年扇贝节期间举办全县科技成果展，布置展厅400平方米，展出科技成果120多项。1993年始，组织开展科技知识竞赛，“九五科技女

状元”“青年捞金十状元”评选等活动。

1997年，邀请国家海洋局第一研究所3位专家到长岛县举办海水养殖与病害防治专题报告会，组织由省渔业环境中心专家巡回各乡镇开展科学养殖宣讲活动，召开座谈会10余次。翌年，组织部分栉孔扇贝养殖科技示范户到各乡镇巡回报告，编印发放栉孔扇贝养殖技术规范1500余册，指导养殖户科学规范养殖方法，合理控制养殖规模和养殖密度，发展多品种养殖。

2001年，开展“崇尚科学、反对迷信”科普一条街宣传活动和科普图片展。编辑制作“网箱养鱼、虾夷扇贝养殖技术、刺参养殖和皱纹盘鲍养殖”等幻灯片，巡回各乡镇放映宣传，编写发放虾夷扇贝生产、网箱养鱼、虾夷海胆和皱纹盘鲍等生产技术规范科普知识小册子300多份。是年起，在每年五月的第三个周开展“科技活动周”活动。同年，长岛县鸟展馆被认定为全省暨烟台市科普教育基地。

2003年，在县电视台开办“依靠科学，战胜非典”专题节目，组织全县10余个部门和乡镇在县城区开展科普一条街活动，发放有关预防“非典”宣传资料，展出挂图300余张，展板120余块，在现场设立防治非典知识咨询台，在学校、社区举办巡回讲座5次。

2005年，县科协与县电视台共同开办“科普大篷车”电视科普栏目，栏目每周播出1期。年底，“科普村村通”工程完成，全县40个行政村均建立一处面积12平方米的“科普村村通”标准宣传栏。翌年，制定《“科普村村通”宣传栏使用管理维护规则》，各村确定一名管护员，定期张贴科普常识及重要政策宣传挂图。

2007年，《长岛县关于贯彻全民科学素质行动计划纲要的实施意见》印发实施。由县科协牵头成立长岛县全民科学素质工作领导小组，建立健全领导机构和办事机构。8月24—27日，县科协与山东省科技馆、山东省科技场馆协会、烟台市科协、烟台市科技馆联合组织举办“科普大篷车进海岛”科技巡展，为期4天，观展人数超过万人。

2009年始，开展“全国科普日”宣传活动，举办多种形式的《科学素质纲要》主题宣传、科普咨询、图片展览和专题教育。是年，长岛国家级自然保护区、县博物馆和长岛地质博物馆分别被国家和省、市命名为科普教育基地。2011年5月22日—7月8日，举办以“倡导科学思想，提高科学素质”为主题的流动科技馆进海岛活动，在县体育馆展出实体科普设备65台，科普电脑10台，接待公众参观5000余人次。

2011年，启动校园科普活动计划，设立专项资金2万元配套完善科普文化教育平台。每年组织中小学生参加各类青少年科技竞赛和科技创新大赛、科普知识竞赛、科普夏令营等科技系列竞赛活动。2012年，县博物馆被命名为全国科普教育基地。

2014年，启动实施“数字科普工程”。在县第二实验学校筹建科技活动站1处，在全县6处中小学或教学点筹建“校园数字科技馆”。2015年，完成30处数字科普终端的选址安装并即时开通，通过山东省数字化科普总控平台向公众每天8小时定时播放科普节目。县第二实验学校科技活动站获批建成全市首个校园流动科技馆，总投资80余万元。2016年，“校园数字科技馆”达到省级基本办学条件标准要求，实现教育网络资源全覆盖。是年，县第二实验学校建成全省首批科普中国校园e站。2016年，黑山乡龙爪山地质公园申报为市级科普教育基地。县科协被中国科协授予“2016年全国科普日活动优秀组织单位”称号。2018年，组织大型科普宣传活动8次，其中“2018年全国科普日活动”被评为山东省优秀活动。

第三节　科技培训和推广

80年代，基层科协通过举办短期培训班、专题讲座、现场观摩等形式，开展技术培训，向广大渔民传授科学知识和实用技术，培养技术骨干。1986年，全县共举办培训班13期，培训1087人。

1987年，开始大面积推广扇贝养成、栉孔扇贝南部海区采苗和三层流刺网等实用技术推广，举办各类培训班58期，培训1620人。1988年，县科技培训中心成立，举办培训班30余期，培训技术人员1285人次。

1990年后，以解决海上养殖难题和推广更新技术成果为重点，开展多层次、多渠道、多形式的专业技术培训，举办各种类型培训班55期，培训人员2234人。是年，南长山镇科协推广投资少、见效快、效益高、易掌握的“扇贝笼外套双牵网”“扇贝自然海区采苗”和“贝藻间养”等生产技术，年增产值1000万元。全县推广贝藻兼养面积200余公顷，双牵网套笼260余公顷，鲍鱼底播30余公顷。1991年，以鲍鱼增养殖为重点，推广鲍鱼工厂化育苗和养成等十大技术，全县底播鲍鱼苗230万头。红螺采苗与底播、赤贝的底播等技术在全县大面积推广。1992年，推广“海带一绳双挂技术”，养殖面积200多公顷，单位面积增产2成多；推广“外海区养殖扇贝，内海区投放采苗袋”技术，采苗量达到前8年总和。1996年下半年开始出现扇贝大面积死亡现象后，组织有关水产专家深入乡镇开展科学养殖实用技术培训，培训2000余人次。在各乡镇设立22个海洋环境监测站，在县电视台开办“科学养殖信息”专栏，每周发布海洋信息。购置水下摄像机和海水测定仪各一台，录制海珍品底播增养殖专题片，为科学养殖和指导全县生产提供参考资料。

2000年，先后召开刺参养殖、栉孔扇贝持续养殖、养鱼技术等专题研讨会，聘请8位专家为县政府顾问，指导全县养殖生产。组织科学养殖报告团，巡回乡镇传授海珍品立体化养殖、贝藻轮养、兼养、栉孔扇贝换季养殖等方面的先进经验，建立“科技110”热线电话。1986—2002年，县科协先后组织养貂、栉孔扇贝养殖、鲍鱼人工育苗、黑裙鱼人工养殖等实用技术以及科技成果、专利应用等专题培训304次，培训1.6万人次。

2005年，县科协会同县科技、海洋与渔业局、水科所等专业部门组成水产专家组，利用近一个月的时间，深入全县乡镇，实地采样，对海参育保苗业中出现的病害等问题进行巡诊，推广实用经验，举办海参育保苗知识、环境保护和用药相关知识等讲座5次，2000多名渔村养殖业户参加技术辅导。2006年，在每个乡镇选取2—3家育保苗业户进行水质跟踪监测和技术指导。2003—2007年，组织基层录制完成水下摄像科普资料片，编印发放《海参育保苗技术要点》《刺参人工育苗技术》《虾夷扇贝贝苗育成及海水养殖技术》等小册子近万份，先后举办海参科学养殖及病害防治等讲座3次，培训乡镇、渔村水产养殖技术人员500余人次。

2009年，邀请中国水产科学研究院黄海水产研究所专家来岛举行海水健康养殖模式与生态养殖技术专题讲座，培训基层技术骨干1000余人。2011年，在北五乡镇巡回举办渔养技术讲座，在县电视台开办专家讲座栏目，推广科学、立体养殖方法，历时两个月。

2012年后，开展“渔业科技入户示范工程”“科教进社区”等各类科普培训活动。至2018年，共举办生态渔业养殖、“节约能源”、防灾减灾等科普专题讲座20次，培训2700多人。开展经常性、多形式的科普展览和科技咨询服务，发放实用技术资料等2.9万余份(册)。

第五章　工商业联合会

第一节　组织建设

1999年12月，长岛县工商业联合会筹备委员会成立。2001年2月18日，召开第一次工商业者代表大会，出席代表52人，选举产生长岛县工商业联合会、总商会第一届领导班子，会长1人，副会长2人，执委会委员9人。

2009年4月29日，召开第二次会员代表大会，出席代表63人，选举产生主席1名，副主席10人，执委会委员10人。至2016年，共有会员138人。

2017年5月4日，召开第三次会员代表大会，出席代表66人，选举产生主席1人，副主席12人，驻会领导班子成员3人，执委会委员41人。

第二节　参政议政

长岛县工商联围绕县委、县政府的工作中心，组织会员和非公有制代表人士开展调查研究，积极参政议政。2001年，县政协工商联委员在县政协会议期间提出《建议在长岛县开展一次打击海上盗窃和海产品交易欺行霸市行为的专项斗争》等5件提案。2002年，提出《反映经济及社会发展状况应实事求是》等4件提案。2003年，提出《关于解决下岗职工再就业的几点建议》《关于加强长岛对外广告宣传的建议》等4件提案。2004年，提出《关于建立与非公经济代表人士沟通联系制度的建议》等2件提案。2007年，提出《关于保护长岛“渔家乐”品牌的建议》等5件提案。2009年，提出《关于加大对中小企业扶持力度，促进民营经济发展的建议》等5件提案。2011年，提出《关于鼓励海岛子女回乡就业的建议》等5件提案。2018年，推动制定《关于支持非公有制经济健康发展的实施意见》《关于加强各级领导干部联系服务非公有制企业构建新型政商关系的实施方案》，形成县级领导干部联系21家工商联企业，每位领导每年到企业走访调研至少1次的常态化工作机制。

第三节　社会活动

服务社会

县工商联组织会员企业每年开展公益慈善活动，走访慰问孤寡老人、资助贫困学生、拥军优属、赞助公益事业等活动。2001年，开展“富民兴烟”活动。2002年，县工商联执委企业县青联旅行社，增加就业岗位，安排下岗职工40余人，被烟台市工商联、烟台市劳动和社会保障局授予“工商联就业先进会员企业”称号。2006年，开展“光彩事业”活动，工商联会员提出经济社会发展建议113条，引进项目3个，安置国有、集体企业下岗职工120余人，帮扶贫困家庭16户，资助贫困学生20余名。2008—2010年，工商联会员企业向“5·12”汶川地震、玉树地震灾区捐款20余万元。2012年，开展“爱老送温暖”活动，工商联会员企业投入帮扶资金7万余元，帮扶资助“三老”人员26人次，创造就业岗位30多个，职业技术培训50余人次。2014年，走访全国、全省工商联执委企业30余家，引进项目41个，实际到位资金6.8亿元。

服务会员

工商联自成立起，聘请县工商局、财政局等13个单位为顾问单位，指导个体私营经济发展，维护个体私营业户的合法权益。先后组织企业赴外地学习考察10余次，举办企业实用知识培训讲座、讲堂20余次。为解决企业融资难、创业难等困境，组织举办政企、银企座谈会20余次，先后为10余户会员和会员企业化解矛盾，解决争议，帮助协调解决企业实际困难90余次。2012年，县工商联组织调查研究，汇总情况并印发《关于县工商联开展调研活动情况报告》，就如何做好服务工作提出出台优惠政策、促进会员发展，争取领导支持、解决会员实际困难，加大交流活动力度，增强工商联凝聚力等具体措施。2018年，组织工商联企业参与同心大讲堂、企业家大讲堂、县内政策法规宣讲、知识讲座、培训班等各种形式教育培训活动。开展工商联会员企业大走访活动，重点走访执委以上企业和承担县重点项目的特色企业，全年开展走访调研40余次，帮助协调解决企业实际困难8次。

第六章　残疾人联合会

第一节　组织建设

工作机构

1990年5月，长岛县残疾人联合会成立。1991年6月，长岛县残疾人事业领导小组成立，以南长山镇为试点，成立南长山镇残疾人联合会。8月，在全县10处乡镇全部完成残联组建工作，各乡镇民政助理兼任组委会残联理事长。1993年11月，残联组织划归为县民政局下属单位，级别、编制未变。1994年3月，撤销长岛县残疾人事业领导小组，成立长岛县残疾人工作协调委员会，各乡镇也相继成立残疾人工作协调委员会。1995年10月，县残疾人联合会从县民政局独立，级别、编制未变。1997年2月，县残疾人联合会升格为正科级事业单位。2003年，县残联内设康复科、劳动服务就业科，编制3人，实有8人。其中，理事长1人，副理事长3人。2016年，全县10处乡镇（街道办事处）均建立残疾人联合会，并配备理事长（兼职）。2017年，招聘4名残疾人专职干事进入乡镇残联协助工作，村（社区）配备专职委员47人。2018年，县残联内设2个科室（宣教科、劳动服务就业科），编制3人，实有8人。其中，理事长1人，副理事长2人。

代表大会

1990年7月，长岛县残疾人联合会第一次代表大会召开。出席代表37人。选举产生执行理事会和执行理事会理事长，成立长岛县残疾人福利基金会。

1993年4月，长岛县残疾人联合会第二次代表大会召开。出席代表55人。选举产生新一届执行理事会和执行理事会理事长。

1998年6月，长岛县残疾人联合会第三次代表大会召开。出席代表69人。选举产生新一届执行理事会和执行理事会理事长。

2003年3月，长岛县残疾人联合会第四次代表大会召开。出席代表52人。选举产生第四次代表大会主席团委员和出席市残联四大代表，选举产生主席团主席、副主席、执行理事长，聘请名誉主席、副主席；成立长岛县盲人协会、聋人协会、肢残人协会和智力、精神残疾人亲友会，选举产生各协会会长、副会长。

2008年4月，长岛县残疾人联合会第五次代表大会召开。出席代表79人。选举产生主席团主席、副主席，聘请名誉主席、副主席，选举产生执行理事会理事长。

2012年12月，全县残疾人联合会第六次代表大会召开。出席代表75名。选举产生新一届主席团。召开长岛县残疾人联合会第六届主席团第一次全体会议，选举产生主席团主席、副主席，聘请名誉主席、副主席，选举产生执行理事会理事长。

第二节　残疾人登记

1993年10月，县内开展残疾人调查登记，全县共有残疾人467人。1996年，开展残疾人普查登记，全县共有各类残疾人515人。1997年6月，组织开展核发全国统一残疾人证工作，共发放残疾人证件400份。至2002年，全县共有553名残疾人办理残疾人证。其中：视力残疾35人，听力残疾16人，言语残疾13人，肢体残疾229人，精神残疾63人，智力残疾42人，多重残疾人155人。2009年，开展二代残疾人证换发工作，至2010年，全县持证残疾人共有783人。2016年始，对行动不便的残疾人证申办者，下乡逐村入户进行鉴定。2017年，简化申办手续，将乡村提供证明改变为申办人个人申请，填写3份审批表减少为1份，每月定期申办鉴定改变为所有工作日进行。至2018年，全县共有各类持证残疾人1283人。其中，视力残疾95人，肢体残疾810人，听力残疾64人，言语残疾3人，智力残疾87人，精神残疾90人，多重残疾134人。

第三节　康复训练

1991年始，县残联组织协调山东中医药大学附属眼科医院、山东施尔明眼科医院等医疗机构，到长岛为白内障患者实施免费复明手术。针对县内聋哑儿童数量少，不够开办聋儿培训班的实际情况，采取送聋儿到烟台市里相关医院语训、配置助听器、进行家庭语训等办法，开展有针对性康复。1995年，县残疾人社区康复工作领导小组成立，下设康复办公室，县医院成立康复中心，乡镇、村共建立45处社区康复室（站），县、乡、村三级康复网络初步形成。

2003年，制定《关于进一步加强残疾人康复工作的意见》，改造扩建残疾人综合培训服务中心600平方米。2004年，乡镇以北长山乡作为康复建设示范点，城区以城西区作为社区残疾人工作示范点，配备各类康复训练器材。至2007年，共建成县残疾人综合服务中心1处，乡镇残疾人综合服务中心4处，村级残疾人服务站40处，购置配备各类康复训练器材300多件。其中，乡镇残疾人综合服务中心、村级残疾人服务站分别占全县乡镇、村总数的50%和80%，其中北长山乡、南隍城乡、北隍城乡残疾人综合服务中心为市级残疾人康复服务网络建设示范点。2008年，县残疾人联合会首次与中国台湾台北曹仲植基金会合作，为42名行动不能自理的残疾人免费发放轮椅，为全县所有的医疗卫生机构配置轮椅。

2009年，制定《长岛县残疾人"人人享有康复服务"实施方案》，把免费为白内障患者实施复明手术列为县政府为民服务办实事系列工作任务之一，为30多名白内障患者免费实施复明手术。是年，长岛县被省卫生厅、省残联授予白内障无障碍县称号。2010年，开展贫困残疾人辅助器具需求调查，为30余名贫困残疾人免费配发辅助器具。在县人民医院设置残疾人康复室，配备残疾人专用康复器材20余类80余件。翌年，投入25万元在县人民医院建设康复门诊、康复病房。2014年，邀请瑞士瑞声达助听器专业验配师为全县48名听力障碍人员进行免费测试，为17名残疾人免费配发助听器。投入近3万元为大钦岛乡东村、南长山街道南城村的残疾人日间照料中心进行无障碍设施改造。

2017年，制定《长岛县残疾人精准康复服务行动实施方案（2017—2020年）》以及服务目录和补贴标准。2018年，完成全县1283名持证残疾人需求状况数据动态更新和精准康复入户调查及其数据录入工作。是年，县残疾人康复中心完成改造，面积2000平方米，设各类功能室12间，病房4间，达到三级康复中心建设标准。至2018年，共为全县530名白内障患者实施免费复明手术，语训聋儿10人次，培训弱智儿童12人次，实施肢体残疾矫治手术、装配矫形器、装配假肢30人次，为残疾人提供康复辅助器具1260余件，对精神病患者实施康复救治740余人次。

第四节　残疾人就业

1991年，长岛县福利塑料制品厂成立，安置16名残疾人就业。1992年，县残疾人劳动服务公司成立，为100余名残疾人进行技能培训和就业介绍。1992年，制定《长岛县残疾人优惠政策》，扶持残疾人劳动就业及康复教育。1994年，制定《长岛县残疾人享受优惠待遇的若干规定》，保障残疾人平等参与社会生活，在医疗、教育、就业、救济等方面给予扶持和帮助。1996年，以县工业总公司服装厂为依托，成立县残疾人就业培训中心，安置7名残疾人就业。同年，南长山镇募集60万元福利基金，成立南长山镇福利塑料厂，安置18名残疾人，全县有劳动能力的残疾人就业率达99%。2003年，制定实施《长岛县按比例安排残疾人劳动就业办法》，所有国家机关、社会团体、企事业单位等用人单位，必须按不低于本单位在职职工总数1.5%的比例安排残疾人劳动就业。2004年，制定实施《长岛县残疾人就业保障金征收管理意见》，安置残疾人未达到在职职工人数1.5%比例的单位，应按实际差额人数如数缴纳残疾人就业保障金。2005年，安排残疾人就业12人，购买公益岗位1个。2006年，在北隍城乡山前村建立企业安置型残疾人就业扶贫基地1处，安置持证残疾人16名。至2010年，全县有劳动能力和劳动需求的残疾人共380人，其中，城镇110人，渔村270人。安置或自谋职业335人，其中，城镇71人，渔村264人，占有劳动能力和劳动需求的残疾人总数的88%。2012年始，按照《山东省实施城镇百万残疾人就业工程方案的通知》精神，推进按比例安排残疾人就业，安排就业15人。2014年，在大钦岛乡东村成立残疾人扶贫基地1处，对16名残疾人进行就业扶持，次年被省残工委授予“省级优秀基地”。发挥电子商务适合残疾人居家创业的优势，为5户残疾人提供鼓励资金2.5万元。向20户残疾人发放扶贫就业款6万元。2016年，在砣矶镇西村建设残疾人就业扶贫基地1处，安排4名残疾人就业。至2018年，全县共安置39名残疾人就业。

第五节　扶贫救助

90年代始，长岛县相继开展政府扶残、社会助残、志愿助残、康复救助等活动，残疾人扶贫解困工作纳入全县社会救济款项，每年对20~30名特困残疾人发放最高500元的救助款。每年的助残日期间，在县城主要公共活动场所组织开展宣传及各种形式的“爱心捐助”活动。至2018年，全县向残疾人捐款43万元。

1998年，制定《长岛县保障残疾人合法权益规定》，为保障残疾人平等充分参与社会生活，共享社会物质文化成果提供政策依据。是年，向县直企业10名下岗残疾职工每人发放救助资金1500元。2001始，先后实施18期“千户残疾人从业脱贫工程”，至2018年，共投入资金50万元，扶持帮助残疾人家庭180户。

2005年，县政府将符合低保条件的67户贫困残疾人家庭78名残疾人全部纳入保障范畴。是年起，对残疾人家庭危房实施改造，完成10户贫困残疾人家庭危房改造项目。至2015年，共对142户贫困残疾人家庭危房实施改造。2009年始，将城镇重度残疾人免费纳入城镇医疗保险体系。2010年始，对全县适龄适学的残疾儿童发放“爱心学习卡”和“春雨助学”救助金，向符合条件的残疾儿童发放救助金5万元。至2018年，共向符合条件的残疾儿童发放救助金17.2万元。对全县符合条件的90名低保重度残疾人发放生活补贴，每人每月80元。

2011年始，为全县渔村残疾人、城镇残疾人分别缴纳新型渔村合作医疗保险和城镇居民基本医疗保险，共为950名符合条件的残疾人缴纳医疗保险金。2012年始，对115名符合“居家托养”条件的“三无”残疾人发放救助款，每人每年500元。至2015年，共发放331人次，共计16.55万元。2014年始，对符合条件的重度精神、智力、肢体残疾人发放护理费补贴，每人每月80元，当年向61名符合条件的残疾人发放护理费补贴3.7万元。2016年始，为持证残疾人购买意外伤害险，每人每年50元，当年投入资金6.15万元，为1230名持证残疾人购买意外伤害险。至2018年，共投入资金18.59万元。

第七章 文学艺术界联合会

第一节 组织机构

2014年2月，长岛县文学艺术界联合会成立，归口中共长岛县委宣传部领导。2018年，共有会员157名，其中，国家级会员3人，省级会员4人，市级会员21人。

第二节 主要活动

长岛县文学艺术界联合会成立后，联系组织境内书画、摄影等领域的专业人士和爱好者开展活动。2014年，举办全县纪念中国人民抗日战争及世界反法西斯战争胜利70周年书画展与摄影展，展出作品90余件。参与全县渔家乐文化提升工作，主要负责渔家餐饮文化改进工作，牵头编制菜谱30多种。2015年，书画协会有2幅入选山东省农民画作品展，5幅摄影作品入选第三届中华海疆摄影展。2016年，举办纪念红军长征胜利80周书画展，展出作品80余件。组织推荐10幅作品参展交流，其中1幅作品获中国海疆摄影展全国优秀奖，5幅作品入选山东省文化厅举办的纪念工农红军胜利80周年全省群众文化优秀美术书法作品展，其中3幅作品获得本次展览优秀奖。2017年，举办喜迎中共十九大美术书法作品展，展出作品90余件。2018年，举办改革开放40周年书画摄影展5次，展出作品100余件。2014—2018年，每年组织书画骨干下基层开展为群众写春联、送福字、培训交流等活动。

第二十编 法治 军事

1986—2018年，县政法部门履行宪法和法律赋予职责，打击和预防各种犯罪，开展一系列专项整治斗争，依法治县工作深入开展。县公安机关坚持“打防结合、预防为主”方针，建立健全一体化社会治安体系和综合治理网络，组织开展严打整治和专项行动。户政、消防、交通、出入境、特种行业、网络安全监察等项管理规范有序。县检察机关发挥法律监督职能，全面落实刑事、经济、渎职侵权、民事行政等各项检察，注重查处和预防贪污贿赂、侵权渎职等职务犯罪。县审判机关改革民事、经济审判方式，建立统一管理的立案工作机制，强化案件的执行落实。县司法行政机关采取多种形式，加强公民法治宣传教育，排查调解各类矛盾纠纷，强化法律服务管理，注重社区矫正和安置帮教工作，普法宣传、调解纠纷、法律援助、服务群众、维护社会稳定作用日益明显。县人武部始终坚持党管武装的原则，贯彻落实兵役法，开展兵役登记工作，民兵军事训练、兵员征集、人民防空、国防教育、军事设施管护等工作有序开展。其间，全县政治、社会秩序井然，人民安居乐业，军民团结和谐。

第一章 公 安

第一节 机构设置

1986年，长岛县公安局下设政工科、办公室、政保科、治安科、刑侦科、预审科、看守所、拘留所8个职能科室（所）。

1987年3月，原交通监理机构划归公安部门，组建公安局交通管理科（对外称公安交通警察队）；恢复边防大队、消防大队；武警中队并行直属烟台支队领导。1989年1月，设保卫科，4月成立城区派出所。1991年5月，成立城区治安巡逻队、海上派出所；11月，长岛县公安局交通管理科升格为副科级单位，更名为长岛县公安局交通警察大队。1992年7月，成立法制科，海上派出所改为海上巡警大队。1993年3月，撤销保卫科和海上巡警大队，行政拘留所与看守所合并办公。7月，刑侦科改称刑事警察大队。1995年6月，刑事警察大队升格为副科级单位；11月，成立巡逻警察大队（为副科级单位）；12月，成立户政科，撤销法制科。1996年9月，成立指挥中心（为副科级单位），预审科合并到刑事警察大队。1997年4月，成立月牙湾派出所。2000年8月，撤销户政科，合并到治安科，恢复法制科。2001年3月，成立经济侦察大队（副科级单位）。2003年3月，设警务督察队，与政工科合署；刑事警察大队挂经济侦察大队牌子；巡逻警察大队与城区派出所合署；政保科更名为国内安全保卫大队；治安科改为治安警察大队，看守所与拘留所改名为监所管理大队；成立海上联合执法大队，城区派出所与巡逻警察大队合署办公；成立港口派出所和北隍城、南隍城、大钦岛、小钦岛、砣矶、大黑山、北长山、大竹山、猴矶9个海上治安派出所。2005年10月，撤销北隍城、南隍城、大钦岛、小钦岛、砣矶、大黑山、北长山、大竹山、猴矶9处海上治安派出所；12月，城区派出所调整为副科级单位。2006年4月，成立出入境管理科，与法制科合署办公。2012年6月，港口派出所与城区派出所合署办公，成立港口警务室。2013年6月，撤销巡逻警察大队，设立网络安全保卫大队（副科级）；7月，增设食品药品与环境犯罪侦查大队（副科级）。2014年12月，法制大队挂行政许可办公室牌子。2015年5月，刑事侦查大队挂禁毒大队牌子，不再挂县禁毒委员会办公室牌子，刑事侦查大队增设禁毒中队；治安管理大队与城区派出所合署办公。2016年4月，治安管理大队加挂旅游警察大队牌子，县森林公安局（县公安局森林警察大队）列入县公安局序列，由县农林水务局与县公安局双重领导；11月，刑事侦查大队、交通警察大队降为副科级单位。2017年8月，县公安局内设综合行政执法警察大队，挂县公安局旅游警察大队牌子，为副科级执法勤务机构，治安管理大队不再挂县公安局旅游警察大队牌子。11月9日，消防大队官兵正式集体转业，划归应急管理部门管理。2018年12月25日，武警长岛边防大队集体退出现役，转为人民警察编制。2018年，县公安局设指挥中心、政工室、警务保障室、法制大队（挂行政许可办公室牌子）、国内安全保卫大队、刑事侦查大队（挂长岛县禁毒委员会办公室牌子）、治安管理大队、交通警察大队、网络安全保卫大队、食品药品与环境犯罪侦查大队、综合行政执法警察大队11个内设机构；看守所和拘留所2个监管机构；城区派出所和港口派出所2个派出机构。指挥中心下设办公室、情报科、指挥调度科、机要通信科；政工室下设辅警科；刑事侦查大队下设综合中队、刑事技术中队、第一中队、第二中队、禁毒中队；治安管理大队下设内保中队、基层基础中队、人口与出入境管理中队、反恐中队；交通警察大队下设综合中队、事故处理中队、交通管理中队、车辆管理所。

1989—2018年，县公安机关先后20多次受到烟台市公安局表彰、先后5次被评为全市优秀公安局。2012—2018年，县公安局先后3次被山东省公安厅记集体二等功。2013年，长岛县公安局边防大队被公安部边防局评为全国“爱国固边先进集体”。自2010年开展全省群众安全感满意度电话调查始，长岛县先后5次进入全省前10名，3次位列全省第一。1989—2018年，县公安局先后获得集体和个人三等功80余次，公安民警5人被烟台市委、市政府记个人二等功；6人被省公安厅记个人二等功；2人被评为齐鲁先锋警员；9人被评为全省优秀人民警察。

2012—2018年，烟台边防支队长岛大队民警许显朝先后获评全国公安边防部队“爱民固边先进个人”“感动齐鲁政法人物”“全国公安现役部队优秀共产党员”“全国公安系统二级英雄模范”、济南军区“老海岛标兵”“全国十大边防卫士”等称号。

2015年7月16日，济南军区授予许显朝（左二）“老海岛标兵”称号

第二节　打击犯罪

打击刑事犯罪

1986—1987年，县公安局贯彻“严厉打击”精神，开展“严打整治斗争”和“专项行动”，严厉打击盗窃“两户一体”（专业户、承包户、联合体）案件、流窜犯罪、强奸犯罪和流氓滋扰活动。至1988年，共破获刑事案件68起，抓获犯罪分子44人，缴获赃款及赃物折款12.1万元。1989年，开展“打流窜、反盗窃、挖团伙”专项斗争，破获各类刑事案件32起，其中重大案件7起；打击处理各类违法犯罪嫌疑人64人。1990年，破获各类刑事案件51起，其中重大案件5起；打击处理各类违法犯罪嫌疑人49人，缴获赃款及赃物折款39.5万余元。

1991年，破获各类刑事案件148起，其中破获盗窃案83起，强奸案7起，抢劫案3起，诈骗案3起，其他案件7起。挽回经济损失价值人民币42.3万元。摧毁犯罪团伙7个，涉案成员60余人。1992—1993年，破获各类刑事案件120起，其中重大案件37起；打击处理各类违法犯罪嫌疑人258人，打掉犯罪团伙5个，缴获赃款及赃物折款63.4万元。外协抓获负案在逃人员13人，其中重特大逃犯8人。抓获流窜犯罪分子43人，其中跨省15人，查获流窜犯罪团伙5个。1994年，破获重大案件21起，打掉犯罪团伙15个，打击处理各类违法犯罪嫌疑人180人，缴获赃款及赃物折款49.7万元。1995年，破获各类刑事案件66起，其中重大案件17起；打掉犯罪团伙11个，打击处理各类违法犯罪嫌疑人112人，缴获赃款及赃物折款35.89万元。1996年5月，集中3个月开展“严打”斗争，共破获各类刑事案件13起，抓获各类犯罪分子25人，查获犯罪团伙3个、成员22人，缴获赃款及赃物折款16.5万元，查处治安案件16起、治安处罚30人。1997年，县公安局刑侦大队完成侦审合一，实现立案、侦破、审讯、报捕、起诉一体化，组建3个责任区中队，快速反应和侦查破案能力明显增强，当年破获刑事案件115起，其中侦破事隔3年的重大杀人匿尸案等杀人案件3起。1998—2000年，破获各类刑事案件210起，摧毁各类犯罪团伙17个，成员68人，涉案53起，抓获各类违法犯罪人员281人，依法逮捕83人，治安处罚45人，刑事拘留157人，取保候审69人，劳动教养6人，其他处理33人。2001年4月始，开展为期两年的“严打整治”斗争，重点打击黑恶犯罪、严重暴力和危害公共安全犯罪及盗窃等严重危害群众安全的多发性、系列性犯罪，其间共破获刑事案件159起，其中重大案件22起；摧毁犯罪团伙8个、成员36人，其中恶势力团伙2个，成员9人。共抓获犯罪嫌疑人137人，其中负案在逃人员6人；刑事拘留犯罪嫌疑人99人，其中逮捕53人，起诉76人，劳动教养5人；缴获赃款赃物价值49.7万元。通过“严打整治”斗争，全县刑事发案年均下降33.7%，盗窃等多发性案件年均下降28.4%。

2002年，开展“打黑除恶”“打击海上犯罪”“打击流窜犯罪”“打击涉税犯罪”“打击制贩假币犯罪”“打击信用卡犯罪”“反窃电”和打击“抢劫、抢夺”犯罪等专项斗争。7月中旬，开展严厉“打击海上盗窃专项斗争”，在大钦岛破获1起特大海上盗窃团伙，抓获涉案嫌疑人6人。组织警力连续奋战40多天，在蓬莱市将其他涉案嫌疑人抓获归案，挖出其他盗窃团伙2个，犯罪嫌疑人19人。年内共破获各类刑事案件68起，其中现行案件35起，摧毁各类犯罪团伙4个，抓获各类犯罪嫌疑人43人，追缴赃款及赃物折款37万余元。2003年，破获各类刑事案件70起，其中现行案件33起，破获市局督办案件1起；摧毁各类犯罪团伙3个、成员12人、涉案14起。抓获各类涉案犯罪嫌疑人47人，其中逮捕25人、起诉36人，治安处罚6人，劳动教养1人，其他处理4人，追缴赃款及赃物折款30余万元。2004—2005年，破获各类刑事案件102起，其中现行案件42起，摧毁各类犯罪团伙3个，追缴赃款及赃物折款40余万元。2006年，按照“抓现行、破积案、打团伙、摧网络”的工作思路，采取“海上查、岸上堵、陆上抓”

的方法，打、防、管、控多措并举，破获海上盗窃案件18起，摧毁海上盗窃犯罪团伙2个，成员18人，涉案36起，追缴赃款及赃物折款100余万元。2007年，破获各类刑事案件43起，其中现行案件33起、积案1起、隐漏案件9起。摧毁各类犯罪团伙3个，成员13人，涉案9起。抓获各类犯罪嫌疑人76人，追缴赃款及赃物折款30万余元。2008年，县公安局开展“打盗抢抓逃犯”专项行动，先后开展4次集中清查抓捕行动，出动警力400人次，检查各类重点场所、重点部位600余处，抓获逃犯4人，破获各类盗窃案件20起，抓获犯罪嫌疑人7人，涉案价值40余万元。2009年7月26日，蓬莱至长岛海底电缆被人为损坏，造成全县停电10余天，直接经济损失600万元以上。县公安局组织刑侦、边防等警力辗转于烟台、蓬莱、长岛三地，历时1个月成功破案，将4名犯罪嫌疑人抓获归案。2010年，破获各类刑事案件25起，其中现行案件20起、年前隐漏案件5起；抓获各类犯罪嫌疑人48人，追缴赃款及赃物折款40万余元。

2011年，坚持“严打”方针和“零容忍”理念，破获各类刑事案件39起，打掉犯罪团伙5个，抓获犯罪嫌疑人42人、逃犯13人，追缴赃款及赃物折款40余万元。在全省开展追逃“清网行动”中，以100%的逃犯抓获率成为烟台市唯一清仓归零的区县局。2012—2013年，破获各类刑事案件43起，抓获各类违法犯罪嫌疑人96人，追缴赃款及赃物折款70万余元。其中重大案件立7起破获7起，摧毁各类犯罪团伙3个，成员16人。起诉20案31人，提捕14案17人，取保候审12人，监视居住2人，治安处罚7案19人。抓获网上逃犯5人，县局6名网上逃犯全部清仓归零。2014年，破获各类刑事案件47起，抓获犯罪嫌疑人76人，破获积案14起，抓获网上逃犯7人，打掉犯罪团伙4个，团伙成员29人，追缴赃款赃物60余万元；破获海上盗窃案件1起，抓获犯罪嫌疑人10人，有效打击“两抢一盗”犯罪。2015年，破获各类刑事案件26起，刑事拘留39人，逮捕17案28人，起诉30案46人，治安案件接警85起，处结55案，处罚25人。2016年，破获各类刑事案件22起，抓获各类犯罪嫌疑人20人，逮捕11案16人，起诉21案31人，行政案件处罚13起，处罚15人，调解案件13起。2017年，共立刑事案件73起（包括电信诈骗案件），破案59起，抓获各类犯罪嫌疑人62人，提请逮捕28案32人，批准逮捕18案22人，移送起诉32案33人。2018年，共立刑事案件57起（含电信诈骗案件），破案42起，抓获各类犯罪嫌疑人96名，移送起诉21案46人。2018年，全县刑事案件发案大幅下降，刑事立案同比下降37%，无刑事案件村居覆盖率达80%。

“扫黑除恶”专项斗争

2000年12月至2001年10月，根据中央统一部署，开展“打黑除恶”专项行动。县公安局广泛发动群众，收到案件线索40余条，逐一梳理，专人专案进行侦办。2001年，破获涉黑案件2起。2006年2月，长岛县在公安局设立“打黑办”。当年打掉2个涉恶犯罪团伙，抓获犯罪嫌疑人8人。2018年1月23日始，开展为期三年的“扫黑除恶”专项斗争。县公安局设立“扫黑除恶”专项斗争领导小组，抽调10名精干民警组建“扫黑除恶”专业队。开展集中宣传6次，走访场所行业500余家，流动人员落脚点2000余处，摸排重点人员265人，摸排全县8个乡镇（街道）、40个渔村近200人。采取“主动进攻、打早打小、除恶务尽、有黑扫黑、无黑除恶、无恶铲霸、无霸治乱”的方针，打掉恶势力犯罪团伙1个，破获刑事案件3起、治安案件7起，抓获成员6人，其中4人判处有期徒刑。

禁毒工作

2006年10月，县公安局破获全县首起吸毒治安案件，抓获聚众吸毒人员4人。2009年，抓获贩卖“冰毒”犯罪嫌疑人1人及吸毒人员9人，缴获甲基苯丙胺（以下称冰毒）25克。2013年，县公安局侦破涉毒刑事案件1起，查处吸毒治安案件16起，处理涉毒人员30人次。至2013年，全县登记在册涉毒人员59人。

2014年，开展禁毒专项行动。开展禁毒宣传，强力侦办涉毒案件，严格管控涉毒人员，重拳打击涉毒犯罪，当年破获涉毒刑事案件11起、治安处罚50起，打掉吸毒团伙6个，查处涉毒人员79人，缴获冰毒、K粉、麻古等毒品5200克，铲除罂粟20株，强制戒毒2人，社区戒毒17人。是年，侦破团伙贩毒案件1起，抓获贩毒人员3人，缴获冰毒、K粉等毒品5000克。2014年，全县登记在册涉毒人员100人。

县公安局对青少年进行禁毒宣传教育（2017年）

2015年，组织开展“扫毒害，保平安”禁毒专项行动。2016年，组织开展“百日扫毒”“净土行动”等专项禁毒行动。2017年，组织开展“三年禁毒人民战争”“破冰行动”“百日破案会战”等专项行动。2018年，组织开展“毒品清源行动”“全民禁毒宣传月”等专项行动。2015—2018年，共破获各类涉毒刑事案件25起，移送起诉涉毒人员32人；查处吸毒行政案件121起，处罚吸毒人员142人，社区戒毒38人，强制戒毒15人；缴获毒品40克，铲除非法种植罂粟317株。县公安局以“6·26”国际禁毒日宣传为契机，每年开展禁毒宣传“进校园、进村居、进企业”活动，发动社会各界积极参与，形成全民禁毒的良好局面。

在打击毒品违法犯罪的同时，县公安局利用信息化系统加强对涉毒人员的管控工作，对吸毒人员定期复检、临时抽检，动员社会各方面力量帮助吸毒人员回归社会。至2018年，全县登记在册吸毒人员150人，全部落实100%管控，对违法犯罪嫌疑人吸毒检测率达到100%，全县吸贩毒现象呈下降态势，禁毒工作取得阶段性成果。

打击经济犯罪

2001年前，长岛县经济案件由县检察院负责办理。是年3月，长岛县公安局经济侦查大队成立，与刑事侦查大队合署办公，负责办理金融诈骗等五类经济犯罪案件。

2011年，针对网络传销违法犯罪活动日益突出的问题，县公安局在开展专项打击行动中，把有效遏制网络传销的发展蔓延、增强群众的防范和自我防范意识作为主要目标，加强相关法律法规宣传，提高群众防范意识，全县无此类案件发生。

2014—2018年，开展以打击偷逃税、虚开增值税发票、侵财案件为主线的专项斗争，侦办虚开增值税专用发票案2起，追缴税款5.6万元。查处偷逃税款案1起，涉案偷缴税款684.83万元。2018年，刑侦大队共破获电信诈骗案件9起，抓获犯罪嫌疑人11人。

第三节　治安管理

治安防控体系建设

1988年7月，长岛县公安局在南长山镇鹊咀村进行“看门望锁”群众性治安联防工作试点，取得经验后在全县乡镇村渔户推广。1989年后，在全县逐步推行人民警察和治保会、治安联防队等群众治保组织力量紧密配合、相互协调，建立快速有效的群防机制。建立县、乡、村三级群防群治队伍，充分发挥群防群治队伍在预防、控制、打击违法犯罪和维护社会治安方面的作用，形成专群结合、警民联防、城乡一体、纵横交错的综合治理网络。

1995年，在全县范围内集中对治保会、乡镇治安联防队进行全面整顿培训。全县渔村治保会协助公安机关破获各类案件110起，抓获各类违法犯罪分子70人，调解处理治安纠纷案件35起。1996年，以组织规范化和档案资料程序规范化为重点，加强渔村治保会建设。全县共有渔村治保组织40个，成员260人，建立13处警民联防的治安管理站或"治安综合治理办公室"，共有专职人员70余人，40个行政村有近20个村建立海上巡逻队，共有专职人员100余人。全县投入资金300余万元，建办公用房总面积1600平方米，配备摩托车8辆，摩托艇21艘，望远镜30架，对讲机50部，治安棒及办公用品和其他专用设备和器材，形成"陆上有岗，山上有哨，港湾有站，海上有艇"的立体化防范网络。协助公安机关破获刑事案件8起，抓获犯罪分子12人，缴获各类赃物10余万元，查破治安案件32起，查处违法人员19人。1997年，全县40个渔村建立治保会39个，选派治保主任39人。对全县渔村治保主任和企事业单位保卫干部进行集中业务培训，对工作突出的单位和个人进行表彰，对重点单位和要害部门进行4次安全大检查，签订责任状107份，印发整改通知书32份。至2002年，全县基本构筑起陆海结合，上下联动的群防群治治安防范网络体系，形成陆上有人巡逻、山上有哨瞭望、海上有艇巡查的立体防范网络。2004年，根据建设平安长岛实施方案要求，县公安局与县综治办联合，开展警务工作站、治安管理办公室和110报警点的组建工作，在全县设立治安管理办公室9处，警务工作站10处，110报警点33处。2009年，本着"因地制宜、注重实效、群众受益"的原则，在没有设置边防派出所的小钦岛、南隍城岛、庙岛、小黑山岛进一步规范渔村警务室建设，实现有居民岛警力分布全覆盖。

2010年，建立健全军地大联防领导体系，县综治委、人武部、公安局与驻地内长山要塞区职能部门积极协调，成立党、政、军、警、民联合应急指挥机构，对军地联防实施统一指挥调度，建立军民共建平安长岛联席会议及情况会商制度，定期研究部署治安和海防工作，互通情报，共享信息，随时掌握打击违法犯罪的主动权。2011年，制定《关于加强城区社会面治安监控设施建设的实施意见》，将城区治安监控设施建设纳入经济社会发展总体规划，建成先进型技防乡镇3个、渔村5个，普及型技防乡镇2个、渔村5个，技防村达到50%。全县基层技防建设框架基本形成，真正实现"遥控指挥，异地布警，同步作战"。2014年，全县着力打造集舆情监控、视频监控、卡口监控、情报预警、交通智能管理、应急指挥、智能联网报警于一体的平安长岛综合管理平台，先后投资1000余万元建设"天网工程"。建成5处电警卡口、2处治安卡口、1套人脸识别系统、2处交通指示灯及64个监控点，并接入全县金融营业网点、ATM机、网吧经营场所、旅游景点、长岛港、县医院等社会图像资源134个。

2018年，结合全县"技防示范村"建设和农村技防工作实际，推进智慧城市和城镇化建设步伐，坚持"党政领导、综治协调、公安主导、部门协同、社会参与"的总体思路，通过开展以视频监控为主体、以其他安防报警设施为辅助的"技防示范村"建设，进一步创新群防群治和打防控管机制，推动"雪亮工程"建设，提高基层社会治理能力，破解治安难题。至2018年，全县共创建技防村14个，完成11个，完成率78.57%。

危爆物品管理

1989年11月，根据烟台市公安局统一部署，县公安局组织开展爆炸物品专项治理，对全县爆炸物品管理站(点)进行全面检查。12月29日，县政府印发《关于进一步加强烟花爆竹管理的意见》，对烟花爆竹设点凭证销售、批发供应渠道、储存运输管理等进行规范。

1996年4月，组织开展集中清理整顿民用枪支专项斗争。是年，共收缴各类枪支118支。1997年，组织开展爆炸物品管理秩序专项治理活动，收缴非法枪支5支，子弹30余发，炸药400千克，导火索165米，雷管110个，取缔烟花爆竹非法销售网点3个。同时，对散存在各施工单位的爆炸物品进行统一集中保管，建立严格的保管、领取、使用和清退回收等环节的规章制度，落实各项安全防范措施。

2000年9月，组织开展枪支弹药、爆炸物品安全检查及清理收缴工作，收缴气枪2支。2001年4月，开展治爆缉枪专项行动。全县共收缴枪支17支，其中军用枪1支、猎枪2支、气枪12支、土火药枪1支、钢珠枪1支，子弹5567发，炸药511.45千克，雷管18枚，导火索217.5米，鞭炮534.4万头。

2002年，开展公务用枪专项整治，对全县公务用枪以及持枪人员进行重新登记造册，将金融系统换发防爆枪替换的18支和公安机关报废的2支军用手枪进行清点造册，运送至烟台市公安局进行销毁。同年，开展爆炸危险物品安全检查工作及民用爆破器材和烟花爆竹安全专项整治活动，对全县的涉爆单位及烟花爆竹经营业户进行全面检查，重点检查民爆器材购买、运输、存储以及“三联单”和规章制度落实情况，销售烟花爆竹经营业户的安全经营情况，共检查专营公司2家，爆炸物品使用单位15家，烟花爆竹经营业户57家，没收并销毁违规销售的鞭炮297.7万头，爆竹586枚，烟花238件。

2007年，公务用枪和民用爆炸物品两个管理系统投入使用，共录入数据98条，其中配枪单位信息8条，持枪人员信息65条，民爆使用单位信息9条，人员信息16条。2008年6月，对县公安局枪弹库进行整改，建立符合安全要求的枪弹库，确保公务用枪及弹药的绝对安全。2009年以后，县民爆物品专营公司撤销，停止民用爆炸物品仓库使用。自此，全县无民用爆炸物品销售、储存、使用单位，爆破工程由外地有资质的公司承担。

2015年8月，县政府发布《关于限制烟花爆竹燃放时间和区域的通告》，规定每天22:00至次日6:00(元旦、冬至、农历腊月二十三至次年正月十五期间除外)，南长山岛、北长山岛全域内禁止燃放烟花爆竹。2018年12月20日，县政府印发《关于在长岛行政区域内禁止燃放烟花爆竹工作实施意见》，规定自2019年1月20日起，在长岛行政区域内禁止燃放烟花爆竹。

特种行业、场所管理

1983年，对境内旅店和刻字、印刷、旧货收购、钟表修理、信托寄卖业及典当业等14种行业从业者及相关经营机构重新登记，执行新的管理办法，对从事特种行业人员先培训后上岗。安排专人负责，开展经常性检查，堵塞漏洞。1984年，对歌舞厅、卡拉OK厅、迪斯科舞厅、电子游戏机室等经营性娱乐服务场所建立管理档案，督促其建立健全治安保卫组织和各项规章制度。

1995年，县公安局对印刷、废旧金属收购、印章雕刻等特种行业重新调查登记，进行全面清理整顿，并重新核发“特种行业许可证”。2000年，开展加强公共娱乐场所管理，严厉打击卖淫嫖娼赌博等社会丑恶现象专项行动，对不符合规定的场所部位限期整改，拆除、封闭式包厢36个，查处存有治安隐患的场所和部位41个，取缔无证经营桑拿按摩房、美容美发厅、歌舞厅、电子游戏厅等违法业户13家，提出整改意见31条，印发整改通知书19份。

2001年，针对“渔家乐”新兴旅游产业，研究制定“渔家乐”的具体管理办法，批准经营“渔家乐”业户101家。同年，针对废旧收购业管理存在的问题，对全县废旧收购业进行全面清理整顿，对原有的“特种行业许可证”重新审验核发，按照区域范围确定设立收购点的数量，实行收购人员佩带“工作证”上岗制度。共重新审批废旧物品收购单位18个，收购人员73人，取消收购点3个，对违反收购范围的3个单位和7名无证收购人员进行处理。2002年，公安机关保留审批的行业主要是旅馆业、典当业、刻字业和拍卖行业。根据不同行业的特点，公安机关制定行业许可、验证登记、情况报告、协助检查、从业人员上岗以及年度审验等制度。2007年，开展旅馆业治安管理信息系统推广应用工作，在全县30个床位以上的旅馆中推广安装，共落实安装信息系统的旅馆23家，安装21家，规范旅客信息的登记。

2009年，开展“渔家乐”专项整治活动。全县443个“渔家乐”业户全部纳入旅馆业治安管理信息系统，实现旅客信息网络传输。

2018年，推广“渔家乐”的专门住宿登记系统手机APP，安装“渔家乐”信息登记系统822家，全县旅馆业共登记旅客信息21万余人次，其中通过“渔家乐”信息登记系统登记10万余人次。

网络安全管理

1997年，境内网吧业开始运营，主要分布在县城区及砣矶镇、大钦岛乡等乡镇。在网吧经营初期，由于网络在个人家庭中尚未得到普及，上网人数较多，未成年人上网及“黑网吧”问题时有发生。2004年，协同组织开展多次突击检查，取缔“黑网吧”19家，查扣电脑主机25台。2006年，组织网吧安装使用实名制安全管理系统，并开展专项整治行动，对问题严重的大钦岛乡进行夜间突击检查，取缔无证经营的“黑网吧”4家，扣押电脑26台。2008年3月，在治安大队设立网络监察中队，负责网络监察工作，依法对社会网络丑恶现象进行打击处理。与文化、工商等部门建立联管联勤机制，加强监管，严查开设“黑网吧”及未成年人上网等违法行为。是年，网吧管理基本步入正轨，全县共有营业网吧10家，计算机516台。2010年，组织全县网吧安装新版二代身份证网吧管理系统，并加强日常监管，严格落实实名登记制度，在联合文化、工商部门开展的网吧集中整治活动中，查处1起未成年上网案件，发现安全隐患15处，并责令当场整改。

2013年6月，县公安局成立网络安全保卫大队，承担信息网络安全监督管理、互联网信息监控、信息网络案件侦查、互联网侦控、现场勘察与电子数据检验鉴定、网上接报警处置等职责。2014年，通过查处违规网吧9家，同时开展全县网吧安全审核证件年审工作。2015年，督促网吧业主落实经营场所内无线上网服务的实名制管理工作。

2016—2018年，随着网络在家庭中的普及应用，到网吧上网的人员大幅减少，在县城区仅有聚友网吧、快车网吧正常营业。随着安全管理技术的不断升级，根据上级关于网吧安全管理的技术要求，在全县网吧推广“实名宝”、人脸识别等实名认证管理机制，督促在营业场所安装网吧视频监控系统，落实上网实名制安全管理制度。

打击“涉黄涉赌”违法犯罪

80年代，长岛县公安机关不间断地开展“扫黄打非”、打击赌博、吸毒贩毒等专项行动，严厉打击“涉黄涉赌”违法犯罪活动，扫除社会丑恶现象。1990年1月，收缴淫秽录像带35盘，禁演片41盘，查获贩卖、制作、传播、观看淫秽物品人员200余人。1994年9月，查获卖淫窝点1处。

2001年，根据群众举报，对4家音像店进行突击检查，收缴淫秽光盘130盘。

2006年1月，县公安局在步行街东首对收缴的淫秽、赌博物品进行公开销毁。之后，县公安局将社会关注、群众反映强烈的涉黄涉赌违法犯罪活动作为打击重点，对辖区内存在涉黄、涉赌现象的洗头房、洗脚房、出租房屋以及娱乐服务等场所进行清理整顿，涉黄涉赌违法犯罪得到有效遏制，社会风气得到进一步净化。

2018年6月，县公安局在前期缜密网上监控基础上，对利用网络传播平台制作、传播淫秽物品牟利案涉案犯罪嫌疑人进行抓捕，当场抓获犯罪嫌疑人2人，扣押涉案手机数部，其他涉案物品1宗。

第四节　人口与出入境管理

公安机关负责户政、国籍、入境出境事务和外国人在中国境内居留、旅行的有关事务。1995年12月，县公安局新增户政科，负责全县人口管理工作。2000年8月，户政科合并到治安科。2002年6月，出入境管理并入治安大队。2012年，将城区派出所办证大厅与治安大队办证大厅合并为综合服务大厅。

常住人口管理服务

1986年，境内废止“子女顶替”制度，实行录用人员办理户口迁移手续（“农转非”）制度。1989年，根据《山东省计划生育条例》实施细则规定，申报新生儿户口必须持有县计划生育委员会发给的“出生证”。1992年6月，按照《山东省农村户口管理暂行办法》，开始核对农村户口、规范居民户口簿，统一住户门牌号码。12月，县政府印发《关于对农民进城经商务工户口管理意见》，决定对常年进城兴办第三产业的农民，由暂住户口管理改为常住户口管理，实行“蓝皮户口”管理制度，其性质、权利和义务与非农业户口相同。1993年3月，全县开始编制门楼牌及农村门牌钉制工作。1994年4月，贯彻《山东省地方城镇居民户口管理暂行办法》，实行地方城镇居民户口管理制度，由省计委下达计划指标，并收取城镇增容配套费。1997年11月，开始办理百新工程小城镇“农转非”户口。

1998年1月，在全县派出所建立常住人口信息管理系统，户口管理纳入微机化管理。5月，开展换发户口簿、常表工作，全县11个派出所，辖44598人，15572户，全部换发工作于年底前完成。9月2日，印发《公安部办理户口、居民身份证工作规范》。1999年9月23—28日，为解决2000年人口信息管理信息化问题，烟台市公安局免费为长岛县提供11套人口信息系统软件。2004年10月1日起，全省范围内取消农业户口、非农业户口性质划分，统一登记为“居民户口”。2012年3月12日，县公安局综合服务大厅被命名“省级文明户籍窗口”。2015年6月3日，取消户籍证明工本费。2016年9月14日，落实《山东省户口登记管理规范（试行）》要求，进一步推进户籍管理执法规范化，严密户口登记，保障群众合法权益。

2018年2月24日，对新立户的首次申领居民户口簿免收工本费，丢失、损坏补办居民户口簿的每本10元，丢失、损坏补办集体户口簿，城镇每本40元，农村30元，丢失、损坏补办和过期失效重新补办准迁证、迁移证每张5元。8月28日，为深入落实简政放权、放管结合、优化服务改革，烟台市公安局印发《下放调整部分户口登记核准事项的通知》，自9月1日起正式实行。通知中取消7项户口登记核准事项，调整2项户口登记核准权限，下放2项变更更正户口登记审核权限，下放临时居民身份证受理权限至派出所，取消4项户籍业务办理中所需要的证明，简化部分户口迁移相关手续程序。至2018年，全县共登记常住人口15270户41489人，其中男性20464人、女性21025人，城镇人口22262人，户籍人口城镇化率达53.6%。全县共有少数民族10个，57人。

流动人口管理服务

1986年3月29日，烟台市政府发布《关于暂住人口的收费标准和经费管理及使用范围的通知》，对居住3个月以上的流动人员发放“暂住户口证”。是年，全县登记暂住人口5000多人次。11月，县政府印发《关于进一步加强暂住人口管理工作的通知》，要求对暂住人口实行登记、发证和分工负责制。1987年4月21日，制定《长岛县公安局暂住人口租赁房屋管理办法》。11月，设立暂住户口管理站。1988年6月10日，发布《关于对外地劳务团体暂住人口治安管理和租赁房屋有关事项的通知》。1994年6月，县公安局采取措施，对租住和暂住在城区废旧建筑、坑道、居民小平房内所有身份不明的闲散人员，进行集中清查，遣返60余人出岛，拆除擅自出租的、危房30余间。

1997年4月，县公安局针对暂住户口管理中存在的问题，印发《关于加强暂住人口管理的规定》，要求严把“四关”：登记办证关、审查验证关、清理清查关、租赁私房审查关（房主与派出所签订《治安责任书》）。建立五项制度：奖罚制度、函调协查制度、考核制度、重点人员列管制度、流动人口计划生育协查制度。实施五种管理模式：用工单位自主管理、租赁私房把关管理、公共复杂场所跟踪管理、劳务团体集中管理、集贸市场协同管理。2006年6月20日，开展流动人口管理服务专项行动，以租赁房屋、建筑工地、公共娱乐场所等流动人口落脚点、活动场所为重点，开展集中整治行动。全县共登记暂住人口3245人，办证1711人，发函1775人，登记租赁房屋132处。2012年10月1日起，施行《山东省流动人口服务管理办法》。2016年1月1日起，施行国务院《居住证暂行条例》。2017年1月1日起，施行《山东省流动人口服务管理暂行办法》。是年11月，新版山东省居住证管理系统上线。

2018年10月12日，启用居住证打印设备，实现居住证当日制证。自2014年始，长岛每年登记流动人口约4000人，办理居住证500余人。

居民身份证管理

1985年9月，《中华人民共和国居民身份证条例》颁布。1986年11月28日，公安部公布《中华人民共和国居民身份证条例实施细则》。1988年3月，长岛县开始颁发居民身份证。为年满16周岁的公民办理居民身份证，由县、乡两级管理，10月，颁发居民身份证工作结束，全县共颁发居民身份证28979个。1995年7月1日开始，启用新的防伪居民身份证。1998年9月，实施居民身份证号码从15位升至18位。2000年，完成居民身份证升位工作，开始使用18位编号。2001年10月起，开展军队和武警部队人员公民身份证号码编制工作。2002年4月，军人身份号码编制工作全部结束。2005年10月11日起，正式启动"二代证"集中换发工作。是年，共采集人像1137张，换发"二代证"1074张。2006年11月，针对城区街道门牌号设置不规范，无法为城区居民办证的情况，开始对城区街道门牌号重新编排，共为全县18条街路编排门楼牌号1981个，其中宿舍楼432幢，并由县政府进行公告。

2007年2月27日至6月20日，集中开展纠正公民身份证号码跨省重号工作，期间纠正公民身份号码错号16条，跨地市重号13条，实现公民身份号码的准确、唯一，保障公民合法权益。2008年11月，启动现役军人和人民武装警察居民身份证申领发放工作。至2009年6月，部队人口身份证受理发放工作结束。

2012年1月13日，公安部印发换发第二代居民身份证工作方案，第一代居民身份证自2013年1月1日起停止使用。全年共审核签发二代证受理信息4413人，其中为持一代证公民换发二代证3215人。2014年10月1日起，二代居民身份证正式启用采集指纹。2017年自9月1日起，可以受理市内跨区县和本区县跨所异地居民身份证，是年9月15日起，派出所全面开展居民身份证异地受理工作。2018年4月4日，山东省公安厅印发《关于全面做好停征首次申领居民身份证工本费有关工作的紧急通知》，从4月1日起，停征首次申领居民身份证工本费。免收居民身份证工本费范围为未满16周岁人员首次申领、年满16周岁人员首次申领。

2018年11月26日，居民身份证第三方支付系统正式上线，居民可以用支付宝、微信扫描二维码进行支付。自2014年始，县公安局每年为群众办理居民身份证2000余人。

出入境管理

1989年8月4日，印发《长岛县关于外国人旅行管理暂行规定》。9月11日，印发《"三资"企业外方人员进岛旅行管理暂行规定》。1994年4月26日，应长岛县南园海珍品有限公司邀请，两名美籍商人乘船进岛，因违反《中华人民共和国外国人入境出境管理法》被处罚。2004年4月20日至6月，县公安局集中开展打击各类非法出入境中介活动专项行动，其间共出动车辆15台次，出动警力29人，检查单位12家，未发现有从事"黑中介"的单位和个人。

2008年10月，南长山岛、北长山岛、庙岛、小黑山岛和指定海域以及登州水道对外开放。11月，县公安局启动出入境涉外管理工作。2018年9月1日起，港澳台居住证正式上线，通过全国治安管理信息应用门户进行办理。12月，港、澳、台通行证自助签注机正式投入使用。至2018年，每年办理出入境达1400余人次。

第五节　道路交通安全管理

机动车与驾驶员管理

1987年6月，全县机动车与驾驶员开始进行年度审验，此后每年审验一次。7月1日起，全县对二轮摩托车、轻便摩托车及其驾驶员实行县、乡、村三级管理，并在发动机和车架上打钢印，定期对该类车辆集中进行审验。是年11月，成立长岛县公安汽训学校。1989年，在全县换发“山东06”代号的反光牌照。是年8月1日，全县启用新驾驶证。1990年10月1日起正式启用，对持旧证驾车的驾驶员，按无证驾驶处理。1993年始，每年自3月1日至12月25日，对全县机动车及驾驶员进行定期检审，并规定初学驾驶员统一进行职业健康检查，初学者凭健康合格证到公安交通管理部门办理学驾手续。9月1日起，开始对机动车驾驶员实行分档次管理，即根据驾龄长短、违章及肇事情况等将驾驶员档次划分为A、B、C三类，不同档次的驾驶员在安全学习、定期检验中采取不同的管理措施，A类驾驶员为最高档次，给予优惠管理措施最多。

1994年5月，长岛县启用换发“九二”式机动车号牌及行驶证，号牌代号为鲁F，至1996年7月，全部换发完成。2004年3月，启用新的机动车牌机构代码，鲁Y与鲁F一起使用，并将办理驾驶证、行驶证、机动车登记证书的印章统一为“山东省公安厅交通警察总队”和“山东省烟台市公安局交通警察支队”。

2013年5月19日，长岛县机动车检测线通过省技术监督局验收，7月正式批复并投入使用。5月29日，长岛县机动车驾驶员考试中心正式投入运行。是年11月4日，车管所民警进驻海诚汽车检测有限公司，履行公安交警对检测线的监督责任。

2018年9月1日起，公安交管部门“放管服”20项改革措施全面启动推行。

交通秩序管理

1987年3月，县公安局发布《关于加强交通管理的通告》。是年，检查车辆850辆次，纠正违章742次，建立交通岗3处，分道桩60个，标志牌47个，交通事故率比上年同期下降67%。1988年，根据烟台市实施环境保护“538”工程精神，195、20、25、50型拖拉机只准在农田使用，不准上公路行驶从事运输。1990年10月，县公安局发布《交通管理公开办事制度》。1991年11月，开展以“防事故，保畅通”为重点的交通安全大会战和大干60天活动。1994年5月，交警大队实行全员弹性工作制和道路包干责任制，加强城区交通管理工作。是年，在全县重点对出租车、摩托车进行专项治理。

1997年8—9月，全县集中开展以治理机动车争道抢行、非机动不按规定行驶、车辆乱停乱放、营业摊点违章占道等影响市容环境问题为重点的“讲文明、树新风”交通秩序整顿活动。1998年，对城区实行包路段定责任措施，重点对无牌、无证驾驶、病车上路、违反禁行标志、酒后驾车、强行超车等问题进行专项治理。1999年4月，大力改革警务机制，实施交警、巡警合署办公，加大治安巡逻和交通执法力度，树立交警良好形象。是年12月至2000年3月，全县集中开展公路交通秩序百日治理整顿活动，重点整治农用车载人、客车超员、货车超载、无牌无证车辆和“病车”上路行驶等交通违章行为。2000年，开展“少年儿童平安回家”活动，将学校门口主要街道辟为“少年儿童安全通道”，在上下班高峰期增派警力，疏导交通。2001年，实施“畅通工程”，开展交通安全整治活动，县城乐园大街被定为“交通严管街”。

2002年，以解决“不到位、不作为、不规范”问题为突破口，加大事故多发路段和旅游景点的交通管控力度，全面落实路面勤务承包责任制，实行差时上岗，推进交通违章记分等办法，对各种交通违章现象进行严查重罚，遏制重大交通事故发生。2004—2006年，长岛县被评为“畅通工程”

三、四级管理水平。2007年，全面落实“五整顿”“三加强”措施，在全省创建“平安畅通县区”活动中获良好等级。是年9月，交警大队启动“护学岗”执勤，每天早、中、晚安排民警，坚持在第一、第二实验学校门前、路口站岗执勤，疏导交通，保证师生上下学安全。2008年，开展“创建全省平安畅通县区”活动，获优秀等级。2009年度，开展创建全国“平安畅通县区”活动，在乐园大街、县府街安装红绿灯3处。

2010—2013年，深化交通秩序专项整治，先后开展“迅雷”“风暴”“利剑”“亮牌”“护卫天使”行动10余项，综合整治活动80余次。2013—2015年，针对摩托车涉牌涉证、机动车乱停乱放等违法行为，常态化开展集中整治行动，先后查处查扣无牌无证报废摩托车300余辆，查处违法停车900余起。2015年后，为遏制酒后驾驶机动车行为，由每月定期组织查处，提升为常态化查处，频率由每周一次增加为每周两次，重大活动、重要节假日期间不定期开展集中夜查整治活动。2016年，查处酒后、醉酒驾车违法行为33起，刑事、行政拘留7人，吊销驾驶证5枚；2017年，查处酒后、醉酒驾车违法行为65起，刑事、行政拘留20人，吊销驾驶证11枚；2018年，查处酒后、醉酒驾车违法行为61起，刑事、行政拘留15人，吊销驾驶证13枚。

2015—2018年，按照长岛县国省道及县乡道路智能交通安全系统建设规划要求，先后投资810余万元用于城乡智能交通系统建设，增设电警6处、卡口3处、固定测速6处、红绿灯18处、智慧监控123处、抓拍球12处、移动测速系统2套等，实现辖区国省道路、县乡道路智能交通科技监管全覆盖。

2018年，为全面提升道路交通环境，解决城市停车难问题，投资1092万元，统筹在南长山岛、北长山岛新、改、扩建社会化停车场27处，新增停车泊位1000余个。5月1日，城区乐园大街、县府街、文化街、迎宾街、鹊咀路、通海路、海滨路、长园路等城区主干道及南北长山岛景区沿线道路，全面取消路面停车，安装600米道路隔离护栏。

2003—2018年长岛县机动车保有量、驾驶员数量统计表

表20-1

年份	小型以上汽车（辆）	摩托车（辆）	驾驶员（人）
2003	1731	3513	6849
2004	2228	3872	7130
2005	2357	3716	7425
2006	2475	3779	7863
2007	2615	3794	8516
2008	2598	3679	8932
2009	2909	3599	9361
2010	3398	3315	9828
2011	3971	3254	9929
2012	4406	2947	10419
2013	4782	1979	10881
2014	4991	1143	11149
2015	5387	1244	12117
2016	5919	1157	12862
2017	6561	1135	13613
2018	6839	1033	13921

第六节　边防管理

打击走私、偷渡外逃

长岛县边防大队通过加强渔民教育、严格船只管理、定期开展打击活动等措施，维护海上安全。1989年9月27日晚，在全县范围内进行大规模军警民反劫船、窃船外逃的实战演练，共出动军警民350余人，机动车14辆、机动船2艘。1993年3月21日，印发《关于打击海上走私活动有关问题的通知》。1996年2月3日，砣矶镇大口北村“中远渔1039”“中远渔1040号”船在黄海海域作业时，发现“辽中大渔0259”渔船求救信号，立即前去施救，将该船上85名人员救上1039号船。当发现这些人是偷渡韩国的外逃分子后，积极采取稳控措施。县公安局和边防大队得到情报后，在全体船员的配合下将85名偷渡分子抓获，受到烟台市委、市政府和市公安局的表彰。1998年1月6日，刑警与边防官兵经过缜密侦察，在南长山镇获沟村一民房内将21名福建籍预谋偷渡人员当场抓获。1986—2018年，全县共破获走私偷渡外逃案件7起，抓获不法人员154人。

船舶管理

1987年3月始，全县各边防派出所每年对船舶进行一次审验，建立健全船舶管理档案，对出入港口的船舶进行签证、落实看护措施。同时不定期对船舶进行清查和检查。

1992年7月，县政府印发《关于加强海上船舶管理的意见》，对船舶建造、证簿、船号、变动、人员、安全及治安责任等做出明确规定。1999年6月，边防大队与各边防工作站对全县819个养殖单位的养殖扇贝笼实行标记牌管理，共发放标记牌840万个。与县渔政、渔监站配合，对无船名船号、无船舶证书、无船籍港的“三无”船只进行清理，共检查3400艘，对查出的61艘证件不齐的船只，责令限期补办手续，对25艘“三无”船只依法进行处理。2000年，对辖区船舶进行清查整顿，取缔多船一号现象，共清查各类船只12542艘次，补办证件673艘，对102艘违规船只进行整改，重建船舶档案2600余份。2002年，对大功率船只和外地船舶进行重点清查，共检查船只3200艘次，处罚违规船只53艘，没收“三无”船只2艘，并采取上门服务、集中年审、集中办证、免费刷新船名船号等措施，对全县3000多艘船舶和6000多名出海船民进行重新摸底和换证，并签订“船舶安全合同书”3500余份。2011—2018年，边防大队每年统一部署开展“碧海”系列海上专项整治行动，年均查处违规出海作业船舶20余艘、渔船民70余人。

渔（船）民教育

1986年，开展渔（船）民教育65场次，受教育4700人，边民教育80场次，受教育人员27450人。是年，共有渔船民4142人，12马力以上机帆船839只，舢板1698只，挂机303只，护港看船巡逻队17个、49人。1987年，开展渔船民教育146场，建立看港组织17个、成员46人，看海屋19个、成员35人。1988年，对全县2909艘渔船进行统一刷号，审验船只3428艘，全县成立16个船舶管理站，配齐船管员51名，有效控制船只活动情况。进入90年代，重点加强渔船民的反偷渡、反走私教育，每年都签订“反偷渡责任状”。2008—2018年，建立健全渔船民教育大会机制，每年定期召开教育大会，并逐一与大功率船舶、远洋船舶等重点船舶签订责任书，拴牢责任。

公安边防大队在乡镇开展渔船民教育（2018年）

第七节　快速反应机制

110报警服务台

1997年1月，建成110报警服务台，坚持24小时值守，受理群众报警、紧急求助、举报、投诉。2002年7月，实现110、119、122“三台合并”，建成上下贯通、信息灵敏、反应快速的指挥网络系统。1997—2018年，共接有效报警21800余起，其中刑事警情1236起、治安警情4240起、交通警情3612起，全部实现高效快速处置。县公安局指挥中心注重新媒体与传统媒体相结合，线下通过开展“110宣传日”、警营开放日、警务室开放、成果汇报以及进学校、进社区、进企业座谈等活动，让群众了解110报警求助热线中政府相关部门的职责界限，并告知公众应如何正确拨打110，争取群众理解，正确使用110的有限资源。线上通过微信、微博、电视媒体，广泛宣传如何正确使用110，多渠道、多视角发声，形成宣传引导合力。建成110报警服务台以来，共开展110集中宣传活动43场次，出动警力1100余人次，制作宣传展板100余块，发放110宣传单2万余份，接受群众咨询3000余人次。

2015年6月，全面深化实战型指挥中心建设，在110指挥大厅设立指挥长、指挥调度、情报研判、图像分析、合成作战等8个实战岗位。110指挥中心立集体三等功3次，受到市级以上表彰3次。

社会联动机制

2015年6月，长岛县设立“89000”政务服务热线，将非警务求助事项，及时分流推送到“89000”进行处理，实现紧急处置、联合处置和分流转办工作顺畅高效。实施警情分流机制以来，有效接警率提升近20%，群众回访满意率连续保持100%。主动加强与“89000”政务服务热线、社会联动部门、公安机关处警单位沟通交流，建立会商协作机制。依托110指挥调度系统开展非警务求助事项的实时统计和分析研判，建立定期分析报告制度，归纳梳理各类非警务求助事项，定期在公安机关内部进行通报，确保非警务求助事项分流工作长效运转，减轻基层民警出警压力，提升接处警效率，全县群众服务满意度在全市处于领先地位。

2017年8月，进一步规范报警服务社会联动工作，提高综合应急处置能力。县政府印发《关于规范政府公共服务热线平台对非警务报警和非紧急求助事项处置的通知》，由县政府办公室牵头，设立“公共服务热线平台”，全县27个单位组成联动单位，互相配合，分工明确，各司其职。发挥政府职能部门联动作用，对发生的警情按不同情况分类处置。对威胁公共安全、危及群众生命财产的紧急警情，审验船只立即派警处置；对公共设施险情及涉及面广、社会影响较大的报警或紧急求助，一警多派，协同有关部门联合处置。

县公安局110报警服务台（2018年）

第八节　监所管理

1983年，长岛县设立行政拘留所，与看守所合署办公。1990年9月，新看守所、拘留所在南长山镇后沟村北建成并投入使用。两所由长岛县公安局负责，采取“一套人马、两个牌子”的办法进行管理。2012年共有管理人员18人，其中民警11人、辅警7人。

1986年后，共羁押犯罪嫌疑人1073人，执行行政拘留2235人。1997年，被烟台市公安局评为先进看守所，先后有1名民警被省厅评为基层优秀工作者，4名民警立三等功，9名民警被市局评为优秀看守员，46名民警、辅警受到嘉奖。

2014年12月，两所周围环境变化、基础设施老旧、监管民警不足、存在安全隐患等原因，被烟台市公安局关停。2015年6月，看守所内被刑事拘留、批捕和执行判决等犯罪嫌疑人送往蓬莱、烟台开发区和龙口看守所羁押，行政拘留人员送往蓬莱行政拘留所执行拘留。

第九节　消防管理

机构沿革

1986年12月，山东省公安厅批准成立长岛县公安局消防中队。1987年11月，长岛县公安局消防中队成立。是年，消防股改称长岛县公安局消防科。1992年，消防科改称为武警长岛县消防大队，附属一个消防中队。1996年，武警长岛县消防大队改称为长岛县公安消防大队，为正营级部队建制，受中国人民武装警察部队烟台市消防支队和长岛县公安局双重领导。

2018年10月9日，公安消防部队移交应急管理部门，消防官兵集体退出现役，消防大队不再受县公安局领导。

2009年4月，长岛县公安消防大队被公安部消防局评为“全国公安消防部队廉洁勤政建设先进单位”；11月，被省公安厅记集体三等功；2011年1月，被省公安厅评为“全省优秀公安基层单位”；2013年8月，被公安部记集体二等功；2014年6月，被公安部评为“公安现役部队先进基层党组织”；11月，被省消防总队评为“全省公安消防部队实战化练兵先进中队”。

2015年1月，被省双拥工作领导小组评为“基层双拥创建模范单位”；5月，被共青团中央和公安部评为“2013至2014年度全国青年文明号”；2016年8月，被公安部评为“公安现役部队先进基层党组织”；2017年1月，被省公安消防总队评为“全省公安消防部队安全工作先进大队”；8月，所辖县府街中队被省公安厅记集体二等功；2018年6月，被省公安厅记集体三等功；2018年7月，被公安部评为“公安现役部队先进基层党组织”，先后获全国和省级以上集体荣誉36次。

消防装备设施

1987年，长岛县把城镇公共消防水源设置纳入城镇规划，在安装自来水管的同时安装消防栓。至1992年，在县城区安装公用消防栓16个，建消防水池9个。1993—1995年，全县新增公用消防栓14个，建消防水池6个。

1996年，对县城区消防基础设施进行全面规划建设。1998年，县政府投资20余万元，为县公安消防大队购置1辆高低泵消防车，结束消防灭火单车作战的历史。是年，新增消防栓8个，建消防水池6个。1999年，新增消防栓11个，建消防水池9个。2000年，新增消防栓13个，建消防水池7个。

2003年，拨付10万元为消防中队官兵购置避火服、防火隔热服、新式战斗服、空呼器、方位灯、呼救器等防护装备。筹资4万元对部队营房进行维修粉刷，为官兵宿舍、餐厅安装空调，改善消防官兵的生活、执勤和训练条件。

2004年1月，投资53万元购置第一辆“东风”牌泡沫消防车。该车载泡沫1.5吨、载水3吨，结束长岛县无泡沫消防车的历史。2007年，购置第一辆“斯太尔”牌大吨位水罐消防车，该车载水量15吨，主要用于火场供水。同年，在县城区建设

2014年6月，长岛县消防大队被公安部政治部授予先进基层党组织

首批市政消火栓10具。2011年，加强乡镇基层消防装备建设。购置消防机动泵、水带等灭火器材发放至北五岛各乡镇。2012年，购置沈阳“捷通”牌25米云梯平台消防车1辆，该车臂展25米，适用于高层建筑的火场逃生救援。

2015年，购置“斯堪尼亚”牌城市主战消防车1辆，该车是全县第一辆进口底盘改装消防车，载泡沫0.8吨、载水2.2吨。2017年，县财政拨付专项经费10万元，为全县所有消火栓安装智能监测预警系统，实现消火栓“全生命周期”管理。

2018年，市消防支队援助“斯堪尼亚”牌城市主战消防车1辆，四川“川消”牌四轮消防摩托车1辆。消防摩托车载水量0.22吨，载灭火剂量0.025吨，该车出警快捷，适用于狭窄、坡大，转弯半径过小道路，对于初起火灾扑救具有明显成效。2012—2018年，县财政每年拨付不少于30万元专项经费，用于消防员个人防护及抢险救援装备购置。

至2018年，全县有消防车5辆，其中水罐泡沫消防车1辆、大吨位水罐消防车1辆、25米直臂云梯消防车1辆、城市主战消防车2辆，总载水量26吨，载灭火剂量2吨。另有四轮消防摩托车1辆，载水量0.22吨，载灭火剂量0.025吨。有市政消火栓63具。

消防监管与宣传教育

1989年9月，印发《长岛县消防管理处罚暂行规定》。1995年2月，印发《长岛县消防管理办法》。1997年，县政府与各单位签订《城市公共消防基础设施建设责任书》，同时建立消防指挥中心，各乡镇、企业生产单位普遍建立消防组织，县公安消防大队负责对基层单位、工厂企业、学校等进行消防培训。

1999年11月，在县公安局统一指挥下，消防部门紧急动员，加强火险隐患的检查治理工作。2000年7月，消防大队集中主要力量抓好全县消防的隐患整改工作。2003年9月始，执行消防管理《30条便民利民措施》。

2005年4月，与县旅游局、妇联等部门联合举办“渔家乐”从业渔嫂消防安全知识讲座。2006年，组织人员密集场所“两个能力”建设、“易燃易爆物品消防安全专项治理”“中小学消防安全专项检查”等专项整治活动，着手创建校园、企业、渔村及弱势群体等8大范畴的“海岛防火墙”工程。2007年，组建消防巡查队，开展防火巡查工作。深入企业单位举办灭火演习6场次，邀请社会各界群众、学生到消防大队参观学习25场次，举办旅游导游员、渔家乐业户等消防培训班6期，开展“向老年人送安全”“消防助残”“的哥消防员培训”等活动，发放消防知识宣传材料1万余份，消除火灾隐患72处，增强生产经营单位的火灾防范能力和居民群众的消防安全意识。2008年8月，成立“的哥(姐)消防队”。2009年4月，组建由机关干部组成的消防应急分队，首批60名队员在消防大队接受业务培训。在全县开通了消防短信报警业务，实现了消防报警服务无缝覆盖。

2010年，开展消防监督大检查活动，清除火灾隐患。2011年，开展清剿火患战役及易燃易爆场所专项整治。2012年，开展“九小场所”专项检查。2013年，开展夏季、冬季消防安全专项整治。2014年，开展“九小场所”安全标准化管理及乡镇街道消防安全网格化管理工作。2015年7月，开展清剿火患战役及彩钢板建筑消防安全专项整治行动。2016年，开展劳动密集型企业专项整治，完成《长岛县消防规划(2015—2030)》编制工作。2017年，在全县“渔家乐”业户中组建“渔嫂志愿服务队”，组织在全县范围内开展电气火灾综合治理。

2018年，在全县无固定消防设施的小场所，推广安装简易喷淋和独立式感烟火灾探测报警器，在重点和一般单位中推行集中约谈及“两书两报告一考试”工作机制。

火灾扑救和社会救助

1987—1989年，共接处警79起。其中扑救火灾58起，社会救助21次，抢救群众17人，保护财产价值230余万元。1990—1994年，共接处警169起。其中，扑救火灾124起，社会救助45次，抢救群众38人，保护财产价值310余万元。

1995—1999年，共接处警171起。其中，扑救火灾129起，社会救助42次，抢救群众26人，保护财产价值330余万元。

2000年，共接处警41起。其中，扑救火灾34起，社会救助7次。2001年，共接处警54起。其中，扑救火灾42起，社会救助12次，抢救群众12人，保护财产价值300余万元。2002年，共接处警50起。其中，扑救火灾39起，社会救助11次，出动警力100余人次。2003年，共接处警46起。其中，扑救火灾32起，社会救助14次，保护财产价值430余万元。2004年，共接处警39起。其中，扑救火灾39起，保护财产价值470余万元。

2005年，共接处警48起，其中扑救火灾48起，保护财产价值530余万元。2006年，共扑救火灾40起，抢救遇险群众23人，保护财产价值600万元。2007年，共接处警45起。其中，扑救火灾41起，社会救助4起，抢救遇难群众15人，保护财产价值达600余万元。2008年，共接处警45起。其中，扑救火灾38起，社会救助7起，抢救被困群众18名，挽回经济损失200余万元。2009年，共接警出动30起。其中，扑救火灾21起，社会救助9起，抢救被困群众18名，挽回经济损失100余万元。

2010年，共接处警33起。其中，扑救火灾29起，社会救助4起，抢救被困群众20余名，挽回经济损失1000余万元。2011年，共接处警45起。其中，扑救火灾42起，处社会救助3起，抢救被困群众2名，挽回经济损失600余万元。2012年，共接处警43起。其中，扑救火灾41起，社会救助2起，抢救遇险群众2名，保护财产价值520万元。2013年，共接处警41起。其中，扑救火灾33起，社会救助8起，抢救遇险群众12人，保护财产价值460万元。2014年，共接处警44起。其中，扑救火灾40起，社会救助4起，保护财产价值510万元。

2015年，共接处警44起。其中，扑救火灾33起，社会救助11起，保护财产价值430万元。2016年，共接处警52起。其中，扑救火灾47起，社会救助5起；参与危化品运输等各类执勤76次，保护财产价值400余万元。2017年，共接处警52起。其中，扑救火灾35起，社会救助17起，参与危化品运输等各类执勤49次，保护财产价值380万元。

2018年，共接处警56起。其中，扑救火灾41起，社会救助15起，参与危化品运输等各类执勤41次，保护财产价值450万元。

第二章 检 察

第一节 机构设置

1978年5月，长岛县人民检察院恢复建制，10月，正式履行检察职责，主要开展批捕和监所检察工作。是年，有工作人员11人。1980年，县检察院设立办公室、刑事检察股和经济法纪检察股，行使批捕、起诉、监所、自侦、控申和复查案件等检察职责。1984年6月，各股改为科，职能未变，人员增至15人。1987年3月，刑事检察科分为刑事检察一科、刑事检察二科；8月，经济法纪检察科分为经济检察科、法纪检察科。1988年11月，成立“经济罪案举报站”（后改为举报中心）。是年，工作人员增至21人。1990年3月，经济检察科更名为贪污贿赂检察科。1995年3月，设立税务检察室（与贪污贿赂检察科合署办公），工作人员增至25人。1997年12月，税务检察室撤销。1998年，设立民事行政检察科，贪污贿赂检察科改为反贪污贿赂局。是年，检察院设办公室、审查批捕科、审查起诉科、反贪污贿赂局、法纪检察科、监所检察科、控告申诉检察科、民事行政检察科，核定人员编制24人，实有人员23人。2000年8月，反贪污贿赂局升格为检察院副科级内设机构。2002年3月，设立侦查监督科。2002年6月，反贪污贿赂局兼履行渎职侵权检察局的职责。是年，县检察院内部机构设置为：办公室（挂法警大队牌子）、政工科、侦查监督科、公诉科、反贪污贿赂局（挂渎职侵权检察局牌子）、监所检察科、民事行政检察科、控告申诉检察科（挂举报中心、刑事赔偿工作办公室牌子），核定编制22人。2015年11月，监所检察科更名为刑事执行检察科。

2018年1月，反贪污贿赂局（挂渎职侵权检察局牌子）相关职能划转到长岛县监察委员会。2018年，县检察院内设侦查监督科、公诉科、刑事执行检察科、民事行政检察科、控告申诉检察科（挂举报中心、刑事赔偿工作办公室牌子）等业务机构。

第二节 刑事检察

侦查监督

1986年，长岛县检察院坚持以“两打”为重点，从重打击各类刑事犯罪分子，受理公安机关提请批捕案件18件18人，批准逮捕18件18人。1987年，贯彻“从重从快”方针，与公安、法院配合，依法惩处刑事犯罪分子，受理公安提请逮捕案件11件14人，审查批准逮捕11件14人。1988年，开展专项打击和治理，对社会影响大、情节恶劣的重大刑事案件提前介入，从快批捕，受理公安机关提请批准逮捕案件15件23人，批准逮捕13件20人。1989年，受理公安机关提请逮捕案犯31人，批准逮捕32人，对本院办理自侦案件的3名案犯决定逮捕。

1990年，受理公安机关提请逮捕案犯19人，经审查决定逮捕19人。1991年，把打击重点指向海上盗窃犯罪活动。受理公安机关提请逮捕案件22件32人，审查批捕案件17件25人，不批捕5件7人，其中办理盗窃海珍品案件7件。1992年，受理提请逮捕案件30件45人，其中批捕26件40人（含本院自侦案件1件1人），不批捕1件1人，退查2件3人，公安机关撤案1件1人。1993—1996年，开展严厉打击严重刑事犯罪活动。期间，共受理公安机关及自侦部门提请逮捕案件130件191人，经审查批准逮捕120件170人，其中重特大案犯37人。

1997年，受理公安机关提请逮捕犯罪嫌疑人30件43人，经审查批准逮捕28件40人。2000年，参加打假、打击骗取出口退税、“打黑除恶”等专项斗争。受理公安机关提请逮捕犯罪嫌疑人21件32人，经审查批准逮捕18件26人，不批准逮捕3件6人。2001年，重点打击有组织犯罪、带黑社会性质团伙犯罪和流氓恶势力犯罪；爆炸、杀人、抢劫、绑架等严重暴力犯罪；盗窃、抢夺等严重影响群众安全感多发性犯罪。受理公安机关移送审查批捕案件19件31人，经审查批捕19件31人。2002年，受理公安机关提请逮捕和本院自侦部门移送逮捕案件11起23人，经审查批准和决定逮捕11起23人。加强立案监督，重点解决有案不立、有罪不究和以罚代刑等问题，要求公安机关说明不立案理由4件，通知公安机关立案1件3人。2003年，发挥批准逮捕职能作用，受理审查逮捕案件26件32人，经审查批准逮捕22件24人，不批捕2件6人，公安机关撤案1件1人。依法要求公安机关说明不立案理由3件，通知公安机关立案2件3人。

1986—2018年长岛县人民检察院批捕情况一览表

表20-2

年份	批捕件数	批捕人数	年份	批捕件数	批捕人数
1986	18	18	2003	22	24
1987	11	14	2004	16	21
1988	13	20	2005	11	15
1989	23	32	2006	13	27
1990	14	19	2007	17	20
1991	17	25	2008	14	31
1992	26	40	2009	11	15
1993	28	37	2010	10	11
1994	28	49	2011	10	11
1995	25	31	2012	12	15
1996	39	53	2013	16	19
1997	28	40	2014	22	26
1998	29	43	2015	11	17
1999	17	33	2016	11	12
2000	18	26	2017	21	25
2001	19	31	2018	12	15
2002	11	23	—	—	—

2004—2006年，按照“平安长岛”建设要求，严厉打击刑事犯罪活动，共受理提请批捕案件45件69人，经审查批准逮捕40件63人，不批准逮捕5件7人。加大对侦查活动的监督力度，初查案件线索7件，向控告人或被害人说明不立案理由6件。2007年，严厉打击严重破坏市场经济秩序的犯罪，审查逮捕案件19件22人，经审查批准逮捕17件20人，不批捕2件2人，其中持有、使用假币案件2件。2008—2009年，共受理提请批准逮捕案件28件50人，经审查，批准逮捕25件46人，不批捕3件4人。加强与税务、环保等部门的信息通报、联席会议、案件移送等制度落实，督促税务机关依法向公安机关移交涉税案件1件，实现行政执法与刑事司法的有效衔接。

2010年，受理公安机关移送审查批准逮捕案件13件15人，经审查，批准逮捕10件11人，不批捕3件4人，其中故意伤害案件9件。2011—2014年，惩治严重暴力和侵财性犯罪，维护社会和谐稳定，共受理公安机关移送审查批准逮捕案件72件92人。经审查，批准逮捕60件71人，不予批捕12件21人。其中，暴力犯罪34件，侵财类案件23件。继续关注有案不立、有罪不究和以罚代刑等问题，共初查案件线索4件，立案监督1件3人。

2015年，受理提请逮捕案件17件28人，经审查，批准逮捕11件17人，不批准逮捕6件11人。监督立案的肖某某涉嫌故意伤害案作为全省检察机关侦查监督立案典型案例，被高检院编发的《检察工作资讯》采用。

2016—2018年，开展“打黑除恶”专项斗争，依法打击涉毒、盗窃等危害群众生命财产安全犯罪，共受理公安机关提请逮捕案件63件78人，经审查批准逮捕44件52人，不批准逮捕19件26人。其中涉毒案件12件，盗窃案件11件。持续开展对公安派出所刑事执法为重点的专项监督活动，监督撤案2件2人，纠正漏捕1件1人。

公诉

1986—1990年，县检察院坚持“从重从快”方针，共受理公安移送审查起诉案件84件120人，经审查提起公诉78件107人，免予起诉3人和不起诉1人，其中报烟台市人民检察院审查起诉4人。1991年，把打击的重点指向海上盗窃犯罪活动，对受理的7件盗窃海珍品案件快办快诉，有力震慑犯罪。1991年受理公安机关移送起诉案件18件42人，决定起诉17件27人、免予起诉14人、不起诉1人。1992年，把“严打”刑事犯罪作为重点，受理公安机关移送起诉案件29件48人，其中起诉29件44人、免诉4人。深入现场复核取证26人次，补充证据材料150多份，提出检察建议12条，建立帮教点1处。1993—1997年，共受理公安机关移送起诉案件154件237人，经审查决定起诉137件216人，报送烟台市人民检察院5件5人；受理自侦移送起诉部门案件2件2人，经审查决定起诉2件2人。1998年，受理公安机关移送审查起诉案件31件45人，受理自侦部门移送起诉案件1件1人，决定起诉30件38人，退回补充侦查2件2人。提出的轻伤害案件实行自诉与公诉相结合的检察建议，被县委政法委采纳，在全县推广。

1999—2002年，围绕“严打”整治斗争，共受理公安机关移送审查起诉案件87件144人，经审查决定起诉85件135人，报送市检察院审查起诉1件1人。2003—2004年，共受理公安机关和本院自侦部门移送审查起诉案件59起71人，决定起诉53起66人，报送市院5起13人，公安机关撤案3件3人。2005—2006年，严厉打击严重暴力犯罪、破坏海上生产秩序犯罪和“两抢一盗”等影响群众生产、生活安全的多发性犯罪以及流窜犯罪。共办理公安机关移送起诉案件49件90人，经审查决定起诉44件83人，建议公安机关撤案2件2人，退回公安补充侦查未再移送1件1人，报送上级院3件18人。其中，暴力案件11件，侵财案件13件。2007—2009年，牢固树立服从、服务于全县发展大局的意识，坚持把维护稳定作为首要的政治任务，充分发挥起诉等职能作用，增强群众的安全感。共受理移送审查起诉案件74件109人，提起公诉63件94人，不起诉3件4人，退回补充侦查1件1人，中止审查1件1人，报送烟台市人民检察院审查起诉2件5人。对主观恶性不大、犯罪情节轻微的未成年犯、初犯、过失犯，以及因邻里纠纷引发、当事人达成和解的4件轻微刑事案件，可诉可不诉的决定不起诉。

1986—2018年长岛县人民检察院起诉情况一览表

表20-3

年份	起诉件数	起诉人数	年份	起诉件数	起诉人数
1986	16	22	2003	26	32
1987	9	11	2004	27	34
1988	12	21	2005	22	35
1989	22	30	2006	22	48
1990	19	23	2007	23	31
1991	17	27	2008	19	39
1992	29	44	2009	21	24
1993	22	35	2010	16	21
1994	25	47	2011	20	25
1995	25	37	2012	18	27
1996	43	62	2013	24	34
1997	22	35	2014	29	34
1998	30	38	2015	36	60
1999	20	28	2016	27	34
2000	21	32	2017	38	45
2001	25	46	2018	41	55
2002	19	29	—	—	—

2010—2012年，共受理起诉案件69件100人，经审查，提起公诉54件73人，不起诉6件6人，追诉1人，不起诉2件2人，建议撤案4件7人。2013年，受理移送审查起诉案件28件41人，提起公诉24件34人，不起诉3件3人，退回公安机关补充侦查1件4人。2014年，依法履行公诉等职责，依法严厉打击毒品犯罪等活动。受理移送审查起诉案件46件67人，提起公诉29件34人，不起诉6人。推行检察宣告制度，公开释法说理，对依法作出立案监督和不起诉决定的案件，邀请诉讼参与人、人大代表、政协委员和基层干部等参加检察宣告2件。2015—2016年，保持对严重刑事犯罪的高压态势，共受理审查起诉案件66件85人，提起公诉63件94人，不起诉4件4人，对10起案件进行公开宣告。2017年，强化以审判为中心的诉讼制度改革，严格审查判断和综合运用证据。受理移送审查起诉案件53件60人，经审查提起公诉38件45人，不起诉5件5人，其中涉毒案件7件、危险驾驶案件21件。提起抗诉1件1人。2018年，受理公安机关移送审查起诉案件43件61人，向法院提起公诉41件55人，不起诉7人，纠正漏诉2件2人。提起抗诉1件1人，依法办理5起非法猎捕、收购珍贵、濒危野生动物犯罪。

未成年人犯罪检察

1999年，县检察院与团县委联合，分别在审查批捕科、审查起诉科建立“青少年维权岗”，设立维权服务站，负责受理青少年的维权投诉，指导青少年维权行动。在办理青少年犯罪案件过程中，贯彻“教育、感化、挽救”的方针，对失足青少年进行跟踪帮教。县检察院在长岛中学建立法制教育联系点，由1名副检察长和2名科长分别担任法制副校长和法制辅导员。通过上法制课、播放录像、指导模拟法庭等形式，对在校学生定期进行以案释法教育。至2002年，共上法制课4次，播放录像10次，指导模拟法庭5次，受教育人数达1500人。

2003年，开展“希望助学”工程。在县第二实验小学确定10名家庭特困生作为帮扶对象，通过发放结对救助卡的形式，资助学杂费和必要的学习用品，直至小学毕业。2004年，在坚持法制讲座、以案释法等预防工作和搞好“青少年维权岗”建设的基础上，首次采取罪犯现身说法的特殊教育方式，在看守所举办预防青少年违法犯罪法制报告会，并建立“青少年违法犯罪警示教育基地”。

2005—2006年，针对全县青少年违法犯罪频发新情况，提出“心理教育”的预防思路。以“阳光心灵、健康青春”为主题，对长岛中学学生开展心理辅导和心理矫正的健康教育，增强青少年犯罪预防工作的针对性和实效性。对结对救助的县第二实验小学10名贫困学生继续实施“爱心助学”工程，捐款1000元。

2007年，与县第一实验学校结成“共建对子”，由1名副检察长、2名检察官作为法制副校长和法制辅导员，定期开展生动有趣、有针对性的法制讲座，推动“平安校园”建设。2008—2009年，编写《预防未成年人犯罪法律宣传读本》，采用学生喜欢的漫画、故事等形式，以案说法，以画说理，上好法制课。

2010年，开展“送法进校园”活动。制作青少年法制教育挂图，在县第一实验学校进行展览宣传。2011年，结合全县首例“醉驾案”的审判，组织百余名学生旁听庭审现场全过程，强化青少年犯罪预防教育和警示效果。2012—2014年，针对未成年人犯罪和侵害未成年人合法权益多发、易发的问题，加强与学校协作配合，从更高层次上构建起未成年人犯罪预防与维权的社会化格局，关注被侵害青少年的心理健康，采取多种方式进行心理疏导，积极预防和减少未成年人违法犯罪的发生。

2015年，实施“检察护蕾行动”，开展青少年模拟法庭活动，组织学生扮演角色，亲身参与法庭审判，切身感受违法犯罪行为的危害，感受法律的权威和司法工作的严谨；在第一实验学校举办“珍爱生命，远离毒品”法治讲座，以案释法，增强学生的安全意识、法律意识。

长岛中学"青少年违法犯罪警示教育基地"挂牌仪式(2003年)

2016—2017年,构建以超前预防为重点、多维心理重构为核心、人文关怀为保障的预防未成年人犯罪工作体系,注重保护未成年人合法权益,在办理王某某猥亵儿童案时,因被害人系未成年女童,县检察院特案特办,从速批捕、起诉,并提出从重处罚的量刑意见,严惩侵害未成年人犯罪。2018年,不断完善未成年人"捕、诉、监、防、援"一体化工作机制,在执法办案过程中重视对未成年人的权益保护,强化释法说理,平衡双方权益,力求执法和维权效果最大化。全年对未成年人案件不批准逮捕1件1人,不起诉2件2人。

第三节 职务犯罪侦查与预防

反贪污贿赂

1986年,长岛县人民检察院坚持"一要坚决、二要慎重"的方针,深入调查案源,立案4件7人。其中,2人作出免诉处理,5人被依法起诉且法院均作出有罪判决,挽回经济损失8万余元。1987年,把打击经济犯罪作为主要任务,组织人员走访11个单位,排查经济案件线索,进行法制宣传。1988—1989年,立案侦查12人,追回赃款和非法所得4.5万元,配合有关部门追索企业被骗取的货款180余万元。1990年,把反贪污贿赂斗争作为检察工作重点和打击经济犯罪的第一位工作,受理经济案件7件8人,其中立案1件1人并作免诉处理,其他6件7人在查清事实的基础上均作处理。协助发案单位建章立制,改进管理,堵塞漏洞,结合办案为国家挽回经济损失1万余元。1991年,配合执法执纪部门协查11次。受理经济案件7件,其中立案查处2件,挽回经济损失17.4万元。1992年,受理经济案件7件7人,立案1件1人,结合办案挽回经济损失1.3万元,协助其他部门办案,为企业挽回经济损失120万元。

1995年,受理经济案件24件,查结15件,其中立查4件,挽回经济损失93.38万元。拓宽工作领域,扩大服务范围,先后与县保险公司、县国家税务局成立"保险理赔鉴定中心"和"税务检察室",开始承担对保险理赔案件的鉴定工作和偷税、漏税等案件的查处工作。1998年,重点查处腐败案件,全年立查案件7起9人,挽回经济损失300多万元。

2000年,受理初查案件7件,挽回经济损失40多万元。2002年,初查职务犯罪案件5件5人,立案1件1人,挽回经济损失27万余元。2003年,初查职务犯罪案件5起5人,立案1起1人,挽回经济损失6万余元。2004—2006年,共初查职务犯罪案件10件10人。2007年,初查案件2件,立案侦查1起国有企业工作人员涉嫌贪污、挪用公款案。2008年,共初查案件线索3件,其中,根据有关法律规定和上级检察机关的指示,移交其他检察院办理2件。2009—2010年,共初查涉嫌职务犯罪案件线索2件。按照全市检察机关侦查一体化要求,积极参与协助烟台市人民检察院办理受贿案件1起。

2011年,配合协助龙口市检察院办理职务犯罪案件2件2人。2012—2014年,开展查办土地批租、工程建设、新型城镇化和农业现代化建设领域职务犯罪专项工作，主动深入基层和重点经济部门，了解支农惠农资金落实情况，共初查案件线索4件，协助市院初查案件线索4件，协助其他院办理案件5件。2015—2017年，与蓬莱市人民检察院联手，运用“系统抓、抓系统”的侦查方式，查办职务犯罪案件15件17人，挽回经济损失近250万元。2018年1月，根据国家监察体制改革要求，县检察院反贪污贿赂局（挂渎职侵权检察局牌子）相关职能划转到长岛县监察委员会，3名人员转隶到长岛县监察委员会。

反渎职侵权

80年代，法纪检察工作以查处、建筑行业等重点领域重大责任事故案件和玩忽职守案件为重点。1987年，参与1起失火事故调查，对2起轻微非法拘禁进行调查，并作出妥善处理。

1990年，坚持将查处侵犯公民民主权利、人身权利和渎职犯罪以及重大责任事故作为工作重点，受理法纪案件2件3人（均属伤亡事故），依法作出妥善处理。1991年，受理案件6件，其中重大责任事故3件、非法拘禁1件、非法侵入他人住宅2件。1992年，立案侦查吴某某非法拘禁案，为县人民检察院建院后办理的首起法纪案件。1994年，加强对“侵权、渎职”等5类案件的查处，受案7起，查结6起。积极开展法纪宣传，先后结合办案提出检察建议16条。

1995年，受理法纪案件2件，查结2件，立案侦查的邹某玩忽职守案，是县检察院办理的第一起玩忽职守案。1997年，按照修订后的刑诉法的要求，把工作重点放在徇私舞弊案件上，多次深入渔村、企业进行法制宣传。受理案件1件，查结1件，初查案件2件。1998年，法纪检察科更名为渎职犯罪侦查局。

2000年，县检察院渎职犯罪侦查局和反贪污贿赂局合署办公。2002年6月，县检察院机构改革后，反贪污贿赂局挂渎职侵权检察局牌子，同时履行渎职侵权检察职能。2003年，县检察院结合“非典”防控与地方相关部门加强沟通协调，举办反渎职侵权法制课5次。2006年，以最高人民检察院《渎职侵权犯罪立案标准》为宣传重点，县检察院制作宣传刊板4块，编印宣传手册100余份。2009年，排查涉嫌渎职犯罪案件线索1件。

2013—2014年，重点查办损害群众利益的11类渎职侵权案件。县检察院开展系列专项工作，上报烟台市人民检察院渎职犯罪案件1件，协助办理烟台市人民检察院指定管辖案件1件2人。2015年，发挥全市侦查一体化办案优势，对以权谋私、失职渎职的依法严肃查处，受理初查案件1件1人，立案1件1人，法院依法做出有罪判决。2016年受理初查案件1件1人，立案1件1人，法院依法做出有罪判决。2018年，根据国家司法体制改革要求，渎职侵权检察职能从检察院划转到国家监察委。

职务犯罪预防

1986—1998年，预防工作主要通过依法查处职务犯罪案件人震慑预防职务犯罪。1998—1999年，职务犯罪预防被确定为检察机关的一项专门职能，具体工作由反贪污贿赂局开展。县检察院根据烟台市人民检察院“检银共建”的工作部署，率先在县工商银行和建设银行建立职务犯罪预防网络，制定章程，完善组织机构，开启全县行业预防的先河。

2000年，县检察院与县地方税务局、县保险公司建立预防协作网络，拓宽行业预防的新领域。2001年2月，长岛县委批准成立长岛县职务犯罪预防工作中心。县检察院与教育、卫生、金融和税务4个系统和单位建立7个预防协作网络。2002—2003年，县检察院在全县工程建设中，实行建设工程廉洁守法责任书制度，与县建设环境保护局共同监督签订建设工程廉洁守法责任书11份，建立预防协作网络11个。加强与网络单位的联系，深入推进行业预防，定期召开座谈会5次，为县委党校中青班及联防单位讲课10余场。2004年，加强与金融、税务、电业等10多个网络单位的联系，定期召开座谈会10余次；针对全县渔村工作实际，编印《预防农村干部职务犯罪手册》430册，分发给全县8个乡镇和40个行政村负责人，加强渔村干部职务犯罪预防工作，使职务犯罪预防逐步向基层延伸。

2005年，坚持"打防并举"的方针，加强干部"警示教育"，把职务犯罪预防课纳入县委党校培训，上预防课8次；在税务、金融、电业等部门、单位，定期召开座谈会10次。

2006年，配合第三批保持党员先进性教育活动，县检察院将发生在党政机关和交通建设、医药卫生、税务、金融等系统的职务犯罪案件进行编辑整理，制作完成渎职犯罪和贪污贿赂犯罪警示教育片2部，刻录成光盘赠送给预防职务犯罪协作单位。将总投资4500万元的县教育布局调整工程列为专项预防重点项目，主动与工程建设单位加强联系，共同研究制定防范职务犯罪工作方案，该预防项目被烟台市人民检察院评为"十佳预防项目"。2007—2008年，将职务犯罪预防工作纳入全县反腐败斗争的总体部署，开展系统预防和专项预防，推动重点行业加强管理，规范健全内部防范机制，确保在建工程项目"安全"；进行法制宣传20余次；开展各种形式的预防警示教育7场次，为有关单位和个人提供法律咨询30余次；参与建筑工程招投标11次，建立并完善行贿犯罪档案查询系统，在工程建设招投标中，提供行贿档案查询5次。2009年，创办《预防职务犯罪专刊》，宣传党和国家有关惩治和预防职务犯罪的方针、部署，展示反腐倡廉成果，利用政府公文网发送至全县所有机关、企事业及乡镇，搭建起全县各行各业共同预防职务犯罪的信息平台。举办预防职务犯罪警示教育展览，与县纪委联合举办警示教育展览，县直机关、国有企业、部分乡镇等单位近千人参观，起到警示教育作用。

2010—2011年，与县纪委等部门共同制定《关于实施政府采购及重点工程招投标廉洁准入的规定》，对政府采购和承建的重点工程招投标实行廉洁准入。

2012—2014年，主动介入市级重点项目和全县重点工程项目——南北长山联岛大桥建设，制定《关于在南北长山联岛大桥建设工程共同开展同步预防工作的意见》；共受理行贿档案查询61次。

2015年，强化对政府重点建设项目全程同步监督，制定《关于进一步开展工程建设领域预防监督工作的实施意见》，落实《关于加强和改进服务企业发展的意见》，先后与5家中小企业建立联系沟通工作机制，回应企业诉求，提供法律咨询10次。2015年5月，县检察院与县委组织部、县纪委联合筹建县反腐倡廉暨预防职务犯罪警示教育基地。2016年2月，县反腐倡廉暨预防职务犯罪警示教育基地正式投入使用。开展警示教育56场次，受教育人数1300余人，有效防范职务犯罪发生，为加强全县党风廉政建设开辟全新的教育阵地。2017—2018年，强化教育为本、防范为先的理念，把关心爱护干部的基点放在预防犯罪上。先后到县直有关机关单位进行职务犯罪预防授课15次；组织全县党政机关、事业单位到警示教育基地开展警示教育30余场次，受教育人数400余人。

第四节 民事行政检察

1994年，县检察院开始民事行政检察工作。重点加强民事业务宣传和调研，查结案件2件。1995—1997年，共受理民事申诉案件3件，查结3件；接待群众来信10件，来访14人次；根据事实和法律，做好3名当事人不服一审判决的息诉工作。1999年，民事行政检察立案调查2件民事申诉案件，并作出建议提请抗诉的决定，其中关于县供销公司与县外贸公司的欠款纠纷案件的建议提请抗诉意见被烟台市人民检察院采纳。

2001年，印发民事行政检察宣传材料600余份，撰写调研论文《浅议抵押合同的法律效力》，被烟台市人民检察院检察研究专刊转发。加强与县信访局、安全办、律师事务所等有关部门的联系沟通，接受群众法律咨询18件次。2002年，依照"检务公开"的要求，开展宣传和法律咨询服务活动，组织法律宣传2场次，印发民事行政检察宣传材料300余份。受理民事申诉案件3件；向发案单位提出检察建议1件；接待来访群众38人次、来信32件，为群众提供法律咨询服务36人次。2003年，受理民事申诉案件5件；接待来访群众10人次、为群众提供法律咨询服务10次。2004年，受理民事申诉案件4件；接待来访群众9人次、来信10件。加大对审判活动的监督，向法院提起抗诉案件1件，法院依法改判。

2005—2013年，共受理民事申诉案件36件；接待来访群众82人次、来信41件，为群众提供法律咨询服务193人次。2014年，接待来访群众15人次、来信14件，受理市院转来的民意调查案件3起，结案3起。2015年，接待来访群众12人次、来信10件。2016年，加强民事调解监督工作，强化检察监督的效果，受理民事申诉案件4件，查结4件。2017年，县检察院首次向法院提起1起行政公益诉讼案件，并得到法院的支持。2018年，经山东省人民检察院指定管辖，长岛县人民检察院对栖霞市林业局涉嫌相关案件提起行政公益诉讼。

第五节　控告申诉检察

1986年，控告申诉检察以“为党和政府分忧，让人民群众满意”为主题，开展受理举报工作，共受理来信13件，接待来访6人次。1987年，受理来信9件，接待来访14人次。1988年，控申检察结合举报站工作，受理来信17件，接待来访5人次。1989年，以保护公民的合法权益为目标，把控告、申诉作为健全社会主义民主政治的重要内容来抓，接待来访9人次，受理来信47件。1990年，围绕反贪污、贿赂斗争，以举报工作为重点，受理人民群众举报线索14件，其中贪污、贿赂犯罪线索10件，占71.4%。1991年，建立健全保密、接访和接访人员守则等有关规章制度，使控告申诉检察工作更加规范化、制度化，受理来信来访18件次。1992年，补充完善相关规章制度，受理来信来访18件次；加强法制宣传，进行法制教育11场次，教育群众600余人次。1993年，受理来信和举报线索19件，接待来访16人次，转交自侦部门查处8件次，配合自侦部门初查案件6件次。1994年，受理来信和举报线索31件，接待来访24人次。1997年，受理来信来访31件次，发放宣传材料700余份。1998年，县检察院设立控告申诉科，建立首办责任、检察长接待日、定期排查和回访等工作制度，对来访群众，推行“三个百分百”(百分百接待，百分百受理，百分百答复)制度，把息诉率作为信访接待工作的重要考核标准，推动控告申诉检察工作更加贴近人民群众。

2000年，开展文明接访活动，接待来访9人次，完成县委交办的协查案件和参与重点村治理工作。

至2002年，共受理群众来信267件，接待来访164人次，接听举报电话450次，累计收集线索50件，排查纠纷102件。2003年，接待群众来访24件次，立案1起并依法建议市院提请抗诉。2004年，集中开展信访专项治理活动，认真解决群众告状难、申诉难和投诉案件久拖不决问题，共接待群众控告来访11件，息诉案件4件，解决群众反映的实际困难和问题2件。2005年，建立以信访预测、首访息访、息访督办三项制度为内容的预警机制，对积压多年、处理难度大的涉检上访案件，坚持“诚信处访”，避免到省进京上访事件的发生，解决3起涉检信访案件。妥善处理来信来访18件次，其中检察长接访9件次；开展法制宣传教育10场次。

2006—2008年，面对奥运安保、维稳的严峻形势，深入开展检察长大接访活动和矛盾纠纷集中排查专项工作，重点排查涉检信访突出问题和容易诱发到省进京上访问题，主动协助有关部门做好上访人释法说理工作，顺利结服1起上访多年的信访积案。共接待来访群众40人次，受理人民来信28件，为群众提供法律咨询12件次。

2009—2011年，开展“信访到我这里停止”活动，完善首办责任制的操作规程，强化首办人员的责任意识，提高处置初信初访的能力，共接待来访群众32人次，受理群众来信30件，为群众提供法律咨询24件次，检察长亲自接待来访群众3件次。2012—2013年，开展控告申诉接待和受理举报工作，坚持依法办理、及时分流、加强督办；健全完善突发事件应急防范、重大信访事件联动和涉检信访责任追究等制度，确保对重大、突发、群体性事件的有效应对。共受理群众来信20件，来访15人次，提供法律咨询22件次。

2014—2016年，加强接访大厅建设，完善来访登记、首办责任制度，对线索受理、控告申诉、涉检信访等工作实行统一办理，规范受访工作程序，为来访群众提供"一站式"服务。共受理来信42件，接待来访46人次，解答法律咨询20件，帮助当事人解决问题5件，其中办结上级交办信访案件1件。2017年，受理群众来信10件，来访9人次。2018年，根据上级院要求做好自侦部门转隶后举报线索移交准备工作。受理群众来信3件，来访6件。

第六节　刑事执行检察

1998年，监所检察业务从刑事检察二科分离，设立监所检察科，主要职能是对看守所监管活动的合法性进行监督。1986—2002年，监所检察科对每一名进所出所的犯罪嫌疑人或罪犯都进行登记，并对相关法律文书进行检查，对羁押期限进行跟踪监督，避免超期羁押现象的发生。对看守所自行检查1213次，检察长检查93次，联合检查93次，提出口头建议40次，共组织集体教育活动221次，个别教育(个别谈话)443次。

2003—2004年，开展超期羁押专项清理工作，落实跟踪督办等制度，严把进口关、滞留关和出口关，各类案件均无超期羁押现象；建立监所检察长效工作机制，定期召开联席会议，形成监督合力。2005年，受理并审查逮捕重新犯罪案件2件2人，全面履行监所检察职责。2006年，制定《关于开展预防职务犯罪工作实施意见》《关于预防和杜绝监管场所"通风报信"违法行为的规定》等制度，召开预防职务犯罪工作联席会议，加强对监管人员预防职务犯罪的警示教育，以严防刑事案件在羁押场所出现通风报信等泄密现象，确保刑事诉讼活动的顺利进行。

2007—2011年，加强对看守所监管活动和刑罚执行活动的监督，维护监管场所正常管理秩序和在押人员的合法权益。共开展监所安全大检查32次，发现安全隐患并提出意见和建议7条。2012—2013年，开展监所安全大检查12次，发现安全隐患并提出纠正意见3条。执行《社区矫正实施办法》，对监外执行罪犯和符合条件不起诉的未成年人全面排查、摸清底数，会同司法、公安和社区共同监督教育，有效避免了监外执行罪犯脱管漏管。强化监外罪犯的教育帮扶工作，帮助建立健全帮教组织1个，完善帮教措施5条。2014年，开展防止刑讯逼供专项活动，对在押人犯发放调查问卷40余份，获取案件线索1件，有效遏制刑讯逼供现象的发生。

2015年10月，监所检察科更名为刑事执行检察科。开展"社区服刑人员脱管漏管"专项检查活动，全面准确查清社区服刑人员底数及刑罚执行情况，将社区矫正人员的监管帮教执行情况全部纳入监督，社区矫正工作逐步规范。强化对司法行政部门特赦工作的监督，严格审查、落实，确保特赦工作不错、不漏、群众满意。

2016—2018年，对逮捕人员全部进行羁押必要性审查，保证刑事执行监督落实到位；把纠防脱管漏管作为社区矫正重点，联合开展社区矫正监督检察7次，对28人进行考察，走访约谈40人次，推动社区矫正检察工作重心由定期专项向常态化检察监督转变；开展判处实刑罪犯未执行刑罚专项监督活动，对全县判处实刑的罪犯进行梳理，保证判处实刑罪犯全部执行到位。

第三章 法 院

第一节 机构设置

1973年4月，长岛县人民法院恢复办公，有干警4名。主要开展刑事、民事两大类审判工作。1983年，增设执行庭、接待室和经济审判庭。1984年4月，设立砣矶人民法庭；1987年12月，设立钦岛人民法庭；1988年3月，设立南长山人民法庭；1989年6月，设立告诉申诉庭，原接待室的工作由告诉申诉庭承担；1990年10月，设立行政审判庭，负责全县范围内行政案件的审理工作。是年，全院实有干警31人。1995年1月，成立长岛县人民法院司法警察大队，负责安全保卫、提押、执行死刑等工作。1996年6月，设立研究室，负责调查研究和司法统计工作。1998年3月，县法院内设办公室、刑事审判庭、民事审判庭、经济审判庭、行政审判庭、立案庭、执行庭、研究室、审判监督庭、法警队和2处人民法庭（南长山和砣矶人民法庭）。2002年10月，县法院实施机构改革，改设办公室、民事审判第一庭（行政审判庭与其合署）、民事审判第二庭（刑事审判庭与其合署）、立案（审判监督）庭、执行庭、研究室（政工科与其合署）、法警大队。2003年6月，执行庭更名为执行局，升格为副科级机构，内设执行一庭、执行二庭。2007年，民事审判第一庭与行政审判庭合署办公，民事审判第二庭与刑事审判庭合署办公，研究室与政工科合署办公，有编制33人。至2018年，长岛县人民法院设置刑事审判庭（与民事审判庭第二庭合署）、行政审判庭（与民事审判庭第一庭合署）、执行局、执行一庭、执行二庭、立案庭等业务机构。

1993年、1996年、1997年和2016年，长岛县人民法院先后4次被山东省高级人民法院记集体二等功，2015年获“全省优秀法院”称号。

第二节 刑事审判

1986年，县法院把严厉打击严重危害社会治安的犯罪分子和严重破坏经济的犯罪放在首位，贯彻“从重从快”方针。全年刑事案件审结18件29人。1988年，刑事审判坚持“宽严相济，分化瓦解罪犯”的刑事政策，对犯罪较轻、认罪态度好、家庭和社会有改造条件的偶犯，特别是青少年犯，着眼教育挽救，大胆适用缓刑。1990—1992年，以反盗窃为突破口，稳、准、狠地打击各类刑事犯罪分子。受理各类刑事案件55件79人，审结56件80人。1993—1997年，及时严惩杀人、强奸、抢劫、盗窃、车匪路霸等危害社会治安秩序的重大刑事犯罪以及偷税、漏税、虚开增值税专用发票，破坏市场经济秩序的犯罪分子，受理各类刑事案件239件272人，审结184件280人。

1998—2002年，突出打击重点，强化打击力度，依法从重从快惩治一批严重危害社会治安的海上盗窃、抢劫、流氓、强奸、诈骗等犯罪分子，以及贪污、受贿等经济犯罪分子，对社会危害大、群众反映强烈的车匪路霸、流氓团伙、涉枪犯罪坚决依法从重判处；同时，坚持惩办与宽大相结合，严格区分罪与非罪、此罪与彼罪、轻罪与重罪界限，做到定性准确、量刑适当。其间，依据《中华人民共和国刑法》《中华人民共和国刑事诉讼法》《中华人民共和国未成年人保护法》，加强和完善少年审判工作，妥善审理未成年人案件，维护未成年人合法权益。依照教育、挽救、感化的方针，推行惩罚与教育相结合的审判方式，达到最大限度地改造未成年人罪犯，预

防犯罪之目的。受理各类刑事案件103件143人,审结103件143人。2003—2005年,开展集中"严打"和专项审判活动,对抢劫、伤害、强奸、寻衅滋事、绑架等暴力犯罪,从严判处,严厉打击犯罪分子嚣张气焰。受理各类刑事案件72件99人,审结72件99人。

2006—2011年,以维护稳定为首要职能,始终保持对严重刑事犯罪高压态势,严厉打击严重刑事犯罪嫌疑人,促进社会治安秩序好转。受理各类刑事案件131件190人,审结126件174人。2012—2014年,严厉打击重大刑事犯罪活动,及时审结抢劫、盗窃等犯罪案件,受理各类刑事案件79件101人,审结70件97人。2015—2017年,严厉打击故意伤害、海上盗窃、诈骗、涉毒等刑事犯罪,净化社会治安环境,增强人民群众安全感。受理各类刑事案件110件147人,审结117件150人。2018年,贯彻宽严相济的刑事政策,对确有悔罪表现、罪行轻微的初犯、偶犯和未成年人犯,以及其他具有法定或酌定从宽处罚情节的被告人,依法从轻、减轻刑事处罚,最大限度地化解社会矛盾。加大刑事附带民事案件的调解工作,最大限度维护刑事受害人的合法权益。受理各类刑事案件44件58人,审结43件41人。

第三节 民事审判

1987年,《中华人民共和国民法通则》开始全面实施。县法院受理各类民事案件42件,处结案件41件。1988—1993年,民事案件大幅度上升,其中债务案件居首位,其次是伦理案件。共受理案件346起,处结案件351件。1994—1997年,民事审判方式实行改革。县法院制定《各类民事案件当事人举证须知》,用于指导举证;确定当庭认证的原则,规范庭审操作规程和用语;下放给合议庭和独任审判员自行依法处理部分民事案件的权力。采取案件排期开庭、调案开庭观摩等方法,将民事审判人员推上审判方式改革第一线,加强公开审判的力度。共收到各类案件1124件,审结案件1108件。

1998—2002年,县法院全面落实公开审判制度,结合学习《最高法院关于民事诉讼证据的若干规定》,推行庭审举证、质证和认证制度,共受理各类民事案件1042件,审结1034件。2003—2007年,强化法律服务意识,依法平等保护各类市场主体财产、契约各信用关系。共受理各类民事案件1117件,审结1122件。2008年3月,落实烟台市中院《关于进一步加强全市法院少年法庭工作的意见》,把未成年人维权工作摆上重要位置,推进少年法庭机构建设。

2009—2012年,县法院贯彻"调解优先、调判结合、标本兼治、案结事了"原则,完善人民调解与诉讼调解衔接机制,构建大调解工作格局。共受理各类民事案件728件,审结717件。民事审判庭被山东省委政法委授予"全省政法系统先进基层单位"称号。2013—2014年,加强"文明窗口"建设,创新完善多项便民诉讼措施,实行预约立案、电话立案、上门立案等制度,利用速裁庭的功能,发挥诉前调解机制的作用,加大诉前和立案调解的力度。为困难群众、弱势群体开辟绿色通道,快速结案。通过绿色通道审结涉弱势群体案件18件,平均办理周期26天,群众诉讼成本普遍降低。

2015—2018年,县法院注重民本民生政策落实,妥善审理涉婚姻家庭、劳动争议、相邻权、道路交通事故赔偿等民事纠纷,坚持柔性司法理念,贯彻调解优先原则,创新家事审判工作机制,设置冷静治疗期,主动跟踪回访,了解当事人的情感变化,适时解决矛盾,共新收案件787件,审结案件811件。

第四节 商事审判

1986—1987年,县法院抓住对改革和建设影响较大的突出问题,把宣传法律政策、指导基层调解纠纷、处理典型案件、帮助修订完善合同,签订有关协议,健全管理制度等工作相结合,开展专项治理。1987年，受理各类案件49件，审结案件57件。为国家和集体追回货款88余万元，调处尚未形成诉讼的简易民事、经济纠纷60件。1988—1993年，县法院进一步加强经济审判工作，共受理经济纠纷案件433件，诉讼标的额1862万元。

1994—2000年，经济审判共受理经济纠纷案件879件，诉讼标的额12024.6万元。2001—2006年，以核销不良贷款等金融案件审理为重点，维护当事人合法权益，核销不良贷款21573万元。2010—2012年，依法妥善审理各类合同纠纷、公司清算、企业破产、股权纠纷等案件，共受理经济纠纷案件54件，诉讼标的额568万元。

2013—2018年，在商事审判中倡导重合同、守信誉的法律意识和诚信意识，对涉案企业依法慎重、灵活采用强制措施，维护正常的市场经济秩序，共受理经济纠纷案件345件，诉讼标的额123876万元。

第五节　行政审判

1990年，县法院成立行政审判庭，培训行政执法骨干242人。1992年，共审结行政案件2起，其中撤诉1起，判决撤销行政处罚1起。1993年，对行政审判人员进行3次集中培训，行政审判人员初步掌握《行政诉讼法》的基本精神和原则，熟悉《行政诉讼法》的基本内容和规定。1994—1998年，按照“积极收案、大胆办案、公正裁判”的原则，审判过程中，对经司法审查认为行政行为不合法的，依法予以撤销。至1995年，共受理行政案件8起，审结8起。1996年，审结行政案件4件。1998年，审结行政案件3起，受理行政机关申请法院强制执行的处罚决定45起，均执结。1999年后，行政诉讼呈现案件快速增长、类型多样化、新型疑难案件增多的趋势。2000—2003年，审结行政案件16件。2004—2010年，审结行政案件25件。2011—2014年，围绕行政案件审理和行政争议协调，推行“诉前疏导、诉中协调、判前通报、判后释明”审判模式，严把“立案审查、案件事实、法律适用、实体处理、法律文书”五道关口，规范行政审判工作，共审结行政案件10件。

2015—2018年，开展行政执法讲座，指导行政部门依法行政，提升领导干部运用法治思维和法治方式解决社会管理问题的能力。发挥行政审判职能，加强行政执法行为司法审查，共办理行政案件33件。

第六节　立案工作

长岛县人民法院立案工作历经“立审合一，分散立案”“立审适度分立，半分散立案”和“立审完全分立，集中立案”三个时期。80年代末，是立案工作的“立审合一，分散立案”时期。立案与各项审判融为一体，各审判庭、法庭分散立案，无专门机构负责。1989—1996年，是立案工作的“立审适度分立，半分散立案”时期。县法院各项工作走上渐进规范化的轨道，逐步开始推行“立审分立”“审执分立”“审监分立”改革。1989年，县法院设立告诉申诉庭，工作职责主要是接待、处理人民来信来访，解答法律咨询，审查申诉案件，审理再审案件以及负责案件质量评查，未将立案工作纳入其职责当中。1993年，根据省高院提出的“立审分立”，建立“统管型”告诉申诉机构，实行统一管理的立案工作要求，长岛县法院对起诉到法院机关的各类案件，实行统一立案；并在各法庭设立专职立案员，负责法庭日常立案工作。1996—2018年，是立案工作的“立审完全分立，集中立案”时期。“立审适度分立，半集中立案”的模式虽然一定程度上遏制了“立案乱”的现象，但群众信访申诉多、“告状难”的情况仍较为突出。

1996年，法院立案工作改革逐步推行。建立统一管理的立案工作机制。1998年3月，县法院设立立案庭，以缓解人民群众“告状难”“申诉难”问题。至2000年，县法院建立统一立案——立、审、监、执分离——审判管理的流程，构建起科学

高效的审判运行和管理机制。2003年始，县法院把立案工作重点放在三方面：明确立案工作职能定位，进一步理顺各种工作关系；做好统一立案审查工作，切实保护当事人的合法权益；贯彻“两便”原则，在立案环节体现司法的人文关怀。2009年，县法院结合实际，进行“四强化”“四统一”工作，即：强化立案审判职能，实现立案机构职能统一；强化立案调解工作，实现调解规则统一；强化受理管辖工作，实现立案标准统一；强化立案队伍的政治建设、司法能力建设、科技化建设以及廉政建设，实现执法办案指导思想统一。

2009—2013年，立案环节全面推行预约立案、巡回立案制度，方便诉讼，减少当事人诉累。健全完善涉诉信访工作机制，落实领导责任制和办案人员责任，实行责任倒查制度，确保办案质量，从源头上预防和减少涉诉信访问题，未出现重访和越级访。2010—2014年，加强立案便民服务“窗口”建设，创新完善多项便民诉讼措施，继续实行预约立案、电话立案、上门立案等制度，坚持领导公开接访制度，对缠访闹访案件组织公开听证、公开质证、公开答复，使当事人的合法权益得到保障。2015年，落实立案登记制实施办法，群众诉讼更加便捷，严格规范立案流程，强化诉讼引导和风险提示，对符合立案条件的当场登记立案，坚决做到有案必立、有诉必理，继续实行节假日电话预约立案制度，“立案难”问题从根本上得到解决。

2016—2018年，持续优化诉讼服务中心便民服务设施，在诉讼服务大厅安放打印、复印设备，设置电子显示屏流动播放开庭公告，当事人仅凭身份证，利用案件信息查询平台，便可查阅、打印与本人有关的案件办理流程和信息，诉讼便民服务网络更加健全。依托省法院电子诉讼服务平台，积极推进网上立案工作，通过网络接收当事人或诉讼代理人提交的案件起诉状，对相关诉讼材料进行在线审查，避免当事人或诉讼代理人多次往返。

第七节 信访工作

1986—1992年，县法院加强初信、初访的处理，减少重信重访。对缠访的上访老户，坚持领导包案，集中突击，不仅解决法律、政策上的问题，而且争取各方面的支持，切实解决其生产、生活中的实际问题，促其服判息诉。

1989年，组建申诉审判庭，告审工作走向正规。1993—1996年，在告审工作上，县法院强调“全院一盘棋”的有效做法，从理顺关系、强化职能入手，以提高质量、减少信访为重点，坚持“实事求是，有错必纠”的原则，抓好初信初访，减少重信重访，审查和处理告审案件，维护当事人合法的信访和申诉权利，审结申诉案件55起。

1997—2002年，以做好初信初访、减少越级信访和解决“老上访户”为重点，制定接访操作规范，实现接访值班、登记、接谈、处理、报告等环节的制度化，坚持庭长值班、院长接访日、信访情况通报等制度，用文明的语言和行为感化、影响来访者，避免形成对立和矛盾，对来访者反映的问题，能解决的立即解决，没有道理或不属法院管辖的，耐心说服或告知其到有关部门解决。实行“院长接待日”和领导包案责任制，定期对信访和上访老户排查摸底，集中开展信访大会战，对重点人员和有越级上访或闹事苗头的，由院领导包案靠上做工作。

2003年始，县法院不断完善信访工作机制，将信访工作重心下移，责任下移，从源头上遏制涉诉信访。构建“大信访”工作格局，加强联动机制建设。2004—2008年，坚持“院长接待日”制度，及时化解社会矛盾，共接待处理来信来访100多人(件)次。2009—2012年，坚持“胜败皆明，案结事了”的工作目标，把解决问题、化解矛盾放在首位，坚持领导公开接访制度，共接待群众来访600余人次，信访案件呈下降趋势。

2015—2018年，做好上访老户化解工作，健全涉诉信访疏导、救助机制，促其息诉罢访，落实信访约谈制度，把信访案件化解在初信初访，对有信访苗头的，由院领导亲自接访约谈，严肃处理缠访闹访行为，确保社会稳定。

第八节　案件执行

1987年，县法院坚持教育疏导、法制宣传、依法执行的原则，共强制执行案件12起，挽回经济损失10余万元。1988—1993年，成立执行会战领导小组，将未执行的旧存案件逐一摸底排查，把任务分解到庭，落实到人，开展执行工作。1995—2000年，共执行各类案件416起，执行标的额987.54万元。2001年7月，成立执行局，建立统一指挥、统一协调、统一管理的执行工作格局。2001—2004年，共受理执行案件727件，执结792件，执行标的额28312万元。

2005—2008年，重点清理5类案件：超期限1年以上的案件；受地方和部门保护主义干扰及各种非法干预，未能执行的案件；特困群体为申请执行人的案件；建设领域拖欠农民工工资和工程款的案件；已终止执行或暂缓执行，应当依法恢复执行的案件。确保达到3个目标：凡是执行条件的超期限案件要全部执行；防止继续新的积案发生；通过清理活动，为实现执行工作良性循环奠定坚实基础。执行工作出现了协调发展和良性循环的好势头，共受理执行案件1300起，执行标的额44310.89万元。

2010—2013年，开展“集中清理执行积案”“争创无执行积案先进法院”专项活动，全面加强执行工作流程管理，严格规范执行行为，建立健全执行权与裁判权分离、执行告知、执行措施公开、执行听证和财产申报等五项执行工作制度，重点解决执行过程中重实体、轻程序的问题。受理执行案件223件，执结案件211件，结案标的额4849.95万元。2014年，开展“转变执行作风、规范执行行为”活动，加强与金融、工商、房管、车管等部门的协作联动，多元破解“执行难”问题，受理执行案件54件，执结案件36件，结案标的额116.8万元。

2015—2018年，对“钉子案”“骨头案”重拳出击，与县广播电视台合作，开办专栏宣传执行工作，在“长岛手机台”及县长岛港游客服务中心、明珠广场和县法院临街LED显示屏上公开失信被执行人信息，通过曝光失信行为，倒逼被执行人主动履行法院判决裁定。共受理执行案件297件，执结案件330件，结案标的额31721.73万元。

第九节　人民法庭

1984年，砣矶人民法庭设立，主要负责审理砣矶镇的民事、商事案件。1987年12月，钦岛人民法庭设立，主要负责审理大钦岛乡、小钦岛乡民事、商事案件。1988年3月，南长山人民法庭设立，主要负责审理南长山镇范围内的民事案件。1992年，撤销钦岛人民法庭，改为巡回法庭。1999年，撤销砣矶人民法庭，改为与民事审判庭合署办公，组成北五岛巡回办案组。

2002年，南长山法庭与民事审判庭合署办公，负责审理民事案件。2015年，对砣矶法官工作室进行升级改造，建立以法官工作室为平台的速调对接和便民服务机制，提出“法官多下岛，群众少跑腿”，到渔村一线调解纠纷，将矛盾纠纷化解在诉前，全年指导基层化解矛盾20起。

2016年，在大钦岛乡和北长山乡设立2处法官工作室，在部分渔村设立法官联系点，定期指派法官到工作室或联系点开展法律咨询和诉前调解。是年7月，设立长岛县旅游速裁法庭，当年旅游速裁法庭化解纠纷43件，占县法院收案总数的34%。

为方便旅客诉讼，县法院在客运中心、旅游服务中心、宾馆酒店、渔家乐业户、各景区公示旅游速裁法庭受理电话，实行24小时全天候轮值；旅游速裁法庭开启“5+2”“白加黑”的办案模式，接到求助电话，值班法官、书记员、法警立即出警，十几分钟就到达纠纷现场，当场立案，当场调解，当场兑现。至2018年，共调撤案96件，调撤率达96.86%。

第四章　司法行政

第一节　机构设置

1980年11月，长岛县司法局成立，为正科级行政单位。编制24人，其中司法行政专项编制9人。1981年2月，成立法律顾问处；3月，成立县公证处。1987年10月，县司法局与县政府法制办公室合署。1988年11月，县司法局独立办公。1992年5月，县司法局与县政府法制办公室再次合署，对外挂县司法局牌子，为行政正科级，编制24人，其中司法助理员6人，律师4人，公证员4人。1993年11月，县司法局与县委政法委合署，编制24人，对外挂县司法局牌子。1997年1月，县司法局与县委政法委分离，独立办公，司法行政人员编制增至25人。1999年，开通“148”法律服务专线，成立“148”法律服务中心。2001年12月，县司法局与县民政局合并，成立县司法民政局，司法行政专项编制24人（局机关9人，乡镇司法专项编制15人）。2002年，成立乡镇司法调解中心。2002年11月，撤销县司法民政局，设立县司法局，与县委政法委合署，对外挂县司法局牌子。县司法局内部设宣教科、基层科2个职能科室和县“148”协调指挥法律援助中心（与基层科合署）。2011年，成立县社区矫正工作领导小组。2014年12月，独立设置县司法局。内设办公室、基层工作科、法制宣传教育科、社区矫正管理办公室4个职能科室，行政编制12人，工勤人员编制1人。设派出机构6个，行政编制共15人，南长山街道司法所行政编制4人；砣矶镇司法所、北长山乡司法所、黑山乡司法所、大钦岛乡司法所，专项编制各2人；北隍城乡司法所专项编制1人，小钦岛乡、南隍城乡各设1名乡镇编制。设县公证处和县“12348”协调指挥法律援助中心2个下属事业单位。县公证处为副科级单位，编制4人；县“12348”协调指挥法律援助中心为股级，编制1人。2016年，加挂县社区矫正管理局牌子，将县司法局社区矫正管理办公室划归县社区矫正管理局。砣矶镇司法所、大钦岛乡司法所行政编制增加至3名。2018年，县司法局内设办公室、基层工作科、法制宣传教育科、社区矫正管理办公室。行政编制12人，工勤人员编制1人。设置县、乡、村三级公共法律服务实体平台，成立县级公共法律服务中心、10个乡级公共法律服务工作站、40个村级公共法律服务工作室。

第二节　普法教育

1986—2018年，长岛县共组织实施7次法治宣传教育五年规划。

“一五”普法

1985—1990年，重点开展《中华人民共和国宪法》（以下简称《宪法》）宣传普及工作。各级普法组织提出“五年任务，三年完成”的目标，在普法形式上坚持面授为主，以夜校、军地党校、青年之家为普法阵地，组织观看电视法制节目、法制文艺演出，发放“明白纸”“送法下乡”“送法上船”“讲法到港”，集中上大课辅导学习。普法内容将《宪法》《刑法》《刑事诉讼法》《民法通则》《民事诉讼法》《婚姻法》《继承法》《经济合同法》《兵役法》《治安管理处罚条例》“九法一条例”作为侧重点。普法对象以各级领导干部和青少年作为重点。

1986年1月，县普法办对县直机关全体干部进行普法考试，成绩合格者发给普法合格证书，考试成绩记入个人档案。是年7月，对全县160余名科级以上领导干部集中进行普法培训。至1987年8月底，全县32848名普法对象，全部完成

“一五”普法任务。干部基本法律普及率达95%，群众达85%，合格率达90%以上。1988年，印发法制宣传材料2500余份，举办法制讲座31场次，出动宣传车到街道、港口和码头宣传法律8次，办法治宣传栏100余期，订阅法制报刊7500余份；对群众面对面讲授法律知识10余次，听众达3000多人；举办法律知识竞赛15场次、歌咏比赛20多场次，常年通过县广播电台宣传法律知识。1989年3月，长岛县被中共中央宣传部、司法部授予“全国普法先进集体”称号。

1989年3月，长岛县“一五”普法获“全国普法先进集体”称号

“二五”普法

1991—1995年，长岛县实施法制宣传教育第二个五年规划（简称“二五”普法）。“二五”普法坚持以《宪法》为核心，以专业法为重点，普及学习《行政诉讼法》《全国人民代表大会和地方各级人民代表大会选举法》《未成年人保护法》《反不正当竞争法》《劳动法》等20部法律法规及5部条例。1991年，召开全县“一五”普法总结表彰和“二五”普法启动大会，表彰“一五”普法先进单位35个、先进个人20个。对“二五”普法进行动员部署，印发年度普法工作实施意见，征订普法教材9000余册，编写法律常识手册和印制“明白纸”7800册（份），培训普法骨干3140余人次。1992年，编写《森林法》等八法规的学习辅导材料2400多份，举办普法骨干和宣讲员培训班，受教育人数达31020人。1993年4月，印发《长岛县依法治县第二个五年规划》。1994年9月，集中开展《公民常用法律选编》学习进万家活动，印发手册1.2万份、试卷3万份。是年，全县首次对302名副科级以上领导干部进行普法考试，参考率达88.5%，全部考试合格。“二五”普法期间，全县35130名普法对象中，领导干部法律普及率达到95%，机关企事业工作人员普及率达96%，乡村渔民、城镇居民普及率达90%，青少年普及率达98%。1995年12月，长岛县被中共中央宣传部、司法部授予“1991—1995法制宣传教育先进县”称号。

“三五”普法

1996—2000年，长岛县实施法制宣传教育第三个五年规划（简称“三五”普法）。1996年10月，县司法局、普法办、宣传部、工商局、税务局等20多个部门联合开展“三五”普法一条街宣传活动。重点普及宣传《社会主义法治建设基本知识》《劳动法》《刑法》《行政处罚法》《行政诉讼法》《国家赔偿法》《农业法》《妇女权益保障法》《消费者权益保护法》《刑事诉讼法》《未成年人保护法》《国家公务员暂行条例》《治安管理处罚条例》“一书十法二条例”。1997年，全县深化“法律进万家”工程，首次开展城区居民、乡村渔民普法考试。此后每年由县普法办组织一次“万人答卷”考试活动。1998年，宣传《中华人民共和国法律援助条例》和《山东省法律援助条例》。1999年，开通“148”法律服务专线。2000年，县司法局与山东政法干部管理学院联合开办在职干部本科学历函授班，全县有31名司法、执法等单位人员报考参加学习。2000年6月30日，长岛县“三五”普法工作通过烟台市检查验收，各项考核指标均列全市之首。2001年7月，长岛县司法局被烟台市委、市人大、市政府评为“三五”普法依法治理先进单位。

“四五”普法

2001—2005年,长岛县实施法制宣传教育第四个五年规划(简称“四五”普法)。主要普及《婚姻法》《土地管理法》等“八法一条例”。把领导干部、公务员、青少年和企事业单位管理人员作为普法重点。2001年12月4日,开展首个“全国法制宣传日”活动,县直机关20多个部门,在县城大街设置宣传台,向群众提供法律咨询;县城区秧歌队和千余名中小学生走上街头普法宣传。2002年,县司法执法部门发放法律宣传材料5500余份,解答群众法律咨询100余人次。设立普法宣传展板40多块。2003年,印发《领导干部学法用法实施意见》《青少年学生法制教育工作意见》,举办全县普法骨干培训班1期、领导干部法制讲座2期。开展“3·16”法律服务热线咨询日、防治“非典”法律知识宣传、“11·1”法律宣传、法律服务、法律援助“三下乡”“12·4”全国法制宣传日活动。各乡镇和县直30多个部门出动宣传车10多台次,发放宣传材料4万余份。2004年,举办法制讲座、“普法一条街”等活动,重点普及《宪法》《宪法修正案》《行政许可法》《道路交通安全法》《安全生产法》等法律法规。针对全县海上治安管理工作的新情况,编写《渔民常用法律须知》,印发到乡镇渔村。2005年,对全县各部门“四五”普法依法治理工作进行全面检查,通过省、市的检查验收。2006年8月,长岛县被烟台市委、市人大、市政府评为全市“四五”普法依法治理先进县。

“五五”普法

2006—2010年,长岛县实施法制宣传教育第五个五年规划(简称“五五”普法)。2006年,召开全县“四五”普法工作总结表彰会议暨“五五”普法工作启动仪式,表彰29个先进集体和58个先进个人。组织30多个部门单位和乡镇参与大型普法宣传,设立法律咨询台30多个,展板80多块,发放法律宣传资料1万多份,解答群众法律咨询100多人次。印发《长岛县2006年青少年法制宣传教育意见》,针对青少年违法犯罪案例特点,对小学生进行法律启蒙教育,对中学生进行社会主义民主法制观念教育,突出预防未成年人犯罪教育。县退休老干部义务普法宣传队把《宪法》《婚姻法》《治安处罚法》等法律条文编成歌词演唱讲解宣传。2007年7月,县人大对13名领导干部进行任前法律知识考试。11月,邀请烟台大学法学博士、教授为县、乡、村领导班子成员及县直机关副科级以上干部作《中华人民共和国物权法》专题讲座。12月,省普法办统一部署,对全县430多名科级以上干部进行普法考试。2009年,为中小学校配备法制副校长(辅导员),上法制课10余场次,受教育师生达2000余人次。在8处乡镇举办10场次巡回法制讲座,解答法律问题110多个,受教育群众达3000人次。2010年,针对海上治安管理、海洋资源管理存在的问题,抽调业务骨干组成普法宣讲团,深入渔村,重点宣传治安管理处罚法、海域使用管理法、预防职务犯罪法。同时,将讲座内容刻制成VCD光盘,赠送给乡镇渔村基层单位,受教育群众近万人。县普法办、公安局、法院、检察院及国税局、安监局,组成普法宣讲团,连续四年开展“送法下乡”活动,宣传《宪法》《治安管理处罚法》《渔业法》《个人所得税法》等法律法规。共举办法制讲座100多场次,发放法制宣传资料6万多份,解答渔民群众法律咨询1800多人次,受教育群众6万多人次。2010年7月,长岛县“五五”普法工作通过省、市的普法检查验收。

“六五”普法

2011—2015年,长岛县实施法制宣传教育第六个五年规划(简称“六五”普法)。2011年,印发《关于在全县公民中开展法制宣传教育的第六个五年规划》。举办巡回法制讲座,宣讲《渔业法》《海岛保护法》《道路交通安全法》和预防职务犯罪法等法律法规;开展“送法进校园”活动,为中小学上法制辅导课20多场次。2012年,组织律师、公证员、法律服务人员开展“送法进军营”宣传活动,普及军人、军属维权等法律知识,开展现场咨询,为部队官兵解疑释惑,发放各类宣传资料300多份。2013年，重点宣传《人民调解法》《社区矫正实施办法》。2014年，在海滨广场建成法德文化广场，在乐园村建成“法德共进”文化长廊。2015年，先后开展“平安长岛”“3·15维权日”“建设法治中国，巾帼在行动、万家联动，送法到家”“法律进军营”“校园禁毒”等多种形式的主题普法宣传活动。

“六五”普法期间，编印《常用法律知识问答》等法治宣传读物5000多册。举办企业培训班50多次，受教育职工3000多人；送法进学校60多次，受教育学生4万多人次，发放图书3000多册，资料4万余份；送法下乡40多次，接受群众咨询1800多人次，发放资料1万余份；放映法治宣传电影48场次；领导干部学法任职前考试90余人次，执法人员培训400多名，设立法德讲堂87个，开展法德宣讲活动5000余次；成立法德共促会34个，覆盖80%的渔村和社区，排查调处矛盾纠纷400多起；建立法德文化阵地18个，获得“全市法治文化建设示范基地”称号1个。2013年12月，县司法局被省司法厅评为全省“六五”普法中期先进单位。2015年7月，通过省、市检查验收。长岛县获得省、市普法和依法治理工作先进集体9个，先进个人12人。

“七五”普法

2016—2020年，长岛县实施法制宣传教育第七个五年规划（简称“七五”普法）。2016年，县司法行政部门加大“七五”普法工作力度，将“法德共促会”工作落实到乡镇渔村，按照“5+2”的要求，广泛吸纳“五老代表”、法律专家和妇女组成“法德共促会”40个，成员226人。通过法律专业人员讲课、道德模范现身说法、观看教育短片等形式，开展“法德共进”宣传教育活动16场次，受众达1万多人次。

2017年，印发《2017年度有关普法工作分工意见》，明确普法主体责任和工作机制。开展法治宣传活动17次，发放各类法律宣传资料4500余份。开通“长岛司法”微信公众号、“烟台长岛普法”微博公众号，打造县、乡两级头条号宣传矩阵，及时发布长岛县普法动态和社会法治热点，推进“互联网+法治宣传”行动。组建“七五”普法讲师团，深入乡镇、渔村开展法治讲座6次。2018年，制定《长岛县司法行政系统落实“谁执法谁普法”“谁服务谁普法”普法责任制的实施意见》和《关于在全县开展“我执法我普法”活动的意见》，进一步推动“谁执法谁普法”责任制落实。司法局定制500本法治笔记本、购买1000本《宪法》和500本《民法总则》发放给群众，宣传和弘扬宪法精神，推进“扫黑除恶”专项斗争。8月初，在长岛中学建成全县首个集法治宣传教育、预防侵害、警示教育等功能于一体的综合性青少年法治宣传教育基地。8月9日，长岛县“七五”普法中期工作得到烟台市“七五”普法中期第六督查组充分肯定。同年11月，县司法局在南长山街道连城村打造1处宪法主题法治文化长廊，配置10块宣传壁画。

2016—2018年，长岛县被山东省全民普法依法治理工作领导小组授予“全省法治创建先进县”称号；黑山乡南庄村被省司法厅、民政厅命名为“全省民主法治示范村”。全县有1人被司法部授予“全国模范人民调解员”称号；有1人被省司法厅评为“全省司法行政系统2016年度人物”；有2人被烟台市司法局、市普法办评为“烟台市优秀法德共促会成员”。

第三节　依法治理

1987年8月，县普法依法治理领导小组制定《长岛县“七五”期间依法治县总体规划》。1988年4月3日，县第十一届人民代表大会第三次会议审议通过《长岛县人民政府关于依法治县的议案》。全县各级按照依法治县总体规划要求，结合本单位实际情况制订实施计划，扎实推进依法治理工作开展。在厂企、渔村、学校抓好三个完善，即：依法完善各类经营承包合同，理顺经济关系，减少纠纷；依法完善乡规民约、厂规厂约和校规校约；依法完善养殖海区的管理，对海区进行普查、界定、登记，规范海上生产秩序。在全县实施依法治理“四八二”系统工程，即：横抓依法治村、厂、校、店四个面；纵抓行业、水、环境、土地、渔养、税收、治安、个体八条线；突出抓好领导干部和执法人员依法管理和依法行政二个重点。在大黑山乡进行村级规范化管理试点工作。年底，县委批转《关于全县村级推进规范化管理工作的实施意见》。在大钦岛乡召开依法治村现场会，总结推行大钦岛乡东村开展遵纪守法户和小浩村开展村民行为档案活动的经验，以此把依法治理工作向上延伸至乡镇、县直系统，向下延伸至养殖队、村组、家庭；向外延伸至厂企和店校。1994年，在北隍城乡开展“依法治家”试点工作。当年8月10日，在北隍城乡召开全县家庭建设现场会。10月，烟台市在长岛县召开全市家庭建设现场会，推广长岛县依法治家的经验。1996年，开展“依法建制，以制治村，民主管理”活动。在渔村，以解决群众普遍关心的热点、难点问题为重点，坚持边学、边建、边治理，对乡规民约进行一次全面修订和完善，使其更具合法性、民主性和可操作性。同时，开展“法律进万家”“十星级文明家庭”和建立村民档案等活动。2003年，在全县推广龙口市“村‘两委’班子履行职责承诺书和村民权利义务约定书”经验，印发“两书制”文书样本和工作实施方案，将小钦岛村作为试点渔村进行宣传推广。2004年，制定《在全县渔村开展“民主法治示范村”创建活动的实施意见》，按照《创建民主法治示范村考核标准》，指导渔村开展“民主法治示范村”创建工作。

2005年，在37个渔村推行“两书制”经验，“两书”(即“村‘两委’班子履行职责承诺书和村民权利义务约定书”)签订率达90%以上，“民主法治示范村”创建工作成效显著。是年12月，北隍城乡北隍山前村在全县渔村首批被山东省司法厅和民政厅授予“全省民主法治示范村”称号。2006年，把普法依法治理工作纳入县岗位责任制考核体系。南长山镇连城村被山东省司法厅和民政厅授予“全省民主法治示范村”称号。2007年，全县40个村全部推行村务公开民主管理制度，村务公开率达到100%。砣矶镇大口西村被山东省司法厅和民政厅授予“全省民主法治示范村”称号。2009年，开展“民主法治示范村”“依法办事示范单位”“诚信守法企业”等基层和行业依法治理创建活动。2010年，制定《长岛县开展法治县创建活动的实施意见》，将推进依法执政能力建设、加强制度建设、推进依法行政、公正司法等九项任务作为重点内容。2011年，制定《长岛县2011—2015年依法治县规划》。开展与渔村“两委”换届相关法律法规的宣传，促进渔村换届选举工作顺利进行。2014年，落实《关于深化法治县创建工作的意见》，细化量化法治县创建工作考核体系和考核标准。2015年，将“法德共进”活动列为全县普法依法治理工作考核指标，作为普法依法治理先进单位评选的重要依据。2016年，制定《长岛县2016—2020年依法治县规划》，全县依法治县工作深入扎实、稳步推进，成效明显。2017年，长岛县被评为“全省法治创建先进县”。2018年，南长山街道黑石嘴村被评为烟台市“民主法治示范村”。

第四节　人民调解

1986年，全县每个乡镇均配备司法助理员，负责组织开展基层司法行政工作。1987年，实行调解工作责任制，年内分两期培训基层调解委员200余人次，当年调处民间纠纷78起，处结积案5起。1988年，全县有调委会45个，调解委员155人，调解信息员660余人，90%的调委会建立健全会议学习、请示报告、重点回访、信息网络、岗位责任、考核评比六项制度。是年，共发生各类民间纠纷125起，调解123起，调处率98%，调处成功率95%。1989—1990年，整顿40个渔村调委会，调整充实委员147人，纠纷信息员522人，吸收一批有文化、懂政策，掌握一定法律知识，热爱调解工作的公民担任调委会主任或委员。1989年，共发生民间矛盾纠纷182起，处结175起，调处率100%，调成率96.5%。1990年，共排查出民间纠纷88起，调处率100%。1991年，县直企事业20个系统86个单位建立健全调委会，配备委员275人，对骨干进行培训。1992—1994年，全县调委会开展组织落实、工作落实、制度落实、报酬落实的“四落实”标准化建设活动。40个行政村调委会，全部解决办公场所，其中有独立办公场所的22个，共有调解委员163人，其中党员126人。全县有纠纷信息员585人，平均18.7家拥有1人。全县有34个调委会达到一类标准，6个达到二类标准，无三类调委会。1994年，共发生民间纠纷133起，调处133起，调成率97%，比上年提高9.6%。1995年，共发生民间纠纷149起，调处149起，调成率96.6%。

1995年，对县直16个大系统的调解组织进行整顿充实，共有成员108人，其下属89个企业全部成立调委会，共有调解委员341人、纠纷信息员293人。1996年，成立居民办事处调委会，设5个居民工作站，建立调解小组，对选配调解员和纠纷信息员进行业务培训。至2002年，全县共建立人民调解组织51个，其中渔村40个，企事业系统10个，共有调解委员497人。1996年，开展民间纠纷“疏导会战”“严打”期间“百日纠纷排查会战”，共排查出各类纠纷120起，处结116起，处结率96.7%。1998年8月25日—9月25日，利用一个月时间集中开展秋季民间纠纷大排查。共排查各类民间纠纷181件，调处181件，成功率97.8%。1999年9月10日—12月20日，开展民间纠纷排查“百日会战”活动。2003年，全县召开人民调解暨矛盾纠纷排查调处工作会议，表彰9个调解工作先进单位和10名调解工作先进个人，7个先进单位代表在会上交流工作经验。县司法局组成两个专项工作督导组，3次深入乡镇渔村督促指导，推动人民调解制度改革。根据重大节日、各级“两会”期间矛盾纠纷多发期特点，先后5次集中开展矛盾纠纷排查调处活动。全年累计排查调处各类民间矛盾纠纷94起，调处率达100%，调处成功率98%以上。2004年，矛盾排查调处坚持“属地管理”原则，采取专人负责的办法，对排查出的矛盾纠纷及时梳理归类化解，把矛盾解决在萌芽状态。全年共调处各类矛盾纠纷82件，调处率达100%，调处成功率达98%以上。是年，县乡党政机关、企事业等单位建立60多个人民调解委员会和调解小组，并全部进行备案。在全县建立起以县人民调解指导委员会为统领，以乡镇司法所、调解中心为主导，以调解区（片）为纽带，以村调解委员会为基础，以调解小组和“十五户”（以十五户家庭为一小组）“三员”（纠纷信息员、纠纷调解员、法制宣传员）为依托的立体防范调解网络。

2005年，全县40个渔村调解委员会全部达到有调解室、有标识牌、有各类登记簿和统计台账，实现“四落实”。全年开展定期排查12次，集中整治6次，调处民间矛盾纠纷83起，调处率和成功率均达到98%以上。2006年，共调处各类民间矛盾纠纷45件，调解率达100%，调解成功率达98%以上。实现连续15年未发生因调解不及时、方法不得当引起的“民转刑”案件。是年，县司法局统一印制纠纷排查、纠纷调解、纠纷回访等簿册，配发到每个调委会。全面推行人民调解员资格认证制度，为160多名人民调解员颁发资格证书，实行调解员持证上岗。2007年，共调解民间纠纷50件，调解成功49件，成功率为98%，防止“民转刑”案件3件，防止自杀事件1件。2009年，通过建立村级“庭式”调解室和基层矛盾纠纷排查机制等规范程序，改变过去现场口头调解、以情调解、随意调解的方式，规范了人民调解工作。共排查各类民间矛盾纠纷41件，其中邻里纠纷19件、索赔工资纠纷3件、婚姻家庭4件、其他纠纷15件，全部调处成功。

2010年，健全人民调解委员会组织网络。县里有人民调解指导委员会，乡镇（街道）有人民调解委员会和矛盾调解中心，村（居）有调委会，以村民小组为单位设立调解小组，同时配齐“三员”。在机关事业单位、双管单位、学校和较大企业建立人民调解委员会或人民调解小组。2011

年，开展专项矛盾纠纷排查调处活动，把大量矛盾纠纷化解在基层和萌芽状态。全年排查各类矛盾纠纷50余件，全部调处成功。2013年3月，为有效整合人民调解、行政调解、司法调解职能作用，印发《人民调解参与“三调联动”工作实施方案》和《民间纠纷群体性案件应急处置预案》。全年共排查各类民间矛盾纠纷50件，全部调处成功。2014年，引入吸纳退休法官、检察官、警官以及法律服务工作者、社会志愿者参与人民调解工作。建立人民调解员准入制度，在村居(社区)设立专职调解员。是年，注重发展企事业单位的行业性、专业性调解组织，推动医患纠纷、交通事故、劳动争议调解组织实现全面覆盖。全年开展矛盾纠纷排查调处活动15次，共排查各类民间矛盾纠纷64件，全部调处成功。2015年，根据渔村“两委”换届后人民调解员变动情况，重新调整配备55名乡村两级人民调解委员会成员，在县司法局备案，统一发证上岗。是年，坚持以调处化解群体性、复杂性、易激化等影响社会稳定的矛盾纠纷为重点，共排查调处矛盾纠纷100多起，全部调处成功。2016年，各渔村调委会按照人民调解的原则要求，不断规范完善申请、受理、登记、权利义务告知、调解等工作程序，使用规范的人民调解案卷，提高当事双方对人民调解的认识程度，树立人民调解在群众中的威信。全年共排查调处民间矛盾纠纷76件，全部调处成功。

2017年，对乡镇和渔村两级调委会分级培训，进一步提高调解人员素质。调处民间矛盾纠纷4次，化解矛盾纠纷82件。是年，全县有4名人民调解员分别获得国家、省、市级“优秀人员调解员”称号。2018年，对调解队伍进行调整完善，吸纳高水平人才，全县共建立52个调解委员会，有239名调解员(均为兼职)。通过调整和培训，调解组织整体水平得到进一步提升。是年，重点开展矛盾纠纷大排查大调处和“排查安全隐患防范四类风险”专项行动，结合新一轮影响社会稳定矛盾问题化解调研活动，对摸排出的171起矛盾纠纷、5起风险隐患，全部建立工作台账，研究化解措施，确定化解时限，把矛盾化解在基层。

第五节 社区矫正与安置帮教

社区矫正

2011年，成立县社区矫正工作领导小组及办公室，印发《关于在全县试行社区矫正工作的实施意见》等文件，对管制、缓刑、假释、监外执行、判处剥夺政治权利监外执行等五类犯罪人员开展社区矫正试点工作。2012年，全面启动社区矫正工作，印发《长岛县社区矫正工作文件汇编》手册，加强对基层社区矫正工作的指导。与法院、检察院、公安局等部门协调配合，完善社区矫正信息平台操作。全年接收社区矫正人员15人，全部纳入社区矫正。2013年，建立网上电子信息监管平台，利用GPS手机定位系统，对社区矫正人员实行全天候实时监管。2014年，全县累计接收社区矫正对象93人。其中，被判处缓刑的79人，假释的14人，解除矫正70人，在册矫正人员23人，无重新犯罪；建成社区矫正中心，不断加大监管力度，确保监管效果。2015年，县司法局进一步利用和完善GPS手机定位系统，对社区矫正人员实行全天候实时监管。

2016年，县成立社区矫正管理局，约谈社区服刑人员12人，查阅执法档案30多卷，发现各类问题30多个，召开四部门联席会议1次，通报重大事项2项、重点人员2人，协调办理治安处罚2人次。2017年，全县26名社区服刑人员及75名安置帮教人员思想稳定、无重新犯罪现象。2018年，全面掌握辖区32名社区服刑人员思想动态、日常表现、活动轨迹、社会交往等重要信息，核实率与回执发送率均达到100%。落实社区服刑人员分级管理，实现宽严相济的管理。先后对2名违反管理规定的社区服刑人员提升监管等级，由普管提升为严管。

安置帮教

1999年，长岛县成立刑释解教人员安置帮教工作协调指导小组，各乡镇(街道)建立刑释解教人员安置帮教工作站，村委会成立安置帮教工作小组。1999年下半年，对全县35名刑释解教人员全部建档立卡。每年，县、乡镇（街道）、村委会安置帮教组织层层签订安置帮教责任书，明确任务、落实责任。每名刑释解教人员同帮教人员签订保证书。县司法局每年都开展一次对刑释解教人员的摸底调查活动，及时通报情况。至2002年，长岛县共有刑释解教人员51名，其中刑满释放人员48名、解除劳动教养3名，全部落实帮教责任，85%的人员得到妥善安置，在册安置帮教人员总体稳定。2003年，建立安置帮教基地1处，成立帮教组织53个，在册安置帮教人员62人。2004年，在长岛县船厂建立“刑释解教人员过渡性安置帮教基地”，于6月底挂牌。2005年，全县共有刑释解教人员77人，其中刑释人员72人、解教人员5人，安置帮教率达95%以上，重新犯罪率控制在规定的指标以内。2006—2007年，对刑释解教人员和部分烟台监狱刑释人员进行全面调查和考察。通过调查，对帮教已满5年且符合解除帮教条件的人员，解除了帮教。2008年，县安置帮教办公室与乡镇（街道）安置帮教组织签订《安置帮教责任书》，落实帮教责任，全县共有刑释人员41名，解教人员13名，均得到妥善安置与帮扶教育。

2009—2010年，刑释解教人员安置帮教工作进一步强化，帮教率达95%以上，重新犯罪率控制在规定的指标以内。2011年，建立健全各项帮教安置制度，落实责任。全县40名刑释解教人员，无重新犯罪现象。同时，全面推行刑释解教人员信息化管理，统一安装运行全国安置帮教管理软件。2012年，全县在册帮教刑释解教人员47人，其中解教8人，全部落实帮教制度。2013—2014年，县司法局实施刑满释放人员社会关爱计划，建立“三帮一（村、社区或企事业单位、刑释解教人员亲属参与帮教工作）”“多对一（广泛动员干部、职工、团员、青年、离退休人员积极参与帮教工作）”帮教机制，安置帮教人员重新犯罪率为0。2015—2016年，加强“刑释解教人员信息管理系统”平台运作，开展入监罪犯的基本信息核查，落实跟踪帮教措施，实现了衔接、帮教、管控的有效对接，全年无脱管、漏管现象发生。2017年，全县接受帮教的78人，均得到有效安置与帮教。8月安装“监狱远程视频会见系统”，方便监内服刑人员家属探视。2018年，长岛县共有92名刑满释放人员，均得到有效安置与帮教，全年无重新犯罪现象。

第六节　法律援助与法律服务

法律援助

1998年，长岛县司法局开始履行法律援助职能。是年，律师、公证人员共为当事人提法律援助17件，减免法律服务费用6万余元。1999年4月8日，开通“148”法律服务专线。5月，成立“148”法律服务中心。2000年4月20日，县司法局把法律援助“四统一”（统一受案、统一审查、统一指派、统一监督检查）作为工作重点，明确每名公证员和律师必须保质保量完成法律援助案件数量。2001年8月，全省开展“千名残疾公民爱心法律顾问”活动，县法律援助中心指派4名法律服务人员，实行“一对一”援助方式，同援助对象签订为期2年的爱心助残公民法律顾问协议。2003年，县“12348”协调指挥法律援助中心扩大办公场所，健全完善工作程序、案件登记、案件处理等各项规章制度。2011年，在8处乡镇（街道）设立了法律援助工作站，扩展了法律援助工作面。共提供法律援助15件，受援助当事人30人次，解答法律咨询120多人次。至2018年，法律服务人员共为全县老年人、未成年人、贫困者等弱势群体提供法律援助174件，接待来访6700余人次，电话咨询3300余人次。

法律服务

1986年，县法律顾问处为8家企业担任法律顾问，代理民事案件9件，非诉讼案件13件，为当事人避免和追回经济损失130多万元。1992年，为45个乡镇渔村、政府部门、企事业单位担任法律顾问，为县、乡政府提司法建议30余条，为顾问单位草拟规范性文件、审查修改合同311件，律师代理民事案件140余件。1993年，提供法律服务，受理刑事辩护21件，民事、经济代理179件，代理非诉讼案件588件，代写法律文书156件，索回赔款1246.8万元，避免经济损失1386.6万元。1995年，聘请律师担任法律顾问的单位增加到83家。2002年，律师担任法律顾问单位数量减至45家。1986—2018年，全县律师共办理各类案件4800余件，解答法律咨询38600余人次，代写法律文书3500余件，避免、挽回经济损失上亿元。

第七节　公　证

1986年，长岛县公证处建立健全主任批办、调查质证、档案管理等各项规章制度。1987年，共办理各类公证237件，接待来访群众121人次。1988年，共办理各类公证1100余件，其中经济合同公证1092件，接待来访群众200余人。

1990年，办理各类公证121件，其中民间公证14件、经济合同公证106件、涉外公证1件，全年接待来访群众210人次。同年，为维护金融秩序，保护当事人的合法权益，县公证处提出“万元以上经济合同应经公证或鉴证”的司法建议，被县政府采纳，并在全县转发实行。1993年，公证处开展抵押贷款、房地产、企业租赁、企业破产、财产抵押、拍卖公证等项业务。1994年，共办理各类公证448件。1995年，办理各类公证492件。开始办理婚前财产登记公证业务。2001年，县公证处在为县养殖户专项养殖贷款合同公证中，实行减免收费的办法，对公证合同当事人只按公证收费标准的10%收取公证费，减轻渔民负担。2003年，共办理各类公证378件，涉及金额1720万元。其中，民事公证164件，经济公证157件，涉外公证46件，涉台公证11件。

2005年，共办理各类公证404件。对黑山乡和北五乡镇实行下乡服务。2006年，共办理各类公证316件，涉及金额达5000多万元，解答群众法律咨询500余人次。开展办理信贷合同公证，防范金融信贷风险，参与县重大招商引资项目的公证，参与县土地拍卖、转让公证5次。2009年，公证业务领域从过去继承、赠予、遗嘱等传统项目，逐步向金融、房地产等领域发展，涉外公证书的使用范围涉及美国、加拿大、日本、澳大利亚等几十个国家和地区。2011年，开展公证进企业活动和基层公证服务网络建设。依法对出让土地使用权进行审查监督，保证了拍卖过程公开、公平、公正。2013年，办理各类公证172件，涉及公证标的额4000多万元。为企业减免公证费用3万元。服务当事人满意率达100%，接待来访咨询420余人次。

2017年，共办理公证业务245件，其中国内民事公证143件、涉外公证102件。同年，山东省公证行业结对帮扶活动启动仪式在长岛县举行，县公证处主任刘昕虹获评“全省司法行政系统2016年度人物”。

2018年，共办理各类公证240件，接待来访咨询千余人次。参与全县多处违建拆除活动。实行小额公证免收费制度，对5000元以下的小额继承公证免收公证费。1986—2018年，共办理各类公证16317件。

第八节　基层基础工作

2002年，县委印发《关于建立乡镇司法调解中心的实施意见》。是年，全县10个乡镇先后建立司法调解中心，以乡镇司法所为主体，派出所、土地、民政、信访、计生等单位共同参与、依法调处矛盾纠纷。2003年，在10个乡镇、40个渔村建立健全人民调解委员会。2004年，制定《长岛县乡镇司法所、司法调解中心、人民调解委员会建设标准》，在砣矶镇、大钦岛乡、北隍城乡、黑山乡、北长山乡、南长山街道设立6个司法所，把司法行政专项编制全部落实到各乡镇（街道）司法所，以司法所为依托，整合乡镇（街道）司法调解中心、人民调解委员会的职能作用，合署办公。

2005年，全县6个乡镇司法所全部实现独立办公。2006年，在小钦岛乡、南隍城乡设立司法助理员，以解决基层司法行政工作的组织依托问题。2009—2012年，加强乡镇（街道）司法所软件和硬件建设，为司法所调配专兼职工作人员11人，配备数码相机、电话打印一体机、档案柜等软、硬件办公设备，建立司法所各项规章制度，统一制作刊板上墙，改善办公条件。2013年，进一步规范司法所工作流程、社区矫正工作流程、人民调解工作制度。加强司法所信息化建设，全面推广“基层工作业务系统”“刑释解教人员安置帮教系统”“社区矫正工作系统”3个工作平台，与乡镇司法所实现信息互联互通。

2014—2015年，推进司法所规范化建设。调整增加司法所办公场所使用面积，建立健全调解室、教育室、矫正室。整合司法所工作信息、人民调解、社区矫正、安置帮教等几个平台为一体，信息互联互通，规范工作制度和工作流程。2017年，投入12万余元，为司法所统一配备办公桌椅、电脑、电话、传真机、打印复印一体机、数码相机、指纹仪、执法记录仪等设施。为乡镇司法所补充配备6名政法干警编制，加强基层司法所队伍建设。

2018年，投入20万元，将砣矶镇司法所、黑山乡司法所升级为“明星司法所”。组织司法所工作人员参加各级培训36人次。

第五章　军　事

长岛地处渤海海峡，为京津门户、海防要塞。

长岛县始终坚持党管武装制度、双重领导制度、双向兼职制度、地方党委议军制度、军事日活动制度、现场办公制度、第一书记述职制度等七项制度建设。至2018年，全县在军事海防建设、民兵武装工作、国防动员教育、军民联防、双拥共建、“老海岛”精神传承等方面，涌现出许多先进单位、英模人物和典型经验，7次获评“全国双拥模范县”。中共十八大后，长岛军民全面贯彻落实习近平的强军思想，把“固防守疆”作为最大的政治责任，坚持同守共建，使海防前哨真正成为坚实的国家战略屏障、海上钢铁长城。

第一节　军事组织

驻军

中国人民解放军济南军区内长山守备某部

1985年9月，根据中央军委命令，部队实施精简整编，中国人民解放军内长山要塞区缩编为内长山守备师某部，直属于山东省军区。

中国人民解放军济南军区内长山要塞区

1993年2月，根据中央军委指示和济南军区命令，中国人民解放军内长山守备某部改称济南军区内长山要塞区，归山东省军区领导。2017年4月，中国人民解放军内长山要塞区由原内长山守备某部整编为海防某部。

中国人民武装警察部队长岛县中队

1983年1月1日，中国人民武装警察部队长岛县中队成立。1996—2018年，先后5次被总队评为基层建设先进中队，4次受支队嘉奖，1次被支队评为执勤一级中队。多次被地方党委政府评为“社会治安综合治理先进单位”和“严打整治斗争先进集体”，被驻地群众称为“海岛卫士”。

中国人民解放军山东省长岛县人民武装部

1986年6月，按照中共中央、国务院、中央军委指示和命令，人民武装部改归地方建制，称山东省长岛县人民武装部，为副县级军事领导指挥机关，隶属烟台警备区。1996年4月，按照中国人民解放军三总部关于贯彻《中共中央、国务院、中央军委关于县市区人民武装部收归军队建制的通知》，人民武装部收归军队建制，为正团级，隶属地方党委、烟台警备区双重领导。改称中国人民解放军山东省长岛县人民武装部。2018年5月，长岛县人民武装部有南长山街道、北长山乡、黑山乡、砣矶镇、大钦岛乡、小钦岛乡、南隍城乡、北隍城乡8个基层武装部。

国防动员委员会

长岛县国防动员委员会(简称国动委)

2001年10月11日成立，下设长岛县国防动员委员会人民武装动员办公室、经济动员办公室、人民防空办公室、交通战备办公室、秘书组。2008年7月，增设科技动员办公室、信息通信动员办公室。国动委承担全县国防教育和武委会的军事工作任务。

长岛县人民武装委员会(简称武委会)

1978年11月，根据济南军区转发中共中央《关于恢复中央军委和各级地方党委人民武装委员会的通知》，长岛县恢复了人民武装委员会工作。1997年后，长岛县人民武装委员会与国防动员委员会合并为一个机构、两块牌子。至2018年，武委会仍与国动委合署办公。

第二节 兵 役

1986年后，长岛县贯彻落实《中华人民共和国兵役法》和上级关于兵役工作法规政策，以提高兵员质量为前提，以增强快速动员能力为重点，以加强军队建设为核心，依法组织辖区公民履行兵役义务，完成兵役登记、兵员征集、预备役登记、军人退伍安置、民兵训练等项任务，为现役部队提供优秀兵员，训练储备后备兵员，做好战时兵员动员准备，加强国防和军队建设打下坚实基础。

兵役制度

1985年，长岛县贯彻国家颁布的第二部《中华人民共和国兵役法》。1995年，执行国家颁布的《中华人民共和国预备役军官法》。1998年，实施国家颁布的《中华人民共和国兵役法修正案》。《修正案》将陆、海、空三军义务兵服现役期限一律由3~4年改为2年，并取消超期服役的规定。将志愿兵一次性选改和退出现役的规定，改为志愿兵实行分期服现役制度，调整了志愿兵服现役的期限，并规定“根据军队需要，志愿兵也可以直接从非军事部门具有专业技能的公民中招收”。《修正案》将民兵、预备役人员参训的年龄由18~20岁调整到18~22岁。

预备役制度

1984年5月，国家颁布新的《兵役法》，重新规定实行义务兵役制为主体的义务兵和志愿兵相结合，民兵与预备役相结合的兵役制度，对转业军官进行预备役登记统计作出了明确规定。

长岛县武装部自1991年1月21日开始，对全县转业军官预备役进行登记统计。自1992年4月1日以后军队转业干部，凡符合登记条件的由所在部队在批准其转业的同时，批准转服预备役。

长岛县武装部对部队确定服预备役的退伍士兵，填写“退伍军人预备役卡片”；对部队确定免服预备役的退伍士兵，在“退伍军人证明书”上加盖“免服预备役”专用章。

征兵

1986年，全县征兵工作在县委、县政府和县武装部领导下进行。2013年，经国务院、中央军委批准，全国由冬季征兵改为夏秋季征兵。新兵军龄统一从9月1日算起。义务兵服役期限为2年。男兵：高中(含职高、中专、技校，下同)毕业以上文化程度，优先征集大学生应届毕业生、往届毕业生、在校生、刚被录取的高校新生入伍。女兵：普通高中应届毕业(含高校新生)、普通全日制高校在校生及应届毕业生。征集对象经兵役登记、体格检查、政治审查合格后办理入伍手续。征集对象有特殊情况的可免征、缓征和不征。

每年征集新兵工作启动后，县武装部与宣传、教育、公安、司法、新闻等部门密切配合，一季征兵，全年发动，宣传到家喻户晓、人人皆知。

2017年8月,长岛县人武部开展准新兵役前教育训练

2013年开始,县武装部在征兵期间设立征兵宣传"标语一条街""横幅一条街活动",印制征兵政策"明白纸",设立征兵咨询站,印制征兵海报,广泛开展宣传教育工作,增强适龄青年依法服兵役的国防观念。

2017年起,县人武部对预定新兵进行一周的役前教育训练。体能训练包括队列、齐步走、俯卧撑、仰卧起坐等常规动作;教育训练包括政治信念、组织纪律等课程。通过开展预定新兵役前教育训练,帮助准新兵真实体验军营生活、提前感受部队氛围,增强预定新兵的集体主义观念和组织纪律性,进一步考察准新兵的身体素质和思想情况,打牢立志军营、献身国防的思想基础。至2018年,长岛县历年均圆满完成征兵任务,征兵质量优良,历年无责任退兵。

第三节　民　兵

组织建设

1986年,长岛县落实烟台市委、市政府、烟台警备区印发的《关于贯彻中央22号文件的意见》,对民兵组织进行第一次调整。按照"减少数量,提高质量,抓好重点,打好基础"的要求,结合民兵整组进行组织调整,把已编入基干民兵组织而没有经过军事训练和已超龄人员转为普通民兵,把符合基干民兵条件的退伍军人编入基干民兵组织,对不适宜编基干民兵组织的单位免除编组,明确规定编入基干民兵组织的人员,必须是退伍军人和经过军事训练的人员。同时,基干民兵编组与生产、行政组织相适应。渔村以村为单位,城市以厂矿企业为单位。无论是渔村还是城市,基干、普通民兵均分别编组。

1997年9月,民兵组织进行调整,减少数量、合理布局、突出重点、分类建设。1999年,县武装部对全县民兵组织进行第二次调整,普通民兵编组同原规定不变;基干民兵编组本着有利于领导、有利于提高质量、有利于开展活动、有利于执行任务、有利于平衡负担的原则进行调整。

2002年,编组重点由渔村向乡镇企业和城市转移,适当减少渔村基干民兵数量,扩大城市基干民兵编组规模。2005年,抓好基干民兵出入转队、民兵干部调配、点验民兵等重点环节。

2010年,全县建立军地大联防领导体系。县武装部帮助渔村完善军警民联防机制,组建以民兵为主体的治安巡逻队,走出一条依靠民兵和渔村群众联防联治的新路子。2013年,县武装部按照"应急队伍常态建,支援队伍优先建,储备队伍扩展建"模式,实现三支队伍分类建设转型。

政治工作

80年代,长岛县人民武装部按照中国人民解放军总政治部《关于加强民兵政治教育的意见》,认真落实民兵政治教育三项制度,每年对普通民兵进行4~5次教育。内容主要有民兵思想政治教育(战备思想、人民战争、民兵的光荣传统、民兵的性质与任务以及如何当个好民兵)与时事政策教育(形势与任务、党的路线和政策、国家的法律

80年代，长岛县人武部对民兵进行国防教育

单位、2名个人受到山东省军区和济南军区的表彰，军分区表彰各类典型10个。1994年，开展以爱国主义为核心的思想政治教育和国防基本知识教育，全县组织《兵役法》颁布10周年宣传纪念活动，对基干民兵进行国防知识统考。县武装部组织专武干部20余人次深入乡镇、渔村、企业、基层授课，培训教学骨干80余人，基干民兵和普通民兵受教育面分别达到96%和92%。1996年，开展以培养"四有"新人为目的读书育人活动，提高民兵预备役人员文化素质。1997年，结合国家恢复对香港行使主权、人民解放军建军70周年庆祝纪念活动，县武装部与县委宣传部联合组织全民国防知识竞赛，近2000名党政领导干部和民兵参加学习《国防法》和"强我国防、爱我中华"系列活动，接受爱国主义、军队光荣传统教育，增强了政治教育的针对性和实效性。此后，先后组织民兵开展了"三讲"教育，学习贯彻"三个代表"重要思想教育，艰苦奋斗和革命气节教育，基干民兵和普通民兵受教育面分别达到98%和93%。

2004年，重点抓基干民兵每年4课、普通民兵每年2课教育，进行建设有中国特色社会主义理论、国防知识和民兵基本政治知识教育。2005年，坚持用党的创新理论加强对全县民兵的思想政治教育，开展保持共产党员先进性教育，广大民兵党员的党性观念得到增强。突出以"发扬优良传统、强化战斗精神、提高打赢能力"为主题的政治教育，强化了民兵队伍的使命意识和战斗精神。

2012年，开展中共十八大精神教育，围绕实现党在新时代的强军目标，牢牢把握维护核心、听从指挥、铸牢军魂这个根本政治要求，坚持在高举旗帜中凝魂聚气、在服务打仗中举要发力、在正风肃纪中优化生态、在强根固本中创新发展，确保干部职工、专武干部和民兵队伍的绝对

和法令等）。全县6个乡镇武装部和1个县直武装部，均落实各民兵连有经过培训的专职副指导员或政治教员1人，兼职教员2~3人。县、乡武装部和团县委联合发动民兵青年自力更生创造条件，建立"民兵青年之家"，设有图书室、阅览室、娱乐室，有条件的还成立了文体组织，开展政治教育、学习知识和文化娱乐等活动。至1986年，全县建立"民兵青年之家"58个，占应建的97%。北隍城乡山前村民兵连、南长山镇乐园村民兵连分别被烟台市人民政府、烟台警备区授予"红旗民兵之家"称号。是年始，从社会主义精神文明教育入手，发动民兵组织参加创建文明村镇、文明单位活动，用教育引导活动，用活动促进教育。1988年，烟台市委、市政府、烟台警备区授予砣矶镇"全市民兵预备役工作先进单位"称号；砣矶镇、县船业总公司民兵连"民兵预备役工作成绩突出"，被烟台市委、市政府、烟台警备区通令嘉奖。

90年代初，逐步采取电化教学、形象化教育、函授教育、自我教育、跟踪教育等形式和方法，对民兵进行坚定社会主义信念、坚信共产党领导以及农村社会主义思想教育。1990年，全县有3个

80年代，长岛女民兵炮排进行射击训练

忠诚、绝对纯洁、绝对可靠，为圆满完成各项工作任务提供坚强有力保证。2017年，学习贯彻中共十九大精神，扎实开展“传承红色基因，担当强军重任”主题教育和“做时代新人、当强军先锋”群众性主题实践活动，努力培育“四有”革命军人民兵。探索教育成果向基层延伸的方法路子，引导基层专武干部和民兵在岗位练兵、岗位成才、岗位建功中促进学习深化。

2018年，以《军委主席负责制读本》和宣传教育提纲为基本教材，开展“不忘初心、牢记使命”主题教育，推动“两学一做”学习教育常态化、制度化。充分发挥国防教育基地、军史馆、荣誉室等教育功能，培树崇尚英雄、缅怀先烈、爱党爱国、心系国防的良好风尚。着力加强根本宗旨教育，采取“学光荣传统、看建设成就、听发展报告”等形式，引导官兵真心爱民、真诚为民、真情助民；组织学习贯彻新修订的《政治工作条例》，基层武装部和民兵营连排抓好政治工作的能力素质得到进一步提高。

军事训练

1985年后，依托基地开展规范化训练。2000年后，科技强军信息化训练逐步深入，完成由简单的军事常识教育到比较正规的单兵技术战术训练，由步兵分队训练到多种专业技术分队、对口专业技术分队训练，由执行单一的军事任务到执行多样化军事任务的转变，实现民兵军事训练由量变到质变的飞跃。

1985年起，根据总参谋部通知，把两年一个周期训练，改为年度训练，训练时间按新《兵役法》的规定执行。1986年8月，山东省军区印发《民兵预备役规范化训练若干规定》。全县民兵军事训练由分散训练转为集中训练。

1997年，民兵训练基地配备5名有一定军政素质和教学经验的“四会”教练员，并定期对他们进行培训，保证教练员队伍长期稳定。根据总参谋部颁发《民兵军事训练大纲》和教材要求，统一训练内容、训练时间、训练考核标准。参训民兵按照训练专业进行编组，结合训练专业和内容，研究制订周密的训练计划，采取灵活多样的方法和形象直观的教学手段，确保训练质量。

2000年始，民兵训练改为年度训练，在县民兵训练基地集中训练，训练时间一般为20天，训练内容主要是技术、战术基础课目。2002年，民兵应急分队参加烟台市民兵比武，获得战术基础第一名、单位总评第二名的成绩，2003年，长岛县“两武”（人武、专武）干部和民兵参加烟台市第二届军事比武获得“两武”干部体能总分第一名、“两武”干部手枪射击第二名、“两武”干部总分第三名、民兵攀登与固定第三名、轻机枪射击第一名的成绩。

2018年，突出抓牢抓实“十三五”规划时期全县民兵干部军事训练。先后组织基层武装部长、通信专业民兵教练员、民兵信息员、人武部现役干部共11个批次，参加上级、县级举办的各类集训、轮训。组织基干民兵拉练2次，演练课目3个。在4月份省军区组织的静态检查中，长岛县在全省17个受检单位中获得第四名。

第四节 军事活动

1989年8月12日，为庆祝长岛解放40周年，地方与驻军共同进行军民阅兵。这次阅兵集训于7月23日开始，8月12日止，共集训106人，其中男民兵53人、女民兵53人，编两个方队。

1991年6月，长岛县两个“82无后坐力女炮班”为山东省三级人武部党委书记作军事表演，取得肩炮射击首发命中、三发三中的优异成绩，受到总参谋长迟浩田上将的表扬。1992年5月19日，长岛县女民兵组成一个“82无坐力炮班”、两个“85加农炮班”，为全国民兵基层工作会议作军事表演。

1997年7月17日，县民兵训练基地教练员参加烟台警备区第十二届军事（专业）训练比武，取得总评第二名的好成绩。

1998年6月4日，县民兵应急连组建，并接受烟台市政府、烟台警备区成建制训练课目考核，取得优异成绩，并给予通报表彰。是年9月23日，长岛县女民兵组成两个“82无坐力炮班”，为山东省党管武装工作会议作军事表演，取得首发命中、六发六中的好成绩，受到与会各级领导的表扬。

2000年6月1日，组织全县专武干部和民兵教练员进行集中训练。经考核，专武干部取得烟台市团体总分第一名、民兵教练员取得总分第三名。

2002年6月12日，县民兵应急分队接受烟台警备区考核，获得团体总分第三名。

2003年，长岛县在烟台市专武干部和民兵比武中，获得总分第三名、一个单项第一名、两个单项第二名、一个单项第三名。

第五节 国防教育

1986年4月，长岛县国防教育领导小组成立。2000年8月，改为长岛县国防教育委员会，负责全县的国防教育工作。2003年5月，县国防教育委员会并入县国防动员委员会，负责全县的国防动员、国防教育工作。

常规教育

国防教育主要内容有国家颁布的《宪法》《兵役法》《国防法》《国防教育法》《防空法》《军事设施保护法》等法律法规。1998年，长岛县成立由各部门负责人组成的国防教育宣传活动领导小组，统一制订县乡领导、机关干部的学习计划，组织全县科级以上干部进行国防知识学习并考试。2003年，制定《长岛县加强国防教育实施意见》。长岛县国防教育委员会定期组织开展国防精神教育、国防理论教育、国防知识教育、国防科技教育、国防法制教育、国防形势教育、国防体育教育等。运用广播、电视、报刊、网络等大众媒体，广泛宣传国防知识，弘扬民兵工作英模人物“神枪姑娘”刘延凤和“女炮排”等先进事迹。在长岛中学、高级职业学校、实验中学等学校设国防教育课。利用国防教育基地（设施）开展国防教育。每年清明节，组织中、小学校学生和机关团体人员到革命烈士陵园参观、瞻仰，凭吊革命烈士，在潜移默化中增强爱国、爱军、爱英雄的意识。利用国防教育基地和教育网络对基层干部、群众、学生进行国防教育。在每年9月的第3个星期六“全民国防教育日”开展宣传。平时，结合国庆节、建军节、长岛解放纪念日及具有重大历史意义的纪念日，开展以爱国主义为主题的国防教育。

【附记】

“神枪姑娘”刘延凤

1938年9月16日，刘延凤出生在长岛县北隍城乡山前村一户贫苦渔家。1953年参加工作，1959年7月加入中国共产党。曾任长岛县委常委、副县长；烟台地区妇联主任、市妇联主任；烟台地委常委、市委常委；市政协副主席、党组副书记；山东省妇联执委、常委；全国妇联第四届、五届执委等。曾获省、全国“社会主义建设积极分子”“三八红旗手”“神枪姑娘”“五好民兵”“劳动模范”等称号。

1957年始，刘延凤担任山前村民兵连副指导

1964年6月，刘延凤（前左一）在北京为毛泽东等党和国家领导人进行射击汇报表演

员、女基干民兵排长，带领海岛姑娘苦练杀敌本领。她学习钻研射击原理，逐步掌握步枪、手枪、冲锋枪、轻重机枪等五种武器使用技术，在44次的实弹射击中，取得39次优秀、5次良好成绩。

1958年11月，济南军区和山东省军区在长岛召开全省民兵工作现场会议，刘延凤参加海上实弹射击表演。面对风浪天气，在200米距离海上游动目标射击中，取得五发五中优异成绩。济南军区副司令员杨国夫中将夸赞刘延凤是个“神枪姑娘”。

1959年春，刘延凤在济南军区民兵大比武中，半自动步枪速射和精准射击都取得了优异成绩，受到贺龙、罗瑞卿等军委首长的接见。1960年4月，刘延凤出席全国民兵代表大会，并被选为大会主席团成员在会上作了典型发言，受到毛泽东、周恩来等党和国家领导人及中央军委首长亲切接见并合影留念。经中共中央批准，颁发给刘延凤半自动步枪一支。这是她民兵工作获得的最高奖励和荣誉。

1964年6月，刘延凤参加济南军区比武大会，获得济南军区奖励的半自动步枪一支。之后，她作为山东女民兵代表之一，随同济南军区军事汇报表演队赴京参加北京军区、济南军区军事训练比武。刘延凤取得了半自动步枪速射50发全部命中和精度射击七发七中优异成绩。被贺龙元帅、罗瑞卿总参谋长点名留下，参加6月15日在北京西山靶场为毛泽东等党和国家领导人进行射击表演。在150米精度射击表演中，射击目标为5个汽水瓶子，她五发五中。而另外两个选手10发子弹打完，各自都还有两个瓶子。这时广播里响起“把训练场当战场，发扬团结互助的精神，全部消灭敌人”的声音，刘延凤顿时心领神会。立即举枪连射4发，把4个瓶子全部打中。看台上顿时轰动起来！毛泽东看到这个情景更是高兴地说：“真不愧是个神枪姑娘！”

1964年9月，刘延凤被周恩来点名参加以李贞将军为团长的中国妇女代表团，赴阿尔巴尼亚等七国进行了一个半月的友好访问。她在阿尔巴尼亚的3场军事表演，打出了“神枪姑娘”的威

1998年7月3日，“神枪姑娘”刘延凤捐枪给中国人民革命军事博物馆

风，为中国人民争了光。

1979年秋，刘延凤再次参加济南军区比武大会，又获得济南军区奖励半自动步枪一支。这是她获得的第三支半自动步枪！

1998年7月3日，“神枪姑娘”刘延凤将伴随她走过39年的那支中共中央奖励的“五六式”半自动步枪，无偿捐赠给中国人民革命军事博物馆。它将以“文物”的身份，向世人展示一位烟台长岛渔家姑娘光辉的战斗历程。

长岛县国防教育基地少年军校开学典礼（2005年）

国防教育基地

长岛县烈士陵园　1956年3月，长山岛特区人民委员会为纪念在长山岛战役中英勇献身的革命烈士，在南长山镇乐园村南修建烈士陵园。1957年，重修烈士墓，并修筑甬路。时有烈士墓62座，其中为解放长岛而牺牲的烈士34名（无名烈士29名）。1984年，长岛县第四次党代会决定将烈士陵园迁至英山，1986年4月建成。搬迁烈士墓86座，建有革命烈士纪念碑1座。1989年，在陵园内建成革命烈士纪念馆和长山岛战役纪念馆。1989年，烈士陵园被列为长岛县文物保护单位和长岛县重点烈士纪念建筑物保护单位。2000年，县委、县政府确定烈士陵园为青少年教育基地。

北长山少年军校　1996年始，北长山中心小学和共建单位驻军炮一连共同举办少年军校培训班，要求每名即将升入五年级的学生，暑假接受一次为期一个周的封闭式军训，目的是学习解放军的好思想、好传统、好作风；培养学生艰苦奋斗、吃苦耐劳的好品质；提高学生组织纪律性，增强集体主义观念；为社会主义现代化建设和国防事业培养合格的接班人。1996年7月，正式成立北长山乡少年军校。

少年军校先后被中央人民广播电台、《中国国防报》、《前卫报》、《烟台日报》、烟台电视台、山东电视台等新闻媒体报道。2001年，被烟台市人事局、教育局授予“烟台市教书育人先进单位”，被市教育局授予“教育科研先进单位”，被山东省教育厅授予“国防教育知识竞赛少年军校奖”。2002年，分别被烟台市教科院授予《中国教育报》“学、用、评”优秀学校和“异步教学实验”优秀实验学校称号。

2005年9月，县政府决定将北长山乡少年军校改建为长岛县国防教育基地。至2018年，国防教育少年军校共举办培训班23期，累计培训少年学员1500多人次。

第六节　人民防空

领导机构

1969年11月，长岛县战备人民防空领导小组办公室设立，简称“战备人防办”。1975年2月，改为县人民防空领导小组办公室，并被济南军区、山东省委确定为山东省人民防空重点单位，列入同级人民政府序列，设立军、地共同任职领导机构。1982年3月，县人民防空领导小组改称县人民防空委员会，县人民防空领导小组办公室改称县人民防空委员会办公室。

1984年3月，县人防办划归县建设委员会代管，实行业务、财务独立管理。1993年4月，根据县政府机构改革意见，县人防办为正科级全额事业单位，列县政府职能机构序列。1993年11月，更名为县人民防空事业处。2001年11月，更名为县人民防空办公室，为县建设局内设副科级全额事业单位。2013年，住房和规划建设管理局对外挂人民防空办公室牌子，内设人防管理科。

2015年后，县人防办并入县住房和规划建设管理局。

防空业务

1987年，根据市人防办提出的意见重新修订防空袭预案，重新明确敌情判断图、防空袭布置图、工程计划保障图、通信报警图、人口疏散计划图、就地就近隐蔽图；对人防办公楼建设进行资金筹集、规划设计、施工等相关工作。1989年，长岛县组织施工的人防工程被省人防办列为“优质工程”。1990年10月，为提高长岛县战时防空袭通信保障能力，省人防办通信站为长岛县安装移动通信设备。1993年，完成防空袭预案修订工作，使之更适应形势和现实情况。县人防办被山东省人防办评为“山东省三防知识教育先进单位”。1996年，长岛实验中学被山东省人防办、省教委授予“三防知识教育工作先进单位”，县人防办、长岛中学被市人防办授予“三防教育先进单位”。1999年，县人防办被省人防办授予“先进单位”称号。2000年，修订长岛县防空袭方案，并得到省人防办批复同意。

2005年，制定《长岛县人防建设“十一五”规划和2020年发展目标》。2008年，印发《长岛县人防防空工程管理办法》《关于规范人防建设费征缴有关问题的通知》两个政府规范性文件。2009年，完善人防军政双重领导体制，建立军政联席会议制度，明确联席会议组成人员，落实了军事干部兼任同级人防部门领导副职制度。2011年，重新明确易地建设费收费标准。根据烟台市人民防空办公室《关于明确易地建设费收费标准的通知》精神，经县政府研究同意，协同物价、财政印发《关于明确易地建设费收费标准的通知》，明确收费标准。

2014年始，在青少年校外活动场所增加防空防灾技能训练。2016年后，按计划组织开展业务学习和训练。先后组织3人次参加全市人防机动指挥通信系统拉动训练，全部通过训练考核。

防空教育宣传

主要利用课堂讲课、专栏板报、广播电视、电影、报刊等新闻媒介进行人防知识教育宣传。1987年，县教育局和县人防办组成“三防”（防原子、防化学、防细菌）教育领导小组，在长岛中学和联中开展“三防”知识教育，利用近4个月17个课时，培训“三防”知识。1988年8月，成立长岛县“三防”教育领导小组，各学校也分别成立领导小组。对学校新任的“三防”教育教师进行集中培训，在初中二年级加强“三防”知识教育。“三防”教育在原有试点的基础上，在全县（包括长岛中学、长岛联中、砣矶中学、钦岛中学、隍城中学）普遍开展，共设17个班，570名学生接受“三防”教育，普及率达到100%，合格率达到97%；全县“三防”知识考试合格率达到95.6%；优秀率达

县人防办开展人民防空科普知识宣传（2018年）

68.4%。1988年10月,组织32名学生参加市人防办组织的“三防”文艺会演,获得“演出先进单位”及多项奖项。1990年,调整充实“三防”教育领导小组,完善教学制度,把“三防”教育纳入各学校的正常教学计划。

1992年3月,利用宣传栏、广播、走访等形式,先后到全县20多个单位进行宣传教育。1993年,为全县各中学配备“三防”教育箱、录像带等教学设备。1998年始,每年8月15日为防空(防灾)警报试鸣日。2000年,在全县5所中学进行“三防”教育,通过过街横幅、电视广播宣传车等形式进行人民防空法宣传。2012年始,在每年8月12日长岛解放日,在县城区进行防空警报试鸣。

2013年开始,县政府决定每年8月15日上午9:30—10:00,在全县城区范围内进行防空(防灾)警报试鸣。每年对全县群众进行一次防空基本常识教育。把人防教育作为学校素质教育的重要内容列入工作日程,完成规定的教学课时和内容,做到人防教育“有领导、有制度、有计划、有队伍、有活动、有保障”。定期组织开展人防应急疏散演练。2018年,在长岛县第二实验学校组织开展创建人防教育示范学校活动。

第二十一编　劳动　人事　编制

1986年后，长岛县劳动保障、机构编制和人力资源等方面发生深刻变化。企业用工制度实行劳动合同制，工资制度实行职工工资与企业经济效益挂钩。劳动就业开展岗前培训，职工流动和新生劳动力安置进入劳务市场，实行双向选择。设置劳动监察、劳动争议仲裁等服务机构。劳动行政工作由管理型逐步向服务保障型转变，建立完善劳动保险制度，对困难就业人群进行就业帮扶和创业扶持。1995年，县乡机关推行公务员制度。2005年，推行事业单位聘用制度改革。机关事业单位建立工资增长机制，专业技术人员管理通过评聘分开和分级竞聘改革日趋完善。机构编制工作在改革中有序推进，按照党和国家、省、市的统一部署，完成各阶段的机构改革任务。

第一章　劳　动

改革开放后，劳动用工打破传统的统招统配模式，以市场为导向，统筹推进城乡改革。1987年，改革企业招工管理制度，与职工签订劳动合同。社会保障事业逐步从企业保险向社会保险过渡，养老、医疗、工伤、生育各种保险制度逐步健全。

90年代，劳动行政工作由管理型逐步向服务保障型转变。劳动部门宏观调控全县劳动就业工作，调节人力资源合理配置，依法监督用人单位与劳动者签订劳动合同，指导企业制定工资与各类福利待遇规定。1995年，实行最低工资制度。2000年，建立劳动力市场工资指导价位制度。2001年7月，长岛县人才劳动力市场成立。2003年，成立砣矶镇、南长山镇和县城区街道办事处3个劳动保障事务所，具体承担辖区内的劳动保障工作。2005年，执行烟台市《关于限制企业经济性裁员的有关规定》，规范企业裁员。2007年，建设基层人力资源市场，形成市场主导、覆盖城乡的就业服务网络。2009年始，长岛县建立人力资源市场，为全县用人单位招聘和基层群众就业架起双向选择、促进就业的桥梁。

第一节　机　构

1984年9月，长岛县劳动服务公司成立，负责城镇待业人员的登记、招工、岗前培训和劳动保险基金管理等。1999年，劳动服务公司机构、人员以及劳动和社会保障职能由县计划统计委员会划归县人事局。是年5月，人事局更名为长岛县人事劳动和社会保障局。2001年7月，县人才劳动力市场成立。2002年4月，劳动服务公司更名为劳动就业办公室（挂县职业介绍中心牌子）。2010年8月，县人事劳动和社会保障局更名为长岛县人力资源和社会保障局。2012年11月，县劳动就业办公室与县人才交流服务中心合并组建县公共就业(人才)服务中心；县机关事业单位社会保险处、县农村社会养老保险事业管理处、县城镇职工医疗保险处、县社会保险事业处合并组建县社会保险服务中心，均为正科级财政拨款事业单位。至2018年，县人力资源和社会保障局内设办公室(挂行政许可科牌子)、就业促进科(挂人力资源市场管理办公室牌子)、人事管理科(挂军官转业安置办公室牌子)、专业技术人员管理科、工资福利科、劳动关系科、社会保险科(挂社会保险基金监督科牌子)、监察与调解仲裁管理办公室等职能科室8个；设正科级事业单位2个：社会保险服务中心、公共就业(人才)服务中心；副科级事业单位3个：劳动保障监察大队、劳动人事争议调解仲裁院、人力资源考试中心；股级事业单位1个：人力资源和社会保障信息中心。

第二节 劳动就业

就业制度

1986年，长岛县根据国务院《关于发布改革劳动制度四个规定的通知》和山东省《关于发布改革劳动制度四个实施细则的通知》文件精神，废止自1965年开始执行的“离退休或退职后由子女顶替”的就业制度。对招用工制度进行改革，招收工人一律实行劳动合同制，全面推行“先培训、后就业，先培训、后上岗”制度。为妥善处理遗留问题和适当照顾部分老工人，凡在1986年9月30日前符合退休条件的工人，并有符合招工条件的子女，仍可按原有规定办理“子女顶替”手续。是年，对招用的合同制工人全部进行培训，并办理招工录用手续149人。1987年，全面推行企业招工管理制度，由过去的“统包统配”改为通过劳务市场招工。1989年，签订劳动合同2220人。1990年，清理压缩临时工265人，全县合同制工人1980人。

1991年，全县103个单位实行工资基金管理手册，87个单位建立职工人数台账，实现工资总额和职工人数的总量控制。实行临时工调节计划，避免计划外用工，对外资企业使用的临时工实行专项管理，加强劳动合同管理，合同制工人合同续签率达100%。1992年始，实行农村劳动力外出务工许可证制。是年，按照国务院《全民所有制工业企业转换经营机制条例》规定，实行全员劳动合同制，改国家用人为企业用人，改国家职工为企业职工，实现劳动关系法制化。1994年，依据国家《私营企业暂行条例》《企业劳动争议处理条例》和《山东省劳动合同管理试行规定》，制定《长岛县劳动合同管理办法》，通过劳动力市场，实现需求双方双向选择、择优录用。1995年，对企业招用外来劳动力实行报批制度、劳动合同制度双重管理。1996年，对县国有集体企业下岗职工实行待岗证制度，下岗职工可凭待岗证享受再就业9项优惠政策。1997年，依据《中华人民共和国劳动法》《中华人民共和国乡村集体所有制企业条例》，长岛县制定《关于乡镇企业实行劳动合同制度的试行意见》。1998年，县以上企业合同制职工全部签订劳动合同，临时工签订劳动合同630份，合同签订率达95%以上，县以下单位外来劳动力签订合同1.15万份，合同签订率达86%以上。

1999年，长岛县取消“临时工”。企业职工统称合同制工人(与正式职工同等待遇)，实行全员劳动合同制。企业裁员下岗职工依法解除或终止劳动合同，不再进入再就业服务工作站，直接进入市场转为失业职工，享受失业保障待遇。2001年，全县推行全员劳动合同制度，重点加大“事改企”单位实施力度，县直企业、外商投资企业、私营企业劳动合同推行率分别达到100%、74.9%、70.7%。2002年1月，《山东省劳动合同条例》颁布实施，全县职工和机关企事业单位合同制职工劳动合同签订率达100%。全县15家企业签订集体合同，职工达580人。2003年，加强劳动合同管理，开展劳动年检、举报专查和劳动监察等，检查用人单位50家，补签劳动合同203份。

2004年4月，《山东省就业促进条例》颁布实施。2007年，建设基层人力资源市场，在居委会、渔村设置劳动保障协理员。是年，签订劳动合同1600多份。2008年1月，《劳动合同法》《就业促进法》颁布实施，全县举办培训班5期，培训渔村干部、企业负责人200余人次。2009年，实施《劳动合同法》和企业经济性裁员有关规定，依法规范裁员程序，形成企业裁员报告制度。2011年，邀请专家开展《劳动法》《劳动合同法》等法律法规专题讲座。2012年，启动县远洋捕捞公司和烟台立业建筑公司等企业职工安置方案审核工作。2014年，根据《劳动合同法》《山东省劳动合同条例》相关规定，全县新增劳动用工备案单位16家。2017年，规范集体合同备案审查制度，落实平等协商和集体合同有关政策规定，指导用人单位做好集体合同的签订、备案工作。2018年，做好集体合同备案和特殊工时工作制审批工作，开展年度企业工资"三项制度"报送备案及劳动用工网上备案工作。

安置就业

1986年，全县招工面向社会公开招收，择优录用。招工对象主要是县内非农业人口、职工直系亲属、农村复员退伍军人，年龄为16～25周岁，学历不低于高中或同等学历。1989年，召开专题会议研究城镇青年安置工作并下达年度安置计划，在县水产学校举办"安置水产学校应届毕业生的劳务市场"专场招聘，通过公开招收、分段择优录取安置毕业生86人。是年9月，举办"安置高中和1987年以前毕业的初中毕业生的劳务市场"专场招聘，安置待业青年137人。

1990年11月，全县通过劳务市场实现就业的待业青年156人。是年，分配技校毕业生30人，安置随军家属就业38人。1991年，安置就业人员140人。其中，待业青年80人，初、高中毕业生60人，待业青年安置率100%。1992年，改革技工学校毕业生分配制度，将原统包统配的安置模式改为毕业生自主择业的就业形式，按时就业毕业生54人。

1993年，实行分类指导安置就业，对于国家不包分配的"五大"毕业生（地方职业大学、电视大学、函授大学、夜大学、业余大学）、技校毕业生、自费中专生和失业职工，实行本人自荐、单位考核、劳动部门办理招录手续的办法进行安置，安置毕业生就业42人。1995年，《劳动法》颁布实施，企业根据生产经营需要，自行制定招工简章，自主确定招工时间、条件、方式、数量，劳动者和企业双方签订劳动合同，安置就业全面推向劳动力市场。1999年始，实行全员劳动合同制，不再安置就业。就业政策从安置就业过渡到"劳动者自主择业，市场调节就业，政府促进就业"。

1986—1999年，全县企业累计招用合同制（含农民合同制）职工4507人，招用随军家属610人。

失业职工再就业

1995年7月，全国下岗职工再就业工程启动。1996年，印发《长岛县实施再就业工程贯彻意见》，安置和分流失业下岗职工。对国有集体企业下岗职工实行待岗证制度，下岗职工可凭待岗证享受再就业9项优惠政策。1998年9月，全县企业主管部门均成立再就业服务工作站，为县福利塑料厂、第二塑料厂、二轻公司等符合条件的57人发放待岗证，为下岗职工41人每月发放192元基本生活费。分流安置再就业人员602人，再就业率达92.6%，城镇登记失业率控制在1%以内。1999年12月，全县下岗职工直接进入市场转为失业职工，在烟台市率先实现下岗职工与失业职工“并轨”，全县下岗职工57人全部与企业解除劳动合同。其中，实现再就业48人，享受低保3人，失业保障6人。全年登记失业职工85人，失业率为1.1%。2000年4月，长岛县印发《关于落实〈失业保险条例〉有关问题的通知》。是年，认定、接收失业职工170人，介绍失业职工再就业44人，促进失业职工自谋职业78人，就业率71.8%，介绍其他城镇失业职工再就业197人，城镇登记失业率1.5%。全县失业职工再就业率达69%，城镇登记失业率控制在1.4%以内。

2002年，成立县就业再就业促进委员会，出台扩大就业、促进再就业10项政策措施。是年，接收失业职工225人，实现失业职工再就业152人，失业职工再就业率达67.6%，城镇登记失业率控制在1.5%。2003年，印发《关于印发长岛县组织实施“4050”等困难群体再就业援助计划的通知》，为“4050”等就业困难群体提供用工岗位257个。2004年，开展“再就业优惠政策”宣传活动和“外来人员就业宣传月”活动，对全县有就业愿望的93人进行重新登记，根据本人意愿及时推荐就业岗位。2005年，接收企业职工389人，认定失业职工272人。其中，破产、关闭、停产企业职工208人。

2006年，长岛县印发《关于进一步加强就业工作的通知》，县就业再就业促进委员会更名为县就业促进委员会，成员由20个部门增加到21个。2007年，开展《失业证》《再就业优惠证》年检工作，与失业职工签订《失业管理与就业服务协议》437份，强化对失业职工的管理和服务。2008年，印发《长岛县人民政府关于进一步加强促进就业工作的通知》，重点开展就业援助工作。是年，失业职工实现再就业155人。2009年，印发《关于稳定和促进就业工作意见》《关于做好高校毕业生就业工作的意见》，鼓励支持企业吸纳就业困难群体和高校毕业生就业，鼓励就业困难群体和高校毕业生灵活就业、自主创业。2010年，印发《长岛县创建国家级创业型城市工作实施方案》。2011年，对全县就业困难群体人员进行新一轮摸底调查，调查审核就业困难群体人员382人，认定困难群体人员231人。

2012年，开展“再就业援助月”“春风行动”“民营企业招聘周”等活动，提供免费就业指导服务284人。2013年，组织专场招聘会3场，促进失业人员再就业35人。2014年，采集用工岗位196个，下岗失业职工再就业7人。2015年，帮扶就业25人。2016年，采集用工信息142个，办理求职登记25人，推荐就业64人。2017年，提供就业岗位200余个，办理就业推荐登记65人。2018年，组织各类专场招聘会40场次，发布用工岗位1010个，发布个人求职信息320条，实现意向就业235人。是年，实现失业职工再就业278人，困难群体再就业74人，城镇登记失业率控制在1.1%。

1995—2018年，全县共接收失业职工4152人，享受失业保障3922人，发放失业金1425.64万元；为下岗职工41人发放基本生活费6.7万元；失业职工实现再就业4020人，困难群体实现再就业1209人。

第三节 劳动服务

劳动力管理

1989年，县劳动部门将非工业部门所办小集体企业劳动力纳入劳动就业管理范围。企业职工按规定向社会劳动保险事业处、劳动服务公司缴纳职工退休养老保险金和职工待业保险基金。农村劳动力进城务工仍实行严格控制，由劳动部门归口管理。1991年4月，全县10个乡镇均建立劳动服务站，负责域内劳动力和外来劳动力管理。1993年2月，县劳动服务公司与乡镇劳动服务站共同加强对外来务工人员全面管理，确保2万多进岛务工人员及时分流、安置。

1994年，外来务工人员达2.3万人，县劳动服务公司加大管理服务力度，保障大量外来务工人员切身利益。

1995年10月，印发《外来劳务人员管理实施意见》，对企业招用外来劳动力实行报批制度和劳动合同管理制度。1998年，长岛县开展“创建外来人口管理品牌工程”，成立劳动用工检查组，劳动合同签订率达100%。

2001年，全县开展“规范用工、维护劳动者合法权益”“外来劳动力管理年”活动。在外来劳动力相对集中的乡镇、村、单位成立外来工人管理协会，对外来劳动力合同签订、安全卫生、生活条件等情况进行实地督察。2002年，劳动力管理工作打破过去侧重县属企业的格局，向“三资”企业、股份制企业、镇村办企业、个体私营企业延伸。2003年4月，推进街道和乡镇劳动保障平台建设，全县9个乡镇平台实行挂牌办公。2004年11月，实现市、县联网，数据共享。

2006年，外来务工人员签订劳动合同178份，合同签订率为98.5%。2007年，全县在各居委会、渔村设置劳动保障协理员44人，实行动态管理。2008年，全县共签订劳动合同1.5万余份。2009年8月，长岛县建立人力资源市场，每月设立固定招聘日，为劳动者提供就业服务与就业指导，劳动力管理工作转变为向劳动者提供就业服务。

就业服务与管理

1986年后，新招收城镇待业青年均通过劳务市场招录。1992年7月，县职业介绍所开展用工登记、求职登记、职业介绍、办理招工手续等业务。1993年6月，县职业介绍所更名为长岛县职业介绍中心，增加劳动事务代理业务。1994年，长岛县印发《关于职业介绍的实施意见》，规范职业介绍程序，发挥市场调节作用，实现劳动力资源配置市场化。1998年9月，有下岗职工的4个主管局成立再就业服务分中心，4个企业成立再就业服务站，促进再就业工作开展。

2001年7月，建成集信息采集发布、就业咨询、就业指导、职业介绍、劳动合同签订为一体的综合性职业介绍服务大厅。是年，城镇新增就业278人。2002年，县劳动就业办公室承担统筹城乡就业管理与服务的双重职能。是年，城镇新增就业315人。2003年，发挥基层劳动保障服务所和企业主管部门作用，开展“4050”等困难群体调查摸底工作。是年，城镇新增就业1213人。2004年，县机关后勤等单位腾出公益性岗位47个，全部用于安置“4050”等就业困难群体再就业。是年，城镇新增就业715人。

2006年，开通“劳动99三版软件”网络系统、市公共就业服务转换系统，将招聘（求职）登记、供求信息发布、日常职业介绍、现场招聘结果和市场就业统计纳入网上管理。是年，失业职工实现再就业234人，就业困难人员实现就业55人。

1986—2018年长岛县城镇就业再就业人数统计表

表21-1　　单位：人

年份	就业人数	年份	就业人数	年份	就业人数
1986	239	1997	233	2008	656
1987	474	1998	204	2009	864
1988	377	1999	120	2010	808
1989	291	2000	275	2011	929
1990	188	2001	278	2012	837
1991	220	2002	315	2013	758
1992	175	2003	1213	2014	671
1993	101	2004	715	2015	601
1994	149	2005	716	2016	568
1995	161	2006	556	2017	550
1996	119	2007	661	2018	568

2008年1月，开展“就业岗位信息进村入户”活动，各乡镇、街道劳动保障事务所参加全市乡镇(街道)平台年度工作考核评比。是年，城镇新增就业656人。2010年，征集岗位1704个，举办招聘44次，市场就业431人，全年城镇新增就业808人。

2011年，开展“再就业援助月活动”“大中专技校毕业生就业服务周”主题活动，就业困难人员实现就业95人。2012年，举办进城务工人员、建筑暨房地产、食品制造暨餐饮服务等5场专场招聘会，先后为284人提供免费就业指导服务，全年城镇新增就业837人。2013年，通过保障平台发放宣传资料2000多份，全年城镇新增就业758人。

2015年4月，农民工综合服务中心成立，8个乡镇成立“农民工综合服务所”，开展农民工恳谈日活动。是年，构建“就地、就近、及时、均等”的城乡“4J”就业服务模式。2016年，设立就业创业服务窗口，为群众提供一站式服务。是年，城镇新增就业568人，建档立卡贫困户6户13人，均实现脱贫。2017年，相继开展高校毕业生就业服务月以及退役军人、困难群体等专场招聘会，发布招聘信息11期，全年城镇新增就业550人。2018年，全年城镇新增就业568人。是年，通过就业帮扶，使有就业意愿和劳动能力的建档立卡贫困人员2人实现就业，各项就业扶持、社保优惠政策待遇均落实到位。

1986—2018年，采集用工岗位13817个，举办招聘专场200多场，达成就业意向3800多人，实现城镇就业1.6万人。

创业带动就业

2003年12月，贯彻落实省市有关创业带动就业政策，下岗失业人员小额担保贷款工作初步启动，县级财政拨款30万元作为小额担保贷款担保基金。2009年，小额担保贷款工作推进落实，首次为急需资金创业的失业职工3人发放小额担保贷款15万元，带动就业9人。2010年，印发《关于印发长岛县创建国家级创业型城市工作实施方案》。是年，对全县1164户企业和个体工商户进行调查筛选，为符合条件的27人发放一次性创业补贴计2.7万元。2012年，落实烟台市《关于进一步做好小额担保贴息贷款工作的通知》，加大失业人员小额担保贷款发放力度。是年，发放创业担保贷款215万元。2013年，调整小额担保贷款支持对象和贷款额度，高校毕业生贷款额度10万元、妇女贷款额度8万元、其他人员贷款额度5万元，小微企业最高可贷款200万元。2014年，个人创业担保贷款额度统一提高到10万元，小微企业最高可贷300万元。是年7月，提高各类创业补贴标准，创业者可申领1万元的一次性创业补贴；吸纳登记失业人员和年度内高校毕业生的，可申请2000元的一次创业岗位开发补贴。是年11月，开展“创业之星”评选活动，评选出“创业之星”6人。2015年，督导南长山街道参加创建市级创业型街道评选。2016年，提高各类创业补贴标准，给予首次领取营业执照的小微企业2万元创业补贴，给予正常缴费满12个月的个体工商户5000元创业补贴。是年，小额担保贷款政策调整为创业担保贷款政策。2017年6月，按照省市文件精神，创业担保贷款扩大政策受益人群，财政部门由全额贴息改为部分贴息，贷款期限由最长2年调整为最长3年。2018年，扩大政策受益人群，在原有政策基础上将农村自主创业的农民纳入支持范围，由部分贴息改为全额贴息。

2009—2018年，全县创业担保贷款基金达979万元，累计发放个人创业担保贷款173人，金额1493万元；发放小微企业创业担保贷款8户，金额1470万元，贴息155.19万元；为89人发放一次性创业补贴12.25万元。

2009—2018年长岛县创业政策落实情况统计表

表21-2 单位：人、万元

年份	创业担保贷款发放情况						贷款贴息发放情况	创业补贴发放情况	
	累计发放金额	个人	企业	累计发放笔数	个人	企业	金额	金额	笔数
2009	15	15	0	3	3	0	—	0	0
2010	20	20	0	4	4	0	0.45	2.7	27
2011	110	90	20	19	18	1	1.7	0.3	3
2012	215	65	150	14	13	1	8.2	2.4	24
2013	530	30	500	8	6	2	16.7	1.9	19
2014	553	153	400	19	17	2	36.7	0.8	8
2015	420	220	200	23	22	1	8.37	0.5	1
2016	510	310	200	32	31	1	40.99	2	4
2017	250	250	0	25	25	0	23.12	0.5	1
2018	340	340	0	34	34	0	18.96	1.15	2
合计	2963	1493	1470	181	173	8	155.19	12.25	89

技能培训和鉴定

岗前培训　1986年，推行“先培训、后就业，先培训、后上岗”制度。重点对城镇待业青年进行普法教育、安全生产教育、劳动纪律教育，开展以劳动制度改革政策以及相关工种（专业）的应知、应会知识等为主要内容的岗前培训。是年，对招用的合同制工人149人全部进行培训。1988年2月，长岛县印发《关于就业前培训有关问题的实施意见》，除职业学校毕业生和有技术特长并实行对口安排的人员外，一律实行岗前培训。熟练工种培训时间6个月，技术工种培训时间为1年，培训期间工资照发。

1990年，采用劳动服务公司统筹办班和用工单位自主办班相结合的方式进行岗前培训。实行两证制度，在培训结业考核的同时，进行初级工技术考核，合格者颁发“结业证书”和“初级工技术等级证书”。1993年6月，岗前培训城镇待业青年51人，结业率达100%。是年，全县参加岗前培训188人。1995年，按照“持证就业、持证上岗”原则，城镇待业青年培训面达95%以上。1999年，采取集中培训与分散培训相结合的方式开展就业培训。2002年，免费开展岗前培训358人。计划经济转变为市场经济后，就业培训不再进行岗前培训，完全由职业技能培训取代。

技能培训　1986—1990年，在县交通局、供销社、电业局、农机厂、罐头厂5个单位开展中级技术工人培训工作，主要面向具有初中文化程度并已取得三级“工人技术等级证书”的青壮年工人和尚未达到中级技术（业务）标准而现工资已达到四至六级的技术工人，参加培训205人。

1990年，县劳动服务公司开始承办劳动技术培训业务，根据市劳动局《关于开展工人中级技术（业务）培训工作的若干意见》要求，开展技师、助理技师评聘工作，在县供销社、罐头厂进行试点，评聘技师、助理技师4人。1991年，全县实行技师聘任制试点单位8个，参加培训41人。1992年，对培训进行改革，由“先招工后培训”改为“先培训后招工”，培训挡车工42人，塑料加工专业44人；全县技师评聘试点单位由过去的8个扩大到26个，评聘技师3人，助理技师6人；举办特殊工种培训班2期，参加培训60人。在县技工学校、燕鲁宾馆、电业局、农机厂、商业总公司等单位成立海水养殖（育苗）、水产品加工、烹饪、电工、车工等9个专业（工种）培训考核站，培训职工52人。1993年，举办首次海水育苗技师培训班，培训育苗技术骨干51人。1994年，开展以海养技术为主要内容的职业培训，举办海水养殖育苗技师培训班1期、虾夷扇贝养殖技术推广应用培训班2期、电气焊培训班1期，培训技术骨干274人。

1997年7月，培训中心基础建设方案批复。1997—1998年，重点推进培训中心基础建设，落实培训场所，编印临时工岗位培训教材，对转招农民合同制的350人进行技能培训。举办海水养殖培训班1期，通过考核鉴定，取得海水育苗技师资格20人，取得助理技师资格9人。1999年，培训下岗职工251人次，培训失业职工63人次，培训在职职工128人次。

2000年，开设餐饮培训班、中级电工培训班等6个班次，培训学员203人，其中培训失业职工103人，结业率达98%，培训后再就业137人，再就业率达67%。2001年，举办培训班3期，培训技术工人102人。2002年，先后在全县组织汽车驾驶员、维修电工等14个工种80人的技能培训，推荐19人参加高级工资格评审。2003—2004年，举办餐饮培训班、中级电工培训班等主体班次年均4次，参加培训827人次；评聘技师、助理技师47人。2005年，举办市场营销员培训班1期，培训失业职工63人。2007年，举办技能培训班2期，培训农民工585人。2008年，对全县失业职工33人和农民工530人进行海珍品养殖、贝类、藻类、挡车工等专业的技能培训。2009年9月，开办首期创业培训班，并举办计算机技能培训班，培训93人。2010年，开办培训班2期，培训97人。是年，对全县“渔家乐”经营业户进行烹调面点培训，培训200人。

2011年，举办计算机技能培训班1期，培训失业职工52人；举办新成长劳动力培训班1期，培训27人；举办创业培训班2期，培训100人。2012年，先后培训农民工4期383人、失业职工1期52人、新成长劳动力1期28人、创业培训2期87人，全年培训550人。2013年，举办多期烹调师培训班，参加培训初级烹调师109人、中级烹调师137人；举办创业培训班2期，培训103人；参加中级海水养殖专业培训中专毕业生30人。2014年，协助职业中等专业学校完成2014年度培训投标工作，举办失业职工计算机技能培训班1期，培训51人；举办农民工转产转业培训班3期，培训270人；举办创业培训班2期，培训131人；举办电子商务培训班1期，培训75人，全年培训527人。2015年，举办失业职工计算机技能培训班1期，培训30人；举办农民工中式烹调培训班1期，培训160人；举办创业培训班1期，培训27人。2016年，举办技能培训班5期，培训175人；举办创业培训班4期，培训133人。是年，首次开展月嫂培训，主要讲解婴儿护理等相关知识。10月，联合培训机构对乡镇开展拉网式培训统计工作。2017年，开展“订单式”培训，按订单为每个乡镇制订培训方案，在大钦岛乡和南隍城乡举办旅游服务、烹任教学专项培训班2期。2018年4月，在北隍城乡为农村转产转业劳动力举办中式烹调培训班1期，培训25人。7—10月，举办失业职工、中式烹调师、育婴员培训班各1期，培

长岛县人力资源和社会保障局举办旅游从业人员面点师培训班（2016年）

训78人。

1986—2018年，全县共举办各类培训班63期，培训失业职工7075人次，培训农村劳动力2154人次。

技能鉴定　2002年11月，长岛县职业技能鉴定中心成立。是年，组织全县汽车驾驶员、维修电工等14个工种80人和技工学校毕业生108人进行职业技能等级鉴定，推荐19名高级工参加烟台市技师评审。2003年，组织全县23个工种304人进行职业技能等级鉴定。2004年，建立由31人组成的职业技能鉴定考评队伍，建成8个工种的职业技能鉴定考试考评题库，组织全县16个工种867人进行职业技能等级鉴定。2005年，组织全县37个工种507人进行职业技能等级鉴定，颁发职业资格证书500个，组织考评员5人参加烟台市统一培训考试。2006年5月，印发《关于在我县从事劳动保障工作人员中实行职业资格证书制度的通知》，要求企事业单位从事劳动保障工作人员统一进行人力资源管理师的职业技能鉴定考试，16人参加。是年，组织全县17个工种209人进行职业技能等级鉴定。

2007年10月，举办长岛县首届职业技能大赛，组织餐厅服务员和客房服务员2个工种48人参加，评选出一、二、三等奖共12人。是年，组织全县11个工种252人进行职业技能等级鉴定。2008年，举办长岛县"建筑杯"职业技能大赛，组织抹灰工种30人参加，评选出一、二、三等奖共6人，1人取得技师职业资格，11人取得高级工职业资格。组织全县30个工种640人进行职业技能等级鉴定，颁发职业资格证书640个，推荐技术工人38人参加烟台市技师评审。2009年，举办长岛县维修电工职业技能大赛，46人参加，8人分别取得技师和高级工职业资格。组织全县10个工种501人进行职业技能等级鉴定，颁发职业资格证书501个。2010年，举办长岛县"旅游杯"烹调师职业技能大赛，24人参加。组织全县11个工种350人进行职业技能等级鉴定。2011年，组织全县9个工种412人进行职业技能等级鉴定，颁发职业资格证书398个。2012年，举办长岛县"蓝鲍湾杯"旅游行业餐厅和客房服务员大赛及长岛县"放心粮杯"渔家乐厨艺大赛，近70人参加。组织全县12个工种573人进行职业技能等级鉴定，颁发职业资格证书460个。

2013年，举办长岛县第二届烹调师职业技能大赛，16人参加。组织全县10个工种388人进行职业技能等级鉴定，颁发职业资格证书350个。2014年，组织全县9个工种402人进行职业技能等级鉴定，推荐3人参加高级技师评审。2015年，举办长岛县"农商银行杯"餐饮服务行业职业技能大赛，45人参加，1人获得烟台市人社局颁发的"烟台市技术能手"荣誉称号。组织全县11个工种276人进行职业技能等级鉴定。2016年，举办长岛县"烟台银行杯"渔家乐中式烹调师职业技能大赛和普通船员技能大赛，92人参加，26人获奖，1人获得烟台市人社局颁发的"烟台市技术

县人力资源和社会保障局举办“烟台银行杯”技能大赛(2016年)

能手”荣誉称号。组织全县7个工种236人进行职业技能等级鉴定。2017年，举办长岛县“长旅集团杯”渔家乐服务礼仪综合素质职业技能大赛，33人参加。组织全县2个工种187人进行职业技能等级鉴定，颁发职业资格证书160个。2018年，举办长岛县“佳益海洋牧场杯”中式烹调师技能大赛，21人参加。组织全县2个工种116人进行职业技能等级鉴定。

劳动事务代理

1996年，县职业介绍中心增加劳动事务代理(挂档)业务，为失业职工提供档案管理、社会保险费代收代缴、调动和退休养老手续办理、党团关系转移、党费收缴、计划生育等服务。是年，接收下岗失业职工人事档案76人，按照劳动事务代理有关要求全部办理人事档案托管手续。1997年，新增劳动事务代理189人，其中全托146人、单托43人。1998—1999年，累计劳动事务代理387人，转出档案131人，代收代缴养老保险费176万元，为符合退休条件的11人办理退休手续。2000年，为下岗失业党员发放《流动党员须知》《挂挡服务职工党员管理规定》68份，解决失业职工党员管理“断层”现象。新增劳动事务代理140人，提供养老保险代缴、信息查询等服务307人次。2001年，对全县劳动事务代理工作进行规范管理，重新印发《委托管理档案合同书》1000余份，与所有委托档案管理人员重新签订管理合同，明确责利关系。印发《委托档案管理手册》500余册，明确交费基数和标准。年内增加医疗保险代理业务，新增劳动事务代理276人，代收代缴养老、医疗保险费230万元。

2002年2月，全县深化事业单位改革，接收下岗失业职工603人，办理劳动事务代理801人。2003年5月，开展“催缴挂档职工保费月”活动，对失业职工集中教育培训。2004年，开展“一站式”服务，在劳动力市场设立专门窗口，及时接纳劳动事务代理人员养老、医疗、计划生育和组织关系，做好劳动事务代理退休、病退的申报工作。

2005年，研究解决关停企业职工分流办法，疏通放长假职工接续社会保险促进就业的绿色通道。2006年，全面落实烟台市扩面征缴工作实施方案，全县新增劳动事务代理207人，其中个体工商户67人、外来务工者140人。2007年，新增挂档人员681人，其中个体工商户165人，外来务工者63人，其他人员453人。2008年8月，首次开展县内退休认证工作，退休人员办理认证和缴费手续410人。

2010年，采集整理劳动事务代理退休人员“社保卡”信息588人，发放社保卡2039份。2011年，办理缴费手续771人，协助征收社保费6995万元。2012年4月，与农业银行联合制定“挂档人员社会保险费银行电子扣缴制度”，为全县挂档人员办理代收社保费2000余人，代收代缴社会保险费1300多万元，形成“签订协议—缴费信息维护—银行卡办理”一站式服务。2013年，为劳动事务代理人员办理代收代缴社保费2357人，金额1605万元。2014年，为劳动事务代理人员代收代缴社会保险费1419.6万元，调整事改企人员档案工资233人。

2016年，创新利用移动云MAS平台群发短信推送最新政策并督促代理人员及时存款，确保扣费一次成功。2017年，为流动党员在“灯塔—党建平台”注册党员个人信息390人。2018年，全面落实“一次办好、零跑腿”，发放社保卡1618张。

1996—2018年，全县新增劳动代理人员4925人，发放社保卡5005张，办理退休1676人，累计代收代缴社保费11万人次，金额9606.85万元。

第四节　劳动执法

劳动监察

1995年，长岛县开始实行劳动保障监察制度。1999年10月，建立定期通报制度，每季度向主管部门通报各系统和重点单位欠缴社会保险费情况，并通过电视媒体先后4次对42个欠费大户进行曝光。2001年3月，对欠缴社会保险费的单位实行“五不办”政策，即对单位负责人不办理调资手续、不办理“农转非”手续、不办理职称考评手续，对职工不办理转移手续、不办理病退和提前退休手续。2002年3月，长岛县印发《关于对欠缴社会保险费的单位及其主要负责人实行“八不准、一限制”的规定》，对欠缴社会保险费的单位不准购买非生产用车、不准建造或购买住房、不准办理职工病退和特殊工种提前退休手续、不准评先树优，对欠缴社会保险费的单位主要负责人不准出国考察、不准晋升工资、不准参加职称考评、不准办理“农转非”手续，对只缴纳医疗保险费而拖欠养老、失业保险费的单位缓拨职工个人账户医疗金，全年5家单位被取消评先树优资格。是年5月，对城区1家非法使用童工的个体工商户进行经济处罚，这是长岛县首次对违反劳动保障法律法规的违法行为实施处罚。10月15日至11月15日，开展“社会保险费清欠月”活动，清欠社会保险费316.8万元，为长岛县投入人力和物力最多、持续时间最长、收效最好的一次专项执法检查活动。1996—2002年，共检查用人单位1231户次，年检用人单位316户次，会同有关部门在全县组织开展专项执法检查活动13次，查处非法用工187人，督促补签劳动合同1215份，清退童工3人，为劳动者补发工资21.4万元，追缴社会保险费481万元，取缔非法从事职业介绍中介机构1家，督促26家用人单位办理社会保险登记，督促职工参加社会保险统筹102人，督促职工参加职业技能鉴定153人，立案查处举报案件47起，下达限期改正指令书62份，并对2家严重违反劳动保障法律法规的用人单位实施经济处罚。

2005年，检查用人单位249家5430人，劳动年检93次，专项检查3次，补签劳动合同563人次，补发工资272.2万元，追缴保险费121.5万元，补办社保登记3人次。2010年，检查用人单位568家10789人，劳动年检107次，专项检查3次，补签劳动合同191人次，补发工资5万元，追缴保险费164.8万元，补办社保登记2人次。2013年，检查用人单位979家3446人，劳动年检252次，专项检查3次，补发工资85.47万元，立案查处案件9件，结案率100%，下达整改指令书4件。2014年7月，将砣矶镇1起涉嫌拒不支付劳动报酬案件移送县公安部门。是年，县劳动保障监察大队建立企业约谈制度，全年共约谈用人单位8起。全县开展企业劳动保障诚信评价工作，通过政府门户公布诚信A级企业33家。

2016年11月，全县开展“普及劳动保障法律法规，保障农民工人合法权益”主题宣传教育活动。2017年，制定《长岛县人力资源和社会保障局推行“双随机、一公开”工作机制实施方案》，建立“一单两库一细则”。制定《长岛县关于全面治理拖欠农民工工资问题的实施意见》，建立由政府负责人牵头、相关部门参与的工作协调机制。是年6月，长岛县劳动监察大队更名为长岛县劳动保障监察大队。2018年7—8月，组织开展“双随机、一公开”工作，在用人单位遵守劳动用工和法律法规专项检查中，随机抽查10家用人单位，随机抽查2名执法人员，并将监管对象抽查名单和执法人员抽查名单在政府网及山东省企业信用信息网中予以公示。

2003—2018年，检查用人单位10434户次，年检用人单位3652户次，开展专项执法检查活动61次，督促补签劳动合同5342份，清退童工3人，为劳动者补发工资3540.3万元，追缴社会保险费904.7万元，督促用人单位为办理职工社会保险登记26人，立案查处举报案件231起，下达限期改正指令书309份，并对1家严重违反劳动保障法律法规的用人单位实施经济处罚，将1起拒不支付劳动报酬案件移送公安机关。

1996—2002年长岛县开展劳动执法检查情况汇总表

表21-3 单位：户、人

项目 \ 年份		1996	1997	1998	1999	2000	2001	2002	合计
检查用人单位	户数	42	51	62	66	813	115	82	1231
	人数	1047	1244	1821	2021	4122	3213	2782	16250
受理举报数		2	1	6	4	6	5	18	42
劳动年检情况	户数	0	0	0	66	75	115	60	316
	人数	0	0	0	2021	2455	3213	2681	10370
专项检查次数		1	0	0	2	3	4	3	13
查处非法用工人数		12	0	51	44	25	32	23	187
补签劳动合同人数		66	102	312	193	85	212	245	1215
清退童工人数		0	0	0	0	0	2	1	3
补发工资（万元）		2	3	6	1.1	3.2	2.4	3.7	21.4
追缴保险费（万元）		0	0	22	97	90	242	30	481
立案查处案件数		2	1	6	8	7	5	18	47
结案率（%）		100	100	100	100	100	100	100	100
下达整改指令书数		2	2	10	10	7	12	19	62
行政处罚户数		0	0	0	0	0	1	1	2
取缔非法职介机构户数		0	0	0	1	0	0	0	1

2003—2010年长岛县开展劳动执法检查情况汇总表

表21-4　　　　单位：户、人

项目	年份	2003	2004	2005	2006	2007	2008	2009	2010	合计
检查用人单位	户数	86	283	249	156	1192	809	336	568	3679
	人数	—	5536	5430	2624	—	3673	5059	10789	—
劳动年检情况	户数	60	81	93	97	133	93	67	107	731
	人数	—	—	—	1511	—	2049	1474	2554	—
专项检查次数		3	6	3	6	5	5	3	3	34
补签劳动合同人数		245	880	563	521	1035	832	436	191	4703
清退童工人数		1	0	0	0	0	0	0	0	1
补发工资(万元)		50.1	568.1	272.2	7	100	75	2	5	1079.4
追缴保险费（万元）		30	102	121.5	69.7	80	150.4	162	164.8	880.4
补办社保登记人数		4	0	3	0	0	8	0	2	17
立案查处案件数		14	21	21	21	22	46	14	10	169
结案率(%)		100	100	100	100	100	98	100	100	100
下达整改指令书数		10	64	32	17	66	42	0	20	251
行政处罚户数		0	0	1	0	0	0	0	0	1
行政处罚金额(万元)		0	0	0.2	0	0	0	0	0	0.2

2011—2018年长岛县开展劳动执法检查情况汇总表

表21-5　　　　单位：户、人

项目	年份	2011	2012	2013	2014	2015	2016	2017	2018	合计
检查用人单位	户数	813	694	979	1333	715	758	700	763	6755
	人数	11147	13628	3446	8728	6469	7228	6392	6293	63331
劳动年检情况	户数	109	104	252	988	286	471	301	410	2921
	人数	2977	2750	3215	3807	2721	3325	2269	2872	23936
专项检查次数		5	4	3	3	3	3	3	3	27

续表21-5

项目＼年份	2011	2012	2013	2014	2015	2016	2017	2018	合计
补签劳动合同人数	251	237	0	151	0	0	0	0	639
清退童工人数	0	0	0	0	0	0	0	0	0
补发工资(万元)	48.7	50.3	85.47	713	1102	416	22.05	23.38	2460.9
追缴保险费(万元)	24.3	0	0	0	0	0	0	0	24.3
补办社保登记人数	2	2	0	2	0	0	2	1	9
立案查处案件数	16	5	9	9	6	6	7	4	62
结案率(%)	100	100	100	100	100	100	100	100	100
下达整改指令书数	24	9	4	8	2	6	3	2	58
行政处罚户数	0	0	0	0	0	0	0	0	0
行政处罚金额(万元)	0	0	0	0	0	0	0	0	0
移送公安机关数	0	0	0	1	0	0	0	0	1

劳动仲裁

1988年6月,长岛县劳动争议仲裁委员会成立,下设办公室,开展劳动仲裁工作。1989年,全县处理劳动争议案件4起,涉及劳动者5人。1994年,全县处理劳动争议案件37起,涉及劳动者37人。至2002年,共组建企业劳动争议调解委员会65个,乡镇和企业主管部门劳动关系协调委员会27个,企业劳动争议调解中心4个,专(兼)职调解员282人、专(兼)职仲裁员5人,初步建立劳动争议预报预警和防范处理网络。1988—2002年,处理劳动争议案件308起,涉及职工824人,处理烟台日江网具公司等集体劳动争议案件21起。2003—2010年,处理劳动人事争议案件127起,涉及职工193人。

2011年3月,组建长岛县劳动人事争议仲裁委员会。是年,处理劳动人事争议案件48起,涉及职工49人。2012年4月,长岛县劳动人事争议调解仲裁院成立,处理劳动人事争议案件6起,涉及职工12人。2013年,处理劳动人事争议案件12起,涉及职工14人。是年,以长岛县劳动人事争议调解仲裁院为依托,建立长岛县劳资纠纷调处中心,以劳动保障服务平台为依托,设立8个乡镇(街道)劳资纠纷调处中心。坚持"预防为主,重在基层"的方针,在全县科教文卫系统建立27个劳动人事争议调解组织,配备调解员55人。15个行业主管部门均建立劳动争议调解委员会,负责本部门内劳资纠纷预防、调处工作。2014年,组建各类调解组织157个,组建率100%,调解员562人,实现基层调解组织全覆盖。与县司法局联合成立法律援助站,为经济困难的劳动者提供法律援助。是年,处理劳动人事争议案件15起,涉及劳动者15人。2015年,通过全省首批示范仲裁院考核评选,成为"全省首批示范仲裁院"。联合县妇联成立劳动人事争议妇女维权工作站,对经济困难的妇女劳动者提供法律援助，并畅通女职工维权渠道，切实维护女职工合法权益。是年，处理劳动人事争议案件17起，涉及劳动者17人。2016年，处理劳动人事争议案件10起，涉及劳动者10人。2017年，处理劳动人事争议案件23起，涉及劳动者23人。2018年6月，对全县所属劳动人事争议调解组织进行公示。是年，处理劳动人事争议案件14起，涉及劳动者14人。

第五节　劳动工资管理

分配制度改革

1986年始，进行工资改革，大致分三个阶段。

第一阶段：1986—1992年。主要进行3个方面的改革：在全县范围内逐步建立企业工资同经济效益挂钩浮动制度。1988年，全县企业全面推行“工效挂钩”办法，建立正常的职工晋级制度。1989年6月，工效挂钩企业职工升级工作正式展开。是年，为1988年在册定级的固定工、合同制职工1190人晋升工资。其中，全民所有制企业升级人数为823人，集体所有制企业升级人数为367人，人均增资7元。扩大企业工资分配的自主权，企业在与经济效益挂钩的工资总额内自主决定内部工资分配形式、工资制度和分配方法。在工资总额同经济效益挂钩企业，实行企业工资调节税，在非“工效挂钩”企业实行企业奖金税，同时在全县范围内实行个人收入调节税。

第二阶段：1993—1999年。随着市场经济体制的逐步确立，国家有条件地放开工资总量管理，实行弹性劳动工资计划管理，对组织机构健全的有限责任公司和股份有限公司等建立现代企业制度的企业，可试行企业自主确定工资总额办法；针对工资收入分配领域出现的问题，加强对企业工资收入的宏观调控和监督检查，主要是改进和完善“工效挂钩”办法，建立企业工资内外收入监督检查制度，逐步改进完善企业工资宏观调控措施；在企业内部分配方面，普遍推行岗位技能工资制，职工的工资收入与其技术等级、岗位责任、工作业绩挂钩，岗位工资标准与企业经济效益相联系，随之上下浮动，职工工资收入根据其劳动贡献大小确定。

1995年6月，根据劳动部颁布的《企业最低工资规定》，长岛县建立企业最低工资保障制度，并按照《烟台市企业职工最低工资试行意见》，确定全县企业最低工资标准，即每人每月190元。至2018年，全县先后对企业最低工资标准进行16次调整。其中，1997年1月，调整为每人每月240元；2001年7月，调整为每人每月370元；2005年1月，调整为每人每月470元；2010年5月，调整为每人每月760元；2015年3月，调整为每人每月1450元；2018年6月，调整为每人每月1730元。

第三阶段：2000—2018年。重点对工资收入分配制度进行3项改革：进一步建立健全适应市场经济的企业工资收入分配宏观调控体系，建立企业工资增长指导线制度。2000年始，根据市政府发布的工资指导线发布全县的企业工资指导线。2000年8月，根据《烟台市企业工资增长指导线试行意见》，企业可以根据生产经营情况，按照市政府发布的工资指导线要求，合理安排本企业职工工资的正常、适度增长。2018年，企业工资指导线的基准线为7%，上线为11%，下线为3%。建立劳动力市场工资指导价位制度，发布114个职业（工种）工资指导价位，指导企业合理确定劳动者工资水平和各类人员工资关系，调节劳动力市场价格，为劳动力供求双方协商确定工资水平提供客观的市场参考标准。2001年，建立企业工资集体协商制度，由工会代表职工一方与企业行政方就工资分配制度、工资分配形式、工资收入水平等事项进行平等协商，在协商一致的基础上签订工资集体协议。

工资改革与调整

1988年，在全县实行工资总额同经济效益挂钩，企业经济效益比上一年有所增长，企业可自主为部分职工增长一级工资，增资人数最多不超过50%。翌年，全县64家企业实行工效挂钩（含全民所有制企业40家），占企业总数的86.5%；职工4119人，占企业职工总数的81.5%。第一轮承包期（1988—1990年），全民所有制企业升级人数为823人，占固定工、合同制职工人数的47.7%，人均增资7元；集体所有制企业升级人数为367人，占固定工、合同制职工人数的48.2%，人均增资7元。

1991年5月，按上级关于粮油统销价格提高后适当增加职工工资的规定，企业职工工资标准均提高6元。同时，调整企业职工工资标准，原批准执行一类产业工资标准的企业，工人岗位人员改为起点44元的标准，批准上浮工资标准的，改为起点48元的标准；原执行二类产业工资标准的企业，改为起点43元的标准；原执行三类产业工资标准的企业，工人岗位改为起点42元的标准，批准上浮工资标准的，改为起点45元的标准。

1993年10月，执行岗位技能工资制，对原干部岗位和工人岗位的等级工资标准进行改革和调整，统一执行新的技能工资标准。一类产业执行起点90元、95元、100元的工资标准；二类产业执行起点85元、90元、95元的工资标准；三类产业执行起点80元、85元、90元的工资标准。一、二类产业中属于三类产业的独立单位，执行三类产业职工工资标准。

1996年4月，对经济效益好、管理先进、规章制度健全的企业，进行员工考核晋级。考核晋级每两年进行1次。翌年7月，为企业职工增加岗位工资，职工的岗位工资充分体现岗位劳动的差别，同岗同薪，岗变薪变。职工岗位工资标准由企业确定，企业主管部门审核，劳动部门批准后存入职工档案。岗位工资与技能工资一并作为计发在职职工工资支付的基数。

1999年7月，调整企业岗位工资和技能工资标准，并且对在岗职工进行考核升级。2002年7月，按照工资增长指导线为全县企业职工调整岗位技能职工工资标准，对在岗职工考核升级。

2002—2018年，随着企业职工工资改革的不断深入，县劳动部门对企业工资主要实行宏观调控，企业工资调整由政府发布工资指导线，由企业视生产经营状况、工资支付能力、工资水平及物价指数等因素自行调整。

津贴、补贴和奖金

1986年，实行机械行业特殊工种津贴、建筑施工津贴。是年，对企业特殊工种实行岗位津贴，岗位津贴分为三等，甲等每人每天0.8元，乙等每人每天0.6元，丙等每人每天0.4元。长岛县按相关标准，定时对特殊行业或工种的工人津贴加以调整，并且统一全县企业单位职工洗理费，男职工每人每月4元，女职工每人每月5元。1992年5月，调整为男职工每人每月7元，女职工每人每月8元；书报费发放标准每人每月4元。1994年1月，省劳动厅、财政厅调整三项补贴标准，图书补助费每人每月15元，洗理费男职工每人每月15元，女职工每人每月17元，交通补贴每人每月10元。

1989年，对夜班津贴加以调整，实行三班制生产的企业，从事大夜班生产的，夜班津贴为1.2元，从事中班生产的调为1元；实行两班制生产的企业，只能有一个班实行夜班津贴，其标准调为1元。1997年，夜班津贴调整为：实行三班制生产的企业，从事大夜班生产的，夜班津贴为10元，从事中班生产的标准为7元；实行两班制生产的企业，夜班津贴标准为7元。

1992年，为企业职工增加煤价补贴，其标准为城镇职工、城镇临时工、农民合同制每人每月5月，农村计划内临时工每人每月3元。是年，为企业职工增加5%工资性补贴。并从当年7月1日起执行。翌年1月1日，为企业职工增加开放城市补贴，每人每月20元。

1993年1月，对在职的固定工、劳动合同制职工和1970年9月底前参加工作的计划内临时工实行年功工资，年功工资按连续工作年限每满1年每月增发1元。1993年后，实行全员合同制，企业职工的奖金发放完全由企业根据经济效益自主决定。

2002—2018年，企业的津贴、补贴、奖金由企业根据经济效益自主决定。

第二章　人　事

1986年后，长岛县干部人事管理工作坚持以经济建设为中心，围绕人事制度改革、规范干部管理、实施人才强县和人力资源开发等方面开展工作。1995年，县乡党政机关推行公务员制度。1996年，县直事业单位改革。2001年，县乡党政机构改革，大中专毕业生取消统一分配，进入人才市场双向选择就业。2005年，推行事业单位聘用制度改革试点。2006年1月，实施《中华人民共和国公务员法》（以下简称《公务员法》），12月对全县公务员依法开展登记工作。2013年，全面实行事业单位人员聘用制。2016年，落实《长岛县党政机关公务用车制度改革方案》，对全县党政机关公务用车制度进行改革。2018年，落实《长岛县事业单位公务用车制度改革实施意见》，对全县事业单位公务用车制度进行改革。

第一节　人事制度改革

1986年后，人事管理进行一系列改革。机关事业单位进行责任制考核，中层干部实行竞争上岗；行政机关推行公务员制度改革，按照《国家公务员暂行条例》《公务员法》进行招考和管理；机关事业单位落实“逢进必考”政策，新进人员均实行公开招考。

引入竞争激励机制

1990年，在全县党政机关实行考选择优的办法补充工作人员。1996年6月，印发《长岛县县直事业单位改革实施意见》，撤销机构8个，新设立单位6个，调整单位管理类型14个。1999年2月，印发《长岛县县乡机关中层职位竞争上岗的试行办法》，在中层干部的选拔任用上全面推行竞争上岗。是年，实行竞争上岗的单位5个，参加中层职位竞争70人。2000年11月，印发《关于将部分县属事业单位改为企业的意见》，事业单位改为企业34个。

2001年12月，印发《长岛县县级党政机构改革实施意见》《长岛县县乡机构改革选配人员实行竞争上岗的意见》《长岛县县乡两级党政群机关机构改革人员分流的意见》，推进县乡机构改革，做好人员选配定岗工作。18个县直部门和8个乡镇机关事业单位全面推行竞争上岗。2004年，印发《长岛县股级干部管理工作暂行规定》，对全县股级干部管理权限进行调整，全县机关事业单位（教育系统除外）正、副股级干部全部由县委组织部管理，负责全面考察、统一调配、提名任免，县人事劳动和社会保障局负责任命并对外公布。2012年，印发《长岛县股级干部管理办法（试行）》，规定县委组织部对人力资源和社会保障局、教育体育局等8个部门（单位）和乡镇（街道）下属事业单位的股级干部实行预批管理。1999—2018年，通过竞争上岗任免股级干部843人。

推行公务员制度

1994年，根据《国家公务员暂行条例》《国家公务员考试录用暂行办法》规定，机关工作人员由过去的干部录用转为公务员考试录用。是年7月，长岛县成立工作专班，统筹推进公务员制度推行工作。1995年4月，全县举办公务员制度骨干培训班2期，培训69人。1996年7月，长岛县参照试行《国家公务员暂行条例》，成立推行公务员制度领导小组，印发《长岛县国家公务员制度实施方案》等文件，在县乡机关全面推行公务员制度改革。至1997年6月，除法院、检察院、公安局实行法官、检察官和警衔制度外，其他行政机关均完成公务员和机关工作者的过渡工作。根据《国家公务员暂行条例》，11个党群机关70人过渡到机关工作者岗位，19个政府部门169人过渡到公务员岗位；10个乡镇机关90人过渡到公务员岗位。

公务员招考

1997年，长岛县首次组织公开招考公务员21人。2001年始，参加山东省公务员统一考试。是年，公开招考公安干警2人。2002年，面向社会公开招考公务员4人。2004年，面向社会公开招考公务员8人。2005年4月《公务员法》颁布后，公务员公开招考工作更加规范。2012年，由山东省统一组织招募和选派的"选聘高校毕业生到村任职""三支一扶"计划和"大学生志愿服务西部计划"等服务基层项目人员（简称服务基层项目人员），服务满2年且考核合格，3年内可以报考面向服务基层项目人员的定向考录职位。2017年，根据《关于印发2017年度全省考试录用公务员工作实施方案的通知》，在公务员考试中首次设置面向本土优秀人才考生职位，招考长岛籍考生2人。2018年，根据《关于印发2018年度全省考试录用公务员工作实施方案的通知》，在公务员招考中首次设置面向长岛籍退役大学生士兵岗位，招考长岛籍退役大学生士兵1人。2005—2018年，面向社会公开招考公务员202人。

公务员登记

2006年1月，国家《公务员法》正式实施。12月，印发《长岛县实施〈中华人民共和国公务员法〉工作方案》，在全县范围内依法开展公务员登记制度。2007年2月，完成公务员首批登记工作，对49个单位符合条件的498人予以公务员登记。是年3月，对县工会、妇联等6个群团机关参照《公务员法》进行管理，登记参公人员11人。2008年，按照《关于事业单位参照公务员法管理工作有关问题的意见》等文件要求，对山东省批

1997—2018年长岛县招录公务员情况表

表21-6　　单位：人

年份	人数	年份	人数	年份	人数	年份	人数
1997	21	2003	0	2009	6	2015	16
1998	0	2004	8	2010	13	2016	18
1999	0	2005	6	2011	0	2017	34
2000	0	2006	6	2012	37	2018	21
2001	2	2007	1	2013	18	—	—
2002	4	2008	14	2014	12	—	—

复的11个事业单位进行参公管理，对符合条件的68人予以登记。2013年3月，根据《烟台市物价检查和农产品成本调查机构人员过渡实施意见》，县价格监督检查局3人通过过渡考试予以公务员登记。2006—2018年，登记公务员和参公人员835人。

第二节　干部管理

干部录用

1986—1988年，长岛县推行乡镇干部选聘合同制。选聘范围为农村基层计划生育、妇女工作、农业技术等工作人员，共选聘干部71人。1988年12月，全县组织录用干部考试，录用干部30人。1990年7月，印发《关于县党政群机关补充工作人员实行考选、聘用制的暂行办法》。是年，考选录用61人到党政群机关。1991年，考选录用机关工作人员22人、公安干警30人。1992年，考选录用干部23人到党政群机关。是年7月，印发《关于县属企业单位实行干部聘用制的通知》，为74家企业干部岗位上的工人办理录用聘干手续893人。1986—2002年，为符合条件的副科级以上工人身份18人、以工代干43人、计划内大专生14人，办理录用干部手续。

聘用管理

2005年，根据山东省《关于推进事业单位改革的意见》，在全县开展事业单位聘用制度试点，对教育、卫生等9个部门2001年以后进入事业单位的大中专毕业生46人首批开展试点，依法签订聘用合同。之后，通过招聘、调入事业单位的工作人员，全部签订聘用合同。2007年4月，根据《烟台市事业单位实行人员聘用制度暂行办法》，全面推行事业单位聘用制度管理工作，要求新进入事业单位人员全部与用人单位签订《事业单位聘用合同》。2013年1月，根据省、市关于事业单位推行人员聘用制管理要求，对全县事业单位1435人签订聘用合同，规范事业单位人员聘用管理工作。2014年，国务院颁布《事业单位人事管理条例》，加强事业单位的人事管理，保障事业单位工作人员的合法权益。至2018年，全县事业单位签订聘用合同1470人。

公开招聘

2001年，根据中央组织部、人事部《关于加快推进事业单位人事制度改革的意见》，长岛县事业单位开始实行公开招聘。2006年，人事部印发《事业单位公开招聘人员暂行规定》，事业单位用人采取“逢进必考”政策，大中专毕业生均须通过公开招考进入事业单位。2007年始，长岛县聘请岛外考官，负责命制事业单位招聘笔试、面试试题，公正、公平组织招聘考务工作。2013年，山东省印发《关于加强事业单位人事管理的意见》，对事业单位人员管理和公开招聘作出进一步规定。2014年，长岛县事业单位招聘考试参加全省统一笔试考试。2015年，落实《山东省事业单位公开招聘工作规程》，规范招聘考务工作。2017年，山东省印发《关于进一步做好县乡事业单位公开招聘工作的若干意见》，长岛籍考生按县乡事业单位分别不高于本年度招聘计划30%、50%的比例招聘，解决长岛人才招聘难问题，招聘长岛籍考生59人，占招聘计划的43.4%。是年，在事业单位中首次面向长岛籍大学生退役士兵和退役士官进行招聘，招聘长岛籍大学生退役士兵和退役士官2人。2018年，根据《关于推进长岛海洋生态保护和持续发展的若干意见》，乡镇卫生院、中小学校通过考察的方式择优公开招聘高校应届毕业生，在乡镇服务期满6年的，烟台市财政一次性给予每人5万元补贴。是年，为中学考察招聘紧缺专业3人，为乡镇卫生院考察招聘紧缺专业3人。2001—2018年，累计公开招聘事业单位工作人员601人。

2001—2018年长岛县招聘事业单位人员统计表

表21-7　　单位：人

年份	人数	年份	人数	年份	人数	年份	人数
2001	1	2006	16	2011	18	2016	49
2002	3	2007	25	2012	58	2017	93
2003	6	2008	11	2013	65	2018	91
2004	8	2009	28	2014	77	—	—
2005	28	2010	7	2015	17	—	—

军队转业干部安置

1986年，全县接收军队转业干部11人。其中，营职2人，连排职9人。安置到党政机关6人，事业单位1人，企业4人。除1992年、1993年未接收军转干部外，至2001年每年均有接收安置任务。2001年1月，《军队转业干部安置暂行办法》实行。是年，接收军队转业干部6人。2002年11月，根据《关于自主择业的军队转业干部安置管理若干问题的意见》，首次接收自主择业军转干部1人。2003年，接收自主择业军转干部1人。至2018年，全县共接收自主择业军转干部17人。

2005年，军队转业干部安置采取考试考核双向选择的安置办法。是年7月，全县接收军队转业干部4人，通过考试安置党政机关2人，事业单位2人。2006年，接收军转干部4人，通过考试安置党政机关3人，事业单位1人；2007年，接收军转干部5人，通过考试安置党政机关4人，事业单位1人；2008年，接收军转干部4人，通过考试安置党政机关1人，事业单位2人。2009—2018年，接收军转干部数量少，除自主择业11人外，安置军转干部3人，采取考核考察的办法安置在党政机关。1986—2018年，全县接收军队转业干部144人。其中，团职8人，营职49人，连排职65人，专业技术干部22人。（参见第二十三编“民政”第三章“安置”第三节“军转干部安置”）

“三支一扶”招募

2007年，长岛县开始招募“三支一扶”（支教、支医、支农、扶贫）大学生。是年，招募5人。2007—2016年，共计招募“三支一扶”大学生154人。2017年，山东省印发《关于进一步引导和鼓励高校毕业生到基层工作的实施意见》，对“三支一扶”招募政策进行改革，服务满2年且考核合格的，采取考核考察的方式公开招聘为乡镇事业单位工作人员，在聘用合同中约定5年最低服务期限。2017—2018年，共招募“三支一扶”大学生32人，均按政策规定予以服务期满考核，考核合格的公开聘用在乡镇事业单位。

干部任免

1986—2018年，推进干部人事制度改革，在干部任免中实行民主测评和民主推荐干部，选拔任用领导干部实行公示制，领导干部实行任期制、试用制和聘任制、定期述职和干部诫勉等制度。干部任免程序为：党委系统的副科级以上干部由县委直接任免；政府系统的副科级以上干部由县委提名，经县长办公会讨论通过后，再由县政府予以任免，并由县政府县长签发任命书。其中，县政府副县长及各工作部门的正职由县人民政府提请县人大常委会讨论通过任免，并由人大常委会主任签发任命书。

干部调配

1986—1995年，累计调配干部711人。其中，县内流动403人，从县外引进科技人员和因解决夫妇分居等问题调入130人，调出县外178人。

1996年机构改革后，干部调配工作从严管理。1999年8月，长岛县印发《县编委关于暂停增设机构增加人员编制的意见》，规定党政群机关、财政拨款和收费性事业单位急需补充工作人员的，可从机关和上述事业单位中调剂且不准逆向调动。

2001年12月，县、乡两级机构改革开始实施。2002年3月，印发《关于加强县乡机关事业单位干部管理工作的意见》，理顺县乡机关事业单位调配工作管理权限。2012年，印发《关于规范人员借调工作的通知》，对借调人员实行审批（备案）制度。是年，42个部门（单位）46人按规定办理调动、借调手续。2012年12月，根据《全省广播电视有线网络改革方案》，本着"人随事走"和"自愿"的原则，对县广播电视台和乡镇广播站进行安置，选择留在原单位31人，选择网络公司4人。2013年12月，根据县政府《关于长岛县食品药品工商质监管理体制改革的实施意见》，启动县工商、质监部门改革和人员划转接收工作，接收划转人员60人。2015年3月，根据《关于长岛县人民政府职能转变和机构改革的实施意见》，组建市场监督管理局，将县工商局、质监局、药监局中行政机关、事业单位和机关工勤等32人予以划转。2018年8月，印发《长岛县盐业体制改革实施方案》《长岛县食盐监管体制改革方案》，做好全县盐业体制改革和人员安置工作，通过考察考核的方式安置到事业单位4人。1996—2018年，累计调配干部1530人。其中，县内流动1243人，县外引进调入36人，调出县外251人。办理辞职手续228人。

干部教育培训

1986年后，长岛县按照分类指导的原则，分别采取函授、讲座、出国培训等形式，对全县机关干部和专业技术人员进行政治理论知识、外经外贸知识、计算机应用、英语、劳动技能以及其他与职务相关的业务知识培训。

1989年8月，成立长岛县机关劳动培训基地，实施机关干部实践培训工程。对组织人事部门选派的干部进行以海水养殖、近海捕捞等生产作业技能为主要内容的培训，培训期为1年。此项培训工程实施至1995年。期间举办培训班7期，参加培训机关干部95人。

1991年，对新录用的机关干部61人进行行政管理和海上养殖知识培训；对新录用的公安干警30人进行1个月的公安业务和劳动培训。是年始，以县委党校为基地举办中青年干部培训班。1991—2002年，举办中青年干部培训班10期，培训中青年干部255人。

1992—1994年，举办政工、文秘、会计、英语广播函授班，挑选大中专毕业生参加水产养殖高新技术研修班和水资源可持续利用研修班，培训人员332人次。举办"正交法与三次设计"电视讲座，培训人员102人。1995年，举办公务员制度知识骨干培训班2期，参加培训69人。1996—2001年，重点开展应知应会知识培训。先后举办"创业与成功"、"WTO与经济全球化"、公务员初任培训和微机知识培训等各类培训班20多期，培训人员达650多人次。2001—2002年，参加MBA学历教育4人，参加WTO知识和《党政领导干部选拔任用条例》培训班382人次。2003—2006年，参加MPA的学位教育7人。2005年，举办《公务员法》骨干培训班1期，县、乡各单位的政工负责人51人参加培训。2006年，根据烟台市《关于开展干部网络教育培训的意见》，开展公务员公共管理核心内容网络教育培训。至2008年，分别组织"公共管理""公共政策""公共经济""公务员通用能力"等网络课程培训。2009—2018年，重点做好机关事业单位新录用人员初任培训和专门业务培训，侧重职业道德教育、心理健康、廉政教育、依法行政、机关公文处理等内容，先后举办培训班20多期，培训800多人次。

干部考核和奖惩

1986年后，在全县党政机关实行机关岗位责任制年度考核。1994年，按照人事部《国家公务员考核暂行规定》和省、市有关规定，对机关工作人员进行年度考核。1995年，印发《关于一九九五年目标管理责任制及年度考评工作的意见》《县乡机关一九九五年度考核、奖励和公务员过渡考核工作的意见》《县乡事业单位工作人员一九九五年度考核工作意见》，将年度考核与公务员考核结合起来，组织实施岗位责任制年度考核和公务员过渡考核。年度考核内容主要包括“德、能、勤、绩”四个方面，重点考核年度目标完成情况和工作实绩。2002年，印发《乡镇党政主要负责人主要经济指标考核办法》《长岛县机关岗位责任制考核实施意见（试行）》。2007年1月，中组部、人事部印发《公务员考核规定（试行）》。12月，山东省委组织部、省人事厅印发《山东省公务员考核实施办法（试行）》。2017年12月，省委组织部、省人社厅印发《山东省事业单位工作人员考核办法》。

1999年，县信访局范永伟被评为烟台市“模范公务员”。2002年，县公安局苑学军被评为烟台市“模范公务员”。2004年，北隍城乡冷彩凌被评为全国“人民满意的公务员”。2005年，张世岩被评为烟台市“模范公务员”，县公安局被授予市级“模范公务员集体”。2007年，南隍城乡葛茂武荣获“山东省扎根基层、建功立业优秀人才”称号并给予记二等功。是年，人事劳动和社会保障局与团县委、青年联合会共同举办“长岛十大杰出青年”评选活动，评选“长岛十大杰出青年”10人并予以表彰。2008年，砣矶镇王立胜被评为烟台市“模范公务员”。2014年，大钦岛乡袁承东被评为烟台市“模范公务员”。

1996—2018年，记二等功44人，记三等功606人，嘉奖3310人。

1993年4月，《国家公务员暂行条例》规定，行政处分的种类为“警告、记过、记大过、降级、撤职、开除”六种。1997年2月，《中共中央纪律处分条例（试行）》实施。1998年8月，山东省印发《关于山东省国家行政机关、事业单位工作人员纪律惩戒有关问题的通知》。2007年6月，国务院印发《行政机关公务员处分条例》。2012年8月，人社部、监察部印发《事业单位工作人员处分暂行规定》，处分种类为“警告、记过、降低岗位等级或者撤职、开除”四种。1993—2018年，机关事业单位工作人员受到行政处分41人。

第三节　专业技术人员管理

职称评定

1986年，全县企事业单位各类专业技术人员842人。其中，工程35人，农业35人，林业12人，水产46人，卫生201人，教育448人，其他65人。1987—1989年，进行职称改革，首次开展专业技术职务评定工作，由县科委具体负责。1991年，调整科技干部管理体制，科技干部管理和职称管理职能由县科学技术委员会移交县人事局。是年11月，科技干部管理办公室确定为副科级单位，1993年11月，恢复股级单位。1992年，经烟台市人事局批准组建农业、中专教师、中学、小学、艺术、会计、统计、经济、工程、卫生10个系列（专业）初级评审委员会。1993年始，会计、经济、统计、审计等系列实行全国统考，不再开展相应的专业技术职务评审。是年4月，经烟台市人事局批准组建技校教师职务初级评审委员会。1994年，经烟台市人事局批准组建中学、小学教师职务系列中级评审委员会。是年10月，首次开展农民技术职称评定工作，全县农民技术人员193人取得相应职称，其中高级15人、助级102人、员级76人。1996年，开展第二次农民技术职称评定工作，全县9人取得相应的农民专业技术职称，其中中级5人、助级3人、员级1人。1998年9月，在全县农村妇女中首次开展农民技术职称评定工作，农村妇女107人取得员级农民技术职称。1999年后，不再开展农民职称评审工作。2000年始，中学教师、小学教师中级职称的评审权限划归烟台市人事局。2002年始，乡镇企业有关系列（专业）的职称评审与国有在职人员的评审并轨，纳入国家统一评审。2003年，在全县建设行业工程系列中进行职称复审试点，全县7个单位专业技术人员141人参加复审。

2006年，卫生中、初级专业技术资格实行全国统一考试制度，不再进行相应的任职资格评审。2012年，实施中小学教师职称制度改革，将原中学教师职务系列与小学教师职务系列统一并入新设立的中小学教师职务系列，并于2013年完成全县中小学教师511人的职称过渡工作。2014年，烟台市人力资源和社会保障局重新规范初级评审委员会授权组建工作，长岛县保留工程技术、中小学教师、农业技术、档案、文博图书、艺术6个初级评审委员会的组建权限。2016年，根据山东省《关于职称外语和计算机应用能力考试有关问题的通知》文件规定，职称外语和计算机应用能力考试不作为专业技术职务资格评审的必要条件。

2017年，根据烟台市《关于授权各县市区组建中小学教师职称中级评审委员会的通知》文件规定，授权长岛县组建中小学教师中级职称评审委员会，负责全县所属学校中小学教师中级职称评审工作。是年，开展中等职业学校教师职称过渡工作，中等职业学校教师39人由中小学教师系列职称过渡为中等职业学校教师系列职称。2018年，根据烟台市《关于下放部分职称审批事项办理权限的通知》文件规定，将初级职称评审权、改系列聘任审批手续、考取职业资格聘任专业技术职务审批手续、执业资格考试部分科目免试审批手续等业务办理权限下放给长岛县人力资源和社会保障局。2003—2018年，全县评定通过各类专业技术人员1520人。其中，正高级5人，副高级290人，中级589人，初级636人。至2018年，全县企事业单位各类专业技术人员1685人。其中，事业单位1048人，企业637人；高级职称221人，中级职称752人，初级职称712人；工程专业274人，教育专业488人，卫生专业280人，水产专业60人，林业专业23人，农业专业22人，其他专业538人。

1986—2018年长岛县各类专业技术人员统计表

表21-8　　　　单位：人

年份	合计	工程技术人员	农业技术人员	林业技术人员	水产技术人员	卫生专业人员	教育专业人员	其他
1986	842	35	35	12	46	201	448	65
1987	892	36	33	14	49	200	449	111
1988	989	52	35	16	52	202	458	174
1990	1693	141	42	14	61	203	471	761
1991	1753	152	45	15	62	205	490	784
1992	1777	169	46	22	68	209	520	743

续表21-8

年份	合计	工程技术人员	农业技术人员	林业技术人员	水产技术人员	卫生专业人员	教育专业人员	其他
1993	1887	276	48	23	75	218	561	686
1994	2297	331	52	21	74	231	573	1015
1995	2323	385	57	22	75	212	552	1020
1996	2346	392	52	25	74	229	548	1026
1997	2370	444	49	27	71	271	544	964
1998	2547	498	45	31	72	272	561	1068
1999	2487	512	35	31	62	258	617	972
2000	2405	476	39	30	60	247	592	961
2001	2228	471	39	32	61	243	517	865
2002	2108	462	37	31	62	247	496	773
2003	2055	458	37	32	61	251	501	715
2004	2018	442	35	30	62	258	507	684
2005	1997	430	33	28	61	260	511	674
2006	1971	419	33	28	60	260	513	658
2007	1959	408	30	27	58	258	513	665
2008	1930	395	28	27	59	262	515	644
2009	1902	382	29	26	60	258	514	633
2010	1878	369	26	25	58	262	519	619
2011	1854	361	25	26	57	264	520	601
2012	1812	342	25	25	58	260	515	587
2013	1795	334	24	25	56	265	511	580
2014	1769	325	24	23	58	269	495	575
2015	1755	317	22	24	58	271	496	567
2016	1732	308	23	25	57	275	492	552
2017	1711	289	23	23	58	278	490	550
2018	1685	274	22	23	60	280	488	538

职称聘任

1991年始，上级主管部门陆续制定各系列（专业）的试行条例和实施意见、岗位设置及结构比例等，为专业技术职务的评聘提供依据。1999年，烟台市推行事业单位专业技术职务评聘分开、聘约管理，每两年一个聘期。2000年3月，长岛县在医院、海洋与水产局组织开展事业单位专业技术职务评聘分开试点，6月全面推开。全县参加竞聘的专业技术人员1466人，实际聘任1342人，降落聘124人。2003年，全县事业单位专业技术职务进行第二轮竞聘，参加竞聘的专业技术人员1361人，聘任1238人，降落聘123人。

2005年，进行第三轮竞聘。《长岛县事业单位专业技术职务第三轮竞聘工作实施意见》制定低职高聘、直聘和续聘等竞聘政策。全县参加竞聘的专业技术人员1261人，聘任1163人，降落聘98人。2007年，进行第四轮竞聘。全县参加竞聘的专业技术人员1205人，聘任1128人，降落聘77人。2009年，进行第五轮竞聘。全县参加竞聘的专业技术人员1138人，聘任1101人，降落聘37人。2011年，进行第六轮竞聘。全县参加竞聘的专业技术人员1047人，聘任1012人，降落聘35人。

2013年，进行第七轮分级竞聘。根据烟台市《转发〈关于加快事业单位岗位聘用工作有关问题的通知〉》，自本轮开始实施分级竞聘，各专业技术岗位内设3～4个等级，按照长岛县《关于事业单位专业技术岗位竞聘上岗的实施意见》文件规定，开展专业技术人员分级竞聘。全县参加竞聘的专业技术人员1061人，聘任1021人，降落聘40人。2015年，进行第八轮分级竞聘。全县参加竞聘的专业技术人员1056人，聘任1022人，降落聘34人。2017年，进行第九轮分级竞聘。全县参加竞聘的专业技术人员1055人，聘任1026人，降落聘29人。至2018年，全县事业单位在职专业技术人员1038人，其中高级207人，中级597人，初级234人。

岗位设置

2010年始，根据《关于印发山东省事业单位岗位设置管理实施意见的通知》和山东省印制的各行业岗位设置结构比例指导标准规定，在全县事业单位首次开展岗位设置工作。全县37个部门、179个事业单位参加，设置岗位1891个。其中，管理岗226个、专业技术岗1513个、工勤技能岗152个。2014年，对新成立的6个部门（单位）和14个编制数量变化较大的部门（单位）进行岗位设置和调整。2015年，对县教学研究室、县社会保险服务中心的岗位设置进行调整。2017年，对县职业中等专业学校的岗位设置进行调整；在全县乡镇、社区及以下卫生计生服务机构中增设4个基层卫生高级岗位，其中正高级岗位1个、副高级岗位3个。至2018年，全县事业单位设置岗位1883个，其中管理岗位211个、专业技术岗位1545、工勤技能岗位127个。

继续教育

1991年，科技干部管理和职称管理职能由县科学技术委员会移交县人事局。1992年，印发《长岛县专业技术人员继续教育试行意见》，建立全县企事业单位专业技术人员继续教育制度，全县成立38个继续教育领导小组。是年，全县专业技术人员1647人办理继续教育证书。1991—1994年，先后建立县科委培训中心、县行政干校、县教师进修学校3处继续教育基地和县水产中专学校、县农委农经站、县财政局、县计划统计委员会4处继续教育培训网点。1995年，成立长岛县继续教育协会。2000年7月，在县委党校成立了计算机培训中心。至2002年，先后举办3期计算机培训班，培训专业技术人员180多人次。2003年，组织开展为期5天的事业单位专业技术人员任职培训，共5期1200多人参加。2004—2006年，先后为参加全国计算机应用能力考试的专业技术人员69人举办考前培训。

2005年，组织开展事业单位专业技术人员任职培训，1174人参加。2007年，组织开展《知识产权保护与自主创新》专业技术人员继续教育公需科目培训，475人参加。2009年，组织开展《创新能力建设：专业技术人员创新案例》公需科目培训，341人参加。2013年，在县委党校举办中、高级知识分子培训班1期，47人参加。

2016年，开展《专业技术人员创新能力建设读本》继续教育公需科目培训，939人参加。是年，在县委党校举办中、高级知识分子培训班1期，50人参加。2017年，采取网络自学的方式，开展《知识产权法律法规及相关制度》继续教育公需科目培训，964人报名参加并通过结业考试。2018年，专业技术人员继续教育培训达2100多人次。

资格考试

1990年始，统计、会计、经济等专业陆续由评审改为考试取得。是年，全县组织首次统计员任职资格考试，考取统计员76人。1991年，组织首次经济员任职资格考试，考取经济员24人。1992年，组织首次会计任职资格考试，考取会计师6人、助理会计师13人、会计员91人。2002年，开展全县晋升职称计算机水平测试工作，137人参加。11月，组织全县职称外语考试，54人参加。2006年始，卫生中、初级专业技术资格实行全国统一考试制度，不再进行相应的任职资格评审。是年，全县符合条件的专业技术人员23人报名，其中中级15人、初级8人。

2014年，根据国务院的规定，不再开展房地产经纪人、注册税务师、质量专业技术人员、土地登记代理人、国际商务专业人员、注册资产评估师、企业法律顾问7类职业资格考试报名工作。2018年，根据烟台市《关于精简各类资格考试审核证明及严格审核条件的通知》精神，对人事考试资格类（执业类）报名审核证明进行精简，报名时只需提供考生本人有效身份证明原件及复印件1份、单位审核盖章后的考试报名表1份、学历（学位）证书原件及复印件1份，不需再提供其他相关材料。

第四节　人才交流服务与智力引进

人才引进

1986年1月，长岛县人才交流办公室成立，在北京、广州等大城市设立办事处，负责招聘人才、引进技术、沟通信息工作。1987年，长岛县印发《关于组织和鼓励专业技术人员支援乡镇企业的暂行规定》，鼓励专业技术人员去乡镇企业工作。1988年3月，长岛县印发《关于专业技术人员业余兼职服务的暂行规定》《关于专业技术人员辞职仲裁的暂行规定》。1989年，为县属和乡镇企业聘请科技人员56人进岛作技术指导。1990年，引进调入专业技术人员2人，接收计划外毕业生4人。1991年，为县属企事业和乡镇企业推荐各类专业技术人员75人，为乡镇水产养殖一线考选专业技术人员13人。1992年，先后到济南、青岛、滨州、长春等地招聘人才，达成流动意向的专业技术人员40多人，来岛工作毕业生12人。

1993年，印发《长岛县引进专业技术人才暂行意见》。10月，参加全国人才市场首届人才技术交流大会，登记各类人才187人，搜集、整理各类技术专利1000余项。是年11月，撤销县人才交流办公室，成立县人才交流服务中心。1994年，与山东师范大学生物系、常州等地科研机构建立横向合作关系，聘请高科技人才5人。1995年，为长岛经济开发有限公司引进高新技术人才2人，为太龙服务有限公司引进急需的管理人才2人。1996年，印发《长岛县人才工作“九五”计划和2010年远景目标》《关于下达人才工作任务目标的意见》，引进迟玉森等高新技术人才5人。

1998年，为北隍城乡育苗场聘请专家进行

863鲍三位体实验，使鲍鱼成长期缩短一年，取得较好的经济效益。2000年，为教育、风电等单位引进急需人才8人。2001年，印发《长岛县人才工作“十五” 计划和2010年远景目标规划》《长岛县引进高层次人才的有关规定》。2002年，引进毕业生和专业技术人员10人。2003年，争取上级对海岛实施特殊帮扶政策，通过省教育厅从济南、威海、潍坊、烟台等地选派高中教师14人进行为期2年的支教工作。2003年，向省招生办争取1项特殊政策，即对本科线以下20分的考生，可以录取为本科定向生，并与县里用人单位签订有关协议，保证他们毕业后能回岛工作，逐步改善长岛人才队伍。2005年，为华能公司风电工程招聘电力专业技术人员25人。其中，硕士研究生2人，本科毕业生10人，专科毕业生4人，中专毕业生9人。2006年，为企业招聘本科毕业生16人。2007年，为企业招聘本科毕业生9人、专科毕业生7人。2008年，为企业招聘本科毕业生10人、专科毕业生17人。是年，申报2个引智项目并得到省外专局批准立项，申报1个引进国外智力成果示范推广基地得到省人事厅批复。2009年，为企业招聘本科毕业生28人、专科毕业生25人、中专毕业生2人。

2010年，组织高层次人才招聘硕士研究生4人。是年，申报1个引智成果示范推广项目得到国家外专局批准立项，批复资助资金8万元。2011年，为企业招聘硕士研究生6人、本科毕业生35人、专科毕业生9人。2012年，申报1个山东半岛蓝色经济区人才发展项目和1个引智成果示范推广项目，得到省人社厅和省外专局批准立项，共获批资助资金15万元。2013年，为企业招聘引进硕士研究生2人、本科毕业生9人、专科毕业生4人。是年，申报的引智示范基地和1个引智成果推广项目得到省外专局批准立项，批复资助资金4万元。2014年，组织20多家企业外出招聘，招聘引进硕士研究生7人、本科毕业生56人。是年，申报2个引智成果示范推广项目得到省外专局批复，获批资助资金25万元。2015年，抓好高层次人才智力柔性引进，先后邀请科研院所专家教授9人来岛进行水产养殖技术、疫病控制等技术的现场指导。是年，申报2个山东半岛蓝色经济区人才发展项目得到省人社厅审批，获批资助资金30万元；为企业招聘毕业生37人。

2016年，组织县水产研究所、增殖站参加第十四届全国人才交流大会，参会期间有6项引智成果与11家省内外企业和科研机构签订了产品销售合作协议。是年，为企业单位招聘引进硕士研究生1人、本科毕业生22人、专科毕业生5人。2017年，组织县人民医院、船业总公司等10家企事业单位参加滨州医学院、青岛远洋船员职业学院等5所高校校园招聘会和高校毕业生推介会，为企业单位招聘毕业生45人。是年，申报1个“烟台市海洋渔业专家服务基地”和1个“烟台市卫生专家服务基地”；申报1个引智成果示范推广项目得到省外专局审批，批复资助资金30万元，且该项目是烟台市唯一省批重点项目。2018年，为企业招聘各类人才34人，为符合条件的2人兑现购房补贴待遇4万元，为县人民医院争取烟台市级引才奖补资金5万元。是年，与中科院、水科院和青岛农业大学等科研院所建立技术合作支持联谊关系，确定“长岛渔业科技特派员”10人，为长岛提供长期技术智力支持；申报1个引智成果示范推广项目得到省外专局批准立项，批复资助资金30万元；经省人社厅批复在长岛增殖实验站设立省级乡村振兴专家服务基地。

人事代理

1996年，长岛县首次开展人事代理业务，为科技人员3人办理托管手续，并按照相关规定办理档案工资调整、职称评定、转正定级、社会保险费代收代缴等手续，保障托管人员的合法权益。1997年，新增代理人员1人。1998年，印发《长岛县人事代理制度内部掌握意见》。是年，县人才交流服务中心设立流动人员党支部。1999年，县人才交流服务中心设立流动人员团支部。是年，拓宽人事代理领域和服务范围，为新成立的“长岛县会计师事务所”实行全员人事代理。2000年，印发《长岛县实施人事代理制度有关具体问题的内部掌握意见》，全年新增人事代理138人。2001年，对事业单位新进人员实行人事代理，增加医疗保险代理业务，将县委组织部、县人事劳动和社会保障局调配科管理的机关事业单位辞职辞退人员、未就业大中专毕业生档案全部转入人才交流服务中心进行规范化管理，全年新增人事代理111人。2002年，对应该代理而未办理的毕业生12人办理人事代理手续，为办理调动手续及出国手续的欠缴代理费人员5人补齐人事代理费用。是年，新增人事代理62人，累计人事代理314人，管理各类人事代理人员档案860份。

2003年，规范社会流动人员管理，完成天津干休所和北京总工会辞职分流人员档案交接和人事代理工作。是年，新增人事代理73人，累计代理人数387人。2007年10月，开通长岛县人才服务网站，宣传长岛县人事人才政策，发布人才招聘信息。是年，新增人事代理203人。

2008年，完成流动人员人事档案信息化录入工作，全年新增人事代理59人。2009年，完成121人信息卡采集任务。2010年11月，将县人才服务网站改建为长岛县人力资源和社会保障网站。2011年，对2010年630余份毕业生档案进行归档整理，办理转正定级手续11人，代收代缴社会保险费38万元，办理各项人事代理手续600多人次。2012年，新增人事代理59人，代收代缴社会保险费102万元，办理县内县外流动74人。是年，新接收档案206份，累计托管流动人员人事档案2400余份。

2013年，为在烟台市以外长期居住的退休人员6人办理医疗保险个人账户返还手续；与县委组织部协调，为已办理退休的副科、副高级职称以上人员免费健康查体。2014年，为233名人事代理人员调整档案工资。2015年，为事改企人员115人调整档案工资。2015年1月，根据《关于进一步加强流动人员人事档案管理服务工作的通知》要求，取消收取人事关系及档案保管费等费用。2016年，根据《关于简化优化流动人员人事档案管理服务的通知》要求，对初次就业的流动人员不再办理转正定级手续。2017年，根据《关于开展流动人员人事档案管理服务规范年活动的通知》要求，对3163份人事档案进行信息采集，规范人事档案调转手续。2018年，按照政策规定，为84人调整档案工资，并重新核定缴纳社会保险基数。

1996—2018年，新增人事代理人数达1810人，保管大中专毕业生、机关企事业单位辞职辞退人员、社会中介机构等各类人事代理档案3709份。

第五节 工资福利

经过1993年、2006年工资制度改革，长岛县逐步建立符合机关事业单位特点的正常工资增长机制。机关公务员每2年考核称职晋升一个级别工资档次，每5年考核称职晋升一级级别；机关工人每2年考核合格晋升一个岗位工资档次；事业单位工作人员每年考核合格晋升一级薪级工资。福利津贴补贴按有关政策予以兑现落实，机关事业单位工作人员工资福利待遇逐步得到规范和加强。

工资制度改革与调整

1985年7月，落实工资政策，进行工资制度改革，机关事业单位建立以职务工资为主的结构工资制。是年，全县机关事业单位和中小学工作人员共1748人套改工资，教师352人和护士17人发放教护龄津贴。

1986—1992年，全县先后进行7次工资调整，增资幅度最低6元、最高9元。

1987年，长岛县由五类工资区提高到六类工资区，机关事业单位工作人员2113人每人每月增资2元。是年，为机关事业单位船员47人实施船员职务工资。1989年，为机关事业单位工作人员1077人晋升一级工资。1990年，为工作人员2552人普调一级工资，为工作人员2539人在普调一级工资的基础上再升一级工资。1991年，为机关事业单位工作人员315人晋升一级工资。

1992年1月始，工龄津贴由原来的每工作1年0.5元调整为1元，按本人实际工龄计发，全县机关事业单位工作人员2997人增加工龄工资。是年，全县机关事业单位自1985年1月1日至1986年1月31日享受海岛浮动工资满6年的工作人员，从满6年的下月起增加一级固定工资，固定后继续执行浮动工资。全县机关事业单位工作人员1794人固定一级工资。

1993年10月，全国进行机关事业单位工资制度改革。机关工作人员（除工勤人员外）实行职级工资制，机关技术工人实行岗位等级工资制，普通工人实行岗位工资制；事业单位专业技术人员实行专业技术职务工资制，管理人员实行职员职务工资制，技术工人实行技术等级工资制，普通工人实行等级工资制。建立正常的工资增长增资机制，机关公务员每2年考核称职晋升一个职务工资档次，每5年考核称职晋升一级级别工资；机关工人和事业单位工作人员每两年考核合格晋升一个职务（岗位）工资档次。长岛县列入此次工资制度改革范围的党政群机关、事业单位工作人员共2647人，按职级工资制标准套改822人，按全额拨款事业单位工资标准套改1047人，按差额拨款事业单位工资标准套改539人，按自收自支事业单位工资标准套改239人。1995年10月，按照每2年考核称职（合格）晋升一个职务（岗位）工资档次的政策规定，为1994年、1995年两年考核称职（合格）以上的机关事业单位工作人员3211人晋升职务（岗位）工资档次。

1997年7月，调整机关事业单位工作人员工资标准和相应增加离退休人员离退休费。机关行政人员基础工资标准由每人每月90元提高到110元。全县机关事业单位工作人员2784人调整工资标准，人均月增资约20元。其中，机关484人，全额拨款事业单位1095人，差额拨款事业单位631人，自收自支事业单位574人。1997年，按照海岛工作满6年予以固定的政策，为在海岛满第二个6年的机关事业单位工作人员1408人固定一级工资。1997年10月，按照每2年考核称职（合格）晋升一个职务（岗位）工资档次的政策规定，为1996年、1997年考核称职（合格）以上的机关事业单位工作人员3118人晋升职务（岗位）工资档次。1999年7月1日始，调整机关事业单位工作人员工资标准和相应增加离退休人员离退休费。机关行政人员基础工资标准由每人每月110元提高到180元，级别工资标准由十五级至一级每人每月55～470元提高到85～720元。全县机关事业单位工作人员2733人调整工资标准，人均月增资约120元。其中，机关399人，全额拨款事业单位1214人，差额拨款事业单位540人，自收自支事业单位580人。

1999年10月，按照每2年考核称职（合格）晋升一个职务（岗位）工资档次的政策规定，为1998年、1999年两年考核称职（合格）以上的机关事业单位工作人员3154人晋升职务（岗位）工资档次。

2001年，按照国务院办公厅文件要求，为全县机关事业单位工作人员调整工资标准。机关行政人员基础工资由每人每月180元提高到230元，级别工资标准由十五级至一级每人每月85～720元提高到115～1166元。全县机关事业单位工作人员共2444人调整工资标准，人均月增资约100元。其中，机关347人，全额拨款事业单位1099人，差额拨款事业单位469人，自收自支事业单位529人。10月，国务院调整机关事业单位工作人员工资标准和相应增加离退休人员离退休费。全县机关事业单位工作人员共2444人调整工资标准，人均月增资约80元。其中，机关347人，全额拨款事业单位1099人，差额拨款事业单位469人，自收自支事业单位529人。是月，按照每2年考核称职（合格）晋升一个职务（岗位）工资档次的政策规定，为2000年、2001年两年考核称职（合格）以上的机关事业单位工作人员2516人晋升职务（岗位）工资档次。2003年，按照海岛工作满6年予以固定的政策，为海岛工作满6年的工作人员784人办理固定一级工资手续；根据机关公务员每5年考核称职晋升一级级别工资的政策，为机关工作人员397人晋升级别工资；10月，按照每2年考核称职（合格）晋升一个职务（岗位）工资档次的政策规定，为2002年、2003年两年考核称职（合格）以上的机关事业单位工作人员2281人晋升职务（岗位）工资档次。2005年10月，按照每2年考核称职（合格）晋升一个职务（岗位）工资档次的政策规定，为2004年、2005年两年考核称职（合格）以上的机关事业单位工作人员2132人名晋升职务（岗位）工资档次。

2006年7月，全国进行机关事业单位工资制度改革。列入公务员法实施范围的机关和经批准参照公务员法管理的单位正式工作人员（除工勤人员）实行职级工资制，基本工资由职务工资和级别工资构成；机关技术工人实行岗位技术等级工资制，基本工资由技术等级（职务）工资和岗位工资构成；普通工人实行岗位工资制，岗位工资为基本工资。事业单位实行岗位绩效工资制，岗位绩效工资由岗位工资、薪级工资、绩效工资和津贴补贴组成，其中岗位工资和薪级工资为基本工资。是年7月，对工资制度改革前原执行浮动及固定工资政策且已固定工资档次的人员，在原套改工资的基础上高定薪级或工资档次。全县符合海岛固定政策的机关事业单位工作人员2272人，退休人员89人。2012年4月，对全县公安机关警员职务套改工资，共套改78人，其中高套职务的三级警长8人、高套职务的一级警员47人、二级警员23人，人均月增资249元，自2010年1月进行工资待遇补发。2015年7月，调整全县机关事业单位工作人员基本工资标准和增加离退休人员离退休费。在调整工资标准的同时，将部分规范津贴补贴和绩效工资纳入到基本工资，自2014年10月进行补发。全县机关事业单位在职2183人，人均月增资995元。是年9月，公务员晋升职级主要依据任职年限和级别。全县符合首次审批晋升职级条件的公务员124人，其中符合晋升副科级的61人，符合晋升正科级的25人，符合晋升副处级的35人，符合晋升正处级的3人。晋升职级人员人均月增资637元（含住房补贴），自2015年11月执行。

2016年12月，调整全县机关事业单位工作人员工资标准和增加离休人员离退休费。在调整工资标准的同时，将部分规范津贴补贴和绩效工资纳入基本工资，全县机关事业单位在职人员2107人，人均月增资350元，离休人员36人，人均月增资455元，自2016年7月执行。2017年，按照省厅关于法官检察官工资制度改革工作电视电话会议要求以及《山东省法官检察官和司法辅助人员工资制度改革试点实施意见》，对法院、检察院员额法官检察官的基本工资进行套改。法院10名员额法官、检察院6名员额检察官基本工资套改后，人均月增资806元，自2017年1月执行。2018年12月，调整长岛县机关事业单位工作人员工资标准和增加离休人员离退休费，全县机关事业单位在职人员2116人，人均月增资350元，离休人员27人，人均月增资455元，自2018年7月执行。

津贴补贴

1986年，机关事业单位工作人员发放奖励工资，标准为每人每月8元。1988年，调整奖励工资发放标准，增加后的标准为每人每月13元。

1991年，再次调整奖励工资发放标准，增加后的标准为每人每月23元。1988年5月，山东省统一4种副食品价格补贴标准，机关事业单位工作人员每人每月发放副食品补贴8元。1991年1月，驻岛工作人员的副食品价格补贴从每人每月8元提高到10元。自1988年7月1日起，调整书报费和洗理费标准，书报费为一般工作人员7元，取得大专学历或中级职称工作满18年以上的8元；洗理费调整为男7元、女8元。1989年，机关事业单位发放岗位考勤费，每人每年10元。同年，调整防暑费发放标准，一般工作人员12元，高温经常露天作业18元，高温作业24元；调整冬季取暖费标准，每人每年24元。1990年，调整驻岛补贴标准，北五岛驻岛补贴由20元增至35元，南五岛由15元增至25元。1991年1月1日始，发放岗位责任制考核奖，县直机关事业单位工作人员每人每月15元，乡镇机关事业单位工作人员每人每月18元；同时，发放考勤费，标准为每人每月5元。1991年5月，机关事业单位工作人员发放粮油价格补贴，标准为每人每月6元。

1992年1月1日始，机关事业单位工作人员发放开放城市补贴，标准为每人每月20元；4月，发放粮价补贴，标准为每人每月5元；8月，发放煤价补贴，标准为每人每月5元。是年，机关事业单位工作人员实行职务（岗位）补贴，按照职务和工作年限确定相应发放标准，标准为20～40元；对职务（岗位）补贴进行调整（即第二次职务补贴），调整后的标准为35～90元。1993年9月，调整书报费和洗理费发放标准，书报费由7元调整为15元，洗理费由男7元女8元调整为男15元女17元；同时，发放交通补贴，标准为每人每月10元。10月，全国进行工资制度改革，将现行按国家和地方规定发放的物价性补贴、福利性补贴及自行建立的津贴纳入新工资标准64元，其中物价性补贴36元，福利性补贴28元。山东省纳入工资中的物价性和福利性补贴58元，其中物价性补贴31元（4种副食品补贴10元、肉食补贴5元、粮油补贴6元、粮价补贴5元、煤价补贴5元），福利性补贴27元（节支奖7元、考勤费5元、书报费15元）。烟台市规定其他未纳入工资的各种津贴补贴随工资一起继续发放，标准为男81元、女83元，包括开放城市补贴20元，交通费10元，洗理费男15元、女17元，考勤费5元，粮价补贴10元，岗位责任制考核奖15元以及省里未纳入的6元。1995年12月始，机关事业单位工作人员按职务发放职务补贴，发放范围为普工到县（处）级，发放标准为每人每月65元至115元不等；同时，发放生活补贴（误餐费），标准为每人每月60元。

1998年1月，按山东省确定的简化归并项目标准，将机关事业单位工作人员原执行的交通补贴10元、洗理费男15元（女17元）、开放城市补贴20元、生活补贴（误餐费）60元、粮油补贴10元合并为115元（女117元）。简化归并后，未纳入简化归并范围的津贴补贴予以保留，包括考勤考核奖20元、价格补贴6元、粮价补贴5元。是年，机关事业单位工作人员及离退休人员每人每月增发生活补贴40元。1999年1月，机关事业单位工作人员和离退休人员发放住房补贴，标准为本人基本工资（基本离退休费）的10%。2001年1月，对机关事业单位工作人员及离退休人员住房补贴标准进行调整，由原来基本工资的10%增至20%。2004年1月，为机关事业单位工作人员增发考勤奖每人每月100元、目标管理奖每人每月40元，为离退休人员增发生活补贴每人每月140元，自2000年12月1日执行。2005年7月，为机关事业单位工作人员2517人增加岗位补贴，人均月增资约250元，并为离退休人员711人增发生活补贴，人均月增资267元。2011年4月，对义务教育学校教师实施绩效工资，在清理归并的基础上，将原工资中的15项津贴补贴统一归并为基础性和奖励性两部分，分别占绩效工资总量的70%

和30%，自2009年1月1日执行；离退休人员津贴补贴项目统一归并为离退休人员补贴。2012年，参照义务教育学校津贴补贴标准，规范了公共卫生与基层医疗卫生事业单位工作人员的津贴补贴，绩效分基础性和奖励性两部分，分别占绩效工资总量的60%和40%，自2009年10月1日执行。在推行公共卫生与基层卫生事业单位工作人员绩效工资的同时，对其他事业单位工作人员津贴补贴进行清理规范，自2010年1月执行。在职人员津贴补贴和退休人员生活补贴标准也参照义务教育学校津贴补贴标准。

2014年1月，对机关工作人员津贴补贴和事业单位工作人员绩效工资标准进行调整，人均月增资300元。是年8月，根据《关于提高乡镇机关事业单位工作人员津贴补贴的通知》，长岛县制定《关于印发〈长岛县乡镇机关事业单位工作人员提高津贴补贴工作实施方案〉》，落实乡镇机关事业单位工作人员乡镇工作补贴政策。一般乡镇1个（北长山乡），每人每月增发100元，此后每增加一年月发放标准增加10元；艰苦偏远困难乡镇8个（大黑山乡、砣矶镇、大钦岛乡、小钦岛乡、南隍城乡、北隍城乡、小黑山办事处、庙岛办事处），每人每月增发150元，此后每增加一年发放标准增加15元。落实补贴274人，人均月增资360元，自2014年1月执行。

2015年1月，对机关工作人员津贴补贴和事业单位工作人员绩效工资标准进行调整，人均月增资385元；同时，落实安全生产监管监察岗位津贴，津贴标准为每人每月220元。7月，对机关工作人员津贴补贴和事业单位工作人员绩效工资标准进行调整，调整后标准与烟台市直标准一致，人均月增资704元。根据山东省《关于调整完善提高乡镇工作人员津贴补贴有关政策的通知》文件要求，12月，全县提高乡镇工作补贴标准。一般乡镇，每人每月增发标准由100元提高到200元；艰苦边远乡镇，每人每月增发标准由150元提高到300元。落实补贴215人，人均月增资180元，自2015年12月执行。2016年6月，落实《关于印发〈长岛县公务用车制度改革方案〉的通知》要求，对公务员按不同职务级别发放公车补贴，执行统一的补贴标准，厅局级副职每人每月1560元，县处级正职每人每月1040元、县处级副职每人每月960元，乡科级正职每人每月650元、乡科级副职每人每月600元，科员办事员和机关工勤编制人员每人每月500元。2018年9月，落实《关于印发长岛县事业单位公务用车制度改革实施意见的通知》要求，对全县事业单位副科级以上领导班子成员按不同职务级别发放公车补贴，补贴标准参照公务员公务交通补贴标准执行。

2018年8月，烟台市印发《关于同意长岛县提高乡镇工作人员乡镇工作补贴标准和提升中小学、基层医疗卫生机构绩效工资总量的批复》，同意提高长岛县乡镇工作人员乡镇工作补贴标准。一般乡镇，每人每月增发标准由现有标准200元提高到400元，此后每增加1年，月发放标准由现有标准10元提高到20元；艰苦边远乡镇，每人每月增发标准由现有标准300元提高到500元，此后每增加1年，月发放标准由现有标准15元提高到25元。同时，同意提升中小学、基层医疗卫生机构绩效工资总量。按照20%的比例提高县直中小学绩效工资总量，按照50%的比例提高乡镇小学的绩效工资总量；按照50%的比例提高乡镇基层医疗卫生单位绩效工资总量。自2018年1月1日起执行。是年10月，落实政法机关工作津贴，津贴标准为每人每月1200元。

第三章　编　制

1988年前，县机构编制工作由县人事部门承担。1988年1月，设立长岛县机构编制委员会办公室，为副科级行政机构，隶属县人事局。1993年11月，县机构编制委员会办公室升格为正科级行政机构，与县人事局合署。1999年5月，县机构编制委员会办公室与县人事劳动和社会保障局合署。2002年11月，成立长岛县事业单位登记管理办公室，与县人事劳动和社会保障局编制科合署。2006年4月，成立长岛县事业单位登记管理局，副科级行政单位，为县机构编制委员会办公室内设机构，与编制科合署，原事业单位登记管理办公室予以撤销。2010年8月，县机构编制委员会办公室单独设置，列入县委机构序列，正科级工作部门。2012年11月，成立长岛县机构编制电子政务中心，为副科级财政拨款事业单位。2013年10月，事业单位登记管理局更名为事业单位监督管理局。2014年4月，在县编办设立县政府行政审批制度改革办公室，为副科级行政机构。至2018年，县机构编制委员会办公室为县委序列正科级工作部门，设事业单位监督管理局、县人民政府行政审批制度改革办公室2个副科级内设机构和综合科（挂监督检查科牌子）、机构编制科2个股级内设机构；下设县机构编制电子政务中心1个副科级财政拨款事业单位。

1986—2018年，全县进行6次县直部门机构改革和4次乡镇（街道）机构改革。

第一节　机构编制

1987年，全县党、政、群机关人员编制为393人。其中，县委工作部门76人，县纪委机关9人，县政府工作部门183人，县人大、政协机关13人，人民团体14人，法院、检察院机关37人，公安机关33人，司法机关8人，县人武部机关20人。

1993年，全县机构改革后，党政群机关行政编制330人（不含政法部门、武装部和非序列的人民团体）。其中，县委工作部门（含纪委）60人，政府工作部门（含外向型工业加工区）247人，人大、政协和群团部门23人。乡镇共有行政编制141人，事业编制570人。

2002年，全县县、乡机构改革完成后，县级党政群机关行政编制总额为501人。其中，县委工作部门65人，县政府工作部门177人，县人大、政协机关12人，群团机关8人，法院、检察院机关55名，公安机关65人，司法机关9人。乡镇共有行政编制110人，事业编制90人。

2010年，政府机构改革后，县级党政群机关共有行政编制271人。其中，县委工作部门65人，县政府工作部门186人，县人大、政协机关12人，群团机关8人。法院、检察院机关60人，公安机关116人，司法机关27人。

2012年，全县乡镇机构改革后，乡镇（街道）共有行政编制100人（含待分配编制5人），事业编制138人。

2018年，全县行政编制总量为655人。其中，县委工作部门99人，县政府工作部门210人，县人大、政协机关33人，群团机关8人，乡镇（街道）机关100人（含待分配编制2人），法院、检察院机关55人，公安机关121人，司法机关29人。事业编制总额为1951人。其中，县直事业单位1813人，乡镇（街道）事业单位138人。

第二节　党政机构改革

县直部门机构改革

1993年机构改革　1993年5月，长岛县县级机构改革工作启动，12月完成。改革后，全县党政群机构共设置34个，比改革前的81个减少47个，精简58%。其中，党政工作部门设置25个，比改革前的69个减少44个，精简64%。中层机构（不含人大、政协、武装部和政法部门）共设置122个。

2001年机构改革　2001年12月，制定《长岛县县级党政机构改革实施意见》，全面开展县级党政机构改革工作。改革后，县委设置工作机构5个，比改革前减少1个，精简16.7%，设部门管理机构1个（信访局），比改革前减少1个，精减50%；县政府设工作机构15个（监察局与纪律检查委员会机关合署办公，列入政府工作部门序列，不计机构个数），较机构改革前减少4个，精简21%，设派出机构1个（外向型工业加工区管理委员会）。改革调整后，县委、县政府工作机构不分组成部门和直属机构，统称工作部门。县委、县政府工作部门和部门管理机构建制级别均为科级，县委工作部门的内设机构级格为股级，县政府工作部门的内设机构级格为副科级。

2005年政府机构改革　2005年1月，施行《关于长岛县人民政府机构改革的实施意见》，将县计划统计局更名为县发展改革和统计局，县计划生育卫生局更名为县人口和计划生育卫生局；撤销国有资产监督管理局，成立县国有资产运营中心，正科级全额拨款事业单位，隶属县财政局；撤销农业水利和国土资源局，成立县国土资源局、县农业水利局，列入政府工作部门；县安全生产监督管理局列入县政府工作部门。机构改革后，县政府工作部门增加至17个。

2010年政府机构改革　2010年8月，制定《关于长岛县人民政府机构改革的实施意见》。本次改革，组建县交通运输局（挂县港航管理局牌子）、县农林水务局、县商务局（挂县经济和信息化局牌子）、县文化广电新闻出版局（挂县文物局牌子）、县卫生和人口计划生育局（挂县食品药

1993年县委工作部门

- 县委办公室
- 县委组织部
- 县委宣传部
- 县委统战部
- 县委政法委员会
  - 县司法局与其合署

1993年县政府工作部门

- 政府办公室
- 经济贸易委员会
- 农业委员会
- 计划统计委员会
- 城乡建设环境保护委员会
- 交通委员会
- 科学技术委员会
- 教育委员会
- 文化体育委员会
- 计划生育卫生委员会
- 公安局
- 国家安全局
- 民政局
- 人事局
  - 县机构编制委员会办公室与其合署
- 财政局
- 税务局
- 审计局
- 工商行政管理局
- 土地矿产管理局
- 渔业海洋局

2001年县委工作部门

- 县纪律检查委员会
  - 县监察局与其合署
- 县委办公室
- 县委组织部
- 县委宣传部
- 县委政法委员会
  - 社会治安综合治理委员会办公室与其合署

2001年县政府工作部门

- 政府办公室
- 计划统计局
- 经济贸易局
- 教育文化体育局
- 科学技术局
- 公安局
- 监察局
  - 与县纪律检查委员会合署
- 司法民政局
- 财政局
- 人事劳动和社会保障局
  - 县机构编制委员会办公室与其合署
- 农业水利和国土资源局
- 建设环保局
- 交通局
- 海洋与渔业局
- 计划生育卫生局
- 审计局

派出机构

- 外向型工业加工区管理委员会

品监督管理局牌子）。县人事劳动和社会保障局更名为县人力资源和社会保障局，原与县人事劳动和社会保障局合署的县机构编制委员会办公室单独设置，列入县委机构序列；县建设局更名为县住房与规划建设管理局（挂城市管理行政执法局、人民防空办公室牌子），撤销房产管理局牌子。政府部门不再设部门管理机构，将法制办公室、应急管理办公室由县政府办公室管理调整设置为县政府办公室内设机构，将县政府教育督导室调整为县教育体育局内设机构。改革后，县政府工作部门由22个优化整合为18个（县监察局与县纪律检查委员会机关合署，县司法局与县委政法委员会合署，均列入县政府工作部门序列，不计入政府机构个数），精简比例达到18.2%。此次改革共取消政府部门职责3项，部门间职责划转6项，新增职责10项，解决交叉职责8项，加强职责35项。

2014年政府机构改革　2014年12月，印发《关于长岛县人民政府职能转变和机构改革的实施意见》，启动政府机构改革工作。本次改革，组建县市场监督管理局，独立设置县司法局，县环境保护局调整为县政府工作部门；设立县市政市

2005年县政府工作部门

- 政府办公室
- 发展改革和统计局
- 经济贸易局
- 教育文化体育局
- 科学技术局
- 公安局
- 监察局
  - 与县纪律检查委员会合署
- 民政局
- 财政局
- 司法局
  - 与县委政法委员会合署
- 人力资源和社会保障局
  - 县机构编制委员会办公室与其合署
- 国土资源局
- 农业水利局
- 建设局
  - 与县环境保护局合署
- 交通局
- 海洋与渔业局
- 人口和计划生育卫生局
- 审计局
- 安全生产监督管理局

容管理局，为县住房和规划建设管理局直属机构；设立县政务服务中心管理办公室，为县政府派出机构；组建县农林水务局综合执法大队，新设县环境监察大队。机构改革后，县政府工作部门21个。同时，完成新组建、设立和调整部门“三定”规定工作，按时完成改革任务。

长岛海洋生态文明综合试验区管理体制改革　2018年2月，长岛县委、县政府向烟台市政府提报设立省级长岛海洋生态文明综合试验区的请示。6月，省政府批复同意。10月，烟台市委、市政府印发《长岛海洋生态文明综合试验区管理体制和机构设置方案》，明确试验区工委、管委管理体制和12个工作机构、6个直属副处级事业单位、市有关派出机构设置及相应人员编制和领导职数等事项。11月，改革有关机构编制设置意见经县委常委会研究，形成《关于长岛海洋生态文明综合试验区工委、管委有关机构设置的请示》。12月，烟台市编办印发《关于长岛综合试验区有关机构设置的批复》，批复试验区工委、管委工作机构及纪工委内设机构总量不超过90个。区工委、管委设置6个直属副处级事业单位和2个直属正科级事业单位，区工委、管委工作机构共设置事业单位55个。

乡镇（街道）机构改革

1993年乡镇机构改革　1993年11月，印发《长岛县乡镇管理体制改革实施方案》，根据烟台市乡镇分类意见，结合经济发展状况和人口、面积等因素，将全县乡镇分为三类：南长山镇、砣矶镇为一类，大黑山乡、北长山乡、大钦岛乡、北隍城乡为二类，庙岛乡、小黑山乡、小钦岛乡、南隍

2010年县政府工作部门

- 政府办公室
- 发展改革和统计局
- 教育体育局
- 科学技术局
- 公安局
- 监察局
  - 与县纪律检查委员会合署
- 民政局
- 司法局
  - 与县委政法委员会合署
- 财政局
- 人力资源和社会保障局
- 国土资源局
- 住房和规划建设管理局
- 交通运输局
- 农林水务局
- 海洋与渔业局
- 商务局
- 文化广电新闻出版局
- 卫生和人口计划生育局
- 审计局
- 安全生产监督管理局

2014年县政府工作部门

- 政府办公室
- 发展改革和统计局
- 经济和信息化局
- 教育体育局
- 科学技术局
- 公安局
- 监察局
- 与县纪律检查委员会合署
- 民政局
- 司法局
- 财政局
- 人力资源和社会保障局
- 国土资源局
- 住房和规划建设管理局
- 交通运输局
- 农林水务局
- 海洋与渔业局
- 文化广电新闻出版局
- 卫生和计划生育局
- 审计局
- 环境保护局
- 市场监督管理局
- 安全生产监督管理局

派出机构

- 政务服务中心管理办公室

城乡为三类。其中，二处一类镇和四处二类乡，设置党政办公室，不设其他行政机构，具体工作实行助理员分工制；其他四乡不设中层行政机构，均实行助理员制或乡村一体化。二处一类镇各核定编制24人，四处二类乡各核定编制18人，其他四乡各核定编制5～6人。

2001年乡镇机构改革　2001年11月，烟台市委、市政府正式批准长岛县县乡两级机构改革工作方案，于12月4日全面展开。此次改革后，乡镇实行综合性办公室与助理员制并行的体制。南长山镇、砣矶镇和北长山乡、大黑山乡、大钦岛乡、北隍城乡设置党政办公室（挂计划生育办公室、社会治安综合治理办公室牌子），设2～3名助理员；小钦岛乡和南隍城乡，设置政事合一的综合事务办公室，不设助理员。乡镇财政拨款事业单位实行限额控制，南长山镇、砣矶镇和北长山乡、大黑山乡、大钦岛乡、北隍城乡设置财政拨款事业机构3个：财政税务所（为县财政局派出机构，不占乡镇事业机构数额，实行乡镇与财政局双重领导）、农村经营管理站、渔业技术服务站、社会事务服务站（对外挂计划生育工作站牌子）；小钦岛乡和南隍城乡不独立设置事业机构，乡镇财政拨款事业单位由29个精简至20个，精简31%。

2012年乡镇（街道）机构改革　2012年5月，印发《关于长岛县乡镇（街道）机构改革的实施意见》，在南长山街道、砣矶镇、北长山乡、黑山乡、大钦岛乡、北隍城乡设置党政办公室（挂社会治安综合治理办公室牌子、计划生育办公室牌子）和经济发展办公室，小钦岛乡、南隍城乡设置党政办公室（挂社会治安综合治理办公室牌子、计划生育办公室牌子）；综合设置事业机构，在各乡镇（街道）统一设置综合事务服务中心、财政经管站2个事业单位，机构总量比改革前减少28个，精简64%。

2018年乡镇（街道）行政管理体制改革　2018年11月，根据省、市乡镇（街道）行政管理体制改革意见，提报县委、县政府形成《关于报批长岛县乡镇（街道）行政管理体制改革方案的请示》，报烟台市委、市政府，于12月30日经市委办公室、市政府办公室《关于印发〈长岛海洋生态文明综合试验区（长岛县）乡镇（街道）行政管理体制改革方案〉的通知》文件批复同意。

其他专项改革

教育、文化、体育　2007年7月，印发《关于调整县教育文化体育机构设置的通知》，将县教育文化体育局分设为县教育体育局和县文化局，均为县政府工作部门，县文化局对外挂县文物局牌子。

食品药品、工商、质监　2009年9月，根据烟政办发〔2009〕101号文件要求，将县食品药品监督管理机构由市食品药品监督管理局管理改为县政府管理，列入县政府工作部门。2010年8月，将县人口和计划生育卫生局的职责、县食品药品监督管理局的职责整合，组建县卫生和人口计划生育局，对外挂食品药品监督管理局牌子。

2018年长岛海洋生态文明综合试验区工委、管委（县委、县政府）

工作机构（工作部门）

- 行政审批服务局
- 综合行政执法局
- 市场监督管理局
- 交通和住房建设管理局
- 自然资源局
- 社会事务局
- 经济发展局
- 财政金融局
- 政法委员会
- 宣传文化和旅游部
- 党群工作部
- 办公室

直属事业单位

- 大数据信息资源管理中心
- 长岛国家海洋公园管理处
- 海洋经济促进中心
- 政策研究中心
- 山东长岛国家级自然保护区管理局
- 党校

2014年1月，根据烟台市政府批复的《长岛县食品药品工商质监管理体制改革实施方案》（烟政函〔2013〕136号），制定《关于长岛县食品药品工商质监管理体制改革的实施意见》，将工商、质监部门列入县政府工作部门，组建县食品药品监督管理局，出台“三定”规定。整合食药、卫生、农水、海渔、质监等部门检验检测资源，组建县检验检测中心，研究批复“九定”方案。

纪检监察　2010年12月，印发《关于对县纪委、县监察局派驻机构实行统一管理的实施意见》，设立4个纪检组（监察室），分别核定人员编制和领导职数，明确工作职责。

2014年1月，印发《关于调整设立县纪委县监察局机关有关内设机构的批复》，撤销党风室、纠正行业之风办公室、执法监察室（行政效能投诉中心）、信访和纪检监察室，设立党风政风监督室、执法和效能监督室、信访室、纪检监察室。

2016年3月，印发《关于调整县纪委监察局机关和归口派驻机构编制的通知》，为县纪委监察局机关和归口派驻机构增加16名行政编制。5月，印发《关于调整设立县纪委监察局机关有关内设机构的批复》，撤销执法和效能监督室、宣传教育和研究室2个科室，相关职能分别划入党风政风监督室、办公室；将纪检监察室分设为第一纪检监察室、第二纪检监察室；案件审理和综合室更名为案件审理室。

2017年4月，印发《关于县委巡察工作机构有关机构编制事项的通知》，按要求设立县委巡察工作领导小组办公室和县委第一巡察组、第二巡察组，分别核定相应编制和领导职数。

2018年1月，印发《关于长岛县监察委员会有关机构编制事项的通知》，撤销监察局和检察院反贪污贿赂局，按规定将反贪、反渎、预防职务犯罪相关机构、职能、人员转隶至监察委，同时，划转6名检察院政法专项编制，调整领导职数设置，增设案件监督管理室，达到转隶前后同等规格机构个数、同等级别领导职数、编制总量“三个不增加”要求。

综合行政执法　2017年8月，根据烟台市政府批复《长岛县综合行政执法体制改革方案》，制定《长岛县综合行政执法体制改革的实施意见》，将旅游、物价、城市管理等14个领域行政执法事项整合，组建县综合行政执法局，为县政府工作部门，全面梳理确定1463项权责事项清单，并逐项理清相关监管责任分工。按区域设立4个综合行政执法大队，为副科级公益一类财政拨款事业单位。在劳动监察、交通运输（港航）、海洋渔业、卫生计生、环境保护、市场监管、安全生产7个专业领域内实行一支执法队伍集中行使行政执法权，构建起“一支综合执法队伍+7支专业执法队伍”的行政执法体制。

环保机构监测监察执法垂直管理制度改革　2018年7月，根据《烟台市环保机构监测监察执法垂直管理制度改革工作方案》要求，长岛县环境保护局调整为烟台市环境保护局派出分局，名称规范为烟台市环境保护局长岛分局。烟台市长岛环境执法大队与烟台市环保局长岛分局合署；山东省长岛生态环境监督监测站加挂烟台市长岛环境监控中心牌子，不再与庙岛群岛海豹省级自然保护区管理处合署。庙岛群岛海豹省级自然保护区管理处独立设置，由长岛县政府管理。10月31日，烟台市委、市政府印发《长岛海洋生态文明综合试验区管理体制和机构设置方案》，明确将烟台市环境保护局长岛分局更名为烟台市环境保护局长岛海洋生态文明综合试验区分局，为烟台市环境保护局派出机构。

相对集中行政许可权　2018年12月26日，根据市政府《关于各县市区推进相对集中行政许可权组建行政审批服务局改革方案的复函》精神，制定《长岛县人民政府关于推进相对集中行政许可权改革组建县行政审批服务局的实施意见》，组建县行政审批服务局，将146项行政许可及关联事项集中交由行政审批服务局行使，实现“一枚印章管审批”。

第三节　事业单位改革

1993年县直事业单位分类管理　1993年10月，开展推进事业单位分类管理工作。其中，全额预算管理事业单位39个，差额预算管理事业单位19个，自收自支事业单位43个，企业化经营事业单位31个。

1996年县直事业单位改革　1996年6月，制定《长岛县县直事业单位改革实施意见》，撤销党史委、县志办、农经站、统战部接待处、养殖试验场、林保站、蛇研所、灭菌制剂所8个机构，调整设立农村工作办公室、预算外资金管理处、妇幼保健计生服务所、半月湾公园、液化气供应公司、明珠浴场管理处等事业单位。

2000年部分县属事业单位改为企业　2000年11月，制定《关于将部分县属事业单位改为企业的意见》，将长岛宾馆、兴岛宾馆、城建开发公司、工艺美术装潢公司、建筑设计研究院、规划设计院、明珠浴场管理所、科技开发中心、水校养殖场、社会福利中心、海利公司、养殖公司、第一育苗场、第二育苗场、第三育苗场、第四育苗场、车由岛增养殖基地、渔政船队、水产技术培训中心、猴矶岛管理站、水产网具试验厂、机井队、农田建设机械队、王沟水库管理所、畜禽良种场、城区物业管理公司、劳动培训基地、基地实习一场、基地实习二场、房屋维修公司、旅行社、海市宾馆、长园宾馆、经济开发集团公司34个单位改为企业。事业单位改为企业后，不再具有事业单位性质，取消原定行政级别和事业编制，纳入企业管理范围，执行企业的政策规定。

2012年清理部分县属事业单位　2012年11月，印发《关于调整设立我县部分事业单位的通知》，撤销县农业税征收管理局、县环境保护监理站等8个机构，收回事业单位编制28名；整合职能相近的社会保险、就业人才、计划生育、农业水利等有关机构，减少机构9个；规范县机关后勤服务公司、拆迁办公室等14个机构名称和规格；新设县委政策研究中心等10个机构，全县事业机构总量减少7个。

2015年事业单位分类改革　2015年1月，按照省、市事业单位分类指导目录要求，完成全县166个事业单位分类工作。其中，公益类143个（公益一类136个、公益二类6个、公益三类1个），生产经营类9个，暂未明确类别11个，不纳入分类3个。

2016年“僵尸”事业单位清理　2016年7月至2017年3月，根据省、市集中清理“僵尸”事业单位有关要求，制定《长岛县集中清理“僵尸”事业单位工作方案》，撤销县市场管理办公室、县矿产管理中心、县影剧院3个事业单位，将县城市建设档案室和县建筑业管理处合并，原县城市建设档案室职责及人员编制成建制划转；将县林木检疫站和县林业技术推广站合并组建为县林业服务站，收回事业编制4名。

2017年调整规范事业单位经费来源 2017年12月，根据上级改革要求，调整规范全县33个事业单位经费来源。其中，公益一类事业单位财政补贴调整为财政拨款16个、经费自理调整为财政拨款16个；公益二类事业单位经费自理调整为财政补贴1个。

2018年生产经营类事业单位改革 2018年6月，制定《长岛县从事生产经营活动事业单位转制为企业的意见》《县属从事生产经营活动事业单位转制为企业工作方案》，生产经营类事业单位改革工作全面展开。

第二十二编　双拥共建

拥军优属是长岛县的光荣传统。战争年代，军民并肩作战，前赴后继，鲜血流在一起；建设时期，军民同舟共济，同守共建，汗水洒在一起。80年代，长岛县兴起的拥军热，为军民关系注入崭新而强劲的活力，为新形势下双拥工作探索出新的经验和做法。其间，董必武、叶剑英、杨尚昆、万里等20多位党和国家、军队领导亲临海防前哨，检查指导双拥共建工作，为长岛双拥工作打下坚实的政治基础。1992—2018年，长岛县7次荣获全国双拥模范县称号，双拥共建成为长岛最闪亮、最有影响的政治名片。驻岛部队和长岛人民共同铸造的“海岛为家、艰苦为荣、祖国为重、奉献为本”的“老海岛”精神与“井冈山精神”“长征精神”“延安精神”等共同列入全军50种革命精神，成为山东省军区最响亮的精神品牌。

中共十八大之后，长岛县全面贯彻落实习近平强军思想，按照军民共建新要求，实践探索长岛生态保护和国防建设兼容发展。2018年6月19日，山东省人民政府正式批复设立长岛海洋生态文明综合试验区，明确提出长岛建设“军民融合发展示范区”和“军民融合之岛”，把“固防守疆”作为最大的政治责任，建立健全军地统筹衔接的公共服务体系，使海防前哨真正成为坚实的国家战略屏障。长岛县与驻岛部队确定成果共享、军民共赢的“大双拥、大共建”目标，跨越式推进双拥工作。

70余年，长岛人民与驻岛部队同呼吸、共命运、心连心，朝夕相处，鱼水相依，谱写一首双拥共建、双向奉献、富岛强兵、同心报国的壮丽诗篇，长岛成为全国著名的拥军岛和爱民岛。

第一章　双拥机构与宣传教育

中共十一届三中全会后，长岛县拥军优属工作，在继承和发扬优良传统的基础上，适应新的历史条件，根据党和国家工作重心转移，建立双拥机构和制度，成立双拥领导小组，领导成员由军地主要领导担任，共同筹划部署双拥工作，并配备专职人员，负责开展双拥工作。随着领导机构的建立，长岛县与驻岛部队开展国防安全教育、拥军优属光荣传统教育和拥军优属政策法规教育。双拥领导机制完善、宣传教育普及深入，为长岛县双拥工作与时俱进、创新发展，提供强大原动力和根本保证。

第一节　双拥机构

1978年12月，长山要塞区、长岛县撤销长岛县军民联防指挥部，重新组建长岛县军民联防委员会，要塞区副司令员兼任主任，长岛县委书记兼任副主任。委员会下设1个办公室、4个小组，由要塞区司政机关和长岛县机关、人武部有关领导18人组成。1979年8月，中国人民解放军副总参谋长张爱萍视察长岛并题词：“军民联防，保卫海疆，坚如磐石，固若金汤”。是年9月，中央军委

长岛县7次获得全国双拥模范县牌匾

副主席叶剑英视察并题词："军民共铸海上钢铁要塞"。11月，中国人民解放军副总参谋长粟裕视察长岛海防建设并题词："军民团结，建设海岛，保卫首都海上大门"。1979年12月，中共中央向全党、全军、全国人民发出"发扬拥军传统，进一步加强军政、军民团结"号召。

80年代，中共长岛县委、县政府和驻岛部队相互协调，互相支持，相继成立"双拥共建"领导机构和办事机构，建立健全工作制度，为"双拥共建"工作提供强有力的组织保障。1980年12月，长岛县成立军民共建工作领导小组，负责开展全县性军地共建工作。

1982年4月24—26日，长岛县军民联防工作会议召开，联防委员会主任、长山要塞区副司令员张绳武代表驻军作总结报告，副主任、长岛县委书记王爱民作拥军优属总结报告，烟台军分区副司令员商建爱作讲话。大会制定《军民联防组织工作暂行规定》，以指导全县军民共建工作。

1985年12月28日，内长山守备某部与烟台市及长岛县、蓬莱县、黄县、掖县召开第一次联席会议，确定双拥活动内容，并成立四县一市军民共建领导小组，烟台市委副书记李文全任组长，内长山守备某部政委赵承凤任副组长。大会印发《军民共建情况反映》，军民共建工作纳入精神文明建设总体规划。

1986年1月，内长山守备某部召开军民共建工作会议，聘请长岛县县委书记、蓬莱县县委书记、黄县县委书记、掖县县委书记为政治工作顾问，并颁发聘书。1987年7月，长岛县与驻岛部队建立定期走访、联席办公、互发信息简报等制度，守备某部连以上单位普遍聘请名誉指导员、教导员等。1988年2月，内长山守备某部召开兼职指导员座谈会，对13名优秀兼职指导员进行表彰并记三等功。1989年1月，中共长岛县委、县政府与内长山守备某部共同印发《军地双拥共建守则》，制定驻军聘请兼职指导员、军地共育两用人才等制度。定期召开会议，专题研究双拥共建工作，保证双拥共建工作落到实处。

1991年6月，长岛县成立拥军优属拥政爱民工作领导小组，下设办公室具体负责全县双拥工作的组织领导与协调。1991年11月，长岛县与驻岛部队成立创建全国双拥模范县工作领导小组，下设办公室，为双拥领导小组办事机构，与县委宣传部文明办合署办公，负责全县双拥共建工作。全县自上而下普遍建立由军地主要领导组成的双拥工作领导小组，统一指挥部署全县的双拥工作；建立双拥领导小组办公室，具体承担双拥具体事宜；建立例会制度、双聘任制度、汇报制度、岗位责任制度、合署办公制度等。

2002年1月始，长岛县双拥工作领导小组调整为县委书记任组长、党政军相关人员组成的领导小组，各乡镇、街道配套成立相应机构，并设立双拥工作站，形成覆盖县、乡、军地融合的双拥工作网络，做到机构、人员、经费"三个落实"。其间，长岛县与内长山要塞区建立军政联席会议制度、信息交流制度、走访制度，每年春节、八一建军节，军地召开两次座谈会议，平时遇到问题，临时召开"碰头会"，协商解决双拥事宜。同时建立

军地召开建军80周年军地联席会议(2007年)

老兵退役欢送、新兵入伍看望等制度,并形成长久机制。

2005—2018年,在县民政局设立双拥办公室,负责贯彻执行双拥政策法规,协调军地开展双拥共建工作。从优待、抚恤、安置等方面建立健全各项制度,对"三属"(烈士遗属、因公牺牲军人遗属、病故军人遗属)、伤残军人、老复员军人实行优待,对烈士家属、因公牺牲和病故军人家属采取抚恤,对退伍军人、部队转业干部进行安置;建立渔村双拥工作站、"两新"组织、志愿者队伍、双拥培训基地、军民文体活动基地、后勤服务基地为主要内容的"一站二队伍三基地"。

第二节　双拥宣传教育

长岛县地处渤海咽喉、京津门户。历史上,帝国主义列强9次从这片水域入侵中国。中华人民共和国成立后,驻岛部队和长岛县始终强化军民"锁钥京津、固千里海防"国防意识,把长山列岛战略地位和国家安全教育放在首位。

1986—1987年,长岛军地开展"学英模、比贡献、固长城"宣传教育活动,在全县机关、学校、企业开展"三个教育":国防安全教育,增强干部、群众无军不安的国防观念和居安思危的忧患意识;拥军优属光荣传统教育,提高全县干部、群众拥军优属的自觉性;开展树立拥军形象教育,发挥典型引领作用。通过教育,不断提高和升华干部、群众拥军优属观念,激发干部、群众拥军优属的政治热情。至1987年,军地双方举行联欢会、篮球赛、知识竞赛200余场次,军民共建先进单位16个,涌现出"拥军好支书""好妈妈""活雷锋"等一批拥军典型,全县掀起双拥热潮。

1988—1991年,军地开展"岛兴军荣,兵强民乐"主题宣传,在渔村开展"党有富民政策,民有报国之心""把长岛建成海上乐园、御敌堡垒"教育,驻岛官兵喊出"当兵不习武,不算尽义务,武艺练不精,不算合格兵""爱民情不深,愧当戍边人"响亮口号,弘扬"建岛一家人,守岛一条心"主旋律。1989年,召开长岛解放40周年纪念大会,举办长山岛战役史展览、长岛革命烈士事迹展览等活动,进行革命传统教育。通过40年的历史回顾,看驻岛部队在守岛、建岛等方面的无私奉献,引导全县人民认识到,海岛的安定发展,离不开部队的支持和帮助。至1991年,全县各级党组织,在海岛淡水、燃料、电力、物资供应都十分紧张的情况下,优先保证部队供给需求,部分乡镇为驻军免费提供"拥军电"、捐钱捐物、为部队培养技术两用人员,全县拥军助军活动形成比、学、赶、超的局面。

1992—1995年,军民围绕发展社会生产力和提高部队战斗力,开展"双拥共建,双向奉献,富民强兵,同心报国"主题宣传教育。长岛县把发展经济、振兴海岛作为助军爱军、富国强县的第一要务来抓,全方位为部队办实事、解难题。驻岛部队自觉服务地方现代化建设,发挥人力、物力和技术优势,在重点工程项目、"海上花园"建设、维护社会稳定等方面全力支援。1993年,济南军区隆重表彰驻军船运大队"九个老兵"几十年献身海岛建设的模范事迹,长岛县及时邀请他们到机关、乡镇、学校、企业作报告,让他们"献了青春、献子孙”的老海岛精神家喻户晓。通过主题宣传教育，全县两个文明建设水平整体提高，产生良好经济效益、军事效益和社会效益。

长岛军民共庆新春(2012年)

1996—2000年，以宣传“同呼吸、共命运、心连心”为主旋律，深入开展“我为双拥添光彩，我为双拥做奉献，我为双拥树形象”主题宣传活动。针对新时期国际、国内政治形势、经济发展特点，在全县军民开展以思想道德和文化建设为重点的精神文明建设。1999年，开展“岛兴我荣，岛富我强，我为长岛添光彩活动”，军地共育“四有公民”“四有军人”(有理想、有道德、有文化、有纪律)。至2000年，全县军地互聘思想政治工作人员300余人，军地业余党校发展到15所；军地修建和充实“青年民兵之家”“军民文化娱乐活动中心”18个，购置各类书刊5万余册；举办双拥报告会25次，开展文化知识竞赛48次，开展双拥宣传活动64次，参与人数6.5万人次。全县军民思想道德水平和整体素质明显提高。

进入21世纪，全县以“同铸钢铁要塞、共建海上明珠”为宣传教育主题，开展科技拥军、法律拥军、文化拥军活动，构建起“党政引导、全民参与、军地联动”具有长岛特色的社会化拥军新格局。军地常年开展双拥知识竞赛、书画展览、文艺演出、影视展播，以及唱爱国歌曲、看红色电影、讲革命故事等活动。举行“勿忘国耻，强我国防”机关干部、群众、驻军万人签名活动，全民及驻军受教育面达97%以上。

2012年，军地开展“三爱”(爱国拥军、爱岛敬业、爱亲孝老)主题教育，围绕开展“爱国拥军”教育活动，军地联合举办庆祝建党91周年歌咏会演、军民迎新春晚会，有7000余名军民观看。组织开展科技、文艺、法律、健康、文化五进军营活动，全县60余个部门单位、乡镇渔村走进基层连队开展多种形式的歌咏、读书、演出、展览和体育比赛等各类文化活动100余次，长岛双拥工作鲜明的时代特色和文化内涵更加凸显。

2013年始，开展以“三互”(互学、互助、互促)为主题的军地共建教育活动。2014年7月，解放军总政治部召开“三互”活动经验交流会，驻岛某部空军11营作典型发言；8月，中央宣传部文明办授予驻岛某部空军11营全国“三互”工作先进单位称号。至2018年，军地互上党课150余次，参与人数3200余人；开展共建活动120余次，参与人数4000余人；军地互办实事260余件，渔村和基层连队党组织结对率达100%。

第三节　双拥经验推广与表彰

1988年7月27日，民政部和解放军总政治部在北京联合举办纪念延安“双拥”运动45周年暨表彰全国“双拥”先进单位和先进个人新闻发布会。山东省有16个单位和6名个人受表彰，长岛县是烟台市唯一受表彰单位，荣获“全国拥军优属先进单位”称号；蔡大禹被授予全国“拥军优属先进个人”称号。

1989年，以长岛县和内长山守备部队为代表的“双拥共建”(拥军优属，拥政爱民，共建“四化”)热潮在全省掀起。1989年3月，山东省军区政治部、省民政厅，会同驻岛部队和长岛县，组成联合工作组，深入长山列岛80%的军地基层单位，对“双拥共建”工作情况进行调查总结。4月27—28日，中共山东省委、山东省人民政府、山东省军区在长岛县召开“双拥共建”工作座谈会，山东省委副书记马忠臣，济南军区副政委曹芃生，山东省委常委、山东省军区政委李春亭出席会议。会议听取山东省军区政治部、省民政厅关于长岛“双拥共建”工作的调查汇报和内长山守备部队、长岛县10个先进单位、个人的发言。会议总结出长岛县双拥共建经验为：强化国家民族利益观，增进军民向心力，是长岛双拥共建健康发展的根本动力；发挥各自优势，双向服务，是长岛双拥共建的立足点；坚持军民兼顾，注意两个效益，是长岛双拥共建的指导原则；广泛开展群众性活动，活跃基层，促进稳定，是长岛双拥共建的坚实基础；严己宽人，增进团结，是长岛双拥共建的关键环节；建立健全规章制度，在完善领导机制中走向规范，是长岛双拥共建经常化的重要保障。

1989年5月10日，山东省军区作出《关于学习内长山守备部队、长岛县“双拥共建”工作经验的决定》。决定要求学习内长山守备部队、长岛县双拥工作经验：学习他们用国家民族利益观，统一思想，增进军政军民向心聚合；学习他们以提高“两力”（发展社会生产力、提高部队战斗力）为目的，发挥各自优势，在双向服务中共图发展；学习他们坚持军民兼顾、义利并举，在相互交往中注重两个效益；学习他们注重开展群众性活动，活跃基层，促进稳定；学习他们严己宽人，就地化解矛盾，在妥善处理军民纠纷中增进团结；学习他们从实际出发，适应改革开放的新形势，在继承传统基础上不断创新；学习他们建立健全规章制度，在完善领导机制中使双拥工作走向规范。

1989年5月14日，解放军总政治部主任杨白冰视察长岛，对长岛军民的双拥共建工作给予高度评价，并题词“向英雄的长岛人民学习，共建海上钢铁长城”“军民共建、军民共育、军民共守，建设文明富裕的新长岛”。

1989年6月28日，中共烟台市委、烟台市人民政府作出《关于授予长岛县“双拥共建”模范县荣誉称号的决定》，并在长岛县举行隆重颁奖大会，烟台市委书记陈建国向长岛县颁发锦旗并作讲话。

1989年7月10日，中共济南军区党委作出《关于向拥政爱民先进单位内长山守备部队学习的决定》。决定要求在济南军区推广学习内长山守备部队的模范事迹和先进经验：要学习他们以国家民族利益为重，自觉强化拥政爱民意识，全心全意为人民服务的先进思想；要学习他们坚持军民兼顾、义利并举原则，注重提高部队战斗力和社会生产力的高度责任感；要学习他们模范执行群众纪律，处处自尊自爱，严己宽人，妥善处理好军民纠纷的优良品质；要学习他们积极进取，勇于改革，努力把拥政爱民活动制度化、经常化的创新精神。《大众日报》《前卫报》《解放军报》《人民日报》、山东人民广播电台、山东电视台、中央电视台等新闻机构先后登载、播放长岛“双拥共建”先进事迹，一个富有时代特色的“双拥共建”活动在齐鲁大地蓬勃兴起。

1989年7月18日，山东省在济南召开双拥共建表彰大会。图为驻岛部队、长岛县领奖现场

1989年7月18日，中共山东省

1989年8月，“军民共建新长岛”沙盘模型在军事博物馆展出

隆重召开纪念长岛解放40周年大会，长山岛战役参战部队首长王璞、内长山守备部队首长秦江昌、长岛县委书记宋修武、支前模范王亲寿等分别讲话。大会邀请解放长山岛战役老战士代表、支前模范代表参加纪念活动。大会举行长山岛战役纪念馆、长岛革命烈士纪念馆开馆仪式，举行阅兵式，并在驻军礼堂举办文艺晚会。

委、省人民政府、省军区在济南隆重举行“双拥共建”命名表彰大会，推广长岛县和内长山守备部队双拥模范事迹、先进经验：双拥共建、双向奉献、富民强兵、同心报国。大会作出关于命名表彰长岛“双拥共建”先进单位和模范个人的决定：授予长岛县“拥军优属模范县”光荣称号；给予中国人民解放军内长山守备部队以“拥政爱民模范集体”荣誉奖励；建议济南军区报请中央军委授予该部队以“拥政爱民模范师”光荣称号；授予长岛县南长山镇乐园村党支部书记、驻军特务连兼职指导员蔡大禹“爱国拥军模范”光荣称号；对长岛县南长山镇乐园村、大钦岛乡东村、北隍城乡山前村、南长山镇、大钦岛乡、某部工兵营、某部火箭炮营、某部特务连等11个“双拥共建”先进单位予以通报表彰。同日，中共山东省委、山东省人民政府、山东省军区作出关于学习长岛“双拥共建”工作经验的决定。7月19日，《大众日报》以三个版面集中报道山东省委、省政府、省军区对长岛双拥共建表彰决定以及长岛双拥经验，并配发《做好新时期“双拥共建”工作》社论。

1989年7月24日，解放军总政治部在北京举行“长岛军民双拥共建事迹”新闻发布会。《人民日报》《解放军日报》《光明日报》以及中央电视台等新闻媒体，对长岛双拥共建事迹和经验进行大篇幅宣传报道，在全国、全军推广长岛双拥共建经验。

1989年8月12日，长岛县与内长山守备部队

1990年7月23—25日，山东省在长岛县召开国防教育经验交流会，山东省委副书记、省长赵志浩出席会议。烟台市在会上作《适应改革开放新形势，努力强化干部群众的国防观念》的经验介绍，与会代表参观学习长岛县军民协同开展国防教育的情况。

1990年7月26日至8月3日，长岛县委书记宋修武代表长岛县参加在北京召开的全国“八一”座谈会，介绍长岛双拥共建经验，是与会12名军地代表中唯一的县级代表。

1990年12月30日，长岛军民“双拥共建”表彰大会召开，军地双方主要领导、县直和师直部门有关负责人出席会议。大会对军地31个双拥先进集体进行表彰。

1992年10月6日，长岛军民“双拥共建”表彰大会召开，军地双方主要领导，县直、部队有关负责人，机关干部、驻军战士300余人出席会议，长岛县委书记宋修武作《同筑长城共建乐园，努力把长岛双拥共建工作推上新的台阶》报告。大会授予南长山镇等15个单位“拥军优属模范单位”称号；授予守备某部队等12个单位“拥政爱民单位”称号。砣矶镇、大黑山乡、北隍城乡、县经委作典型发言。

1996年7月8日，长岛县与内长山要塞区隆重召开长岛县双拥共建总结表彰大会，县委书记宋修武作《同呼吸、共命运、心连心，携手谱写长岛双拥共建的新篇章》报告，军地16个单位作典型交流发言。大会授予南长山镇乐园村与某部

队特务连等18个“共建对子”“双拥模范单位”称号；授予大黑山乡等8个单位“拥军优属模范单位”称号；授予某部队等7个单位“拥政爱民单位”称号；授予蔡大禹等39人“双拥模范”称号。省军区司令员张齐红到会祝贺。

1999年8月12日，召开长岛解放50周年纪念大会，县委书记姜必欣作讲话；军地及各界代表瞻仰、祭扫烈士墓，敬献花圈；召开长山岛战役座谈会，部分参加海战的军地代表座谈；军地联合举办大型歌舞晚会。9月28日，长岛县委、县政府举行“献给共和国创建者”纪念章颁发仪式，为全县离休老干部颁发纪念章。

2004年7月16日至8月12日，军地召开庆祝长岛解放55周年纪念活动，连续举办乡镇专场汇报、演讲比赛、系列成就展、悼念烈士、环城大秧歌和军民文艺晚会等纪念活动。

2009年8月12日，长岛县与内长山要塞区召开纪念长岛解放60周年暨双拥共建工作总结表彰大会，授予南长山镇等8个乡镇“长岛县双拥模范乡镇”称号，授予县委宣传部等38个单位“长岛县拥军优属模范单位”称号，授予中国人民解放军某部等24个单位“长岛县拥政爱民模范单位”称号，授予蔡大禹等33人“长岛县拥军优属先进个人”称号，授予张鹏甫等30人“长岛县拥政爱民先进个人”称号。解放军总后勤部原政委张文台，山东省军区政委南兵军到会祝贺；济南军区司令员范长龙、政委刘冬冬代表济南军区发来贺电。

2009年8月12日，纪念长岛解放60周年暨双拥共建表彰大会现场

第四节　以革命纪念建筑为阵地进行宣传

长岛县在革命战争和社会主义建设时期，先后有200余位仁人志士为民族独立和国家富强献出宝贵生命。长岛县高度重视对烈士的褒扬工作，在人力、物力上加大投入，全面提高烈士褒扬工作。1986—2018年，编辑出版《长岛革命斗争史话》《列岛洪波》《长山岛战役》《革命烈士名录》等书刊和史料，成为广大群众特别是青少年的宝贵精神财富。

1989年，重建长岛县烈士陵园并在陵园区内修建长山岛战役纪念馆、革命烈士纪念馆。（参见第二十三编“民政”第四章“社会事务管理”第四节“烈士陵园”）充分挖掘烈士纪念建筑物和馆藏历史照片、革命文物的教育作用，组织开展丰富多彩的爱国主义教育和革命传统教育。利用清明节、长岛解放日、国家公祭日等，开展褒扬烈士、教育群众的宣传活动。2014年4月4日，在县革命烈士陵园举行纪念长岛解放65周年公祭革命烈士活动，长岛县党政军主要领导、部分驻岛部队和少先队员，共1000余人参加公祭活动。此后，每年举行烈士公祭活动。2018年9月10日，建成双拥共建纪念馆，馆内收藏1945—2018年双拥历史照片200余张，并配有实物、视频等史料。该馆为烟台市“关心下一代”、烟台市“全国爱国主义”教育基地。

第二章　拥军优属

长岛县有着70多年拥军优属传统。抗战时期，长岛渔民配合海上游击队袭击日伪据点、炮楼，破坏日军海上运输线。1945年9—11月，长岛1000余名渔民船工、100艘大帆船，冒死把胶东军区10个整团、1万余人昼夜运送到大连庄河，为抢占东北战场作出历史性贡献。1949年8月11日，中国人民解放军首次渡海战役长山岛战役打响，长山岛567名船工、127名向导，置生死于不顾，和战士们一样冲锋陷阵。1949年11、12月，长山岛特区先后组织两批队伍南下支前，共计出动大小帆船87只，船员654人，94%船员立功，为解放舟山群岛做出贡献。中华人民共和国成立后，长岛军民以长山列岛“锁钥京津，渤海咽喉”的要塞之险，雄峙在祖国的海防前哨。

改革开放后，长岛县站在时代的高度和民族利益的旗帜下，掀起双拥共建新高潮。在全国率先叫响“富了海边的，不忘戍边的”“富了海岛人，不忘守岛人”“富国要强兵，报国要拥军”“视军队如长城，把军人当亲人”口号，发扬拥军光荣传统，把驻岛部队当亲人，全方位为部队办实事、解难题，同筑海上堡垒，共建海上乐园，闯出一条“双拥共建、双向奉献、富民强兵、同心报国”具有长岛特色的双拥工作新路子。

长岛县在全国创下7个拥军第一：为部队建起全国第一座拥军楼，向驻地共建部队赠送全国第一台拥军彩电、全国第一台拥军洗衣机、全国第一台拥军照相机、全国第一台拥军缝纫机、全国第一台拥军电脑和敷设全国第一条拥军电缆。

长岛县7次荣获全国“双拥模范县”称号：1992年1月15日，全国双拥工作领导小组决定，以民政部、解放军总政治部的名义，授予39个市（区）县为全国双拥模范城（县）荣誉称号。山东省共3个单位获奖，长岛是唯一一个县级单位。此后，1994年7月22日、1997年1月15日、2004年1月8日、2008年1月4日、2012年2月27日、2016年7月23日，共计7次被评为全国双拥模范县。

至2018年，全县社区、渔村双拥工作站40个，“两新”（新社会组织、新经济组织）拥军组织40余个，建设双拥培训、文体活动、后勤服务双拥基地3个，医疗、法律和通信保障站10个，建立国防教育基地12个，双拥共建基地28个，全县拥军志愿者队伍220多支、3000多人。科技拥军基地化、军供保障系列化、文化拥军多样化、政策拥军法制化、部门拥军职能化、社团拥军普及化、企业拥军双赢化、社区拥军网络化日臻完善，拥军优属成为海岛文化重要组成部分。

1992年1月15日，长岛县首次获得全国双拥模范县称号。图为载誉归来，军民在码头迎接

第一节　对越自卫反击作战中的拥军支前

1979年2月17日，对越自卫反击战打响。1985年，驻鲁部队奉命赴南疆作战。是年8月，长岛县开展“战士在我心中”活动，海岛广大青年、民兵、妇女和中小学生向前线战士赠送礼品和写信，在全县掀起新拥军热潮。是年秋，驻岛部队290名战士赴滇参战，这些战士披红戴花，被群众请到家中，用海岛上最高礼遇：海参、鲍鱼、扇贝等为亲人饯行。一杯杯壮行酒，一句句父老乡亲的嘱托，激起战士们杀敌立功的豪情壮志。全县党政机关、企业、学校、10个乡镇、40个渔村的干部群众，敲锣打鼓，鸣放鞭炮，竞相到码头，像送自己的亲人一样，送战士上前线。

长岛县在欢送赴滇作战活动中，没有忘记无居民岛上的赴滇战士，县委宣传部、县人大、县政府领导以及民政、教育等有关部门负责人，带上慰问品乘船渡海到大竹山岛慰问赴滇战士，全岛官兵备受鼓舞。砣矶镇后口村一名老复员军人把参战战士请到家中，为战士讲述自己的战斗经历，并把珍藏几十年的军功章赠送给参战战士，勉励他们杀敌立功。北隍城乡山前村妇代会主任李来英和妇代会姐妹们，想到战士在前方作战，家中老人应当受到慰问。她们自觉捐款为联防驻军某连赴滇作战的4名战士家中各寄去50元钱，并写4封慰问信，极大鼓舞参战战士及其亲属。李来英还带领海岛渔村妇女积极开展支前拥军工作，将绣有“精忠报国”“勇敢杀敌”等字样的鞋垫、鞋子250余双，毛巾手绢180余条，背心50余件，慰问信300余封寄往前线。1992年，李来英被山东省军区政治部、山东省妇联、山东省民政厅授予“山东红嫂”称号。

从长岛走向前线的战士们，精忠报国、英勇杀敌，接连不断的立功佳音飞到海岛渔村。1986年1月，某部战士徐学良在猫耳洞里给北隍城乡山前村写信：“我是北隍城某连的战士徐学良，临走时岛上父老乡亲送行的场面，我铭记在心。我的第一故乡在沂蒙山区，第二故乡是北隍城岛。如果我在战场上牺牲了，要把骨灰一半撒在沂蒙山区，一半撒在北隍城岛。”

驻守大钦岛小浩村某连班长王功斌，第一个写血书要求参战。他在誓师大会上代表参战战士说：“战功不立，无脸面回来见海岛的父老乡亲。”在老山前线，他作战勇猛，荣立三等功。1986年7月，借回泰安老家探亲机会，专程绕道看望第二故乡大钦岛小浩村，不巧在途中染上角膜炎（俗称“红眼病”），进岛后不敢出门，生怕传染给别人。小浩村乡亲们得知后，家家户户争着请战士到家做客。全村百十户人家，竟有30多家染上红眼病。事后，人们风趣地说：“小浩村人抢解放军抢红了眼”。

至1986年6月，全县共收到200余名战士写来的159封战地信件，长岛县将战地来信汇编成《前线将士书信集》小册子，作为全县干部、群众和学生理想教育的活教材，全县受教育者达到4万余人。1985—1986年，全县向赴云南参加对越反击战的驻岛战士赠送礼品总价值27500元。

第二节　为部队“办实事”“解难题”

改善部队生活条件

长岛军民一直保持着“鱼水”深情，针对驻岛部队生活、训练条件艰苦等问题，全县各级各单位无私帮助连队解决吃水、用电、吃菜、娱乐、交通等实际困难。中共十一届三中全会后，党和国家的富民政策使海岛群众生活水平迅速提高，干部群众的拥军热情空前高涨，千方百计为部队办实事、解难题。1983年，为提高驻岛部队经济收入，长岛县将小竹山岛及所属224.66公顷海域，无偿提供给部队用于海上养殖生产，经济收入归部队使用。全县累计为部队无偿提供养殖海区500余公顷，投入资金4000余万元扶持发展各种生产项目146个，投资6000余万元兴建和改造装修部队现代化楼房、营房16处，修建双拥路3条，极大改善驻岛部队生活、训练条件。

全国拥军优属模范南长山镇乐园村原党支部书记蔡大禹，在带领群众发展渔村经济的同时，想方设法改善部队生活条件。1982年，南长山镇乐园村赠送给共建连队一台22英寸彩色电视机，成为全国第一台拥军彩电，后又相继为连队赠送洗衣机、缝纫机，免费硬化营区路面。1987年，全国第一台拥军彩电、全国第一台拥军洗衣机被征集到中国人民革命军事博物馆珍藏。同时，县、乡、镇、村每年经常性走访慰部队，为驻军送各种生活用品，改善部队生活。仅1989年就送给部队各种水产品21吨，洗衣机9台，电视机2台，电风扇2台，运动衣150件，白糖25千克，资助部队现金7000元。至1992年，全县向部队赠送海产品50余吨、高档电器180台(件)，加之供水、供电、赠物折价总值100余万元，渔村人均30余元。为帮助部队发展生产，无偿提供菜地40亩、养殖海区1300亩、扶持资金230万元，发展生产项目45个，不少驻岛连队成为“万元连”。1993年，南长山镇乐园村投资80余万元，为驻地某连建起一座集办公、训练、娱乐、宿舍为一体，总面积1180平方米的四层楼房，是全国第一家由村级为部队盖的楼房，时任中央军委副主席刘华清亲笔题名“拥军楼”。

长岛县山多地少，蔬菜基本靠外运，遇到船只停航，军民常常吃不上菜，能吃上新鲜蔬菜一直是长岛人民的心愿。为解决部队吃菜难问题，全县组织各乡镇、渔村向驻军开展“菜篮子”建设工程。80年代，南长山镇乐园村帮驻地官兵办起蔬菜大棚和养鸡场，使官兵自给有余；1994年，砣矶镇井口村党支部副书记、妇代会主任朱桂芝说服村里让出8亩良田，给连队建蔬菜大棚，并倡议全村62名党员每人捐献一只正下蛋的母鸡给连队，解决战士们吃蛋难的问题。2002年，朱桂芝被评为山东省“十佳兵妈妈”。至2018年，长岛县共投入驻岛部队“菜篮子”建设资金近千万元；各乡镇街道渔村在土地资源十分紧张的情况下，为驻地连队划出300余亩菜地，并派出技术人员帮助建起44个蔬菜大棚，很大程度上缓解官兵吃菜难问题，结束冬天只能吃大白菜、啃咸菜的历史。2011年，驻岛部队被总后勤部表彰为“全军菜篮子工程先进单位”。

随着长岛人口增加，需水量增多，井水超量开采，海水倒灌严重，各乡镇陆续建立起海水淡化工程，当地群众总是把第一根自来水管接到部队。同时，由县政府出资，为各连队修建起屋檐接水工程。1997年，长岛县向大竹山岛驻军赠送1台8万元、日产淡化海水1800千克的海水脱盐机。2013年，蓬长跨海引水工程投入使用，从根本上解决长岛军民用水难题。2015年，出资60万元为大竹山岛驻军建成海水淡化站。祥龙水运公司“和航兴隆”号滚装客轮，是全国首批入列“参军”的小吨位客轮，定期为边远无居民岛驻军运送淡水和给养。2018年，长岛县在实施供暖扩容和集中供气改造工程中，投资282万元单独为部队改造供热面积1.2万平方米，以提高驻岛部队生活条件和训练保障水平。

全国拥军模范蔡大禹出席拥军楼奠基仪式(1993年)

为解决驻军用电难问题，1982年6月23日，长岛军地合力敷设蓬长海底电力电缆，保障南长山岛、北长山岛军民用电。后又投资3.1亿元用于全域双回路电网改造，增强军民供电可靠性。大竹山岛位于长山列岛最东端，是渤海海防前哨，守岛官兵生活条件非常艰苦。该

中央军委副主席刘华清亲笔题名“拥军楼”(1993年)

岛面积小,无居民,孤悬大海,用电困难,用柴油发电机发电每天只能提供两三个小时的电力供应。2002年12月31日,从南长山岛至大竹山岛长达20余千米的10千瓦海底电缆敷设成功,总投资超过900万元,结束该岛不能用长明电的历史,被称为“全国电力拥军第一缆”。2018年,长岛县又投资4377万元更新大竹山岛、敷设高山岛驻军海底光电复合电缆,增强供电和通信可靠性。

保障军队完成军事任务

1994年8月28日,全军陆空军船艇部队正规化建设现场会议在长岛召开。长岛县全力支持军事演习现场会,封闭10余海里海域20余小时,演习区域内的顺流网全部迁移,作业船只停产,丰收在望的扇贝、农作物等全部清除,直接经济损失100余万元。2001年9月18日,北京军区、沈阳军区参演的登陆项目在长岛海域进行,长岛县让开航道20海里、滩涂8千米纵深500米,无偿提供养殖区、港口和保障船只。

2008年10月16日,长岛县实现局部对外开放。为保护开放后军事设施安全,2007—2008年,长岛县多方筹集资金500余万元,用于军事设施保护、封堵和伪装。此后,每年将军事设施保护经费列支县财政预算,并按照“分工负责、明确责任”的原则,军地签订军事保护协议书,明确长岛县在军事设施保护上的责任和义务。2009年,长岛县调整充实军事设施保护委员会,成员单位由23个增加到33个,并制定《长岛县军事设施保护管理办法》。至2018年,全县建立海上观通站3个,看护雷达16台,电子监控设施220个。

2013年10月,长岛县投资1700余万元建设占地8000平方米军供中心。2016年6月,投入使用。2017年,配备应急配送车6辆,保障驻军粮食应急供给。2018年组建长岛县“野战军供站”,保障部队野外训练、战时军事任务。

长岛县把部队完成多样化军事训练作为己任,在人力、物力等方面全力支持。先后划出指定海域1200余亩作为内长山要塞区训练场,用于驻岛部队训练、演习。部队进行岸炮实弹射击演习,经常缺乏拖靶船只,长岛县采取现场办公的办法,及时协调专船为演习提供保障。2014年,长岛县无偿提供营房建设用地80亩,置换土地320多亩用于修建部队综合训练场,并支持建设资金200万元。至2018年,长岛县累计为部队完成多样化军事训练、演习清理场地800平方千米(含海域),派出保障人员180余次,转移疏散群众210余人次。全县累计投资2000余万元新建扩建国防公

2001年9月,参演部队在养殖区内演习。为支援军事演习,长岛县无偿提供养殖区、港口和船只

路28千米，构建高效快捷的战备交通网。

吃水不忘打井人，海岛富裕不忘亲人解放军。长岛县各级党组织发挥经济优势，为部队尽义务、办实事，驻岛部队战斗力全方位提高。1991年，驻岛部队被解放军总参谋部评为“国防工程军民共管先进单位”；1993年，被解放军总参谋部表彰为“军事训练正规化达标单位”；1996年，被解放军总参谋部评为“训练配套先进单位”；2012年，被解放军四总部评为“军事训练一级单位”；2013年，被解放军总装备部表彰为“通用装备保养整治先进单位”。至2018年，驻岛部队在省级军区以上军事比武中获得46个第一。

第三节　群众性和社会化拥军优属活动

长岛拥军史，是一部海岛人民与驻岛官兵同守共建的历史。“守岛一条心，建岛一家人”“门对门，窗对窗，一根绳上晒衣裳”，是长岛人民与驻岛官兵鱼水关系的真实写照。中华人民共和国成立初期，长岛县就有送光荣灯、挂光荣牌传统。每到大年三十，渔村干部群众敲锣打鼓给军烈属送光荣灯和慰问品，这个做法一直传承至今。改革开放后，长岛县始终把支持部队建设作为重要政治责任，全县拥军优属工作形成群众化、经常化、制度化的新格局。进入21世纪，拥军活动更加丰富多彩，逐渐由节假日拓展到日常、由政府拓展到民间、由单位组织拓展到群众自发组织、由送钱送物拓展到科技法律文化拥军、由个人拥军发展到成立志愿服务队抱团拥军，参与人员越来越多、规模越来越大、社会影响力越来越大。

群众性拥军

平日拥军　1986年，全县机关、企业、渔村、学校普遍成立拥军小组，开展包户服务，为烈军属、重残荣军担水扫院，送粮送柴，请医取药，拆洗缝补，修理房屋等，帮助无劳力的优抚对象，护理孤老烈属，全县拥军小组116个，并在城区建立拥军优属联合服务网、基层商店、粮店和其他服务行业，为优抚对象和驻军实行优先服务，送货上门、服务到户。每年春天，渤海湾里的第一网大鲅鱼最鲜、最肥，渔民舍不得吃，却总是拎着先送部队，跟官兵一起包饺子、话家常，让来自五湖四海的子弟兵尝一尝颇具特色的长岛渔家味道，让他们感受家的温暖，安心守国戍边。“军爱民，民拥军，军民鱼水一家亲”，这种浓厚的军民深情，经言传身教、耳濡目染，代代相传，融入海岛人的血脉，成为鲜明的海岛文化基因。

砣矶镇井口村原党支部副书记、村妇代会主任、“全国三八红旗手”“烟台市助人为乐十佳道德模范”“山东省十佳兵妈妈”获得者朱桂芝，从60年代起，就把对人民军队的崇敬热爱之情转化为爱国拥军的实际行动，她把战士们当作自己的孩子，战士们也南腔北调地喊着“朱妈妈”。平日里，战士有头疼脑热的，她总是带上土特产去看望，遇到难解决的病症，像对待自己的孩子一样，到处求医问药。驻地连队炊事班的一名战士腿上长了疖子，在连卫生队治疗没有好转，她打听到外地有位老中医熬制的膏药效果好，托人买来10贴，帮战士擦洗消毒，贴上膏药，精心照料，直到战士康复。朱桂芝当选为村党支部副书记后，更是积极为驻地部队办实事办好事，倡议妇女捐款，帮连队建起阅览室；为支持战士学计算机，朱桂芝带头拿出1000元钱为连队购买电脑设备，朱桂芝先后为连队战士捐款1万余元。

长岛县拥军模范、北隍城乡山前村原党支部

山东省“十佳兵妈妈”朱桂芝和战士拉家常（1990年）

书记顾本建，自1984年被聘为共建单位二连兼职指导员后，关心连队每一名战士，村里放第一场电影，先给连队放；春秋第一筐鱼虾，先给部队吃。村里投资6万余元，为驻地连队修建灯光球场、图书馆、蔬菜大棚等，先后为连队培养近百名军地两用人才。

八渔民冒死救军嫂，更充分体现血浓于水的军民之情。1986年12月的一天，大雪漫天、狂风呼啸。北隍城岛“鲁长渔1003”号船长葛长明半夜被一阵急促的电话铃声惊醒，当地驻军某部连长王治国家属难产，急需到大钦岛接医生，部队从长岛派出的救援船因风大浪高被迫返航。得知情况后，葛长明立即召集葛茂军、葛长建、李卫、刘宗毅、郑文胜、赵昌芹、宋雷昌8名汉子以及李来英等5名渔家大嫂，冒着生命危险，起航驶向茫茫大海。风雪、狂浪、暗礁，还有密密麻麻的养殖架，渔船在怒海中像一片飘浮的苇叶。能见度太低，船员们轮换到船头，站在寒风里，擎着搜索灯引船导航。从北隍城岛到大钦岛，平常1个小时的航程，他们足足用4个多小时才接来医生，军属转危为安。1988年4月，王治国调离新的岗位，临走时，这位刚毅的军人哭了，他永远忘不了冒着生命危险救人的8位恩人。

1992年度“山东红嫂”、2004年度山东省“十佳兵妈妈”、北隍城乡山前村原党支部副书记、妇代会主任李来英，组织村里妇女成立“红嫂队”，常年组织村里姐妹们每隔10天就要到驻地某连去一趟，为战士们做饭、洗衣服、拉家常，随时随地拥军献爱心。驻地官兵被“红嫂队”这种爱兵如子的真情所感动，“学雷锋事迹，走雷锋道路”成为驻军某连战士座右铭。1995年，被济南军区授予“海防前哨好二连”称号。

山东省“十佳兵妈妈”李来英（1992年）

2011年度山东省“十佳兵妈妈”刘淑云，1975年嫁到南长山镇黑石嘴村，家对面就是营房。40多年里，她经常到部队慰问官兵，为他们送吃的、送喝的，为他们洗衣服、帮助缝缝补补，战士们对她的称呼由最初的大嫂，渐渐变成“老娘”。2002年冬天，她刚做一次大手术，正赶上老兵退伍，她瞒着战士、拖着虚弱的身体，早上3点钟起床，为战士们做好7桌饭菜，累得回家后连躺5天。2005年，她办起“拥军老娘”渔家乐，退伍老兵回连探亲或官兵亲属登岛探亲，她都会免费提供食宿。

山东省“十佳兵妈妈”刘淑云到驻地部队拥军（2015年）

1997年5月，怀着共同的拥军之责、爱兵之情，孙彩云（队长）、金素吏（副队长）、张翠香、于胜娟、梁彩云、张国莲和朱红梅7位来自不同岗位、从事不同职业的女性组成拥军“七姐妹”。21年里，她们选择偏远连队作为拥军点，逢年过节或者双休、节假日，她们都会组织起来，乘船渡海到“四无岛屿”，翻山越岭深入到营地，为战士们做饭、洗衣缝被，唠家常。官兵换了一茬又一茬，姐妹们有的调离长岛，有的去世，但大家始终接力传承，不断有新人加入到这个队伍，保持人数不变、初心不变。至2018年，拥军“七姐妹”成员为：孙彩云、金素吏、张翠香、于胜娟、朱红梅、宋业妮、段进红。当年的兵姐姐已成为兵妈妈，她们约定，就是到兵奶奶的年龄，也要把拥军工作一如既往坚持到底。2013年“七姐妹”团队被评为首届长岛好人；队长孙彩云先后荣立二等功1次、三等功2次，被评为烟台市“十佳兵妈妈”“十大杰出志愿者”“十佳文明市民”。

拥军七姐妹在基层连队拥军(2017年)

1999年度烟台市“十佳兵妈妈”、南长山街道乐园村党支部副书记、村妇代会主任于秀华，40多年里常年走进部队拥军爱军，自逢年过节带领村里姐妹们把鲜活的水产品、慰问品送到连队，组织渔家妇女为战士做饭、洗衣服，与他们一起开展联欢活动。她协调村里为部队安装太阳能、更换铝合金门窗，组织村里的建筑队义务为连队灌注球场和硬化道路，并配置篮球架、乒乓球台和室内跑步机、健身器材。

烟台市“十佳兵妈妈”于秀华到驻地部队拥军(2001年)

2017年度山东省“十佳兵妈妈”、恒大水产贸易中心总经理贾平，1999年开始拥军，始终把战士当作自己的孩子一样对待，被战士们亲切称为“贾妈妈”。她一个人和两个连级单位结成共建对子，给战士送洗衣机、电风扇，为每位新婚官兵爱人准备礼物。凡是“八一”、“十一”、春节以及老兵退伍，贾平都设宴款待、赠送礼物。每逢部队拉练，她都给官兵赠送一套手套、袜子和鞋垫。有战士受伤、生病，她都送病号饭。有的战士做手术，买来鲍鱼给战士调养。每个周末坚持为连队添加两个菜，开车送过去。只要战士进驻坑道训练，都会包上几百个包子送过去。她把自己的“贾姐渔家”当作“战士之家”，每年免费接待战士家属近百人。2012年，贾平组织22名渔家大嫂成立“渔嫂拥军演出队”，每到节庆或者暑假，都组织联欢会慰问官兵。2017年7月、2018年6月，她组织志愿拥军服务队千里大拥军，累计行程5000多千米，辗转吉林、内蒙古等地看望从长岛移防到边境驻守的官兵。

山东省“十佳兵妈妈”贾平到驻地部队拥军(2018年)

节日拥军　长岛历来有个传统，逢年过节，全县各级党政机关和海岛群众，都会采取送节日贺卡，送时令海鲜，送特色小吃，送书画摄影，送文艺演出等各种形式走进军营，开展拥军活动。全国双拥模范、南长山街道乐园村原党支部书记蔡大禹从80年代起逢年过节，都会带着鱼、肉慰问部队。每年春夏开海时，群众总会把第一潮打上来的大鲅鱼送到军营，渔村妇女为战士包上一顿“拥军鲅鱼水饺”。2011年起，全县党政机关、中小学校都会为驻军共建单位送上鲅鱼，与战士们一起包饺子、搞联欢。“四无”岛屿（无居民、无淡水、无耕地、无航班）因交通不便，共建单位也会安排专船送鱼上岛，保证每一名官兵都吃上“拥军饺子”。每年端午节、中秋节，当地群众、学生和拥军团体都会把粽子、月饼送到军营。每年建军节、新年、春节、新兵入伍、老兵退役期间，群众自发到驻军部队拥军，送去慰问品，和战士一起开军民联欢会、军民座谈会，进行拥军优属教育，慰问驻岛部队。手拉手志愿服务队每年除夕都组织志愿者们陪驻地官兵吃年夜饭，和战士一起联欢。

拥军文艺队在基层连队与战士联欢（1988年）

举行欢送老兵退役仪式　80年代始，长岛县一直坚持慰问退伍老兵以及举办隆重送行仪式活动。每年老兵复员（退役），县领导和相关部门负责人走访、慰问退役老兵，驻地群众自发为老兵购买纪念品、到码头欢送老兵。1987年秋，北隍城乡驻军某连17名老兵退伍，李来英想到退伍老战士回家需要日用品，带领村妇代会姐妹们购买被套、床单、脸盆等各17件，把慰问品送到每一名老兵手中。顾本建握住老兵的手说：“回家遇到困难回来找我们！”老兵感动地流下热泪说：“永远不会忘记我的第二故乡。”

迎接新兵入伍　每年新兵入伍，各乡镇（街道）、村、机关、企业以及拥军志愿队纷纷到军营看望新兵，对新战士介绍海岛风土人情，了解新兵家乡和家庭情况，为他们做上一顿地道长岛饭菜。“兵妈妈”朱桂芝每次都要去看望新兵，和战士拉家常，帮战士缝缝补补。1988年冬，一位入伍不到两个月的新战士父母被车祸夺去生命，家里还有一个正在上初中的弟弟，这名新战士一连几天不吃不喝。朱桂芝拉着战士的手说：“海岛的乡亲就是你的亲人，俺就是你的妈妈”。朱桂芝像母亲一样常常带上好吃的去看望他，了解他的生活、训练情况，和他促膝长谈。朱桂芝和村妇代会姐妹们一起捐款资助他弟弟继续上学。在朱妈妈悉心照顾下，他很快从悲伤中走出来，专心军事训练，入伍第二年就被评为优秀战士、全营训练标兵。

军事训练拥军　驻岛连队训练考核、竞赛比武，渔村群众送水端茶，现场鼓劲；战士训练艰苦，渔村领导组织群众送钱、送物，春天装纱窗，夏天安电扇，冬天送煤炭，常年送鱼虾；部队训练两用人才条件不足，地方在师资、教材、场地、设备上大力支持；连队发展业余生产，地方主动传授生产技术；为缓解军训压力、活跃连队文化生活，渔村群众帮助建俱乐部，赠送文体器材。砣矶镇井口村驻地连队为参加省军区基本功比武，汗流浃背搞训练，兵妈妈朱桂芝买60余千克西瓜、6箱汽水，和女儿一起用小车推到训练场，慰问官兵。

全县从机关到行业、从城镇到渔村，从企业到学校，已经形成不用号召、组织，自觉自愿开展拥军风尚。

【附记】

欢送退伍老兵

老兵复员县里举行欢送，特别是县驻地举行的欢送仪式隆重，场面感人。每年送老兵一般都定在上午8点开始，南长山岛复员老兵集中在后沟村驻地，披红戴花，带着共建单位赠送的纪念品，乘坐解放牌敞篷车或县里大中轿车，慢行经过后沟村、乐园村、鹊咀村大街，街道两侧站满了机关企事业和村群众、长岛中学和小学的学生，当复员老兵的车经过时，口呼欢送口号，手扬花束或小旗，锣鼓鞭炮齐鸣，车队到达军港，复员老兵站成两列，对面是欢送的县军地领导和机关干部。军地领导发表热情洋溢的讲话。每年“送兵”的讲话总是我代表县里讲，因为我是县专职分管领导，我的讲话是自己写的，讲话时不用稿，不离稿，内容是把老兵在海岛的功绩讲足，对海岛的贡献讲够，对老兵在新单位的希望说明，把海岛乡亲对老兵深情厚谊说透，最后一句话是“欢迎老兵将来领着儿子、孙子来看他第二故乡的变化，海岛乡亲子子孙孙欢迎你们！”，当场老兵们感动得热泪盈眶。当军地领导与老兵一一握手告别时，一边擦泪一边摆手。长岛组织的“送兵”仪式，震撼了新闻工作者，每年长岛县、烟台市和山东省广播电视台都当作一条重要新闻来报道，1992年还上了中央广播电视台。

驻地在南北长山岛的复员老兵，能享受到“送兵”待遇，但驻守在大竹山岛等无居民岛屿的老兵就没有这个机遇。时任县委书记宋修武在1993年“送兵”时想出个办法，即派船把这些岛屿的复员老兵接到县里招待一次。当时派我乘坐县“长政交”船到大竹山岛(其他小岛老兵集中在此)接兵。正值深秋季节，那天正刮东北风，船出了“珍珠门”，几个大浪扑向船头和驾驶室，船长动摇了，请示我，浪太大，去还是不去？当时我答复很明确：我们去接老兵，要保证绝对安全，航海的事由船长定！因我出过海捕过鱼，航海安全船长最有数。船长思考片刻说，东北风中午会变小，从大竹山岛往回开是顺风，安全没有问题。于是顶着大风大浪到了大竹山岛，复员老兵早已集合在码头等候，“长政交”船顺利返航。当接兵船到达长岛港时，锣鼓喧天，受到夹道欢迎。老兵们住上县里最高级的宾馆，享受宾馆桌饭待遇，下午游览南北长山岛的旅游景点，晚上县吕剧团专场演出。第二天临走时，老兵感动地说：长岛县不愧是双拥模范县，领导和乡亲们真好，把我们老兵当功臣看。

（长岛县人大常委会原主任、双拥共建领导小组原副组长　孙盛华）

社会化拥军

进入21世纪后，长岛县不断丰富拥军形式，坚持以志愿队伍为载体，发挥行业优势，调动社会组织和社区力量开展拥军优属活动，全县所有志愿者服务队与每处驻军连队都结成联谊对子，凡是重大节日，全县各乡镇街道、渔村和部门单位的志愿者都开展形式多样的志愿服务活动，先后投入500余万元帮助部队建设网络中心、配置健身器材、建设宾馆宿舍等，推动双拥社会力量蓬勃发展。

2009年11月，小天使义工志愿服务队成立，2018年志愿队员发展到82人，成员主要有县人民医院医护人员组成。她们常年参与拥军活动，每年为部队官兵送大鲅鱼，2015年护士节，医护志愿者30多人集体到某部海防营为100多位官兵包鲅鱼饺子。拥军活动被齐鲁网、凤凰网、中国新闻网、胶东在线、今日头条等新闻媒体报道。小天使志愿服务队还与长岛县消防大队结成共建单位，每年为消防官兵免费体检，每年走进消防大队军营，参观消防官兵业务演习，强化医院医护人员职业精神。被评为长岛县优秀志愿者团队、双拥共建先进单位等。

2009年12月，平安志愿服务队成立，2018年志愿队员发展到41人。以“帮助别人，快乐自己”为宗旨，常年走进部队拥军爱军，与部队结下深厚友谊。每年老兵退伍、新兵下连，志愿服务队队员都要为战士们做一顿可口饭菜。每逢春节、元宵节、端午节、中秋节等，走进基层连队，和战士一起包粽子，包鲅鱼水饺，做元宵。2012—2015年，被评为长岛县优秀义工组织、长岛县志愿工作先进集体等。

2011年7月，手拉手志愿服务队成立，2017年6月改称手拉手志愿服务中心，2018年有注册志愿者240人。常年开展各项拥军活动，定期开展军民篮球赛、羽毛球赛、棋牌赛等活动。创建第二故乡拥军志愿项目：每逢除夕，组织志愿者代表到军营包饺子，吃年夜饭，和战士一起过年；每逢新兵入伍，购买时令海鲜，和战士聚餐，让他们尝尝第二故乡的特色饭菜。2013年“八一”建军节，由志愿队员自编自演的文艺节目，首次送到军营和战士们联欢。此后每年建军节都进军营送晚会，在南北长山军营巡演。2017—2018年，被评为山东省学雷锋志愿服务典型、山东省最佳志愿服务组织、烟台市巾帼志愿服务先进集体等。

2013年1月，长岛县税务局拥军志愿服务队成立，由18名国税干部组成。2018年，志愿服务队员达30名，把拥军作为品牌打造。在海岛工作收入比陆地同行相比收入少，海岛生活成本却高，为稳定干部情绪、平衡心态，税务局班子摸索出一套独特的锻炼税务干部方法，进军营当一天士兵，和战士一起出操、训练；了解部队官兵多长时间回一次家、和家人通一次电话。通过训练、座谈起到震撼心灵效果，全局干部扎根海岛，干事创业，2017年被评为“全国文明单位”。

2013年3月，双丰—长岛瀛洲志愿服务队成立，2018年志愿队员29人。常年开展拥军活动，先后到大竹山岛、北隍城岛、吉林珲春等地慰问官兵，赠送生活慰问品、表演文艺节目。2016年，志愿服务队发起人刘培军当选长岛县志愿协会副会长。

2017年3月，万泰志愿服务队成立，由15人组成，2018年志愿队员发展到32人。以“奉献、友爱、互助、进步”为宗旨，经常性开展拥军活动。每到建军节，志愿队员到基层连队、消防部队和偏远岛屿驻军，捐钱赠物，帮助战士解决实际问题。先后到大竹山岛、北隍城岛拥军，带去物资，跟战士包饺子、联欢，并向长岛移防到吉林、内蒙古驻军赠送物品、表演文艺节目、帮助战士解决实际问题。

科技法律文化拥军

全国“双拥共建先进单位”南长山镇乐园村，80年代初，就在村里开设“青年民兵战士之家”和文化娱乐中心，每周都为战士安排活动，丰富官兵业余生活。随着形势发展，拥军内容不断深化，已由赠送钱物改善生活，发展到共同开展社会主义思想教育、国防知识教育、军民团结和普法教育。全县许多共建单位开办“军地党校”“军地育才学校”，建立思想政治工作双向聘任制度。1991年起，双拥共建教育在全县更加深入地开展。县、乡、村三级创办军地学校，军队和地方共同开展“争当合格村民和合格军人”活动，军地互请英模人物登台演讲；共同举办歌咏、抢答赛，强化社会主义信念教育、开展“话长岛、守海防”讨论，进行国防教育。军民联防进一步加强，各乡镇与驻军均成立应急小分队，各民兵连与驻军普遍建立联防伙伴，组成海上值班船队、两个联防区和30余个警戒区的沿岸警戒网。双拥工作不断拓展，使部队的战斗力和社会生产力共同提高。1999年5月19日，山东省科技拥军现场会在济南召开，正式启动科技拥军工程。长岛县组织开展微机、科技书籍、电教设备“三到连”的活动，集中采购1500余册图书赠送给驻地共建连队。此后，各岛各村也相继启动这项活动。1998年7月18日，“长岛国防教育培训基地”在长岛挂牌，这是教育部批准的北方第一个国家级国防教育培训基地。2001年始，开展送新技能、新知识、新文化“新三送”活动，全县建立3处科技拥军基地，累计投资200余万元，为99%以上基层连队配备电脑，为驻岛部队培养人才1万余人次。1986—2001年，全县共派往各岛驻军慰问团体90余个，计1300余人次，演出节目2000余场。全县为部队购置电视机、录音机、洗衣机、电风扇等慰问品计120余万元。各乡镇、渔村、企业先后与共建连队办起“青年民兵战士之家”，赠送各种文娱器材。每年组织或自发到驻军部队走访和演出节目50场次以上，年均赠送慰问金慰问品100余万元。全县为部队官兵举办各类专业培训班230余期，进行普法宣传120余次，受益官兵5000人次。2007年，法律服务基地开通军人法律服务热线，至2018年免费接待驻军法律咨询700余人次。

第四节　跨越千里大拥军

90年代，长岛县开创闯海到哪里，拥军就到哪里的跨越式拥军创举。1991年12月，长岛县

50余条大马力渔船，700余名渔民，开发海南渔场。随船渔民提出“船行千里海，共建不断线”，船到哪里就把长岛人民拥军传统带到那里，利用一切机会开展拥军活动。在南海渔场作业，春节不能回家过年，渔船靠港后，渔民抬着鱼到三亚军分区各连队去拥军，搞联欢，拉家常，和战士们一起过春节。船队在西沙群岛作业期间，想到永兴岛远离大陆是无居民岛，渔民们决定去慰问驻岛官兵。他们买来6棵相思树、6箱罐头、1100瓶啤酒，经过两天一夜的海上航行到达永兴岛。把写有“长岛西沙海上钢钉，同守共建海上长城”的贝雕横匾连同慰问品赠送守岛官兵，并把从海南岛带去的6棵相思树栽种在永兴岛上。

2016年6月13日，县委副书记李俊杰带队，县双拥办、县委办公室、县政府办公室、县财政局、县住建局、县渔工办、南长山街道等部门有关人员赴舟山慰问参加军演的海军“长岛船”官兵，李俊杰一行与“长岛船”官兵进行座谈，并赠送5万元慰问金。“长岛船”舰长陪同慰问团一行参观舰船，并介绍舰船主要使命、装备。“长岛船”为一艘新型的综合援潜救生船，以长岛县岛屿名称命名的军用船只。

2017年5月，驻守长岛部分官兵移防到北部边境和其他驻地。临别时，兵妈妈们、共建单位向官兵许下诺言：部队移防到哪里，拥军的脚步就追随到哪里。2017年7月10—18日，县委宣传部、县文明办、县双拥办以及兵妈妈志愿服务队队员，对部分移防到外地的官兵进行慰问。慰问团远赴驻守内蒙古锡林郭勒盟边防部队、驻守吉林省临江市边防部队、驻守吉林珲春边防部队看望7个边防连、15个边防哨卡和检查站，为边防哨卡和连队的官兵包海菜包子和鲅鱼饺子。历时8天，累计行程5600余千米。边防驻军官兵向长岛县、拥军服务队代表赠送“军民鱼水，千里共建”“家国情怀，军民一心”锦旗。构建“人隔千里远，共建不断线”的新型拥军格局。

2017年8月1日，县政协机关组织部分政协委员一行10人，赴莱阳市看望曾驻守长岛的某部官兵。政协委员与战士一起包鲅鱼、扇贝丁馅水饺，共话鱼水情。战士们吃着味道熟悉的饺子，深情体会到第二故乡亲人的温暖。战士们纷纷表示永远不忘与长岛人民的鱼水情谊，要继承在海岛形成的拥政爱民的优良传统，在新的守防驻地，保家卫国，再立新功。2018年8月8日，长岛县政协机关带领渔家大嫂拥军服务队，再次到莱阳驻军某部慰问从长岛换防在此的女兵们，带去海产礼盒等慰问品，并同战士一起包海岛特色美食——海菜馅包子，让远离家乡的官兵感受到家的温暖。渔家大嫂还为战士们奉献一台精心准备的文艺演出，受到官兵的热烈欢迎。

2018年6月30日至7月4日，长岛县志愿者协会牵头，对移防到吉林的官兵进行慰问。烟台市双拥办、县委宣传部、县文明办、县双拥办以及志愿服务队参加慰问。慰问团队为边防战士包鲅鱼水饺、表演文艺节目。边防驻军部队向中共烟台市委市政府、中共长岛县委县政府、兵妈妈贾平和梁素梅赠送锦旗。

【附记】

“兵娃娃”移防吉林“兵妈妈”千里探望

——长岛拥军情暖融白山黑水

“向长岛的妈妈们，敬礼！”2018年6月30日上午，驻守吉林的某连队官兵们含着热泪，欢迎远道而来的长岛“兵妈妈”们。

长岛志愿者们克服晕船、晕车的羁绊，跨越千里，连续第两年，给守卫在白山黑水的官兵带来海岛的特色饺子和海岛居民的无限深情。

千里之外吃到“长岛味道”

“妈妈，这可是一千多里啊，没想到你真的来了！”上午10点，当贾平等人赶到驻守吉林某地边防连队时，战士们围上前来迎接来自海岛的亲人。就连豪迈的连长，顿时也控制不住眼泪。贾平知道，海岛移防的孩子们，在这支连队最集中，她如数家珍，一个个地喊着孩子们的名字。数来数去发现少了个孩子，就到处找，结果在角落里找到了他。“妈妈我不是躲您，我是怕控制不住自己会哭出来啊！”这个暗自抹眼泪的战士哽咽着说。话完了家常，大家一起来到食堂，开始忙碌着处理鲅鱼、和饺子馅、调面、包饺子……再次吃到这新鲜而熟悉的海岛味道，战士们赞不绝口：这就是妈妈的味道！午饭过后，艳阳高照，院子里又开展了一场演出，欢歌笑语顿时响彻军营。下午，慰问团一行又风尘仆仆赶到另一个部队单位包鲅鱼饺子。几位长岛移防过去的官兵围坐在贾平的身边，刚刚移防时大家都不适应，是“兵妈妈”的关心陪伴大家走过最艰难的时刻：“今年，我们有三个人荣立三等功！我们一定给您争光！”部队首长感慨万千：“感谢长岛的志愿者，感谢‘兵妈妈’，你们来慰问一次，就是对边防官兵做了最好的思想工作，胜过千言万语！”

一个兵妈妈带动一群兵妈妈

看望远方的“孩子”，已经延续了三年。这习惯，源于一个承诺。几年前，一些驻守海岛的官兵移防到了北疆边防。驻岛某连队官兵和兵妈妈贾平已经结对共建多年，连长、指导员换了好几任，但是妈妈和孩子们的感情却越来越深厚。听说孩子们要远行，贾妈妈默默流了眼泪，鲅鱼饺子、鲜鱼面、梭子蟹等等，把能买到的海鲜给孩子们做了个遍。孩子们出发那一天，贾平来到连队给孩子们每个人系上一条围巾，送上一套保暖内衣。

战士们抱着“妈妈”洒泪相别，贾平却给了孩子们一个承诺。

“无论你们走多远，只要妈妈还能走得动，就一定去看望你们。”贾平承诺道。2017年和2018年，贾平都兑现了承诺，她的善行义举带动了长岛乃至外地很多“兵妈妈”。梁素梅是一名淄博的企业家，听说贾平千里拥军的事迹后，也加入拥军队伍，不仅多次到海岛慰问部队，去年和今年也都参加赴吉林拥军活动，让战士们又多了一位淄博的“兵妈妈”。渐渐地，“兵妈妈”成了一个群体。他们都有自己的工作，但只要有拥军活动，他们什么事情都能放下，什么苦都能吃。晕船、晕车，600千米的路程，对志愿者们的身体是个严峻考验。于海燕晕船严重，走了一天，吐了一天；王华娟晕车，别人在车上坐着，她一路站在汽车门边，一站就是600千米。周建敏身体不好，旅途中犯了高血压，赶紧吃降压药。即便如此，下了车，她们包饺子、演节目一样也没耽误。

千里拥军牵动长岛各界

为了这次拥军活动，长岛志愿者协会做了精心的准备。单是大鲅鱼，就耗费了大量精力。每年5月是休渔期，他们提前买好了最大、最肥的鲅鱼，放入冷库冰冻，出发前两天通过快递发往吉林。部队收到后继续冷冻，待志愿者从长岛动身时，再把鲅鱼拿出来化冻。在长岛，拥军是最光荣的事情。听说要跨越千里，去吉林拥军，海岛各界都沸腾起来。机关、乡镇、渔村、企业、志愿服务队，有出车的、有出人的、有出钱的。最终，志愿者协会筛选出几个代表：区工委宣传文化和旅游部、烟台长岛公路建设养护中心、长岛综合试验区南长山街道、长岛农商银行、中国农业银行长岛县支行、烟台双丰易盛房地产开发有限公司。

“就算我们去不了，也要把我们的心意捎过去！”无法参加的志愿服务队则用另一种方式，表达对曾经驻守海岛的子弟兵的牵挂。国家税务总局长岛县税务局、长岛县气象局、长岛万泰企业集团有限公司等单位准备了丰富的慰问品，一起带到了部队官兵手中。

第五节　落实优抚安置政策

长岛县始终全面落实优抚和安置政策，解除服役官兵的后顾之忧。1980—1981年，长岛县对优抚对象进行普查工作，就退伍安置、干部就业、家属子女就学等问题落实优抚政策。1985年，实行乡镇统筹统优，凡烈属、军属、伤残军人和60岁以上老复员军人，一律优待。1986年，为221家发放优抚款23万元，1987—1988年安置落户就业外籍战士65人，1990年为303家发放优抚款32万元。1991—2000年，安置转业干部198人，其中91人提升职务。2003年，为自谋职业的退役士兵发放补助金14.6万元，2009年为自谋职业的退役士兵发放补助金30万元。

2012年始，长岛县建立优抚对象抚恤补助标准自然增长机制，年均增长近10%，每年8月定为优待款兑现月，确保在“八一”期间将全年的优待款一次兑现，当年为现役军人兑现优待金93万余元，为城镇退役士兵发放自主就业和自谋职业补助金68万余元，全县军属优待款人均达到4000余元，最高的南隍城乡达到1万余元。2012年来，安置4名军队干部家属到机关事业单位工作，为11名军嫂办理外调转移。2013—2015年，全县共为200余名优抚对象发放优待款150余万元。2016年，完善社会保障和经济支持政策，将家庭困难的官兵纳入县社会化救助体系，实行行业窗口军人优先服务制度。对年老体弱、行动不便的优抚对象，采取民政干部逐个登门送款的办法，将抚恤金亲自送到优抚对象手中，长岛县连续53年无责任退兵。2017年，长岛县政府印发《关于落实城镇退役士兵(士官)安置政策的意见》，在继续实行政府指导安置退役士兵的前提下，广开安置渠道，通过广泛宣传、提高退伍士兵自谋职业补助标准、落实鼓励政策等办法，全县城镇退役士兵自谋职业率达100%。2016—2017年，为现役军人兑现优待金150万元，为城镇退役士兵发放自主就业补助金180余万元。为老复员军人、伤残军人、烈属等重点优抚对象发放优待金1047万元。

2018年，共计发放各类优抚款424万元，军队转业干部全部安置到行政机关和事业单位，优先安排驻军子女入学。为退役士兵安置专项公益性岗位。1986—2018年，全县共接收安置城镇退伍军人和转业士官402人，对459名农村籍退役士兵均予妥善安置。(参见第二十三编“民政”第二章“优抚”第三章“安置”)

长岛县始终把军搜培训与安置当作拥军的重要举措。1990年11月，安置随军家属38人。2009年9月，开办全县首届创业培训班，培训军嫂21人。2010—2011年，为未就业随军家属发放生活补助金300余万元，开设随军家属就业培训班、免费培训36人。2016年，长岛县印发《关于进一步做好军队干部随军家属就业安置工作有关问题的通知》，为37名军嫂开办10天免费培训班。至2018年，全县累计为868名随军家属发放基本生活补助金580万元，并率先在全省出台《助力随军家属就业工程实施方案》，先后为389名随军家属发放就业失业登记证，提供就业岗位216个，76名军嫂实现灵活就业，惠及1070人。

第六节　军队离退休干部休养所

1985年9月，长岛县军队离休退休干部休养所成立，股级全额事业单位，隶属长岛县民政局，第一批接收军队离休退休干部12人，其中团职6人、营职3人、连职1人、志愿兵2人。1991年3月，长岛县军队离休退休干部休养所升格为副科级全额事业单位。1990—1992年，3次被山东省民政厅评为“军休所达标单位”；1993年被山东省民政厅授予“文明军休所”称号；2008年被烟台市委、市政府评为“市级文明单位”；2009年被山东省民政厅授予“先进军休所”称号。至2018年累计接收军队离退休干部41名，其中副师职2人、团职17人、营职15人、连职4人、士官3人。

长岛县军休所始终坚持以落实军队离退休干部政治生活“两个待遇”为基础，全方位做好服务管理工作。落实政治待遇，组织军休干部参加历次党的主题教育活动，参加每月10日党员电教日，每月组织1次集中学习。中共十八大后，组织军休干部收看学习中共十八大、十九大报告，传达上级有关文件精神，让老干部了解党的路线、方针、政策，做到在思想上、认识上与时俱进；落实生活待遇，按照上级有关生活待遇的政策、文件规定标准，严格执行军休干部应享受的生活待遇。2018年，发放离退休人员经费290万元，无军籍职工人员工资250万元，军休干部医疗费50万元，遗属补助15万元以及其他管理经费累计达670多万元，

军休所老干部到部队进行革命传统教育（2007年）

各项待遇落实均做到准确、及时、到位。

发挥军休干部老有所为积极性，全方位参与精神文明建设和社会公益活动。加强长岛县军休管委会建设，发挥“三自”作用（自我教育、自我管理、自我服务），通过民主推荐、民主选举，军休干部选出管理委员会。组织军休干部开展具有特色的文体活动，丰富军休干部休养生活。定期邀请专家举办健康讲座；开展卡拉OK歌咏比赛、组织院内投球、钓鱼比赛；组织军休老干部到部队、学校开展红色教育；组织参加全省门球比赛等活动；加强与军休干部交流之间，每年春节、“八一”建军节、重阳节等重要节庆日均开展走访慰问军休老干部活动。

第三章　拥政爱民

驻岛官兵视人民如父母、把驻地当故乡，在双拥共建工作中，驻军官兵发扬军民“生死与共、唇齿相依”的优良传统，服从和服务于驻地经济建设大局，急、难、险、重任务冲锋在前，勇于献身，以实际行动谱写拥政爱民之曲。80年代之前，驻岛部队为长岛恢复生产、基础设施建设、文教卫生事业发展给予无私的援助，一代代驻岛官兵把长岛当作家乡来建设，连接南北长山第一条连岛大坝，筹建第一所中学，支援地方第一艘轮船，修筑第一条公路，建设第一个工厂、第一个码头、第一座水库、第一口大井、第一个养殖场和第一条柏油路。至1986年，驻岛部队支援长岛经济建设出动劳动力26万余个，陆续建成海港、电厂、船舶修造、机械修理、海产品加工、海底电缆等大型工程项目152个。派出医疗队312次，医务人员1459人次，为地方培训医务人员187人次，为群众治病11余万人次。办夜校688个，派出校外辅导员6900余人次。

1986—2018年，驻岛部队共为长岛提供闲置房20余万平方米，向地方开放21座军用码头，帮助办起64个工厂，7所学校、幼儿园，修理渔机具7012（台）件，培训各类技术骨干744人，支援经济建设出动劳动力8.59多万个，出动车、船等机械5100余台次，参加中小工程36项，植树200万余棵，栽种草坪5200余平方米，抢救渔船320余艘，抢救群众189人，抢运各类物资6820余吨，救火132余次，义务献血162人次。帮助渔村进行旧村改造10万多平方米，搬运垃圾5000多立方米，铲除垃圾死角130余处。建立军警治安联系点30余个、军民共建对子260余个。

第一节　弘扬“老海岛”精神

守岛部队刚进驻长岛，住的是阴暗潮湿的帐篷，吃的是“半盆黄豆一把盐”，老要塞区全体官兵发扬老红军精神，喊出“苦中不言苦、苦中见精神、苦中有作为"口号，靠一把铁锤、一杆钢钎、一副铁肩膀，在荒凉的海岛上建起一座座码头、一条条马路、一幢幢楼房和一处处工事，为国防施工1180余万个工日，342人落下终身残疾，48人献出年轻的生命。驻岛部队在艰苦环境中摔打磨炼，锻造出"老海岛"精神并代代相传，谱写下"千难万难脚下踩，愚公移山换新天"的雄壮篇章。为让"老海岛"精神代代相传，发扬光大，驻岛部队以《"老海岛"精神永放光芒》《海岛战士的足迹》《在战斗的岁月里》《碧水丹心》等书籍为教材，对入伍新兵、集训新学员教育。驻岛部队先后涌现出"全国学雷锋先进集体"九个老兵、"巾帼不让须眉"的五朵金花、守岛建岛模范马玉福、扎根海岛高级工程师王明海、"海岛不老松"潘世坤、"全国十大杰出消防卫士"王文广等一大批"老海岛"精神典型。

1985年11月23日，首届济南军区弘扬表彰"老海岛"精神大会召开，"守岛建岛模范"马玉福、孙道明、张恒悦、张英贤4位"老海岛"作典型发言。会上总结老海岛精神为：以岛为家，以国为重的爱国主义精神；艰苦奋斗，甘愿吃亏的自我牺牲精神；以苦为荣，以苦为乐的革命乐观精神；坚忍不拔，百折不挠的钢铁意志；扎根基层，脚踏实地的扎实作风；鱼水相依，生死与共的新型军民关系。济南军区副政委宋清渭出席会议并作讲话。

1992年，老海岛精神被中国人民解放军总政治部确定为全军50种革命精神之一。老海岛精神既是一代代驻岛官兵不畏艰辛守卫海防的生动写照，也是一代代长岛党员干部群众建设海岛的真实缩影。在中国共产党的精神谱系中，老海岛精神是朴实而伟大的血脉基因。

1993年10月，国防部长迟浩田把"老海岛"精神概括为"海岛为家、艰苦为荣、祖国为重、奉献为本"。

1994年7月24—26日，济南军区弘扬"老海岛"精神经验交流表彰大会召开。济南军区政委宋清渭、省军区政委刘国福及"老海岛"精神代表参加会议。9月2日，"老海岛"事迹报告会在济南召开，济南军区司令员张太恒出席会议作讲话，要求济南军区学习"老海岛"精神。

2015年12月16日，为学习贯彻古田全军政治工作会议精神，传承弘扬"老海岛"精神总结交流大会召开，山东省军区政委吕民松作讲话，并播放阐释"老海岛"精神内涵专题片《长岛魂》。大会对梁彦平等50名"老海岛"进行通报表彰。

2018年11月，驻岛部队与长岛县联合召开弘扬"老海岛"精神大会，会议把老海岛精神推广到地方，成为军地共享的新时代精神。

2018年12月，中共烟台市委决定在长岛兴建"老海岛"精神纪念馆，作为烟台市党性教育基地之一。

第二节　支援地方经济建设

长岛驻军与地方人民结下唇齿相依、肝胆相照的深厚友谊。驻军每年抽调大批人力、物力支援地方重大工程建设，帮助地方民众发展海上养殖生产，完成急、难、险、重及突击性任务。

70年代，长山要塞区党委决定在南长山岛修建一座海带育苗场，并邀请青岛海洋水产研究所曾承奎副教授作技术指导。育苗场于1971年竣工，建筑面积3658平方米，投资77万元，1972年命名为长岛县育苗场，育苗场当年投产并盈利5万元。1986年，全县海带种植面积由建场前的200公顷发展到666.67公顷，海带的总产量由建场前的420万公斤，发展到1820万公斤，比建场前提高了4.3倍。至1986年，共育出海带苗35亿余株，总收入达430余万元。

1982年6月23日，长岛县敷设蓬莱—长岛海底电力电缆，在要塞区副参谋长黄云指挥下，成立以驻军通信处长为组长，水线队、船运大队和县直部门组成的电缆敷设小组。7月30日，中国最长的一条海底ZQ15-35油浸式电力电缆敷设成功，总长44千米。电力部、省电力厅的专家技术人员称赞说"中国没有先例，世界罕见"。船运大队先后派出船只5艘(次)，航行270余小时，运输行程达2200海里，投入人工日5590个。长岛县分别赠给驻军水线维修连和船运大队一面“海峡通电网，爱民谱新篇”的锦旗。

1986年7月，内长山守备部队机关准备装闭路电视，勘察设计和订货合同均已办妥，就连楼上的穿线孔都已确定，干部战士、家属孩子都在眼巴巴地盼着八一节能看上录像。当得知长岛县建电视差转台资金困难时，部队主动作通机关干部战士、家属子女的思想工作，撤销安装闭路电视计划，把4万元的资金及时支援地方，保证全县电视差转台如期建成。

1986年10月，大钦岛乡南村决定在唐王山下筑坝拦水，工程所需1500立方米石子全部由驻地某营部队搬运。岛上没有压路机，部队出动履带车，用4个月的时间在坝上碾压。1987年8月1日，南村在坝上树立一块纪念碑，一面写着“军民连心坝”，另一面将驻地部队的爱民事迹写进碑文。该营常年与南村结对帮扶、开展文明船、文明企业活动，帮村里建起150吨冷藏，完成35项基础工程建设，参加16次抢险救灾，挽回经济损失100余万元。1989年12月，被空军政治部授予“拥政爱民模范营”称号。

1987年4月，长岛县敷设南长山电厂至庙岛的海底电缆，电缆船靠岸后，又粗又重又长的电缆，需要及时运进电厂。正值海上生产大忙季节，地方人手少，驻军出动200余名官兵，肩扛、人抬，突击12个小时，把电缆运抵电厂，保证电缆按期敷设。

1987年8月，南长山镇要测绘养殖扇贝海区分布图，因技术力量不足未果。驻地部队得知后，主动派7名技术官兵承担测绘任务。岛屿周围有几十个单位的1600多块海区，每块海区要标出4个点，出海定点标号的官兵，分乘两只挂尾机从早上干到晚上，在山上测量的官兵，背着25千克重的测距仪一蹲就是一天，7名官兵连续奋战50天，完成3000余公顷海区6000多个测点，为南长山镇政府绘制出一幅4平方米的“南长山岛扇贝分布图”。同年，长岛县决定在大竹山岛修建一个避风港。经勘查，最合适的位置在竹山炮营操场和菜地上。这块地是大竹山官兵20多年来一代接一代开山凿石造出来的，毁掉这个地方，不仅毁掉训练场，而且要毁掉竹山营唯一的“菜篮子”。驻岛官兵自觉服从，让出地方并积极参加劳动。

2000年，砣矶岛后口码头由于淤泥过多，常造成船只搁浅，严重制约村里的经济发展，影响人民安全生产。海防部队某连全连官兵用近1个月时间，帮助村里挖淤泥，修建成一条百余米长的防波堤，后口码头面貌焕然一新。

2001年，长岛县烟草公司拆建院内一旧库房，由于30厘米外是万伏高压变电器，向驻军求援。驻军营长邹清堂带领10名官兵到现场勘察，制订出爆破方案，实施定向爆破，300多平方米的库房按预定方案倒地，旁边的变压器照常运行。

2002年5月，长岛县举办首届“山东·长岛渔家乐民俗文化旅游节”，驻军先后出动官兵500余人次，进行3次卫生大整治，共清理卫生死角8处，垃圾10吨；驻岛部队还组织舞狮队、舞龙队、腰鼓队、文艺演出队等，共演出7场次，参加官兵达600余人次；出动船只10余艘次、车辆16台次，助力旅游节圆满成功。

第三节　抢险救灾

驻岛部队在大力支持地方经济建设的同时，勇于承担急难险重任务，在自然灾害和重大事故发生时，闻讯必动、冲锋在前、不怕困难，全力以赴抢险救灾，保护国家和人民群众的生命财产安全。

1975年12月23日，内长山要塞区某部战士赵春华，组织民兵进行手榴弹实弹投掷训练，民兵排长郝金龙不慎将已拉火的手榴弹滑掉在掩体内，在手榴弹即将爆炸的危急时刻，赵春华猛扑过去，用自己的身体掩护住郝金龙，光荣牺牲。为表彰赵春华的英勇事迹，内长山要塞区党委为其追记一等功，并追认为中国共产党党员。1976

年6月，济南军区追授赵春华“无私无畏的好战士”荣誉称号，命名他所在连队为“赵春华连”。

1977年3月31日，鲁长渔3002号船，在大竹山岛东南的海面上起火，船上装有油桶和2箱手榴弹，大火蔓延到渔船中部，火柱高达五六米。正在海上进行训练某部运输艇立即奔赴现场，战士们冒着生命危险救出11名船员，扑灭船上大火。

1980年3月26日，北长山乡牛鼻子山松林发生火灾，内长山要塞区三连共百余人急速奔赴火灾现场，经过3个多小时的奋力扑救，控制住火势，保住林场万棵松树。

1983年4月26—29日，长岛县连续遭受2次强风暴袭击，驻军领导机关2次发布紧急通知，指示各驻岛部队全力以赴投入抢险救灾。驻军出动人员千余人次，救人4名，拉船75艘，抢救110余亩养殖物资。

1986年8月晚11时，南长山镇南城村冷库不慎起火，内长山守备师直属工兵营机械连、防化连接到救援电话后，奔赴火场救援，军民奋战3个多小时，挽回经济损失10余万元。

1987年9月3日，砣矶岛海域突然刮起11级大风，砣矶镇后口村停靠在岸边的9艘渔船被狂风卷向大海，驻地守备部队某连百余人全连出动，战士们跳入海中，与狂风恶浪搏斗3个多小时，抢救出7艘渔船。

驻岛部队帮助群众抢救遇险船只（1987年）

1988年1月，大钦岛东村青年渔妇孙素梅产后引起大出血，昏迷不醒，产妇急需输血。驻军团政委陈孝金急速从两个连队集合19名战士赶到医院献血1200毫升。望着转危为安的母子，悲喜交集的丈夫激动地抓住战士们的手，半晌说不出一句话。事后，他来到连队掏出一沓子钱表示感谢，战士们推辞说：“平时乡亲们像父母一样待我们，我们献点血算什么！”。

1988年9月18日，烟台海运公司一艘1200吨的驳船在龙口以北30海里的海区触礁。驻岛部队接到烟台海上安全生产指挥部的求援电话后，派出某部副部队长秦显云带船出海，进行救援。历时46小时，在其他船只的配合下将驳船拖到港口。

1988年12月，停泊在大钦岛乡安全港里一只渔船突然起火，100余条大小船只挤靠在一起，一旦火势蔓延，所有船只将顷刻化为灰烬。夜深人静，渔民们正在酣睡，驻军某连执勤哨兵发现险情。全连官兵闻讯而起，奋不顾身地用棉衣、脸盆扑灭大火，保住1000余万元的群众财产。

1989年3月2日，海上刮起8级大风，北隍城岛10余条渔船拉上坞道避风。晚上8时许，一艘渔船起火。灾情就是命令，驻地指战员紧急集合，赶赴现场，经过半个多小时扑灭大火，挽回经济损失400余万元。若大火再燃烧5分钟，会引起船上油桶和轮机爆炸，殃及其他渔船。参加灭火的39名指战员，因冻感冒12人，1人高烧41℃。

1989年11月，暴风雨突袭大黑山岛，巨浪摧毁码头上挡浪墙，紧靠岸边的煤场院内存放的350余吨煤已有30吨被海水吞噬。驻地某连闻讯后，全体官兵奋战4个多小时，从狂风恶浪中抢救出150余吨煤炭。

1991年6月，因大风暴影

响，砣矶岛中村在高山岛海域养殖区内的鱼苗、海参苗遭到严重破坏，如不及时抢救，损失难以估量。海防某连立即出动，顶风破浪，加入抢苗救灾行动中，为中村挽回经济损失16万余元。

1994年5月20日晚上19时，大钦岛乡东村村民孙巧玲在长岛县医院产后突发大出血，亲人输血量远远不够，生命垂危。危急关头，家人向时任南长山镇乐园村党支部书记的蔡大禹求助，让驻军部队为产妇输血。蔡大禹紧急联系乐园村共建连队——驻地某部特务连。连队得知情况后，吹响集合号。战士们闻号起床，副连长王敬荣带领部分战士跑步向医院集合，献血救人。经过检测，沈小庆、方玉荣、崔荣琦3名战士配型成功，为产妇输送血液600毫升，孙巧玲平安脱险。为感谢解放军救命之恩，孙巧玲家人当即为孩子取名“拥军”。孙巧玲一家时刻叮嘱孩子：你要永远铭记，解放军是咱的救命恩人！

1994年8月15日，全县遭受第15号台风“莉艾”袭击，持续4天，为历史罕见。台风过后，内长山要塞区官兵全力参与地方抗灾自救，累计出动兵力数千人次，出动车、船600余次，抢救渔船14艘，打捞海上养殖设施价值500余万元。

2000年6月13日，22名来自江苏、浙江、广东等地的游客，在蓬莱阁观光索道上远眺。索道电源因暴风雨袭击短路。危难时刻，某部队官兵赶到。借助绷带和扶梯攀上索道进行营救。经过2个多小时的奋战，游客全部脱险。

2000年10月11日，大钦岛乡东村远洋民兵排2041、2042号对船，顶着9级风浪出海营救遇险的四川籍“川集1号”货船。经过4小时顽强搏斗，遇险轮船被营救到大钦岛安全港，船上12名船员安全获救。长岛县渔民民兵奋勇救人的事迹，受到山东省委书记吴官正的表扬。

2001年10月28日，龙口市“通惠”号客货滚装船在小钦岛以北海域起火，船上人员弃船逃生。驻军部队得到救援请求后迅速展开救援行动。至31日，驻军部队共出动兵力上千人次，船艇30个航次，车辆223台次，雷达开机53小时，搜索海区500平方千米，组织岸滩巡逻315千米。抢救落水人员4名，打捞遗体2具，协助地方处理遗体5具。

2003年2月22日14时30分，由辽宁旅顺开往山东龙口的“辽旅渡7”号滚装船在砣矶岛海域遇险，船上人员面临生命危险。在大钦岛值班的驻军某侦察船接到命令后，紧急拉响备航铃，3分钟后侦察船冲出海港。海上阵风8级，船体倾斜20余度，舰艇全速驶往出事海域。16时30分遇险船体已沉没大半，船上指战员用扩音器安慰旅客，同时用撇缆紧紧套住救生筏，救起10名旅客。16时50分，“辽旅渡7号”完全倾覆，舰艇教导员吴德军、船长黄海宏果断把船驶向上风处，逐个目标搜索，救出27人。在军民通力合作下，遇险船只81名人员全部获救。2月25日，交通部、山东省委、省政府联合在长岛县召开“辽旅渡7”救援表彰大会。

2005年8月，台风“麦莎”即将影响长岛海

2003年2月25日，交通部、山东省政府、山东省军区在长岛县召开“辽旅渡7”救援表彰大会

驻岛战士扑救山火(2008年)

域。砣矶岛驻地官兵得知预警消息后，利用一周时间为后口村挖排水沟、加固电线、疏散居民，使受台风影响的损失降到最低限度。台风过后，利用20余天的时间，清理山体塌方的淤泥，抢修被毁坏的鲍鱼养殖场，挽回直接经济损失10万余元。该连队被当地老百姓形象地称为“后口湾里的守护神”。

2007年3月风暴潮期间，内长山要塞区官兵冒着生命危险，帮助驻地渔民拖捞渔船6艘，抢收海参苗、海带等海产品价值达50余万元，救出遇险群众20余人。

2008年元宵节期间，内长山要塞区出动兵力百人，帮助驻地群众灭火7处，计2000余平方米，挽回经济损失40余万元。

2009年7月17日，长岛县遭遇特大暴雨，降水量292毫米，局部地区达600毫米以上，发生围墙倒塌、山体滑坡、道路被毁、人员被困等险情。内长山要塞区紧急出动上千人次参加抢险救灾，连续奋战12个小时，疏散被困群众68人，排涝清淤600余立方米。

2012年11月4—5日、11月10—12日，长岛县遭受两次特大风暴潮袭击，驻地部队官兵共出动人员上千人次，车辆70余台次，抢救渔船60余艘，开挖沟渠10余千米，清理泥石流2000余立方米。在车辆不能到达的地方，驻军官兵肩挑背扛，脚磨起血泡，肩磨破皮仍坚持战斗在救灾一线。

2013年7月14日，暴风雨袭击过后，北长山乡嵩前村山体出现滑坡险情，驻军上百人冒雨奔赴山体滑坡现场，抢险救灾。排除山体滑坡隐患6处，清理山路堆积的土石1200余立方米，抢救物资价值100余万元。当地群众为抢险官兵送去食品和热水，表达对子弟兵的感激之情。

第二十三编　民　政

80年代后，长岛县民政工作随着经济社会发展日趋规范。基层政权建设、优抚安置、双拥共建、赈灾救济、社会救助、婚姻与收养登记、殡葬改革与管理、区划地名管理、民间组织管理、老龄工作等各项深入开展，全县社会管理服务水平逐步提高，民生保障不断提升。

长岛县先后7次获“全国双拥模范县”称号，各项优抚安置政策得到全面落实，优抚对象的合法权益得到切实维护。1999年，在“爱心献功臣”活动中，为解决优抚对象医疗难，向优抚对象发放“医疗优待证”的创新做法被省、市推广，同年被民政部授予“爱心献功臣先进单位”称号；被烟台市授予“救灾捐助先进集体”和“社会救助规范化建设先进县”称号。县民政局先后被山东省民政厅授予“民政信访工作先进单位”“民政信息宣传工作先进单位”，被烟台市委、市政府授予“文明机关单位”“农村社会养老保险先进单位”等称号。

第一章　基层政权建设

1984年，长岛县撤社建乡，按照《宪法》的相关规定，进行乡镇人大代表选举，建立乡镇人民代表大会，选举产生乡镇人大主席团和乡镇人民政府。1985年，辖2个镇、8个乡。是年，全县进行首届村民委员会选举，形成全县40个村民委员会的基层行政管理格局。至2018年，全县辖南长山街道、砣矶镇、北长山乡、黑山乡、大钦岛乡、小钦岛乡、南隍城乡和北隍城乡。40个村民委员会依法进行换届选举，选出村民委员会，一次成功率100%，全县村民的法律意识不断增强，干部队伍结构和素质逐步提高。

第一节　乡镇政权建设

1987年2月，以推行简政放权、党政分工、政企分开、加强乡镇和村民委员会建设、发挥自治组织作用等9项内容为重点，进行乡镇基层政权体制改革试点。各乡镇政府适应形势发展要求，设立办公室、工委、农委、财委、科教文卫委、政法委、统计站“一室五委一站”并配备负责人，建立管理规定和工作细则，初步形成新型管理体制。1988年3月至1989年12月，全县先后选派乡镇党委书记、副书记、乡镇长、副乡镇长196人次参加烟台市委党校和烟台农校培训学习，乡镇干部的政治素质、业务素质得到不断提高。1989年，围绕探索如何搞好乡镇服务，全县普遍开展创建模范乡镇政府活动。各乡镇履行政府职能，坚持深入群众，加强基层服务，有力地促进渔村改革、经济发展和各项社会事业的振兴。1991年，南长山镇政府被烟台市委、市政府授予“模范镇政府”称号。1994年3月，开展乡镇政府规范化管理工作试点，建立健全乡镇政府管理制度和工作制度，为乡镇政府规范化管理奠定基础。同时，在全县村民委员会中开展村民自治示范活动。1995年12月，大钦岛乡政府被烟台市委、市政府授予“模范乡人民政府”称号。1998年，北隍城乡政府被烟台市委、市政府授予“模范乡人民政府”称号。1999年，全县40个村进行换届选举，第一次实行村民委员会直选。2000年12月，经山东省人民政府批准，撤销长岛县各乡镇政府，设立乡镇区公所。此次乡镇行政区划调整因故未施行。2003年6月，经省政府批准，以原各乡镇区公所的管辖范围设立乡镇政府。2010年，全县调整为1个镇、1个街道、6个乡，共40个村民委员会。

第二节 村民委员会建设

1984年，长岛县进行首届村民委员会选举。由村民直接投票选举产生村民委员会40个，依法选举村民委员会主任40人，建立村民小组367个。之后，每3年进行一次换届选举，村委会建设逐步规范。

1999年，村委会换届选举实行直选。村委会成员从全体符合任职条件的村民中直接选出。第一次直选工作选出村民委员会38个村。其中村委会主任、支部书记一人兼29个，村委会成员与党支部成员交叉任职计93人，妇女进村委班子33人。至2002年，全县共进行7届村委会换届选举。由村民依法选举产生的村民委员会，不断加强自身的组织建设和制度建设，组织村民进行自我管理、自我教育、自我服务，依法实行民主选举、民主决策、民主管理、民主监督，发挥群众自治组织的作用，渔村基层民主政治建设日趋规范。1988年，南长山镇南城村和大钦岛乡小浩村被烟台市委、市政府授予“市级文明村”；1991年，南长山镇乐园村、大钦岛乡小浩村被烟台市委、市政府授予“市级模范村委会”；1995年，砣矶镇后口村被烟台市委、市政府授予“市级模范村委会”；1998年，小钦岛乡小钦岛村被烟台市委、市政府授予“市级模范村委会”；2001年，北隍城乡山后村被山东省民政厅授予“模范村民委员会”；北长山乡北城村村委会主任被山东省民政厅授予“模范村委会主任”称号。1986—2003年，全县共有40个村委会，136次被县委、县政府授予“模范村委会”称号。

2004年，换届选举从11月17日开始，“两委”换届同步进行。至12月18日，完成40个村的“两委”换届工作任务，支部书记兼任村委主任的37人，“两委”交叉任职率83.1%，妇女进“两委”班子的比率达97.5%。2007年，换届选举从10月22日开始，至2008年4月24日完成40个村的“两委”换届工作任务。村“两委”交叉任职和书记、主任“一人兼”的比例分别达到80%和85%以上，妇女进“两委”班子比例为97.5%。2011年，换届选举从4月11日开始，至5月30日，完成40个村“两委”换届选举工作任务。村“两委”交叉任职和书记、主任“一人兼”的比例分别达到60%和80%以上，妇女进村级班子比例达到100%。2014年，换届选举10月启动。至2015年2月，39个渔村党支部和40个渔村村委会的“两委”换届选举工作全部完成。村“两委”成员交叉任职103人、交叉任职率为79.8%，32个渔村实现党支部书记和村委会主任“一人兼”。妇女成员47人，占26.1%，妇女进村委会比例为100%。

2017年换届选举从11月至2018年1月11日，全部完成村“两委”换届选举工作，书记、主任“一人兼”比例为92.5%。妇女成员51人，占29.5%，妇女进“两委”班子村比例为100%。

第三节 居民委员会建设

1988年3月，长岛县城镇居民委员会成立，为副科级事业单位，隶属县民政局。县城区分为城西区、城东区、城北区、海港区、北山区5个居民区。1990年3月，更名为长岛县城镇居民工作办公室。1993年11月，更名为长岛县城镇居民办事处。1998年3月，撤销长岛县城镇居民办事处，设立长岛县城区街道办事处，为县政府派出机构，正科级单位，下辖城西区、城东区、城北区、海港区、北山区5个居民委员会。

长岛县进行村民委员会换届选举，村民填写选举票（2017年）

2003年7月，原5个居委会撤销，重新成立城东社区居委会、城西社区居委会、城北社区居委会。2014年，长岛县南长山街道办事处成立城北、海港、城西、北山和城东5个社区服务中心，属民办非企业单位，不再设立社区居民委员会。

第四节　社区建设

2010年，长岛县根据民政部《关于开展“农村社区建设实验全覆盖”创建活动的通知》和省委、省政府《关于推进农村社区建设的意见》，规划南长山街道乐园社区、北长山乡嵩前社区、庙岛办事处庙岛社区、小黑山办事处小黑山社区、大黑山南庄社区、砣矶镇大口北村社区、大钦岛乡北村社区、小钦岛乡小钦社区、南隍城乡南隍社区、北隍城乡北隍山前社区共10个农村社区。各个社区注重整合资源，完善功能，重点加强便民服务网点建设，设置农村社区办公室、党建活动室、图书阅览室、警务室、社区卫生服务站、村务公开栏、村民学校及室外文体活动场所等。同时，整合超市、餐饮、银行等便民服务网点，解决居民日常所需。推行农村社区服务中心“一站式”公共服务，建立首问负责、全程代办、分片联系村民、限时办结、站务公开等制度，方便居民日常办事。

2013年9月，为使农村社区建设布局规划与城镇化及其他相关规划相衔接，根据省政府的统一部署，县政府对农村社区建设布局规划进行修订完善，农村社区建设规划由修订前的10个，调整为南长山街道乐园社区、北长山乡嵩前社区、大黑山乡南庄社区、砣矶镇大口北村社区、大钦岛乡北村社区、小钦岛乡小钦社区、南隍城乡南隍社区、北隍城乡北隍山前社区8个农村社区。至2018年，全县在1个街道、1个镇、6个乡依然设置8个农村社区。

第二章　优　抚

第一节　群众优待

农村优待

1985年，长岛县政府贯彻烟台市政府《关于进一步做好农村优待工作的通知》精神，对优待对象、优待标准、优待款的筹集和兑现进行规范。1985—1991年，全县对烈属、义务兵家属和二、三等革命残疾军人实行全部优待，对丧失劳动能力的复员军人和带病回乡丧失劳动力的退伍军人进行优待。烈属每户每年优待所在乡镇1.2个人的平均经济收入，义务兵优待1个人的平均经济收入，其他优待人均经济收入的一半。优待款全部实行乡镇统筹，夏季兑现20%，秋季兑现80%。

全县优待户数1865户，优待款211.6万元。1992年，全县落实市政府印发的《烟台市优待烈属军属和伤残复员军人办法》，对农村烈军属和二、三等革命伤残军人及老复员军人普遍给予优待。其中乡镇政府对家居农村的优抚对象的优待，采取统筹的办法。对革命烈士家属、因公牺牲军人家属、病故军人家属（简称“三属”），每户每年优待其所在乡镇1.2个人均纯收入的数额；一户有两个以上应征入伍的，优待金额按入伍义务兵人数计发；对在乡二、三等革命伤残军人，优待0.5个人均纯收入的数额；对年满60周岁和带病回乡不能经常参加生产劳动的复员军人及带病回乡基本丧失劳动能力的退伍军人，优待0.5个人均纯收入的数额；对孤老“三属”的优待，略高于同类别的标准。对失去劳动条件的孤老伤残军人、复员军人的优待，不低于乡镇1个人均纯收入的标准。优待金标准以乡镇为单位确定，优待金从农村群众“三提五统”经费中提取，每年底兑现。县里也把优待兑现工作作为考核乡镇干部政绩的重要指标，确保优待款的按时筹集和兑现，保证优抚对象生活水平。随着经济发展生活水平提高，优抚标准也逐步提高。1992—2001年，全县优待户数3203户，优待款500.5万元。2002年全县农村进行税费改革，全县优待金改为乡镇财政列支，乡镇统一发放。2002—2007年，全县优待户数1127户，优待款183.7万元。2008年，《长岛县抚恤定补优抚对象医疗保障实施办法》公布实施，对门诊费用实行定额补助，标准按类别分为60元或120元；对住院费用在医保报销后剩余部分，七到十级残疾军人、“三属”、老复员军人补助报销比例为50%，带病回乡、“两参”人员补助报销比例为30%。2008—2011年，全县优待户数204户，优待款157.2万元。2012年，城乡义务兵家属优待金统一调整为13666元/年，实现“城乡一体，同役同酬”，共发放义务兵家属优待金45万元；依据《山东省民政厅关于做好给部分退役士兵发放老年生活补助工作的通知》，启动60周岁以上农村籍退役士兵老年生活补助发放工作，当

1985—2018年长岛县优抚对象享受优待统计表

表23-1　　　　单位：年/户/元

年份	优待户数	优待款总额	年份	优待户数	优待款总额
1985	254	324000	2002	239	387780
1986	221	230311	2003	208	296110
1987	243	286059	2004	183	264820
1988	254	324000	2005	173	243900
1989	271	312000	2006	128	318220
1990	303	320000	2007	196	326578
1991	319	320222	2008	204	1572072
1992	333	393440	2009	212	989728
1993	403	430495	2010	167	905012
1994	353	454421	2011	280	597380
1995	348	508693	2012	310	775912
1996	333	604691	2013	422	2180614
1997	314	572395	2014	489	3145054
1998	303	624887	2015	515	4028132
1999	291	544614	2016	513	4038550
2000	265	417532	2017	503	2608174
2001	260	454721	2018	468	4320000

年每人每月10元的标准。

2015年，发放标准提高到每服役一年每人每月20元。2012—2015年全县优待户数1548户，发放优待款782万元。2016年，发放标准提高到每服役一年每人每月25元，当年全县发放退役士兵老年生活补助26.8万元。2017年，发放标准提高到每服役一年每人每月30元，当年全县发放退役士兵老年生活补助36.7万元。2018年，发放标准提高到每服役一年每人每月35元，全县共为468户发放各类优待款424万元。

城镇优待

城镇优待主要是由优抚对象所在单位根据

不同情况给予补助和救济。1985年，全县开始对城镇义务兵实行优待。同年，县民政局、财政局、劳动局对城镇义务兵优待做出规定：对在职义务兵保留其原标准工资，由原单位按月为本人发放；对社会青年入伍的，可根据家庭生活状况，每年发给200元左右的优待金。1986年，全县对城镇入伍的待业青年实行招工，由所在单位按学徒工发放生活补贴和福利。1985—1986年，全县16名城镇退伍士兵享受优待。1987年，县劳动局、人事局、财政局、民政局联合印发通知，规定由退役士兵所在单位按其工资标准发放优待金。1987—1989年，全县共有4名城镇退伍士兵按月领到优待金。

1990年，全县对城镇非农业人口退役士兵家属优待金实行社会统筹。优待金主要从县以上（含中央、省属）企业单位以及城镇户口的个体经营者中统筹，由财政、税务、工商部门收取，由民政部门发放，城镇退役士兵优待金标准为每人每月32元。1990—1993年，全县共有70名城镇退役士兵领到优待金。

1994年，县政府转发市政府印发《关于改变城镇非农业人口义务兵优待金筹集办法的通知》，规定自1994年起，改变对城镇非农业人口义务兵优待金筹集办法，从单位应征入伍的义务兵，由入伍前所在单位发放优待金；入伍前无工作单位的待业青年，优待金由其父母双方各自单位分别负担50%；父母只有一人有工作的，由一方所在单位全部负担；父母无工作单位的，由所在街道负担。城镇义务兵家属年优待金为800元。1994—1998年，共有65名城镇义务兵享受优待。

1999年，城镇义务兵家属优待金改为由政府发放，城镇义务兵家属优待金标准由每年800元提高到1000元。长岛县范围内城镇优待金由县财政和社会统筹相结合的办法负担。2000—2011年，优待金标准为2000元/年，全县共有80名城镇义务兵领到优待金。

2012年，优待金标准为13666元/年。2013年优待金标准为15000元/年。2014年优待金标准为16700元/年。2013—2014年共有55名城镇义务兵领到优待金。2015—2017年，优待金标准为18700元/年，共有56人次城镇义务兵领到优待金。2018年，优待金标准为20455元/年，共有30人次城镇义务兵领到优待金。

第二节　抚恤补助

定期抚恤

1985年以前，全县对“三属”进行定期定量补助。1985年1月10日，民政部、财政部印发《关于对革命烈士家属、因公牺牲军人家属、病故军人家属发给定期抚恤金的通知》，规定自1985年1月1日起，将“三属”的定期定量补助改为定期抚恤金。基本标准为：革命烈士家属、因公牺牲军人家属居住农村的，每人每月20～25元。居住城镇的，每人每月30～35元。病故军人家属居住农村的，每人每月15～20元。居住城镇的，每人每月25～30元。对孤老的“三属”，其定期抚恤金标准，可以根据他们的实际生活情况适当提高。按照1985年10月29日民政部、财政部《关于调整烈士一次抚恤金标准的通知》规定的抚恤标准发放，即1984年4月1日以后牺牲经批准为革命烈士的军人和其他人员，其一次性抚恤金，按其牺牲时的40个月工资计发。1985年，长岛县为“三属”人员发放定期抚恤金5000元；为在乡复员军人、退伍军人发放定期定量补助1.2万元。1986年7月1日以后因公牺牲病故的，按照1986年3月27日民政部、财政部《关于调整军人、机关工作人员、参战民兵民工因公牺牲病故一次抚恤金标准的通知》规定的抚恤标准发放，即从1986年7月1日起，军人、机关工作人员、参战民兵民工因公牺牲的，其一次性抚恤金，按其牺牲时20个月的工资计发；病故的一次性抚恤金，按其病故时的10个月工资计发。1986—1988年，为“三属”人员发放定期抚恤金1.4万元；为在乡复员军人、退伍军人发放定期定量补助3.9万元。1988年8月1日以后因公牺牲病故的，按照《军人抚恤优待条例》(1988年国务院令第8号)的规定,领取一次性抚恤金。因战伤亡的民兵、民工和因参加军事训练伤亡的民兵及其他人员,其抚恤参照《军人抚恤优待条例》规定办理。1989年3月4日民政部、财政部《关于调整部分优抚对象抚恤补助标准的通知》规定,对"三属"的定期抚恤金进行调整,调整后的基本标准为:革命烈士家属、因公牺牲军人家属居住农村的,每人每月不低于35~40元;居住城镇的,每人每月不低于45~50元。病故军人家属居住农村的,每人每月不低于30~35元;居住城镇的,每人每月不低于40~45元。"三属"中孤老的定期抚恤金标准应适当高于上述规定的标准。1989年,民政部在《关于贯彻执行〈军人抚恤优待条例〉若干具体问题的解释》中提出,原规定的病故一次性抚恤金最高金额不得超过3000元的限制予以取消。同年,全县为"三属"人员发放1.2万元,为在乡复员军人、退伍军人发放定期定量补助2.3万元。1990—2002年,为"三属"人员发放定期抚恤金27万元;为在乡复员军人、退伍军人发放定期定量补助59万元。2003—2012年,为"三属"人员发放定期抚恤金83元;为在乡复员军人、退伍军人发放定期定量补助186万元。2013年,为"三属"人员发放抚恤金8万元,为在乡复员军人、退伍军人发放定期定量补助54万元。2014年,为"三属"人员发放抚恤金9万元,为在乡复员军人、退伍军人发放定期定量补助49.9万元。2015年,为"三属"人员发放抚恤金11万元,为在乡复员军人、退伍军人发放定

1989—2015年长岛县"三属"定期抚恤金统计表

表23-2　　　　单位:元/月/人

年 份	烈属、因公牺牲军人家属		病故军人家属	
	农村	城镇	农村	城镇
1989.3—1992.12	35~40	45~50	30~35	40~45
1993.1—1993.12	45~50	55~60	40~45	50~55
1994.1—1994.12	50~55	60~65	45~50	55~60
1995.1—1996.6	55~60	55~70	50~55	60~65
1996.7—1997.12	60~65	70~75	55~60	65~70
1998.1—1998.12	68~73	78~83	63~68	73~78
1999.1—2000.12	95~100	105~110	90~95	100~105
2001.1—2001.12	145~150	155~160	140~145	150~155
2002.1—2002.12	170~175	195~200	165~170	190~195
2003.1—2003.12	270~320	285~370	190~235	215~260
2004.1—2004.12	560~865	710~970	420~800	570~900
2005.1—2005.12	1200~1860	1450~2200	980~1530	1460~2300
2006.1—2006.12	3060~3240	4740~5100	2880	4380
2007.1—2007.12	3540~3720	5520~6120	3420	5220

续表23-2

年　份	烈属、因公牺牲军人家属		病故军人家属	
	农村	城镇	农村	城镇
2008.1—2008.12	4080～4260	6300～7020	3900	5940
2009.1—2009.12	4670～4880	7230～8060	4470	6810
2010.1—2010.12	5130～5360	7940～8850	4910	7480
2011.1—2011.12	5880～6150	9110～10600	5630	8580
2012.1—2012.12	6740～7050	10460～12170	6460	9850
2013.1—2013.12	7610～7970	11890～13860	7290	11190
2014.1—2014.12	10650～11160	14270～16630	10210	13430
2015.1—2015.12	14510	19120	13270	15440

期定量补助51万元。2016年，烈属、因公牺牲军人家属、病故军人家属的定期抚恤金不再区分城镇和农村，实行统一标准。当年为“三属”人员发放抚恤金13万元，为在乡复员军人、退伍军人发放定期定量补助68.9万元。2017年，为“三属”人员发放抚恤金16.3万元，为在乡复员军人、退伍军人发放定期定量补助71.1万元。2018年，为“三属”人员发放抚恤金17.9万元，为在乡复员军人、退伍军人发放定期定量补助56.9万元。

伤残抚恤

在乡革命伤残军人抚恤　1984年，按照民政部、财政部《关于调整革命残废人员抚恤标准的通知》要求，自1984年7月1日起，每人每年调整为140～570元，当年发放0.6万元。1988年，民政部、财政部印发《关于提高革命残废人员抚恤标准的通知》，自1988年1月1日起，提高到272～1200元，当年发放1.4万元。1991年1月1日起，调整为342～1560元，当年发放2.6万元。1994年，根据民政部、财政部印发《关于提高部分优抚对象抚恤补助标准的通知》，自1994年1月1日起，提高到442～2240元，当年发放6.7万元。1996年，民政部、财政部印发《关于提高在乡革命伤残人员抚恤金标准的通知》，自当年1月1日起，调整为526～3240元，当年发放10.3万元。1998年，民政部、财政部印发《关于提高部分优抚对象抚恤补助标准的通知》，自1998年1月1日起，提高到646～3540元，当年发放26万元。1999年，根据民政部、财政部印发《关于提高部分优抚对象抚恤补助标准的通知》，自1999年1月1日起，调整为780～5340元，当年发放33万元。2001年，省民政厅、财政厅印发《关于提高部分优抚对象抚恤补助标准的通知》，自2001年1月1日起，提高到1050～7000元，当年发放48万元。2002年，省民政厅、财政厅印发《关于提高部分优抚对象抚恤补助标准的通知》，自2002年1月1日起，提高到1210～8400元，当年发放56万元。2004年，新《军人抚恤优待条例》实施，统一在乡和在职伤残军人抚恤保健金标准，一律按抚恤金标准发放，将原先“四等六级”伤残等级制度改为“一至十级”等级制度，将“革命伤残军人”名称改为“残疾军人”，当年发放61万元。2003—2010年，为优抚对象发放抚恤金284万元。2011—2017年，为优抚对象发放抚恤金496万元。2018年，为优抚对象发放抚恤金176万元。

1988—2002年长岛县在乡革命伤残人员抚恤标准表

表23-3　　　　单位:元/年

年份	特等		一等			二等甲级			二等乙级			三等甲级		三等乙级	
	因战	因公	因战	因公	因病	因战	因公	因病	因战	因公	因病	因战	因公	因战	因公
1988.1—1990.12	1200	1100	1020	950	860	740	660	600	538	480	450	336	322	372	272
1991.1—1993.12	1560	1440	1260	1170	1060	920	830	760	656	590	554	416	400	342	342
1994.1—1995.12	2240	2100	1860	1740	1620	1250	1150	1070	856	780	740	536	516	442	442
1996.1—1997.12	3240	3080	2460	2330	2200	1430	1320	1230	960	880	840	628	608	526	526
1998.1—1998.12	3540	3380	2760	2630	2500	1550	1440	1350	1080	1000	960	748	728	646	646
1999.1—2000.12	5340	5180	4000	3870	3740	2120	2010	1920	1320	1240	1200	900	880	780	780
2001.1—2001.12	7000	6840	5400	5270	5140	2900	2790	2700	1940	1820	1180	1180	1160	1050	1050
2002.1—2002.12	8400	8200	6480	6350	6220	3330	3220	3130	2230	2150	1360	1360	1340	1210	1210

2003—2018年长岛县伤残军人抚恤优待标准一览表

表23-4　　　　单位:元/年

残疾等级	残疾性质	抚恤金标准	残疾等级	残疾性质	抚恤金标准
一级	因战	37940	六级	因战	15070
	因公	36740		因公	14260
	因病	35540		因病	12050
二级	因战	34330	七级	因战	11450
	因公	32530		因公	10240
	因病	31310	八级	因战	7230
三级	因战	30120		因公	6620
	因公	28310	九级	因战	6010
	因病	26510		因公	4820
四级	因战	24690	十级	因战	4220
	因公	22290		因公	3610
	因病	20480	—	—	—
五级	因战	19290	—	—	—
	因公	16860	—	—	—
	因病	15660	—	—	—

第三章　安　置

第一节　城镇退伍军人安置

1985年，全县安置城镇户籍退伍军人7人，农村户籍转业志愿兵16人。1986—1990年，全县安置城镇户籍退伍军人16人，农村户籍转业志愿兵46人。1991年以后，按照《中华人民共和国兵役法》《退伍义务兵安置条例》《中国人民解放军现役士兵服役条例》等法律法规的规定及上级有关文件要求，对城镇退伍军人和转业志愿兵（士官）采取"公开、公正、公平、择优"的原则，落实阳光安置政策，实行社会监督，非农业户口的新兵使用全省统一制发的"非农业户口"字样的优待安置证，同年安置城镇户籍退伍军人14人。1992年，安置城镇户籍退伍军人36人，农村户籍转业士官6人。1993—1998年，全县安置城镇户籍退伍军人82人，农村户籍转业士官39名。1999年，安置城镇户籍退伍军人21名，农村户籍转业士官6人。2000—2001年，安置城镇户籍退伍军人30人，农村户籍转业志愿兵8人。2002年始，根据民政部《关于认真贯彻落实国务院、中央军委〈征兵命令〉和〈退伍通知〉要求，进一步加强和规范优待安置工作的通知》和《关于印发〈优待安置证〉管理和使用问题的通知》精神，严格控制优待安置证的发放和管理。当年安置城镇户籍退伍军人8人，农村户籍转业士官6人。2003年，长岛县印发《关于落实城镇退役士兵（士官）安置政策的意见》，鼓励城镇退役士兵自谋职业，实行一次性经济补助。当年共有13名城镇退役士兵选择自谋职业，发放一次性自谋职业补助金14.6万元，安置城镇户籍退伍士兵9人，农村户籍转业士官2人。2004—2009年，有14名退役士兵选择自谋职业，发放一次性自谋职业补助金30万元；安置城镇户籍退伍士兵46人，农村户籍转业士官14人。2010年，有10名退役士兵选择自谋职业，发放一次性自谋职业补助金22万元，其中城镇户籍5人、农村户籍转业士官5人。2011年11月，《退役士兵安置条例》公布实施，有7名退役士兵符合政府安排工作条件的规定，选择自谋职业，发放一次性自谋职业补助金14万元。2012年，共有8名退役士兵选择自谋职业，发放一次性自谋职业补助金16.9万元。2013年，全县27名退役士兵选择自主就业，发放自主就业补助金54.3万元；4名退伍军人选择自谋职业，发放自谋职业补助金8万元。2014—2016年，全县共有70名退役士兵选择自主就业，发放自主就业补助金共148.05万元。

2017年，山东省委办公厅、省政府办公厅印发《关于做好全省退役士兵安置和权益保障工作的意见》，就贯彻落实习近平和中共中央、国务院关于做好军队退役人员工作部署要求，切实做好全省退役士兵安置和权益保障工作，提出十一条措施。同年，全县有26名退役士兵选择自主就业，发放自主就业补助金87.3万元。2018年，全县有23名退役士兵选择自主就业，发放自主就业补助金70.2万元，安置转业士官3人。

第二节　农村退伍军人安置

1985—2018年，全县共接收农村籍退役士兵538人。根据国务院关于《退伍义务兵安置条例》规定，退伍安置工作实行"从哪里来，回哪里去"的安置原则，农村户口义务兵退伍后仍回农村安置，均予以妥善安置。1985年，接收农村户籍退役士兵30人。1986—1996年，接收农村户籍退役士兵218人。1997—2011年，接收农村户籍退役士兵

187人。2012年,山东省政府办公厅印发《关于做好自主就业退役士兵一次性经济补助工作的通知》,对于自主就业的退役士兵,按照每服役一年4500元标准给予一次性经济补助。长岛县组织自主就业的退役士兵参加职业教育和技能培训,经考试合格的,发给相应的学历证书、职业资格证书并推荐就业。退役士兵退役1年内参加职业教育和技能培训的,费用由县政府承担;退役士兵退役1年以上参加职业教育和技能培训的,按照国家相关政策执行。当年度接收农村户籍退役士兵29人,发放自主就业一次性补助金48.15万元。2013—2017年,共接收退役士兵124人,发放自主就业一次性经济补助金291.6万元;对从事个体经营的退役士兵,按照国家规定给予税收优惠,给予小额担保贷款扶持,从事微利项目的给予财政贴息。除国家限制行业外,自其在工商行政管理部门首次注册登记之日起3年内,免收管理费、登记类和证照类的行政事业性收费。2018年接收退役士兵23人,发放自主就业一次性经济补助金70.2万元。

第三节　军转干部安置

改革开放后,长岛县军转干部安置工作贯彻妥善安置、合理使用、人尽其才、各得其所的原则,对转业干部采取以指令性安排为主的方式安置。1986年,全县接收安置军队转业干部11人,其中营职2人、连排职9人,安置到党政机关6人,

1986—2018年长岛县接收退伍军人情况统计表

表23-5　　单位:人

年份	接收人数	城镇户口	农村户口	年份	接收人数	城镇户口	农村户口
1986	30	9	21	2003	37	22	15
1987	17	0	17	2004	31	16	15
1988	33	2	31	2005	18	8	10
1989	20	2	18	2006	11	4	7
1990	11	3	8	2007	26	8	18
1991	28	14	14	2008	18	11	7
1992	79	36	43	2009	28	13	15
1993	29	17	12	2010	20	5	15
1994	27	8	19	2011	29	10	19
1995	38	20	18	2012	29	13	16
1996	28	11	17	2013	29	12	17
1997	23	15	8	2014	26	8	18
1998	24	11	13	2015	19	8	11
1999	32	21	11	2016	31	10	21
2000	29	20	9	2017	13	10	13
2001	21	10	11	2018	20	13	7
2002	22	8	14	—	—	—	—

事业单位1人，企业4人。1998年起，在县直党政机关、政法机关、中央省属驻长岛单位，采取考试考核分配转业干部的新办法，增强了军转安置工作的透明度。2001年起，对军队转业干部实行计划分配和自主择业相结合的方式安置。2002年，按照《山东省自主择业军队转业干部安置管理暂行办法》的要求和属地管理的原则，不断建立健全自主择业干部管理服务网络。落实自主择业干部的医疗保障和住房补贴等待遇，加强对自主择业干部就业的指导工作。11月份，全县首次接收自主择业军转干部1名。对计划安置的军队转业干部在安置去向上不同时期有所侧重，重点充实政法战线，重点加强基层充实工农业生产一线；在职务安排上，重点是师团职转业干部，任满最低任职年限的，均安排相应领导职务。

随调（迁）家属安置坚持与转业干部同时接收、同时安排、同时发出报到通知、尽量对口安排的原则，原有正式工作的原则上接收转业干部的单位同时安排，确有困难的统一进行调整；随迁子女按学区分片包干，简化入学手续，保证按时入学。

转业干部住房，各接收单位实行“三优先”的原则，即转业干部住房优先解决、单位分配住房转业干部优先、为转业干部买房优先安排，在采取“挤、腾、租、借、让”等方法的同时，解决筹措资金为转业干部建房买房。

1986—2018年，全县共接收军队转业干部144人。其中，团职8人，营职49人，连排职65人，专业技术干部22人。

第四章　赈灾救济和社会福利

1980年，长岛县建立扶贫帮困领导小组。1994年设立农村扶贫基金。1998年，各乡镇先后建立社会救助管理所，把社会救助作为经常性工作，逐步规范化、制度化。对最低生活保障对象、无生活来源、无劳动能力、无法定赡养人或无抚养人等对象，按最低生活保障实施社会救济。全县建立和完善救灾工作机制。在发生自然灾害时，通过国家扶持、生产自救、百姓募捐等形式实施救济。至2018年，全县先后向受灾、贫困群众发放救灾救济款达502.3万元，救济粮24.55万千克，保证了受灾群众的正常生产和生活。

第一节　救　灾

1987年9月4—5日，全县遭遇8~10级以上强台风袭击。损坏12~40马力渔船22艘，尾挂机8只，锚网6200杆；养殖区8万平方米，苗袋60万个；损坏码头大坝6处；毁坏树木11700棵，农作物7万平方米，落果5000公斤。经济损失折款243.6万元。灾后，全县干部群众紧急动员，开展生产救灾，努力挽回风灾造成的损失。

1989年10月31日，全县遭遇7~8级、阵风达9~10级大风。全县损坏5处码头、10处大坝，损失185渔轮1艘，损坏大、小渔船60余艘。冲毁扇贝养殖区130余公顷、海带苗5000万株，损失计款达300万元。灾情发生后，县、乡镇、渔村领导干部，迅速组织群众开展救灾恢复生产。

1990年4月30日至5月1日，全县遭受暴风狂潮袭击，直接经济损失达6000多万元。养殖受灾面积占养殖总面积的45%；捕捞船网直接经济损失500多万元；港口、码头损毁严重。大风过后，县委、县政府全力投入抢险救灾工作，县主要领导多次乘船渡海深入10个乡镇和渔村察看、了解灾情，指导救灾。在砣矶镇召开抗灾自救紧急现场会，研究落实抗灾自救措施，发动群众开展生产自救，将风灾损失降到最低程度。

1990年12月21—22日，继上半年风灾后，全县再次遭受暴风狂潮袭击，最大风力超过10级，风灾造成的直接、间接经济损失达5000多万元。有2名出海船员失踪。灾情发生后，县委、县政府立即成立抗灾夺丰收领导小组。23日，县委召开县主要领导、乡镇负责人和有关部门负责人参加的抗灾夺丰收、抗灾自救紧急会议，当天下午，分包乡镇的县级班子领导、县驻乡镇工作组成员及县委、县政府两个抗灾工作组，分赴各乡镇指导抗灾。

1992年8月31日至9月1日，全县遭受16号台风的袭击。部分养殖海区、渔船和基础设施受到破坏，经济损失约6000多万元。灾情发生后，全县各级党组织全力组织广大群众抗灾自救，把台风造成的灾害降至最低限度。

1993年11月15—22日，全县遭受近年来罕见的风暴潮袭击，风力达到8~9级，阵风达10级以上，大风暴持续9天。全县扇贝损失260余公顷，大小渔船毁坏30余艘，2人死亡。风暴潮期间，县委、县政府迅速组织指挥救灾工作，当地驻军也给予大力支持，经过努力，灾情得到迅速控制，生产得以恢复。

1994年8月15日，全县遭受第15号台风袭击。此次台风是继1985年第9号台风后最大的一次台风，风力之大、持续时间之长为历史罕见。陆上树木倒伏严重，部分地段通信、供电中断，近海船只及育苗、养殖设施不同程度的受损，直接经济损失达1.6亿元。灾情发生后，全县军民奋起抗灾自救。20日，副省长王建功及省、市有关人员乘船到受灾最严重的砣矶镇视察灾情，指导救灾。

1995年7月30日晚，全县遭受近20年来罕见的特大暴雨袭击，持续时间5个多小时，最大降雨量达121毫米，10处乡镇40个渔村房屋受到程度不同的损坏。严重者，因房屋漏雨，地面积水近1米。灾情发生后，全县迅速组织抢救，有效地控制了灾情，未发生房屋倒塌和人员伤亡事故。县民政局将2万元救济金及时发放到受灾较重的群众手中，帮助渡过难关。

1996年4月29日，全县遭受7级阵风、9级大风的袭击，20多条渔船报废；扇贝损失近50公顷，海带损失30公顷；死亡2人，失踪2人，损失计3600万元。是年12月21—22日，刮起偏西大风，持续长达37小时。海上近1300公顷养殖海带普遍受灾，30余公顷严重受灾。180公顷待收获的扇贝绝产；104艘大小渔船遭受不同程度损坏；7处港口、码头、4处船厂和部分基础设施受损；另有2人失踪。损失达5700万元以上。风灾期间，全县党政领导干部和乡镇渔村广大干部群众积极投入抗灾抢险和生产自救。

1997年8月19—21日，第11号台风（强热带风暴）影响长岛县，造成2人失踪，部分小码头冲毁，沉船12马力5艘、20马力2艘、40马力4艘、挂机16艘，损失约100万元。风后全县立即投入抢险救灾，县、乡领导干部深入渔户慰问遇难者家属，帮助解决困难。

1999年11月24—25日，受北方强冷高压前锋影响，全县出现8级、阵风10级的偏北大风。北长山乡北城村的1艘40马力、1艘20马力渔船及船上6人失踪；北长山乡店子村的2艘40马力渔船沉没，船上5人失踪；砣矶镇磨石嘴村的1艘18马力渔船沉没，船上2人失踪。县、乡领导到遇难家庭慰问，共发放救助金2.7万元。

2001年8月1—2日，受减弱的8号台风“桃芝”倒槽引起的江淮气旋影响，全县出现3小时52.1毫米的强降水，同时伴有9级偏北大风。大风打碎、打翻船只6艘；倒塌房屋12间；塌方危房6间；部分果树落果严重，损失达10万余元。县民政局先后两次组织灾后调查，向110家大病灾户发放临时救济款5.7万元，发放救济面粉2.5万公斤，折款4万元。

2007年3月4—5日，全县遭受罕见的风暴潮袭击，北部岛屿最大风力达13级，南部岛屿最大风力达12级，对渔业、养殖业、基础设施等造成严重破坏。有65艘大、小渔船遭到不同程度破坏，124处大棚倒塌。其中，海珍品育保苗大棚42

处，蔬菜大棚82处受损，9个海参圈养池被毁。共损坏4条海底电缆。117家渔民房屋遭到不同程度损坏。冲毁道路2千米，码头3处（1处报废），堤坝6处。共损失各类路灯、彩灯800余盏。直接经济损失达3636万元（不包括海上养殖损失）。是年12月28日至2008年1月3日，由于受较强冷空气影响，全县出现持续大风和弱降水天气过程，最大风力8级，极大风力9级。造成直接经济损失6130万元，其中渔业损失6100万元、其他损失30万元。全县迅速组织群众开展生产自救，恢复城区供电、供水、供暖。“3·4”风暴潮发生后，县民政局将上级政府下拨的60万元救灾款，及时发放给受灾群众，全县1330家受灾群众得到救助。

2008年9月22—23日，由于受较强冷空气影响，全县出现大风天气，极大风速为8级，辖区内极大风力达到10级，灾后直接经济损失794.4万元。全县干部群众迅速开展生产自救，生产得以较快恢复。

2009年2月，因受异常气候影响，全县连续3次发生灾情。13日，由于受冷空气影响，长岛出现大风天气。风力7级，阵风10级，区域自动站实测9级、阵风11级。灾后直接经济损失452万元。15日，由于受南北冷暖空气影响，出现雷电、降水、大风天气，阵风达11级，灾后直接经济损失417万元。16—18日，出现强降水天气，降水量达到296.2毫米，伴有较强的雷电，阵风达10级。直接经济损失12153万元。灾后，全县各级干部群众齐心协力救灾，驻军给予支援，对受损的基础设施及渔材育苗、养殖场房采取安全加固措施，慰问受灾群众。

2013年，5月26日夜间至27日白天，全县遭受一次极端恶劣天气袭击，海面最大风力达10级以上，同时伴有大到暴雨，加之受天文大潮影响，海面形成大到巨浪。部分乡镇（街道、开发管理处）及海上重点工程受到不同程度的损失，尤其以海上养殖伐架损失最为严重。全县各乡镇（街道、开发管理处）经济损失共计约2833万元，南北长山大桥工程损失800万余元，旅游景区损失10万余元，市政设施损失约14万元。灾情发生后，县委、县政府立即组织全县广大干部群众开展灾后生产自救，对重点工程、养殖区域采取补救措施，努力将灾害影响降到最低程度。

第二节　扶贫济困

1980年，全县社会救济工作转向以扶持生产、脱贫致富为重点。通过发放扶贫贷款，帮助困难户发展生产或安排困难户成员到收入稳定的行业劳动脱贫。救助困难家庭主要分三种类型：一种是享受最低生活保障的城市居民和农村家庭，这是困难群众的主体，也是生活最困难的群体；二种是因大病灾而陷入生活困难的职工家庭、居民家庭和农（渔）民家庭；三种是收入较低而子女上学费用较大造成生活困难的群众。先后制定《长岛县教育救助实施细则》《长岛县特困人员供养实施细则》《长岛县临时救助细则》《长岛县医疗救助实施细则》《长岛县居民经济状况核对办法》《长岛县社会救助“一门受理协同办理”机制的实施意见》，扶贫济困工作机制不断完善。

困难家庭救助

1991年，全县有贫困户47家125人。通过开展扶贫帮困，10家38人达到当年扶持当年脱贫。对常困户37家87人实行定补落实，全部给予定补，年定补款6132元，户均165.7元，人均70.48元。1994年，无劳动能力的常困户43家，90人，全部给予定期定量补助，年发定补款9545元，户均221元。1998年，为困难人员发放临时救济款4.2万元，保障了贫困群众基本生活。2000年，对4家大病灾优抚对象和社会困难户给予临时救济共发放救济金5000元。2001年，向11家大病灾户发放临时救济款5.7万元。

2002年，对全县大病灾户发放临时救济款10万余元。2003年，春节期间救济困难户497家1140人，发放救济款14.98万元。2004年，对大病灾困难群众爱心救助220家520人，发放救济金22.28万元。

2005年，对全县176名困难学生发放爱心救助金16.55万元；对163名大病灾困难人员发救助金27.08万元。2006年，救助大病灾困难家庭475家，发放救助金35.2万元；救助困难学生223人，救助金20.5万元。2007年，救助大病灾困难家庭457家，发放救助金33.4万元；救助困难学生194人，救助金16.8万元。2008年，救助困难学生127名，发放救助金10.3万元；临时困难救助357家，发放救助金15.8万元；重大突发事件临时救助6家，发放救助金1.5万元；大病困难家庭65家，发放救助金7.2万元。2009年，救助困难家庭420家，发放困难救助金16.5万元；突发意外事故救助4家，发放困难救助金1.8万元。

2010年，救助困难学生177名，救助金22.69万元；城乡低保、低收入家庭医疗救助53家30.37万元。2011年，救助困难家庭943家，发放困难救助金230万元；突发意外事故救助14家，发放困难救助金16万元。2012年，救助"五保"、低保及低保边缘家庭人员临时救助843家，救助金114.7万元。2013年，救助城镇"三无"（无劳动能力、无生活来源、无法定赡养或抚养义务人）对象、渔村"五保"（保吃、保穿、保医、保住、保葬）、低保及低保边缘家庭临时救助人员925家，救助金140.2万元；低保、低收入大病困难家庭272家，救助111.7万元。2014年，救助城镇"三无"对象、渔村"五保"、低保及低保边缘家庭人员临时救助775家，救助金114.6万元；低保、低收入大病困难家庭190家，救助金103.4万元。

2015年，救助城镇"三无"对象、渔村"五保"、低保及低保边缘家庭人员临时救助758家，救助金105.1万元；低保、低收入大病困难家庭293家，救助100.1万元。2016年，救助城镇"三无"对象、渔村"五保"、低保及低保边缘家庭临时救助人员491家，救助金66.7万元；救助低保、低收入大病困难家庭205家，救助金87.2万元。2017年，救助城镇"三无"对象、渔村"五保"、低保及低保边缘家庭临时救助人员466家，救助金57.9万元；救助低保、低收入大病困难家庭207家，救助金91.4万元。

2018年，救助城镇"三无"对象、渔村"五保"、低保及低保边缘家庭临时救助人员446家，救助金54.9万元；救助低保、低收入大病困难家庭225家，救助金103.5万元。

社会捐助

长岛县人民发扬一方有难、八方支援的传统美德，多次开展向省内外灾区捐款、捐物活动。1996年，群众向南方灾区捐款199626元。1997年，向新疆贫困地区捐赠衣被4万件。是年，长岛县被烟台市授予"救灾捐助先进单位"。1998年，向华东和长江流域灾区捐赠钱物折合人民币62万元，捐赠衣被4.5万件。2001年，向新疆地区捐赠衣被2万件。2003年，向济宁、菏泽地区捐赠衣被1.3万件。

2008年，"5·12"汶川特大地震发生后，全县组织开展抗震救灾爱心捐助活动。5月16日，召开全县"2008年度爱心捐助及支援地震灾区动员大会"，对2007年度爱心捐助先进单位进行表彰，

2008年5月23日，长岛县举办大型赈灾募捐晚会

发动部署全县支援地震灾区工作。5月22日，在全县进行第二次宣传发动，于5月23日举办“五万海岛人，同献报国心”大型赈灾募捐晚会，掀起新一轮捐款热潮。各级领导干部、机关干部职工，各企事业单位和广大城乡群众纷纷踊跃捐款，共募集善款280万元用于地震救灾。2013年，当得知雅安发生地震时，部分海岛群众自发向灾区捐款22732.2元。

第三节　社会福利

1987年，长岛县建立民政福利管理站；1988年建成6处乡镇敬老院；1991年兴建社会福利中心；1992年注册2个福利企业；2000年电脑福利彩票开始销售。全县多渠道筹集社会福利资金，主要用于各敬老院建设和维修工程以及康复、救灾、扶贫等项目。

福利企业

1987年，长岛县民政福利管理站成立，挂靠在救灾救济科，实施对福利机构的管理、监督和指导工作。1992年，全县共注册登记两家福利企业，分别是县福利塑料制品厂、南长山福利厂。社会福利企业共安置残疾人劳动就业28人，保障残疾职工的基本生活。至2018年，长岛县已无福利企业。

福利彩票

1988—1999年，长岛县开始销售“有奖募捐券”，福利彩票以销售即开型彩票为主。其中，1988—1992年，以流动销售为主，彩票销售数量处于较低水平。1993年开始，采取大奖组销售方式。1998年，发行“抗洪赈灾”彩票，完成销售任务。2000年5月，开始进行电脑福利彩票销售工作，共设置投注站2处，一处在解放路与市场街交界附近；另一处在乐园大街西段。当年，市场街投注站创单机销售全省第一。至2002年，全县福利彩票销售总额达493.96万元。

从销售中提取的社会福利基金主要用于敬老院、老年人活动中心、社会救助中心等社会福利机构建设。2004年始，长岛福利彩票销售由烟台市彩票管理中心管理。至2018年，全县有4处福利彩票销售站。

第五章　最低生活保障和社会慈善

1997年7月，长岛县印发《关于建立健全农村社会保障体系的决定》，全县开始实施最低生活保障制度。确定全县城镇居民最低生活保障标准为每人每月140元，农村最低生活保障标准为每人每年830元。

2002年，全县开展社会慈善爱心捐款活动。2007年，成立长岛县慈善总会，制定《长岛县慈善总会章程》《长岛县慈善总会资产管理办法》《长岛县慈善总会财务管理暂行办法》《长岛县慈善总会会议制度》。

第一节　最低生活保障

1997年7月，全县开始实施最低生活保障制度。确定城镇居民最低生活保障标准为每人每月140元，农村最低生活保障标准为每人每年830元。当年全县城乡应享受保障户59家，131人，保障资金44538元。此后，根据每年日常生活必需品物价变化情况，适时调整提高城乡最低生活保障标准。自2014年后，市政府根据《烟台市社会救助实施办法》等有关规定，对全市各县市区最低生活保障标准进行统一规定。2015年，《长岛县最低

1997—2018年长岛县城乡居民最低生活保障标准统计表

表23-6　　单位：万元

年份	城镇(元/月·人)			农村(元/年·人)			合计		发放金额
	提标标准	户数	人数	提标标准	户数	人数	户数	人数	
1997	140	8	17	830	51	114	59	131	4.4
1998	140	9	19	830	44	97	53	116	2
1999	140	11	32	830	53	116	64	148	4.6
2000	140～182	13	39	830	76	152	89	191	5.1
2001	182	11	31	830	85	176	96	207	7
2002	182	40	110	830	74	154	114	264	10
2003	182～200	74	195	830	102	220	176	415	15
2004	200	70	107	830	102	228	172	335	20
2005	200～220	71	169	830～1000	147	315	218	484	25
2006	220	93	228	1000	141	305	234	533	31.1
2007	220～260	95	201	1000～1300	157	341	252	542	55
2008	260～315	102	232	1300～1420	278	628	380	860	62.1
2009	315	122	275	1420	327	732	449	1007	73
2010	315～340	151	329	1420～1700	378	856	529	1185	102
2011	340～370	158	258	1700～2000	520	882	678	1140	164.51
2012	370～440	172	268	2000～2600	631	1004	803	1272	307.42
2013	440～480	174	248	2600～3020	609	888	783	1136	338.73
2014	480～530	107	146	3320～3600	537	702	644	848	273.6
2015	530～540	95	128	3600	472	602	567	730	251.7
2016	540～570	78	101	3600～4020	286	348	364	449	198.6
2017	570～580	75	90	4020～4260	256	304	331	394	169.6
2018	580～590	68	84	4260～4740	237	278	305	389	160.4

生活保障实施细则》印发实施。2018年，城镇居民最低生活保障标准为每人每月590元，农村最低生活保障标准为每人每年4740元。

第二节　社会慈善

2002年始，全县开展社会慈善爱心捐款活动，当年共接收捐款120597元，共有130个单位、4337名个人捐款。是年，对103名特困学生进行救助，发放救助资金41210元；对10家大病灾家庭进行救助，发放救助资金47000元。2006年，全县共有7229人捐款530051.5元，164个单位集体捐款196128.5元。

2006年6月23日，长岛县首家爱心超市开业。

制定《爱心慈善超市管理办法》，以户为单位按每人每月20元的救助标准向被救助对象发放一次爱心超市购物券，被救助家庭凭购物券优惠购买生活用品。是年12月底，筹备成立长岛县慈善总会。

2007年上半年，各乡镇先后成立慈善分会。是年4月，召开第一次会员代表大会，成立长岛县慈善总会。通过长岛县慈善总会章程、资产管理办法、财务管理暂行办法、会议制度。发展创始会员71名，发展慈善义工33名，募集慈善基金5万元，争取市慈善总会慈善款30万元。当年，全县共有8047名个人和173个单位参加捐款，捐款总额85.75万元，比2006年增加18%。全县有注册义工180人，经常开展义工进军营、进敬老院、清明节文明祭扫等活动。

2007—2018年，县慈善总会共筹集爱心资金1762.35万元，其中支出1306.3万元；仅2008年，先后两次调拨280万元爱心捐款用于支援“5·12”汶川特大地震救灾。

第六章　社会事务管理

1997年以前，长岛县婚姻登记手续一直由各乡镇政府民政所负责办理。之后，改为长岛县民政局直接办理婚姻登记。2003年10月1日，开始执行国务院发布的新《婚姻登记条例》，申请结婚登记的男女双方须持本人户口簿、身份证和本人签字的《申请结婚登记声明书》即可予以办理结婚登记。

1999年，办理第一件收养登记。2000年，境内建立健全收养登记档案，实行审批手续。

1986年以前，境内殡葬方式一直沿用土葬习俗。至2018年，城乡公益性墓地覆盖率达到100%，建设县级公墓3处、村级公墓24处，全部纳入县、乡政府统一管理。改变乱埋乱葬现象，节约了土地。

第一节　婚姻登记管理

1986—1996年，全县共有10个婚姻登记处，由各乡镇政府民政部门负责全县婚姻登记工作。1997年开始改为由县民政局社会事务科办理婚姻登记业务。2009年，县民政局被授予全国婚姻登记化建设达标单位。2012年，县民政局设立婚姻登记管理处，为股级事业单位。2015年，民政部印发《民政部关于进一步规范（无）婚姻登记记录证明相关工作的通知》，除已列出的9个国家（哈萨克斯坦、芬兰、奥地利、荷兰、德国、阿根廷、乌拉圭、墨西哥、波兰）的公证事项仍可继续出具证明外，各地民政部门不再向任何部门和个人出具（无）婚姻登记记录证明。同年，婚姻登记处入驻县政务服务中心大厅办理业务。2017年4月1日始，婚姻登记处停止收取婚姻登记费。为进一步加强婚姻登记规范化建设，长岛县按照AAA等级标准建设新登记处大厅，设立婚姻家庭辅导中心。婚姻登记处于2018年自县政务服务中心搬出，在新设立的婚姻登记大厅开展工作。

1986—2018年，全县共办理结婚登记11418对，办理协议离婚1347对，补发结婚登记证906对，补发离婚登记证35对，出具夫妻关系证明书2274份。其间，离婚与结婚比例呈总体上升趋势，1987年离婚与结婚比例为1.4%，2018年增至26%。

1986—2018年长岛县婚姻登记统计表

表23-7　　单位:对

年份	结婚登记	离婚登记	补发结婚证	补发离婚证	出具婚姻证明
1986	726	0	—	—	—
1987	563	8	—	—	—
1988	531	16	—	—	—
1989	635	18	—	—	—
1990	363	13	—	—	—
1991	488	17	—	—	—
1992	508	16	—	—	—
1993	537	17	—	—	—
1994	474	25	—	—	—
1995	413	16	—	—	—
1996	437	28	—	—	—
1997	383	40	—	—	—
1998	275	30	—	—	—
1999	281	32	—	—	—
2000	302	33	—	—	—
2001	258	37	—	—	—
2002	235	43	9	0	—
2003	205	33	7	0	—
2004	195	50	12	0	—
2005	204	67	14	0	11
2006	245	64	20	0	30
2007	229	65	33	0	72
2008	199	57	18	0	112
2009	230	51	42	0	146
2010	197	54	41	1	111
2011	310	51	52	1	120
2012	299	67	44	3	306
2013	342	63	76	5	473

续表23-7

年份	结婚登记	离婚登记	补发结婚证	补发离婚证	出具婚姻证明
2014	304	55	112	4	466
2015	298	87	80	5	427
2016	282	71	103	7	—
2017	248	65	90	4	—
2018	222	58	81	5	—

第二节　收养登记管理

1999年7月，烟台市民政局将收养登记权下放到各县（市、区）民政局。是年，长岛县办理第一件收养登记。收养人必须年满30周岁，且具有抚养教育被收养人的能力，单身男性收养女童年龄应当相差40周岁以上，患有医学上认为不应当收养子女疾病的不能收养。收养登记严格按照申请—受理—审查—报批—登记的程序办理。2000年，县民政局建立健全收养登记档案，并实行严格审批手续。至2018年，全县共依法办理收养登记4件，未出现非法收养现象。

第三节　殡葬改革与管理

殡葬改革

1987年，县移风易俗工作领导小组成立，乡镇、村建立红白理事会，推进殡葬改革政策措施的落实。1989年，县政府出台文件，规定殡葬一律使用殡葬匣，不准建造使用砖砌水泥穴棺。1990年，对乡镇村统一划定墓葬区，不准随意埋葬；埋葬区不得设在公路两边、游览区和可耕地内；实行深埋，不准立大坟头。1991年7月，分别对南长山镇等6处乡镇14个村20个公墓点进行实地调查，听取基层群众意见和建议，推动殡葬改革开展。1992年，全县共发动11000余人次，清理坟头5500个，清理墓碑1652块。1993年，制定实施《关于公墓管理暂行规定》。

1998年，对全县公益性公墓进行检查验收，规定墓碑高不超80厘米，坟头高不超1米，杜绝封建迷信，乱葬乱埋。同时，开展殡葬清理活动，平除大坟头120余个，清除迷信丧葬用品市场1处。1999年，初步形成公墓植树制度。2001年，对乡镇渔村殡葬管理情况进行实地调查，征求群众意见，进一步完善殡葬管理措施。2006年7月，征地1000余平方米，完成城区公墓规划设计，制定《公墓管理暂行办法》。2011年，开展殡葬改革示范化活动，推进殡葬设施建设和惠民政策落实，推广低碳、环保、绿色殡葬建设。2012年，针对部分城乡居民户对逝者的安葬标准越来越高，圈占墓地、修扩建祖坟、立大碑、造大坟等现象日趋严重的情况，县政府印发《关于加强殡葬管理工作的通知》，加大宣传教育力度，强化监管责任落实，杜绝无序乱葬行为，保护土地、水和环境资源。

2013年，成立殡葬管理工作领导小组，对全县渔村公墓选址进行实地评估和确定。2014年3月，制定《长岛县殡葬管理暂行办法》，以清明节为契机，宣传殡葬改革，破除封建迷信，鼓励推进火化。2014年5月，县政府办公室印发《关于殡葬车辆海上运输工作协调会议纪要》，在运输船舶方面，由长岛长通旅运有限公司所属的“长通9”货运滚装船执行运输任务。同时，投入400余万元对全县所有公墓道路进行整修，对村级公墓配套道路进行修建。对殡仪费用和外出火化费用全部免除。所有的逝者除“并骨”者外，全部到新建公墓地安葬，逝者按规定安葬率达100%，当

年运输出岛火化遗体13具，群众的殡葬观念明显转变。2015年，有27位逝者进行火化，为逝者家庭发放补贴共计41.3万元。2016年，为22位逝者出岛或在岛外进行火化的补贴各项安葬费用22.6万元。2017年，进一步推行以火化为主的殡葬改革，修订完善《长岛县殡葬管理办法》和《长岛县殡葬改革实施方案》。为做好火葬场前期规划及选址等工作积极争取上级扶持。对长岛县户籍居民实现多项殡葬费用减免。凡长岛县户籍的居民，基本殡仪费用全部免除。南长山街道、北长山乡的乡村户籍居民的县级公墓穴位费由县财政给予一定比例的补助。有火化要求的，被火化者除享受新公墓免费骨灰安葬穴位外，被火化者的法定受益人还享受每位1000元补助。从长岛到蓬莱火化的，运输费、火化费（规定范围内的费用）均由县财政负担。当年，政策惠及132人，减免总额32.5万元。加大推进移风易俗工作，规范群众丧事简办，印发红白理事会章程范本，全县40个行政村全部新成立红白理事会，逐步实现移风易俗经常化、民间习俗文明化。

2018年，投资150万元对殡仪馆和公益性墓地进行整修和维护，改善殡葬服务环境和条件，开展火葬项目规划、土地、环保、水土保持等基础工作，根据殡葬改革规划，在全县逐步推行火葬。

殡葬服务

县民政部门按照“积极地有步骤地实行火葬、改革土葬、节约殡葬用地、革除丧葬陋俗，提倡文明节俭办丧事”的方针，搞好殡葬改革和服务工作，促进社会文明建设。1986年，在殡葬改革后全省普遍推行火葬的情况下，由于长岛县地处海岛，人口较少、交通不便，不宜建火化场。省民政厅批准长岛县可以不实行火葬，但必须深埋在乡镇。各村指定地点，不得占用耕地，不得留大坟头，同时规定对旅游景点、公路两旁及公共场所周围旧坟头一律平掉或搬走。到1989年，全县各村均设立一处固定公墓点。南长山岛西山东南坡被确定为县直公墓点，杜绝乱埋乱葬现象。2013年，全县在各乡镇建设村级公墓24处，总面积29.12亩，建设墓穴1234个。至2018年底，城乡公益性墓地覆盖率达到100%。建设公益性墓地134亩，穴位6800个，其中县级公墓3处、105亩；村级公墓24处、29亩，全部纳入县乡政府统一管理。通过引导和鼓励集中安葬，改变以往乱埋乱葬现象，节约土地，减轻护林防火压力。

殡仪馆　全县第一处殡仪馆位于南长山岛大枫林沟北（王沟村、后沟村、孙家村交界处）。2009年3月始建殡仪馆，至11月18日建成，殡仪馆占地约4.2亩，建筑面积675.5平方米，总造价128万元，附属工程造价40万元，购置各种附属设施15万元。同时，成立长岛县殡葬管理处，为股级全额事业单位。2013年，投资34万元进行殡仪馆设施建设和完善。2016年，按照民政部《殡仪馆建筑设计规范》《殡葬服务标准》等要求，对殡仪馆再次进行改扩建和修缮，更换陈旧落后、不符合环保要求的设施设备，消除安全隐患，改善殡葬服务环境和条件。

县级公用墓地　1984年，始建西山公墓，占地约25亩。1989年，西山东南坡被确定为县直公墓点，公墓使用面积60亩；2016年后投资149万元，建成公墓墓穴70个，已使用48个。至2011年，已掩埋逝者1300人，西山公墓墓穴基本全部用完。2008年9月，县级公墓选址为和平桥（位于南长山街道王沟村东南），占地55.3亩，投资约90万元，2009年建成投入使用。共修建占地19亩的墓穴738个，已使用540个；硬化路面2100平方米，修建甬道5160平方米，种植树木1600多棵，草皮3000多平方米，对墓区进行绿化美化建设累计投入234万元。2013年3月，投资30万元，在北长山乡店子村东山规划建设县级公墓1处，同年9月开始投入使用。至2018年底已投入91.3万元用于公墓建设。用地20亩，建成68个穴位，已使用30个。

村级墓地　1989—2018年，全县各乡镇先后设立村级公墓24处。其中，大钦岛乡设4处，总占地面积7亩，设穴位287个（东村公墓占地3亩，设穴位129个；北村公墓占地1.5亩，设穴位59个；南村公墓占地1.5亩，设穴位59个；小浩村公墓占地1亩，设穴位40个）；小钦岛乡设1处，总占地1.5亩，设穴位63个；小黑山开发管理处设1处，占地0.81亩，设穴位34个；黑山乡设6处，总占地面积2.36亩，设穴位102个（土岛村公墓占地0.31亩，设穴位14个；北庄村公墓占地0.8亩，设穴位35个；西濠村公墓占地0.2亩，设穴位8个；南庄村公墓占地0.68亩，设穴位30个；小濠村公墓占地0.17亩，设穴位7个；大濠村公墓占地0.2亩，设穴位8个）；庙岛开发管理处设1处，占地面积0.8亩，设穴位32个；北隍城乡设2处，占地面积3.4亩，设穴位146个（北隍山前村公墓占地2.3亩，设穴位97个；山后村公墓占地1.1亩，设穴位49个）；南隍城乡设1处，占地面积1.6亩，设穴位64个；砣矶镇设8处，占地面积11.65亩，设穴位506个（后口村公墓占地1.75亩，设穴位75个；大口北村公墓占地1亩，设穴位44个；大口中村公墓占地1.05亩，设穴位46个；井口村公墓占地1.6亩，设穴位69个；吕山口村公墓占地1.3亩，设穴位57个；大口东山村公墓占地1.05亩，设穴位48个；大口西村公墓占地1.1亩，设穴位48个；磨石嘴村公墓占地2.8亩，设穴位119个）。城乡公益性墓地覆盖率达到100%。

第四节　烈士陵园

陵园建设

为纪念解放长山列岛而牺牲的革命烈士，1956年3月，经莱阳专署批准，建立长岛县革命烈士陵园，地址在南长山岛乐园村南部，面积6650平方米。内立纪念碑1座，正面刻有“烈士英名千古”，背面白理石上嵌有碑文，东西两边建有纪念亭。1957年，重修烈士墓，并修筑甬路。时有烈士墓62丘，其中为解放长山列岛而牺牲的烈士34名。1972年，建起烈士陵园围墙。

1984年6月，长岛县第四次党代会决定将革命烈士陵园搬迁到南长山岛西南方向的英山。投资80余万元，于1985年8月12日正式动工兴建，1986年4月建成，占地6.7公顷。搬迁烈士墓86座。其中，无名烈士墓29座，有名的57座。园内建有革命烈士纪念碑1座，碑高14米，正面刻有“革命烈士纪念碑”。园内主建筑还有长岛革命烈士纪念馆和长山岛战役纪念馆，建筑面积197平方米。“两馆”以大量的历史照片和文字图片资料详细介绍长山岛战役的经过和10位烈士的事迹。

陵园管理

1989年，长岛县政府公布长岛县革命烈士陵园为长岛县重点文物保护单位和长岛县重点烈士纪念建筑物保护单位。2000年6月，中共长岛县委、县政府确定长岛县革命烈士陵园为青少年教育基地。2011年6月，烟台市委宣传部确定长岛县革命烈士陵园为市级爱国主义教育基地。2015年2月26日，山东省政府批准长岛县革命烈士陵园为省级重点烈士纪念建筑物保护单位。

1989年，县民政局组织陵园管理处职工在陵园内栽植龙柏树60余棵，片松树百余棵。2008年，在纪念碑广场甬道两侧栽植塔松100余棵。

驻岛武警官兵瞻仰长岛县革命烈士纪念馆（2018年）

陵园内还栽植多种花木草坪，常年保持鲜花三季盛开，松柏四季常青。

2008年，重新扩建纪念碑广场及通向广场的甬道，烈士墓地面整体改造面积约5000平方米。2009年，投资11.7万余元对陵园内的地面、“两馆”内外进行综合改造。2012—2013年，投资77万余元，对全县散葬烈士集中迁葬至县烈士陵园，共计145座。

每年重大节日、清明节、公祭日，全县机关干部、驻军官兵、学校师生及各界人民群众到烈士陵园祭扫革命先烈。2004年8月解放长山岛战役胜利55周年之际，曾参加过解放长山岛战役的50多名外地老战士，乘船渡海到长岛为牺牲的战友扫墓。

至2018年，长岛县革命烈士陵园共建烈士墓225座。陵园管理处每年接待岛内外参观“两馆”、瞻仰烈士陵墓的群众近2万人次，其中未成年人4000多人次。

第七章　地名管理

1985年1月，县地名办公室由县民政局划归政府办公室。4月，成立县地名委员会，办公室设在县政府办公室。1987年11月，县地名办公室被省地名委员会评为“地名建档工作先进单位”。1988年6月，县地名办公室划归县民政局。1993年11月，设立地名科，负责全县地名命名、更名和标准地名的推广使用，实施城镇街、路、门牌、楼号标志的管理工作。2018年，县民政局社会事务科负责地名管理工作。

第一节　地名普查

集中普查

1980年3月，地名普查工作启动。5月，地名领导小组组织专门班子对普查工作进行抽查验收，实地调查核实有关地名的含义、沿革及其他信息。12月，进行资料汇总整理。1981年4月，赴烟台、蓬莱等地查阅有关长岛的历史资料，搜集有关信息资料。1982年7月，地名普查成果资料上报烟台地区办公室。1983年7月，省地名办公室在长岛县召开全省岛礁普查会议。1984年4月，开始进行全县岛礁地名补调工作，1985年，全县地名普查工作结束。通过普查摸清全县地名底细和存在的问题，为地名标准化处理和规范化管理打下基础。

2011—2012年，长岛县开展第二次地名普查试点工作。至年底，完成普查试点工作任务。共录入数据信息684条。其中，行政区域类9条，群众自治组织类40条，居民点类49条，交通运输类31条，水利电力通信类152条，纪念地旅游景点类48条，建筑物类数据8条，单位类数据176条，岛屿类10条，地形类96条，其他类数据13条。

2015年，制订2015年地名普查试点工作计划。补充、完善数据库属性信息，完成属性数据上报工作。对照工作图修改1∶50万、1∶5万电子矢量地形图，开展矢量地图与属性信息关联工作。地名数据库装配全市1∶1万电子矢量地形图。按照《烟台市国家地名数据库管理规定》《烟台市第二次地名普查验收实施办法》，完成地名数据库建设和相关材料编纂，形成地名普查成果上报市普查办。

2018年，按照全国普查办《第二次全国地名普查实施方案》部署和省普查办《地名普查工作计划》的部署，完成第二次地名普查工作任务，包括平安边界建设、国家标准地名词典（2～8部分）释文编写、自然村名录编纂、不规范地名清理整治、第二次全国地名普查档案立卷归档等20项重点任务。

地名补查

1984年4月，县地名办公室组织人员进行岛礁地名补充调查。10月，岛礁普查、补调成果资料上报烟台市地名办公室。1985年2月，地名办公室有关人员到市地名办公室接受省地办地名普查验收小组检查验收地名普查成果资料。4月下旬，省地名办公室有关领导到长岛检查验收岛礁普查成果。

1986年，开展地名补充调查，同时进行岛礁普查资料进行补充、修改。补查的主要内容为：地名地物的所在位置，地名的由来及演变，与地名有关的重大事件，地名的自然条件与特点，与地名有关的人口情况，与地名有关的工农渔业及文教卫生情况，与地名有关的著名人物，与地名有关的战役和纪念地，与地名有关的名胜古迹，党团组织情况。

1991年，按照《地名管理条例》有关新生标准地名命名规范、更名准确、推广及时、地名管理标准化的要求，重点抓好地名补查和资料更新的归档工作，共整理各类地名资料1500余张，照片50余帧，地图7幅，新建个体档案52卷，注销地名6条，并对230卷个体档案作资料补充。

2014年，研究制订《长岛县第二次地名普查补查领导小组办公室职责》，并制定安全保密制度。此次地名普查工作使用的地图和地名普查形成的数据属国家涉密资料，受国家法律保护；加强对资料的管理，杜绝泄密、失密事件发生，增强保密意识和保密工作的责任感。根据《中华人民共和国保守国家秘密法》等法规的精神，特对使用地图资料及普查数据的单位和个人签订保密责任书。

资料更新

1989年12月，市民政局在牟平县开展地名资料更新工作试点，随后，全面展开资料更新工作。1990年，长岛县填写上报地名补查更新资料163条，地名统计表512条，地名注销48条，标绘1:5万地图3套21张，至1990年11月底结束。通过更新地名资料和地名标准化处理，全县地名有证率达到95%以上。

2010年，建立国家地名数据库管理系统，录入信息数据500余条。

第二节　地名命名

1986年，县政府对城区的街路进行命名、更名和起点进行变更，由原来的7处街路调整为8街10路，分别为县府街、迎宾街、市场街、乐园街、鹰山街、文化街、新兴街、海港街；解放路、幸福路、长园路、黄山路、烽山路、鹊咀路、海滨路、通海路、长山路、陵园路。

1995年，随着长岛县城区部分规划的实施以及居民区的开发和街路改建，出现一部分新的居民区和新街路。本着便于市政管理，有利于城区建设，方便群众生活的原则，对居民区和街路进行命名，居民区名称为：北山区、海港区、英山区、黄山区、城北区；新街路名称为：青年路、海港街。印发《关于补充设置城区街、路、门牌、楼号标志的意见报告》。

2005—2006年，完成县城区18条街道的起止点确定和新建街道命名工作。

2012年，命名连城街、黑石嘴街、南城街、长寿街、连港街、仙境源街、台山街；文苑路、青年路；更名原陵园路为英海路。至2018年，在县城区共命名15条街、11条路。

第三节　标志设置与管理

标志设置

1985年12月，县政府印发《关于县城区街、路更名、命名的通知》。1986年2月，县政府批转县地名办公室《关于我县城区部分居民点、街巷命名的报告》。同年4月，县政府印发《关于加强地名管理的通知》，责成地名办公室在做好地名命名、更名等管理工作的同时，开展地名标志设置工作。

全县城镇的路、街、巷标志，由县地名办公室、城建、公安部门负责；自然村标志由地名办公室和各乡、镇负责；公路、桥梁及各专业部门使用的台、站、场和景点、游览区等地名标志的设置，由各个主管部门负责。是年，县城共设置街路牌45块。至1989年，全县乡镇村名标志设置工作基本完成。1990年，全县40个行政村全部完成村名标志设置工作。到1993年，城区街路及旅游景点主要地名标志设置和乡镇村名标志设置工作全部结束，地名工作走上规范化管理轨道。

1996年，全面开展城区街、路、楼号标志设置工作，进行统一调查，登记造册。共有设标志的新辟街路2条，居民楼291栋，居民户3620家，临街企事业单位及商业网点500个，按设计标准圆满完成标志设置任务。1997年，实行城区规范化管理，5月中旬完成标志设置任务，共在城区内设置街路门牌、居民楼号等各类标志4200余块，达到楼有楼号，单元有单元号。此项工作配合公安部门的户口整改、房改部门的房改制度同时推进。

1998年，增加城区楼牌标识50余块，有两个乡按要求设置街道标志。1999年，增设楼牌标志30块，单元牌45块，户牌800块，办理申请楼牌登记单位15个。

2007年，对县城主要街路进行标牌设置。2008年，在县城区的18条街路共设置路名标志62块。2012年，设置地名标志牌30块。

至2018年，共在26条街路设置102块街路标志牌。

标志管理

1989年6月，根据国务院《地名管理条例》和《烟台市地名管理实施办法》，烟台市地名标志实行“统一归口管理，分级负责制”，民政部门负责地名的命名、更名；城管部门负责城区街路标志的设置与管理；公安部门负责楼名牌的设置与管理。为改变地名标志管理政出多门的问题，长岛县采取共同管理的办法。

1993年，为促进城区地名规范化，对县城区街道和单位牌匾标志进行检查规范。1994年，将南长山镇5个村22条街纳入城镇地名管理，全县村标设置率达100%。

2003年，对城区居民楼牌标志进行统一普查，缺损的进行补充，增加楼牌标志26个，城区新建楼房全部按要求安装牌号，为公安、通信等社区服务工作和群众日常生活提供方便。

2004年，以城区为重点推动地名标志设置工作。针对街路标志不适应社会发展、不符合标准规定的状况，实行更新改造。

2009年，因台风自然灾害等原因影响，共造成18块标牌损坏，其中13块标牌头丢失。5月1日前，完成补充设置并对损坏的标牌进行整理加固。

第四节 地名档案管理与利用

档案管理

1987年5月，县地名办公室在集中收集、整理、立卷、归档、编目、检索地名资料成果的基础上，组建起地名档案室。经市地名办公室档案检查组验收基本合格。是年11月，县地名办公室被省地名委员会评为“地名建档工作先进单位”。1988年，地名档案室配备兼职档案员，制定管理、工作、保密、借阅等制度和防火、防盗、防潮、防虫、防鼠措施，并定期进行检查。

1992年，继续做好地名档案管理工作。在完善1991年地名档案的同时，集中力量对全县41处新标志重新拍照，立卷归档，保证地名档案完整系统化。

2012年，共整理档案资料32卷，数据库存录数码信息684条，信息条目19639条。

档案利用

1985年，县地名办公室参与编写《中华人民共和国地名词典·山东分卷》。7月，长岛县词条上报市地名办公室。参与编写《烟台地名选编》上报有关长岛词条资料。是月中旬，县决定编纂《长岛县地名录》。1986年1月《长岛县地名录》出版。7月，《长岛县政区沿革地图集》编纂出版。1989年6月，《长岛县地名志》编纂出版。

据1991—1994年统计，为县直单位部门和社会公民个人提供地名资料145份，接待来函来访咨询地名资料140人次。至2018年，为单位部门和社会群众提供地名资料1450余份，为社会各界提供地名咨询服务达1500余人次，为台胞华侨等寻根问祖提供地名信息100余人次。

第八章　民间组织管理

1990年，依据《社会团体登记管理条例》，长岛县民政局增加社会团体登记管理职责。1998年，依据《社会团体登记管理条例》和《民办非企业单位登记管理暂行条例》，负责县内社会团体和民办非企业单位登记管理工作。社会团体和民办非企业单位实施民政与业务主管单位双重负责、分级管理、统一归口登记的管理体制。

第一节　社会团体管理

80年代初期，境内的社会团体由各个主管部门自行成立，以开展学术交流、信息传递、技术咨询等服务为主。1990年，长岛县成立管理机构，配备专职人员，开展社团复查工作。全县有各类社团48个，其中县直25个、乡镇23个。1991年3月，全面开展社团登记，全县共有各类社团63个，其中机关、企事业成立的社团28个，乡镇级35个。共有个体会员7542人，团体会员256个。10月，全面清理登记各类社会团体40个，是年底全县应登记的48个单位全部登记完毕。

1992年，加强社团成立的审查审批工作，健全社团登记活动档案，掌握活动情况，依法加强对社团的监督和管理，查处违法社团。全县共批准成立社会团体43个，建立健全社会团体档案和卡片。1993年3月底前，各类社团按规定时间办理备案手续。全县共有49个社团，当年新批准2个，按时完成年检工作，优秀社团16个、良好社团20个。1994年，通过年检原有社团45个，5个自行解散，其他40个社团的印章重新刻制并启用。依法加强对社团的监督和管理，实现由多头审批转变为社团管理机构统一审批、登记、管理，由原来的社团盲目建立转变为依法有序健康发展。

1998年，对社团进行全面清理整顿。按照社团管理法制化、规范化的目标要求，对38个社团通过整顿注销17个，合并10个，保留11个，并换发新的登记证书。

2014年3月，县民政局对93家社会组织开展年检工作，其中社会团体85家，年检合格的77家，未参加本年度年检的2家，连续两年未参加年检的6家；应参加年检的民办非企业单位8家，年检合格的8家。

2018年，全县共登记社团7个。

第二节　民办非企业单位管理

随着改革开放不断深入，长岛县境内利用非国有资产兴办、不以营利为目的的民办非企业单位开始出现，并由县民政、教育、卫生、科技、劳动、文化、体育等部门各自审批、管理。1998年，国务院颁布《民办非企业单位登记管理暂行条例》，规定对民间组织实行登记管理机关和业务主管单位双重管理体制，即民政部门监督管理，业务主管部门进行业务指导。长岛县民间组织管理机构对民间组织进行监督管理，具体包括监督民间组织是否依法及时办理成立、变更、注销手续，对民间组织实施年度检查，对民间组织违反《社会团体登记管理条例》和《民办非企业单位登记管理暂行条例》问题进行监督检查，并对其违反两个《条例》的行为给予行政处罚。1999—2000年，先后开展对民办非企业单位的登记和初步调查摸底工作。

2001年5月，在县民政局内部设立民间组织管理办公室，配备专职工作人员，部署复查登记工作。组织5人到青州进行民间组织管理工作实地考察学习，对全县调查摸底后制定《长岛县民办非企业单位复查登记工作实施方案》，举办一期民办非企业单位复查登记业务培训班。对全县60多个民办非企业单位进行拉网式普查摸底，经过业务主管部门审查和民政部门审核批准，予以办理登记的民办非企业单位55个，纳入规范化管理轨道。2002年，对全县57个民办非企业单位和11个社会团体全部进行年检。全县各类民办非企业单位60个，批准登记并领取证书57个，完成率95%。2003年，按照上级要求，对全县56个民办非企业单位进行统一年检。

2004年，对全县56个民办非企业单位进行统一年检。对民办非企业单位年度检查制定了评定标准并印发年检通知文件。年内新登记社团2个，全县社会团体总数达到13个。2005年，年内发展农村经济协会2个，备案2个，发展行业协会2个，全县有社会团体总数15个。2008年，印发《关于事业单位、民间非营利组织开展工伤保险有关问题的通知》，增加农村经济协会3处，全县18个社团和56个民非全部通过年检。2011年，落实《民间非营利组织会计制度》，加强资产监管，提升社会组织的社会公信力。2012年，增加登记社会团体8个。

2014年，长岛县钓鱼运动协会、长岛县运动协会、长岛县武术运动协会、长岛雷霆豪爵海上休闲俱乐部登记成立。南长山街道城北、海港、城西、北山、城东社区登记成立。2015年，实行年度财务审计制度，加强社团组织工作的事中事后监管，全年办理民办非企业单位登记4处，社会团体登记3处。登记成立长岛北长山渔家乐协会、长岛县钓鱼运动协会、长岛县鑫海休闲垂钓俱乐部、长岛砣矶砚协会。

2017年10月30日，成立长岛县行业协会商会与行政机关脱钩联合工作组及办公室。对49家社会团体进行全面检查。是年，对未能脱钩、未参加活动、多年不年审的给予注销，并进行公示。对合格的7家社会团体进行信息库录入工作。

2018年6月，投资40万元，装修改造1处社会团体孵化基地和社会团体党建活动中心。至2018年，全县共有社会团体5家，民办非企业单位2家。

第二十四编　教育　体育

1986年，长岛县提出"重视幼儿教育，巩固小学教育，加强初中教育，稳定高中教育，发展职业教育，搞好成人教育"的工作要求。1987年，实现"两个基本"（基本普及九年义务教育，基本扫除青壮年文盲）成为全县教育工作的主要目标。1988年，提出"三教统筹"（基础教育、职业教育、成人教育），努力推进教育的综合发展。持续推进基础教育布局调整，乡镇学校校舍外部设备逐级配套建设，城区公办学校内部教学仪器设施配套建设，使"花园式学校"全面完成，校舍改造"五达标""十配套"标准基本完成，全面通过省、市校舍改造验收，办学条件实现根本改善。1995年，长岛县被国家教委确立为"全国首批实现'两基'工作县"。

1995—1997年，城区先后增建政府办园、企业办园和私立幼儿园各1所，学前教育规模空前。1996年，烟台市率先在全国实施素质教育，长岛县的教育工作重点由"两个基本"向"两个全面"（全面贯彻教育方针，全面提高教育质量）转变。2006年，进行全县教育布局调整。2007—2018年，累计投资1.08亿元，进行一系列建设，推动全县教育硬件设施的全面进步。2018年，全县共有幼儿园9所、小学7所、九年一贯制学校2所、高中1所、职业学校1所；在园幼儿686名，在校中小学生2218人，在校职业学生76人；全县中小学及幼儿专任教师448人、职业学校教师53人，教师学历达标率为100%。

1986—1989年，是长岛县组织全县性职工及中小学生体育比赛最多的时期。1990年，受市场经济及运动场地的影响，农民体育运动设施资源短缺，全县性综合运动会停办，1997年后有所恢复。2000年以后，长岛城市建设逐步发展，开始配备全民健身路径。2005年，全县体育人口比例达到40%，其中渔村占25%、城区占75%，社会体育指导员数量占全县人口的比例超过千分之一。2007年7月，长岛县体育发展中心成立，体育事业的开展有制度保障。2008年，长岛县成为全省第一批实现农民体育健身"村村有"工程覆盖率100%的县，群众体育蓬勃发展。《全民健身条例》实施后，广场舞、健身秧歌等娱乐体育在各体育站点迅速兴起。2011年始，每年一届的全民健身运动会以及全民健身月启动，不断推动学校体育、群众体育、老年体育发展。随着《国家学生体质健康标准》的印发和修订，各中小学校阳光体育和达标体育的开展更加规范。2015年，《关于加快发展青少年校园足球的实施意见》印发，校园足球在城区各学校全面铺开。随着旅游业的发展，各类马拉松赛事、海钓比赛、帆船比赛、摩托艇赛等有较大影响力的赛事相继举办。2017—2018年，先后印发《长岛县公共体育设施布局规划》《长岛体育运动休闲发展规划》，体育事业逐步发展。至2018年，全县有各级社会体育指导员257人，其中国家级3人、一级13人、二级55人、三级186人。

第一章　基础教育

第一节　学前教育

1986—1990年，长岛县学前教育行政工作由妇联负责，1991年6月，改由教育局负责。各乡镇建立实体教委，进行分级办学、分级管理，承担各乡镇学前教育管理职能。1992年，全县统一制定各类幼儿园规章管理制度，推行幼儿教师持证上岗制度。1993年，在“分级办园，分级管理”的基础上，逐步实行“教委主管、政府统筹、社会参与”的管理体制，推行“联合办园”。进入21世纪后，学前教育日趋规范和完善，园所硬件建设、师资配备、教学质量均有明显改善。

幼儿园

1986年，全县共有幼儿园37所。其中，县办园1所，部队办园1所，其余均为乡镇办园和村办园，达到市级一类园水平有17所，达到县级一类园水平有3所；有午睡条件的园所达70%，有淋浴设备的园所达50%。入园幼儿共1869人，人均占有教室面积3平方米，3周岁以上学前儿童入园率达98%。

1990—1994年，在园幼儿数进入高峰期。1991年5月，全县幼儿园达到52所，大中型玩具总数437件，全部配备标准桌椅、手风琴、脚踏风琴、电子琴、玩具柜等。其中，一类园27所，占总园数的52%，高于全市15%的比例。全县幼儿教师158人，在园幼儿3457人，3周岁以上入园率达98.35%。同年，长岛县被市委、市政府授予“儿童少年工作先进县”，砣矶镇被省委、省政府授予“儿童少年工作先进单位”。1995年，县政府投资20万元，在原驻军部队幼儿园处增建实验幼儿园。同年，北山区县毛纺厂住宅楼一楼开设毛纺厂幼儿园。1997年，长岛县第一所私立幼儿园“启蒙幼儿园”建成，投资5万余元，建筑面积约80平方米，有教师3人，儿童11人。全县各村根据各自幼儿数量，自设幼儿园，规模大小不等。2000年，县政府投资100余万元建成实验幼儿园新园，占地1800平方米，建筑面积960平方米。

1996年后，在园幼儿数开始逐年减少，园所数量也随之减少，村级幼儿园率先开始撤并。2004年，北长山3所村办幼儿园合并到北城幼儿园。2005—2006年，砣矶岛5所村办幼儿园整合到砣矶学校，大钦岛3所村办幼儿园合并到乡政府所在地的中心幼儿园，实现“小幼一体化”办园模式。2009年，大钦岛部队幼儿园撤销。2011年5月，县机关幼儿园撤销，师生并入实验幼儿园。2013年，启蒙幼儿园关闭。2015年，全县幼儿园所总数降至9所，在园幼儿总数降至700人以下。

2015年后，随着二胎政策放开，在园幼儿数逐步回升。2018年，部队幼儿园停止向地方招生，城区幼儿入园压力加大。同年9月，县实验幼儿园南城园区开工，占地6582平方米，建筑面积5244平方米，设9个班级，可容纳幼儿270人，投入资金3600万元。

2018年，全县共有幼儿园9所。其中，县办园1所，部队办园1所，民办园1所，村联合办园6所；省级示范园1所，市级示范园1所，县级一类园3所，县级二类园4所；在园幼儿686人，人均占有教室面积8.8平方米，全县3周岁幼儿入园率达100%。

教学与教研

1986年前，学前教育已经制订教研计划，重点克服幼儿教育的“随意性”。1989年，开始推行幼儿与小学的“一条龙”教育，加强学段衔接；开设课程主要是语言、计数、音乐及舞蹈等方面的简单教学，教育核心是保证幼儿人身安全。1990年后，幼儿教育不断完善，实施《幼儿教育大纲》，

1986—2018年长岛县幼儿园发展概况抽年表

表24-1

年份	园数（个）	园舍占地面积（平方米）	园舍建筑面积（平方米）	在园幼儿数（人）	教职工人数（人）	高中以上学历教师数（人）
1986	37	—	—	1869	80	24
1991	52	—	—	3457	158	40
1994	45	32297	6838	3149	156	59
1998	37	38473	14647	2126	146	119
2001	31	32322	10084	1928	136	120
2002	29	29603	9914	1615	128	106
2004	24	26750	8076	1031	110	102
2009	14	23796	7150	788	76	67
2013	11	21596	6389	664	62	54
2015	9	21309	6063	657	56	53
2018	9	21309	6063	686	60	60

制定课程标准，统一教材，教学活动也由原来的“牧羊式”向规范化、正规化转变。1991年，学前教育开始注重教学方法，以“游戏”为主要载体，以开发智力、培养能力为主要目的，突出教具运用的合理性与教学的直观性，使幼儿在轻松愉快中得到体、智、德、美的全面发展。1994年，全县各园开始使用全省统编的幼儿园教师用书和配套的幼儿辅助读物。1994年后，各园相继开展国家级“幼儿智能学具”和市级“幼儿英语口语”教学实验课题研究。2002年，机关幼儿园的“环境育人实验与研究”被确定为市级“十五”重点课题。各幼儿园根据自身规模的差异，一般把教学班分为小、中、大班或混合班，学前一年教育得到普及。2003年，城区两所幼儿园承担国家级“尝试教学”和“学具教学”实验课题。2004年，提倡生活即教育、在游戏中学习的教学思想，培养幼儿动手操作能力及好习惯的养成，并开展园本教研。2005年，对随意删减教学内容和“小学化”现象进行规范。2006年，重点加强对幼儿口语表达力的研究，提倡对幼儿多启发、多引导、多鼓励的教育模式，组织全县教师参观全县公开教学活动。2008年，组织全县优质课评选，促进教师向学习型、研究型方向发展，并邀请省级教学能手进岛上示范课。2012年，围绕“快乐生活，健康成长”主题，开展学前教育宣传月活动；开展古诗文诵读活动，让经典诵读走进幼儿园。2016年，组织城区幼儿教师送课下乡。2018年，将幼儿教师培训纳入中小学教师继续教育管理体系。

幼儿教师

1986年，全县共有幼儿教师80人，学历达标率为30%。其中，高中及以上学历教师24人，主要集中在城区公办幼儿园执教。村办幼儿园教师主要从本村初中及以上文化程度的女青年中挑选。1991年，全县幼儿教师总数达到158人。县教育局制定“选拔、考试、录用”制度，村办园幼儿教师的聘用需经县、乡镇教委考核，择优录用，试用期为一年，期满合格才能被正式录用。1996

年，幼儿园园长培训纳入全系统“一主”师训工程，幼儿教师全面开展“课堂教学”达标活动。2001年，全县幼儿教师学历达标率为88.2%。2002年，公办幼儿园辞退所有临时工，全县幼儿教师总数下降，学历和素质水平不断提高。2009年，印发《长岛县幼儿园新教师上岗培训方案》。2018年，全县共有幼儿教师60人，教师学历达标率92.2%，大专以上学历37人，学前教育专业34人，持教师资格证上岗33人。

园所选介

长岛县机关幼儿园　1956年6月，县机关幼儿园创办，园址在南长山岛刘家村县联社后院。1961年三县合一时停办。1975年8月恢复，园址搬至原机关家属西大院南边的小礼堂内。1982年，在长园路西侧（今186号）建二层楼房，建筑面积为850平方米。同年5月，迁入新园舍，时有教职工7人，幼儿78人，分3个教学班。1984年，被烟台市委、市政府授予“先进集体”荣誉称号。1993年，承担“智力学具教学研究实验课题”和“英语口语实验”项目。1995年，县机关幼儿园被中央教科所授予“优秀实验幼儿园”荣誉称号。2002年，岗位设置18人，教师学历达标率为100%；被山东省教育厅学前教育处评为省级示范园。2003年9月，由于生源不断减少，对原有教师实行竞争上岗，年老多病教师可以提前退休或向学校转岗分流，最后留有7名教师。2010年，在园幼儿90人，教师8人，分小、中、大3个班级。2011年5月，撤并到长岛县实验幼儿园。

长岛县实验幼儿园　1995年8月创办，园址在县广播局对面的平房内，为原部队幼儿园旧址。时有教职工6人，中班、大班各1个，在园幼儿95人。2001年11月，搬至县府街11号，新址占地1800平方米，投资100万元，建筑面积960平方米。1997年9月，县实验幼儿园被山东省教育厅学前教育处评为省级实验园。1997—2002年，县实验幼儿园被中央教育科学研究所授予“幼儿园学具教学研究课题实验基地”。2002年，在园幼儿313人，教师16人，教师学历达标率为100%。2011年5月，与长岛县机关幼儿园合并后，教师增至30人，班级共6个，在园幼儿210人。2012—2018年，幼儿园基础设施建设不断改造升级，集体供暖、电暖炕和空调设施全部到位，可供180名幼儿在园午餐午休。2018年，在园幼儿320人，分小、中、大8个班级，达到满额运作；全园共有教师27人。其中，中级职称8人，初级职称19人，教师学历全部达标并持证上岗。

长岛县实验幼儿园先后获得烟台市“托幼工作先进单位”“巾帼文明示范岗”“安全单位”，以及国家级教育科学研究所“优秀实验基地”等荣誉称号。

第二节　小学教育

学校

1986年，长岛县共有小学18所，占地总面积7.9公顷，校舍面积25579平方米。在校生2776人，专任教师163人，中专以上学历教师81人。学龄儿童入学率达100%。

1990年，孙家小学撤销，学生并入南长山镇中心小学。1994年9月，南长山镇中心小学撤销，学生并入新成立的县第二实验小学。同时，原县实验小学更名为县第一实验小学。1996年8月26日，小黑山小学撤销，学生并入县第一实验小学。1997年9月1日，庙岛小学撤销，学生并入县第一实验小学。2000年9月，北长山店子小学和北隍城山后小学撤销。至2002年，全县共有小学13所，占地总面积8.7公顷，校舍面积24944平方米，在校生3365人，教师230人，中专以上学历教师227人。2003年12月，砣矶井口小学撤销。2005年4月，砣矶中学与砣矶各小学合并，磨石嘴小学、后口小学撤销，组建九年一贯制学校砣矶学校。2005年8月，大黑山、小钦岛、南隍城岛3所小学，改为教学点，三年级以上学生合并至县第二实验小学。2011年8月，大钦岛东村小学撤销。2012年6月，砣矶学校初中部撤销，更名为砣矶镇中心小学；北隍城乡中心小学，改为教学点，三年级至五年级撤并至县城区学校。2013年，大黑山乡中心小学、砣矶学校、小钦岛乡小钦岛小学、南隍城乡南隍城小学正式更名为长岛县黑山小学、砣矶镇中心小学、小钦岛小学、南隍城小学。2018年，全县共有小学5所（处）（其中九年一贯制学校2所、小学3所），教学点4处，占地总面积76799平方米，校舍面积20921平方米，在校生889人，专任教师139人。

1986—2018年长岛县小学发展概况抽年表

表24-2

年份	处数（个）	班数（个）	在校学生数（人）	新生数（人）	毕业生数（人）	专任教师数（人）
1986	18	97	2776	613	645	163
1991	16	106	3210	619	579	196
1996	15	128	4829	824	575	232
2000	13	105	3663	760	949	234
2002	13	102	3365	684	567	230
2006	10	63	2381	347	670	187
2010	7	52	1621	212	374	167
2014	6	46	1109	231	194	151
2018	5	40	889	144	226	139

1986年长岛县小学情况一览表

表24-3

乡镇	南长山镇		北长山乡	庙岛乡	大黑山乡	小黑山乡	砣矶镇	大钦岛乡	小钦岛乡	北隍城乡	南隍城乡	合计
校名	实验小学	南城和孙家小学	北城和店子小学	庙岛小学	北庄小学	小黑山小学	大口、后口和磨石嘴小学及井口联小	北村和东村小学	小钦岛小学	山前和山后小学	南隍城小学	
班数（个）	18	11	9	3	5	3	21	10	5	7	5	97
学生数（人）	797	293	246	41	141	29	649	287	57	185	51	2776
教师数（人）	47	19	14	3	7	2	38	13	5	9	6	163

2002年长岛县小学情况一览表

表24-4

乡镇	南长山镇		北长山乡	大黑山乡	砣矶镇				大钦岛乡		小钦岛乡	北隍城乡	南隍城乡	合计
校名	第一实验小学	第二实验小学	北长山小学	大黑山小学	中心小学	井口联小	后口小学	磨石嘴小学	中心小学	东村小学	小钦岛小学	北隍小学	南隍小学	
班数(个)	21	19	10	4	9	3	5	5	6	5	5	5	5	102
学生数(人)	961	783	226	95	268	84	93	126	246	159	72	174	78	3365
教师数(人)	61	50	23	8	21	4	8	8	12	8	9	9	9	230

2018年长岛县小学情况一览表

表24-5

乡镇(街道)	南长山街道		北长山乡	黑山乡	砣矶镇	大钦岛乡	小钦岛乡	北隍城乡	南隍城乡	合计
校名	第一实验学校	第二实验学校	北长山小学	黑山教学点	砣矶镇中心小学	大钦岛乡中心小学	小钦岛教学点	北隍城教学点	南隍城教学点	
班数(个)	18	9	5	0	3	5	0	0	0	40
学生数(人)	497	207	117	0	20	48	0	0	0	889
教师数(人)	60	53	13	0	8	5	0	0	0	139

课程设置与学制

1992年，全县执行《九年义务教育全日制小学、初级中学课程计划(试行)》，小学开设思想品德、语文、数学、自然、社会、音乐、体育、美术、劳动9门课程。1994年，城区小学三至五年级开设英语课。1996年，小学开设微机课。1998年，陆续开展小学三年级语数联赛和五年级语数英联赛。2003年，小学一年级语文、数学、品德与生活、音乐、美术、体育、综合实践7门课程进入课改实验，改用鲁教版和青岛版新教材。2006年，开设思想品德、语文、数学、英语、音乐、体育、美术、信息技术、体育活动、地方安全、安全环境、综合实践、校本、班会等课程。其中，地方安全课程在一、二年级开设，安全环境课程在三、四、五年级开设，英语、信息技术课程在三年级开设。从2008年春季开始，向学生提供科学、音乐、美术、信息技术4门课程的免费课本，实行课本年度纵向循环使用。2013年，印发《长岛县中小学校本课程规范实施与开发建设计划纲要》，对校本课程进行规范。2018年秋季，将心理健康教育和书法纳入课程体系，小学段共开设课程14门。

教学与教研

1986年，全县中小学实施《加强双基、培养能力、发展智力3年系统工程方案》，课堂教学开始注重智力开发和能力培养。1987年，实施教学目标管理机制，按照“七二一”(70%的基础知识、基本技能、20%的变通题、10%的智力题)原则进行配套命题，突出教学中心，加强过程调控。1988

年，开展“布鲁姆教学论实验”研究，确立北长山乡中心小学为实验学校。1990年，“布鲁姆教学论实验”研究在全县陆续推开。1994年，制定《小学教学常规》，成立“校际教研组”，启动“教师明、课堂清、学生轻”系列课题研究。小学语文开始推行“大量读写、双轨运行”阅读实验，小学数学推行“珠算式心算”实验。1996年，实施素质教育改革实验，提出小学“312”（三制、一管、两提高）计划；印发《长岛县中小学“十百千万工程”优质课活动年实施方案》，开始组织县级优质课评选。1997年，组织城区教师到渔村小学开展音体美英巡回教学。1999年，开展国家级课题“小学现代科技”实验研究，2000年通过验收，第二实验小学的经验材料《为海之骄子插上奋飞的翅膀》被国家总课题组编入《小学现代科技教育策略与实验》一书。同年，两名小学教师代表长岛首次获评省级优质课。2001—2002年，教学方法由传统的教师讲授向学生自主研究性学习转变，先后开展市级“探究式教学模式的实验与研究”“海岛传统项目科技实验与研究”和省级“差异教育”“中小学心理健康教育”课题研究。2003年，长岛县成为国家基础教育新课程改革试验县，开始对全体小学教师进行新课程培训。2004年，印发《关于加强学校（园）校本教研的意见》，启动校本培训；建立送课下乡制度和学校联谊制度。2006年，全县教育布局调整，教研工作重点抓“中小衔接”，突出各学科的校际教研。同年，承担的8项省市级“十五”课题通过验收，成功申报6个市级“十一五”课题。2008年，探索“以学为主、面向全体、主动发展、三维合一”的中小学课堂教学模式，确定长岛县第一实验学校为“和谐高效、思维对话”课堂建设实验学校。2009年，举行首届中小学“和谐高效、思维对话”型优质课评选，启动“起始年级，起始学科”研究和作业改革。2010—2012年，组织中小学校首届2010—2011年度县级小课题申报和结题验收。2014年，制定《长岛县2013—2014学年度县级小课题结题评价表》，举行首届长岛县优质课程资源评选活动，成立《海娃》文学社。同年，县博物馆、消防大队、地震台3处校外综合实践活动基地，入选烟台市首批“实践基地群·社会大课堂”活动基地场馆。2015年，创建优质课程资源库，开展阅读融入学科教学研究和小学语文“单元主题教学”研究。同年，首期《海娃》社刊出版。2017年，组织中小学德育优秀案例选拔；启动长岛县综合实践研学旅行工作，印发《长岛县推进中小学生研学旅行工作实施方案》《长岛县家庭教育工作五年行动计划》。2018年，深化“高效课堂、作业改革、‘互联网+’、德育一体化”等工作，开展课例观摩、理论培训、实地调研等活动。

学校选介

长岛县第一实验小学　1985年，学校更名为长岛县实验小学。1994年，学校更名为长岛县第一实验小学，位于长岛县城区乐园村南部海边（解放路53号），占地4800平方米，有教学楼3座。学校配有微机室、多媒体阶梯教室、语音室、乒乓球室、音乐室、德育活动室、图书室等，有计算机30台、66座的语音设备一套。1986年，学校有教师47人，在校生797人，教学班18个。至2006年，学校有教师68人、学历达标率为100%，在校生861人，教学班20个。同年8月，全县教育布局调整，长岛中学初中部一分为二，一部分与长岛县第一实验小学合并，成立九年一贯制学校长岛县第一实验学校。

1990—2002年，学校先后获得山东省“工会工作先进单位”“烟台市体育传统项目学校”“烟台市小学语文双轨教学优秀实验学校”“市级规范化学校”“烟台市安全管理工作三级单位”“烟台市雏鹰大队”“全国科技实验基地”“山东省巾帼示范岗”“烟台市少先队素质教育示范学校”“烟台市小学语文双轨教学优秀实验学校”、省级“教书育人先进单位”等荣誉称号。

长岛县第二实验小学　1986年秋，全县重新调整学校布局，南长山联办中学并入长岛县联办中学，南城小学重新迁回1966年时的校址，并更名为南长山镇中心小学。1994年秋，扩建南长山镇中心小学，新建教学楼1座，建筑面积2237平方米，并更校名为长岛县第二实验小学。时有教师46人，在校生960余人，教学班23个。至2006年，学校占地面积31503平方米，有教学楼2座、阶梯教室1处，建筑面积4307平方米；有教师58人，在校生811人，班级17个。同年8月，全县教育布局大调整，长岛县第二实验小学与长岛中学初中部部分合并，成立九年一贯制学校长岛县第二实验学校。

学校先后获得“教育部、科技部科学规划重点课题实验学校”“山东省艺术教育示范学校”“山东省少先队工作规范化学校”“山东省小学语文‘双轨’教学实验与研究优秀实验学校”“山东省青少年科普系列活动先进单位”“山东省‘九五’教科规划英语重点课题优秀实验学校”“烟台市绿色学校”“烟台市电化教育示范学校”“烟台市普通话示范学校”“烟台市示范家长学校”“烟台市差异教育实验学校”“烟台市‘十五’期间课题研究先进单位”等荣誉称号。

北长山乡中心小学　1986年8月，原店子村小学四、五年级并入北城小学，遂成立北长山乡中心小学。店子村保留一、二、三年级，至2000年10月，店子小学全部合并到北长山乡中心小学。时有教学班7个，在校生206人，教师20人，教师学历达标率为100%。学校有二层教学楼1座，建筑面积514平方米，内设计算机教室、语音室和多媒体教室各1处。1996年，学校开始利用暑假开办少年军校，每年开办1期，至2018年，累计参训1500余人。2018年，学校占地面积9746.9平方米，建筑总面积1080平方米，有教学班5个，在校生121人，教师13人。

学校先后获得“省实验室仪器先进集体”“省金星大队”“市花园式学校”，烟台市“实验室达标先进学校”和“电化教学窗口学校”、烟台市“少先队工作红旗单位”和“教书育人先进单位”“市级规范化学校”“市级绿色学校”“烟台市小学实施素质教育明星学校”“烟台市电化教育示范校”、烟台市“教科研先进单位”“烟台市中小学未成年人思想道德建设工作先进集体”、烟台市“异步教学优秀实验学校”、市级“巾帼文明岗”“烟台市师德建设年先进单位”等荣誉称号。1名教师被评为“山东省特级教师”称号。

砣矶镇中心小学　1979年8月，砣矶高中与各村联中合校，成立砣矶中学。1980年，高中停招。1981年8月，更名为砣矶联中。1986年，有12个教学班，在校生504人，教师29人。1990年9月，搬入新建教学楼。1993年10月，学校更名为砣矶镇初级中学。2002年，有教学班13个，在校生634人，教师49人。2004年8月，与砣矶镇中心小学合并建成九年一贯制学校砣矶学校。2006年，有教学班16个，在校生510人，教师48人。2012年8月，初中部撤并至长岛城区学校，学校更名为砣矶镇中心小学。2012年9月，初中撤销后，学校占地9566平方米，建筑面积2868平方米，配有舞蹈室、美术室、微机室、远程教室、综合实践室、科学室等6处功能室，教学班5个，在校生83人，教师17人。2018年，有教学班3个，在校生20人，教师8人。

1986年6月，学校被省体委、省教育厅授予“推进《国家体育锻炼标准》先进单位”；1987年7月，获得烟台市“教书育人先进集体”荣誉称号；1994年10月，被授予市“三防教育先进集体”；1999年，获得市级“规范化学校”称号；2002年9月，获得烟台市“九五教学优秀实验学校”称号；2003年，获市级“人民防空教育先进单位”；2006年，获烟台市“五四”红旗团支部和市“校本科研工作示范学校”；2008年，获市“安全文明学校”称号；2009年，获省级“师德建设先进单位”；2015年获市“三项活动”先进单位称号。学校先后有2名教师获得省级“乡村学校从教30年”荣誉证书。

第三节　中学教育

学校

1986年，长岛县共有初级中学4所，完全中学1所，占地总面积7.5公顷，校舍面积11978平

长岛联中南大门（1988年）

方米；教学班53个，在校生2395人，教师152人，大专以上学历教师40人。1986年9月，全县7个乡镇联合出资270万元，建立长岛县联办中学，简称长岛联中。南、北长山，大、小黑山，庙岛，小钦和南隍所有农业户口的初中生到长岛联中就读，长岛中学初中部招收全县非农业户口初中生。1993年10月，长岛联中更名为长岛县实验中学。同日，砣矶镇、大钦岛乡和北隍城乡的3所联中全部更名为初级中学。2000年9月，北隍初级中学撤销，学生并入长岛县实验中学。同年10月，长岛县实验中学并入长岛中学初中部，组建新的长岛中学，学校分东校区和西校区，初中学生就读东校区，高中学生就读西校区。至2002年，全县共有初级中学2所，完全中学1所，占地总面积7.5公顷，校舍面积28148平方米。教学班82个，在校生4088人，教师292人，大专以上学历教师289人。

2005年8月，大钦岛初一学生撤并至长岛中学。2006年8月，全县教育布局调整。长岛中学初中部分别与长岛县第一实验小学、长岛县第二实验小学合并，成立九年一贯制学校长岛县第一实验学校、长岛县第二实验学校；高中部与长岛县高级职业学校合并，成立长岛县高级学校。同年，大钦初级中学撤销。2008年4月，长岛中学高中部与长岛县高级职业学校又各自独立，长岛中学成为全县唯一一所普通高中。至2018年，全县共有初中2所，高中1所，占地总面积8.55公顷，校舍面积25930平方米。教学班42个，在校生1329人，教师249人。

1986—2018年长岛县初中发展概况抽年表

表24-6

年份	处数（个）	班数（个）	在校生数（人）	新生数（人）	毕业生数（人）	专任教师数（人）
1986	4	45	2029	649	762	121
1991	4	44	1573	567	460	144
1996	4	57	2391	574	427	187
2000	3	72	3719	925	522	241
2002	3	64	3238	683	846	234
2006	3	49	2259	486	496	179
2010	3	43	1935	373	580	182
2014	2	30	1056	220	284	176
2018	2	25	788	226	180	159

1986—2018年长岛县高中发展概况抽年表

表24-7

年份	班数(个)	在校生数(人)	新生数(人)	毕业生数(人)	专任教师数(人)
1986	8	366	104	82	31
1991	6	293	101	94	34
1996	6	287	97	—	33
2000	13	619	273	127	46
2002	18	850	314	205	58
2006	17	778	287	343	81
2010	19	953	340	281	92
2014	18	815	255	289	95
2018	17	540	147	200	90

1986年长岛县初中情况一览表

表24-8

学校	长岛中学初中部	长岛联中	砣矶联中	钦岛联中	隍城学校初中班	合计
班数(个)	12	12	12	6	3	45
学生数(人)	631	584	504	211	99	2029
教师数(人)	38	31	29	13	10	121

2002年长岛县初中情况一览表

表24-9

学校	长岛中学初中部	砣矶初级中学	钦岛初级中学	合计
班数(个)	46	13	5	64
学生数(人)	2429	634	175	3238
教师数(人)	166	49	19	234

2018年长岛县初中情况一览表

表24-10

学校	第一实验学校初中部	第二实验学校初中部	合计
班数(个)	17	8	25
学生数(人)	526	263	789
教师数(人)	90	69	159

课程设置与学制

初中段 1986年，初中教育实行3年学制。全年教学时间40周，假期10～11周，机动时间1～2周。初中每周上课30～31课时。1987年秋，按照市局部署，钦岛中学率先成立4年制实验班，在全县启动首批4年制初中招生。1993年，全县初中教育开始普及4年学制。1986年以前，初中开设政治、语文、数学、外语、物理、化学、生物、历史、地理、生理卫生、体育、音乐、美术等课程。1992年，按照国家教委《九年义务教育全日制小学、初级中学课程计划（试行）》要求，初中开设思想政治、语文、数学、英语、物理、化学、生物、历史、地理、音乐、美术、体育、劳动技术13门课程。1995年，全县各中学开设微机课。1998年，长岛中学、长岛县实验中学创立初三教改实验班和初一美术特长班，尝试具有海岛特色的"异步教学"之路。同年，开设初一、初二3科联赛，初三5科联赛和初中史地生会考等考试科目。2003年秋，全系统大力推进新课程改革，初一年级各学科使用《新课程标准》和新教材，其他年级继续使用旧教材。2005年秋，初二年级地理课程由2年制改为3年制，2009年改回2年制。初三年级物理、化学使用《新课程标准》和新教材。2015年，深化经典诵读和读书活动，将国学经典分解为古诗词、经典古文、传统文化读本等多个板块，与语文、思想品德、传统文化等课程有机整合。至2018年，初四级部的传统文化课程取消，增设劳技、实践、安全健康等校本课程，整个初中段共开设课程18门。

高中段 从1986年开始，高中教育一直实行3年学制。从1985年开始，长岛中学将普通班改为职业班，在课程设置上减轻文化课的比重，增加劳动技术课程，分机电、土木建筑、工艺美术三个专业。至1994年，职业班停办。1986—1994年，学校开设语文、数学、英语、物理、化学、生物、政治、历史、地理、体育共10门课程。1995年，增设微机课程。2005年以后，为适应"3+X+1"高考模式，增加音乐、美术、通用技术等课程，课程增至14门。2010年，增设研究性学习、校本课程、地方性课程3门课程。2017年始，为适应山东省新高考改革及学生综合评价体系的要求，增设社会服务、军训、党团教育活动、研学旅行4个模块，共计21门课程。

教学与教研

初中段 1986年，实施《加强双基、培养能力、发展智力》3年系统工程方案，提出各年级、各学科"两率"指标，在布鲁姆理论指导下形成"七二一"命题原则，推行教学目标管理，完善"保底、促优"工程；开展"三防"教育，学习黎世法《六课型单元教学法》。1987年，组织第二课堂，开展分类指导实验，推广"单元教学质量控制法"。1990年，针对"促优"工程，拟定"培养人才奖"，于1992年停发。1994年，停止1989年推行的年级组办公制，恢复教研组办公制，成立"校际学科教研组"，形成县、乡、校三级教研网络。同年，长岛县实验中学提出并实施"面向全体，议定目标，分层教学，分类指导"的教学思想，改变过去"一刀切""齐步走"做法，率先对传统课堂教学模式进行改革。1995年，停止"七二一"命题原则，提出"拔尖"要求，教学评估既看前30名和前百名，又看平均分和及格率。1996年，落实初中"224"（两全、两分、四改革）方案，即面向全体，全面发展；分层教学，分类指导；改革课程管理（开齐、开足、开好学科类和活动类课程，成立兴趣小组，培养特长），改革教学过程（因材施教，实行班内"异步教学"），改革考试命题分数（语文、数学、英语变满分100分为150分），改革考试制度（实行等级加特长加评语的评价方法）。组织实施中小学"十百千万工程"优质课评选。1997年，开始推行初中语文"大量读写，双轨运行"实验，次年在全县铺开并纳入教学常规。1998年，成立教科所，负责全县课题管理。1999—2002年，各学校深入开展"两主"课堂教学活动，进行"初中级内异步授课"教改实验，推广张思中16字英语教学法。2003年，组织全县初中学校领导和教师进行新课程培训，组织《我与新课改》读书征文评选，开展

省级“差异教育”“中小学心理健康教育”、市级“探究式课堂教学的实践与研究”“环境育人的实践与研究”课题研究，启动初中语文“大量读写，双轨运行”教学实验Ⅱ期工程。2004年，建立送课下乡制度和学校联谊制度，推进新课改体系的海岛特色建设，启动全县中小学教师校本培训工作。同年，长岛中学被中国教育学会列为“初中语文双轨教学实验基地”。2006年，印发《长岛县九年一贯制学校教学管理工作暂行意见》，提出抓“起始年级起始学科”“中小衔接”思路。改革考试命题分数，将初中语文、数学、英语由满分150分变为120分。2011年，启动英语课外阅读，把“古诗文诵读活动”纳入“好书伴我成长”读书工程。同年，长岛县第一实验学校被评为烟台市“和谐高效思维对话”型课堂建设先进单位。2012年，印发《长岛教体局关于加强中小学读书活动的意见》，组织初中“经典诵读之星”评选，举办首届初中青年教师实验教学优质课评选。2013年，组织初中教师参加烟台市首届初中教师教学基本能力测评，2名教师获评优秀等级。2018年，参加全市首届语文、政治、历史“特色课堂”评比，5名教师分获一、二等奖，其中1名教师被推荐参加省“特色课堂”评选。

高中段 1986年以前，高中教育偏重课堂教学，多用“注入式”“满堂灌”的教学方法。1986年以后，逐步改革课堂教学结构和方法。1992年，全面实行普通高中毕业会考制度。1995年，高中教育以“两主”(学生的主体地位，学生的主动发展)教学为突破口，注重“创造性学习法”，建立教研组、级部、课题组为主线的“三条线”教研体系，全体教师人人有教研课题，各教研组均有攻关项目。1998年，将基础性、拓展性、研究性学习与课堂教学结合起来，探索高中“三板块”课程模式。2001年，长岛中学建立“一堂公开课制度”，实行单元质量控制，贯彻单元集体备课制度。2002年，学校所有级部实行“月考”制度。2008年，提出以“先学后教、诱思探究”为主的“五环节”(自学—质疑—解疑—巩固—测试)课堂教学模式。同年，大力推进新课程改革，开设综合实践活动课程、开展中学生学分认定、基础素养评价和身体体能测试等教育考核，建立国家课程、地方课程和学校课程相衔接的课程体系。2009—2010年，实行“分层走班”教学模式。2018年，开始实行“选科走班制”。

德育

1989年，坚持“德育为首，五育并举”原则，重点加强常规养成教育。1992年开始，执行国家教委《九年义务教育全日制小学、初级中学课程计划(试行)》，各学校陆续开展晨会、班级团队、体育、科教文体和社会实践等活动。着重开展培养学生创新精神和实践能力的研究性学习，加强社区服务、社会实践、国防教育、革命传统教育和中华民族优秀传统教育等。1998年，经国家教委批准，长岛建立国防教育培训基地。2002年6月，县教研室创办《德育简报》。2004年，开始重视基础素养评价。同年，成立长岛县青少年学生校外活动中心，与县文化馆、图书馆合署办公。2005年，印发《关于进一步加强和改进学校德育工作的实施意见》，强调开齐开足德育课程，构建“课堂渗透—实践养成—环境熏陶—活动强化—管理保证—科研深化”的德育运行机制。同年5月，邀请高玉宝为全县中小学生做爱国主义教育报告。2006年，印发《长岛县中小学德育序列化教育指导意见》，制定《关于开展主题月活动的实施方案》和《中小学德育工作评估细则》，细化德育目标，开展“爱国主义教育”影片放映活动。同年，组织全县首届“海岛之星—长岛优秀中小学生”评选。2009年，长岛中学开展首届“十八岁成人礼”活动。2010—2012年，以学习践行《弟子规》为抓手，开展“读好书、唱好歌、讲礼仪、做文明人”系列活动，打造“书香校园”，加强“学生自主管理”和校园文化建设；举行“长岛文化大讲堂”暨“传统文化进校园”启动仪式，建设传统文化长廊。2013年，实行《弟子规》教育工作月报制度，在县电视台开设“学生影院”栏目；重视住宿生的管理问题、加强“问题少年”教育以及网瘾问题教育。2014年，开展社会主义核心价值体系教育。2015年，对各学校在校生聚众斗殴、帮派打架、传播和吸食毒品、带手机进校园等问题进行专项治理。2016年，与海事处联合开展“海上交通安全进校园”活动。2017年，开始推进德育课程一体化进程，各学校相继制订相关方案、规划，修订考核制度，参与烟台市相关的子课题研究，并有4个子课题入选。2018年，印发《长岛县中小学德育课程一体化工作考核办法（试行）》，制定《长岛县中小学全员育人导师制实施方案》，开展全县中小学校德育一体化实施典型案例评选。在烟台市中小学德育课程一体化征文比赛中，获一等奖1名，二等奖和三等奖各3名。

学生管理

招生管理　1986年，按照《长岛县学籍管理条例》规定，小学入学年龄为6周岁半，小学毕业全部可以升入初中。初中毕业后通过统一的招生考试，达到录取分数线的学生可以升入高中。1991年，初中升高中体育考试项目不合格，原则上不予录取。推行素质教育以后，高中招生采取考评结合的办法，将招生与评估挂钩，代替单纯以分数录取学生的做法。2002年，小学入学年龄改为6周岁；普通高中招生依据“一考两卷三录取”的考试模式，实行考生自愿报名、择优录取，特长类可以加分。2006年教育布局调整之后，长岛县第一、第二实验学校实行“就近划片，免试入学”的招生政策，坚持“生源规模和质量均衡”原则，城区驻军子女和残疾学生不受划片招生限制。2006年起，初中毕业升学考试实行“一次考试，多项录取”（除普通中专外，普通高中、职业中专、成人中专均可选择录取），对音、体、美、科技、信息技术及学科竞赛获优秀奖的学生进行特长加分。2008年开始，初中学业考试取代毕业升学考试；针对高中择校生的情况，可以招收“三限（限分数、限人数、限钱数）生”。2015年，“三限生”招收政策取消。同年，全市高中段学校招生录取平台建成，高中学校录取工作由全市统筹开展。

学籍管理　1986年，长岛县执行《山东省中小学学籍管理条例》，对学生入学、转学、留级、借读、毕业等进行管理。1991年，建立高一新生统一的学籍、学业成绩档案，毕业会考成绩全部合格后，由省教育行政部门颁发毕业证书。2001年，普通高中招收的新生，一律使用全省统编学号。2002年8月，印发《长岛县学籍管理办法》，中小学生学籍由各学校统计，上报县教育文化体育局统一管理。2005年9月，印发《关于进一步规范普通中小学校学籍管理工作的通知》，建立全县中小学生统一电子学籍管理档案，实行学籍电子注册，并与烟台市局对接，实施市、县、校三级管理；落实辍学报告制度，杜绝“隐形”辍学，结合学籍管理，将中小学生的入学率、巩固率纳入乡镇考核。2008年，学籍管理与全省网络平台对接联网。2013年8月，与教育部学生学籍信息管理系统联网，中小学生拥有全国统一、规范的学籍号码。2018年9月，烟台市内转学纸质证明取消，转学手续办理全部由网络平台完成，跨地市、跨省转学程序简化。

高考

1986—1993年，文科考试科目为6科，分别是语文120分、数学120分、英语100分、政治100分、历史100分、地理100分，总分640分；理科考试科目为7科，分别是语文120分、数学120分、英语100分、政治100分、物理100分、化学100分、生物70分，总分710分。1986年，长岛县文科高考平均成绩位列全市第一，录取率达87%。1993年，长岛高考升学率呈现下滑趋势，1994年，跌至最低，万人比列全市倒数第一。同年，高考预选考试取消。1994—2001年，高考实行“3+2”（语文、数学、外语3科，政治、历史或物理、化学2科）模式。5科总分650分，分别是语文150分、数学150分、英语150分、政治100分、历史100分、物理100分、化学100分，文科考试科目比原来减少一门，理科减少两门。1995年，长岛县高考升学率开始回升。1996年，因中小学实行“五四”学制改革，长岛县无高中毕业生。2002—2006年，高考实行“3+X”（语文、数学、外语3科加综合科）模式。4科总分750分，分别是语文150分、数学150分、英语150分、文综（政治、历史和地理）300分、理综（物理、化学和生物）300分。2007—2013年，高考实行“3+X+1”（语文、数学、外语3科加综合科加基本能力，包括音乐、体育、美术、信息技术、通用技术）模式。总分仍是750分，分别是语文150分、数学150分、英语150分、文科综合240分、理科综合240分、基本能力60分。2010年，普通高考首次采用网上报名形式。2014—2018年，高考基本能力考试取消，恢复为“3+X”模式。1986—2018年，长岛县通过普通高等学校招生考试共向高等学校输送4600余名大学生。

从1984年开始，长岛县实行定向和委培招生，并落实全省海岛工作座谈会确定的长岛高考分数线降低20分优惠政策。至1998年，定向和委培招生政策停止，累计160余名长岛考生享受到政策。2003年，省政府给予长岛县考生（高中三年学籍均在长岛中学）高考省内二批本科军检线降低20分的本科定向招生优惠政策。限定烟台大学、烟台师范学院、潍坊医学院、莱阳农学院4所高校中的旅游、师范、卫生、海水养殖4个专业适用本项政策。考生或家长需要与教育主管部门签订人才培养合同，承诺毕业后回岛工作。2006年，高考省内二批本科军检线降低20分的本科定向招生优惠政策适用范围扩大至全省所有二本院校所有专业。至2014年，该项政策停止，累计130名长岛考生享受到政策。2007年，职业高考争取到参加春季高考的长岛考生可享受高考线以下再顺次录取50名的优惠政策。

1986—2018年长岛县高考录取一览表

表24-11　　　　单位：人

年份	录取数				考生数	毕业生数
	总数	本科	专科	高中中专		
1986	28	14	14	—	48	82
1987	24	11	11	2	62	97
1988	36	20	13	3	98	160
1989	30	11	13	6	73	194
1990	22	8	12	2	62	179
1991	29	7	16	6	62	92
1992	45	12	31	2	66	86
1993	63	6	57	—	93	129
1994	71	4	66	1	64	69
1995	48	11	37	—	64	61
1996	4	—	4	—	21	—
1997	63	33	30	—	104	86
1998	55	31	24	—	104	103
1999	66	44	22	—	96	98
2000	85	43	42	—	117	128
2001	90	39	51	—	146	167
2002	137	49	88	—	202	205
2003	183	70	113	—	184	239

续表24-11

年份	录取数				考生数	毕业生数
	总数	本科	专科	高中中专		
2004	244	60	184	—	244	261
2005	247	27	220	—	247	255
2006	205	34	171	—	205	353
2007	167	32	135	—	201	303
2008	170	42	128	—	184	266
2009	209	58	151	—	261	261
2010	217	56	161	—	220	220
2011	236	100	136	—	261	266
2012	278	117	161	—	309	316
2013	314	132	182	—	303	314
2014	267	93	174	—	263	311
2015	278	99	179	—	232	289
2016	270	124	146	—	228	271
2017	250	110	140	—	215	253
2018	190	85	105	—	157	196

说明：因“五四”学制改革，1996年无应届毕业生

2018年起，根据省委、省政府《关于推进长岛海洋生态保护和持续发展的若干意见》，将长岛县列入重点高校招收农村和贫困地区学生专项计划（简称高校专项计划）实施区域和地方重点高校招收农村和贫困地区学生专项计划（简称农村专项计划）实施区域。

学校选介

长岛中学　1986年，长岛中学有教学班20个（初中班12个、高中班8个），在校生997人（初中631人、高中366人），专任教师69人。1992年5月，被评为“市级规范化学校”。1996年9月，被评为省级规范化学校。2000年10月，长岛县实验中学并入长岛中学初中部，学校分东校区（初中部）和西校区（高中部），合称为山东省长岛中学，成为长岛县唯一一所完全中学。西校区建筑面积5340平方米，设教师办公楼、教学楼、实验楼、阶梯教室、餐厅及学生宿舍；东校区系原长岛县实验中学所在地，有教学楼3座，综合楼、阶梯教室、餐厅、学生宿舍各1座，东校区建筑总面积达11330平方米。学校有语音室3处、微机室3处、多媒体教室1处，并已建成校园网。2006年8月，全县教育布局调整，山东省长岛中学高中部与长岛县高级职业学校合并，成立长岛县高级学校，并迁入新建校区，占地5.7公顷，建筑面积12288平方米，有教学楼、综合办公楼、学生宿舍楼各1座，内设电教室、微机室、教师阅览室、学生阅览室、藏书室、图书室、校史展室等。其中，藏书室拥有图书5万余册，物理、化学、生物实验室、准备室、仪器室及多功能教室各1处，学校教学仪器均按省部级一类学校配备标准配备。配有400米煤渣运动场及篮球、排球、乒乓球场等各类运动场地，2011年将煤渣运动场改建成400米标准塑胶运动场。2008年4月，山东省长岛中学高中部与长岛县高级职业学校又各自独立，山东省长岛中学高中部成为全县唯一一所普通高中，更名为长岛中学。2010年，为迎接省级规范化学校复

评，新建物理、化学、生物探究室各1个，通用技术实验室2个。2015—2017年，分别增建数字化地理教室、录播教室、创客实验室各1个。至2018年，有在校生542人，教职工90人。其中，专任教师88人，职员2人，高级教师22人，中级教师35人，教师本科学历达标率为100%。先后有3名教师获国家级荣誉称号，29名教师获省级荣誉称号，135名教师获市级荣誉称号。

学校先后获“山东省文明单位”“山东省教育系统先进集体”“山东省体育传统项目学校（篮球）”“山东省三防教育先进单位”“山东省级绿色学校”“省级卫生先进单位”“山东省基层创安工作先进单位”“山东省教育工会先进集体”“烟台市文明单位”“烟台市高中教学先进学校”“烟台市教育科研先进单位”“烟台市常规管理示范校”“烟台市教书育人先进集体”“烟台市学校德育工作先进单位”“烟台市治校示范校”“烟台市五四红旗团委”“烟台市先进职工之家”等荣誉称号。

长岛县第一实验学校　2006年8月成立，是长岛县教育体育局所属的九年一贯制学校。学校建有标准化微机教室、图书阅览室、物理和化学实验室等11个专用教室，占地2.93公顷，建筑总面积13340平方米。时有教职工148人（小学教职工68人、初中教职工80人），在校生1798人，教学班40个（小学、初中班各20个）。至2018年，全校有教职工156人（小学教职工61人、初中教职工95人），在校生1025人，教学班35个（小学班18个、初中班17个）。

2008年，学校被中央教育科学研究所确定为全国教育科学“十一五”重点课题“班主任专业化与现代班集体建设研究”实验学校，被山东省确定为“十一五”教育科学规划重点课题“和谐高效、思维对话”型课堂建设研究实验点校。2008—2013年，先后有1名教师获得烟台市“五一劳动奖章”，1名教师获得烟台市名师称号，1名教师获得烟台市名班主任称号，2名教师被授予烟台市优秀教师荣誉，2名教师获得烟台市教学能手。

2006—2018年，学校先后获得“全国青少年校园足球特色学校”“山东省篮球特色学校”“山东省地震科普示范学校”“山东省体育传统项目学校”“山东省中小学教师远程研修组织工作先进单位”“烟台市语文教学先进学校”“烟台市三防教育先进集体”“烟台市巾帼文明岗”“烟台市常规管理示范学校”“烟台市教育系统先锋基层党组织”“烟台市初中教学先进单位”“烟台市学校安全管理工作先进单位”“烟台市教育科研工作先进单位”“烟台市青少年普法教育示范校园”“烟台市青少年科技教育优秀组织单位”“烟台市综合实践教育工作先进单位”“烟台市青少年普法教育示范校园”“烟台市书香校园”“烟台市教育科研工作先进单位”“烟台市学校疾病预防控制工作先进单位”“烟台市五四红旗团支部”等荣誉称号。

长岛县第二实验学校　2006年8月成立，是长岛县教育体育局所属的九年一贯制学校。时有教职工143人（小学教职工58人、初中教职工76人、其他教职工9人），在校生1684人（小学生811人、初中生873人），教学班36个（小学班17个、初中班19个）。至2018年，学校占地31503平方米，有教学楼3座，餐厅、宿舍楼各1座，阶梯教室1处，内设标准化多媒体录播教室、微机教室、航模与国防教育展室、图书阅览室、音乐教室、美术教室等39个专用教室，建筑总面积13295平方米。校园设有足球场、篮球场、排球场、羽毛球场、乒乓球场、健身器材场等体育活动场地，另有校外综合实践教育基地20余处；有教职工112人（小学教职工50人、初中教职工62人），在校生477人（小学生211人、初中生266人），教学班17个（小学班9个、初中班8个）。

先后有2名教师被评为山东省特级教师，1名教师被评为山东省教书育人楷模，1名教师被评为山东省德育工作先进个人，1名教师被评为烟台市最美教师，2名教师被评为烟台市教学能手，2名教师被评为烟台市优秀教师，2名教师被评为烟台市师德标兵。

2006—2018年，学校先后获得“国家足球特色学校”“山东省少先队工作先进单位”“山东省教育科学‘十五’规划重点课题优秀实验学校”“山东省2011年中小学教师远程研修组织工作先进单位”“山东省消防安全教育示范学校”“山东省优秀校园数字科技馆”“山东省教育系统模范职工之家”“山东省家庭教育示范学校”“烟台市青少年体育工作先进单位”“烟台市常规管理示范学校”“烟台市小学教学工作先进单位”“烟台市‘十一五’课题研究先进单位”“烟台市地震科普教育示范学校”“烟台市中小学书香校园”“烟台市安全文明校园”“烟台市地震科普示范学校”“烟台市青少年科技教育优秀组织单位”“烟台市关心下一代工作先进集体”“烟台市青少年体育工作先进单位”等荣誉称号。

第二章　职业教育

第一节　学　校

长岛县仅有一所职业学校，长岛县职业中等专业学校（简称长岛职专），挂长岛县职业中等专业学校和长岛县技工学校两块牌子，隶属于长岛县教育体育局，是由原长岛县水产职业中等专业学校、电视大学、职工学校、业余体校、技工学校五个办学实体整合而成，是一所集学历教育、职业技能培训和职业技能鉴定于一体的综合类职业学校。学校创建于1983年8月，时称长岛县水产职业学校，学制2年。1985年4月，更名为水产职业中等专业学校，学制3年，有教职工41人。至1986年，累计招收初、高中毕业生280余人。1987年10月，经省劳动局批准，增设一所长岛县水产技工学校，两校一体一个班子。1988年8月，长岛职工学校并入水产职业中等专业学校。1993年10月，水产职业中等专业学校被烟台市教育委员会认定为首批“市级重点职业学校”。1995年9月，长岛县广播电视大学并入水产职业中等专业学校。1996年9月28日，学校挂牌成立长岛县高级职业学校。1998年4月，长岛县业余体校并入长岛县高级职业学校。2006年8月，长岛县高级职业学校与长岛中学合并，更名为长岛高级学校。同年，长岛高级学校被评为山东省重点中等职业学校。2008年8月，重新独立为长岛县高级职业学校。2010年12月，经烟台市委批准，长岛县高级职业学校更名为长岛县职业中等专业学校，县内校名仍使用长岛县高级职业学校。2012年11月，更名为长岛县职业中等专业学校。2015年9月，长岛县职业中等专业学校被确立为山东省第三批规范化中等职业学校。

第二节　办学体制

1986年，长岛县水产职业中等专业学校，由县教育部门和水产部门双重领导，以教育部门为主，按普高标准拨给教育经费；水产部门按每生100元/年向所属企业、乡镇渔业队、养殖场、加工厂为学校筹集经费；学校通过校办工厂（校办养殖、食品加工等）自筹部分经费作为补充。职业学校文化课教师主要是大中专分配和普通中学调剂，专业课教师除大中专分配外，还包括文化课教师改行，送出代培；本校优秀毕业生留校；各厂矿企业抽调委托，定向培养招生；有关业务部门选调，聘请有专业特点的技术人员做兼职教师等。1987年10月，长岛县技工学校，只招收非农业户口学生，业务主管部门是县劳动局。1988年，提出“三教统筹”的工作思路，重视职业教育与基础教育、成人教育的协同发展，推进教学、科研、生产经营与技术服务的结合。1998年，学校组建职业教育研究室，开展“双元制”改革实验，探索校企合作办学制度，按照企业对人才的要求组织教学和岗位培训。2009年3月，成立长岛县职业教育中心教研组，由县教体局教育科负责指导工作。

第三节　教　学

课程与专业设置

1986年始，职业学校的课程设置分文化课和专业课两类，专业课又分专业理论课和专业技能课。文化课主要有语文、数学、英语、政治、音乐、体育、计算机等课程；专业课主要有计算机、会计、餐旅服务、导游、幼师、海珍品育苗、烹饪等课程。一年级以文化课为主，同时开设少许专业理论课，供学生掌握基本的专业理论知识；二年级在继续开设文化课的同时，增加专业理论课和专业实践课；三年级以专业实习实践为主。1986年，学校专业教材以中专教材为基础，增编适合海岛特点又反映最新成果的内容，主管部门规定的各专业课程基本开全。1990年，专业课比重逐渐增加，职业中专的文化课、专业课与实习的比例为4:4:2。

学校的专业设置根据海岛经济建设人才的需求而定，先后开设30多个科类专业。1986年以前，先后开设捕捞、养殖、航海、轮机等海洋渔养专业以及会统、机电、加工等相关专业。1988年，增设旅游服务、纺织专业和一年制的鲍鱼养殖培训班。1990年，增设农村经济综合管理和电工专业。1993年，专业设置上分长、中、短线专业。长线专业为3年，颁发中专、技工毕业证书；中线专业一般为2年，颁发职业高中毕业证书；短线专业一般为一年以下，颁发专业证书、职务证书。1995年，县广播电视大学并入，学校增加大专班，开设海水养殖、海洋捕捞、水产品加工、航海、轮机、机电、旅游、财务会计、商品经营、企业管理、文书、纺织12个专业。1996年，学校扩大规模，成立长岛县高级职业学校，增设计算机应用、国际贸易、幼师等专业。1998年，县业余体校并入，增设中专预备役、服装裁剪和财税专业。同年，组建职业教育研究室，开始职业教育高考辅导。1999年，学校增设综合高中、棉纺挡车班次。2000年，增设导游、烹饪、食品加工专业。2008年，增设风电、动漫、数控、呼叫中心、农村经济综合管理等专业。2018年，长岛县职业中等专业学校招生陷入低谷，仅招收上来高星级饭店运营与管理、中餐烹饪与营养膳食、计算机应用、会计4个专业的学生。

考试、考核与技能大赛

1987年开始，每门课程结束后，进行结业考试。学校每学年分上下两个学期，每学期进行期中、期末两次考试、考评。平日任课教师可自行组织测验，汇入日常成绩，作为学生总成绩评定的一个参考。日常成绩、期中成绩、期末成绩按一定的比例，算出总评成绩，汇入档案。一学年有3门功课不及格者可允许补考，4门以上不及格者转为旁听生。

1988年，长岛县技工学校毕业生实行技术等级考核制度。1994年，全市职业高中(中专)的全日制脱产在校生实行“三级会考”制度，对一年级主要文化课、二年级主要专业课、三年级专业技术等级进行统一考核。1995年，全市技工学校和职业高中(中专)应届毕业生实行应知应会统一考试。1992年，开始对职业学校学生试行技术等级和岗位合格考核，合称职业资格考试，1995年成为职业学校学生必考科目。从2000年开始，长岛职专全面推行学分制与证书制相结合的教学管理模式，对学生进行“学历+技能”双轨培养，在考核评价模式上采取毕业证书、职业资格证书并举的考核方式。2005年，学校实施学分制教学改革，推行弹性学分制。2015年，除中餐烹饪与营养膳食专业可考取中式烹调师职业资格证书外，旅游服务与管理、计算机、会计、服装裁剪等专业工种鉴定取消。2000—2018年，学校共组织学生进行幼师、餐厅服务、棉纺挡车、海养、财会、服装裁剪、计算机系统操作、服装定制、中式烹调、珠算、导游、风电运行检修、呼叫服务等14类专业的证书考核，累计1655名学生取得相应专业的职业资格证书。

1994年，学校“海参育苗与繁殖”实验在全国青少年“生物百项”活动中获得全国三等奖，省、市一等奖。从1998年开始，长岛职业学校的技能比赛常态化，定期举办校内比赛，并组织优秀师生参加上级技能大赛。至2018年，学校共参加计算机、会计、烹饪、旅游4个专业10余个项目的比赛，累计90余人参赛。其中，获省级团队二等奖1次，市级个人一等奖1次、市级个人二等奖6人次、市级个人三等奖23人次，市级团体二等奖3次、市级团体三等奖4次。

1986—2018年长岛县职业学校发展概况抽年表

表24-12

年份	班级数（个）	在校生数（人）	新生数（人）
1986	7	343	155
1991	13	506	82
1994	8	286	154
1995	10	289	62
1996	15	389	114
2000	21	600	164
2002	20	580	230
2003	20	560	201
2004	22	502	144
2005	19	375	88
2006	12	375	66
2007	15	345	255
2008	17	419	138
2009	18	464	125
2010	17	325	88
2011	16	259	101
2012	14	197	52
2013	12	168	44
2014	9	116	32
2015	9	134	75
2016	8	99	26
2017	7	95	29
2018	7	76	23

对口升学

1998年，国家首次实行职业学校学生高考政策（仅列专科计划），长岛县职业学校组建高考班，录取专科生2人。2003年，增设本科计划，录取本科生3人。2007年，参加对口高考的长岛考生可享受高考线以下再顺次录取50名的优惠政策。2012年，对口高考更名为春季高考。至2018年，学校共有516名学生参加高考，511名考生被高校录取。

德育

1986—1990年，落实行为规范、懂法守法、立志成才等成为德育工作的主流，“读一本好书”“假期中的社会调查”“我和南疆战士比一比”“爱家乡爱长岛”等一系列主题活动相继开展。1993—1996年，学校开始加强德育系列教育，开展各类主题月活动，贯彻“文明”“法制”“爱校”“规范”等理念。2000—2003年，全面落实“315”（坚持“学校为主、教师为主、教学为主”原则；建立一个有效的德育责任制度；做到总体目标与分段目标相结合，校内教育与校外教育相结合，课内渗透与课外活动相结合，学校教育与家庭教育相结合，教师引导与自我教育相结合）工程，建立健全育人机制，成立爱心互助会，实施送温暖工程，与毛纺厂、电视台、武装部、派出所、居委会等结成共建共育对子。2004年，长岛职业学校坚持“以成人教育为基础，以成才教育为主线，不断提高学生参与社会、适应社会能力”的素质教育观，坚持“管为基础，教为前提，管教结合”的德育原则，全面实施“教学育人，管理育人，服务育人”机制，营造“齐抓共管”局面。2005年，开展以“我为长岛高职添光彩”“弘扬和培育民族精神”为主题的“文明风采活动”“寻找学生闪光点”活动。2007年，开展争创“五无”（无打架斗殴、无盗窃、无进入营业性网吧、无安全事故、无以大欺小）班级活

1998—2018年长岛县职业教育高考情况表

表24-13　　　　　　　　　　单位：人

年份	考生数	录取总数	备注
1998	5	2	—
1999	5	5	—
2000	14	14	—
2001	15	15	—
2002	35	35	参加普通高考被山大录取1人
2003	40	40	本科录取3人
2004	51	51	本科录取3人
2005	51	51	—
2006	41	41	—
2007	45	45	—
2008	15	15	—
2009	9	9	—
2010	16	16	本科录取1人
2011	13	13	—
2012	12	12	本科录取1人 上线3人
2013	22	22	本科录取2人
2014	29	29	本科上线7人
2015	18	18	—
2016	32	32	本科上线10人
2017	23	22	本科上线2人
2018	25	24	本科录取1人

说明：对口高考2002年(含)以前不设本科计划

动，建立常规纪律检查小组，开展自查自纠、互查互评。2013年，以“双争双创”为主题开展文明建设年活动；成立学生自治会，加强“学生自主管理”；开展道德讲堂、献孝心、学唱长岛歌曲、学讲长岛故事、文明教室宿舍评比等德育活动。2014年，围绕“做有道德的中职生”德育主题，开展“自尊自爱、做现代淑女”女生专题教育，“颂中华经典，做有德之人”诵读比赛，做“文明有礼长岛人”等系列活动。2015年，开展“红色文化进校园”活动和“大国工匠、匠心筑梦”德育主题教育，组织相关的演讲、征文、书法、摄影等比赛。2016年，以“诚信教育年”为契机，开展诚信“四承诺”“双比双学”等系列活动。2017—2018年，加强班主任团队管理，提升班主任的管理能力和水平，有1名教师被确立为烟台市名班主任培养人选，1名教师在全市中职班主任专业能力研学提升比赛中获三等奖。

第四节　招生、实习与就业安置

招生

1986年，长岛县水产职业中等专业学校主要面向初、高中毕业生招生，招收99人，分成3个教学班。1987年6月，成立长岛县技工学校，面向非农业户口招生，在校生近500人。1991年6月，学校各类在校生达506人，班级13个。1996年，学校分4个教学部、15个班级，有389名学生。从1998年开始，长岛县高级职业学校电大学部被批准为全省重点水产专业学校，允许在全省范围内招生。2000年，在校生数量达到最多，有600人。2002年，招生工作采取“主动出击”，改变过去“坐等生源”的被动模式，当年招生230人。2004年，县内生源开始急剧下降，学校外出招生，先后与德州、武城等地部分学校签订联合招生意向性协议，与临沂等地三个县通过团县委的“扶贫渠道”达成招生协议，使在校生数量持续稳定在长班500余人、短训班800人以上。2006年，首次与普通教育联合，执行初四学生分流政策，长岛县第一、第二实验学校和砣矶学校为长岛职业学校提供生源。至2018年，累计从初四分流到长岛职业学校的学生有500余人。2007年，首赴宁夏，招收宁夏学生162人，当年招生总数达255人。2011年，利用与东方海洋科技有限公司的订单培养计划，做好县外招生，当年招收101人，其中县外生源29人。2015年,长岛职专开始接收普通高中高三分流来的学生,当年有18名高三学生参加分流。同年,首次实现进企办学,在山东东方海洋股份有限公司创办食品生物工艺班,招生35人。2016—2018年,长岛职专招生陷入低谷,每年招生不足30人。

实习与就业安置

1986年以前,县委、县政府指定10公顷的"县养殖场",作为长岛县水产职业学校的"养殖教学实验场",县水产局所属的渔政船供捕捞班学生进行毕业实习。1987年,学校设生产科研处,专门分管学生的生产科研实习活动。同年,学校协助庙岛乡政府建育苗场,次年完工,并增加一处实习基地。1988年,学校承包南园有限公司新建育苗厂,组织师生提供有偿技术服务,收益10万元。1989年,学校先后对庙岛乡180立方米水体扇贝育苗、外贸公司海珍品养殖基地、南园公司活鱼暂养实验进行承包。各专业基本都有专门的实习基地或场地,能够满足单元实习、参观实习及毕业实习等各项需要。到1994年,学校办学思路逐步明晰,形成"以服务为宗旨,以就业为导向"的办学理念,实习就业一体化管理模式趋于成熟,对外开展技术承包和技术服务,先后与县第一育苗场、第四育苗场,南长山育苗场等签订合同,100名养殖专业学生参加实习。1996年,学校与县毛纺厂签订代培协议,连续5年为县毛纺厂培养棉纺挡车技术工180余人。1999年,学校与县机关幼儿园、实验幼儿园、毛纺厂幼儿园建立幼师专业实习就业合作关系。2001年5月,长岛高职成立"北京会议中心山东省长岛外事旅游服务培训基地",先后与上海、北京、青岛等城市相关企业建立联系,达成用工意向。学校初步形成集教学、实习、升学、就业于一体的职业教育办学模式,应届毕业生对口就业率达90%。2003年,学校与蓬莱、烟台、威海、北京等有关单位建立长期合作关系,在北京提供实习、就业的三星级以上宾馆达5家。2005年,计算机专业、烹饪专业分别在烟台、济南建立实习基地。2010年,烹饪、旅游专业开始与多家四星级酒店实行订单培养,学校就业率达100%,对口就业率达80%。2011—2012年,育苗专业、呼叫专业、风电专业先后与烟台、浙江等地的公司签订委托培养协议,学生就业安置率达96.74%。2014年,学校在东方海洋加工厂成立第一个"进企办学"校外班。2016年,与五星级酒店烟台百纳餐饮签署校企合作,首次建立餐饮专业校外实习基地。2018年,与中国海洋大学联合办学,成立中国海洋大学长岛科研教学基地。教学—实践—就业三位一体办学新模式日渐成熟,连续多年就业率达100%,对口就业率超过90%。至2018年,累计培养毕业生3800余人。

第五节 社会培训

1986—1993年,县水产研究所与渔船管理站联合举办海洋捕捞专业技术培训,先后组织四五等船长、轮机长、机驾长、司机考证和审证培训班14期,共培训专业技术骨干1500人次,发证率达95%以上。水产研究所先后举办海水养殖人工育苗和病害防治学习班7期,共培训技术骨干700人次。1994年,经市劳动局批准,县水产职业学校成立"县海水养殖育苗培训中心",为长岛培养海养育苗人员,年培训100余人。至2002年,共举办培训班9期,培训技术人员900人。2004年之后,培训内容逐步向第三产业、办公文案等方向转移,培训机构逐渐以长岛县高级职业学校为主。2005年,县高级职业学校成为县财政局开展财会培训的定点基地,省定点特殊工作人员培训考核单位。职业学校开展的社会培训,日趋规范化、制度化,培训内容不断扩展,合作单位不断增加,并且得到县财政的支持。2009年,学校先后与县旅游局合作,对旅游、餐饮、服务人员进行英语口语、服务礼仪等内容的培训;与县人社局联合举办下岗职工计算机操作培训;与县财政局联合举办会计继续教育培训。其间,还举办驻岛随军家属计算机、财会专业技能培训,乡镇养殖户海参、海带、扇贝的育保苗养殖技能培训。2012年，与县交通局联合举办“长岛县交通系统服务技能提升培训班”，对船员、出租车司机进行文明礼仪和航运服务常用英语口语培训。到2013年，先后多次与县人社局、县财政局、县旅游局、县民政局、县工会等部门单位联合开展培训活动，规模从数十人至数百人不等。2014年，学校新开辟商品营业员、电子商务、交通运输从业资格培训以及当地驻军的行业培训等，包括9个工种、26个班次、涉及全县7个乡镇32个行政村，累计培训人数2000余名。同年，县职业中等专业学校被山东省旅游局授予“山东省乡村旅游培训基地”，成为全市唯一获此荣誉的职业学校。2015年，新开设旅游素质培训、安管员培训、烟花爆竹零售许可培训等项目，培训人数近2000人次。2016年，拓展全民终身学习培训项目，新开辟乒乓球、篮球训练班、中老年书画培训班等，累计7种项目、20余期，全年共培训1936人次。2017年，增加畅捷通业务技能培训，参训人数近2000人次。2018年，开展农村劳动力转移、失业人员、残疾人、退役士兵职业教育和培训，新增“书香三八”系列培训、生活垃圾分类骨干培训项目。长岛职专在近20年的社会培训过程中，累计培训人员总数超过2万人次。

第六节　其他教育

林果类

1986年9月，县林业局主办过一期林果职业班，作为长岛县发展农业技术的中学试点，从应届初中毕业生中招生，培训果树技术员。除学习文化课外，开设关于植物、土壤、气象、育种、栽培、病虫害防治等专业课。毕业时颁发职业高中证书。教育局为林果职业班配备4名教师，共招收37名学生，教学地点在原林业局三楼，1987年之后停办。

艺术类

1987年，成立长岛县艺术学校，受教育局和文化局领导，校址设在长岛联中。教师由县吕剧团、文化馆、长岛中学等单位抽调7名有教学能力的文艺骨干担任。开设舞蹈、戏剧、声乐、器乐等艺术课程，学制3年，共招收35名学生，1988年1月正式开学。学生毕业后，除了升学到烟台艺校外，全部分配到当时的厂矿企业，成为基层单位的文艺骨干。1990年5月，县艺术学校停办。

第三章　成人教育

按照“两基”教育的工作要求，长岛重视成人教育，努力提高全民文化素质，缓解各行各业人才紧缺局面。1986年，全县从事成人教育的单位有县职工学校、县委党校、县广播电视大学、县教师进修学校等；学习形式有脱产、半脱产、短期培训、业余函授等；学习内容包括文化补习、劳动技能和职业技术培训以及学历教育。受教育群体包括农民、渔民、个体商户、工人、企事业单位职工、医生、教师、军人以及党政机关干部等。到1988年，成人教育以“补习”为主；之后，开始转向“岗位培训”和“学历提高”。“三教统筹”提出后，成人教育事业进入新的发展时期。1993年，长岛县顺利通过省、市政府“双基”工作检查，成为“无盲县”。1994年，县委、县政府提出“科教兴岛”“奔富裕”战略目标，开始构筑“四教统筹”（幼教、普教、职教、成教）新格局。1995年，长岛县被国家教委确立为“全国首批实现‘双基’工作县”，成人“扫盲”教育走在全国前列。2002年以后，由于电视大学、职工学校先后撤并于长岛职业学校，教师进修学校与教研室合署，成人教育日渐减少。2003年开始，长岛职业学校开展的社会培训逐渐增多，满足各类社会需求的职业技能培训在全县渔村、企事业单位全面展开。至2018年，累计参训人员约1.6万人次。

第一节 干部教育

改革开放以后，全县对年轻化、知识化、专业化干部的需求日益增大，干部队伍文化水平亟待提高。长岛县的干部教育主要由县委党校承担，县广播电视大学、县教师进修学校、县职工学校、县职业中等专业学校等也承担一定的干部教育工作。

1985—1989年，县委党校累计举办各种短训班34期，培训渔村和县直企事业单位基层干部1415人次，举办干部中专培训班2期，毕业38人。1991—1995年，县委党校每年举办党政干部进修班、党员中级知识分子轮训班以及中青年干部、政工干部、渔村中青年干部、渔村支部书记培训班等班次，学习内容一般包括马克思主义哲学、中共党史、党建理论以及领导科学、经济管理、经济法、写作知识等，脱产学习时间短则10天，最长半年，每年参训人数维持在200～300人次。1996年，全县实施"百千基业工程"，对县属以上中小企业领导干部、各乡镇企业干部及后备干部进行岗位培训。1996—2001年，陆续增加邓小平理论培训班、科(股)级干部培训班、村委主任培训班以及计算机知识培训班，学习内容增加市场经济学、公务员条例、法律、现代科技、"三个代表"重要思想以及国家计算机考试一级操作应用等，培训时长以3天、5天、7天不等的短训班为主。2006年，长岛县委党校首创"菜单式"教学，根据形势和部门及干部工作需要开展上门授课。2002—2018年，长岛县委党校共举办主体班次100余期。其中，中青年干部培训17期，科级干部轮训30余次，下乡宣讲35余次，累计培训人数达2万余人次。

第二节 职工教育

1986年以来，长岛县的职工教育主要由县职工学校组织实施。主要对企业职工进行"双补"(即实施初、高中的文化补习，提高基础教育学历；举办短期业务培训班，对青年工人进行技术补课)，之后，对全县各单位的厂长、经理进行政治、管理培训。1988年8月，县职工学校并入长岛县水产职业中等专业学校，继续承担职工教育职能。至1989年，先后举办在职职工初、高中文化补习班50期，培训1247人次，并发放初、高中和高中单科合格证。至1991年，面向全社会举办岗位职务培训班154期，累计培训达4000余人次。1993年11月，职工教育办公室并入教育局，长岛县教育委员会成立，原工作职能由职教科承担。2001年12月，教育局职教科并入教育科，职工教育遂停办。2001年以后，县职业中等专业学校开始逐渐开展面向各企事业单位职工的社会培训。至2018年，全县累计参训职工达15633人次。

第三节 农民教育

80年代中期，国家提出普及"双基"(即基本普及九年义务教育和基本扫除农村青少年文盲)教育，农民教育主要是对农村青壮年进行文化补习和扫盲教育。1985年，全县的扫盲工作要求12～40岁人员全部参加，规定"四不能"(即完不成扫盲任务不能参评文明村、文明单位、五好家庭、优秀个人等荣誉称号)。到1993年11月，长岛县的扫盲工作基本结束，通过国家、省、市"双基"验收，全县40个行政村高标准扫除了青壮年文盲，非文盲率达98%，成为"无盲县"。同年，为巩固扫盲成果，培训渔村生产骨干，各乡镇、村以县水产职业中专为依托，成立农民文化技术学校，与乡镇党校、人口学校合并，形成县、乡、村三级成人教育网络，共同对农民实施政治、文化和渔村实用技术短期培训。全县先后成立40所农民文化技术学校，由县教育局教育科主管。1994年4月，县教育委员会投资5万余元购置15台微机，成立长岛微机培训中心。至1998年，长岛微机培训中心共举办过17期培训班，为社会培训微机操作人员500余名，其中包括工人和农民。1998年，微机培训班停办，机器赠送给长岛中学。乡镇成人中心学校和农民文化技术学校配合县科委、县水产局、中央农业广播学校对渔民进行海参、鲍鱼、扇贝的育苗和养殖以及果蔬栽培等技术培训和相关科学技术普及。培训采取下乡送教、技术承包等方式，通过短期集中培训，年培训最多达5000人次，被称为“燎原工程”。至2002年，全县80%以上的渔村住户得到培训，每户至少掌握一至两项实用技术。

县职业中等专业学校实施“农村劳动力技能培训计划”，先后举办面点师培训、烹调师培训、育婴师培训、渔家乐英语培训、计算机管理、渔家乐礼仪培训、旅游素质提升培训、长岛县烹饪大赛培训等，有力促进渔村经济的转产转型，至2018年，累计培训4523人次。

第四节 学历教育

电视大学

1984年12月，成立长岛县广播电视大学，初期由县教育局主管，校址设在原教育局办公楼。1985年4月，举行统一招生考试，考试科目为语文、数学、政治、历史、地理等。同年9月，第一批学生入学，开设汉语言文学、法律、新闻学、档案学、图书馆学、党政管理、干部基础专修等专业。1986年，电视大学转由县政府主管，招收学生40人。1987年，全校共有4个班次（2个全日制班次、2个业余班次），150余名学生，7名教职工。1990年，县广播电视大学并入县委党校。1993年，业余班次在校学生数量达到最多，共578人。1995年9月，县广播电视大学从县委党校划出，与县水产职业中等专业学校、长岛县职工学校合并，成立县高级职业学校电大分部。1998年，全日制班次在校学生数量达到最多，共121人。1999年，大专班停办，1999年后不再招生。

自学考试

1985年上半年，全县累计399人报名参加高等教育自学考试。到1986年，共计198人次获得单科结业证。1987年3月，长岛县党政干部管理专业11人、汉语言文学专业3人获得省市自考办颁发的首届毕业生证书，其中以部队考生居多。同年，全县共434人报名参加自学考试。1987年以后，长岛每年的报考数量维持在300～500人次。至2002年，长岛县自学考试办公室先后组织参与报考的专业有43个，包括师范、经济学、法学、教育学、军事、机械、计算机、历史学、建筑、医学、管理学、艺术等专业。其中，22个为本科学历专业，9个为师范类专业。累计128人取得毕业文凭，其中本科5人、师范类16人。2003年，卫星电视师范大专、高等师范音像本科与自学考试单科合格成绩互认，一部分未取得卫星电视师范大专和高等师范音像本科毕业证的学员全部以自学考试形式报名参加考试来获取毕业证，报名人数达226人。2004年，报名参加自学考试的人数锐减。2004—2007年，累计103人报名参加自学考试。2008—2018年，每年报名参加自学考试的人数不足10人。

其他

1984年海岛会议以后，长岛县成人高考享受降低10～20分录取的优惠政策。1987年，全县有38人报名参加成人高考，其中23人被录取。随着成人高考的普及，报名人数逐年递增，最高年份报名人数超过百人。1990—2018年，累计2200余人报名参加成人高考。

第四章　教　师

第一节　教师队伍

改革开放以后，长岛县委、县政府贯彻落实知识分子政策，教师的社会地位和经济待遇逐步提高。1986年，全县共有教师350人。1996年，开始实行教师资格认定，教师的管理和素质要求进一步规范化。1997年以前，教师队伍的补充，全部依靠大中专毕业生分配。之后开始教师人才的引进和招考，对教师的学历和素质要求日趋严格。2002年，全县教师609人。教师短缺主要在北五岛乡镇学校，主要通过支教交流和保留部分代课教师来缓解。2015年，取消中小学学校和干部行政级别，建立校长职级管理制度，人才的管理和使用秩序逐步理顺。至2018年，全县共有教师501人。其中，幼儿教师60人，大专以上学历37人，学历达标率92.2%；小学教师139人，专科学历60人，本科学历71人；初中教师159人，本科学历126人，研究生学历2人；高中教师90人，研究生学历4人；职业学校教师53人，专任教师47人，专业教师31人，“双师型”教师24人，本科学历45人，研究生学历2人。全国优秀教师1人，山东省特级教师5人，山东省优秀教师9人，烟台名师3人，烟台名班主任1人。

第二节　教师培训

1986年以前，长岛县的师训工作经过“三步走”的速成培训，通过“教材关”“教法关”和“胜任教学工作”，基本满足日常教学需要。1986年以来，长岛县教师进修学校先后举办中小学教师继续教育培训、职务培训、骨干教师培训，中小学及幼儿教师“三字一画一话”（钢笔字、铅笔字、毛笔字，简笔画，普通话）基本功培训、通用基本功和学科基本功全员培训、计算机全员培训，新教师岗前培训和试用期培训，小学校长培训等各类培训班近30期，参训学员近900人次。1989年，率先在小学段启动高层次培养，教师素质提升进入新阶段。1990年，全县建成县、乡、校三级教师培训网络。同年，县教师进修学校在全市实训评估中排名第一，通过省级检查验收。1992年，教师培训力量进一步提升，教师培训内容包括短期业务技能培训、长期学历培训，学历层次分中专、大专和本科。通过“分片设点，骨干辅导，集中学习”等形式，提高培训质量。1994年以前，教师培训重点解决学历达标问题，并提出以加强教师培养、提高素质为主要内容的“一主”工程。1994年以后，开始学历后继续教育。1997年，广泛开展“三字一画”教学技能培训和竞赛，对教师通用基本功进行考核验收，持续开展“十百千万工程”优质课评选活动。1998年，长岛县被授予“全省师训工作先进县”。2001年12月，教师进修学校与教研室合署以后，全系统陆续举办不同级别和层次的骨干培训、校（园）长及中层领导干部培训以及大规模的网络研修和面对面全员培训，累计参训人员近8700人（次）。2002年，大面积学历培训停止，2005年，学历培训基本完成。2002—2018年，各类短期培训、外出培训、全员培训、远程网络研修等先后成为教师提高素质的主流。

短期培训

1986年开始，教育科组织全县教师开展教育理论学习，先后培训《通俗教学论十四讲》《教育学》《心理学》等内容。举办教师和领导干部培训班，学习“小学语文三类课文”“基础例文”“初中语文提疑法研究”“学校管理”等内容。至1989年，共开办7期，累计350人参加培训。1987年，

1987年12月30日，开展长岛县青年教师基本功大比武活动

组织全县140名教师观摩学习省、市教育专家的公开课、示范课、优质课。1989年7月，组织初中教师岗位合格证培训和学校领导干部岗位职务培训，并颁发合格证。1994年，组织新教师接受“教学入门”培训，一年后转正定级，进入“课堂教学”达标培训，其余教师直接参加“课堂教学”达标培训，教授、复习、讲评、实验等课型通过“立标”“学标”逐项达标，每名教师都需要进行达标过关。至1997年，新教师“教学入门”过关率达98%，达到“课堂教学”标准的教师占90%，达到“优质课”“教学能手”标准的教师占20%。1996—1999年，共举办两期小学骨干教师培训，累计94人参训，每期培训周期为两年。1998年，组织全县教师开展“双序优质系列”(课堂教学优质系列和教学基本功优质系列)培训工程，训期3年。从1998年开始，要求拟晋升高级职称的中小学教师全部参加职务培训，小学、初中和高中教师的培训任务分别由县教师进修学校、烟台教育学院和省教育学院承担，培训内容包括公共学科和专业学科，其中公共学科由县教师进修学校承担。至2007年，累计342人参加职务培训。从1992年开始，每年利用暑期对大中专毕业生以及招收的新上岗教师，组织为期120学时的岗前培训，至2000年，累计280余人参训。2003年新课程改革以来，全县各类全员培训开始启动。至2018年，累计培训4868人次。2005年，开始组织教师参加市级以上培训(包括“省培”和“国培”)，培训内容包括学前教育、学科教育、法治教育、体育美育、骨干班主任、优秀传统文化教育和职业教师专项培训等。至2018年，累计培训787人次。2007年，开始举办新教师试用期培训。至2018年，陆续对新入职的148名教师进行教师职业道德、教育政策法规、师生心理健康教育及教学基本技能等内容的培训。同年，利用新媒体等网络技术，组织教师开展网络研修。至2018年，全县共有2303人次参加培训。从2008年开始，每年与鲁东大学开展顶岗实习——置换培训。至2018年，全县共安排置换39名中小学教师进行信息技术和专业技能培训，接收实习生155名。2010—2012年，县内举办3期义务教育段领导干部及骨干教师培训班，共有120人次参加。2015年，开始组织骨干教师出岛参加高层次培训，至2018年，累计培训骨干教师(班主任)128人次。2016—2018年，县总工会和县教育体育局连续三年举办义务教育段青年教师基本功比赛，内容包括粉笔字、钢笔字、口语表达、教学设计、课件制作、模拟授课及观评课等7七项通用技能项目，累计286人次参赛。其中，4名教师获特等奖并荣获县“五一劳动奖章”。

学历培训

1986年，电化教育发展，长岛县教师进修学校开设英语、地理音像教学专科班，招收初、高中在职教师，在砣矶岛和大钦岛建中等师范辅导站。1988年，开办高等师范音像教育，分高中、专科和本科起点，设立中文、英语、历史、地理等专业，通过录像带教学，全县初步形成省、市、县三级教学网络。同年，第二批中师函授班招收27人。到1989年，招收高师班5个，中师班2个。全县通过自学考试和高校函授毕业8人，中师毕业13人，高师毕业15人。1990年，招收40人参加卫电中文大专班和地理大专班。1992年，教师培训进入高峰期，新招卫电中文大专班10个专业657人，音像本科班9个专业53人。同年，幼儿教师培训纳入师资培训体系，由县教师进修学校负责，首次招幼师45人。1994—1998年，累计招收幼师班190人。2002年以后，仅有中小学教师自学助考班仍在招收。至2005年，全县获得中专学历教师232人、大专学历教师580人、本科学历教师126人。之后，全县教师学历达标问题基本解决，学历培训结束。

第三节　教师任用

1986年，长岛县共有中小学教师350人。其中，小学教师163人，初中教师121人，高中学段教师66人。教师的来源主要依靠大中专及本科毕业生分配，不足部分由民办教师和临时代课教师作为补充。高中教师全部是公办教师，民办教师主要在初中和小学，特别是在乡镇学校任教。随着教育的发展，教师数量以年均近20人的速度增加。1996年，全县中小学教师增至536人。1997年，首次以招考的方式任用教师，当年从非师范类或师范类自费毕业生中招考教师14人。1999年以后，教师的任用全部采取招考的方式进行。2000年以后，全县教师队伍稳定在600余人。根据当时乡镇学校教师依然短缺的现实，全县仍保留36名代课教师在一线顶岗，部分学校代课教师数量达到教师总数的三分之一以上。

1994年，制定《长岛县教师交流意见》，缓解乡镇学校教师力量不足问题，全县开始实行支教交流制度。规定城区45周岁以下男教师、40周岁以下女教师轮流到北五岛和西三乡学校工作，行政关系保留在原单位，工资待遇由支教学校所在乡镇解决，享受当地工资福利待遇标准，支教时间为一年。1996年以后，支教时间改为男教师4年，女教师3年。2004年，印发《关于进一步加强教师下乡支教工作意见》，规定长岛中学初中部、高级职业学校、第一实验小学、第二实验小学、北长山乡中心小学承担选派教师下乡支教工作，支教时间由原男教师4年，女教师3年，调整为男女教师均为2年。至2018年，参加下乡支教活动教师共330余人次。

受生育周期影响，1999年以后，初中在校生数量进入高峰期，全县中学教师数量不足的问题引起省、市教委重视。2001—2002年，长岛县每年争取市派教师8名，每批教师到长岛任教时间为2年。2003年8月，为解决高中教师短缺问题，省教育厅选派14名高中教师，到长岛中学和长岛县高级职业学校任教，任教时间为2年。在经济待遇上除享有本人原单位工资外，另由长岛县额外补助每人550元/月。2006—2010年，根据烟台市教育局关于遴选英语骨干教师赴国外培训计划，先后安排长岛县4名教师赴英国进行公费培训学习。2007年，长岛县首次招聘“三支一扶”大学生，到乡镇小学担任音乐、美术、英语、计算机等学科教师，以缓解教师紧缺问题。至2017年，共招聘“三支一扶”任教大学生28人，服务期2年。2014年，按照市委、市政府关于强化支持长岛工作部署要求，烟台市教育局、财政局联合下文，每年从周边县市区选派10名小学教师到长岛支教，每人每年工作经费2.5万元，由市级财政承担，至2018年，累计从周边县市区选派5批到长岛支教教师。2018年，省、市依托山东省免费师

1986—2018年长岛县教师基本情况抽年表

表24-14　　　　单位：人

年份	合计	小学	初中	高中	职业学校
1986	350	163	121	31	35
1991	440	196	144	34	66
1996	536	232	187	33	84
2000	607	234	241	46	86
2002	609	230	234	58	87
2006	514	187	179	81	67
2010	508	167	155	92	68
2014	476	151	175	95	55
2018	441	139	159	90	53

范生教育项目对口支持长岛教育发展，落实省高校招聘免费师范生政策，在面向烟台招生计划中单列长岛，当年长岛与18名免费师范生签约毕业后到长岛任教工作。同年，给予长岛自行考察招聘高校应届毕业生政策，允许长岛中小学校通过考察的方式择优公开招聘高校应届毕业生，在岛工作满6年，市财政一次性给予招录教师每人5万元补贴。

第四节　教师考核与奖惩

1995年，开始对全县教师实行年度考核制度，考核分优秀、合格、不合格、未定4个等次，考核结果存入个人档案，未参加年度考核、考核未确定等次或考核结果不合格的，不发年终奖金，考核结果作为工资薪级晋升的重要依据。2003年，根据《烟台市中小学教师职业道德考核办法（试行）》要求，对教师进行师德考核，考核分优秀、合格、不合格3个等次。对于师德考核不合格人员，在教师专业技术职务聘任中予以降聘、落聘或解聘。同时，在专业技术职务评审和评先树优中对师德考核不合格人员予以一票否决，并且年底岗位目标责任考核定为不合格。

第五节　职称评定

1988年，长岛县开始教师职称评审。主要设中专序列、中学序列和小学序列，非一线教学人员挂靠相近序列参评。同年，全县共评出高级教师8名、中级教师86名、初级教师224名、员级教师32名。1989—1991年，专业技术职务评审工作暂停。1992年4月，省、市职称改革工作会议召开后，教师专业技术职务资格评审工作步入正轨，每年评审一次，中级和高级职称由烟台市进行评审。从1993年开始，中学高级教师评审由烟台市高级评审委员会进行，中级职称评审由长岛县组成中级评审委员会进行。1997年，中级职称评审由烟台市统一进行，2017年中级职称评审又下放到县级进行。1998年，实行继续教育证书制度和学分制度，即所有教师只有在任现职期间接受规定学时的继续教育，并取得相应学分才具有评审高一级职称的资格。评审活动实行“六公开卡”制度，加强民主监督，保证职评工作的合理、

1992—2018年长岛县中小学教师职称评定一览表

表24-15　　单位：人

年份	初级	中级	副高级
1992	160	103	18
1993	26	55	8
1994	82	2	3
1995	57	9	2
1996	77	7	3
1997	87	15	6
1998	98	15	6
1999	62	22	6
2000	71	20	7
2001	66	12	4
2002	32	22	6
2003	8	28	18
2004	49	59	26
2005	16	58	14
2006	7	14	8
2007	4	18	4
2008	15	11	5
2009	8	24	4
2010	11	16	11
2011	10	15	12
2012	9	19	13
2013	12	19	12
2014	14	17	7
2015	14	13	4
2016	4	10	5
2017	6	8	3
2018	18	9	4

公平和公正。2002年，职称评审开始增加计算机水平测试。

职称评审办法按照《专业技术职务评审试行条例》《长岛县中小学教师专业技术职务晋升评分细则》及其他有关条例、文件执行，评审材料要求规范、完整、正确，参加职称晋升的教师必须出具学历、资历、工作年限等证明，进行指标量化。对在北五岛乡镇学校从教以及担任班主任、高考班的教师，在职称评审中均有相应的政策倾斜。2000年，全县各学校陆续开始实行评聘分开、竞争上岗制度，聘期定为两年。评上高一级职称的教师，如果没有竞争到相应的岗位，将不享受相应的职称工资。从2000年3月1日起至2001年12月31日为第一轮聘期，全县首次竞聘中有5人降聘。第二轮竞聘从2003开始，以后每两年进行一次聘任。其中，在2013年第7轮聘任时，开始实行分级聘任，即在每个级别岗位上任职满6年升一级。2013年1月，完成中小学教师职称制度改革人员过渡工作。2017年，职称外语和计算机应用能力考试不作为教师专业技术职务资格评审的必要条件。同年10月，对中等职业学校教师的职称进行统一过渡，当年39人完成过渡。2018年，全县共有31名教师完成职称评聘。

第六节　教师待遇

政治待遇

改革开放之后，教师的政治地位明显提高，1985年教师节设立以后，全社会尊师重教的风气更加浓厚，教师素质得到普遍认可，一批有才能的教师被提拔到长岛县委、县政府等党政机关和各部门的干部队伍之中。1993年，迟景国成为第一位当选烟台市人大代表（十二届）的教师，之后，曾晓莺、梁丽娜、王红燕等教师先后当选。自1986—2017年，李广义、潘永进、曲杰民、邹佳金、王景业、唐丽洁等教师先后被推选为烟台市政协委员；李广义、于淑波先后被推选为长岛县政协第一届、第九届委员会副主席。

生活待遇

1985年，为稳定农村中小学教师队伍，全县中小学公办教师与机关干部共同实行向上浮动一级的工资待遇，北五岛乡镇教师工资待遇向上浮动二级。分配到乡镇的大中专毕业生见习期享受定级工资待遇并上浮一级工资。1987年，长岛县教师的人均年收入为1930元，之后，教师工资收入逐年提高。1988年，制定农村教师家属扶贫政策，通过给教师家属安排工作，改善教师住房条件，做好教职工来信来访等工作，稳定教师队伍。1991年，各学校教育工会组织教职工开展暑期休养。1994年，具有高级职称的教师可免费享受县委组织部每年组织一次的查体活动。同年，长岛县政府印发《关于稳定渔村中小学教师队伍的意见》，对教师工资、住房、医疗费用、养老保险等待遇作出新规定：乡镇渔村公办教师的工资比城区公办教师的工资多浮动一级，并从1993年开始享受驻村补贴；在落实教师住房制度过程中，教师住宅面积每户为50～100平方米，根据工龄、职称、职务等工作指标，量化排名，统一分配。2014年1月，在享受统一津贴待遇的基础上，适当提高在乡镇工作中小学教师的津贴标准。2018年1月，按照20%的比例提高县直中小学绩效工资总量，按照50%的比例提高乡镇小学教师的绩效工资总量；在分配中向在乡镇工作10年以上的教师倾斜。

第七节　民办教师

1986年，全县共有民办教师25人，民办教师工资以超过当地农民人均收入1.8倍的标准发放。1988年，根据市级文件要求，民办教师的社会养老保险是在职民办教师个人交纳年工资总额的3%，加上从农村教育费附加中提取民办教师地方统筹年工资总额的3%，作为民办教师参加养老保险的费用。自1993年1月起，民办教师国家补助部分每月再提高60元。至1996年，长岛县民办教师全部转为公办教师，长岛成为烟台

市第一个无民办教师的县。对于1992年以前参加工作的被清退的代课教师，全部纳入机关事业单位养老保险金的交纳范围，并按其实际从教年限补缴养老保险金；从教不满10年的，发给一次性生活补偿金。2003年7月，县财政为全县36名代课教师一次性发放补偿金，至此全县代课教师清退完毕。2014年，县教体局、县财政局、县人社局、县卫计局联合印发《关于向农村原民办代课教师发放教龄补助的实施方案》，对年满60岁属长岛户籍且未被国家机关或企事业单位录用的原民办代课教师，按照教龄每年每月补助20元的标准发放补助。2015年1月，教龄补助发放正式实行，首批发放164人。至2018年12月，累计为220人发放教龄补助，每月发放总额37600元。

1986—2018年长岛县教师住宅建设一览表

表24-16

所属单位	住宅楼号	投资金额（万元）	建筑面积（平方米）	建成时间
教师公寓	城东区88号楼	268.1	2846	1999.12
	城东区90号楼	376.9	2800	1996.7
	南城区70号楼	300	2400	2003.12
	南城区71号楼	200	1920	2003.12
长岛中学	城东区89号楼	26.7	1199	1987.10
	城西区80号楼	210	2219	1999.4
长岛高职	城西区34号楼	32	625	1989.12
	城西区35号楼	9.6	417	1985.12
	城西区36号楼	9.6	417	1985.12
	城西区37号楼	3.2	139	1985.12
	城西区38号楼	7.8	337	1985.12
	城西区41号楼	2.2	53	1988.12
	城西区42号楼	18	420	1988.12
	城西区43号楼	6	52	1988.12
	北山区21号楼	28	428	1989.12
	北山区48号楼	9.1	72	1999.1
	海港区96号楼	9.6	91	1999.2
	海港区143号楼	113.5	792	1998.12
进修学校	北山区33号楼	12	118.2	1993.1

第五章　教育行政

第一节　行政管理

1986年，全县教育系统推行“分级办学、分工管理”的办学体制。办学主体包括县政府、乡镇政府和村委会三级，管理主体包括县教育局、乡镇教委两级。公办学校以县为主，乡镇中小学实行以乡镇为主，县、乡镇双重管理体制。普通中学和县直小学实行党支部领导下的校长负责制，副校长协助校长开展工作，学校下设教导处、政教处、总务处，分别组织管理教学业务、思想政治教育和后勤服务工作。高中学校一般设党支部书记、副书记、工会主席。县直学校校长由县委、县政府任免，各乡镇教育办主任和中小学校长由各乡镇任命。1993年11月，县教育局撤销，设立教育委员会。2001年12月，与文化体育委员会合并，组建县教育文化体育局，承担原教育委员会和文化体育委员会行政管理职能。2002年6月，农村义务教育改革启动，变“以乡为主”为“以县为主，乡镇和村承担相应责任”的管理体制。乡镇各中小学人事调整、干部任免由县教育主管部门统一管理，工资改由县财政按时足额统一发放，学杂费收入全部用于公用经费支出，公用经费不足部分由县、乡镇两级予以安排；乡镇、村承担辖区内校舍改造建设、教学设备添置等部分责任。教育主管部门行政科室由原来的15个调整为7个。2004年，成立长岛县人民政府督导室，与县教育文化体育局合署办公，推动教育政策落实。2007年，长岛县教育文化体育局更名为长岛县教育体育局。2018年，全县中小学校、职业学校以及公办幼儿园全部落实“以县为主”，人事、财务由县教育体育局负责，部队办、民办和村联合办幼儿园由园所开办者负责。

第二节　教育督导

1986年8月，长岛县教育局设立教育股，制定《学校工作管理细则》，负责对教育质量进行评估督导。1988年，实施义务教育复查指标评估，落实“四率”标准（学龄儿童入学率97%、在校学生巩固率98%、毕业班毕业率90%、12～15周岁少年儿童有效普及率97%），安排专人到华东师范大学学习教育督导事宜，教育督导开始走向规范化。1990年，长岛县教育局内部批准成立教育督导室，对全县学校教育工作开展监督、检查、评估和指导，保证国家教育方针、政策及法规能够顺利贯彻落实。1991年，中小学“五四”学制全面推行后，修订《学校教学工作管理评估标准》，从教学常规、教学实验、体育卫生三个方面提出具体标准要求，客观公正评价学校教学工作。1992年，开始执行国家《九年义务教育全日制小学、初级中学课程计划（试行）》，对全县各学校晨会、班团队活动、科教文体和社会实践等学生活动进行督导考评。同年，印发《关于长岛县普通高中督导评估意见》。2001年12月，长岛县教委与文体委合并组建县教育文化体育局，内设教育科，与督导室合署办公，挂长岛县教育督导室牌子，行使督政、督学职能。2002年1月，县督导室被市政府督导室评为“2001年度督导工作先进单位”。同年，县督导室对全县中小学校开展“分类分项星级达标”“面向21世纪教师素质提高培训工程”“第八个教学常规月活动”三项工作的星级达标评估。2004年，成立长岛县人民政府督导室，与县教育文化体育局合署办公，设主任督学1名。长岛县人民政府督导室按照国家《教育法》以及《山东省教育督导条例》要求，制定评估细则，开展教育督导，对学校的安全、控辍、收费等热点问题进行专项督察。义务教育相关责任被列入乡镇政府年度岗位目标考核内容，考核结果纳入全县年度岗位目标综合考核。2005年，重点对“以县为主”管理体制和“三保一控”进行专项督导检查。2006年，对全县中小学生“减负”工作进行督导，并将“减负”工作纳入在职称评定和评先树优方面的“一票否决”。2007年，县教育文化体育局更名为县教育体育局，督导科继续与教育科合署办公。同年，印发《长岛县各类学校年度办学水平督导评估工作实施意见》。2008年10月，通过督导评估推动素质教育和义务教育均衡、协调发展，推动中小学标准化建设。2010年，专项督导职业教育、中小学体育卫生、农村中小学三项工程（“两热一暖一改”工程、教学仪器更新工程、特殊教育学校教学仪器配备工程）等内容。同年8月，县政府教育督导室由与县教育体育局合署机构调整为其下设的正科级内设机构。2013年9月，长岛县开始创建全国义务教育发展基本均衡县。2014年5—10月，山东省督导组和国家督导组先后进岛进行实地督导评估认定，经全面整改，2015年3月，长岛县通过国务院教育督导委员会的检查验收，获得“全国义务教育基本均衡县”称号。2016—2018年，开启义务教育均衡发展动态监测，对青少年校外综合实践基地建设、“全面改薄”项目以及第二、第三期学前教育三年行动计划进行专项督查。督导室每年对小学、初中、高中、职专的常规督导考核标准进行修订，年底组织全县督导检查。

第三节　教育经费

经费管理

1986年以前，教育事业单位执行《事业单位预算会计制度》，教育经费依靠财政调拨；1986年以后，按照国务院《关于筹措农村学校办学经费的通知》和省人民政府《关于贯彻执行〈国务院关于筹措农村学校办学经费的通知〉的意见》要求，开始征收农村教育事业费附加，用于改善民办教师待遇和农村学校办学条件。同时，倡导和扶持学校开展勤工俭学活动，鼓励和提倡社会各界开展捐资助学、集资办学活动，通过收取学杂费补充经费缺口。1987—1989年，长岛县教育费附加征收连续三年进入全市先进行列。1998年，开始执行《中小学校会计制度》，除财政性经费以外，社会捐资和集资、勤工俭学、学杂费收入等经费筹措渠道和形式进一步多样化，经费开支更加多元化；公用经费的管理方式由“统收统支”改为“预算包干、结余留用、超支不补”。2002年8月，长岛县成立财务结算中心，各学校经费管理实行“集中管理、分校核算”的办法，学校仅设报账员岗位，由结算中心履行会计监督职能，教育系统全部经费实行统一调拨，财务印章与收费收据被统一管理。自2007年起，开始执行义务教育阶段学生“两免一补”政策，春季起杂费全部免除，秋季起向在校生免费提供教科书，并从2006年开始对家庭经济困难寄宿生发放生活费补助。2014—2015年，教育费附加和地方教育费附加先后纳入预算内管理。2018年，县委、县政府凭借建设长岛海洋生态文明综合试验区契机，争取省级对长岛的支持，教育系统获得各级资金支持近3500万元，用于“全面改薄”、学前教育等项目建设。

经费来源

财政拨款　长岛县教育经费以财政拨款为主。预算内经费主要包括人员经费和办公经费，由县财政承担。1986年，全县财政拨付的预算内教育事业费为103.26万元。1987年，办学经费按小学每生每年20元、初中每生每年30元的标准拨付。90年代，长岛经济发展状况良好，预算内教育经费采取“基数加发展”的办法，在上年度预算安排数（基数）的基础上，每年适当增长。90年代后期，县财政吃紧，许多单位的弹性工资都被取消，但教师的工资都能及时发放。财政部门根据上年末实际人数核算人员经费，根据学生数定额安排公用经费。2003年，调整中小学校公用经费定额标准为：小学每生每年180元，初中每生每

1986—2013年长岛县教育经费收入情况表

表24-17　　　　单位：万元

年份	合计	预算内教育经费				各级政府征收用于教育的税费				校办产业勤工俭学和社会服务收入	社会捐集资办学经费	事业收入（学杂费）	其他
		小计	教育事业费拨款	基建拨款	其他经费拨款	小计	城市教育费附加	农村教育事业费附加	地方教育费附加				
1986	162.46	103.26	103.26	—	—	46.1	35.4	10.7	—	8.89	—	2.87	1.34
1987	214.93	108.39	108.39	—	—	87	2.4	84.6	—	12.93	0.83	2.94	2.84
1988	191.4	143.2	143.2	—	—	28.4	—	28.4	—	14.4	1.6	—	3.8
1989	482.9	221.5	160.5	31	30	84.2	3.8	80.4	—	140.9	—	29.7	6.6
1990	408.1	262.9	195.4	—	67.5	137.7	—	137.7	—	7.5	—	—	—
1991	360.4	272.2	231.2	—	41	72.2	—	72.2	—	16	—	—	—
1992	377.7	282.5	267.5	—	15	84.5	—	84.5	—	10.7	—	—	—
1993	618.7	357	357	—	—	124.2	17	107.2	—	54.1	4.4	77.1	1.9
1994	734.3	574	574	—	—	61.1	15	46.1	—	30.7	1.8	65.6	1.1
1995	1442.4	658.6	658.6	—	—	61.3	20	41.3	—	114.9	144.9	90.4	372.3
1996	1263.6	898.5	898.5	—	—	120.5	23.6	96.9	—	10.7	42.4	185.4	6.1
1997	1595.2	1052	1052	—	—	110.5	38.4	72.1	—	28.9	149.4	254.4	—
1998	1496.8	1017	1017	—	—	178.7	6.5	172.2	—	31.2	35.7	234.2	—
1999	1447.9	1149.1	1149.1	—	—	18.8	—	18.8	—	5.1	15.3	240	19.6
2000	1564.4	1208.2	1208.2	—	—	22	7.6	14.4	—	8.9	20.6	295.8	8.9
2001	1632.6	1169	1139	30	—	85	—	85	—	10.2	8	352.4	8
2002	1968.7	1490	1430	60	—	122.8	54.7	68.1	—	11.8	12.4	324.4	7.3
2003	2096.3	1478.3	1478.3	—	—	288.3	123.3	165	—	4.6	6.1	312.1	6.9
2004	2244.2	1762.1	1762.1	—	—	43.3	43.3	—	—	—	3.5	378.1	57.2
2005	2416	1832	1832	—	—	194.4	183.4	—	11	—	7.6	353	29
2006	2698.8	2089.3	2089.3	—	—	220.5	174.1	—	46.4	0.2	50.6	300.4	37.8
2007	3026.7	2476.5	2476.5	—	—	278.3	195.3	—	83	—	20.9	244.7	6.3
2008	3395.5	2814.7	2814.7	—	—	321	267	—	54	—	12.9	243.4	3.5
2009	3697.1	3184.2	3184.2	—	—	274	179	—	95	—	17.2	218.6	3.1
2010	5856.6	5189	5189	—	—	329	259	—	70	—	8.8	329.5	0.3
2011	6281.9	5531	5531	—	—	410.8	219.4	—	191.4	—	6.6	332.5	1
2012	7235.4	6398.4	6398.4	—	—	465.1	262.9	—	202.2	—	48.6	297.5	25.8
2013	7213.3	6374.1	6374.1	—	—	517.5	296.2	—	221.3	—	46.8	273.9	1

2014—2018年长岛县教育经费收入情况表

表24-18　　单位：万元

年份	合计	公共财政预算安排的教育经费					政府性基金预算安排的教育经费			捐赠收入	事业收入		其他教育经费
		小计	教育事业费	基本建设经费	教育费附加	其他公共财政预算安排的教育经费	小计	地方教育费附加	其他政府性基金预算安排的教育经费		小计	学费	
2014	7155	6551.7	6286.7	—	265	—	225.8	141.4	84.4	7.6	369.9	279.4	—
2015	8888.7	8496.5	8089	—	266	141.5	58	—	58	9.5	324.3	253.5	0.4
2016	9260	8922	8639	—	283	—	18.8	—	7.5	6.4	312.4	212.9	0.4
2017	9764	9320.9	8912.9	—	408	—	90.6	—	18	2.5	349.7	271.8	0.3
2018	13501.2	12953.3	11946.2	—	1007.1	—	219.9	—	7.4	4.9	322.5	276.3	0.6

年220元；扣除小学每生每年收取杂费120元，初中每生每年收取杂费150元，其余部分由县财政补充，年底一次性拨付结算。2006年9月，县政府成立农村义务教育经费保障机制改革领导小组，印发《长岛县人民政府关于实施农村义务教育保障机制改革的通知》。自2007年起，长岛县实施农村义务教育经费保障机制改革，当年预算内生均公用经费拨款标准为：小学每生每年240元，初中每生每年340元。至2014年，小学、初中生均公用经费定额标准分别提高到每生每年710元、910元。2015年，根据《关于中等职业学校生均公用经费基本拨款标准有关问题的通知》（鲁财教〔2013〕58号）要求，长岛县中职学校即年起生均公用经费标准按专业核定，当年共拨付42万元。2016年3月，县政府印发《长岛县进一步完善城乡义务教育经费保障机制实施方案》，进一步调整完善义务教育经费保障机制。对寄宿制学校按照寄宿生年生均200元标准增加公用经费补助；特殊教育学校和随班就读的残疾学生按每生每年6000元标准补助公用经费。同年，长岛县高中和学前教育公用经费纳入预算内管理，高中按每生每年900元标准拨付，全年共拨付65.34万元；公办幼儿园和乡镇公办性质幼儿园按每生每年300元标准拨付，全年共拨付10.05万元。2017年，进一步提高农村规模较小学校的经费保障水平，对农村超过100人不足200人的学校，按200人核定公用经费。至2018年下半年，学前教育公用经费标准提升至每生每年710元。

勤工俭学　1986年以前，各学校的勤工俭学处于逐步恢复和发展阶段，全县勤工俭学年总收入最高不足8万元。1987年，各学校大力发展海水养殖，改善办学条件。1988年，各学校除了继续发展养殖以外，又陆续开展面包房、烧水房、小卖部、果园等承包经营，开办旅馆和贝壳粉厂，北五岛学校组织捡石球、摘松球、回收废旧物资等。同年，印发《关于进一步开展勤工俭学的意见》，对勤工俭学工作提出明确要求：明确勤工俭学统筹基金按承包利润或实际利润5%的比例提取；学校勤工俭学收入主要用于改善办学条件，补充勤工俭学周转金，扶持校办企业发展等。1989年，房屋租赁成为勤工俭学收入的重要来源，长期租赁费预收使全县勤工俭学总收入增至140万元，人均创收数位居当年省、市第一名。1992年，按照“耕海牧渔”精神，80%的学校开始以扇贝养殖为主，创办经济实体，全县各学校合计养殖4.3公顷。次年，完成收入50万元。1998年以后，勤工俭学收入不断减少。至2003年，养殖实体全部解散，承包实体基本关闭，勤工俭学收入忽略不计。

收取学杂费　1986年，实施九年义务教育，全县小学、初中学生不收取学费，只收取杂费，全县全年收取杂费共2.87万元。1989年，学杂费收取标准是：小学杂费每生每学期15元，初中杂费每生每学期20元，普通高中杂费每生每学期30元，职业高中（中专）杂费每生每学期40元。1993年5月，学杂费标准调整为：小学杂费每生每学期30元，初中杂费每生每学期50元，普通高中、职业高中、水产职业中专杂费每生每学期100元；普通高中、职业高中、水产职业中专学费每生每学期100元。2001年，各学校全部建立收费卡制度，执行“五不准”办法，落实“五统一”“两公开”“一生一卡”“一生一票”原则，避免乱收费和“双轨”收费现象。2003年，九年义务教育段，小学杂费按每生每年120元、初中杂费按每生每年150元标准收取。2007年春季开始，“两免一补”政策开始执行，长岛县义务教育阶段学生杂费全部免除。2015年起，长岛县职业学校免收学费。

学生资助

学前教育资助　从2011年秋季起，设学前教育政府助学金，对全县幼儿园3～5岁在园家庭经济困难儿童、孤儿和残疾儿童进行资助，受资助人数占在园幼儿数的10%，平均资助标准为每生每年1200元。至2018年，共资助幼儿998人次，累计资助金额59.88万元。

义务教育资助　2006年，开始对寄宿学生进行补助，资助寄宿生人数占在校生数的8%，补助标准为：小学每生每年500元、初中每生每年750元。2011年，补助标准提高到小学每生每年750元、初中每生每年1000元。2012年，受资助人数由在校生数的8%提高到10%，补助标准提高到小学每生每年1000元、初中每生每年1250元。2015年，受资助人数由在校生数的10%扩大到15%。2017年，受资助人数统一扩大到在校生数的30%。至2018年，共资助学生576人次，累计资助金额39.2万元。2015年，开始免除残疾学生学费，对义务教育阶段残疾学生的交通费、特殊学习用品费和生活费给予补助，补助标准为每生每年不低于3000元。至2018年，共资助学生37人次，累计资助金额5.55万元。

普通高中资助　2008年开始，设立政府助学金，对普通高中家庭经济困难的学生进行资助，资助标准为每生每年1000元，受资助人数占在校生数的8%。2010年秋，将原普通高中政府助学金调整为普通高中国家助学金，受资助人数提高到占在校生数的10%，资助标准提高到每生每年1500元。2015年，资助标准提高到每生每年2000元。至2018年，共资助学生1585人次，累计发放助学金132.05万元。2016年春季起，免除普通高中建档立卡家庭经济困难学生、非建档立卡家庭经济困难残疾学生、农村低保家庭学生、农村特困救助供养学生学杂费。至2018年，累计为18名在校学生免除学费2.24万元。

中等职业教育资助　2007年，开始对全日制正式学籍的在校一、二年级所有农村户籍学生和县镇非农业户籍学生以及城市家庭经济困难学生进行资助，资助标准为每生每年1500元。2012年，资助范围调整为全日制正式学籍的一、二年级在校涉农专业学生和非涉农专业家庭经济困难学生，家庭经济困难学生受资助人数按不低于在校一、二年级学生总数的10%确定。2015年，资助标准提高到每生每年2000元。至2018年，共资助学生1448人次，累计发放助学金113.7万元。2009年，开始对全日制正式学籍一、二、三年级在校生中农村家庭经济困难学生和涉农专业学生免除学费（艺术类相关表演专业学生除外），农村家庭经济困难学生受资助人数不低于在校生数的5%。2010年，将城市家庭经济困难学生纳入免学费政策范围。2012年，对全日制正式学籍一、二、三年级在校生中所有农村（含县镇）学生、城市涉农专业学生和家庭经济困难学生免除学费(艺术类相关表演专业学生除外)。2013年,免学费范围扩大到所有全日制正式学籍在校生。至2018年,共资助学生1336人次,累计发放助学金175.66万元。

生源地信用助学贷款　2009年开始,每个借款人每年申请贷款上限为6000元,贷款期限原则上按全日制本、专科学制加10年确定,最长不超过14年。2015年,贷款上限额度调整为全日制本、专科学生每人每年8000元,研究生每人每年12000元。2016年,贷款期限延长为最长不超过20年。至2018年,共87人办理贷款,累计贷款金额58.17万元。

第四节　教育设施

校园校舍建设

80年代初期,全县乡镇中小学校舍基本都是平房,也有部队营房和庙宇改造的房屋,校舍维护由所属乡镇、村自行解决。城区学校校舍由县财政拨款兴建,楼房、平房并用,内部设施简陋。80年代中期,按照要求实施校舍改造,逐步消除"危房子、土台子",全县各学校按照校舍、院墙、大门、操场、厕所、课桌凳"六配套"标准进行改造。1986年,全县"六配套"合格率达到90.9%。长岛联中、长岛水产学校、长岛第一实验小学相继建成第一批楼舍,包括教学楼、宿舍楼、伙房餐厅等累计7幢。同年6月,长岛县取得全省校舍大检查第一名。1987年,全县开始"花园式学校"创建,50%的学校达到标准,并在同年的全省校舍检查中获得第一名。1988年,中小学校改"六配套"工作基本完成,并有4处小学、1处中学被命名为市级"花园式学校"。1987—1990年,砣矶镇中、小学各建教学楼1栋,大钦岛中、小学和北长山小学、大黑山小学共建平房10余栋,校舍质量进一步改善。1990年,城镇校舍改造率先达到"五达标""十配套"标准并通过省、市验收,获得校舍改造奖金50万元(省30万元、市20万元)。1991年,全县各学校全部通过市级"花园式学校"验收,长岛县成为烟台市第一批中小学校舍改造全省验收合格县。1995年8月至1996年8月,南隍城乡为解决本乡在城区就读初、高中学生食宿问题,自筹资金180万元,在长岛联中北面建南隍城学生公寓一幢,建筑面积1600平方米,配有宿舍、食堂餐厅、阅览室等,可供100名学生同时居住。1999年,北岛乡镇学校和村级小学主体校舍已全部建成楼房,城区各学校实验楼、综合楼、阶梯教室等全部配齐。

2001—2005年,实施农村中小学危房一期、二期改造工程,共投入危房改造与设备购置资金697.4万元,完成5处中小学校和8处幼儿园的整改,消除危房13754平方米,其中B级危房6863平方米、C级危房3455平方米、D级危房3436平方米;停止使用D级危房4处,共计1550平方米,另有13处(幼儿园)危房撤销或合并。长岛县教育文化体育局被授予"烟台市中小学危房改造工作先进单位"荣誉称号。

长岛中学和长岛县职业中等专业学校校园(2012年)

2006年,全县教育布局进行调整,累计投资4463万元,在城区东部辟地新建长岛中学和高级职业学校办公实验楼、普高教学楼、职高教学楼和餐厅宿舍楼，总面积16078平方米，新建400米煤渣田径运动场；新建第二实验小学综合教学楼和餐厅宿舍楼，总面积8988平方米。

2007—2009年，实施《长岛县2007—2009年农村中小学校舍维修改造总体规划和分年度实施计划》，三年间累计投资435余万元，先后对县第一实验学校进行大门整修、体育场建设、学生宿舍楼屋面防水、卫生间建设、食堂改造、小学教学楼安全防护网建设，对县第二实验学校进行停车场、蓄水池、围墙等项目改造和水冲厕所建设。

2010年，实施《长岛县中小学2010—2013年“211工程”实施规划》，投资270万元，解决师生喝热水、吃热饭、冬季取暖和改厕治污等问题。为全县学校购置超滤热水机45台、空调37台；为县第一实验学校新建2座节能环保学生厕所和蓄水池，更新改造供电线路和照明设施；为县第二实验学校购置安装新型取暖锅炉。实施“山东省中小学校舍安全工程（2010—2013年）”，总投资2295万元。其中，包括争取中国教育发展基金会无偿资金180万元，中央校舍维修改造资金140万元，幼儿园学前教育发展专项基金120万元。共加固修缮全县中小学单体建筑15幢，总面积4.96万平方米；对城区4所学校4.3万平方米渗漏校舍进行维修，对全县校舍进行粉刷工程；对长岛中学、县第一实验学校校园道路进行改造；对全县幼儿园舍进行维修，并配备保教设施、玩具、教具、幼儿图书等。实施《山东省普通中小学办学条件标准化建设计划（2010—2015年）》，总投资964万元。为义务教育阶段学校建设功能用室、配置装备设施，为乡镇学校配齐“班班通”设备；完成全县中小学标准化图书室建设，义务教育阶段校藏图书均达省定标准；扩建长岛中学400米标准塑胶跑道，改造县第二实验学校、大钦岛中心小学和高级职业学校操场。

2014年，实施“长岛县2014—2018年全面改善贫困地区义务教育薄弱学校基本办学条件”项目，投资约3015万元进行全面改薄校舍建设，争取中央项目支持资金1300万元、省级资金1040万元、市级资金150万元。改扩建县第一、第二实验学校和北长山小学运动场，面积约13800平方米；进行义务教育阶段中小学校舍渗漏、围墙护坡改造，对县第一、第二实验学校11栋校舍实施外墙保温、内墙粉刷等项目；进行食堂和学校生活设施改造和消防、安保、校园文化建设等。2014年，全县中小学已全部通过市级标准化学校验收，长岛中学获得“省级规范化学校”称号。

2018年9月，县实验幼儿园南城园区开工，占地6582平方米，建筑面积5244平方米，投入资金3600万元。2018年，所有建设项目全部竣工并投入使用，教育教学设施设备购置全部完成，全县中小学校及职业学校11所、幼儿园10所建筑总数计63幢，总面积56125平方米。其中，中小学校42550平方米，幼儿园7987平方米，职专5588平方米；按用途计，教学及辅助用房31138平方米，行政办公用房5408平方米，生活用房12901平方米，其他用房6678平方米。

实验室建设

1980年以前，各学校的实验室建设和仪器配备比较落后，全县没有标准化实验室，学生实验只能5～6人一组，仪器数量严重不足。教育部颁布新的仪器配备标准以后，全县加大教学仪器投入力度，提高教学设备配备水平。1988年，北长山乡中心小学被评为省级“仪器配套先进集体”。1989年，长岛县获得烟台市“实验室建设工作先进县”。进入90年代，全县抓住“普及九年义务教育”和“普及实验教学”的大好时机，把改善办学条件的重心转移到实验室建设和教学仪器配备上来。至2000年，累计投资500万元，建成实验室33个、仪器室28个、音乐器材室17个、美术器材室17个、体育器材室17个。其中，教学仪器总价值240万元，全县中心小学以上学校教学仪器达到教育部颁布一类标准，其他村小和乡属小学达到教育部颁布二类标准，音乐、美术、体育器材达到省厅标准。全县通过山东省实验教学普及县验收。

2006年,全县学校进行布局调整,初中实验仪器严重不足,县政府投入48万元,为长岛县第二实验学校配齐了物理、化学、生物等实验室内部设施设备,并按教育部新颁发的《初中理科教学仪器配备标准》配齐各科教学仪器。2008年,为进一步推进义务教育均衡发展,根据省、市文件要求,实施农村中小学教学仪器更新工程。投入42万元,先后为北长山乡中心小学、砣矶学校、大钦岛乡中心小学、北隍城乡中心小学等农村中小学配备各科教学仪器71894台(件),使以上学校的教学仪器配备达到教育部新颁发标准中的"基本配备"要求。从2012年开始,按照《山东省普通中小学基本办学条件标准》要求,实施学校标准化建设工程,先后投入157万元,陆续为全县5处中小学校建成中学数字化实验室3个,小学科学探究实验室、舞蹈室和心理咨询室各5个;投入120万元,为城区学校配齐各科教学仪器,为全县中小学配备音乐、体育、美术、综合实践、心理咨询等学科器材设备,满足各学科教学需要。2018年,全县各学校实验室数量及各学科教学仪器设备均达到"山东省普通中小学基本办学条件标准"要求。

电化教育和信息技术教育设施

长岛县的电化教学始于1978年。1986年以前,各中小学校陆续开始配备放像设备,主要为学生放一些科技电影、教学幻灯片等电教资源,推广录音教学、幻灯教学等。1987年,全县建成3处电教试点学校,开设4个实验班,推广普及电化教育。同年,县教师进修学校建成卫星地面接收站,为教师培训提供服务。进入90年代,全县所有中小学全部配备电视机、录音机、录像机、投影机和银幕等设备,实现"四机一幕"进课堂。1990年,长岛中学率先建成全县第一个微机室和语音室。1995年开始,长岛县决定以"两室"(微机室、语音教室)建设为重点,创建电教示范校,城区各学校全部普及微机室。1997年,各乡镇学校微机室普及完毕。1999年,全县各学校语音室基本普及完毕。至2000年,全县中小学校电教设备总值达到400余万元,先后累计为16所中小学建成微机室17个,配备微机567台;为11所学校建成语音教室13个,为7所学校建立教师音像备课中心;为8所学校建设多媒体教室;建成卫星地面接收站2处;为各学校配备录音带、录像带、光盘等教学软件6000多盘,累计达8000多课时。全县先后创建烟台市级电化教学示范校3处,长岛县级电化教学示范校12处,电化教育工作跨入烟台市前列。2001年,长岛教育"校校通"工程启动。2002年10月,长岛县教育网络中心在全市率先建成,县网络中心与烟台市教育网络中心实现互联,"校校通"工程顺利通过验收。全县17所中小学校通过互联网与县教育网络中心连接,为各信息点提供信息交流、资源共享、网络教研和远程服务等功能。同年,3所学校建成校园网,长岛教育迈进信息化快车道。

2006年,县政府投入48万元,为长岛中学、县第二实验学校重新建设校园网,为第二实验学校配备微机70台,以满足学校信息化教学需要。2007年,根据省、市文件要求,实施农村中小学现代远程教育工程,投入17万元,为网络中心配备站点接收及视频直播系统,为北长山乡中心小学、砣矶学校、大钦岛乡中心小学、北隍城乡中心小学等学校配备微机、网络多媒体设备,宽带接入教育信息网。2009—2010年,根据烟台市教育工作会议精神和《烟台市教育局关于加强信息技术在教育教学中应用的意见》要求,全县开始实施"班班通"工程和"教师人手一机"工程,累计投入430万元,为城区学校班级教室和乡镇学校多媒体教室配备99套"班班通"设备,采用当时最先进的"投影+电子白板"模式,为信息技术和学科的深度融合提供条件。同时,为各学校配备学生和教师微机825台,完成学生微机的第一次更新换代。从2012年开始,全县实施标准化学校建设工程,投入293万元,为城区3所学校建设数字化地理教室、多媒体自动录播室各3个,安装校园广播系统2套,更新网络中心及各学校的交换机、服务器、核心路由器、机房安全预警等设备，实现了城域网的三层组播功能。同时，完成全县教学点数字资源全覆盖工程，为大黑山小学、小钦岛小学、北隍城小学、南隍城小学等教学点配备“班班通”设备、微机和网络设备，使乡镇学校和教学点的信息化配备水平有了新的提高。

2016—2018年，全县实施教育装备综合改革试验区建设，三年投入资金644万元，为各学校更新“班班通”设备（采用85英寸一体机模式）95套，更新微机710台，新建12个创新实验室和2个课堂互动教室，配备课堂终端设备300套，建立网站和无线网各7个，实现无线网络全覆盖。北岛教学点与城区学校互动教学。2018年，县第一实验学校、县第二实验学校被烟台市教育局评选为“烟台市数字校园示范校”。

图书资料配置

1986—1991年，县教育局对学校图书资料陆续进行调配，全县中小学图书增至4.1万册。1992年，依据烟台市教育局《关于加强中小学图书馆（室）建设的通知》要求，对图书室的管理、图书管理员的配备及管理、中小学图书馆（室）的装备、评估等作出详细规定，并推出按市级要求分类达标的计划，长岛中学、长岛县联办初级中学、长岛县水产学校、长岛县实验小学按二类标准达标，其他学校按三类标准达标。同年底，烟台市教育局对全县中小学图书馆（室）进行评估验收，全县44%的学校验收合格。其中，长岛中学、大黑山乡中心小学被评为优秀等级，县联办初级中学、南长山镇中心小学、北长山乡中心小学、小钦岛乡小学被评为良好等级，砣矶镇中学被评为合格等级。全县中小学共有图书7.05万册，小学生均8.3册，初中生均13册，高中生均45册。1993—2005年，各学校按照每年1%的递增标准逐年更新图书，经费投入按照“三费”总额的10%标准投入。2006年，第一实验小学、长岛中学初中部图书划归县第一实验学校管理，第二实验小学图书由县第二实验学校管理。2009—2011年，按照烟台市教育局《关于加快中小学图书馆（室）建设工作意见》，加快推进全县标准图书室建设，印发《长岛县学校图书室建设工作方案》，图书配备严格按照《中小学图书馆（室）藏书分类比例表》中五大部类的分类比例进行，新购进图书5.2万册，图书总量达16.8万册。其中，适合初中学生阅读的图书6.6万册，人均达到43册；适合小学生阅读的图书5万册，人均达到36册，完成全县义务教育段学校图书室标准化建设。同期，长岛中学、长岛高级职业学校分别配备图书0.3万册和0.5万册。2012—2017年，各学校按照每年1%的递增标准逐年更新图书。截至2018年，小学藏书22916册，人均91册；九年一贯制学校藏书94684册，人均53册；高中藏书53028册，人均73册。

第六章　体　育

第一节　体育设施建设

体育场所

1986年前后，长岛县的大型体育运动会基本集中在县城西部的部队大操场上举行，操场建有300米跑道，总面积1万余平方米。2006年后，操场几乎废弃。长岛中学以及各乡镇的联办中学均建有田径场、篮球场，外围跑道200～300米不等，县业余体校、邮电局、电厂及部分村镇和驻军营地也建有室外篮球场地，大多数为夯实的黄土材质，后期逐步普及为水泥篮球场。进入90年代，部分学校开始铺设草坪运动场地。2006年教育布局调整后，长岛中学和第一实验小学校址搬迁，校内运动场地废止。从2011年开始，陆续对县内各学校体育场地进行新建或改建工程。2014年，投资5.9万元，完成砣矶学校院内混凝土地面维修工程；投资6.3万元，完成大钦岛乡中心小学健身广场及混凝土路面工程。2015年12月，长岛县被省发改委、省体育局授予“山东省体育产业基地”称号。至2018年，全县各类公共体育场地（所）达45处，40个行政村配备健身器材1300余件，活动场地总面积超过4万平方米。

田径场 2011年，县首座标准塑胶运动场（包括400米田径场、11人制足球场、4块篮球场）在长岛中学建成，投资600余万元。2013年，投资27万元，建成实验幼儿园1040平方米塑胶场地。2017年，县政府投入156.4万元，实施长岛县第一实验学校田径场、篮球场改造工程；投入11.64万元，实施北隍城乡校园场地改造。2018年，县第一实验学校建成包括250米田径场和7人制足球场的塑胶运动场；县第二实验学校建成300米田径场和7人制足球场的塑胶运动场。北长山乡中心小学有炉渣跑道运动场（包括200米田径场、5人制足球场、1块篮球场）1处；砣矶小学和大钦岛小学各有200米炉渣跑道田径场1处。

球场 1986年，县政府投入30万元，在县府街建成全县第一个正规公共篮球场地灯光球场，面积1000余平方米，是全县举行大规模篮球比赛的主要场地。2009年6月至2012年9月，先后投入35万余元，对县灯光球场配电房、灯光线路、场地设施进行修缮并对灯光球场升级改造。2018年7月，因城区改造，灯光球场被拆除。1988年，北长山乡北城村投入10万元建成室外灯光篮球场。1992年，砣矶镇投入10万元建成灯光球场。2006年，县教体局投入10万元建设水泥网球场1处，2015年修缮为人造草坪场地。2009年8月，南长山镇山前村建立一处乡镇文体活动中心，面积为3000平方米，配有篮球场、门球场及健身路径。2012年9月，投入20万元，改建人造草坪门球场2处，面积为300平方米。同年，县内各部门、乡镇也建设多处小型户外球场和健身路径。2015—2018年，县职业中等专业学校先后对本校篮球场地进行硬化改造和塑胶升级。长岛中学、县职业中等专业学校、县第一实验学校、县第二实验学校共有篮球场地12处。

体育馆 2010年9月，长岛县全民健身活动中心建成，是全县唯一一处室内体育活动场所，地址位于长园宾馆以东的青年路南侧，占地8841平方米，建筑面积2630平方米，内有羽毛球、网球、乒乓球运动区，并分设小型球馆、健身房、棋牌室、茶室、电影放映厅等单间，项目总投资930.02万元。

体育器材

2003年，争取省、市支持，首次在明珠广场新建一处价值6万元的全民健身路径。2005年，在南隍城乡和县青少年校外活动中心建立两条全民健身路径。自2008年开始，长岛县全民健身工程建设进度加快，通过向上争取地方财资支持和自筹等方式，逐步建设城区、乡镇、行政村三级全民健身工程，全民健身路径在全县逐步实现全覆盖，篮球架、乒乓球台在各乡镇公共场地全部配齐。2008年，向上级体育主管部门争取价值25万元的全民体育健身工程25处。其中，篮球架20副，乒乓球台40副，健身路径25件。同年12月，争取省体育局支持配套资金2万元，从体育彩票公益金列支1万元，配备县级国民体质监测器材。2009年6月，设立国民体质监测站。2010年，在长园路、英山区两处健身广场安装价值2万余元健身路径器材10件。2011年，投入12万元，为部分乡镇、村配备健身器材。2012年，投入15万元，对县明珠广场32件健身设施进行更新换代，申请省级体育彩票公益金8万元，建设1处乡镇健身工程；同年，为14个乡村、社区及2所学校配送价值45万元的体育健身器材133件。2013年，为17个乡村、部门配送价值40万元的体育健身器材200件。2014年，共投入38.65万元，为10个乡村、3个社区、2所学校配送体育健身器材

212件，另争取市级资金11万元为1个乡镇、2个社区配备健身器材。2015年，投入40万元，为乡村、社区配送体育健身器材247件，另争取市级资金20万元援建部分乡镇、社区全民健身工程。2017年，投入30万元，为乡村、社区、学校更新配送健身器材145件。2018年，投入20万元，为乡村、社区更新配送健身器材86件；投入12万元，更新全套11项IC卡国民体质监测系统。同年12月，长岛国民体质监测中心在县医院体检楼挂牌成立。

第二节　学校体育

中小学体育

改革开放初期，长岛县各乡镇学校的体育教师多由民办教师担任，县教育局定期组织外出培训体育教学技能，县城中学的体育教师多为民师毕业。80年代中期，开始陆续有体育专科生分配到各学校，至1996年，全县有第一位本科体育毕业生任教。2000年后，各种体育培训渐增。2010年后，按照《体育课程标准》中的要求对全县中小学体育教师进行培训。2015年后，先后邀请烟台市知名足球教练多次进岛对体育教师开展足球技能及裁判技术的全面培训，安排骨干教师到鲁东大学、华东师范大学接受专门培训。至2018年，累计培训60余人次。

1986年，全县中小学贯彻《中小学体育工作暂行规定》，实行两课（每周两节体育课）、两操（早操、课间操）、两活动（两节体育活动）制度，体育课开设项目主要有田径、篮球、乒乓球、体操等。课间操时间15分钟，体育活动不少于45分钟；学校体育工作执行《国家体育锻炼标准》，定期开展达标检查，学生体育达标率不足50%。1987年，高中招生考试加试体育，按适当比例折扣计入升学总分。1988年左右，开始发放学生用体育教材，推行第七套广播体操。1990年，学校体育达标工作获得省、市评比第一名。1992年，“两活动”增加为“三活动”，体育课被列为学生学业成绩考核科目，学生体育达标率超过80%。2010年，推行“大课间”体育活动和阳光体育运动，保证学生“每天锻炼一小时”。2011年，开始使用《体育与健康》教材。同年9月，实行“体育、艺术2+1”政策。2015年，将学生学业成绩考核科目改为初中体育学业水平测试，项目为测量身高、体重、肺活量、50米、坐位体前屈、立定跳远、引体向上（男）、1分钟仰卧起坐（女）、1000米（男）、800米（女），折算40分计入升高中总分。2016年，各学校开始举行阳光运动会和达标运动会。2017年11月，在全市中学生体质抽测中，长岛体育达标率为100%。2018年4月，初中体育学业水平测试首次进行统一封闭测试。同年7月，县第二实验学校获烟台市“国家学生体质健康标准”达标运动会初中组第六名，长岛中学获烟台市“国家学生体质健康标准”达标运动会高中组第七名。

自1988年5月开始，教育系统每隔两年举办一次全县中小学田径运动会，至2002年5月，共举办8届。之后，分别于2005年10月、2007年5月、2009年5月、2013年5月举办过4次。各学校依惯例一般每年举办一次田径运动会，以秋季居多。教育部门每年组织一次全县中小学篮球赛和乒乓球赛，城区学校冬季越野赛。2007年，组织城区初中生三人制篮球对抗赛。2014年，组织首届中学生排球比赛。2016年，县第一实验学校被评为“全国足球特色学校”。2017年，县第二实验学校被评为“全国足球特色学校”。2018年，长岛中学被评为“烟台市足球特色学校”。2016—2018年，连续举办三届长岛县“县长杯”校园足球比赛，并连续三年参加烟台市“市长杯”校园足球联赛。

体校

1979年，长岛县业余体校成立，从全县中小学在校生中招生，设篮球、田径、射击、武术、帆板等训练项目，以输送运动员为主，同时培养体育后备人才。1982年，学校射击班被山东省列为射击重点班，开始组队参加全国射击比赛，并先后取得分区银牌1枚，省级金牌9枚、银牌10枚、铜牌14枚，学校射击队被中共烟台市委、市政府授予“振兴烟台体育先进单位”称号。1986年，学校有体育教师5人，在校学生33人，教职工18人。同年，县业余体校在省级和国家级比赛中均取得良好成绩：山东省“振兴杯”田径邀请赛，宫胜基获男子10千米竞走全省第一名，破省纪录并达到国家一级运动员标准；山东省重点射击班射击比赛，邹华获女子标准枪3×20全省第二名、女子标准枪60发卧射全省第三名，并于1986年7月代表全省参加全国射击比赛；山东省第十三届运动会射击比赛，范崇敏获男子口径枪30发卧射第一名（成绩295环破291环省纪录）、口径枪3×10项目第三名（成绩273环破271环省纪录），唐红梅获女子口径枪3×10项目第二名，宋景娜获女子标准枪60发卧射第二名、标准枪3×20项目第三名，范崇敏、石其亮获男子口径枪30发卧射团体第一名（成绩874环破861环省纪录）；全国青年射击比赛，邹华获女子标准枪3×20项目全国第六名。建校以来，学校先后向省体育专业队输送运动员5名，向烟台市体育学校输送运动员14名。1989年以后，由于生源问题学校停止招生。1993年，县业余体校更名为“长岛体育培训站”，保留4名教师，开设射击和篮球2个专业。1996年，组队参加烟台市第四届运动会，获篮球男队第5名，同时获2块团体金牌。1998年4月，县业余体校并入县高级职业学校。

第三节　职工体育

长岛县职工体育运动主要由县体育主管部门与县总工会、县妇联、团县委牵头，联合相关企事业单位共同组织，以篮球、乒乓球、长跑等单项内容为主。1986—1987年，连续举办两届全县县直职工及中小学田径运动会（长岛县春季运动会），后停办。2018年，再次举办全县综合运动会，参赛人员除中小学生外，主要是全县各单位职工。

在全县开展的所有职工体育项目中，篮球比赛开展次数最多。由体育主管部门牵头，企业提供赞助并冠名，比赛时间大多安排在7—9月。1997—2010年，先后举办“小灵通”“旅游杯”“新联通杯”“宝悦海洋食品杯”等全县职工篮球赛。2005—2018年，先后举办全县职工环岛接力比赛、乒乓球比赛、羽毛球比赛、拔河比赛、象棋比赛、长跑赛等各类赛事活动。2011年，举办长岛县首届全民健身运动会，以后每年都举办，涵盖社会各阶层、各行业、各年龄段全民参与的各类体育比赛、展演项目。至2018年，陆续举办足球、武术、百日千人健步走、老年门球、少年体育舞蹈、全县综合运动会等项目。

第四节　老年体育

1986年，长岛县老年人体育协会成立，老年人体育活动步入经常化、正规化，主要组织了门球、象棋、乒乓球等活动。1988年，首次举办全县老年人象棋比赛和乒乓球比赛。1989年9月，举办长岛县第一届老年人门球比赛。此后，每年举办。同年，县老年体协开始组队外出参赛，获烟台市老年人象棋比赛团体奖第四名。1990年9月，长岛县承办烟台市迎亚运“长寿杯”老年人象棋比赛，获全市第四名。此后，县老年体协每年定期举办老年人象棋比赛。1996年，长岛县成立太极拳示范队。1999年5月，南长山镇老年门球队参加烟台市第二届老年农民门球赛，获第一名。之后，代表烟台市参加全省第三届农民门球赛，获第四名。2008年之后，县老年体协陆续得到县财政的经费支持，活动力度开始加大。2011年，在长岛县首届全民健身运动会中，老年人广场舞、健身操、太极拳（剑）等均予以展示。2011—2018年，全县举办的老年人文体活动近30场次，单场参加表演人数最多超过300人。至2018年，全县共有运动队23个，队员1800余名，各级社会体育指导员257人。

第五节　娱乐体育

2008年以后，"健步走"、广场舞等各类项目逐渐增多。2009年3月，举办"长岛县2009年迎全运全民健身月启动仪式暨'体彩杯'万人竞走活动"。2009年8月8日，为庆祝中国第一个"全民健身日"，县老年体协组织5个活动队伍在各健身点、公园进行健身球操、健身舞、柔力球、太极拳、剑、扇以及交谊舞的集中表演。2016年3月至2018年3月，连续举办三届全民健身月启动仪式暨"体彩杯""百日千人健步走"活动，全县近50个单位，上千余名干部职工和群众参加。2016年8月至2017年8月，先后举行两次少年拉丁舞展演。2017年，长岛民间出现"旗袍走秀"活动以及妇女打鼓队，人数与活动项目呈现不断增加的趋势。至2018年，全县广场舞站点（队）发展至50余个，普及每个社区和村镇，人数达3000余人。

第六节　赛　事

历届运动会

1986年5月至1987年5月，连续两年举办全县县直职工及中小学田径运动会（长岛县春季运动会），每次均有来自各单位及中小学校30多支代表队参赛，后停办多年。1997年9月，在部队大操场举办长岛县97秋季田径运动会。1999年9月，在部队大操场举办全县秋季田径运动会。随着全民健身运动的深入开展。2018年10月，在长岛中学举办全县综合运动会，来自各党政机关、企事业单位、乡镇（街道、开发管理处）等19个运动员代表队，参加比赛。

参加上级比赛

1986年11月，在全国射击分项赛中，长岛的宋景娜与王德文（青岛）、刘永艳（潍坊）代表山东队获60发卧射团体第一名，破全国纪录，持平世界纪录。1987年10月，在朝鲜举办的第四届国际射击竞技大会（七国邀请赛）中，长岛的宋景娜与郭凤娟（河北）、田红（辽宁）代表国家队获气步枪40发团体第一名。1988年9月，在全国大行政区比赛中，宋景娜获60发卧射第一名，超亚洲纪录。1996年10月，长岛代表队参加烟台市第四届运动会，获2枚篮球赛金牌。2006年6月，长岛籍运动员刘述诚在全国青少年帆板锦标赛上获银牌。从2008年开始，长岛积极组队参加市级以上赛事，累计近60次。其中，有13次取得较好名次。2008年6月，在烟台市第七届运动会田径和篮球比赛项目中，获1枚金牌、2枚铜牌。同年9月，刘述诚在全国帆船帆板锦标赛上获团体银牌。2010年9月，在山东省第二十二届运动会上，长岛县输送的3名队员隋潇月（女子射击）、舒凯（女子射击）、刘述诚（男子帆板）代表烟台市参赛，获3枚金牌。2012年7月，在烟台市老年体协柔力球比赛中，获规定套路第五名（银奖）、自选套路第七名（银奖）、竞技项目铜奖。2013年4月，在烟台市第八届运动会中，青少年组获40枚金牌，职工男子组获跳绳比赛第一名，老年组42式太极拳获个人项目第一名，乒乓球赛获女团第一名、女双第一名、混双第一名。同年5—6月，在烟台市第八届运动会中，田径个人项目获9枚金牌，团

1987年10月5日，宋景娜（右一）参加在朝鲜平壤举行的第四届国际射击竞技大会

体项目获太极拳银奖、太极剑铜奖，个人项目获太极拳第一名（金奖）。2014年，长岛籍运动员付尔豪，在第23届省运动会上代表烟台市参赛获帆板项目金牌，在全国帆板锦标赛获铜牌。2015年5月，在山东省“体育彩票杯”大众跆拳道锦标赛中，获1枚金牌、1枚银牌、2枚铜牌。2016年6月，在烟台市“万发资源再生杯”跆拳道锦标赛中，获2枚金牌。2017年5月，在烟台市第二届老年人田径运动会中，获个人金牌19枚、团体总分第四名。2017年8月，在“日日顺电器杯”烟台市大众跆拳道精英赛中，获3枚金牌；烟台市第二届老年人气排球比赛，获金奖。同年11月，在“优魄杯”全国大众跆拳道赛中，获2枚银牌、4枚铜牌。2018年8月，在烟台市第三届大众健身项目挑战赛中，获2个单项第一名。同年9月，在“中国体彩杯”烟台市第八届全民健身运动会太极拳比赛中，长岛代表队获男子成年组一等奖和男子少年组一等奖。

举办赛事

马拉松赛　2015年9月12日，举办首届“南洋杯”2015烟台长岛环岛半程马拉松赛，1350人参赛，分半程赛和短程赛。2016年9月11日，举办第二届长岛环岛马拉松比赛，参赛人数达3000余人。同年7月31日，举办烟台“长岛听风”21千米山地马拉松比赛，1000余人参赛。2017年9月2日，举办第三届烟台长岛环岛马拉松赛，3650名选手参赛，设31千米环岛跑、21.0975千米半程跑、6千米短程跑3个项目。同年6月24日，举办烟台“长岛听风”第二届山地马拉松比赛，全程25千米（山路约300米），100余人参赛。2018年9月15日，举办第四届烟台长岛环岛马拉松赛，来自10多个国家的3600名选手参赛。

海钓比赛　2010年7月3—4日，长岛县第一次举办2010“山东体彩杯”海钓比赛，来自全省60余名钓鱼爱好者参赛。2014年12月，长岛县获得“山东省海钓基地”称号，成为烟台市唯一获此殊荣的县市。2017年9月9—10日，举办首届全国海钓锦标赛（山东长岛站），来自全国各地的31支队伍、124名海钓选手参赛。2018年9月29日，举办全国海钓精英邀请赛，来自全国20支队伍、80名选手参赛。

帆船、摩托艇比赛　2018年9月28日，2018长岛“天海风”首届摩托艇、帆船赛在长岛县南长山孙家村海域举行，来自北京、天津、河北、山东等省市的水上运动选手和80余名摩托艇、帆船运动爱好者参赛。

第七节　体育彩票

1999年10月1日，长岛县第一个体育彩票销售站点正式营业，地址在长岛县解放路13号，店内仅有一台投注机，年销售额30万元。2005年，投注机增至4台，年销售额130.4万元。2007年2月，长岛县被山东省体育局评为2006年度体育彩票工作先进县。2008年1—11月，彩票销售额达到395余万元。其中，即开彩票于同年3月23日上市，即售68万余元。2010年，总销售额达750万余元，任务完成率、市场占有率、单机销量居全市首位。2011年2月，烟台市体育局授予长岛县教育体育局“2010年度‘体育彩票工作突出贡献奖’”。同年5月11日，长岛县首中即开彩票奖金10万元，当年总销售额达1100万元。2013年，体育彩票销售额突破1500万元。2015年，全县体育彩票终端机进行更新升级，完成销售额583万元。2016—2017年，每年完成体育彩票销售额500余万元。2018年，完成年销售额464万元。

第二十五编　科学技术　医疗卫生

第一章　科学技术

1986年，随着改革开放不断深入，长岛县、乡、村三级科技网络逐步形成，科研机构和科技人员不断发展壮大。全县有民营科研机构和技术推广组织36个，各类专业技术人员842人。其中，工业32人，农业35人，林业12人，水产46人，卫生201人，教育448人，其他68人。

1992年，长岛县被山东省授予“科教兴鲁”先进集体；1995年，被国家科委授予“全国科技工作先进县”称号，被国家科委批准为国家级社会发展综合实验区；1996年，被国家科委、农业部授予“全国科技实力百强县”称号，被山东省科委评为“科技兴海管理先进单位”。“虾夷扇贝底播增殖技术开发”和“虾夷马粪海胆底播繁育与养殖技术开发”分别于2001年和2002年获科技部“星火计划开发奖”。2003年后，科技工作重心逐渐由科学研发转向科技成果推广与转化。“栉孔扇贝杂交苗繁育及养殖生产技术试验示范”项目被列为科技部农业科技成果转化项目。

至2018年，全县共组织实施各类科技发展计划525项，其中6项获国家级奖励，14项获省级奖励，16项获市级奖励。2018年，全县拥有科技服务机构62个，各类专业技术人员1685人。其中，工程274人，教育488人，卫生280人，水产60人，林业23人，农业22人，其他538人。

第一节　科研机构

1986年后，全县建立健全以县水产科学研究所为龙头、乡镇水产科技推广站为骨干、渔村科技服务组织为基础的三级科技网络，科研机构和科技服务队伍不断壮大，成立36个民营科研机构和技术推广组织。通过深化科技体制改革，继续实行放宽放活的科技奖励政策，逐步完善课题承包和科研经费管理办法，先后有200多名水产科技人员到生产一线。2002年，全县建立农、林、畜、果、渔各类科技服务组织145个，贝类、藻类、海珍品、海洋食品及海洋药物等科技攻关专项课题组6个。8个乡镇均设技术推广中心，渔村普遍成立“两组、一校”（科技领导小组、科普小组和渔民科技夜校），全县拥有各类专业技术人员2200人。2010年后，长岛县推动科技研发管理向创新服务转型，通过产学研联合提升创新能力，先后与中国科学院海洋研究所、中国水产科学研究院黄海水产研究所、中国海洋大学、青岛国家海洋科学研究中心、鲁东大学等各大科研院所联合科研攻关。

中国水产科学研究院长岛增殖实验站

1980年1月，长岛县海珍品增殖站设立，隶属县水产局。1982年，划归中国水产科学研究院渤海水产增殖科学实验基地，县水产局代管。1983年，更名为中国水产科学研究院渤海水产增殖科学实验基地长岛增殖实验站（简称长岛增殖实验站）。1985年9月，农业部批准长岛增殖实验站为正科级单位，编制50人，主要从事海珍品人工育苗、放流等研究工作。1987年1月，长岛增殖实验站转由长岛县养殖公司代管。1988年7

月，长岛增殖实验站由中国水产科学研究院直接管理。1994年，长岛增殖实验站更名为中国水产科学研究院长岛增殖实验站。2009年，升格为正处级单位。该站是中国水产科学研究院在渤海海域的4个增殖实验站之一，主要研究海珍品苗种繁育、种质资源保护与修复、水产生物遗传育种、健康养殖模式构建、环境监测、病害防治、成果转化及推广等。先后进行墨西哥巨藻引进培育、刺参人工育苗、皱纹盘鲍人工育苗等多项具有国内开创性海珍品育苗研究，取得6项科研成果。2018年，全站有工作人员34人，其中科研人员24人。

长岛县水产研究所

1977年，长岛县水产技术推广站更名为长岛县水产研究所，隶属县水产局。1985年，全所职工12人，均为科技人员，内设捕捞、资源、养殖、加工4个研究组。1986—1990年，内设办公室、捕捞组、资源组、养殖组、机械组。1991—1999年，分设为长岛县水产捕捞研究所和长岛县海水养殖研究所。1999—2003年，两所合并为长岛县水产研究所，属正科级差补事业单位。内设海珍品养殖研究室、贝藻养殖研究室、捕捞技术研究室、鱼类养殖研究室、新品种开发研究室，由长岛县海洋与渔业局代管。2010年，改为正科级全额事业单位，内设综合科、病害防治科和技术推广科，对外挂长岛县水产技术推广站牌子，隶属县海洋与渔业局。2018年，全所共有工作人员10人，其中科技人员8人。先后承担省、市、县水产科研和技术推广课题30余项。其中，栉孔扇贝高产技术推广、栉孔扇贝自然海区采苗技术研究、对虾接虾兜技术推广、虾夷扇贝底播增殖技术开发、虾夷马粪海胆繁育与底播增殖技术、皱纹盘鲍底播放流技术、光棘球海胆养殖技术、魁蚶采捕技术改进与推广等获省级以上奖励，乙纶和维纶混捻围网材料、脚踏式海带夹苗机、海带碘糖浆等被评为全国和省优良产品。

长岛县海洋药物研究所

1991年，长岛县海洋药物研究所成立，编制25人，隶属县计卫委，主要从事海洋食品、保健品和海洋药物等研发工作。1992年，吸纳外资成立长岛海力宝海洋实业有限公司，对研发成果进行转化。先后取得100余项科研成果，发表论文近百篇，形成《海洋药膳》《水产加工实用技术》等著作。其代表性研究成果有：对鲍鱼壳成分进行分析并确定含有49种成分，研究利用低质鱼贝类提取EPA、DNA，扇贝皇系列保健品研究，酶法生产大型贝柱技术研究等。成果转化应用形成斯利姆海洋减肥宝、刺参宝口服液等20余种海洋保健品。1995年，长岛海力宝海洋实业有限公司停产。2002年，长岛县海洋药物研究所解散。

第二节 科技成果

科技成果项目

1986—1997年，全县承担以科技攻关、科技成果推广和星火计划为主的各类科技计划，获得国家级科技奖励4项，省级8项，市级9项。完成“浅海滩涂健康养殖技术研究开发”“长岛养殖规划信息系统和健康养殖模式研究”“海水健康养殖技术开发与示范”等重大课题。

推广应用40余项科技成果，重点推广栉孔扇贝人工养殖技术，栉孔扇贝养殖面积由1986年460公顷扩大到1988年866.7公顷；推广刺参圈养、围网养殖、沉箱养殖、底播增殖等多种养殖方式，刺参育苗能力由1000头／立方米，提高到8000头／立方米，全县形成“贝藻间养、立体化养殖、底播放流增殖、精准养殖”等养殖新模式；研究推广鲍鱼育苗、越冬、养成、底播放流技术；总结推广扇贝双牵网套笼、虾夷贝底播筏养、海带深加工以及鲍鱼、海参、赤贝、鱼类等多品种、多形式增养殖技术。

1998—2005年，全县科技成果中获国家级科技奖励2项，省级7项，市级8项。推广应用“扇贝深水吊泡”“海带一绳双挂”“海珍品综合立体化养殖”“海水健康养殖模式”等新技术10余种，其中栉孔扇贝延绳吊漂下沉筏架养殖技术将养殖水深由15米延伸到40米，扇贝养殖损失率由33.2%下降到0.03%，亩产提高60%。该技术已在山东省沿海地区全面推广，应用面积达153.33平方千米，年增效益10多亿元。

2000年，虾夷马粪海胆、海参人工育保苗及增养殖技术广泛推广，鱼类网箱养殖增加至1000余个，养殖不同品种鱼类200万余尾，虾夷扇贝底播增殖面积1300余公顷。2002年，“长岛水资源可持续利用规划与技术综合示范研究”“海水淡化工程技术开发示范”“海水健康养殖模式研究与开发示范”等多个项目成果得到示范推广。其中，“社区水资源合理开发与节水技术研究”成果推广后，全县投资6000余万元，新建和扩建小型水库2座、塘坝43座、环山渠8300余米，屋檐接水5000余家，苦咸水淡化站4处，加之森林涵水作用，每年可涵养淡水资源约130万吨。“海水淡化工程技术开发示范”工程启动后，长岛县在全省率先建成日产1000吨和75吨级海水淡化站各1处，年供水量46万吨，有效缓解海岛淡水资源紧缺局面。

2007年，完成“长岛及附近海域地震活动特征及近期地震危险性趋势分析”和“杂交栉孔扇贝良种繁育及养殖技术研究”2项重要科研课题。2010年后，科技成果鉴定工作逐渐停止。

1986—2004年长岛县获烟台市级以上科技奖励项目一览表

表25-1

序号	级别	项目名称	承担单位	获奖种类	获奖年份
1	国家级	栉孔扇贝高产技术综合推广	长岛县水产研究所	农业部丰收计划一等奖	1990
2		栉孔扇贝自然海区采苗技术研究	长岛县水产研究所	农业部科技进步三等奖	1986
3		对虾接虾兜技术推广	长岛县水产研究所	农业部科技进步推广三等奖	1990
4		刺参人工育苗研究	长岛县增殖实验站（与黄海水产研究所合作）	中国水产科学研究院科技进步三等奖	1986
5		虾夷扇贝底播增殖技术开发	长岛县水产研究所	科技部星火计划开发奖	2001
6		虾夷马粪海胆繁育与底播增殖技术	长岛县水产研究所	科技部星火计划开发奖	2002
7	省级	城镇水土流失及防治研究	长岛县水土保持委员会办公室	山东省水利科技进步二等奖	2000
				烟台市科技进步二等奖	
8		皱纹盘鲍人工育苗幼鲍越冬与人工配合饵料技术	长岛县增殖实验站（与黄海水产研究所合作）	山东省科技进步三等奖	1986
9		皱纹盘鲍工厂化养殖技术	长岛县海带育苗厂	山东省科技进步三等奖	1993
10		皱纹盘鲍底播放流技术	长岛县水产研究所	山东省科技进步三等奖	1993

续表25-1

序号	级别	项目名称	承担单位	获奖种类	获奖年份
11	省级	庙岛群岛大比例功能区划	长岛县科委	山东省科技进步三等奖	1999
12		缩小地震危险区预测范围和发震时段的预报方法的研究	长岛地震台	山东省科技进步三等奖	2002
13		缩短扇贝养成周期	长岛县水产研究所	山东省水产局科技进步三等奖	1986
				烟台市科技进步三等奖	
14		光棘球海胆养殖技术	长岛县水产研究所	山东省水产局科技进步三等奖	1990
15		多片式疏目拖网技术研究	长岛县水产研究所	山东省水产局科技进步三等奖	1995
				烟台市科技进步三等奖	
16		魁蚶采扑技术改进与推广	长岛县水产研究所	山东省水产局科技进步三等奖	1995
17		屋顶接水试验研究	长岛县水利局	山东省水利科技进步三等奖	1998
18		风电工程水土保持生态建设技术研究	长岛县水土保持委员会办公室	山东省水利科技进步三等奖	2000
19		人为倒石堆绿色生态再造技术研究	长岛县水土保持委员会办公室	山东省水利科技进步三等奖	2001
				烟台市科技进步三等奖	2002
20		皱纹盘鲍底播技术开发	长岛县水产研究所	山东省星火计划三等奖	1995
21	市级	海带筏式养殖技术推广	长岛县水产研究所	烟台市科技进步一等奖	1990
22		栉孔扇贝延绳吊漂技术	长岛县养殖公司	烟台市科技进步二等奖	1999
23		深水大流海区海珍品养殖技术研究	长岛县养殖公司	烟台市科技进步二等奖	2000
24		皱纹盘鲍稚鲍度夏技术	山东省水产养殖研究所	烟台市科技进步二等奖	2001
25		皱纹盘鲍优势种群选择技术	长岛县科技开发公司	烟台市科技进步二等奖	2001

续表25-1

序号	级别	项目名称	承担单位	获奖种类	获奖年份
26	市级	虾夷扇贝底播防流失技术研究	长岛县水产研究所	烟台市科技进步二等奖	2004
27		渔业资源调查与区划	长岛县水产研究所	烟台市科技进步三等奖	1986
28		海水立体养殖试验	长岛县水产研究所	烟台市科技进步三等奖	1986
29		虾夷扇贝人工育苗	长岛县水产研究所	烟台市科技进步三等奖	1988
30		皱纹盘鲍人工养殖技术	长岛县水产研究所	烟台市科技进步三等奖	1990
31		虾夷扇贝养殖技术研究	长岛县水产研究所	烟台市科技进步三等奖	1992
32		魁蚶自然海区人工采苗技术	长岛县水产研究所	烟台市科技进步三等奖	1995
33		虾夷扇贝底播放流技术	长岛县水产研究所	烟台市科技进步三等奖	1997
34		虾夷扇贝自然海区采苗技术	长岛县水产研究所	烟台市科技进步三等奖	1999
35		黑尾鸥的种群生态及利用研究	长岛县国家自然保护区管理局	烟台市科技进步三等奖	2002
36		四片高网口拖网技术	长岛县水产研究所	烟台市科技大会奖	1987

主要科技成果简介

“海带一绳双挂”技术　由大钦岛乡东村养殖四队职工孙家彬等人承担的自选科研课题，1988年开始试验，1991年5月试验成功。该技术采用一根吊绳同时挂两个苗绳的办法，使整个筏架（区）形成网状结构，解决海带受光不均和相互缠绕的问题，海带品质和产量大幅提高。

栉孔扇贝延绳吊漂下沉筏架养殖技术　由长岛县海水增养殖示范基地办公室承担，县养殖公司协助，1998年试验成功。长岛县栉孔扇贝传统养殖模式是浮漂直接捆绑在筏架上，将筏架漂浮在海面，其下直接吊放扇贝养殖笼。因受风浪冲击，养殖筏架和吊养扇贝笼始终处于大幅度运动状态，养殖器材和养殖扇贝耗损严重，尤其是深水大流海区，养殖生产难度更大。该技术通过延绳将浮漂和筏架延伸，下沉到海区理想深度。由于延绳吊漂能缓解风浪的冲击力，下沉筏架处于相对稳定状态。该项目使筏式养殖生产迈出向深水大流区技术开发的步伐。1999年，获烟台市科技进步二等奖。

海岛资源综合调查　海岛资源综合调查是国务院批准的国家重点科技攻关项目，是在全省海岸带和海涂资源综合调查基础上针对海岛资源进行的大规模专业调查工作。长岛县科委协同国家海洋局对长岛地区进行调查，1988年开始，1996年结束。该调查基本查清海岛的自然环

境要素和自然资源，包括气候、水文、海水化学、地质、地貌、土壤、植被、淡水、矿物、海洋生物、环境质量、土地利用以及乡镇人口、劳动力状况、工业、农业、旅游等社会经济概况。经省科技厅组织专家验收认为，研究成果具较高科学性和实用性。

庙岛群岛及其邻近海域大比例尺功能区划研究　由县科委承担研究任务，1994年开始研究，1998年结束。“庙岛群岛及其邻近海域大比例尺功能区划”是国家海洋局确定的全国海洋大比例尺功能区划试点。根据长岛县所辖乡镇岛屿及邻近海域管理现状和开发保护需要，试点区不仅包括长岛县各岛，还扩大到群岛周围海域，区划范围为南起登州水道，北至老铁山水道，其地理坐标为37°53′00″～38°30′00″N，120°06′00″～121°27′00″E，总面积约8700平方千米，其中岛陆面积56平方千米，水域面积8644平方千米，岸线长146.41千米。通过小区域、大尺度深入调查研究，准确把握和量化岛岸和海域区位、自然资源和自然环境属性，确定各岛及邻近海域不同利用功能。1999年，获山东省科技进步三等奖。

长岛水资源可持续利用规划与技术综合示范　1996年，科技部下达“长岛水资源可持续利用规划与技术综合示范”项目，该项目由长岛县社会发展综合实验区办公室承担。1998年，项目完成。长岛县建成家庭雨水收集系统5000余家，直接利用雨水12.5万～15.6万立方米；路面雨水收集示范点3个，利用雨水1800立方米；厂区雨水收集示范点5个，年利用雨水3000立方米；建成环山渠8300米，拦截水量约15万立方米；污水综合利用示范点1个，年节约淡水资源4万立方米。

长岛县海水淡化工程技术开发示范　是省重点技术开发示范项目，1998年启动，2002年基本完成。长岛县社会发展综合实验区办公室在长岛10个居民岛建设9处海水淡化示范工程，总投资6000万元。2000年10月建成投产，至2002年7月累计运行2911小时，产水总量96248吨。二期小钦岛乡日产75吨海水淡化工程总投资83万元，2001年5月1日建成投产，至2002年7月累计运行924小时，产水总量3400吨。三期北隍城乡日产120吨海水淡化工程，总投资132.6万元。

小海岛基岩深层地下水源钻探研究　由县水利局水资源办公室承担，1988年6月开始，1989年6月结束。研究地点位于南长山岛赵王村北，深井钻探由山东省新泰市东都钻探队承担。该项目主要研究小海岛上储水地质构造、地层岩性、裂隙发育状况和含水层分布位置、厚度、埋藏条件及地下水水量、水质、水文、水位等地质水文资料。首次在小海岛上成功钻探出深601.78米基岩深机井，结束小海岛无深层地下水开发的历史。

长岛区域地下水侵染及防治研究　由县水利局水资源办公室承担，1988年开始，1991年基本结束，并形成论文《长岛县地下海水浸染及其防治》。主要研究长岛区域地下海水浸染类型、特点及规律，提出一系列防治海水浸染的综合措施和方法。1997年，该成果论文被《中国科技文库》收编。

屋顶接水试验研究　由县水利局承担，1989年开始，1994年基本结束。主要研究屋顶接水技术、运用麦饭石处理屋顶雨水后水质变化情况、使用麦饭石的方法及最佳石、水配方比例等。1998年，该成果获山东省水利科技进步三等奖。

人为倒石堆绿色生态再造技术研究　由县水土保持委员会办公室承担，1990年开始，2000年结束。该技术不用覆土，不用浇水，在人为倒石堆上造绿，成活率98%以上，效益显著。2001年，获山东省水利科技进步三等奖。2002年，获烟台市科技进步三等奖。

水土保持费用及有关问题研究　由县水土保持委员会办公室承担，1996年开始，1997年结束。该项目结合水土保持执法实践，研究水土流失资源补偿费、水土流失防治费、水土保持设施补偿费、水土流失危害赔偿费、水土保持其他治理成果补偿费等水土保持费用的性质、征收依据、征收标准及对水土保持监督管理的作用等。1997年，该成果论文在全国第三届水土保持青年学术讨论会上交流并获优秀论文奖，被《山区可持续发展理论与实践》论文集收录。

城镇水土流失及防治研究　由县水土保持委员会办公室承担，1997年开始，1999年结束。主要研究城市水土流失原因、类型及特点，城市水土流失程度分级标准，城市水土流失计算方法。2000年，分别获山东省水利科技进步二等奖、烟台市科技进步二等奖。

风电工程水土保持生态建设技术研究　由县水土保持委员会办公室承担，1998年开始，1999年结束。该成果研究出“弃石渣堆生态型混凝土预制环网状护坡”等水土保持技术、方法和以“编制水报方案、监督检查等”为核心的一套系统、有效的水土流失预防管理机制，实行水土保持“三同时”制度，实现开发建设与水土保持生态环境建设的协调统一。2000年，该研究获山东省水利科技进步三等奖。

城市水环境问题及雨流资源开发利用方略研究　由县水土保持委员会办公室承担，1998年开始，2000年基本结束。撰写成《雨水收集和处理系统工程技术应用研究》《路面集雨——果树微喷技术在海岛的试验研究》等论文。该项目研究出解决城市陆面硬化后防治水资源流失，改善城市生态环境、增加城市淡水资源总量，促进城市可持续发展的综合技术体系。

裸土地扦插育苗技术研究　由县水土保持委员会办公室承担，1999年开始，2000年结束。该项目主要研究裸土地扦插育苗的品种选择、扦插时间、扦插深度、苗圃管理等技术措施，解决培育抗逆性强，适宜在裸岩、裸滩等恶劣环境下进行造绿的苗木问题。

第三节　科技管理

管理机构

1980年，设立科学技术委员会。1981年4月，长岛县科学技术协会恢复，与科学技术委员会合署办公。2001年12月，撤销长岛县科学技术委员会，设立长岛县科学技术局。2002年5月，县科学技术局设立生产力促进中心。同年11月，县科学技术局加挂县知识产权局牌子。2018年，县科学技术局有在职人员7人，内设办公室、计划技术市场科、成果专利科、地震办公室4个职能科室。

科技计划管理

1986—1989年，县科委下达科技发展计划42项（以大项计算，下同），安排经费总计26.53万元。争取上三级科技项目12项，安排资金141.5万元（其中科技贷款115万元）。1990年始，科技发展计划分为“科技研发计划”和“科技推广计划”两大部分。至2002年，下达科技发展计划338项，安排经费总计597.4万元，其中科技研发计划173项，经费329.4万元；科技推广计划165项，经费268万元。

2003年始，不再进行“科技研发计划”和“科技推广计划”的细分，统一称为“科技发展计划”，主要以渔业、工业、旅游业三大产业为重点，年均安排计划从过去20余项压缩至不超过10项。2003—2007年，下达科技发展计划41项，安排经费308万元，除2005年安排58万元外，每年固定为62.5万元。通过加强科技计划管理力度，合理推动全县产业结构调整。

2008—2014年，通过积极争取，长岛县科技发展计划经费大幅提升，累计下达科技发展计划77项，安排经费1629万元。其中，“栉孔扇贝杂交苗繁育及养殖生产技术试验示范”项目被列为科技部农业科技成果转化资金项目，主要通过采取杂交和培育成熟技术，对栉孔扇贝实施人工水体杂交培育和海上推广养殖试验，提高和改良栉孔扇贝品种质量，为大规模养殖生产提供科技支撑。项目至2010年，共投入资金150万元，建设实验厂房6000立方水体，培育杂交扇贝苗种24亿个，推广养殖面积266公顷，成活率达72%，平均亩产4200千克，共实现产值6000万余元。同时，配套出台《栉孔扇贝与虾夷扇贝杂交苗种培育技术规范》《杂交栉孔扇贝筏式养殖技术规范》2项地方标准，推动长岛县栉孔扇贝筏式养殖规范化和标准化进程。“栉孔扇贝高产抗逆良种繁育暨养殖模式创新工程”被省科技厅和财政厅列为“科技富民强县专项行动计划”项目。

2015—2018年，累计下达科技发展计划29项，安排经费420万元，申报上三级科技项目49项。其间，县政府与中国水产科学研究院黄海水产研究所、鲁东大学签订战略合作框架协议，以藻类、贝类、鱼类三个主导产业为发展重点，安排对应资金242万元。2018年，为推进长岛海洋生态保护和持续发展，单独安排10个科技特派员专项计划，对应经费100万元。

科技专利管理

80年代，全县企业和个人对知识产权保护意识不强，专利申请量较少。90年代，专利申请工作得到加强。1992年，全县申报专利7项，创产值7000余万元。至2002年，全县共产生国家专利申请49项，专利授权近20项。

2002年，县科技局加挂长岛县知识产权局牌子，主要负责专利申报和专利技术开发。重点加大“聚氨酯汽车配件”“镀锡铜线”“全阻燃地板革”“生物活性碘”等10余项专利技术开发，达到

2018年长岛县有效专利项目一览表

表25-2

专利号	专利名称	类别	专利权人
2015109683215	一种魁蚶和栉孔扇贝浅海吊笼混合养殖新方法	发明	中国水产科学研究院长岛增殖实验站
2015103703569	一种魁蚶浅海吊笼养殖新方法	发明	中国水产科学研究院长岛增殖实验站
2016208617979	一种保健运动鞋	实用新型	王红肖
2016211274762	一种经济管理专用文件夹	实用新型	栾斌
2016213244583	一种环保型公路开槽机	实用新型	高风新
2016213245815	一种用于路面养护的多功能清洗车	实用新型	高风新
2017200319849	一种变电站隔离防护装置	实用新型	林晓华
2010105812341	海参膏及其制备方法	发明	邵景春
201010622686x	一种扇贝酱及其加工方法	发明	孙青社
2010106226802	一种营养鱿鱼干及其加工方法	发明	孙青社
201530385294X	新型人工鱼礁	外观设计	佳益海珍品发展有限公司
201520767377X	一种梯形人工鱼礁	实用新型	王昌利
2015209224050	一种聚氨酯关节球销总成	实用新型	傅运军

批量生产规模，增加产值2650万元，增加利税850万元。

2003—2007年，全县共申报专利20余项，特别是2003年“一种新型多功能船”专利的申报，为长岛木帆船制造工艺的保护和传承，也为建造仿古木帆船开展市场化运营铺平道路。2007年，建立知识产权办公会议制度，成立知识产权工作领导小组，建立专利申请补助基金，对重点技术创新领域、创新项目给予经费支持。

2010年，在中国互联网络信息中心成功注册长岛海带、长岛海胆、长岛鲍鱼、长岛扇贝4个通用网址、中文域名和国际域名，并录入国际顶级域名数据库。2011年，成立长岛县知识产权维权中心。同年，海蜇肽、冻干海参加工工艺、绵颐宝等专利在长岛实现工艺转化。2013—2017年，全县累计产生国家专利申请59项。至2018年，全县共有13项有效专利。

第四节　科技服务

科技信息

1985年3月，县科委设立科技情报科。至2002年，全面实现微机入网和宽带接入，向全县提供有效信息4600余条。1998年，购置水下摄像机和多功能海水测定仪各1台，为乡村和无居民岛开发基地录制水下资料片10余部，为开展海珍品底播增殖生产提供可靠依据。同年，在县电视台开办《科学养殖信息》专栏，每周发布海洋监测信息，为养殖业户提供便利。至2014年，累计发布近800期。2015年后，该职能移交县海洋与渔业局。

2002年后，县科技局结合产学研合作、科技项目实施，采取请专家教授现场指导授课、开展调研活动等方式提供科技信息服务。2003年，印刷发放科普小册子2000余份。2004年，邀请省海洋水产研究所育苗专家现场指导，对育苗人员进行技术培训。2010年，邀请国家贝类病害控制专家现场分析扇贝死亡原因，推广普及科学养殖知识。

2015年，先后组织各种走访调研10余次。2017年，先后组织县重点企业参加“烟台市科技企业孵化工作交流研讨会”、中科院“普惠计划”对接会等研讨培训4次，为企业免费提供共享专利成果。至2018年，提供政策信息和上级部门组织的技术交流活动42期次。

科普活动

1985年，县科委增设科普科，通过展示科普刊板、挂图，发放科普书籍、资料，举办电视会话、科普知识讲座等形式普及科技知识。1990年9月20—27日，举办全县首次科普宣传周活动，县科协、林业局、卫生局、地震台、计生委、农水局、水产局等16个单位参与宣传。活动展出刊板46块，选登材料133篇，发放科普小册子等宣传材料1000册、图片206幅，接受咨询500余人次。编写《虾夷扇贝生产技术规范》《网箱养鱼生产技术规范》《虾夷海胆生产技术规范》和《皱纹盘鲍生产技术规范》等科普知识小册子，使全县受培训渔民快速掌握了1～2门实用技术。

2001—2006年，坚持每年开展“科技活动周”“科普日”等活动。2003年，以“依靠科学、战胜非典”为主题，组织全县10余个部门和乡镇开展科普一条街活动，共展出挂图300余张、展板120余块，发放预防非典型肺炎宣传资料和健康文明生活小册子、明白纸2200余份；设立咨询台，当场解答“防非”问题。同时，在县广播电视台开辟“防非”科普专栏，组织“明白人”深入学校、社区巡回讲座，在社区、渔村展示“防非”看板，普及“防非”知识。2006年，以“崇尚科学、反对迷信”为主题，发放科普挂图120余幅。

2007—2008年，以科技组团和组织专家讲师等方式，深入乡镇渔村巡回进行技术指导，全年共举办海参科学养殖及病害防治等讲座3次，科技培训班3次，受训人员达1000余人次；发放科普资料5000余份，解答群众咨询近百人次。2007年启动“科普大篷车进海岛”科技巡展活动。

2011—2018年，继续利用“科技活动周”“4·26知识产权日”“食品安全宣传周”“节能减排宣传周”“全国科普日”等开展宣传活动，平均每年发放宣传资料或科普图书2000余份，布设展板100余块。2012年，组织机关、社区、学校4000余人参与“百万公众网络科普学习活动”和全国食品安全科普知识竞赛答题活动。2014年，开展“县域流动科技馆巡展”活动，展出科普作品50余件，5000余人次观展。

科技下乡

1986年，开展捕捞、养殖、加工、机电4个专业的技术培训，287名青年掌握2门以上专业致富技术。同年，全县共举办各类培训班13期，培训人员4487人，渔村掀起学技术、用技术热潮。1991年，举办各类培训班42期，培训人员2278人。

2000年始，每年组织专家巡回各乡镇、村举办海参育苗、保苗知识讲座，进行技术指导和现场解答，至2002年参加授课人数达2000人次。

2005年，与县科协联合开展“科普村村通工程”，向全县40个行政村和各个居委会发放科普挂图近200套，发放宣传材料2000余份，巡诊育保苗大棚50余处，举办座谈会5次，专题授课2场。

2011年始，全县从“走出去”和“请进来”两个方面大力开展科技下乡服务。“走出去”即组织水产科研部门技术人员赴桑沟湾、平度和蓬莱等地实地考察，提高科技服务针对性；“请进来”即邀请中国水产科学研究院黄海水产研究所专家在全县重点乡镇巡回举办渔养讲座，在县广播电视台开设专栏，组织县海洋与渔业局、农林畜牧部门技术人员举办为期2个月的专家电视讲座，宣传推广科学养殖方法和先进养殖技术。2011—2018年，共组织基层和企业调研走访93次，邀请专家讲座7期(次)。

技术引进与合作

1985年始，长岛县先后与20余家大专院校和科研单位开展合作。1989年，引进“贝藻间养技术”“三层鱼流网”“英虾一号拖网”等10项重点科技成果进行推广应用。

1991年，加大技术引进和人才引进力度。先后同11个大专院校、18处上级科研单位建立联系，与100余个县、市、区技术推广单位建立技术交流关系。先后与中科院海洋所、水科院海洋所、天津药物研究所以及海洋大学等10余个单位、20余名专家签订技术合同。至1996年，共计邀请专家教授670余人次到长岛指导生产活动和科研工作，完成各项科研项目224项，推广应用新技术、新成果110项，科技进步贡献率达65%。

1994年，全县开展引进国外技术智力服务工作，把海洋生物病害防治、海洋药物研制、海洋保健食品开发等作为引进重点。1995年，大钦岛乡东村尝试引进推广国外皱纹盘鲍育苗养殖技术。通过与省、市引进国外智力办公室联系，派出7名水产专业技术人员赴日本进行学习培训，掌握先进技术。1996年，聘请以色列耶路撒冷大学养鱼专家阿兰进行技术指导，对全县30余名水产专业技术人才进行培训，为鱼类养殖业发展提供理论基础。1997年，组织申报5个引进国外智力项目，其中有3个项目被国家和省外国专家局批准立项。1998年，为县水产养殖公司申报成立“山东省引进外国农业成果示范园”，并被山东省人民政府批准。1999年，为县水产养殖公司争取资金10万元，支持“示范园”发展，选拔2名水产养殖优秀专业技术人才赴日本、美国进行2个月的技术培训。同年，通过引进外国自然原种苗种与本地苗种杂交育苗的办法，培育生长速度快、抗逆性强的优势苗种，部分成果创国内领先水平。

2000年，虾夷贝养殖技术和日本盘鲍与皱纹盘鲍杂交育苗技术在全县推广。2001年，“引进日本虾夷盘鲍与当地盘鲍杂交育苗技术”项目和“引进澳大利亚扇贝育苗养殖技术”项目分别得到省外专局和国家外专局立项并组织实施。2002年，“日本虾夷海胆和虾夷扇贝养殖技术”得到省外专局立项，“日本水产品精深加工技术”项目得到国家外专局立项。同年，与中国科学院海洋研究所等9家科研院所和高校进行技术合作，筹划百万亩生态养殖基地建设项目。同时，与黄海水产研究所、烟台大学海洋学院、杭州水处理研究开发中心3家单位合作，进行4个科研项目研究工作。

2003年，实施种子工程建设，与市外国专家处达成服务协议，在引进国外优良养殖品种、派员出国培训等方面给予支持。是年，4个国外农业技术成果引进推广项目列入省和国家外专局“农引推”计划。

2004年，为全县鲍鱼、海参、栉孔扇贝和黑裙鱼等优势项目引进国外先进技术，邀请外国专家到长岛进行技术指导和交流。2005年，与韩国企业建立合作关系，就长岛县鲍鱼、海参苗销往韩国和引进韩国红参参种、黑鱼育苗技术达成初步意向。2006年，“日本杂交扇贝苗”“风力发电技术”项目得到省外国专家局11万元资金扶持，并在济南召开引进国外智力项目洽谈会，向周边沿海地区推介长岛县在海参、杂交扇贝方面取得的科研成果。2007年，确定“韩国杂交栉孔扇贝育苗技术”“韩国红参育苗养殖技术”和“日本水产品精深加工技术”3个项目上报省外国专家局，并向省外国专家局提报“杂交栉孔扇贝示范园”申请。

2008年，“山东省杂交鲍育苗养殖技术”示范基地建设申请得到省外国专家局批复同意。县水产研究所将其纳入烟台“市院合作”项目。同年，海参良种繁育中心投入建设。依托中科院海洋所、国家海洋局一所、水科院黄海水产研究所、青岛国家海洋科学研究中心等科研部门，加强产学研合作。2009年，推进“市院合作”，邀请中科院海洋所专家开展“中科二号海带”育苗养殖实验。是年，“日本杂交鲍育苗养殖技术”得到国家外国专家局立项。

2011年，编制“俄罗斯杂交海参育苗技术”“美国象拔蚌养殖技术”和“挪威深水网箱养鱼”3个项目上报省和国家外国专家局。先后组织县高能聚氨酯厂、绿色保健品厂、科元海洋生物有限公司、海洋生物科技开发有限公司等多家企业参加高新技术培训，帮助申请创新基金，扶持和引导企业转方式、调结构，促成与科研院所开展科技攻关课题协作。县水科所同中科院海洋所合作引进优质高产海带“中科二号”系列新品种在大钦岛、南隍城岛等地成功试验种植，长岛县绿色保健品厂被烟台大学设为毕业生实习示范基地。

2013年，中科院与黑山乡联合开展“藻类修复技术研究”项目合作。同年，投入70万元引进真海鞘、星斑川鲽、杂交大菱鲆、魁蚶、象拔蚌5个适宜品种进行推广，探索养殖品种多样化。

2015年，在大钦岛进行以黑鱼、黄鱼为主的鱼类养殖技术和病害防治研究，在大黑山岛开展以“乌牡蛎”为主的贝类产业发展技术集成与研究，在砣矶岛开展以甘紫菜、萱藻为主的藻类新品种试养研究。

2016年，中国水产科学研究院长岛增殖实验站正式被授牌“农业部黄渤海渔业资源环境重点野外科学观测实验站”。南长山街道孙家村与黄海水产研究所紫菜专家组签订科技合作协议，定期为藻类养殖提供技术指导和人才培训，与中科院烟台海岸带研究所联建“褐藻新资源养护项目实验基地”。

2018年，“紫菜深水养殖模式的建立及示范推广”项目得到省外国专家局批准立项，获资助资金30万元。

第五节　气象服务

1986年1月1日，长岛县气象站由国家一般气象站升级为国家基本气象站。1988—1998年，连续10年获省局综合目标管理、业务目标管理一级达标单位。1998年，被省气象局评为“气象服务先进集体”。2000年，获山东省气象局“测报集体优质”奖。

气象业务

气象观测　1986年始，观测由夜间不守班改为昼夜守班，承担每日2、5、8、11、14、17、20时次地面气象观测和天气报告编发任务。观测项目为云状、云量、能见度、天气现象、气压、气温、湿度、风向风速、降水、日照、蒸发、地温（地面）、雪深、雪压。2002年始，安装使用ZQZ-CⅡ型地面自动观测系统。2003—2004年，地面观测双轨运行。2005年始，自动气象站投入业务运行，发报和制作报表均以自动站资料为准，但每日20时需对全部观测项目进行人工观测。2007年始，增加23时补充天气报和气象旬（月）报，发报次数由每日7次调整为8次。县气象局还承担航危报、台风加密报、降水量报、重要天气报，报送月简表、气表-6等任务。2004—2017年，先后安装承重降水传感器、能见度观测仪、大型蒸发传感器、天气现象观测仪，建成4～6要素自动气象站7个、梯度风观测铁塔2座。2018年，安装日照传感器自动化气象观测仪器。

气象信息网络　1987年，气象数据通过邮电部门的电信网络实现传输。1998年，气象信息通过X.25分组交换网传输到烟台市气象台，经烟台市气象台9210卫星通信系统上传到国家气象中心。2000年，卫星通信地面小站（PCVSAT小站）建成投入运行，完成烟台市气象台VSAT站和各县区市气象局PCVSAT站的互联和结合。2003年，通过局域网开通视频天气会商系统，实现烟台地区各区市气象局可视化天气会商。自此，长岛县气象局初步实现通信业务现代化。2004—2009年，升级改造局域网，速率从1M升至10M，各类气象信息通过ATM宽带网络上传国家气象中心和省、市气象台。

气象服务

公众气象服务　1986年，长岛县气象局主要通过有线广播发布当日天气预报。1987年10月，安装气象服务警报系统，每天4次定时向用户提供气象信息。2000年3月23日，开通“121”天气预报自动答询系统。2001年9月21日，更新“121”天气预报答询平台，由循环播音升级为平台信箱式，天气预报服务更加便捷。2004年，“121”天气预报电话自动答询号码改为“12121”。2008年11月始，建立预警电子显示系统，基本实现乡镇、村气象电子显示屏全覆盖。

决策气象服务　80年代前，由值班员通过电话向有关部门报告气象情况；遇有灾害性天气时，站长当面向县政府分管领导汇报。80年代后，由县气象局局长向县政府和防汛指挥部汇报情况，同时以书面形式报送县委、县政府及有关部门单位。2004年1月，开通政府公文网，通过电子邮件发送决策气象信息。2007年5月，开通手机短信决策气象服务，为县、乡（镇）、村及有关单位主要领导提供预警预报信息。每年定期向各级政府及县农业主管部门报送气象信息服务周报、月报、季报、半年报、全年天气信息报告等信息。

蓬长航线专项气象服务　2001年5月1日始，开通蓬长航线专项气象预报服务。在省、市气象局预报海上大风天气情况下，年均增加全天通船日数55天，间歇通船日数43天，增加经济效益达2000万元。

人工影响天气　80年代，县气象局参与烟台市局人工降水合作，主要职责是提供天气预报。2013年7月，成立长岛县气象防灾减灾办公室，购置移动增雨防雹火箭发射架，开展人工防雹、增雨作业工作。

防雷检测　1995年，承担全县避雷设施的安全检测工作。2002年11月11日，长岛县防雷中心成立，主要从事防雷设施年度检测、建设工程防雷设计的图纸审查和竣工验收。

气象科技服务　1987年10月，安装气象服务警报系统，可根据天气状况和用户需要，定时和不定时发布天气预报、警报、订正预报、临近预报。进入21世纪，长岛县气象科技服务步入快速发展阶段，服务范围涉及国民经济的各个部门，气象服务信息通过电视、广播、电话、网络、移动电话短信等媒介播发。

第六节　防震减灾

长岛地震台位于长岛县南长山岛，隶属于山东省烟台市地震局。该台台基为古生代变质破碎石英岩，东南距海最近约1千米。台站占地1086.58平方米，建筑面积277平方米。摆房距记录室100米，年温差32℃，日温差15℃，相对湿度一般为80%，最大达到95%，能清晰记录到100千米范围内地震情况。地震台主要负责监视渤海、北黄海地区及周边地区地震活动，进行地震日常监测工作。

震情监测

1986年后，更换为DD-1型短周期地震仪进行日常观测。2002年7月，在南长山镇建立2个地下水位观测点，采用仪器自动上报观测结果取代旧有的人工定时上报模式。至2003年，增设10余处地震观测宏观网点。2011年，长岛地震监测台网中心和地震应急指挥中心投入使用。地震灾情速报网络向下延伸至村级，形成县、乡、村三级速报网络体系，灾情速报员总数达到46人。至2018年，长岛地震台下辖北长山测震站、北隍城测震站、砣矶岛测震点、大钦岛测震点、大竹山岛测震站5个无人值守测震站点，南城、黑石嘴2个机井水温水位观测点，黑山乡南山观测点、黑山乡貂场观测点、长岛县烽山鸟类观测点3个动物宏观异常观测点，以及地震台台址内的二氧化碳观测点。

震害防御

1999年，县政府公布实施《长岛县破坏性地震应急预案》。2000年始，建立灾情速报员制度。2002年，成立防震减灾工作领导小组，统一领导全县防震减灾工作。2012年，完成地震小区划编制工作。2013年，完成庙岛妈祖文化园区地震安全性评价。同年，开始建设地震应急避难场所，至2014年建成8处应急避难场所并完成挂牌。2015年，鹊咀村旧村改造工程被认定为“省级农村民居地震安全示范工程”，南长山街道北山社区被认定为“省级地震安全示范社区”，获扶持资金20万元。2016年，《长岛县防震减灾“十三五”规划》编制完成。是年，对第一实验学校应急避难场所进行升级改造，达到II类应急避难场所标准。

科普宣传

1986年后，每年以“7·28”唐山地震纪念日为节点，通过广播电视、宣传栏、现场报告、科普一条街等形式开展地震知识宣传活动。播放《地震揭秘》《遇到地震怎么办》等科普光盘，让中小学生了解掌握防震、避震及震后自救互救等相关知识。2008年，组织全县中小学生参加全省地震科普知识有奖答题，参赛人员和单位分别获得一、二、三等奖和组织奖。5月12日，汶川特大地震发生后，在全县机关事业单位、学校及乡镇、渔村发放《遇到地震怎么办》科普光盘，累计发放100余套。2009年始，每年以“5·12”汶川特大地震纪念日为节点，在中小学校进行地震灾害预防和气象灾害预防的科普知识竞赛，并组织师生进行应对地震灾害发生后的逃生演练。2018年，参加省地震局组织的防震减灾手抄报大赛和防震减灾知识竞赛，采购一批防震减灾主题文具，作为奖品发放。将地震台开放为科普教育基地，每年都接待社会群众，特别是学生和家长利用节假日到台站参观学习，真正起到“教育一个学生，带动一个家庭”的作用。

第二章　医疗卫生

1986年后，随着改革开放和经济社会发展，全县医疗服务质量逐步提升，多种危害人民健康的严重疾病已经消灭或得到控制。推行医疗卫生机构管理体制、经营机制改革，完善基础设施建设，充实加强医疗和公共卫生队伍建设。1988年，长岛县被省爱卫会评为“省级卫生县城”，被省政府授予“提前实现国家普及儿童免疫第一个目标县”称号。

1994年后，医疗卫生改革不断深化，通过公立医疗机构分级管理，规范医疗机构的业务发展，强化医疗服务质量管理。在应对非典型肺炎、禽流感防治等突发重大公共卫生事件中发挥重要作用。

2008年后，开通远程会诊系统，先后与潍坊眼科医院、烟台市口腔医院合作成立长岛分院，与烟台山医院成立医疗联合体，为群众在家门口享受优质医疗服务提供保证。相继成立县急救中心、北岛医疗救助中心，先后协调北海第一救助飞行队成功救助海岛危急病员210人。争取上级资金项目对全县医疗卫生机构进行重点扶持，从根本上解决县、乡医疗卫生机构在医疗用房、设备配置和培养技术骨干等方面的难题；开展乡镇卫生院改貌达标、环境卫生整治活动，卫生院就医环境、医疗设备装备水平、收治病人能力得到改善。基本建立起县级医疗卫生机构、重点卫生院、一般卫生院和村卫生室较为完善的农村公共卫生服务体系。开展预防保健和爱国卫生运动，疾病控制逐步规范。加强医疗服务、公共卫生、居民健康管理，开展“医院管理年”“医疗质量万里行”“三好一满意”等活动，推进医疗质量管理工作，开展医师规范化培训，建设卫生综合信息平台，推进县、乡、村卫生一体化管理，全县医疗卫生队伍服务能力不断提高。2013年被评为“国家卫生县城”并一直保持。

2018年，全县有医疗卫生机构35处；病床244张，其中公立卫生机构床位150张，每千人拥有医疗床位3.62张；卫生专业技术人员284人，其中执业医师86人，执业助理医师17人，注册护士95人，平均每千人拥有卫生技术人员6.85人。

第一节　医疗卫生体制改革

卫生体制改革

1987年后，医疗卫生机构在管理体制、经营机制方面进行重大改革。对公立医疗机构分级管理，规范医疗机构的业务发展；由党委一元化领导向党委领导下的院长负责制转变。随着领导体制改革，各医疗卫生单位逐步推行目标管理和岗位责任制，完善民主监督机制。

1994—1995年，长岛县通过政策调整深化医疗卫生改革，实行建立包括卫生服务、医疗保障、卫生监督三位一体的卫生体系，全面实现人人享有初级卫生保健的目标。改革医疗卫生机构管理机制，实行院、站、所长任期目标责任制，完善民主监督机制。全面推行医疗机构业务收入“总量控制、结构调整”改革，降低大型医疗设备检查治疗的费用标准及药品收入在医疗机构业务收入中的比重，提高医疗技术劳务收入比重。制定《长岛县卫生院、卫生室一体化管理办法》，对村卫生室实行行政、业务、财务、药品统一管理。

2011年，实行国家基本药物制度，所有药品全部实行零差率销售，乡镇卫生院和社区卫生服务机构全部实行基本药物网上集中采购。2012年，开展公立医院改革试点工作，开展预约诊疗服务和医院志愿者服务工作。建立院务公开工作机制，制订院务公开工作目标、计划和措施，通过电视、网络、宣传栏、刊板等途径向社会公开规章制度、诊疗范围、收费制度，向职工公开财务收支、人事任免、药品物资设备采购、奖罚情况等。2014年10月，制订《长岛县公立医院综合改革实施方案》，从落实政府办医责任、建立价格补偿机制以及绩效考核体系等方面进行改革。2015年，成立县级公立医院综合改革试点工作领导小组，对县医院存在问题、改革方向等进行调研。建立财政补偿机制，将本年度取消药品加成后增加的政府投入足额纳入下一年度财政预算；将修缮改造县医院及购置大型设备列入为民办实事项目，列入县财政预算。同年，县社保中心与县人民医院实行城镇职工和城乡居民住院、门诊（门诊统筹、普通门诊）联网结算制度。2016年，县医药卫生体制改革领导小组办公室职能划归县卫生和计划生育局。同时，制定《长岛县分级诊疗双向转诊工作实施细则》《长岛县加快推进家庭医生签约服务工作实施方案》等文件，完成分级诊疗和家庭医生签约服务改革。

2018年，成立县医院（中医院）理事会、监事会，组建医院管理领导班子，调整医院党总支，制定医院管理章程。围绕公立医院改革目标，对全县药占比和百元耗材费用过高等问题，召开会议专题研究，以责任清单的形式督促医院改进。

医疗制度改革

公费医疗　1985年始，全县党政机关和事业单位实行医疗经费“包干制”，报销标准为40周岁以下在职职工年核60元，41周岁以上年核80元，中华人民共和国成立前参加工作的年核100元，退离休老干部及二等乙级以上的残废军人年核120元。1988年，全县公费医疗管理办法分为5种情况，一是发给个人部分，超定额部分比例报销办法；二是门诊药费发给个人，住院费比例报销办法；三是不分门诊和住院，一律按定额包到个人，超支不补的办法；四是定额包干，11种系列病实报的办法；五是医药费实报实销办法。是年，全县公费医疗实际支出39.9万元，比上年增加5.1万元，人均支出由1987年187元提高到202元，扣除特殊病例支出，1988年人均支出163元。1997年7月，长岛县取消公费医疗制度，实行医疗保险制度，相关业务全部划归机关事业单位医疗保险管理处管理。

合作医疗　1986—1990年，长岛县渔村合作医疗体制改为承包制，社员医药费自理。1990年10月，县政府召开全县初级卫生保健工作动员大会，初级卫生保健达标工作在全县展开。1991年，在渔村实行“四免一享受”医疗制度：以渔村卫生室集体办医为前提，渔村居民在村卫生室就医免除挂号费、治疗费、出诊费、注射费；享受药品批发价。是年，实行合作医疗的行政村34个，覆盖率85%；参加合作医疗渔村居民达28603人，占渔村人口总数91.7%。1993年8月，长岛县被评为“全省首批初级卫生保健达标县”。

新型渔村合作医疗　2007年2月，长岛县新型渔村合作医疗办公室成立，实行新型渔村合作医疗制度。渔（农）村人口基金实行个人缴纳、集体扶持、政府补助、县级统筹管理。筹集标准按每人每年104元筹集，以户为单位缴纳，中华人民共和国成立前的老党员、低保户、重点优抚对象、残疾人实行财政全额补贴政策。2008年9月，制定《长岛县城镇居民基本医疗保险试行办法》及《长岛县城镇居民基本医疗保险实施细则》，规范全县城镇居民医疗保险政策。同年12月，长岛县城镇居民医疗保险经办业务系统与烟台市信息中心网络顺利连接，实现长岛县与全市统一政策、统一待遇、统一操作程序、统一网络管理。2010年10月，城镇职工和城镇居民医疗保险待遇进一步提高。对重大疾病医疗保障范围作出明确规定。2012年11月，调整城镇居民基本医疗保险统筹基金最高支付限额为16万元。2014年2月，城镇居民基本医疗保险和新型农村合作医疗整合，建立统一的居民医疗保险制度，新农合政策和城镇居民医疗保险政策并行。2018年6月，烟台市政府印发《关于开展职工长期护理保险工作的意见》，长岛县启动职工长期护理保险工作。同年8月，长岛县被确定为居民长期护理保险试点县，县政府办公室印发《长岛县居民长期护理保险（试点）实施办法（试行）》，全面实施居民长期护理保险。后随机构改革，相关业务划归县人力资源和社会保障局。

第二节 医疗卫生机构与设备

医疗卫生管理机构

1986年3月，县卫生计划生育局分设县卫生局、县计划生育委员会，均为正科级行政机构。1987年9月，全县6处卫生院（南长山、北长山、黑山、砣矶、钦岛、北隍城）的管理权限由县卫生局划归当地乡镇政府。1993年11月，县卫生局、县计划生育委员会、县爱国卫生运动委员会办公室（简称县爱卫办）合并为县计划生育卫生委员会（简称县计卫委），为正科级行政机构。1995年11月，设立长岛县红十字会办公室，为副科级全额事业单位，归口县计卫委管理。1996年11月，增设县直计划生育管理站、县流动人口计划生育管理站，均由县计卫委管理。1999年4月，设立长岛县计划生育协会办公室。2001年12月，县计卫委更名为县计划生育卫生局（简称县计卫局）。2005年，更名为县人口和计划生育卫生局。2010年，更名为县卫生和人口计划生育局（挂县食品药品监督管理局牌子）。2014年，更名为县卫生和计划生育局。2018年，县卫生和计划生育局内设办公室、政工科（挂法规科牌子）、规划审计科、卫生业务管理科（挂行政许可科牌子）、计划生育管理科、爱卫办6个职能科室。

公立医疗机构

长岛县人民医院 1986年，县医院占地1.98万平方米，建筑面积2500平方米，床位120张，有工作人员100人，其中卫生专业技术人员78人。内设职能科室6个，临床科室9个，医技科室5个。是年3月，建设门诊楼，建筑面积3100平方米。1994年10月，建成病房楼，建筑面积5300平方米，设置床位120张。2008年，改扩建门诊西连廊为放射、检验楼，建筑面积1100平方米。2010年，建设感染病房楼，建筑面积1100平方米。2013年，建成外科综合楼，建筑面积5100平方米。2016年，租用原长岛县农村信用社位于县医院道南的办公楼进行装修，2017年建成长岛县人民医院体检楼，用于查体中心和口腔科办公。

1990年5月，县人民医院调整为正科级全额事业单位。1992年，县人民医院、县中医院合并成立县医疗中心（两院仍独立办公），为正科级差额事业单位。1997年，撤销县医疗中心，恢复县人民医院、县中医院。2012年11月，长岛县人民医院和长岛县中医院再次合并。

1996年6月，县医院被卫生部、联合国儿童基金会、世界卫生组织授予“爱婴医院”称号；是年，通过山东省二级甲等医院评审，2012年通过二级甲等医院复审。

2008年，县医院建成远程会诊系统，由省立医院免费提供22万余元设备，为病人提供会诊服务。2012年后，县医院相继增设查体科、重症医学科、皮肤科、康复医学科、公共卫生科、高压氧、血液透析、消化内科、内分泌科等临床科室。

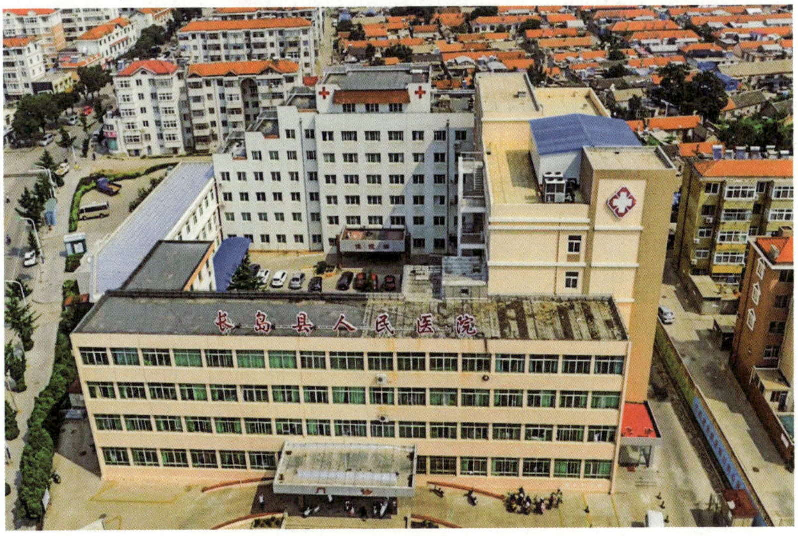

长岛县人民医院（2008年）

2016年3月，长岛县人民医院国医堂挂牌成立，先后聘请山东省齐鲁医院、烟台毓璜顶医院、烟台市烟台山医院、济南市千佛山医院、山东省省立医院、山东省中医院、北京广安门医院及烟台市中医医院知名专家到院坐诊。至2018年，共接诊病人330人次。同年，长岛县人民医院与潍坊眼科医院合作成立潍坊眼科医院长岛分院，投放超声乳化仪、拓普康眼科手术显微镜、拓普康眼科裂隙灯、拓普康电脑验光角膜曲率仪、拓普康角膜内皮镜、拓普康OCT、干眼治疗仪、ZeiS OCT、眼科A/B超等仪器设备，相继开展超声乳化白内障手术及折叠人工晶体植入术、前玻璃体切割术、上睑下垂矫正术、眼睑内外翻、眼眶肿物切除术、翼状胬肉切除联合角膜缘干细胞移植术。至2018年，共接诊患者4951人次。

2017年，长岛县人民医院和烟台山医院成立医疗联合体，在人才培养、技术帮扶、巡回医疗、双向转诊、分级诊疗等方面开展合作。2018年，烟台市口腔医院长岛分院揭牌开诊，同时，烟台市口腔医院携手烟台市慈善总会联合开展“孝口福”慈善救助项目落地长岛，为全岛“五保”及低保老人免费镶装义齿。先后实施“长岛居民口腔健康促进项目”，推行“预防为主”“口腔健康全身健康”的理念，开展口腔健康流行病学调查获取基线数据，借助幼儿园、学校、社区、企事业单位、疾控中心等平台，推广口腔健康教育，通过低龄儿涂氟、适龄儿童窝沟封闭、成人牙周洁治、老年人义齿修复等干预手段提高居民口腔健康水平。烟台市口腔医院定期派不同专业专家对海岛群众牙体牙髓病、牙周病、口腔外科疾病、牙列不齐正畸、口腔种植、口腔修复、儿童牙病等进行帮扶治疗。至2018年年底，共计治疗患者235人次。

2018年，县医院占地1.8万平方米，建筑面积17089.29平方米；开放性床位150张，年床位使用率62.5%；核定人员编制222人，实有工作人员213人，其中卫生技术人员146人；内设职能科室12个，临床医技科室26个，后勤服务机构1个；年门诊量11万人次，年住院病人3000人次，年手术量700例。

长岛县中医医院 1988年6月，成立县中医医院，是一所中西医结合性医院，为副科级差额事业单位，实有工作人员9人，其中主治医(护)师1人，医(药)师(士)6人，设内科、妇科、儿科、针灸理疗科、财务科、药剂科等科室。1995年9月，投资52万元购买建筑面积1237平方米的办公楼1幢。2002年，全院职工26人，其中副主任医师2人、主治医(药、护)师4人、医(药、护)师(士)15人，开放床位30张，设行政科室4个，医疗科室7个，医技科室5个，社区服务站1处，年门诊4.16万人次，住院302人次。2011年，先后选送医护人员到北京、济南、上海等地学习进修，与北京武警总院建立网络通道协作关系，和济南艾迪康建立化验特殊样本送检渠道。全年收治住院病人792人次、门诊量1.7万人次。2012年11月，县中医院和县人民医院合并。

长岛县卫生防疫站 1986年，有工作人员25人，其中，中、初级职称各1人，卫生士15人，卫生员5人。设办公室、防疫科、检验科、慢性病防治科、宣教科。1989年3月，调整为副科级事业单位。1992年7月，县卫生防疫站、卫生检疫站合并为县卫生防疫检疫站(两站仍独立办公)。防疫站职工27人，其中高级职称1人、中级职称6人、初级职称10人、卫生士4人。2002年，设办公室、财务科、计划免疫科、流行病科、慢性病科、检验科、卫生1科、卫生2科、宣教科、档案室。至2018年，全县乡、村卫生防疫网络健全，每乡(镇)卫生院(所)有1名防疫医生，每村设1名乡村医生，分别负责本乡(镇)、村计划免疫、环境卫生、食品卫生及传染病防治等工作。

长岛县疾病预防控制中心 2008年3月25日，撤销县卫生防疫检疫站，成立长岛县疾病预防控制中心，加挂长岛县卫生检验检测中心牌子，核定编制24人，实有人员16人，其中副高级职称6人、中级职称8人、其他2人。内设办公室(挂宣教科牌子)、流行病科、慢病科、艾滋病科、“三病”防治科、计划免疫科、检验科、港口检疫科

8个科室，承担全县疾病预防控制规划、预防性生物制品管理、组织实施预防接种、处置突发公共卫生事件、开展疾病监测和食品卫生、职业卫生、放射卫生、环境卫生等领域健康危害因素监测，管理辖区疫情及相关公共卫生信息等工作。2014年9月，成立长岛县疾控中心工会委员会。2017年11月，撤销长岛县疾病预防控制中心预防接种门诊，相关工作移交南长山街道社区卫生服务中心。同年，内设机构调整为综合科、免疫预防科（挂生物制品科牌子）、卫生检验科（挂质量管理科牌子）、传染病防制科（挂性病与艾滋病防制科牌子）、公共卫生应急处置科、地方病慢性非传染病防制科、消毒与病媒生物防制科（挂公共卫生监测与评价科牌子）、健康教育科（对外挂长岛县健康教育所牌子）。2018年，共有工作人员18人。其中，副高级职称2人，中级职称9人，初级职称3人，其他4人。

长岛县妇幼保健计划生育服务所　1986年，县妇幼保健站设妇保门诊科、儿保门诊科，共有工作人员5人，其中妇幼医生4人。每年对全县妇女、儿童进行健康查体；开展婚前查体工作，推行儿童和孕产妇系统化管理。对儿童实行“四二一”管理模式，即1岁以内每年查体4次，1～3岁每年查体2次，4～7岁每年查体1次，管理率一直保持95%以上。1989年，调整为副科级事业单位。1996年，县妇幼保健站、计划生育技术服务站合并为县妇幼保健计划生育技术服务所（简称妇保所），设妇保科、儿保科、计划生育技术服务科、检验科、B超室、手术室、男（女）婚姻保健科、会计室，共有工作人员12人。2005年，在全市率先开展免费为下岗、放长假女职工查体工作，为女教师查体实行医疗减半，全年共查体8000余人次，查出乳腺癌4例，子宫内膜癌1例，其他妇科病发病率37.8%，均给予治疗。对无痛流产及新式避孕节育环进行推广应用。主动婚检、孕前优生检查及咨询人员共87例，占新婚育龄妇女的52%。5岁以下儿童死亡率为6.8‰，新生儿疾病筛查率为98%。2009年3月，与济南艾迪康医学检验中心合作开展TCT液基细胞学检查。2010年，与济南艾迪康医学检验中心合作开展HPV病毒检测。2014年始，开展农村妇女免费乳腺癌筛查项目，完成目标人群100人，未检出乳腺癌阳性个案。2016年始，全面实施农村妇女“两癌”（乳腺癌、宫颈癌）筛查项目。同年，开展免费产前筛查项目，至2018年筛查高风险人群28人，监测高风险人群无出生缺陷发生。2017年，投资9.6万元对化验室进行改扩建，建筑面积55平方米，设男婚检科。2018年，妇保所内设综合管理机构7个，分别为妇女保健科、儿童保健科、信息管理科、健康教育科、计划生育科、男婚检科、女婚检科；临床医技科室5个，分别为检验科、特检科、放射科、药剂科、手术室；有工作人员10人，其中专业技术人员9人。

长岛县卫生和计划生育监督所　1986年，县卫生防疫站成立食品卫生科。1992年，共有工作人员5人。1994年，与公共卫生科合并为卫生科，有工作人员8人。1996—2002年，设卫生一、二科，对食品卫生、公共卫生实行分片管理。2008年3月，撤销长岛县卫生防疫检疫站，分别成立长岛县疾病预防控制中心和长岛县卫生监督所，与长岛县疾病预防控制中心一个机构、两个牌子。2016年6月，长岛县卫生和计划生育局计划生育监督执法职责与县卫生监督所承担的卫生监督执法职责整合，组建县卫生和计划生育监督所，主要负责组织实施卫生监督计划、开展卫生监督执法检查工作、对相关案件进行调查并提出处罚建议。内设综合科（挂法规科牌子），负责法规宣传、许可证发放和所内日常行政事务；监督一科，负责宾馆、理发、浴池、商场、客船等公共场所监管；监督二科，负责生活饮用水、涉水产品监管；监督三科，负责学校、医疗卫生、放射防护监管；计划生育监督科，负责计划生育执法监督。人员编制14人。全年共受理各类行政许可申请事项967户次，检查经营单位280余户次，下达监督意见书108份，提出整改意见300余条，对市政供水公司进行4次卫生监督。2018年，在编在岗人员共计7人，主要承担公共场所、学校、餐饮具集中消毒、生活饮用水、放射防护和计划生育等专业的监督执法工作，依法查处非法行医和非法采供血行为。

南长山街道社区卫生服务中心　其前身为南长山镇卫生院。1986年，有职工8人，其中医（药）师7人。全年门诊8601人次，1990年达1.22万人次。1997年，南长山镇卫生院更名为南长山镇卫生所，位于南长山镇南城村，核定编制4人，其中主治医师1人、药剂师1人。全年门诊9000余人次。2002年，被县医院分级管理评审委员会评为一级乙等医院。2011年，南长山镇卫生所更名为南长山街道社区卫生服务中心，编制14人，实有11人。其中，主治医师4人，住院医师1人，药剂师5人，护理1人。承担辖区2万余名常住和流动人口的预防、保健、医疗、健康教育、康复、计划生育等“六位一体”综合性社区卫生服务工作。2015年，迁至海滨路原长岛县中医院办公楼办公，开放床位8张，设全科诊室、预防接种室、妇幼保健室、健康教育室、检验室、B超室、心电图室、药房、护理办公室，配备心电图机、彩色B超机、血球计数仪、尿常规分析仪、全自动生化分析仪、血糖仪等辅助检查设备。2018年，有职工12人。其中，副主任医师1人，主治医（药）师7人，医师1人，副主任护师1人，护士1人，检验士1人。2015—2018年，累计为65岁以上老年人、慢性病患者免费查体1万余人次，对瘫痪在床行动不便老年人入户查体1000余人次，随访慢性病患者3万余人次，新生儿家庭访视400余人次，0～6岁儿童预防接种1万余人次。

北长山卫生院　成立于1956年，位于北长山乡北城村，建筑面积292平方米。1986年，有职工9人，其中医（药、护）师（士）8人。全年门诊1.35万人次，1992年达1.52万人次。1997年，迁至占地面积1239.66平方米的楼房。2000年8月，与店子村卫生室实行乡村一体化管理。至2001年，先后设立2处社区卫生服务站。2018年，有工作人员8人，其中医（药、护）师（士）7人，全年门诊5492人次。

黑山卫生院　位于黑山乡北庄村。1986年称大黑山乡卫生院，有医（药、护）师（士）共计6人，全年门诊6391人次，1996年达7600人次。1997年，被县医院分级管理评审委员会评为一级丙等医院。2000年12月，由平房迁至占地245平方米的楼房。2001年，迁至另一处占地330平方米的楼房。是年3月，更名为黑山乡卫生院。2018年，职工8人，其中医（药、护）师（士）7人，本院开设内科、外科、预防保健科、临床心理科、医学影像科、检验科，全年门诊3050人次。

砣矶中心卫生院　前身为长岛县人民医院砣矶分院。1986年，有工作人员48人。其中，主治医师2人，医（药、护）师（士）26人，检验士2人，放射师（士）1人。全年门诊1.94万人次，1995年达5.86万人次。1996年，被省卫生厅、市卫生局评为一级甲等医院。1997年，被省卫生厅评为爱婴卫生院。1998年，长岛县人民医院砣矶分院更名为长岛县砣矶镇中心卫生院，位于砣矶镇东山村，医院占地6464平方米，建筑面积3981平方米。2002年，全院职工43人。其中，主治医师2人，医（护）师（士）23人，检验士3人，放射医师1人，药剂士5人。设内科、外科、妇科、妇幼保健科、防疫科、口腔科、五官科、药剂科、检验科、B超室、手术室、供应室。全年门诊1.73万人次，住院57人次。2006年，被选为全省“360工程”建设项目，省、市财政扶持资金23万元资金用于卫生院房屋的整修，整修面积1000余平方米；省投资26万元用于生化分析仪、救护车、B超等必备设备购置。6月，派出医师、护士各3人，参加“360工程”培训基地（蓬莱市人民医院）的业务培训工作，分别学习内科、外科、B超和护理相关工作。2013年，上级拨款更换500AMX射线机一台，增加全自动细胞计数仪、心脏监护仪、制氧机等设备各1台（套）。2016年，院内设立中医堂。2018年，有工作人员23人。其中，主治医师4人，医（护）师（士）12人，检验士2人，放射医师1人，药剂士3人。全年门诊1.5万人次，住院234人次。上级拨款增添数字平板医用摄像系统(DR)、彩色多普勒超声诊断仪、全自动生化分析仪等各1台(套)。

大钦岛卫生院(挂北岛医疗救助站牌子)　1996年,大钦岛卫生院被省卫生厅、市卫生局评为一级乙等医院。2005年,医院建筑面积1000平方米,实用面积800平方米,床位12张,有职工16人,均是中专毕业、在岗技术人员,具有初级职称。2013年,开工建设北五岛医疗救助中心,2014年竣工,建筑面积2300平方米。2016年,成立国医堂中医诊疗室,开设针灸、拔罐、电疗等中医诊疗项目。2018年,有工作人员20人。其中,本科11人、大专6人。设儿科、外科、妇科、口腔科、放射、检验、护理、B超、心电图等科室。主要医疗设备有全自动生化仪、五分类血细胞分析仪、心脏监护仪、DR射线机、彩超仪、全自动心电图分析仪、尿常规分析仪、电解质分析仪等。至2018年,全年平均就诊1.3万人次,累计救治100余名危重病人。

小钦岛卫生院　其前身为小钦岛村卫生室。1986年,有乡村医生2人。1990年,小钦岛村卫生室更名为小钦岛乡卫生所。1995年,建成400平方米办公楼。2003年,有工作人员4人,其中医师3人、护士1人;添置X光机血球分析仪1台。2007年,小钦岛乡卫生所更名为小钦岛卫生院。2008年,更新B超、X光机各1台。2015年,添置制氧机1台。2018年,有工作人员4人,其中医师3人、技术人员1人,门诊3000余人次。

北隍城卫生院　位于北隍城乡山前村。1986年,共有工作人员9人。其中,主治医师2人,医(药、护)师(士)2人,其他人员5人。全年门诊1.27万人次。1994年,扩建医疗用房200平方米。1996年3月,山前村卫生室并入乡卫生院,在山后村设立北隍城乡卫生院山后门诊部。是年,有工作人员11人,其中医(药、护)士10人,全年门诊4950人次。1997年,被县医院分级管理评审委员会评为一级丙等医院。2002年7月,设立北隍城乡卫生院山前门诊部。2018年,全院职工6人,其中医师4人、护师2人,招远市人民医院支医大夫2人,全年门诊380人次,住院180人次。

南隍城卫生院　其前身为南隍城村卫生室。1986年,卫生室有乡村医生2人,全年门诊近3000人次。1990年,增医士1人。1991年3月,南隍城村卫生室更名为南隍城乡卫生所,占地面积400平方米。2002年,职工4人,其中医士3人、乡村医生1人。全年门诊6000余人次,业务收入6万元。2007年,南隍城乡卫生所更名为南隍城卫生院。

社会卫生医疗机构

红十字会　1987年7月,长岛县红十字会理事会办公室设立,为县卫生局内设科室。1995年11月,升格为副科级全额事业单位,归口县计划生育卫生委员会管理。1997年,县委宣传部、统战部,县计卫委、财政局、公安局、民政局等部门被推举为理事单位。是年,在原长岛县中医院的基础上,成立长岛县红十字会医院;以长岛县人民医院为依托,成立长岛县红十字会急救站。

红十字会成立后,在每年的“5·8”世界红十字日,开展红十字会法及有关法规的宣传教育活动。定期组织会员为全县敬老院老人免费查体,开展送温暖活动。协助相关部门开展扶危济困、救护知识培训、社会募捐等活动。1988年,为“88”国际体育运动捐款1000元。1989年,与公安交警部门配合,举办驾驶员进行卫生救护知识培训班5期,培训480人,每人配发急救包1个。1993年,与教育部门配合,举办3期卫生知识培训班,培训学生210人。1997年,为灾区居民捐送衣物3000余件,捐款2万余元。1999年,开展《献血法》宣传,对县直单位符合献血条件的2803人进行登记造册。组织会员为生活困难的烈、军属、退伍军人捐款5300元。2001年,“爱心助残”捐款7400元。2002年1月,按照省、市红十字会要求,省、市、县分别捐出1000元,救助10户(每户300元)困难家庭。是年,向新疆、西藏灾区捐献衣物1000余件。2007年、2015年,先后对6户特困大病家庭进行救助。

医疗设备

1986年，长岛县医疗机构共配置设备120余台（件），其中诊断设备类30余台（件），治疗设备类30余台（件），其他设备60余台（件）。1992年，长岛县人民医院引进第一台头颅CT机，可进行颅脑疾病的CT扫描诊断。1997年，引进第二台全身CT机，可进行全身疾病的CT扫描诊断。2003年6月，购进美国“魅力”牌全自动生化分析仪，县医院检测实验进入自动化。同年，购买日本东芝彩超，开展腹部、妇科、心脏检查项目。2004年，购置西门子单排螺旋CT机，可进行全身疾病的快速CT扫描诊断。2008年，引进飞利浦IU22超声显像仪，开展超声双下肢血管、乳腺、浅表器官等检查项目。2010—2011年，购入奥林巴斯AU-400全自动生化分析仪、PENTAX EPK-1000电子胃肠镜。2013年，购置西门子16排全身螺旋CT机，可进行全身疾病的大范围快速CT扫描诊断。2016年，更新贝克曼AU680全自动生化分析仪。2017年，引进飞利浦EPIQ+迈端DC-8超声显像仪，开展颈部超声血管检查项目。至2018年，全县医疗机构共配置设备333台（件）。其中，诊断设备类88台（件），治疗设备类121台（件），其他设备124台（件）。

2018年长岛县医疗设备统计表

表25-3　　　　单位：台/辆

品名	数量	品名	数量	品名	数量	品名	数量	品名	数量	品名	数量
手术显微镜	3	微量泵	10	普朗酶标仪	1	数字平板医用摄像系统	1	全自动生化分析仪	7	新生儿听力筛查仪	2
制氧机	3	物理排痰机	2	牙科电动无油空压机	1	肺功能检测仪	1	呼吸/麻醉剂管道清洗架	1	婴儿游泳设备	1
动态心电图机	2	洗脱两用机	1	根管充填仪	1	彩超诊断系统	1	化验仪	1	鼻窦镜	1
心电图机	9	高压灭菌锅	1	三合一口腔CT	1	小型全自动清洗消毒器	1	乳腺病治疗仪	1	石蜡切片机	1
500毫米X光机	1	脉动真空灭菌器	3	X射线机	1	吸入笑气镇痛装置	1	妇科红外线治疗仪	1	生物组织脱水机	1
经颅多普勒	2	普通灭菌器	4	麻醉难插喉镜	1	无痛口腔推麻仪	1	半导体激光治疗仪	1	生物组织石蜡包埋机	1
监护仪	30	数字胃肠机	1	光学腹腔镜	1	超声骨密度分析仪	1	尿沉渣分析仪	1	数字切片扫描系统	1
波姆诊疗机	1	电脑遥控灌肠仪	1	单臂机械外科吊塔	1	微波治疗仪	1	婴儿辐射台	1	ICU电动护理床	4
血流胎儿检测仪	1	超低温注水箱	1	血滤机	4	中医体质辨识系统	1	二氧化碳分析仪	1	血细胞回输仪	1
美迪克诊疗仪	1	电动检查椅	2	单臂机械外科吊塔	1	体控冲推拿治疗系统	1	电解质分析仪	1	动脉硬化检测仪	1
射碎机	1	AB超声诊断仪	1	妇科LEEP刀	1	中频离子导入系统	1	多参数插件监护仪	2	除颤监护仪	1
远红外线治疗仪	1	外接触眼压仪	1	全自动仿生助产仪	1	低频交变磁疗机	1	血凝仪	1	多功能除颤仪	1

续表25-3

品名	数量	品名	数量	品名	数量	品名	数量	品名	数量	品名	数量
电子胃肠镜	2	UPS电源	4	杜雷CHEMRZY240全自动	1	空气压力波治疗仪	1	便携式血充仪	1	单臂机械腔镜吊塔	1
陆用减压舱	1	飞利浦超声诊断仪	1	数字化可视人流超导系统	1	快速高压蒸汽灭菌器	1	智能血流分析仪	1	单臂机械麻醉吊塔	4
彩色B超	2	便携式彩超	1	电脑控温仪	3	数字化电子阴道镜	1	磁酶免仪	1	靶空注射泵	2
中药煎药机	1	气疗机	1	床边消毒机	4	妇科臭氧治疗仪	1	血球仪	1	胎心监护仪	1
X光机	1	动静脉脉冲系统	1	直流骨科电台	1	红外线乳腺检查仪	1	二氧化碳培养箱	1	阴道镜	1
生发仪	1	吞咽障碍诊疗仪	1	血球计数仪	1	眼科裂隙灯	1	生物微量镜	1	小儿CPAP系列持续正压	1
简易B超	1	智能型温热牵引架	1	牵引床	1	电侧听器	1	单人血液透析机	1	可视喉镜	1
清血冰箱	1	物理诊疗工作台	1	综合牙用治疗机	1	弧形视野计	1	牙科综合治疗台	1	呼吸供养吸引系统	1
床边X光机	1	电动诊疗系统	1	内窥镜摄像系统	1	经皮黄疸仪	1	骨科手术台	1	冷冻切片机	1
普朗洗板机	1	神经功能重建诊疗系统	1	光子治疗仪	1	收膏机	1	尿分析仪	3	肛肠综合治疗机	1
麻醉机	3	综合诊疗机	2	口腔消毒机	1	电脑验光仪	1	查体中心监控设备	1	肛肠超声雾化熏蒸治疗	1
无影灯	5	新生儿红外线抢救机	1	压缩雾化吸入胰岛素机	1	婴儿培养箱	1	便携式彩色多普勒	1	低温等离子灭菌器	1
高频电刀	3	呼吸机	6	血液透析机	7	超声电脑胎儿母婴监护	1	上消化道电子内窥镜	1	电解分析仪	1
彩色多普勒超声系统	1	16排螺旋CT	1	壁挂式全科诊疗系统	1	—	—	—	—	—	—

第三节　医疗技术

内科

1986年，县人民医院内科采用中西医结合辅助疗法、加味补阳还五汤辨证疗法成功开展脑血栓治疗。1992年，用腹膜透析疗法治愈急性肾功能衰竭症。1994年，县中医院开展中药针剂治疗高热、化脓性扁桃体炎、胰腺炎、急性胆囊炎、心脑血管等疾病。1996—1999年，县医院先后运用快速钻颅细孔引流术治疗脑出血；运用心包穿刺术救治心包积液、心率每分钟只有16次，并多次发生阿斯氏综合症发作患者；采用脑室引流术救治突发脑动脉瘤破裂症；开展脑血栓、急慢性心肌梗死静脉溶栓技术；通过灌洗疗法治疗菌痢。2000年，首次采用换血疗法抢救一氧化碳中毒昏迷4小时病人；一患者敌敌畏中毒后大小便失禁、心跳停止10分钟、呼吸停止1小时，经药物、换血抢救获得成功。2001年，开展微创穿刺冲洗引流术治疗重症高血压性脑出血。首次对1名Q波心肌梗死（冠状动脉内血栓形成明显居多，并造成冠状动脉阻塞从而造成一片心肌坏死）的重症患者进行溶栓，使冠脉再灌成功。2002年，首次开展腹膜透析治疗，开展微创穿刺抽吸引流术治疗高血压、脑出血。2003年始，应用阿替普酶对急性ST段抬高型心肌梗死患者开展静脉溶栓治疗。2011年，内科护理开展了PICC维护技术。2014年，经1小时心肺复苏成功抢救急性下壁心肌梗死、心跳停止患者。同年，在省立医院帮扶下，开展胃肠镜检查治疗，先后开展结肠息肉电凝切除术、结肠息肉EMR术、乙状结肠巨大息肉EMR尼龙绳结扎术、食道胃息肉电凝切除术、食道静脉曲张套扎术、食道支架置入术、食道胃底病变支架置入术、胃黏膜下病变ESD术、胃黏膜病变ESD尼龙绳结扎术。2015年，对急性脑梗死患者应用RT-PA静脉溶栓治疗获得成功。是年，开展中医护理工作，通过穴位贴敷、压豆、耳针放血、中药封包、中药塌渍、艾灸等方式治疗高血压、头晕、发热、失眠、内分泌失调、便秘、腹泻等疾病。2016年，加入烟台脑卒中溶栓地图，通过地图导引缩短患者治疗时间。是年，开展动态血压、动态心电图监测技术。2017年，对脑梗死后遗症、呼吸系统疾病、肝病、关节疼痛、糖尿病等疾病开展超声波中医定向透药治疗。同年，建立内分泌科，开展胰岛素泵输入胰岛素治疗糖尿病技术。2018年，神经内科专家帮助县医院完善神经内科力量，加入烟台市溶栓地图、烟台头晕诊疗联盟，指导卒中溶栓流程、脑梗死抢救流程，专业授课18节，指导病房诊疗59例。是年，内科升级为国家脑卒中急救地图。

外科

1986年，县人民医院利用骨瓣减压术治疗颅骨骨折脑挫裂伤。1996年，开展胃癌、直肠癌、甲状腺癌切除手术，脑溢血颅内出血引流术。1998年，成功开展结肠癌并急性完全性肠梗阻切除术，开展髌骨骨折张力带固定术。1999年，开展椎板切除减压、脊髓探查术。全年进行外科手术110例，成功率达82.5%。2000年，成功抢救1名左胸腔内损伤病人，手术历8时余，输血4700毫升，属县人民医院首例高难度手术。2001年，开展膀胱癌、回肠代膀胱术。为一位肝膈面大面积破裂、失血性休克病人进行胸膜联合切开干破裂修补术。开展肱骨头颈粉碎性骨折并肩关节脱位切开复位内固定术，开展脾切除后原位网膜包脾自植术，肝囊肿切开引流术。2002年，开展微创手术治疗高血压、脑出血，微创治疗硬膜外积液，开展乳腺癌根治术。2004年，开展转子间骨折DHS内固定术、股骨头置换术。2008年，为1名重度脑外伤病人紧急施行颅内多发血症清除+去颅骨骨瓣减压术。2009年，开展股骨转子间骨折PFNA固定术、全髋关节置换术，为阻塞性胆管胆管炎病人紧急施行胆总管切口取石术+T型管引流术。2010年，车祸造成2名学生全身多处骨折，生命垂危，外科医生分别为患者股骨、胫骨、跟骨、内外踝进行内固定术及全身多处外伤清创

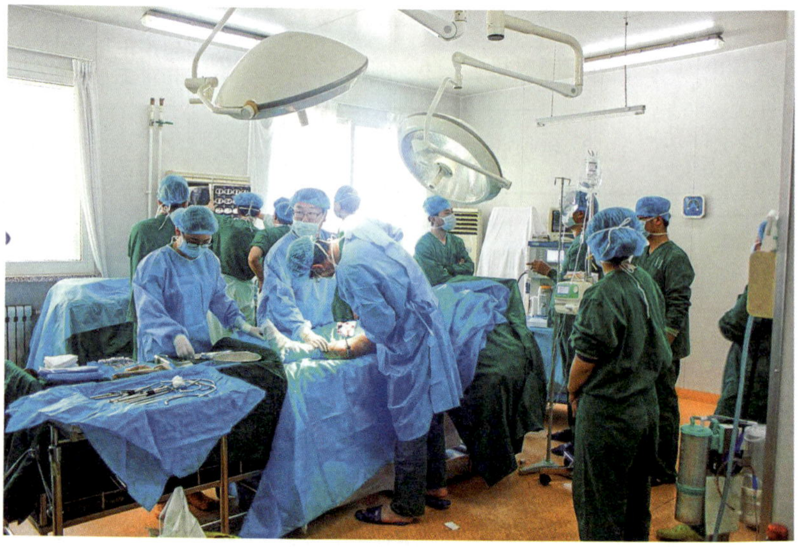

县医院外科抢救车祸患者现场（2010年）

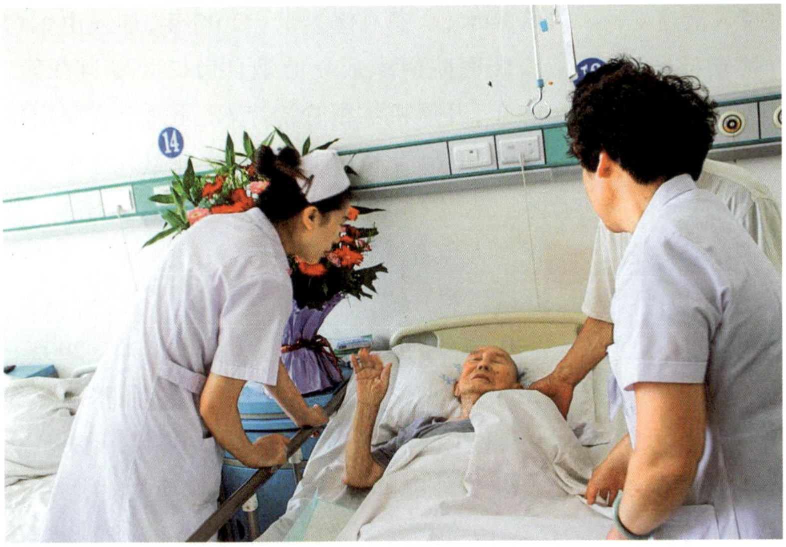

县医院外科为百岁老人进行股骨转子间骨折PFNA内固定术（2016年）

缝合术、原位植皮术；将创伤严重的左下肢进行清创缝合，对左手第Ⅱ、Ⅲ、Ⅳ掌指骨骨折施行内固定术，左上肢进行筋膜间室综合征切开减压术，手术分别历10时余、7时余。

2012年，首次开展腹腔镜微创手术，进行1例胆囊切除术和2例阑尾切除术；由烟台山医院创伤科和胸外科医生为1名被铲车碾压造成胸部、骨盆碾压伤病人紧急施行多根肋骨多处骨折切开复位内固定术+肩胛骨骨折切开复位内固定术+胸锁关节骨折切开复位内固定术+骨盆骨折外固定架固定术；为一严重脑出血病人施行双侧去颅骨骨瓣减压术+颅内多发血肿清除术+脑膜扩大修补术。2013年，开展关节镜手术。2016年，为百岁老人完成股骨转子间骨折PFNA内固定术，为建院以来年龄最大的手术病人。2017年，开展C型臂下椎体成形术。2018年，独立完成结肠癌根治术加结肠造瘘术；1名长岛籍在非洲务工人员受枪伤造成左腿股骨骨折，当地行外固定架治疗效果差造成二次骨折，切口严重感染并遗留子弹头1枚，由非洲转入县医院进行第一次手术中，行拆除外固定架装置术+切口清创术+骨骼牵引术；第二次手术在烟台山医院专家指导下，将其二次骨折断裂的上下骨折残端相距约4～5厘米的股骨进行闭合复位并行股骨髓内钉内固定术。手术全程在C型臂X光机下操作，髓内钉通过两手术残端全凭盲穿，最终达到解剖复位，并为病人取出子弹1枚。

妇产科

1986年，县人民医院采用宫颈封闭疗法加速产程，在上级医院医师指导下进行广泛子宫切除、盆腔淋巴清扫术。是年4月，运用子宫破裂修补术抢救1例子宫破裂患者。1989年，施行2例子宫次广泛切除术；对1名足月妊娠合并巨大卵巢病人，成功剖宫产加肿瘤切除术，使三胞胎妊娠产妇顺利分娩。1992年，开始计划分娩，低位水囊引产，输卵管妊娠保守性手术。2000年，救治1位卵巢巨大瘤患者，利用摘除术摘除肿瘤13.6斤。2001年，开展新生儿疾病筛查工作，全年采血254例，合格率100%。2002年，开展常规腹膜切口剖宫术。2003年，抢救1例孕产妇死亡率极高的DIC病人。2009年3月，为1名宫外孕大出血病人紧急施行输卵管切除术+卵巢囊肿剔除术。2012年，开展首例腹腔镜微创手术，患者系子宫内膜异位症导致输卵管堵塞，手术顺利完成。2015年，开展广泛子宫切除、盆腔淋巴清扫术。2016年，与山东省脐血库合作，开展脐带血采集工作。2018年8月，美国籍女孩因巨大输卵巢肿瘤蒂扭转至县医院，经抢救，成功脱险，是长岛县救治的第一例外籍患者。

儿科

1996年，县人民医院儿科成功救治1名先天性心脏病患肺炎并心衰的患儿；对患痢疾的病人开展灌肠疗法。1997年，设独立病房开展业务。1999年，抢救1例急性坏死性肠炎大出血休克患儿。2000年，运用换血疗法成功救治1名血清胆红素高达每升483微摩尔（超出正常人20多倍）的患儿。2002年，开展大剂量静脉注射免疫球蛋白治疗川崎病。2009年，开展免疫调节疗法治疗反复呼吸道感染。2010年，开展雾化吸入治疗支气管哮喘及下呼吸道感染引起的频繁咳嗽。2011年5月，获得长岛县“反复呼吸道感染患儿机体CD分子Ig及细胞因子的临床研究”课题立项，2012年6月，由烟台市科技局组织国内知名专家鉴定为国内领先科技成果。2014年，开展经皮检测胆红素仪筛查新生儿胆红素血症，同时开展蓝光照射治疗新生儿高胆红素血症。

五官科

1992年，县人民医院首次开展扁桃体挤切术，鼻腔泪囊吻合手术。1996年，开展青光眼小梁切除术。2000年，开展下颌骨状骨折颌间结扎术和额窦巨大囊肿摘除术。2010年，由县残疾人联合会牵头，与济南施尔明眼科医院、山东省立医院先后5次开展复明工程，免费施医施药，共做白内障ECCE+IOL手术174例，高龄手术约占30%以上，其中年龄最大的95岁。同年始，相继开展全麻气管插管下腮腺混合瘤摘除术、颌下腺结石及颌下腺摘除术，改进下颌骨骨折为钢板内固定术，下颌骨髁突骨折内固定术联合颌间结扎术，颌骨囊肿切除术，下颌骨骨折切开复位内固定术+口腔颌面部外伤清创整形术。2014年，相继开展全麻气管插管下行鼻内镜下鼻窦开放术及鼻息肉切除、内翻性乳头状瘤切除、鼻中隔矫正、鼻甲切除、鼻腔止血、鼻腔泪囊造孔术，支撑喉镜下声带息肉切除、会厌囊肿摘除术，鼻前庭囊肿切除术，头面颈部外伤后整形修复。是年，在蓬莱市人民医院帮助下首次开展鼻窦镜下筛、额、上颌、蝶窦开发手术。至2018年，共施行手术575例，其中白内障530例，复明率（≥0.3）达到96%。是年，开展糖尿病视网膜病变黄斑水肿病人玻璃体腔注药术。

口腔科

初为县人民医院牙科，成立于1986年。1988—1993年，先后开展捶造冠修复技术、微玻璃离子充填术。1994年，更名为口腔科，开展光固化树脂充填术。1998—2014年，开展年轻恒牙错颌畸形活动矫正术、固定矫正术、铸造冠修复术、烤瓷冠修复术、全瓷冠修复术。2017年，加入由烟台市口腔医院组织成立的烟台市口腔专科联盟。2018年，开展机扩根管治疗术、牙列不齐固定矫治术、龈下刮治术、口腔种植术、儿童乳牙根管治疗术。启动“孝口福”慈善救助，为全县“五保”及低保老人免费镶装全口义齿。

麻醉科

1985年，县人民医院设专职麻醉师。2005—2006年，开展颈丛神经阻滞麻醉，小儿基础麻醉术后连续硬膜外及静脉镇痛。2007年，开展全麻复合硬膜外麻醉，复合全麻喉罩应用。是年11月，为10个月女婴施行静脉全身麻醉，行肠穿孔修补术。2008年，开展双点连续硬膜外神经阻滞麻醉，呼气末二氧化碳监测。2010年，开展无痛人工流产术。2012年，开展无痛胃肠镜检查术、ICU力月西合并丙泊酚镇静技术。2013年，在烟台山医院指导下，开展双腔支气管导管插管术（单肺通气），为病人施行肺部微创手术。2016年，在烟台山医院指导下，为百岁老人在腰硬联合神经阻滞麻醉下行股骨转子间骨折内固定术。2017年，开展连续动脉有创血压监测。2018年，开展中心静脉置管术。

远程会诊

县人民医院远程会诊系统于2008年12月11日开始试用，是全省首家实行医学影像数字化、院内网络与远程会诊无缝连接的县级医院，设备由山东省立医院免费提供。2010年7月，远程门诊、远程病理系统正式启用。利用远程冰冻诊断等技术，为海岛百姓在家门口手术提供病理快速诊断。2017年5月，通过心医国际远程会诊系统与中日友好医院、中国人民解放军空军总医院、北京大学肿瘤医院、阜外心血管医院等建立一年合作联系。2018年，由烟台毓璜顶医院援助，长岛县远程病理系统进行升级，通过数字扫描系统上传病理情况，使诊断更快速、更准确。至2018年，县医院利用远程医疗手段为海岛群众疑难病例提供626次远程会诊，142例远程病理诊断，使海岛群众不出岛就能享受优质医疗服务。

2010年7月，长岛县人民医院远程门诊系统启用

医疗联合体

2016年，通过烟台山医院定点帮扶，安装10套“远程动态实时心电监护系统”，智能终端实时采集、传送患者心率、血压、血氧以及心肌缺血等有关数据，可以远程指导或及时推送救治方案，改变此前患者佩戴动态心电图24小时后才能知道结果的弊端，实现第一时间诊断与抢救。

2017年6月，烟台山医院、县人民医院成立医疗联合体，在人才培养、技术帮扶、巡回医疗、双向转诊、分级诊疗等方面开展合作，建立上下联动、优势互补、资源共享的运行新机制。当年，有6位专家（分别为运动创伤科、B超、神经内科）到院进行长期帮扶，对医疗人员进行授课、带教查房、手术指导、检查示范等。2018年，烟台山医院共派出放射、B超、心内、神经内、普放、内分泌等18位专家进行长期和短期帮扶。其中，神经内科专家帮助县人民医院完善神经内科力量，加入烟台市溶栓地图、烟台头晕诊疗联盟，指导卒中溶栓流程、脑梗死抢救流程，专业授课18节，指导病房诊疗59例；内分泌科专家教学查房50天，授课12次，帮助开展糖尿病并发症处理、妊娠甲状腺疾病如何诊治及内分泌高血压和痛风治疗；B超专家先后帮助开展颈部血管多普勒、双上肢血管彩色多普勒、甲状腺分级、乳腺分级、肾血管彩色多普勒等检查项目，提高超声诊断水平。同年，县医院派出10名专业技术人员到烟台山医院进修放射、普外、护理（内分泌、消化内、胃肠镜）、急诊、肺功能检测等专业。

护理

1989年，县人民医院开展责任制护理，在病房设8张床位，实行8小时负责制，24小时值班制。1995年，对全县护理人员进行“三基三严”（基础理论、基本知识、基本职能和严格要求、严密组织、严谨态度）训练。1996年，市卫生局在县人民医院组织全市20名护理人员进行护理知识、技术竞赛，县人民医院获优秀奖。同年，开展小儿静脉穿刺置管保留输液、氦氖激光治疗等技术。1997年，开展系统化整体护理，派各科骨干参加市举办的学习班，并到烟台毓璜顶医院参观学习。

烟台山医院、长岛县人民医院成立医疗联合体（2017年）

是年，全县组织护理人员进行无痛穿刺法培训。1998年，实行护理部主任、护士长二级管理。2000年，县人民医院各科普及整体护理模式，掌握以病人利益为基础的护理技能，为病人实施临床护理，主要是重病人护理技术操作规范、基础护理、健康教育及护士书写护理病历等。2001年，护理部开展以检测和抢救危重病人的技术训练为重点，引导护理人员将所学监护理论与临床监护实践相结合，培养处理疑难护理问题的能力，实践并掌握心电监护及呼吸机等各种监护仪器的操作方法，提高各科为重病症病人护理的质量，降低并发症的发生。2003年5月12日中午，隔离病房收治1位“非典”疑似病人，医护人员在隔离病区工作20天，排除疫情，病人康复出院。5月27日，为长岛中学在校2000余名学生煎制“防非”中药，连续配发3天。2008年，护理部及全体护理人员被烟台市总工会授予“女职工建功立业标兵岗”称号。2013年，安排护理人员到济南军区总院学习高压氧治疗技术，县医院高压氧正式启用。2018年，县卫计局委托县医院护理部承担全县护理质量管理，成立全县护理质控中心。是年，20名护理人员为“长岛马拉松赛”提供医护服务。

献血与急救

90年代初，长岛县未设立血库，急需的临床用血由患者家属和驻岛官兵提供。1999年，县卫计委成立献血工作小组，到市中心血站和蓬莱市血库参观学习，制定长岛县献血工作方案。由于长岛县人口数量少、交通不便，最终确定长岛县不建血库，不开展无偿献血工作。临床用血从蓬莱市血库调拨。2006年，蓬莱市血库撤销，血液由烟台市中心血站进行供血，长岛县由蓬莱市人民医院输血点供血。2010年后，年平均输血量在100单位左右，呈现逐年增加的趋势。县医院输血业务由检验科负责，24小时提供全院手术治疗急救用血，同时具有用血管理职能。2012年，成立长岛县人民医院输血管理委员会，履行输血管理职能。是年，购买一台自体回输机开展自体血回输技术业务。2018年，县医院有血液专用冰箱1台、血型血清学专用离心机1台、水浴箱1台、免疫微柱孵育器1台，主要开展血型鉴定（ABO正反定型、RhD血型鉴定）、交叉配血试验、抗体筛查试验以及新生儿溶血诊断试验等，每年参加卫生部山东省检验中心血液相容性试验室间质评活动，均符合标准。成分血使用率已达100%。

2003年11月5日，县人民医院妇产科在抢救一例孕产妇死亡率极高的DIC病人中，医护人员为病人献血达800毫升，病人及时获得救治。2004年12月，外科抢救1例肝破裂、失血3500毫升、头外伤、下肢多处骨折的病人，经从蓬莱血库运血及志愿者医护人员无偿献血，几天后病人痊愈出院。2012年12月，烟台市中心血站首次到长岛进行无偿献血采集工作，血站10余名工作人员为全县300余名无偿献血志愿者采集血液，两天共采集10万余毫升血液；县医院13名医护人员共献血3500余毫升。

2013年1月18日19时，县人民医院收治1名因宫外孕大出血的患者，急需输血救治。由于医院没有备用血源，通过电视字幕等途径向社会发

2013年1月18日晚，在县医院等候献血的海岛群众与解放军官兵

出求助信息后，近百名海岛群众、驻岛官兵、志愿者等第一时间赶到医院献血。历经1个小时的手术，400毫升血液输入患者体内。

第四节　医疗和医药管理

医疗质量管理

1987年，根据省、市加强医院管理、提高医疗质量的文件要求，建立健全各项医疗服务工作制度及岗位职责，并根据省卫生厅医院管理考核标准，制定长岛县医院管理考核评比标准，每年分半年、年终集中组织考核评比。是年，医院门诊人次、住院人次、治愈率比1986年均有明显提高，医疗护理文书日趋规范。1990年，医院实行分级管理。1992年，通过市级验收，长岛县人民医院被评为二级甲等医院，砣矶中心卫生院被评为一级甲等医院，钦岛卫生院、北长山卫生院被评为一级乙等医院，黑山卫生院、北隍城卫生院被评为一级丙等医院，其他医院未达标。2008年，在全县卫生系统开展为期3年的“两好一满意”（服务好、质量好、群众满意）活动，并制定印发《关于医疗卫生单位实行轮岗制度的意见》，要求县级卫生技术人员都要到乡镇卫生院轮岗，轮岗周期为1年，以全面提高乡镇卫生院的医疗质量。2010年，开展“医疗质量万里行”活动，围绕“以病人为中心，以质量为核心”的活动主题，组织、督导各医院贯彻落实医疗质量与安全责任，加强医疗质量与安全制度化、规范化、标准化建设，强化卫生技术人员“三基三严”训练。2016年，为解决长岛县卫生系统临床医生严重短缺问题，经市卫生部门研究，决定由烟台市直医院及各县、市、区医院抽调骨干力量，全力支援长岛，每家医院支援周期为一年。2018年10月，第三批支援人员全部到位。

药品管理

1986年后，县卫生计划生育局根据《中华人民共和国药品管理实施办法》和其他一些特殊药品管理办法，对药品的审批、生产、经营、使用进行管理。县卫生局从药品采购入手，杜绝假劣药品流入；加强对医疗机构和药品经营网点的巡回检查，清除已流入的假劣、淘汰药品；严禁自费滋补药品列入公费报销，杜绝“类药品”流入医疗单位；强化医药市场管理，打击游医药贩，保证患者用药安全。在县电视台举办《药品管理法》宣传讲座，出动宣传车2次，公布举报电话。1987年8月，县卫生局印发《关于下达药品使用范围有关规定的通知》，禁止各医疗单位采购没有“准”字号的药品，并限期处理库存化妆品，执行《山东省医院基本用药品种目录》，禁止使用假劣药品。1988年，县级医院成立“药事管理委员会”，乡镇卫生院成立“药事管理领导小组”，加强临床合理用药、临床药物研究及药品采购管理，强化监督。1988年始，执行《麻醉药品管理办法》和《精神药品管理办法》，各特殊药品使用单位做到“五专”（专人负责、专柜加锁、专用账册、专用处方、专册登记）管理，保证账物相符。严格处方限量管理，不得超剂量开大处方，避免“跑”“冒”“滴”“漏”，杜绝麻醉药品流入吸毒者手中。癌症病人持麻醉药品专用卡购药，执业医师要遵循癌症三阶梯止痛指导原则，满足患者镇痛要求。1994年，查处劣质中药50千克，中成药、西药23642片（丸、支）。1995年，对药品经营单位和药品使用单位，抽样送检27批次，检出不合格品种1个，没收不合格注射液2500支。是年5月，把医用氧气列入药品管理范畴，各医疗单位停止工业用氧，使用医疗用氧。1997年，县计划生育卫生委员会印发《关于加强药品管理的通知》，建立健全药品采购档案、入库验收制度，杜绝违法采购药品，杜绝假劣药品流入医疗单位。1998年，制订长岛县治理整顿医药市场方案，对长岛医药市场进行整顿；检查40个单位，查出劣质药品23种，共计417支，查出假药2种共39瓶，价值600余元，查出不合格注射器300支。

2000年，药品质量监管职能划归烟台市药品监督管理局代管。2008年，划归县食品药品监督管理局管理。2014年，重新组建长岛县食品药品监督管理局，并于2015年整体并入新组建的长岛县市场监督管理局，负责辖区内药品、医疗器械、保健食品、化妆品等安全监管。2014—2018年，完成药品经营许可审查发证3家，保健食品审查发证19家；先后开展专项整治30余次，下达整改意见书70余份，行政立案7起，没收违法购进中药饮片38种次，罚款110余万元，依法取缔无证照流动销售无合格标识膏药行为1起，查处保健食品、化妆品宣讲销售活动3起；完成药品抽样210批次，保健食品、化妆品抽样41批次，药品快速检测170批次，对检测不合格中药饮片进行依法处置；累计评价并上报药品不良反应224例，医疗器械不良事件112例；确定过期失效药品定点回收单位12家。

第五节　公共卫生管理

计划免疫

1987—1994年，全县实行儿童计划免疫保偿制度，规定0～7周岁儿童每人每年交3元，8～12岁每人每年交2元，用于相应传染病保偿冷链维修、分医补贴及器材购置。1987年底，全县计划免疫保偿工作基本完成，儿童入保率98.1%。1988年，长岛县在全省提前实现国家普及儿童免疫第一目标（计划免疫达85%），被省卫生厅评为“计划免疫提前达标单位”。1987—1989年，全县连续三年达全省计划免疫3个（县、乡、村）85%。1989年，长岛县被省防疫站评为“计划免疫达标县”。2002年，全县儿童入保率为100%，计划免疫针对传染病白喉、风疹、麻疹、流脑、乙脑、脊灰等病已被消灭，拥有23台电冰箱、8台冷藏运输箱、5台稳压器、1台氟钠瓶、30个正常运转的冷藏背包。

2006年，对各预防接种门诊、产科预防接种室进行接种资质认证，并发放资质证书。2007年，全县各接种门诊实行信息化管理。2008年，实行扩大国家免疫规划。2015年，全县第一处数字化门诊建成并投入使用。2015—2018年，山东省疾控中心为长岛县免疫预防工作先后配备冷藏车1辆、医用冷藏冰箱18台、医用冷藏冷冻冰箱13台、低温保存冰柜7台、台式小冰箱24台、15立升普通冷库2个，并为每台正在使用的冷藏设备安装温湿度监测设备，长岛县疾控中心自己采购备用发电机，用于保障生物制品的质量和安全。

传染病防治

肠道传染病　1985—1989年，全县肠道传染病主要以病毒性肝炎发病最为突出，高峰年为1989年（421例）。1990—2002年，常见传染病发病以乙肝为主。1986—2018年，痢疾发病一直不断，但保持较低水平，阿米巴痢疾发病较少见；伤寒（副伤寒）仅发病1例；脊髓灰质炎断续发病，2005—2018年，无病例。

流感呼吸传染病　长岛地区主要以流行性感冒、猩红热为主。猩红热自中华人民共和国成立以来间断、零星发病。麻疹末次报告年份为1982年，发病率3.93/万，1985年以后再无发病。流行性脑脊髓膜炎末次报告年份1990年，发病率为2.34/万。其他传染病如风疹、流行性腮腺炎、水痘每年均为零星发病。2004年百日咳发病1例。

非典型肺炎　2003年4月17日，长岛县启动非典型肺炎防治工作，组建7处发热门诊，设置228处发热监测点，在港口（含蓬莱港）设置检疫组，在北长山乡原北京工人疗养院设留验站，对来自SARS发生地的人员采取在留验站留验观察或居家隔离观察14天措施。至7月20日疫情解除，全县共接诊发热病人423例，留验观察182例，排查11700余户次、16200余人次，未出现SARS病例。

甲型H1N1流感　2009年11月，全县突发甲型H1N1流感病例，县医院启动重大突发公共事件应急预案，全院职工进入战时状态，并成立县医院突发公共卫生事件应急指挥部，建立急诊发热病房，设立7个观察室，调配发热病区医生10人、护士24人，增设发热病床40张、留观病床41

张。启动连廊工程3楼，增设34张床位为门诊输液室，医护配备2套班子。免费支援各乡镇医院甲流防控所需物资，免费为在校学生和离退休干部发放甲流中草药7230付，累计接收发热病人720例，治愈707例，其中在长岛治愈的肺炎患者43例，转烟台山医院12例。

麻风病　自中华人民共和国成立以来先后普查治疗病人5例。2009年，全国麻风病防治信息系统正式启用。至2018年，系统中录入的3名患者均已死亡。

性病　1987—1999年，未有病例报告。2000—2002年，报告淋病16例，一、二期梅毒6例，尖锐

1986—2018年长岛县重点传染病统计表（一）

表25-4

年份	人口	病例	发病率	肝炎			痢疾		猩红热	梅毒	淋病	其他
				甲肝	乙肝	未定型	细菌性	阿米巴				
1986	39431	160	40.58	—	—	41	118	—	—	—	—	1
1987	40631	73	18.51	—	—	36	37	—	—	—	—	—
1988	41751	105	24.8	—	—	66	34	—	3	—	—	2
1989	42335	189	14.64	—	—	146	42	—	1	—	—	—
1990	42762	445	10.406	173	49	199	19	2	1	—	2	—
1991	42985	171	39.78	93	18	50	8	—	—	—	2	—
1992	43042	93	21.64	43	20	11	12	—	7	—	—	—
1993	43257	215	49.7	95	32	73	9	—	3	—	3	—
1994	43497	47	10.81	20	10	13	3	—	—	—	1	—
1995	44029	69	15.67	16	33	1	16	2	1	—	—	—
1996	44552	36	8.08	7	11	1	14	1	—	1	1	—
1997	44598	104	23.32	10	4	—	83	—	1	—	—	6
1998	45452	76	16.72	12	14	1	29	2	10	—	—	8
1999	45396	80	17.62	15	18	4	34	1	—	—	—	8
2000	45732	57	12.46	—	—	31	16	—	1	3	—	6
2001	45619	83	18.19	32	3	4	23		3	2	5	11
2002	45225	37	8.18	9	3	1	9	—	—	1	6	8
2003	44743	30	67.05	9	5	—	3	—	1	—	4	8
2004	44583	70	157.01	5	16	3	12	1	—	—	5	28
2005	53536	48	89.66	5	16	2	1	—	—	—	1	23
2006	53712	67	124.74	5	20	3	2	—	9	—	—	28
2007	53964	52	96.36	4	23	2	3	—	7	2	3	8

说明：2008年5月，手足口病纳入法定报告传染病管理，病毒性肝炎增加了丙肝和戊肝分型

湿疣13例，生殖器疱疹3例。其中，男性发病34例、女性4例；已婚27例，未婚10例，少儿1例。2015—2018年，报告一期梅毒2例，二期梅毒8例，隐形梅毒21例，尖锐湿疣7例，生殖道沙眼衣原体感染2例，均为非本地户籍报告。

艾滋病　2006年，长岛县通过艾滋病筛查实验室验收。2017年前，全县无艾滋病感染者和病人的报告。2017年，一名男性自愿咨询者，检测HIV阳性，并送样至烟台市疾病预防控制中心确证实验室，确诊为艾滋病感染者，转至烟台市传染病医院接受抗病毒治疗。

手足口病　2008年5月，手足口病纳入法定报告传染病管理。是年，制订应急预案，设立定点医院、专用诊室和专用病房，实行24小时值班制度，完善发热病人接转诊和零报告等制度。对全体卫生技术人员和学校、幼儿园教师进行培训，向全县7岁以下儿童家长发放防治宣传单3000余份。排除1例疑似病例患儿，确诊18例患儿，均治愈。2011年，全县共报告54例手足口病，其中北长山中心小学、实验幼儿园、部队幼儿园发生聚集性病例。对每个病例都进行个案调查，查找传染源，分析传播途径，撰写聚集性病例调查报告，对密切接触者进行追踪和管理，对居住地进行消毒，并发放消毒药械和宣传单。共采集18份患儿标本，肠道病毒阳性17人份，阴性1人份。肠道病毒阳性者当中EV71阳性15人份，PE阳性2人份，无CVA16阳性病例。2016年，在大钦岛幼儿园报告1起手足口病暴发疫情，共发病23人，发病患儿全部为轻症，无重症和死亡病例。2017年，报告3起手足口病聚集疫情。2018年，报告5起手足口病聚集疫情。

结核病　1986—1998年，全县发现肺结核患者123人，其中涂阳患者23人、涂阴患者100人，患者均得到程序化治疗。1999—2002年，全县发现肺结核患者121人，其中涂阳患者12人、涂阴患者109人。对发现的结核病患者均进行规范治

1986—2018年长岛县重点传染病统计表（二）

表25-5

年度	人口	病例	发病率	肝炎					猩红热	梅毒	淋病	痢疾		流行性腮腺炎	手足口病	其他
				甲肝	乙肝	丙肝	戊肝	未分型				细菌性	阿米巴			
2008	54183	77	142.11	1	13	—	2	5	6	2	—	2	—	—	9	37
2009	54352	79	145.35	1	18	—	1	2	1	12	2	3	—	—	4	35
2010	54529	85	155.88	—	23	—	3	—	—	3	1	—	—	3	38	14
2011	43997	186	422.76	—	12	—	—	1	3	6	3	6	—	1	54	100
2012	44185	204	461.70	—	22	2	1	1	1	2	—	2	—	—	68	105
2013	44613	149	333.98	—	19	2	1	1	—	8	—	1	—	1	37	79
2014	44641	177	396.50	—	18	—	2	—	2	10	1	—	—	4	13	127
2015	44902	238	530.04	1	22	1	1	—	13	2	4	2	—	—	11	181
2016	44620	288	645.45	—	19	3	2	—	5	10	3	1	—	4	44	197
2017	45093	277	614.29	—	34	—	3	1	1	12	—	—	—	1	45	180
2018	45255	252	556.84	—	48	2	1	—	—	7	1	—	—	1	32	160

疗与管理，共治愈120例，治愈率99%。2003—2013年，全县发现肺结核患者99人，其中涂阳患者19人、涂阴患者80人，患者均得到规范化治疗。2014年始，实施第一期“三位一体”项目，负责规划协调、医疗机构负责初筛转诊、定点医院负责确诊收治、基层医疗卫生机构负责患者全程管理。2015年，实施第二期“三位一体”项目，防治分开，治疗规范。2014—2018年，全县发现肺结核患者51例，其中涂阳患者14人、涂阴结核病患者37人，规范治疗率达到100%。

地方病防治

长岛县地方病防治重点主要为碘缺乏病和疟疾。

碘缺乏病　80年代初，县卫生防疫站与山东省地方病防治研究所共同对境内地方性甲状腺进行调查。1995年，县卫生防疫检疫站对全县3所学校987名8～10岁儿童进行甲状腺肿进行调查，查出I°肿大者84名，肿大率8.5%；采取尿液101份尿碘，中位数为268.32μ/L。1997年9月，与烟台市站地方病防治科共同对县第一实验小学、第二实验小学、北长山小学、大黑山小学8～10岁878名儿童进行甲状腺肿大、尿碘测定，查出甲状腺I°肿大者43名，肿大率4.89%。1999年，协助山东省地方病研究所碘缺乏病防治科到长岛县第一实验小学，为40名学生进行甲状腺肿B超检查和尿碘检测，其中触诊I°肿大5人，Ⅱ°肿大4人，肿大率22.5%；B超检查，肿大8人，肿大率为20%；尿碘检查超过正常范围的13人，概率为32.5%。2005年始，按照省重点地方病防治规划，全面开展碘缺乏病防治工作，于2010年通过实现消除碘缺乏病目标市级验收。2008—2018年，县疾控中心开展多次居民碘营养调查，结果显示全县居民的尿碘平均水平处于正常值范围内，居民碘营养适中。

海岛县海产品相对较多，其中不乏含碘量较丰富的海带、紫菜等海产品。长岛县在着力预防碘缺乏病的同时，为避免居民碘摄入过量，倡导居民结合自身饮食情况，合理选用加碘盐；定期进行甲状腺健康检查。甲状腺功能亢进等疾病患者，不建议食用碘盐。孕妇群体因碘需求量较大，在母体甲状腺允许的情况下，建议加强补碘，保障胎儿健康发育。

疟疾　长岛县境内1971年疟疾发病率最高，发病率为19.89/万，1980年后未见本地病例发病。1989年，长岛县被省政府评为“基本消灭疟疾县”，县卫生防疫站被评为“基本消灭疟疾先进集体”。自2010年始，启动“消除疟疾行动计划”，制定《2010—2015年长岛县疟疾防治规划》《长岛县消除疟疾行动计划（2010—2015年）》和《长岛县消除疟疾工作实施方案》，推进消除疟疾各项工作，2015年达到消除疟疾考核标准。1986—2018年，全县共报告10例疟疾病例，均为输入型。其中，2004年、2005年、2006年、2008年、2010年及2014年各1例，2017年3例，2018年1例，10名患者皆为到非洲务工返岛人员。经过治疗，10名患者均康复，且未发生二次感染。

重点慢性非传染性疾病防治

原发性高血压　2009年，长岛县将高血压病防治作为基本公共卫生服务项目，对高血压患者实行建档专案、跟踪式管理。2010年，印发《长岛县基本公共卫生服务项目工作实施细则》，由各医疗单位严格实行35岁以上就诊患者首诊测血压制度。至2018年，全县共建档高血压病专案管理3569人，其中达到规范管理要求的2378人，规范管理率为66.63%；血压控制满意者2641人，满意控制率为74.0%。

Ⅱ型糖尿病　2009年，长岛县将Ⅱ型糖尿病防治作为基本公共卫生服务项目，对Ⅱ型糖尿病患者实行建档专案、跟踪式管理。至2018年，全县共建档Ⅱ型糖尿病专案管理1108人，其中达到规范管理要求的778人，规范管理率为70.22%；血糖控制满意者828人，满意控制率为74.73%。

卫生监督与监测

食品卫生　1986年，对集贸市场食品卫生、学校集体用餐、食品生产经营单位监督检查，共出动监督员500人次，检查575家单位、摊点，责

令改进74家，责令停止生产经营18家，取缔13家，销毁不合格食品110千克。1999年，对“五小”（小食品店、卤食店、职工食堂、糕点、冷饮）食品点人员进行查体。2002年，为防止游客发生食物中毒事件，县卫生局与县旅游局联合印发《关于预防食物中毒的通知》，并印制发放预防食物中毒知识宣传单800份，指导“渔家乐”搞好饮食卫生管理。2010年12月，在全县开展为期40天的专项整治行动，以风险多发的餐饮服务单位为重点，采取突击检查、样品抽检等形式进行监管。监督检查餐饮业经营单位70户次，书写现场检查笔录8份，发放宣传单100余份。对两家分别存在台账记录不健全和未建立索证索票进货台账等食品安全隐患单位，下达整改文书，要求其现场整改和限期整改。2013年，在实施餐饮服务许可过程中，监管人员按照核查标准进行现场核查，对不达标准的提出整改措施，核查合格后予以发放餐饮服务许可证。2014年9月，食品卫生监管职能移交县食品药品监督管理局。

公共场所卫生　1986年，县卫生防疫站对各类公共场所及用品进行监测。采样监测顾客用品762份，合格711份；水质监测18份，全部合格；特殊用途化妆品检查32份，未发现假冒伪劣产品。对码头、公交车辆、旅游景点、网吧、影剧院等公共场所卫生进行管理。对行业从业人员进行健康查体280人，查体率80%以上。1996年始，加强对旅游景点的管理。2002年，对美容美发、公共浴池进行专项整顿，按照程序发放、复核卫生许可证。共监督检查美容美发店40户，整改4户；浴室4户，整改1户；旅店13户，整改3户；其他（影院、港务局等）4户，通过整改均达标。同时对各单位从业人员进行法律法规、卫生知识培训和健康查体，培训及健康查体460余人，持证率达90%。各卫生制度发放上墙率达100%。2015年，加强对“渔家乐”的卫生监督管理，对从业者无体检证明的不予发放许可证。2018年，共受理公共场所行政许可事项572户。其中验收发放许可证72户，新办公共场所许可证15户，到期延续33户；新办“渔家乐”卫生许可证47户，到期延续405户。对北五岛申办“渔家乐”进行联合执法验收，共验收新开“渔家乐”业户120户，验收合格业户53户，发放相关材料100余份。

生活饮用水　1986年始，开展枯水期、丰水期水质监测，均符合饮用标准。2007年，对27家供水单位的35口机井、3家淡化水厂进行检查，对县供水中心4口机井进行水质检验，所有供水单位均取得卫生许可证，直接从事供管水的32名人员均进行健康查体和卫生知识培训。2013年，对全县集中供水单位进行生活饮用水安全专项监督检查，摸清全县集中式供水和自备水的基本情况，指导供水单位依法经营，防范生活饮用水污染事故发生。是年起，每年对市政供水公司进行卫生监督，市政供水公司每月1次向县卫生监督所提供管网水和出厂水水质监测报表；每季度一次提供有资质的监测中心（MA标志）进行的检测报告书。2017年，对各乡镇的农村饮用水单位，按照枯水期（3—4月）和丰水期（7—8月）分2次进行监督检查。

学校卫生　90年代开始，全县学校依法对学生进行健康教育，内容主要包括青少年心理保健、儿童不良行为矫正、儿童保护环境卫生等。2003年，对5所学校、4所幼儿园食堂进行专项整顿，各食堂均对自身存在的问题进行整改落实。2014年，对全县11所学校进行卫生监测，指导学校对存在问题进行相应整改。2018年，分别对县直12所学校进行2次监督检查，对检查出未按要求进行水质监测、部分学校提供饮用水存在安全隐患（容器未加锁）、设备清洗消毒不规范等全部予以督促整改。

职业卫生　1986年，防疫站对毛纺厂、印刷厂等46家中小型工厂、企业职业危害因素进行监督监测，检查合格共计38家，对8家不符合职业卫生安全的单位提出整改或转产要求，并予以监督落实。1997年，卫生监督人员对全县工厂、企业重新进行调查摸底、监督监测，经检查符合职业卫生要求的有22户，对不达标单位提出限期改进意见。2002年，对全县3家从事放射工作的8名人员进行体检，合格率达100%。2006年，通过《职业病防治法》宣传周开展现场宣传活动，共接待咨询群众500余人，发放宣传材料2000余份。2011年，实施职业病防治进企业、进社区、进农村、进职业技术学校、进交通站点、进劳务市场“六进”宣传活动。对农民工进行以职业病防治科普知识为内容的宣传活动，发放宣传资料400份；开展以“加强职业健康监护、保障劳动者健康权益”为主题的职业健康监护专项整治，对全县6家存在职业病危害因素的用人单位，逐一进行监督检查，重点检查用人单位是否掌握本单位接毒接害职工人数。2013年，职业卫生监管职能移交至县安监局。2013—2018年，县安监局平均每年职业病危害因素现场检测企业10余家，职工职业病危害体检100余人，检查率、查体率均达100%。

第六节 爱国卫生

卫生县城创建

1988年，长岛县以创建省级卫生县城为目标，广泛发动，全民动手，开展城乡卫生建设工作。城区、乡村建立卫生监督和卫生保洁队伍，清除卫生死角，蚊蝇鼠密度大幅降低，是年11月，被山东省爱卫会命名为“省级卫生县城”。1991年，开展“卫生乡镇”“卫生村”创建活动。至1992年，全县10处乡镇均成为市级卫生乡镇，位列全市第一。2013年，开展国家卫生县城创建工作，制定《长岛县创建国家卫生县城工作实施方案》，把创建任务逐项分解到全县各个责任部门。邀请省、市专家到长岛，对创建国家卫生县城工作进行指导，先后通过市爱卫办基础评估、全国爱卫办暗访检查，达到国家卫生县城标准要求。是年12月，被全国爱卫会命名为“2011—2013年度国家卫生县城”。2015年始，国家对创建成功的国家级卫生县城实行动态管理，每3年进行1次复审。2016年，先后通过市、省爱卫会组织的审核和国家卫生县城复审，再获“2016—2019年度国家卫生县城”荣誉。2018年，开展卫生乡镇和卫生村创建活动，指导乡镇街道开展省级卫生乡镇、卫生村创建工作。全年建成2个省级卫生乡镇、5个省级卫生村。至2018年年底，全县共有省级卫生乡镇5个、省级卫生村14个、省级卫生先进单位6个。

环境卫生整治

1986年，全县进行爱国卫生检查6次。是年，县卫生防疫站在县直单位取24个测噪点进行噪声检测，合格率为83%，乡镇企业95%以上超标。1989年始，利用“爱国卫生月”活动开展环境卫生整治，首次活动即调动车178辆，消灭蚊蝇滋生地、卫生死角100处，清运垃圾2500吨，补植花草树木5万株。1996年，大钦岛乡成为市级“十佳卫生乡镇”之一。2002年，开展“卫生先进单位”“卫生先进小区”和“国家级卫生小城镇”创建活动，道旁植补乔木1000株、灌木3万棵、花草54万株，植草坪4369平方米。清理乱贴、乱画、野广告400处，清除乱搭乱建20处，规划店外店、乱摆放260家，清查马路摊点、划行规市300户。县高级职业学校、毛纺厂被评为“省级无吸烟学校”“无吸烟工厂”。是年，县第二实验小学、南隍城乡、北山区居委会分别获得省级“卫生先进单位”“卫生乡镇”及市级“卫生先进小区”称号。2005年，县政府聘用60余名卫生保洁员，对居民小区主要道路实行专人包干负责清扫。2008年5月，开展以防治手足口病为重点的环境卫生清理整治活动，集中清理旅游沿线、居民区视线内的垃圾及房前屋后乱堆乱放。2013年8月，建立环境卫生“网格化”管理模式，建立周五义务集中清扫日制度。对食品卫生、公共场所卫生及“五小”行业、重点窗口单位、农贸市场、海鲜市场、超市等单位进行卫生监督检查，全年督查100余次，下达整改督办单20次。2015年，开展以“全民参与爱国卫生，共建共享健康中国”为主题的卫生整洁行动，重点治理渔村垃圾污水和城乡接合部、军地接合部、旅游沿线环境卫生薄弱地段。全县共发动机关干部、渔村群众、部分驻军战士等2600

县卫生工作人员在北长山乡北城村进行健康教育讲座（2017年）

余人次，累计出动大型机械80余台次，清理卫生死角和垃圾堆放点38处，清运生产、生活垃圾50余吨。根据整治实施方案和网格化管理要求，加强整治活动的检查督导，每周五检查一次，对热点、难点问题进行现场办公，予以协调解决，共督查80余次，电话通知督办整改260次。2016年后，城乡社会大环境卫生管理、检查评比职能划入县住房和规划建设管理局。至2018年，开展大环境卫生清理301次，出动义工1.18万余人次、车辆2546台次，清理三大堆1552处、垃圾1.29万余吨。

病媒生物防制

1986年，药物喷洒城区社会大环境及公共场所。培训灭鼠技术人员218名，投药员235名，在5月、9月、11月进行3次突击灭鼠活动，灭鼠工作达到省爱卫办“一役达标”标准。1988年，对灭蚊蝇防制实行有偿服务，于5月、8月两次对机关、饮食服务行业室内喷洒长效灭蚊蝇药溴氰苯菊酯，室内喷洒面积共5万平方米。1989年，争创市级“无鼠害县”，培训灭鼠专业技术人员337名，配制毒饵2000千克，投放房屋6.14万间，覆盖率达88.3%，各项指标均达到“无鼠害县”标准。同年6月，通过市爱卫办“无鼠害县”鉴定。2007年，开展春冬季集中灭鼠活动，按照“五统一”（统一指挥、统一时间、统一行动、统一药物、统一方法）原则，组织灭鼠专业技术人员40人，不漏一村一户一间房屋，连续足量投放饵料3天，发放鼠药5000包（100克/包），达到全面灭鼠要求，鼠密度检测显示不超过1%，不超过国家标准。2015年，监测4种环境类型，其中绿化带的蝇密度最大，其次为农贸市场、餐饮外环境，居民区最低。2018年，发放灭鼠毒饵1.5万余包。

改水改厕

改水　1986年，全县40个行政村中共有36个村吃上自来水，覆盖率90%，获市自来水改建工作第一名，得奖金1500元。1987年，自来水覆盖率达95%，渔村改水工作获全省第一名。1988年6月，获“市级改水先进县”称号。1989年7月，全县10个乡镇改水工作全部完成，渔村改水普及率、自来水普及率、受益率、安全饮用水人口覆盖率均达到100%，成为全省第一。2001年，投资2679万元建海水淡化站2处，最大日供水能力由600吨增加到1600吨。2014年10月，蓬长跨海引水工程开始供水。2017年7月，投资2173万元在砣矶镇、大钦岛乡分别建成日供水能力500吨以上的海水淡化站各1处，在小钦岛乡、南隍城乡、北隍城乡分别建船运淡水工程1处，在蓬莱市建船运淡水取水点1处，实现海岛版“南水北调”。2018年，建成南长山岛日供水能力2000吨的海水淡化工程，开展南长山岛、北长山岛及大钦岛、小钦岛、大黑山岛等乡村管网改造，实施北五岛及西三岛供水蓄水池建设项目，完成供水管网改造50千米。建设完成净化水站25处。

改厕　1991年3月，全县乡村开展改厕工作，年底改厕8296户，普及率达82%。至2002年，渔村卫生厕所累计1.45万座，普及率91%，粪便无害化处理率91%；公厕274座，卫生厕所普及率累计100%，粪便无害化处理率累计100%。2008年，推行三格化粪池和三格水冲式无害化厕

所改造，全县时有渔村总户数8468户，卫生厕所8439座，卫生厕所普及率99.7%，其中无害化卫生厕所1254座，占14.8%。制作三格化粪池结构图、刻录改厕知识光盘、印制《长岛县渔村改厕技术指南》等改厕科普知识资料印发至渔村，以北长山乡北城村为试点，建造1个三格化粪池式卫生厕所进行示范推广。是年，全县改厕794座，其中承接国家改厕项目400座，每户补助450元，改厕完成率为132%。2015年，下达改厕任务150座，实改厕256座。是年，卫生厕所普及率达到100%，累计已改建无害化卫生厕所4147座，无害化率超过55%。2016年后，改厕工作移交至县住房和规划建设管理局。至2018年，增加改厕1905个。

全民健康教育

1985年，县卫生防疫站增设宣传科，负责健康教育工作。是年，《长岛卫生》创刊，编辑印刷2000份，1989年改版为《卫生人口报》。1997年，在乐园大街举行告别不文明行为仪式，县城区2600名干部、学生、职工在“告别不文明行为”横幅上签名。2009年，开展甲型H1N1流感和手足口病等传染病防控。在县广播电视台开设“与文明同行”栏目，宣传健康知识特别是甲型H1N1流感和手足口病防控知识。2013年，组织开展“健康山东·志愿和义务工作者行动”爱国卫生月主题宣传活动，现场发放爱国倡议书1000张，宣传单、宣传册300份，限盐勺、控油壶200套。2015年始，全县开展健康长岛行动。县政府投资近20万元在明珠广场和慢行道建设健康主题公园和健康步道，设置健康教育宣传栏、健康知识谚语牌、自助体重指数转盘等设施。2017年，村村建有1处以上文化体育活动场所或活动设施。组织实施“全民健身日”活动，相继开展职工篮球赛、“海韵之美”旗袍秀、千人健步走、太极拳表演等活动。是年10月，启动青少年社工和青年志愿者助力健康城市活动，共200余人参加。县人民医院还为群众提供义诊和咨询服务，60余人接受健康咨询，70余人接受义诊，摆放展板20块，发放卫生健康等宣传资料300余份。2018年，围绕“关注小环境、共享大环境”主题，开展以“厕所革命”、病媒防控、健康环境、垃圾分类等为内容的爱国卫生月活动。举行“美丽渔村，清洁家园”专项宣传活动236次，在渔村悬挂横幅2023条，创办宣传栏、黑板报560余期，印发《致渔村全体村民的一封信》《建设美丽宜居新家园明白纸》等宣传单9000余份。

第二十六编　文　化

长岛历史悠久，文化灿烂。海洋性为长岛文化最显著的特征。在人民长期的生产、生活实践中，长岛文化逐渐发展演变，形成独具海洋文化特色的历史文化、宗教文化、民（渔）俗文化和红色文化。长岛渔号被列入国家级非物质文化遗产名录；北庄史前遗址、猴矶岛灯塔列入全国重点文物保护单位。80年代后，长岛县文化事业发展进入繁荣期，文化体系建设在稳定中发展，在普及中提高。至2018年，全县拥有文化馆、档案馆、图书馆、广播电台、电视差转台、卫星地面接收站、电影院等机构，电视人口综合覆盖率100%。全县10个乡镇（街道、开发管理处）均设立文化综合站，40个渔村建立文化大院，共建文化活动站点55个，培养乡村文艺骨干1500多人。

80年代后，文艺创作日渐繁荣。文学、戏曲、音乐、美术、舞蹈等门类齐全，优秀作品不断涌现。1986年后，随着社会主义精神文明建设深入开展，文艺创作活动日趋活跃，富有地方特色、时代特色的文艺作品相继问世，涌现出张岐、羊鸣、王希钟、袁大仪、王潮歌等在全国有影响的长岛籍作家、艺术家。根植于本土的广大业余文艺工作者积极创作小戏曲、小品、歌曲等，因贴近生活、散发乡土气息而深受群众欢迎。

80年代后，全县普遍建立县、乡镇、村三级文化馆（站），广泛开展社会文化活动，公共文化服务体系建设逐渐完善。1991年，长岛县成为首批“全省社会文化先进县”。1993年，被文化部命名为“全国文化先进县”。2011年，长岛县被评为“中国最具幸福感的休闲城市”。至2018年，全县有非物质文化遗产24项，文物保护单位31个。

第一章　文化机构与公共文化设施

第一节　行政机构

1984年3月，县体育运动委员会与县文化局合并，成立县文化体育局。1985年3月，分别成立县文化局和县体育运动委员会。1992年3月，县文化馆、图书馆、吕剧团合并成立县社会文化中心，为正科级事业单位。1993年11月，撤销县文化局、体委，成立县文化体育委员会，内设办公室、财务科、文体科、文化市场管理科4个科室。2001年12月，县教育委员会与县文化体育委员会合并，组建县教育文化体育局，承担原县教育委员会和县文化体育委员会行政管理职能，新闻出版管理工作划入县教育文化体育局。2002年11月，县文化市场稽查队成立，与县教育文化体育局文化事业管理科合署。2004年2月，县教育文化体育局承担的文物行政管理职能划归县旅游局，原隶属于县教育文化体育局的博物馆、航海博物馆、北庄史前遗址博物馆划归县旅游局管理；撤销县社会文化中心，成立县文化馆、图书

馆，一个机构挂两块牌子，为股级全额拨款事业单位，隶属于县教育文化体育局。

2007年7月，县教育文化体育局分设为县教育体育局和县文化局，县文化局挂县文物局牌子。原县教育文化体育局下属的文化馆（图书馆与其合署）、影剧院、文化市场稽查队（与县文化局文化科合署）划归县文化局，其他事业单位隶属县教育体育局。县旅游局不再挂县文物局牌子，文物管理职能划归县文化局。长岛博物馆、北庄史前遗址博物馆划归县文化局。2007年8月，内设办公室（挂财务审计科牌子）、文化科（文化市场稽查队与其合署）、文物科。

2010年8月，县文化局、县广播电视局组建县文化广电新闻出版局，对外挂县文物局牌子。县广播电视台独立设置，归口县文化广电新闻出版局。2012年9月，县文化广电新闻出版局（县文物局）内设办公室（挂财务审计科牌子）、社会文化艺术科、文化市场综合管理科、文物科。2012年11月，县文化市场稽查队更名为县文化市场执法大队。2017年8月，县文化广电新闻出版局文化市场执法大队划转至长岛县综合行政执法局。2018年，县文化广电新闻出版局内设办公室、文化艺术科、文物科、广播传媒新闻出版科等科室。

第二节　公共文化设施

长岛县文化馆

1950年9月，县文化馆成立，为股级事业单位，内设业余歌舞团、辅导部、美术组、摄影组、创作室。1992年3月，县文化馆与县吕剧团、图书馆合并成立县社会文化中心，为正科级事业单位。1999年9月，增设少年文化宫。2004年2月，撤销县社会文化中心，文化馆与图书馆合并成立县文化馆（县图书馆），隶属于县教育文化体育局。2012年，县文化馆免费开放服务。2017年3月，县影剧院撤销，原人员及固定资产划归县文化馆（县图书馆）。2018年，县文化馆（县图书馆）建筑面积合计5350平方米（含影剧院1850平方米），其中县文化馆面积2000平方米。馆内设有排练厅、多功能厅、综合展厅、非遗展室、创作室、美术书法室、曲艺室、器乐室、音乐室、服装室等。

长岛县吕剧团

1964年，原烟台市吕剧团调至长岛县，更名为长岛县吕剧团。剧团为多地驻军和市民演出，被称为“不穿军装的战士”和“咱们的剧团”。70年代后，剧团作品层出不穷，《青楼恨》《桃花讯》《魂归故里》《柳荫闲话》等获奖作品广为流传。1986年，剧团被文化部授予“海上乌兰牧骑边防文艺尖兵”称号。1989年，县吕剧团与县业余歌舞团合并。1992年，与县文化馆、图书馆合并成立县社会文化中心，对外挂县艺术团牌子。其间，主要获奖作品有《欢乐的海滩》《渔家大嫂喜盈盈》《长岛我对你说》《妹妹心随哥哥走》《渔家乐》《贾老师下海》《欢乐的海洋》《西江月·题蓬莱阁》《看到了我们就看到了祖国的希望》等。2001年，长岛艺术团划归长岛县教育文化体育局管理。2004年，划归县旅游局管理，更名为长岛县旅游艺术团。

长岛县图书馆

1983年，长岛县图书馆成立。1985年，县图书馆藏书3万册。1986年，县文化局投资12万元购买原新华书店大楼，1987年5月1日正式对外开放。县图书馆总面积800余平方米，藏书4万册，设阅览室、借书室、资料室、儿童阅览室、办公室等，分采编、借阅、辅导三个组。1992年3月，县图书馆与县吕剧团、文化馆合并成立县社会文化中心，对外仍挂县图书馆牌子。1999年10月，县图书馆被文化部评定为“三级图书馆”。2001年，建成电子阅览室。2002年，馆藏图书6.5万册。2012年，县图书馆免费开放服务。2016年始，书籍采购数量大幅增加，年均增加1万余册。2017年7月，县图书馆建筑面积1500平方米，设有借阅室、采编室、少儿阅览室、报刊储藏室、尼山书院、培训室、电子阅览室、综合阅览室、视障阅览室、读者服务室、书库等。至2018年，县图书馆馆藏图书9.6万册。

长岛县博物馆

1979年，长岛县博物馆成立。1981年迁入乐园大街文化大楼四楼。1984年5月，在文化大楼三楼增设展厅1处。1986年春，在黄山路兴建新馆舍，1987年1月落成，4月正式对外开放。1989年3月，博物馆内设文物部、群工部、保卫部等。2007年7月，由股级升格为副科级事业单位。2018年，馆内藏有自旧石器时代晚期至清代各类文物已编号3800套，其中一级文物2件、二级文物15件、三级文物165件。博物馆还收藏新中国成立后多位党和国家领导人到长岛视察工作时的照片、现代名人字画300余件、民间剪纸200余幅。1993年，收藏谢在佩捐赠动植物标本3000件。

长岛县航海博物馆

1986年6月，建成并正式对外开放。1990年7月，县航海博物馆与县博物馆分署。1992年，重新恢复三官庙、关帝庙。航海博物馆收藏文物400余件。主体陈列“中国古代航海史”多层次、多侧面反映中国古代人民征服海洋的历史过程，包括航海起源、中国古代航海发展史。陈列以文物模型为主，采用版柜结合、图文结合形式，前殿为序幕厅，东廊为航海技术陈列馆，西廊为船舶发展史陈列，后宫为天后史绩陈列，东配房为庙岛群岛地区古代航海史，西配房是郑和纪念馆。1993年，增设长岛航海科技发展史展览。

北庄史前遗址博物馆

北庄史前遗址博物馆是北庄遗址保护工程的一部分，位于黑山乡北庄村，1998年5月开始兴建，2000年7月竣工。北庄史前遗址博物馆由国家文物局与长岛县政府共同投资兴建，建筑面积240平方米，其中展厅200平方米，库房、办公室40平方米。陈列采取室内、室外相结合方式，室内以图片、沙盘模型为主，全面介绍北庄史前遗址发现、发掘和保护的全过程。室外以局部遗迹复原为主。

乡镇文化站

1986年前，全县6个较大乡镇设文化站。1986年后，4个较小乡镇相继建成文化站。1990年，全县建设乡镇文化中心7个，其中一类2个、二类2个、三类3个；全县40个行政村建成27个文化大院，其中一类11个、二类9个、三类7个；其他13个村建成符合标准的文化室。文化站在行政上属乡镇政府领导，业务上由县文化局指导，文艺、图书等具体业务分别由县文化馆、县图书馆辅导，其工作职能为业余文艺创作辅导、组织开展群众文化活动、图书馆管理开放。1992年，有8个乡镇文化站与乡镇广播站合并成为乡镇文化广播站。1995年，砣矶镇文化中心被评为烟台市模范文化中心。

2002年始，乡镇公共文化服务体系建设逐渐完善。2008年，长岛县制定《2008年新渔村文化建设工作方案》《新渔村公共文化服务体系建设考核办法》，当年完成南长山镇、砣矶镇综合文化站建设工作，完成15家渔家书屋和15个文化大院建设工作。2012年，新增渔家书屋藏书8000余册。2018年，建成村综合性文化服务中心37个。

乡镇图书馆

1987年后，在国家“全民教育”政策引领下，全县乡镇图书馆建设步入正轨。1989年，北长山乡建成全县第一个乡镇图书馆，藏书3000册。1990年，北隍城乡建成乡镇图书馆，藏书3000册。至1990年，全县有基层图书馆（室）20余个，总藏书量18万册。2000年始，省委宣传部、省文化厅推动村级“文化大院”建设，全县村级图书馆、阅览室等，逐步普及。至2018年，全县所属行政村“文化大院”均设有图书收藏阅览功能的场所。

第二章　非物质文化遗产

第一节　非物质文化遗产名录

长岛以海而生，因海而兴。海洋环境使居民的生存状态呈现出浓郁的海洋特色，这一特色不仅表现在其生产与生活方面，更表现于人们的价值取向和审美取向以及呈现这种趋向的宗教信仰、习俗和艺术创造等，形成独具特色的民俗文化。伴随明末以来族群迁徙形成的长岛社群，是一个典型的移民型社会，文化的多元性是移民社会的一个显著特征。传统的渔猎生产形式使居民活动空间得以“无限”扩大，文化的传播、交流与融合呈现多样性特征。海洋形态、多元文化与表现形式的多样性，构成长岛民俗文化的基本形态。对海洋的尊重与敬畏；宽阔的胸怀、乐观向上以及豪爽的性格；同舟共济的互助精神；生产与生活中所反映出来的、强烈的海洋色彩以及真挚和略带夸张的情感表达方式，都是长岛人海洋文化特质的真实表现。

国家级非物质文化遗产

长岛渔号　2008年6月，长岛渔号列入第二批国家级非物质文化遗产名录。其源于砣矶岛，距今已有300多年历史。长岛渔号无任何乐器伴奏，号词简单，语调粗犷，豪放、坚定、有力。是团结一心的劳动之歌，是向困难和灾难发出的宣言。它在节奏和速度上的变化对每个劳动环节均起到关键性作用。在生产工具落后、生产力低下的年代，具有鲜明时代特色。

2018年3月，山东万泰企业集团成立长岛渔号艺术团。2018年7月21日，根据砣矶渔号编排的大型情景剧《长岛渔号》首演。《长岛渔号》共11节，包括《祭海》《推船号》《撩网》《上网号》《拾锚号》《掌篷号》《捞鱼号》《摇橹号》《妈祖颂》《发财号》《庆丰收》。在夏季两个月时间里，每逢周五周六晚必演，共义务演出25场，观众达1.8万人。

长岛渔号（2007年）

省级非物质文化遗产

长岛木帆船制造技艺　2009年10月，长岛木帆船制造技艺列入第二批省级非物质文化遗产名录。长岛木帆船制造技艺是中国传统造船技术的重要组成部分。仿古帆船建造，对研究中国航海史，再现渔家生产和生活景象具有非常重要的价值。

长岛显应宫妈祖祭典　2009年10月，长岛显应宫妈祖祭典列入第二批省级非物质文化遗

妈祖祭典“八佾”舞表演（2008年）

产项目名录。显应宫妈祖祭典起源于早期宫庙祭祀活动，显应宫初建时即已有之。在古代祭典活动中，“礼事”包括从祭坛、祭器、祭品到内容、行止、禁忌等整个礼仪形式与过程。妈祖祭典彰显妈祖文化的深刻内涵，对继承中华传统文化，彰显和平、勇敢、关爱的妈祖精神，起到积极推动作用。

长岛砣矶砚雕刻技艺　2013年6月，长岛砣矶砚雕刻技艺列入第三批省级非物质文化遗产名录。该技艺是记录和传承金星雪浪砚雕刻的一项传统技艺。砣矶砚，产于砣矶岛。以砣矶石制砚始于北宋熙宁年间，兴盛于明、清两代，迄今已有近千年历史。砣矶砚是鲁砚中的一朵奇葩，其砚雕技艺是中国传统雕刻技术重要组成部分，对于研究中国制砚史，具有重要意义和价值。

市级非物质文化遗产

妈祖传说　2018年，妈祖传说列入烟台市第六批非物质文化遗产名录。妈祖文化作为中华优秀传统文化重要组成部分，是中国海洋文明发展到一定阶段的产物。以显应宫为代表的北传系统，无论在文化内涵还是表现形式以及传播方式等方面，皆呈现出浓郁地方特色，被称为“北方妈祖文化”。北方妈祖文化既是妈祖文化自身发展的一种独特形态，也是长岛先人留给后人的文化瑰宝。

长岛鲅鱼水饺　2018年，长岛鲅鱼水饺列入烟台市第六批非物质文化遗产项名录。长岛鲅鱼水饺作为长岛特色美食，已成为长岛百年渔俗文化缩影。一份饺子既传递长岛人民曾经闯海斗海的奋斗历史，也呈现出海岛渔家渊源历史和璀璨文化。

2018年长岛县县级及以上非物质文化遗产一览表

表26-1

序号	级别	项目名称	项目类别	入选年份	入选批次
1	国家级	长岛渔号	民间音乐	2008	第二批
2	省级	长岛木帆船制造技艺	传统技艺	2009	第二批
3		长岛砣矶砚雕刻技艺	传统技艺	2013	第三批
4		长岛显应宫妈祖祭典	民俗	2009	第二批
5	市级	妈祖传说	民间文学	2018	第六批
6		长岛鲅鱼水饺	民俗	2018	第六批
7	县级	八仙传说	民间文学	2006	第一批
8		龙爪山传说	民间文学	2006	第一批
9		张羽煮海传说	民间文学	2006	第一批
10		庙岛显应宫庙会	民俗	2006	第一批
11		祭海习俗	民俗	2006	第一批
12		长岛套曲	民间音乐	2008	第二批
13		长岛剪纸	民间美术	2008	第二批
14		长岛渔绣	民间美术	2008	第二批

续表26-1

序号	级别	项目名称	项目类别	入选年份	入选批次
15	县级	长岛鱵鱼延绳钓	传统技艺	2008	第二批
16		望夫礁的传说	民间文学	2013	第三批
17		一宿街传说	民间文学	2013	第三批
18		唐王东征故事	民间文学	2013	第三批
19		银杏树的传说	民间文学	2013	第三批
20		长岛渔家秧歌	民间舞蹈	2013	第三批
21		长岛海草房民居建筑技艺	传统技艺	2013	第三批
22		长岛球石加工技艺	传统技艺	2013	第三批
23		长岛海鲜酱加工技艺	传统技艺	2013	第三批
24		庙岛盂兰盆会	民俗	2013	第三批

长岛县非物质文化遗产传承人(市级及以上)

表26-2

传承项目	类别	传承人姓名	级别
长岛渔号	民间音乐	朱大相	国家级
长岛渔号	民间音乐	朱大相	省级
长岛砣矶砚雕刻技艺	传统技艺	王守双、乔旭玲	省级
长岛木帆船制造技艺	传统技艺	刘延安	省级
妈祖传说	民间文学	金培苑	市级
长岛渔号	民间音乐	王仁相、叶永前、孙长志	市级
长岛砣矶砚雕刻技艺	传统技艺	刘延福	市级
长岛木帆船制造技艺	传统技艺	王诗群	市级
长岛鲅鱼水饺	民俗	贾　平	市级

第二节　非物质文化遗产保护

长岛县非物质文化遗产保护自2006年开始。是年6月,县教育文化体育局在全国第一个“文化遗产日”期间(6月10日),举办长岛县非物质文化遗产保护宣传活动。9月,《长岛渔号》代表山东省参加在浙江象山举办的全国渔歌(号子)邀请赛,作品、表演均获二等奖。同月,长岛渔号列入烟台市首批非物质文化遗产保护名录。11月,长岛渔号列入山东省首批非物质文化遗产保护名录。

2008年，成立工作领导小组和非物质文化遗产保护中心，按照“保护为主、抢救第一、合理利用、传承发展”工作方针，抢救珍贵遗产。长岛渔号被国务院列入第二批国家级非物质文化遗产保护名录，长岛显应宫妈祖祭典、长岛木帆船制造技艺被列入第二批市级非物质文化遗产保护名录，还有15项非物质文化遗产被列入县级名录。挖掘整理资源项目301项、资源线索308项，建立非物质文化遗产普查资料数据库、档案室和实物展厅。同年，朱大相被命名为烟台市非物质文化遗产长岛渔号项目代表性传承人。

2009年，编印30万字的《非遗保护资料汇编》，建立“非遗”展室和数据库。开展省级非物质文化遗产生态保护区创建工作，长岛县被市文化局列为首批向省文化厅推荐参评单位。

2010年，挖掘整理长岛砣矶砚雕刻技艺，并申报市级非物质文化遗产，同时申报5名市级非物质文化遗产传承人。8月，参加第五届中国民间工艺品博览会，非物质文化遗产砣矶砚和木质帆船模型分别获金奖。10月，参加首届中国非物质文化遗产博览会，荣获优秀传承人展示纪念奖。拍摄完成电视片《长岛渔号》。

2011年，利用“5·18国际博物馆日”“文化遗产日”，强化全民文化遗产保护宣传。组织全县非物质文化遗产代表性传承人开展传习活动，与职业学校联合建立传承基地，推动非物质文化遗产进校园。

2012年，“国家级非物质文化遗产长岛渔号”演出队应邀进京参加中央电视台《2012中国民族民间歌舞乐盛典》节目录制，该节目于11月7日在中央电视台音乐频道（CCTV-音乐）黄金时段播出。启动“文化大讲堂”活动，推动非物质文化遗产等传统文化进校园。11月9日，“长岛文化大讲堂”暨“传统文化进校园”活动启动仪式在县第一实验学校阶梯教室举行。

2018年，组织“非遗”宣传进校园活动、在景区开展“非遗”项目展示活动等系列“文化遗产日”宣传活动。整理汇编《长岛县非物质文化遗产精粹》，评选公布第五届县级非物质文化遗产项目代表性传承人，《妈祖传说》《长岛鲅鱼水饺》2个“非遗”项目入选烟台市第六届非物质文化遗产项目名录。至2018年，全县共有国家级非物质文化遗产项目1项——长岛渔号；省级非物质文化遗产项目4项，分别是长岛渔号、长岛木帆船制造技艺、长岛砣矶砚制造技艺和长岛妈祖显应宫祭典；市级非物质文化遗产项目6项，分别是长岛渔号、长岛木帆船制造技艺、长岛砣矶砚制造技艺、长岛妈祖显应宫祭典、妈祖传说、长岛鲅鱼水饺。

第三章　文学艺术

第一节　文学创作

中华人民共和国成立后，长岛迎来文学创作高潮。自50年代起，长岛籍作家张歧先后发表诗歌、散文、小说多篇（部），至1979年出版散文集8部。1977年，原长岛中学学生卢新华发表短篇小说《伤痕》，小说对“文化大革命”进行反思，在全国引发巨大影响，这一时期的文学现象也被称作“伤痕文学”。1984年，长岛籍作家王自俊创作长篇小说《血路》。至1985年，长岛籍业余作者在省级以上文艺刊物上发表作品40余篇，创作剧本200余个。

1986年后，伴随着大量新媒体、新载体、新技术的出现，催生出一批新的文学形式，影视剧、歌舞剧、网络文学以及“自媒体”等，争相斗艳。长岛籍女作家王海鸰先后推出影视作品《牵手》《中国式离婚》《大校的女儿》等多部作品。“海岛的女儿"长岛籍军旅二代作家刘静创作小说《父母爱情》,取材于海岛驻军生活,后被改编为电视连续剧,深受全国观众喜爱,创下最高收视率,各省、地电视台反复播放。

第二节　艺术创作

书画协会

1985年,长岛县书画协会成立。至2000年前后,协会活动濒于停滞。2008年5月恢复成立。2009年,举办"邹佳金花鸟画展"。2010年,举办"高树建油画作品展"。2012年,主办"王智书法纪念展"。是年,长岛县书画协会被烟台市民政局授予"优秀社会组织"称号。2013年,由烟台市书法家协会、长岛县书画协会协办的烟台市书法家协会主席团成员19人书法篆刻展,在长岛县首次举办大型展览。2014年,举办"庆祝长岛县政协成立三十周年"美术书法作品展。同年,县书画协会被烟台市文化广电新闻出版局授予"社会文化先进组织"称号。2015年,举办"红色文化"长岛县美术书法作品展。2016年,举办"王日新老师书画作品展"和"纪念长征胜利80周年"长岛县美术书法作品展;同年,县书画协会被烟台市文化广电新闻出版局授予"社会力量参与公共文化服务先进单位"。2017年,举办"喜迎十九大"长岛县书法美术作品展;同年,在烟台市委宣传部、市文联、市书协主办的"烟台市庆祝建军90周年书法作品展"中,县书画协会有11人参展;同年11月,在烟台市第三届临帖展中,县书画协会有15人作品入选。2018年,举办"纪念改革开放40周年暨长岛县书画协会成立10周年"首届临帖和美术作品展。至2018年,县书画协会向各级残联、基金会、部队、乡镇共捐赠字画近200幅,书写春联近千幅。

书法　美术

境内民间有爱好书法、绘画传统,群众基础深厚,素有"长山八岛无拙笔"的说法。早期民间书法创作活动,以小钦岛、大黑山岛等最具代表性。小钦岛吴殿安、吴殿瀛,大黑山岛葛育桥、王传奇、乔明理、张传荣、刘文普等,碑帖同修,名噪一时。改革开放后,书法、美术创作进入繁荣期,绘画、雕塑、装饰、民间工艺等,表现出强烈的专业化倾向。舒展、王日新、赵乐安、张书楷、高树建、邹佳金等,是长岛美术创作代表性人物。书法界涌现出刘玉、高凤吉、张沛田、吴殿焕、丁正生、聂仁慧、王智、李平基、张家蕴、宋德昶等群体代表性人物。其中,王智书法作品影响较大,为长岛县第一位中国书法协会会员。

1992年,邹佳金国画作品《海妹》在文化部、中国东方文化研究会举办的"国际中国画展"上获三等奖。1993年,其作品《海之子》在国家教育工会举办的首届教职工美术书法摄影大赛中获三等奖。1993年,在联合国教科文北京科技中心、北京电视台举办的"长城杯"全国青少年美术、书法、摄影比赛中,肖春暖的《读》、孙海波的《江山壮美图》、郝长菊的《鸟语花香》均获铜奖。

2012年,李平基书法作品分别入选中国书协主办的"首届云峰奖全国书法大展""第六届中国中小学生书法节"教师组作品展。2014年,李平基书法作品和邹佳金国画作品在由中国侨联、中国文联、中国美术家协会、中国书法家协会等联合主办的"第二届世界华侨华人美术书法作品展"上双双获奖。是年,李平基书法作品获第十一届韩国清州直指世界文字书法大赛最高奖。同年,李平基成为中国书法家协会会员。2014—2018年,李平基、任恒正、宋协刚等书法作品,邹佳金、浦家永、高树建、邹艾君、范灵君等绘画作品,刘宗基刻字作品在国家级和省级大赛及展会展出。

1982年,王希钟凭《西安事变》获电影金鸡奖最佳化妆奖,是中国首次获此殊荣的化妆师。他曾担任86版电视剧《西游记》人物造型总设计师,提出用硫化乳胶制作假脸,用真假脸结合的办法塑造集人、神、猴一体的齐天大圣造型;同时用于制作猪八戒肚子、龙王爷龙头等,受到专家好评。在实践中,他创造和改进了许多化妆方法,如塑型化妆法、绢纱整复法、肤蜡雕塑法等几十种。

1991年，王希钟获国家一级电影美术师职称，享受国家特殊津贴，并于1992年再次获得电影金鸡奖最佳化妆奖。

1987—1998年，袁大仪连续三届被评为烟台市专业技术拔尖人才并终身享受政府津贴。1991年，被省委宣传部评为“山东省模范党员文化艺术工作者”。1988—1998年任烟台画院院长。1999年，被中国文化艺术界联合会评为“99·中国百杰画家”。2013年，被英国皇家艺术研究院授予“荣誉院士”称号。现为中国美术家协会会员、国家一级美术师。袁大仪作品《队日》《比军鞋》《老师的生日》《收获》《鹤舞》分别入选第三、六、七届全国美展和“纪念毛泽东同志在延安文艺座谈会上的讲话”发表35周年全国美展，其中《比军鞋》由中国美术馆收藏。2002年，《冬去春来》被人事部评为“当代中国画杰出人才奖”。2012年，《渔家女》在文化部第七届中国文化艺术政府奖“文华奖”评选活动中获“最佳创作奖”等。《古榕新绿》《龙人的辉煌》分别参加中国美协主办的“西部辉煌”中国画提名展和“全国百位知名国画家特邀作品展”。

长岛籍导演王潮歌与张艺谋、樊跃共同开创了中国实景演出之先河，成为业界知名的“印象铁三角”。2003—2012年，任印象系列大型实景演出总导演。《印象刘三姐》《印象丽江》《印象西湖》《印象海南岛》《印象大红袍》《印象普陀》《又见平遥》等“印象”系列大型山水实景演出皆已成为当地文化创意产业的成功范本，是中国当代最具创新意识的舞台剧导演，还被誉为中国最具创新精神的导演。2006年，与张艺谋、樊跃共同成功执导原创歌剧《秦始皇》（多明戈主演，谭盾作曲），成为美国纽约大都会歌剧院建院150年以来，首次邀请华人导演执导该院剧目。2008年，王潮歌是第29届奥运会开闭幕式六人核心创意小组成员之一。

摄影协会

1991年，长岛县摄影协会成立，有会员39人。2005年，成立长岛摄影家协会，协会活动主要内容有组织摄影采风、摄影展览、摄影大赛、摄影教育、摄影艺术交流等。同年，举办“长岛民俗、风光”大型摄影展、长岛“旅游风光”摄影展、“美丽黑山我的家”摄影展和“争创长岛文明窗口”摄影展等。2006年6月11日，山东省摄影家协会长岛摄影创作基地挂牌成立。2008年始，协会每年组织会员参加各种摄影展、摄影大赛等活动，作品和个人连连获奖。2010年，先后举办“庆祝长岛摄影家协会成立5周年”暨“民俗风光艺术”摄影展、“长岛风光”摄影展、“爱鸟、护鸟、环志、放飞”专题摄影展等。2015年4—9月，由山东省摄影家协会主办，长岛县政协委员工作室、长岛县旅游服务中心承办的“漫游长岛，对话山海”全国摄影大赛举行，收集作品近5000份，最终获奖作品100幅。2018年，举办“长岛县纪念改革开放40周年摄影展”，展出作品近百幅。

摄影

1986年，于泽恩成为中国摄影家协会会员，1989年录入《中国摄影家大辞典》，其作品《一层波浪一层金》入选中国第三届国际影展，获“美丽富饶的祖国海疆”摄影大赛一等奖。2000年，沈荣民作品《玉浪滂沱》在“第五届大河上下艺术摄影作品大赛”中获金奖，作品《长相依》在2001年“第三届当代摄影艺术大赛”中获金奖，2002年5月被中国艺术摄影学会、中国摄影出版社授予“中国优秀摄影家”荣誉称号。

2004年，杨志常摄影作品集《影与思》由中国科技教育出版社出版。2005年1月，吴忠波摄影集《长岛天然海石画》由天津人民美术出版社出版。2006年，徐滔的《人鸟情》、孙培俭的《好吃吗？》入围第七届大韩民国正修摄影展，孙培俭的《心海飞扬》入选第七届中韩国际摄影展。徐滔作品《丰收的乐章》入选2007年第八届中韩国际摄影展。2007年，沈荣民、石爱云大型摄影作品集《仙山美如画》由中国摄影出版社出版。2008年，侯加俊作品《云海奇观之一》入选第22届全国艺术摄影展优秀奖。2008年12月，杨志常在长岛举办“麦德隆杯”长岛风情摄影作品个人汇报展，展出作品87幅。2009年，袁克廷举办庆“七一”个人摄影展。2009年，沈荣民作品《天籁神

曲》在中国民族艺术家协会举办首届全球华人文艺“旗手奖”大赛中获金奖。

2010年5月，侯加俊作品《海市蜃楼》获国家地理新闻奖。2015年11月，王成军作品《休闲长岛》获“漫游长岛，对话山海”全国摄影大赛三等奖。2016年9月，高远与李少伟创作的摄影集《海上仙山——长岛》由中国摄影出版社出版。

音乐

长岛县境内传统音乐（民间）大致包括小曲（民歌）、谣（无伴奏哼唱）、秧鼓调（歌舞结合，表演性）、号子（无唱词相和）以及具有雅乐性质的宗教音乐等。80年代后，音乐创作在继承、发扬传统曲目的基础上，经过不断深入挖掘整理，创作一批充满渔家气息、令人耳目一新的音乐作品，较有代表性的人物有王亲文、贾文起、孙寅昌等。王亲文是中国音乐家协会会员、中国戏剧家协会会员、烟台市文联委员，1992年被省音乐家协会编入《山东省音乐界名人大辞典》，1996年被评为第五批县级拔尖人才。2017年，孙寅昌创作的吕剧表演唱《渔家大嫂夸长岛》入选烟台市2017年度“双演”工程。其间，由李三处作词、谷建芬作曲，毛阿敏演唱的《相约长岛》、黑鸭子组合演唱的《走近长岛》等一批歌颂长岛秀丽风光的音乐作品在全国唱响，长岛的美誉度、知名度不断提升。

长岛籍作曲家羊鸣现为中国歌剧研究会首席顾问、中国音乐家协会创作委员会委员、中国戏剧家协会会员，享受国家政府特殊津贴。1964年，其创作的歌曲《我爱祖国的蓝天》获第三届中国人民解放军文艺会演创作优秀奖。1977年，歌曲《红梅赞》（与人合作）获第四届中国人民解放军文艺会演创作奖。1979年，歌剧音乐《忆娘》（与人合作）获中华人民共和国建国三十周年献礼演出创作一等奖。还有《兵哥哥》《唐古拉》《请把我的歌声留下》等作品深受群众欢迎。

1986—2018年长岛县音乐作品一览表

表26-3

年份	类别	名　称	作　者	奖　项
1986	歌曲	《我是一颗小卵石》	邹清仁　词 于欣滋　曲	烟台市一等奖
1986	歌曲	《长岛的传说》	孙寅昌　词曲	烟台市二等奖
1986	歌曲	《撒下渔网拉起绠》	贾文起　词 李执胜　曲	烟台市二等奖
1986	歌曲	《水连山来山连水》	贾文起　词 孙寅昌　曲	烟台市三等奖
1990	歌曲	《闯海人》	冷彩凌　词 忠　安　曲	烟台市一等奖
1991	歌曲	《长山岛好地方》	王亲文　词曲	烟台市三等奖
1992	歌曲	《渔家大嫂喜盈盈》	孙长文　词曲	烟台市一等奖
1992	音乐	《欢乐的海滩》	王亲文　曹连升	烟台市一等奖
1992	歌曲	《长岛我对你说》	孙寅昌　词曲	烟台市二等奖
1992	歌曲	《妹妹心随哥哥走》	王亲文　词曲	烟台市二等奖
1992	乐曲	《长岛渔号》	邹清仁　贾文起	烟台市优秀奖

续表26-3

年份	类别	名　称	作　者	奖　项
1992	歌曲	《长岛扇贝节节歌》	孙寅昌　词 徐沛东　曲	—
1992	歌曲	《东方有颗星》	孙寅昌　词曲	—
1992	器乐	《渔家乐》	王亲文　曹连升	山东省三等奖
1994				烟台市一等奖
1994	歌曲	《看到了我们就看到了祖国的希望》	李仕让　词 王亲文 袁世喜　曲	烟台市一等奖
1996				“世纪之声”全国校歌征歌大赛银奖
1995	歌曲	《海岛可爱的故乡》	贾文起　词 王亲文　曲	烟台市优秀奖
1995	歌曲	《乡亲三月》	袁善春　词 王亲文　曲	烟台市优秀奖
1996	器乐	《欢乐的海滩》	王亲文　曹连升	山东省首届农民艺术节银奖
1997	歌曲	《2000年走来》	石顺义　词 王亲文　曲	发表在1997年《音乐大观》第三期
1998	歌曲	《西江月—颂蓬莱阁》	袁世喜　词 王亲文　曲	山东省征歌比赛优秀创作奖
2001	作曲	《巧凤》	孙世杰	烟台市音乐设计一等奖
2011	歌曲	《妈妈，儿子已经长大》	袁克廷　词 刘瑞玮　曲	烟台市第十二届“烟台文艺创作奖”三等奖
2012	歌曲	《长岛渔家乐》	袁克廷　词 李　昕　曲	—
2012	歌曲	《故乡风浪情》	浦家勇　词 刘卫东　曲	—
2013	歌曲	《小岛军营百家饭》	袁克廷　词 吕宝秩　曲	烟台市第十三届“烟台文艺创作奖”三等奖
2015	吕剧	《渔家大嫂夸长岛》	孙寅昌　词曲	入选烟台市2017年度“双演”工程
2016	吕剧	《长岛大路步步宽》	孙寅昌　词曲	—
2016	歌曲	《兵妈妈》	袁克廷　词 张国良　曲	—
2017	歌曲	《海上明珠，海上长城》	孙寅昌　词曲	—
2017	歌曲	《人人都说长岛好》	孙寅昌　词曲	—
2017	歌曲	《双剑岛》	孙寅昌　词曲	—

续表26-3

年份	类别	名 称	作 者	奖 项
2017	歌曲	《渔歌高唱奔小康》	孙寅昌 词曲	—
2018	吕剧	《海岛春潮好时节》	孙寅昌 词曲	—
2018	歌曲	《灿烂的宝岛》	孙寅昌 词曲	—
2018	歌曲	《共同富裕上大路》	孙寅昌 词曲	—
2018	歌曲	《长岛的女人就是强》	袁克廷 词 黄清信 曲	—

舞蹈

1991年，长岛县6名在中央民族学院进修舞蹈专业的学生毕业返乡，分配到长岛县吕剧团，成为全县舞蹈创作表演的骨干。1992年1月，长岛县业余演出队一行50人，参加全国渔业生产先进奖表彰大会文艺演出，创作表演《渔家大嫂喜盈盈》、歌伴舞《渔家的日子越过越红火》、舞蹈《渔灯秧歌》等受到中央及省、市各级领导的好评。1992年1月，参加烟台电视台春节联欢晚会演出，表演唱《渔家大嫂喜盈盈》、歌伴舞《渔家的日子越过越红火》获最佳表演奖，舞蹈《海神娘娘赐灯》获优秀表演奖。1992年，在山东省文化馆(站)业务技能比赛中，舞蹈《细雨情丝》《海祭》获集体表演一等奖，舞蹈《年来了》获集体表演二等奖，王慧洁表演的《雀之灵》获一等奖，赵文静表演的《喜悦》获表演二等奖。孔惠华创作的舞蹈《养贝女》获创作三等奖。同年，在烟台市文化馆(站)业务技能比赛中，王亲强、高振利创作并演出的舞蹈《飞翔》获创作一等奖，表演一等奖。同年，孔惠华创作的舞蹈《渔灯》，获第三届烟台市文艺创作舞蹈类三等奖。1994年，在烟台市专业剧团青年技能比赛中，王亲强表演的独舞《骄子》获表演二等奖。1995年，王亲强被选派到上海仲林舞剧团参加大型舞剧《大秦王朝》的演出，并在剧中担任领舞和独舞。至2002年，全县专业、业余演出人员，先后演出自己创作的《采杨梅的小姑娘》《英雄赞》《纤夫的爱》《长岛放歌》《醉潮》《贝灯秧歌》《飞翔》《公仆赞》《走进西藏》《好日子》《霸王别姬》等舞蹈。2016年，编创舞蹈《长岛渔家乐》获“第四届山东省银铃风采艺术大赛”舞蹈类一等奖，创作类二等奖。2017年，舞蹈《长岛渔家乐》入选2017年度烟台市“双演”工程；是年，在2017年全省组群众艺术优秀作品创作、征集中被评为优秀新创作品。2018年，舞蹈《长岛渔家乐》参加“第十一届山东省文化艺术节全省优秀新创群众文艺作品会演”。

第三节 戏曲演出

吕剧演出

80年代后，吕剧事业发展，人才辈出，最为鼎盛，排演大量古装戏剧，每年下乡演出100场次以上，深受海岛军民欢迎和周边县市观众好评。这一时期，剧团涌现出孙盛渭、刘延祥、孙鸿钧、丛淑美、赵君、荆开利、吴忠东、王亲文、于洪泉、胡丽萍、宁学娟等一批创作和表演的艺术人才。在参加上级戏剧调演及专业比赛中均取得较好的成绩。主要演出剧目有《魂归故里》《桃李梅》《三夫人》《红罗衫》《罗衫血泪》《小二姐做梦》《庵堂认母》《潇湘夜雨》《牵牛花》《葫芦记》《双玉蝉》《哑女告状》《费姐》《包公巧断血手印》《秦香莲后传》《换魂记》《行路》《狱卒平冤》《喝面叶》《三子争父》《巧姻缘》《奇婚记》《墙头记》《寡妇亲家》《彩石崖》《柳荫闲话》等。

1985年1月，吕剧团参加山东省春节联欢晚会演出。1986年，《哑女告状》在山东电视台播放，《血手印》在中央电视台第四套节目播放。同年11月，县吕剧团参加山东省第三届戏剧月演出，演出吕剧《魂归故里》获省级集体表演奖，集体优秀伴奏奖，刘延祥获作曲一等奖，孙鸿钧获导演一等奖，赵君、胡丽萍获表演一等奖，荆开利、吴忠东获表演二等奖，高树建获舞美优秀设计奖。1989年10月，省第三届艺术节戏剧调演，演出吕剧《桃李梅》获集体表演一等奖，胡丽萍、赵君获表演一等奖，丛淑美、吴玉英获表演二等奖，荆开利、于洪泉、王志先获表演三等奖，县吕剧团获“精神文明代表队”称号。1989年，《彩石崖》在山东电视台播放。1991年8月，参加烟台市新创作剧目演出，演出吕剧《柳荫闲话》，刘延祥获优秀作曲奖，吴玉英、赵君获表演一等奖，荆开利、吴忠东、于洪泉、胡丽萍获表演二等奖，姜少华获表演三等奖。演出吕剧《彩石崖》获导演奖。1999年11月，参加烟台市专业剧团优秀剧目展演，吕剧《张郎休妻》共获12个奖项，居烟台市剧团首位。2001年10月，参加烟台市“清泉杯”专业剧团新剧目调演，吕剧《巧凤》获导演二等奖。据统计，1985年以后，县吕剧团共获市级以上集体奖10多项，个人表演奖100多人次。剧团在1985年12月和1990年5月先后两次受到文化部艺术局的表彰，被誉为“海上乌兰牧骑”。1987年5月，中央电视台专程到长岛拍摄专题片《有这样一个剧团》，报道剧团扎根海岛，不怕艰苦，为海岛军民服务的先进事迹。《中国文化报》《大众日报》《烟台日报》多次发表文章介绍剧团的事迹。

刘延祥是这一时期戏剧音乐创作代表性人物。1986年4月，参加《中国戏曲·音乐集成山东卷·吕剧分卷》的编写工作。同年12月，在《戏剧丛刊》第六期发表论文《浅谈〈魂归故里〉的音乐创作》，并被中国人民大学《戏曲研究》索引了目录。同月，参加山东省第二次民族音乐学术讨论会。1987年2月，在《艺术论坛》刊物上发表论文《苏武牧羊的词作者——翁曾堃》。1987年4月，对蹦蹦戏音乐进行详尽阐述。1988年，在《戏剧丛刊》第一期发表论文《翁老明与山东琴书与小戏》。1989年4月，在《戏剧丛刊》第二期发表论文《谈谈吕剧花脸》。1990年，在《吕剧丛刊》一、二期连载《吕剧在胶东》；5月，整理出版《长岛渔号》；12月，论文《从吕剧G征调四平谈起》获烟台市优秀论文奖。1991年，在《戏剧丛刊》第一期发表论文《漫谈吕剧反凤阳歌》；11月，论文《且听旧曲翻新声》获山东省“齐鲁乐坛”作品奖。1992年，完成《胶东蹦蹦戏音乐研究》一书，并于2000年出版。

歌舞小品与戏曲曲艺演出

进入90年代，传统吕剧渐渐失去市场，代之而来的是较受观众喜爱的相声和小品。1989年，县文化馆曲月华创作演出的单口相声《活眼馋》，在全市计划生育调演中获二等奖。1990年，曲月华创作并表演的单口相声《唱比说好》，参加烟台市“蓬莱阁杯”新创作曲艺比赛获表演一等奖，创作二等奖。孙寅昌创作、陈隽表演的故事《厂长的烦恼》获创作二等奖，表演三等奖。王志先表演的小品《计生办趣事》在烟台市计划生育小品比赛中获表演三等奖。1992年8月，小品《扇贝出国》在市文化馆专业人员业务技能比赛中获表演二等奖。1993年7月，县艺术团参加烟台市专业剧团戏剧小品调演，贾文起创作的小品《贾教师下海》获创作一等奖，丛淑美、荆开利获表演一等奖。小品《叫卖声声》获表演二等奖。1993年10月，作为唯一的县级剧团代表烟台市参加山东省第四届艺术节，小品《贾教师下海》获创作二等奖、表演三等奖，并参加1994年烟台电视台春节文艺晚会演出。1995年，在烟台市“蓬莱阁”杯曲艺小品比赛中，王亲文、贾文起创作的山东琴书《唱唱模范赵金兰》，获创作二等奖，表演一等奖。贾文起创作的小品《喜帖》获创作二等奖。孙寅昌创作的小品《探亲》获二等奖，并参加1996年烟台电视台春节文艺晚会演出。1997年12月，县艺术团参加烟台市戏剧小品比赛，孙寅昌、宁学娟创作的小品《相亲》获三等奖。2007年，胡迎先编导的小品《为了母亲的冲刺》获烟台市中小学

文艺会演二等奖。2008年，在山东省群众文化学会年度评比中，文化馆选送的小品《为了母亲的冲刺》获一等奖，《年夜》获二等奖，《重逢》《国旗在这里闪光》获三等奖。同年，在省文化厅、省文联举办的“山东省第五届小品曲艺大赛”中，县文化馆选送的小品《重逢》获小品类二等奖。在山东省纪律检查委员会、山东省监察局、山东省文化厅举办的“全省继承廉政文艺作品展演”中，小品《年夜》获三等奖。2009年，在烟台市曲协举办的“东方明珠杯”曲艺小品大赛中，县文化馆选送的小品《长岛爷们儿》获演出金奖、最佳创作奖、最佳男演员奖；小品《渔号》获最佳创作奖；县文化馆获最佳组织奖。2010年，创作渔家说唱《海岛渔嫂渔家乐》，代表烟台市参加全省曲艺大赛，获二等奖；在山东省群众文化学会年度评奖中，小品《渔家号子》《兵妈妈》获二等奖，小品《兄弟》、朗诵剧《英雄也有泪》获三等奖。2011年，创作诗朗诵《蔚蓝色的希望》。2015年，重新编排录制《闯海人》，创作并编排录制红色歌曲《红旗插上长山岛》；创作编排的舞蹈《长岛渔家乐》在烟台市第六届老年艺术节展演中获最佳演出奖和优秀创作奖。2016年，编创舞蹈《金滩银潮》。创作及表演歌曲联唱《长山岛，我爱你》，小品《拥军老妈妈》，吕剧表演唱《长岛大路步步宽》，歌舞《小岛军营百家饭》《渔家的日子越过越红火》。2017年，创作及表演舞蹈《海婆娘》，音乐快板《谁不说咱家乡好》，小品《再见吧，妈妈》等节目。其中，编创的小品《再见吧，妈妈》在山东省军区庆祝建军90周年文艺创演展演活动中获烟台警备区颁发的优秀表演奖。2018年，创编反映海岛军民融合发展的歌曲《双剑岛》《海上明珠，海上长城》，舞蹈《双拥情》以及反映海岛美丽景色的表演唱《人人都说长岛好》《渔歌高唱奔小康》。

第四节　民间文艺与技艺

渔号

长岛渔民号子，是千百年来渔民在闯海打鱼劳动中产生的一种歌唱，它粗犷、豪迈、浑厚有力、优美和谐，既有鼓舞情绪、振奋精神作用，又有指挥生产、协调动作之功能。渔民号子，以吆喝、呐喊为主要特征，烘托出渔业各项劳动的特点，其曲调的表现特色是随着劳动强易度而变换。渔民号子的演唱形式，主要是“一领众合式”和“二部轮唱式”，还有齐声及重复吟唱的。领唱者一般称之为“号头”，合者则为“答号”。长岛渔民号子以砣矶号子为代表，种类较多、曲调丰富，主要有《掌篷号》《摇橹号》《捞鱼号》《廷巴号》《竖大桅号》《上网号》等，有的号子具有一号多用的功能。

民歌民谣

境内民歌民谣包括群众性的民歌民谣和儿歌，多以海岛和渔民生活为内容。有的是民间历来流传至今，有的是新时期创作。

民歌民谣

（一）

摇大橹，
使大船，打个鲜鱼留过年。
公吃头，
婆吃尾，
小媳妇气得噘噘嘴。

（二）

唏家，嗬家，
摇大橹，上砣家(矶)。
打点火，抽袋烟，
一气摇到大竹山。
大竹山，有鸟蛋，
够不着，看不见，
急得老汉一头汗。
抽袋烟，打点火，
一气摇到蓬莱阁。
蓬莱阁，有八仙，
请我吃酒整三天。

（三）

加吉头，
鲅鱼尾，

火拉（鳓鱼）肚子鲶鱼嘴。
（指鱼体最好吃的部分）

（四）

机帆船，头头尖，
肚子里面安机关。
走路跑得快，
不怕风浪拦，
拍登巧，能更巧，
两把小剪对起来铰。
铰对鸳鸯铰对鹅，
铰那个小孩烂朵朵。
铰那个燕，慢打扇，
铰那个雀，满山落。
铰那个金鱼和银鱼，
铰那个鲤鱼跳龙门。
高秫秸，低秫秸，
秫秸下面一汪水，
俺请姐姐洗洗腿。
嘟嘟噜噜爱唱歌，
鱼虾见了往里钻。

（五）

长山岛，长又长，
南北二十里不用量。
山西有个庙岛塘。
宝塔门有个珍珠塔，
二龙戏珠在当阳。

（六）

长山岛，真正好，
加吉鱼，水里跑，
海参鲍鱼吃不了。

（七）

长山岛，三件宝，
海参鲍鱼和江瑶（指扇贝）。

（八）

一网金哪嗨，
二网银哪嗨，
三网拉上个聚宝盆哪嗨。

（九）

农民钱，辈辈传，
卖卖钱，六十年，
渔民钱，当年完。

（十）

宁到南山去当驴，
不到北海去打鱼。
想到南山去当驴，
还舍不得一口干饭两口鱼。

（十一）

初一初二巧芽生，
初三初四上天空。
姐姐那腿，是好腿，
从小吊着那金棒槌。
姐姐那头，是好头，
从小搽着那桂花油。
姐姐那脸，是好脸，
从小搽着那官粉赛白碱。
姐姐那牙，是好牙，
从小长成糯米茬。
姐姐那耳，是好耳，
从小戴着那金坠子。

儿　歌

（一）

小孩小孩你别哭，
你爹到了登州府。
花啦棒，皮老虎，
咕嘎咕嘎二百五。

（二）

小老鼠，上灯台，
偷油吃，下不来，
吱吱哇娃叫奶奶。
奶奶不在家，
掉地下跌个小腚瓜。

（三）

小胖孩，坐窗台，
偷他妈的小洋钱。
他妈打，他姑拉，

他爹气得吹牛角，
吹不响，炕上躺，
躺不住，爬上树，
树杈高，跌断腰。

（四）

钓钓钓，钓钓钓，
大鱼不出来，
小鱼来报到。

（五）

涨大潮，
离大潮，
蟛盖蟹子出来吧。

（六）

辞了灶，年来到，
闺女要花儿要炮，
牛蹄有毛，
爱吃山桃。
山桃有尖，
爱吃猪肝。
猪肝发苦，
爱吃老虎。
老虎咬人，
爱吃财神。
财神来到，
二十三日要辞灶。
老婆要付裹脚布，
老头要顶红缨帽。

（七）

野灯草，赤红根，
姥做营生俺纫针，
妗母给俺官粉搽，
一搽搽到十七八。
您的闺女给谁家，
花儿沟，老顾家。
十八个猪，
十八个羊，
十八个骆驼拜花堂。
人来将，
马来驮，
一驮驮个大帽盒。
打开柜，
红绸被，
打开箱，
红头小鞋十八双。

（八）

嘀嘀嘎嘎，
爱吃方瓜。
方瓜有种，
爱吃油饼。
油饼发香，
爱吃酸汤。
酸汤糜烂，
爱吃鸡蛋。
鸡蛋有皮，
爱吃牛蹄。

（九）

天阴了，把鬼子打昏了。
天晴了，我们打赢了。
天好了，鬼子跑了。

民间传说

玉石街　有一年，传说唐太宗渡海东征高丽路过长岛，驻南长山岛南城，大将尉迟敬德驻北长山北城。当时两岛之间无路可通，来往全靠乘船。一天，唐太宗得到禀报，说尉迟敬德身染重病，卧床不起。太宗急欲探望，怎奈海上狂风怒吼，浊浪排空，渡船难开。太宗只得望洋兴叹，自语道："要是两岛之间有条路就好了。"此言被天上的值日神顺风耳听到，马上禀报玉皇大帝，玉皇大帝即令东海龙王为之填海筑路。当天夜里，黑云翻滚，风雨骤起，白浪击空。太宗忧虑入寐，梦见一条白龙吐须长啸，腾出水面，旋即化成一条晶莹洁白的长街卧伏于两岛之间。第二天早晨，太宗到滩头一看，果然如梦中景象，一条玉带似的长街铺展在海面上，将两岛连接起来。只因为这条路是由五彩斑斓的珠玑石堆砌而成，因而人们称之为"玉石街"，又因为它是在"一夜而就”，故又称之“一宿街”。

八仙过海　宋朝时，长岛南五岛称“沙门岛”，是朝廷囚禁犯人的地方。据《登州府志》记载：“宋太祖建隆三年，索内外军不律者配沙门岛”。从那时起，将士犯法，都要发配沙门岛。后来岛上的犯人越来越多，而朝廷每年只拨给300人的口粮。为应付人多粮少的局面，沙门岛寨主李庆便想个狠毒的办法，当犯人超过300人时，就将其中的羸弱者捆住手脚，夜间抛入海里。用此法，两三年内竟杀700多人。犯人为活命，伺机越海逃生。一天晚上，众囚犯趁着更深夜静，避开看守，抱着葫芦和木头等浮具跳入海中，往蓬莱方向游去。沙门岛与蓬莱之间相距近30里，海中波涛汹涌，水流湍急。途中多数犯人丧生，只剩下8人游到蓬莱，在丹崖山下的狮子洞（后称仙人洞）里躲起来。第二天当地渔民发现这些人，见他们穿着古怪，以为是神仙降世，后来便形成家喻户晓、千年流传的“八仙过海”的故事。

望夫礁　南长山岛北端有个礁，名“望夫礁”。相传在很久以前，岛上有户渔家，长年为渔霸打鱼维持生活。腊月的一天，渔霸带着家丁硬逼这个渔民马上出海，为他捕活鱼鲜虾办酒筵，并威逼说：“若不出海，就别在我船上干活，以前欠的债也要一笔还清！”可怜的渔民被逼无奈，只得告别妻子和孩子，铺风盖浪，驾船而去。丈夫走后，妻子一直抱着孩子站在海边盼着丈夫归来。可是望穿双眼，终不见丈夫的身影。这样，日复一日，年复一年，这位渔民妻子变成一尊石人，后人称其为“望夫礁”。

鲍鱼不进珍珠门　北长山岛的西北端和挡浪岛遥相对峙，人们称此处为“珍珠门”。相传很早以前，鲍鱼在大海中是可以自由生活的。后来，北海龙王为了把海珍之冠的鲍鱼据为己有，便令蟹兵虾将把鲍鱼全部赶到珍珠门以北，并封大虾为珍珠门的镇守将军，不准鲍鱼过珍珠门南一步。被加封的大虾受宠若惊，躬着个腰，日夜在门前巡逻。这下可苦了鲍鱼，每当想起往日的自由生活，就十分痛恨北海龙王，幻想有朝一日可以信游大海。一天，海龙王在龙宫设宴，大虾也应邀前往。在酒席宴上，大虾得意忘形，喝得酩酊大醉。鲍鱼便趁机顺流偷偷游往门南。大虾醒酒之后，不见鲍鱼的踪影，万分恐慌，忙去追赶，很快就追上鲍鱼，并严令其即刻返回。鲍鱼哪里肯听，一个个都紧紧地贴在礁石上。大虾无奈，只好返回龙宫，禀告北海龙王。龙王闻之大怒，为杀一儆百，在珍珠门南掀起狂风巨浪，蔚蓝透明的海水被搅成泥黄色，没过几天，逃出的鲍鱼就被泥沙呛死了。从此以后，鲍鱼再也没有敢到珍珠门南的了。因此，长岛历有“鲍鱼不进珍珠门”之说。

虾王　传说过去对虾都居住在渤海湾里，雄虾王镇守珍珠门，雌虾王镇守砣矶岛海域。因有虾王把守要道，对虾不得游出外海。每年春秋两季，对虾都要向虾王朝拜。岛上渔民也十分敬重虾王，逢年过节都要供奉祈祷。因此，出海捕虾，每次都是满载而归。可是南方渔民来捕虾，却总是空手而回。南方渔民不解其谜。一天，他们发现砣矶岛吕山口东端的峭壁下金光万道，仿佛是只大金虾在那里闪闪发光，驾船驶近一看，竟是一块大虾模样的礁石，他们猜测这一定是虾王的化身，于是便把“虾头”凿下，运到南方。从此以后，两个虾王各居一方。雄虾王在北，雌虾王在南。每年秋天群虾都要游出渤海，到南方去朝拜雌虾王，春天再返回渤海。长此以往，就形成对虾春北秋南的洄游规律。

鲫鱼的故事　传说唐朝贞观年间，唐太宗率领大军乘船渡海东征高丽。一天，乘船路经长岛时，太宗被面前这如诗如画的海岛风光陶醉了，一不小心，竟把玉玺掉进海里。太宗急令水手下海打捞，因水深流大，一直没有打捞上来。太宗心急如焚，仰天长叹道：“难道叫朕半路收兵不成？谁若能捞上来，官升三级。”话音刚落，忽见海里冒出气泡，泛起水花，大家正迷惑不解，转眼间一条大鲫鱼浮出水面，头顶着玉玺向太宗游来。太宗急忙取下一看，果真是刚才掉

下的玉玺。他捧着玉玺只顾高兴，忘了封赏。而鲫鱼头部顶玉玺之处，却永远留下玉玺之印迹。

海神娘娘　传说在宋朝初年，福建省蒲田县海边的一个村子里，住着一户姓林的渔民。生有一男一女。女儿叫林默，聪敏过人，美貌无双，心地善良，常帮助村里孤寡老人担水劈柴、缝补浆洗，深受乡亲们称赞。一天，林默的父兄出海打鱼，她和母亲在家做饭，她烧着火沉沉睡去。母亲见她睡中紧咬牙关，蹙着双眉，手扒脚蹬，非常吃惊，连喊数声，她也不醒。便使劲推她半天，她才猛然醒来，连叫“不好！”母亲忙问：“我儿，出了何事？”女儿道：“刚才女儿梦见爹爹和哥哥在海里翻船落水，女儿口咬着爹爹，手拉着哥哥，正向岸边游来，突然母亲推我，不由张口‘啊’了一声，把爹丢了，只救得哥哥，爹爹定是凶多吉少了。”说完，珠泪涟涟。母亲道：“我儿不要胡思乱想，天色不早，快去看他们回来没有。”女儿正要出门，忽然门外传来哭声，只见哥哥浑身是水，走到母亲面前哭诉道：“我和爹爹在海上遇难翻船，两个人抱着一块木板正往岸上游，突然一个大浪把爹卷走，只孩儿一个人逃回来。”这时母亲才知道女儿不是“凡人”。渔民渐渐知道这件事，每当在海中遇到风浪时，就向她祈祷，这时就看到前方红灯闪动，大海立刻风平浪息。这样，林默不知救多少渔民的生命。人们都称她为海神娘娘。可是，人们再也见不到她的身影。原来，林默是龙女转世。由于泄漏天机，玉皇大帝震怒，把她贬到一个小岛上。后来，渔民们便到处寻找海神娘娘的下落。一天，他们来到渤海湾，只见一个小岛上祥云缭绕，金光万道，海神在半空中若隐若现。于是，渔民们就在岛上建了庙，塑了海神娘娘像，并经常前来祈祷、叩拜。

渔家对联

通用对联

三阳开泰　风调雨顺　蓬城望族　延陵世胄

四季平安　国泰民安　渤海名家　渤海为家

福禄寿禧　家居沧海春偏早　海阔纵鱼跃生意兴隆通四海

四海同春　人在岛中福自多　天高任鸟飞财源茂盛达三江

上梁大吉　招财童子至　天作之合　寿同南极老人星

上梁喜逢黄道日　利市仙官来　百年好合心是西方无量佛

船用对联

船头无浪行千里　九曲三弯随舵转　大将军八面威风　龙头生金角

舵后生风送万程　五湖四海任舟行　二将军百相灵助　虎口配银牙

船头无浪　舵后生风　虎头生金　阖铺欢乐

海不扬波　一网两船　金银满仓

民间技艺

手工渔绣　北隍城岛的手工渔绣在民间流传已有百年历史，每逢端午、重阳、春节等重要节日，渔家人家家都悬挂此物，以示辟邪、保佑平安之意，俗称“桃符”，主要以桃形、鱼形图案为主，各种造型的图案多达20余种。

渔家剪纸　剪纸是长岛老百姓逢年过节的装饰品。平时，渔村妇女把剪好的图案贴在窗户上、门上，图个大吉大利。80年代后，婚嫁喜庆多用剪刻的“囍”字，也有在春节等民间节日贴上剪刻的窗花。民间善剪刻的不乏其人，其中北隍城岛的剪纸较为出名。

长岛砣矶砚雕刻技艺　砣矶砚，又称金星雪浪砚，是著名的鲁砚之一。砚石产于长岛县砣矶西部悬崖山泉水眼处。砣矶砚的主要成分为绢云母、绿泥石和少量的石英、白钛矿等，摩代硬度3～4级，石料呈青色，含金属颗粒，质地柔润细腻，细中有锋，柔中有刚，其色泽如墨玉，金星闪烁，雪浪腾涌，具有研不起沫，下墨甚利，涩不滞笔损毫等特点。以砣矶石制砚始于北宋熙宁年间，盛于明清。清雍正年间，砣矶砚已成为贡品。砣矶石料深藏于海峡断崖险处，因采石艰辛、交通不便，曾一度停产。1979年，砣矶岛镇成立工艺美术社，开始恢复传统金星雪浪砚的生产。1985年，书法家舒同到长岛，题词“金星闪烁雪浪翻，为文泼墨赛马肝”。砣矶砚的雕刻技艺以其独具特色与中国砚雕艺术共冶一炉，体现了长岛深厚的文化底蕴，广为日本、韩国及东南亚各国文化界所珍爱，并多次作为礼品馈赠给外国贵宾，为促进中外文化交流发挥作用。

球石文化 长岛球石其质坚硬、石形椭圆、图案精美、色彩斑斓，紫褐色占70%以上（色素离子主要为锰矿），集形、色、质、纹、韵于一身。其朦胧美、抽象美、具象美，令人品味，遐想无穷。

长岛球石供人参观欣赏，需打造石架陈列，加热上蜡显像，配置底座衬托和恰当命名、拍摄石照、文字赏析等一系列文化工序，使奇石具有“绿叶配红花”的效果，让美石锦上添花。1997年，沈荣民在长岛博物馆举办迎香港回归石展；2008年，刘文权的“海神妈祖”石代表山东省参加北京迎奥运赏石展，并在中央电视台展播。

长岛球石不仅被岛上人争先恐后收藏，而且倍受岛外球石收藏者青睐。2014年，长岛县明文规定，禁止采捡球石。至2018年，全县开办的家庭石馆（含店铺）约30家。

第四章　群众文化

第一节　群众文化活动

改革开放后，境内群众文化活动日渐活跃。1986年后，随着小城镇建设步伐不断加快。各乡镇文体设施网点初具规模，布点日趋合理，县级大型公益文化设施和乡镇各类文体活动场所互为补充。在县城的灯光球场、滨海路、文化馆、各乡镇文化站等场所，每天早、晚可以看到交谊舞、广场舞、健身舞、歌曲大家唱等集健身、娱乐为一体的文体活动。社区活动的组织者大多是村委会，一些企业也主动出资支持乡镇文化活动。

群众文艺表演活动

传统民间文艺表演活动多与节庆、宗教性活动有关。民间多在过年（春节）和“七月十五（盂兰盆节）”期间举办各种娱乐性演出活动。盂兰盆节以戏剧演出居多，有娘娘庙（妈祖）的村镇则在三月廿三举办庙会，聘请戏班演出“酬神戏”。春节娱乐性表演活动则以民间自发组织为主，由此形成具有传承意义的不同表演形式，如“东山锣鼓”“隍城秧鼓”等。民间表演活动以村镇为基础有组织开展，有戏剧、歌舞、曲艺、活报剧等，形式多样。改革开放初期，由于受到外来文化、流行音乐等现代表演形式的冲击，民间文艺表演活动一度沉寂。

2002年后，随着国家政策扶持和旅游业发展，民间群众性文娱表演纷纷以新形式兴起。在保留并传承传统艺术基础上，融入流行音乐、现代表演形式。在继承以村镇为基础的组织形式同时，城镇社区以及文艺爱好者群体之间共同组成的自娱性演出团队，逐渐壮大。2008年，举办“2008长岛军民迎新春联欢晚会”、除夕焰火晚会、正月初一秧歌会、“庆五一、移动情”文艺晚会、祥坤公司五周年庆典、庆祝“六一”儿童节、庆祝建党87周年晚会等节庆文化活动。2018年，全年累计组织开展各类文化活动40余场次，先后组织举办“2018年迎新春秧歌大拜年”“元宵节显应宫秧歌踩街”等8场大型文艺演出活动，“元宵节显应宫秧歌踩街”被山东省文化厅选为2017—

2018年度山东省冬春文化惠民品牌活动。

文艺会演、调演

70年代始，县文化馆每年举办全县文艺会演。1986年10月，组队参加首届烟台市艺术节演出，有9个节目获奖，16名演员获奖，县文化馆获优秀组织奖。1987年，县文化馆选送的歌手宋美岩参加全国“海燕杯”农民歌手大选赛获三等奖，文化馆获大赛筹委会组织奖。1988年春节，文化馆组织全县首届文明村文艺调演，10个乡镇全部参加。1988年4月，县文化馆选送歌手参加山东省“乌河杯”青年歌手大选赛，宋美岩获二等奖，白莉获三等奖，刘美丽获优秀演员奖。1988年5月，参加烟台市文化馆干部业务比赛，获团体总分第四名，集体文艺节目第三名。1989年春节，由县渔业公司赞助7000元举办“渔业之声”电视文艺大奖赛，全县有7个乡镇参加，录制节目200多分钟，在春节期间播放。1989年7月，举办首届岛歌、厂歌、校歌比赛，全县有17个单位参加。10月，参加烟台市庆祝中华人民共和国成立40周年企业艺术团文艺调研，县文化馆获优秀辅导奖。同年，县文化馆被评为省级先进文化馆。1990年春节，组织全县省级文明村文艺调演。6月，参加烟台市“蓬莱阁杯”新创作曲艺比赛，文化馆曲月华自编自演的单口相声《唱比说好》获表演一等奖，创作二等奖。1991年6月30日晚，组织庆祝建党70周年大型文艺晚会。1992年元旦，组织业余歌舞团50余人参加烟台市“猴年欢”春节文艺展播，获最佳代表队奖，之后赴北京参加全国渔业生产先进奖表彰大会演出，得到中央领导的好评。2002年后，文艺会演、调演改为不定期或以艺术大赛形式举办。

2010年，举办“2010长岛军民迎新春联欢晚会”，烟台电视台现场录制，并在春节期间播放。同年，先后承办“长岛之春”文艺晚会、“长岛县双拥共建文艺晚会”“庆祝建国61周年乡镇文艺会演”。2011年，承办庆祝建党90周年合唱晚会等节庆文化活动。引进云南佤族演出团体，打造原生态节目，演出达40多场次。

2012年，组织筹办10场“周末喜相逢·开心在长岛”系列晚会，包括全县军民庆祝建党91周年歌咏晚会、乡镇（街道）文艺会演、国庆喜相逢消夏晚会等。

2015年，举办34场“魅力长岛·消夏晚会”。邀请省歌舞剧院进岛演出4场。依托抗战胜利70周年等重要节庆开展2期以“追寻红色记忆·传承红色文化”为主题的书画、摄影展。开展律动豪情老干部老同志迎新年演唱会和迎新春戏曲演唱会，组织文艺进军营、进敬老院、进校园、进渔村活动。

2016年，举办“迎新春戏曲晚会”“长岛职专迎新年军学共建联欢会”“2016年迎新春军民联欢晚会”等活动；举办“经典诵读大赛”“青少年歌手大赛”“军学共建·赴大竹山岛拥军慰问演出”等活动；举办“魅力长岛·消夏晚会”系列广场文化活动，完成夏季广场演出任务24场；推进“一村一年一场戏”送戏下乡工程，邀请山东歌舞剧院演出团体到长岛进行文化惠民拥军慰问演出，利用4天时间到8处乡镇（街道、开发管理处）以及所有驻军单位，完成演出任务13场；举办全县乡

“周末喜相逢·开心在长岛”消夏晚会（2015年）

镇街道文艺会演、长岛县妇女健身表演赛、全县秧歌表演等活动。

2017年，以“周末喜相逢”为依托，举办各类文化活动40余场次。在声乐、曲艺、舞蹈等门类上通过老歌新唱、老曲新编等形式推出一批反映长岛民俗文化、展现时代风貌、传承海岛精神的优秀作品，打造“魅力长岛”文化品牌。完成《渔歌高唱奔小康》等9件作品编创。其中，《长岛渔家乐》获评“全省群众艺术优秀新创作品”，《再见吧，妈妈》在全省庆祝建军90周年预备役文艺会演中，获烟台警备区颁发的优秀表演奖，《渔家大嫂夸长岛》等2件作品进入全市繁荣舞台艺术“双演”机制第三轮选拔。

全县乡镇文艺调演（2018年）

2018年，全年累计组织开展各类文化活动40余场次，先后组织举办“2018年长岛军民迎新春联欢晚会”“2018年迎新春秧歌大拜年”“元宵节显应宫秧歌踩街”等8场大型文艺演出活动。“元宵节显应宫秧歌踩街”被山东省文化厅选为2017—2018年度山东省冬春文化惠民品牌活动。

第二节　文化市场与管理

群众文化娱乐市场

80年代，境内社会娱乐业开始出现，卡拉OK等娱乐形式传入长岛。90年代，歌舞厅、茶室、电子游戏机房等娱乐休闲场所迅速发展，大多为私营或集体开办个人承包性质。自1990年，集体、个体开办的歌舞厅、录像厅、卡拉OK厅遍及城乡。1995年，有歌舞厅32家，之后舞厅数量有所减少。在全市优秀文化经营场所评比活动中，长园宾馆歌舞厅被评为市级优秀歌舞厅。90年代中期，互联网开始发展，境内陆续出现营业性“网吧”。初始网吧规模小，一般经营面积几十平方米，电脑七八台或十几台，供青年上互联网浏览、上网游戏或上网聊天等，后出现规模较大的网吧，营业面积达一二百平方米，电脑数十台。2002年后，随着各级政府加大对网吧管理力度，县文化部门开展对娱乐场所的整顿，实施“关、停、改”，网吧秩序有所改善。2018年，全县有营业网吧5家。

文化市场管理

80年代后，随着人民群众生活水平逐步提高，文化消费在整个生活和消费中所占比重日益增大，全县文化市场从小到大，从经营项目单一到多品种经营，进入较快发展时期。1990年，县文化市场管理委员会成立，协调、指导和宏观调控文化市场，每年组织3～5次“扫黄打非”联合执法大检查，收缴非法音像制品、图书和赌具游戏机，吊销严重违法违规单位“文化经营许可证”，并多次进行公开销毁违法物品活动。2002年，县文化市场稽查队成立，负责文化市场日常检查。

2003年，召开图书、音像、网吧、印刷等经营单位负责人会议，组织学习有关法律法规，教育其守法经营，维护版权，遏制非法出版物输入。规范网络市场秩序，开展“打非治违”工作，文化执法20余次。对县城区所有网吧进行禁止未成年人进入、超时营业、消防安全、上网登记等全面检查，采取错时工作制，进行拉网式排查，重点加强夜间、午间和周末、节假日监管。2007年，加大执法力度，规范音像图书市场，严厉打击盗版，查缴盗版录音带、VCD、DVD光盘870余盘，盗版书刊476册。

2008年，开展3次“扫黄打非”活动，查缴非法书刊400余本、音像制品200盘。开展不定期检查，对2家接纳未成年人网吧经营户依法给予停业整顿和罚款处罚，对4家经营不符合规定网吧给予警告整改。2009年，对文化经营业务处罚案件共计4起。2011年，全县先后召开4次图书、音像、网吧、印刷等经营单位负责人会议，签订责任状。对文化市场开展联合检查4次，查处非法出版光盘60多盘。2015年，全县开展“净网”“清源”等专项行动4次，文化执法20次，不断净化社会文化环境，确保文化市场健康、安全、有序运营。

至2018年，全县有营业中网吧5家、歌舞厅2家、书店4家、印刷厂2家。共计召开图书、音像、网吧、印刷等经营单位负责人会议80余次，开展文化市场全面检查100余次，查缴非法书刊3000余本、音像制品2000余盘。

第五章　广播电视　电影

第一节　广播电视

1984年，县广播电视局、县广播站合署，对外挂局、站牌子，内设办公室、编辑部、技术科、发射科、服务部5个部室，编制25人。1988年10月，县广播站改称县人民广播电台(挂长岛县广播电视局牌子)。同时，开始自办《长岛新闻》电视节目。

1993年11月，撤销县广播电视局，成立县广播电视中心，承担全县广播电视宣传和技术服务工作。2001年12月，成立县广播电视台(挂长岛县广播电视局牌子)，实行局、台合一体制。

2010年9月，县广播电视台独立设置，不再挂县广播电视局的牌子，为全县唯一专业新闻机构，原行政管理职能归口县文化广电新闻出版局。至2018年，县广播电视台内设办公室、新闻部、专题部、技术部、发射科5个科室，编制45人。

1986—2018年，长岛县广播电视事业先后获得山东省广播电视厅“全省有线广播先进县”“动圈喇叭先进单位”、山东广播电视台“电视宣传先进集体”、烟台市“新闻宣传工作优胜单位”“全市宣传优秀先进单位”等称号。3600余篇作品被上三级新闻媒体采用，400余篇作品在省市广电系统举办的优秀节目评选中获奖。

广播

1987年，全县广播网络建设基本接近部颁标准。全县动圈喇叭4621只，占喇叭入户率的53.8%。1988年10月，“长岛人民广播电台”获得国家广电总局批复，正式对外呼号播出。是年，全县乡镇喇叭入户率达95%，7个乡镇实现动圈化。

1989年10月，调频广播发射机投入使用，全县10个乡镇40个行政村全部通上广播，形成有线、调频相结合的广播网络。县广播电台自办节目3个小时，每天早、晚播出2次，并转播中央、省、市电台新闻节目。自办节目有《长岛新闻》《今日长岛》《一周要闻回顾》《渔家生活》《今日快讯》《报刊文摘》6个新闻类栏目和《每周晨曲》《每周一歌》《小说连播》《文艺节目》4个文艺栏目。

1990年，县广播电台编辑部获山东省人民广播电台先进集体一等奖。1991年，县广播电台被山东人民广播电台评为先进集体，集体记者一等奖。1994年6月，电台播音室因电源故障发生火灾，内部设备及墙地装饰全部烧毁。县财政拨款10万元重新装修并更新设备，购置调频发射机、开盘录音机、调音台、双卡盒式录音机等。

2000年，县广播电台节目由半天播出改为全天播出。即上午播放当天录制的节目，下午重播《长岛新闻》《长岛信息港》，晚间增加《长岛“娱+乐”》栏目。

2013年6月，县广播电台节目全面改版，以“旅游+音乐”为办台方向，先后开办《印象天下》《音乐旅行箱》《行者在路上》等栏目，同时转播央广《新闻和报纸摘要》和《山东新闻》，长岛人民广播电台FM107.2成为对外宣传长岛旅游的新窗口。

2014-2018年，县广播电台先后开设《漫游长岛》《岛主来了》《主播带你游长岛》等新栏目，推广长岛旅游。

电视

网络传输　1986年，县广播电视局购进一套100W彩色分米波差转机，用于收转中央电视台第二套节目。1991年5月，招远罗山电视转播台至长岛电视差转台微波正式开通使用，开始传输山东电视台节目。是年8月，安装有线电视网（CATV）高质量组合前端一套，建立3.2米卫星地面站，解决有线电视用户白天不能收看电视节目的问题。

1992年11月，北山TG3型自立铁塔建成，塔高76米。1993年，购置北京广播器材厂生产300w电视发射机投入使用，同年安装南京黄河机械厂生产的6米卫星地面接收站，用于转播中央台及部分省卫视节目，省卫视节目覆盖全县。1995年，城区有线电视终端用户3900余户，入户率达90%以上。全县10个乡镇建成卫星电视地面接收站，8个乡镇实现全域联网，渔村有线电视用户8854户，入户率达87.8%，转播节目8套。

1997年7月，在烟台各县市率先开通中央加密电视节目。1998年，有线电视前端搬迁至北山发射台，采用有线、无线两种方式覆盖全县，即县城区、南北长山岛采用有线方式传送12套节目，北五岛、西三岛采用MMDS无线方式传送16套节目。

2000年2月，南北长山岛光缆干线全线贯通，有线电视网与县城区域网联网，收视节目增加至27套。是年7月，“村村通”工程通过省、市广电局检查验收。10月，建成蓬长电视微波链路，将8套省市有线台节目传输到有线电视前端，彻底解决信号不稳定、收不到省市有线台的问题。

2002年，为“无居民岛”——大竹山岛安装首个有线电视邻频前端，可收看到包括中央加密电视在内的12套电视节目。2005年7月，租用中国网通有限公司烟台分公司海底光缆用于传输广播电视数字信号。是年10月，正式开通数字有线电视。2009年，烟台市广电局支持数字电视有线前端设备41台（套），总价值85.2万元，至此全县开通数字电视。2010年，投资130万元，对城区6000户居民实施有线电视网络升级改造，光纤到小区。

2012年8月，县广播电视台与山东广电网络有限公司烟台分公司签订广电网络资产移交协议，有线电视经营管理职能从长岛广播电视台剥离。2013年2月，有线电视业务正式划归山东广电网络有限公司，成立长岛分公司。

平台建设　1987年，购置首台型号为SONY DXC-1820P的电视摄像机，拍摄境内新闻为上级电视台供片，扩大长岛对外宣传。

1988年9月，招聘播音员3人，10月自办《长岛新闻》电视节目。1989年10月，购置首套字幕机——安徽现代MVC-3000（286主机 MS-DOS平台）用于电视新闻节目制作。1994年4月，电台、电视采编人员合并，电视宣传覆盖面和影响力逐步扩大。

1996年4月，县财政拨款40万元对办公楼进行加层改造，建起标准化节目演播室和制作室，配套专业演播室灯光设备，8月正式使用。是年，购置游动字幕机一套，承接游动字幕广告插播业务，广告创收大幅度增长。

1999年，购置首套非线性编辑机（奔腾4 CPU、19英寸显示器、Maxtor RT2500非编卡），电视节目制作开始由对编机线性编辑向数字化非线性编辑节目过渡。2002年6月，购置首套台标设备，标识字为“长岛电视台”。是年，《长岛新闻》由每周1期周五播出改为每周2期。2003年，引进武汉星威广告媒体制作中心设备，开发互动游戏点播节目。2004年7月，《长岛新闻》改为每周3期，周一、周三、周五首播，次日重播。2005年，采购一批数字摄像机（SONY 250）、非线编、硬盘播等设备，节目拍摄、制作、播出初步实现数字化。

2006年3月，电视节目制、播设备实现千兆联网，节目播出实现自动化，改变了过去主要以录象带、光盘为载体的节目播出方式。同时，与烟台丰瑞网络有限公司达成合作关系，由该公司提供部分制作、上载和播出设备，综合频道增加白天时段，开播时间由晚6点提前到早9点，海岛观众首次看上长岛电视台白天节目。是年8月，第二套节目“影视频道”开播。

2008年1月，由长岛电视台职工林勇设计的台标“扬帆远航”正式启用，长岛电视台首次具有形象标识。是年5月，以政府招标方式购入广播级数字摄像机AJ-D913MC、Sobey E1 PRO+非线编、Udilan DV720-1电控摇臂套装等设备，电视节目摄制迈上新的台阶。同月，首次在全国范围内招聘编导、主持等广电人才，报名70多人，招聘2人。

2012年7月1日，党建频道正式开播，采用顺延播出与互动点播相结合方式，观众可通过拨打电话点播收看节目。是年，演播室自立式双屏带回显播音提词器投入使用。2013年，县政府投资170万元，启动建台后最大规模设备更新改造，采购高清摄像机AG-HPX 393MC、AG-HPX260MC和Sobey E7高清非线编（4套）、录音工作站、双通道数字服务器播出系统、节目编单及上载工作站等设备，节目采编实现高清化，采编播全面实现数字化、网络化和自动化。同时进行演播室升级改造，购置真三维虚拟系统，演播室由实物图像背景升级为数字虚拟背景，长岛电视台形象焕然一新。2016年9月，聘请烟台众智影视公司对综合频道和影视频道进行首次标准化升级改版，制作频道宣传片、台标、呼号、各栏目片头片尾、新闻栏目导视等，突出时代特色，确立办台风格，增强节目的可看性。是年10月，与县海洋环境检测中心联合开办《长岛县海洋环境预报》栏目。

2018年5月，采购2套无人航拍机（大疆悟2、御Air）和4K单反照相机，拍摄方式实现多元化。是年7月，采购电视&手机直播系统，集传统电视直播和新媒体直播、室外直播和演播室直播、直播和实时录制功能于一体，开启了长岛广播电视台视频直播时代。8月，根据政策要求，影视频道和党建频道先后停播，仅保留综合频道。9月，播出服务器系统升级为高清，长岛电视台节目摄制、播出全部实现高清化，走在全市的前列。

精品节目 1999年6月，《长岛县南长山岛——北隍城岛海底电缆一次敷设成功》在央视一套《新闻联播》播出，开创长岛电视台自采稿在《新闻联播》播发的先河。

2005年1月，长岛电视台独立摄制第一部电视剧——实景荒诞讽刺戏剧《墙头记》，首次以电视剧的形式对传统吕剧进行现代包装，由县旅游艺术团演员担纲演出，选取生活实景拍摄，前后历时半个月，于春节期间对外播出。该剧2006年获烟台市电视节目录制技术质量奖（电视剧类）一等奖和山东省电视节目技术质量奖（录制类）三等奖（一二等空缺）。2007年，协助中央电视台《走遍中国》栏目组拍摄《神秘的史前面具》《难忘“大瓜篓”》《长岛奇石》《八仙过海》《一品鲍鱼》5部6集，每集时长30分钟。是年，制作《中华妈祖·长岛情缘——中华妈祖文化节特辑》光盘，首次申请正规出版号对外发行。

2008年1月，与烟台电视台合作录制“长岛军民迎新春联欢晚会”，腊月二十九晚在烟台电视台一套黄金时间播出，长岛春晚首次“走进”烟台电视台。是年，改制非物质文化遗产系列申报片《长岛渔民号子》，“长岛渔号”成为长岛县第一个国家级非物质文化遗产项目。其后，又相继摄制完成省级非物质文化项目申报片《长岛木帆船制造技艺》《长岛显应宫妈祖祭奠》和《长岛砣矶砚雕刻技艺》。

2009年6月，《长岛：以负碳经营模式构建蓝色生态经济区》在山东电视台晚间新闻上提要播出，在全省率先报道负碳经济理念。9月12—13日，《纪念长岛解放60周年暨双拥共建文艺晚会》连续两天在山东电视台综艺频道、影视频道晚间播放，长岛文艺晚会首次"走进"山东电视台。是年，在烟台电视台《烟台新闻》栏目合计播发新闻头提11篇，实现历史性突破。2014年8月，摄制完成《长岛歌曲集（长岛组歌）》音配画工作并制成光盘对外发行，为长岛电视台承接的第一部音乐MV专辑，内容包括《长岛渔号（原生态）》《长岛渔歌（舞台版）》《故乡风浪情》《长山岛我爱你》《渔家的日子越过越红火》《小岛军营百家饭》《长岛渔家乐》7首长岛本土原创歌曲。

2017年，在山东电视台用稿分数首次突破百分，在烟台电视台《烟台新闻》等栏目发稿140多篇。2018年9月27日，首次实现电视现场直播。长岛电视台、长岛手机台联动视频直播国内首场北方海岛主题音乐会《音为梦想·乐动长岛》，海岛观众首次在电视上同步观看音乐会盛况。是年，《面向大海 满帆前行》《多地出现平流雾 云雾缭绕似仙境》《渔船遇大风搁浅 被困船员获救》等11篇稿件在央视新闻栏目播发，50多篇被山东卫视采用，其中《耕海牧渔 以装备化信息化助推海洋牧场升级》《向海图强 打造新时代海洋强省》在《山东新闻联播》头题播发，年发稿数量和排名在全省县级台中升至56位。

新媒体

2015年5月，"长岛广播电视台"微信公众号开通，实时上传《长岛新闻》电视节目内容。2016年10月，"智慧长岛手机台"APP正式上线运行，标志着长岛广播电视台在传统媒体与新媒体融合发展上迈出关键一步。"长岛手机台"依托省技术平台，主界面设计包括掌上直播、新闻资讯、视频点播、长岛名片、精彩看点、海岛拍客、文海拾贝、便民服务等20余个固定版块，并根据不同时期的形势要求和宣传重点开办《两会沙龙·面对面》《环境综合整治进行时》《崇尚新风 文明祭祀》等时效性栏目，发挥"轻媒体 快传播"优势，多次对全县重要会议、重大活动展开全景式报道，长岛手机台成为"互联网+广电"的新名片，服务大众、宣传长岛的新平台。是年10月23日，长岛手机台首次实现网络图文直播，全程直播"山东长岛环岛马拉松赛"，网友同步参与，实时点赞转发、评论共享。是年12月，首次参与"中国这么美——2017全国轻快百台春晚"节目录制工作，摄制8分钟春晚拜年串词、呼号和节目《长岛渔歌》，春节前在全国170余家市县级手机台展播，覆盖人口近2亿，提高了长岛的对外美誉度。2017年6月，该节目被山东广播电视台评为"全国十佳节目奖"。

2018年2月，长岛手机台在全国首届"创力量"广电融媒体评选中，被中国广播电影电视社会组织联合会、中国广播影视杂志社、山东广播电视台联合授予"年度优秀手机台"称号。是年6月，正式推出"阳光政务·手机问政"栏目，定期邀请各部门负责人通过网络"面对面"回应百姓关切，线上解答相关问题，先后参与单位13个，回复热点问题400余个，点击量2万多人次。9月27日，长岛手机台首次实现视频现场直播，直播《千年妈祖·两岸情缘》大型主题晚会取得成功。

2017年、2018年，长岛手机台连续两年获山东广播电视台致信表扬。

第二节 电 影

长岛县电影发行放映公司（简称长岛县电影公司）成立于1957年1月，前身为县电影放映队，1976年成立县电影管理站。1982年7月，成立县电影发行放映公司，是长岛县唯一一家电影放映企业。80年代、90年代，随着文化市场逐步开放，国内外优秀影片不断发行，电影放映进入一个高峰期，放映场次、观众人数逐年递增，全县电影事业达到社会效益、经济效益双丰收。县电影公司及全县17个农村放映队年均放映2700场次以上。1990年9月，砣矶镇电影院开业。1993年后，电影放映逐年下滑，农村放映单位由17个减少到13个。1994年，省电影公司开始实行由各县购买拷贝办法，农村16毫米影片片源问题无法解决。1995年，开始实行35毫米影片分成发行结算办法，电影票价提高，上座率受到影响。农村仍有8个电影队坚持放映，年放映100场次左右。

1997年，电影发行上下级业务部门脱离直属关系，完全实行市场化。1998年，县影院放映已进入经常没有观众的境地。为维持电影放映，公司推出“广场电影”，靠拉赞助来勉强支撑电影放映业务的开展。1999年，县电影公司实行承包责任制，将影院放映业务实行承包。2001年，采取“以副养影”的举措，推出多个服务项目，对维持电影放映事业的发展起到一定的积极作用。2002年始，国家推出电影发行放映带有政策性的改革措施，公司不再实行承包责任制，自此各项工作步入正轨。

2007年，县电影公司与太平洋保险公司联合，向全县农村送公益电影170余场。2008年，投入资金购置两台数字放映机，全年免费为市民、渔村放映公益电影400场。2016年，继续实施渔村公益电影放映工程，完成480场电影放映任务，实现“一村一月一场电影”。至2018年，累计为市民、渔村免费放映公益电影4000多场。

第六章　文物　古迹

长岛是处于中原古文明中心区域内的一组岛屿，独特的地理环境与相对优越的地理位置，使这里成为中国早期海洋文明（岛屿文化形态）的发祥地之一。与此同时，岛屿环境与渔猎经济形态下所形成的、独具开放性的海洋文化特质更使长岛成为族群迁徙与文化传播的一处重要“驿站”。早在三万年前，人类的足迹便已踏上这片丰饶的土地。距今七千年前，群岛之中又相继出现一些规模较大的史前聚落。在之后的数千年间，长岛先民在不断征服自然的过程中，创造出灿烂的文化，留下丰富的文物遗存。

2018年，全县有各级文物保护单位31处。其中，全国重点文物保护单位2处，省级文物保护单位5处，市级文物保护单位10处。

第一节　文化遗址遗迹

北庄遗址

位于大黑山岛北庄村东北部，南北长约160米，东西宽约140米。北庄遗址发现于1978年春。翌年秋，由北京大学、社科院考古所、烟台地区文管会、长岛县博物馆联合对遗址进行考古调查。1981年秋由北京大学、烟台地区文管会、长岛县博物馆联合组队对遗址进行试掘。其后自1982年秋至1988年春先后对该遗址进行5次大规模的正式发掘。合计开探方、探沟105个，共清理出土房屋基址104座，墓葬60余座，各种灰坑、窖穴等200余座。出土器物3000余件，各种动、植物遗骸2000余件。北庄遗址大致可分为早、中、晚三个时期。其早期属新石器时代，以北庄文化为代表；中期以龙山文化、岳石文化为代表；晚期则主要为战国时期。中国社会科学院考古研究所实验室对部分文物进行测定，北京大学考古工作者对测定数据和出土文物进行综合分析，确认北庄遗址系新石器时代的村落遗址。

珍珠门遗址

位于北长山岛西北端山坡上，南北长150米，东西宽80米。为商周时期遗址，距今三千年。

1978年，北大考古系教授苏秉琦等对遗址进行考察。1982年、1983年，北京大学考古系、烟台市文管会与长岛县博物馆的考古工作人员曾3次进行挖掘，出土大量的青铜器、石器、陶器和众多动物骨骼化石，同时出土的还有祭祀坑、墓葬和半地穴式房屋等遗迹。

北村（三条沟）遗址

位于大钦岛北村东南的公路两侧。大钦岛北村东南为大面积黄土覆盖区域，自东向西有三条自然形成的黄土冲沟，依次为东沟、中沟和西沟，北村（三条沟）遗址即分布在东沟——中沟东缘之间的黄土台地上。南部有北村通往码头的公路穿过；南面百米为渤海湾；遗址海拔在10～15米。遗址范围东西约110米，南北将近百米。在公路的东北边的断崖上暴露出一些灰坑。勘察发现，遗址共有三个时期的堆积，一为大汶口文化，二为龙山文化，三为战国时期遗存，其中以龙山文化的遗存最为丰富。大汶口时期遗存主要出露在中沟东南下部台地；龙山时期遗存几乎遍布整个遗址区；战国时期遗存多分布于遗址西北部地段。至2018年，遗址约30%左右地段被乡政府、派出所等建筑物所覆盖。

东村遗址

位于大钦岛东村南的南山脚下，沿山体呈东西向分布，中间分布有大小数条南北向黄土冲沟。西北部为东村菜园；北部为东村海带晒场；东部为农田。东200米为一小海湾，北距东村约50～100米，村中有一条自西向东的水沟，村子北面为大顶山。遗址海拔高度为12米。1982年11月，由北京大学与市、县联合调查时发现，在东西约200米、南北约50米的范围内，散布着许多新石器时代的陶片、石器及牡蛎、强刺红螺壳等。由于平整土地，遗址大部分被翻动，很难找到原始堆积。1988年春例行文物检查时，博物馆工作人员曾在遗址西北部采集到部分陶片和一件已残缺的有足石磨盘，由此推测东村遗址的年代或应早于北庄遗址，是长岛地区已发现的年代最为久远的史前文化遗存。

王沟古墓群

位于南长山岛的王沟村，三面环山，一面临海。于1971年发现，1973年、1985年曾两次发掘，出土大量青铜器、陶器和玉器等，其工艺精湛，器形多样。遗址中还发现大量的车马器物，像车惠、马街等。王沟古墓群出土的兵器不仅数量多，种类也较齐全，说明长岛自古以来是兵家必争之地，有着重要的军事地位。

荻沟墓群

位于南长山岛荻沟村山后，为宋代墓群。1988年冬、1992年夏，两次抢救性发掘。发现6座塔式墓，出土灯盏、铜币等物，考古证明为北宋末期墓葬。

南隍城摩崖石刻

位于南隍城岛南端陀佛山的陡崖中上部。陡崖高71.8米，底宽20米。据清光绪十七年（1891）《（增修）登州府志》记载：“东南一石，壁立水中，水深流急，舟莫能近，上有‘南心济宅地阿弥陀佛’九字”。后经县志办人员实地考察，实为“南无消灾延寿药师佛”9字，石刻年代不详。

唐砣矶石刻

原石刻在砣矶岛井口村西石壁上，60年代至70年代，因开山取石被毁。清光绪十七年（1891）《（增修）登州府志》对石刻记载如下：

□□□□□九年五
□□□□壤道行军
□□□□□大夫荆
□□□□柱国郑国
□□□□管左镇
□□□□□冰县
□□□□□等敬
□海龙王神并夫人

石刻凡八行，行八字，而大半漫漶不清，仅存二十八字。据《唐书》，贞观十八年以张亮为平壤道行军大总管，自东莱海征高丽云云，则此刻第一行泐字宜是“大唐贞观十”五字矣，其下列衔宜即亮之官阶、勋爵与其属僚也。末有敬海龙王神并夫人字，盖因航海致祷之事耳。祀神而及其妃风之所在，由来也久矣。

金砣矶石刻

原石刻在砣矶岛井口村西石壁上。60年代至70年代，因开山取石被毁。清光绪十七年(1891)《(增修)登州府志》对石刻记载如下：

大金皇统六年保证张牙局子□□因勾室女□会九月二日□卅□□谨记

右正书方寸五分许，凡五行，行六字，共三十字。不知其何所指而曰保证，曰勾室女，曰谨记。疑当日有采宫女之旨，宫役所在搜访，故书年月以谨之，知其非凡常差役矣。亦可以备一时之掌故。

庙岛显应宫

庙岛显应宫位于庙岛北部，始建于北宋宣和四年(1122)，初为沙门岛佛院。据“嘉祐庚子碑”(俗称“无字碑”，原嵌在前殿北外墙西侧，“文化大革命”时被毁)记载：北宋嘉祐五年(1060)，福建南日岛船民在遭遇海难获救后，于沙门岛佛院内赁室供奉“龙女”。宣和四年(1122)，福建船民又为“龙女”建庐庵一处(茅屋三间)，此为显应宫创建之始。随着元代建都北京，南北海运日益繁盛，妈祖信仰渐炽于北方沿海，这也使得早期显应宫的地位得到了加强。至元年间，由参与海运的闽浙船民“鸠资括地、易茅以瓦”，增修庙宇殿堂，改佛院为“天妃观”，时称“海神娘娘庙”。明初，显应宫称“灵应观”或“灵应庙”“小姑祠”，在中韩文化交流史上曾发挥过重要作用。崇祯元年(1628)，诏立官庙，由山东左都督、登莱总兵杨国栋奉旨扩建，崇祯皇帝御赐庙额“显应宫”。庙岛显应宫的名字，遂由此始。至此，庙岛显应宫被立为官庙。沙门岛也逐渐由海神娘娘庙岛所代替。

庙岛显应宫为一组古建筑群，群落组合依然保持明代格局，包括显应宫、三元宫、关帝庙(武德宫)三个建筑单元。显应宫位于建筑群落的中心，属典型的明清宫式建筑。主体分外垣和内廷两部分：外垣包括戏楼、台基和碟墙，内庭则分三进院落。前院有山门、钟鼓楼和前殿。中院以大殿为主体，包括前轩、东西廊房。后院有后宫、穿廊和左右配房等。

沙门寨故城遗址

位于庙岛北部，距县城3海里。庙岛形如一只凤凰，古称凤凰岛。古城址坐落在庙岛北端凤凰山与南部山脊之间的一处平坦之地上，它背依凤凰山，东、西临海，南部是约百米左右的开阔地，山、海作了故城的天然屏障。故城址虽遭破坏，但东、西、北三面城墙有部分保留。南城墙也有稽可查，故已知城的范围：南北长250米，东西宽90米，总面积22500平方米，呈长方形。故城的北城墙保存最好，虽城高被破坏过重，但城长、城宽与原城墙几乎无多大变化，它西接西城墙，东接东城墙。两条3米宽小路分别穿过东北角和西北角。西城墙建在海滩与山地交接处，村民在城墙上修了宽约3米的一条南北小路，破坏了墙的高度。而城墙南部被村民建房毁掉，只留残长63米，宽5～6米，残高2～5米一层夯土与一层细小砾石相筑。南城墙已全部破坏。据文献记载，庙岛古城址为宋代沙门寨寨城，是胶东地区保存相对完整的唯一一处宋代寨城。

北城古城址

位于北长山岛北城村北部，今保存部分为北城故城北城垣的一段，东西长约112米，宽8.5米，高7.5米。南侧距现代民居(平均距离)12米，北侧则为村养殖场仓库大院，东西两端分别与民居小巷连接。根据相关文献记载，北城古城应为唐代，后经考古勘探发现，古城北城墙打破西周中晚期底层，叠压在西周早期底层之上，由此判断，北城古城应始建于西周中晚期，其后又经过多次修筑，至隋唐时期渐成规模。北城古城是胶东地区唯一一处保留在地面之上的西周古城，对研究西周时期胶东地区政治经济社会发展，具有重要价值。

砣矶井口天妃庙及套里古港

位于砣矶岛井口村中部，北依井口中心大街。天妃庙俗称井口大庙，位于砣矶镇井口村南部，南距海边(井口古港湾)约40米。天妃庙占地约2000平方米，为南北三进院落。前院包括山门、东西两厢和前殿；中院以大殿为中心，又辅之以东西两个跨院，跨院内建有香积房和僧房；后院则为配殿或配房。天妃妈祖作为主神，被供奉在中院的大殿内；前殿则供奉有三官（三元神）、关羽等神祇；东西厢房为十二生肖祠；后配殿或配房原供奉多位神明，但内容不详。

套里古港即井口前湾，保存有：东坝约140米，西坝约190米，挡浪坝（分波堤）约90米。东西两坝为石砌护坡墙式，挡浪坝（分波堤）横亘于港湾中部，由大石块堆砌而成。调查得知：套里古港由南北两部分组成，南部即井口前湾，北部旧称“套里”，已淤塞。井口天妃庙及套里古港的始建年代，因未发现纪年文字，至今无法确定。仅据日本江户时代（明万历）写本《毛大将军海上形状》记载：“……砣矶岛有天妃庙，在‘套里’……”推知：最晚到明代井口天妃庙和套里古港即已存在。另，该庙原有庙额“海慧寺”，50年代被毁。

水下文物遗存

长岛是交通中原与东北亚地区的古航道，水下文物遗存富集。20世纪50年代，小钦岛渔民在该岛北部海域发现明代晚期沉船，采掘瓷碗、瓷盘等上千件。1980年，庙岛村民在该岛南部海域发现岳石文化时期陶甗1件。1982—1992年，大钦岛、南隍城、北隍城村民相继在周边海域发现披毛犀牛上颌骨、猛犸象肢骨以及龙山文化时期陶鬶、陶钵等；在南五岛周边海域发现古钱币、水罐以及大量陶瓷器等。自1992年起，开展有计划的水下考古及水下文物遗存调查。至2011年“三普”结束时，已发现水下文物遗存地点（含故港湾遗址）77处。2015年11月至2019年10月，新发现水下文物遗存地点207处，其中有老东礁遗存，位于砣矶岛以东海域。20世纪80年代，大钦岛潜水员在该地点发现沉船残骸及大量瓷器堆积。采集文物经鉴定属明代晚期。庙岛塘古港湾遗存，以庙岛塘东塘、北塘最为富集。文物遗存包括：沉船、船具、铜器、陶器、瓷器以及古码头、古栈桥遗迹等。其时代上起史前，下迄近现代。南隍城沉船，位于南隍城岛东北海域。2007年6月，南隍城村民宋云昌等，在该地点打捞出水桅杆1件，残长27.23米，成为已知中国古帆船中最大的桅杆。2017年8月至2019年10月，针对该地点展开持续性考古调查，发现该地点是一处水下文物遗存富集区，发现沉船残骸7处。

猴矶岛灯塔

始建于清光绪八年（1882），是环渤海地区建造最早的一座现代国际灯塔。该灯塔由英国设计师主持设计与施工，并由英国人管理。1900年前后沙俄势力曾一度占据长岛并接管该灯塔。至1905年日俄战争后，沙俄势力退出长岛，灯塔遂被废置。民国初年，由中、英两国共管，至二战期间再一次被废置（但由雇工管理）。1947年，国民党军队占据长岛并接管该灯塔。新中国成立后，由中国人民解放军海军管理。1980年前后，由军方交地方管理。整个灯塔由主塔、机房、炮台、雾号台、居住区五个部分组成，是保存很好的一座灯塔。

第二节　馆藏文物

50年代，文化馆即开始搜集流散文物，1964年发掘大竹山战国墓地的文物部分留在文化馆内。1992年，成立文物组，文物收藏有所增加。1973年，发掘王沟战国墓地的部分文物留在文物组。1980年，随着大黑山北庄等几处遗址的发掘，馆藏文物大量增加。1989年，北庄、王沟两地发掘资料移入博物馆，博物馆开始组织人力进行库房文物登记、编号、建账、立卷工作。经过4年的努力，库房工作基本完成。至2018年，馆藏已编号的文物3800余套，其中一级文物2件、二级文物15件、三级文物165件。博物馆收藏现代名人字画300多件，民间剪纸200余幅，动植物标本3000件。县航海博物馆内藏船模等文物1000余件。

古人类头盖骨化石

1985年，在王沟村发现。据中国科学院考古专家鉴定为距今3万年左右的智人头盖骨化石。

动物化石

有乳齿象臼齿(庙岛山前小红沟出土)、原始牛角(南长山岛西山出土)、安氏鸵鸟蛋(南长山岛赵王村出土)、猛犸象牙(大黑山岛北庄出土)、斑鹿角(庙岛海底打捞)、赤鹿角(砣矶岛后口出土)、披毛犀上腭骨(北隍城岛海底打捞)、猛犸象肱骨(大钦岛海底打捞)等10余种,均为中、晚更新世动物化石。

晚期智人头盖骨化石——纵轴192毫米,横轴125毫米,高125毫米,重334克。发掘于王沟墓群

石器

馆藏打制石器包括:石核、石片、锤状器、砍砸器、刮削器、尖状器等100余件,以采集、狩猎生产工具为主。磨制石器300余件,器类以农业、渔

岳石文化半月形双孔石刀——长14.3毫米,宽5.7毫米,重140克。采集于砣矶大口遗址

猎业生产工具为主;器形主要有石刀、石斧、石镞、石铲、石镰、石纺轮、石网坠、石磨盘、石磨棒、石锛、石矛、石楔以及砭石、石雕小件等。打制石器以石英岩、板岩和玄武岩为主要材料;石器制作多采用砸击法、捶击法和双面打击成刃技术,工艺流程表现出一定的规范性。磨制石器以板岩、玄武岩为主要材料;工艺流程包括:采料、打制或雕琢成胚、打磨成型以及细部加工等。长岛地区出土的石器以史前时期居多,其制作规范、工艺精湛,一定程度上反映出史前时期长岛地区原始工业发达程度。

玉器

馆藏玉器30余件。材质上包括蛇纹石、绿泥石、玛瑙和水晶等。玉石以岫岩玉和南阳玉为主,主要成分为绿蛇纹石、黄泥蛇纹石和白蛇纹石三种。其中,在北长山岛店子村龙山文化遗址出土一件单孔玉铲为“甲翠”(蛇纹石质玉和透闪石质玉混合体)雕成,色泽深绿,通体光润,制作精美,代表史前时期制玉工艺的最高水平。其他玉器有战国时期玉牌、玉环等。绿泥石以莱州玉、八角石为主,器类多为璧、璜、珩、旒、虎符等礼器。玛瑙、水晶制品以琫串、环、玦等饰物为主。

骨器

馆藏骨器有骨锥、骨针、骨耜、骨刀、骨箭头、骨鱼叉、鹿角镐等。多出土于北庄遗址。

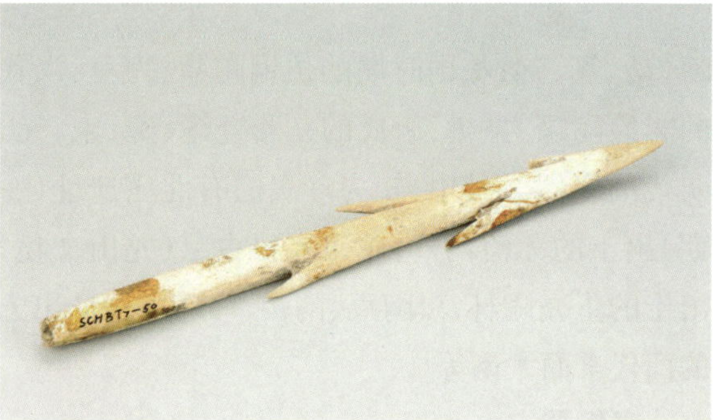

新石器时代北庄一期文化骨镞——长13.4毫米,宽0.8毫米,重1克。发掘于北庄遗址

陶器、瓷器

馆藏陶器、瓷器有3500余件。具有代表性的有新石器的陶鼎、豆、罐、杯、碗、盘、盆;商代的陶

新石器时代乳丁纹圆肩鼓腹陶罍——口径82毫米，腹径146毫米，高102毫米，器盖外径98毫米，高34毫米，通高124毫米，重442克。发掘于砣矶大口遗址

新石器时代龙山文化泥质黑陶豆——口径23.2毫米，高16.8毫米，底径11.8毫米，重616克。发掘于砣矶大口遗址

西汉陶枭罇——口径9.5毫米，腹径21毫米，腹围65.9毫米，高25毫米，足高4.1毫米；盖：口径9.5毫米，高8.5毫米；重1829克。采集于北庄遗址

新石器时代北庄二期文化褐陶鸟形鬶——通高28毫米，腹径49.5毫米，足高6毫米，口长距8毫米，口短距6.5毫米，耳距8.2毫米，重1262克。发掘于北庄遗址

甗、鬲、簋、碗；战国时期的仿铜陶鼎、陶豆；汉代的彩绘陶罐、枭樽；唐代的三彩瓷罐、碗；宋、元、明代的瓷器。其中，较为珍贵的有北庄遗址（一期）出土的无流陶鬶，砣矶大口古墓（龙山文化）出土的蛋壳陶杯、黑陶豆、陶罍，珍珠门遗址出土的商代素面大鬲等。

青铜器

馆藏青铜器80余件，多系战国时期至汉代器物，有鼎、敦、盘、豆、壶、鉴、盆、匜、樽、勺、马衔、辖、剑、戈、斧、矛、箭头、戟、削等。

鎏金青铜鉴（残片）——口沿残片：沿宽2.1毫米，残长9.3毫米，残高6.8毫米；腹残片：大径28.2毫米，小径14.7毫米；底残片：大径19.5毫米，小径11.4毫米；重337克。采集于王沟古墓群

战国青铜舟——长11毫米，宽12.7毫米，通高7.6毫米，纵径10.1毫米，横径7.2毫米，腹围32.1毫米，底纵径8.1毫米，底横径5.9毫米，盖：长径11.5毫米，短径8.9毫米，高4毫米，耳距8毫米。重494克。发掘于王沟古墓群

战国青铜卣（亦称：提梁壶）——口径13毫米，高33毫米，腹径21毫米，腹围65.9毫米，圈足径13.5毫米，圈足高4毫米，重3650克。发掘于王沟古墓群

西周青铜鼎——口径20.5毫米，高21毫米，腹围64.5毫米，耳距21.4毫米，足高9毫米，重1846克。采集于王沟古墓群

南船舵杆

2005年，长岛县南隍城岛渔民在该岛以东海域捕捞作业时发现。舵页已残，舵杆保存相对完好。整个舵杆长12米，最大直径0.4米，舵页残存部分长6.3米。经初步鉴定认为，该舵杆应属闽、粤一带南船舵，时代应在元、明之间。该舵杆是国内今存最长的舵杆。2007年9月，南隍城乡人民政府将舵杆赠予航海博物馆收藏。

猴矶岛灯塔导航炮

通身由冶铁浇铸而成，基本呈圆锥柱状，长约1.6米，尾径约0.3米，口径约0.18米；炮膛与炮管连为一体，弹药前置；炮身中段两边加铸有圆柱状炮轴，用于加装轮子；炮膛上部有引信孔。炮尾刻有“1819”字样。据考证，该炮属于典型的西洋舰载加农炮，即“红夷大炮”的一种。该炮原为猴矶岛灯塔的导航炮，装配于清光绪八年（1882）。抗战时期，猴矶岛灯塔被日军占领，后被弃置。该炮被渔民带出灯塔，1986年作为文物被航海博物馆收藏。

王永利手迹

1945年6月6日，长山岛工委书记王永利，写信给在北海地委城工部工作的姐姐赵勉之，谈发动伪海关汽艇起义、长岛斗争形势和通过敌伪关系购买枪支等问题。信中多用暗语：“北地”，指长山岛；“表叔之事”，指动员海关汽艇伺机到解放区工作的步骤；“家中吵闹”，指北地斗争形势；“笔”，指购买枪支。

后口村支前锦旗

1950年，长山岛有86只大帆船、760多名渔民南下支援解放舟山群岛。7月，中国人民解放军第二十五军赠给砣矶岛后口村锦旗1面，题书“支前模范村”。

第三节 文物调(普)查与文物保护

考古调查

1979年9月，中国著名考古学家苏秉琦率中国社科院考古所、山东省博物馆、烟台地区文管会等部门的专家、学者对长岛进行大规模的考古调查。这次调查是长岛考古工作的一个转折点，从此，长岛考古工作进入新阶段，为后来的考古工作打下坚实基础。

1982—1985年，北京大学历史系考古专业教授、著名古人类学家吕遵谔，北京大学地理系教授、著名地质学家曹家欣到长岛开展“海洋考古”调查活动。重点解决庙岛群岛地区第四纪黄土堆积以及海陆相沉积成因、古环境变化等课题。这次调查，开启长岛古环境考古序幕。

2000—2003年，水下考古队与县博物馆共同连续4年进行大规模水下考古调查。这次调查主要集中在古港湾、古沉船遗址和古航道三个方面。同时，对水下文物遗存环境、遗存方式以及埋藏类型等学科基础性理论问题进行探索。

考古发掘

1974—1975年，山东省博物馆、烟台文管会、长岛县文物主管部门对王沟东周墓群进行抢救性发掘。整个发掘工作分两个阶段。第一阶段，主要针对文物出露地点进行现场清理，共清理墓葬12座。第二阶段，重点对周边地区进行勘探发掘，共清理墓葬21座。通过对出土资料的研究，确定王沟古墓群是一处春秋战国时期的贵族墓地，由此推测两周时期境内已出现具有一定政治地位的政治实体，其身份按西周礼制应属于“伯爵”，其族属或国名应为“甗”。“甗”初见于《左传·成公五年》，原封地为现在的济南东北部，后迁徙至长岛。

1981—1987年，中国社科院考古所、北京大学、山东省博物馆、烟台文管会、长岛县博物馆对北庄遗址进行大规模发掘。合计开探方、探沟105个，共清理出土房屋基址104座，墓葬60余座，各种灰坑、窖穴等200余座。出土器物3000余件，各种动、植物遗骸2000余件，从根本上探明遗址的文化面貌。北庄遗址大致可分为早、中、晚三个时期。早期属新石器时代，以北庄文化为代表；中期以龙山文化、岳石文化为代表；晚期主要为战国时期。中国社会科学院考古研究所实验室对部分文物进行测定，北京大学考古工作者对测定数据和出土文物进行综合分析，确认北庄遗址系新石器时代的村落遗址。

1982年9月，中国社科院考古所、长岛县博物馆对砣矶大口龙山遗址进行发掘。发掘工作由吴汝祚主持，韩荣、邵望平、胡秉华参与。共清理龙山文化时期墓葬20余座，今藏于长岛博物馆的陶鬶，就是在这次发掘中发现的。

1998年，水下考古队在砣矶东礁进行水下考古调查与发掘。调查与发掘工作持续40余天，重点对东礁水域进行分区快、网格状调查。此次调查发现东礁东南沉船地点1处，北部文物遗存地点1处。

第三次全国不可移动文物普查

2007年7月至2011年12月，国务院实施第三次全国不可移动文物普查(以下简称“三普”)，普查标准时间为2007年9月30日0时。根据国务院统一部署，长岛县于同期启动“三普”工作。整个“三普”工作分三个阶段。第一阶段(2007年9月至2008年3月)为前期准备阶段，包括制定《长岛县第三次全国不可移动文物普查方案》《长岛县第三次全国不可移动文物普查经费计划方案》《长岛县第三次全国不可移动文物普查宣传方案》，成立长岛县第三次全国不可移动文物普查领导小组暨普查办公室和田野工作队。第二阶段(2008年3月至2009年11月)为田野调查阶段，包括问卷调查、文献调查、田野考察、测绘摄影、数据录入和资料整理等。第三阶段(2009年11月至2010年3月)为普查验收阶段。普查范围包括全县8个乡镇，1个街道和1个无居民岛管理处共计39个行政村、4个自然村、10个无居民岛，普查陆地面积近50平方千米，海域面积1400平方千米，复查33处，新发现田野文物127处。其中，古遗址26处，古墓葬8处，古建筑7处，近现代建筑21处，国防文物19处，其他类遗迹13处；发现水下文物遗存地点33处。长岛县第三次全国不可移动文物普查工作于2010年3月通过省级验收，2010年6月通过国家及验收。

第一次全国可移动文物普查

2012年10月，根据国务院《关于开展第一次全国可移动文物普查的通知》要求，长岛县正式启动“第一次全国可移动文物普查”项目。普查范围是全县各级国家机关、事业单位、国有企业和国有控股企业等各类国有单位法人所收藏保管的国有可移动文物，包括普查前已经认定和在普查中新认定的国有可移动文物。普查从2012年10月开始，2016年12月结束。普查的标准时点为2013年12月31日24时。县政府成立长岛县第一次全国可移动文物普查领导小组，下设办公室，具体普查工作由县博物馆组织实施。发放调查表700余份，调查文物15000余件，鉴定并确认国有文物7300余件，实现文物编号3800余套。2016年，通过省文物局、国家文物局验收。县博物馆获“全省第一次全国可移动文物普查先进单位”称号，郭贤坤获“全省第一次全国可移动文物普查先进个人”称号。

文物鉴定

1978年8—9月，著名考古学家、中国社科院考古所研究员、北京大学考古系主任苏秉琦一行到长岛考察。对长岛文化馆文物组收藏文物进行全面鉴定。此次鉴定并结合田野考察，全面厘清长岛历史文化面貌，从学术层面建立起长岛史前文化发展序列。

1984年，北庄遗址出土合葬墓3座，考古工作队总指挥严文明邀请著名考古学家、北京大学考古系副主任吕遵谔进行人骨鉴定，明确合葬墓遗骸性别、年龄等。在此次人骨鉴定的同时，还进行孢粉分析、陆海生动物遗骸等研究，成为中国考古学由单纯的文化分析向现象分析、进而建立中国“聚落考古学”理论与方法的一次探索性实践。

1993年10月，国家文物局文物鉴定专家组关天相、郃立业、常兴照等到长岛开展国有文物收藏鉴定，对长岛博物馆、长岛航海博物馆馆藏文物进行鉴定。确定国家级文物180余件（三级以上文物）。

文物保护法制建设

1981年前，文物执法由县文化馆具体组织实施。县博物馆成立后，由其履行相关职责。1982年，印发《长岛县文物保护规定》，为长岛县第一个文物性法规文件。2000年7月，制定《长岛县文物保护与管理暂行办法》，成为烟台市第一个县级文物保护法规性文件。2002年以前，文物执法工作主要有两个方面，一是县文化局以县政府委托方式交由县博物馆组织开展田野文物调查，二是发生文物性案件时，由县公安部门依法处置。2015年后，文物执法由县综合执法局执行。

2018年长岛县县级以上文物保护单位一览表

表26-4

保护级别	名称	时代	所在地	保护单位	批次
国家级（重点文物）	北庄史前遗址	新石器	黑山乡北庄村	北庄史前遗址博物馆	1996年第四批
	猴矶岛灯塔	清末	猴矶岛	猴矶岛灯塔站	2013年第七批
省级	庙岛显应宫及沙门寨故城遗址	北宋	北长山乡庙岛村	长岛显应宫管理委员会（航海博物馆）	2006年第三批
	珍珠门遗址	商、西周	北长山乡店子村	九丈崖公园管理处	2006年第三批

续表26-4

保护级别	名称	时代	所在地	保护单位	批次
省级	北村遗址	新石器	大钦岛乡北村	大钦岛乡北村	2013年第四批
	井口天妃庙及套里古港	明代	砣矶镇井口村	砣矶镇井口村	2013年第四批
	北城古城	唐、宋	北长山乡北城村	北长山乡北城村	2013年第四批
市级	王沟墓群	东周	南长山街道王沟村	南长山街道王沟村	1996年第二批
	东村遗址	新石器	大钦岛乡东村	大钦岛乡东村	1996年第二批
	南隍城摩崖石刻	隋唐	南隍城乡南隍城村	南隍城乡南隍城村	1996年第二批
	成章小学旧址	1928年	北长山乡店子村	北长山乡店子村	2011年第四批
	北隍城岛山前遗址	新石器	北隍城乡山前村	北隍城乡山前村	2011年第四批
	南庄墓群	汉代	黑山乡南庄村	大黑山乡南庄村	2011年第四批
	西山墓群	汉代	南长山街道鹊咀村	南长山街道鹊咀村	2011年第四批
	台山寺	清代	大钦岛乡北村	大钦岛乡北村	2015年第五批
	太子礁旧石器地点	旧石器	南长山街道山前村	南长山街道山前村	2015年第五批
	砣矶砚矿坑遗址	宋、清	砣矶镇西村	砣矶镇西村	2015年第五批
县级	南河遗址	新石器	南长山街道乐园村县农机厂	南长山街道乐园村县农机厂	1982年第一批
	东山墓葬	汉代	南长山街道乐园村	南长山街道乐园村	1982年第一批
	后沟遗址	新石器	南长山街道后沟村县林场	南长山街道后沟村县林场	1982年第一批
	西山口古墓	汉	南长山街道王沟村至南城村路两侧	南长山街道王沟村	1982年第一批
	西大山遗址	西周至商	北长山乡北城村	北长山乡北城村	1982年第一批
	北城城后遗址	新石器	北长山乡北城村	北长山乡北城村	1982年第一批
	店子遗址	新石器	北长山乡店子村	北长山乡店子村	1982年第一批
	大连岛遗址	商、西周	大连岛南坡	北长山乡店子村	1982年第一批
	大濠唐墓	唐	大黑山岛大濠村	大黑山岛大濠村	1982年第一批
	小黑山遗址	新石器	小黑山岛西南	小黑山村	1982年第一批
	砣矶墓群	新石器	砣矶卫生院	砣矶卫生院砣矶镇东山村	1982年第一批
	大口遗址	新石器	砣矶卫生院砣矶镇东山村	砣矶卫生院砣矶镇东山村	1982年第一批
	后口遗址	新石器	砣矶镇后口村	砣矶镇后口村	1982年第一批
	唐王城	唐	北隍城乡山前村	北隍城乡山前村	1982年第一批

1986—2018年长岛县主要出版作品一览表

表26-5

作品名称	年 月	类别	作者(主编)	出版社(准印证)
长岛风物	1986.7	纪实散文	孙寅昌	海洋出版社
海上仙山——长岛	1987.11	纪实散文	焦战锷	山东出版总社烟台分社
潮 声	1989.2	散文	王国满	山东文艺出版社
中共长岛县党史大事记(1942—1949)	1989.3	党史	孙以勤 姜义善	山东省新闻出版局 准印证(1989)2-088
长山岛战役	1989.6	党史资料	姜义善	国防大学出版社
长岛县地名志	1989.6	志书	吕卫中	山东省新闻出版局 准印证(1989)1-125号
中共长岛县组织史(1942—1987)	1989.10	党史	李厚卫	山东省(内资) 准印证(1988)第2-072
列岛传奇	1989.10	纪实散文	波 涛	山东文艺出版社
渤海双拥潮	1990.2	纪实散文	孙思敬 宋晓兵 丛培德	黄河出版社
长岛县志	1990.5	志书	包福华 朱延敏	山东人民出版社
列岛洪波	1990.9	党史资料	梁科峰	烟台新闻出版局 准印证L·Y·Z90-11
长岛猎奇	1991.6	纪实散文	刘文权	海洋出版社
牟迅诗草	1992.5	诗歌	牟 迅	天马图书有限公司(香港)
杏苑耕耘录	1992.12	科普	袁大仲	山海出版社
长岛游子	1994.1	人物	刘文权	烟台新闻出版局 准印证L·Y·Z(1993)-15
女人·潮	1994.5	小说	马永昆	八一出版社
人间海市——长岛	1997.7	纪实散文	刘文权	海洋出版社
长岛恋歌	1998.5	诗歌	赵忠娜	北京燕山出版社
聚焦长岛	1999.6	摄影	山东新闻摄协	山东画报出版社
南隍城志	1999.12	志书	刘文权	烟台新闻出版局 准印证L·Y·Z(1999)-45
蹦蹦戏音乐研究	2000.5	戏曲	刘延祥	山东文艺出版社
中共长岛县组织史(1987—1998)	2000.11	党史	梁科峰	烟台新闻出版局 准印证L·Y·Z(99)-59
长岛旅游大全	2001.3	诗文	谷克智	中国文联出版社
长岛赏石	2001.5	图文	刘文权	烟台新闻出版局 准印证L·Y·Z(2000)-52

续表26-5

作品名称	年 月	类别	作者（主编）	出版社（准印证）
藏石与摄影	2001.10	摄影	沈荣民	烟台新闻出版局 准印证L·Y·Z(S)(2001)-23
实用水产品知识	2001.12	科普	马永昆	黄河出版社
南庄村志	2002.10	志书	刘文权	烟台文化局（内） 准印证(2001)-16
碧海仙山话长岛	2003.5	纪实散文	邹新萍	烟台新闻出版局 准印证(S)2003-35
艺术影与思	2004.6	摄影	杨志常	中国科技教育出版社
长岛渔家	2005.1	纪实散文	刘文权	中国海洋大学出版社
长岛天然海蚀画	2005.1	摄影	吴忠波	天津人民美术出版社
踏歌长岛	2005.6	诗歌	李 昌	中国文化出版社
仙境长岛	2005.8	纪实散文	顾延亮	海洋出版社
袁大仲医学文集	2006.6	科普	袁大仲	烟台新闻出版局 准印证L·Y·Z(2006-003)T
长岛渔家乐图卷	2006.10	绘画长卷	吴忠波	山东画报出版社
长岛神话传说	2006.10	神话故事	吴忠波 孙寅昌	文化艺术出版社
长岛县机构志	2006.12	志书	梁科峰	中国文化出版社
长岛旅游	2006.12	纪实散文	吴忠波	人民日报出版社
仙山美如画	2007.8	摄影	沈荣民	中国摄影出版社
中国长岛球石	2008.1	科普	贾祥云	上海科技出版社
传奇长岛	2009.5	纪实散文	尹浩洋 石爱云	黄海数字出版社
海上明珠	2009.8	文史	刘文权	黄海数字出版社
长岛的百千万亿	2009.8	摄影	吴忠波 王作文	山东画报出版社
长岛球石	2009.9	摄影	田傅温	黄海数字出版社
石说“毛泽东”	2010.8	赏石	孙守军	艺海文教出版社
长岛论道	2011.1	论文集	姜清春	山东画报出版社
后口村志	2012.1	志书	王国强	鲁内资2012年烟台 第002号
药食本草 （共3集）	2012.2	科普	谢在佩 郑富强 马祖经	中医古籍出版社
魅力长岛	2012.5	文史	吴忠波	鲁内资料出版 准印证2012第004号
长岛县军事志	2012.6	志书	宋军昌	鲁SN(2010)155号 内SNJSZ2012-146-0107

续表26-5

作品名称	年　月	类别	作者(主编)	出版社(准印证)
好心情续集二·播种希望收获幸福	2012.9	散文	马永昆	黄海数字出版社
百名将军的七彩童年	2013.6	纪实散文	马永昆	黄海数字出版社
长岛100景	2013.10	名片、图片	王成军	中国邮资明信片
砣矶砚	2014.3	文书画影	王守双	黄海数字出版社
仙乡拾趣	2014.7	诗词	王立贤　柳月英	黄海数字出版社
度假岛探奇	2014.8	文史	刘文权	黄海数字出版社
明代朝鲜使臣笔下的庙岛群岛	2014.9	文史	刘晓东　马述明 祁　山	人民出版社
胸宽心好　不生烦恼	2015.6	散文	马永昆	黄海数字出版社
长山列岛的语言及民俗文化研究	2015.9	民俗方言	张廷国　刘援朝 张红梅	山东大学出版社
中共长岛县组织史(1998—2014)	2015.9	党史	王国胜	山东省(内资) 准印证2015年烟台第026号
山海相约　长岛之恋	2015.10	摄影	宋春燕	山东画报社
发现长岛	2016.1	文史	吴　一	陕西省(内)图书 准印证D6102014019号
烟台区域文化通览(长岛卷)	2016.6	文史	宋昌林	人民出版社
仙岛联韵	2016.9	诗词	贺宗仪　位仁田	中国诗词楹联出版社
海上仙山——长岛	2016.9	摄影	高　远　李少伟	中国摄影出版社
民考鼍岛	2016.9	志书	张状庆	华夏文化出版社
长岛非物质文化遗产精粹	2018.10	文史	孙海英	长岛县文化广电新闻出版局
妈祖缘　长岛情(长卷)	2018.11	文史	徐　滔	华龄出版社
长岛特产与名吃	2018.12	科普散文	刘文权	山东科技出版社

说明:1.收录的图书均属出版社审批或具有准印证的

2.有关图书信息,可能有遗漏

第二十七编　北方妈祖文化中心庙岛显应宫

庙岛群岛，上古之时因具独特的气候天象、地貌环境、长寿药食等条件，成为中华文明早期海上神仙文化的发源地。《山海经》《尚书》《史记》等古籍称此诸岛为“蓬莱、瀛洲、方丈”，誉为海上仙山。魏晋南北朝时期，佛教兴起后，佛教徒在古庙岛建佛院，该岛被冠以佛教之名称“沙门岛”，遂成佛教圣地。宋初，妈祖文化起源于福建莆田沿海，因其蕴含“佛、道、儒”等中华主题文化的精神基因，又能与社会发展不同时期的现实需要、与大众多元化的生活相联系，被赋予浓郁的宗教色彩，传播于闽浙沿海。庙岛（沙门岛）因其悠久的神仙文化、厚重的宗教文化、航海的枢纽位置，北宋嘉祐五年（1060），福建莆田南日岛船民移奉“神女”灵牌于此（古碑记载），始建“神女祠”，成为妈祖文化沿海北传的北方首选地。北宋崇宁年间（1102—1106），宋徽宗御赐庙额“灵祥”，使早期的庙岛显应宫妈祖信仰，由民间层面提升至皇帝推崇封赐的国家高度。明崇祯元年（1628），崇祯皇帝御赐庙额“显应宫”。

庙岛显应宫是中国北方修建最早、规模最大、影响最广的妈祖庙，也是世界重要的妈祖官庙之一，与福建湄洲岛妈祖庙并称妈祖“南祖北庭”。宫内存有北宋时期妈祖铜身塑像、铜镜等珍贵文物。2013年12月16日，中国民间文艺家协会授予长岛县“中华妈祖文化之乡”称号。2015年5月12日，山东省人民政府台湾事务办公室正式批复同意庙岛显应宫为“山东省海峡两岸交流基地”。

第一章　渊源　沿革　褒封

庙岛显应宫妈祖文化始于北宋嘉祐五年（1060），距北宋雍熙四年（987）妈祖升化，只有73年。在此短暂的70余年中，妈祖信仰完成由人到神的转化过程后，迅速传播至庙岛群岛，并在庙岛立庙，成为妈祖文化由福建莆田沿海北传最早的地域。自宋徽宗开始，历代帝王对庙岛显应宫海神妈祖多有褒封推崇，进而促进妈祖信仰在民间的形成，庙岛显应宫北方妈祖文化的中心地位更加凸现。

第一节　历史渊源

妈祖，南方亦称娘妈，北方多称海神娘娘，姓林名默，北宋建隆元年（960）三月二十三日诞生于福建莆田湄洲屿黄螺村林家，雍熙四年（987）去世，在世28年。南宋绍兴间著名文人廖鹏飞《圣墩祖庙重建顺济庙记》记载：“世传通天神女也。姓林氏，湄洲屿人。初，以巫祝为事，能预知人祸福；既殁，众为立庙于本屿。”此后，南宋其他史料

庙岛北方海上枢纽宋时盛况

也有相似记载。如李俊甫《莆阳比事》：“湄洲林氏女，生而神异，能言人休咎，死庙神焉。”丁伯桂《顺济圣妃庙记》：“神，莆田湄洲林氏女，少能言人祸福，殁，庙祀之，号通贤神女。”黄岩孙《仙溪志》：“（神）本湄洲林氏女，为巫，能知人祸福，殁而人祀之，航海者有祷必应。”巫在古代是人与神之间的媒介。以上此类记载说明，妈祖少时已有熟识天文药理之贤能，常为航海、病困等人提供帮助，被人们誉为“通天神女”，深受尊崇与爱戴。殁后被世人奉为海神，建祠祭祀。妈祖信俗历经千年，发展成以“立德、行善、仁爱”为核心价值观的文化形态，影响遍及全球华人。据统计，当前全世界有妈祖庙5000多座，信众近3亿人。

庙岛显应宫原为沙门岛佛院，北宋嘉祐五年（1060），福建南日岛船民最早把妈祖信仰带到这里，妈祖信仰遂传于北方。宣和四年（1122），闽籍船民复于佛院中开辟“海神娘娘”香火院，此为显应宫香缘之始。宣和七年（1125），船民们又将一尊铜身铸像移入庙内作为主神供养，为存世的唯一尊宋代铜身妈祖像。早期显应宫规模很小，属沙门佛院的一部分，仅茅屋三间。

元朝初年，朝廷“复议海运”，当时的沙门岛是海运的必经之地，往来海船大多需要在这里“泊舟候风”。至元十八年（1282），当时参与海运的闽籍船民“鸠资括地”，在原址上增修屋宇殿堂，把整个沙门岛佛院改造成为专门奉祀海神妈祖的道场。此次的修建使显应宫初具规模。明代，随着香火与声名的日益隆盛，庙岛显应宫已成为当时中国北方沿海地区妈祖信仰与妈祖文化的传播中心，其影响不仅遍布黄渤海沿岸的海口与内河，而且远播于朝鲜和日本，以至于“沙门岛”的古称也被“海神娘娘庙岛”所取代。据撰于明初的《朝天录》和撰于明末的《燕行录》等韩国（明初称高丽国，明末称朝鲜国）史料记载，当时往返于中国的使臣，海行必至沙门岛（庙岛古称）候风，驻泊最长时达数月之久。明天启年间，朝鲜国随行画工绘制沿海岛屿图，详尽地描绘沙门岛（庙岛）的山川形势和海神娘娘（妈祖）庙的盛况，这是所见到的第一幅关于庙岛的实景图。至明崇祯元年，朝廷诏立官庙，由山东左都督杨国栋奉旨对妈祖庙进行大规模的扩建，崇祯皇帝御赐庙额“显应宫”。至此，庙岛显应宫（妈祖庙）的声名与规模达到鼎盛。清代，历经康熙、乾隆、道光的累世增修扩建，逐渐形成以显应宫主体

明朝崇祯皇帝御赐庙额拓片

清朝咸丰皇帝御赐金匾

建筑为中心，以三元宫、关帝庙、龙王庙、玉皇庙等八大庙宇为辅翼的一组古庙群，世称“沙门九庙”“北海神乡”。

第二节 沿 革

显应宫古碑记载，北宋嘉祐五年（1060），福建莆田南日岛船民移奉“神女”灵牌于庙岛（沙门岛），福建商会在此始建“神女祠”，妈祖信仰遂始于北方。

清雍正年间《山东通志》，清道光年间《济南府志》，清《登州府志》等旧志相同记载：“天后宫在沙门岛（庙岛），曰‘灵显宫’，神为宋初福建莆田人，都巡检林源之女，殁为海神。始封‘灵惠夫人’，崇宁年间赐庙额曰‘灵祥’。”说明庙岛显应宫在北宋徽宗崇宁年间（1102—1106），已受皇封，亦为现今文献可查年代最早的妈祖皇封。

古碑记载，北宋宣和四年（1122），新庙落成。

元朝初年，朝廷复议海运，海上运输得到空前发展。朝廷为保证海运漕粮安全，下令于海运关要之地建造“天妃神宫”。沙门岛（庙岛）是海路枢纽之地，岛上“灵祥”庙正是当时海神天妃古庙，至元十六年（1280）得到增减修葺。元代蓬莱籍文人刘遵鲁《漠岛记》记载：“海之半有山曰‘漠岛’，庙曰‘灵祥’，神曰‘显应神妃’。耆民相传为东海广德王第七女。元得江南几二十载，粮运所过无风涛之险，岂非神明有以助之也。今太仓所蓄露积陈陈，富国裕民为古今冠，则吾神妃预有力焉。”此段文字完整记述显应宫在元代的基本情况和崇高地位。元天历二年（1329），元文宗赐庙额“灵应”，遣使到天妃宫致祭；元统二年（1334），元顺帝加封“辅国护圣庇民广济福惠明著天妃”，至正年间又加封“感应神妃”。

明代，庙岛显应宫香火声名日益隆盛，有“天妃北庭”之称，已成为中国北方的妈祖祖庙，与北方多数妈祖庙存有宗主关系。其影响甚至辐射至朝鲜、日本。明建文三年（1400），朝鲜李朝领议政李詹在诗集《观光录》中，描述在途经沙门岛待风拜庙遇见朝鲜国香使到“灵应庙”“分香”的故事。说明朝鲜国官籍妈祖庙与庙岛显应宫存在宗主关系。天启年间，登莱总兵杨国栋奉旨修缮“灵应庙”。崇祯年间，崇祯皇帝御赐庙额“显应宫”，并赐庙田90亩，以资祭祀。

清代，由于庙岛在军事上的重要地位以及航运业的日益繁荣，更加彰显妈祖信仰非凡的影响力。庙岛显应宫被美誉为“天下第一娘娘庙”。据《登州府志》记载，康熙十九年（1681），敕封“护国庇民妙灵昭应宏仁普济天妃”；康熙二十三年（1684），加封天后；雍正十一年（1734），定制直省地方官春秋致祭；乾隆二年（1737）加“福佑群生”四字，二十二年（1758）加“诚感咸孚”四字，五十三年（1789）加“显神赞顺”四字；嘉庆五年（1800）加“垂慈笃祜”四字，六年（1801）敕封后父为“积庆公”、母为“积庆夫人”，春秋致祭于后殿；道光六年（1826），颁“安澜利运”匾额及祭文。自康熙三十年（1691）始，历经乾隆、嘉庆、道光几朝多次修葺，庙岛显应宫更加巍峨壮观，被四方信众称为“八闽福主”“北海神乡”。自清代至民国初，每年中元节庙会，中国南北沿海，以及黄河、长江流域的各地船帮，大多汇集庙岛，在庙街扎台唱戏，祈祷海神妈祖保佑其航行安全财源广进。会期从农历七月十五中元节至九月初九重阳节妈祖升化日，长达五十余天。许多与庙岛显应宫有宗主关系的北方妈祖庙也前来拜庙分香，盛况空前。

从清代到民国末年，庙岛群岛又相继建起27座妈祖庙，岛民及临岛待风的各类船只，人们会依照心里愿望，上庙进香，祈求妈祖保佑。

中华人民共和国成立后，庙岛显应宫民间宗教活动依旧进行。1964年8月，国家副主席董必武视察长岛，参观庙岛显应宫时，指示地方政府部门“要保护好这些古迹，这是一个天然的博物馆”。1967年春，显应宫内部塑像、船模等遭到毁坏。1969年，显应宫原庙被拆毁，仅存一尊宋代妈祖铜身塑像和一面宋代铜镜及部分古船模。

第三节　重建与修缮

新庙重建

1981年9月，长岛县决定重修显应宫，并依此创立全国第一处县级航海博物馆。1982年，在国家文物局、山东省政府和全县人民支持下，筹集资金120余万元，开始对显应宫进行重建。1984年，完成山门、前殿、大殿、后殿等主体工程及中院东西厢庑。1985年，开建前院东侧钟楼、西侧鼓楼、后院东西两侧莆阳殿、朝天殿。1986年，庙内建筑重建工程整体完工，在庙院外增加庙岛码头“娘娘赐灯”汉白玉石雕像、南大道牌楼，新庙建成。

历次修缮

1992年6月，境内群众集资200余万元对庙岛显应宫进行整体修缮，并塑成前殿、大殿内神像。

2002年2月，境内妈祖信众捐资140万元对庙岛显应宫进行大规模修缮，恢复前门戏楼。2003年9月，举行戏楼落成重光典礼。

2006年3月，逐步恢复庙岛显应宫原有的“沙门九庙”，对三元宫、武德宫、观音殿及所属的宫院进行改建，重塑神像，重建金炉。9月，妈祖广场奠基。10月，三元宫改造竣工，举行重光大典。2007年8月，武德宫、观音殿改造竣工，举行重光大典。2008年2月，举办庙岛显应宫妈祖塑像奠基典礼。

显应宫牌楼(2006年)

2010年1月，完成庙岛显应宫寿身殿妈祖大神龛重修工作；4月，举行寿身殿铜身妈祖重装金身仪式。

2014年9月，募集捐款近100万元，用于庙岛显应宫修缮。

2015年7—12月，对庙岛显应宫进行大规模修缮，项目包括万年殿和寿身殿琉璃瓦更换、万年殿防水处理和承重柱加固、寿身殿檐柱维修、庙院部分铺砖、门窗油漆等。

第四节　历代褒封

清康熙三十三年(1694)施闰章《登州府志》记载，天后宫……在沙门岛，曰灵显宫。按神为宋初福建莆田人都巡检林源之女，殁为海神，始封灵惠夫人。崇宁间赐庙额曰“灵祥”。元天历间改额“灵应”。至正间加封“感应神妃”。元统二年(1334)加封“辅国护圣庇民妙灵昭应宏仁普济天妃”，二十三年加封“天后”。清雍正十一年(1733)，定制直省地方官春秋致祭。乾隆二年(1737)加“福佑群生”四字，二十二年加“诚感咸孚”四字，五十三年加“显神赞顺”四字。嘉庆五年(1800)加“垂慈笃祜”四字，六年敕封后父为“积庆公”，母为“积庆公夫人”，春秋致祭于后殿。道光六年(1826)，颁“安澜利运”匾额及祭文，会典直省御灾捍患。诸神于民有功德者，加封号，立专祠，每岁春秋所在守土官，具祝文香帛羊一豕一尊一爵三，朝服行礼，均与祭关帝同。

元代延祐年间制科取士蓬莱人刘遵鲁《漠岛记》记载，“海之半有山曰漠(庙)岛”，庙曰“灵祥”，神曰“显应神妃”。次段文字说明，在元代或元代以前，庙岛显应宫海神妈祖已褒封“显应神妃”，遍查历代妈祖及宫庙皇封，“显应”一词只专用于庙岛。

自北宋崇宁年间徽宗赵佶赐沙门岛（庙岛）海神庙“灵祥”庙额始，至清末，凡800年间，历代皇帝册封妈祖多达40余次，封号从“夫人”“妃”“天妃”“神妃”“天后”到女性神仙地位至高的“天上圣母”。

宋元明清各朝代对妈祖褒封情况一览表

表27-1

朝代	年份	封号
宋代	崇宁年间（1102—1106）	赐“灵祥”（庙额）
	宣和五年（1123）	顺济夫人赐“顺济”（庙额）
	绍兴二十五年（1155）	崇福夫人
	绍兴二十六年（1156）	灵惠夫人
	绍兴三十年（1160）	灵惠昭应夫人
	乾道三年（1167）	灵惠昭应崇福夫人
	淳熙十年（1183）	灵惠昭应崇福善利夫人
	绍兴四年（1134）	天妃
元代	天历二年（1329）	护国辅圣庇民显佑广济灵感助顺福惠徽烈明著天妃
	至元六年前（1341—1346）	加封妈祖之父为“种德积庆侯”，母为“育圣显庆夫人”
	至元十四年（1354）	护国辅圣庇民广济灵感助顺福惠明著天妃
明代	洪武五年（1372）	昭孝纯正孚济感应圣妃
	永乐七年（1409）	护国庇民妙灵昭应弘仁普济天妃
	宣德五年（1430）	遣太监杨洪郑和，并京官及本府县官员诣湄屿致祭，修整庙宇
	崇祯元年（1628）	御赐庙岛天妃庙额“显应宫”
	崇祯十三年（1640）	天仙圣母青灵普化碧霞元君、静贤普化慈应碧霞元君
清代	康熙十九年（1680）	护国庇民妙灵昭应弘仁普济天妃
	康熙二十三年（1684）	护国庇民妙灵昭应仁慈天妃
	康熙五十九年（1720）	将妈祖列为朝廷祀典，春秋遣官祭祀
	雍正四年（1726）	御书“神昭海表”之额，悬挂台南大天后宫，厦门镇祠、湄洲神祠
	雍正十一年（1733）	赐“赐福安澜”（御书匾额），令沿海各省建祠致祭，其祭仪与关帝同
	乾隆二年（1737）	护国庇民妙灵昭应弘仁普济福佑群生天后
	乾隆二十二年（1757）	护国庇民妙灵昭应弘仁普济福佑群生诚感咸孚天后
	乾隆五十二年（1787）	褒封天上圣母，御赐“恬澜昭贶”匾额
	乾隆五十三年（1788）	护国庇民妙灵昭应弘仁普济福佑群生诚感咸孚显神赞顺天后
	嘉庆五年（1800）	护国庇民妙灵昭应弘仁普济福佑群生诚感咸孚显神赞顺垂慈笃佑天后

续表27-1

朝代	年　份	封　　号
清代	嘉庆六年（1801）	晋封妈祖之父为“积庆公”、母为“积庆公夫人”
	道光六年（1826）	护国庇民妙灵昭应弘仁普济福佑群生诚感咸孚显神赞顺垂慈笃佑安澜利运天后
	道光十九年（1839）	护国庇民妙灵昭应弘仁普济福佑群生诚感咸孚显神赞顺垂慈笃佑安澜利运泽覃海宇天后
	道光二十一年（1841）	加封妈祖之父为“衍泽积庆公”、母为“衍泽积庆公夫人”
	道光二十八年（1848）	护国庇民妙灵昭应弘仁普济福佑群生诚感咸孚显神赞顺垂慈笃佑安澜利运泽覃海宇恬波宣惠天后
	咸丰二年（1852）	护国庇民妙灵昭应弘仁普济福佑群生诚感咸孚显神赞顺垂慈笃佑安澜利运泽覃海宇恬波宣惠导流衍庆天后
	咸丰三年（1853）	护国庇民妙灵昭应弘仁普济福佑群生诚感咸孚显神赞顺垂慈笃佑安澜利运泽覃海宇恬波宣惠导流衍庆靖洋锡祉天后
	咸丰五年（1855）	护国庇民妙灵昭应弘仁普济福佑群生诚感咸孚显神赞顺垂慈笃佑安澜利运泽覃海宇恬波宣惠导流衍庆靖洋锡祉思周德溥天后
	咸丰五年（1855）	赐显应宫“神功济运”（御书匾额）
	咸丰五年（1855）	护国庇民妙灵昭应弘仁普济福佑群生诚感咸孚显神赞顺垂慈笃佑安澜利运泽覃海宇恬波宣惠导流衍庆靖洋锡祉思周德溥卫漕保泰天后
	咸丰七年（1857）	护国庇民妙灵昭应弘仁普济福佑群生诚感咸孚显神赞顺垂慈笃佑安澜利运泽覃海宇恬波宣惠导流衍庆靖洋锡祉思周德溥卫漕保泰振武绥疆天后
	同治八年（1869）	敕封金、柳二神将军（顺风耳、千里眼）
	同治十一年（1872）	嘉祐护国庇民妙灵昭应弘仁普济福佑群生诚感咸孚显神赞顺垂慈笃佑安澜利运泽覃海宇恬波宣惠导流衍庆靖洋锡祉思周德溥卫漕保泰振武绥疆天后

第二章　显应宫建筑群

庙岛显应宫经过历代修葺、扩建，已经于庙岛形成颇具规模的庙宇群。申悦道于日记中所载，“佛宇之焕耀过于皇城”。对于一个面积仅1.6平方千米的小岛而言，拥有如此规模和形制的庙宇群是罕见的。根据长岛县第三次文物普查工作得到的数据，庙岛群岛在“文化大革命”之前共有各类庙宇184座之多，其中天后宫就有17座。每一座有居民岛屿上，定然建有天后宫。这些天后宫，也同显应宫一样，多有着颇为悠久的历史。

80年代，文物保护工作得到重视，长岛县对古庙宇建筑以及民俗文化的拯救和保护工作也愈发完善成熟，部分妈祖庙宇得到恢复和维护。

庙岛显应宫坐落于庙岛北端凤凰山前，距长岛县城2.5海里，北宋嘉祐五年（1060）由闽籍船帮商会始建，后历代皇帝因其神迹昭彰，多有褒

庙岛显应宫建筑群（2012年）

封，影响遍及海内外。庙岛显应宫几经历代建设修葺，形成庙基均高近6米，分外、前、中、后四院三殿四厢的宫庙主体，以及主庙东南侧关帝庙，西南侧三元宫等辅庙古建筑群。建筑群南北长166米，东西宽50米，总面积8300平方米，是中国北方最为巍峨壮观、规模宏大的妈祖庙。

第一节　显应宫

庙岛显应宫属于典型的宫式建筑，由外垣和内廷两部分组成。外垣部分包括台基和碟墙，而内廷则分为三进院落。前院由山门、钟鼓楼和前殿组成；中院以万年殿（大殿）为主体：包括前轩和东西两庑等；后院的寿身殿（后宫）原有穿廊与万年殿相连，形成了典型的“亚”形宫室。显应宫甬路之上是大台阶，底阶三层象征天、地、人三才；往上二十八级，象征二十八星宿（另一说法是纪念妈祖二十八岁羽化升仙）。

山门

属典型的宫式建筑，三门并列，深洞穹宇。其上为歇山式屋顶，有九脊七兽，碧瓦红椽。钟鼓楼位于山门内之东西两侧，其格式仿故宫角楼，上有飞阁，呈九檐三重之势。山门上有一琉璃匾，书“显应宫”3个鎏金大字，为崇祯皇帝御赐。

二殿

穿过山门就是二殿，上悬“百谷王”匾额，系清朝康熙年间一些绅士捐款重修前殿时制作。内有塑像两尊，名“嘉应”“嘉祐”。

中院

为整个显应宫的主院落，它的正面是正殿，东西两侧十二间配房名曰十二生祠殿，与南面的二殿形成一个标准的“四合院”。

大殿（万年殿）

为信徒朝拜妈祖的主要场所。殿内陈设按照朝堂的规制布置。殿中悬挂匾额，东西两侧分别是“德被海疆”和“福佑万民”匾额。正殿高9.6米，东西长13.3米，南北宽18米。整个建筑以金瓦覆面，饰五脊九兽。红椽雕斗，若隐若现。九梁九嘉，明暗十六柱，其上制衡，其下置础。殿前设有“丹墀”。丹墀中间的甬路由九块青石铺成，称“九卿石”。大殿正中，有“品级石”，这是古代官祭时官员们专有的位置，一般百姓严禁践踏。中堂悬挂咸丰皇帝御赐匾额“神功济运”。殿内正中为金身天后神像，左右有四尊侍女像和四尊妃女像；两旁站神，有四尊武将，名为千里眼、顺风耳、黄蜂兵帅、白马将军；八尊文官为东西南北水部判官和九江八河五湖四海龙王。

后殿（寿身殿）

为歇山式建筑、黄瓦红墙，九脊八兽。殿的四周设有步廊，十六明柱拥护其间。正中神龛内供奉着北宋宣和七年（1125）的铜身妈祖像，国家级文物，为镇宫之宝。殿内依居所格式，开东西暖阁，东暖阁为妈祖居室，有北宋宣和七年九花青铜穿衣镜及床帐、服饰等生活用品，西暖阁按清雍正六年（1728）皇帝御旨为妈祖父积庆公林

正殿内妈祖塑像（2009年）

愿、母积庆公夫人王氏居室。

显应宫与三元宫、关帝庙三庙组合，呈“建极拱辰”之势，君临天下之派，具有皇家庙堂规格，彰显天后妈祖在神仙境界之崇高地位。

第二节　三元宫

显应宫台基下方西侧外院北方三元宫，亦称三官庙、三官老爷庙。庙体高6米，东西长16米，南北宽6米，宫式建筑。1992年重建，1993年完工。庙内所祀主神为天官、地官、水官“三元大帝”，又称“三官大帝”“三官帝君”，是道教最早信奉的神灵。《道经》称：“天官赐福，地官赦罪，水官解厄。”《元始天尊说三官宝号经》：“上元一品赐福天官，紫微大帝；中元二品赦罪地官，清虚大帝；下元三品解厄水官，洞阴大帝。”古时民间亦推崇唐尧、虞舜、大禹为三官，分别于上元正月十五、中元七月十五、下元十月十五返回人间，给世人赐福、赦罪、解厄。

第三节　关帝庙

显应宫台基下方东侧外院北方关帝庙，亦称财神庙，高6米，东西长16米，南北宽6米，宫式建筑，与三元宫相对称。1992年重建，1993年建成。庙内奉祀关羽、比干、赵公明、范蠡、端木赐五路财神。关羽，字云长，三国时著名将领，一生忠义勇武、坚贞不二，为佛、道、儒三门崇信，历代多有皇封，有“武圣人”“关圣帝君”之尊，民间亦有“武财神”之称。世人誉其有司命禄、佑科举、治病祛灾、驱邪避恶等全能法力，为所祀主神。比干，商代贵族，因劝谏被纣王所杀，被誉为“亘古第一忠臣”，周武王封其“国神”，民间尊其为“文财神”。赵公明，名朗，字公明，秦代人。《封神演义》道教封其“金龙如意正一龙虎玄坛真君”，专司金银财宝、迎祥纳福，民间奉其为“武财神”。范蠡，字少伯，别名陶朱公，春秋时楚国人，中国早期商业理论家，后人尊其为“商圣”，誉之“忠以报国；智以保身；商以致富”。被历代生意人奉为“文财神”。端木赐，字子贡，春秋时卫国人，孔子最善经商的门生。《史记》：“子贡好废举，与时转货资……家累千金”。子贡巨富，晚年从事教学，后世文化人尊其为“财神”。

第四节　戏　楼

据记载，显应宫前古戏楼建成于北宋宣和四年（1122），与宋徽宗敕封“灵祥”庙额重建，且具皇庙特点的新妈祖庙同时落成，为古时庙会或节日戏曲演出场所。现戏楼于2002年重建，居显应宫正南方，分前后台，前台重檐起翘，斗拱彩绘，后台状似宫殿。戏楼之下为显应宫门，门上高悬崇祯皇帝御笔“显应宫”金匾。

显应宫戏楼（2004年）

第五节　庙藏文物

庙岛显应宫存世千年，历代皇帝多有褒封，信众遍及海内外。1967年被毁坏之前，文物存量相当丰富。有北宋宣和四年（1122）立的古碑、宣和七年（1125）铸造的铜像铜镜、妈祖座驾“影舟”、各尊古代雕塑泥塑、古代壁画、古代器物服饰、庙志牌匾；包括闽船、沙船、粤船、郑和宝船、邓世昌统领的“致远舰”、武昌起义打响清王朝第一炮的“楚豫号”等古船模360余件。现仅存妈祖铜身塑像、铜镜及十几件船模。

铜像

铜身妈祖像，通高140厘米，宽90厘米，重430千克，为拥圭坐姿像；面部圆润丰腴、目光内敛、表情娴雅；体态清秀俊美、坐姿稳重端庄；服饰较简素，外饰云衣，主衣为博袖女装礼服，腰束宫带，中饰绅黻，衣褶飘逸。整体造型风格与宋代绘画中的少女形象或石刻造像极其相似，但其所蕴含的神圣威仪，令人肃穆。

铜身妈祖像铸造于宣和七年（1125），距今近900年，是存世唯一一尊宋代妈祖造像，供奉于庙岛显应宫寿身殿内。1992年10月，国家文物局文物鉴定专家组确定其铸造于北宋时期，属国家级文物。本尊铜身妈祖像对于妈祖史学研究具有很高的学术价值。

铜镜

庙岛显应宫寿身殿东暖阁内铜镜，高146厘米，宽76.3厘米，厚1.3厘米，铸造于北宋宣和七年（1125），为妈祖照面着衣所用（相当现代穿衣镜）。因年代久远，铜镜正面已氧化出皱纹，但纹路极其精美神秘，形似两位古代贤人在树下对弈；铜镜背面平整无图饰，但有修补过的痕迹。据庙史记载，铜镜为宣和七年文物，由福建莆田南日岛船民移至庙内，为显应宫镇宫瑰宝之一。

1993年10月，经国家文物局文物鉴定专家组鉴定，铜镜属国家级文物。

神锚

显应宫前庭院落中，有三枚铁锚，皆与妈祖神迹有关。其中一枚高2.6米，宽1.81米，重约1

宋宣和七年（1125）铜身妈祖像

宋宣和七年（1125）铜镜

吨的双齿铁锚，于1977年从庙岛塘打捞。据说这口铁锚是属于北洋海军舰队的“定远舰”舰尾海军锚（一说为致远舰）。甲午海战前，定远舰舰长刘步蟾（一说为邓世昌）率舰前往显应宫进香祭拜妈祖，祈求妈祖保佑对日作战胜利。然而进香结束，起锚返航时，铁锚却卡住无法起出。舰队只好砍断锚链，才得以继续航行。人们将锚断庙岛塘解读为，妈祖娘娘知道对日作战艰难，不愿让舰队前往赴死。然而刘步蟾与日决战决心坚定，毅然砍断锚链，赶赴战场。1894年9月17日，在黄海甲午海战中，定远舰受到重创；翌年2月9日，定远舰于威海卫军港被日军击毁；10日，舰长刘步蟾下令炸毁定远舰以防资敌，并随后自杀殉国。如今，定远舰残骸已被日本民间打捞出海，被拆建成为别墅；甚至船舰的舵轮还被一个英国人改作宅内咖啡桌。只有这枚被妈祖挽留下来的铁锚，仍伫立在显应宫前，提醒人们凭吊那段壮烈而屈辱的历史。

船模

显应宫的船模，是长岛海域大风帆船的历史缩影。旧时使大帆船，船主多会在造船的同时，仿拟新船造一艘小型船模，协同猪头等祭品供奉到庙岛显应宫，祈求妈祖保佑新船一帆风顺、一网两船。在海上遭遇暴风巨浪，大难不死的渔民，将自家渔船的模型虔诚供奉到显应宫，向娘娘还愿，以谢神恩，这些船模又被叫作愿船。

1986年，庙岛显应宫航海博物馆收藏船模60余艘。2005年，原馆船模移藏至庙岛显应宫灵迹殿。至2018年，藏有船模60余艘，比较有价值的有30余艘。其中收藏的郑和宝船模型，长约3.5米、宽1.5米，制作精细、雕镂别致。

第六节　其他岛屿妈祖庙

砣矶岛井口大海会寺

位于砣矶岛井口村南部近海处，占地面积3000余平方米，主要建筑由前殿、后殿、山门、戏楼组成，辅以两廊、僧房、茶堂、职事堂等建筑。前殿正中供奉“天后圣母”（海神娘娘）。海会寺始建于唐朝贞观年间，明朝中期被倭寇焚毁；明朝后期进行重修。清代后期又进行维修。1964年、1970年先后拆除。2014年3月8日井口村委会恢复重建“海会寺”，投资650万元，当年11月8日举行“大海会寺”重光大典。

大钦岛天后宫

位于大钦岛东村北部，是长岛“天妃廿八庙”之一，占地面积200余平方米。新庙坐北朝南、俯瞰全村。庙为一进三开间。山门为歇山顶建筑。新庙基本保持原有格局，由大殿、山门和围墙组成。大钦岛天后宫相传始建于清朝乾隆年间。70年代，原庙主建筑被拆毁。2006年，村民集资重新恢复，于2007年1月27日建成。

南隍城岛天后宫

位于南隍城岛西村北部，是长岛县“天妃廿八庙”之一。占地面积160余平方米。新建的南隍城天后宫基本保持原有格局，坐北朝南，大殿为歇山式屋顶，正面五开间。正殿三间，位于大殿中心，辅殿二间，分别位于正殿两侧。相传始建于清朝嘉庆年间。该庙在“文化大革命”时期曾遭到严重破坏，大殿、山门等主体建筑被毁，仅存庙基和部分围墙残垣。2002年秋，南隍城村村民集资重建，2003年，再次捐资扩建天后宫，形成现在伫立于村北山南坡的新建筑。

北隍城岛山前村天后宫

位于北隍城岛山前村东部山口处，是长岛县“天妃廿八庙”之一。占地面积200余平方米，庙宇重修于2003年，单体建筑，大殿三间，为一进三开间。硬山式屋顶；山门为月洞式，垂花壁檐；大殿与山门之间有围墙相连，形成前庭，呈长方形。正殿为歇山式建筑，金瓦覆顶，青砖砌墙。相传始建于清朝乾隆年间。后经多次迁建，现址选建于清末。

北隍城岛山后村天后宫

位于北隍城岛山后村西北部，占地面积250余平方米。山后村天后宫起源于1925年。60年代，庙宇被拆除。1993年，由山后村村民自发组织捐款，在庙宇旧址修建一座微型小庙宇供奉妈祖塑像。2004年，由山后村委会组织筹资和外单位及个人捐款66万元，修复扩建妈祖庙。重修后的天后宫正殿为带抱厦式勾连搭金顶，殿内正中供奉金身妈祖塑像。

第三章　妈祖祭典

庙岛显应宫祭祀仪程和祭祀活动，自古至今特色极为鲜明。由于显应宫妈祖及庙额多次受到皇封，古时祭祀仪程亦应按朝廷颁布官庙（皇庙）礼制实行，这也确定了显应宫在北方妈祖文化的影响力和中心地位。元代海漕，庙岛成为海上航线中枢节点，船民皆知岛上“灵祥”庙“显应神妃”灵应，民间祭祀兴盛起来。至明洪武年间，朝鲜使臣李詹在庙岛待风时看到的景象是“神妃遗庙客纷纷”。清康熙年间，清政府在庙岛设立海关以管理海航渔商后，庙岛遂成为黄渤海沿岸最大的锚泊和结关港口，显应宫香火更加兴盛，除船民常年络绎不绝的祭祀外，较大的祭祀活动有“上元节灯会”“妈祖诞辰祭典”“中元节庙会”等，特别是显应宫中元节庙会从农历七月十五中元节一直延伸到九月初九妈祖升化日，内容之丰富、规模之宏大、会期之长久，使显应宫获得“天下第一娘娘庙”之美誉。

第一节　祭祀仪程

历史记载，庙岛显应宫祭祀活动始自有庙之时（1060）。北宋崇宁年间徽宗赐庙额后，地方官府四时（春礿、夏禘、秋尝、冬蒸）祭祀。《登州府志》记载，“雍正十一年定制直省地方官春秋致祭”，“嘉庆六年敕封后父为积庆公，母为积庆公夫人，春秋致祭于后殿”，“道光六年，颁‘安澜利运’匾额及祭文”，“每岁春秋，所在守土官具祝文、香帛、羊一、豕一、尊一、爵三，朝服行礼均与祭关帝同”。

《登州府志》记载道光皇帝颁予天后妈祖祭文：“春秋二祀祝文：维神湄山得道海岛兴灵。风浪不作，舟楫以安。上裨国祚，下益民生。兹届仲春秋，谨以刚鬣柔毛，牲帛醴荠，粢盛庶品，式陈明荐尚飨。”

祭祀大典

1985年后，长岛县文史工作者根据残存的庙史资料以及早期传承人后裔的口述，结合旧庙藏明朱载堉《六代舞谱》和《明集礼·舞谱》等古籍，并参考《诗经》《周礼》《礼·大小戴记》《通典》《历代会要》以及《五经通考》《礼书通故》等中国古礼仪资料，经不断挖掘整理补充编辑，相对完整地复原出一套“显应宫祭祀大典”，沿用至今。2002年，在“显应宫香缘880年庆典”上进行尝试性表演，获得成功。2004年、2006年，应台湾北港朝天宫董事会邀请，显应宫管理委员会和县妈祖文化研究会联合组团先后两次赴台传授大典礼仪，获得空前成功。祭祀大典被台湾媒体誉为“吹进台湾的，来自礼仪之乡的一缕古雅清风”。台媒评论说：“祭祀大典的成功举行，势必要对台湾宫庙文化的雅化，产生深远影响。”2007年，“祭祀大典”在“首届中国长岛·中华妈祖文化节”进行开幕表演，在海内外引起轰动。

中国古代，祭祀活动有着严格的等级类别之分。帝王祭于郊庙，唐孔颖达疏：“祭天南郊，祭地北郊；庙谓祭先祖。”《周礼·春官·肆师》：“立大祀用玉帛、牲牷；立次祀用牲帛；立小祀用牲。”从宋至清，妈祖皇封神位由“夫人”至“天后”不断上升，其所享用的祭祀规格也应随之提高．从《登州府志》记载，清“道光六年颁‘安澜利运’匾额及祭文”并谕旨“每岁春秋所在守土官具祝文、香帛、羊一、豕一、尊一、爵三，朝服行礼均与祭关帝同”来看，清道光年间，按皇帝谕旨显应宫妈祖祭祀用“牲帛”，并与雍正三年已升格为中祀的武圣关帝相同，说明祭祀海神妈祖已达到朝廷御祭“中祀”规格；对于春秋两祭的具体时间，御颁祭文申明为“仲春秋”，即仲春、仲秋，也就是春季清明节、秋季中秋节前后，并以此诸项定制为典祀标准。

妈祖作为“海神”，属人格化的自然神，按古礼“祭天地于郊”，其祭祀应为“郊祭”。但是妈祖的神格又不同于一般自然神祇，她在历史上多是以“先贤”的面目为世人所推崇，加上她世受皇封并享用庙祠，因此“妈祖祭典”有“郊”“庙”合一的特点。

显应宫妈祖祭典，以“九阶三坛”合于郊祭，以“礿、禘、尝、蒸”合于庙祭。礼式、礼项、礼器合称“三礼事”，其中包括从祭坛、祭器、祭品到内容、行止、禁忌等整个礼仪形式与过程。

祭坛：祭坛是郊祭用的坛场，由神坛、祭坛、雩坛三部分组成，有“九阶三坛”之说。

祭品：有牲、酒、羹、粢和珍馐蔬果等，称“三牲五礼廿八品”。

祭器：祭器也叫礼器，由鼎、簋、俎、豆、爵、篚、壶、觯、盉、敦、鉴、洗十二器组成。

显应宫祭典依据“典祀”规制，与祭者得由九部组成，称“九部与祭”，分别为神驾部、官驾部、司礼部、仪卫部、鼓生部、乐生部、雩舞生部、有司部、役使部。

“歌舞爵献”是祭祀中的主要礼项，显应宫祭典中的乐生组合，是采用古代郊庙的最高乐式——宫悬来安排的。其中，以钟磬为上部，以鼓吹为中部，以丝竹为下部，“三部雍合，八音克谐”。

“八佾舞”也叫作“羽舞”或“文舞”。舞者64人，左秉翟，右持龠，八行八列，相和而歌，相率而舞，以期符合“工升歌，下管象”的礼乐规制。

整个礼式包括：三告（告庙、告仪、告禁）、降神、践位、迎牲、馈食三献（初献、亚献、终献）、爵亨三课、奠帛、纳币、望燎、颂祝、俯赞、送神等礼项。

鼓乐歌舞部分，依《大射仪》《乡饮酒》《乐记》《郊特生》等礼书所谓“乐六成而致礼”的程式组合而成。其中，埙乐一成以降神；笙乐再成以致祭；金奏三成以舞“云门”；弦乐四成以舞“箫韶”；鼓吹五成以舞“云翘”、合乐六成以送神。乐舞诵的配置为：三成之乐“咸池”，舞“云门”，诵“卿云之章”；四成之乐“太章”，舞“箫韶”诵“南风之章”；五成之乐“九夏”，舞“云翘”，诵“海水之章”。舞蹈部分凡“三节六变”，以合六成之数。

显应宫妈祖祭典，在形式上追求场面肃穆典雅、庄严隆重、韵律古朴；在内容上讲究“信而好古”，充分展示古代礼仪的内涵与风貌。

随着庙岛显应宫对外开放和文化交流程度不断深入，祭祀活动在历史传承的基础上，形式更加丰富多元。

巡游踩街

每届妈祖文化节都要组织大型妈祖巡游踩街活动。妈祖信众身穿古代服饰，抬着妈祖神像，在令旗队、幡队、彩旗队、仪仗队、护驾团的护卫下绕城巡游。神轿所到之处，人们倾巷而出，焚香鸣炮虔诚迎接妈祖。参加民俗文化表演的人数多达2000余人，观瞻人数多达两万余人。

祭海 祭船

祭海仪式是长岛人海洋文化和信仰习俗。渔家人新船下坞或新春第一次出海打鱼，总要准

妈祖神像、神轿绕县城巡游（2008年）

备三牲蔬果、文酒清爵、纸钱冥宝，到显应宫向海神妈祖敬献祭礼，祈愿一帆风顺、一网两船。经过三告、三赞、三献、颂祝等礼项后，渔民唱起渔号驾船驶出庙岛。

第二节 信俗与祭祀

庙岛显应宫自宋代建庙后，即有祭祀活动。主要有上元灯会、“三月二十三”妈祖诞辰祭典（春祠）、中元庙会、“九月初九”祀神（秋尝）庙会等。祭祀活动一直兴盛至30年代，随着战乱逐步萧条。中华人民共和国成立后有所恢复。此后随着一系列政治运动的开展，寺庙荒废，庙会活动中断。1985年，恢复“上元节灯会”。2004年恢复“中元节庙会”等一些传统活动。

上元灯会

自古时起，每年农历正月十五，蓬黄沿海及长山各岛信众到显应宫拜庙送灯，称上元灯会。显应宫内外彩灯高挂，锣喧天鼓，鞭炮齐鸣。道士立在正殿诵经，人们燃香烧纸，磕头礼拜，将心中冀愿默默告知海神妈祖，祈求保佑实现，并许下还愿诺言。有的信众为还愿，请上戏班唱戏给妈祖听，或献祭银两钱帛。庙院、庙街上，舞龙、舞狮、秧歌等表演相互交织、争奇斗艳。晚上，留宿庙岛和岛上信众要到庙里去观灯，祈望妈祖用灯引导自己和家人或船只走向平安。

改革开放后，第一届庙岛显应宫庙会是1985年正月十六举行的“庙岛显应宫新春庙会”。1986年始，“新春庙会”恢复为正月十五“上元灯会”，成为定例。

中元庙会

清代及民国初期，大凡有些名气的宫庙，每年都有庙会。但如庙岛显应宫中元节庙会，会期从七月十五中元节开始，直到九月初九重阳节结束，有来自中国沿海及内陆数十家商会船帮住寨参会，沿海各地及朝鲜的宫庙香使云集到此的盛况，却独此可见。由此，庙岛显应宫便有“天下第一娘娘庙”的美誉。

七月十五日落前，庙街上鳞次栉比摆出供桌，上面放着香炉烛台，各色当年新收获的谷米，白面馒头及蔬菜鱼肉，给日落后从地府出来的祖先们品尝充饥，这也是通常所说的“秋尝”。但街面不能喧哗，戏台上不能唱戏，怕惊扰了祖先。

七月十六日拂晓，各船帮便忙碌起来。他们最重要的事是在显应宫抢上香次序，引起海神娘娘的重视，得到平安吉祥。庙会进行期间，逢有八月十五中秋节，适得秋分前后，正是官例一年两祭的秋祭之时。州县等地方官员身着官服到显应宫举办秋祭道场，船帮会馆集众参加。道场午时结束，船帮还会当街捐筵，众人随便入席餐用。

庙会结束日选在九月初九重阳节。重阳节在中国传统节日中不算大节，但在庙岛显应宫却非同一般。重阳节正是海神林默飞升化神的日子，显应宫如中元节般，又举办整日的“祈福吉祥道场”，祭祀海神娘娘，并为众人祈福。晚上，船帮再次捐筵，名“发财筵”，尝虾蟹、吃新粮、品美酒，宣告庙岛中元节庙会圆满结束，第二天一早，他们便各自踏上同自然界相伴、同生意场相连的海路，创造新的生活。

2004年恢复的显应宫中元节祭祀活动，虽然从时间、内容等方面不再有旧时的长度和广度，但也同上元节灯会一样，以具体的节日节点表达出海岛人民对海神妈祖虔诚的推崇和信仰，祈求得到眷顾和护佑。

妈祖诞辰祭典

据《湄洲妈祖志》记载，海神妈祖林默，北宋建隆元年（960）三月二十三生于福建莆田湄洲屿黄螺村林家，雍熙四年（987）去世，在世仅28年，家乡岛民及附近舟人海客感念其恩德神能，在湄洲岛建起神女祠香火祭祀，妈祖诞辰祭祀因起于此。福建人庙岛建海神庙后，因袭这一传统，每年三月二十三举行妈祖诞辰祭典，成为民间习俗，直到1966年废停。

1985年5月12日（农历三月二十三），长岛县举行庙岛显应宫重建后首次妈祖诞辰祭典活动，各岛群众乘船驾舟踊跃参加。尚未内饰的显应宫内外香烟缭绕、鞭炮齐鸣、锣鼓喧天，信众献供捐银虔诚无限。此活动随后每年举行，参加者遍及海内外各地妈祖宫庙和信众。

2002年5月5日（农历三月二十三），长岛县举办“妈祖诞辰1042周年暨庙岛显应宫香缘880年庆典”活动，邀请“台湾海峡”两岸合作发展基金会、台湾云林县北港朝天宫、新加坡符氏社及日本、韩国等国家和地区宫庙及信众代表前来参加。长岛文史工作者历经多年编制复原的“显应宫祭祀大典”礼仪典程、八佾舞及相关郊庙乐曲，在庆典上表演成功。

第四章　神迹传说

长岛沿海一带，自妈祖文化传入，伴生众多创作于民间的故事、传说、神话等文学作品。这些作品层出历代，口口相传，既表达人们对妈祖及妈祖信仰的拥戴与尊崇，又引导和警示后世人的理念和行为，也成为优秀海洋文化的重要组成部分。

在上千年的发展传播历史中，妈祖信仰波及的地域，无不留下了丰富的民间传说故事。这些民间故事，或讲述妈祖短暂而不凡的生平，或讲述妈祖得道成仙历程，更多的则是关于妈祖赐福于民、救难海上的神异故事。任何民间故事的产生和流传，都源自彼时彼地民众生产生活中最关切的需求。口耳相传的民间传说故事，是中国民间传统文化血脉相传的最直接体现，也是中华民间文化不断再生产的重要标志。

妈祖是海洋女神，妈祖故事是关于海洋的传说。长岛海域流传的妈祖故事，是妈祖文化由南海传向北洋的时代见证，是渤海海洋文化的历史记忆，亦是长岛渔民与海相依、搏击海浪的共同情感寄托。在不同版本的妈祖故事中，可以看到历史发展、文化传承的痕迹，也可以体会生产生活变迁带给渔民的新期望和新需求。尽管妈祖故事随着时代发展而有着不同的主题，并在当前时代呈现出日益个体化的趋向，但却始终是与海相依相伴的长岛人精神世界的重要组成部分。

第一节　故　事

流传于民间的妈祖故事，主要以发生在特定环境下的真人真事为题材，讲述主人公在凶险危难之际，祈祷妈祖，终获解厄的各种经历。主要包括赐灯、惩恶、治病、解厄等等，其中海神娘娘赐灯的故事流传最广。

（一）相传古时候，在庙岛上住着一户姓海的人家。家中二老健在，两个儿子，一个女儿。父子三人出海打鱼，女儿在家帮妈妈种地、纺线、织布。女儿名叫海娘，为人贤惠，心地善良，长得也俊，是十里八村也难挑的好姑娘。

有一天，海娘爹领着两个哥哥一大早就出海了。中午时景，天气突然变了，大风呼呼地刮，天墨黑墨黑的，雷打得一呼隆的，瓢泼大雨一个劲地下。家里，海娘在里间织布，妈妈在外间纺线，一边纺线，一边看着外面的风雨，担心爷仨在海上出事。猛然间，她觉得里间织布机停了，呆了好大歇也没动静。她纳闷地推开里间门，一探头，只见海娘趴在织机上睡着了，光睡不打紧，那牙还紧咬着，手还紧攥着，脚还直蹬巴。海娘妈以为海娘睡觉睡毛愣了，就连声喊海娘醒醒。海娘闭着眼睛好像什么也没听见，海娘妈又叫了好几声，海娘还是没理会。“老大的闺女，睡觉也没个正地场不说，也没有个规矩样，不睡就起来！”

海娘妈生气地说。随手拿起扫炕笤帚，朝海娘的腚就是一下子。海娘"妈"的一声，睁开了眼睛，好像刚从梦里醒来似的，喃喃地说："这下可完了，爹掉海里了！"海娘妈一听更来火了，骂海娘说话不吉利。娘俩还生了一顿气。

傍晚，海娘的两个哥哥回来了，海娘妈忙问："你爹呢？"海娘哥哥哭着说："爹爹落水了。""那你俩怎么回来了？""爹爹看天不好，就叫我们收港，可风越刮越大，船驶不了多远就翻了。我们都在海里游了一气儿，一点劲也没有了，就觉得有人拽着衣服往岸上拖。开头爹爹和我们在一起，不知什么时候爹爹不见了。天黑了，我们俩上了岸，到处找爹也没找到，只得回来。"海娘妈听了，哭得死去活来。全家人披麻戴孝，发送了爹爹。

海娘爹落水以后，两个哥哥就到一个大户船主家里当了伙计。一天晚上，船主的船出海回返，行到猴矶岛附近，遇上了大雾，伸手不见五指，全船人都报了庙。就在伙计们哭爹喊娘的时候，船老大突然看见船头桅顶上有一盏小红灯。他叫伙计们看。海娘哥哥看了心里琢磨：怎么和俺家的灯一模一样。船老大手握舵把，就跟着那盏小红灯跑。大船足足跑了半个时辰，伙计一捞水，水浅了，就下锚。天亮了，大伙一看，大船不偏不斜，正好跑回家门口的渔港里，大家伙可欢喜了，蹦着高儿跑回了家。

海娘哥哥回到家里，把昨晚的事一五一十讲给家里人听，海娘妈好奇地出去看院里那盏小红灯。"真是它，还滴答水呢！"妈妈一边喊一边追问着海娘。海娘被妈妈逼问没法，只得说真话了："不瞒二位哥哥，昨晚你们看的那红灯，是我给你们送去照道儿的。我原是南天观音派到人间专为打鱼人救苦救难的女神。上次你们遇难时，是我去搭救你们的。我嘴里叼着爹，左手提着大哥，右手提着二哥，正在往岸上拖，不想被妈妈打了一笤帚，我一张嘴，爹爹就掉到海里去了，只救得了两个哥哥。"

海娘把自己的身份讲明后，一连几天愁眉不展，擦鼻抹泪。妈妈见女儿这模样好生奇怪："好闺女，自打那天你道出了事情的缘由，我和你哥哥都打心眼里高兴，谁知你这又整天没个欢喜样，到底为的啥呢？"海娘一听妈妈问，越发哭得伤心，边哭边说："自打那天被问不过跟哥妈说了实话，女儿便泄了天机，犯了天条，玉皇大帝已降旨要我近日脱俗，女儿再也不能陪伴妈了。"海娘妈一听，"扑通"一下晕倒在地上，海娘见状赶快扶起安慰道："妈你别难过，女儿虽然身子走了，但魂灵不走，永远陪伴着你，今后你们有啥事，只要喊女儿三声名儿，我就会来的。"海娘说走就走，当天夜里就没了踪影。

事情传出后，岛上人无不对海娘虔诚恭敬，每当船只海上遇难，只要连喊三声"海娘保佑"，那船头就准会亮起一盏红灯，跟着红灯走，就是再大的风浪也保准平安无事。久而久之，人们都奉她为海神娘娘，并在岛上建起了海神娘娘庙，求她为四面八方遇难船只化除灾难，保佑平安。

（二）古时候，庙岛有一户海姓人家，靠打鱼种地为生。家里有一女儿名叫海娘，自幼美丽聪慧、勤劳善良，对医道无师自通。她经常为岛上

显应宫夜景（2018年）

人或南来北往的客商船工治病疗伤，医术十分精湛。一天晌午，狂风骤起阴云密布，海娘父亲和两个哥哥在海里遇险。海娘咬着牙，攥着手，蹋蹬着腿趴在炕上施法。海娘妈不明就里，拍了女儿一下。海娘“啊”的一声张开嘴，流着泪告诉母亲：“爹掉海里了”。原来海娘嘴里衔着父亲，两手各攥着一个哥哥正从船翻的地方向岸上飞，刚才一张嘴，父亲掉到海里看不见了。后来，海娘父亲遇难，两个哥哥回到家中。母亲觉得蹊跷，再三询问海娘。海娘将自己本是东海龙王七女儿，投胎生在海家的事情告诉了母亲，同时也告知母亲因为泄露了天机，必须离世飞升去往仙界。临行前，海娘嘱托哥哥和乡亲们，在海上有难，大喊她三声，如果看到有灯光降临，就是她来救他们了。这也是千古灵验的海上传奇“海神娘娘赐灯”的由来。

第二节　传　说

长岛一带关于妈祖的历史传说，题材较多。人们以崇敬赞美为精神原点，对妈祖生前身后事进行代代传诵。这也是一个经久不息的艺术加工过程，使得妈祖的美好形象更趋于人格化、理想化，具有了既抽象空灵又形象亲切的艺术感染力。

神功济运

庙岛有个海神娘娘庙，庙里挂满了各种幔帐匾额，其中，有一块匾特别显眼，这匾上写着四个大字“神功济运”。据说，这四个大字是咸丰皇帝御笔亲题，咸丰皇帝为什么要亲自题写这块匾呢？

过去，从元朝开始一直是南粮北调，运粮要经过一条河，就是黄河。到了后来，海运也开始了。为了保证海运的船只安全，朝廷还在庙岛上建了一个庙。让海神娘娘在这里保佑过往行船平平安安。元朝后期和明清两代虽然海运较盛，但河运也一直未断。

清朝咸丰年间，有一只河运大船，行到半路，因河干，大船捞了高（浅住），没法走了。押粮官着了急，赶快向大人禀报。大人说：“你是干什么的，怎么会让船浅住了？”押粮官说：“大人，今年这几个月天一直大旱，黄河里的水都干了，船又正好走在河床的最高处，怎么能不捞高？”大人一听，想想也是，转而又想，不管怎么样也得把粮运出去呀。如果粮食运不到北京，恐怕会发生意外事故。那时候，形势挺紧张，南方北方都不太平，如果粮食运不到北京，北京没有粮吃，恐怕保不住。大人说：“得赶紧把粮运到北京，要是晚一点，就要有掉头之罪。”押粮官正和大人说着这件事，船夫来报告，说船活动了，是海水流到河道里，把大船漂起来了。大人一听说：“马上开船。”船开了，正赶上捞流，大船从河道一直上了海道，直开到天津海口，不长时间就到了。到了天津海口又赶上涨潮，运粮船顺着潮水进了北京，及时把粮送到了。

大人把这件事奏明咸丰皇帝。咸丰皇帝说：“这是海神娘娘帮了忙，神功济运。”他就拿起御笔，题写“神功济运”四个大字，做成匾，送到庙岛海神娘娘庙。

智夺宝地

海神娘娘的家乡是福建莆田湄洲岛，娘娘祖庙就在那里。可为什么后来海神娘娘又在庙岛设下行宫呢？据说，当初自湄洲祖庙建起后，南方渔民、商贾在海上经常得到娘娘的庇佑，百姓求福祈顺也每每灵验，海神娘娘（妈祖）成了南方人心目中的圣母。

庙岛古称沙门岛，传说中的八仙经常聚集在这里。据说沙门岛周边海域是海魔浪妖作怪的地方，经常有船只遇难，八仙聚到沙门岛时，发现了就会救助。当时南方的船只有许多北上的，在此遇难的也不少。八仙发现在救助南方船只时，经常听到船上人口念“妈祖保佑”，甚至当他们将人救起，那些人还在不停地谢妈祖。时间长了，八仙生气了，哪方的仙人竟比我们还有威望，既然人们这么信奉她，把她奉为海神，那么我们就不管闲事了。

再说海神娘娘，身在南海、东海，可听说北海上妖魔作怪，又听说八仙心胸狭隘，竟不管众生死活，甚是恼火。她决定北上选一风水宝地，作自己的行宫，以便降海妖伏水魔，确保海上船只来往平安。

当海神娘娘驾着祥云，来至北海之上时，她惊喜地发现碧海中，静卧一座形似凤凰的小岛，凤头向北、凤尾朝南，且凤头前方有一座形似太阳的小岛，这不是丹凤朝阳吗？

凤凰岛的周围云蒸霞蔚、香烟缭绕、碧水清波，岛上更是曲水流响如韵、松竹碧绿如滴，好一处仙岛所在！海神娘娘凤颜大开，按下云头就要驻足于此了。可这岛是什么名字呢？派侍女打探，得知这便是沙门岛。沙门岛不是八仙常来之地吗？海神娘娘沉吟一下，没有上岛，她要远远观察一番。

且说八仙今日正巧又来沙门岛聚会，大家说古论今，好不热闹。最后八仙仙人又说到了选择仙府之地的事上，大家思来想去，竟异口同声地说到了沙门岛。以前选来选去，怎么把眼前这么好的地方忘记了呢？既然那么久也没找到个更好的地方，那么就定在这里吧。主意拿定，八位仙人就分手各自回原来暂住处取“家当”了。吕洞宾临走前长了个心眼，怕这万一哪位神仙再看好此处，等他们回来时，这块宝地不就被别人占去了吗？他想了想，便摘下头上的道冠扣在了“凤凰”脖子处，以示此地是我的了，随后放心而去。

八仙走后，海神娘娘飘然落在吕洞宾的道冠处。按说，别人已选好的地方，自己不该再有非分之想，但是八仙小肚鸡肠、见死不救，着实让人气愤，占了这方宝地而不为民众解难，还不如由我在此久居。娘娘暗自揣摩，怎样才能名正言顺将此地占为己有呢？有啦！娘娘摘下头上金簪，然后将金簪从道冠上的一个缝隙中插到下面的土里。

八仙回来时，海神娘娘正在岛上等着他们呢。两方为占宝地理论起来时，吕洞宾哈哈大笑，指着道冠说有此为证，我已占了此地。娘娘也不示弱，让吕洞宾将道冠拿起，吕洞宾疑惑不解地照办，突然，一道金光直刺他的双眼，这时，娘娘慢慢走到近前，轻轻拔出金簪，缓缓插到头上。八仙目瞪口呆、面面相觑……事已至此，总得有个先来后到，先来者当然应是海神娘娘，八仙悻悻而去。

从此，海神娘娘在沙门岛住下，保佑南来北往的船只，给百姓消灾赐福，深受人们爱戴。沙门岛因海神娘娘庙而改名庙岛。

影舟

1967年春以前，在显应宫后殿摆放着一只木船，长三尺六寸九分，艄艉高翘呈元宝状，漆着厚厚的黑漆，船艏两侧船帮上方各雕画着一只黑白分明的大眼珠，典型唐宋时期闽船样式。传说，海神妈祖当初正是驾着此船沿海北上，最终选择庙岛作为北方神宫。此船经常有水滴流动，表明海神妈祖又驾船出海救难，此船只是原船的缩影，因此，称作“影舟”。长岛一带渔家把“影舟”奉为圣物，逢年过节或新船下海，都要到显应宫膜拜祭祀“影舟”，表述若遇到危难能得到“影舟”护佑的殷切意愿，所以，“影舟”又叫“愿船”。

第五章　文化交流

长岛妈祖文化底蕴深厚、影响久远，素有“天妃北庭”之称。80年代中期始，长岛县发挥自身中国北方妈祖信仰中心的特殊作用，以民间妈祖文化交流为平台，先后举办妈祖祭祀大典、海峡两岸妈祖文化节、中华妈祖文化节、海峡两岸妈祖文化研讨会等共20余次，吸引5000余名台胞到长岛祭拜妈祖。先后开展赴台文化交流活动10余次，与北港朝天宫、澎湖天后宫、笨南港水仙宫、台南大天后宫、高雄朝后宫、白沙屯拱天宫、南投慈善宫、桃园慈护宫等30多家影响较大的妈祖庙和妈祖文化组织建立常年联系，开展频繁的文化交流活动，进一步加深两岸人民的浓厚情谊。第一次将正流祭典礼仪带到台湾地区，第一次把台湾地区民俗文化带到长岛、带到中国北方，促进了两岸的妈祖文化交流。海峡两岸关系协会会长陈云林说："长岛之举既有力服务了国家大政方针，也打造了海洋文化品牌。"对长岛的两岸妈祖文化交流工作给予肯定。显应宫妈祖文化交流活动多次被山东省台办等部门评为"山东省优秀对台交流项目"。2004年，国台办将庙岛显应宫确定为"中国北方对台妈祖文化交流中心"。2013年，中国民间文艺家协会命名长岛为"中国妈祖文化之乡"。

第一节　妈祖交流协会

2003年10月20日，长岛县妈祖文化研究会成立。

2004年10月31日，长岛县妈祖文化研究会和显应宫当选中华妈祖交流协会理事单位。

2007年9月20日，中华妈祖文化交流协会一届四次会员大会暨一届五次理事会议在长岛举行。

2013年6月19日，山东省长岛县妈祖文化交流协会成立，推举县政协副主席、中华妈祖文化交流协会常务理事袁旭为会长。于旭华、张延廷、宋昌林、蔡辅雄为名誉会长。中华妈祖交流协会，台湾地区北港朝天宫、台中沙麓天后宫派代表到会祝贺。湄洲祖庙及各宫庙发来贺信，近百名协会成员及社会个人界人士参加大会。

2014年6月7日，长岛县妈祖文化交流协会召开2014年年会暨第一届理事会第二次会议。协会全体会员代表、特别咨询、特邀顾问参加会议，台湾地区北港朝天宫等相关宫庙组织、辽宁东港市妈祖文化交流协会部分人员应邀出席会议。北港朝天宫还向长岛县妈祖文化交流协会赠送"神昭海表"金匾一块。

5月12日，庙岛显应宫获山东省台办正式批复同意设立省级海峡两岸交流基地。

6月4日，在庙岛显应宫举行"海峡两岸交流基地授牌仪式暨台湾分灵妈祖梳妆法事活动"。山东省台办及烟台市、长岛县相关负责人，台湾地区北港朝天宫及台湾地区妈祖文化交流团成员，长岛妈祖文化交流协会会员参加授牌仪式。

10月23日，长岛妈祖文化交流协会成为中华妈祖文化交流协会常务理事单位。

12月19日，长岛县妈祖文化交流协会召开2015年年会暨第一届理事会第三次会员大会。并赴显应宫举行湄洲翡翠妈祖安坐及会香仪式。

2016年9月24日，长岛县妈祖文化交流协会召开妈祖协会第一届理事会第四次会议。会议重点研讨妈祖文化的精髓以及与中华文化的关系，探讨海峡两岸携手发展妈祖文化的长期合作蓝图。

2017年11月11日，长岛县妈祖文化交流协会第一届理事会第五次会议召开。

第二节　海内外妈祖文化交流

2002年始，妈祖文化交流成为对台工作重点内容。是年3月，长岛县妈祖文化交流协会一行12人前往湄洲祖庙、天津天后宫交流交流。5月5日（农历三月二十三日），长岛县举办"妈祖诞辰1042年暨显应宫香缘880年庆典"活动，显应宫举行祭祀活动，台湾地区海峡两岸发展基金会董事长张世良参加活动，并分灵铜身妈祖。是日，台湾地区八卦山大佛入住显应宫。6月8日，台湾地区北港朝天宫、天津天后宫代表一行8人前往显应宫进香。6月16日，台湾地区北港朝天宫代表一行参访庙岛显应宫，开始两宫十几年的香缘。10月9日，台湾地区北港朝天宫代表一行5人专程赠送一尊黑脸妈祖和“四海同光”匾额一块。10月12日，庙岛显应宫举行朝天宫黑脸妈祖安座开光及“四海同光”揭匾仪式，台湾地区北港朝天宫代表一行5人参加活动。11月25日，应台湾北港朝天宫邀请，长岛县妈祖文化交流团一行5人前往台湾北港朝天宫参访，向北港朝天宫等台湾宫庙分灵显应宫880年金身妈祖塑像。

2003年7月10日，台湾地区中国国民党主席连战为显应宫题字“德被海疆”。9月4日，北港朝天宫代表一行参访显应宫并参加显应宫大戏楼落成典礼。

2004年5月26日，台湾地区北港朝天宫代表一行5人到显应宫进香。6月22日，台湾地区北港朝天宫代表护送黑脸妈祖到显应宫。10月22—26日，应澳门特别行政区中华妈祖基金会邀请，长岛县妈祖文化协会一行参加澳门第二届妈祖文化旅游节。10月26日至11月9日，应台湾地区北港邀请，长岛妈祖文化交流团和长岛县妈祖祭祀古礼仪传授团一行前往台湾地区北港朝天宫交流。在台期间，向嘉义东合会妈祖庙分灵长岛庙岛显应宫“金身妈祖”铜像，长岛显应宫与南港水仙宫结为“姊妹”庙，并参加北港朝天宫举办的“两岸妈祖文化交流研讨会”。应北港朝天宫要求，将2002年朝天宫分灵长岛庙岛显应宫的“黑脸妈祖”护驾回台湾地区，参加朝天宫举行的祭祀大典。其间，传授长岛显应宫编排的妈祖祭典礼仪与“八佾”舞。

2006年4月22日至5月5日，应台湾地区北港朝天宫董事长蔡永常的邀请，长岛县县委书记于旭华，县委常委、县委办公室主任、统战部部长宋昌林，烟台市民族宗教事务局局长曲祥文率长岛妈祖文化交流访问团一行9人前往台湾地区北港朝天宫访问13天。期间，帮助北港朝天宫编排妈祖祭典礼仪与“八佾”舞蹈，参加在北港朝天宫举办的妈祖祭祀大典活动，在台湾地区引起积极而强烈的反响，被当地多家主流媒体报道。同时，参访团还对高雄朝后宫、台南大天后宫、南投慈善宫、笨南港水仙宫、朴子配天宫、笨港港口宫等10余家台湾妈祖宫庙进行交流访问，扩大长岛显应宫在台影响力。县委书记于旭华应笨南港水仙宫邀请，为其题字“水仙显应，万民平安”。8月18日，长岛县妈祖文化交流协会代表赴湄洲妈祖庙迎请“元身妈祖”。9月23日，台湾地区北港朝天宫庄仪团向长岛显应宫分灵大将军“千里眼”“顺风耳”。

9月24日，台湾地区北港朝天宫代表一行到长岛县参加第二届妈祖文化节及妈祖广场奠基仪式。

2007年5月28日，长岛县妈祖文化交流团一行参访湄洲祖庙，参加福建省首届莆台妈祖文化周活动中文峰宫祭祀大典和民俗文化踩街部分。

2008年2月28日，台湾地区北港朝天宫代表到长岛参加妈祖塑像奠基仪式。10月7日，举行2008年中国·长岛中华妈祖文化节暨戊子年公祭妈祖大典，由国家及山东省宗教、统战等部门主办，烟台市及长岛县政府承办。邀请大陆、台港澳宫庙代表，省、市有关领导部门及社会信士参加。同年，被评为山东省优秀对台交流项目。

2009年4月26日，福建省湄洲妈祖祖庙管委会参访团参观显应宫。10月18日，台湾地区北港朝天宫、澎湖大天后宫代表到长岛县参加“2009中国·长岛中华妈祖文化节暨己丑年公祭妈祖大典”。

2010年2月1日，长岛县妈祖文化交流团赴台湾进行妈祖文化交流。12月11日，福建省莆田市南日岛天后宫筹建委员会参访团参观显应宫。

2013年6月19日，台湾地区北港朝天宫蔡辅雄副董事长到参加长岛县妈祖文化交流协会成立仪式，并被聘为名誉会长。

8月13日，长岛县申报中国妈祖文化之乡评审会召开。12月16日，长岛县被中国民间文艺家协会授予“中国妈祖文化之乡”称号。

2014年4月5日，长岛显应宫妈祖文化交流团赴台湾地区大甲镇澜宫参加“妈祖观光文化节”活动，并向镇澜宫赠送显应宫妈祖金身塑像一尊。由此，庙岛显应宫同台湾地区妈祖宫庙间

具体性联谊活动，开始向台中、台南发展。11月5—11日，长岛县妈祖文化交流团到台湾地区北港朝天宫进行妈祖文化交流。

2015年5月12日，庙岛显应宫获山东省政府台湾事务办公室正式批复同意设立“山东省海峡两岸交流基地”。显应宫举办“纪念妈祖诞辰1055周年春祠祭祀”与“宗教祈福法会”，并召开“纪念妈祖诞辰1055周年暨妈祖颂研讨会”。

6月2日，在庙岛显应宫举行“海峡两岸交流基地授牌仪式暨台湾分灵妈祖梳妆法事活动”。台湾地区北港朝天宫、高雄道德院、台北板桥镇圣宫、基隆三皇宫等8家台湾地区宫庙代表到长岛县开展为期4天的妈祖文化交流活动，参拜显应宫妈祖，为台湾地区北港朝天宫分灵妈祖举行梳妆法事活动，出席长岛显应宫省级海峡两岸交流基地授牌仪式。6月13日，天津妈祖文化促进会一行到长岛进行妈祖文化交流。7月23日，台湾地区桃园慈护宫代表一行到长岛县开展为期3天的妈祖联谊交流活动，参加庙岛显应宫谒祖仪式和显应宫修缮工程开工仪式，为显应宫修缮捐资人民币3万元。8月6日，中华妈祖文化交流协会副会长蔡长奎、赵柳成等一行到长岛县进行妈祖文化交流。

10月21日，长岛县妈祖文化交流协会一行4人，赴湄洲岛参加“中华妈祖交流协会二届六次会员大会”。中华妈祖文化交流协会赠送显应宫一尊翡翠妈祖像。长岛县妈祖文化交流协会入选中华妈祖文化交流协会常务理事单位。

10月28日，辽宁东港妈祖文化交流协会一行到长岛县进行妈祖文化交流。11月2—6日，由长岛县妈祖文化交流协会一行赴台湾地区北港朝天宫、台湾澎湖天后宫等妈祖宫庙进行两岸妈祖交流。

2017年6月13—14日，台湾地区花莲慈灵慈惠堂香客团一行到长岛进行妈祖文化交流。6月13—15日，北港朝天宫、板桥镇圣宫代表一行参观显应宫，考察庙岛妈祖公园建设项目。6月27—29日，台湾地区桃园慈护宫代表一行进岛参拜显应宫妈祖，为“桃园妈”梳妆。7月29日，在显应宫举行“天贶节两岸宫庙走亲活动”“迎请北港妈祖安座井口天妃庙仪式”，台湾地区北港朝天宫参访团、新北镇圣宫·中华圣昭妈祖文化交流协会参访团、花莲慈灵慈惠堂香客团、桃园慈护宫“桃园妈”走亲团近百位来宾和协会会员及妈祖信众近2000人参加活动。

2018年5月31日，“海峡两岸妈祖宫庙会香联谊活动”公祭妈祖典礼在庙岛显应宫举行，来自台湾地区北港朝天宫、台中乐成宫、桃园慈护宫、台中福成宫、台中代天宫、桃园福兴宫、桃园荷显宫会香团一行40余人参加活动。是日，举办“朝天殿暨常丰堂落成开光典礼”。8月18日，在显应宫举办“千年妈祖因缘金身装藏开光仪式”，北港朝天宫代表参加活动。9月8日，在显应宫启动“2018年长岛显应宫千年妈祖因缘金身赴台结缘会亲”活动。9月10日，显应宫千年妈祖到达湄洲祖庙省亲。9月12—24日，显应宫千年妈祖赴台结缘会亲，在台期间，途经台北、新北、桃园、新竹、台中、云林、高雄7个县市23个乡镇，结缘会亲台湾地区友好宫庙76家，直接参与活动人数超过6000人，参香礼拜信众超过10万人。9月29日，显应宫千年妈祖因缘金身赴台会亲结缘活动结束，在显应宫举办千年妈祖回銮仪式。活动历时22天，行程4200千米，先后与40余家宫庙喜结姊妹宫庙。

第三节　妈祖文化节

长岛首届妈祖文化节

2002年5月5日，长岛县举办妈祖诞辰1042周年暨庙岛显应宫香缘880年庆典活动，台湾地区海峡两岸合作发展基金会、北港朝天宫、香港特别行政区、澳门特别行政区及新加坡、日本、韩国、巴西、印尼、泰国、澳大利亚、美国等国家的华人社团、妈祖信众和知名人士群集长岛。该次妈祖诞辰庆典活动以弘扬和平、勇敢、关爱的妈祖精神为主题，以展示妈祖信仰与传统文化相结合而形成的地方民俗风情、渔家文化为中心内容，包括开幕式、官祭礼仪表演、民祭活动表演、参观显应宫、民俗风情表演。长岛县根据显应宫原有祭典礼仪，结合《周礼》、《仪礼》、历代《郊祀志》等典籍所记载的古代礼仪程序，创新编制“显应宫祭祀大典”，首次进行“官祭”表演，集中展示中国传统礼仪文化和妈祖文化的丰富内涵，在海内外引起较大反响。

烟台·长岛第二届妈祖文化节

2006年9月24—26日，长岛县举办烟台（长岛）第二届妈祖文化节暨海峡两岸妈祖文化研讨会。全国政协副主席、中华妈祖文化交流协会会长张克辉致贺电，海峡两岸关系协会副会长张铭清到会致辞。来自中国大陆与台湾地区的专家学者、宫庙代表和实业界的200余人（台湾地区100余人），参加妈祖文化节。文化节期间，签署海峡两岸宫庙联谊交流宣言（长卷），进行妈祖移驾巡游、庙岛显应宫祭拜礼仪、八佾舞表演等祭祀活动，举行妈祖广场奠基仪式，召开海峡两岸妈祖文化学术交流研讨会，并举办大型民俗表演活动和文艺晚会。

中国·长岛中华妈祖文化节

2007年9月18—20日，长岛县举办中国·长岛中华妈祖文化节。国务院台湾事务办公室、中华全国归国华侨联合会、国家宗教事务局作为指导单位，中华妈祖文化交流协会、烟台市人民政府、省人民政府台湾事务办公室、省归国华侨联合会、省宗教事务局、省海洋与渔业厅、省文化厅、省旅游局作为主办单位，由长岛县人民政府、市政府台湾事务办公室、市政府侨务办公室、市归国华侨联合会、市文化局、市民族宗教事务局、市旅游局承办；北京百工坊文化发展有限公司协办。邀请15个国家和地区的中华妈祖文化交流协会理事单位和海内外会员代表、文化界和企业界代表以及各级新闻媒体记者共1000多人参加。活动安排4个板块8项活动内容，包括大型民俗文化踩街、开幕式、宋代妈祖官祭礼仪及八佾舞表演、独具特色的祭海仪式、参观庙岛妈祖庙活动、理事和会员齐聚的中华妈祖文化交流协会2007年年会、主题突出的“四海心、妈祖情”大型文艺晚会等。

2008中国·长岛中华妈祖文化节暨戊子年公祭妈祖大典

2008年10月7日，长岛县在庙岛显应宫举行“2008国·长岛中华妈祖文化节暨戊子年公祭妈祖大典”仪式。国内外文化名人及知名企业家1000余人汇聚长岛，与当地民众一同参拜显应宫、祭祀妈祖，海内外同胞在妈祖文化交流中共叙中华情缘。包括台湾地区北港朝天宫神轿及仪仗入宫、“三朝祭典”、迎请“三身妈祖”起驾、祭祀大典、八佾舞表演和信众参拜妈祖等系列活动。

2009中国·长岛中华妈祖文化节暨己丑年公祭妈祖大典

2009年10月18日，长岛县举办“2009中国·长岛中华妈祖文化节暨己丑年公祭妈祖大典”和“2009中国·长岛中华妈祖文化论坛”，来自国家相关部委、山东省、烟台市领导，国内外的妈祖宫庙代表、文化名人及知名企业家1000多人汇聚长岛，海内外同胞在妈祖文化交流中共叙中华情缘。

2010中国·长岛中华妈祖文化节暨海峡两岸妈祖文化研讨会

2010年10月25日，由国务院台办、海协会指导，山东省政府台办、烟台市政府主办，烟台市政府台办、长岛县人民政府承办的“中国·长岛中华妈祖文化节暨海峡两岸妈祖文化研讨会”，在烟台东方海天大酒店举行。来自国家相关部委、山东省、烟台市的领导，海峡两岸的专家学者和妈祖宫庙代表、文化名人及知名企业家汇聚烟台共襄盛举。研讨会对妈祖文化的历史沿革、沿海各地妈祖文化的特点、妈祖信仰的传播与影响，以及妈祖文化促进国际性区域经济协作等方面进行学术研讨。

研讨会特别邀请台湾地区台北空中大学教授、文学博士、研究妈祖的著名专家学者蔡相辉参加。

第六章　诗文　楹联

庙岛显应宫作为著名古庙，历史文化渊源久远且深厚。今存有御赐《祭文》、名人散文、朝鲜重要使臣《祭文》与诗词近30篇；各类信众所题献的楹联10余幅。这些作品从文学角度展现出显应宫历史片断、宗教地位以及文化影响力。

第一节　诗　词

沙门岛

（高丽）郑梦周

神女祠何处?沙门岛上岑。
戎车连鹤野，贡道接鸡林。
利涉由灵贶，徽封自圣心。
泊舟来酌酒，稽首冀来歆。

作者简介：郑梦周，字达可，号圃隐，祖籍今韩国庆尚北道浦项市乌川邑，高丽王朝末期著名的政治家、哲学家、外交家、文学家，官至门下侍中（宰相）。从明洪武五年（1372）开始多次出使中国。明初从中国到高丽的海上航线，就是由他开始，明太祖下令从洪武五年由南线太仓口岸改为北线走登州口岸。此诗是他于洪武五年从登州口岸返回高丽途经沙门岛所作。

沙门岛偶题

〔朝鲜〕李崇仁

海上沙门岛，停帆数日留。
老婆能结网，童子学操舟。
唳月闻孤鹤，杨波见戏鸥。
题诗非好事，聊且慰羁愁。

沙门岛怀古

〔朝鲜〕李崇仁

凭高欲望蓬莱岛，渺渺烟波接苍昊。
安期空有气如瓜，斜阳茂陵生秋草。
八仙当日访壶瀛，云间旌旄拥飙辇。
令人怅然欲从游，且问弱水今清洼。
十古之芝一点山，鸦鬟倒影沧波间。
祖龙遗迹复谁记，石刻剥落苔纹班。

天妃庙次韵

〔朝鲜〕李崇仁

孤屿开祠宇，丰碑纪岁年。
神光时自发，灏气远相连。
绘彩多灵像，椒馨列盛筵。
感通真莫测，赖尔庙官传。

留沙门岛，奉呈同行评理相君

〔朝鲜〕李崇仁

沙汀矫首立多时，霁景撩人欲赋诗。
山作三门潮势壮，天垂四面日行迟。
神妃享祀应需报，海若潜形不敢窥。
政拟长风吹送柂，同舟况复济川资。

作者简介：李崇仁（1347—1392），字子安，号陶隐，是朝鲜著名的政治家、文学家、诗人。曾于洪武十九年（1386）、洪武二十一年（1388）两度出使中国。所选四首诗是他出使中国时，按例在庙岛给海神妈祖进香以及待风时所作。

沙门岛待风

〔朝鲜〕李　詹

文物中华称旧闻，白头持节觐明君。
乌翔兔走东西隔，鱼跃鸢飞上下分。

烈士故居春寂寂，神妃遗庙客纷纷。
篙师攒却知风起，占得晴天片段云。

二十七日祈天妃退冰

〔朝鲜〕李　詹

行舟至登州口岸，俄而冰合，不果行。舟人皆危惧，与朴评理，望天妣于乔房，香火以祷，掷环珓袭吉。夜半潮退，忽焉冰解。迟明，乘三板登岸，乃知感应神妙如此，喜而有作。

海门冰合脱行船，潮退须臾已涣然。
故是冰仙方便力，但将消长要知天。

又题（用登州韵）

〔朝鲜〕李　詹

久客绕情绪，当春亦惘然。
分香灵应庙，乞火孝廉船。
（作者自注：监生为香使，同泊沙门岛。）
雁度三千里，鹏骞九万天。
（作者自注：本国至登州三千二百里）
几时还故国，烂漫醉花前。

作者简介：李詹（1345—1405），字中叔，号双梅堂，祖籍今韩国忠清南道洪城郡。高丽末、朝鲜李朝初著名政治家、文学家、诗人，官拜朝鲜李朝知议政府事（从二品），著有《双梅堂集》，有多篇写庙岛群岛的诗篇收录在《观光录》中。

题沙门岛壁上

〔朝鲜〕朴宜中

晓日初升宿雾收，仙宫金碧耀沙头。
三隅棋峙山朝拱，四面环回海缺流。
击石惊涛常涌雪，含风虚阁自生秋。
无穷爽了应难尽，故作新诗记胜游。

作者简介：朴宜中（1337—1403），字子虚，号贞斋，高丽末李朝初著名学者，有《贞斋遗稿》传世，官至参赞议政府事，相当于中国谏议大夫，为官极为清廉。明洪武二十一年（1388），出使中国，二月自朝鲜来，六月回。以此诗所描写的景致分析，应是六月回国途中按例到庙岛天妃庙进香时所作。

次章寺丞《沙门岛》韵

〔朝鲜〕李　稷

多少舟人乞此灵，仙妃遗像若平生。
风微夜静波涛息，月照沙明宇宙清。
义重只知终报主，魂清却拟已登瀛。
可怜童仆无心事，酣睡通宵任水程。

沙门岛待风（二首）

〔朝鲜〕李　稷

（一）

四面苍波一点山，崇兴古寺碧云间。
客中无处禁愁得，日向僧窗往复还。

（二）

海云无日不沉沉，留滞孤舟万里心。
危坐通宵首明月，故园花木几晴阴。

作者简介：李稷（1362—1431），字虞庭，号亨斋，朝鲜著名政治家、文学家、诗人。朝鲜太宗时官至领议政（首相）。他曾五次出使明朝，觐见过洪武皇帝朱元璋、建文皇帝朱允炆、永乐皇帝朱棣，是朝鲜历史上觐见中国皇帝最多的政治家。

泊庙岛

〔朝鲜〕吴天坡

春波如练好风迟，处处移帆近古祠。
向夜悄然人语静，船头香火礼天妃。
（由天妃娘娘庙过，海船必祈风于此。）

作者简介：吴天坡，号肃羽，朝鲜王朝文臣、诗人，1624—1625年作为谢恩兼奏请副使出使中国。著有《天坡集》，刊本藏于韩国首尔大学圭章阁。

次赵侍郎平岛寄韵

〔朝鲜〕李民宬

（是日，早祭于庙岛圣母之神，故记之。）
东北山连渤海崖，天晴孤岛有人家。
心悬乐浪占云物，目极神京望日华。
只冀圣灵垂默佑，敢言忠信任风波。
隔船并语情弥重，况复投章喜转加。

作者简介：李民宬（1570—1629），字宽甫，号敬亭，祖籍义城县人。朝鲜李朝仁祖时，官至左承旨。著名诗人，有《敬亭集》《敬亭续集》传世。

九月初二日发船，泊沙门岛待风

〔朝鲜〕权　近

秋晨天气佳，和暖如春晷。
篙师乃发船，海晏波不起。
来泊岛屿中，祠宇肃清𬮱。
利涉赖阴功，默默心有冀。
沙边数店小，落日相投止。
同州五六人，沽酒交换醉。
澄明暮天晴，空翠无涯涘。
归心若悬旌，摇摇待风生。

初三日留泊沙门岛

〔朝鲜〕权　近

初三日，晓有南风，欲发船。因一总旗船未至，留泊而待。既晚乃至。其夜南风甚快，又因总旗船未致祭，迁延至初四日既午乃祭。风转而西，不得发船，留宿舟中。

引逸天心显，迟达人事非。
得风空有喜，越海却难归。
漂泊经时节，淹延送夕晖。
舟中高枕卧，去住任神妃。

初四日二更，得风发船

〔朝鲜〕权　近

九月南风夜又来，海天空阔片帆开。
云收北极星辰远，水接东溟岛屿回。
破浪早怀宗悫志，乘桴谁取仲由材。
从今眼底难为水，小视真堪似一杯。

作者简介：权近（1352—1409），字可远、思叔，号阳村，祖籍今韩国庆尚北道安东市。高丽末、朝鲜初著名理学家、文学家、诗人，官拜议政府赞成事、集学殿大提学、崇政大夫（从一品）、世子师。《阳村先生文集·奉使录》中有多篇关于庙岛群岛的诗作留世。

第二节　散　文

漠岛记

〔元〕刘遵鲁

东镇区域最钜泽润，生民最溥，惟海而已。历代秩祭其来尚矣，故民间多立行祠。登州，青之鱼地也，县治蓬莱。民濒海者奉海神尤切。海之半有山曰“漠岛”，庙曰“灵祥”，神曰“显应神妃”。耆民相传为东海广德王第七女。元得江南几二十载，粮运所过无风涛之险，岂非神明有以助之也。今太仓所蓄露绩？陈陈，富国裕民为古今冠，则吾神妃预有力焉。用勒坚珉以著厥美，当与天地相为终始。

作者简介：刘遵鲁，元代蓬莱人。据《山东通志·卷十五·选举志》记载，元代延祐年间制科取仕。

镜石记

〔明〕阎士选

海中有山，名为漠岛。因建海庙于其上，土人又称为庙岛。峭石当前，光明如鉴，佥谓灵气所钟也。舟人间有取其石归者，号曰“镜石”。约方广止于经尺，而石之背及前后皆坚栗晦蒙，独一面当前莹润圆滑，瞪目对之，冠裳须眉可辨。每当日映，若有五色射人，山光云影恍惚动荡，包含固无尽者。昔人所谓：“握方诸之镜，处深泽之间，而上引太清，物类相随。”此石固有之矣。余既以松石供海庙前，复取镜石配之，左顾右盼，松石似皮毛零落之尽，而独存真实；镜石似聪明韬晦之极而尤露真常，二石皆龙象也。海外有形语之国，口不能言，而相喻以形。其以形语也，捷于口。二石可以口耳思议哉。《淮南子》曰：明镜之始型蒙然，及粉之以元锡，摩之以白旃，而后其光始显。今兹石之生，孰为之磨练而呈光在前耶？此者不可知者也。常闻海神灵应，凡越海者，过庙必祷。自历代以来，如求仙采药及征辽通金，凡所举动皆为神所厌弃，而当时导谀召侮之辈，备诸丑态，何尝不昭昭（照）镜石，中鉴肝胆而悚毛骨。顾人每忽之，率陷于危亡而不之救。唯神不可，知是以常。知比诸臣何不引镜以照之也。汉武叹天下岂有仙人；唐太宗谓魏征若在，不使我有征远之行。余以二君得镜晚矣。宣和通金则始终眯者，语有之盲人不可贻以镜，邪士莫能鉴其疵，悲夫！镜石得自彭公所，而公尝督兵援朝鲜，每为余言："朝鲜大臣之家苍翠四封，安于逸乐以召致倭患，幸赖中国威灵保全之，迄今犹无枕戈念也。尝以之训戒将士为殷鉴云"。余味其言，有足发明镜石之意，且于海防有裨。因并记之。彭公名友德，蓟州人。

作者简介：阎士选，明代万历八年进士，曾任登州海防副使，官至山东按察使。

短　文

〔朝鲜〕赵　濈

九月二十六日

二十六日，辰时到黄岛。一、四两船昨日已先到泊。岛上有娘娘庙，故号为庙岛。娘娘乃女号之尊名。昔者，有一女子死为海神，能号令四海之神、河伯、江神，故自前敕封娘娘圣女庙。船行者，必洁诚为祭，多蒙神庇，故后世乃以为庙尊祀之矣。到此，即令船人沐浴，炊饭做饼且兼果实以祭之。军官、译官等争相下船观光于庙中，不之禁也。

三月二十五日

（甲子，三月）二十五日，己卯。晓，洒雨，海雾。卯时，乘船行大海神祭，各船各自祭之。祭文曰：

东藩贱价，下土冗官，奉使西至，完事东还。

来渡沧溟，已受神护，去涉海渤，冀蒙神祐。

长风助顺，海不扬波，日不费多，稳到宣沙。

惟神之赐，感戴平生，兹将菲薄，俯申微诚。尚飨！

作者简介：赵濈，（1568—1631），号花川，祖籍丰壤，朝鲜宣宗、光海君、仁宗时期官员，官至江原道观察使、嘉善大夫（从二品），官誉很高，有"清白吏"之称。《燕行酬唱录》中收有他多篇关于庙岛天后宫及庙岛群岛的短文及诗歌。

花浦先生航海朝天路（节选）

〔朝鲜〕洪冀汉

二十一日，己巳。自半夜大雾蔽海，咫尺不见。日方午始收。智舟人穿橹出珍珠门将向鼍矶岛猝为逆风所蹴旋舻走人珍珠门，与上，副船留泊。是夜子时，第六船自本国回还。始闻秦仁男所坐船，白牌船具尾来云。去国之后，似地家乡消息喜可掬也。

二十二日，庚午。大雾障港。日晚，风起雾消，海碧如铜，逆风犹壮，不得发船。留泊珍珠门。是夜，祭大海诸神。其文曰：

粤在前年，我来自东。片帆如鸿杳茫之中。苟无阴骘焉能利涉？百口安全，其盛矣德！由登抵京，克竣王事，深思前后，罔非神赐。复路回臬，旧日庙下。洋洋僾僾，如在上者，盍恒厥德，以永始终？重念贱价，海隅孤蒙。离家去国，万里中原，光阴几何，脱叶花繁。离堂鹤发，朝暮倚门。膝下稚儿，唤爷多时。彼此相悬，消息俱疑，求诸神道，定选人情？怜我怀亲，鉴我微城。护我行舟，便我飄风。一踔沧溟，旋泊箕封。祇荐香火，菲薄不丰。神乎顾享，恕我匔匔。

二十三日，辛未。早朝进天妃庙进香。岛人云：是日即圣母诞辰，故上史特举祀事祭风，祭罢，微风自南，张帆向鼍矶岛。

作者简介：洪冀汉，号花浦，明朝晚期朝鲜著名抗清"三学士"之一，官拜"司宪府掌令"，有《花浦先生航海朝天录》传世。

第三节　楹联　匾额

楹联

鲸海鳌波重运千艘之保障

凫飞鹜挽寰宇万物享太平

（乾隆仲夏山东巡抚国泰敬题）

惊涛骇浪飞帆稳似康庄相
风恬波静行客慌如周道仲
（同治九年仲夏山东巡抚丁宝桢敬题）
救父海中浑身是铜墙铁壁
警心梦里夙世有惠业灵根
（道教全家献于明洪武菊月谷旦）
灵迹著南溟千秋泽衍甫由鲸波开夷路
神恩昭北海百代流芳从此骇浪化生途
（嘉庆二十年岁次乙亥仲夏月
沾化信士张文才敬献）

匾额

神功济运　（咸丰皇帝题）
德被海疆　（中国国民党主席连战敬题）
圣母诚灵　弘开慈惠　舟命无咎
济世宜人　海天同佑　慈航普度
神昭海表　四海同光

庙会（2014年）

第二十八编　社会生活

1986年始，长岛县改革开放步伐不断加快，经济建设和社会建设快速发展，城乡社会面貌日新月异，人民生活水平逐年提高。1986年，全县国民生产总值1.1亿元，1995年超过10亿元，达到11.7亿余元，2005年超过20亿元，达到20.3亿元，2015年超过60亿元，达到62.4亿元，2018年为73.1亿元。1986年，城镇职工年均工资收入1380元，2018年年均收入达到74596元。渔民人均纯收入1986年1636元，2018年上升到22117元。全县社会保障体系建设不断完善，城乡人民先后实行养老保险、医疗保险、失业保险、工伤保险和生育保险，人民生活幸福指数不断提高，社会和谐稳定。全县精神文明建设与经济发展同步推进，经过连续不断的精神文明建设创建活动，长岛县多次被山东省评为“精神文明建设工作先进县”，被中央文明委授予“全国文明县城”称号。全县军民持续开展“双拥共建”活动，先后7次获“全国双拥共建模范县”称号。2017年，在全省群众满意度调查中，长岛县推进移风易俗、城乡环卫一体化两项工作群众满意度测评，列全省第一、第四，获山东省“移风易俗工作先进县”“城乡环卫一体化工作先进县”称号。2010年全省安全感满意度测评以来，长岛县5次名列全省前十，3次位列全省第一。

第一章　精神文明建设

改革开放后，长岛县物质文明建设和精神文明建设同步开展，精神文明建设全方位、多领域深入推进。同时，广泛开展社会主义精神文明创建活动，通过开展社会主义道德教育、社会主义核心价值观教育等活动，公民道德素质提高，人际关系改善，科学、健康、文明的社会风尚形成，精神文明建设取得丰硕成果，先后多次被山东省委、省政府授予“精神文明建设工作先进县”称号。2011年，中央文明委授予长岛县“全国文明县城”称号。

第一节　思想道德教育

思想道德教育包括政治思想教育和思想道德教育。1986年后，按照中共中央要求，在不同阶段开展不同内容的政治形势和政治思想教育活动。1987年，组织全县干部群众开展坚持四项基本原则的教育，印发宣传材料，组织宣讲队伍，深入乡镇、渔船，开展巡回宣讲。同年，举办党的十三大精神学习班，培训县直机关政工干部和乡镇政工书记、宣传委员，举办长岛9年改革变化展览。1988—1989年，组织开展关于生产力标准大讨论，围绕发展外向型经济、全面深化改革编写宣讲提纲，举办培训班，深入基层宣讲6场次，受教育群众2000多人次。印发《风雨征程改革路，十年胜过三十年》形势任务教育宣讲材料，并在广播电台连续报道。开展“我与这十年”有奖征文比赛、“渔业之声”电视文艺大奖赛、“忆十年、话改革、兴长岛”演讲比赛以及“党员在改革中亮相，在考验中闪光”等教育活动。1989年，在庆祝新中国成立40周年和长岛解放40周年之际，举办文艺晚会、长岛战役史展览、长岛革命烈士事迹展览、长岛革命斗争史知识比赛以及“三热爱”歌咏比赛，进行革命传统教育。1990—1991年，在全县开展以“反和平演变”为主要内容的思想教育活动，各级共举办理论骨干培训班33期，培训1340多人次，举办有2500多名干部群众参加的全县“双基”知识竞赛以及“党史、党建、党纪”知识竞赛活动。1992年，组织干部群众认真学习邓小平南方谈话、中共十四大报告和新修改的党章，利用广播、电视、黑板报、宣传栏进行多种形式的宣传。1995年，围绕建立渔村股份合作制，开展“三义”教育（爱国主义、集体主义、社会主义），在全县中小学校组织观看爱国主义影片，共放映33场，观看者11000多人次。开展渔村集中教育，培训宣讲骨干，在全县集中宣讲100多场次，渔村群众受教育面在90%以上，同时推选全省先进党员活动室——大钦岛乡东村党员活动室。结合养殖行业特点，教育重点选在滩头阵地建设上，宣讲干部走到海滩码头，与渔民一起劳动，促膝交谈，在休息时间支起小黑板，分发宣传材料，开展教育活动。1997年，全县干部党员开展“三讲”（讲学习、讲政治、讲正气）教育。1999年，开展“崇尚科学、远离迷信”教育。2000年，开展“双思”（致富思源、富而思进）教育。2000—2002年，持续开展“三个代表”重要思想教育。

2002年，在全县群众中开展公民道德建设教育，印发《学习宣传贯彻公民道德建设实施纲要的意见》。县文明办公室以《宣传工作简讯》为载体，编发宣传简报。县总工会组织全县职工开展职业道德学习宣传活动。教育系统组织全县师德教育演讲比赛。县妇联和团县委组织全县妇女和青年开展家庭美德宣传教育，举办尊老敬老报告会、家庭美德宣传一条街活动。大黑山乡南庄村把《公民道德教育十二讲》作为节日礼物赠送给每户村民。2004年，印发《关于建设“平安长岛”法律道德教育体系工作实施方案》，开展科教、文体、法律、卫生“四进社区”活动，健全渔村普法工作机制，深入开展素质教育、法律道德教育，推进文明家庭建设，完善法律道德教育体系。2008年，印发《长岛县“爱国拥军、爱心奉献、爱亲孝老、爱岛敬业”文明创建系统工程实施方案》，深入开展“四爱”教育，在各级党委、部门以及各级组织开展爱国拥军教育，在干部群众、社会团体中开展爱心奉献教育，在乡镇渔村、城乡家庭中开展爱亲孝老教育，在各行各业开展爱岗敬业教育。2009年，印发《关于认真组织好〈社会主义核心价值体系学习读本〉宣传学习的通知》，把《读本》发给党员、干部、渔村两委，推动学习活动深入开展。2010年，印发《关于在全县开展思想道德宣讲教育活动的实施方案》，充分运用文化大院、农民夜校、党员远程电教网络、社区宣传栏等宣传教育阵地，开展多种形式宣传。2012年，组织全县党员群众深入学习贯彻中共十八大精神，印发《关于深入学习贯彻党的十八大精神的实施方案》。2017年，围绕深入学习贯彻党的十九大精神，举办专题学习班，集中对科级干部进行轮训，各级党员干部群众按照学习计划，分阶段、分专题、有步骤地进行各个层面集中学习。2017—2018年，组织开展“砥砺奋进的五年”群众性主题宣传教育活动，举办“辉煌五年新发展”主题摄影展，开展百姓巡回宣讲活动。

第二节 文明创建活动

1986年后，长岛县以“创建海上文明县”“岛兴我荣，岛富我强，我为长岛添光彩”“争创文明城镇，争做文明长岛人”“创建精神文明品牌”等群众性精神文明创建活动为主线，广泛开展持续不断的精神文明创建活动。

1985—1987年，按照县委提出的三年内建成“海上文明县”的目标，在全县开展创建活动。共评出文明村32个，占全县渔村总数的80%；文明乡镇5个，占乡镇总数的50%；县直文明单位38

个，占企事业单位总数的63%；文明船140条，占捕捞船只总数的46%；文明户2474家，占全县家庭总数的27%；五好家庭8057个，占全县家庭总数的96%；文明联合体349个，占经济联合体总数的36%；各类先进人物894人。1993—1999年，全县开展“岛兴我荣，岛富我强，我为长岛添光彩”文明创建活动。1996年，开展建设以绿化、净化、美化为重点的“海上花园”活动。1997年，实施精神文明建设“六大工程”（素质教育工程、窗口形象工程、文明创建工程、环境美化工程、繁荣文化工程、社会稳定工程）。实施和完善“三星级文明单位、十佳文明长岛人、十星级文明户、青年科技状元、创汇杯、最佳服务窗口、文明出租车”等评选活动，推出14个家庭建设样板，20个十星级文明家庭标兵以及各类先进个人。1998年，长岛县获“山东省第四届精神文明建设工作先进县”称号。

2000年始，在全县文明单位中实施文明建设品牌工程。各文明单位分别根据自身的地域、行业、文化等方面的特点和优势，选取一个方面作为本单位精神文明创建工作的突破口，形成自身具有标志性的精神文明工作品牌。县电视台开辟“文明建设品牌榜”栏目，对25个文明单位分别进行宣传。2001年，长岛县获全省“第五届精神文明建设先进县”称号。2002年，开展构建“海上文化长廊”活动。2003年，砣矶镇渔民在党委书记王成强率领下，冒险救助遇险的轮船，将81名遇险人员全部救起，受到交通部和省、市的隆重表彰。2005年，组织开展“诚信旅游、文明服务”创建活动，对全县近1000家渔家乐经营业户进行量级评定。2008年，开展“文明一条街”创建活动。2010年，开展“读唱讲做”活动，提倡人人读好书、唱好歌、讲礼仪、做文明人。2011年，实施“做文明人、创文明岗、建设国际休闲度假岛”文明创建活动。2012年，开展“三爱三心三创”主题创建活动，即爱国拥军、爱岛敬业、爱亲孝老；志愿服务热心工程、做文明人创文明岗诚心工程、海岛周末喜相逢开心工程；创全国双拥模范县、创国家卫生城市、创全国文明县城。是年，创办并启用“长岛文明网”，打造精神文明建设网络平台，推动全县精神文明建设深入开展。2013年，开展“四德工程建设”，即社会公德、职业道德、家庭美德、个人品德建设。长岛县当选2013—2014年度烟台市“四德”工程建设示范县。同年，全县开展社会主义核心价值观宣传教育活动。2015年，蓬长航线开展文明创建活动，首先组织航线全体从业人员开展3次大规模的培训活动，包括长岛特色旅游景点介绍，文明服务礼仪、文明服务规范化演练等。2016年，组织航线4家海运企业管理人员考察学习，提升服务档次。编印《蓬长航线从业人员服务手册》，为每人建立一套完备的诚信档案，强化员工管理。2017年，开展“千人评航线”活动，将广大旅客的意见和建议梳理后制定整改措施。是年，全县开展“公民文明出行”专项行动，营造良好交通秩序，构建文明公共秩序，打造优美公共环境。2018年，印发《长岛县新时代文明传习中心创建工作方案》，先后建成长岛新时代文明实践中心和2处长岛新时代文明实践站。依托长岛军民融合纪念馆和长岛新时代文明实践大舞台等文明实践基地，多次开展歌舞晚会、集中教育活动和群众广场舞活动。

第三节　文明城市建设

2004年，长岛县开始创建文明城市工作，成立“创城”工作领导小组，通过并宣传《城市爱国卫生工作管理办法》，依据《全国文明城市（县级市）测评体系》制定《长岛县任务指标分解方案》，落实分管领导和责任部门及单位。“创城”工作由此在全县展开。

长岛县聘请北京大学和山东省规划设计院对长岛城市建设进行总体规划，对城区进行系统翻新改造，开工建设7.8公顷富有时代气息的明珠广场，建成高档次的滨海观光大道和滨海广场。按照海上花园市标准，制订海岛美化方案，购进20余个品种大型美化树木2000余棵，各种灌木4万余株，栽植花草4万盆，对城区广场街路进行美化绿化，整个海岛达到“三季有花、四季常绿”和“春季有花、秋天有果”的标准。2008年，长岛县把创建文明县城作为提升群众文明素质、提升县城品位形象、提升综合竞争力、提升发展软实力的重要载体和主要抓手，严格对照《文明城市测评细则》总体要求强化措施，统筹推进，狠抓工作落实，文明城市创建工作进一步向前推进。通过媒体广泛宣传，大造舆论和声势，鼓舞广大干部群众的创城积极性；编写《文明礼仪知识读本》，广泛传播文明知识，提高群众文明素质；开展文明行动下乡村进社区上街道入学校活动，创城工作家喻户晓，人人参与。全县开展“三个活动”，即搞活长岛人精神教育活动，搞活爱党爱国献爱心活动，搞活海岛特色文化活动。坚持“三个拥军”，即保持“物质拥军”传统，加大“文化拥军”力度，增强“思想拥军”实效。2011年，经过山东省、中央文明委检查测评，各项创城指标达到规定标准。是年8月8日，山东省文明委授予长岛县“创建文明城市工作先进县”称号，11月28日，中央文明委授予长岛县“全国文明县城”称号。

此后，长岛县继续抓好文明城市巩固、提升工作，创城活动持续开展。2015年，全面推进社会主义核心价值体系建设，持续开展思想道德建设和“乡村文明行动”“文明一条街”建设，进一步做好城乡环卫一体化工作，推动“蓬长航线文明创建”活动。2016年，印发《全县创建文明旅游环境方案》，将创建文明旅游环境与全县精神文明创建活动紧密结合，全面提高海岛干部群众特别是旅游从业者的道德水准、诚信意识、文明素质和服务水平。至2018年，全县文明城市创建活动持续开展。

第四节　典型选树活动

1985—1987年，全县开展“三年建成海上文明县”的创建活动，包括创建文明乡镇、文明村、文明单位、文明船(队)、文明户等，根据各自的创建标准，一一检查验收。1988—1990年，全县继续深入开展文明乡镇、文明村、文明单位创建活动。至1990年，全县已有80%的乡镇、85%的渔村、70%以上的企事业单位成为县级“文明单位”。1991年始，在全县渔村和企事业单位开展争创“三星级”文明单位活动，一年一评。1999年，在继续评选“三星级”文明单位的基础上，又增加“精神文明建设先进单位”评选考核活动，每年评选出年度精神文明先进单位并予以表彰。2000年，在县直机关开展创建“文明机关”活动，按评选标准一年一评。2006年，在全县开展文明楼院创建活动。2007年，孙明高、徐维金、王涛、朱桂芝当选省市级道德模范。2009年，在烟台市评选的100位英雄模范中，刘延凤、孙明高、冷彩凌、蔡大禹名列其中。在第二届烟台市道德模范推荐评选中，县电力公司的王波获“见义勇为道德模范”称号，县消防大队董琳获“敬业奉献道德模范”称号。2013年，长岛县举办首届“长岛好人”颁奖典礼，9个个人和1个团体受到表彰。是年，葛丽华被评为“十佳烟台好人”，张巧英、葛丽华、王延起、葛长志被评为烟台市第四届“道德模

第三届“长岛好人”颁奖典礼(2018年)

范”。2014年，全县组织开展第二届“长岛好人”评选活动，8名个人和2个团体受到表彰。2016年，在第一届全省文明家庭评选中，马永昆、刘淑英家庭当选。2017年，刘小彩被评为“山东好人——每周之星”，贾平、刘小彩被评为烟台市第六届“道德模范”。长岛“手拉手志愿服务队”被评为全省“最佳志愿服务组织”，宋海建、田锦家庭以及梁晓燕、刘玉光家庭，被评为烟台市“第一届全市文明家庭”。2018年3月6日，长岛县举办第三届“长岛好人”暨三八妇女节颁奖典礼，共表彰13类128名“长岛好人”，75名（个）妇女工作先进单位和个人。

第五节　双拥共建工作

作为海防前哨的长岛县，革命战争年代形成的拥军优属、拥政爱民光荣传统，长期以来，双拥共建是长岛军地坚持不懈开展精神文明建设的一项重要工作。1992—2018年，长岛县7次获全国双拥模范县称号，双拥共建成为长岛最亮丽的政治名片。为记载长岛双拥共建工作，志书专设《双拥共建》编，详细内容参见第二十二编《双拥共建》。

第六节　渔村精神文明建设

在全县推动精神文明建设过程中，渔村精神文明建设是一个重要方面。1988年始，全县渔村全部纳入精神文明建设之中，其内容包括渔村基础设施建设、村容村貌、文化氛围、渔民思想面貌等软硬件方面。建设过程中严格按县统一标准执行，坚持实事求是原则，坚持上档次上质量，促进渔村面貌发生实质性变化。1998年，各乡镇、城区街道办事处实施全新细胞工程，包括开展“十星级文明家庭”“十星级文明家庭标兵户”“特色家庭”“文明家庭”“好婆婆”“好媳妇”“好丈夫”评选活动。1999年，开展“文明乡镇、三星级文明单位、十星级文明户、倡新风模范户、特色家庭”创建评选活动，协调有关部门，推动城乡联动，开展“迎回归、跨世纪”主题文化活动。渔民形成追求“双富有”新风尚，出现南隍城村“别墅楼住进高素质人”、王沟村“一渔一游一文渔家乐”新气象。主题文化活动中，涌现王沟村“奶奶秧歌队”、小黑山村“妈妈演出队”、南城村“青年民乐队”等7个民间文艺组织，小钦岛村、南庄村“渔民书画协会”进行书画展览交流，北长山乡和南长山镇的10多个渔村分别举办“消夏文艺晚会”，形成“干群同赛、妇幼同欢、老少同唱、夫妻同舞、军民同台、城乡同乐”的浓厚文化氛围。2002年，南隍城村以其雄厚的经济基础和现代化的基础设施建设被中央文明委授予烟台市唯一一个“全国创建文明村镇工作先进单位”，小钦岛村以其扎实的基础工作和闪光的英雄事迹被烟台市委、市政府隆重表彰，并被山东省委、省政府授予“省级文明单位”称号，大黑山乡南庄村、砣矶镇井口村等一批单位被烟台市委、市政府授予“市级文明单位”。

2007年，全县开展“渔村文明一条街”创建活动，要求渔村选择一条本村主要街道，开展大环境卫生整治，消灭脏乱差现象，达到全县统一卫生标准。街道地面要硬化、绿化、美化、净化；墙面要有宣传栏、阅报栏、公开栏、村规民约以及宣传标语等；街道要亮化，路灯安装完好，按要求管理使用。全县40个渔村按要求全部建成文明一条街，建成率达100%。2012年，全县评选出“乡村文明行动”示范乡镇（街道）3个、示范村18个、特色文化村3个。

2014年，长岛县开展城乡环卫一体化乡村文明行动，把“建设美丽海岛，发展全县旅游”作为重大民心工程，进一步理顺体制机制，加大资金投入，完善设施建设，全面改善城乡环境面貌。城乡环卫一体化覆盖所有村居，覆盖率达到100%。在全省132个县（市、区）参评的乡村文明行动城乡环卫一体化电话调查中，长岛县综合得分位列全省第七名、全市第三名，按照省、市考核标准，达到城乡环卫一体化全覆盖标准。2016年，庙岛村、山后村、南庄村当选第四批省级“乡

村文明家园”建设示范村。2017年，南城村成为第五批省级建设示范工程项目建设单位。2018年，长岛县在山东省乡村文明行动群众满意度调查中获全省第一。在乡村文明行动“百镇千村”建设示范工程中，砣矶镇、北隍城乡被评为示范乡镇，南长山街道、黑石嘴村等16个村被评为示范村。

第七节　志愿服务工作

2007年5月22日，长岛县成立由县文明办牵头的长岛县志愿服务领导小组，指导县域内各志愿者服务组织，做好社会服务工作。为规范志愿服务组织的志愿服务行动，制定《长岛县志愿服务组织管理办法》。2012年，整合党员、青年、妇女、慈善义工等志愿服务组织，成立长岛县志愿者协会，召开第一次会员代表大会，成立志愿者服务中心1个、志愿者服务站7个、基层志愿者服务队14支，注册志愿者200余人。是年，制定《关于在全县深入开展志愿服务活动的实施意见》，规定志愿服务开展的基本原则、工作体系、运作机制，进一步规范全县志愿者服务活动有序开展。随之，成立县志愿服务工作领导协调小组，建立协调小组工作制度。志愿者组织机构健全后，举办“三关爱”志愿服务活动启动仪式(关爱他人、关爱社会、关爱自然)，开展以“爱岗敬业我带头”“清洁家园我参与”“敬老扶弱我行动”“长岛旅游我服务”“生态环保我先行”为主题的志愿服务五大行动。2013年，印发《“热心长岛志愿者”志愿服务方案》，建立志愿者分会10个，志愿服务队25支，全年开展义务植树、景区服务、环境清理、认养绿地、承包街区等义务活动15次，累计参加人数100人次。2014年，推进志愿帮扶活动，重点关爱空巢老人、留守儿童和残疾人。2015年，建立志愿者微信服务群，传达信息，表扬好人好事，充分调动志愿者的工作积极性。2016年，推广“菜单式”志愿服务工作模式。登记注册具备一定专业特长的志愿者，通过“你点我供”的精细化运作模式，为志愿者和求助者之间搭建服务平台，实现志愿资源有效整合和志愿服务供需对接，促进志愿服务规范有序、优质高效。在2016年度全省“最美志愿者、最佳志愿服务项目、最佳志愿服务组织、最美志愿服务社区”先进典型评选中，刘长庆被评为“最美志愿者”。2017年，全县各乡镇(街道)、机关、企事业单位全部建立志愿服务组织，全年开展各类志愿服务活动400余次，参加活动志愿者5000余人次。2018年，志愿者协会完成改选。开展进军营志愿服务、进敬老院为孤寡老人服务、进家庭为留守儿童服务以及其他志愿服务活动。

第八节　未成年人教育

未成年人教育是长岛县精神文明建设的一个重要方面，长岛县重视建立健全未成年人思想道德教育领导体制和工作机制，切实把未成年人思想道德建设各项工作落到实处。2002年，成立长岛县未成年人思想道德教育工作领导小组，制定未成年人思想道德教育工作制度，建立健全长岛县未成年人学校、社会、家庭三结合教育网络。团县委、教文体局、工商局、公安局、财政局、通信公司、文明办等单位联合制定文明网吧有关管理制度、青少年网络文明活动实施方案、青少年网络文明公约等，引导教育青少年安全健康上网、拒绝不良诱惑。开展“平安校园”创建活动，以学校周边环境综合治理为重点，建立健全管理机制，全面做好校园安全工作。在青少年中，开展“诚信”实践活动，要求学生对社会诚信、对学校诚信、对他人诚信、对自己诚信、对家庭诚信，并把诚信评估机制与个人操行评定、就业和升学前途联系起来，培养学生树立正确的人生观。2012年，印发《长岛县加强未成年人思想道德建设工作实施方案》，全面促进未成年人健康成长。实施未成年人思想品德建设“心灵工程”，开展“经典诵读、爱我中华”主题实践活动以及感恩教育，定期举办“家庭教育大讲堂”，邀请知名家教专家授课，优秀家长交流成功家教经验，全面提高家庭教育质量和水平。是年，争取中央财政彩票专项公益资金，建成砣矶学校少年宫。2013年，争取中央财政专项彩票公益金建成北长山乡中心小学少年宫，争取市级财政专项资金建成县第二实验学校少年宫。2015年，争取省级财政专项彩票公益金建成县第一实验学校、大钦岛中心小学少年宫。2017年，在全县各中小学校开展“我的中国梦”主题教育实践活动，以培养学生的高尚情操，提高学生的思想道德水平。2018年，通过开展“新时代好少年”“传承红色基因”、中华优秀传统文化传承、劳动美社会实践、“阳光成长”心理健康教育等活动，引导学生从小种下社会主义核心价值观种子，扣好人生第一粒扣子。

第九节　移风易俗

长岛县在精神文明建设中，一方面加强新思想、新道德、新观念的宣传教育，同时开展移风易俗宣传教育活动，坚持破旧立新，提高人民群众的思想觉悟和道德情操。

1992年，全县将移风易俗作为精神文明建设的重要内容，运用会议、广播、电视、黑板报、宣传栏、干部职工带封信回家、送宣传品到户、走街串巷宣传等各种形式，广泛开展以“五提倡，五反对”（提倡崇尚科学，反对聚众赌博；提倡婚姻自由，反对买卖婚姻；提倡邻里和睦，反对宗派纠纷；提倡艰苦奋斗，反对铺张浪费；提倡精神文明，反对封建迷信）为主要内容的移风易俗宣传教育活动，坚持勤劳致富、艰苦创业，诚信营商、不欺不诈，勤俭节约、不铺张浪费，生活不奢靡，做事不迷信，反对赌博吸毒等，移风易俗在全县蔚然成风，营造树新风光荣、循旧俗可耻的社会舆论环境。党政部门、宣传部门与有关部门配合，对全县移风易俗活动进行检查，发现问题及时纠正整改，遏制不良风气，净化社会环境。2015年，印发《关于倡导文明新风尚——我们的节日·清明节主题活动的通知》，广泛发放张贴《长岛县文明祭祀倡议书》，引导群众清明节祭扫移风易俗，自觉摒弃焚烧纸钱、燃放鞭炮和铺张浪费、奢侈挥霍的旧祭扫陋习。全县干部职工签订《长岛县干部职工文明祭扫承诺书》，倡导文明、环保、健康的新的祭祀方式，同时宣传介绍清明节来历、清明节习俗等优秀传统文化内涵和文明过节理念，引导海岛群众破旧俗树新风。

2016年，长岛县成立移风易俗工作领导小组，印发《长岛县乡村文明行动移风易俗工作方案》《红白理事会工作章程》范本，要求全县40个行政村均成立红白理事会，按规定开展工作。红白理事会章程写进村规民约，要求在婚丧嫁娶中文明理事，破除陈规陋习，婚事新办，丧事简办，反对铺张浪费，大操大办。利用各种会议广泛宣传、讲解红白喜事有关政策规定，介绍外地新的做法和经验，提高红白理事会成员的政策水平和办事能力。同时，印发《关于建立全县乡村文明行动移风易俗工作联席会议制度的通知》，明确乡村文明行动移风易俗工作的总体要求，确保各项工作任务有效落实，收到成效。2017年，在机关企事业单位中，开展“文明祭扫我承诺”活动，组织干部职工签订文明祭扫承诺书，要求干部职工带头行动，以身作则，遵守有关法律法规，执行有关规定，做文明祭扫、节俭祭扫的带头人和表率。2018年，县文明办发起“崇尚新风、文明祭祀”主题活动，倡导安全祭祀、文明祭祀、绿色祭祀、节俭祭祀，引导商户转变经营观念，不经营封建迷信祭祀品，在清明节、中元节、春节等重要祭祀节日，开展鲜花置换传统祭祀品行动。群众逐渐转变旧的传统观念，树立新风气、新风尚，思想面貌焕然一新。

第二章 居民生活

第一节 收 入

城镇居民收入

80年代，长岛县城镇居民收入以工资性收入为主。1986年，全县城镇非私营单位就业人员年人均工资1380元，此后每年人均工资收入均有大幅增长，至1990年人均工资提高到1961元，至1992年人均增长到2425元，1993年上升为3011元，1995年为4512元。城镇居民就业人员平均工资增长的原因除国家调资因素外，还有企业采取工资与经济效益挂钩、与职工个人劳动成果挂钩和考核浮动等因素。至90年代中后期，工资收入呈现快速增长趋势，1996年年平均工资5388元，至1999年增长到7842元。至2003年，长岛县城镇居民年均工资突破万元，达到10224元，2007年上升到20714元，2011年继续上升到34057元，至2018年，人均年工资达到74596元。

1986—2018年长岛县城镇非私营单位就业人员工资情况统计表

表28-1

年份	工资总额（万元）	年人均工资（元）	年份	工资总额（万元）	年人均工资（元）
1986	908	1380	2003	7340	10224
1987	1054	1412	2004	8096	12568
1988	1454	1726	2005	8495	15797
1989	1644	1881	2006	9734	17972
1990	1763	1961	2007	10535	20714
1991	2004	2186	2008	12440	23804
1992	2375	2425	2009	13826	26083
1993	2890	3011	2010	15980	29001
1994	4230	4362	2011	19351	34057
1995	4377	4512	2012	21477	39128
1996	5434	5388	2013	24008	43148
1997	5727	6294	2014	27304	49761
1998	5976	7182	2015	32840	60803
1999	6120	7842	2016	31631	68494
2000	6594	8764	2017	36378	70011
2001	7299	10792	2018	35881	74596
2002	7525	9625	—	—	—

渔民收入

1986年，全县渔民人均纯收入1636元。之后，渔村大力发展乡镇企业，以扇贝、海带养殖为主体的海水养殖业得到快速发展，收入随之大幅度增加。1996年，渔民人均纯收入达到5599元，比1986年增长2.42倍。1997年，受到养殖扇贝大面积死亡和亚洲金融危机双重影响，收入开始下滑。1999年，全县渔民纯收入下降至低谷，仅为3190元。2000年后，渔民人均纯收入开始恢复性增长，2005年渔民人均纯收入达到6008元。2014年，渔民人均纯收入提高到18466元，比1999年，提高4.8倍。2015年，全县经济指标改为渔民人均可支配收入，当年渔民人均可支配收入为17208元。2018年，渔民人均可支配收入为22117元，为历史上最高年份，比1986年渔民人均纯收入提高了12.52倍。

1986—2018年长岛县渔民人均纯收入统计表

表28-2 单位：元

年份	渔民人均纯收入	比上年增加	比上年增长%
1986	1636	297	22.2
1987	2105	469	28.7
1988	2914	809	38.4
1989	1631	-1273	-44

续表28-2

年份	渔民人均纯收入	比上年增加	比上年增长%
1990	1582	-49	-3
1991	1773	191	12.1
1992	2218	445	25.7
1993	2918	700	31.6
1994	3616	698	23.9
1995	5191	1575	43.6
1996	5599	408	7.9
1997	4957	-642	-11.5
1998	3467	-1490	-30.1
1999	3190	-277	-8.2
2000	3309	119	3.7
2001	3581	272	8.2
2002	3936	355	10
2003	4302	366	9.3
2004	4969	667	15.5
2005	6008	1039	20.9
2006	7052	1044	17.4
2007	8391	1339	19
2008	10019	1628	19.4
2009	10805	786	0.8
2010	12286	1481	13.7
2011	13666	1380	11.2
2012	15048	1382	10.1
2013	16588	1540	10.2
2014	18466	1878	11.3
2015年开始，统计指标改为渔村居民人均可支配收入			
2015	17208	—	—
2016	18502	1294	7.5
2017	20455	1953	10.6
2018	22117	1662	8.1

第二节　消　费

城镇居民消费

80年代，长岛县城镇居民生活消费以计划供应为主，凭票供应，按计划购买，吃粮靠粮本，穿衣凭布票，其他生活必需品大多凭票证供应。自行车、手表、缝纫机皆为当时青年男女结婚追求的“三大件”。80年代中后期，城镇居民生活开始发生变化，除“三大件”外，收录机、电视机、电风扇、洗衣机、电冰箱、组合家具等高档电器逐渐进入居民家庭，城镇部分家庭开始安装固定电话。1992年，全县取消粮油按计划供应，布票及其他票证也随之取消。2000年后，家用电脑、摄像机、数码相机、液晶等离子电视机、手机、小轿车开始进入城镇居民家中。除物质消费外，居民文化生活消费水平不断提高，子女教育、文化娱乐、书报订阅、休闲旅游等诸多方面的开支逐渐增多。长岛县城镇居民人均生活消费支出2018年为25354元/人。

渔（农）民消费

80年代前，境内渔村居民以粗粮为主食，主要是玉米、地瓜，辅以高粱、小米、大豆、小麦等。1986年后，渔村居民生活水平逐年提高，饮食条件好转，细粮逐渐增多，以小麦粉、大米为主，粗粮为辅，副食品有海产品、肉类、蛋类、豆腐、粉条以及各种蔬菜。

90年代中后期，肉、蛋、奶及其制品消费量上升。进入21世纪后，渔村居民饮食结构发生变化，粮食消费逐渐减少，副食消费增加，尤其是水产品、肉、禽、蛋、奶销量增加。农村经济调查户调查资料显示，2012年人均主要食物消费量粮食108.6千克，肉、禽、蛋、奶消费量44.9千克，水产品消费量17千克，蔬菜消费量92.5千克。2015年人均主要食物消费量粮食98.2千克，肉、禽、蛋、奶消费量61.9千克，水产品消费量24.6千克，蔬菜消费量124.8千克。80年代中后期，商品供应逐渐丰富，人均生活消费支出增多，各种家用电器、耐用

2011—2015年长岛县农经调查户人均生活消费支出统计表

表28-3　　单位:元

年份	合计	其中							
		食品	衣着	居住	家庭用品及服务	交通通信	文化用品	医疗保健	其他
2011	6425	2989	740	961	256	543	174	678	84
2012	7158	3145	703	927	391	905	289	625	173
2013	8894	2739	881	1084	506	789	264	1119	326
2014	9202	3820	1683	1294	487	934	567	126	291
2015	9466	3065	786	3073	416	950	481	546	149

2011—2015年农经调查户人均主要食物消费量统计表

表28-4　　单位:千克

年份	粮	油	蔬菜	肉禽蛋奶	水产品	烟酒	茶饮料	其他
2011	345	174	341	732	258	247	46	621
2012	358	224	331	721	240	281	31	681
2013	350	192	389	901	325	355	69	761
2014	269	175	247	1011	548	642	139	567
2015	263	138	226	868	409	389	141	631

2011—2015年长岛县农村调查户耐用品拥有量户数统计表

表28-5　　单位:户

物品名称	2011	2012	2013	2014	2015
洗衣机	47	48	48	49	50
彩电	50	50	50	50	50
电冰箱	49	50	50	50	50
摩托车	13	14	15	16	23
照相机	10	15	17	20	24
固定电话	31	37	40	42	43
热水器	32	37	43	47	49
摄像机	5	1	2	3	3
移动电话	33	47	49	49	50
家用计算机	22	25	32	40	46
空调	15	12	16	19	24
抽油烟机	28	33	35	38	42
微波炉	12	10	11	12	13

说明:参与调查户总数为50户

消费品成为村民生活消费的重要方面,所占比重逐年增大。农村经济调查户生活消费支出中2011年人均家庭用品及设备消费支出260元,人均交通通信消费支出543元,人均教育文化娱乐消费支出174元,人均医疗保健消费支出678元。2015年人均生活用品及服务消费支出416元,人均交通通信消费支出950元,人均教育文化娱乐消费支出481元,人均医疗保健消费支出546元。

第三节　交　通

进入80年代,陆上交通开始由自行车改换成轻型摩托车,1985年城镇居民开始购买小汽车。2003—2007年,5年间全县摩托车达到18674辆,小型以上汽车11406辆。此后,摩托车拥有量开始下降,私家汽车逐渐增多,2008—2012年,5年间摩托车下降到16794辆,小型以上汽车增加到17282辆。2013—2017年,摩托车和汽车的变化态势依旧保持前5年的状态，摩托车下降为6658辆，小型以上汽车上升为27640辆。至2018年，全县摩托车仅有1033辆，小型以上汽车为6839辆。

第四节　住　房

城镇居民住房

80年代前，长岛县城镇居民住房比较紧张，房屋建筑质量不高，城区民房与乡村民房大体类似。80年代后，房屋由过去的平房开始向楼房发展，房屋大跨度、带套间，宽敞明亮，建筑采用钢筋混凝土结构，内设卧室、客厅、厨房、卫生间以及储藏室等。青年男女结婚大都要盖一套新房，先富起来的居民家庭开始建造二层楼房。1986年，人均居住面积20余平方米。随着城镇居民生活水平的不断提高，收入不断增长，县城和乡镇开始统一规划，建造居民小区，以多层楼房形成独立居民小区，人均居住面积随之增长，至2018年，抽样调查人均居住面积40平方米。

渔（农）民住房

80年代前，长岛县农村居民住房开始对传统民居翻新改造，之后村民建房需向村里申请，待批给房基地后方可建房。有些经济基础较好的村，村政建设（包括居民住房）开始统一规划。80年代，村民新建住房多为砖、石、灰、土混合结构，泥瓦苫顶。90年代，新盖住房多为砖、石、灰结构，水泥地面，并配建耳房或小平房，有的在院中砌筑花坛，铺水泥甬道。小平房建筑有利于晾晒海物，安装太阳能。80年代以后，经过村里统一规划后新建居民住宅，房屋统一设计，建筑标准一致，住房面积和质量较以前均有较大变化，有的是新式平房，有的是二层或多层楼房。以南隍城村为例，90年代村里开始统一规划，1994年首批别墅楼动工兴建，一共10幢，可入住20户，每幢建筑面积286平方米。至1997年先后有66幢别墅楼竣工，有132户渔民迁入新居。新建别墅楼均为两层，楼顶为红瓦起脊，楼体白瓷砖贴面，远远望去，在青山绿水衬托下，格外美观漂亮。与别墅楼相配套的建筑还有公园、街道、围墙、大门垛口等，彰显出海上仙山意境。房间内有客厅、餐厅、厨房、卫生间、卧室，每户面积一般在130～150平方米，自来水管、闭路电视线、电话线、照明线、排污管道一律埋入地下。新建村民住宅与城市居民住宅面貌日趋一致。

第五节　城乡居民储蓄存款

80年代，长岛县储蓄存款包括城镇储蓄存款和社员储蓄存款。1986年，全县城乡居民储蓄存

2011—2015年长岛县农经调查户基本情况统计表

表28-6

年份	调查户数	人口状况（人）		房屋情况（平方米）		
		常住人口		年末住房面积	其中	
		合计	整半劳力		砖木结构	钢筋结构
2011	50	145	95	4004	3904	100
2012	50	144	98	4059	3906	150
2013	50	142	97	4059	3906	150
2014	50	147	72	6557	5727	830
2015	50	145	71	6691	5744	947

款余额总计6224万元。其中，城镇储蓄存款余额总计2165万元，社员储蓄存款余额4059万元。1990年，城镇储蓄存款和社员储蓄存款合并，统称城乡储蓄存款，当年全县城乡储蓄存款余额23856万元。随着改革开放的不断深入，储蓄存款逐年增长，至2018年，全县城乡居民储蓄存款余额303508万元，是1986年的48.7倍，人均存款7.3万元，户均存款20万元。

第三章　社会保障

1986年，长岛县社会劳动保险事业处成立，继续实行合同制职工养老保险制度。1992年7月，干部、企业固定工、计划内临时工养老保险启动。1993年，长岛县机关事业单位社会保险处、长岛县农村社会养老保险事业管理处成立。1994年，农村社会养老保险启动。1995年4月，机关事业单位固定工养老保险启动。1996年，实行企业职工大病统筹。1997年，机关事业单位医疗保险处成立，机关事业单位推行医疗保障制度改革。1999年，劳动和社会保险职能、农村社会养老保险职能分别由长岛县计划统计委员会、长岛县民政局划归长岛县人事劳动和社会保障局。2002年，城镇职工基本医疗保险启动。2004年7月，实现养老、失业、医疗、工伤、生育五险“一票征缴”。2007年，实行新型渔村合作医疗。2008年，城镇居民基本医疗保险启动。2011年，城镇居民社会养老保险启动，实现社会养老保险制度“全覆盖”。2012年11月，机关事业单位社会保险处、农村社会养老保险事业管理处、城镇职工医疗保险事业处、社会劳动保险事业处合并组建长岛县社会保险服务中心。2014年，长岛县社会保险“一体化”正式开启，养老、医疗、失业、工伤、生育等社会保障体系建设逐步完善。

第一节　养老保险

企业养老保险

1986年9月，成立县社会劳动保险事业处，全县实行合同制职工缴纳养老保险金制度（含机关事业单位）。缴纳比例为：全民单位缴纳工资总额的18.5%，集体单位缴纳工资总额的20%，职工个人每月缴纳2元。1992年7月，干部、企业固定工、计划内临时工纳入企业养老保险范围。是年7月，合资企业按工资总额的22%计算，个人每月缴纳3元。1993年7月，调整缴纳比例，企业统一改为19.5%，个人为2%。1994年10月，驻岛部队所属5家企业的38名职工纳入全县基本养老保险统筹，并接收其所属企业的18名退休人员。

1996年始，全省实行养老保险个人账户制度，按工资总额的11%计入个人账户。1997年1月始，全面实行离退休人员养老金社会化发放，当年发放693人481.7万元。1998年，个人缴纳比例调整为4%。1999年，企业缴纳比例提升到20%，个人缴纳比例为5%。2001年1月，个人缴纳调整为6%。2003年，个人缴纳比例调整为7%。同年，全县第一家乡镇企业开始参加企业养老保险，拉开全县乡镇企业参保序幕。

2001年4月，实现养老、失业、医疗、工伤、生育五险“一票征缴”。是年，按国家规定，将260名未就业随军配偶移交部队管理。年内实行企业退休人员社会化管理服务，共移交823人，其中向乡镇移交98人、向城区街道办移交715人。2005年，个人缴费比例调整为8%，实行社会化管理服务的企业退休人员1092人。2006年，实行新的企业职工养老保险基本养老金计发办法，并设立5年过渡期（后延长一年过渡期至2011年结束）。2006年10月，启动“金保”工程，

1986—2002年长岛县企业养老金收入支出情况统计表

表28-7

单位:万元、人

年份	养老金收入	参保人数	养老金支出	离退休人数	当年结余	滚存结余	备注
1986	21.6	1138	—	—	21.6	21.6	当年未接收离退休人员
1987	51.8	4107	41.1	138	10.7	32.3	含机关事业参保人员
1988	93.1	4412	69.7	251	23.4	55.7	含机关事业参保人员
1989	191.2	4608	120.3	274	70.9	126.6	含机关事业参保人员
1990	183.1	6038	142.6	294	40.5	167.1	含机关事业参保人员
1991	211.1	6387	154.5	332	56.6	223.7	含机关事业参保人员
1992	315.6	6200	225.9	330	89.7	313.4	含机关事业参保人员
1993	379.7	6344	326.5	397	53.2	366.6	含机关事业参保人员
1994	407.3	4762	366.0	393	41.3	407.9	8月,机关事业单位养老保险金由社会劳动保险事业处转出
1995	444.5	4489	411.3	584	33.2	441.1	—
1996	515.4	4472	436.6	629	78.8	519.9	—
1997	490.7	4406	586.1	693	-95.4	424.5	—
1998	512.3	4107	490.2	702	22.1	446.6	—
1999	452.6	4002	515.6	720	-63.0	383.6	—
2000	584.5	4132	565.8	724	18.7	402.3	—
2001	802.5	4343	612.3	767	190.2	592.5	接收事业改企单位33家,参保职工800多名,离退休人员46名和供养直系亲属2名
2002	708.6	4625	772.0	803	-63.4	529.1	—

实行与全烟台市联网。

2010年,将长岛县“海岸带拆迁人员”纳入城镇企业职工养老保险和医疗保险统筹范围。2010年7月,企业缴费比例下调为19%。2011年,为606名“海岸带拆迁人员”办理补缴手续(其中办理一次性补缴手续538人,办理一次性趸交退休手续68人)。是年7月,企业缴费比例下调为18%。2013年12月,首次对企业因病或非因公在职死亡人员丧葬费和一次性救济费给予拨付。

2017年12月27日,烟台市委印发文件提出“市级统筹解决长岛企业职工基本养老保险和居民基本医疗保险(2018—2020年)基金缺口部分”。2018年,长岛县共有参保职工6290人,养老金总收入15937.9万元,养老金总支出16144.4万元。2013—2018年,全县企业养老保险基金缺口累计33827.1万元,其中市级统筹基金拨付32458.27万元,县级财政补贴1368.83万元。

2003—2018年长岛县企业养老金收入支出情况统计表

表28-8 单位:万元、人

年份	养老金总收入	其中			参保人数	养老金总支出	其中:基本养老金支出	离退休人数	当年结余	滚存结余
		基本养老保险费收入	市级统筹金拨付	县级财政补贴						
2003	870.5	842.7	—	—	4364	808	793.4	872	62.5	591.6
2004	1003.6	980.2	—	—	4466	983	897.7	968	20.6	612.2
2005	1314.7	1267.8	—	—	4617	1091.3	1075.1	1069	223.4	835.6
2006	1589.6	1500.5	—	—	4717	1342.8	1308.9	1177	246.8	1082.4
2007	3020.7	2812.2	—	—	4819	1772.4	1623.3	1286	1248.3	2330.7
2008	2437.7	2286.8	—	—	5460	2376	2240.1	1438	61.7	2392.4
2009	2672.2	2434.5	—	—	5569	2768.1	2530.5	1602	-95.9	2296.5
2010	2836.9	2665.6	—	—	5639	3405.2	3307	1806	-568.3	1728.2
2011	5835.4	4625.6	—	—	5744	4216	4115.4	2176	1619.4	3347.6
2012	3812.7	3546.7	—	—	6050	5503.8	5429.2	2650	-1691.1	1656.5
2013	6224.7	3256.1	2493	277	6066	6495.1	6333.3	3036	-270.4	1386.1
2014	8423.9	3470.4	4153.5	461.5	6066	8287.6	8081.7	3285	136.3	1522.4
2015	9815.4	3931.7	5064.3	562.7	6100	9575.4	9380.5	3514	240	1762.4
2016	10707.3	4179	6235.67	67.63	6200	10695.7	10487.4	3716	11.6	1774
2017	11665.4	4505.5	6750	—	6203	11709.9	11420.5	3929	-44.5	1729.5
2018	15937.9	4924.4	7761.8	—	6290	16144.4	12561.1	4169	-206.5	1523

机关事业单位养老保险

1993年11月,成立长岛县机关事业单位社会保险处。1994年8月,机关事业单位的合同制工人和计划内临时工的养老保险金由社会劳动保险事业处转入机关事业单位社会保险处。统筹比例为21.5%。

1995年4月,机关事业单位实行全员养老保险。为市级统筹,按照“以支定收,略有结余,留有部分积累”的原则,确定全员养老保险费统筹比例为25%。2001年,改为县级统筹,机关、全额拨款事业单位统筹比例为12.5%,差额及自收自支事业单位的统筹比例为25%。2002年,机关、全额拨款事业单位的统筹比例降为12%,差额及自收自支事业单位的统筹比例仍为25%。

2004年1月,全县医疗保险费列入机关保险处征缴,实现养老、失业、医疗三费“一票征缴”。2005年1月,将义务教育费、残疾人就业保障金并入基本养老保险费、失业保险费、医疗保险费一票收缴模式,实现五费共享“基础信息库”。2005年1月,机关事业单位养老保险费的缴纳比

1994—2002年长岛县机关事业单位养老金收支情况统计表

表28-9　　单位：万元、人

年份	在职人员情况		离退休人员情况		当年结余	滚存结余	备注
	参保人数	保费征收额	离退休人数	养老金支付额			
1994	1135	266	—	—	266	266	由企业转入
1995	3586	389	318	137	252	518	—
1996	3598	650	349	310	340	858	—
1997	3616	650	409	348	302	1160	—
1998	3648	750	448	457	293	1453	—
1999	3806	904	497	568	336	1789	—
2000	3911	965	528	648	317	2106	—
2001	3109	721	554	728	-7	2099	—
2002	3014	798	606	964	-166	1933	—

说明：1.以上数字不含转移收入、转移支出
2.至2002年，机关事业单位养老保险金结存余额为1547万元

例调整为27%，其中，单位按25%缴纳，个人按2%缴纳。2006年10月，“金保工程”正式投入使用，实现全市信息共享。2007年，机关事业单位养老保险费缴纳比例调整为35%，其中单位按33%缴纳，个人按2%缴纳。2010年1月始，县机关事业单位养老保险缴费基数按下列方法调整：机关单位包括基本工资、工作性津贴和生活性补贴三部分，义务教育和公共卫生事业单位包括基本工资、基础性绩效工资和奖励性绩效工资三部分，其他事业单位包括基本工资、基础性津贴和奖励性补贴三部分。

2014年10月始，实行社会统筹与个人账户相结合的基本养老保险制度。参保个人以上年度工资收入中的规定项目为缴费工资基数，按8%的比例缴费；参保单位以本单位参保人员缴费工资之和为缴费基数，按20%的比例缴费。（根据《国务院关于机关事业单位工作人员养老保险制度改革的决定》《山东省人民政府关于机关事业单位工作人员养老保险制度改革的实施意见》等有关规定及要求，全面推进机关事业单位养老保险制度改革。）同时，在机关事业单位建立职业年金制度，资金来源由两部分构成：单位按工资总额的8%缴费，个人按本人缴费工资的4%缴费，两部分资金构成的职业年金基金都采用个人账户方式管理。工作人员退休后，依据其职业年金积累情况按月领取职业年金待遇。

2018年，长岛县按照机关事业单位养老保险制度改革政策重新核算正式退休养老待遇。以2014年10月1日为界限，采取“老人老办法、新人新办法、中人逐步过渡”办法，确定参保人员基本养老金待遇。改革前已经退休的“老人”，维持原待遇不变，并参加以后的待遇调整。改革后参加工作的“新人”，退休时执行新的养老金计发办法，基本养老金待遇由基础养老金和个人账户养老金两部分组成。改革前参加工作、改革后退休的“中人”，设立10年过渡期，实行统一的过渡办法。过渡期内实行新老待遇计发办法对比，保低限高。

2003—2018年长岛县机关事业单位养老保险金收支情况统计表

表28-10　　　　　　　　　　　　　　　　　　　　　　　　单位：人、万元

年份	在职人员情况					离退休人员情况				当年结余	滚存结余
	参保人数	总收入	其中			离退休人数	总支出	其中			
			养老保险收入	转移收入、利息收入及其他收入	财政补贴收入			养老金支出	丧葬抚恤支出及转移支出		
2002	—	—	—	—	—	—	—	—	—	—	1547
2003	2851	739	694	45	—	636	963	935	28	-224	1323
2004	2740	808	777	31	—	687	1296	1265	31	-488	835
2005	2622	1269	1247	22	—	741	1479	1448	31	-210	625
2006	2552	1539	1518	21	—	808	1770	1740	30	-231	394
2007	2497	2219	2200	19	—	862	2365	2311	54	-146	248
2008	2476	2197	2050	8	139	891	2435	2332	103	-238	10
2009	2434	2815	2163	12	640	948	2598	2525	73	217	227
2010	2399	2767	2314	10	443	1000	2697	2606	91	70	297
2011	2342	2781	2122	8	651	1066	2865	2784	81	-84	213
2012	2402	5426	4618	38	770	1098	4818	4658	160	608	821
2013	2437	3555	3282	33	240	1168	3998	3840	158	-443	378
2014	2406	5136	3501	22	1613	1216	5161	4916	245	-25	353
2015	2458	5779	3651	21	2107	1251	5434	5467	-33	345	698
2016	2418	6469	4339	20	2110	1253	6790	6790	—	-321	377
2017	2421	7419	4519	20	2880	1335	7418	7418	—	1	378
2018	2390	8452	4627	35	3790	1417	8417	8417	—	35	413

农村(居民)养老保险

1993年6月，成立长岛县农村社会养老保险事业管理处。1994年2月始，在全县渔村开展农村社会养老保险工作。月缴费标准为2元、4元、6元、8元、10元、12元、14元、16元、18元、20元等10个档次，参保群众自愿选择档次缴纳保险费。1995年12月，农村社会养老保险金首次发放，共有4人领取，计4484元。1998年10月，农村养老保险缴费信息进入微机系统管理。1999年10月，在全县范围内实行农村社会养老保险金社会化发放，具体业务由农业银行储蓄网点负责办理，2000年10月改由邮政储蓄网点代发。当年12月，率先在北隍城乡开展渔村干部补贴与参加农村社会养老保险“并轨”工作。

2006年11月，南长山镇山前村利用土地出让金180.18万元为129名村民(40周岁以上)首

次办理农村社会养老保险。2008年7月，长岛县根据烟台市统一规定，实行地方新型农村社会养老保险制度，基金筹集按照“个人缴费为主、集体补助为辅、政府适当补贴”的原则，最低缴费标准为20～39岁周岁500元，40～49周岁1000元，50～54周岁1500元，55～59周岁2000元。年补贴标准按年龄段给予不同补贴。2009年3月，首次为1249名2008年12月31日前开户领取养老金人员调整个人账户养老金待遇。

2011年3月，长岛县列入国家新型农村社会养老保险试点，采取农村个人缴费、集体补助、政府补贴相结合的资金筹集机制。为农村缴费困难群体（重度残疾人）代缴保险费。居民养老保险待遇首次实行由基础养老金和个人账户养老金构成，基础养老金每人每月55元。

2011年7月，长岛县推行城镇居民社会养老保险试点工作，实现社会养老保险制度“全覆盖”。2012年10月1日，基础养老金发放标准由每人每月55元提高至60元，全县为6176名领取人员调整基础养老金标准。2013年7月30日始，建立丧葬补助金制度，对符合规定条件的待遇领取人员，一次性发放丧葬补助金800元。2015年实现城乡养老保险制度跨险种、跨区域衔接。2018年，居民基本养老保险基础养老金标准由每人每月100元提高至118元，实行基础养老金与缴费年限挂钩，缴费年限超过15年的，每多缴1年，每月加发基础养老金1元。全县城乡居民养老保险参保人数为1.72万人，发放居民基本养老保险金和丧葬补助金2581万元。

1994—2018年长岛县农村社会养老保险基金收支情况统计表

表28-11　　单位：人、万元

年份	参保缴费情况		待遇领取情况				当年收支结余	滚存结余
	参保人数	保险费收入	个人账户养老金人数	个人账养老金	基础养老金人数	基础养老金		
1994	4280	106	—	—	—	—	97	97
1995	5700	132	—	—	—	—	164	261
1996	4900	112	28	1.4	—	—	153	414
1997	5200	116	31	5	—	—	173	587
1998	3053	108	44	7.8	—	—	136	723
1999	2807	93	71	9.2	—	—	149	872
2000	2911	97	126	13	—	—	85	957
2001	3486	224	209	18	—	—	218	1175
2002	3341	202	285	23	—	—	208	1383
2003	3323	201	411	32	—	—	223	1606
2004	3147	201	517	41	—	—	178	1784
2005	3213	691	643	54	—	—	673	2457
2006	2908	637	853	75	—	—	600	3057

续表28-11

年份	参保缴费情况		待遇领取情况				当年收支结余	滚存结余
	参保人数	保险费收入	个人账户养老金人数	个人账户养老金	基础养老金人数	基础养老金		
2007	3103	509	1069	103	—	—	432	3489
2008	4358	938	1281	141	—	—	835	4324
2009	4795	1221	1475	225	—	—	1133	5457
2010	5654	2285	1665	314	—	—	2053	7510
2011	7694	1999	2165	524	6014	280	1709	9219
2012	7314	2283	2581	644	6176	409	1668	10887
2013	6716	1727	2996	676	6441	460	931	11818
2014	6271	1763	3442	795	6769	564	1147	12965
2015	6254	2117	3942	925	7070	704	1426	14391
2016	6034	2289	4331	1051	7277	793	1086	15477
2017	5691	2533	4697	1172	7485	883	1466	16943
2018	5783	2666	5137	1338	7746	1080	2240	19183

第二节　失业保险

1986年10月，全县失业保险工作正式开展。1998年5月，县劳动服务公司内设职工失业保险科，负责贯彻落实失业保险制度。2002年4月，劳动服务公司更名为长岛县劳动就业办公室，内设失业保险科。2012年11月，劳动就业办公室与人才交流中心合并成立长岛县公共就业（人才）服务中心，内设失业保障科。

失业职工管理

1986年始，由县劳动就业部门失业职工保险科办理失业保险业务。1987—1992年6月，失业保险在国有企业和集体企业中推开。全县失业保险对象包括：宣告破产的企业职工，濒临破产的企业法定整顿期间被精简的职工，企业终止、解除劳动合同和辞退的职工。1992年7月，失业保险对象范围扩大至县属以上企事业单位及其职工。1993年1月，失业保险对象增加依法破产、撤销、解散单位的劳动者和被用人单位除名、开除的劳动者。1999年1月，印发《失业保险条例》，失业保险对象扩展到除国家公务员以外所有用人单位及其劳动者，失业职工保障范围调整为非个人意愿中断就业的参保职工。是年4月，中央下属企业及省属以上事业单位的失业保险管理权限上划，由省劳动就业办公室管理。2001年1月始，失业人员在终止或者解除劳动合同之日起60日内到受理其单位失业保险业务的经办机构申领失业保险金。2002年，失业职工认定程序由单科室认定改为多科室把关、主任审查的工作制度。是年3月，县政府印发《关于对全县欠缴社会保险费单位及主要负责人实行“八不准一限制”的规定的意见》，加大对欠缴社会保险费的监管力度。2003年8月，山东省印发

《山东省失业保险规定》。2009年9月，在领取失业保险金期间的失业人员自主创业，将其尚未领取的失业保险金一次性发放给本人。2011年7月，《社会保险法》实施，失业保险工作更加规范。1987—2018年，全县享受失业保险待遇人员4500人。

失业保险基金筹集

1987年1月—2001年3月，失业保险基金由县失业职工管理部门变为参保单位统一收取。2001年4月，改由县社会劳动保险事业处和机关事业单位社会保险处随养老保险费一并征收。1987年1月—1992年6月，失业保险基金全部由企业缴纳，缴纳标准为职工标准工资总额的1%。1992年7月，单位缴纳比例提高到2%，职工按个人工资总额的1%缴纳。2000年1月，按照《失业保险条例》规定征收失业金：城镇企事业单位失业保险费按照本单位工资总额的2%缴纳，职工按本人工资的1%缴纳，农民合同制工人本人不缴纳失业保险费。2004年，实现养老、失业、医疗三费“一票征缴”。2009年4—12月，单位缴纳比例为1%，职工按个人工资总额的0.5%缴纳。2011年1—8月，城镇企事业单位失业保险费按照本单位工资总额的2%缴纳，职工按本人工资的1%缴纳。2011年9—12月，单位缴纳比例为1%，职工按个人工资总额的0.5%缴纳。2012年1—9月，城镇企事业单位失业保险费按照本单位工资总额的2%缴纳，职工按本人工资的1%缴纳。2012年10月始，全县事业单位参保单位和职工个人的失业保险费率分别下调50%，费率调整后单位缴费比例为1%，个人缴费比例为0.5%。2017年1月—2018年，单位缴纳比例为0.7%，职工按个人工资总额的0.3%，至2018年，全县共筹集失业保险基金443万元。

失业保险金发放与服务

1987年，长岛县开始发放失业金。发放失业保险金的项目包括失业保险金、医疗补助费、农民合同制职工的一次性生活补助费。发放标准以本人失业前2年平均标准工资为基数，按参加工作时间划分不同比例发放。

1992年7月，改为按固定金额发放。1996年9月，改为按当地最低工资标准的75%发放。1999年7月，失业救助金标准为每人每月240元，医疗金5元。是年9月，失业救济按工作时间确定享受失业救济期限，最低3个月，最高不超过24个月。2002年3月，失业职工的医疗费标准由5元调整为13.8元。2003年，《山东省失业保险条例》规定，城镇企业及其职工，有雇工的城镇个体工商户及其雇工，国家机关和参照公务员制度管理的机关中的工勤人员，事业单位及其职工，驻鲁部队所属机关、事业单位中的无军籍职工，依法享受相应的失业保险待遇。2007年7月，用人单位和农民工按规定履行缴纳失业保险费义务，在农民工失业后，与城镇职工享受同等的失业保险待遇；用人单位按规定缴纳失业保险费，但农民工本人未缴纳失业保险费的年限，仍按《山东省保险规定》第二十六条规定计发一次性生活补助金。2009年，扩大失业保险支出范围，失业保险促进就业的支出项目包括：职业培训补贴、职业介绍补贴、社会保险补贴、岗位补贴和小额担保贷款贴息补贴。

2011年7月，失业保险金发放标准调整为每人每月550元，取消医疗补助金，领取失业保险金人员参加职工医保当月起按规定享受相应的住院和门诊医疗保险待遇，享受待遇期限与领取失业保险金期限相一致。领取失业保险金人员参加职工医保应缴纳的基本医疗保险费从失业保险基金中支付，个人不缴费。领取失业保险金人员参加职工医保的缴费基数可参照统筹地区上年度职工平均工资的一定比例确定，最低比例不低于60%。2013年7月，失业保险金发放标准调整为每人每月830元；2014年7月，失业保险金标准调整为每人每月900元。2015年5月，对采取有效措施不裁员、少裁员的企业，由失业保险基金给予稳定岗位补贴，符合政策范围和基本条件的5类困难企业，按照企业及其职工上年度实际缴纳失业保险费总额的50%给予稳岗补贴，其他企业按照企业及其职工上年度实际缴纳失业保险费总额的30%给予稳岗补贴。2016年1月，失业保险金标准调整为950元；是年7月，失业保险金标准调整为1000元。

2017年1月1日，阶段性降低失业保险费率，由1.5%降至1%。10月，对符合条件的企业在职职工，取得国家职业资格目录清单或职业技能等级目录内的证书，可享受补贴标准1000元、1500元和2000元。失业保险基金会计核算中设立技能提升补贴科目，所支付的资金从失业保险基金技能提升补贴科目中列支。11月，失业保险金标准调整为1080元。2018年11月，失业保险金标准调整为1211元。烟台市建立失业保险金标准与最低工资标准挂钩联动机制，失业保险金标准调整为当地最低工资标准的70%。至2018年，全县支付培训补贴、职业介绍补贴等186.43万元，支付失业保险金1601万元。

第三节　医疗保险

职工医疗保险

1985年，机关事业单位实行公费医疗，医疗经费“包干制”。1988年1月，机关事业单位执行新制定的公费医疗制度，公费医疗业务由财政行财股负责。企业职工医疗参照《关于改革公费医疗制度实施细则》执行，费用由企业自行负担。

1996年4月，全县企业职工大病医疗保险统筹全面展开，医疗保险基金由职工个人医疗保险金、企业医疗保险调剂金和大病医疗保险统筹金三部分组成。企业医疗保险，由社会劳动保险事业处代管。

1997年6月，成立机关事业单位医疗保险处，全县启动机关事业单位医疗保险，建立社会统筹医疗基金和个人账户资金。

2002年1月，全县实施城镇职工医疗保险制度改革，将企业单位、机关事业单位纳入医疗保险统筹范围，实行基本医疗保险和大额救助医疗，并建立个人账户。印发《长岛县城镇职工基本医疗保险制度实施办法》《关于完善机关事业单位医疗保险待遇的补充意见》《长岛县离休人员、二等乙级以上革命伤残军人医疗待遇管理暂行办法》等8个配套文件，确保实现新老办法的平稳过渡。建立新参保人员入保查体制度，为所有离休老干部及统筹病种人员建立健康档案，对定点医院实行协议管理，建立健全监督检查机制。不再执行企业职工大病医疗保险统筹制度，相关工作人员合并至机关事业单位医疗保险事业处。同年5月，长岛县机关事业单位医疗保险处更名长岛县城镇职工医疗保险事业处。

2003年，长岛县印发《关于医疗保险制度改革的补充意见》，调整起付标准，企业单位按医院级别分别为400元、500元、700元，机关事业单位按医院分别为200元、300元、500元。规定企业参保职工最低缴费年限，女20周岁，男25周岁。新参加医保者，须缴满1年后享受社会统筹医疗金支付的正常待遇，未满1年者，按50%执行。个人账户金采取银行活期储蓄存折形式发放。

2004年，建立医疗保险信息网络系统，实行医疗保险个人账户金IC卡管理，参保职工县内住院医疗费实行网上结算。2004年7月，调整企业单位缴费比例，由原来的8%调整为7%，个人缴费比例不变。困难企业缴费比例由5.2%调整为4.55%。2007年，退休人员医疗保险实行收支两条线管理，即单位不缴费退休人员也能享受其医疗保险待遇。2010年10月，城镇职工基本医疗保险统筹基金最高支付限额由6万元调整至18.5万元。2011年12月，老工人筹集标准由原来的6000元调整至2万元。2012年1月，城镇职工基本医疗保险实行市级统筹。城镇职工基本医疗保险统筹慢性病病种21种，大病病种16种。2017年，职工大病医疗保险制度与商业保险建立配合联动，18种靶向药和特效药已纳入大病保险医疗费用范围，医疗保险全国异地联网，异地就医实现即时结算。

2018，职工乙类慢性病已增加至55种，一个医疗年度内职工基本医疗保险统筹基金最高支

2003—2018年长岛县职工基本医疗保险收支情况统计表

表28-12　　单位：人、万元

项目 年份	参保人数	收入		基金支出	当年结余	滚存结余	享受待遇人数
		基金	利息				
2003	8151	855	9	636	228	382	1085
2004	8535	821	11	483	349	731	1682
2005	8812	1015	15	735	295	1026	1447
2006	9089	1110	25	901	234	1260	1726
2007	9329	1791	28	1088	731	1991	1598
2008	9323	1673	73	1342	404	2395	1348
2009	10464	1795	87	1650	232	2627	1383
2010	11620	2031	24	1976	79	2706	1319
2011	12128	2714	58	2971	-199	2507	1988
2012	12207	2333	76	1743	—	—	2293
2013	12247	1977	20	1104	—	—	—
2014	11882	2108	18	1040	—	—	2434
2015	11786	2925	5	935	—	—	2255
2016	11966	3250	1	904	—	—	2460
2017	12416	3403	1	970	—	—	2860
2018	12802	3586	1	1116	—	—	3156

付限额为25万元。大额救助最高限额40万元。2018年6月，烟台市政府印发《关于开展职工长期护理保险工作的意见》，长岛县启动职工长期护理保险工作。

新型渔（农）村合作医疗

2007年2月，长岛县新型渔村合作医疗办公室成立，全县实行新型渔村合作医疗制度，印发《长岛县人民政府关于建立新型农村合作医疗制度的意见》。合作医疗基金由个人缴纳，集体扶持和政府补助组成，县级统筹管理。2007年，筹集标准按每人每年104元筹集，以户为单位缴纳，中华人民共和国成立前的老党员、低保户、重点优抚对象、残疾人实行财政全额补贴政策。2014年2月，长岛县渔村合作医疗办公室划归长岛县人力资源和社会保障局。

城镇居民医疗保险

2008年9月，城镇居民基本医疗保险正式启动，印发《长岛县城镇居民基本医疗保险试行办法》《长岛县城镇居民基本医疗保险实施细则》，规范全县城镇居民医疗保险政策。同年12月，与烟台市城镇居民医疗保险并网，实现全市统一网络管理。

2009年，长岛县扩大医保定点范围，新增10家医保定点零售药店。2010年10月，印发《关于调整城镇职工、城镇居民基本医疗保险有关待遇的通知》，城镇职工和城镇居民医疗保险待遇进一步提高，重大疾病医疗保障范围有明确规定。

2012年1月，城镇居民基本医疗保险实行市级统筹。城镇居民分娩实行定额补助，每人800元。城镇居民基本医疗保险统筹慢性病病种7种，大病病种16种。同年11月，调整城镇居民基本医疗保险统筹基金最高支付限额为16万元。

2014年2月，城镇居民基本医疗保险和新型农村合作医疗整合，建立统一的居民医疗保险制度，长岛县渔村合作医疗办公室划归长岛县人力资源和社会保障局，同年新农合政策和城镇居民医保政策并行。2015年，执行全市统一的居民基本医疗保险政策。2017年，医疗保险全国异地联网，异地就医实现即时结算。

2018年1月1日起，实行居民基本医疗保险、医疗救（补）助“一站式”即时结算政策，居民大病医疗保险制度进一步完善，居民乙类慢性病增加至44种；居民基本医疗保险统筹基金最高支付限额为一档缴费18万元、二档缴费22万元。5月22日，正式开通联网结算，6月25日，医疗商业补充保险实现“一站式”即时结算。8月，长岛县被确定为居民长期护理保险试点县。11月，印发《长岛县居民长期护理保险（试点）实施办法（试行）》，全面实施居民长期护理保险。

2008—2018年长岛县城镇居民基本医疗保险收支情况统计表

表28-13　　　　单位：人、万元

年份	参保人数	收入	支出	享受待遇人数
2008	3878	64	9	43
2009	5969	104	83	530
2010	7090	184	169	1111
2011	6622	244	265	687
2012	6114	204	204	982
2013	5920	110	258	1018
2014	6294	447	307	1293
2015	22720	—	693	11098
2016	22159	515	872	11821
2017	22879	574	978	13138
2018	22975	770	1090	13120

第四节　工伤与生育保险

2004年7月，全县实行在职职工生育保险和工伤保险的政策，至此长岛县实现养老保险、医疗保险、失业保险“五保合一”的社会保障目标。

职工生育保险

2004年7月，生育保险正式启动。用人单位按在职职工工资总额的1%缴纳生育保险费，生育医疗补助费定额标准为：顺产为500元，剖腹产为1000元，多胞胎产每多一婴增加100元，人工流产为60元。引产为150元。2011年，生育保险实行市级统筹，烟台市制定《烟台市城镇职工生育保险市级统筹实施办法》，对有关政策作详细规定。2013年，烟台市印发《关于调整城镇职工生育保险待遇结算方式的通知》，城镇职工生育医疗费、计划生育手术医疗费实行即时结算，生育津贴、产前检查费实行社会化发放。

2018年，长岛县对企业化管理的事业单位及城镇有雇工的个体工商户生育保险费率由0.5%调整为1%。至2018年，长岛县生育保险参保者计5421人，征缴生育保险费215万元。其中，企业征缴165万元，机关事业单位征缴50万元。

工伤保险

2004—2018年长岛县职工生育保险费收支情况统计表

表28-14　　　　单位：人、万元

年份	参保人数	收入	支出	享受待遇人数
2004	3404	6	—	0
2005	3454	24	1	6
2006	3464	24	1	5

续表28-14

年份	参保人数	收入	支出	享受待遇人数
2007	3464	46	3	13
2008	2455	42	2	7
2009	2419	60	0.9	4
2010	2357	66	3	15
2011	2598	86	3	11
2012	2583	78	25	22
2013	2587	88	47	66
2014	2591	100	55.5	49
2015	4993	143	77	53
2016	5068	116	120	157
2017	5307	130	113	156
2018	5421	215	124	122

2004年，长岛县正式启动工伤保险，实现“五保合一”，工伤保险实行全县统筹，分级管理。工伤保险费按一、二、三类计缴。2007年，调整企业工伤全残人员伤残津贴、生活护理费和供养亲属抚恤金标准，印发《关于农民工参加工伤保险有关问题的意见》，规定用人单位应当依法为农民工办理工伤保险登记，并按确定的行业缴费率缴纳工伤保险费，农民工个人不缴费。

2008年7月，县事业单位、民间非营利组织实行工伤保险，开始纳入工伤保险统筹。2010年，根据烟台市规定，工伤保险社会统筹前工伤人员和工亡人员供养亲属（简称“老工伤”）纳入社会统筹管理工作。同年，调整1~4级工伤人员伤残津贴、生活护理费和供养亲属抚恤金标准。

2011年，工伤保险实行市级统筹。2013年，对全县15家企事业单位实行工伤费率浮动，上浮到150%的单位有7家，上浮到120%的单位有3家，下浮到50%的单位有5家。2015年，将机关和参公管理的事业单位纳入工伤保险实施范围，缴费费率为0.7%，全县142户机关事业单位实行生育保险。2016年，调整工伤保险费率，根据不同行业的工伤风险程度，由低到高，依次按行业风险类型划分为一类至八类。同年，开展建筑业“同舟计划”，在全县范围内实施建筑业按项目参加工伤保险，建立了“先参保再开工”的按项目参保和优先办理工伤保险工作机制。2018年9月1日起，将建筑业按项目参加工伤保险费率由2‰调整为1.5‰，是年，实现交通运输等行业工程建设项目全部按项目参加工伤保险。至2018年，全县工伤保险参保者5427人，征缴工伤保险费294万元，其中企业征缴228万元，机关事业单位征缴66万元。

2004—2018年长岛县职工工伤保险费收支情况统计表

表28-15　　单位：人、万元

年份	参保人数	收入	出支	享受待遇人数
2004	3975	5	—	0
2005	4076	21	10	4
2006	4065	20.3	8	19
2007	4065	42	21	23
2008	4179	52	45	21
2009	4112	80	20	25
2010	4123	86	69	48
2011	4349	101	173	50
2012	4309	97	67	60
2013	4239	110	101	55
2014	4259	116	158	60
2015	4993	221	128	51
2016	5068	186	70	45
2017	5307	227	154	48
2018	5427	294	174	45

第四章 民 俗

第一节 渔业生产习俗

长岛县历来以渔业生产为主导产业，在风帆时代，渔民形成具有鲜明特色的渔业生产习俗。进入社会主义建设新时期，机械船舶逐渐代替风帆船，新的渔业生产方式随之产生，但传统生产习俗依旧影响着人们的生产生活行为。

造船

俗称为“排船”，风帆船由海木匠建造。船分大风船、风船、榷子、排子等。造船过程有三次仪式：一是按船底，即“铺志”；二是“比量口”，即船体建造到平口时，用红布包上太平钱，放入船的底盘中间；三是“上绵梁”，即安装大绵梁，船体基本建造完成，在大绵梁下的堵头上挖一小洞，放入太平钱，盖上红布，堵头上张贴对联，船头、后梢等处也要贴上对联。三次仪式为的是祈求造船大吉，追求平安。仪式活动选择吉日良辰，设祭桌、摆供品、燃香烛、烧纸钱，鼓乐齐鸣放鞭炮。

出海

渔民出海打鱼，往往是小风船上3～5人，大风船上16人左右。大风船上有船长（老大）、大副（二老大）、大师傅（炊事员）以及伙计（船员）。初次出海，要举行出海仪式，船老大在船头上燃烧纸钱，祈求海神保佑平安，捕捞丰收，船员则锣鼓齐鸣放鞭炮。还要宰杀一头猪，用猪血染红猪头，摆在船头供奉神灵。初次上船的伙计（小青年），要系上红腰褡布，佩挂香荷包，以求平安吉祥。

祭海神

出海打鱼，第一网渔获要首先供奉海神。船老大吩咐伙计挑选上等鲜鱼，放入开水锅里轻轻一焯，捞出装盘，摆放船头，船老大在船头跪拜，把祭酒分洒在船头各处。全体船员则衣着整齐，

渔民举行祭海仪式，祈求平安和丰收（2007年）

烧香纸，放鞭炮，一起跪拜船头，再将盘中祭品投入海中，敬献海神龙王，祈求四季发财。

庆丰收

出海打鱼结束，满载而归。返回时，在外地港口抓猪买菜，打酒购粮，置办货物齐备，便起锚返航。桅杆上挂起大红吊子，唱着发财的渔歌，喜气洋洋返程回家。临近家乡，岛上的家人远远望见桅杆上的大红吊子，便知出海丰收发财，若是挂着双吊子，昭示捕鱼获得特大丰收，发了大财。不久，喜讯传遍岛内村民，迎船的、接人的、搬货的、看热闹的，各色人等汇聚一堂，港湾洋溢着一片欢乐喜庆气氛。接着，船主在港湾龙王庙前举行祭祀活动，龙王塑像前的供桌上，摆上供品，船主带领全体船员上香跪拜。船主回家后，还要设宴招待邻里乡亲。

船上规矩

出海渔船上，人人讲究船上规矩。每年春天出海，船主须备一个熟猪心，按人分食，表示众人一心。大师傅在船上做饭，第一碗饭必先盛给船老大，船老大、二老大和年纪偏大的伙计围坐在一起，边吃边唠，备有烧酒佐饭。船在渔场作业，后来者不拦先来者网头。夜间船上要掌灯，雾天行船要敲打响器或呼喊，以防撞船。船上锅碗勺盆不能倒扣，筷子不可横放碗上，均忌"翻""扣"的含意。船上排便，忌讳在船头。小便时，早不朝东，午不面南，晚不向西，永不朝北。渔家视北斗星为指位星、天上的导航星，朝北小便是对北斗星的不敬，会带来厄运。大小便更不可在上风头。严禁在船上蹦跳、吹口哨、倒背手、穿木板鞋，不说丧气话、泄气话，讲究坐如墩，形似风。忌讳妇女在船上跨橹、跨网。船在海上遇到海难事故，不可视而不见，必须出手相救，有道是"见死不救，下辈子绝后"，海上乐于助人是长岛渔民的优良传统。

渔民号子

风帆时代，渔民出海劳作，有风靠篷，无风摇橹，劳动强度大，要与大海搏斗，与风浪抗衡，大家必须团结一心，勇往直前，需要强烈的行动节奏统一全船人的意志，调动、指挥大家统一行动，渔民号子随之在劳动中诞生。这是渔民长期从事海上劳动创造的歌，是风帆时代海洋文化苑中的一朵奇葩。长岛渔号粗犷、浑厚、节奏强烈、优美和谐、乡土气息浓郁，是力的张扬，是情的宣泄。不同的劳动场景呼号不同的渔号，有上网号、摇橹号、撑篷号、拔网号、捞鱼号、起锚号、树桅号等等。而今风帆时代已过，渔号依然尚存，成为渔家宝贵的文化遗产。长岛渔号被搬上银幕，走上舞台，走向更广阔的空间；节假日群众文艺演出，旅游活动组织现场表演，向更广泛的观众听众传播。

海上救助

出海从事渔业生产，风浪灾害多发，渔民们将安全放在第一位。海上救助成为长岛渔民的自觉行为，成为长岛人的美德和风尚。渔船每遇狂风巨浪，全船团结一致，奋力自救。发现遇难船只，不论相识与否，均会毫不犹豫出手相救。遇见罹难者尸体，不论是否完整，必将尸体捞起送上岸，做好善后处理。从古至今，长岛人海上救助事迹举不胜举，少者一人一船，多者数十人。2003年2月22日，"辽旅渡7号"客轮在砣矶岛海域遇险，经过长岛军民奋力营救，81名遇险人员全部救起，其中77人生还。

第二节　衣食住行习俗

境内居民生活习俗中首先包括衣、食、住、行几个方面。改革开放后，随着人民生活水平的不断提高，居民衣食住行习俗在传承传统的基础上，不断丰富新时代新元素，逐步改变以往陈旧、单一的生活方式，更显多姿多彩。

衣着

80年代始，中青年男子一改传统的中山装、军便服、背带式工作服、尖领白衬衫、老头衫等服装，渐渐换成冬季羽绒服、呢子大衣、皮夹克、军大衣，内穿羊毛衫、羊绒衫、春秋衫、棉衬衫等；春秋季穿风衣、夹克衫、运动服、西装、休闲装；夏季穿衬衣、T恤衫、短袖衬衫。下身服装多是西裤、直筒裤、牛仔裤，年轻人一度风行喇叭裤，夏天男子多穿半长短裤，中青年妇女穿各式裙装，配以尼龙丝袜、高跟或半高跟皮鞋。男子多戴鸭舌帽、单檐帽、旅游帽，脚穿运动鞋、旅游鞋、各式皮鞋，老年人喜穿平底布鞋。进入21世纪，居民衣着更讲究休闲和实用，平时一般穿便装、运动装，工作时穿工作服、职业装，社交场合多穿西装和皮鞋。女子服装更加花样翻新，面料多样，款式新颖别致，有圆领的、方领的、高领的、低领的、超低领的，有长裙、短裙、超短裙、直筒裙、百褶裙、裤裙等等。平时妇女围纱巾，劳作时头围方巾。

饮食

境内耕地面积少，粮食生产不能自给自足，计划经济时期，居民口粮依靠政府调拨供应。70

至80年代，居民口粮以粗粮为主，多是玉米、小杂粮、地瓜，细粮为少量小麦面粉。1991年5月，长岛粮油供应开放，粮食品种增多，居民口粮逐渐转为以小麦面粉、大米为主，各种小杂粮为辅，小麦面粉大多来自山东及烟台境内，大米来自东北各地。副食有海产品、肉、蛋、奶，各种新鲜蔬菜从大陆运抵岛内。人民饮食结构发生明显变化。小麦面食和米饭为岛内居民主食，面食有馒头、大饼、包子、花卷、饺子、面条、馄饨、面片等，玉米及小杂粮面食有饼子、窝窝头、玉米面粥等，煮地瓜、烤地瓜重新回到餐桌上，成为老少喜爱的点缀食品。长岛居民靠海吃海，主副食均离不开当地当季海产品，长期以来形成特色鲜明的海洋饮食文化。面食有海菜包子、鲅鱼水饺、鱼锅饼子、开卤面、鲜鱼面；菜肴有以鱼虾类、螺贝类、海藻类水产品为原料制作的各式热炒、蒸煮、焖炖、凉拌菜；海鲜汤羹类有鲅鱼丸子、紫菜汤、牛毛菜汤、海胆汤、扇贝汤、海参花汤、海蜇汤。海岛居民常常以海产品为原料，自制一些干腌食品和发酵食品，佐以主食，格外开胃下饭，主要有各种干腌鱼类、海米、虾皮、扇贝丁、海兔酱、虾头酱、海怪酱等。

居所

风帆时代，长岛渔家居住海草房，茅屋草舍，低矮狭窄，往往一家三代挤在一铺炕上，儿子成家后再行分居。居住海草房的历史，延续三四百年。直至70年代，长岛民房逐步改造更新为马鞍房（檐为瓦，脊为草）、瓦房，海草房始退出历史舞台。改造更新民房时，长岛百姓流行这样的俗语："要张（娶）媳妇先盖房，无房别想娶新娘"，"盖房先去要房基，不批房基不登记"。80年代，岛内居民开始新村统一规划，或盖平房，或盖楼房，居民均不能各行其是。新房建成后，往往是年轻人居住，老人大多居住在老房。老人们认为，住平房习惯，随心，不影响年轻一辈的自由。平房中垒有火炕，祖祖辈辈养成的居住传统不舍得丢弃。新盖楼房一楼是客厅、餐厅、厨房、卫生间及卧室，都用新材料装饰，地面贴有瓷砖。楼上设有床铺、地毯以及各式家具，往往少有人居住，多为摆设，以彰显家中新潮、富有。家具配备有写字台、书橱、沙发、茶几、电视柜、衣帽柜、鞋柜，床上铺有席梦思床垫以及新被褥。90年代以后，居民住宅进行换代改造，陆续开发居民住宅小区，多层楼房拔地而起，居民按条件分配房舍，商品房则市场价选择购买。住宅小区有物业公司统一管理，绿化、卫生、治安等均有专人负责。室内装修讲究现代式、古典式、欧美式，选材使用高档木材和石材。家具配置进一步更新换代，大屏幕彩电、高档沙发、冰箱冰柜、健身器、名牌炊具餐具一应俱全。

出行

60—70年代，长岛居民在岛内来往，短途者多步行，路程较远者骑自行车。80年代，年轻人购买摩托车。90年代，私人购买小轿车开始增多。交通部门成立出租车运输公司，岛内居民出行更加便捷。居民出岛历来皆乘船，或乘客船，或乘私家渔船。改革开放后，出现专营交通的船只，岛与岛之间设有专门航班。长岛至蓬莱的"蓬长线"是水路交通的干线，岛内人员出岛到大陆，皆乘客轮或客货滚装船。此外，县政府为便于机关公职人员紧急时出岛进岛，专门配备政府交通船。2003年，陆上开通公交线路。2009年，南长山岛、北长山岛区域实现村村通公交。2018年，以纯电动公交车替换燃油公交车，绿色交通体系建成运营。

第三节　礼仪习俗

长岛历来以礼仪之乡著称，人际关系讲究和谐融洽。祖辈形成的传统礼仪习俗在现代社会生活中仍然相传相袭，又在新时代的社会变化中不断丰富新内容。

称谓

人与人之间，凡是长辈或能连带亲戚关系者，不论年龄大小，均按辈分称呼。亲堂叔辈之间，大伯、二伯称大爹、二爹，大娘、二娘称大妈、二妈，叔叔仍叫叔叔。叔辈中排行最小者，称为老叔。婶子叫婶妈，舅母叫舅妈。爷爷辈称为大爷、二爷或老爷爷。本地乡亲熟人见面，无论是问候、询问、叮嘱等，均先直呼亲称，而后再行交谈。人与人之间，不论长辈、平辈或晚辈，亦不论年岁大小，辈分、尊称不可乱套，对于不称呼就对话者，称之为“缺火”。见到外地陌生人，往往也会主动打招呼。平辈人之间，一般称其大名，通常不带姓。长辈对未婚男女，一般称其乳名（小名），甚至婚后仍叫小名。对长者，一律尊称、亲称，不呼其名。长岛人常说“人无外号不发家”，男性大多都有绰号。绰号有褒有贬，多是别人赐给，一般在背地里称呼，当面很少呼叫。

改革开放后，许多新的称谓随之出现。群众对干部，多按职务相称，如“赵书记”“钱局长”“孙主任”“李科长”等等。企业的负责人则称为老总、经理，如“赵总”“钱总”“孙副总”“李经理”。五六十年代流行的“同志”称呼已不多用。普通百姓之间，对年长的妇女称阿姨、大姨，对年轻女性称小姐、大姐、美女等，公共场合对男性从业者通称“师傅”。

婚姻

结婚办喜事，是家中大事，往往一家办喜事，全村（全岛）家家都知道。旧时结婚礼俗礼仪繁多，新娘出嫁所有环节都有讲究。新时代结婚发生新变化，在传统礼仪中融入新礼仪、新方式。结婚的日子由男方选定，大都选用吉日，或农历初六、十六、二十六，或初九、十九、二十九。婚期确定后，男方向女方送去彩礼。结婚这天，女方的嫁妆与新娘一起送往男方，也有将嫁妆提前送去者。六七十年代，讲究箱子、椅子、大镜子以及被褥等，80年代后，是冰箱、彩电等等，富裕人家也有陪送小汽车者。男方迎娶新娘，时兴小汽车迎接，大多配备六辆，汽车外观披红戴花，聘请乐队、摄像师随从。本家的兄弟侄们护送新娘出嫁。新娘的贴身陪送人多是本家的女性，旧时讲究婚后的、儿女双全的，而今伴娘是未婚女青年。男方迎接新娘到家，拜见父母后，乘车外出到景点录像拍照。午宴多在宾馆举行，宴请亲朋好友和本村各户户主。赴宴者必带贺礼喜钱，也有事前接到请帖即送者。宴会时，由礼仪公司专司主持，男女新人拜天地、交换戒指、共饮交杯酒等仪式过后，宴席正式开始。宴会后，新娘要“看亲”，给婆婆及本家长辈们分送食物。婆婆则将陪送的饽饽、喜糖等分送亲朋带回家。

生育

孩子生后，须在大门口挂红，生男丁挂弓箭，生女孩挂红脖，配有金箔、银箔、铜钱、穗头等装饰，其用意一是庆祝孩子降生，二是告知外人家中增添了人口。而今孕妇临产时，送到医院生产，妇婴平安后返家。产妇在家“坐月子”，家人精心照料，讲冷暖，加营养，忌劳累。孩子出生三天叫“吃三日”，中午吃面条，“面条面条，孩子拴牢”，娘家人登门送“主米”（鸡蛋、小米等物品），并在亲家用餐，两家同喜同贺。出生十二天要“出行”，由大妈或婶妈、姑妈、姨妈抱着孩子，带上两个大粔粔上街，返回后宴请宾客，亲朋送给婴儿礼品。婴儿出生一月称为“满月”，亲朋前来看望，午饭吃面条，姥家把婴儿接回家。婴儿出生百日称“跑百岁”，满一年过周岁，亲朋都要前来庆贺。

过生日与庆寿

人对生日向来重视，长岛人尤为看重。中年以前称“过生日”，老年以后为“庆寿”。不论男女，不分年轻年少，凡到本人生日，大多举办庆生活动，或在家中置办酒席，或到饭店宾馆订座设宴，饭后还要安排娱乐活动。过生日必备生日蛋糕。老年人从“花甲年”开始庆寿。人们讲究“逢五排十”，即每五年、十年均要举行较隆重的庆寿活动。生日当天，老人穿上新衣，喜气洋洋坐在酒席桌的正位，桌上摆放蛋糕、寿桃、寿酒，点上蜡烛，在《祝你生日快乐》的歌声中齐向老人祝福。庆寿活动中，晚辈们要准备各式礼品送给老人。

丧葬

旧时丧葬礼仪繁杂，丧葬仪式含有封建迷信

成分。而今破除旧风俗，弘扬新风尚，节俭、文明办丧事。逝者咽气后，事主定下殡葬日期，讣告各位亲朋好友到殡仪馆参加悼念仪式，之后即行火化。长子(长孙)将逝者骨灰收殓后，捧着骨灰盒到墓地举行安葬仪式。殡葬后，亲人要为逝者“烧七”“烧百日”“烧周年”，到时带上祭品到墓地祭奠。

第四节　节庆习俗

长岛节庆习俗包含具体的节庆礼仪和节庆过程，涵盖礼制程序、约定俗成的范式以及贯穿其中的思想观念。境内节庆习俗内容与大陆既有联系，又具有海岛独特的形式。

春节

俗称“过大年”，这是一年中最重要的节日。腊月二十三，俗称过“小年”，人们开始忙年。腊月二十八(二十九)家家开始贴春联，称为封门对、封船对。除夕这天最为忙碌。早晨给渔船挂大吊子(红方形大红旗)，拉尖旗(三角形小红旗)；午饭全家吃米饭，备有酒菜肉肴；下午设祭桌，摆祖先牌位；傍晚男人到祖坟墓地祭拜，请亲人回家过年。船上挂灯笼，设祭桌，放鞭炮，烧香纸，祭祀海神；晚饭全家人团聚吃饺子，渔村渔民吃粽子，求得来年渔业丰收多挣钱(方言“粽”与“挣”同音)；除夕夜守岁，家人齐聚一堂，喝着香茶，嗑着瓜子，吃着福橘，观看中央电视台春节联欢节目，直至午夜。大年初一，人们早早起床，衣着焕然一新，燃放鞭炮，给家中长辈拜年，再拜祖先牌位，然后再逐一到长辈家拜年。渔民要到海边祭祀海龙王。春节是吉祥节、欢乐节、和谐节，大街上、家门口张灯结彩，人人喜气洋洋，互相拜年，见面互致问候，笑呵呵地说“恭喜发财！”年初二拜姥姥，年初三拜丈人。

元宵节

农历正月十五，即灯节，俗称“过十五”。家家做灯、备灯，街门挂灯，坟上送灯，船上置灯，家中处处放面灯，求得红火吉祥，五谷丰登，渔业兴旺。传统的庆祝活动有赶庙会、耍龙灯、跑旱船、踩高跷、舞龙、舞狮、猜灯谜等。早晨吃米糕、汤圆，中午吃米饭、鱼肉菜，晚上吃饺子。赶庙会是最具特色的文化活动。各岛村民、渔民分别乘上村里渔船赶往庙岛，祭拜海神娘娘后，到广场耍狮、舞龙、打腰鼓、扭秧歌，整个庙岛成为欢乐的海洋。

二月二

农历二月初二，俗称“龙抬头”。岛上男女皆停止劳作，男不动刀斧，女不动针剪，以防伤害龙骨和龙眼。早晨，各家各户用灶灰在院中或门口画粮食囤子，称为“二月二，打画地”(即画粮食囤子)。粮囤呈圆形，并画有梯子凳。囤子内放五谷杂粮，用石头或瓦片盖住，象征风调雨顺、五谷满仓。待日出后囤中之粮让鸡食用。有歌谣唱道：“太阳出来天气暖，家里大囤小囤满。公鸡吃了不刮风，母鸡吃了多下蛋。”此日男人理发，称为剃龙头，祈望一年吉祥顺和。食俗为吃年糕、面条、圣虫。吃年糕意味着年年登高；吃圣虫意味着家中有“余”(“圣”与“剩”同音，“剩”与“余”同义)。人们用面条和年糕供奉土地神，因为这天是土地爷的生日。这一天，媳妇要回娘家。

清明节

扫墓祭祖的节日，又是农历二十四节气之一，时值春暖花开，草木返青，万象复苏，又称“踏青节”。各家各户都到墓地祭扫祖坟，为祖坟添土。祭祀时摆上供品，燃烧纸钱。而今为防山林火灾，禁烧纸钱，提倡种植树木，竖立石碑，摆放花篮花圈或鲜花。社会各界组织群众举行缅怀烈士活动，少年儿童到烈士墓扫墓献花。清明节食俗是早晨吃鸡蛋和高粱米粥，中午吃饺子。旧时这天还要用粮食饲料犒赏牲畜，有道是“打一千，骂一万，忘不了清明这顿饭”。

端午节

农历五月初五，称为“端午节”。家家户户采艾蒿和桃枝，用红绳绑成捆挂在门窗上，街门上贴有剪纸，图案是老虎、黄牛。这些举动为的是避邪驱毒。儿童的手腕、脚腕系五色线，身上佩戴彩色小笤帚，预示把灾病扫除干净。儿歌唱道："我是天上老黄牛，来到人间四处走。五谷杂粮我不吃，单吃杂灾五鬼头。"端午节食俗吃粽子和鸡蛋。临近节日，家庭主妇忙于准备粽叶、黄米、糯米等原料，自制米粽，更增添过节气氛。

七夕节

农历七月初七，俗称过"七七"，亦称"七夕节""乞巧节"，传说是牛郎织女鹊桥相会的日子，这天大多下雨，传说是织女会见牛郎落下的眼泪。境内农村是七月初七过节，渔村则是七月初六过节，初七媳妇回娘家。节日期间，每家磕巧果，做巧芽汤，蒸巧饽饽，吃饺子。姑娘们相聚一起，做"乞巧"准备，用剪纸制作各种工艺品，组成"巧篷"，挂在屋里，到晚上再汇聚一堂唱乞巧歌，做拉巧游艺。旧时在庙岛，四邻乡里渔民进庙烧香拜海神娘娘。

中秋节

农历八月十五，正值秋季的正中，称为中秋节。一轮明月又圆又亮，悬挂天空，象征团圆祥和，又称"团圆节"。中秋节是大团圆的节日，又是赏月的佳节，在外地工作的长岛人赶回家，与家人团聚，喝酒赏月吃月饼。渔家供桌上摆放各种瓜果、月饼，祭拜神灵。近海打鱼的渔民收船回家团聚，远海打鱼的渔民在船上庆贺中秋。

重阳节

农历九月初九称为"重阳节"，俗称"九重阳"。1989年，国家将重阳节定为"老人节""敬老节"，倡导全社会树立尊老、敬老、爱老、助老的风气。节日里，家庭聚会，儿女带上礼物探望老人，陪老人过节。各级开展走访慰问老人活动。有条件的渔村发放福利，组织老人外出旅游等活动。

腊八节

农历腊月初八为"腊八节"。长岛百姓历来这天早晨吃腊八粥，原料有大米、小米、红豆、花生、红枣、栗子等，其粥味道香甜软糯，营养丰富。俗语道："过了腊八就是年"。从这天开始，忙年的气氛日渐浓厚，相关迎年的准备陆续展开。

第五节　信仰习俗

民间信仰是地方文化的重要组成部分，为广大民众共有并传承，它融入并根植于民众之中，影响人们的思想观念和行为。旧时长岛凡有居民居住的岛屿，村村都建有庙宇，诸如海神娘娘庙、龙王庙等，逢年过节，人们到庙中祭拜。长岛民间信仰中崇拜的神灵包括图腾、海神、龙王、妈祖、"八仙"、灶神、门神、财神等。

图腾崇拜

古往今来，民间有以羊、蛇、虎、鸟等动物为图腾的传统，大黑山岛北庄遗址出土文物中有鸟形图腾。中华民族以龙为图腾，直至今天，中华儿女以"东方巨龙"为自豪，民间沿袭龙崇拜。龙本不是自然界存在的动物，是人们意念构成的神物，兼具水、陆动物特点，集狮头、蛇身、鹿角、鹰爪、鲤须、鱼鳞、驼尾于一身。旧时长岛诸岛农村，居家的照壁、山墙头有鸟形的图腾，后来逐渐演变为半似鸟形、半似龙形的造型。民间群众文化活动中，舞龙舞狮表演流传至今，这是龙图腾崇拜的一种传承。

海神娘娘崇拜

海岛人以海为伴，以海为生，从来对大海存有敬畏之心。为求平安吉祥、渔猎丰收，历来崇拜海神，对海神娘娘（妈祖）尤为敬重。在庙岛，显应宫里海神娘娘塑像至今安坐800多年。在庙岛码头，海神娘娘的汉白玉雕像高高站立。渔民造船、出海、捕捞等生产环节均拜祭海神。逢年过节，人们念念不忘祭奠海神。

"八仙过海"仙人崇拜

史书记载，秦皇汉武为求长生不老，多次东渡海上寻求仙山神药，古代东海仙山即今长岛、蓬莱一带海域。长岛民间流传"八仙过海"传说。据史料记载，在宋代，长岛南五岛称为"沙门岛”，是朝廷囚禁犯人之地。有一年，八位犯人不堪受罪，秘密越狱跳海逃跑，他们在大海中披荆斩棘，各显其能，终得成功。以此为原型，后来人们演化为“八仙过海”的神话故事。而今在长岛许多地方，尚有八仙遗迹，民间有许多传说故事。80年代，在庙岛显应宫西侧廊房里，八位仙人手持宝物渡海的塑像安放其中。“八仙”成为长岛宝贵的旅游资源，人们说八仙，演八仙，崇拜八仙。

祭龙王

境内渔家对龙王情有独钟，祭奠龙王的活动从未间断。几乎村村都有龙王庙，庙宇面临大海，占地不大，历来香火不断。渔民造船时、出海时、行船时、捕鱼收获时、过节时、旱天求雨时，都要祭奠龙王。龙王庙供桌上摆放猪头等供品，点燃香烛，燃放鞭炮，以求龙王保佑，吉祥平安。

祭门神、灶神、财神

门神、灶神和财神是民众喜闻乐见的神灵。旧时春节期间，长岛家家户户祭门神、祭灶神、祭财神。农村平房装有左右两扇门，左扇门上贴神荼像，右扇门上贴郁垒像，两神守门，驱鬼避邪，全家平安无灾。以后这两神像又演变为秦琼和尉迟恭。“灶王爷”神位设在灶间，传说他专管各家灶火，保护全家不受火灾侵扰。每年腊月二十三过小年这天将灶神送上天，请他“上天言好事，下界保平安”，到除夕夜再把他请回家。农历正月初五是财神爷生日，传说他喜欢勤劳之人，人们在这天早早起床，赶在天亮之前把财神接回家。长岛民间这天通行的食俗吃面条、水饺。民间还有七月二十三过“财神节”的习俗。财神有武财神赵公明、关公，文财神比干、范蠡。

第五章　宗　教

新中国成立以前，长岛县境内有佛教、道教、天主教和基督教。1921年，天主教终止在境内的活动，此后一直到2018年，境内有佛教、道教和基督教三种宗教。

第一节　佛　教

长岛县佛教信众一般都在家中设立佛堂，烧香拜佛诵经，戒荤吃素。2001年以前对外不公开活动。2002年，全县有佛教信众55人，大都在县毛纺厂附近从事佛教活动。

2018年，经统计，全县有佛教信众43人，分散活动，秩序稳定。

第二节　道　教

自古长岛有“海上仙山”之称，道士纷纷到此修身养性，诵经炼丹。受海洋文化影响，境内妈祖文化历史悠久，民间妈祖信仰盛行。

庙岛显应宫，建于宋宣和四年（1122），是长岛县内最大的一处道教宫殿。“文化大革命”中，显应宫被拆除，古建筑群被夷为平地。1983年，长岛县委、县政府决定重新修复庙岛显应宫，恢复其原貌。至2007年，重建工程全部竣工，投入资金475万元。每逢正月十五或妈祖重大节庆，岛内外妈祖信仰者前往参与祈福、庆典、祭祀等活动，参与最多者达1至2万人。显应宫为长岛县唯一依法登记的道教活动场所，2004年10月后，先后挂单3名道教教职人员，均为全真派道士。2018年，道教信徒3人。

此外，各居民岛大都建有规模不等的妈祖庙、龙王庙，每逢相关节日，信仰者前往参加祭祀活动。

第三节 基督教

长岛县第二次解放时，境内基督教信众自行终止活动。1986年，南长山镇南城村一村民常常收听基督教节目，由此信仰基督教，与同村另一村民两家联合起来建立家庭聚会点进行聚会活动，经常前来参加活动者不足10人。1991年，栖霞县一基督教徒从栖霞请来牧师，为愿意加入基督教的信徒洗礼。1994年，依据国家有关宗教法规和政策，向信教群众宣传教育，宗教活动聚会点自行停止，转为家庭宗教活动。2002年，全县基督教徒约70余人，主要分布在南长山镇、北长山乡区域的11个行政村和县城区4个居民区。

2014年7月，基督教福音堂依法登记设立，信众正常开展活动。信众多次组织到敬老院开展“送温暖”公益慈善活动。至2018年，全县登记在册信众48人。

人 物

本志人物传略收录22人,革命烈士传略收录8人,人物名录收录62人。

人物传

坚持“生不立传”原则,主要收录1986—2018年去世的长岛籍人物,兼记有重大影响的客籍人物。前志遗漏人物,本志予以补充。排列以卒年为序。

徐礼绪(1923—1990) 长岛县南长山街道后沟村人。1935年到辽宁安东(今丹东)学徒。

1939年8月,随胞兄徐仁绪去日本经商,经艰苦创业,建起大型徐园游乐场。20世纪70年代初,又兴建集东西方建筑风格于一体的高层饭店,任日本东光、东明株式会社徐园代表取缔役社长。

徐礼绪爱国爱乡,中日邦交正常化后,多次回国探亲、旅游和考察。自1979年起,先后在北京、天津、沈阳、大连、丹东和长岛投资50亿日元,建宾馆、饭店。曾任北京光明饭店有限公司光明公寓、光明大厦副董事长、总经理,大阪徐园北京店董事长、总经理,北京机场饮食服务有限公司董事,天津光明公寓副董事长,大连徐园饭店有限公司副董事长、总经理,丹东鸭绿江服务有限公司、丹东鸭绿江大厦副董事长,长岛县南园海珍品有限公司副董事长等职务。1990年,为首次在中国举办的第11届亚运会捐款100万元。为促进中日文化、经济交流,数次邀请、资助有关人士赴日本考察、学习。为帮助家乡发展经济,在长岛兴办宾馆、开办公司,捐资、投资和赠物达500多万元。其中,1987年投资300余万元与长岛县政府合资建设长园宾馆。1990年1月在日本病逝,4月葬于长岛县南长山镇后沟村黄山。

郭庆楠(1934—1990) 蓬莱市城关镇长裕村人。1953年参加工作,在长山岛特区机关食堂

任炊事员,1956年调入县人民医院从事炊事员工作。每天一个人负责七八十人就餐,多时百余人,生病时仍坚持工作,34年如一日。工作量大,不叫苦、不喊累,买菜用麻袋到市场去背,院领导多次表示要增加人手,总是被他拒绝。为改善病人饮食,他不仅做好一日三餐,还潜心钻研养护饮食,改善病人餐饮,做到“主食一周不重样、菜肴三天不重样”。他兼食堂采购员,经常与款物打交道,廉洁

自律，一心为公。他还为食堂种菜、养猪，三十多年累计种菜60多吨，养猪70多头，节约各项费用近20万元，利用副业收入为食堂添置电冰箱、切面机等设备，让职工吃得好、花钱少。1989年10月，被授予“山东省劳动模范”称号。

由于长期超负荷工作，郭庆楠积劳成疾。1990年11月20日傍晚突发脑溢血，昏倒在工作岗位上，24日下午病逝。同年12月14日，长岛县委、县政府在全县组织开展宣传学习郭庆楠模范事迹的活动。

王瀑声（1917—1994） 曾用名王其温，长岛县北长山乡北城村人。1935年考取青岛李村师范，卢沟桥事变后回乡。1938年7月参加八路军，同年9月加入中国共产党。

中华人民共和国成立前，曾任山东纵队政治部青年干事、民运工作队长、秘书、政治指导员，晋绥军区政治部敌工部干事，吕梁军区政治部敌工部副科长，西北野战军7纵敌工部副部长等职，参加和负责多次“策反”工作，争取投诚人员数以千计。

中华人民共和国成立后，曾任第一野战军第7军政治部直工部部长，西北第一高级步兵学校政治部组织部部长，后勤学院组织部副部长、部长，政治部副主任、主任等职。1955年获三级独立自由勋章、三级解放勋章。1972年，任军事医学科学院、装备研究院副政委。1980年，被任命为审判林彪、江青两个反革命集团主犯的特别检察厅检察员。1981年，恢复后勤学院政治部主任正军职职务。1983年离休。1988年被中央军委授予“独立功勋”荣誉奖章。1994年7月3日，在北京病逝。

林志明（1917—1997） 原名林享先，曾用名林兢，长岛县北长山乡嵩前村人。1937年考入莱阳省立第二乡村师范学校。1938年9月，在蓬莱县二区参加抗战，同年11月加入中国共产党。历任中共胶东区委民运科长、蓬莱县总动员委员会宣传部部长、中共北海地委宣传部科长、中共胶东区委旌旗山区工委书记。

1944年1月，林志明先后被派往东北通化县、辑安县、沈阳市从事党的地下工作。他利用父亲在东北经商的条件，凭借多年的地下工作经验，发展组织关系，获取重要情报，出生入死，经受住考验。

抗战胜利后，林志明曾任中共安东（今丹东）市委委员、市工会主任和中共通化市委委员、市工会主任。1949年后，曾任东北民主同盟组织委员会副主任、东北人民政府林业部办公室副主任、大连市粮食局副局长、沈阳市变压器厂党委副书记、辽宁省工业展览馆副馆长、辽宁省柞蚕丝绸工业公司副经理、丹东市丝绸纺织工业局副局长、辽宁省丝绸公司顾问等职务。1983年离休。1997年4月，在沈阳病逝。

潘世坤（1925—1998） 烟台市牟平区水道镇北税目村人。1947年2月入伍，1948年2月加入中国共产党。1949年8月参加解放长山岛战役。曾任长山要塞区某团政委，在海岛工作30年。驻守大竹山岛期间，由于岛上用水全靠船从岛外运输，遇上恶劣天气，驻岛官兵只能喝苦咸水，条件非常

艰苦。为解决大竹山岛上用水问题，潘世坤和全团官兵8年间共建起大小水库、蓄水池23个，容量达9400多立方米。连队用水情况得到改善，干部战士每周可以洗上淡水澡，也能吃上自己种的青菜。他先后荣立二等功1次，三等功8次，胜利功勋荣誉章1枚，被济南军区授予“老海岛”“守岛建岛模范”称号，两次受到毛泽东主席的接见。1982年9月离休。1998年9月26日，在长岛病逝。

陈德豹（1933—1998）　安徽省滁州市人。1949年入伍，1960年加入中国共产党。解放战争期间，先后参加解放云南、贵州、四川等战役。1950年，参加抗美援朝。后被选送到南京海军联合学校学习，毕业后分配到海军青岛基地工作。1954年，长山要塞区船运大队组建船修所，他积极响应，到环境艰苦的海岛工作。在海岛工作期间，共取得24项革新成果，其中4项在全军舰艇部队推广，7项获解放军总后勤部、济南军区技术革新奖，先后立二等功1次，三等功3次，多次被济南军区、山东省军区评为“优秀共产党员”“学雷锋积极分子”和“船艇部队先进工作者”。先后4次放弃调离海岛机会，坚持留在海岛工作。曾任长山要塞驻军某船运大队船修所所长、高级工程师。1994年离休。1998年11月1日，在长岛病逝。

王亲寿（1922—2000）　长岛县砣矶镇后口村人。1942年7月加入中国共产党。是长岛早期发展的共产党员之一。1945年1月任后口村党支部书记，1946年1月在砣矶区委工作。其间组织带领党员、群众同汉奸、封建势力和国民党反动派进行斗争。1947年5月参加北海地委工作队。1949年7月，任长岛特区渔会会长。

1949年11月，王亲寿任北海海上支前大队党委书记兼政委，组织率领砣矶岛27条帆船、244名船工参加解放舟山群岛战役，被授予“海上支前模范大队”奖旗。1950年后，历任长山岛特区工会副主席、隍城乡党委书记、长山岛特区检察院检察长、县委水产部部长、县革命委员会副主任、副县长、县人大常委会副主任等职务。

20世纪60年代，在分管全县渔业工作期间，王亲寿经常深入基层，密切联系群众，每年出海劳动200多天，和渔民群众同吃同住同劳动，深受海岛干部群众爱戴。1984年2月离休。2000年6月，在长岛病逝。

秦建彬（1928—2002）　河北省邢台市南宫县王门庄乡秦家都水村人。1947年入伍，1948年4月加入中国共产党。先后参加开封战役、淮海战役、上海战役和抗美援朝，曾17次立功，获12枚军功章和勋章。

1948年12月，淮海战役期间，秦建彬为78师232团先锋爆破队队员，作战英勇，立一等功。1950年，参加抗美援朝，任志愿军第26军第78师232团第1连副排长。1951年3月，在第四次战役运动防御作战中，带领1个班扼守212高地，顶住美军对高地的狂轰滥炸，率领全班打退美军的连续三次进攻。4月21日，在反击金鹤山之敌的战斗中，带领两个班连克敌方4个制高点，摧毁敌营指挥所，毙伤70余人。被志愿军总部授予“战斗英雄”称号，被评为“一级人民英雄”，并获朝鲜民主主义共和国国旗勋章。秦建彬的英模事迹成为电影《英雄儿女》主人公王成的典型素材。

1951年国庆期间，秦建彬随英模代表团进京，受到毛泽东、刘少奇、朱德等党和国家领导人的接见。那时他刚从朝鲜战场上回国，穿一身破旧军装，毛泽东主席亲切地说：“让我闻一闻前线战士身上的火药味”。他曾4次作为英模人物，参加国家的重大庆典，有两次在天安门城楼上受到毛泽东主席接见。从朝鲜战场回国后，主动要求到艰苦的长岛参加国防建设。1992年，秦建彬作为由8名在朝鲜战场上功勋卓著的英雄组成的访朝英模代表团成员之一，受到朝鲜人民的特别礼遇。在朝鲜国家历史博物馆，他的半身塑像被陈列在志愿军英模第一排第一位，并有详细的事迹介绍。当他走进博物馆时，引起参观人群的轰动，朝鲜国家电视台在当日的黄金时段播放对他的采访。

秦建彬热心革命英雄主义、集体主义和爱国主义教育，先后在全国做演讲报告1万多场次，听众500多万人次。他身经百战，阅历丰富，又善于演讲，那些亲身经历的战斗故事深深地感染着每一位听众。1982年离休。2002年2月16日，在长岛病逝。

曲　文（1916—2002）　曾用名卢维和，长岛县北长山乡北城村人。1934年考取青岛李村师范，1937年毕业。1938年5月加入中国共产党。9月，到延安陕北公学学习，并任学校党支部组织委员。1939年5月，任山东分局宣传部干事。1940年，任中共胶东区委宣传部教育科长。1943年秋，任栖东县委书记兼任独立营政委。在攻打栖霞县城时，带领栖东地方武装和栖霞地方武装一起，配合主力部队围困县城的日伪军。1944年12月15日，沦陷5年的栖霞全境获得解放。1947年，在栖东县病休。1953年1月，病愈后任中共青岛市委纪律委员会副书记，后任青岛市委常委兼监察委员会副书记。1958年秋，任中共青岛市委书记处书记。1963年，在山东省委党校学习并参加“四清”运动。1964年年初，任江苏省民政厅副厅长。1967年春至1970年年初，“文化大革命”中受到迫害。1970年年初，任南京水利科学院研究所革命委员会核心领导小组组长。1972年9月，任中共苏州市委常委、革命委员会副主任。1973年11月，任中共苏州市委副书记。1983年3月离休。2002年，在苏州病逝。

李剑云（1926—2003）　曾用名李志禹，长岛县南长山街道南城村人。1942年年初参加革命，1944年9月加入中国共产党。1943年冬天，到胶东区委统战部学习。1944年，被派往辽东做地下抗日工作。1945年8月，在通化党组织相关负责人姚黎明和李剑云的带领下，七道沟铁矿工人举行武装暴动，缴获通化矿山警察和铁路警察的枪支，拉起队伍。8月23日，李剑云孤身一人前往伪通化省公署进行谈判并取得成功。当晚，他与相关负责人一起前往驻扎在火车站的苏军司令部，就部队进驻和接收通化达成共识，为解放通化做出突出贡献。在任通化市公安局局长期间，他领导平息1946年“二三叛乱”，击毙叛乱分子1500多人，俘虏3000多人，市政府、县大队无任何损失，大获全胜。此事迹先后被写成电视剧《烽火玉皇山》和中篇纪实小说《今夜有暴乱》，后改编成电视剧《他们为什么死于中国》。

解放战争和中华人民共和国成立初期，李剑云一直在公安部门工作。1955年后，历任沈阳市大东区区长、沈阳市卫生局副局长、沈阳地委宣传部部长兼《沈阳新报》总编辑等职务。1969年，任铁岭地区商业局负责人。“文化大革命”后担任沈阳市人民检察院检察长、党组书记。1985年4月，当选沈阳市人大常委会副主任。他一生勤于笔耕，在省级以上报刊发表各类文章100余篇。2003年3月2日，在沈阳病逝。

张　歧（1929—2005）　曾用名张乐儒，笔名海平线。长岛县南长山街道乐园村人。1945年9月参加工作，1949年5月加入中国共产党。1955年，毕业于山东教育行政学校。历任长岛寺后乡完小教师、砣矶乡青年干事、长岛县文教局副局长。从事专业创作后，历任《山东文学》杂志编辑、组长、编委，山东省作协理事，中国散文诗学会常务理事，中国散文学会山东分会副会长、香港中华文化出版社特聘编审、中国散文作家。1979年加入中国作家协会，国家文学创作一级。

1961年后，先后著有散文集《螺号》《渔火》《灯岛》《彩色的贝》《向阳屿》《香炉礁》《潮音集》，散文诗集《蓝色摇篮曲》《张歧散文选》和儿童中篇小说集《神秘的小岛》等。散文集《蓝色的足迹》获山东泰山奖。散文《俺家门前的海》获全国首届儿童文学奖、全国儿童文学优秀作品奖。2005年，在济南病逝。

刘良扬（1930—2007）　长岛县南长山街道乐园村人。1947年8月在丹东入伍，1949年5月加入中国共产党。先后在41军154师山炮营、辽南独立2师、空军9师25团、海航1师4团、海航12师任副班长、班长、炮长、飞行中队长、副大队长、大队长、师技术检查主任、团长、处长、副师长和海军南航、东航副参谋长等职务，参加过辽沈战役和平津战役。1948年，在41军154师山炮营3连任副班长期间，因战斗勇敢、抢救伤员，立一等功。1953年，在海航1师4团1大队任飞行员期间，因飞行优良，立二等功。

1952年6月，中国人民解放军海军航空第一师成立，是海军航空兵第一支战斗部队，刘良扬为海航1师4团1大队飞行员。1954年6月3日，海航1师第4团周克林中队长带领飞行员杜九安（2号机）、刘良扬（3号机）、任旭利（4号机），在东矶列岛掩护海军舰艇时击落、击伤国民党空军F-47战斗轰炸机各1架，这是航一师史上第一次与敌机空战，立集体三等功。他曾多次被评为技术能手和优秀飞行员。1986年7月离休。2007年6月9日，在杭州病逝。

吴远起（1930—2008）　长岛县砣矶镇大口西村人。1947年10月，在大连市参加工作。1972年12月，加入中国共产党。1949年后，历任长山岛特区政府文书、宣传部干事、团委宣传部部长。1960年任长岛县技术推广站副站长。1969年负责长岛县育苗场筹建工作。1973年至1990年，任长岛县水产研究所所长。他带领科技人员长期钻研扇贝海区采苗和人工养成等技术，为长岛栉孔扇贝养殖业的发展做出突出贡献。他积极推广扇贝养殖技术，在省级以上专业报刊和杂志上发表学术论文10多篇。其中具有代表性的有《扇贝自然海区采苗总结》《采苗初步总结》《依靠科技技术发展扇贝养殖业》《扇贝自然海区采苗技术研究》等。80年代，农业部在长岛举办4次全国扇贝采苗和人工养殖学习班，均请他授课。1990年、1992年，省水产局先后2次邀请他到青岛和威海传授扇贝养殖技术。

在其担任长岛县水产研究所所长期间，先后引进、推广、研发的科研成果达20多项，获得国家、省、市30多个奖项。其中，“栉孔扇贝自

然海区采技术”获1986年农业部科技进步奖；“长岛蓬莱6000亩栉孔扇贝养殖高产综合技术”分别获1990年全国农业部渔业丰收一等奖和1991年国家星火三等奖。他本人先后被长岛县政府授予“科技拔尖人才”称号，被烟台市组织部授予“优秀科技工作者”称号。1991年2月离休。1993年10月，终身享受国务院特殊津贴待遇。2008年7月13日，在长岛病逝。

巩振德(1923—2010)　新泰市龙廷镇宝泉庄村人。1938年12月，在鲁中军区徂徕山大队入伍。1942年4月加入中国共产党。同年12月，任八路军山东纵队机关通讯员。1943年5月任鲁中军区司令部警卫员。1947年，任华东野战军第八纵队警卫员。先后经历抗日战争、解放战争和抗美援朝战争，10多次负伤，多次立功受奖。抗日战争时期参加著名的“百团大战”。解放战争时期参加宿迁战役、鲁南战役、莱芜战役、孟良崮战役、洛阳战役、开封战役、睢杞(豫东)战役、智取华山战斗、济南战役、淮海战役、渡江战役和上海战役等。

抗美援朝期间，巩振德先后三次入朝。第一次是1950年10月。先后参加“黄草岭战役”、第二次战役和第五次战役。在平康郡(县城)战斗中，他冲入火海抢救朝鲜群众，被朝鲜人民军授予一等功奖章。第二次是1952年年初，陪同由巴金率领的17人组成的访问团前往朝鲜前线。同年，朝鲜国家主席、次帅崔庸健授予“金日成奖章”。第三次是1953年年初，参加修建志愿军烈士陵园及毛岸英墓等任务。同年，中华人民共和国授予“和平勋章”。1955年，任长山要塞区政治部群联处指导员。

1956年，巩振德因伤病转业到北隍城岛供销社工作。1962年离休，他响应国家号召，主动要求落户大黑山岛北庄村务农。在大黑山岛的28年，带领各村育林队，育苗圃、挖鱼鳞坑，栽苗浇水，使大黑山岛、小黑山岛的荒山变青山。1991年回长岛县城后，他自备扫帚、铁锨和独轮自卸小铁车，义务为街道打扫卫生20多年。1994—1996年，连续三年被县委、县政府授予“优秀共产党员”称号，省市新闻媒体多次报道他的事迹。1998年，被省委组织部、老干部局、省人事厅授予“离休退休干部先进个人”称号。2005年，中共中央、国务院、中央军委授予他“反法西斯战争胜利60周年”纪念章一枚。2010年7月22日，在长岛病逝。

孙运球(1918—2010)　蓬莱市解宋营镇五十里堡孙家村人。1946年1月参加工作，1944年10月加入中国共产党。1952年3月，任蓬莱十二区委副书记。1956年10月，任长岛县工会副主席。1959年5月，任长岛县北长山乡党委副书记。1960年1月至1979年6月，任县林场场长兼兽医站站长。

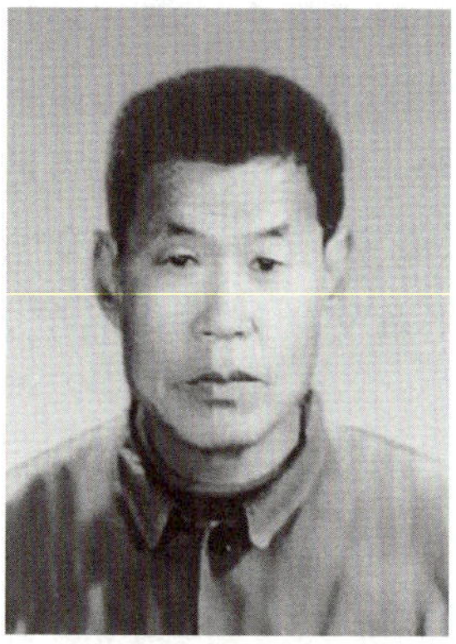

20世纪60年代，是长岛治理荒山的攻坚时期。孙运球作为林场场长，身先士卒，没有节假日，带领职工晴天刨坑，雨天栽树，扎根荒山，绿化造林。1962年，长岛驻军搞起散养羊的副业，山上刚种下的幼苗被羊吃掉，他向中央军委写信反映此事，得到军委批复，驻军不再养羊，造林绿化形成军民共同参与的长效机制，全县万亩荒山绿化成林。他不计名利得失，先后3次把调级涨工资的机会让给一线工人，一心扑在海岛绿化事业上，彰显共产党员以干为本、以苦为荣的奉献精神。1979年6月离休。2010年10月2日，在长岛病逝。

王其恭（1923—2011）　长岛县北长山乡北城村人。1937年春考入莱阳乡师。1938年8月参加革命，同年入胶东公学学习。1939年1月加入中国共产党，任胶东区党委职工部干事。1940年2月，调入胶东区党委党校，历任秘书、主任、支部书记、秘书科科长、胶东区党委秘书。1947年5月，历任蓬莱县委副书记、书记。1949年3月，任中共胶东区北海地委委员、宣传部部长。1950年6月，调入中共中央山东分局，历任机关党委副书记、书记，山东省政府机关党委书记、省级机关党委副书记等职务。1954年6月，王其恭调入沈阳国营112厂工作，历任党委副书记、书记。

1965年5月，王其恭调任三机部驻贵州011办事处党委书记、主任，主持航空工业最大的三线建设，他率领从航空工业一、二线调来的建设者，在1966年年底完成了三厂一库的基本建设。1969年任贵州011基地军管会生产组组长，组织歼6Ш飞机的试制。1970年9月18日，贵州011基地生产的歼6Ш飞机首飞成功，当年12月投入批量生产。1973年9月，任贵州011基地主任。1974年3月，任贵州061基地党的核心组组长。1976年10月，任三机部第六研究院党委第三书记。1978年4月，任三机部副部长、党组成员兼第六研究院第二书记。1980年8月，任三机部党组副书记。1982年，任航空工业部副部长、党组副书记。1984年，任航空工业职工思想政治工作研究会会长。1985年，任航空工业部特邀顾问。1990年离休。1991年航空工业创建40周年时被授予特别荣誉奖。2011年3月11日，在北京病逝。

肖汝福（1924—2012）　海阳市郭城镇肖家庄村人。1944年1月加入中国共产党。1946年1月参加工作。曾任长岛县林场场长、农林技术站站长、农林局副局长。

在植树造林、绿化海岛工作中，他刻苦钻研植树技术，为了树苗保活，研究制定严格的标准，无论是造水平阶还是挖鱼鳞坑，亲自把关指导，不走形式，用心培育树苗。经多次试验，找到适应长岛自然条件的树种“黑松”，又培育出抗风、耐旱、抗害、喜雾的松苗，在全县 推广大面积栽种。在多年的绿化工作中，肖汝福总结并实践“思想不通，栽树不活”的经验，被海岛干部群众广为传颂。1982年离休。2012年4月，在威海病逝。

王仁元（1952—2012）　长岛县砣矶镇后口村人。1971年8月加入中国共产党。1971年9月，被县委组织部选调到隍城公社，先后任青年干事、团委副书记、党委副书记。在隍城公社任职期间，他常年领船出海，亲临渔业生产第一线组织生产，在广大渔民中树立了较高的威信。1975年7月，任中共长岛县委常委，是全县时任最年轻的县级领导干部。

1975年9月，任省水产局副局长、党的核心领导小组成员。1986年7月，任青岛海洋渔业公司党委书记。1988年10月，任省水产企业集团总公司副总经理、党委委员。1989年5月，任省水产企业集团总公司副董事长、副总经理、党委委员。1989年12月，任省水产局局长、党组书记。1992年12月，任济宁市委副书记、副市长。1993年3月，任济宁市委副书记、市长。

1997年12月，任省经委主任、党组书记。2002年3月，任省政府党组成员，省经贸委主任、党组书记。

2002年6月，任副省长、省政府党组成员。2003年2月，兼省委企业工委书记。2004年5月，兼省国资委党委书记。2006年6月，任副省长、省政府党组副书记兼省国资委党委书记。担任副省长后，推动运用信息技术改造传统产业，大力实施质量兴省战略，稳步推进国有经济战略布局调整和省管企业改革重组，健全安全生产监管网络，全省安全生产形势呈现逐年好转的态势。2007年6月，任中共山东省委常委、常务副省长。2012年9月24日，在北京病逝。

王　昕（1919—2013）　原名王其良。长岛县北长山乡北城村人。1937年春天考入山东文登第七乡村师范。1938年5月参加八路军，7月加入中国共产党。抗日战争时期，历任胶东游击队政治部青年干事、八路军山东纵队苏鲁支队政治处宣传股股长、第1支队政治部组织科科长，其间参加沂蒙山区反“铁壁合围”作战。解放战争时期，任山东军区警备第2旅6团政治处主任，1946年7月历任东北野战军第3纵队8师22团政治委员、第3纵队政治部组织部副部长，1949年2月任第四野战军40军政治部组织部部长，先后参加临江、辽沈、平津、海南岛等战役。

1950年10月，参加抗美援朝作战，历任中国人民志愿军第40军政治部组织部部长、第40军120师副政委兼政治部主任、第119师副政委兼政治部主任。参加朝鲜第一至五次战役。获朝鲜民主主义人民共和国二级国旗勋章、二级独立自由勋章。

1953年10月回国后，历任中国人民解放军第40军120师政治委员、政治部主任。1955年3月，任第4海军学校政治委员。1957年获二级独立自由勋章、二级解放勋章。1963年7月后，历任海军北海、南海舰队政治部副主任、南海舰队副政治委员、政治部主任。1973年7月，任海军副政委，后兼任海军政治部主任。先后当选为第四届、第五届全国人民代表大会代表。1979年11月，任海军学院第二政治委员。1983年8月，任海军南海舰队政治委员。1987年2月离休。1988年，获中央军委授予的“独立功勋”荣誉奖章。2013年8月13日，在北京病逝。

朱大相（1935—2016）　长岛县砣矶镇井口村人。1965年5月加入中国共产党。“长岛渔号”代表性传承人，2008年获“第五批国家级非物质文化遗产传承人”称号。他自15岁出海打鱼，25岁当船长，具有丰富的闯海经验。1971年3月1日，他带领“长渔7号”渔民，顶着狂风巨浪，救起辽宁省长海县蚆蛸岛16名渔民的生命。同月，山东省革委、山东军区给朱大相记个人一等功，沈阳军区授予“长渔7号”—“英雄民兵班”光荣称号。40多年闯海生涯的磨炼，朱大相成为一个具有号召力和指挥能力的老“号头”。为了将“长岛渔号”传承下去，他言传身教，并带队参加国家、省、市大型文艺演出，多次获奖。2006年，他们代表山东省参加中国象山全国渔歌（号子）邀请赛，获表演二等奖。2007年6月，参加烟台市非物质文化遗产成果展览展演，获优秀表演奖。2007年9月参加“中国·长岛中华妈祖文化节”大型文艺演出。在旅游旺季和节假日，带领业余演出队，深入渔村、社区义务演出，为宣传、传承海岛非物质文化遗产作出积极贡献。2016年2月27日，在长岛病逝。

王爱民（1941—2017） 长岛县北长山乡北城村人。1956年2月参加工作，1959年7月加入中国共产党。1965年10月，任长岛县委组织部干事。1968年3月，任中共长岛县委常委。1973年7月，任团县委书记。1975年4月，任中共长岛县委常委、宣传部部长。1976年6月，任中共长岛县委副书记，在分管全县渔业生产时，他坚持一线指挥生产，虽然不是渔民出身，却多次随船出海进行远洋捕捞，靠着坚强的意志，战胜了晕船的困难，虚心向闯海渔民学习，由一个“旱鸭子”成为“水老大”，在渔民中有很高威信。

1980年8月，任中共长岛县委书记。任职期间，确立以“科技为先导，以渔业为主体，以工业为双翼，以旅游为后翎”的“飞鸟型”经济结构，加快了海岛经济的发展速度。打破传统海上生产方式，大力发展海上养殖实行“以渔为主，渔林粮牧副结合，多种经营全面发展”方针，走“一养二捕三加工”的路子，渔业生产发生历史性转变，由“猎捕型”变为“农牧型”。注重城市建设，城乡面貌明显改观，修路、蓄水、造林和旅游等服务设施建设中成果突出。为发展海岛旅游，兴建“三馆两园”（烽山鸟展馆、黄山历史博物馆、庙岛航海博物馆、月牙湾公园、烽山公园）。全县计划生育、“双拥共建”等工作先后跨入全国先进行列。注重长岛对外宣传工作，先后有20余名国家领导和50余名知名人士到长岛考察、为长岛题词，扩大海岛对外知名度。1987年当选为中共十三大代表。

1988年后，历任山东省水产企业集团总公司董事长、总经理，兼任中国农民企业家联谊会、渔业企业家专业委员会主任，中国国土经济学研究会、海岛开发专业委员会主任等职务。王爱民在渔业企业管理方面经验丰富，是山东远洋渔业开拓者及领航人之一。2017年3月1日，在济南病逝。

林乎加（1916—2018） 长岛县北长山乡嵩前村人。1938年2月加入中国共产党。1935年在青岛中学读书。1936年参加革命。1937年10月，到荣成县埠柳树乡校当事务员。1937年12月，胶东特委准备发动武装起义，林乎加、曹漫之、丁光等组织乡校学员拉起一支近20人的队伍，组成“山东人民抗日救国军第三军”。1938—1942年，历任山东抗日救国军第3军第1路指挥部中队政治指导员、大队政治委员，八路军山东纵队第5支队政治部青年部部长，胶东区党委青年部部长、民运部部长，鲁南区党委宣传部副部长、部长，鲁中区党委宣传部部长。1942年12月，任山东泰山地委书记兼军分区政委。

1949年，任浙江省委宣传部副部长、农工部副部长。1950年，任浙江省委常委、宣传部部长。1952—1965年，历任浙江省委秘书长、副书记、书记处书记。1965年2月，任国务院计委领导成员，负责全国的农业工作，主持编制第三个“五年计划”农业部分。1967年，“文化大革命”中受迫害。1972年，任国家计划委员会革委会副主任、党的核心领导小组成员。

1977年1月，任上海市委书记、市革委会副主任。1978年5月，任天津市委第一书记、市革委会主任、市警备区第一政委。任职期间，重点解决天津人民吃水问题、1976年地震造成的危房问题、天津市大学生上学问题。1978年10月，任北京市委第一书记，先后兼任北京卫戍区第一政委、党委第一书记、北京市革委会主任。1981年1月，兼任北京市市长。1981年2月后，历任农业部部长、党组书记和农牧渔业部部长、党组书记。

1982年12月，林乎加任“三西”（甘肃的河西、定西和宁夏的西海固）地区农业建设领导小组组长。他每次到“三西”地区调查，都会到最贫困的地方，看村民的存粮，了解当地老百姓生产生活情况。也到当地最富的人家，了解他们致富的办法。1983年，任农牧渔业部顾问。1985年，被增选为中顾委委员，1987年再次当选。1988年4月，任农业部顾问、国务院“三西”建设领导小组副组长。1992年年底离职休养。1995年6月离休。

林乎加曾任中共八大、十一大、十二大代表，中共第十一届、十二届中央委员会委员，在中共十三大上当选为中央顾问委员会委员，第五届全国人大代表。2018年9月13日，在北京逝世。

革命烈士传略

记录1987—2018年以长岛籍人物为主的烈士，兼记有重大影响的客籍烈士，前志遗漏人物，本志予以补充，排列以卒年为序。

吴道文（1918—1942） 长岛县砣矶镇大口西村人。1936年加入中国共产党，在大连市从事党的地下工作。1937年，加入蓬莱地方抗日武装队伍，先后任蓬莱5区和13区区中队干部。1938年2月，蓬莱县城东西沿海一带被日军占领，他带领的队伍在潮水、南王、北沟一带，多次袭击日军炮楼和伪军队部，烧毁日军布厂，鼓舞民众的抗日士气。1938年秋季，他回家乡砣矶岛开展扩军工作，在大口村经营“大昌隆”杂货店，以做生意为掩护，向渔民宣传党的抗日救国主张，揭露日军烧杀抢掠的罪行，号召渔民不做亡国奴，勇敢地同敌人进行斗争，把日本侵略者赶出中国。经过吴道文的动员，先后有30多名青年渔民报名参军，离开海岛奔赴抗日前线。多次冒着生命危险去内地购买粮食，以“大昌隆”为供应点，秘密向军属和贫苦渔民提供粮食，每户达300多斤，共产党、八路军的影响力在岛内民众心里不断增强。

1939年夏，吴道文回到砣矶岛，开展工作。在召集渔村青年在渔民家中开会时，突遭日伪搜查。他安排众人撤离后，纵身从后窗跳出脱险。1940年冬，奉命到蓬莱县城侦察敌情时被捕，后被党组织营救脱险。1942年6月26日，再次返回砣矶岛执行任务时，由于叛徒出卖不幸被捕。面对严刑拷打，吴道文宁死不屈，始终严守党的秘密。1942年7月25日，他在南长山岛被杀害，年仅25岁。

胡心田（1923—1947） 长岛县南长山街道王沟村人。1939年随乡亲“闯关东”。日本投降后，他积极向中共党组织靠拢，在党的教育下，迅速投身到锄奸反霸等各项工作中去。因工作表现突出，1945年末脱产到玉石区工作。1946年2月，加入中国共产党。后历任长山岛特区组织干事、玉石区委副书记等职。1947年10月，工委转移后，胡心田留岛坚持地下斗争。国民党进占长岛后，将胡心田逮捕，对其施以酷刑，妄图让他叛变党与革命。胡心田不惧淫威，义正词严、从容不迫，表现出一个共产党员的浩然气概。最后，被活埋在南长山岛王沟村外，牺牲时年仅24岁。1950年5月，被追认为革命烈士。

王华多（？—1948） 长岛县砣矶镇后口村人，1946年2月参军。据其战友证明，王华多在1948年龙口战斗中牺牲。根据国务院《革命烈士褒扬条例》规定，1996年5月29日，长岛县人民政府下发《关于追认王华多为革命烈士的决定》(长政发〔1996〕14号),追认王华多为革命烈士。

顾本财(1925—1950) 长岛县大钦岛乡北村人。出生船主家庭,从小生活富裕,年轻时到蓬莱县跑贸易谋生。1949年6月,华东军区准备解放长山岛,长山岛特区工委动员渔民出人出船,支援解放长山岛。7月,他驾着自家渔船加入解放长山岛支前大队。在战前训练中,主动教战士们学游泳、掌蓬、摇橹、操舵等渡海技能,与战士们一起在海上、滩头反复进行实战演练,在渡海抢占滩头时,他和船工们同舟共济,争分夺秒,把战士们送上岸,完成解放长山岛支前任务。

1949年11月、12月,长山岛特区先后组织两批支前队伍,大小船只87条,船员654名,支援解放舟山群岛战役。顾本财以"我参加长山岛战役有经验"为由,主动请缨参加第二批解放舟山群岛支前大队。历经2个多月海上苦练,1950年5月,解放军向舟山群岛发起猛烈攻击,他和长岛支前船工一起,突破敌人层层设防的海上障碍,把部队送到各个岛上。5月19日,舟山战役胜利结束,长岛支前船工又往返运输1个多月物资,完成支前任务。7月上旬,长岛支前船工准备返航回乡,船工们在浙江镇海前沿的海滩上集结,他在指挥船工大队高唱《中国人民解放军进行曲》时,突发脑溢血,猝死在沙滩上,时年25岁,被第三野战军授予"渡海参战船工烈士"。

庙玖双(1951—1973) 山东莒县苍山乡西山旺村人。入伍前是村卫生室赤脚医生,他刻苦学习医疗技术,耐心为病人除病祛痛,深得乡亲们的称赞。1972年11月入伍,任中国人民解放军6105部队军械修理所战士。1973年7月12日,北长山公社店子大队两名社员在井上排除机械故障时,因一氧化碳中毒落水,正在进行战备训练的庙玖双闻讯飞快赶到现场,奋不顾身跳下井去抢救遇难社员,不幸中毒牺牲。6105部队党委追认他为中共正式党员,追记二等功。

张金柱(1956—1979) 长岛县北长山乡北城村人。1975年1月入伍,成为昆明军区步兵11军31师91团7连战士。

对越自卫反击战打响后,张金柱怀着报效祖国的满腔热忱,积极要求参战。1979年年初,奔赴前线。战斗中,不怕牺牲,勇于冲锋陷阵。2月加入中国共产党。3月6日,在攻打班绕散149号高地的战斗中,为掩护战友撤退,不幸中弹,光荣牺牲,被解放军总政治部追记三等功。

石 建(1965—1985) 山东滕州市人。出生于军人家庭,自小在驻岛部队军营中长大。

1973年在长岛工农小学上学,1981年就读于长岛中学,是长岛中学16级学生。1984年5月,加入中国共产主义青年团,同年10月应征入伍,任原海军第一航空机务学校学兵一大队七队学员。1985年5月4日,在青岛市崂山县救人牺牲,海军航空兵党委追认他为革命烈士,并追记一等功;中国人民解放军海军追授他"舍己救人的模范共青团员"称号;中共青岛市委、市政府追授他"爱民模范"称号。

金 华(1921—?) 原名金德宽,长岛县庙岛村人。1938年于黄县参加八路军八支队,后无音讯。根据国务院《革命烈士褒扬条例》规定,1986年4月10日,长岛县人民政府下发《关于追认金华为革命烈士的决定》(长政发〔1986〕32号),追认金华为革命烈士。

人物名录

1986—2018年长岛县获全国劳动模范、先进工作者称号一览表

人物表-1

序号	姓名	性别	授予荣誉时的工作单位	获得劳模时间、名称
1	赵金兰	女	长岛县船业总公司	1995年“全国劳动模范”
2	吴德运	男	长岛县电业总公司	2004年“全国五一劳动奖章”
3	王成强	男	长岛县政法委	2005年“全国先进工作者”
4	任路光	男	华能新能源股份有限公司山东分公司	2010年“全国劳动模范”

1986—2018年长岛县获省（部）级劳动模范、先进工作者称号一览表

人物表-2

序号	姓名	性别	授予荣誉时的工作单位	获得劳模时间、名称
1	石茂盛	男	长岛县船厂	1986年“山东省职工劳动模范”
2	肖本存	男	长岛县大钦岛乡东村	1986年“山东省农业劳动模范”
3	曲怀金	男	长岛县船厂	1988年“山东省富民兴鲁劳动奖章”
4	郭庆楠	男	长岛县人民医院	1989年“山东省劳动模范”
5	高立国	男	长岛县砣矶镇大口西村	1990年“山东省农业劳动模范”
6	王汝凤	女	烟台日江网具有限公司	1992年“山东省职工劳动模范”
7	刘维邦	男	长岛县建筑工程公司	1994年“山东省富民兴鲁劳动奖章”
8	王庆柱	男	长岛县砣矶镇后口村	1995年“山东省农业劳动模范”
9	王成强	男	南隍城乡南隍城村	1998年“山东省劳动模范”
10	韩传开	男	烟台医药公司长岛分公司	1999年“山东省富民兴鲁劳动奖章”
11	于洪军	男	山东省长岛毛纺厂	2001年“山东省富民兴鲁劳动奖章”

续人物表-2

序号	姓名	性别	授予荣誉时的工作单位	获得劳模时间、名称
12	吴德运	男	长岛县电业总公司	2003年“山东省劳动模范”
13	周举武	男	长岛县南隍城乡南隍城村	2003年“山东省劳动模范”
14	王春茗	男	长岛高能聚氨酯有限公司	2004年“山东省富民兴鲁劳动奖章”
15	朱延杰	男	长岛县电业总公司	2006年“山东省富民兴鲁劳动奖章”
16	孙　岩	男	长岛县风力发电有限公司	2008年“山东省劳动模范”
17	吴荣宽	男	长岛县小钦岛乡小钦岛村	2008年“山东省劳动模范”
18	李胜军	男	长岛县电业总公司	2009年“山东省富民兴鲁劳动奖章”
19	吴世刚	男	中国联合网络通信有限公司长岛县分公司	2012年“山东省富民兴鲁劳动奖章”
20	袁克新	男	长岛中学	2012年“山东省富民兴鲁劳动奖章”
21	姜礼斌	男	国网山东省电力公司长岛县供电公司	2013年“山东省劳动模范”
22	赵作斌	男	国网山东省电力公司长岛县供电公司	2014年“山东省富民兴鲁劳动奖章”
23	王红燕	女	长岛中学	2015年“山东省富民兴鲁劳动奖章”
24	谭冯翊	男	山东长岛农村商业银行股份有限公司	2016年“山东省富民兴鲁劳动奖章”
25	袁　虎	男	长岛县大钦岛卫生院	2017年“山东省富民兴鲁劳动奖章”
26	高大吉	男	长岛县长通旅运有限公司	2018年“山东省劳动模范”

1986—2018年长岛县获得市级劳动模范称号一览表

人物表-3

序号	姓名	性别	授予荣誉时的工作单位	获得劳模时间、名称
1	马昌祥	男	长岛县大黑山乡北庄村园艺场	1989年“烟台市劳动模范”
2	邢连祥	男	长岛县林业局林场	1989年“烟台市劳动模范”
3	赵佩生	男	长岛县林业局	1989年“烟台市劳动模范”
4	朱德庆	男	长岛县饲料公司	1989年“烟台市劳动模范”
5	王怡荣	女	长岛县南长山镇獐沟村	1990年“烟台市劳动模范”
6	蔡大禹	男	长岛县南长山镇乐园村	1990年“烟台市劳动模范”
7	孙家存	男	长岛县大钦岛乡东村	1990年“烟台农业劳动模范”
8	顾本健	男	长岛县北隍城乡北隍山前村	1990年“烟台市劳动模范”
9	杨丽霞	女	长岛县第一实验小学	1991年“烟台市劳动模范”
10	苑学军	男	长岛县公安局	1992年“烟台市劳动模范”
11	葛斌然	男	长岛县船业总公司	1993年“烟台市劳动模范”
12	李来英	女	长岛县北隍城乡北隍山前村	1996年“烟台市劳动模范”
13	梁科华	女	长岛县人民医院	1996年“烟台市劳动模范”
14	王松亭	男	山东省长岛县装潢印刷材料厂	1998年“烟台市劳动模范”
15	孙华利	男	长岛县华联水产有限公司	1998年“烟台市劳动模范”
16	孙玉仙	女	长岛县毛纺厂	1998年“烟台市劳动模范”
17	孙衍志	男	长岛县科学技术协会	1998年“烟台市劳动模范”
18	范永伟	男	长岛县信访局	1998年“烟台市模范机关工作者”
19	乔淑青	女	长岛县富洋水产科技有限责任公司	2002年“烟台市劳动模范”
20	王国孝	男	长岛县青联旅行社	2002年“烟台市劳动模范”
21	孔宪迪	男	长岛中学	2002年“烟台市劳动模范”
22	吴荣宽	男	长岛县小钦岛乡小钦岛村	2002年“烟台市劳动模范”

续人物表-3

序号	姓名	性别	授予荣誉时的工作单位	获得劳模时间、名称
23	宋承刚	男	长岛县商业总公司	2005年“烟台市劳动模范”
24	张世岩	男	长岛县南长山街道办事处	2005年“烟台市模范公务员”
25	邹清敏	男	长岛县北隍城乡山后村	2005年“烟台市劳动模范”
26	高增福	男	长岛县建设局	2008年“烟台市劳动模范”
27	韩兴勇	男	长岛县供电公司	2008年“烟台市劳动模范”
28	孙忠香	女	长岛县砣矶镇磨石嘴村	2008年“烟台市劳动模范”
29	杨严为	男	长岛县农村信用合作联社	2011年“烟台市劳动模范”
30	肖述强	男	长岛县天然水产有限公司	2011年“烟台市劳动模范”
31	孙成伟	男	长岛县南长山街道孙家村	2014年“烟台市劳动模范”
32	高大吉	男	长岛县长通旅运有限公司	2014年“烟台市劳动模范”

附 录

文献辑存

中共山东省委 山东省人民政府关于表彰长岛县率先成为全省第一个“小康”县的决定

1992年7月20日

党的十一届三中全会以来，长岛县认真贯彻执行党的“一个中心、两个基本点”的基本路线，按照社会主义现代化建设“三步走”的战略部署，紧紧抓住经济建设这个中心，立足海岛实际，在实现第二步战略目标、齐心协力奔小康的实践中，解放思想，勇于改革，扩大开放，两个文明建设一起抓，加快了经济建设的步伐，促进了各项事业的发展，政治、经济、社会面貌发生了历史性变化。1991年，全县人均国民生产总值达到10469元，渔民人均纯收入达到1773元，年人均生活消费支出达1253元，消灭了贫困户，人均占有集体生产性固定资产4000元以上的村已达到80%。全县普及了九年制义务教育，在青壮年中消灭了“文盲”“半文盲”；普遍实行了合作医疗制度，人口自然增长率得到有效控制，人均寿命已达75岁；近几年，先后被评为全国“双拥”模范县，省级卫生城，精神文明建设工作先进县。

根据国家制定的农村“小康”标准，经对长岛县农村生活水平进行综合测评和考核验收，认为该县已在总体上提前实现了“小康”目标。为此，省委、省政府决定，对长岛县率先成为全省第一个“小康”县进行通报表彰。

省委、省政府希望长岛县继续发扬成绩，再接再厉，使经济和各项事业再上新台阶，向“富裕”的目标迈进。全省各级党委、政府要认真贯彻落实邓小平同志南巡重要讲话、中央政治局全体会议和江泽民同志在中央党校的重要讲话精神，学习借鉴长岛县的经验，进一步解放思想，抓住当前有利时机，加大改革开放力度，加快经济发展步伐，为全省提前实现第二个翻番的战略目标，达到“小康”水平而努力奋斗。

关于调整行政区划的通知

长政发〔2003〕49号

各乡镇人民政府，县政府各部门，局级企事业各单位，中央、省、市属驻岛各单位：

经山东省人民政府批准，鲁政函民字〔2003〕4号文件批复，烟台市人民政府烟政函民字〔2003〕2号文件通知，就我县行政区划调整通知如下：

撤销南长山区公所，以原南长山区公所的管辖范围设立南长山镇，镇人民政府驻原南长山区公所机关驻地；撤销砣矶区公所，以原砣矶区公所的管辖范围设立砣矶镇，镇人民政府驻原砣矶区公所机关驻地；撤销黑山区公所，以原黑山区公所的管辖范围设立黑山乡，乡人民政府驻原黑山区公所机关驻地；撤销北长山区公所，以原北长山区公所的管辖范围设立北长山乡，乡人民政府驻原北长山区公所机关驻地；撤销大钦岛区公所，以原大钦岛区公所的管辖范围设立大钦岛乡，乡人民政府驻原大钦岛区公所机关驻地；撤销小钦岛区公所，以原小钦岛区公所的管辖范围设立小钦岛乡，乡人民政府驻原小钦岛区公所机关驻地；撤销南隍城区公所，以南隍城区公所的管辖范围设立南隍城乡，乡人民政府驻原南隍城区公所机关驻地；撤销北隍城区公所，以原北隍城区公所的管辖范围设立北隍城乡，乡人民政府驻原北隍城区公所机关驻地。

长岛县人民政府

2003年6月25日

山东省人民政府 关于同意调整长岛县部分 行政区划的批复

鲁政函民字〔2010〕28号

烟台市人民政府：

你市《关于撤销长岛县南长山镇设立南长山街道办事处的请示》（烟政发〔2010〕46号）收悉。经研究，同意撤销南长山镇，以其原行政区域设立南长山街道办事处，办事处机关驻原南长山镇政府驻地。

2010年5月17日

山东省人民政府

关于同意设立长岛海洋生态文明 综合试验区的批复

鲁政字〔2018〕127号

烟台市人民政府：

你市呈报的《关于设立长岛省级海洋生态文明综合试验区的请示》（烟政呈〔2018〕30号）收悉。现批复如下：

一、同意设立长岛海洋生态文明综合试验区（以下简称试验区）。试验区范围为长岛151个岛屿和所属海域，岛陆面积56.8平方千米，海域面积3541平方千米，海岸线长187.8千米。

二、试验区建设要以习近平新时代中国特色社会主义思想为指导，全面贯彻落实党的十九大精神，坚持新发展理念，落实节约资源和保护环境的基本国策，实施最严格的生态环境保护制度，把生态保护作为第一要务，把绿色发展作为根本前提，坚持世界眼光、国际标准、长岛优势，以体制创新、模式探索为重点，强化政策保障，推动陆海统筹发展，将试验区建设成为蓝色生态之岛、休闲宜居之岛和军民融合之岛，为探索海洋生态保护、持续发展、军民融合新路径发挥示范作用。

三、你市要切实加强组织领导，完善工作机制，明确工作责任，加大支持力度，严格按照《长岛海洋生态文明综合试验区建设实施规划》确定的试验方向、重点任务，创新体制机制，积极稳妥扎实推进试验区建设。四、省政府有关部门要深入贯彻落实习近平生态文明思想，立足长岛生态环境保护主体功能区定位，加强省级层面统筹协调，进一步细化政策措施，加大资金、人才、项目等方面的支持力度。建立由省发展改革委牵头召集的长岛海洋生态保护和持续发展联席会议制度，协调推进规划政策研究和落实，帮助解决试验区发展过程中遇到的困难和问题，为推动试验区建设发展营造良好的环境。各有关部门要密切配合、开拓创新、扎实工作，全力打造绿色环保、宜居宜游、美丽和谐的新长岛。

山东省人民政府

2018年6月19日

山东省长岛海洋生态保护条例

（2019年7月26日山东省第十三届人民代表大会常务委员会第十三次会议通过）

第一章 总 则

第一条 为了保护长岛海洋生态，防治污染损害，促进长岛经济和社会可持续发展，根据《中华人民共和国海洋环境保护法》《中华人民共和国海岛保护法》等法律、行政法规，制定本条例。

第二条 在长岛海洋生态文明综合试验区（以下简称长岛试验区）内从事规划建设、生态修复与培育、污染防治以及其他与海洋生态保护有关的活动，适用本条例。

本条例所称长岛试验区包括长岛151个岛屿

及其所属海域，具体范围由省人民政府依法划定，并向社会公布。

第三条 长岛海洋生态保护应当坚持党的领导，树立并践行绿水青山就是金山银山的理念，按照建设海洋强省的战略布局，坚持尊重自然、顺应自然、保护自然，遵循规划引领、保护优先、陆海统筹、绿色发展的原则，打造绿色环保、宜居宜游、美丽和谐的新海岛。

第四条 省人民政府、烟台市人民政府应当建立健全长岛试验区生态保护体制机制，制定有利于生态保护和可持续发展的政策措施，协调解决工作中的重大问题，加大财政投入，推动长岛试验区全面健康发展。

省和烟台市人民政府发展改革、财政、生态环境、自然资源、住房城乡建设、交通运输、农业农村、海事等部门和单位应当按照各自职责，做好长岛海洋生态保护的相关工作。

第五条 长岛试验区管理机构作为烟台市人民政府的派出机构，依照本条例规定履行生态保护职责，并依法实施相关的行政许可、监督检查、行政处罚等行政管理职能。

省人民政府生态环境等部门、烟台市人民政府生态环境等部门及其在长岛试验区的派出机构，按照规定的职责做好海洋生态保护的相关工作。

第六条 省人民政府、烟台市人民政府和长岛试验区管理机构应当统筹生态保护与经济社会发展，立足长岛特色和优势，推进休闲旅游、现代渔业、医养健康、海洋文化等生态友好型产业发展。

第七条 省人民政府、烟台市人民政府、长岛试验区管理机构应当加强对长岛海洋生态保护的宣传教育，增强公民环境保护意识，并按照有关规定对在长岛海洋生态保护工作中做出显著成绩的单位和个人给予表彰、奖励。

鼓励公民、法人和其他组织以志愿服务、捐赠等方式参与长岛海洋生态保护活动；探索建立生态保护守信激励和失信惩戒机制；鼓励、支持符合法律规定的环境保护社会组织依法提起环境公益诉讼。

第二章 规划与区域功能管控

第八条 长岛生态保护和建设发展，应当符合省人民政府批准并公布实施的长岛海洋生态文明综合试验区建设规划（以下简称长岛试验区规划）；在编制、调整涉及长岛试验区的相关专项规划时，应当与长岛试验区规划相衔接，根据长岛试验区的功能定位、发展规模、产业布局，划定生态保护红线、历史文化保护线、基础设施建设控制线和海岸线分类保护范围，并按照国土空间规划要求推进多规合一，科学确定长岛试验区开发保护格局。

不符合长岛试验区规划要求的既有建设项目应当依法关停或者迁出。

第九条 省人民政府、烟台市人民政府和长岛试验区管理机构应当根据长岛试验区发展目标、功能定位和海洋主体功能区划，制定实施差异化人口发展措施，合理控制人口增量，优化人口布局和结构。

第十条 长岛试验区应当科学划定各类用地用海布局，根据生态涵养、休闲度假、运动观光等功能需求，统筹海洋生态保护和绿色发展空间布局。

除国防建设以及必要的基础设施项目和民生项目以外，在生态涵养功能区域内禁止其他各类建设项目。

在休闲度假、运动观光功能区域内，应当合理控制人口规模和旅游承载量，不得新建、改建、扩建破坏生态环境的项目。

第十一条 长岛试验区应当根据海洋功能区划和近岸海域环境功能区划确定的海域功能，合理布局近海养殖区域，依法划定禁养区、限养区，明确禁养区、限养区范围、容量和管控措施，逐步推行深海远海规模化养殖。因划定禁养区、限养区造成养殖业户损失的，应当依法予以合理补偿；养殖业户和渔民因生态保护转产转业的，烟台市人民政府和长岛试验区管理机构应当给予扶持。

海水养殖应当避开港口、航道水域，不得影响通航安全。

第十二条　长岛试验区应当加强海岸线资源保护，健全自然岸线保有率管控制度，划定管控范围，明确管控目标。

在有居民海岛岸线向陆地一侧的管控范围内，除重大公益项目或者必要的基础设施建设工程外，应当严格控制其他建设项目；管控范围内不符合规划要求的既有建设项目和构筑物，应当逐步拆除或者迁出。

第十三条　在具有重要科研价值的候鸟生存区域和斑海豹、蛇等珍稀濒危生物的天然集中分布区域，以及重要自然景观区域，应当依法划定各类自然保护地，实行自然资源确权登记，制定保护措施，确保生态系统安全。

第十四条　长岛试验区的建设项目应当与海岛环境和自然景观相协调。长岛试验区管理机构应当制定海岛城乡建设管理规范，科学规划建筑风格、园林雕塑、景观照明、街道界面、户外广告，合理布局城乡空间和天际线，优化人居环境，彰显人文特色，保持海岛风貌。

第三章　生态修复与培育

第十五条　省人民政府、烟台市人民政府应当加强对长岛海洋生态保护工作的监督，建立健全长岛海洋生态保护与修复长效机制，实行全域生态保育，提高海洋生态保护水平。

烟台市人民政府和长岛试验区管理机构应当采取措施，对林木植被、滨海湿地、海湾、山体、自然岸线等进行重点保护。

第十六条　长岛试验区管理机构应当严格落实海洋功能区划和海洋生态环境保护规划，依法查处违法围海填海的行为，限期清理，恢复生态原貌。

除国家重大战略项目外，禁止从事围海填海活动。

第十七条　长岛试验区管理机构应当综合考虑海洋生态保护要求、海域资源状况和养殖污染状况等因素，兼顾当地居民生产生活，严格控制近海养殖密度和养殖面积，逐步清理陆基养殖设施。

鼓励科学建设海洋牧场和人工鱼礁群，发展生态渔业，适时增殖放流，开展海洋生物种群资源恢复，保护和修复海洋生态系统。

第十八条　长岛试验区管理机构应当加强破损和裸露山体的生态治理，对地质遗迹和易发生地质灾害的山体进行勘察整治，鼓励植树造林、封山育林，优化树种类型，保护和修复海岛原有地形地貌。

第十九条　长岛试验区管理机构应当组织开展受损海岸线的整治修复，实施海岸带保护修复工程，加强海岛球石资源管理，保护海岸生态环境和自然景观。

第二十条　长岛试验区管理机构应当实施最严格的水资源管理制度，严格控制地下水开采。在城市公共供水管网覆盖区域内，禁止取用地下水。

鼓励采用雨水集蓄、海水淡化、污水净化、中水利用等技术，合理开发和节约利用水资源。

第二十一条　长岛试验区管理机构应当定期对海岛及其周边海域物种进行普查登记，加强动植物检疫，建立外来物种入侵预警机制，做好自然资源有害生物防治工作，保护长岛生物资源的原生性和多样性。

第二十二条　长岛试验区管理机构应当加强对海上渔业捕捞和海上垂钓活动的管理，严格依照《中华人民共和国渔业法》实行渔业捕捞许可证制度，依法规范船舶作业类型和渔具数量、规格，明确可以垂钓的鱼类、标准、区域等内容，保护海洋鱼类资源和海底资源。

从事渔业生产、载人游览、海上垂钓等活动使用的船舶和渔具，应当符合安全和生态保护的要求。

第二十三条　长岛试验区管理机构应当将殡葬设施建设纳入城乡建设发展规划，在具备条件的有居民岛全面推行遗体火化制度；鼓励和支持生态殡葬，提倡文明祭祀。

第二十四条 禁止从事下列破坏海洋生态的行为：

（一）非法改变、破坏山体、自然岸线、滨海湿地；

（二）新建、扩建晒场；

（三）拾捡、带离或者擅自采挖球石；

（四）擅自采集国家或者省重点保护的野生植物；

（五）猎捕、贩卖鸟类、蛇类等野生动物，损毁鸟巢或者采拾、买卖鸟蛋；

（六）使用非专用食物投喂海鸟、海豹等野生动物；

（七）开采海砂、海泥或者以其他方式破坏海底自然环境；

（八）在划定的禁火区内吸烟、生火、烧香、烧纸；

（九）其他破坏海洋生态的活动。

第四章 污染防治

第二十五条 长岛试验区应当落实生态保护红线管控要求，完善生态环境保护责任制，加强污染防治和环境质量底线控制，防止和减少污染事故对海洋环境的损害。

长岛试验区管理机构应当制定实施循环经济、清洁生产、环境综合治理、废弃物资源化等政策措施，严格执行污染物排放标准，加强重点区域、重点行业污染控制，减少污染物排放。

第二十六条 长岛试验区管理机构应当完善海洋生态监测预警系统，建立健全监视监测体系并配置必要的监视监测站点和设施设备，加强对海岛及其周边海域生态环境的实时监视监测。

第二十七条 长岛试验区管理机构应当优先发展公共交通，加强交通大数据的收集、分析和利用，完善智能交通管理系统。严格控制岛内机动车总量，加快淘汰高污染排放机动车，逐步减少岛内机动车数量，推广使用新能源汽车和其他清洁交通工具，倡导绿色、低碳出行。

除国防战备、应急救援、必要基础设施建设和民生保障等需求外，禁止外来机动车入岛。

长岛试验区管理机构可以根据海岛交通承载能力、大气环境质量状况和机动车排放污染程度等，制定机动车数量调控管理办法并组织实施。

第二十八条 省人民政府、烟台市人民政府应当组织生态环境、应急管理、自然资源、海事等部门完善海上溢油监视监测系统，建设海上溢油应急处置设备库，提高海上溢油灾害预测预警和应急处置能力，严格防控并及时处置海上溢油污染。

第二十九条 烟台市人民政府、长岛试验区管理机构应当完善长岛试验区垃圾接收、转运以及处理处置等基础设施，加强生活垃圾全程分类管理，实行分类投放、分类收运、分类利用、分类处置，实现生活垃圾减量化、资源化、无害化处理；无法在岛内进行无害化处理的固体垃圾以及其他废弃物，应当及时运至岛外垃圾处理厂集中处理。

第三十条 港口、码头应当建设必要的污水、垃圾接收、转运以及处理处置装置。在长岛试验区海域范围内航行、停泊和作业的船舶，应当在港口、码头或者其他指定地点统一处置各种油类、油类混合物和含有毒有害物质的洗舱水、压载水，并不得擅自排放。

禁止无船名船号、无船舶证书、无船籍港的船舶航行、作业或者在海上停泊。

第三十一条 长岛试验区管理机构应当统筹建设污水集中处理设施以及配套管网，提高污水收集率和处理率。生活污水、工业废水以及餐饮、洗车等产生的污水，应当纳入污水集中处理系统经处理达标后方可排放。

未纳入污水集中处理系统的海水养殖、育苗、冷藏等产生的污水，应当处理达标后方可排放。

第三十二条 从事海水养殖的单位、个人应当科学确定养殖密度，合理投饵、施肥和使用药物，防止对海洋环境造成污染；海水养殖用药应当符合国家和省有关药物安全使用的规定和标准，不得使用国家和省明令禁止使用的药物。

第三十三条 港口、码头以及海水养殖、滨海旅游等使用海域或者海岸线的单位、个人，应当防止污染物、废弃物进入海域，并负责及时清除使用范围内的生活垃圾和固体漂浮物。

第三十四条 因公务、教学、科学调查等经依法批准需要临时使用无居民海岛的，不得在岛上建造永久性建筑物或者设施，不得破坏海岛生态环境。

建造的临时性建筑物或者设施，使用人必须在使用完毕后及时拆除，并将垃圾清运出岛，修复受到损害的生态环境。

第三十五条 禁止从事下列污染环境的行为：

（一）放养牛、羊等牲畜；

（二）在非指定地点倾倒垃圾；

（三）焚烧垃圾、露天烧烤、燃放烟花爆竹、放飞孔明灯；

（四）其他污染环境的行为。

第五章 保障措施

第三十六条 长岛试验区管理机构应当按照精简、统一、效能的要求，建立职能综合、结构优化、运行高效的行政管理体制，健全海洋生态保护和可持续发展相适应的运作机制，依法履行建设项目审批、土地使用、港航管理、海洋渔业管理等方面的职责。

第三十七条 长岛试验区实行财政单独核算，区内实现的地方财政收入全额留存，缴入省、市财政的部分予以全额返还。长岛试验区生态保护、基础设施建设以及义务教育、医疗卫生、居民养老等基本民生支出和行政运行经费缺口，由省、市两级财政根据事权划分给予补助。

第三十八条 省人民政府、烟台市人民政府和长岛试验区管理机构应当按照“谁受益谁补偿”的原则，完善生态保护补偿机制，鼓励通过市场化、多元化方式筹集生态保护补偿资金。

生态保护补偿资金的来源包括：

（一）国家、省、市财政拨付的生态保护补偿资金；

（二）旅游门票收入中的生态保护补偿部分；

（三）渔业资源增殖保护费中的生态保护补偿部分；

（四）资源使用费中的生态保护补偿部分；

（五）社会捐赠的资金；

（六）通过其他方式筹集的资金。

第三十九条 省人民政府、烟台市人民政府应当充分考虑长岛试验区生态保护的需要，加大在土地、海域、风景名胜等资源使用费中用于长岛试验区生态补偿的比重。

第四十条 长岛试验区管理机构应当建立健全海洋生态保护补偿协商机制，支持引导海洋生态保护者与受益者通过排污权交易、碳排放交易、生态产品服务标志使用等市场化运作的方式筹集海洋生态保护补偿资金。

鼓励社会资本投资海洋生态保护与开发项目，并按照约定享受投资开发权益。

第四十一条 生态保护补偿资金应当纳入长岛试验区财政预算管理，专项用于长岛海洋生态修复、培育、污染防治、生态移民和近海养殖业户退出补偿、既有建设项目关停或者迁出补偿。

省人民政府、烟台市人民政府应当建立生态保护补偿资金使用考核评价机制，加强对生态保护补偿资金使用的监督。

第四十二条 长岛试验区管理机构应当探索生态产品价值实现机制，培育生态产品交易市场，创新绿色金融工具，推动生态产品资本化运作，鼓励和引导社会资本参与长岛试验区生态友好型产业发展。

第四十三条 省人民政府、烟台市人民政府应当支持科技、教育、医疗机构与长岛试验区融合发展，改善区域发展环境。

长岛试验区管理机构应当制定人才引进配套政策和鼓励措施，创新用人机制和分配机制，探索绩效薪酬和聘任聘用制。

第四十四条 长岛试验区管理机构应当加强海洋生态保护执法工作，配备必要的执法装备，并可以采用卫星遥感、航空巡查、船舶巡航等方式调查取证，加强信息数据的采集运用，依法及时查处违法行为。

第四十五条 长岛试验区实施海洋生态保护需要调整或者停止适用地方性法规有关规定的，省人民政府、烟台市人民政府应当依法提请省人民代表大会或者其常务委员会、烟台市人民代表大会或者其常务委员会作出决定；需要调整或者停止适用政府规章有关规定的，省人民政府、烟台市人民政府应当及时作出决定。

第六章 法律责任

第四十六条 对违反本条例规定的行为，法律、行政法规已经规定法律责任的，适用其规定。

违反本条例规定造成生态破坏的，由责任人依法承担生态整治修复义务；拒不承担的，长岛试验区管理机构可以依法代履行，整治修复费用由责任人承担。构成犯罪的，依法追究刑事责任。

第四十七条 违反本条例规定，非法改变、破坏山体、自然岸线、滨海湿地的，由长岛试验区管理机构责令改正，处五万元以上二十万元以下的罚款；情节严重的，处二十万元以上五十万元以下的罚款。

第四十八条 违反本条例规定，新建、扩建晒场的，由长岛试验区管理机构责令改正，处五千元以上三万元以下的罚款；情节严重的，处三万元以上十万元以下的罚款。

第四十九条 违反本条例规定，拾捡、带离球石的，由长岛试验区管理机构责令改正，有违法所得的，没收违法所得；拒不改正的，并处五百元以上二千元以下的罚款；情节严重的，并处二千元以上二万元以下的罚款。

第五十条 违反本条例规定，擅自采挖球石，开采海砂、海泥或者以其他方式破坏海底自然环境的，由长岛试验区管理机构或者生态环境主管部门责令改正，没收违法所得，并处二万元以上十万元以下的罚款；情节严重的，并处十万元以上五十万元以下的罚款。

第五十一条 违反本条例规定，擅自采集国家或者省重点保护的野生植物的，由长岛试验区管理机构没收采集的野生植物和违法所得，并处违法所得一倍以上十倍以下的罚款。

第五十二条 违反本条例规定，猎捕、贩卖鸟类、蛇类等野生动物，损毁鸟巢或者采拾、买卖鸟蛋的，由长岛试验区管理机构责令改正，没收捕获物和违法所得，并处一千元以上一万元以下的罚款。

第五十三条 违反本条例规定，使用非专用食物投喂海鸟、海豹等野生动物的，由长岛试验区管理机构责令改正，处二百元以上二千元以下的罚款。

第五十四条 违反本条例规定，在划定的禁火区内吸烟、生火、烧香、烧纸的，由长岛试验区管理机构责令改正，处二百元以上二千元以下的罚款。

第五十五条 违反本条例规定，船舶未在港口、码头或者其他指定地点统一处置各种油类、油类混合物和含有毒有害物质的洗舱水、压载水的，由长岛试验区管理机构或者海事等部门责令改正，处一万元以上三万元以下的罚款；擅自排放造成海洋环境污染的，处三万元以上二十万元以下的罚款。

第五十六条 违反本条例规定，无船名船号、无船舶证书、无船籍港的船舶航行、作业或者在海上停泊的，由长岛试验区管理机构或者海事等部门责令改正，处一万元以上五万元以下的罚款。

第五十七条 违反本条例规定，从事海水养殖的单位、个人未按照规定科学确定养殖密度、合理投饵和使用药物的，由长岛试验区管理机构责令改正，处五千元以上三万元以下的罚款。

第五十八条 违反本条例规定，放养牛、羊

等牲畜，在非指定地点倾倒垃圾、焚烧垃圾、露天烧烤、燃放烟花爆竹、放飞孔明灯，或者从事其他污染环境行为的，由长岛试验区管理机构责令改正，处二百元以上二千元以下的罚款。

第五十九条 长岛试验区管理机构以及有关部门违反本条例规定，有下列行为之一的，由主管机关责令改正；情节严重的，对直接负责的主管人员和其他直接责任人员依法追究相应责任：

（一）开设不符合长岛试验区规划的参观、旅游、建设等项目的；

（二）未加强破损和裸露山体生态治理，恢复和保护海岛原有地形地貌的；

（三）未组织开展受损海岸线的整治修复，加强海岛球石资源管理，保护海岸生态环境和自然景观的；

（四）未完善垃圾接收、转运以及处理处置等基础设施，实现垃圾分类处置和无害化处理的；

（五）未统筹建设污水集中处理设施以及配套管网，提高污水的收集率和处理率的；

（六）未依法查处破坏海洋生态和污染环境的行为的；

（七）其他滥用职权、玩忽职守、徇私舞弊的行为。

第七章 附 则

第六十条 长岛试验区内无居民海岛、特殊用途海岛和划定为自然保护地的区域，依照有关法律、法规实施管理；长岛试验区内军事设施和助航导航、气象观测等公共设施的保护，依照有关法律、法规的规定执行。

第六十一条 本条例下列用语的含义：

（一）晒场，是指晾晒、存放养殖和捕捞物资以及海产品的场地。

（二）球石，是指产自长岛试验区内海岛和海滩自然形成的各类石头。

第六十二条 本条例自2019年10月1日起施行。

历史事件

（一）砣矶岛兵站海上大运兵

1945年9月至11月，为配合人民解放军抢占东北战场，胶东军区在砣矶岛组建海上兵站，砣矶岛及周边渔民，在长山岛特区工委的领导下，组织发动100余条大帆船，1000余名渔民船工，用1个多月的时间，冒死把胶东军区10个整团、1万余人抢运到东北，占山东挺进东北部队的六分之一，创造了夜间海运奇迹。砣矶岛渔民为开辟东北战场立下汗马功劳，做出历史性贡献。

1945年8月24日，长山岛获得第一次解放。长山岛特区工委书记王永利按照胶东区委收复失地的指示精神，带领转移在大连、蓬莱一带的长山岛特区工委成员、党员骨干进岛接收，建立人民政权。8月底，长山岛工委组建长山岛军政办事处，孙纯任主任，王永利任政委。长山岛工委进岛接收建立人民政府，为砣矶岛建立兵站创造极为有利的政治条件。

胶东军区决定设立砣矶岛兵站

抗日战争胜利后，中共中央作出重大战略部署：向北发展，向南防御，控制东北全境，建立根据地。八路军部队要赶在国民党军队之前到达东北，最佳途径是通过海运。1945年8月，山东军区成立海运指挥部，胶东军区司令员许世友任总指挥。为确保海上运兵安全，许世友决定在砣矶岛设立兵站，大量储存给养，作为连接胶东和大连的海上运兵中转站。

砣矶岛距离蓬黄（今蓬莱市、龙口市）两地约

70千米，到旅顺口约80千米，位置适中，是转运渡海部队的绝佳选择。由于蓬、黄、掖等县的渔船大多都在5吨以下，经不起老铁山水道湍急的水流、暗流和涌浪，为保证部队渡海安全，需要在砣矶岛设立兵站，用大船转运渡海部队。运兵船从蓬莱、龙口等地抵达砣矶岛后，只要风向好，马上换乘15～20吨大帆船北上。

运兵命令

1945年9月4日，胶东军区给长山岛军政办事处发来急电：中共山东分局决定，由胶东军区组建的10个整团兵力从海上急进东北战场，宁早一天，不晚一时。急电还要求军政办事处党员干部"务必于9月10日前赶赴砣矶岛待命"。9月7日，长山岛军政办事处主任孙纯一行赶赴砣矶岛，与兵运总指挥部联络人员对接后，立即着手设立砣矶岛兵站。

筹集船只

砣矶岛解放不到一个月，地方政府尚未成熟，仅有10余名地下党员。军政办事处主任孙纯立即组织长山岛特区全区党员干部深入村里船上，宣传抢占东北的重大意义。当时大帆船还都是船主个人的，但一听说要送八路军去东北，90%的船主都踊跃报名。

1945年9月10日，从蓬莱栾家口开来的兵运船源源不断地到达砣矶岛。当天夜里，砣矶岛兵站就开始转运部队。"二马驹""萝卜窖子""小老婆""大排子"等10余艘大帆船起帆向东北挺进，拉开了胶东子弟兵向东北进军的序幕。

群众支前

入秋的砣矶岛，天气渐渐凉了下来，但是群众支前热情十分高涨。9月16日，一场轰轰烈烈的群众支前运动进入高潮，村里男壮劳力登船上粮上水，妇女逐户勘察动员腾房子，铺麦秸草，发粮推磨。

老渔民吴高远回忆起当时的情景：我媳妇说，咱们与八路军有缘分。当时落在妇女肩上的任务是推磨烙饼子，给八路军带上船。我媳妇烙的饼子焦黄脆口，战士们都争着吃。她听到这个消息非常高兴，干劲十足，任务完成再领一份。多少年后，每当提及运兵东北时她烙饼子的事，还感到自豪。离休干部李本福回忆说：胶东军区政治部一位女干部住在我娘炕上，我负责捡海带草给她们烧炕取暖。女同志一路晕得失去知觉，在我们家住了一宿才苏醒过来。两天后，又要登船北上，临走我娘拉着这位女八路的手依依不舍，"一个女人当八路不容易呀"。多少年后，我娘还提起她，"不知那位女八路还在不在？"

夜渡老铁山水道

大连老铁山水道最深处80多米，水深浪大，天气好的情况下一般的小船也很难通过。海上运兵开始是在白天进行的，国民党部队发现了我军意图后，国民党军舰、美国军舰开始拦截，海上行军遂改为夜间进行。夜间航行为海运工作带来了极大的困难，而这一波澜壮阔的行动却是在没有气象预报、缺乏通信联络、没有导航设备的条件下进行的，全靠船老大的航行经验，砣矶岛渔民常年在老铁山水道渔猎，谙熟水情和航线。

海上航行，战士们要过晕船关。起锚时，海湾里往往是风平浪静，当海岸线逐渐消失，航行在茫茫大海上，常常天有不测风云。特别是老铁山水道，无风三尺浪，遇上大风浪头越来越高，越来越大，帆船像树叶一样在波峰浪谷之间，时隐时现。绝大多数的干部战士都是第一次坐船，在汹涌澎湃的波涛中，上下颠簸，左右摇晃，没过多久就开始晕船，一个吐开了，像是传染病一样，都跟着呕吐起来。这时候，船老大和船工成了实际的指挥员，他们既要掌舵，又要照顾晕船的干部和战士。运兵船少的经过一天一夜，或者两三天，最长的十多天才到达对岸的辽东半岛。砣矶岛的渔民、船工，凭着坚强的意志和信念，昼夜兼程，劈波斩浪，硬是用落后的运输工具抢在美国军舰护送下的国民党军队到达之前，把胶东军区大批部队运到东北，为开辟东北根据地赢得了宝贵时间。

船老大王国山当年为"抢占东北"运了一个营的兵力，他回忆起当时的情景还感叹不已：上船时八路军歌声不断，可他们都是内陆长大的，没坐过船，不到一个小时都晕船了。我们分头照顾，给他们捶背，讲防晕船知识，烧水给他们喝，做热饭给他们吃。连长说不能白吃老百姓的饭，就开了一张粮秣单给我们，凭着这张粮秣单可以到地方政府领到粮食。

1945年9月20日，山东军区政治部主任肖华率军区机关1000余人，由龙口港乘机帆船隐蔽渡海，中途遇上10级台风，小机帆船顶不过大风浪，在海上航行近1天，只好折回砣矶岛兵站避风。肖华在大口村刘九明家住下，地下党员吴乐山负责与肖华的联络工作。在砣矶岛兵站期间，肖华对长山岛海防作了重要指示，要求加强海防力量并欣然作诗。

跨海进军（1945年9月）

肖　华

鞭炮喜传日寇降，红旗飘渡军容壮。

雄狮挥戈别蓬莱，尺舟劈波斩巨浪。

关东净洗亡国耻，扬眉吐气庆解放。

松江揩泪起歌舞，白山昂首笑东洋。

1945年9月10日起，胶东军区抽调的第五师2个团、第六师3个团及基干团、海军支队等10个团兵力，分期分批乘船途经砣矶岛兵站挺进东北。至1945年11月下旬，砣矶岛兵站完成了历史使命。运兵东北期间，长山岛特区共征集15吨至25吨大帆船100余艘，及大宗粮食、煤炭、棉衣棉被等，1000多名渔民耽搁渔业捕捞直接参加运兵行动，共转运1万多名干部战士，为抢占东北战场功不可没。在海上大运兵中2名船员不幸遇难。

途经砣矶岛兵站的部队除胶东军区主力外，还有万毅率领的滨海支队，肖华率领的山东军区机关及几个独立警卫营等。

（二）201艇起义

201扫雷艇原系国民党驻守长山岛负责海上巡逻的海军舰艇。1949年2月17日凌晨，向往解放区的轮机兵李云修联合其他船员控制了全艇，成功发动了投诚起义，将舰艇开往解放区烟台港，受到解放区军民热烈欢迎。4个月后，该艇更名“秋风号”扫雷艇，参加了解放长山岛、舟山群岛和一江山岛战役，为我军解放沿海诸岛立下赫赫战功。

策划投诚起义

201扫雷艇原系日造钢壳艇，是国民党在第二次世界大战胜利后接收日军的战利品。该艇性能好，武器装备先进，战斗力强。1948年4月，201艇由青岛移防长山岛，隶属国民党海军长山岛巡防处，与202艇、203艇一起常驻长山岛，负责海上巡逻。

1949年1月，东北全境、华北大部已解放，与长山岛毗邻的烟台、塘沽也相继回到人民的怀抱。随着国民党军节节败退，201艇的进步士兵李云修、王文礼、万成岐向往光明，谋划发动起义。李云修是荣成人，小时候家境贫寒，曾在烟台“东升祥”粮店当伙计，后回村参加民兵，并担任了村青救会会长。1947年8月，经过“敌工”培训的李云修，通过在国民党海军一艘船上当大副的堂叔介绍，到201艇当了勤务兵，后转为轮机兵。1949年1月，李云修与青岛籍的帆缆兵王文礼和平度籍的舵手万成岐结拜为兄弟，并得到了艇上侯玉辉、黄四旗、刘瑾言、刘昆洞、童象5位台湾籍士兵的支持，他们开始策划起义，准备把艇开到烟台解放区。

深夜驶向解放区烟台港

“经过一个多月的秘密酝酿，1949年2月16日，李云修等利用艇长和多数军官上岸过夜的机会，发动起义。”李云修负责机舱和联络；万成岐掌舵驾驶；王文礼和刘瑾言负责巡逻和帆缆；侯玉辉和黄四旗负责枪炮。他们迅速控制了全艇。

2月17日凌晨1点，为了不惊动附近的国民党官兵和舰艇，李云修等决定不开机器起锚，用锯锯断锚链。因为太紧张，刚锯几下，锯条掉到了海里，换了新锯条后，没锯几下又被卡住了，他们只好冒险开机器起锚。烟台籍的18岁轮机兵赵悦学非常沉着，很快就开动机器把锚提了起来，然后由万成岐驾驶，离开南长山岛鹊咀港湾，驶上通往烟台的航线。

201艇开出南长山岛不久，就出了故障，第四缸循环水被堵，缸体外表的润滑油因高温而燃烧，机舱里烟气弥漫。经过紧急处理，最终化险为夷。快到芝罘岛时，报话机里传来了艇长急促的呼叫声："喂！喂！411，411（201艇呼号）！我是你们的老板，你们到什么地方去了？赶快回来，我绝不会亏待你们。"李云修让电报员宋元达回答："我们现在已经到东北老铁山了，和你们走的不是一条路了。"

1949年2月17日早晨7时许，201艇抵达烟台，抛锚停泊在烟台港外。此时，他们已在桅杆上挂起白被单作为白旗，全艇炮口一律向上，投诚起义。

李云修乘舢板登岸，受到解放军热烈欢迎。随后，全体艇员被接到毓璜顶，安排了住处，当晚举行了欢迎宴会，祝贺起义成功。第二天，胶东军区参谋长裴宗澄到烟台接见艇员，胶东军区司令员许世友发来贺信，对起义艇员表示慰问和表彰。201艇经过整编，李云修、王文礼、万成岐分别担任了舰艇领导职务。1949年6月，该艇参加了解放长山岛的战役。战前训练，因台风受损，参战未果。

参加江山岛等战役

长山岛战役结束后，201艇到青岛上坞大修，改名叫"秋风号"扫雷艇，荣立战台风集体功，全体官兵受到嘉奖。8月12日，201艇作为人民解放军的炮艇，重返了长山岛。后来，随军南下解放了舟山群岛。直到1955年参加解放一江山岛以后，201艇才返回上海，成为华东水雷大队的教练艇。

201艇起义，动摇了长山岛国民党守敌的军心，壮大了解放军的海上力量，对创建人民海军、解放沿海岛屿发挥了重要作用。

国民党201扫雷艇在新中国成立前夕起义成功驶向光明，与我党的策反工作密不可分。南长山岛寺后（今乐园）村的任锡林、白素琴（女）等，在201艇起义后被捕。他们在敌人的严刑和威逼下，保守党的机密，宁死不屈，英勇牺牲。

（三）长山岛战役支前参战

1949年8月12日发起的长山岛战役，是山东省内最后一次对敌作战，也是解放军历史上首次以陆军打海军、木船打军舰的渡海作战。1662名渔民船工参加支前，支前船只441艘，其中360余艘编入"突击队""抢救队""运输队"，127名长山岛干部、群众担任海、陆向导，直接参加攻岛战斗。全体船工渔民们按照战斗部署，把数千指战员安全、及时地运送到预定登陆点；火力队的船工渔民，在弹雨中与敌舰周旋；海上向导，引导部队按照战术要求准确进入预定路线。81%的支前人员受到奖励，其中特等功16人，一等功95人，二等功570人，三等功496人，受奖者177人。

1947年10月，国民党整编第八师侵占长山岛，后由国民党海军接防，设长山岛巡防处，下辖海军陆战2团、警卫6营和10艘舰艇，布防兵力1600余人。地方行政机关为"东莱群岛设治局"，下辖7乡1独立保。除此以外，还设有谍报组织、警察所、常备自卫大队，各乡、保均成立自卫队。位于南长山岛鹊咀西山麓的国民党海军长山岛巡防处为国民党海军在长山岛的最高军事机关。

国民党守军凭借着美宏号、中权号、冀平号等大型舰艇以及十几艘炮艇，盘踞在长山岛。大肆叫嚣，"南有台湾，北有长山""置有重点，可保无虞之完整之地"，妄图凭借海洋天堑和它的海军优势东山再起。其间，敌舰艇频繁炮击沿海解放区，封锁渤海海峡，割断东北、华北、华东解放区的海上联系。

华东军区决定组织解放长山岛战役

1949年6月22日，山东军区向华东军区和中央军委提出解放长山岛的报告。是月27日，华东军区复电山东军区并报中央军委，批准山东军区解放长山岛计划。是月30日，中央军委复电同意夺取长山列岛的作战意见。战役由华东野战军24军72师、华东军区警备4旅、警备5旅、榴弹炮团和胶东军区北海军分区等部队参加，山东军区第一副司令许世友任总指挥。

长山岛特区工委做好参战和支前准备

按照胶东区委、北海地委的指示，特区工委全力以赴投入到支前的准备工作中去。工委书记郭玉华负总责，区长刘建国及工委其他成员负责征调船只、船工、向导的组织领导。因长山岛是敌占区，支前的主要任务是提供情报、调集船只、动员渔民参战支前。

长山岛工委组织机智勇敢的干部、渔民，引领部队侦察兵乔装潜入长山岛，实地观测南北长山岛和大小黑山岛海口、滩涂、道路、村庄、山岭。侦察敌营地、军事设施、防御工事，观察敌舰艇停泊位置和活动情况。使我攻岛部队及时掌握守敌兵力分布、战斗序列、武器装备、防御体系等。

船工海上大演练

担任主攻的72师前身是新四军，多为南方人，从未见过大海。帮助指战员克服晕船，熟悉水性，掌握行船渡海动作要领，成为训练的首要一环。长山岛的船工、向导和战士吃住在一起，天天泡在海里，教战士们学游泳，学扯篷、拉缭、摇橹、掌舵、起航、下锚、靠岸。在船工手把手指导训练下，绝大多数战士渡过了晕船关，适应了海上生活，对渡海登陆、克敌制胜充满信心。

工委委员杨学敏，渔救会长王亲寿，乡委书记衣廉生、栾凤翱，乡委委员李瑞长，以及部分渔村干部、党员、渔民计127名，被编入各部队师、旅、团、营、连、排，担任向导。与各级指挥员一起，共同研究渡海、登陆、对付敌舰等问题，参与各项作战方案的拟订。

长山岛向导、船工协助部队堆制一个个沙盘，标明登陆地点、敌工事碉堡、敌指挥机关、敌军各驻地及村落位置，与各级指战员一起进行沙盘作业。

长山岛战役采取军民结合、帆船夜袭的战法。这种战法关键在于平时麻痹敌人，战时突然发起攻击。战前10余日，用榴弹炮试射敌舰、敌岛，向导、船工配合各部队演习，试放炸弹、讯号，引而不发，使敌人逐渐松懈麻痹。

长山岛船工、向导凭借着对长山岛海况、地理的熟知，向各级指战员，介绍海岸滩涂、海底地质，以确定登陆点，说明潮汐、海流、风向规律，指出海岸周围明石、暗礁。全体参战船工、向导自始至终参加了所在部队的各项演习。

长山岛船工抢修渡海船只

就在战前准备工作基本就绪，即将向长山岛发起攻击之际，7月26—28日，遭遇了一场百年不遇的强台风袭击。工委带领广大干部渔民与刘家旺的干部渔民一起，连夜把小船拖上岸，把大船所有的锚下到海里。在台风的两天两夜里，他们与狂风恶浪进行了殊死搏斗，共抢救出280多人和部分船只。由于台风强度大，持续时间长，共造成33名船工牺牲，32人负伤，船只损失和损坏占总数的66%。

8月1日，前方指挥部成立了修补船委员会，组织力量抢修、调集船只。长山岛特区工委带领干部群众，全力抢修船只。钦岛东村党员赵传发对前来视察的前方指挥部和支前办事处的领导说："请首长放心，我们一定克服困难，把船修好，坚决打回老家去"。渔民们为加快修船进度，把锅灶搬到海边，风餐露宿，挑灯夜战。转移出来的妇女，也主动组织起来，修补船篷，做饭送饭。

发布作战命令

山东军区前方指挥部于8月9日18时发布命令。命令参战部队及参战船工、向导于8月11日20时开始向长山岛残匪攻击，坚决夺取全部长山列岛而歼灭之。

战斗中的长山岛船工向导、支前群众

长山岛特区参战的567名船工、127名向导个个英勇顽强，奋勇直前，和战士们一样冲锋陷阵，没有一个因领错航线而使船只触礁搁浅的，没有一个因领错路而使部队遭受挫折的，更没有一个临阵脱逃的。山东省人民政府支前办事处，在支前工作总结报告中指出，"此次支援任务的胜利完成，其中一个重要原因是长山岛渔民、干部的积极支援，特别是长山岛的船员，在海上支援中确实起到模范带头作用"。

战斗打响后，由王传讲、吴道论、刘政华、葛长玉等10余名向导引路的警4旅，在大黑山岛船旺海滩接岸时被敌哨兵发觉。敌兵问：干什么的，哪里的船？砣矶岛船老大吴远美沉着勇敢，一边回答：砣矶岛的，来这下锚。一边握紧舵把，拉紧篷缭，把船急驶靠岸。船未停稳，向导和战士一齐跳下船，在机枪掩护下，冲上滩头，俘虏了守敌，占领了滩头阵地，引领部队继续向预定目标攻击。

主攻部队72师214团的向导王国山、王守传、栾凤翱、郑福成、赵乃寿、吴支国、李仁思等，把船队引至登陆点后，引领部队沿着预定路线，迂回穿插，分割包围，全歼南长山岛西南部守敌。

主攻部队72师215团登陆时，受到岸上敌人和海上敌舰夹击。在腹背受敌的情况下，船工、向导毫不畏惧，拼死抵岸。215团突击队指挥船上的向导王亲寿，凭借着对登陆点滩涂、礁石的熟知，利用汽船机动性能好的特点，在敌人的火力封锁中，沉着机智指挥舵手，把船引至两块巨石之间靠了岸。

215团4连向导孙华乐，引导部队抢占孙家滩头时，遇到敌炮火拦击，2名战士中弹牺牲。孙华乐向船工们大喊："船不能停，赶快摇橹。"船工们操起橹棹奋力划行。但船速太慢，敌炮火却愈来愈猛，又有2名船工受伤倒下。万分危急时刻，孙华乐急中生智，扛起铁锚，带着缆绳跳下海去，在齐颈深的水中，冒着迎面飞来的子弹冲向海岸，把铁锚固定在岸边。船上的人奋力收缆，把船拽上海滩。

215团1营登陆后，一路由衣廉生带领，一路由李瑞长引路，沿山沟运动，到达预定位置，消灭了南长山岛东侧和北部守敌。

庆祝胜利

1949年8月12日，人民解放军占领南北长山岛、大小黑山岛、大小竹山岛等七个岛屿后，于19日继续向北追击残敌，至20日晚将砣矶岛、大小钦岛、南北隍城岛占领。长山列岛全部解放。

（四）支援解放舟山群岛战役

长山岛支前船工思想觉悟高，实战经验丰富，在长山岛战役立下赫赫战功，传扬全军。"尽量多征召长岛的船工支前"被中央首长采纳，决定让长山岛船工南下支前。

1949年11、12月间，长山岛特区先后组织两批支前队伍南下，共计出动大小帆船87艘，船员654人，支援解放舟山群岛战役。

组建北海海上支前大队

1949年11月1日，长岛特区工委遵照北海地委、专署和军分区关于发动渔民支援解放舟山群岛的指示，组建了山东省北海海上支前大队，由砣矶岛的27艘大船、244名船工组成，王亲寿任大队党委书记兼政委，吴远进任大队长。

北海海上支前大队于1949年11月3日从砣矶岛出发，两个月后到达福建沿海。1950年11月，支前大队历时一年，胜利完成任务回岛，荣获"海上支前模范大队"奖旗一面，后口村被25军授予"支前模范村"称号。大部分船员立功，其中一等功2人、三等功20余人。

组建解放舟山支前中队

1949年12月6日，长山岛特区工委发动300余名渔民组建"解放舟山支前中队"，人员在青岛一带集结、训练。是月底，训练结束后，一部分青年渔民参加海军，其余人员在长山岛组建"解放舟山支前中队"，由长山岛10艘大船、50个大榷子、410名船员组成，王国山任教导员，郑福承任中队长。中队成立后编入"胶东支前大队"，分海陆赴舟山群岛。舟山群岛解放后，除少部分船只留军，其他于1950年8月、9月分两批返回长山岛。支前中有385人立功，占支前船员总数94%。

支前船工拉纤出内河

南下支前的大队是分水路和陆路先后抵达南方前线的。长岛虽然刚刚解放，但是群众支前拥军基础好，被征召的船工大多在20多岁，个个激情澎湃，立功报国心切。无论是乘船、坐车，都是一路欢歌笑语。

从陆路走的一支，先从蓬莱陆路开赴青岛。在青岛，人、船一起上了火车直达上海，在上海将木帆船改装成机帆船，备战待命。当时歌谣传颂："长岛渔民志豪迈，南下支前好气派。大瓜蒌船坐火车，浩浩荡荡闯上海！"

从水路走的一支是北海支前大队。先从长岛到栾家口，上足了粮、水和大白菜，途经烟台、龙须岛、成山头、石岛、日照、连云港等地，驶进了连云港小河口。1950年2月初春节刚过，船队进入江苏内河。从江苏扬州仙女庙到高邮湖，河水比海水浮力小，船体吃水大，支前船工们摇橹、掌篷都无济于事，只好下船拉纤。

冒死前进，按时赶赴前线

南方河流港汊沟湾多，不少的地方结冰，支前船工一不小心掉到水洼烂泥里，两条腿冻得发麻。在这种寒冷天气情况下，拉纤的半个小时一换班，回到船上，没有地方取暖，只好脱下鞋袜和船工们互相抱脚暖和，刚刚有点热乎气，岸上又招呼换班，支前船工们没有一个喊苦喊累。内河支汊多，常迷失方向，在附近村庄向导的指导下，历时3天才走出这个"迷魂阵"。后来由高邮湖进入长江，抵达上海，在江南造船厂与23军后勤部接上头，欢迎大会结束以后便投入到紧张的帆船装机改造和海上练兵中。

正当支前大队驾着刚改造的机帆船南下宁波时，遭到了逃往舟山和台湾的国民党军飞机的狂轰滥炸和海上敌舰的炮击。船工们只好白天放下桅杆，利用树枝伪装船只，靠岸休息，晚上趁着月色行船。支前船工们一路上抢险保船，冒死前进，赶赴前线。

支前船工参战

船到宁波，长岛支前船工们没有休整，立即装载着23军官兵投入到海上演练，教战士掌握船上各种操作、渡过晕船关，学会游泳。支前船工选择有风浪出海，让战士适应海上战斗。训练期间军民相互配合，为瓦解岛上的敌人，有时候利用顺风天，向舟山放行漂浮物，发动宣传攻势。经过2个多月的海上苦练，战士和船工们摩拳擦掌，斗志十足，等待着上级的作战命令。

1950年5月，进入一级备战。我军以强大的炮火，向舟山群岛发起猛烈的攻势，万船齐发，长岛支前船工以最快的速度把部队送上岛去，逐岛争夺。5月19日，舟山战役胜利结束，历时10余天。

此后长岛支前船工又往返运输了1个多月，完成支前任务。王奎孝、顾本财两位船工光荣牺牲。7月上旬，支前船工在浙江镇海的海滩上集结，正准备返航。大黑山乡船工顾本财指挥船工高唱《中国人民解放军进行曲》，猝发脑溢血，牺牲在异乡的海滩上，1950年7月被追认为革命烈士。

（五）"2·22"海难大营救纪实

海上传来求救信号

2003年2月22月下午14:30，山东省长岛县政府接到烟台海事局长岛海事处报告电话，在东经120°36.6′、北纬38°12.8′，从旅顺开往龙口的"辽旅渡7号"客轮失去动力，船体严重倾斜，情况危急，请求援助。

14:40，山东省海洋与渔业厅值班室接到农业部和黄渤海渔政局同时发来紧急通知，山东省海洋与渔业厅厅长宋修武接到报告，立即作出部署，要求马上通知烟台及长岛海洋与渔业局、渔政、海监等部门，在当地政府的统一指挥下，以最快的速度组织出事地点就近海域渔船营救，并责成省渔业安全部门坚守岗位，保持系统上下的沟通与联系，及时把事态发展及救助情况报告省政府及农业部渔业局。

与此同时，长岛县政府成立了"2·22"海难事故救助领导小组，分别在长岛县海洋与渔业局和北长山观通站设立了抢险指挥部。正在烟台市参加人代会的县委书记于旭华立即对救助工作进行部署，各有关部门按照重大事故抢险救助预案，分头落实各自职责。领导小组指挥中心设在县政府，县长吴德强亲自坐镇指挥。同时，长岛县海洋与渔业局又与驻军要塞区取得了联系。要塞区立即反馈信息，8002号船在大饮岛港备航，准备出发。同时，又通知大饮岛乡政府，火速组织人员充实抢险救助力量。大饮岛乡在最短时间内组织了7人随军船参与抢险救助。

劈风斩浪火速营救

14:35，砣矶镇党委书记王成强接到县委、县政府通知后，立即安排有关人员组织渔船及抢险人员做好出海抢险准备，并亲自带船出海参加抢险。镇长王立胜负责陆地各项救助工作妥善安排遇险人员。

14:50，王成强率领“鲁长渔3045号”等6条大马力渔船和200多名抢险人员从砣矶港出发，顶着7~8级大风，迎着滔天巨浪，冒着生命危险，披风斩浪，率先到达出事海域。

15:00，长通公司的海马客轮、鲁长拖2号也从长岛港赶往出事地点。

15:30，驻军8002号船从大饮岛港出发赶往出事地点。

15:50，砣矶镇6条大马力渔船现场开始营救。恶劣的天气和环境，给营救工作带来了极大困难，镇领导和渔民们冒着大风大浪，船只剧烈颠簸和人员随时可能被海浪卷入海中的危险，克服难以想象的困难，采取抛缆绳、抛救生圈等方法抢救遇险人员。

16:30分，3045号渔船将首批17名遇险人员救上船。救上来的人员立即被安排在渔民的卧铺里，人们为他们取暖，使他们尽快脱离生命危险。同时在遇险船上的乘客、砣矶镇磨石嘴村村民孙青家和范先国被营救后，充分发扬了海岛人民的“舍己救人，救死扶伤”的精神，不顾寒冷，站在船头利用他的闯海经验，奋力参与营救工作，并成功地救出了多名遇险者。与此同时，驻军船只也成功地救援了遇险者多人。

17:30，“辽旅渡7号”轮沉没，剩余在船上的20多名遇险人员陆续跳入海中。王成强一面组织营救，一面向海中的遇险者高喊“大家要保存体力，坚持到底”，并协同其他船只成功地逐一将遇险者营救到船上。

截止到晚上18:30，长岛军民共营救遇险人员81名。其中，砣矶镇渔船救助54人，驻军船只救助27人。考虑到营救人员中有的伤势较重，加之经过长时间海上搜索，海上再没有发现落水者，经指挥中心同意后返航。

集聚码头迎接亲人

19:20，第一艘营救船载着17名遇险者靠上了砣矶镇磨石嘴村码头，镇长王立胜带领班子成员、机关工作人员及驻岛官兵、医护人员和600多名渔村群众在码头立即展开了陆地救助工作。有不少渔民群众是自发地赶到码头参加救助，他们有序地将遇险者们逐个搀扶到车上，又争先恐后地把他们“抢”进自己家中，把他们视如亲人，安排到早已烧好的热炕头上，捧上热乎乎的姜汤和食物。同时，为他们换上准备好的干净衣物，并主动拿出电话让遇险者与家人联系报平安。其间，需要抢救的15名遇险人员，被送到了砣矶卫生院，抽调最好的医务人员和最好的药品进行抢救。机关食堂、饭店也自发地把早已烧好的姜汤送到医院。

20:40，砣矶镇6艘渔船将抢救上来的54名遇险者陆续送到砣矶，出自大钦岛的驻军军船也将27名遇险人员全部送到砣矶。

23:30，砣矶镇召开党政班子成员紧急会议，对抢险的善后工作进行了认真的研究和部署，又分配人员为伤员和死难者购买了新衣服、毛毯等。

2月23日6:30，由砣矶镇政府组织的4艘渔船，长岛县海洋与渔业局组织的中国渔政渔“海监37061号”船早早出海，在事发海域附近展开进一步搜救工作。

从22日14:30到晚上20:40，在这场惊心动魄的海难大营救中，长岛干部渔民群众共组织营救渔船10多艘，参与海上救险人员200余人，参加救助人员1000余人，车辆30余辆，共救助遇险人员81人，有4人在医院经抢救无效死亡，其他人员均已脱离危险。

挥泪送别不忘渔乡情

23日15时，刺骨的海风拦不住热情善良的砣矶渔民乡亲的脚步，渔港码头，人头攒动，一双双在寒风中挥动着的手，一双双聚满热泪的眼睛，一声声温馨善良的问候与祝福。“呜——呜——”几声汽笛响起，除两名砣矶岛当地遇险者外，其余在这次海难中获救的75人，乘坐“海神9号”轮船，踏上了他们回家的路。4名遇难者尸体也被大连方面运回。

据悉，此次“辽旅渡7号”轮沉没事故的原因之一，是因为当时海上风浪过大，使位于滚装船底部的汽车发生位移，造成轮船一侧超重倾斜，直至沉没。

“2·22海难事故”营救行动，在天气状况恶劣、船体全部沉没的条件下，能够把船上81名人员全部救起，这在海难救助史上是空前的。这与长岛军民所表现出的忘我牺牲精神及“一方有难，八方支援”的人道主义精神是分不开的。特别是战斗在营救一线的人员，从领导到船员，从官兵到渔民，不顾个人安危，全力救助遇险人员的无私奉献精神，可歌可泣。

2004年7月20日，省、市、县的海事部门在长岛召开了“2·22”海难事故救助经验交流会，全面总结了这次营救的成功经验，以向全国推广。

“全球通”编织救援网

在“辽旅渡7号”轮遇险的关键时刻，砣矶镇党委书记王成强和副镇长朱大波率领的救援船队紧急出动。一路上，他们俩一直用“全球通”移动手机与“辽旅渡7号”的船长联系，促使救援船只不断调整航向，争取最短航距，保证以最快速度，准确地赶赴海难现场，从而创造了近几年来渤海海难抢险的“最好成果”。

让人们欣慰的是，中国移动通信公司沿渤海和北黄海沿岸的大连、秦皇岛、营口、天津、龙口、烟台、威海等重要港口城市都建立了“中国移动海平面覆盖系统”的“海上通信网”。在这个系统的覆盖下，所有环渤海中的角落都没有“通信死角”。135、136、137、138、139打头的移动通信系统手机，在渤海和部分北黄海构成了“生命的保护网”和“通畅的救助网”。

另外，联通蓬莱支公司的两名职员得知海难事故发生后，主动请缨随同驻军船运大队的船只前往救助。他们用CDMA手机拍下了23张珍贵的现场照片。

故事传说

(一)唐太宗故事

《资治通鉴·唐纪》：“甲午，以刑部尚书张亮为平壤道行军大总管，帅江、淮、岭、峡兵四万，战舰五百艘，自莱州泛海趋平壤。”

又：“十九年，庚戌，上自将诸军发洛阳……尉迟敬德言：‘陛下征辽东……边隅小夷，不足以勤万乘，愿遣偏师征之，指期可殄。’上不从，以敬德为左一马军总管，使从行。”

唐王剑 唐太宗东征，住南城，尉迟敬德驻北城。中隔水路，水深流急，舟楫难通。又传，水中有孽龙，专食往来渡者。敬德有恙，太宗欲去探寻，至岸边滩头，但见急浪翻卷，似有孽龙作怪。太宗一怒，抛利剑于水中，剑遂化白龙除孽龙于海，后卧伏于两岛之间，变作一条五彩石街，人称玉石街。

太宗挥师东去，玉石街尤能听到龙吟声。一年，有南方风水先生路过，见此地有宝气直冲霄汉，即生贪婪之心，宝剑遂被南人所盗。自唐王剑遗失，玉石街即从中间断裂，两岸复天堑矣。

大竹山 太宗渡海，遇大雾，舟行数日，不知所往。正犹豫间，前方突现隐约小岛，太宗即命船向小岛驶去。

太宗与众人登临小岛山顶，上有一四方大石，可弈棋，石上多鸟粪，拂勿去，兵卒又均未带帚箕，太宗自语道：“此地若能生竹，扎一帚可矣。”话落，即有尖笋破土而出，俄尔已成翠竹。兵士伐而做帚，净大石如镜，太宗拔剑刻棋枰于其上，拣石作棋子，雾里翠岛，君臣又一番石上论剑。

自此，小岛年年生竹。然唯可束一帚而已。小岛亦由此名大竹山。

砣矶岛 太宗船泊竹山，雾渐晴，太宗回首，见一岛如龟，卧于大竹山之北。将士或问太宗曰：“船发其岛乎？船脱其岛乎？”太宗曰：“脱矣！”脱者，有越过、选离之意，太宗终未临其岛。后人讲述故事，将太宗“脱矣”二字，渐渐讲成砣矶，砣矶岛因之得名。

因太宗未曾带兵驻扎，砣矶岛自古太平，历代从未有军队登岛，更无土匪、海盗之患。传说，岛形如鼋，可以镇海。

天下口 太宗说话，信手拈来，常欠思考，因之不乏错失处。

太宗泊竹山岛时，其锚地海湾曰天下口，四围惊涛骇浪，口中风平浪静。太宗感慨此锚泊佳地，叹道：“呜呼天下口，护驾于东海雾中，引船队于宁静之港，自今日始，唯可坏之，不可在之！”太宗本意乃“唯可在之，不可坏之”。然天子之言，金口玉牙，从此这里无风三尺浪，祥和之地遂成虎狼之湾，噫嘻。

铁山衵 北隍城岛与旅顺老铁山之间水道，俗称铁山衵水道。古人讲此间水域也曾宁和平静，从无行船之虞，有太平道之谓。

太宗东渡至此，正是和风丽日，乘兴于船头发千古之幽思，感帝王之慷慨，逸兴遄飞之际，突有排浪汹涌而来，太宗站立不稳，幸有左右扶住，太宗悻悻道：“太平水道，何以无风竟起三尺之浪哉？”

从此，铁山衵一改往昔平和景象，有渔歌曰：“铁山衵，铁山衵，无风也起三尺浪，忽然那天秋风起，浪花打到桅尖儿上！”

望驾沟 太宗久驻南城，欲出游，携近臣走望夫礁、踏钓鱼石，竟至王沟地界。正赏不尽无限美景，云霞开处，有小岛隐约，似有舞榭歌台，车水马龙。太宗游兴大发，即登船渡海而去。谁道天有不测风云，狂风巨浪将太宗围于小岛数日，驻守南城之文臣武将，率数万大军长跪于王沟海滩，焚香祈祷，福佑圣驾。绵绵十里长滩，颂词如雷，香烟如云，雷声云潮，渐渐抚平万顷波涛，待众人翘首，太宗龙船已御祥云瑞风而来。

人们感怀太宗逸事，故名之“望驾沟”，海岛人用语多简洁，年复一年，遂以“王沟”呼之。

唐王山 太宗率战船东进，行间，见一山巍峨出云端，慕其奇伟，即令泊船暂驻。入岛登山，又见古木参天，奇花异草，复命就地安营扎寨。三军开山凿石，伐木架桥，修筑两条环山大路直上山顶，曰大马道、二马道。太宗大帐设于秀峰之巅。

尉迟敬德进帐曰：“此山固好，然无饮用之水，将奈何？”太宗出营，指大帐侧一顽石处，曰：“掘之，必得涌泉矣。”众人不语，只向一旁哂笑。太宗知其疑之，遂把剑穿石，泉水喷涌而出，高丈余。三军雀跃，齐呼万岁！此井即“唐王井”，此山即“唐王山”，此岛因唐太宗幸临，亦名“钦岛。”

大棘山 钦岛之北，有岛曰小钦，亦因太宗临幸而名。小钦有山，名大棘，山固多棘树。太宗登临，衣袍总被棘刺所挠，侍卫摘除，复又挂住，有将军怒，挥刀欲尽斩其树，太宗止之。曰：“棘刺几番相阻，必有欲语于朕者，卿等明察。”果然，半山一大棘，尽缠蛇蝎，奄奄将死。太宗下旨：“除蛇蝎，活棘树，直其刺。”圣旨一宣，蛇蝎俱匿其迹，棘树尽皆繁茂，棘刺尽皆竖直，一改弯曲钩状之形也。棘本钩刺，而小钦之棘独直其刺者，若非水土异之，盖应太宗之言也！

（二）徐福东渡

《史记·秦始皇本纪》：“齐人徐市等上书，言海中有三神山，名曰蓬莱、方丈、瀛洲，仙人居之。请得斋戒，与童男女求之。于是遣徐市发童男女数千人，入海求仙人。”

齐人徐市，即徐福，市亦读福。同是太史公

的著作,在《史记·淮南衡山列传》中,却是以徐福的名字讲述了他与秦始皇的一段对话。

秦始皇派遣徐福去寻求仙药,给了徐福不薄的旅资并带上献给仙人诸如黄金、玉帛等等贵重的礼品,徐福多么气派呀!有一流的圉人为他驾车,有一流的厨子为他烧饭。为了寻访仙人,他游遍名山大川,结交能工巧匠、剑客奇才,一路上凡是徐福到过的地方,人们都称赞徐福是侠义豪爽之士,风流倜傥的君子。当钱帛快要用尽的时候,徐福回到齐国东莱(山东龙口)的老家,他把剩下的财物,全都给了自己的父母,拜别二老,徐福号啕大哭,他知道今日一别,他已经没有可能再回到家乡了,他深知像始皇帝那么精明的君主,绝不会容忍让你未来的故事,仍然可以重复昨天。他将自己的命运,酝酿进了一个巨大的阴谋里。

他离开家乡,就去拜见秦始皇,当宦官禀报徐福回来了的那一瞬,秦始皇提起蟒袍几欲要跑下大殿,立即为自己的失态一笑,他还是坐回到龙椅上,等待那个让他朝思暮想的人进殿。

徐福一身尘土,满脸疲惫,大帝的几车辎重,换回的只是徐福的两手空空和一脸无奈,仙草呢?秦始皇的一双眼睛在问。

徐福上前说:"陛下啊,我这次真的是没有白跑,我终于有幸登上了仙山,见到了海中的大神,大神对我说:'你就是西皇(当然指的是您,陛下)派来的使臣吗?'臣回答说:'是啊!''你到仙山来有什么要求呢?'臣说:'我就是来向大神为吾皇讨求延年益寿的仙药来的。'大神说:'你们的秦皇帝太小气了,就拿了这么一点微薄的礼物,怎么能索取那么贵重的物品呢?这次朕只能让你看一看仙山的仙药、林苑,但是却不能给你们些许的赏赐。'接着大神就带着臣向东南游览了蓬莱仙山,臣看见了全是用灵芝搭成的宫阙,全是用仙草架起的亭廊,在那里进出的使者都是铜色的皮肤,龙的体态,一个个光灿夺目,照耀天宇。于是臣急忙再拜大神问曰:'我们大秦应该贡献什么样的礼品才可以得到仙草呢?'海中大神告诉臣:'请送来健康灵秀的童男童女和技艺高超的各种能工巧匠,那样你们大秦就可以得到仙草了。'"秦始皇听后非常高兴,在他的眼里这不是太简单的事情了吗?为了他那唯一的心愿——长生不老,他还是相信了徐福的话。于是秦始皇敕令天下,选三千童男童女,并造大船数十艘,资之五谷良种,并配之精巧百工无数,又选调武士弓弩手若干,专为船队射鲵斩鲛,这一切全由徐福一人统领。

公元前219年,徐福庞大的船队,由山东琅琊浩浩荡荡启航东发。秦始皇亲自登船为徐福壮行。船队行出十里之外,徐福才拭去了额头上的一抹冷汗,从他一开始请行入海求仙草的时候,他就一直担心反复无常的帝王随时都会识破他的诡计,把他送上断头台。如今,徐福终于吐出了一口长气,他终于可以按照自己随心所欲的航线远航了!

徐福和他的船队终于一去无返。徐福借海中大神之口向秦始皇帝讨要的重礼真是太绝妙了。"海神曰:'以令名男子若振女与百工之事,即得之矣。'秦皇帝大悦,遣振男女三千人,资之五谷百工而行。"徐福一开始编造的神话,其实就是为了后来他要建立自己的王国。三千童男童女,几乎可以封侯,当然足以立国;又有"五谷""百工"为他经营农业和发展手工业生产准备了充足的条件;武士弓弩使他敢于同当时世界上任何强悍的海盗一搏;更有已属世界一流的浩荡船队,徐福完全有条件实现自己的梦想。

关于徐福的最后归宿,人们有许多说法。有人说他去了美洲,也有人说他舟覆人亡。《史记·淮南衡山列传》说:"徐福得平原广泽,止王不来。"所以有人据此认为,徐福还是很可能东渡扶桑,漂泊到了日本。

(三)张羽煮海

很久很久以前,在庙岛群岛传颂着一个美丽的爱情故事。

古时候,有一位广东潮州的书生,姓张名羽,表字伯腾。祖上是官宦殷实之家。早年父母双亡，有些家资田亩。张羽自幼苦读寒窗，饱学诗文，却厌烦繁文缛节，嫌弃儒教八股，因而屡试不中。年近二十，孑然一身，成了落魄秀才。他离经叛道，遍访高山大川，广游名胜古迹。因慕名渤海有仙山，便来寻海市仙境。登上渤海诸岛，尽览仙山神岛的山水风光。一日，带书童闲游沙门岛，忽见一座古寺，临海耸立，群楼重阁，飞檐镏金，但见居中正门额上有“石佛寺”三个大字，赫然醒目。张生走近，向一小僧作揖道：“吾本东海落第秀才，闲游仙山神岛。请小师父报于长老，说小生特来相访。”张生拜过石佛寺法云长老之后，恳请道：“小生潮州人氏，自幼父母双亡，功名未遂，慕名来游仙岛。因见古寺清幽境界，乞望长老借一净室，与小生温习经文，不知尊意如何？”长老见秀才气宇轩昂，谈吐文雅，心中好不喜欢，忙应道：“寺中房舍尽有，让小僧去收拾东南幽静一处，正好与秀才观书习文也。”

张生住进寺内，倍觉僧家素雅，无闲人嘈杂，且宽敞洁净，十分满意。用过斋饭，遂叫书童，取得琴来，净手焚香，灯下抚音一曲，消遣散心。

事有凑巧，东海水宫的龙王三公主，在这秋风习习、月朗星稀的夜晚，心里浮躁，不思寝眠，带着侍女，飘离龙宫。来到沙门，脚踩珠矶，轻移莲步，漫游仙山海边，观赏明月下的神岛奇景。忽闻清奇幽雅、委婉悠长的琴声在夜空中飞扬。主仆便随声来到佛寺窗前，但见屋内有一位飘逸俊美少年，正端坐灯下专心抚琴，若入仙境。室内弹得出神入化，窗外听得如痴如醉。一曲未尽，只闻“刮喇”一声响，琴弦断了一根。张生大惊：“敢是有人窃听？”出门见那女子，十分惊讶，脱口而出：“好一位仙女下凡也！”于是，忙整襟正冠作揖：“请问小娘子，谁家人氏，如何夜行至此？”龙女羞怩作答：“妾身龙氏三姑娘，小字琼莲，闻见公子弹琴，迷恋佳音妙韵，不想惊扰，还望恕罪。”“不妨事。小娘子既为听琴而来，这等是赏琴知音了，何不屈尊书房中小坐，待小生细弹一曲，乞望赐教。”龙女进房坐定，笑问张生：“敢问先生高姓？”张生诚恳答道：“小生姓张名羽，字伯腾，潮州人氏。自幼苦读诗书，求取功名未遂，游学至此。父母双亡，尚无妻室。若小娘子不嫌弃小生落第贫寒，赐嫁与我为妻，可否？”龙女沉吟片刻，低头垂眉作答：“我见公子聪明智慧，英伟俊雅，甘愿与你为妻。实则父母在堂，等我禀问二老，征得他们应允。到八月十五日中秋节，你来我家，招你为婿，了却你我的终生意愿。”张生喜不自禁：“承蒙小娘子俯允，小生万分感激，只望言而有信。俺张生可是个至诚老实之人呀！”龙女也云：“妾也非水性杨花、朝三暮四之辈。既许你为妻，决不失信。妾有冰蚕织就的鲛蛸帕送你，权为信物。望君中秋佳节，在这海边屈候。届时将有迎亲水族，接你去龙宫拜见父母，做成你我的终身大事。切记，切记！万万不可失约。”才子佳人，信誓旦旦，只待佳日良宵，成就百年之好。

时隔数日，话分两头。正当张生焦急等待、度日如年的时候，龙宫那边却是风云变幻，事非如愿。那龙王爱这小女如掌上明珠，怎能应允下嫁于落魄的凡人书生。龙女先是如实禀报秀才的人品才学，跪求父王应允。继而，决然正色声明，非张生不嫁，以死抗争。龙王再三劝说未成，雷霆大发，下令把这不孝之女关锁深宫闺房，派兵把守，不准龙女越雷池一步。此刻龙王的怒气未消，怨恨没了，下令封海锁岛，使张生、龙女不得相见。龙王出得龙宫，向大海吼叫数声，刹那间，天海骤变，波涛汹涌，海浪翻滚，直搅得天昏地暗，日月无光。海岛岸边站不得人，行不得路。眼看佳期已近，海上还是风大浪高，龙女尚无音信传来。张生心急如焚、坐卧不宁。他跪在盘陀石下，面向大海，声泪俱下，苦苦哀求，并不见大风有所减弱，巨浪稍作歇停，更不见意中人的踪影。他抱着盘陀石心焦肠断、冥思苦等，一连几天，不吃不喝，不睡不息，嗓子喊哑了，眼泪哭干了，几次昏厥过去。方丈、书童反复劝说开导，再三搀扶拖拉，张生死活不肯回房歇息，豁上一死，也要等来龙女消息。

这事被镇守渤海海峡四个海域通道的龟、鳖、鼋、鼍四兄弟得知。三兄长知这风浪有些来头，都聪明知趣地躲开了。唯独这憨厚老实的鼍老弟，听了张生的叙说，顿起恻隐之心，暗自思忖："这样的郎才女貌，这般忘我痴情，吾理当全力相助，玉成良缘。"它让张生骑上鼍背，劈开风浪，径直来到龙宫殿外，可龙门紧锁。张生无法进去，龙女更难出来，无奈之下，张生拿出鲛蛸帕，几经晃动，震动了龙宫。探子报来，那龙王只气得两眼冒火，咬牙切齿地骂道："好个鼍龟孙子，不知好歹的东西！平日里，见你忠厚老实，委你重任，你怎么这样吃里爬外，坏我龙宫大事。撤掉你珍珠门海域镇守一职，往北发配一百里，永远锁锢在渤海之中。"龙王重罚鼍龙，恶气仍未消减，怒喷一口，将张生抛向海空，重重地摔回到沙门岛岸边，昏死过去。

不知几个时辰，张生朦胧地觉得仿佛有玉手在轻轻拂胸，樱口在缓缓输气，他慢慢地从昏迷中苏醒过来，但见仙女正在抢救自己醒来。他忘情地呼喊："琼莲来也！琼莲救我！"那女子说道："贫道既非龙女，亦非凡人，吾乃秦时宫人。当年，曾为始皇采炼长生不老之药，来这仙山神岛。恨那秦王暴政害民，遂埋名隐居，不再返回。百年不食人间烟火，修成大道。毛发皆白，体态轻捷，腾云驾雾，来去自如。身带法物，济世行善。仙界世人，皆称我'毛女仙姑'。今奉东华上仙法旨，要我来指引你还归正道。"张生谢过，道："小生凡胎肉眼，不识上仙指引，乞望恕罪。"仙姑道："我且问你，那听琴女子乃东海龙王最宠爱的小女，岂肯与你有夫妻缘分？"张生回答："既没缘分，她怎肯约我八月十五夜到她家，招我为婿，又与我这鲛蛸帕作信物？像她这样端庄文雅的龙宫娇女，岂能滥情允婚与我？"仙姑道："这鲛蛸手帕，果是龙宫之物。想来那龙女看你中意了。只是这龙王恶性暴躁，怎能容易地把爱女嫁你为妻。龙女不来接你，也无音信传来，定是被贬罚锁禁起来，使你们不得相见。罢，罢，罢！我帮人帮到底，行善行到家。送你三件法物：银锅一只，金钱一文，铁勺一把。你选一临海洁净之处，将锅支将起来，用铁勺将海水舀进锅里，放金钱在锅水中，加火烧之。锅水热则大海热，水沸则海也沸。锅内水，若煮去一分，大海水则落下十丈，煮去二分，落下二十丈，若煮干了锅底，则大海便要见底了。那龙王怎么还能坐得住呢？必然令人来请，招你为婿也。"

张生接来法物，再三谢过上仙的神助指教。精神为之一振，浑身也轻松来劲。他叫来书童，在庙岛南端面东临海的盘陀石旁，用三角石驾起银锅，用铁勺舀那海水，添满了银锅，再放入金钱；书童用火镰引燃火种，柴木便着起火来。书童猛然想起，那夜龙女临别，侍女偷送他一把蒲扇，他也权作信物。如今正好用来煽风助火之用。果然，只轻摇数下，那火便十分旺盛。锅里的水，便迅速地热将起来。说来奇怪，这边烧火煮水，那边大海也随之变热。不一会儿，书童喜叫："锅水已沸也！"张生试看那海里动静，果然海水也翻滚沸腾。正应着仙姑所言。张生且喜又忧，喜的是，滚热的海水，龙王耐不住，必求饶允亲。忧的是，那龙女也在宫中，她娇身纤弱，怎能耐得了这般沸热。正在犹豫之际，忽见石佛寺长老气喘吁吁，急奔而来，边跑边叫："秀才，手下留情！快快撤柴熄火。天大的事情，都可以好好商量！"长老近得前来，"阿弥陀佛！秀才呀，你听我说，方才，东海龙王，遣人告急。说一秀才，不知用什么物件，煮得海水滚沸，热得那龙王无处逃躲，央求老僧，劝住秀才，休要再煮海了，你想要干什么，龙王尽可应允。"张生道："长老，我老实对你说，我本来也不愿烧锅煮海，惊扰水族生灵，那琼莲也无可幸免。只是，那龙王若不应允我等的亲事，我便只管加火烧锅直煮见那海底方休。看那龙王再凶恶狂暴到何时？"长老劝道："这事也不算为难。只要你停火，跟我去水族龙宫，我愿作红媒，定能成就这桩美满良缘。"

这时，龙王也确有悔意，想那鼍龙"风浪送亲"，也确是好心行善，本王错怪误罚了它，着实惭愧！即刻遣人去渤海之中，请回它来，先参加喜宴，后事再议。那小鼍也是聪颖的精灵，心想“那龙王生性多疑猜忌，反复无常；三兄长各怀鬼胎，明哲保身，见死不救。请我回去贺喜，当能恢复功名，一生作个镇海守备，听人遣使，受人制约，自己的抱负难以施展，一生平庸无为。如此这般，于事无补，于己何益？不如就此修炼造化成一方岛屿，造福岛上的黎民百姓。虽吃苦清贫，却能千古留名，何乐而不为也！”想到这里，它拒辞龙王之邀，立志据守渤海之中，慢慢炼化成为“海上仙山”的一个大岛。形似鼍龙伏卧海中，昂首向东，平背椭圆宽厚，一段短尾翘出海面（今“小砣子岛”）。无论是从南面远看，还是在北边遥望，确似巨鼍出水。所以，在唐朝以前，民间就叫作“鼍岛”，千百年来，几经沧桑，“鼍变海岛”的故事失传，岛上人，嫌鼍与龟鳖同类，有伤大雅，那鼍字又生僻难书，故改作“砣矶岛”。细想起来，可真辜负了那鼍龙的一番善心美意了。

龙王面有愧色，急道：“罢了，罢了！你等素不相识，一见钟情，定是前世有缘。虽经磨难，至死不渝，足见信诚情笃。老王错待你们了。既成一家，不必计牵前嫌。以后日久天长，好心必有好报，有情人终成眷属啊！”

“恭喜！贺喜！”伴着洪钟般的话音，一位鹤发银须童颜的老者，疾步迈进大殿喜堂。龙王等众，见是东华上仙驾到，急忙上前揖迎。上仙微笑作答：“神龙，听俺吩咐。那琼莲非是你女儿，张生也非是你女婿，他等前世乃瑶池的金童玉女。因一念思凡，谪罚下界。如今偿还夙契，便着他等早离水府，重返瑶池；共证前因，同归仙位去也！”

张生、琼莲再拜龙王等族，追随东华上仙腾云驾雾而去。此神话故事称奇，这苦恋情缘叫绝。因而，千百年来，流传不息。元朝文人李好古，据此编成元曲“沙门岛张生煮海”的杂剧。历朝历代，均有各种戏剧，争相编说，流传甚广。“沙门岛张生煮海，水晶宫龙女招婿”，被誉为爱情楷模，世世传为美谈佳话。

（四）海上仙山传说

长岛，地理位置独特，自古就有“蓬莱、瀛洲、方丈”海上三神山之称。

据传，蓬莱仙山传说始于秦朝。那时，秦始皇统一天下之后，欲想延年益寿，长生不老，时常携妃带臣到处游历，寻求梦寐以求的长生不老药。一次，他来到渤海沿岸，登上临海的丹崖山顶向北望，只见海北云雾缭绕，几处岛屿时隐时现，神奇异常。秦始皇忙问：“此乃何处？”身边一位方士随口应答：“此乃仙山。”秦始皇又问：“仙山何名？”方士一时张口结舌，慌忙中见海边生长一丛繁茂的蓬蒿藜草，此藜古人称“莱”。于是，方士无暇多想，顺口答道“仙山名蓬莱”。长岛由此被称为“蓬莱仙岛”。从此，这海上仙山神秘的色彩越来越浓，一直成为历代皇帝求长生药的仙境之地。白居易诗云：“忽闻海上有仙山，山在虚无缥缈间；楼阁玲珑五云起，其中绰约多仙子。”

（五）长山尾传说

南长山岛的形状像条龙，头向西北，尾在东南，尾巴的根部是一溜石滩，突然变细，像条龙的尾巴，人们叫这里是长山尾。关于长山尾的来历，有一个传说。

据说，在很早很早以前，大海中有一条龙和一只龟，它们两个互不服气，都想着在黄海和渤海称霸，于是它们就在大海中打起了仗。你上我下，你来我往，龙扰水，龟起浪，闹得渤海和黄海恶浪翻腾，水雾冲天，大鱼小虾都不得安生。它们天天打，日日斗，一直打了七七四十九天，难分胜负，最后两个都累死了。龟死了以后，化作了现在的砣矶岛。龙死了以后，化作了现在的南长山岛。龙的火气很大，虽然死了，却不甘心，那尾巴还时不时地摇摆抖动，所以现在的长山尾，不论别处的海面多么风平浪静，这里一年四季浪大流急，浪花飞溅。远远望去就像一条龙在海中戏水，尾巴搅起团团浪花。

长岛县151个海岛一览表

海岛名称	岛陆面积（平方千米）	岛岸线长度（千米）	最高海拔（米）	距蓬莱大陆最近点（千米）	备　注
北隍城岛	2.66409	13.437	155.4	61.26	有居民岛
北隍将军石	0.000175	0.059	10	63	无居民岛
老鹰窝岛	0.000074	0.032	5	62.6	无居民岛
北隍老蚌岛	0.000097	0.039	2.5	62.4	无居民岛
平板石岛	0.000056	0.029	1.7	61	无居民岛
大红石礁	0.000139	0.047	5	61.64	无居民岛
南隍城岛	1.82337	15.617	100.9	57.16	有居民岛
南隍将军石	0.000106	0.051	3	60.11	无居民岛
北香炉礁	0.001545	0.156	5	60.02	无居民岛
二香炉岛	0.00027	0.108	5	59.83	无居民岛
支旺岛	0.000587	0.126	15	59.91	无居民岛
支旺岛一岛	0.000121	0.044	—	59.91	无居民岛
支旺岛二岛	0.000236	0.061	4	59.89	无居民岛
支旺岛三岛	0.000306	0.069	5	59.84	无居民岛
石门岛	0.000088	0.043	6	59.36	无居民岛
灯眼石礁	0.000109	0.042	2	59.33	无居民岛
大圈岛	0.000038	0.031	3	58.86	无居民岛
坡礁岛	0.001561	0.226	12	59.18	无居民岛
佛爷岛	0.000227	0.063	8	59.16	无居民岛
官财石岛	0.001218	0.187	—	59.15	无居民岛
二江岛	0.00046	0.138	5	58.79	无居民岛
西菜园岛	0.000192	0.062	3	58.06	无居民岛
南隍海虹岛	0.00015	0.05	—	57.19	无居民岛
南隍海虹西岛	0.000081	0.033	2	57.76	无居民岛
齿轮岛	0.000079	0.036	3.5	57.71	无居民岛

续表

海岛名称	岛陆面积（平方千米）	岛岸线长度（千米）	最高海拔（米）	距蓬莱大陆最近点（千米）	备　注
齿轮南岛	0.00013	0.052	2	57.66	无居民岛
南菜园岛	0.00027	0.073	10	57.65	无居民岛
南菜园南岛	0.000052	0.027	2	57.63	无居民岛
字底岛	0.000201	0.094	3	57.16	无居民岛
小钦岛	1.14335	8.415	148.9	56.1	有居民岛
外长坝岛	0.000343	0.205	1.7	58.53	无居民岛
小钦东北嘴岛	0.000079	0.042	6	58.5	无居民岛
白乌石岛	0.000036	0.024	2.5	58.37	无居民岛
鳖盖山岛	0.015049	0.934	42.8	58.32	无居民岛
长嘴岛	0.000074	0.033	3.5	58.2	无居民岛
货船岛	0.00015	0.077	—	57.93	无居民岛
史人岛	0.000026	0.02	3	57.72	无居民岛
老爷岛	0.000382	0.09	7	57.66	无居民岛
驴　礁	0.000107	0.039	11	57.33	无居民岛
驴礁东岛	0.000036	0.023	4	57.34	无居民岛
口后礁岛	0.000079	0.038	7	57.24	无居民岛
口后礁西岛	0.00003	0.027	3.5	57.24	无居民岛
大石篷	0.000051	0.027	2	57.16	无居民岛
小钦将军石	0.000114	0.045	12	57.17	无居民岛
东嘴头岛	0.000059	0.036	2	57.04	无居民岛
豆腐岛	0.000025	0.019	1.7	56.96	无居民岛
老汉岛	0.000061	0.032	4.5	56.86	无居民岛
小钦海鸭岛	0.000037	0.025	1.7	56.66	无居民岛
桥门礁	0.000156	0.053	—	56.51	无居民岛
大瓦房岛	0.000242	0.065	3	56.35	无居民岛
南头岛	0.000017	0.015	3	56.23	无居民岛
扬帆岛	0.000076	0.034	4	56.46	无居民岛

续表

海岛名称	岛陆面积（平方千米）	岛岸线长度（千米）	最高海拔（米）	距蓬莱大陆最近点（千米）	备　注
长礓岛	0.000064	0.037	3.5	56.4	无居民岛
馍馍岛	0.000024	0.018	3	56.39	无居民岛
大钦岛	6.42679	16.77	202.4	50.49	有居民岛
安桥岛	0.000189	0.082	7	52.46	无居民岛
大礓岛	0.000134	0.05	9	52.42	无居民岛
大钦老蛙岛	0.000178	0.054	3.5	53.7	无居民岛
歪脖岛	0.000039	0.025	1.7	53.37	无居民岛
歪脖南岛	0.000071	0.035	2.5	53.36	无居民岛
大钦东北嘴岛	0.000038	0.027	3.5	52.83	无居民岛
大钦大门岛	0.000142	0.06	2.2	52.66	无居民岛
老婆礁	0.000086	0.038	—	53.23	无居民岛
沙鱼石	0.000067	0.032	3	53.15	无居民岛
陀螺礁	0.000371	0.104	5	52.92	无居民岛
小孩礓	0.000362	0.073	14	52.87	无居民岛
西北礓	0.000006	0.009	1	52.83	无居民岛
大钦海鸭岛	0.000068	0.031	3	52.67	无居民岛
躺龙礁	0.000242	0.078	3	52.57	无居民岛
东南嘴	0.000123	0.04	8	52.5	无居民岛
老头老婆礓	0.000345	0.103	11	52.43	无居民岛
海狗礓	0.0002	0.053	11	52.4	无居民岛
海豹礓	0.000016	0.017	3	52.38	无居民岛
东海虹岛	0.001638	0.193	50	52.31	无居民岛
小海虹礓	0.000088	0.038	2.5	52.31	无居民岛
棒礓岛	0.00008	0.035	10	52.27	无居民岛
小海虹岛	0.000201	0.057	8	52.29	无居民岛
鱼窝岛	0.000402	0.081	15	52.29	无居民岛
鲍鱼床	0.000043	0.025	2	52.19	无居民岛

续表

海岛名称	岛陆面积（平方千米）	岛岸线长度（千米）	最高海拔（米）	距蓬莱大陆最近点（千米）	备　注
坑　礓	0.000067	0.036	6	52.12	无居民岛
站　礁	0.000035	0.024	6	52.05	无居民岛
海牙岛	0.000042	0.027	6	52.14	无居民岛
弥陀礓	0.000168	0.061	—	52.04	无居民岛
二井礁	0.000067	0.04	3	52.02	无居民岛
大井礁	0.000107	0.044	4	52	无居民岛
老头礁	0.000054	0.027	7	51.99	无居民岛
海鸭礁	0.000067	0.032	6	51.97	无居民岛
五块石	0.000034	0.022	1.5	51.79	无居民岛
西海虹岛	0.000059	0.031	3	51.37	无居民岛
汽船礓	0.000112	0.044	1.5	51.26	无居民岛
瞪眼石	0.000424	0.085	15	51.1	无居民岛
汽船岛	0.000095	0.046	4	50.82	无居民岛
锥礁岛	0.000091	0.047	6	50.52	无居民岛
拜佛岛	0.000094	0.042	—	51.36	无居民岛
观音礁	0.000131	0.045	10	51.32	无居民岛
南海虹岛	0.000303	0.069	2	51	无居民岛
砣矶岛	7.09369	22.129	198.9	36.01	有居民岛
山嘴石岛	0.002323	0.37	16.7	38.98	无居民岛
大鼻子岛	0.001553	0.173	30	37.63	无居民岛
砣子岛	0.06426	1.481	60.3	35.32	无居民岛
砣子西岛	0.000062	0.032	12	35.53	无居民岛
砣子南岛	0.000008	0.01	2	35.30	无居民岛
东嘴石岛	0.001468	0.235	12	35.86	无居民岛
东嘴石东岛	0.000144	0.052	5	35.87	无居民岛
高山岛	0.395079	3.759	202.8	34.38	无居民岛
姊妹峰	0.000485	0.097	35	35.62	无居民岛

续表

海岛名称	岛陆面积（平方千米）	岛岸线长度（千米）	最高海拔（米）	距蓬莱大陆最近点（千米）	备 注
高山北岛	0.000062	0.029	4	35.61	无居民岛
高山将军石	0.000091	0.038	30	35.05	无居民岛
小高山西岛	0.000085	0.034	2	34.44	无居民岛
小高山岛	0.000849	0.142	12.7	34.3	无居民岛
猴矶岛	0.271444	3.492	88.1	25.98	无居民岛
小猴矶岛	0.000653	0.129	23.3	27	无居民岛
海狗岛	0.000086	0.038	20	26.98	无居民岛
小宝塔岛	0.000102	0.037	6	26.89	无居民岛
东大礁岛	0.002615	0.463	3	26.66	无居民岛
千层石岛	0.000029	0.021	15	25.89	无居民岛
车由岛	0.052709	2.014	73.5	26.11	无居民岛
小车由岛	0.000151	0.048	14	26.48	无居民岛
平台石岛	0.000107	0.051	2	26.8	无居民岛
小竹山岛	0.266681	2.491	97.3	20.70	无居民岛
貔貅石	0.000098	0.038	5	21.55	无居民岛
大竹山岛	1.52875	6.491	194.5	21.63	无居民岛
马枪石岛	0.002888	0.287	8.9	19.51	无居民岛
大海豹岛	0.000329	0.1	2.5	18.86	无居民岛
挡浪岛	0.116123	2.792	35.9	18.05	无居民岛
蝎屎岛	0.004185	0.307	9.8	17.88	无居民岛
大黑山岛	7.43595	14.052	189	16.01	有居民岛
石 楼	0.00015	0.076	20	20.06	无居民岛
楼盘礁	0.000057	0.036	6	19.34	无居民岛
大门岛	0.000256	0.103	1.3	16.24	无居民岛
南砣子岛	0.155532	2.676	15.1	15	无居民岛
鱼鳞岛	0.005683	0.35	19.5	14.44	无居民岛
小黑山岛	1.227	5.97	95.1	16.42	有居民岛

续表

海岛名称	岛陆面积（平方千米）	岛岸线长度（千米）	最高海拔（米）	距蓬莱大陆最近点（千米）	备　注
宝塔礁	0.000157	0.048	22.4	18.09	无居民岛
犁犋把岛	0.008519	0.595	22.4	17.88	无居民岛
螳螂岛	0.1688	2.415	54.7	16.63	无居民岛
南香炉礁岛	0.000156	0.089	2	17.59	无居民岛
南香炉礁南岛	0.000347	0.176	3.2	17.53	无居民岛
庙　岛	1.46869	8.425	98.3	11.81	有居民岛
烧饼岛	0.015492	0.552	19.6	14.65	无居民岛
羊砣子岛	0.108752	1.691	26.4	13.58	无居民岛
大礁岛	0.000113	0.065	2	12.76	无居民岛
牛砣子岛	0.066213	1.299	26.4	12.07	无居民岛
北长山岛	7.97238	16.85	195.7	14.14	有居民岛
三跳石	0.00012	0.046	2	18.19	无居民岛
门槛岛	0.000454	0.131	3	18.15	无居民岛
麒麟石	0.00021	0.093	10	13.27	无居民岛
王沟大黑石	0.000147	0.052	1	11.85	无居民岛
二黑石	0.000029	0.021	1	11.76	无居民岛
老蛙石	0.000009	0.012	1	6.81	无居民岛
南长山岛	13.2951	24.317	155.9	6.57	有居民岛

《长岛县志（1986—2018）》撰稿与摄影人员

（按姓氏笔画排列）

主要撰稿人员：

于国功	于佩欣	于晋阳	于恩亮	于萌萌	马世伟	马　钢	王云杰
王仁峰	王玉利	王玉鸣	王帅涛	王乐宾	王务连	王永臻	王华杰
王兴周	王守刚	王守志	王远征	王　丽	王　雨	王国伟	王　波
王诗尧	王　俊	王俞惟	王亲立	王美丁	王晓丹	王海亮	王清东
王　辉	王新华	韦有敏	仇龙长	尹彦行	孔　文	孔艳丽	孔德宇
叶　娜	田延锋	田　芳	田　锦	包明福	宁书江	曲　斌	吕俊辰
吕祥滨	朱小明	刘天辅	刘　民	刘　刚	刘廷三	刘伟鹏	刘传耀
刘延东	刘志强	刘国波	刘晓峰	刘海霞	刘楠楠	刘　筱	刘新宇
闫玉冰	闫爱民	许　玲	孙万良	孙广智	孙太鹏	孙玉山	孙亚洋
孙　宇	孙启顺	孙学军	孙琳芳	孙　雯	孙腾飞	孙猷一	纪国栋
纪振兴	孝本利	李　力	李文清	李永亮	李　江	李国文	李忠华
李建波	李　姗	李洪艳	李海童	李景民	李慧慧	李　璟	杨井卫
杨世珠	杨冬萍	杨志常	杨恩礼	杨倩青	杨　涛	杨海昌	杨　静
肖本林	肖秀梅	肖　娜	肖靖东	时希开	吴长海	吴立方	吴厚新
吴　晔	何姣宴	余运动	冷　玥	宋世凯	宋业妮	宋　军	宋绍义
宋盈村	宋振军	迟云宁	张大伟	张文平	张双双	张双庆	张后起
张志泉	张拴廷	张爱武	张家伟	张　程	张瑞瑞	张照东	张增山
陈　帅	陈贞福	陈伟林	陈　岩	陈建名	陈亭旭	陈　涛	陈　晨
武　强	范加杰	范旭波	范　芳	范国岩	范国家	范强全	林万隆
林广明	林子皓	林　勇	林　夏	林　瑜	林　蔚	周学民	周　涛
周鹏飞	郑淞匀	孟凡斗	孟祥贵	赵兴圣	赵作新	赵明军	荆丽华

胡志伟　胡金明　胡金娇　胡晓娟　相华俊　柳庆斌　战传兴　侯　杰
侯殿强　姜东军　姜兆涛　姜丽丽　姜盈盈　姜桂强　娄旭华　宫永辉
姚　飞　骆　岩　骆　智　秦建运　袁克廷　袁嘉兴　耿　妮　聂英杰
徐卫东　徐　杰　徐　铭　栾　斌　高广阔　高宏伟　高金峰　高　峰
高　鹏　高　慧　郭艺铭　郭洪泉　唐明国　唐甜甜　曹　全　盖桂贤
梁凯钦　梁春波　梁彩芹　梁景欣　葛长裕　葛茂庭　葛茂锟　葛　斌
韩元秋　韩吉新　韩振兴　韩殿亮　程语函　傅兆堂　綦政凯　蔡文成
臧子懿　管小林　谭　毅　薛　倩　霍延虎　戴　镭　魏吉林

主要摄影人员：

于金琦　王成军　王统武　任　军　孙春明　李少伟　李向阳　杨志常
冷　宁　沈荣民　张吉华　张晓东　张维康　林　勇　林　蔚　侯加俊
袁克廷　高宏伟　顾晓军　徐　滔　曹　海　鲍　强

索 引

要目索引

D

E

F

J

K

L

M

N

P

Q

R

S

T

W

X

Y

Z

表格索引

后 记

2003年3月，长岛县政府制定印发《长岛县续修新方志工作纲要》《续修〈长岛县志〉实施方案》，长岛县第二轮修志工作正式启动。原计划从1986年续修至2002年，至2018年，《长岛县志（1986—2002）》未能编纂成稿。2018年6月，省政府正式批复设立长岛海洋生态文明综合试验区。经请示同意，《长岛县志》第二轮编修时间下限从2002年延至2018年。2019年1月，区政策研究中心成立后，立即启动《长岛县志（1986—2018）》编纂工作。2020年9月完成编纂并通过评审，12月通过方志出版社审查。2020年12月正式出版，历时2年。编纂过程主要经历五个阶段。

筹备启动 2019年1月，区政策研究中心内部全员统筹，协调社会上熟悉相关领域人员担任部分篇目责任编辑，组建13人的编纂队伍。聘请县政协主席宋昌林，区工委委员、县委常委、县委办公室主任田存基担任主审，特邀县人大常委会原副主任葛长鹏担任主审，省资深史志专家、原市史志办主任吕福堂担任顾问，在篇目设置、业务培训、志稿整体把关等各个环节全程指导。2月，由分管负责人带队到招远、栖霞、蓬莱等市考察调研，研究确定符合长岛实际的编纂思路。3月，在深入调研的基础上，先后六易其稿，完成《长岛县志（1986—2018）》篇目设置。共设28编，《双拥共建》《渔家乐》《北方妈祖文化中心与庙岛显应宫》等篇目独立成编，彰显“长岛特色”。4月18日，区工委管委召开全区县志编纂部署暨业务培训工作会议，成立由区工委主要领导负总责，各部门、单位主要负责人为成员的《长岛县志（1986—2018）》编纂委员会。县委副书记、县长，区工委专职副书记李俊杰做动员讲话。市地方志研究院副院长李迎春对县志编纂提出指导意见。原市史志办主任吕福堂对全区53个供稿部门单位的58名分管领导、121名供稿人员集中进行业务培训，资料征集工作全面启动。

资料征集 2019年4月资料征集开始，区政策研究中心组织各责任编辑下沉一线，与供稿人一对一对接，边指导资料搜集，边开展编纂整理。全区机构改革后，各部门、单位的供稿人员多为参加工作不久的年轻人，普遍缺乏工作经验。责任编辑与供稿人员协同配合，有的放矢地开展工作，在实践中进一步提高对所负责篇目的理解和认识，深入发掘丰富资料内容，并对发现的篇目设置上存在的缺陷和不足，及时进行修改、调整和完善，提高了工作的实效性。在资料征集期间，根据各责任编辑在资料整理过程中反馈的意见，在篇目设置上做10余处修改，使县志更贴近长岛的实际。区工委管委办公室将县志资料征集工作列入专项督查考核，建立周调度机制，定期通报各部门各单位资料征集工作进展情况，并对5个未按期完成资料征集的部门、单位进行通报。至6月中旬，县志资料征集任务基本完成，共收到部门、单位报送资料120余份，200余万字。

初稿编写 区政策研究中心根据县志篇目和编辑人员熟悉领域，按编分工，责任到人。制定编纂工作推进计划和配档表，继续实行周调度，定期通报工作进展情况，及时研判解决编纂过程遇到的实际困难和问题。先后举办县志编纂专题培训5次，微信转发史志专家讲座10余次，尽最大可能提升编纂人员专业水准。烟台市地方志研究院先后三次安排史志专家和具体负责人进岛现场指导，专题辅导,确保了编纂工作稳步推进。编纂期间,先后有4名特邀编辑因个人原因中止所负责篇目的编纂工作,数量占到县志全部篇章的近四分之一。在时间紧迫、人力不足的情况下,均由区政策研究中心内部调配人员兜底顶上,第一时间熟悉把握相关资料,加班加点落实后续编纂任务。至12月,《长岛县志(1986—2018)》主体部分编纂成型,120余万字。报送烟台市地方志研究院,区(县)领导,县志编纂委员会成员单位,担任过长岛县党、政重要职务的离退休老干部及相关社会人士,审核把关,广泛征求意见。

《长岛县志(1986—2018)》编纂分工表

目录	篇目	编辑	目录	篇目	编辑
辅文	概述	李景民 王国胜	第十六编	地方权力机关	马学永 邹建业
辅文	大事记	马学永	第十七编	地方行政机关	马学永
第一编	建置　区划　人口	邹新萍	第十八编	地方政协组织	马学永 邹建业
第二编	自然环境	刘文权	第十九编	社会团体	马学永 邹建业
第三编	环境保护	张文庆	第二十编	法治　军事	宋军昌
第四编	城乡建设	马学永	第二十一编	劳动　人事　编制	宋军昌
第五编	交通　邮政　电信	肖嘉馨	第二十二编	双拥共建	王国胜
第六编	经济综述	李厚卫	第二十三编	民政	宋军昌
第七编	海洋与渔业	王国胜 肖长兴 李　昌	第二十四编	教育　体育	肖嘉馨
第八编	旅游业	王国胜	第二十五编	科学技术 医疗卫生	张雁新
第九编	渔家乐	刘文权	第二十六编	文化	郭贤坤
第十编	农业	张雁新	第二十七编	北方妈祖文化中心 庙岛显应宫	胡承嵩
第十一编	工业·民营经济 与乡镇企业	李厚卫	第二十八编	社会生活	吕福堂
第十二编	商业贸易	李厚卫	—	人物	王　静
第十三编	财政　税务　金融	张文庆	—	附录	王国胜 刘文权
第十四编	经济管理	李厚卫	辅文	后记	马学永
第十五编	中国共产党地方组织	马学永	—	—	—

志稿总纂 2020年,受新冠疫情影响,原定举办志稿研讨会、邀请专家进岛指导等工作不能按计划开展。区政策研究中心不等不靠,调整工作思路,组织各责任编辑按照年初征集的对基本成型志稿修改的意见和建议,通过微信交流、电话沟通、查阅馆藏资料等形式,尽可能地深入了解县情,补充完善相关内容。对存在问题较多的篇章,由主编把关,副主编、编辑分工合作,梳理研判问题症结,强化"清单式""点对点"解决措施。在此基础上,多方联系权威专家对县志稿件整体审阅把关,指导规范。在初稿征求意见、修改的基础上,完成一编、寄送一编,反馈一编、完善一编,确保志稿质量和编纂效率。至2020年8月中旬,《长岛县志(1986—2018)》全部28编均经过专家审阅把关,经修改完善形成评审稿,共28编,138章,574节,计160余万字,612幅图片,215个表格。

评审完善 2020年9月16日,《长岛县志(1986—2018)》志稿省级专家评审会在区(县)长园宾馆召开。省地方史志研究院业务指导处处长张耀龙,省地方史志研究院业务指导处二级调研员李天程,以及评审专家吕福堂、朱佩峰、段祥泰、李德辉、郭能勇、王笃银对《长岛县志(1986—2018)》进行严格评议。市地方史志研究院副院长李迎春主持会议,区工委副书记、管委专职副主任李俊杰致辞,区工委委员、工委管委办公室主任田存基全程参加。评审会上,领导、专家对《长岛县志(1986—2018)》志稿给予高度评价,一致认为志稿政治观点正确,时代特色突出;资料翔实,海岛特色鲜明;体例完备,篇目设置科学合理;语言流畅,体例规范,思想性、资料性、著述性高度统一,是一部基础较好、质量较高的志稿,再作进一步修改完善,可望成为一部经世致用的优秀志书。并特别指出,长岛修志工作者在不到两年的时间里完成跨度三十三年的县志编纂任务,创造了"长岛速度"。同时,各位领导、专家也在体例规范、语言表述等方面提出许多中肯的意见和建议。会后,区政策研究中心组织编辑人员逐篇、逐项、逐条核查落实,修改完善。在此基础上,由主编、副主编负责,逐编分析,对县志志稿进行系统全面的修改完善。重点对重要数据史实、数据进行核实,在涉及保密、宗教等方面进行技术性处理,锤炼语言,统一文风,确保志书质量。此后,又根据方志出版社的有关要求,进一步修改完善。经过近二个月的紧张工作,至2020年10月,完成全志修改。12月下旬,《长岛县志(1986—2018)》送审稿通过方志出版社审查,取得出版书号。

历时二年的《长岛县志(1986—2018)》编修工作,得益于省、市地方志研究院领导的大力支持和统筹协调,得益于区工委、管委(县委、县政府)的高度重视和强力督导,得益于各位专家的精心指导和无私相助,得益于全体修志工作人员自始至终对历史高度负责的敬业精神、锲而不舍的工作热情、攻坚克难的实干作风。《长岛县志(1986—2018)》终于付梓,谨向所有关心、支持修志工作的领导、专家、同仁及社会各界人士表示衷心的感谢!

编修志书是一项庞大的系统工程,涉及面广,工作量大,专业性强。《长岛县志(1986—2018)》启动之际,全省第二轮修志已基本结束,在规定时限内完成正常情况下需要两轮的修志,时间紧迫,任务艰巨。加之适逢全区大幅度机构改革,专业人才缺乏、修志经验不足、资料征集难度大等诸多问题叠加,以及新冠疫情影响,各项工作的开展受到严重制约,这次修志之艰难,可谓前所未有。虽几经周折,终编纂成书。由于有些资料因年代久远缺失严重,加之编者水平有限,疏失错漏、不尽人意之处难免,敬请广大读者批评指正。

编 者

2020年12月